한림일본학자료총서
아사히신문 외지판 9

아사히신문
외지판(조선판)
기사명 색인_제4권

This publication has been executed with grant from
the Japan Foundation(Support Program for Japanese Studies Organizations),
National Research Foundation of Korea grant funded
by the Korean Government(2017S1A6A3A01079517)
and the fund of the Institute of Japanese Studies, Hallym University.

한림대학교 일본학연구소는 이 책을 간행함에 있어
출판비용의 일부를 일본국제교류기금과 한국연구재단으로부터 지원받았고,
한림대학교 일본학연구소 발전기금을 사용하였습니다.

한림일본학자료총서
아사히신문 외지판 9

아사히신문
외지판(조선판)
기사명 색인 _제4권

1924.01. ~ 1925.12.

한림대 일본학연구소
서정완 외 17인

1924년

1925년

朝日新聞外地版(朝鮮版) 記事名 索引

〈아사히신문 외지판(조선판) 기사명 색인 -1924.1~1925.12-〉을 간행하며

한림대학교 일본학연구소 소장
서 정 완

1. 「조선판」 제4권을 간행하며

한림대학교 일본학연구소는 2008년부터 2017년까지 9년 동안 한국연구재단 중점연구소지원사업으로 <제국일본의 문화권력: 학지(學知)와 문화매체> 연구를 수행하면서 1935년부터 1945년까지 간행된 『아사히신문 외지판 <남선판(南鮮版)』에 대한 기사명색인 작업을 수행하였다. 그 성과는 『아사히신문 외지판(남선판) 기사명 색인』(전 5권) 완간으로 이어졌다. 식민지시대 연구가 상당한 진전을 보이고 있으나, 우리 사회와 학계에 <경성일보>를 포함한 당시 신문자료에 대한 연구인프라 구축은 매우 저조하다. 본 연구소는 이러한 상황 타개에 미력하나마 일조하기 위해서 <아사히신문 외지판>을 대상으로 이 작업을 기획하고 착수하였던 것이다.

그리고 본 연구소는 2017년 11월부터는 7년 동안 한국연구재단 인문한국플러스(HK+)사업 <포스트제국의 문화권력과 동아시아> 연구를 수행하게 되었으며, 아젠다 제목에서 알 수 있듯이 중점연구소지원사업으로 <제국일본의 문화권력: 학지(學知)와 문화매체> 연구를 승계하고 발전시킨 것이다. 본 연구소는 중점연구소지원사업과 연이은 인문한국플러스(HK+)사업을 통해서 총 16년 동안 단일 연구소가 '문화권력'이라는 단일 문제를 놓고 집중적으로 연구사업을 수행한다는 데에 큰 의미를 두고 있다. 이렇듯 연구의 연속성을 확보한 결과, 『아사히신문 외지판(남선판) 기사명 색인』(전 5권)을 이어받아서 그 후속으로 1905년부터 1935년까지를 대상으로 하는 『아사히신문 외지판(조선판) 기사명 색인』 간행사업을 진행하고 있다. 이번에 제4권 간행으로 1924년과 1925년에 대한 작업을 완료하게 되면, 1926년부터 1935년까지 10년 분이 남는데, 늦어도 2024년, 빠르면 2023년까지 이 작업을 마무리할 계획이다. 2022년이든 2023년이든 인문한국플러스(HK+)사업이 종료 전에 완성시킨다는 뜻이다. 그리고 누차 밝혀왔지만, 이 『아사히신문 외지판(남선판) 기사명 색인』(전 5권)과 『아사히신문 외지판(조선판) 기사명 색인』이 모두 끝나면, 궁극적으로는 모든 자료를 통합해서 1915년~1945년 30년을 대상으로 한 데이터베이스 구축을 통해서 연구소 홈페이지를 통해서 문자열 검색

이 가능하게 할 것이다. 그러기 위해서도 지금보다 더 많은 노력이 필요하다는 것을 본 연구소는 잘 알고 있다. 이번에 간행하는 『아사히신문 외지판(조선판) 기사명 색인』 제4권은 1924년 1월부터 1925년 12월까지 24개월을 수록하며, 『아사히신문 외지판(남선판) 기사명 색인』(1935~1945) 5권을 포함하면 총 아홉 번째 기사명 색인집이 된다.

이번 제4권이 수록하는 1924년~1925년이 어떤 시대였는지를 이해하기 위해 세계의 사건과 제국일본 관련 주요 사건을 개관하면 대략 다음과 같다.

1924.01.07. 일본, 제23대 내각총리대신에 기요우라 게이고(清浦奎吾) 취임.
1924.01.20. 중국, 제1차 국공합작
1924.01.21. 레닌 사망
1924.01.25. 제1회 동계올림픽, 프랑스 샤모니에서 개최. (한국 불참)
1924.01.27. 스탈린이 중심이 되어 레닌 장례식 거행. 트로츠키(Trotsky)는 불참.
1924.01.28. 일본, 우에노공원(上野公園)과 오에노동물원(上野動物園)이 궁내성(宮內省)에서 도쿄시(東京市)에 하사됨.
1924.01.31. 기요우라 내각, 중의원을 해산함.
1924.02.01. 영국이 소비에트정권을 승인함.
1924.02.03. 미국, 윌슨 전 대통령 사망.
1924.02.07. 이탈리아, 소비에트정권을 승인함.
1924.02.12. 조지 거슈윈(George Gershwin)의 『랩소디 인 블루(Rhapsody in Blue)』 첫공연.
1924.03.03. 터키, 칼리프제도 폐지.
1924.03.11. 일본프로야구 한신타이거스(阪神タイガース)의 본거지 한신코시엔(阪神甲子園) 구장 기공.
1924.04.05. 이탈리아 총선거, 파시스트당 승리.
1924.05.04. 독일 총선거.
          파리 올림픽 개막.
1924.05.10. 일본, 제15회 중의원의원 총선거.
          존 에드거 후버(John Edgar Hoover가 FBI 장관 취임. 1972년 사망 시까지 재임함
1924.05.26. 미국에서 배일이민법(排日移民法) 성립, 일본인 이민이 전면적으로 금지됨
1924.06.02. 캘빈 쿨리지(Calvin Coolidge) 미국 대통령이 미합중국 영내에서 태어난 모든 미국 선주민에게 시민권을 부여하는 인디언시민권법에 서명, 법률로 발효됨.
1924.06.07. 일본, 기요우라 내각 총사퇴.
1924.06.11. 가토 다카아키(加藤高明) 내각 성립.
1924.07.17. 일본기원(日本棋院) 창립
1924.08.01. 일본, 전국중등학교 우승야구대회 개최 목적으로 건설된 일본 최초의 대규모 다목적 야구장인 한신 코시엔구장(阪神甲子園球場)이 준공
1924.08.16. 독일배상문제에 관한 도스플랜(Dawes Plan) 성립.
1924.08.21. 일본, 국문신문(國民新聞)이 일본 최초로 기상도를 신문에 게재.
1924.09.15. 중화민국의 직례파(直隸派)하고 봉천파(奉天派) 사이에서 제2차 봉직전쟁(奉直戰爭) 발발.
1924.10.02. 국제연맹 제5회 총회에서 제네바 평화의정서가 가결.
1924.10.28. 프랑스가 소비에트정권 승인함.
1924.11.03. 봉직전쟁에서 봉천파 군벌인 장쭤린(장작림, 張作霖)이 직례파를 무찌름.
1924.11.11. 고토부키야(壽屋, 지금의 산토리, サントリー)가 교토 야마자키(山崎)에 일본 최초로 위스

키증류소(山崎蒸溜所)를 준공
1924.11.26. 몽골인민공화국 성립.
1924.11.28. 쑨원(孫文) 일본 고베(神戸)에서 '대아시아주의' 강연.
1924.11.29. 도쿄음악학교에서 베토벤 교향곡 제9번을 처음으로 일본인에 의해서 연주됨.
1924.12.20. 히틀러, 란쯔베르크형무소(Landsberg Prison)에가 가석방됨.
1925.01.01. 일본, 오락잡지 『킹(キング)』 창간
1925.01.03. 이탈리아, 무솔리니 독재 선언.
1925.01.05. 미국 첫 여성 주지사인 로스(Ross, Nellie Tayloe)가 와이오밍주지사에 취임.
1925.01.20. 일소기본조약 체결.
1925.02.15. 전일본스키연맹 창립.
1925.02.19. 일본정부, 중의원에 치안유지접안을 긴급 상정.
1925.02.20. 독일, 국가사회주의독일노동당(나치) 재건.
1925.02.21. 일본, 료고쿠(兩國) 국기관(國伎館)에서 보통선거 및 귀족원 개혁 단행 국민대회 개최.
1925.03.22. 일본, 도쿄방송국(지금의 일본방송협회, NHK)가 라디오방송 시작.
1925.03.29. 일본, 보통선거법안, 귀족원 및 중의원 협의회안이 성립.
1925.04.01. 일본, 신바시(新橋) 연무장(演舞場) 개장.
1925.04.10. F. 스콧 피츠제럴드(F. Scott Fitzgerald)의 소설 『위대한 개츠비』 발간.
1925.04.11. 일본, '육군 현역장교 학교배속령' 공포, 중학교 이상의 공립학교에서 군사교련을 시작.
1925.04.22. 일본, 치안유지법 공포.
1925.04.28. 프랑스, 파리만국박람회 개막.
1925.05.01. 일본, 활동사진, 필름검열규칙을 내무성령으로 발령.
1925.05.05. 일본, 보통선거법 공포, 25세이상의 남성에게 선거권 부여.
1925.05.14. 버지니아 울프(Virginia Woolf)의 소설『댈러웨이 부인』이 발간.
1925.05.30. 상하이에서 영국 경찰대가 중국인 노동자에 발포하여 이른바 5.30사건 발발.
1925.06.01. 5.30사건으로 미국-이탈리아-일본의 육전대(陸戰隊)가 상륙.
1925.06.17. 제네바협정서 서명(화학무기, 세균무기 사용금지).
베트남에서 호치민이 베트남청년동지회 결성.
1925.07.01. 광저우(廣州)에 국민정부가 탄생.
1925.07.18. 아돌프 히틀러 『나의 투쟁』 제1권 발표.
1925.07.20. 도쿄방송국(지금의 NHK)가 처음으로 어학강좌 [기초영어강좌] 방송을 시작.
1925.07.31. 일본, 가토 내각, 총사퇴.
1925.09.20. 일본, 도쿄6대학(東京六大學) 야구리그 시작(와세다-게이오전이 부활).
1925.09.27. 일본의 첫 번째 지하철인 긴자선(銀座線, 우에노-아사쿠사 2.2km) 기공식.
1925.10.10. 베이징에서 고궁박물관 개관.
1925.10.15. 경성(京城)에 조선신궁(朝鮮神宮)창건.
1925.11.09. 나치스친위대(아돌프 히틀러 보호조직) 창설.
1925.11.13. 도쿄제국대학에 지진연구소 설치.
야나기타 구니오(柳田國男)가 잡지 『民族』 창간. 민속학과 민족학의 연계를 제창.
1925.12.01. 교토학연(京都學連)사건 발생. 교토경찰부 특고과(特高課)가 교토대학과 도시샤(同志社)대학 외 학생 33명을 구속.
1925.12.18. 소비에트에서 제14회 공산당대회 개최. 스탈린에 의한 일국사회주의론이 채택되고 트로츠키의 영속혁명론은 배제됨.
1925.12.28. 조선총독부 청사 완성.

이상의 사건들을 요약하면 1924년~1925년은 대략 다음과 같이 요약할 수 있다.

첫째, 국제사회적으로는 소비에트정권에 대한 영국, 이탈리아, 프랑스의 승인이 이루어졌으며, 그러한 소비에트정권의 국제무대 등장을 받아서 레닌 사망 이후 권력을 주도한 스탈린에 의해서 1925년 12월 18일 열린 제14회 공산당대회에서 일국사회주의론이 채택되고 트로츠키의 영속혁명론이 배제됨으로써 권력의 향방이 확정되었다 할 수 있다. 또한 무솔리니의 독재가 선언되고 아돌프 히틀러가 입지를 강화하여 1925년 2월 20일 국가사회주의독일노동당(나치) 재건에 성공한다. 한편 아시아에서는 1924년 9월 15일 중화민국의 직례파(直隷派)하고 봉천파(奉天派) 사이에서 제2차 봉직전쟁(奉直戰爭) 발발하나, 11월 3일 봉천파 군벌인 장쥐린(장작림, 張作霖)이 직례파를 격퇴하고, 1925년 7월 1일에는 광저우(廣州)에 국민정부가 탄생한다. 또한 1924년 11월 28일에는 쑨원이 서양의 패도주의(覇道主義)와는 달리 동양은 인의도덕에 입각한 왕도주의(王道主義)를 걷는다며, 아시아 민족은 이 왕도주의 아래 일치단결하여 서양격퇴를 주장하는 대아시아주의에 대하여 일본 고베에서 강연한다. 모든 아시아인은 단결해서 무력을 사용하더라도 서양을 격퇴하자는 주장은 결과적으로 제국을 지향하는 일본에게 유리한 이야기가 아닐 수 없다. 동남아시아로 눈을 돌리면, 베트남에서 호치민이 베트남청년동지회를 결성해서 활동을 시작하는 것도 1925년 6월이다. 한편 미국으로 시선을 돌리면, 1924년 5월 26일에 배일이민법이 성립되어 일본인 이민이 전면적으로 금지되는 한편, 그로부터 약 일주일 후인 6월 2일에는 캘빈 쿨리지 미국 대통령이 미합중국 영내에서 태어난 모든 미국 선주민에게 시민권을 부여하는 인디언시민권법에 서명하여 배척하고 수용하는 두 법안이 성립된다. 이러한 국제정세 속에서 1925년 6월 17일에는 화학무기, 세균무기 사용을 금지하는 제네바협정서가 체결되기도 한다.

둘째, 문화적으로는 조지 거슈윈의 『랩소디 인 블루』(1924), F. 스콧 피츠제럴드의 『위대한 개츠비』(1925), 버지니아 울프의 『댈러웨이부인』(1925) 등이 이 시기에 발표된다. 1925년 4월 28일부터 11월 8일까지 파리만국박람회가 열리는데, 1855년, 1867년, 1889년, 1900년에 이은 다섯 번째 파리만국박람회로, 주제는 '현대산업장식예술국제박람회'였다. 제1회 동계올림픽과 올림픽도 프랑스에서 개최었다.

셋째, 일본 국내문제로 눈을 돌리면, 기요우라 내각은 약 1년 반, 가토 내각은 약 13개월의 단명으로 끝나는 정치적 불안정이 이어졌으며, 문화적으로는 오늘날 일본고교야구의 전당인 고시엔(甲子園) 준공과 일본기원, 전일본스키연맹 설립을 비롯해서 도쿄방송국의 라디오방송 시작 등도 있으나, 무엇보다도 보통선거와 치안유지법이라는 상치되는 두 정책이 동시에 이루어진 점, 관련해서 교토학연(京都學連)사건(1925.12.01.)으로 이른바 특고경찰(特高警察)이 교토대학, 도시샤(同志社)대학 등 학생 33명을 구속하는 사상단속이 강행되고 있다는 점이다. '자유민권운동', '보통선거'라는 말과 함께 이른바 '다이쇼데모크라시'라 일컬어지는 다이쇼시대 말(1926년 12월 25일까지가 다이쇼시대)은

악명높은 '특고경찰'과 치안유지법으로 대표되는 '강권(强權)'이 다이쇼시대의 종언을 예언이라도 하고 있는 것처럼 그림자가 가까이 다가오고 있었으며, 이윽고 쇼와시대로 접어들어 아시아·태평양 전쟁이라는 역사의 악몽 속으로 빨려들어가게 된다. 특히 우리 입장에서 이 시기를 보면, 1925년 10월 15일 조선신궁의 건립과 12월 28일의 조선총독부 청사 준공 등, 국권상실과 식민권력에 의한 통치라는 아픔이 극을 향해 달려가는 굴욕과 슬픔을 겪어야 하는 시기였다.

2. 기사 내용의 특징 -1924년 1월 5일자 1면에 보이는 역사와 사실

1924년 첫 간행은 1월 5일자 신문으로 첫 번째 기사 제목은 사이토 총독의 말 "아무튼 평화가 오래 지속되면 인심이 이완한다"(兎角平和が續くと人心が弛緩する)이다. 내용은 식민권력을 주장하는 진부한 내용이라 생략하나, 해당 부분의 기사를 소개하면 "계속되는 평화는 하여튼 사람 마음을 느슨하게 만들어서 도덕적 폐단을 수반하기 쉬우니 관과 민 모두 한층 드높은 절제를 발휘하여 제국의 물질적 문명의 촉진은 물론이고 정신적 문명의 광채를 발휘하지 않으면 안 되는 경제와 문화 방면에서 열강과 각축하는 자리에 있는...."으로 이어진다. 이러한 식민권력의 상투적인 담화에 이어 3.1독립운동에 대한 반동인지 "조선인의 정월"이라는 우리의 문화를 소개하는 걸로 1면이 끝나 있다. 그러나 이 1면에서 눈길을 끄는 것은 하단에 있는 광고이다. '山田安民'이라는 이름(가명일 가능성이 높음)으로 낸 광고문 중 주요부분을 제시하면 다음과 같다.

> 오호, 이 국치를 어찌 할 것인가
> 제국의 수도(帝都, 도쿄)에서 일어난 대지진, 대화재는 슬프다. 그러나 더 슬퍼해야 할 일은 지난 27일에 일어난 대불경사건(大不敬事件)이다. 국민의 오욕(汚辱), 국가의 손실, 이보다 클 수 없다. (중략) 오호, 이는 우리 국민감정의 발로이다. 이렇듯 국민적 정신에 대충격을 받았을 때 국민의 진정한 감정을 중외에 발로하는 것은 국민의 권리이자 의무이다....

여기서 말하는 12월 27일 '대불경사건'이란, 1923년 12월 27일 도쿄 도라노몽(虎ノ門)에서 황태자 히로히토(裕仁, 후의 쇼와천황)가 무정부주의자인 난바 다이스케(難波大助)에 의해서 저격당한 암살 미수사건을 말한다. 난바는 일본의 공산주의자이며, 극좌 활동가였으나, 그의 부친은 난바 사쿠노신(難波作之進)이며, 중의원 의원이었다. 중학교 시절에는 아버지 영향으로 황실중심주의자였으며, 『오사카아사히신문(大阪朝日新聞)』 불매운동도 벌일 정도였다. 그런데 중학교 5학년 때 다나카 기이치(田中義一) 육군대신이 고향 야마구치(山口)를 방문했을 때 그를 환영한다는 명목 하에 눈보라가 내리는 속에 강제적으로 도열을 당한 결과 난바의 친구가 폐렴으로 쓰러졌는데, 그를 보고 교사가 쓰러진 친구에게 "무례하다!"고 호통친 것에 분개하여 사상적인 변화가 시작되었다고 한다. 1919년에 대학 입학을 준비하기 위해서 도쿄 요쓰야(四谷)에 거주했는데, 마침 이곳이 빈민굴로 알려진 사메가하시(鮫河橋)와 가까운 곳이어서 무산계급의 빈곤의 실상을 목격하면서 많은 생각에 잠겼으며, 그러한 환경 속에서 교토제국대학에서 마르크스경제학을 연구하다가 결국 사직하고 공산주의 실천활동에 참여, 일본공산당 당원이 되어 검거되어 옥중생활을 보낸 가와카미 하지메(川上肇)의 작품을 읽는 등 차차 사회문제에 대한 비판적인 의식이 싹트게 되었다. 그래서인지 메이지 천황 암살을 모의했다는 이유로 사회주의자, 무정부주의자를 대거 체포, 기소하고 사형, 금고형을 내린 대역사건(1910) 관련 기록을 적극적으로 읽고 있었는데, 이 무렵 참석한 일본사회주의동맹 강연회 자리에서 경찰관이 보인 횡포에 분노해서 폭력을 마다않는 구체적인 행동을 일으켜야 한다는 신념을 품게 되었다. 그는 체포 후, 재판과정에서도 천황제를 부정하며 스스로의 주장을 굽히지 않았으며, 결국 사형에 처해졌다. 이 사건을 '도라노몽 사건'이라 하는데, 관동대지진으로 제국의 수도(帝都) 부흥을 추진하던 제2 야마모토 내각은 이에 대한 책임으로 총사퇴할 수밖에 없었으며, 관련 관리들도 처벌을 받았으며, 처벌 대상자 중에는 경호책임자였던 경시청 경무부장이었던 쇼리키 마쓰타로(正力松太郎)도 포함되어 있었다. 마지막 변론에서 난바는 다음과 같이 진술하였으며, 이 진술의 결과, 한때는 천황의 권위를 고려해서 일단 사형을 언도한 후에 무기징역으로 감형하려 한 권력층의 생각은 철회되고 사형이 집행되었다.

> 나의 행위는 어디까지나 올바른 것이며, 나는 사회주의의 선구자로서 자랑스러운 권리를 지닌다. 그러나 사회가 가족이나 친구에게 가하는 박해를 미리 알 수 있었다면 행위(저격)는 결행하지 않았을 것이다. 황태자에게는 유감을 표한다. 나의 행위에 의해서 다른 공산주의자들이 폭력주의를 채용한다는 오해는 하지 않기를 바란다. 황실은 공산주의자의 진짜 적은 아니다. 황실을 적으로 간주하는 것은 지배계급이 무산자를 압박하는 도구로 황실을 사용한 경우에 한한다. 황실의 안녕은 지배계급이 공산주의자에게 어떠한 태도를 보이느냐에 달려 있다.

이렇게 보면 앞에서도 언급했듯이, '다이쇼데모크라시'라는 화려하고 자유롭고 밝은 이미지의 언설(言說)과는 달리 그 뒤에서 사회주의, 공산주의에 대한 사상적 탄압과 천황중심주의 하에서 권력이 극대화되어가는 쇼와시대로의 이행의 그림자가 엿보이는 것이 바로 이 시기였다고 할 수 있다. 자유민권운동이라든지 보통선거 실시 등, 근대국가로서의 중요한 요소들을 하나씩 갖추어가고는 있었으나, 기본은 천황중심의 국가주의, 팽창주의였다는 점을 다시 한 번 생각게 하는 사건이자 기사라 할 수 있다. 일본국내적으로는 '다이쇼데모크라시'였을지는 몰라도 그조차 반짝하고 끝나는 신기루와 같은 것이었으며, 나아가서는 일본 국내의 '다이쇼데모크라시'와는 관계없이 식민지로 살아야 했던 식민지 조선의 사람들한테는 1925년 4월 22일에 일본에서 공포된 치안유지법이 약 3주 후인

5월 12일 확대 시행되고, 6월 6일에는 총독부가 조선사편수회를 설치해서 일본민족(야마토민족)의 우위성을 고취하고 역사교육을 통해서 조선인의 민족의식을 배제하려는 등, 식민권력에 위한 강제성과 인류보편적인 인권의식이 전무한 행태는 다이쇼데모크라시 속에서도 계속되고 있었다. 1924년 1월 5일자 1면은 이러한 역사적 사실을 다시 한 번 확인시켜주는 자료이기도 하다.

3. 제작일지

아사히신문 외지판(조선판) 기사명 색인 제4권(1924.01.~1925.12.)은 한림대학교 일본학연구소 일본학DB 사업의 일환으로 <한림일본학자료총서>로서 간행되었다. 이 사업은 연구소장이 중심이 되어 기획, 추진, 감독하였으며, 여기에는 제작·간행을 위한 외부 지원금 획득 작업도 포함된다. 한편 한림대학교 일본학과 학부생으로 구성된 연구보조원들이 입력한 데이터는 신뢰성 담보를 위해 총 세 차례에 걸친 검증작업을 통해서 오타나 누락된 기사를 최소화하였다. 전체 구성과 색인에 대한 편집은 심재현 연구원/사서가 수고하였다.

(1) 1924년 1월~1924년 12월
   작업기간 : 2016년 5월~2016년 9월
   작 업 자 : 박명훈(09), 김보민(13), 김성희(15), 이성훈(13), 현정훈(12), 박진희(12), 홍세은(13)
   작업내역 : 입력, 1차 수정, 2차 수정, 3차 수정

(2) 1925년 1월~1925년 12월
   작업기간 : 2016년 1월~2018년 2월
   작 업 자 : 박명훈(09), 김보민(13), 김성희(15), 이성훈(13), 현정훈(12), 박진희(12), 박상진(13),
             홍세은(13), 김건용(13), 백현지(15)
   작업내역 : 입력, 1차 수정, 2차 수정, 3차 수정

4. 데이터 현황

아사히신문 외지판 (조선판) 기사명 색인은 데이터 검색을 용이하게 하기 위해서 모든 기사에 일련번호를 부여했으며, 조선판 3권의 일련번호를 이어받아서 113592~127288까지 수록되어 있다. 색인은 일본어 한자음을 한글음에 따라 가나다 순으로 정리했으며, 총 6,000여 개에 이른다.

朝日新聞 外地版(조선판) 기사명 색인 제3권 1924.01.~1925.12.
범 례

1. 본 DB는 『朝日新聞 外地版 鮮滿版』『朝日新聞 外地版 朝鮮朝日』중 1924.01.~1925.12.의 기사를 대상으로 하였다.

2. 본 DB는 일련번호, 판명, 간행일, 단수, 기사명 순으로 게재하였다.

3. 신문이 휴간, 결호, 발행불명인 경우 해당날짜와 함께 休刊, 缺號, 發行不明이라 표기하였다.

4. DB작업 시 색인어 입력을 병행하였다.

5. 기사명 입력은 원문의 줄 바꿈을 기준으로 '/'로 구분을 두었다.

   예) 關東廳移置問題

   　　旅順より大連へとの議

   　　第一困難なるは廳舍舍宅の設備 (이하 기사 본문)

   → 關東廳移置問題/旅順より大連へとの議/第一困難なるは廳舍舍宅の設備

6. 광고 및 訂正, 取消, 正誤 등 신문내용의 수정을 알리는 기사는 생략하였다.

7. 연재물기사(번호와 저자명이 기입된 기사)는 '제목(편수)/저자명'의 형태로 입력하였다. 이어지는 부제목은 생략하였다.

   예) 朝鮮道中記(57) 貴妃の靈に遭ふ 顔が四角で腕が達者 これが大邱一番の歌ひ女 大阪にて瓢齊 (이하 기사 본문)

   → 朝鮮道中記(57)/大阪にて瓢齊翁

8. 연관기사(연계기사)는 '기사명1/기사명2/기사명3'의 형태로 표시한다. 이때 하나의 기사명 내에서는 상기의 줄 바꿈 표시인 '/' 대신 '스페이스(공백)'를 사용하였다. 또한, 기사명 전체를 이탤릭체(기울임꼴)로 변환하였다.

   예) 朝鮮の土を踏むのは今度が最初 家內に敎はる積り机上の學問は駄目 何の事業も無く慚愧の至りです (이하 기사본문)

   → *朝鮮の土を踏むのは今度が最初 家內に敎はる積り机上の學問は駄目/何の事業も無く慚愧の至りです*

9. 기사명의 내용과 문맥이 이어지는 기사는 '상위 기사명(하위 기사명/하위 기사명)' 형태로 입력하였다.

10. 괄호로 묶어서 입력한 하위 기사명은 '슬래쉬(/)'로 구분하였다.

    예) 米穀收用と影響 朝鮮の各地方に於ける 大邱地方 慶山地方 金泉地方 浦項地方 (이하 기사본문)

→ 米穀收用と影響/朝鮮の各地方に於ける(大邱地方/慶山地方/金泉地方/浦項地方)

11. 신문기사에 있는 숫자, !, ?, 、, “”, 「」 등의 기호는 모두 전각으로 입력하였다. 단, ‘()’와 ‘슬래쉬(/)’는 반각으로 입력하였다.

12. 촉음과 요음은 현행 표기법에 맞게 고쳐서 입력하였다.

예) ちよつと → ちょっと, ニユース → ニュース, ２ヶ月 → ２ヶ月

13. 기사명에 사용된 ‘◆’, ‘……’ ‘=’와 같은 기호들은 생략하고 중점은 한글 아래아(・)로 입력하였다.

14. 한자는 원문에 약자로 표기되어있어도 모두 정자로 통일해서 입력할 것을 원칙으로 했다. 단 오늘날 일본에서 쓰이는 이체자(異體字)는 원문대로 입력하였다.

15. 이체자 중 PC에서 입력이 불가능한 경우 현대에서 통용되는 한자로 표기, 범례에 표기하는 형태를 취하였다.

16. 1925년 9월 20일과 22일자 외 입력과정에서 누락된 신문기사제목에 대해서는 본문 뒤에 별표로 정리하여 보충하였다.

예) 98903번 기사의 ‘’자는 ‘兇’으로 대체하여 표기하였다.

인쇄 상태 등으로 인해 판독이 어려운 글자는 ■로 표기하였다.

아사히신문 외지판(조선판) 기사명 색인

1924년

1924년 1월 (선만판)

일련번호	판명	간행일	단수	기사명
113592	鮮滿版	1924/1/5	01단	兎角平和が續くと人心が弛緩する/齋藤朝鮮總督談
113593	鮮滿版	1924/1/5	01단	年頭に際し日支親善を熱望/東邊道尹廖彭氏談
113594	鮮滿版	1924/1/5	03단	春宵語(一)/SPR
113595	鮮滿版	1924/1/5	03단	虎の繪を貼って遊拔く朝鮮人のお正月/滑稽な年頭の辭/屋根の上に圓い紙の旗/正月遊びは博奕
113596	鮮滿版	1924/1/5	04단	復興氣分
113597	鮮滿版	1924/1/5	06단	珍妙なお雜煮/お雜煮の具で其家の財産が判る
113598	鮮滿版	1924/1/5	06단	半島茶話
113599	鮮滿版	1924/1/6	01단	朝鮮はまだまだ將來の企劃施設に俟つもの多し/有吉朝鮮政務總監談
113600	鮮滿版	1924/1/6	01단	平安南道の農事獎勵/努めて合理的にする
113601	鮮滿版	1924/1/6	01단	本年は大吉/甲子は干支の頭/支那の人の占ひ
113602	鮮滿版	1924/1/6	02단	年頭同人讚(醜態だった 一日子/淸く生きる ツ・フォーア/正月なんて SPR/靜に老行く蚊角/大事な體だ 獨身者/新聞社の正月 江藤柳樹)
113603	鮮滿版	1924/1/6	03단	道評議會は人民の惡感を挑發すると平安南道評議員李寅彰氏は語る
113604	鮮滿版	1924/1/6	04단	年頭所感/菊地朝鮮軍司令官
113605	鮮滿版	1924/1/6	05단	朝鮮體讚
113606	鮮滿版	1924/1/6	05단	朝鮮で最初の狩獵場設置計劃/當地は黃海道か
113607	鮮滿版	1924/1/6	06단	不景氣風を一掃せよ/殖銀頭取有賀光豐氏談
113608	鮮滿版	1924/1/6	06단	半島茶話
113609	鮮滿版	1924/1/8	01단	世界的商品となった安東柞蠶の將來/金井安東會議所會頭談
113610	鮮滿版	1924/1/8	01단	八億尺締に餘る鴨江山林の開發/野手營林廠長談
113611	鮮滿版	1924/1/8	02단	新年と私の希望/小西府尹談
113612	鮮滿版	1924/1/8	03단	春宵語(二)/SPR
113613	鮮滿版	1924/1/8	03단	復興の新春を迎へて/京鐵局長安東又三郎氏談
113614	鮮滿版	1924/1/8	04단	國有林野貸付內鮮人競願問題穩健な解決を希望す/朝鮮人有力者談
113615	鮮滿版	1924/1/8	04단	半島財經(1)/一日子
113616	鮮滿版	1924/1/8	05단	富田儀作氏殖産獎勵を說く(上)
113617	鮮滿版	1924/1/9	01단	露國の鼠のお話/前露國領事スコロドフモフ氏談
113618	鮮滿版	1924/1/9	01단	鮮童のお正月遊び
113619	鮮滿版	1924/1/9	02단	朝鮮私鐵の豫定線成績は良好
113620	鮮滿版	1924/1/9	03단	滿洲露領へ朝鮮物産の輸出計劃

일련번호	판명	간행일	단수	기사명
113621	鮮滿版	1924/1/9	03단	鮮米の移出增加
113622	鮮滿版	1924/1/9	03단	朝鮮物産內地移出增加
113623	鮮滿版	1924/1/9	04단	半島財經(２)/一日子
113624	鮮滿版	1924/1/9	04단	朝鮮棉花狀況
113625	鮮滿版	1924/1/9	04단	富田儀作氏殖産獎勵を說く(下)
113626	鮮滿版	1924/1/9	05단	守備隊の撤去は未確定
113627	鮮滿版	1924/1/9	05단	事實怪談/一分一厘違はぬ夫が二人/古鼠の所爲
113628	鮮滿版	1924/1/9	06단	半島茶話
113629	鮮滿版	1924/1/10	01단	鼠の松に絡まる奇しき傳說/ツー・エンド・フォアー生
113630	鮮滿版	1924/1/10	01단	平壤と鎭南浦を朝鮮の大阪と神戶に發達せしむる方策/平安南道內務部長渡邊忍氏談
113631	鮮滿版	1924/1/10	01단	春宵語(三)/SPR
113632	鮮滿版	1924/1/10	04단	全南道評議會
113633	鮮滿版	1924/1/10	04단	各地より(全州より)
113634	鮮滿版	1924/1/10	04단	魔除けの貼紙
113635	鮮滿版	1924/1/10	05단	江畔漫言
113636	鮮滿版	1924/1/10	06단	表彰された全南の孝子節婦
113637	鮮滿版	1924/1/11	01단	齋藤總督の新舊內閣評
113638	鮮滿版	1924/1/11	01단	平靜な朝鮮財界
113639	鮮滿版	1924/1/11	01단	北鮮特産試賣到る所好績本年も續行
113640	鮮滿版	1924/1/11	01단	半島財經(３)/一日子
113641	鮮滿版	1924/1/11	02단	朝鮮海運界幾分活況/併し一時的か
113642	鮮滿版	1924/1/11	02단	全南道評議會
113643	鮮滿版	1924/1/11	03단	全鮮の領事其他更迭三月末に
113644	鮮滿版	1924/1/11	03단	淸津港貿易高/二千二百三十八萬餘圓
113645	鮮滿版	1924/1/11	03단	豆滿江に水電/滿鐵で經營
113646	鮮滿版	1924/1/11	04단	東拓支店貸出
113647	鮮滿版	1924/1/11	04단	會社銀行(殖銀の配當力分)
113648	鮮滿版	1924/1/11	04단	師團たより
113649	鮮滿版	1924/1/11	04단	羅南より
113650	鮮滿版	1924/1/11	04단	新春語
113651	鮮滿版	1924/1/11	05단	京鐵局だより
113652	鮮滿版	1924/1/11	05단	排日と市民大會
113653	鮮滿版	1924/1/11	05단	轢死事件

일련번호	판명	간행일	단수	기사명
113654	鮮滿版	1924/1/11	05단	消防出初式
113655	鮮滿版	1924/1/11	06단	年頭寸景(一)/われには許せ
113656	鮮滿版	1924/1/11	06단	運動界(記念グラウンド/全鮮卓球大會)
113657	鮮滿版	1924/1/11	06단	人(齋藤實氏(朝鮮總督)/大塚常三郎氏(本府內務局長)
113658	鮮滿版	1924/1/11	06단	半島茶話
113659	鮮滿版	1924/1/12	01단	十箇所を程度として新設される郵便所
113660	鮮滿版	1924/1/12	01단	電信電話整備費と急設工事
113661	鮮滿版	1924/1/12	01단	全北道評議會
113662	鮮滿版	1924/1/12	02단	主要國稅納期と納稅思想鼓吹
113663	鮮滿版	1924/1/12	03단	繩叭製産過剰と米穀商に供給交渉
113664	鮮滿版	1924/1/12	04단	地稅徵收良好
113665	鮮滿版	1924/1/12	04단	商務役員改選
113666	鮮滿版	1924/1/12	04단	安東道路改修
113667	鮮滿版	1924/1/12	04단	新義州府尹錦織氏辭表提出
113668	鮮滿版	1924/1/12	04단	京城組銀帳尻
113669	鮮滿版	1924/1/12	05단	金融組合新設
113670	鮮滿版	1924/1/12	05단	會社銀行(新義州穀物信託會社)
113671	鮮滿版	1924/1/12	05단	各地より(平壤より/釜山より)
113672	鮮滿版	1924/1/12	05단	年頭寸景(二)/さようなら上野さん
113673	鮮滿版	1924/1/12	05단	釜山府の記念事業/兒童博物館の希望
113674	鮮滿版	1924/1/12	06단	效果甚大な松毛蟲驅除法
113675	鮮滿版	1924/1/12	06단	詔書趣旨徹底の講演會開催
113676	鮮滿版	1924/1/12	06단	まだ捕はれぬ行金強奪のピストル強盜
113677	鮮滿版	1924/1/12	06단	新春閑話
113678	鮮滿版	1924/1/13	01단	結局學科を減ずるか/入學試驗廢止問題
113679	鮮滿版	1924/1/13	01단	朝鮮の奉祝と催物/御成婚當日
113680	鮮滿版	1924/1/13	01단	河川航路の必要と調査
113681	鮮滿版	1924/1/13	01단	黃海道地方費豫算
113682	鮮滿版	1924/1/13	02단	豫算に計上された二學校
113683	鮮滿版	1924/1/13	02단	大邱府豫算
113684	鮮滿版	1924/1/13	02단	黃海道評議會
113685	鮮滿版	1924/1/13	02단	朝鮮兩支店航路補助費延期
113686	鮮滿版	1924/1/13	03단	西原借款の一部解決の噂と鮮銀
113687	鮮滿版	1924/1/13	03단	福岡縣に榮轉した本庄警察部長と後任者

일련번호	판명	간행일	단수	기사명
113688	鮮滿版	1924/1/13	03단	大邱經濟界
113689	鮮滿版	1924/1/13	03단	模範農村に組合組織で精米もやらす計劃
113690	鮮滿版	1924/1/13	04단	米籾出廻多し
113691	鮮滿版	1924/1/13	04단	咸南道の桑害蟲
113692	鮮滿版	1924/1/13	04단	專門學校の入學試驗期日
113693	鮮滿版	1924/1/13	04단	咸南では生徒に桑苗育成を奬勵/成績逐年良好
113694	鮮滿版	1924/1/13	05단	會社銀行(漢一銀行總會/海東銀行配當)
113695	鮮滿版	1924/1/13	05단	年頭寸景(三)/或交換姬の獨語
113696	鮮滿版	1924/1/13	05단	錦山の害獸狩
113697	鮮滿版	1924/1/13	05단	支那官憲の發行物取締と不逞者の運動
113698	鮮滿版	1924/1/13	05단	新春の藝術界
113699	鮮滿版	1924/1/13	06단	運動界(全鮮スケート大會/全鮮卓球大會)
113700	鮮滿版	1924/1/13	06단	人(菊池軍司令官/施履本氏(支那駐日公使)/石崎賴久氏(新任京鐵局庶務課長)
113701	鮮滿版	1924/1/13	06단	半島茶話
113702	鮮滿版	1924/1/15	01단	京城の社會的施設目下當局で調査中
113703	鮮滿版	1924/1/15	01단	京城學校費豫算
113704	鮮滿版	1924/1/15	01단	除隊兵延期愈解除
113705	鮮滿版	1924/1/15	01단	羅南中學開校と寄附金
113706	鮮滿版	1924/1/15	01단	御召列車の切斷理由不明と某有力者談
113707	鮮滿版	1924/1/15	01단	春宵語(四)/SPR
113708	鮮滿版	1924/1/15	02단	會社銀行(漢城銀行決算)
113709	鮮滿版	1924/1/15	02단	安東の貨車入換ヤード移轉は一寸困難
113710	鮮滿版	1924/1/15	03단	各地より(光州より/咸興より/馬山より)
113711	鮮滿版	1924/1/15	04단	火災頻出と釜山の防火
113712	鮮滿版	1924/1/15	04단	圖書館建設/平壤の記念事業
113713	鮮滿版	1924/1/15	04단	騎兵耐寒行軍
113714	鮮滿版	1924/1/15	04단	火田民取締で猪が增加した
113715	鮮滿版	1924/1/15	05단	年頭寸景(四)/車屋行けッ!行けッ
113716	鮮滿版	1924/1/15	05단	實父母實弟等六名を殺す
113717	鮮滿版	1924/1/15	05단	平壤の猩紅熱益蔓延の兆あり
113718	鮮滿版	1924/1/15	05단	釜山の藝妓健診復活
113719	鮮滿版	1924/1/15	06단	慶北の小作爭議
113720	鮮滿版	1924/1/15	06단	婦人互禮會

일련번호	판명	간행일	단수	기사명
113721	鮮滿版	1924/1/15	06단	半島茶話
113722	鮮滿版	1924/1/16	01단	入學試驗は學科限定/總督府の天下り案
113723	鮮滿版	1924/1/16	01단	展望車と汽動車/京鐵局長江藤運轉課長談
113724	鮮滿版	1924/1/16	01단	間島の近況(上)/渡邊生
113725	鮮滿版	1924/1/16	02단	上三峰滯貨
113726	鮮滿版	1924/1/16	02단	鮮支貿易調査員派遣
113727	鮮滿版	1924/1/16	03단	朝鮮留學生寄宿舍改築
113728	鮮滿版	1924/1/16	03단	安東高女建築/解氷時に着工
113729	鮮滿版	1924/1/16	04단	甛菜獎勵方針
113730	鮮滿版	1924/1/16	04단	生牛平均相場
113731	鮮滿版	1924/1/16	04단	朝鮮視察に來た櫻井中佐語る
113732	鮮滿版	1924/1/16	05단	京畿道署長異動
113733	鮮滿版	1924/1/16	05단	署長に功勞記章
113734	鮮滿版	1924/1/16	05단	圖書館へ寄附
113735	鮮滿版	1924/1/16	05단	咸興より
113736	鮮滿版	1924/1/16	05단	滿鐵沿線の消費組合撤廢論擡頭
113737	鮮滿版	1924/1/16	06단	本紙小說燃ゆる渦卷京城にて上映
113738	鮮滿版	1924/1/16	06단	生首の噂をした流言者嚴探
113739	鮮滿版	1924/1/16	06단	會(旅客會議)
113740	鮮滿版	1924/1/16	06단	人(岡大佐(軍高級參謀)/櫻井中佐(肉彈著者))
113741	鮮滿版	1924/1/16	06단	半島茶話
113742	鮮滿版	1924/1/17	01단	春宵語(五)/SPR
113743	鮮滿版	1924/1/17	01단	釜山の水道遷延と民營論/府當局曰く/『負擔に堪へられるか』
113744	鮮滿版	1924/1/17	01단	京鐵局豫算/富田經理課長語る
113745	鮮滿版	1924/1/17	02단	新安州市民の財務署爭奪
113746	鮮滿版	1924/1/17	02단	若松校再築問題
113747	鮮滿版	1924/1/17	02단	衛生を基とした都市計劃が必要/京城府技師樋下田謙治郎氏(寄)
113748	鮮滿版	1924/1/17	04단	滯貨の對策/貿易商の希望
113749	鮮滿版	1924/1/17	04단	無盡會社認可
113750	鮮滿版	1924/1/17	04단	東京へ廠材賣込
113751	鮮滿版	1924/1/17	04단	全南鐵道踏査
113752	鮮滿版	1924/1/17	05단	間島の近況(下)/渡邊生
113753	鮮滿版	1924/1/17	06단	校長が卒業生の賣附旅行/卒業生の賣行悲觀
113754	鮮滿版	1924/1/17	06단	叺入の大豆が定量から減ってゐる/檢查の粗漏か拔荷か調査中

일련번호	판명	간행일	단수	기사명
113755	鮮滿版	1924/1/18	01단	鮮人學童增加と公普校新築方法
113756	鮮滿版	1924/1/18	01단	體育獎勵の補助金を豫算に計上
113757	鮮滿版	1924/1/18	01단	平壤驛擴張問題/急速解決の要あり
113758	鮮滿版	1924/1/18	01단	春宵語(六)/SPR
113759	鮮滿版	1924/1/18	02단	朝鮮水産會本年の事業/樫谷副會長語る
113760	鮮滿版	1924/1/18	02단	北鮮と裏日本通商有望
113761	鮮滿版	1924/1/18	03단	平壤商議新會頭確定
113762	鮮滿版	1924/1/18	03단	滯貨と積出制限
113763	鮮滿版	1924/1/18	03단	元山金融狀況
113764	鮮滿版	1924/1/18	04단	大邱の銀行成績
113765	鮮滿版	1924/1/18	04단	朝鮮米も政府買上米に組入れの運動
113766	鮮滿版	1924/1/18	04단	衛成病院の近狀/篠田病院長談
113767	鮮滿版	1924/1/18	05단	北鮮水産の魚市場賣揚高
113768	鮮滿版	1924/1/18	05단	朝鮮鐵の借入
113769	鮮滿版	1924/1/18	05단	京都の記念博に朝鮮館設立
113770	鮮滿版	1924/1/18	05단	洋襪工の競技會
113771	鮮滿版	1924/1/18	06단	スケーチングが危險な程の暖かさ
113772	鮮滿版	1924/1/18	06단	大邱府の無料宿泊所大新洞に決定
113773	鮮滿版	1924/1/18	06단	海嘯被害民大擧郡廳に押寄せ救濟を願出る
113774	鮮滿版	1924/1/18	06단	運動界(氷上選手權競技大會)
113775	鮮滿版	1924/1/19	01단	半島財經(４)/一日子
113776	鮮滿版	1924/1/19	01단	朝鮮に於ける保險會社の競爭と鮮人生命保險の實狀
113777	鮮滿版	1924/1/19	01단	水害罹災民副業好績
113778	鮮滿版	1924/1/19	01단	家畜大市場を本年は各地に開催の計劃
113779	鮮滿版	1924/1/19	02단	朝鮮帝大豫科本館竣成/四月より開校
113780	鮮滿版	1924/1/19	02단	鎭南浦豫算
113781	鮮滿版	1924/1/19	03단	光州の記念事業
113782	鮮滿版	1924/1/19	03단	衛生試驗所充實
113783	鮮滿版	1924/1/19	03단	羅南より
113784	鮮滿版	1924/1/19	04단	國立圖書館三月落成
113785	鮮滿版	1924/1/19	04단	守備隊も憲兵隊も撤退中止
113786	鮮滿版	1924/1/19	04단	早婚の弊を除去に努力/順天地方では離婚して入學
113787	鮮滿版	1924/1/19	04단	春の溫泉場(一)/東萊溫泉
113788	鮮滿版	1924/1/19	05단	生首事件は冗談から/巫山戲た電話交換手

일련번호	판명	긴행일	단수	기사명
113789	鮮滿版	1924/1/19	05단	拘束中の者を大擧取戻に押寄す/小作爭議が原因
113790	鮮滿版	1924/1/19	06단	會(道府郡島屬講習會/專賣局出張所披露)
113791	鮮滿版	1924/1/19	06단	人(菊池軍司令官/石崎京鐵局庶務課長/ア·トロィッキー氏(清津露國領事/李支那外務員)
113792	鮮滿版	1924/1/19	06단	半島茶話
113793	鮮滿版	1924/1/20	01단	春宵語(七)/SPR
113794	鮮滿版	1924/1/20	01단	朝鮮財政調査會開會/有吉總監の告示
113795	鮮滿版	1924/1/20	01단	總督の主旨通り學科限定に決した釜山府內の入學試驗
113796	鮮滿版	1924/1/20	01단	平壤に試驗所支所設置要望と民間側の冷淡
113797	鮮滿版	1924/1/20	01단	全北評議會
113798	鮮滿版	1924/1/20	02단	活況を呈する清津金融組合
113799	鮮滿版	1924/1/20	02단	平安水産役員會
113800	鮮滿版	1924/1/20	02단	大邱の財務署設置箇所
113801	鮮滿版	1924/1/20	03단	各地より(釜山より/全州より)
113802	鮮滿版	1924/1/20	03단	倭城臺雜記
113803	鮮滿版	1924/1/20	04단	釜山の鮮人女子向學心勃興/女子高普設置の議
113804	鮮滿版	1924/1/20	04단	春の溫泉場(二)/海雲臺
113805	鮮滿版	1924/1/20	05단	釜山の記念事業四月まで延期
113806	鮮滿版	1924/1/20	05단	記念博出品
113807	鮮滿版	1924/1/20	05단	賊團を襲擊/警官一名斃れたが遂に賊四名を斃す
113808	鮮滿版	1924/1/20	06단	孫占元刺さる
113809	鮮滿版	1924/1/20	06단	金時計を賣步く怪支那人は橫濱の逃走囚
113810	鮮滿版	1924/1/20	06단	會(滿鐵私學會)
113811	鮮滿版	1924/1/20	06단	人(齋藤實氏(朝鮮總督)/丸山鶴吉氏(警務局長)/新庄祐二郎氏(福岡警察部長)/田中武雄氏(總督府事務官))
113812	鮮滿版	1924/1/20	06단	半島茶話
113813	鮮滿版	1924/1/22	01단	鴨綠江水電調査/五萬馬力電力箇所發見
113814	鮮滿版	1924/1/22	01단	前途有望な朝鮮の機業/官民協力で改善が必要
113815	鮮滿版	1924/1/22	01단	大邱米移出狀況
113816	鮮滿版	1924/1/22	01단	春の溫泉場(三)/溫陽溫泉
113817	鮮滿版	1924/1/22	02단	製炭輸送難
113818	鮮滿版	1924/1/22	03단	達城郡の造林
113819	鮮滿版	1924/1/22	03단	苹果調査囑託
113820	鮮滿版	1924/1/22	03단	會社銀行(京城組銀成績)

일련번호	판명	간행일	단수	기사명
113821	鮮滿版	1924/1/22	03단	龍山より
113822	鮮滿版	1924/1/22	03단	倭城臺雜記
113823	鮮滿版	1924/1/22	04단	半島財經(5)/一日子
113824	鮮滿版	1924/1/22	04단	總督府高等警察課長に榮進の田中武雄氏
113825	鮮滿版	1924/1/22	04단	財界不況にて群小事業會社の前途/一般の注意を惹く
113826	鮮滿版	1924/1/22	04단	勤務演習期日
113827	鮮滿版	1924/1/22	04단	鴨綠江にも完全な結氷を見ぬ/珍らしい暖かさ
113828	鮮滿版	1924/1/22	05단	京城の淸酒消費量逐年增加
113829	鮮滿版	1924/1/22	06단	極貧救濟調査
113830	鮮滿版	1924/1/22	06단	京鐵局たより
113831	鮮滿版	1924/1/22	06단	運動界(スケート選手權大會準備/萬國大會出場/鮮內野球界寂寥/スケート大會派遣)
113832	鮮滿版	1924/1/23	01단	半島財經(2)/一日子
113833	鮮滿版	1924/1/23	01단	地方區補助制度は不可能/岩本地方事務所長談
113834	鮮滿版	1924/1/23	01단	國境監視所四十箇所計劃
113835	鮮滿版	1924/1/23	01단	春の溫泉場(四)/儒城溫泉
113836	鮮滿版	1924/1/23	02단	滿洲を繼子扱ひされるのも困る/川口關東廳事務總長談
113837	鮮滿版	1924/1/23	03단	慶北造林事業
113838	鮮滿版	1924/1/23	03단	安東領事館昇格實現希望
113839	鮮滿版	1924/1/23	03단	國際列車廢止と佐藤鐵道事務所長談
113840	鮮滿版	1924/1/23	04단	轉任に深い意味はないよ/新任福岡縣警察部長語る
113841	鮮滿版	1924/1/23	04단	滿銀の紛糾につき藤平氏語る
113842	鮮滿版	1924/1/23	04단	平南廳の事務代決規定
113843	鮮滿版	1924/1/23	04단	大邱太刀洗間飛行準備
113844	鮮滿版	1924/1/23	05단	安東の奉祝次第/陸軍の奉祝/大邱の奉祝/奉祝獻上品
113845	鮮滿版	1924/1/23	05단	羅州で大虎捕獲
113846	鮮滿版	1924/1/23	05단	馬の鼻加答兒陸軍馬補充部に發生
113847	鮮滿版	1924/1/23	06단	橋梁起工祝賀
113848	鮮滿版	1924/1/23	06단	人面牛身の牛兒
113849	鮮滿版	1924/1/23	06단	運動界(安東スケート大會は併合して開會/記念グラウンド/全鮮競技大會/陸上對抗競技會)
113850	鮮滿版	1924/1/23	06단	人(長野幹氏(總督府學務局長)/水間義繼氏(殖銀大阪出張所長)/石川登盛氏(總督府保安課長))
113851	鮮滿版	1924/1/23	06단	半島茶話

일련번호	판명	간행일	단수	기사명
113852	鮮滿版	1924/1/24	01단	半島財經(7)/一日子
113853	鮮滿版	1924/1/24	01단	朝鮮人蔘收穫高
113854	鮮滿版	1924/1/24	01단	大邱の都市計遂行のため公職者の協議
113855	鮮滿版	1924/1/24	01단	春の溫泉場(五)/龍崗溫泉
113856	鮮滿版	1924/1/24	02단	流言に困る柞蠶飼育地
113857	鮮滿版	1924/1/24	03단	東拓の移民嚴選
113858	鮮滿版	1924/1/24	03단	普校設立方針
113859	鮮滿版	1924/1/24	03단	粟消費增加
113860	鮮滿版	1924/1/24	04단	*馬山の奉祝次第/清津府の奉祝*
113861	鮮滿版	1924/1/24	04단	專賣煙草賣高
113862	鮮滿版	1924/1/24	04단	農校卒業生方向
113863	鮮滿版	1924/1/24	04단	幼稚園增築
113864	鮮滿版	1924/1/24	04단	警察部更迭調查
113865	鮮滿版	1924/1/24	05단	各地より(馬山より)
113866	鮮滿版	1924/1/24	05단	釜山の公會堂/愈近く着工
113867	鮮滿版	1924/1/24	05단	上海靑島と淸津浦潮間を支那汽船の活動
113868	鮮滿版	1924/1/24	05단	除隊兵の淸津出發期
113869	鮮滿版	1924/1/24	06단	不正繭混入は平壤商人の手でない/調査した結果
113870	鮮滿版	1924/1/24	06단	女教員や婦人で釜山の猩紅熱/豫防宣傳
113871	鮮滿版	1924/1/24	06단	兇賊韓玉山
113872	鮮滿版	1924/1/24	06단	半島茶話
113873	鮮滿版	1924/1/25	01단	李堈公殿下御入京
113874	鮮滿版	1924/1/25	01단	植林上の二發見/良樹種と播種法
113875	鮮滿版	1924/1/25	01단	朝鮮の預金增加
113876	鮮滿版	1924/1/25	01단	水稻種更新
113877	鮮滿版	1924/1/25	01단	朝鮮大學豫科五月に開校式
113878	鮮滿版	1924/1/25	02단	平壤小學新築決定
113879	鮮滿版	1924/1/25	02단	拂下地で機械耕作開始
113880	鮮滿版	1924/1/25	02단	復興材品質粗惡抗議
113881	鮮滿版	1924/1/25	03단	舊歲末財界
113882	鮮滿版	1924/1/25	03단	朝鮮の燃料と褐炭利用の急務
113883	鮮滿版	1924/1/25	03단	防火區域設定を釜山署から釜山府へ
113884	鮮滿版	1924/1/25	03단	御慶事記念に簡易圖書館やら子供研究會
113885	鮮滿版	1924/1/25	04단	釜山鎭有志が朝紡復興要望の決議文を可決

일련번호	판명	간행일	단수	기사명
113886	鮮滿版	1924/1/25	04단	*客月中の兩橫斷航路貿易比較/鐵嶺新兵入營*
113887	鮮滿版	1924/1/25	04단	御祝典と警務局の警戒
113888	鮮滿版	1924/1/25	05단	勤續小使表彰
113889	鮮滿版	1924/1/25	05단	牛肺疫蔓延
113890	鮮滿版	1924/1/25	05단	日貨使用禁止は勞農政府の猾手段
113891	鮮滿版	1924/1/25	05단	學校組合管理者獵銃で脚を射らる
113892	鮮滿版	1924/1/25	05단	近く開かんとする朝鮮勞農大會/當局は解散方針
113893	鮮滿版	1924/1/25	06단	發動機船衝突/船人夫溺死す
113894	鮮滿版	1924/1/25	06단	高商外語劇
113895	鮮滿版	1924/1/25	06단	運動界(全鮮卓球大會/ゴルフリンク計劃)
113896	鮮滿版	1924/1/25	06단	會(龍山信用組合總會)
113897	鮮滿版	1924/1/25	06단	人(河村靜水氏(淸津法院檢事正)/木村淸津府尹/岡朝鮮軍高級參謀)
113898	鮮滿版	1924/1/26	01단	朝鮮の小學校では生徒に新聞讀むことを許す/大朝の讀者が一番多い
113899	鮮滿版	1924/1/26	01단	平壤新義州間電話着工十三年度計劃
113900	鮮滿版	1924/1/26	01단	自給自足の出來ぬ朝鮮産鹽と東拓天日鹽の有望
113901	鮮滿版	1924/1/26	01단	御成婚を奉祝する小學校兒童の文章(御成こんの歌/御慶典に就て/皇太子殿下の御成婚)
113902	鮮滿版	1924/1/26	02단	平壤府協議會
113903	鮮滿版	1924/1/26	02단	黃海道評議會
113904	鮮滿版	1924/1/26	03단	京城府の土地賣却/諸建設費に充當
113905	鮮滿版	1924/1/26	03단	平壤通關貿易
113906	鮮滿版	1924/1/26	04단	國境方面視察談/岡朝鮮軍高級參謀
113907	鮮滿版	1924/1/26	04단	平南の商取引不正事件に就て奧田氏語る
113908	鮮滿版	1924/1/26	04단	朝鮮の高い山
113909	鮮滿版	1924/1/26	05단	全州の奉祝
113910	鮮滿版	1924/1/26	05단	經費に窮した大邱常成會を建築組合が後援
113911	鮮滿版	1924/1/26	05단	殆ど撲滅した馬の鼻疽病
113912	鮮滿版	1924/1/26	05단	記念博出品
113913	鮮滿版	1924/1/26	06단	除隊兵日程
113914	鮮滿版	1924/1/26	06단	國境對岸の移住鮮人を脅す不逞團
113915	鮮滿版	1924/1/26	06단	不逞者捕はる
113916	鮮滿版	1924/1/26	06단	漢江のスケーツィング
113917	鮮滿版	1924/1/26	06단	人(京城覆審法院長城數馬氏)

일련번호	판명	간행일	단수	기사명
113918	鮮滿版	1924/1/27	01단	半島財經(8)/一日子
113919	鮮滿版	1924/1/27	01단	安東の瓦斯本秋迄に完成
113920	鮮滿版	1924/1/27	01단	平壤府協議會
113921	鮮滿版	1924/1/27	01단	石川義一氏の音樂講演(上)
113922	鮮滿版	1924/1/27	02단	元山府豫算
113923	鮮滿版	1924/1/27	03단	朝鮮の會議所賦課率
113924	鮮滿版	1924/1/27	03단	平安師範移轉
113925	鮮滿版	1924/1/27	04단	寫眞說明/第二回大同江スケート大會全景
113926	鮮滿版	1924/1/27	04단	新穀出廻旺盛
113927	鮮滿版	1924/1/27	04단	清津の無盡會社好況
113928	鮮滿版	1924/1/27	05단	清津漁況不振
113929	鮮滿版	1924/1/27	05단	各地より(龍山より)
113930	鮮滿版	1924/1/27	05단	奉祝日の龍山
113931	鮮滿版	1924/1/27	06단	京都都踊の賣店で朝鮮特産販賣
113932	鮮滿版	1924/1/27	06단	憲兵隊創設記念日祝賀會
113933	鮮滿版	1924/1/27	06단	國境の暖氣結氷は例年の半分
113934	鮮滿版	1924/1/27	06단	運動界(大同江上スケート大會)
113935	鮮滿版	1924/1/27	06단	人(四元道議員/長尾憲兵少佐)
113936	鮮滿版	1924/1/29	01단	朝鮮に産業組合法令發布の急務
113937	鮮滿版	1924/1/29	01단	平壤に財務監督局の設置を見ん
113938	鮮滿版	1924/1/29	01단	米棉高と産地好況
113939	鮮滿版	1924/1/29	01단	平壤府協議會明年度豫算可決
113940	鮮滿版	1924/1/29	02단	濟州と阪神貿易
113941	鮮滿版	1924/1/29	02단	全南棉花盛出
113942	鮮滿版	1924/1/29	03단	全南改良海苔
113943	鮮滿版	1924/1/29	03단	朝鮮線にも移動警察が半箇年後には出來る
113944	鮮滿版	1924/1/29	03단	半田軍曹機意外の功名を樹つ/國境耐寒飛行に方向を誤って
113945	鮮滿版	1924/1/29	04단	御成婚記念に記念燈設置
113946	鮮滿版	1924/1/29	04단	兒童圖書館記念に新設
113947	鮮滿版	1924/1/29	05단	記念に體育協會
113948	鮮滿版	1924/1/29	05단	連絡船に釧路丸?
113949	鮮滿版	1924/1/29	05단	安義間の汽動車運轉は四月一日から
113950	鮮滿版	1924/1/29	05단	圖們鐵大汗で活動
113951	鮮滿版	1924/1/29	05단	安東神社は鎭江山の豫定地へ移轉する

일련번호	판명	간행일	단수	기사명
113952	鮮滿版	1924/1/29	06단	京城の鮮人間に朝鮮革新黨組織
113953	鮮滿版	1924/1/29	06단	鮮人斷髮續出
113954	鮮滿版	1924/1/29	06단	結氷率が低いので採氷業者苦しむ鴨綠江下流から採取
113955	鮮滿版	1924/1/29	06단	酒類密造檢擧
113956	鮮滿版	1924/1/29	06단	運動界(平壤體協活動)
113957	鮮滿版	1924/1/29	06단	會(修養團鍛鍊會/朝鮮佛教總會)
113958	鮮滿版	1924/1/29	06단	人(新庄祐二郎氏(福岡縣警察部長))
113959	鮮滿版	1924/1/30	01단	半島財經(９)/一日子
113960	鮮滿版	1924/1/30	01단	御成婚奉祝其日の京城
113961	鮮滿版	1924/1/30	01단	春の溫泉場(六)/溫井里湯泉
113962	鮮滿版	1924/1/30	02단	毎年水害に悩む二村洞民の築堤要望/府當局と協議會へ
113963	鮮滿版	1924/1/30	03단	殖銀に融通
113964	鮮滿版	1924/1/30	03단	石川義一氏の音樂講演(下)
113965	鮮滿版	1924/1/30	04단	憲兵司令部の內祝
113966	鮮滿版	1924/1/30	04단	京鐵局たより
113967	鮮滿版	1924/1/30	04단	驛と驛との連絡に司令電話/朝鮮線の計劃
113968	鮮滿版	1924/1/30	04단	平南の記念植樹
113969	鮮滿版	1924/1/30	05단	淸津刑務所の恩典に浴する囚人二百八十九名/永同浦刑務所は二百八十一名
113970	鮮滿版	1924/1/30	05단	平壤牛を敦賀へ
113971	鮮滿版	1924/1/30	05단	滯納者五百人元山府尹公告す
113972	鮮滿版	1924/1/30	06단	山淸郡にても不正衡器發見
113973	鮮滿版	1924/1/30	06단	半島茶話
113974	鮮滿版	1924/1/31	01단	春宵語(八)/SPR
113975	鮮滿版	1924/1/31	01단	安東木材業者免稅繼續を當局に要望
113976	鮮滿版	1924/1/31	01단	水電事業前途祝福/鴨綠江調査一行
113977	鮮滿版	1924/1/31	01단	春の溫泉場(七)/朱乙溫泉
113978	鮮滿版	1924/1/31	02단	間島近信
113979	鮮滿版	1924/1/31	03단	府尹後任
113980	鮮滿版	1924/1/31	04단	京城府有地借地人組合へ拂下げられん
113981	鮮滿版	1924/1/31	05단	莚繩叺製造機を記念事業に購入/鮮人貧農に配布
113982	鮮滿版	1924/1/31	05단	記念に圖書館
113983	鮮滿版	1924/1/31	05단	公州商人を苦める道廳共同購買會
113984	鮮滿版	1924/1/31	05단	御慶事と釜山刑務所

일련번호	판명	간행일	단수	기사명
113985	鮮滿版	1924/1/31	06단	鮮鐵大邱出張所員の不正事件發覺/關係者取調中
113986	鮮滿版	1924/1/31	06단	遞送人の眼に蕃椒を摺込み郵便行囊を奪ふ
113987	鮮滿版	1924/1/31	06단	半島茶話

1924년 2월 (선만판)

일련번호	판명	간행일	단수	기사명
113988	鮮滿版	1924/2/1	01단	半島財經(10)/不備生
113989	鮮滿版	1924/2/1	01단	表彰された社會事業の功勞者
113990	鮮滿版	1924/2/1	01단	有吉總監談
113991	鮮滿版	1924/2/1	02단	寫眞說明
113992	鮮滿版	1924/2/1	02단	元山驛貨物況
113993	鮮滿版	1924/2/1	03단	對岸各府縣の經濟調査
113994	鮮滿版	1924/2/1	03단	朝鮮各地在米
113995	鮮滿版	1924/2/1	03단	淸津木材商況/浦潮出材見込
113996	鮮滿版	1924/2/1	03단	毛織輸入增加
113997	鮮滿版	1924/2/1	04단	耐寒飛行を終って堀隊長語る
113998	鮮滿版	1924/2/1	04단	各地より(新義州より)
113999	鮮滿版	1924/2/1	04단	野外勞働の求職者多く/人事相談所繁忙
114000	鮮滿版	1924/2/1	04단	恩赦に感泣大邱刑務所/千人近く恩典に浴した平壤刑務所
114001	鮮滿版	1924/2/1	04단	靜寂の二村洞を飾るナムサンコンサンの由來(上)/龍山N生
114002	鮮滿版	1924/2/1	05단	守備隊復活要望の聲
114003	鮮滿版	1924/2/1	05단	蚤と虱狩をして發疹チブス豫防
114004	鮮滿版	1924/2/1	05단	運動界(女子卓球大會/七十聯隊運動會)
114005	鮮滿版	1924/2/1	06단	人(ア、トロイツキー氏(淸津露領事))
114006	鮮滿版	1924/2/1	06단	半島茶話
114007	鮮滿版	1924/2/2	01단	半島財經(11)/不備生
114008	鮮滿版	1924/2/2	01단	國境方面の警備狀況視察談
114009	鮮滿版	1924/2/2	02단	今後朝鮮として考へる事/有吉總監談
114010	鮮滿版	1924/2/2	03단	金融組合帳尻
114011	鮮滿版	1924/2/2	03단	共産會側の經費支出に就て丹羽勸業課長語る
114012	鮮滿版	1924/2/2	04단	各地より(大田より)
114013	鮮滿版	1924/2/2	04단	表彰された社會事業功勞者事續
114014	鮮滿版	1924/2/2	04단	靜寂の二村洞を飾るナムサンコンサンの由來(中)/龍山N生
114015	鮮滿版	1924/2/2	05단	逝いた長谷川元帥の反面/小泉軍通譯官談
114016	鮮滿版	1924/2/2	06단	入會者續出の朝鮮國民協會
114017	鮮滿版	1924/2/3	01단	大邱太刀洗間連絡飛行準備完成
114018	鮮滿版	1924/2/3	01단	元山商議豫算
114019	鮮滿版	1924/2/3	01단	金融組合新設
114020	鮮滿版	1924/2/3	01단	歐米土産談/京鐵局大田勤務今泉氏談
114021	鮮滿版	1924/2/3	01단	半島財經(12)/不備生
114022	鮮滿版	1924/2/3	02단	會社銀行(朝鮮鐵道總會)
114023	鮮滿版	1924/2/3	02단	恩赦に浴した內鮮人 朝鮮で一萬四千/恩赦令と新義州刑務所
114024	鮮滿版	1924/2/3	03단	重要物産品評十一月金泉で開く
114025	鮮滿版	1924/2/3	03단	釜山に有力な美術展覽會開催の計劃

일련번호	판명	간행일	단수	기사명
114026	鮮滿版	1924/2/3	04단	靜寂の二村洞を飾るナムサンコンサンの由來(下)/龍山N生
114027	鮮滿版	1924/2/3	04단	釜山公會堂は八月中に竣工豫定
114028	鮮滿版	1924/2/3	04단	記念博出品者に汽車賃割引
114029	鮮滿版	1924/2/3	04단	花の日會賣揚金の使途
114030	鮮滿版	1924/2/3	04단	元山府の海面埋立事業十三年度より起工
114031	鮮滿版	1924/2/3	05단	御成婚記念に櫻桐樹を植栽
114032	鮮滿版	1924/2/3	05단	看護卒表彰さる轢傷者を助けて
114033	鮮滿版	1924/2/3	05단	海外不逞團の情報は皆嘘八百/馬鹿々々しい至り
114034	鮮滿版	1924/2/3	06단	閑散であった朝鮮勞農準備會
114035	鮮滿版	1924/2/3	06단	運動界(滿鮮スケート大會)
114036	鮮滿版	1924/2/3	06단	人(有吉忠一氏(政務總監))
114037	鮮滿版	1924/2/5	01단	滿洲視察所感(上)/黃海道道評議會員穗阪秀一氏(寄)
114038	鮮滿版	1924/2/5	01단	京城府會計豫算
114039	鮮滿版	1924/2/5	01단	關東廳の警官增員
114040	鮮滿版	1924/2/5	01단	米國總領事の內鮮時局談
114041	鮮滿版	1924/2/5	02단	議會解散と咸北道の影響
114042	鮮滿版	1924/2/5	02단	橫斷航路の業績
114043	鮮滿版	1924/2/5	02단	三線聯合旅客會議に就て/京鐵局岡田營業課長談
114044	鮮滿版	1924/2/5	03단	拂下決定場所
114045	鮮滿版	1924/2/5	04단	榮轉か洋行か/藤原警察部長
114046	鮮滿版	1924/2/5	04단	三線旅客會議
114047	鮮滿版	1924/2/5	04단	各地より(會寧より)
114048	鮮滿版	1924/2/5	04단	多大の感謝で迎へられて居る御慶事活寫/大邱の盛況
114049	鮮滿版	1924/2/5	05단	滿洲まで飛過ぎた半田軍曹語る/强風に地圖を奪はれた
114050	鮮滿版	1924/2/5	05단	遭難漁船は九隻/乘組員五十四名
114051	鮮滿版	1924/2/5	05단	迎日灣の海難
114052	鮮滿版	1924/2/5	05단	物騷な安東/强盜頻出と自衛團
114053	鮮滿版	1924/2/5	06단	道廳員に化けた籠拔犯人逮捕/元巡査を奉職
114054	鮮滿版	1924/2/5	06단	爆烈彈を遺して怪鮮人逃げる
114055	鮮滿版	1924/2/5	06단	運動界(滿鮮スケート大會を顧みて)
114056	鮮滿版	1924/2/6	01단	朝鮮の衛生狀態/數年來なき好成績
114057	鮮滿版	1924/2/6	01단	價格に大差ある府有地拂下問題
114058	鮮滿版	1924/2/6	01단	原案通り可決した大邱の事業
114059	鮮滿版	1924/2/6	01단	春宵語(九)/SPR
114060	鮮滿版	1924/2/6	02단	本溪湖地方區合倂不結果
114061	鮮滿版	1924/2/6	02단	本年から京城で藥劑師試驗執行
114062	鮮滿版	1924/2/6	02단	繩叺組合獎勵
114063	鮮滿版	1924/2/6	02단	建築協會總會

일련번호	판명	간행일	단수	기사명
114064	鮮滿版	1924/2/6	03段	滿洲視察所感(中)/黃海道道評議會員穗阪秀一氏(奇)
114065	鮮滿版	1924/2/6	03段	平南公共機關數
114066	鮮滿版	1924/2/6	03段	農事講習會
114067	鮮滿版	1924/2/6	03段	元山より
114068	鮮滿版	1924/2/6	04段	京鐵局だより
114069	鮮滿版	1924/2/6	04段	御慶事活動の大盛況/平壤に於ける新記錄
114070	鮮滿版	1924/2/6	05段	元淸連絡船改善の輿論昂まる
114071	鮮滿版	1924/2/6	06段	洋襪競技入賞
114072	鮮滿版	1924/2/6	06段	南鮮勞農同盟會
114073	鮮滿版	1924/2/6	06段	釜山の猩紅熱益蔓延
114074	鮮滿版	1924/2/6	06段	孟山郡に牛肺疫/斃死續出
114075	鮮滿版	1924/2/6	06段	安大間自動車
114076	鮮滿版	1924/2/6	06段	運動界(高女のスケート大會/淸津體育協會)
114077	鮮滿版	1924/2/6	06段	人(長尾憲兵少佐)
114078	鮮滿版	1924/2/7	01段	半島財經(１３)/不備生
114079	鮮滿版	1924/2/7	01段	京城で綜合大學計劃/基督敎米國北監理派で
114080	鮮滿版	1924/2/7	01段	步兵三七旅團長に榮轉した神村少將
114081	鮮滿版	1924/2/7	02段	聯合品評會と金泉の協賛會
114082	鮮滿版	1924/2/7	02段	柞蠶絲況不振
114083	鮮滿版	1924/2/7	02段	延取引成績
114084	鮮滿版	1924/2/7	02段	各地より(釜山より)
114085	鮮滿版	1924/2/7	02段	兵營だより
114086	鮮滿版	1924/2/7	03段	元山淸津航路船釧路丸に代はる從來の不便一掃
114087	鮮滿版	1924/2/7	03段	滿洲視察所感(下)/黃海道道評議會員穗阪秀一氏(奇)
114088	鮮滿版	1924/2/7	04段	朝鮮の警察
114089	鮮滿版	1924/2/7	04段	表彰された外人マッケンジー氏
114090	鮮滿版	1924/2/7	05段	議會解散と憲兵撤退問題
114091	鮮滿版	1924/2/7	05段	馬山の幼稚園
114092	鮮滿版	1924/2/7	05段	湯錢値上を出願/平壤の湯屋組合
114093	鮮滿版	1924/2/7	05段	子虎を捕獲
114094	鮮滿版	1924/2/7	05段	行囊奪ひ犯人捕はる
114095	鮮滿版	1924/2/7	06段	運動界(スケーチング大會/劍道大會)
114096	鮮滿版	1924/2/7	06段	人(牧田軍醫總監/ゾルフ氏(獨逸大使))
114097	鮮滿版	1924/2/7	06段	半島茶話
114098	鮮滿版	1924/2/8	01段	半島財經(１４)/不滿生
114099	鮮滿版	1924/2/8	01段	工事中にある朝鮮の鐵道
114100	鮮滿版	1924/2/8	01段	安東の下水道五箇年繼續事業で着工
114101	鮮滿版	1924/2/8	01段	活動せんとする朝鮮種苗組合

일련번호	판명	간행일	단수	기사명
114102	鮮滿版	1924/2/8	02단	旅順病院長に榮轉の石川淸人氏
114103	鮮滿版	1924/2/8	02단	平北師範移轉す
114104	鮮滿版	1924/2/8	02단	布教費豫算減/鮮人信徒の不滿
114105	鮮滿版	1924/2/8	02단	延禧專門校落成後は大學に
114106	鮮滿版	1924/2/8	03단	後任難に惱む朝鮮國際親和會長
114107	鮮滿版	1924/2/8	03단	倭城臺閑話
114108	鮮滿版	1924/2/8	04단	計劃中の釜山公會堂立派なものにする
114109	鮮滿版	1924/2/8	04단	釜山の盛況/御成婚活寫
114110	鮮滿版	1924/2/8	04단	移動的の教育博覽會
114111	鮮滿版	1924/2/8	04단	朝鮮線の客車に消火器と梯子を備へつける
114112	鮮滿版	1924/2/8	04단	中等學校雄辯大會
114113	鮮滿版	1924/2/8	05단	花の日會の賣揚で婦人俱樂部組織
114114	鮮滿版	1924/2/8	05단	看護婦充實/龍山衛成病院
114115	鮮滿版	1924/2/8	05단	朝鮮の自動車
114116	鮮滿版	1924/2/8	05단	豆滿江岸の鐵道速成運動決議/雄基市民大會で
114117	鮮滿版	1924/2/8	05단	校長や巡査が地方民を善導
114118	鮮滿版	1924/2/8	06단	差押を斷行せん釜山の納稅不良
114119	鮮滿版	1924/2/8	06단	朝鮮人の正月と遊戲
114120	鮮滿版	1924/2/8	06단	半島茶話
114121	鮮滿版	1924/2/9	01단	春宵語（１０）/SPR
114122	鮮滿版	1924/2/9	01단	議會解散が及ぼした釜山の影響
114123	鮮滿版	1924/2/9	01단	來壤中の有吉總監語る
114124	鮮滿版	1924/2/9	01단	朝鮮に於ける陸軍の異動
114125	鮮滿版	1924/2/9	02단	平北議員選擧
114126	鮮滿版	1924/2/9	02단	大邱商議役員認可
114127	鮮滿版	1924/2/9	03단	試驗所支所を平壤に設置の要望書を提出
114128	鮮滿版	1924/2/9	03단	平安米實收高
114129	鮮滿版	1924/2/9	04단	各地より（釜山より/全州より）
114130	鮮滿版	1924/2/9	04단	釜山都計と三區制度
114131	鮮滿版	1924/2/9	04단	釜山を通過する外人が減った
114132	鮮滿版	1924/2/9	04단	大邱の時局對策演說會
114133	鮮滿版	1924/2/9	05단	京鐵局の親規採用者約百二十名
114134	鮮滿版	1924/2/9	05단	警官駐在所へ挨拶に寄る住民/警察に親しむ鏡城郡梧村堡民
114135	鮮滿版	1924/2/9	05단	近頃珍らしい感心な兵卒/皇室を尊崇して神參りを怠らぬ
114136	鮮滿版	1924/2/9	06단	平南種痘成績
114137	鮮滿版	1924/2/9	06단	大邱府戶口
114138	鮮滿版	1924/2/9	06단	露人支那商店を襲擊して二名を殺し金品を强奪
114139	鮮滿版	1924/2/9	06단	運動界（鮮滿對抗柔道大會）

일련번호	판명	간행일	단수	기사명
114140	鮮滿版	1924/2/9	06단	人(菊地軍司令官)
114141	鮮滿版	1924/2/10	01단	半島財經(１５)/不備生
114142	鮮滿版	1924/2/10	01단	西朝鮮在住者の候補者
114143	鮮滿版	1924/2/10	01단	解散で復遲れた朝鮮取引所令
114144	鮮滿版	1924/2/10	01단	貿易聯合大會
114145	鮮滿版	1924/2/10	01단	三月發表の全鮮警察部長異動の噂
114146	鮮滿版	1924/2/10	02단	咸南公立校長會議
114147	鮮滿版	1924/2/10	02단	天圖輕鐵視察談
114148	鮮滿版	1924/2/10	02단	鎭南浦の高女學年延長問題
114149	鮮滿版	1924/2/10	03단	朝郵社長辭任か
114150	鮮滿版	1924/2/10	03단	祝典參列歸談/勅任官代表の李恒九氏
114151	鮮滿版	1924/2/10	03단	上三峰滯貨今月中に一掃
114152	鮮滿版	1924/2/10	04단	鰊出漁準備季
114153	鮮滿版	1924/2/10	04단	京鐵局貨物況/豫期以上の好績
114154	鮮滿版	1924/2/10	04단	咸南桑田段別
114155	鮮滿版	1924/2/10	04단	鼈業講習會好績
114156	鮮滿版	1924/2/10	04단	會社銀行(私鐵朝鮮鐵道決算)
114157	鮮滿版	1924/2/10	04단	各地より(新義州より)
114158	鮮滿版	1924/2/10	05단	朝鮮の鐵道
114159	鮮滿版	1924/2/10	05단	政治に趣味を持出して來た鮮人
114160	鮮滿版	1924/2/10	05단	北鮮沿海に流氷夥し
114161	鮮滿版	1924/2/10	05단	是れから漸次濃霧の多くなる朝鮮近海
114162	鮮滿版	1924/2/10	06단	碩儒金麟厚に祭祀料下賜/墓所へ勅使參向
114163	鮮滿版	1924/2/10	06단	鮮人の入學希望の多い安東高女
114164	鮮滿版	1924/2/10	06단	記念博出品
114165	鮮滿版	1924/2/10	06단	支那側の手で安東の水道敷設
114166	鮮滿版	1924/2/10	06단	釜山で開かんとする衡平社聯合大會
114167	鮮滿版	1924/2/10	06단	汽車賃割引
114168	鮮滿版	1924/2/12	01단	支那輸出だけでも廿萬圓に達する有望な朝鮮製紙事業
114169	鮮滿版	1924/2/12	01단	上京中の齋藤總督/病は恢復した
114170	鮮滿版	1924/2/12	01단	逐年增加の鮮米內地移出
114171	鮮滿版	1924/2/12	01단	郵便所新設と水道敷設の陳情
114172	鮮滿版	1924/2/12	01단	銅鍾を發掘/船橋里驛構內から
114173	鮮滿版	1924/2/12	02단	大邱商議會頭認可
114174	鮮滿版	1924/2/12	02단	朝鮮對外貿易
114175	鮮滿版	1924/2/12	02단	鮮銀と支店廢止
114176	鮮滿版	1924/2/12	02단	平南苹果實收
114177	鮮滿版	1924/2/12	03단	京鐵局近事

일련번호	판명	간행일	단수	기사명
114178	鮮滿版	1924/2/12	03단	各地より(全州より)
114179	鮮滿版	1924/2/12	04단	朝鮮の鰻
114180	鮮滿版	1924/2/12	04단	內地に向ふ滿鐵宣傳隊
114181	鮮滿版	1924/2/12	04단	惡性の流感蔓延
114182	鮮滿版	1924/2/12	05단	教育者表彰式
114183	鮮滿版	1924/2/12	05단	李飛行士の鄕土飛行成功
114184	鮮滿版	1924/2/12	05단	爭って入學する新式書堂出現
114185	鮮滿版	1924/2/12	05단	出漁中の遭難者三名共救はる
114186	鮮滿版	1924/2/12	05단	改良書堂閉鎖を命せらる郡守の處置を憤慨
114187	鮮滿版	1924/2/12	06단	朝鮮の郵便貯金
114188	鮮滿版	1924/2/12	06단	惡記者掃蕩に努める釜山署長
114189	鮮滿版	1924/2/12	06단	帝政派と農民軍が武市を占領して直ぐ奪還さる
114190	鮮滿版	1924/2/12	06단	兩勞農衝突/結局妥協
114191	鮮滿版	1924/2/12	06단	運動界(優勝カップ授與/鮮滿對抗柔道大會/寒稽古授證式)
114192	鮮滿版	1924/2/13	01단	半島財經(１６)/不備生
114193	鮮滿版	1924/2/13	01단	勅令公布
114194	鮮滿版	1924/2/13	01단	黃海評議選擧
114195	鮮滿版	1924/2/13	01단	淸津の學校評議選擧
114196	鮮滿版	1924/2/13	01단	貧民救濟調査
114197	鮮滿版	1924/2/13	01단	府民が解釋に苦む釜山の新助興稅/小西府尹語る
114198	鮮滿版	1924/2/13	01단	鮮銀行務視察の奧平伯語る
114199	鮮滿版	1924/2/13	02단	奧地の在荷段々少くなる
114200	鮮滿版	1924/2/13	02단	新舊司令官發着
114201	鮮滿版	1924/2/13	02단	ゾルフ大使歸る
114202	鮮滿版	1924/2/13	02단	各地より(新義州より/咸興より/馬山より/雄基より)
114203	鮮滿版	1924/2/13	03단	驛の送迎廢止に就て鐵道關係者の意見
114204	鮮滿版	1924/2/13	04단	朝鮮の酒
114205	鮮滿版	1924/2/13	05단	到る處で大盛況の御成婚活寫
114206	鮮滿版	1924/2/13	05단	要望される長距離電話
114207	鮮滿版	1924/2/13	05단	安東新義州間軌道車運轉は時機の問題
114208	鮮滿版	1924/2/13	06단	元淸連絡船/愈釧路丸就航
114209	鮮滿版	1924/2/13	06단	文化婦人會發會
114210	鮮滿版	1924/2/13	06단	普通江橋梁/流氷で墜落
114211	鮮滿版	1924/2/13	06단	釜山電鐵舊計劃復活を會社に要望
114212	鮮滿版	1924/2/13	06단	美術界
114213	鮮滿版	1924/2/14	01단	半島財經(１７)/不滿生
114214	鮮滿版	1924/2/14	01단	平北管內に簡易圖書館/十三年度から設置
114215	鮮滿版	1924/2/14	01단	著しく現れて來た鮮人の向學/學級を增加す

일련번호	판명	간행일	단수	기사명
114216	鮮滿版	1924/2/14	01단	各地に郵便所設置運動
114217	鮮滿版	1924/2/14	02단	防水堤防着工
114218	鮮滿版	1924/2/14	02단	各地より(釜山より/咸興より)
114219	鮮滿版	1924/2/14	02단	牛肉は盛に食ふが/牛乳には慣れぬ朝鮮人
114220	鮮滿版	1924/2/14	03단	怪教合併の噂
114221	鮮滿版	1924/2/14	04단	大邱都計促進の府民大會/宣言と決議
114222	鮮滿版	1924/2/14	04단	雪搔器
114223	鮮滿版	1924/2/14	05단	肺ヂストマに悩む黄海道
114224	鮮滿版	1924/2/14	05단	祭粢料を下賜された文教貢献者/安裕と李珥
114225	鮮滿版	1924/2/14	05단	表彰された釜山の篤行者
114226	鮮滿版	1924/2/14	06단	平南の篤行表彰
114227	鮮滿版	1924/2/14	06단	大正公園運動場問題善後策
114228	鮮滿版	1924/2/14	06단	*無料で病院開放の要望/當局は問題にせず/入院料免除*
114229	鮮滿版	1924/2/14	06단	南洋に赴いた不逞團の巨魁
114230	鮮滿版	1924/2/14	06단	殖銀の懸賞募集
114231	鮮滿版	1924/2/15	01단	解氷前後(一)/SPR
114232	鮮滿版	1924/2/15	01단	粟の常食増加と朝鮮鐵道輸送激増
114233	鮮滿版	1924/2/15	01단	公會堂併設は容易でないと當局は語る
114234	鮮滿版	1924/2/15	01단	湖南線視察談/安藤京鐵局長
114235	鮮滿版	1924/2/15	02단	京鐵局増收
114236	鮮滿版	1924/2/15	03단	平南大豆實收
114237	鮮滿版	1924/2/15	03단	慶北米收穫高
114238	鮮滿版	1924/2/15	03단	朝鮮の屠畜數
114239	鮮滿版	1924/2/15	03단	敍位された香椎氏語る
114240	鮮滿版	1924/2/15	04단	漸く落ちつきましたと石崎京鐵庶務課長語る
114241	鮮滿版	1924/2/15	04단	各地より(咸興より)
114242	鮮滿版	1924/2/15	05단	註文が殺到/咸北特産内地試賣の大成功
114243	鮮滿版	1924/2/15	05단	就職を望む平壤女子高普の卒業生
114244	鮮滿版	1924/2/15	06단	黄海道の自動車網と同業組合組織
114245	鮮滿版	1924/2/15	06단	警察署長が賭博を公認す/豆滿江沿岸視察談
114246	鮮滿版	1924/2/15	06단	研究はなし
114247	鮮滿版	1924/2/15	06단	肺ヂストマの豫防とモヒ、コカイン中毒者取締
114248	鮮滿版	1924/2/16	01단	半島財經(１８)/不備生
114249	鮮滿版	1924/2/16	01단	安東の壓迫を受けて物價の高い新義州/論議されてゐる新義州自由貿易港論
114250	鮮滿版	1924/2/16	01단	朝大豫科/生徒應募數
114251	鮮滿版	1924/2/16	01단	京鐵局の職制一部改正と職員の異動
114252	鮮滿版	1924/2/16	02단	鮮米増收方法と南鮮の組合視察
114253	鮮滿版	1924/2/16	02단	清津協會/紀元節に發會

일련번호	판명	간행일	단수	기사명
114254	鮮滿版	1924/2/16	02단	客月の清津貿易
114255	鮮滿版	1924/2/16	03단	社長踏襲は新聞辭令に過ぎませんよと恩田朝郵専務語る
114256	鮮滿版	1924/2/16	03단	兵營內で兵卒にスポーツを遣らせる事の可否(大村旅團長/東條一等軍醫/長崎軍副官/山本野砲聯隊長/南少佐(步七九聯隊附))
114257	鮮滿版	1924/2/16	04단	出來得る限り請願郵便所を許す方針
114258	鮮滿版	1924/2/16	04단	各地より(咸興より/雄基より)
114259	鮮滿版	1924/2/16	04단	大邱都計と時局演說大會
114260	鮮滿版	1924/2/16	05단	釜山で開かれた衡平社總會/「白丁の文字を除け」
114261	鮮滿版	1924/2/16	05단	近年稀有の清津の大雪/交通支障多し
114262	鮮滿版	1924/2/16	06단	海東銀を乗取らうとした侍天教/結局二萬圓を融通其金を持逃げさる
114263	鮮滿版	1924/2/16	06단	空氣銃で眼を潰す
114264	鮮滿版	1924/2/16	06단	人(上田太郎氏(前第十九師團長))
114265	鮮滿版	1924/2/17	01단	解氷前後(二)/SPR
114266	鮮滿版	1924/2/17	01단	朝鮮に於ける林野と樹種の分布狀況
114267	鮮滿版	1924/2/17	01단	未開通線の多い朝鮮の私鐵
114268	鮮滿版	1924/2/17	01단	要改修の道路と延長
114269	鮮滿版	1924/2/17	01단	全鮮麥實收高
114270	鮮滿版	1924/2/17	02단	新義州稅支署新築實現と獨立の希望
114271	鮮滿版	1924/2/17	03단	平南師範年限延長許可さる
114272	鮮滿版	1924/2/17	03단	逐年捕獲が減する朝鮮捕鯨事業
114273	鮮滿版	1924/2/17	03단	木材輸送高
114274	鮮滿版	1924/2/17	04단	小麥粉移入高
114275	鮮滿版	1924/2/17	04단	釜山高女志望者
114276	鮮滿版	1924/2/17	04단	辭令
114277	鮮滿版	1924/2/17	04단	各地より(咸興より)
114278	鮮滿版	1924/2/17	04단	京鐵局たより
114279	鮮滿版	1924/2/17	05단	御成婚活寫盛況(全州/大田)
114280	鮮滿版	1924/2/17	05단	釜山府共同宿泊所愈建築決定
114281	鮮滿版	1924/2/17	05단	兒童の義捐金水害罹災兒童へ
114282	鮮滿版	1924/2/17	05단	入境外人數
114283	鮮滿版	1924/2/17	05단	國際的慣例たる道路經由警官に支那民兵の射擊
114284	鮮滿版	1924/2/17	06단	舊慣から脱しやうとする衡平社の決意/テコでも動かぬ
114285	鮮滿版	1924/2/17	06단	農場を取上げたので小作人の憤激
114286	鮮滿版	1924/2/17	06단	張作霖の軍事大擴張計劃/最高軍事會議
114287	鮮滿版	1924/2/17	06단	運動界(オリムピック視察)
114288	鮮滿版	1924/2/17	06단	人(赤川消防組頭葬儀)
114289	鮮滿版	1924/2/19	01단	解氷前後/SPR
114290	鮮滿版	1924/2/19	01단	朝鮮沿海の海難事故增加は航路標識が少いため

일련번호	판명	간행일	단수	기사명
114291	鮮滿版	1924/2/19	01단	大共進會/今秋淸津に開く
114292	鮮滿版	1924/2/19	01단	大邱穀物總會
114293	鮮滿版	1924/2/19	02단	會社銀行(鮮銀理事增員)
114294	鮮滿版	1924/2/19	02단	各地より(鎮南浦より/全州より)
114295	鮮滿版	1924/2/19	03단	最近の鎮南浦財況/白石殖銀支店長(寄)
114296	鮮滿版	1924/2/19	04단	朝鮮の栗
114297	鮮滿版	1924/2/19	05단	到る所好評/本社の活寫
114298	鮮滿版	1924/2/19	05단	成立した淸津體育協會
114299	鮮滿版	1924/2/19	05단	水死せんとして救はれた人數
114300	鮮滿版	1924/2/19	06단	停學處分を受けた生徒の父兄が登校生徒を妨害
114301	鮮滿版	1924/2/19	06단	半島茶話
114302	鮮滿版	1924/2/20	01단	總督府豫算編成替へ
114303	鮮滿版	1924/2/20	01단	目下審議中の改正新聞紙法
114304	鮮滿版	1924/2/20	01단	咸南道評議會
114305	鮮滿版	1924/2/20	01단	琿春の正月國際學校/小學兒童の創作
114306	鮮滿版	1924/2/20	02단	新任鎮海要港部/松村司令官談
114307	鮮滿版	1924/2/20	02단	漁業資金意見/有賀殖銀頭取談
114308	鮮滿版	1924/2/20	03단	平南の普校新設
114309	鮮滿版	1924/2/20	03단	平南米作面積
114310	鮮滿版	1924/2/20	04단	魚市場水揚高
114311	鮮滿版	1924/2/20	04단	各地より(安義より/大田より)
114312	鮮滿版	1924/2/20	05단	兵營だより
114313	鮮滿版	1924/2/20	05단	金麟厚祠へ勅使
114314	鮮滿版	1924/2/20	05단	馬山活寫の盛況
114315	鮮滿版	1924/2/20	05단	朝郵南支航路
114316	鮮滿版	1924/2/20	05단	馬山公市問題
114317	鮮滿版	1924/2/20	05단	淸津府の人口
114318	鮮滿版	1924/2/20	05단	海相を對手取って損害要求
114319	鮮滿版	1924/2/20	06단	仁川の家禽コレラ
114320	鮮滿版	1924/2/20	06단	美術界(朝鮮美術展覽會)
114321	鮮滿版	1924/2/20	06단	運動界(武道大會/聯合野外試合)
114322	鮮滿版	1924/2/20	06단	人(竹上中將(新任十九師團長)/赤木軍參謀長/小泉軍通譯官)
114323	鮮滿版	1924/2/20	06단	半島茶話
114324	鮮滿版	1924/2/21	01단	解氷前後(四)/SPR
114325	鮮滿版	1924/2/21	01단	朝線工業共進會/資本誘致の計劃もある
114326	鮮滿版	1924/2/21	01단	發電水力の調査を急ぐ
114327	鮮滿版	1924/2/21	02단	安東商議選擧
114328	鮮滿版	1924/2/21	02단	普校收容方針/阿部學務課長談

일련번호	판명	간행일	단수	기사명
114329	鮮滿版	1924/2/21	02단	輸入木材關稅復活の噂と木材業者の恐慌
114330	鮮滿版	1924/2/21	03단	私立高普問題
114331	鮮滿版	1924/2/21	03단	鍊買出利便
114332	鮮滿版	1924/2/21	04단	私鐵と朝鮮運賃
114333	鮮滿版	1924/2/21	04단	金剛電發電能力
114334	鮮滿版	1924/2/21	04단	各地より(京城より/平壤より/咸興より)
114335	鮮滿版	1924/2/21	05단	京鐵局たより
114336	鮮滿版	1924/2/21	05단	學校消息
114337	鮮滿版	1924/2/21	06단	畜産共進會は金泉で開會に決定
114338	鮮滿版	1924/2/21	06단	日支警官の意志疏通を圖る/廖東邊道尹
114339	鮮滿版	1924/2/21	06단	半島茶話
114340	鮮滿版	1924/2/22	01단	解氷前後(五)/SPR
114341	鮮滿版	1924/2/22	01단	京城學校組合豫算
114342	鮮滿版	1924/2/22	01단	安東上水道工事進捗
114343	鮮滿版	1924/2/22	01단	免稅延期の噂で多少樂勸の安東木材業者
114344	鮮滿版	1924/2/22	02단	平壤特産洋襪/帽や莫大小の製造にも着手
114345	鮮滿版	1924/2/22	02단	安東領事館移轉と學校設立計劃
114346	鮮滿版	1924/2/22	03단	間島の近況/關谷少將語る
114347	鮮滿版	1924/2/22	03단	小川大佐語る
114348	鮮滿版	1924/2/22	04단	各地より(釜山より/全州より)
114349	鮮滿版	1924/2/22	05단	京鐵局だより
114350	鮮滿版	1924/2/22	05단	朝鮮の社會階級
114351	鮮滿版	1924/2/22	05단	大邱の鮮人側も都計熱望の大演說會
114352	鮮滿版	1924/2/22	05단	御成婚活寫/非常な盛況
114353	鮮滿版	1924/2/22	06단	鼇業指導に女子技術員
114354	鮮滿版	1924/2/22	06단	僞造の鮮銀券を盛に使用する/間島奧地から入込む不逞者
114355	鮮滿版	1924/2/22	06단	人(渡邊金造少將(新任臺灣軍參謀長))
114356	鮮滿版	1924/2/22	06단	半島茶話
114357	鮮滿版	1924/2/23	01단	解氷前後(六)/SPR
114358	鮮滿版	1924/2/23	01단	樂悲兩勸の鴨綠江水電事業
114359	鮮滿版	1924/2/23	01단	鮮人街新施設/金平壤府理事官談
114360	鮮滿版	1924/2/23	01단	平壤會議所豫算
114361	鮮滿版	1924/2/23	02단	釜山電鐵方針/佐久問支配人談る
114362	鮮滿版	1924/2/23	02단	羅南中學校は元山中學の分校として開校
114363	鮮滿版	1924/2/23	03단	上海視察團出發す
114364	鮮滿版	1924/2/23	03단	家畜市場成績
114365	鮮滿版	1924/2/23	03단	地方片信(咸興より)
114366	鮮滿版	1924/2/23	04단	雜沓を來した大邱都計/反對側の演說會

일련번호	판명	간행일	단수	기사명
114367	鮮滿版	1924/2/23	04단	釜山公會堂問題/青山生
114368	鮮滿版	1924/2/23	05단	船橋里市街地近く着工
114369	鮮滿版	1924/2/23	05단	普通橋復舊工事
114370	鮮滿版	1924/2/23	05단	淸津埋立地賣立
114371	鮮滿版	1924/2/23	06단	未だ終熄せぬ釜山の猩紅熱
114372	鮮滿版	1924/2/23	06단	釜山の火事
114373	鮮滿版	1924/2/23	06단	半島茶話
114374	鮮滿版	1924/2/24	01단	解氷前後(七)/SPR
114375	鮮滿版	1924/2/24	01단	支那陸江縣に領事分館設置/四五月頃開設
114376	鮮滿版	1924/2/24	01단	高普學校設置問題
114377	鮮滿版	1924/2/24	01단	仁川學組豫算
114378	鮮滿版	1924/2/24	01단	春川學組會議
114379	鮮滿版	1924/2/24	01단	小山大佐の來任と三浦少佐談
114380	鮮滿版	1924/2/24	02단	日本商工視察
114381	鮮滿版	1924/2/24	02단	果樹組合總會
114382	鮮滿版	1924/2/24	02단	朝鮮の蠶
114383	鮮滿版	1924/2/24	03단	海州仁川間每日出帆の計劃中
114384	鮮滿版	1924/2/24	04단	第一回卒業生を出す新義州商業校/就職先半數決定
114385	鮮滿版	1924/2/24	04단	物騷な安東新市街に一大警備計劃
114386	鮮滿版	1924/2/24	04단	兵營行脚(一)/步兵第七十八聯隊/大村聯隊長談話
114387	鮮滿版	1924/2/24	05단	京城府の世帶數
114388	鮮滿版	1924/2/24	05단	自分に缺陷はないか嘆願書を出した京城の下宿業組合
114389	鮮滿版	1924/2/24	05단	捕縛の際死亡したので巡査を叩き死に至らしむ
114390	鮮滿版	1924/2/24	05단	運動界(朝鮮スキー大會(氷上長途突破)
114391	鮮滿版	1924/2/24	06단	人(齋藤實男(朝鮮總督))
114392	鮮滿版	1924/2/24	06단	半島茶話
114393	鮮滿版	1924/2/26	01단	解氷前後(八)/SPR
114394	鮮滿版	1924/2/26	01단	安東商議/會頭役員當選
114395	鮮滿版	1924/2/26	01단	江原道師範學校/修業年限延長
114396	鮮滿版	1924/2/26	01단	全南評議競爭
114397	鮮滿版	1924/2/26	01단	平南評議選擧は三月二十二日
114398	鮮滿版	1924/2/26	01단	評議選擧運動/朴平南參與官談
114399	鮮滿版	1924/2/26	02단	平壤商議/職員總辭職か新役員に對する不平?
114400	鮮滿版	1924/2/26	02단	分校說は止めて羅南中學として開校す
114401	鮮滿版	1924/2/26	02단	蠶種買入資金/回收良好となる
114402	鮮滿版	1924/2/26	02단	京城金融況
114403	鮮滿版	1924/2/26	02단	新任久木村聯隊長
114404	鮮滿版	1924/2/26	03단	修養團京城支部

일련번호	판명	간행일	단수	기사명
114405	鮮滿版	1924/2/26	03단	學組選擧人名簿
114406	鮮滿版	1924/2/26	03단	各地より(咸興より)
114407	鮮滿版	1924/2/26	03단	僞造紙幣の犯人逮捕/主犯者は逃亡
114408	鮮滿版	1924/2/26	04단	安東新義州間電話料値下/三月一日から實行
114409	鮮滿版	1924/2/26	04단	京城に稅務相談所
114410	鮮滿版	1924/2/26	05단	大邱驛に信號所
114411	鮮滿版	1924/2/26	05단	御成婚活動寫眞/春川の盛會
114412	鮮滿版	1924/2/26	05단	安東神社移轉地決定
114413	鮮滿版	1924/2/26	05단	陸軍療養所儒城へ移轉說
114414	鮮滿版	1924/2/26	05단	支那地主に追れるは憐れな鮮人
114415	鮮滿版	1924/2/26	06단	京城の發疹チブス
114416	鮮滿版	1924/2/26	06단	釜山の豫防
114417	鮮滿版	1924/2/26	06단	會(京信減資總會)
114418	鮮滿版	1924/2/26	06단	人(武上新任第十九師團長/在■各團隊長)
114419	鮮滿版	1924/2/26	06단	半島茶話
114420	鮮滿版	1924/2/27	01단	平壤牛を全日本に普及させる/米田平安南道知事談
114421	鮮滿版	1924/2/27	02단	安東の瓦斯工事/愈近く始める
114422	鮮滿版	1924/2/27	02단	野中鮮銀總裁演說(朝鮮/滿洲)
114423	鮮滿版	1924/2/27	03단	大邱府豫算
114424	鮮滿版	1924/2/27	03단	修業年限を延長した平南師範實狀
114425	鮮滿版	1924/2/27	04단	濟州柑橘獎勵
114426	鮮滿版	1924/2/27	04단	家畜市場好績
114427	鮮滿版	1924/2/27	04단	各地より(雄基より)
114428	鮮滿版	1924/2/27	04단	土地取上げや不逞者跋扈で鮮人六萬の減少を來した鴨綠江上流支那地
114429	鮮滿版	1924/2/27	04단	月尾島浴場/委任經營問題
114430	鮮滿版	1924/2/27	05단	新義州小學校兒童增加で學級編成替
114431	鮮滿版	1924/2/27	05단	國境守備隊/永久存置陳情
114432	鮮滿版	1924/2/27	05단	藏書が增加した京城圖書館と閱覽者
114433	鮮滿版	1924/2/27	05단	松の害蟲と各種の驅除蟲
114434	鮮滿版	1924/2/27	06단	曳航船取締請願
114435	鮮滿版	1924/2/27	06단	運動界(體育協會役員/武道講習會)
114436	鮮滿版	1924/2/27	06단	半島茶話
114437	鮮滿版	1924/2/28	01단	解氷前後(九)
114438	鮮滿版	1924/2/28	01단	安東中學校設置要望/時期の問題か
114439	鮮滿版	1924/2/28	01단	東拓の伐木計劃
114440	鮮滿版	1924/2/28	01단	新義州と慈惠病院
114441	鮮滿版	1924/2/28	01단	京城市街地納稅者
114442	鮮滿版	1924/2/28	02단	淸津學議改選

일련번호	판명	간행일	단수	기사명
114443	鮮滿版	1924/2/28	02단	東拓の配給肥料
114444	鮮滿版	1924/2/28	02단	警察部長會議
114445	鮮滿版	1924/2/28	02단	基督教大會出席
114446	鮮滿版	1924/2/28	02단	粗銀成績
114447	鮮滿版	1924/2/28	02단	各地より(咸興より/大田より/羅南より/馬山より)
114448	鮮滿版	1924/2/28	03단	兒童に劇を行らせる可否各小學校長の意見(林元町小學校長/山本龍山小學校長/朝野三坂小學校長)
114449	鮮滿版	1924/2/28	04단	是れから入込んで來る內地の筏夫
114450	鮮滿版	1924/2/28	05단	假政府殘留者が鮮銀券僞造
114451	鮮滿版	1924/2/28	06단	女將殺さる
114452	鮮滿版	1924/2/28	06단	高女に發疹チブス
114453	鮮滿版	1924/2/28	06단	半島茶話
114454	鮮滿版	1924/2/29	01단	解氷前後(十)
114455	鮮滿版	1924/2/29	01단	平安南道の儒林會活動を開始す/明倫堂を返還し優遇の實を示せ
114456	鮮滿版	1924/2/29	01단	勞農露國の對日關係と/大塚總督府內務局長談
114457	鮮滿版	1924/2/29	02단	滿鐵沿線視察談
114458	鮮滿版	1924/2/29	03단	鮮牛の宣傳を終って歸った/淸田平南農務課長談
114459	鮮滿版	1924/2/29	03단	兵營行脚(二)/步兵第七十九聯隊/南少佐談話
114460	鮮滿版	1924/2/29	04단	入學試驗迫る
114461	鮮滿版	1924/2/29	04단	平商評議員會
114462	鮮滿版	1924/2/29	04단	學校消息
114463	鮮滿版	1924/2/29	05단	師團だより
114464	鮮滿版	1924/2/29	05단	高女の副業デー
114465	鮮滿版	1924/2/29	06단	複式電話要望
114466	鮮滿版	1924/2/29	06단	奉軍郵便飛行/來る三月一日
114467	鮮滿版	1924/2/29	06단	「燃ゆる渦卷」盛況
114468	鮮滿版	1924/2/29	06단	農作物荒しの猛獸野獸狩/多數の獲物あり
114469	鮮滿版	1924/2/29	06단	半島茶話

1924년 3월 (선만판)

일련번호	판명	간행일	단수	기사명
114470	鮮滿版	1924/3/1	01단	普選と鮮人問題(一)/朝日新聞社專務取締役法學博士下村宏
114471	鮮滿版	1924/3/1	01단	齋藤總督上機嫌で語る
114472	鮮滿版	1924/3/1	01단	市街豫定地に水田經營/皮肉な現象
114473	鮮滿版	1924/3/1	02단	朝鮮國境事情
114474	鮮滿版	1924/3/1	02단	平壤學組豫算歲入不足起債
114475	鮮滿版	1924/3/1	03단	鮮銀支店存廢問題
114476	鮮滿版	1924/3/1	03단	外交官補の朝鮮事情視察
114477	鮮滿版	1924/3/1	04단	産婆開業地制限撤廢決定
114478	鮮滿版	1924/3/1	04단	六品評會授與
114479	鮮滿版	1924/3/1	04단	各地より(京城より/咸興より)
114480	鮮滿版	1924/3/1	05단	京鐵局だより
114481	鮮滿版	1924/3/1	05단	迷宮に入った釜山公會堂問題
114482	鮮滿版	1924/3/1	05단	咸南の肺ヂストマ根絶療法碓立
114483	鮮滿版	1924/3/1	06단	ピョンサム警戒
114484	鮮滿版	1924/3/1	06단	半島茶談
114485	鮮滿版	1924/3/2	01단	普選と鮮人問題(二)/法學博士下村宏
114486	鮮滿版	1924/3/2	01단	對露問題に就て/齋藤總督談
114487	鮮滿版	1924/3/2	01단	二箇所に副領事
114488	鮮滿版	1924/3/2	01단	大邱學組豫算
114489	鮮滿版	1924/3/2	01단	材木業者の官地拂下運動
114490	鮮滿版	1924/3/2	02단	殖銀の淘汰
114491	鮮滿版	1924/3/2	02단	東三省の防穀令/國境貿易に打擊
114492	鮮滿版	1924/3/2	02단	鐵道學校入學志願狀況
114493	鮮滿版	1924/3/2	02단	朝鮮紡と解散說/商議の復舊運動
114494	鮮滿版	1924/3/2	03단	大邱穀物組合
114495	鮮滿版	1924/3/2	03단	各地より(咸興より)
114496	鮮滿版	1924/3/2	03단	京鐵局だより
114497	鮮滿版	1924/3/2	04단	釜山上海航路頗る有望
114498	鮮滿版	1924/3/2	04단	平南線の列車增發希望
114499	鮮滿版	1924/3/2	05단	兒童入學制限と龍山住民大會
114500	鮮滿版	1924/3/2	05단	娼妓酌婦等の契約改善實施
114501	鮮滿版	1924/3/2	05단	記念日は無事
114502	鮮滿版	1924/3/2	05단	鮮銀を相手に預金拂戾の訴訟
114503	鮮滿版	1924/3/2	06단	平壤に劇場計劃
114504	鮮滿版	1924/3/2	06단	會(三尖會)
114505	鮮滿版	1924/3/2	06단	半島茶談
114506	鮮滿版	1924/3/4	01단	普選と鮮人問題(三)/朝日新聞社專務取締役法學博士下村宏
114507	鮮滿版	1924/3/4	01단	朝鮮の諸問題/失鍋參事官歸談

일련번호	판명	간행일	단수	기사명
114508	鮮滿版	1924/3/4	01단	木材の關稅問題/安東と新義州同業者の睨合
114509	鮮滿版	1924/3/4	02단	朝鮮の兩規則/航空と無電近く立案す
114510	鮮滿版	1924/3/4	02단	廣軌改良希望
114511	鮮滿版	1924/3/4	03단	安州市區改正
114512	鮮滿版	1924/3/4	03단	評議員選擧
114513	鮮滿版	1924/3/4	04단	穀物取引協議/大阪にて開會
114514	鮮滿版	1924/3/4	04단	安東木材品薄/値上の傾向
114515	鮮滿版	1924/3/4	04단	內地視察團
114516	鮮滿版	1924/3/4	04단	國境守備隊存置請願
114517	鮮滿版	1924/3/4	05단	私立校用地免稅の陳情/何の沙汰もない
114518	鮮滿版	1924/3/4	05단	矯風會安東支部の少年禁酒軍/發會式と宣傳
114519	鮮滿版	1924/3/4	05단	股肉を割いて病夫に薦める迷信に囚はれた貞婦
114520	鮮滿版	1924/3/4	06단	犯則者を絶たぬ煙草密輸入
114521	鮮滿版	1924/3/4	06단	運動界(平壤體育協會活躍)
114522	鮮滿版	1924/3/4	06단	半島茶話
114523	鮮滿版	1924/3/5	01단	兵營行脚(三)/工兵第二十大隊/梅夷大隊長談
114524	鮮滿版	1924/3/5	01단	朝鮮の林業調査
114525	鮮滿版	1924/3/5	01단	精白米の移出講究
114526	鮮滿版	1924/3/5	01단	慶南道豫算
114527	鮮滿版	1924/3/5	01단	迎日郡に模範林
114528	鮮滿版	1924/3/5	01단	平壤學組費可決/第三小學新設建議
114529	鮮滿版	1924/3/5	02단	大邱都計調査會
114530	鮮滿版	1924/3/5	02단	柞蠶試驗場開設
114531	鮮滿版	1924/3/5	02단	間島商業視察談
114532	鮮滿版	1924/3/5	02단	小山大佐赴任
114533	鮮滿版	1924/3/5	03단	木材買入纏まる
114534	鮮滿版	1924/3/5	03단	大邱學組豫算
114535	鮮滿版	1924/3/5	03단	不破鮮銀祕書役歸談
114536	鮮滿版	1924/3/5	04단	陸軍記念日講演
114537	鮮滿版	1924/3/5	04단	馬山に銀行說
114538	鮮滿版	1924/3/5	04단	京鐵局たより
114539	鮮滿版	1924/3/5	04단	各地より(光州より/淸津より/馬山鎭海より)
114540	鮮滿版	1924/3/5	05단	平壤鎭南浦提携で寄港實現運動
114541	鮮滿版	1924/3/5	05단	鴨綠江沿岸守備撤退延期
114542	鮮滿版	1924/3/5	05단	善光寺開帳に朝鮮事情宣傳
114543	鮮滿版	1924/3/5	05단	電氣取締規則改正講究
114544	鮮滿版	1924/3/5	05단	東拓の收容移民
114545	鮮滿版	1924/3/5	06단	勞農大會前途

일련번호	판명	간행일	단수	기사명
114546	鮮滿版	1924/3/5	06단	五團體の追慕式
114547	鮮滿版	1924/3/5	06단	殺人
114548	鮮滿版	1924/3/5	06단	美術界
114549	鮮滿版	1924/3/5	06단	會(敬者會)
114550	鮮滿版	1924/3/5	06단	半道茶話
114551	鮮滿版	1924/3/6	01단	普選と鮮人問題(四)/法學博士下村宏
114552	鮮滿版	1924/3/6	01단	守備豫存置と飛行場設置計劃
114553	鮮滿版	1924/3/6	01단	新義州に中學希望/十四年度に實現を申請
114554	鮮滿版	1924/3/6	02단	平南造林計劃
114555	鮮滿版	1924/3/6	02단	咸南米聲價上る
114556	鮮滿版	1924/3/6	02단	黃海道の木炭/興水の組合計劃
114557	鮮滿版	1924/3/6	03단	慶北蠶業好績
114558	鮮滿版	1924/3/6	03단	國境を巡りて/赤井軍參謀長談
114559	鮮滿版	1924/3/6	04단	間島近信(上)
114560	鮮滿版	1924/3/6	05단	咸南大豆粒選
114561	鮮滿版	1924/3/6	06단	各地より(浦項より)
114562	鮮滿版	1924/3/6	06단	通話區域擴大計劃
114563	鮮滿版	1924/3/6	06단	全南の出稼鮮人
114564	鮮滿版	1924/3/6	06단	絹越ししたがチブス菌が無かった愚劣な鮮醫の爲に蔓延した昨年のチブス
114565	鮮滿版	1924/3/7	01단	安東木材免稅絶望か/內地輸送の悲觀
114566	鮮滿版	1924/3/7	01단	朝鮮の電話網完成の方針
114567	鮮滿版	1924/3/7	01단	鮮銀の大藏省移管問題
114568	鮮滿版	1924/3/7	01단	『鮮人の母』としてけなげなる三人姊妹/身を賭してもと堅い決心/近く其筋から表彰される
114569	鮮滿版	1924/3/7	02단	評議會員選擧
114570	鮮滿版	1924/3/7	02단	新義州商業校の志願資格擴大
114571	鮮滿版	1924/3/7	02단	朝鮮養蠶成績
114572	鮮滿版	1924/3/7	03단	東拓の配當半減說/半分は事業資金に
114573	鮮滿版	1924/3/7	03단	記者團の視察
114574	鮮滿版	1924/3/7	04단	各地より(咸興より/春川より)
114575	鮮滿版	1924/3/7	04단	新義州金融組合の公設質屋計劃
114576	鮮滿版	1924/3/7	05단	朝鮮の上海航路六月から就航
114577	鮮滿版	1924/3/7	05단	釜山上海航路と小西府尹談
114578	鮮滿版	1924/3/7	05단	御成婚活寫
114579	鮮滿版	1924/3/7	05단	自稱瑞典領事の森林視察は或種の目的で來た曲者
114580	鮮滿版	1924/3/7	06단	釜山日淸女學校移轉引止運動
114581	鮮滿版	1924/3/7	06단	半島茶話
114582	鮮滿版	1924/3/8	01단	龍山師團と陸軍記念日/種々の催物がある

일련번호	판명	간행일	단수	기사명
114583	鮮滿版	1924/3/8	01단	安東地方の棉花改良
114584	鮮滿版	1924/3/8	01단	赴任の途にある兒玉關東長官
114585	鮮滿版	1924/3/8	01단	奉天戰を回顧して(赤井軍參謀長談/岡朝鮮軍高級參謀談/中村軍高級副官談)
114586	鮮滿版	1924/3/8	03단	漁民救濟は勤勉と質素が先決/鎭南浦の陳情は貫徹か
114587	鮮滿版	1924/3/8	04단	京城の鹽消費高
114588	鮮滿版	1924/3/8	04단	哈爾賓近況
114589	鮮滿版	1924/3/8	04단	間島通信(下)
114590	鮮滿版	1924/3/8	06단	御成婚活寫/鞍山の大盛況
114591	鮮滿版	1924/3/8	06단	窮乏漁民に副業
114592	鮮滿版	1924/3/8	06단	群山の仲仕爭議解決す
114593	鮮滿版	1924/3/9	01단	兵營行脚(四)/衛成病院/東城一等軍醫談
114594	鮮滿版	1924/3/9	01단	平壤の博物館/京城の分館として
114595	鮮滿版	1924/3/9	01단	公設質屋の實現は困難
114596	鮮滿版	1924/3/9	01단	中樞院參議/滿期と規則改正
114597	鮮滿版	1924/3/9	01단	期成會を起して金泉に高普校設立の運動
114598	鮮滿版	1924/3/9	02단	京城の上水道/四月から計量器
114599	鮮滿版	1924/3/9	02단	朝鮮の免稅地
114600	鮮滿版	1924/3/9	02단	六月から開始の上海航路
114601	鮮滿版	1924/3/9	02단	鮮銀支店利下
114602	鮮滿版	1924/3/9	03단	京鐵局だより
114603	鮮滿版	1924/3/9	03단	各地より(平壤より/咸興より/南川より)
114604	鮮滿版	1924/3/9	04단	總督府醫院の惡聞批難と當局の意見
114605	鮮滿版	1924/3/9	04단	鮮人公職者に內地を視察せしむ
114606	鮮滿版	1924/3/9	04단	御成婚活寫/大石橋の盛會
114607	鮮滿版	1924/3/9	05단	流氷で出漁不能
114608	鮮滿版	1924/3/9	05단	認可問題から崇中又復盟休
114609	鮮滿版	1924/3/9	05단	學生の鐵道自殺
114610	鮮滿版	1924/3/9	05단	陽德、成川地方の民謠に就て/石川義一氏談
114611	鮮滿版	1924/3/9	06단	英領事館事務員藝妓と驅落
114612	鮮滿版	1924/3/9	06단	運動界(朝鮮體育協會は)
114613	鮮滿版	1924/3/9	06단	半島茶話
114614	鮮滿版	1924/3/11	01단	兵營行脚(五)/野砲兵第二十六聯隊/山本聯隊長談話
114615	鮮滿版	1924/3/11	01단	成案を得た産業組合會
114616	鮮滿版	1924/3/11	01단	豊富な咸南の水産
114617	鮮滿版	1924/3/11	01단	平壤商議特別評議任命
114618	鮮滿版	1924/3/11	02단	商業特別評議員
114619	鮮滿版	1924/3/11	02단	朝鮮火災と滿洲
114620	鮮滿版	1924/3/11	02단	鮮米と粟の輸移出

일련번호	판명	간행일	단수	기사명
114621	鮮滿版	1924/3/11	02단	釜山港貿易額
114622	鮮滿版	1924/3/11	02단	各地より(咸興より/釜山より/清津より)
114623	鮮滿版	1924/3/11	04단	國境の警戒に機關銃を備へつける
114624	鮮滿版	1924/3/11	04단	第四艦隊鎭南浦に寄港
114625	鮮滿版	1924/3/11	04단	工業品共進會と介川郡庶務課長談
114626	鮮滿版	1924/3/11	04단	移住鮮人を苛める支那官憲
114627	鮮滿版	1924/3/11	05단	京城の新築家屋增加
114628	鮮滿版	1924/3/11	05단	朝鮮線時間改正
114629	鮮滿版	1924/3/11	05단	京城圖書館と婦人室擴張
114630	鮮滿版	1924/3/11	05단	御成婚活寫/營口の盛況
114631	鮮滿版	1924/3/11	06단	社員の懲戒免除
114632	鮮滿版	1924/3/11	06단	朝鮮美術展覽會
114633	鮮滿版	1924/3/11	06단	運動界(乘馬倶樂部刷新/競馬春期大會)
114634	鮮滿版	1924/3/11	06단	會(相愛會支部)
114635	鮮滿版	1924/3/11	06단	半島茶話
114636	鮮滿版	1924/3/12	01단	滿洲取引所の運命
114637	鮮滿版	1924/3/12	01단	朝鮮鐵道員に愈警察權附與/實施期は七月頃
114638	鮮滿版	1924/3/12	01단	英人が安東の柞蠶に眼をつけて/大製絲工場計劃
114639	鮮滿版	1924/3/12	01단	清津府新事業/十三年度豫算
114640	鮮滿版	1924/3/12	01단	鮮銀整理談
114641	鮮滿版	1924/3/12	01단	女子技藝學校設立/向上會記念事業
114642	鮮滿版	1924/3/12	02단	金融村落組合
114643	鮮滿版	1924/3/12	02단	殖銀支店長更迭
114644	鮮滿版	1924/3/12	02단	卒業式(龍山中學/善隣商業/京城中學)
114645	鮮滿版	1924/3/12	02단	各地より(鏡鐵局だより/光州より/大邱より/咸興より/大田より)
114646	鮮滿版	1924/3/12	04단	洞民から表彰された感心な鮮人
114647	鮮滿版	1924/3/12	04단	記念日の羅南
114648	鮮滿版	1924/3/12	04단	春めいて來た朝鮮/大分暖かくなる
114649	鮮滿版	1924/3/12	05단	煙草耕作の講話と指導
114650	鮮滿版	1924/3/12	05단	窮迫せる在京城の露國人
114651	鮮滿版	1924/3/12	05단	埋立落札は五筆
114652	鮮滿版	1924/3/12	05단	ヨモヤマ
114653	鮮滿版	1924/3/12	06단	美術界(審査員決定)
114654	鮮滿版	1924/3/12	06단	運動界(春季新馬抽籤/豫選會出場/乘組員の對戰熱望)
114655	鮮滿版	1924/3/12	06단	半島茶話
114656	鮮滿版	1924/3/13	01단	新義州開港區域/三橋川口まで擴張/輸出入の中樞とならう
114657	鮮滿版	1924/3/13	01단	魚族は豊富/清川江沖合
114658	鮮滿版	1924/3/13	01단	鹽田被害と輸入鹽/優良な西班牙鹽

일련번호	판명	간행일	단수	기사명
114659	鮮滿版	1924/3/13	01단	宮尾總裁の埃拶要旨/東拓株主臨時總會席上
114660	鮮滿版	1924/3/13	02단	重大な計劃協議/總督府の主要地派遣員會議
114661	鮮滿版	1924/3/13	02단	入學者激增で安東普通學校改築に決す
114662	鮮滿版	1924/3/13	03단	平壤市電延長工事
114663	鮮滿版	1924/3/13	03단	燐寸支那輸出と原材需給前途
114664	鮮滿版	1924/3/13	03단	各地より(馬鎭より/咸興より)
114665	鮮滿版	1924/3/13	04단	平壤巷談(一)/共進會は贊成寄附金は厭だ
114666	鮮滿版	1924/3/13	04단	鮮人墓デー
114667	鮮滿版	1924/3/13	04단	量水機使用料撤廢/滿鐵水道會議にて
114668	鮮滿版	1924/3/13	05단	第二艦隊元山に入港
114669	鮮滿版	1924/3/13	05단	李王殿下望六の御視宴
114670	鮮滿版	1924/3/13	05단	安東新市御戶口
114671	鮮滿版	1924/3/13	06단	道路建設後に民間に拂下/新義州驛前の府へ拂下內定の用地
114672	鮮滿版	1924/3/13	06단	不逞學生檢擧
114673	鮮滿版	1924/3/13	06단	女工の盟休
114674	鮮滿版	1924/3/13	06단	河津氏出發
114675	鮮滿版	1924/3/13	06단	半島茶話
114676	鮮滿版	1924/3/14	01단	*對露交涉の推移と朝鮮に及ぼす影響大したことはあるまいと富局は觀測/朝鮮は可成の影響を受ける大塚內務局長談/大局から見て何の事もあるまい園田外事課長談*
114677	鮮滿版	1924/3/14	01단	鮮人問題は諒解を得られなかった/丸山警務局長談
114678	鮮滿版	1924/3/14	01단	滿洲散見/牧田軍醫總監談(上)
114679	鮮滿版	1924/3/14	02단	大邱都計案對案作成に決して兩派和解す
114680	鮮滿版	1924/3/14	03단	道評議員選擧/元山の民選
114681	鮮滿版	1924/3/14	03단	淸津に支那領事館在住支那人から請願
114682	鮮滿版	1924/3/14	03단	郵便所請願/楡津漁港に
114683	鮮滿版	1924/3/14	04단	驅黴費補助申請
114684	鮮滿版	1924/3/14	04단	淸津海産組合事業を擴張
114685	鮮滿版	1924/3/14	04단	金融界閑散
114686	鮮滿版	1924/3/14	04단	各地より(咸興より)
114687	鮮滿版	1924/3/14	05단	會議所を通じて道當局に共進會の開會を迫る平壤繁榮會
114688	鮮滿版	1924/3/14	05단	平壤巷談(二)/諸物價が高い商人は否認する
114689	鮮滿版	1924/3/14	05단	關稅に相當する金額を補助せよ/輸出材木業者の要望
114690	鮮滿版	1924/3/14	06단	益猖獗/釜山の猩紅熱
114691	鮮滿版	1924/3/14	06단	閲覽者增加/京成圖書館
114692	鮮滿版	1924/3/14	06단	鰊は不漁
114693	鮮滿版	1924/3/14	06단	半島茶話
114694	鮮滿版	1924/3/15	01단	新義州の形勢混沌/道評議員選擧
114695	鮮滿版	1924/3/15	01단	大邱府新豫算/何れも減額

일련번호	판명	간행일	단수	기사명
114696	鮮滿版	1924/3/15	01단	京城の陸軍記念日における諸兵聯合演習(上步兵の突撃、中砲兵の陳地侵入、下陣地爆發)
114697	鮮滿版	1924/3/15	02단	電話長距離區域擴大
114698	鮮滿版	1924/3/15	02단	設置は前途遼遠/咸南の移出牛檢疫所
114699	鮮滿版	1924/3/15	02단	平北道の山人蔘/昨年の産額六萬圓
114700	鮮滿版	1924/3/15	03단	新義州は物が高い/物價引下軍に先つ食料品會社を創立
114701	鮮滿版	1924/3/15	04단	京城の陸軍記念日
114702	鮮滿版	1924/3/15	04단	松の實
114703	鮮滿版	1924/3/15	05단	瑞氣山下で大會戰/平壤の陸軍記念日
114704	鮮滿版	1924/3/15	05단	鐵嶺でも大盛況/本社の活寫
114705	鮮滿版	1924/3/15	05단	釜山府當局非難の聲高まる
114706	鮮滿版	1924/3/15	05단	奇篤な校長
114707	鮮滿版	1924/3/15	06단	石窟庵開眼供養式
114708	鮮滿版	1924/3/15	06단	慶南喇酒會
114709	鮮滿版	1924/3/15	06단	各地より(仁川より/大邱より)
114710	鮮滿版	1924/3/15	06단	半島茶話
114711	鮮滿版	1924/3/16	01단	滿洲散見(下)
114712	鮮滿版	1924/3/16	01단	朝鮮で日覺しい活動/釜山に本部を設ける相愛會/抱負を話る朴春琴氏
114713	鮮滿版	1924/3/16	01단	臺灣を見て來た話/富永慶北警察部長
114714	鮮滿版	1924/3/16	01단	釜山學校評議員選擧
114715	鮮滿版	1924/3/16	02단	限外發行稅は依然總督府の歲入か
114716	鮮滿版	1924/3/16	02단	女子高普設置/總督府へ陳情
114717	鮮滿版	1924/3/16	03단	東拓理事大連駐在廢止設
114718	鮮滿版	1924/3/16	03단	殘債定期償還
114719	鮮滿版	1924/3/16	03단	電話回線增設
114720	鮮滿版	1924/3/16	04단	京鐵局より
114721	鮮滿版	1924/3/16	04단	平壤巷談(三)/練炭の普及と平壤地方の將來
114722	鮮滿版	1924/3/16	04단	兒童作品展
114723	鮮滿版	1924/3/16	05단	朝鮮人の婚姻
114724	鮮滿版	1924/3/16	05단	朝鮮牛/東京方面へも移出
114725	鮮滿版	1924/3/16	05단	求職者激增/京城の人事相談所は大繁昌
114726	鮮滿版	1924/3/16	05단	貯金漸增の傾向
114727	鮮滿版	1924/3/16	06단	咸興より
114728	鮮滿版	1924/3/16	06단	運動界(京鐵局弓術大會成績/網干選手のお芽出度)
114729	鮮滿版	1924/3/16	06단	半島茶話
114730	鮮滿版	1924/3/18	01단	尾羽打ち枯した上海假政府/困るのは對岸にある不逞團/在支不逞鮮人逮捕說と平北道警務當局の觀測
114731	鮮滿版	1924/3/18	01단	大邱都計案作成費內容

일련번호	판명	간행일	단수	기사명
114732	鮮滿版	1924/3/18	01단	朝郵釜山航路補助金支出問題/和田慶南知事談
114733	鮮滿版	1924/3/18	01단	東拓の整理
114734	鮮滿版	1924/3/18	01단	鴨綠江材輸出組合存續
114735	鮮滿版	1924/3/18	02단	大邱商船でも優良船を就航/北鮮航路に
114736	鮮滿版	1924/3/18	02단	本社見學
114737	鮮滿版	1924/3/18	03단	米田知事の辯明/共進會中止に就て
114738	鮮滿版	1924/3/18	03단	京鐵局より
114739	鮮滿版	1924/3/18	04단	各地より(捕項より/咸興より)
114740	鮮滿版	1924/3/18	04단	爆彈武器を隱す秘密穴/大韓統義府の計劃
114741	鮮滿版	1924/3/18	04단	裏面には感情問題/海軍大臣を相手取る迄
114742	鮮滿版	1924/3/18	05단	朝鮮の宗教
114743	鮮滿版	1924/3/18	05단	平壤巷談(四)/百萬圓の遺利規則に制されて
114744	鮮滿版	1924/3/18	05단	慶北の記念植樹
114745	鮮滿版	1924/3/18	06단	鷄肉一萬貫注文/一千貫だけ輸送
114746	鮮滿版	1924/3/18	06단	專賣局大邱分工場竣成
114747	鮮滿版	1924/3/18	06단	ゴルフ場移轉
114748	鮮滿版	1924/3/18	06단	京城二女卒業式
114749	鮮滿版	1924/3/18	06단	半島茶話
114750	鮮滿版	1924/3/19	01단	幼稚園の作品展
114751	鮮滿版	1924/3/19	01단	國境撤兵/中止請願運動
114752	鮮滿版	1924/3/19	01단	李基演君の努力で京城に飛行學校創設
114753	鮮滿版	1924/3/19	01단	馬山府道評議員/選擧と候補者
114754	鮮滿版	1924/3/19	01단	元山民選候補者決定
114755	鮮滿版	1924/3/19	01단	清津の學議選擧
114756	鮮滿版	1924/3/19	02단	馬山府新豫算/前年よりも增加
114757	鮮滿版	1924/3/19	02단	繩叭製造獎勵
114758	鮮滿版	1924/3/19	02단	畜牛檢疫所設置請願
114759	鮮滿版	1924/3/19	02단	清津局發着電報數
114760	鮮滿版	1924/3/19	02단	慶北師範應募者數
114761	鮮滿版	1924/3/19	02단	各地より(京城より/咸興より/全州より大邱より)
114762	鮮滿版	1924/3/19	04단	平壤巷談(五)/電興の整理は東拓の責任だ
114763	鮮滿版	1924/3/19	05단	大紛擾義烈團の步調が亂れた
114764	鮮滿版	1924/3/19	05단	全州上水道通水式三十日擧行/水質は全鮮第一
114765	鮮滿版	1924/3/19	05단	航空隊設置と鎭海漁港問題について/松村司令官談
114766	鮮滿版	1924/3/19	05단	鍊買出し船昨年より多い
114767	鮮滿版	1924/3/19	06단	奇病流行/盈德部の海濱部に
114768	鮮滿版	1924/3/19	06단	手療治が祟って一家六人全滅
114769	鮮滿版	1924/3/19	06단	學校消息(入學試驗終了/二高女の展覽會)

일련번호	판명	간행일	단수	기사명
114770	鮮滿版	1924/3/19	06단	半島茶話
114771	鮮滿版	1924/3/20		欠號
114772	鮮滿版	1924/3/21	01단	狩獵夜話り(中)/友の敵の大虎を生捕る/N生
114773	鮮滿版	1924/3/21	01단	各派の布敎費二百萬圓/本年の事業
114774	鮮滿版	1924/3/21	01단	全州發展策と輕鐵改良について/河本專務談
114775	鮮滿版	1924/3/21	01단	滿銀金利引下
114776	鮮滿版	1924/3/21	02단	獎學資金配與
114777	鮮滿版	1924/3/21	02단	京城の電話
114778	鮮滿版	1924/3/21	02단	官邸だより
114779	鮮滿版	1924/3/21	03단	尹澤榮侯歸鮮の噂/李王職では打消す
114780	鮮滿版	1924/3/21	03단	日本の百姓は働きますぬね/歸鮮する特別硏究生尹君の話
114781	鮮滿版	1924/3/21	04단	活躍せんとする朝鮮の陸上競技界/五月二十四、五兩日奉祝オリムピック大會擧行/本年度の諸大豫定
114782	鮮滿版	1924/3/21	05단	平壤巷談(七)/粟食は結構だ輸入激增觀
114783	鮮滿版	1924/3/21	05단	不逞鮮人一名四十圓/所持金品も逮捕者に與へる
114784	鮮滿版	1924/3/21	06단	馬賊から官兵に
114785	鮮滿版	1924/3/21	06단	國境警備に使用機關銃と警備船
114786	鮮滿版	1924/3/21	06단	北同洗濯所だけでも設備したい/京城の社會施設
114787	鮮滿版	1924/3/21	06단	童話普及會/佐田至弘氏の試
114788	鮮滿版	1924/3/21	06단	豆岩と坊主石/妙な言ひ傳へ
114789	鮮滿版	1924/3/22		欠號
114790	鮮滿版	1924/3/23		欠號
114791	鮮滿版	1924/3/25	01단	學科制限も依然弊害/中等校入學試驗實施結果
114792	鮮滿版	1924/3/25	01단	釜山上海航路實施と關係者談
114793	鮮滿版	1924/3/25	02단	京城府豫算
114794	鮮滿版	1924/3/25	02단	産業界革新と農家經濟の基本調査
114795	鮮滿版	1924/3/25	02단	警察部長異動の發表は四月早々
114796	鮮滿版	1924/3/25	02단	道評議當選
114797	鮮滿版	1924/3/25	03단	京城徵檢日割
114798	鮮滿版	1924/3/25	03단	東拓京城支店長/土井氏語る
114799	鮮滿版	1924/3/25	03단	會社銀行(朝鮮勤信總會)
114800	鮮滿版	1924/3/25	04단	各地より(京城より/新義州より)
114801	鮮滿版	1924/3/25	04단	朝鮮線時間改正五月一日から
114802	鮮滿版	1924/3/25	04단	鴨綠江解氷と汽船入港
114803	鮮滿版	1924/3/25	05단	第二艦隊元山灣に入港
114804	鮮滿版	1924/3/25	05단	飛行家藤原氏が飛行會社を新義州に計劃
114805	鮮滿版	1924/3/25	05단	有耶無耶の朝鮮勞農大會と盛な南鮮大會
114806	鮮滿版	1924/3/25	06단	不逞團が農業會社計劃
114807	鮮滿版	1924/3/25	06단	運動界(全鮮競技大會/競馬大會/第二艦隊對體育協會)

일련번호	판명	간행일	단수	기사명
114808	鮮滿版	1924/3/25	06단	半島茶話
114809	鮮滿版	1924/3/26	01단	半島財經(２０)/不備生
114810	鮮滿版	1924/3/26	01단	所要事業資金の融通に困難を感ずる鮮鐵
114811	鮮滿版	1924/3/26	01단	安東木材前途悲觀
114812	鮮滿版	1924/3/26	01단	咸興より
114813	鮮滿版	1924/3/26	02단	京鐵局決算
114814	鮮滿版	1924/3/26	02단	海州學議當選
114815	鮮滿版	1924/3/26	02단	務安郡道評議代理投票で遣直し
114816	鮮滿版	1924/3/26	02단	清津上海間定期船の將來
114817	鮮滿版	1924/3/26	03단	平南の三校落成
114818	鮮滿版	1924/3/26	03단	勸業課出張所
114819	鮮滿版	1924/3/26	03단	清津帆船組合
114820	鮮滿版	1924/3/26	04단	敦賀の日鮮土地/輸城平野の經營
114821	鮮滿版	1924/3/26	04단	タブレット授受器及び復線器を世に出す迄/京鐵局龍山保線區勤務岩本田載氏語る
114822	鮮滿版	1924/3/26	04단	平壤閑話/朝鮮增師と爆擊隊設置說
114823	鮮滿版	1924/3/26	05단	御下賜金に就いて/磯野內務部長談
114824	鮮滿版	1924/3/26	05단	入學試驗を終りて(一)/京城師範學校/小林敎頭談
114825	鮮滿版	1924/3/26	06단	鐵道員と警察權/當局者談
114826	鮮滿版	1924/3/26	06단	半島茶話
114827	鮮滿版	1924/3/27	01단	悲境にある安東木材と會社計劃
114828	鮮滿版	1924/3/27	01단	憲兵隊の整理三月末に斷行
114829	鮮滿版	1924/3/27	01단	道評議員當選(慶尙北道/釜山)
114830	鮮滿版	1924/3/27	01단	入學試驗を終りて(二)/京城中學校/柴崎校長談
114831	鮮滿版	1924/3/27	03단	東拓當面の問題/新任土井支店長談
114832	鮮滿版	1924/3/27	03단	元山市外の感化院近狀/大塚內務局長談
114833	鮮滿版	1924/3/27	04단	鎭南浦に畜牛檢疫所設置の要望
114834	鮮滿版	1924/3/27	04단	行路病者收容所新設
114835	鮮滿版	1924/3/27	04단	尙州電竣工期
114836	鮮滿版	1924/3/27	04단	各地より(清津より/咸興より)
114837	鮮滿版	1924/3/27	05단	朝鮮の黑鉛
114838	鮮滿版	1924/3/27	05단	盛な元清連絡船
114839	鮮滿版	1924/3/27	05단	希望者の多い醫學講習所/女子の希望もある
114840	鮮滿版	1924/3/27	05단	地主懇談會
114841	鮮滿版	1924/3/27	05단	蒼坪より江岸へ廿哩の手押輕鐵
114842	鮮滿版	1924/3/27	06단	大邱商議の內地視察團
114843	鮮滿版	1924/3/27	06단	衡平社大會と皮革會社組織
114844	鮮滿版	1924/3/27	06단	傳染病に惱む釜山府
114845	鮮滿版	1924/3/27	06단	半島茶話

일련번호	판명	간행일	단수	기사명
114846	鮮滿版	1924/3/28	01단	日露交涉が若し纏らなかったらそれは露國側に誠意がないのだ/內山外務書記官談
114847	鮮滿版	1924/3/28	01단	朝鮮事情/宣傳から歸った/守屋庶務部長談
114848	鮮滿版	1924/3/28	01단	咸南眉繭整理/傳習計劃
114849	鮮滿版	1924/3/28	01단	鮮滿貨車連絡擴大
114850	鮮滿版	1924/3/28	01단	速修農校八校を兼設す/農民指導のため
114851	鮮滿版	1924/3/28	02단	平南民選道評議候補
114852	鮮滿版	1924/3/28	02단	平壤閑話/行政整理と俸給取の悲哀
114853	鮮滿版	1924/3/28	02단	私鐵補助金問題
114854	鮮滿版	1924/3/28	03단	利子は獎學資金/慶北と下賜金
114855	鮮滿版	1924/3/28	03단	新送信機取付
114856	鮮滿版	1924/3/28	03단	春田派遣員の入監から追放まで/會話も嚴禁
114857	鮮滿版	1924/3/28	03단	同民會組織/內鮮融和を實行
114858	鮮滿版	1924/3/28	03단	滿洲演奏旅行/東京音樂學校の一行
114859	鮮滿版	1924/3/28	03단	記念に標本樹園
114860	鮮滿版	1924/3/28	04단	龍頭山神社例祭
114861	鮮滿版	1924/3/28	04단	朝鮮の銀杏
114862	鮮滿版	1924/3/28	04단	選擧騷ぎに付入って東京に潛入/義烈團の陰謀
114863	鮮滿版	1924/3/28	04단	入學試驗を了りて(三)/京城第二高等女學校/辻敎頭談
114864	鮮滿版	1924/3/28	05단	變方の態度强硬/豐山の小作爭議
114865	鮮滿版	1924/3/28	05단	崇中へ放火/盟休生の所業?
114866	鮮滿版	1924/3/28	05단	暗殺團員逮捕
114867	鮮滿版	1924/3/28	05단	孝子表彰
114868	鮮滿版	1924/3/28	06단	釜山の火事
114869	鮮滿版	1924/3/28	06단	敎育界(卒業生に記念品/京城第二高女/高女優等生/母校に記念品)
114870	鮮滿版	1924/3/28	06단	人(牧田軍醫總監/岡軍高級參謀/陸軍大學生一行)
114871	鮮滿版	1924/3/28	06단	半島茶話
114872	鮮滿版	1924/3/29	01단	『專門校を出た鮮人が職を求め得ないコレをドウ處置したものだ』/阿部充家氏談
114873	鮮滿版	1924/3/29	01단	完全にやって欲しい鴨綠江の破岸工事を知事會議の問題にする
114874	鮮滿版	1924/3/29	01단	地方民は泣く!/生存の脅威と國家事業/村上海相を訴へるまでの徑路と解決策に就て
114875	鮮滿版	1924/3/29	02단	『鮮鐵の將來は事業が多い』/安藤京鐵局長談(鮮鐵の新事業/露支交涉の影響/急行料問題/將來多事)
114876	鮮滿版	1924/3/29	03단	新義州で兒童寄宿舍建設/學校組合新事業
114877	鮮滿版	1924/3/29	04단	平南道評議選擧
114878	鮮滿版	1924/3/29	04단	平壤閑話/朝鮮人騷ぐ小刀細工をするな

일련번호	판명	간행일	단수	기사명
114879	鮮滿版	1924/3/29	04단	廢止される黃海林野調査と殘務整理
114880	鮮滿版	1924/3/29	05단	入學試驗を終りて(四)/第一高等女學校/坪內校長談
114881	鮮滿版	1924/3/29	05단	客月釜山貿易
114882	鮮滿版	1924/3/29	05단	我社の優勝旗は鮮軍首將の手に歸す/新義州の鮮滿柔道對抗大會
114883	鮮滿版	1924/3/29	05단	運動界(横山選手出發/大邱野球戰)
114884	鮮滿版	1924/3/29	05단	各地より(咸興より/浦項より)
114885	鮮滿版	1924/3/29	06단	朝鮮の船
114886	鮮滿版	1924/3/29	06단	實銀重役辭表
114887	鮮滿版	1924/3/30	01단	財界管見(一)/大藏省へ移管の朝鮮銀行
114888	鮮滿版	1924/3/30	01단	京城電鐵の改善方針/武者專務談
114889	鮮滿版	1924/3/30	02단	安義間軌道計劃と稅關檢査
114890	鮮滿版	1924/3/30	02단	平壤閑話/獨占事業經營者の注意
114891	鮮滿版	1924/3/30	03단	安東市街建設に滿鐵の注意
114892	鮮滿版	1924/3/30	03단	地方民は泣く!生存の脅威と國家事業(中)/村上海相を訴へるまでの經路と解決策に就て
114893	鮮滿版	1924/3/30	04단	全北道評議選擧
114894	鮮滿版	1924/3/30	04단	醇厚會組織
114895	鮮滿版	1924/3/30	05단	兩銀行合倂說
114896	鮮滿版	1924/3/30	05단	朝鮮館
114897	鮮滿版	1924/3/30	05단	機械輸移入少し
114898	鮮滿版	1924/3/30	05단	急行料が改正されるコンナ程度に
114899	鮮滿版	1924/3/30	06단	卒業生の進路(第一高女/第二高女/善隣商業/京城中學)
114900	鮮滿版	1924/3/30	06단	半島茶話

1924년 4월 (선만판)

일련번호	판명	간행일	단수	기사명
114901	鮮滿版	1924/4/1	01단	財界管見(二)/大藏省へ移管の朝鮮銀行
114902	鮮滿版	1924/4/1	01단	改善の必要がある民情視察官と監察官(民情視察官は無用の長物か/監察官の監察は片奇過ぎる)
114903	鮮滿版	1924/4/1	01단	鮮地に適する甜菜栽培/高石技師談
114904	鮮滿版	1924/4/1	02단	『空論を排し實狀に基かん』有志聯盟の宣言
114905	鮮滿版	1924/4/1	03단	地方民は泣く!生存の脅威と國家事業(下)/村上海相を訴へるまでの經路と解決策に就て
114906	鮮滿版	1924/4/1	04단	市況(大勢依然不振/淸津の財界)
114907	鮮滿版	1924/4/1	05단	朝鮮對外貿易增加
114908	鮮滿版	1924/4/1	05단	平壤閑話/上海航路問題眞劍に運動せよ
114909	鮮滿版	1924/4/1	05단	當局も小作人に同情/黃州の農業爭議
114910	鮮滿版	1924/4/1	06단	牛と列車と衝突
114911	鮮滿版	1924/4/1	06단	學校消息(開校記念日/師範入學試驗/高女同窓會)
114912	鮮滿版	1924/4/1	06단	會(謝恩會)
114913	鮮滿版	1924/4/1	06단	半島茶話
114914	鮮滿版	1924/4/2	01단	財界管見(三)/大藏省へ移管の朝鮮銀行
114915	鮮滿版	1924/4/2	01단	朝鮮大學開校は責任支出でなすべきもの女子高普增設未し/長野學務局長談
114916	鮮滿版	1924/4/2	01단	大連から母國見學
114917	鮮滿版	1924/4/2	03단	江原道評議員
114918	鮮滿版	1924/4/2	03단	元淸津連絡船時間改正問題
114919	鮮滿版	1924/4/2	04단	上海船路の鎭南浦寄港或は實現か
114920	鮮滿版	1924/4/2	04단	鐵道網速成京城商議所案
114921	鮮滿版	1924/4/2	04단	平壤閑話/政爭の弊官民共に罪がある
114922	鮮滿版	1924/4/2	05단	朝鮮の鐵道延長千五百哩
114923	鮮滿版	1924/4/2	05단	醫師藥劑師試驗
114924	鮮滿版	1924/4/2	05단	速修農業學校
114925	鮮滿版	1924/4/2	05단	自動車運轉經營者合同の要
114926	鮮滿版	1924/4/2	06단	鮮內酒造改良
114927	鮮滿版	1924/4/2	06단	穀物商大會
114928	鮮滿版	1924/4/2	06단	崇實學校盟休益々紛糾
114929	鮮滿版	1924/4/2	06단	鮮人團の警察當局攻擊
114930	鮮滿版	1924/4/2	06단	珍しい金融機關
114931	鮮滿版	1923/4/3	01단	財界管見(四)/大藏省へ移管の朝鮮銀行
114932	鮮滿版	1923/4/3	01단	鮮人の內地渡航問題制限は加へたくない/「列車乘務員に警察權附興は効果あるまい」/中村保安課長談
114933	鮮滿版	1923/4/3	01단	癩患者救濟と私鐵補助/何れも經費が許さぬ/有吉總監談
114934	鮮滿版	1923/4/3	02단	『平北の方が働き甲斐がある』/安藤警察部長談
114935	鮮滿版	1923/4/3	02단	奉天で開く領事會議總督府も參加

일련번호	판명	간행일	단수	기사명
114936	鮮滿版	1923/4/3	03단	復興材科の安東木材缺損から紛紜
114937	鮮滿版	1923/4/3	04단	鮮銀支店員異動
114938	鮮滿版	1923/4/3	04단	水道料金改正で當局の一と思案
114939	鮮滿版	1923/4/3	04단	柔道大會雜觀
114940	鮮滿版	1923/4/3	05단	實銀商銀兩行合併問題
114941	鮮滿版	1923/4/3	05단	上海航路の鎭南浦寄港問題
114942	鮮滿版	1923/4/3	05단	咸北評議員
114943	鮮滿版	1923/4/3	05단	勤續者表彰
114944	鮮滿版	1923/4/3	05단	會社銀行(朝鮮美術品製作所)
114945	鮮滿版	1923/4/3	05단	平壤より
114946	鮮滿版	1923/4/3	06단	咸北地方の奇病
114947	鮮滿版	1923/4/3	06단	半島茶話
114948	鮮滿版	1924/4/4	01단	財界管見(五)/大藏省へ移管の朝鮮銀行
114949	鮮滿版	1924/4/4	01단	教育費は責任支出朝鮮大學其の他豫算總額一億三千萬/和田財務局長談
114950	鮮滿版	1924/4/4	01단	黑河の排日/民衆とは無關係だが惡化の傾向
114951	鮮滿版	1924/4/4	01단	稅務監督局新設陳情
114952	鮮滿版	1924/4/4	01단	安東着貨物運賃値下問題
114953	鮮滿版	1924/4/4	02단	興京物産禁輸大した影響なし
114954	鮮滿版	1924/4/4	02단	勞資の均等を圖るため鮮人の鮮內移住を獎勵
114955	鮮滿版	1924/4/4	03단	小作爭議は根强い難問題
114956	鮮滿版	1924/4/4	03단	彼岸過ぎ(一)/SPR
114957	鮮滿版	1924/4/4	04단	天圖經便鐵道本年中に完成
114958	鮮滿版	1924/4/4	04단	音樂演奏會
114959	鮮滿版	1924/4/4	05단	塵箱を漁る貧童の群それが軈てコン泥となる/驅逐困難
114960	鮮滿版	1924/4/4	05단	運動界
114961	鮮滿版	1924/4/4	06단	半島茶話
114962	鮮滿版	1924/4/5	01단	財界管見(六)/大藏省へ移管の朝鮮銀行
114963	鮮滿版	1924/4/5	01단	滿鮮連絡電話/今年度に平壤新義州間上海航路補助は削除
114964	鮮滿版	1924/4/5	01단	淸州水利組合/負擔過重で組合員困窮
114965	鮮滿版	1924/4/5	02단	西岡技師土産談
114966	鮮滿版	1924/4/5	03단	徒弟夜學校の設置希望
114967	鮮滿版	1924/4/5	03단	彼岸過ぎ(二)/SPR
114968	鮮滿版	1924/4/5	04단	平南評議員(民選評議會員/官選評議會員)
114969	鮮滿版	1924/4/5	04단	慶南評議員
114970	鮮滿版	1924/4/5	04단	學校評議員
114971	鮮滿版	1924/4/5	04단	釜山會議所評議員當選
114972	鮮滿版	1924/4/5	05단	觧業者の運賃値上解決
114973	鮮滿版	1924/4/5	05단	各地より(新義州より/安東より/平壤より)

일련번호	판명	간행일	단수	기사명
114974	鮮滿版	1924/4/5	06단	淸津記念日祝賀會
114975	鮮滿版	1924/4/5	06단	行啓記念運動會
114976	鮮滿版	1924/4/5	06단	營口商業生徒本社見學
114977	鮮滿版	1924/4/5	06단	運動界(艦隊軍惜敗/旣報)
114978	鮮滿版	1924/4/6	01단	財界管見(七)/大藏省へ移管の朝鮮銀行
114979	鮮滿版	1924/4/6	01단	折角企劃された思想團大同團結/早くも反對の氣勢
114980	鮮滿版	1924/4/6	01단	新義州製材の新販路
114981	鮮滿版	1924/4/6	01단	新義州に中學開設要望
114982	鮮滿版	1924/4/6	02단	黃海道評議員
114983	鮮滿版	1924/4/6	02단	咸南道評議員
114984	鮮滿版	1924/4/6	02단	慶北道評議員
114985	鮮滿版	1924/4/6	03단	京城學校評議員
114986	鮮滿版	1924/4/6	03단	中樞院參議任期滿了/慶北道後任運動
114987	鮮滿版	1924/4/6	04단	大邱學校組合
114988	鮮滿版	1924/4/6	04단	醫學講習所
114989	鮮滿版	1924/4/6	04단	開墾助成會免稅の請願
114990	鮮滿版	1924/4/6	04단	無電放送取締內地同樣の方針
114991	鮮滿版	1924/4/6	04단	芽生え時代の愛婦幼稚園
114992	鮮滿版	1924/4/6	05단	無電放送試驗
114993	鮮滿版	1924/4/6	05단	鮮都の春五景(一)/獎忠壇公園
114994	鮮滿版	1924/4/6	05단	積載量制限から運賃値上げ
114995	鮮滿版	1924/4/6	05단	活動フ井ルム檢閱を統一する
114996	鮮滿版	1924/4/6	06단	學校消息(第二女學校/京城中學校)
114997	鮮滿版	1924/4/6	06단	會社銀行(京城信託總會/朝鮮實業合議制)
114998	鮮滿版	1924/4/6	06단	庄原より
114999	鮮滿版	1924/4/6	06단	會(全鮮商議會)
115000	鮮滿版	1924/4/6	06단	半島茶話
115001	鮮滿版	1924/4/8	01단	財界管見(八)/大藏省へ移管の朝鮮銀行
115002	鮮滿版	1924/4/8	01단	在露鮮人動靜蠢動恐るゝに足らない/田中高等課長談
115003	鮮滿版	1924/4/8	01단	平北道評議員
115004	鮮滿版	1924/4/8	01단	乾繭場增設目下研究中
115005	鮮滿版	1924/4/8	02단	鮮內消費鹽/官製採鹽擴張
115006	鮮滿版	1924/4/8	02단	京城不渡手形前月より增加
115007	鮮滿版	1924/4/8	02단	釜山公會堂釜山ホテルの休憩室を擴張
115008	鮮滿版	1924/4/8	02단	彼岸過ぎ(三)/SPR
115009	鮮滿版	1924/4/8	03단	閔妃殿下の甥帆船で上海に逃走/今後の行動は放任裏面に潜む魂膽
115010	鮮滿版	1924/4/8	04단	安東會議所敷地
115011	鮮滿版	1924/4/8	04단	朝鮮美術展景福宮で開催

일련번호	판명	간행일	단수	기사명
115012	鮮滿版	1924/4/8	05단	平壤閑話/平元鐵道着手期如何
115013	鮮滿版	1924/4/8	05단	釜山の朝火事/全燒十五戶
115014	鮮滿版	1924/4/8	06단	鮮都の春五景(二)/パコタ公園
115015	鮮滿版	1924/4/8	06단	半島茶話
115016	鮮滿版	1924/4/9	01단	財界管見(九)/大藏省へ移管の朝鮮銀行
115017	鮮滿版	1924/4/9	01단	研究と努力を要する鴨綠江材の將來/阪神及び九州に相當需要がある
115018	鮮滿版	1924/4/9	01단	朝鮮憲兵隊の整理と補充
115019	鮮滿版	1924/4/9	01단	清津築港工事捨石二十萬圓で中止の悲運
115020	鮮滿版	1924/4/9	01단	清津港の出超百萬突破
115021	鮮滿版	1924/4/9	02단	各地の記念植樹(春川/全州/南川/平壤)
115022	鮮滿版	1924/4/9	03단	迎日灣の鰊漁
115023	鮮滿版	1924/4/9	03단	春川面の明年度豫算
115024	鮮滿版	1924/4/9	03단	産業開發と電氣事業
115025	鮮滿版	1924/4/9	03단	東拓の鮮內投資要望
115026	鮮滿版	1924/4/9	04단	鎮海要港部の運動獎勵/松村司令官語る
115027	鮮滿版	1924/4/9	04단	平壤閑話/讀者は泣いた潜水艦慘事
115028	鮮滿版	1924/4/9	05단	相愛會支部設置と勞働會館の設立
115029	鮮滿版	1924/4/9	05단	饑餓に瀕せる火田民救濟策講究中
115030	鮮滿版	1924/4/9	05단	仔ヌクテ/十頭を生捕る
115031	鮮滿版	1924/4/9	05단	教育界(修業年限延長/大學像科開校/龍中入學式/高女植樹式/新設校認可/裡里公立高等女學校/沙里院公立實科高等女學校/全州公立高等女學校)
115032	鮮滿版	1924/4/9	05단	全州より
115033	鮮滿版	1924/4/9	06단	運動界(全鮮競馬大會)
115034	鮮滿版	1924/4/9	06단	鮮都の春五景(三)/南山公園
115035	鮮滿版	1924/4/9	06단	半島茶話
115036	鮮滿版	1924/4/10	01단	財界管見(十)/大藏省へ移管の朝鮮銀行
115037	鮮滿版	1924/4/10	01단	內鮮の海運行政連絡
115038	鮮滿版	1924/4/10	01단	釜山會議所新役員
115039	鮮滿版	1924/4/10	01단	平壤閑話/道評議員休めよ眠れよ
115040	鮮滿版	1924/4/10	01단	安東會議所豫算
115041	鮮滿版	1924/4/10	02단	平壤會議所特別議員
115042	鮮滿版	1924/4/10	02단	府立圖書館の巡回文庫
115043	鮮滿版	1924/4/10	02단	膓窒扶斯豫防
115044	鮮滿版	1924/4/10	02단	感化院行を希望する不良兒の親
115045	鮮滿版	1924/4/10	02단	專屬醫配置
115046	鮮滿版	1924/4/10	03단	海水に浸る癩患者の善後策
115047	鮮滿版	1924/4/10	03단	傳說鹿足夫人

일련번호	판명	간행일	단수	기사명
115048	鮮滿版	1924/4/10	04단	內地産の鯉を養殖
115049	鮮滿版	1924/4/10	04단	釜山府內の猩紅熱尙終熄せず
115050	鮮滿版	1924/4/10	04단	咸南道で鰻の試育耐寒性が疑問
115051	鮮滿版	1924/4/10	05단	正ちやんの活躍
115052	鮮滿版	1924/4/10	05단	各地より(咸興より)
115053	鮮滿版	1924/4/10	06단	運動界
115054	鮮滿版	1924/4/10	06단	會(美術展覽會)
115055	鮮滿版	1924/4/10	06단	半島茶話
115056	鮮滿版	1924/4/11	01단	財界管見(十一)/大藏省に移管の朝鮮銀行
115057	鮮滿版	1924/4/11	01단	浦項港修築調査
115058	鮮滿版	1924/4/11	01단	淸津港活氣づく上海航路繼續/平南開墾事業 財界不況で實施が困難
115059	鮮滿版	1924/4/11	01단	寫眞說明/京都記念博覽會の朝鮮館
115060	鮮滿版	1924/4/11	03단	私鐵資金借入
115061	鮮滿版	1924/4/11	03단	學校組合議員の賦課金制限撤廢
115062	鮮滿版	1924/4/11	03단	朝鮮米輸出量
115063	鮮滿版	1924/4/11	04단	朝鮮の禿山少くなつたが山火事が多い
115064	鮮滿版	1924/4/11	04단	平壤閑話/人材拂底警察部長級
115065	鮮滿版	1924/4/11	04단	咸鏡兩道の電氣事業狀況
115066	鮮滿版	1924/4/11	05단	發動機船で沖合漁獲物を運搬する
115067	鮮滿版	1924/4/11	05단	電氣會社計劃
115068	鮮滿版	1924/4/11	05단	第三回朝鮮美術展覽會
115069	鮮滿版	1924/4/11	05단	モヒ患者救濟
115070	鮮滿版	1924/4/11	05단	學校消息(準備敎育廢止/高等小學問題/大學授業延期/光州高女校)
115071	鮮滿版	1924/4/11	06단	全州より
115072	鮮滿版	1924/4/11	06단	鮮都の春五景(四)/漢口畔の雨
115073	鮮滿版	1924/4/11	06단	半島茶話
115074	鮮滿版	1924/4/12	01단	財界管見(十二)/大藏省へ移管の朝鮮銀行
115075	鮮滿版	1924/4/12	01단	朝鮮の鼈業異數の發達
115076	鮮滿版	1924/4/12	01단	農村振興策の共助會
115077	鮮滿版	1924/4/12	01단	穀物商大會次回開催地經費捻出難で新義州の頭痛
115078	鮮滿版	1924/4/12	02단	中樞院參議銓衡方針變る任命期は本月下旬
115079	鮮滿版	1924/4/12	02단	平壤閑話/妙な犧牲頭腦を改造せよ
115080	鮮滿版	1924/4/12	02단	軍醫の待遇改善と軍隊療養所候補地未定
115081	鮮滿版	1924/4/12	03단	鰊の漁獲高
115082	鮮滿版	1924/4/12	03단	鰊需要增加一箇年二百五十萬圓
115083	鮮滿版	1924/4/12	04단	監督局候補地
115084	鮮滿版	1924/4/12	04단	內地へ來る鮮人の家庭いろいろの悲劇がある

일련번호	판명	간행일	단수	기사명
115085	鮮滿版	1924/4/12	04단	火災保險京城地方會
115086	鮮滿版	1924/4/12	04단	安藤警察部長來任して語る
115087	鮮滿版	1924/4/12	05단	東邊道尹着任
115088	鮮滿版	1924/4/12	05단	鮮都の春五景(五)/動物園
115089	鮮滿版	1924/4/12	05단	鮮銀は動かぬ依然京城が本店
115090	鮮滿版	1924/4/12	05단	新入生の入學を阻止/盟休中の崇實中學
115091	鮮滿版	1924/4/12	06단	咸興より
115092	鮮滿版	1924/4/12	06단	會社銀行(殖銀出張所昇格)
115093	鮮滿版	1924/4/12	06단	運動界(全鮮競馬大會/淸津の野球戰/滿鐵安東支部運動會)
115094	鮮滿版	1924/4/13	01단	財界管見(十三)/暗礁に置かれた朝鮮實銀の內外
115095	鮮滿版	1924/4/13	01단	鐵道業務員等の司法權行使問題
115096	鮮滿版	1924/4/13	01단	鮮人學校/內鮮協和會事業
115097	鮮滿版	1924/4/13	01단	朝鮮靑年聯合靑年總同盟會
115098	鮮滿版	1924/4/13	02단	齋藤總督巡視
115099	鮮滿版	1924/4/13	02단	安東公費豫算
115100	鮮滿版	1924/4/13	02단	統計上から見た鮮人工場勞働者に關する考察(上)/京鐵局林原憲貞氏談
115101	鮮滿版	1924/4/13	03단	鎭海要港の飛行隊設置問題
115102	鮮滿版	1924/4/13	03단	平壤學祖會議
115103	鮮滿版	1924/4/13	04단	扶植團慈善會
115104	鮮滿版	1924/4/13	04단	鴨綠江にプロペラー船乘客用として
115105	鮮滿版	1924/4/13	04단	內鮮聯絡飛行宣傳飛行もする
115106	鮮滿版	1924/4/13	05단	平壤閑話/市況挽回策物價引下げ
115107	鮮滿版	1924/4/13	05단	同民會發會式
115108	鮮滿版	1924/4/13	06단	朝鮮の花季/モウ南鮮は花盛り
115109	鮮滿版	1924/4/13	06단	學校消息(仁川公立商業校/光州高等女學校/龜山小學校)
115110	鮮滿版	1924/4/13	06단	各地より(鎭南浦より/浦項より)
115111	鮮滿版	1924/4/13	06단	運動界
115112	鮮滿版	1924/4/15	01단	間道鮮人敎育宗敎一斑(上)/宇虜野投
115113	鮮滿版	1924/4/15	01단	統計の上から見た鮮人工場勞働者に關する考察(中)/京鐵局林原憲貞氏談
115114	鮮滿版	1924/4/15	02단	國境守備隊撤退の時期
115115	鮮滿版	1924/4/15	02단	咸北未曾有の共進會協贊會
115116	鮮滿版	1924/4/15	03단	大邱府の社會事業計劃
115117	鮮滿版	1924/4/15	03단	滿鐵職員制改正
115118	鮮滿版	1924/4/15	03단	財界管見(十四)/暗礁に置かれた朝鮮實銀の內外
115119	鮮滿版	1924/4/15	04단	煙草賣上總高
115120	鮮滿版	1924/4/15	04단	郵便行囊紛失
115121	鮮滿版	1924/4/15	05단	平壤閑話/學閥橫暴明界が狹い

일련번호	판명	간행일	단수	기사명
115122	鮮滿版	1924/4/15	05단	平壤府物産額
115123	鮮滿版	1924/4/15	05단	會議(京鐵庶務會議)
115124	鮮滿版	1924/4/15	06단	教育界(師範校舍新築/記念大運動會/高女のハタキデー/小學校新設)
115125	鮮滿版	1924/4/15	06단	運動界(競馬大會)
115126	鮮滿版	1924/4/15	06단	半島茶話
115127	鮮滿版	1924/4/16	01단	統計の上から見た鮮人工場勞働者に關する考察(下)/京鐵局林原憲貞氏談
115128	鮮滿版	1924/4/16	01단	收入豫算よりも百卅三滿圓の增收/京鐵局の十二年度收入
115129	鮮滿版	1924/4/16	01단	財界管見(十五)/暗礁に置かれた朝鮮實銀の內外
115130	鮮滿版	1924/4/16	02단	咸南の産繭關東ものを凌駕
115131	鮮滿版	1924/4/16	03단	全鮮穀物商聯合大會/提出議題
115132	鮮滿版	1924/4/16	03단	『監督局の位置は全州を適當とす』市民大會の決意(宣言/決議文/申合事項)
115133	鮮滿版	1924/4/16	04단	上海船路の鎭南浦寄港問題/恩田朝郵專務談
115134	鮮滿版	1924/4/16	04단	咸南西湖の鰊本年は不漁か
115135	鮮滿版	1924/4/16	04단	客月元山貿易
115136	鮮滿版	1924/4/16	04단	安東木材界
115137	鮮滿版	1924/4/16	05단	骨が曲って仕舞ふ咸南の山奧の奇病
115138	鮮滿版	1924/4/16	05단	大邱にゴルフ場新設位置の選定中
115139	鮮滿版	1924/4/16	05단	月尾島浴場九日から開始
115140	鮮滿版	1924/4/16	05단	同民會設立內鮮融和の徹底
115141	鮮滿版	1924/4/16	06단	自動車直通運轉
115142	鮮滿版	1924/4/16	06단	商議聯合會出席
115143	鮮滿版	1924/4/16	06단	半島茶話
115144	鮮滿版	1924/4/17	01단	財界管見(十六)/暗礁に置かれた朝鮮實銀の內外
115145	鮮滿版	1924/4/17	01단	支那人勞働者の入鮮を制限する/內鮮勞働者の運動
115146	鮮滿版	1924/4/17	01단	新義州平壤間直通電話工事に取懸る/總督府の意嚮
115147	鮮滿版	1924/4/17	02단	釜山の要望する女子高普校/小西府尹談
115148	鮮滿版	1924/4/17	02단	平壤閑話/解職豫告打首は無情
115149	鮮滿版	1924/4/17	03단	間道鮮人の教育宗教一斑(下)/宇虖野投
115150	鮮滿版	1924/4/17	04단	內鮮聯絡飛行操縱者が張君なので釜山では大々的の歡迎準備
115151	鮮滿版	1924/4/17	05단	新義州では中等校を要望
115152	鮮滿版	1924/4/17	05단	衡平社本部を京城に廿五日發會式
115153	鮮滿版	1924/4/17	05단	大鹿島に燈臺支那側で設置
115154	鮮滿版	1924/4/17	06단	教科書の無償配布在外鮮人子弟に
115155	鮮滿版	1924/4/17	06단	鰻の耐寒試驗咸南で成功す
115156	鮮滿版	1924/4/17	06단	勸農會設置海林地方に
115157	鮮滿版	1924/4/18	01단	財界管見(十七)/暗礁に置かれた朝鮮實銀の內外

일련번호	판명	간행일	단수	기사명
115158	鮮滿版	1924/4/18	01단	朝鮮にも記念物/保存すべきものがある/國府種德氏談
115159	鮮滿版	1924/4/18	01단	輸城平野三千町步/水田化する計劃
115160	鮮滿版	1924/4/18	01단	鐵道建設內鮮比較
115161	鮮滿版	1924/4/18	02단	平壤閑話/女兒轢殺總督遊樂の日
115162	鮮滿版	1924/4/18	02단	全州市民決意
115163	鮮滿版	1924/4/18	03단	京城の金融界何れも不況
115164	鮮滿版	1924/4/18	03단	彼岸過ぎ(四)/SPR
115165	鮮滿版	1924/4/18	04단	客月元山牛移山
115166	鮮滿版	1924/4/18	04단	「朝鮮の兒童は豊かな詩趣を持って居る」野口雨情氏語る
115167	鮮滿版	1924/4/18	05단	辭令
115168	鮮滿版	1924/4/18	05단	京城より
115169	鮮滿版	1924/4/18	05단	朝鮮の病人
115170	鮮滿版	1924/4/18	05단	平壤府廳員が雨中の假裝行列運動會は中止
115171	鮮滿版	1924/4/18	06단	驅逐隊巡航
115172	鮮滿版	1924/4/18	06단	思想善導の映畵
115173	鮮滿版	1924/4/18	06단	教育界(學校林の植樹/高女落成式)
115174	鮮滿版	1924/4/18	06단	半島茶話
115175	鮮滿版	1924/4/19	01단	彼岸過ぎ(五)/SPR
115176	鮮滿版	1924/4/19	01단	朝鮮線の運轉改正五月一日から實行される(一、改正の要項/二、各線路別に依る改正要點)
115177	鮮滿版	1924/4/19	02단	平南鑛業令改正問題/仲買人側から衷情を陳述
115178	鮮滿版	1924/4/19	02단	平壤で古蹟調査古墳も發掘する
115179	鮮滿版	1924/4/19	03단	浦項面埋立決定
115180	鮮滿版	1924/4/19	03단	『巨額の金を貸出すは反對』石井殖銀理事談
115181	鮮滿版	1924/4/19	04단	稅務監督局五箇所に決定
115182	鮮滿版	1924/4/19	04단	全鮮洗足運動
115183	鮮滿版	1924/4/19	04단	詩と音樂の會
115184	鮮滿版	1924/4/19	04단	中江鎭に牛疫
115185	鮮滿版	1924/4/19	04단	移動教育博
115186	鮮滿版	1924/4/19	05단	各地より(釜山より/大邱より/咸興より)
115187	鮮滿版	1924/4/19	05단	平壤閑話/今昔物語無禮な奴
115188	鮮滿版	1924/4/19	06단	朝鮮の公園
115189	鮮滿版	1924/4/19	06단	運動界(平壤體育協會本年の計劃)
115190	鮮滿版	1924/4/19	06단	會(朝鮮書籍印刷總會)
115191	鮮滿版	1924/4/19	06단	半島茶話
115192	鮮滿版	1924/4/20	01단	財界管見(十八)/暗礁に置かれた朝鮮實銀の內外
115193	鮮滿版	1924/4/20	01단	變な名の會合にも餘り解散の手を下さぬ/官憲の方針一變
115194	鮮滿版	1924/4/20	01단	鐵道の電化に就て/弓削鐵道部長談
115195	鮮滿版	1924/4/20	01단	平壤閑話/窮民救濟火田民を無くせよ

일련번호	판명	간행일	단수	기사명
115196	鮮滿版	1924/4/20	02단	永生學校新築
115197	鮮滿版	1924/4/20	02단	各地より(咸興より/浦項より/南川より)
115198	鮮滿版	1924/4/20	03단	北鮮は雪解の時期對岸の匪賊も來らず警官はこゝ暫く一安心
115199	鮮滿版	1924/4/20	03단	樂浪古蹟見物者多し遺物を發掘して大儲け
115200	鮮滿版	1924/4/20	03단	彼岸過ぎ(六)/SPR
115201	鮮滿版	1924/4/20	05단	咸興署の櫻/誰でも見に來て下さい
115202	鮮滿版	1924/4/20	05단	河豚の卵で中毒
115203	鮮滿版	1924/4/20	05단	北鮮に起るフエン風/日下部測候所長談
115204	鮮滿版	1924/4/20	06단	運動界(全鮮實業團庭球大會/道廳員試合)
115205	鮮滿版	1924/4/22	01단	彼岸過ぎ(七)/SPR
115206	鮮滿版	1924/4/22	01단	三億餘圓/慶北諸市場の取引高
115207	鮮滿版	1924/4/22	01단	一人當所得前年より減少/長尾理事官談
115208	鮮滿版	1924/4/22	01단	平南教育會講習
115209	鮮滿版	1924/4/22	01단	全鮮穀物大會其後の提案
115210	鮮滿版	1924/4/22	02단	郵便所改築數
115211	鮮滿版	1924/4/22	02단	氣焰を吐き吐き北行した/倉}地鐵吉氏
115212	鮮滿版	1924/4/22	02단	平壤閑話/不正仲買と鑿業令改正
115213	鮮滿版	1924/4/22	03단	寺洞住民の示威運動猛烈となる/海相との訴訟續行されん(寺洞佳民の宣言/決議)
115214	鮮滿版	1924/4/22	04단	全鮮衡平社大會來る二十八日京城で開催
115215	鮮滿版	1924/4/22	05단	保險類似業取締嚴重當局の方針確立
115216	鮮滿版	1924/4/22	05단	バーが不相應に繁昌この頃の釜山
115217	鮮滿版	1924/4/22	05단	大邱市街に乘合自動車一區大人五錢
115218	鮮滿版	1924/4/22	06단	鎭南浦上水通水式擧行
115219	鮮滿版	1924/4/22	06단	安東郡敬老會
115220	鮮滿版	1924/4/22	06단	平壤聯隊軍旗祭
115221	鮮滿版	1924/4/22	06단	各地より(咸興より/鎭南浦より)
115222	鮮滿版	1924/4/22	06단	半島茶話
115223	鮮滿版	1924/4/23	01단	財界管見(十九)/暗礁に置かれた朝鮮實銀の內外
115224	鮮滿版	1924/4/23	01단	中樞院任期滿了と後任問題
115225	鮮滿版	1924/4/23	01단	帝大附屬病院になる總督府病院
115226	鮮滿版	1924/4/23	01단	日本農學會に出席して/大工原場長談
115227	鮮滿版	1924/4/23	02단	遞送料增額支那側から要求/日露郵便停止の影響
115228	鮮滿版	1924/4/23	02단	平壤閑話/實踐躬行に專念なれ
115229	鮮滿版	1924/4/23	02단	鎭南浦經濟狀況/鮮銀支店調査
115230	鮮滿版	1924/4/23	03단	この上は總督と最後の膝詰め談判上京委員の經過報告/全州稅務監督局設置問題(有吉政務總監/水口財務局長代理)
115231	鮮滿版	1924/4/23	04단	平壤起債認可
115232	鮮滿版	1924/4/23	04단	鑛業所に同情が傾く兩者の言分

일련번호	판명	간행일	단수	기사명
115233	鮮滿版	1924/4/23	05단	平南方での簡單な副業クリ盆の製作が適當だ
115234	鮮滿版	1924/4/23	05단	獏が來た
115235	鮮滿版	1924/4/23	05단	正チャン平壤で活動す忙しいが疲れぬ
115236	鮮滿版	1924/4/23	05단	朝鮮製糸の女工百名罷業
115237	鮮滿版	1924/4/23	06단	各地より(馬鎭より/鎭南浦より/木浦より)
115238	鮮滿版	1924/4/23	06단	會(古蹟調査會/農務課長會議)
115239	鮮滿版	1924/4/23	06단	半島茶話
115240	鮮滿版	1924/4/24	01단	財界管見(二〇)/暗礁に置かれた朝鮮實銀の內外
115241	鮮滿版	1924/4/24	01단	治安警察法を制定實施までには遠いことだが警務當局で手を付けた
115242	鮮滿版	1924/4/24	01단	清津學校組合議員選擧當選者十二名
115243	鮮滿版	1924/4/24	01단	咸北の牛皮
115244	鮮滿版	1924/4/24	01단	平南の牛市
115245	鮮滿版	1924/4/24	02단	平壤閑話/立候補斷念福島莊平氏
115246	鮮滿版	1924/4/24	02단	農事改良に統契が活動す
115247	鮮滿版	1924/4/24	03단	鮮鐵資金借入
115248	鮮滿版	1924/4/24	03단	鮮米は大好評メートル法の實施は困難/取引所と組織の方法に就て/西村殖産局長談
115249	鮮滿版	1924/4/24	04단	京鐵局總收入
115250	鮮滿版	1924/4/24	04단	寺洞住民と鑛業所の爭ひ成行に委す
115251	鮮滿版	1924/4/24	05단	海底線故障と對策考究
115252	鮮滿版	1924/4/24	05단	釀造技術が向上して嗜い酒が出來る/全鮮各地の酒造狀況
115253	鮮滿版	1924/4/24	05단	咸興の花見頃/此の日曜が半開
115254	鮮滿版	1924/4/24	05단	半島茶話
115255	鮮滿版	1924/4/24	06단	京仁線に小型機關車運轉
115256	鮮滿版	1924/4/24	06단	第二驅逐隊出動
115257	鮮滿版	1924/4/25	01단	財界管見(二十一)/本末を顚倒した東拓の過現未
115258	鮮滿版	1924/4/25	01단	『民間飛行界が斯樣では恥かしい』吉谷靖少將談
115259	鮮滿版	1924/4/25	01단	『寺洞問題は着壤の上で解決したい』と竹下長官云って北行
115260	鮮滿版	1924/4/25	01단	平壤閑話/櫻花植栽香が衰へる
115261	鮮滿版	1924/4/25	02단	停年法に依る整理百名京鐵局で發表
115262	鮮滿版	1924/4/25	02단	機業界革新について/權藤所長談
115263	鮮滿版	1924/4/25	03단	實銀商銀合倂愈實現
115264	鮮滿版	1924/4/25	03단	活氣旺溢/會寧の材木界
115265	鮮滿版	1924/4/25	04단	咸北の養豚と養鷄
115266	鮮滿版	1924/4/25	04단	勞働團體と官憲の睨合ひどう鳧を結ぶかゝ見もの
115267	鮮滿版	1924/4/25	04단	五哩競走遣直し平壤店員運動會
115268	鮮滿版	1924/4/25	05단	新に横斷汽船北成丸の就航
115269	鮮滿版	1924/4/25	05단	國境に機關銃

일련번호	판명	간행일	단수	기사명
115270	鮮滿版	1924/4/25	05단	挽回策に苦慮/假政府の殘黨
115271	鮮滿版	1924/4/25	05단	平壤電力休止日從來通りと決定
115272	鮮滿版	1924/4/25	06단	獻穀田修秡式
115273	鮮滿版	1924/4/25	06단	豆滿江の假橋は一般に通行さす/但橋錢を徵收
115274	鮮滿版	1924/4/25	06단	鎭海視察團/大邱の有志三千名で
115275	鮮滿版	1924/4/25	06단	四十年勤續の小使
115276	鮮滿版	1924/4/25	06단	教育界(女高等入學/兵式體操開始)
115277	鮮滿版	1924/4/25	06단	半島茶話
115278	鮮滿版	1924/4/26	01단	財界管見(二十二)/本末を轉倒した東拓の過現未
115279	鮮滿版	1924/4/26	01단	朝鮮の櫻を見て/有吉總監談
115280	鮮滿版	1924/4/26	01단	平壤實業靑年會春季運動會/(上)長距離スタート(下)會場全景
115281	鮮滿版	1924/4/26	02단	支那鐵道を視察して/京鐵局佐藤旅客主任談
115282	鮮滿版	1924/4/26	04단	惠山慈惠醫院開院式繰上げ
115283	鮮滿版	1924/4/26	04단	平壤閑話/國境警官/眞に同情に堪へぬ
115284	鮮滿版	1924/4/26	04단	骨董雜話(一)/高麗燒のはなし(上)
115285	鮮滿版	1924/4/26	05단	咸興道廳道路
115286	鮮滿版	1924/4/26	05단	郵便遞送現況
115287	鮮滿版	1924/4/26	05단	上海のドイツ銀行から五六百萬圓引出し獨立團に提供せんとする/閔廷植の肚の中
115288	鮮滿版	1924/4/26	05단	力氏來鮮期六月下旬
115289	鮮滿版	1924/4/26	05단	會社銀行(兩行大株主會)
115290	鮮滿版	1924/4/26	05단	半島茶話
115291	鮮滿版	1924/4/26	06단	仁川會議所提案
115292	鮮滿版	1924/4/27	01단	財界管見(二十三)/本末を轉倒した東拓の過現未
115293	鮮滿版	1924/4/27	01단	『鮮內で教育を受けた者が好成績』阿部充家氏談
115294	鮮滿版	1924/4/27	01단	旣に入超二千萬圓朝鮮對外貿易
115295	鮮滿版	1924/4/27	01단	元山にも稅監局設置問題起る
115296	鮮滿版	1924/4/27	02단	銀行合同に鮮銀は援助/井內鮮銀理事談
115297	鮮滿版	1924/4/27	02단	平壤商議臨時評議員會建議案出づ
115298	鮮滿版	1924/4/27	03단	竹下長官檢閱
115299	鮮滿版	1924/4/27	04단	架橋演習場變更
115300	鮮滿版	1924/4/27	04단	北鮮至急電話
115301	鮮滿版	1924/4/27	04단	的確な端緒を得たか印璽竊取犯人の捜査
115302	鮮滿版	1924/4/27	04단	骨董雜話(二)/高麗燒のはなし(下)
115303	鮮滿版	1924/4/27	05단	寧遠郡の伐木
115304	鮮滿版	1924/4/27	05단	各地より(平壤より/大邱より)
115305	鮮滿版	1924/4/27	05단	股を割いて病父に勸め身は卒倒
115306	鮮滿版	1924/4/27	06단	大鮒一萬尾龍渚河で漁獲
115307	鮮滿版	1924/4/27	06단	會社銀行(殖銀臨時總會)

일련번호	판명	간행일	단수	기사명
115308	鮮滿版	1924/4/27	06단	半島茶話
115309	鮮滿版	1924/4/29	01단	彼岸過ぎ(八)/SPR
115310	鮮滿版	1924/4/29	01단	『歐米各國では朝鮮問題は火の消えたやう』山口監察官歸鮮談
115311	鮮滿版	1924/4/29	01단	貨物山積の群山埠頭
115312	鮮滿版	1924/4/29	03단	貨車三十輛京鐵で新造計劃
115313	鮮滿版	1924/4/29	04단	慶會樓で官民合同の奉祝會夜は提燈行列を行ふ計劃/東宮御饗宴當日の京城
115314	鮮滿版	1924/4/29	04단	求職者は需要の三倍/釜山相談所現況
115315	鮮滿版	1924/4/29	04단	平壤廉價デー
115316	鮮滿版	1924/4/29	04단	開港廿五年の群山五月一日に記念祝賀會/全市に祝賀氣分漲る
115317	鮮滿版	1924/4/29	05단	博物館分館を平壤に設置
115318	鮮滿版	1924/4/29	05단	佛國の先發機平壤着陸は五月十五六日頃
115319	鮮滿版	1924/4/29	05단	牛の炭疽が人體に感染
115320	鮮滿版	1924/4/29	05단	各地より(馬鎭より/平壤より/鎭南浦より/咸興より)
115321	鮮滿版	1924/4/29	06단	半島茶話
115322	鮮滿版	1924/4/30	01단	骨董雜話(三)/佛像の話
115323	鮮滿版	1924/4/30	01단	總督府が努力する稻優良品種の普及と成績/三井殖産局技師談
115324	鮮滿版	1924/4/30	01단	春川神社の櫻
115325	鮮滿版	1924/4/30	02단	金輸出を解禁するか時價で買收して吳れ/經營難の雲山金鑛の申出
115326	鮮滿版	1924/4/30	02단	『金なくては仕事は出來ぬ』入澤滿鐵副社長談
115327	鮮滿版	1924/4/30	03단	全鮮商議聯合會提出議案
115328	鮮滿版	1924/4/30	04단	浦潮鰊買出し/今年は二萬駄以上
115329	鮮滿版	1924/4/30	04단	簡易驛開設
115330	鮮滿版	1924/4/30	04단	大連平壤間聯絡飛行/平壤航空隊で實施
115331	鮮滿版	1924/4/30	04단	朝鮮陸上競披/競技種目決定
115332	鮮滿版	1924/4/30	04단	彼岸過ぎ(九)/SPR
115333	鮮滿版	1924/4/30	05단	慰藉料要求訴訟
115334	鮮滿版	1924/4/30	05단	教育界(大田普教新築/朝鮮側出席者/校長團入京/春季郊外教授)
115335	鮮滿版	1924/4/30	05단	各地より(元山より/大田より/咸興より/春川より)
115336	鮮滿版	1924/4/30	06단	半島茶話

1924년 5월 (선만판)

일련번호	판명	간행일	단수	기사명
115337	鮮滿版	1924/5/1	01단	骨董雜話(四)/繪のはなし
115338	鮮滿版	1924/5/1	01단	二十萬石の增收は大丈夫/全鮮の春蠶收穫豫想
115339	鮮滿版	1924/5/1	01단	財界不況を如實に現はした鐵道運輸の近狀/貨物出廻り激減す
115340	鮮滿版	1924/5/1	01단	金融業者の立場から穀物貿易業者に望む/白石殖銀支店長談
115341	鮮滿版	1924/5/1	02단	資金難/生産界の因憊
115342	鮮滿版	1924/5/1	03단	羅南金組總會/役員手當問題で內鮮人間に大爭論
115343	鮮滿版	1924/5/1	04단	漁大津天然氷採氷事業開始
115344	鮮滿版	1924/5/1	04단	事情は斯の通り聯盟反對者を脅迫した事件/柿原檢事正談
115345	鮮滿版	1924/5/1	04단	平壤閑話/格差撤廢當然の要求
115346	鮮滿版	1924/5/1	05단	客月釜山貿易
115347	鮮滿版	1924/5/1	06단	平南で開く道路競進會その審査事項
115348	鮮滿版	1924/5/1	06단	清津府の大公園計劃/天馬山の背後に
115349	鮮滿版	1924/5/1	06단	平壤の庭球野球
115350	鮮滿版	1924/5/1	06단	半島茶話
115351	鮮滿版	1924/5/2	01단	朝鮮穀物貿易商組合聯合大會の順序/幹事會と鮮米協會總會/內地移出の朝鮮米三百九十九萬石の仕向先/朝鮮米の眞價に就て鎭南浦穀物取引市場理事長鳥越久則氏談
115352	鮮滿版	1924/5/2	02단	完成した鎭南浦水道/澤永府尹談(通水祝賀式)
115353	鮮滿版	1924/5/2	02단	新義州商業校生見學
115354	鮮滿版	1924/5/2	04단	朝鮮穀物商大會に際して(上)/鎭南浦商業會議所會頭/川添種一郎氏談
115355	鮮滿版	1924/5/2	04단	資金を面に貸付け漁船購入
115356	鮮滿版	1924/5/2	04단	濟州島と釜山近海の海女と海女との反目/銅色の皮膚の下には溫い血もあれば戀も知って居る
115357	鮮滿版	1924/5/2	05단	利原端川間の自動車連絡道路/測量は一兩日中に完成五月一杯には設計終了
115358	鮮滿版	1924/5/2	05단	咸南水産試驗場長
115359	鮮滿版	1924/5/2	05단	朝日新聞社の活寫と裝飾/穀物商大會を機に
115360	鮮滿版	1924/5/2	06단	猩紅熱釜山で猖獗
115361	鮮滿版	1924/5/2	06단	咸興より
115362	鮮滿版	1924/5/2	06단	半島茶話
115363	鮮滿版	1924/5/3	01단	朝鮮穀物大會に際して(下)/鎭南浦商業會議所會頭/川添種一郎氏談
115364	鮮滿版	1924/5/3	01단	約百萬馬力の推算/朝鮮內の水力發電能力
115365	鮮滿版	1924/5/3	01단	米國議會の反省を望む/大邱實業協會決議
115366	鮮滿版	1924/5/3	01단	『滿鮮理解と教育上の效果』坪內高女校長談
115367	鮮滿版	1924/5/3	01단	京仁線用小型機關車
115368	鮮滿版	1924/5/3	03단	咸南道の醫生七百四十二人
115369	鮮滿版	1924/5/3	03단	『貞洞の大火原因は決して漏電でない』武者京電專務の辯明

일련번호	판명	간행일	단수	기사명
115370	鮮滿版	1924/5/3	04단	畜牛檢疫所を淸津に設置請願
115371	鮮滿版	1924/5/3	04단	滿洲粟朝鮮輸入
115372	鮮滿版	1924/5/3	04단	倭城臺から
115373	鮮滿版	1924/5/3	05단	ザリ蟹とモクヅ蟹捕食する事を嚴禁犯す者は罰金か科料/肺ヂストマの豫防
115374	鮮滿版	1924/5/3	05단	遭難死亡者の家族に弔慰金/拜觀船顚覆事件
115375	鮮滿版	1924/5/3	05단	平壤閑話/營養不良の朝鮮を救ふ途
115376	鮮滿版	1924/5/3	05단	夫の乘る汽車に轢かれ若女房自殺
115377	鮮滿版	1924/5/3	06단	各地より(淸津より)
115378	鮮滿版	1924/5/3	06단	人(菊池軍司令官、岡高級參謀、中村高級副官、田路參謀、奧田主計正相馬軍醫/安藤京鐵局長)
115379	鮮滿版	1924/5/3	06단	半島茶話
115380	鮮滿版	1924/5/4	01단	財界管見(二十四)/本末を顚倒した東拓の過現未
115381	鮮滿版	1924/5/4	01단	日語敎育を排斥する/墾民敎育硏究會組織
115382	鮮滿版	1924/5/4	01단	朝鮮の雷
115383	鮮滿版	1924/5/4	02단	大邱驛舍擴張計劃
115384	鮮滿版	1924/5/4	02단	平壤慈惠醫院入院料値下げ五月一日から
115385	鮮滿版	1924/5/4	02단	彼岸過ぎ(１０)/SPR
115386	鮮滿版	1924/5/4	03단	旅行と視察で入京する諸團體
115387	鮮滿版	1924/5/4	03단	平壤局集配時刻
115388	鮮滿版	1924/5/4	04단	各地より(咸興より/平壤より/大邱より)
115389	鮮滿版	1924/5/4	05단	敎育界(兩女學校の制服/旅行貯金開始/學校昇格決定/附屬主事更迭)
115390	鮮滿版	1924/5/4	05단	朝鮮の博物館
115391	鮮滿版	1924/5/4	06단	半島茶話
115392	鮮滿版	1924/5/6	01단	財界管見(二十五)/本末を顚倒した東拓の過現未
115393	鮮滿版	1924/5/6	01단	震災後內地で鮮人は可愛がられて居る/金安東副領事談
115394	鮮滿版	1924/5/6	01단	無線局濟州島に設置
115395	鮮滿版	1924/5/6	01단	財務部長異動豫報
115396	鮮滿版	1924/5/6	01단	宜豊郡視察團見學
115397	鮮滿版	1924/5/6	02단	平壤に穀物組合
115398	鮮滿版	1924/5/6	03단	各地より(咸興より/淸津より/光州より)
115399	鮮滿版	1924/5/6	04단	懸賞で死體搜索 遭難者の父兄も當局と協力して四組に分れて活動/學校側がうろたへ騷ぐに引代へ海兵が勇敢に遭難者の救助に努めたので 海州地方民の感激
115400	鮮滿版	1924/5/6	05단	朝鮮の救療機關
115401	鮮滿版	1924/5/6	05단	咸興の運動場に孔子廟前庭改修說
115402	鮮滿版	1924/5/6	06단	大同橋に惡戲
115403	鮮滿版	1924/5/6	06단	密偵殺送らる

일련번호	판명	간행일	단수	기사명
115404	鮮滿版	1924/5/6	06단	大邱分會長會議
115405	鮮滿版	1924/5/6	06단	人(朝郵新社長)
115406	鮮滿版	1924/5/6	06단	半島茶話
115407	鮮滿版	1924/5/7	01단	財界管見(二十六)/本末を顚倒した東拓の過現未
115408	鮮滿版	1924/5/7	01단	朝鮮大學の使命西洋學術の研究と共に東洋文化の進展に努力/有吉政務總監の聲明
115409	鮮滿版	1924/5/7	01단	(寫眞說明)東京本所區太平町相愛會バラックで四日全朝鮮學生勞働者の大墾親會を催した、左は會場入口、上は農業踊り
115410	鮮滿版	1924/5/7	02단	徒弟學校設立の急務/島博士談
115411	鮮滿版	1924/5/7	03단	內地對鮮滿電信連絡會議六月中旬京城で
115412	鮮滿版	1924/5/7	04단	咸興線連絡/自動車合動說
115413	鮮滿版	1924/5/7	04단	元淸連絡船/淸津出帆時刻改正
115414	鮮滿版	1924/5/7	04단	北鮮木材需要
115415	鮮滿版	1924/5/7	04단	羅州稅務署請願
115416	鮮滿版	1924/5/7	04단	各地より(馬鎭より/咸興より)
115417	鮮滿版	1924/5/7	05단	朝鮮美展/審査員決定
115418	鮮滿版	1924/5/7	05단	塵芥箱二十個/平壤署へ寄附
115419	鮮滿版	1924/5/7	05단	泥醉して醜態/朝鮮步兵下士等
115420	鮮滿版	1924/5/7	05단	高級船員脅し惡火夫捕はる
115421	鮮滿版	1924/5/7	06단	遭難校長休職
115422	鮮滿版	1924/5/7	06단	咸南の活動行脚
115423	鮮滿版	1924/5/7	06단	宮城拜觀
115424	鮮滿版	1924/5/7	06단	教育界(大學豫科教官/附屬校移轉期/教育學講話/體操服制定)
115425	鮮滿版	1924/5/7	06단	人(齋藤總督)
115426	鮮滿版	1924/5/7	06단	半島茶話
115427	鮮滿版	1924/5/8	01단	財界管見(二七)/本末を顚倒した東拓の過現未
115428	鮮滿版	1924/5/8	01단	小學校令改正の曉朝鮮の小學教育は當然ソレに準じて改正される/萩原學務課長談
115429	鮮滿版	1924/5/8	01단	滿鐵の油頁岩採油計劃/スコットランドへ實驗依賴
115430	鮮滿版	1924/5/8	01단	朝鮮穀物貿易商聯合大會議事 米の權威者三百名集る/第二日議事
115431	鮮滿版	1924/5/8	04단	入超を防ぐには國産を獎勵せよ/林關稅課長語る
115432	鮮滿版	1924/5/8	04단	對米問題/帝國民の忍ぶ能はざる屈辱/平壤市民大會(宣言/決議)
115433	鮮滿版	1924/5/8	05단	鎭南浦寄港は當然/除外しては立って行くまい/上海航路寄港問題
115434	鮮滿版	1924/5/8	05단	遭難兒童を出した席洞、懿昌兩校共/開校は當分不可能
115435	鮮滿版	1924/5/8	05단	朝鮮郵貯局擴張は困難
115436	鮮滿版	1924/5/8	06단	內鮮聯絡三角航路開設/浦項濱田境へ

일련번호	판명	간행일	단수	기사명
115437	鮮滿版	1924/5/8	06단	運動界(鮮銀優勝す全鮮庭球大會/陸上競技大會)
115438	鮮滿版	1924/5/8	06단	半島茶話
115439	鮮滿版	1924/5/9	01단	財界管見(二十八)/本末を顚倒した東拓の過現未
115440	鮮滿版	1924/5/9	01단	『關係者をしてその言を盡さしめよ』全鮮司法官會議に對する/齋藤總督の訓示
115441	鮮滿版	1924/5/9	01단	十二年度の滿洲大豆/滿鐵の豫想よりも百萬噸減少するか
115442	鮮滿版	1924/5/9	01단	本社へ謝電/平壤市民大會より
115443	鮮滿版	1924/5/9	02단	幹線の道床工事/漸く完了
115444	鮮滿版	1924/5/9	02단	平壤新義州間直通電話線十四年度邊りに架設/山本監理課長談
115445	鮮滿版	1924/5/9	03단	上海航路の鎭南浦寄港旣に確定したか
115446	鮮滿版	1924/5/9	03단	燃料選鑛研究所
115447	鮮滿版	1924/5/9	04단	北鮮落葉松/枕木製材勃興
115448	鮮滿版	1924/5/9	05단	平南春蠶豫想
115449	鮮滿版	1924/5/9	05단	感激裡に觀覽/本社の活寫
115450	鮮滿版	1924/5/9	05단	公立敎員異動
115451	鮮滿版	1924/5/9	05단	赤化宣傳に露人潛入
115452	鮮滿版	1924/5/9	05단	間島移住で咸南の人口減少
115453	鮮滿版	1924/5/9	05단	警部割腹自殺
115454	鮮滿版	1924/5/9	06단	各地より(咸興より)
115455	鮮滿版	1924/5/9	06단	運動界(全北道廳敗る/大邱ゴルフ場)
115456	鮮滿版	1924/5/9	06단	會社銀行(京取市場配當/朝鮮印刷事業繼續)
115457	鮮滿版	1924/5/9	06단	半島茶話
115458	鮮滿版	1924/5/10	01단	遭難者の衣類を尋ねる人々
115459	鮮滿版	1924/5/10	01단	明年度から事業公債を二千萬圓に復活し必要な事業に着手したい/齋藤總督の言明
115460	鮮滿版	1924/5/10	01단	間稅犯則一萬七百餘人
115461	鮮滿版	1924/5/10	02단	殖銀資金調達
115462	鮮滿版	1924/5/10	03단	黑山島捕鯨業
115463	鮮滿版	1924/5/10	03단	財界管見(二九)/本末を顚倒した東拓の過現未
115464	鮮滿版	1924/5/10	04단	辭令
115465	鮮滿版	1924/5/10	04단	各地より(公州より/咸興より)
115466	鮮滿版	1924/5/10	04단	家畜を取入れた農業組織に改める爲め/北鮮に係員を派遣して調査
115467	鮮滿版	1924/5/11	05단	不逞團の首領李と姜淸津に護送
115468	鮮滿版	1924/5/10	05단	不逞團跳梁す我が警官隊退却
115469	鮮滿版	1924/5/10	05단	佛機通過後大連飛行實旅/平壤航空隊の計劃
115470	鮮滿版	1924/5/10	06단	卅六町步燒失/羅德面山火事
115471	鮮滿版	1924/5/10	06단	淸津信徒調べ
115472	鮮滿版	1924/5/10	06단	敎育界(中等校新設)

일련번호	판명	간행일	단수	기사명
115473	鮮滿版	1924/5/11	01단	財界管見(三十)/本末を顚倒した東拓の過現未
115474	鮮滿版	1924/5/11	01단	總督府病院は醫科大學病院とならう/長野學務局長談
115475	鮮滿版	1924/5/11	01단	本社見學
115476	鮮滿版	1924/5/11	02단	鮮銀異動內定
115477	鮮滿版	1924/5/11	03단	各地より(咸興より/馬鎭より/平壤より)
115478	鮮滿版	1924/5/11	04단	中等校入學の試驗勉強却って猛烈/京城小學校長會議の決議
115479	鮮滿版	1924/5/11	04단	平壤飛行隊の大連飛行十三日出發
115480	鮮滿版	1924/5/11	04단	朝鮮の監獄
115481	鮮滿版	1924/5/11	05단	倭城台から
115482	鮮滿版	1924/5/11	06단	大莞島計劃/長佐里に移轉して
115483	鮮滿版	1924/5/11	06단	大法正就任式
115484	鮮滿版	1924/5/11	06단	半島茶話
115485	鮮滿版	1924/5/12	01단	八工場減少/京城の工業界
115486	鮮滿版	1924/5/12	01단	淸津から間島へ一日で行ける
115487	鮮滿版	1924/5/12	01단	龍興橋開通
115488	鮮滿版	1924/5/12	01단	總督北鮮行
115489	鮮滿版	1924/5/12	01단	驛舍改築工程
115490	鮮滿版	1924/5/12	02단	各地より(平壤より/元山より/羅南より)
115491	鮮滿版	1924/5/12	02단	數百丈の絶壁に六十尺の『九日瀑』金剛山中の新絶景
115492	鮮滿版	1924/5/12	02단	數年に亙る萬引大邱一流の小間物店の惡事/自宅に千餘圓の贓品隱匿
115493	鮮滿版	1924/5/12	02단	佛機の平壤飛來十四五日頃か
115494	鮮滿版	1924/5/12	03단	京城の貯氷一萬餘噸今夏の需要に應じ得られる
115495	鮮滿版	1924/5/12	04단	死體發見四十六個生徒遭難事件
115496	鮮滿版	1924/5/12	04단	朝鮮に居る藝娼妓酌婦八十三百四人
115497	鮮滿版	1924/5/12	04단	鮮人通譯敍勳
115498	鮮滿版	1924/5/12	04단	會(朝鮮敎育會/警察部長會)
115499	鮮滿版	1924/5/12	04단	半島茶話
115500	鮮滿版	1924/5/13	01단	財界管見(三十一)/本末を顚倒した東拓の過現未
115501	鮮滿版	1924/5/13	01단	釜山を中心に對支貿易の振興上海航路實現を機會に/香椎會議所會頭談
115502	鮮滿版	1924/5/13	01단	耕せば損をする農家三階級の收支計算/平南道農務課の調査
115503	鮮滿版	1924/5/13	03단	大邱鮮人街擴張の要望
115504	鮮滿版	1924/5/13	03단	平中擴張要望
115505	鮮滿版	1924/5/13	03단	彼岸過ぎ(１１)/SPR
115506	鮮滿版	1924/5/13	04단	京城の納涼マーケット七月二十五日から十日間
115507	鮮滿版	1924/5/13	04단	畜牛/昨年中の生死
115508	鮮滿版	1924/5/13	05단	咸鏡線再實測
115509	鮮滿版	1924/5/13	05단	淸津戶別稅査了

일련번호	판명	간행일	단수	기사명
115510	鮮滿版	1924/5/13	05단	勤續者表彰/慶北金組聯合會
115511	鮮滿版	1924/5/13	06단	半島茶話
115512	鮮滿版	1924/5/14	01단	京龍の女學生や小學生が京城公會堂に一團と成り十七十八兩日に互る大合昌/本社京城支局主催內鮮學生兒童大音樂會
115513	鮮滿版	1924/5/14	02단	十二年度鮮鐵決算純益十一萬圓
115514	鮮滿版	1924/5/14	04단	解散の瀨戶際に瀕した義烈團
115515	鮮滿版	1924/5/14	04단	*米總領事より決議文電送の回答來る/齋藤總督に米一俵を土産物に贈呈*
115516	鮮滿版	1924/5/14	05단	本社見學
115517	鮮滿版	1924/5/14	05단	震災切手在庫品七月まではある
115518	鮮滿版	1924/5/14	05단	各地より(咸興より)
115519	鮮滿版	1924/5/14	05단	北邊道中(一)/總督國境視察
115520	鮮滿版	1924/5/14	06단	*春雨のそぼ降/總督はこの瞬*
115521	鮮滿版	1924/5/14	06단	運動界(本社賞品寄贈奉祝競技大會へ)
115522	鮮滿版	1924/5/15	01단	朝鮮に師團を增設するとせば位置は國境に近い處だ/那須憲兵司令官談
115523	鮮滿版	1924/5/15	01단	平壤炭田開發と大同江改修/秋月土木出張所長談
115524	鮮滿版	1924/5/15	01단	北遣道中(二)/總督國境視察
115525	鮮滿版	1924/5/15	02단	鴨江材悲觀
115526	鮮滿版	1924/5/15	02단	東拓の整理
115527	鮮滿版	1924/5/15	02단	咸北警官異動
115528	鮮滿版	1924/5/15	03단	辭令
115529	鮮滿版	1924/5/15	03단	內鮮學生兒童聯合大音樂會/大邱朝日の盡力を感謝する/全く朝鮮最初の試みで直接間接の效果は甚大/有吉政務總監語る
115530	鮮滿版	1924/5/15	04단	診療所擴張/病室と產院を增設
115531	鮮滿版	1924/5/15	04단	御饗宴參列者二十八名と決定
115532	鮮滿版	1924/5/15	05단	平壤電軌延長に內地製品を用ひよ/實業家の希望
115533	鮮滿版	1924/5/15	06단	大邱無盡の前社長拘引さる
115534	鮮滿版	1924/5/15	06단	遭難者追悼會
115535	鮮滿版	1924/5/15	06단	運動界(大邱の野球戰)
115536	鮮滿版	1924/5/15	06단	會(經理會議/龍山實業親和會)
115537	鮮滿版	1924/5/15	06단	半島茶話
115538	鮮滿版	1924/5/16	01단	財界管見(三十二)/本末を顚倒した東拓の過現未
115539	鮮滿版	1924/5/16	01단	『朝鮮大學に對する期待は斯うである』有吉政務總監談
115540	鮮滿版	1924/5/16	01단	全鮮會議所聯合會十五日より開會/その議案
115541	鮮滿版	1924/5/16	01단	朝鮮憲兵隊の指揮系統變更問題
115542	鮮滿版	1924/5/16	02단	私鐵の資金難が產業開發に影響
115543	鮮滿版	1924/5/16	02단	蒙古への初旅(一)/山岳を縫うて走る/安東から奉天へ
115544	鮮滿版	1924/5/16	03단	長春に製材場/安東無限公司の計劃

일련번호	판명	간행일	단수	기사명
115545	鮮滿版	1924/5/16	04단	各地より(平壤より/安義より/釜山より/馬鎭より)
115546	鮮滿版	1924/5/16	05단	北邊道中(三)/總督國境視察
115547	鮮滿版	1924/5/17	01단	蒙古への初旅(二)/淡雪の如き霜を踏み/奉天から四平街へ
115548	鮮滿版	1924/5/17	01단	內地の總選擧を興味を以って觀望した/鮮人は文化政治に倦いて來た
115549	鮮滿版	1924/5/17	01단	京城に兒童館の必要府の財政狀態では實現困難だが
115550	鮮滿版	1924/5/17	02단	京城府內の生命保險成績
115551	鮮滿版	1924/5/17	03단	客月淸津貿易
115552	鮮滿版	1924/5/17	03단	各地より(釜山より/新義州より/羅南より/淸津より)
115553	鮮滿版	1924/5/17	03단	財界管見(卅三)/本末を顚倒した東拓の過現未
115554	鮮滿版	1924/5/17	05단	釜山野球協會設立
115555	鮮滿版	1924/5/17	05단	北邊道中(四)/總督國境視察
115556	鮮滿版	1924/5/18	01단	寫眞說明/滿鐵の『あかつき村』では十一日月尾島で第二家族會を催した(上)親父連の腰節競走(下)夫人連のスプン競技
115557	鮮滿版	1924/5/18	01단	觀る物凡てが驚異/朝日新聞社の設備にも感心した/內地を視察した郡守連の感想
115558	鮮滿版	1924/5/18	01단	內地渡航者が殖えて/南鮮では勞農者の佛底
115559	鮮滿版	1924/5/18	01단	乾稻を水田に黃海道で試作
115560	鮮滿版	1924/5/18	01단	平壤ハムを市場に賣出さん
115561	鮮滿版	1924/5/18	02단	各地より(大田より/咸興より)
115562	鮮滿版	1924/5/18	03단	手當り次第に爆破して人心を動搖せしめやうとする/直接行動派の惡企み
115563	鮮滿版	1924/5/18	03단	遊動搜査隊を編成し平北道で繁茂期の不逞人搜査
115564	鮮滿版	1924/5/18	03단	蒙古への初旅(三)/青い疊に綠の植木/四平街から鄭家屯へ
115565	鮮滿版	1924/5/18	04단	鳳凰臺の廢塚發掘旣に外郭發見
115566	鮮滿版	1924/5/18	04단	間島居住の朝鮮人に對し支那官憲の壓迫
115567	鮮滿版	1924/5/18	05단	砂湯の計劃朱乙河原に
115568	鮮滿版	1924/5/18	05단	杏花俱樂部組織
115569	鮮滿版	1924/5/18	05단	北邊道中(五)/總督國境視察
115570	鮮滿版	1924/5/20	01단	遭難者追悼會
115571	鮮滿版	1924/5/20	01단	東宮御成婚平壤の奉祝行事/祭典から唱歌會まで(新義州奉祝/大邱の奉祝/慶北記念事業)
115572	鮮滿版	1924/5/20	02단	安東新義州間汽動車連絡六月一日から
115573	鮮滿版	1924/5/20	02단	滿蒙への初旅(四)/對直隷派の第一線鄭家屯から白音太來へ
115574	鮮滿版	1924/5/20	04단	一日や二日喰はないでも火の氣を欲しがる結氷期の細民の生活/京城府調査係の調査
115575	鮮滿版	1924/5/20	04단	運動界(龍山運勝つ)
115576	鮮滿版	1924/5/20	04단	北邊道中(六)/總督國境視察
115577	鮮滿版	1924/5/20	05단	朝鮮美術展出品六百餘點

일련번호	판명	간행일	단수	기사명
115578	鮮滿版	1924/5/21	01단	滿蒙への初旅(五)/赤い夕陽は草に沈む白音太來から洮南へ
115579	鮮滿版	1924/5/21	01단	畑作物として有利な棉花耕作面積は年々に增加する
115580	鮮滿版	1924/5/21	01단	鴨綠江の流筏/賣行は不良
115581	鮮滿版	1924/5/21	01단	京城の石炭消費高昨年は減少高昨年は減少
115582	鮮滿版	1924/5/21	02단	咸南道の山火事昨年中の總勘定
115583	鮮滿版	1924/5/21	02단	候補者多數で競爭激烈/羅男學校組合會議員選擧
115584	鮮滿版	1924/5/21	02단	土地改良調査本年も施行
115585	鮮滿版	1924/5/21	03단	害獸捕獲數
115586	鮮滿版	1924/5/21	03단	平南金融組合總會
115587	鮮滿版	1924/5/21	03단	三七會發會式
115588	鮮滿版	1924/5/21	04단	臺灣が拔けても鮮滿だけで決行する第一回對抗競技大會
115589	鮮滿版	1924/5/21	04단	鯖のエラに標識板を付けて放流魚群の回游狀態調査
115590	鮮滿版	1924/5/21	04단	水上警備擴張
115591	鮮滿版	1924/5/21	04단	羅南騎兵隊軍旗祭
115592	鮮滿版	1924/5/21	05단	各地より(淸津より)
115593	鮮滿版	1924/5/21	05단	模範林に松毛蟲發生
115594	鮮滿版	1924/5/21	05단	北邊道中(七)/總督國境視察
115595	鮮滿版	1924/5/21	06단	人(福田陸軍大將/大島騎兵監/胡支那交通部鐵道聯運事務所長)
115596	鮮滿版	1924/5/22	01단	閣議で決定した關東州市制要綱 市の人格を明かにした外に主なるもの六項目/旅大市政の發展上一新紀元を劃する 兒玉關東長官談
115597	鮮滿版	1924/5/22	01단	滿蒙への初旅(六)/砂を捲く蒙古風の洗禮/鄭家屯哈爾濱
115598	鮮滿版	1924/5/22	03단	北邊道中(八)/總督國境視察
115599	鮮滿版	1924/5/22	03단	滿洲米輸出が解禁されても不引合
115600	鮮滿版	1924/5/22	03단	全鮮發電能力の八割を占むる咸南道に水電の出願が三十箇所
115601	鮮滿版	1924/5/22	05단	京城府の工産額四千七百萬圓
115602	鮮滿版	1924/5/22	05단	朝鮮の記念植樹
115603	鮮滿版	1924/5/22	05단	元山敦賀航路と積荷/石原元山府尹談
115604	鮮滿版	1924/5/22	06단	やさしい心の金哲煥さんが日鮮融和の一例を
115605	鮮滿版	1924/5/22	06단	人(泉江原道內務部長)
115606	鮮滿版	1924/5/23	01단	內鮮學生兒童聯合大音樂會/徂く春を歌ふ旋律の高鳴り胡蝶と舞ふ五百の少女內鮮兒童七百の春の歌本社京城支局主催の盛況
115607	鮮滿版	1924/5/23	01단	寫眞說明(1)女學校生徒の「春の水」の合唱(2)普通校のステーヂ(3)當日臨席の齋藤總督夫人(右から二人目)松村秘書官人(同三人目)時實夫人(右端)(4)當日の聽衆
115608	鮮滿版	1924/5/23	06단	五百圓御下賜
115609	鮮滿版	1924/5/23	06단	各地より(淸津より/咸興より)
115610	鮮滿版	1924/5/24	01단	滿蒙への初旅(七)/心强い我銀行の活躍憧憬の哈爾濱

일련번호	판명	간행일	단수	기사명
115611	鮮滿版	1924/5/24	01단	在滿鮮人も窮して後活るか/國境視察を終へた/齋藤總督語る
115612	鮮滿版	1924/5/24	01단	朝鮮の對外貿易發展關稅收入は昨年度も增收
115613	鮮滿版	1924/5/24	01단	北鮮聯絡地方物産共進會九月二十日から清津で開催
115614	鮮滿版	1924/5/24	03단	朝鮮辯護士試驗
115615	鮮滿版	1924/5/24	03단	慶北鰊漁獲高今春は三萬同
115616	鮮滿版	1924/5/24	04단	コドモアサヒを教材に朝鮮の小學校で盛んに利用する
115617	鮮滿版	1924/5/24	04단	關節二百餘の例を擧げて/博士と決った石藤公州慈惠院長
115618	鮮滿版	1924/5/24	05단	旭川堤防竣成/龍山祝賀會計劃
115619	鮮滿版	1924/5/24	05단	京鐵局だより(タブレット受授機/日支聯絡會議/保線區新設)
115620	鮮滿版	1924/5/24	05단	北邊道中(九)/總督國境視察
115621	鮮滿版	1924/5/24	06단	教育界(京大開校式/教育研究會/校長來往)
115622	鮮滿版	1924/5/25	01단	蒙古への初旅(八)/歌と舞の哈爾濱スラブ女とユダヤ人
115623	鮮滿版	1924/5/25	01단	窮乏に陷った小作人を蘇らせよコレが朝鮮人向上の捷路(大工原勸業模範農場長談)
115624	鮮滿版	1924/5/25	01단	水産試驗場に新式の試驗船を
115625	鮮滿版	1924/5/25	01단	平壤局管內市內電話架設
115626	鮮滿版	1924/5/25	02단	今年は鱒が多い咸南沿岸に
115627	鮮滿版	1924/5/25	02단	京鐵の共勵會
115628	鮮滿版	1924/5/25	03단	北邊道中(十)/總督國境視察
115629	鮮滿版	1924/5/25	04단	知事夫人のお鼈飼ひソレが鮎網となり濱縮緬となる
115630	鮮滿版	1924/5/25	05단	七百萬圓のお金が一箇年に灰になって了ふ/全鮮の火災被害高
115631	鮮滿版	1924/5/25	06단	十二歲の少女が虐待されて放火
115632	鮮滿版	1924/5/25	06단	大阪の期米で大邱市場外の賭博鮮人五十名引致
115633	鮮滿版	1924/5/25	06단	取調が終った/醫院不正事件
115634	鮮滿版	1924/5/25	06단	大邱給水制限
115635	鮮滿版	1924/5/25	06단	釘本商議會頭辭任
115636	鮮滿版	1924/5/27	01단	蒙古への初旅(九)/ニチヌヌーの國民/ユダヤ族の跋扈
115637	鮮滿版	1924/5/27	01단	增師するなら平壤に置け/平壤商議の運動
115638	鮮滿版	1924/5/27	01단	地方費職員優遇問題勿論盡力する/光田知事談
115639	鮮滿版	1924/5/27	01단	安東市街計劃
115640	鮮滿版	1924/5/27	02단	京城の戶主調/現住調査班を組織して
115641	鮮滿版	1924/5/27	02단	平壤の電車延長當局の諒解を求む
115642	鮮滿版	1924/5/27	02단	濟州島木浦間に無電裝置本年度中に實現
115643	鮮滿版	1924/5/27	03단	教育權回收
115644	鮮滿版	1924/5/27	03단	陸軍用地拂下
115645	鮮滿版	1924/5/27	03단	運送規則統一
115646	鮮滿版	1924/5/27	04단	滿洲粟輸入
115647	鮮滿版	1924/5/27	04단	五月上半貿易
115648	鮮滿版	1924/5/27	04단	咸南の苹果內地で好評

일련번호	판명	간행일	단수	기사명
115649	鮮滿版	1924/5/27	05단	咸南の鮮婦人坑內作業や挿秧
115650	鮮滿版	1924/5/27	05단	癩病患者で一部落を造る/連城郡連西面に
115651	鮮滿版	1924/5/27	05단	平壤に爆擊隊必要がある/早川技師談
115652	鮮滿版	1924/5/27	06단	繭の初取引
115653	鮮滿版	1924/5/27	06단	天道教主百年祭
115654	鮮滿版	1924/5/27	06단	假政府創造派追拂はる浦潮共産黨から
115655	鮮滿版	1924/5/27	06단	京城より/咸興より/釜山より
115656	鮮滿版	1924/5/28	01단	蒙古への初旅(十)/悲壯なる沖橫川氏伊藤公對坪內士行氏
115657	鮮滿版	1924/5/28	01단	三十一日から五日間歌ひ踊りぬく京城の奉祝準備素晴らしい大奉祝塔/海も陸も夜も晝も釜山全市を擧げて奉祝
115658	鮮滿版	1924/5/28	01단	朱乙水南間新鐵道共進會までに開通する
115659	鮮滿版	1924/5/28	02단	咸南新道廳豫定線路起工
115660	鮮滿版	1924/5/28	03단	安東製材組合損害償還困難
115661	鮮滿版	1924/5/28	04단	本社參觀
115662	鮮滿版	1924/5/28	04단	靑湖俱樂部
115663	鮮滿版	1924/5/28	04단	泥炭前途有望
115664	鮮滿版	1924/5/28	05단	齋藤總督
115665	鮮滿版	1924/5/28	05단	對岸三線貿易
115666	鮮滿版	1924/5/28	05단	對岸に巢喰ふ不逞團大討伐總督府決心の臍を固む
115667	鮮滿版	1924/5/28	05단	自動車斷崖へ墜ち負傷者五名を出す
115668	鮮滿版	1924/5/28	06단	銀行貸出減
115669	鮮滿版	1924/5/28	06단	辭令(東京)
115670	鮮滿版	1924/5/28	06단	各地より(咸興より)
115671	鮮滿版	1924/5/28	06단	內地の相愛會を見に
115672	鮮滿版	1924/5/29	01단	蒙古への初旅(十一)/さらば露國の人達よ哈爾濱長春
115673	鮮滿版	1924/5/29	01단	『美田』四十萬町步から一年に九百萬石の米を收穫せんとする/總督府の土地改良狀況
115674	鮮滿版	1924/5/29	01단	朝鮮産業組合令/再調査の爲殖産局へ逆戾り發布までには時日を要する
115675	鮮滿版	1924/5/29	01단	羅南學校組合議員選擧
115676	鮮滿版	1924/5/29	03단	日支兩部に二分/滿鐵教育研究會
115677	鮮滿版	1924/5/29	03단	四命令航路期限滿了と地方民の要望
115678	鮮滿版	1924/5/29	03단	木材輸送開始北鮮から支那へ
115679	鮮滿版	1924/5/29	04단	各地より(馬鎭より/咸興より)
115680	鮮滿版	1924/5/29	04단	大邱商議落成式
115681	鮮滿版	1924/5/29	04단	釜山署新築落成
115682	鮮滿版	1924/5/29	05단	馬山の奉祝三十一日から五日間盛大に行ふ/鎭海でも旗行列と山車
115683	鮮滿版	1924/5/29	05단	朝鮮師團選手

일련번호	판명	간행일	단수	기사명
115684	鮮滿版	1924/5/29	05단	北邊道中(十一)/總督國境視察
115685	鮮滿版	1924/5/29	05단	釜山要塞設置と內鮮聯絡飛行/雙方に支障を來さない程度に於て許可することは不可能でない/河田鎮海要塞司令官談
115686	鮮滿版	1924/5/30	01단	蒙古への初旅(十二)/淸朝發祥の舊都レッテル贋ひの紙幣
115687	鮮滿版	1924/5/30	01단	先づ京仁線の電化電力供給問題を何うするか/安藤京城鐵道局長談
115688	鮮滿版	1924/5/30	01단	新義州は人口增加で上水が足らぬ
115689	鮮滿版	1924/5/30	01단	平壤新義州間直通電話線/工事命令發せらる
115690	鮮滿版	1924/5/30	01단	咸南道の養蠶/四割の增收見込
115691	鮮滿版	1924/5/30	02단	朝鮮線でも愈よやる枕木にクレオソート注入/仁川附近と新義州に工場建設
115692	鮮滿版	1924/5/30	03단	安東署改築議
115693	鮮滿版	1924/5/30	03단	北邊道中(十二)/總督國境視察
115694	鮮滿版	1924/5/30	04단	金の帶飾や鈴やが慶州の廢塚から續々掘り出された
115695	鮮滿版	1924/5/30	04단	阿片栽培者の死刑/東支沿線で頻々行はる
115696	鮮滿版	1924/5/30	05단	安重根の甥/袋毆きにさる
115697	鮮滿版	1924/5/30	06단	五十回に及ぶ萬引事件一年半の求刑
115698	鮮滿版	1924/5/30	06단	景福宮の怪火
115699	鮮滿版	1924/5/31	01단	財界管見(三十四)/本末を顚倒した東拓の過現未
115700	鮮滿版	1924/5/31	01단	鐵道建設改良費總額四百二十萬圓
115701	鮮滿版	1924/5/31	01단	朝鮮貿易補助機關設置
115702	鮮滿版	1924/5/31	01단	淸津普校上棟
115703	鮮滿版	1924/5/31	01단	國境警官慰問/活動寫眞隊
115704	鮮滿版	1924/5/31	02단	惠山鎭衛生展十五日より三日間
115705	鮮滿版	1924/5/31	02단	滿蒙への初旅(十三)/馬賊の巢喰ふ吉林/鮮銀の火事泥
115706	鮮滿版	1924/5/31	03단	漁期遲る東南沿岸は不振
115707	鮮滿版	1924/5/31	04단	馬賊が隊長を殺す
115708	鮮滿版	1924/5/31	04단	運動競技界(京城高女陸上競技/朝鮮體育協會長/咸南の武道家咸興の集まる)
115709	鮮滿版	1924/5/31	04단	北邊道中(十四)/總督國境視察
115710	鮮滿版	1924/5/31	05단	狙擊事件の抗議について支那官憲語る

1924년 6월 (선만판)

일련번호	판명	간행일	단수	기사명
115711	鮮滿版	1924/6/1	01단	滿蒙への初旅(十四)/北滿の野よ!さらば吉林奉天
115712	鮮滿版	1924/6/1	01단	鮮米改良が急務/鮮內各道に率先して大邱穀物商組合奮起す
115713	鮮滿版	1924/6/1	01단	靑島鹽の朝鮮輸入/德義を破って取引するのなら致方はないが自分には覺悟がある/穗積釜山稅關長談
115714	鮮滿版	1924/6/1	02단	二重課稅だと內地銀行支店は反對
115715	鮮滿版	1924/6/1	02단	最近の海運界/石垣朝郵營業課長談
115716	鮮滿版	1924/6/1	03단	上海航路の積荷は僅少
115717	鮮滿版	1924/6/1	03단	獨立團の大同團結/寧古塔で協議
115718	鮮滿版	1924/6/1	03단	咸南繭の出廻期
115719	鮮滿版	1924/6/1	04단	朝鮮鐵道社債發行
115720	鮮滿版	1924/6/1	04단	京城電話局擴張
115721	鮮滿版	1924/6/1	04단	國境警備に殉職した警官救恤金規定/巡査二千圓、警部補二千五百圓、警部三千圓/目下大藏省に廻附中
115722	鮮滿版	1924/6/1	05단	咸興近海盛漁/漁民はホクホクもの
115723	鮮滿版	1924/6/1	05단	大邱府民は水を節約せよ/上水涸渇に瀕す
115724	鮮滿版	1924/6/1	05단	メルラン總督來鮮と一般鮮人の感想
115725	鮮滿版	1924/6/1	06단	製絲工女養成
115726	鮮滿版	1924/6/1	06단	朝鮮美展入選數
115727	鮮滿版	1924/6/1	06단	釜山の猩紅熱/又頭を擡ぐ
115728	鮮滿版	1924/6/1	06단	朝鮮海事總會
115729	鮮滿版	1924/6/3	01단	內地の文化に接觸して感激した儒林視察團/解放に臨み實行事項の決議
115730	鮮滿版	1924/6/3	01단	淸津府の三大事業起債二十萬圓
115731	鮮滿版	1924/6/3	01단	道廳側宣言書撤回/學議選擧問題
115732	鮮滿版	1924/6/3	01단	東鷄冠山堡壘の背面
115733	鮮滿版	1924/6/3	02단	在鄕軍人推奬
115734	鮮滿版	1924/6/3	03단	珍らしき古器物/鳳凰臺の古墳から引續いて發見さる/新羅王子のものか
115735	鮮滿版	1924/6/3	03단	滿蒙への初旅(十五)/悲慘な戰跡を弔ふ君死に給ふ事勿れ
115736	鮮滿版	1924/6/3	04단	釜山四月貿易
115737	鮮滿版	1924/6/3	04단	仔虎二頭手捕りになる
115738	鮮滿版	1924/6/3	04단	朝鮮美展入賞者
115739	鮮滿版	1924/6/3	05단	危險地帶を守る警察官の妻女/近來多くなった
115740	鮮滿版	1924/6/3	05단	全鮮武道大會へ/咸北より出場の猛者
115741	鮮滿版	1924/6/3	05단	本社活動寫眞/咸興で大盛況
115742	鮮滿版	1924/6/3	06단	全鮮公職者大會/十五、六兩日
115743	鮮滿版	1924/6/3	06단	羅南の奉祝(記念貯金)
115744	鮮滿版	1924/6/3	06단	會(航路開始祝賀)

일련번호	판명	간행일	단수	기사명
115745	鮮滿版	1924/6/4	01단	京城全市を火の街と化す 御慶事奉祝の賑ひ夜も晝も歌ひ踊って/平壤の奉祝
115746	鮮滿版	1924/6/4	03단	成功せる平壤、大連飛行について/堀第六大隊長談
115747	鮮滿版	1924/6/4	05단	三縣知事突然罷免/鮮人から收賄
115748	鮮滿版	1924/6/4	05단	咸鏡線自動車連絡/道路竣工期
115749	鮮滿版	1924/6/4	05단	平壤閑話/無煙炭と凍魚事業
115750	鮮滿版	1924/6/4	05단	不逞漢三名逮捕/富豪を脅さんとする所を
115751	鮮滿版	1924/6/4	06단	獲れた獸
115752	鮮滿版	1924/6/4	06단	本社見學
115753	鮮滿版	1924/6/4	06단	運動界(全鮮競技大會)
115754	鮮滿版	1924/6/4	06단	清津より
115755	鮮滿版	1924/6/5	01단	滿蒙への初旅(十四)/朝顔丸の推進機/閉塞隊の記念碑
115756	鮮滿版	1924/6/5	01단	鮮人の內地渡航制限は撤廢された內容は依然として制限警察の證明が無くば駄目
115757	鮮滿版	1924/6/5	01단	愛兒を想浮べて涙ぐんだ空界の勇者/日本人形に懷しむド大尉
115758	鮮滿版	1924/6/5	01단	支鮮人十四名賊團に拉致さるうち五名は途中で餓死
115759	鮮滿版	1924/6/5	01단	日支孰れも迷ふ不逞鮮人の取締/國境各地に散在する武裝鮮人は四千五百
115760	鮮滿版	1924/6/5	03단	根柢ある內鮮團結/排日法の與へた影響/矢島慶南內務部長談
115761	鮮滿版	1924/6/5	03단	屋外睡眠を御法度に刻の被害を絶滅する爲め釜山警察署で調査中
115762	鮮滿版	1924/6/5	04단	輯安縣に警察支局/江岸警戒を嚴に
115763	鮮滿版	1924/6/5	04단	鮮內郵便貯金
115764	鮮滿版	1924/6/5	05단	石建を斤に變更/小麥業者が研究
115765	鮮滿版	1924/6/5	05단	馬山府の奉祝
115766	鮮滿版	1924/6/5	05단	在鮮部隊檢閱/十一日から開始
115767	鮮滿版	1924/6/5	06단	平壤閑話/急行列車机上の計劃か
115768	鮮滿版	1924/6/5	06단	第一艦隊鎭海入港
115769	鮮滿版	1924/6/5	06단	運動界/全鮮競技大會第二日(トラックの部/フィールドの部)
115770	鮮滿版	1924/6/6		缺號
115771	鮮滿版	1924/6/7	01단	滿蒙への初旅(十七)/大連名物露天積/空虛の街の憾み
115772	鮮滿版	1924/6/7	01단	大邱に四日着陸したド大尉
115773	鮮滿版	1924/6/7	01단	京鐵窮地に陷る二箇月に減收卅萬圓/止むなくば列車を整理
115774	鮮滿版	1924/6/7	01단	日中聯絡會議開かる九問題取決めて調印
115775	鮮滿版	1924/6/7	03단	鮮展を觀て(上)/「書」「四君子」
115776	鮮滿版	1924/6/7	04단	釜山小學校大改革/減少して完全に
115777	鮮滿版	1924/6/7	04단	朝鮮各地奉祝(全州/鎭海/馬山)
115778	鮮滿版	1924/6/7	04단	一日も早く保險令を總督府が實施して欲しい/朝鮮火保河內山社長談

일련번호	판명	간행일	단수	기사명
115779	鮮滿版	1924/6/7	05단	安義軌道開通/去る卅日試運轉
115780	鮮滿版	1924/6/7	06단	判事を忌避す
115781	鮮滿版	1924/6/7	06단	道知事會議
115782	鮮滿版	1924/6/7	06단	教育界(咸南專任校長)
115783	鮮滿版	1924/6/7	06단	運動界(鮮人野球團布哇へ/全女子競技大會)
115784	鮮滿版	1924/6/8	01단	滿蒙への初旅(十八)/特定運賃の可否/大局より考察して
115785	鮮滿版	1924/6/8	01단	內地渡航一日に九百名/制限撤廢で俄に激增
115786	鮮滿版	1924/6/8	01단	總督の見舞金羅災民遺族に
115787	鮮滿版	1924/6/8	01단	京鐵車輛計劃客貨車の新造
115788	鮮滿版	1924/6/8	02단	清津漁業振ふ
115789	鮮滿版	1924/6/8	02단	第一期除隊兵九日清津を發す
115790	鮮滿版	1924/6/8	03단	咸鏡連絡自動車直營であるまい
115791	鮮滿版	1924/6/8	03단	間島の恭順鮮人米國の排日法を攻擊/亞細亞民族團結を高唱す
115792	鮮滿版	1924/6/8	03단	鮮展を觀て(中)/東洋畫
115793	鮮滿版	1924/6/8	04단	京城春川間滑走艇を航行/運輸業者は恐慌
115794	鮮滿版	1924/6/8	04단	電信用語研究/通信能率向上に
115795	鮮滿版	1924/6/8	05단	鴨渾水上署警戒を嚴に小汽船を購入
115796	鮮滿版	1924/6/8	05단	慈惠醫院擴張/新築計劃は延期
115797	鮮滿版	1924/6/8	05단	馬山金融組合總會
115798	鮮滿版	1924/6/8	06단	教育界(羅南學校組合選擧/京大開校式/公普校新設/朝鮮教育會)
115799	鮮滿版	1924/6/8	06단	平壤閑話/金は無い銀行の態度
115800	鮮滿版	1924/6/8	06단	運動界(庭球リーグ戰/法專捷つ)
115801	鮮滿版	1924/6/10	01단	朝鮮の喜び二つ/李王家へ御用地下賜鮮人の內地渡航自由/有吉朝鮮政務總監談
115802	鮮滿版	1924/6/10	01단	齋藤總督の狙擊は白狂雲部下の仕業/不逞團の宣傳文沒收
115803	鮮滿版	1924/6/10	01단	釜山上海間航路開始/釜山丸が始航
115804	鮮滿版	1924/6/10	01단	朝鮮の新聞法改正/實現は尙ほ遠い
115805	鮮滿版	1924/6/10	01단	全北の一部を鹽田豫定地に
115806	鮮滿版	1924/6/10	02단	安東に中學校設立運動熱す
115807	鮮滿版	1924/6/10	02단	臺灣巡り(一)/南國の地に咲く優に美し臺灣女/全財産は殆んど身に飾る
115808	鮮滿版	1924/6/10	03단	鮮展を觀て(下)/『西洋畫』
115809	鮮滿版	1924/6/10	03단	大邱に女子高普設立運動に陳情
115810	鮮滿版	1924/6/10	03단	人事相談所に現れた二つの珍らしい現象/內地人女中の求職と鮮人勞働者の求職の減少
115811	鮮滿版	1924/6/10	05단	清津方面の鍊買出終了/非常な成功
115812	鮮滿版	1924/6/10	05단	愈府で整理/新義州驛前廣場
115813	鮮滿版	1924/6/10	05단	水道擴張工事愈着手する
115814	鮮滿版	1924/6/10	05단	安東の傳染病漸く蔓延の兆

일련번호	판명	간행일	단수	기사명
115815	鮮滿版	1924/6/10	06단	密漁の支那人/廿餘名を逮捕
115816	鮮滿版	1924/6/10	06단	運動界(全鮮武道大會)
115817	鮮滿版	1924/6/10	06단	會(警察部長會議/警官招魂祭/內鮮滿電信課長會議)
115818	鮮滿版	1924/6/11	01단	臺灣巡り(二)/闇に咲く南國の女贅澤な藝姐の生活/洋裝のよく似合ふ女學生
115819	鮮滿版	1924/6/11	01단	釜山鹽業者起つ/青島鹽禁輸事件に默すれば坐死するのみだとて
115820	鮮滿版	1924/6/11	01단	新羅古蹟『金の鈴塚』古墳に命名す
115821	鮮滿版	1924/6/11	01단	黃海の水利組合完成に力を注ぐ
115822	鮮滿版	1924/6/11	02단	京城下水第二期工事/工費百四十萬圓
115823	鮮滿版	1924/6/11	03단	京都博の朝鮮館淸津へ讓受ける
115824	鮮滿版	1924/6/11	03단	一部のみ許可/學校組合の改則
115825	鮮滿版	1924/6/11	03단	北鮮産米增收計劃
115826	鮮滿版	1924/6/11	03단	汚物掃除班/淸津の衛生施設
115827	鮮滿版	1924/6/11	04단	安東普校擴張
115828	鮮滿版	1924/6/11	04단	京城の時の記念
115829	鮮滿版	1924/6/11	05단	京城の林野を害蟲襲ふ/被害頗る大
115830	鮮滿版	1924/6/11	05단	孝行兵士/新義州入營美談
115831	鮮滿版	1924/6/11	05단	筏師殺さる/鴨綠江岸にて
115832	鮮滿版	1924/6/11	05단	校長の不信を憤り/鮮女學生の休校
115833	鮮滿版	1924/6/11	06단	各地より(咸興より/京城より)
115834	鮮滿版	1924/6/11	06단	糊付き切手
115835	鮮滿版	1924/6/11	06단	新義州蠅取デー
115836	鮮滿版	1924/6/11	06단	大型冷藏船來津
115837	鮮滿版	1924/6/11	06단	榮羅電燈許可
115838	鮮滿版	1924/6/11	06단	會(新義州米穀組合決算/分掌局長會議)
115839	鮮滿版	1924/6/12	01단	臺灣巡り(三)/よく働く臺灣の女退嬰から文化へと過渡の步みを續けながら
115840	鮮滿版	1924/6/12	01단	朝鮮に來る者が無い肝腎な建築技術者/昇格は考へもの/三山博士談
115841	鮮滿版	1924/6/12	01단	蟲のよすぎる國庫補助釜山水道の擴張工事/須藤總督府土木課長談
115842	鮮滿版	1924/6/12	01단	救濟を要する在京鮮人學生/面白くない狀態
115843	鮮滿版	1924/6/12	01단	良くなった納稅成績/釜山府のお手柄
115844	鮮滿版	1924/6/12	02단	集配人に夏帽/能率增進に努む
115845	鮮滿版	1924/6/12	03단	營業稅賦課低下
115846	鮮滿版	1924/6/12	03단	衡平社の爭ひを大阪水平社が調停幹部が近く來鮮する
115847	鮮滿版	1924/6/12	03단	貧者に惠む面長の義擧
115848	鮮滿版	1924/6/12	03단	惡德記者退治

일련번호	판명	간행일	단수	기사명
115849	鮮滿版	1924/6/12	04단	臺北在軍起つ日米問題に關し
115850	鮮滿版	1924/6/12	04단	朝鮮の人蔘
115851	鮮滿版	1924/6/12	04단	米國に飽いた支那人/眞劍に勉强する女學生/支那滿洲ところどころ
115852	鮮滿版	1924/6/12	05단	銀行預金課稅/朝鮮では硏究中
115853	鮮滿版	1924/6/12	05단	朝鮮の繭資金
115854	鮮滿版	1924/6/12	05단	澁面作った咸南の世帶/昇給月を前に
115855	鮮滿版	1924/6/12	06단	咸南の自動車數
115856	鮮滿版	1924/6/12	06단	辭令
115857	鮮滿版	1924/6/12	06단	半島茶話
115858	鮮滿版	1924/6/13	01단	臺灣巡り(四)/世界第一の宗敎島まるで神樣の市場然し宗敎觀念は漸く頹廢
115859	鮮滿版	1924/6/13	01단	師團增設は至難/今度の檢閱も他意はない/檢閱使福田雅太郎大將語る
115860	鮮滿版	1924/6/13	01단	悲慘な滿洲の鮮人/歸化權を得ずば救はれぬ水草のやうな浮浪の生活
115861	鮮滿版	1924/6/13	01단	通信能率の增進に回線の利用を如何する/內鮮滿の通信連絡會議
115862	鮮滿版	1924/6/13	03단	寥々たる朝鮮少年團/團員僅に數十名
115863	鮮滿版	1924/6/13	03단	滿蒙への初旅(十九)/大連の前途と工業油房工業と紡績業
115864	鮮滿版	1924/6/13	04단	露西亞の藝術敎育/模倣したい服裝の簡略/支那滿洲ところどころ
115865	鮮滿版	1924/6/13	05단	猩紅熱流行/釜山府民の恐慌
115866	鮮滿版	1924/6/13	05단	全州より
115867	鮮滿版	1924/6/13	05단	平安南道新設校
115868	鮮滿版	1924/6/13	05단	咸南警察射擊會
115869	鮮滿版	1924/6/13	06단	會(田邊警視追悼會)
115870	鮮滿版	1924/6/13	06단	會社銀行(朝鮮綿絲布商聯合會)
115871	鮮滿版	1924/6/13	06단	運動界(女子庭球大會)
115872	鮮滿版	1924/6/13	06단	半島茶話
115873	鮮滿版	1924/6/14	01단	釜山水源地工事不正事件暴露す/技手は、收賄工事は不正/事件は意外に擴大か
115874	鮮滿版	1924/6/14	01단	朱乙水南線工事進まず/枕木が供給難
115875	鮮滿版	1924/6/14	01단	平壤栗産出增加/年産五十萬圓
115876	鮮滿版	1924/6/14	01단	平安奧地に鼠賊が多い/警察官苦しむ
115877	鮮滿版	1924/6/14	01단	城津港貿易額/五月中に廿萬圓
115878	鮮滿版	1924/6/14	02단	公職者大會へ大邱の提案/打合會で決定
115879	鮮滿版	1924/6/14	02단	漁業用の無電局を朝鮮沿海に設けたい/寄附さへあれば實現は容易

일련번호	판명	간행일	단수	기사명
115880	鮮滿版	1924/6/14	02단	臺灣巡り(五)/死人は腐敗する迄安置して別れを惜む/護國夫人を一番信仰する
115881	鮮滿版	1924/6/14	03단	京城手形交換高
115882	鮮滿版	1924/6/14	03단	北鮮の利便/上海航路開港
115883	鮮滿版	1924/6/14	04단	桑の接木新考案/鮮人靑年の發明
115884	鮮滿版	1924/6/14	04단	各地より(咸興より/城津より)
115885	鮮滿版	1924/6/14	05단	南湖頭に大馬賊團討伐隊出動す
115886	鮮滿版	1924/6/14	05단	平壤閑話/ヌクテの害油斷ならぬ
115887	鮮滿版	1924/6/14	05단	同賓縣に鮮人大部落/金俊換等の計劃
115888	鮮滿版	1924/6/14	05단	宣傳塔を再建/今度は咸鏡面で
115889	鮮滿版	1924/6/14	06단	夜間は外出せぬ/咸興學生の申合
115890	鮮滿版	1924/6/14	06단	追放の李東輝
115891	鮮滿版	1924/6/14	06단	稅關長會談
115892	鮮滿版	1924/6/14	06단	米穀大會出席者
115893	鮮滿版	1924/6/14	06단	咸興の無料燈
115894	鮮滿版	1924/6/14	06단	鮮人生徒の宣傳
115895	鮮滿版	1924/6/14	06단	運動界(春川庭球大會)
115896	鮮滿版	1924/6/14	06단	會(武道大會出演者)
115897	鮮滿版	1924/6/15	01단	臺灣巡り(六)/數百の豚を犧牲に盛んな孔子の祭祀/形式的な因襲を持續して
115898	鮮滿版	1924/6/15	01단	北鮮航路開始さる馬潟港から浦項まで廿五日處女航行船出帆
115899	鮮滿版	1924/6/15	01단	內地は鮮人を歡迎する喜ぶべき融和の傾向/古橋東京出張所長談
115900	鮮滿版	1924/6/15	01단	浦項に大棧橋府協議會に提案
115901	鮮滿版	1924/6/15	01단	安東の下水大工事/設計を一部變更
115902	鮮滿版	1924/6/15	02단	平壤排水工事被害一掃されん
115903	鮮滿版	1924/6/15	03단	吉會鐵道期成同盟會生る
115904	鮮滿版	1924/6/15	03단	新義州平壤間傳書鳩連絡先づ成功す
115905	鮮滿版	1924/6/15	03단	安東縣に天然痘流行/痘苗なくて困難
115906	鮮滿版	1924/6/15	04단	咸南の養鷄熱/飼育四十萬羽
115907	鮮滿版	1924/6/15	04단	優勝旗爭奪から選手團大格鬪を演ず南平自轉車競走會の騷ぎ
115908	鮮滿版	1924/6/15	04단	優勝選手を嬲殺す/競走に敗けた怨から慘事を生んだ咸南自轉車大會
115909	鮮滿版	1924/6/15	05단	優良種の普及/平安南道の試み
115910	鮮滿版	1924/6/15	05단	財務監督局平壤に近く建築
115911	鮮滿版	1924/6/15	05단	朝鮮物價低落
115912	鮮滿版	1924/6/15	06단	新憲兵三百名
115913	鮮滿版	1924/6/15	06단	釜山富豪に脅迫狀頻々/一家鏖殺すると
115914	鮮滿版	1924/6/15	06단	新義州朝鮮相撲

일련번호	판명	간행일	단수	기사명
115915	鮮滿版	1924/6/15	06단	安義より
115916	鮮滿版	1924/6/15	06단	特別評議員決定
115917	鮮滿版	1924/6/15	06단	普通校新設
115918	鮮滿版	1924/6/15	06단	記念のお菓子
115919	鮮滿版	1924/6/17	01단	臺灣巡り(七)/奇怪な石から生れた生蕃人の祖先の物語/物語りに富む創世紀
115920	鮮滿版	1924/6/17	01단	未登錄の田地全鮮に十四萬町/本年內に調査を終了調査濟は忠南北の二道
115921	鮮滿版	1924/6/17	01단	朝鮮開發に力を盡す不動産金融を中心に/東拓新理事鈴木繁氏談
115922	鮮滿版	1924/6/17	01단	濟州海女問題解決/協定草案を取消して本年は更に協定する
115923	鮮滿版	1924/6/17	03단	安東木材取引不振/銀高に祟られて
115924	鮮滿版	1924/6/17	03단	ザリ蟹作物を害す一齊に驅除斷行
115925	鮮滿版	1924/6/17	03단	總督府が稚魚養殖/大邱府外を物色
115926	鮮滿版	1924/6/17	04단	營林廠の原木拂下希望/新義州製材協會
115927	鮮滿版	1924/6/17	04단	二村洞に築堤/工費一萬五千圓
115928	鮮滿版	1924/6/17	04단	咸北對岸に馬賊團/約三百が駐屯
115929	鮮滿版	1924/6/17	04단	內地は不景氣漫然渡航すな一鮮人の手紙
115930	鮮滿版	1924/6/17	05단	慘めな出水現場/避難して遭難
115931	鮮滿版	1924/6/17	05단	看守が竊盜
115932	鮮滿版	1924/6/17	05단	各地より(全州より/木浦より/仁川より/馬山より)
115933	鮮滿版	1924/6/17	06단	鮮內金融組合業績漸く擧る
115934	鮮滿版	1924/6/18	01단	臺灣巡り(八)/傳說に絡る首狩の話起りは酋長の惡謀み/鯨波の聲て人數を知る
115935	鮮滿版	1924/6/18	01단	總督府に異動はない/內閣は變ったとても/噂の人西村殖産局長語る
115936	鮮滿版	1924/6/18	01단	視察地域は指定したい教師の內地見學に就て/飛舖慶南理事官語る
115937	鮮滿版	1924/6/18	01단	朝郵上海航路鎭南浦寄港要望容れらる
115938	鮮滿版	1924/6/18	01단	鎭南浦の築港豫算に計上か
115939	鮮滿版	1924/6/18	02단	咸南沿岸に漁場發見に努む鳥取縣の試驗船
115940	鮮滿版	1924/6/18	03단	弊害は今後現はる群山不正米を調査して/綾田總監府技師歸來談
115941	鮮滿版	1924/6/18	03단	押丁滑走/お裾分けの菓子/SPR
115942	鮮滿版	1924/6/18	04단	淸津最近人口
115943	鮮滿版	1924/6/18	04단	安東天然痘益々流行/患者五十に餘る
115944	鮮滿版	1924/6/18	05단	協會脫會は自殺的行爲だ/西村局長語る
115945	鮮滿版	1924/6/18	05단	激減した寄附電話の申込/釜山不況の半面
115946	鮮滿版	1924/6/18	06단	道路品評會/達城で今秋催す

일련번호	판명	간행일	단수	기사명
115947	鮮滿版	1924/6/18	06단	龍山不況
115948	鮮滿版	1924/6/18	06단	咸興より
115949	鮮滿版	1924/6/18	06단	勝湖里へ送電
115950	鮮滿版	1924/6/18	06단	滿洲栗輸入增加
115951	鮮滿版	1924/6/18	06단	教育界(技藝校記念式/光州高女建築/京都校長團/若松小學校)
115952	鮮滿版	1924/6/19	01단	臺灣巡り(九)/戀した女得たさに首狩の競爭もする/怖しい蕃人の根本道德
115953	鮮滿版	1924/6/19	01단	千三百年前の籾/慶州金の鈴塚から發掘/九大加藤博士が研究する
115954	鮮滿版	1924/6/19	01단	鎭海の漁場出願に地圖は提出に及ばぬ當業者の便宜圖らる
115955	鮮滿版	1924/6/19	01단	補給金が引上られねば鮮鐵の仕業は出來ぬ
115956	鮮滿版	1924/6/19	01단	試補は內地に採り/上級司法官は鮮內から拔擢
115957	鮮滿版	1924/6/19	02단	朝鮮鐵道整理斷行/課長級以下六十名
115958	鮮滿版	1924/6/19	03단	前途ある咸南の苹果/內地需要增す
115959	鮮滿版	1924/6/19	03단	押丁滑走/先生とこはれ物/SPR
115960	鮮滿版	1924/6/19	04단	北鮮の石炭輸送/需要增加せん
115961	鮮滿版	1924/6/19	04단	仔虎を獻上
115962	鮮滿版	1924/6/19	04단	主任技手免職さる釜山水源地不正事件擴大
115963	鮮滿版	1924/6/19	04단	朝鮮郵便發着
115964	鮮滿版	1924/6/19	05단	總督釜山視察/內地渡航の途
115965	鮮滿版	1924/6/19	05단	檢閱終了は十日/目下龍山部隊を
115966	鮮滿版	1924/6/19	05단	釜山に水死が多い/先月中は五名
115967	鮮滿版	1924/6/19	05단	相愛會の不評の種/朴副會長辯明
115968	鮮滿版	1924/6/19	06단	咸興より
115969	鮮滿版	1924/6/19	06단	城津會計檢查
115970	鮮滿版	1924/6/19	06단	咸興憲兵の弓術
115971	鮮滿版	1924/6/19	06단	六驛建設入札
115972	鮮滿版	1924/6/20	01단	臺灣巡り(十)/蕃人の治療と教化に生涯を捧げて働く/若い蕃醫兄妹の美談
115973	鮮滿版	1924/6/20	01단	日本海沿岸の循環航路を計劃/上海航路と聯絡せしめて/贊助を求むる釜山會議所
115974	鮮滿版	1924/6/20	02단	浦項活氣を呈す/北鮮航路開始に
115975	鮮滿版	1924/6/20	02단	無電の放送試驗をいよいよ今月末に行ふ/大邱、京城、光州、釜山を區域に
115976	鮮滿版	1924/6/20	02단	連絡飛行は準備中/快翔も遠くはあるまい
115977	鮮滿版	1924/6/20	03단	朝鮮東海岸北海道間航路釜山で研究中
115978	鮮滿版	1924/6/20	03단	山階宮御入城
115979	鮮滿版	1924/6/20	03단	宮內省御買上
115980	鮮滿版	1924/6/20	04단	中等學校入學難/當局も考へる

일련번호	판명	간행일	단수	기사명
115981	鮮滿版	1924/6/20	04단	滿洲財界の銀資要望/具體化されん
115982	鮮滿版	1924/6/20	04단	昌德宮の春繭
115983	鮮滿版	1924/6/20	04단	鮮鐵社債引受
115984	鮮滿版	1924/6/20	05단	東拓朝鮮貸出
115985	鮮滿版	1924/6/20	05단	南北監理派合併/鮮內勢力增さん
115986	鮮滿版	1924/6/20	05단	昌慶苑より
115987	鮮滿版	1924/6/20	05단	驅逐艦溯江
115988	鮮滿版	1924/6/20	05단	京鐵驛長更迭
115989	鮮滿版	1924/6/20	05단	各地より(釜山より/安義より)
115990	鮮滿版	1924/6/20	06단	無料で電力供給/平北の英人會社
115991	鮮滿版	1924/6/20	06단	米貨排斥決議
115992	鮮滿版	1924/6/20	06단	小學生の蠅採り
115993	鮮滿版	1924/6/20	06단	安東の簡保勸誘
115994	鮮滿版	1924/6/20	06단	『惠の露』英國へ
115995	鮮滿版	1924/6/20	06단	京日落成式
115996	鮮滿版	1924/6/20	06단	コドモアサヒを教材に
115997	鮮滿版	1924/6/21	01단	臺灣巡り(十一)/原始的な蕃人の分娩産婦自ら其子を洗ふ/雙子兒は一人を殺す
115998	鮮滿版	1924/6/21	01단	安東製材業者窮す/廿一工場殆ど休業狀態
115999	鮮滿版	1924/6/21	01단	横斷航路增船を要望/清津穀物商組合
116000	鮮滿版	1924/6/21	01단	東拓整理は六年計劃/鈴木理事語る
116001	鮮滿版	1924/6/21	02단	會議所賦課金徵收改正希望/公職者會で可決
116002	鮮滿版	1924/6/21	02단	咸南春繭豫想/近年にない豊況
116003	鮮滿版	1924/6/21	02단	鮮人民會解散/浦潮政廳の命令
116004	鮮滿版	1924/6/21	02단	要塞地帶法に觸れぬ樣注意
116005	鮮滿版	1924/6/21	03단	東邊の自衛團/馬賊警戒の爲め
116006	鮮滿版	1924/6/21	03단	不逞團の跳梁/江北地方不安
116007	鮮滿版	1924/6/21	04단	朝鮮の竹林
116008	鮮滿版	1924/6/21	04단	借金王は清津/全鮮十二府中で
116009	鮮滿版	1924/6/21	04단	結束の破れた師團と道廳
116010	鮮滿版	1924/6/21	05단	全鮮中學校聯合競技大會/今秋京城で催す
116011	鮮滿版	1924/6/21	05단	第一艦隊入港
116012	鮮滿版	1924/6/21	05단	平和論者を脅迫
116013	鮮滿版	1924/6/21	05단	各地より(平壤/鎭南浦/咸興)
116014	鮮滿版	1924/6/21	05단	南鮮宗教大會
116015	鮮滿版	1924/6/21	06단	清津在軍分會
116016	鮮滿版	1924/6/21	06단	京城相撲
116017	鮮滿版	1924/6/21	06단	運動界(運動界多事/滿鮮對抗競技/仁川庭球大會/全鮮武道大會/專門校野球大會)

일련번호	판명	간행일	단수	기사명
116018	鮮滿版	1924/6/21	06단	半島茶話
116019	鮮滿版	1924/6/22	01단	滿蒙への初旅(二〇)/雪の湯崗子溫泉懷しや鴨綠江の流れ
116020	鮮滿版	1924/6/22	01단	朝鮮國境鐵道三國有線計劃さる/咸興厚州古邑間二百哩吉州惠山鎮間百十五哩孟中里滿浦鎮百二十哩/國境警備と開發の爲め
116021	鮮滿版	1924/6/22	01단	この調子で進めば減收二百五十萬圓/不況の底の朝鮮線/納附金の低減を希望する滿鐵
116022	鮮滿版	1924/6/22	02단	鴨綠江流筏順調/五千臺の豫想
116023	鮮滿版	1924/6/22	03단	滿銀頭取突如辭職/中村光吉氏
116024	鮮滿版	1924/6/22	03단	國境方面連りに侵さる/殘虐性を增した不逞團
116025	鮮滿版	1924/6/22	04단	殖銀借入金/低資八百萬圓
116026	鮮滿版	1924/6/22	04단	鹽田へ浸水/廣梁灣の被害
116027	鮮滿版	1924/6/22	04단	大虎出沒す/梅田洞の恐慌
116028	鮮滿版	1924/6/22	05단	驅逐艦衝突
116029	鮮滿版	1924/6/22	05단	減員か減俸か/米田平安知事
116030	鮮滿版	1924/6/22	05단	檢疫所設置請願
116031	鮮滿版	1924/6/22	06단	釜山の火事
116032	鮮滿版	1924/6/22	06단	號砲を時報機に
116033	鮮滿版	1924/6/22	06단	平壤より
116034	鮮滿版	1924/6/22	06단	安東普校入札
116035	鮮滿版	1924/6/22	06단	安東慈惠醫院
116036	鮮滿版	1924/6/22	06단	英語雄辯大會
116037	鮮滿版	1924/6/22	06단	運動界(四日間の運動會/專門校庭球戰/兩校對抗競技)
116038	鮮滿版	1924/6/22	06단	半島茶話
116039	鮮滿版	1924/6/24	01단	財界管見(三十五)/本末を顚倒した東拓の過現未
116040	鮮滿版	1924/6/24	01단	滿鐵社長更迭は鮮鐵に何う響くか/人事も更改されやう/安藤局長の身上は?
116041	鮮滿版	1924/6/24	01단	入場券は撤廢したい弊害が餘り多いので滿鐵で種々調査中
116042	鮮滿版	1924/6/24	01단	十月からは三割操短/懸念される流筏狀態安東は辛くも作業斷續
116043	鮮滿版	1924/6/24	03단	米突法明年七月から施行する
116044	鮮滿版	1924/6/24	03단	水道補助は出來ぬ相談/有吉政務總監
116045	鮮滿版	1924/6/24	04단	全鮮第一のゴルフ場/大邱府で目下工事中
116046	鮮滿版	1924/6/24	04단	今秋十月に咸鏡線開通/新浦陽化間も
116047	鮮滿版	1924/6/24	04단	押丁滑走/SPR
116048	鮮滿版	1924/6/24	05단	朝鮮酒釀造高/豫想六萬石
116049	鮮滿版	1924/6/24	05단	補助期間滿了/總督府命令航路
116050	鮮滿版	1924/6/24	05단	麻布を布團に咸南で新計劃
116051	鮮滿版	1924/6/24	05단	平壤府の借入金交涉/宮館府尹上京

일련번호	판명	간행일	단수	기사명
116052	鮮滿版	1924/6/24	05단	京城納凉市場
116053	鮮滿版	1924/6/24	06단	衡平合同運動/晉州側と京城
116054	鮮滿版	1924/6/24	06단	平壤より
116055	鮮滿版	1924/6/24	06단	組合銀行貸附
116056	鮮滿版	1924/6/24	06단	運動界(滿鮮臺競技大會/女子オリンピック大會)
116057	鮮滿版	1924/6/25	01단	財界管見(三十六)/本末を顚倒した東拓の過現未
116058	鮮滿版	1924/6/25	01단	朝鮮電報料金引下は時期の問題/施設が完備さへすれば
116059	鮮滿版	1924/6/25	01단	鎭平銀の昂騰に安東の邦商困窮す/銀資金の準備を望む
116060	鮮滿版	1924/6/25	01단	安奉線の運賃低減/安東油房業者から陳情
116061	鮮滿版	1924/6/25	02단	咸南の水田に內地鯉を試驗的に放つ
116062	鮮滿版	1924/6/25	03단	清酒消費量一年七萬石/鮮內酒造も漸增
116063	鮮滿版	1924/6/25	04단	極力復興したい/佐々木朝鮮紡織取締役
116064	鮮滿版	1924/6/25	04단	清津港移出入/五月中に百萬圓
116065	鮮滿版	1924/6/25	04단	朝鐵人員整理七月一日に
116066	鮮滿版	1924/6/25	04단	慘苦に生立った鮮人の靑年音樂家/囑望される金文輔君/炬の樣な熱望と半生の慘話
116067	鮮滿版	1924/6/25	05단	內地は煉炭歡迎/木炭代用として
116068	鮮滿版	1924/6/25	05단	水産の教育
116069	鮮滿版	1924/6/25	05단	繭資金借入/大邱の製絲業者
116070	鮮滿版	1924/6/25	06단	各地より(安東より/京城より)
116071	鮮滿版	1924/6/25	06단	咸北で四箇所來年電話開通地
116072	鮮滿版	1924/6/25	06단	南鮮に慈雨
116073	鮮滿版	1924/6/25	06단	大邱水道竣工
116074	鮮滿版	1924/6/26	01단	財界管見(三十七)/本末を顚倒した東拓の過現未
116075	鮮滿版	1924/6/26	01단	國防第一線の部隊/士氣極めて旺盛/在鮮各部隊を閱して(特命檢閱使福田大將語る)
116076	鮮滿版	1924/6/26	01단	傳染病の蔓延に神經を尖らせた釜山/細かな處まで干涉して
116077	鮮滿版	1924/6/26	01단	朝鮮五月の貿易額/四千五百萬圓
116078	鮮滿版	1924/6/26	01단	朝鮮の振替貯金加入者一萬二千
116079	鮮滿版	1924/6/26	02단	北鮮の稚鰻移入成績良好
116080	鮮滿版	1924/6/26	03단	內鮮共學の可否/中學では不明
116081	鮮滿版	1924/6/26	03단	押丁滑走/對話唱歌と演劇/SPR
116082	鮮滿版	1924/6/26	04단	水利事業資金融通希望が多い
116083	鮮滿版	1924/6/26	04단	一方里に八人咸南の內地人
116084	鮮滿版	1924/6/26	04단	黃海の苗圃/總計二十二萬坪
116085	鮮滿版	1924/6/26	05단	咸南の果樹數/十六萬六千本
116086	鮮滿版	1924/6/26	05단	婦人の揷秧獎勵
116087	鮮滿版	1924/6/26	05단	咸南の稗拔宣傳
116088	鮮滿版	1924/6/26	05단	細民救濟會

일련번호	판명	간행일	단수	기사명
116089	鮮滿版	1924/6/26	05단	各地より(鎭南浦より/平壤より)
116090	鮮滿版	1924/6/26	06단	大邱の東京相撲
116091	鮮滿版	1924/6/26	06단	運動界(全鮮野球大會を前に陣容整へる釜山第一商業)
116092	鮮滿版	1924/6/27	01단	財界管見(三十八)本末を顚倒した東拓の過現未
116093	鮮滿版	1924/6/27	01단	平北に警察官增員/南鮮から二百名移動して
116094	鮮滿版	1924/6/27	01단	鹿兒島西鮮大連間新航路明春から開始/朝郵會社受命せん
116095	鮮滿版	1924/6/27	01단	下層農民困窮す/副業收入激減のため
116096	鮮滿版	1924/6/27	01단	安東材の販路視察/有望な天津方面
116097	鮮滿版	1924/6/27	03단	鮮人の郵便貯金/百廿四萬圓
116098	鮮滿版	1924/6/27	03단	和やかな音樂の夕べ/內鮮の歌手を集めて(女學校聯合音樂會印象の記)
116099	鮮滿版	1924/6/27	03단	押丁滑走/學校參觀と芝居/SPR
116100	鮮滿版	1924/6/27	04단	不況の馬山/鮮鐵の大整理で
116101	鮮滿版	1924/6/27	05단	鯖の大漁/淸津の活況
116102	鮮滿版	1924/6/27	05단	淸津の移出入
116103	鮮滿版	1924/6/27	06단	馬山電燈値下
116104	鮮滿版	1924/6/27	06단	第一艦隊入港/鎭海馬山の賑ひ
116105	鮮滿版	1924/6/27	06단	衝突驅逐艦査問
116106	鮮滿版	1924/6/27	06단	咸興聯隊演習
116107	鮮滿版	1924/6/27	06단	那須司令官
116108	鮮滿版	1924/6/27	06단	咸興かささぎ會
116109	鮮滿版	1924/6/27	06단	會(京城穀物信託總會)
116110	鮮滿版	1924/6/28	01단	國境を守る警察官の忍苦/物騒な不逞團の侵入
116111	鮮滿版	1924/6/28	01단	廿六萬坪を埋立て朝鮮船渠に貸したい/釜山鎭埋立權問題
116112	鮮滿版	1924/6/28	01단	漁業資金は援助する確實な團體であれば(歸鮮した有賀殖銀頭取)
116113	鮮滿版	1924/6/28	01단	職員罷免を陳情する/光州高普事件
116114	鮮滿版	1924/6/28	01단	師團移駐は平壤か/請願運動起る
116115	鮮滿版	1924/6/28	02단	鮮鐵荷動順調/六月中旬調
116116	鮮滿版	1924/6/28	03단	圖們輕鐵開通/年內に他の二線も
116117	鮮滿版	1924/6/28	03단	早婚の悩みからか鮮婦人の家出が多い/注意すべき社會現象
116118	鮮滿版	1924/6/28	03단	押丁滑走/鮮展印象その他/SPR
116119	鮮滿版	1924/6/28	04단	富平水利組合
116120	鮮滿版	1924/6/28	04단	師匠殺し奧地に潜入/逮捕出來ぬか
116121	鮮滿版	1924/6/28	05단	國境の人心不安/武裝團の襲擊に
116122	鮮滿版	1924/6/28	05단	三巡査の詐欺/淸津署で取調
116123	鮮滿版	1924/6/28	05단	殉職本田署長/磊落な勉强家
116124	鮮滿版	1924/6/28	05단	柞蠶試飼成績/體質は良好
116125	鮮滿版	1924/6/28	06단	思想善導講演會

일련번호	판명	간행일	단수	기사명
116126	鮮滿版	1924/6/28	06단	公職者會報告
116127	鮮滿版	1924/6/28	06단	南鮮洋畫展
116128	鮮滿版	1924/6/28	06단	教育界(體操講習會/京城師範移轉/大邱普校落成式)
116129	鮮滿版	1924/6/28	06단	運動界(全鮮弓術大會/女子庭球大會/咸興の野球)
116130	鮮滿版	1924/6/29	01단	京城に龍山に涼しい映畫の夕べ 盛會に二回の上映終る 本社主催朝日活動寫眞大會/人に埋まる 第二夜の盛況
116131	鮮滿版	1924/6/29	01단	公共事業に廿萬圓/迫間房太郎氏投出す/釜山府に高等商業を設置か
116132	鮮滿版	1924/6/29	01단	惡德商人に大鐵槌を/群山、仁川不正米事件に就き/西村殖産局長語る
116133	鮮滿版	1924/6/29	03단	濃霧期と海難防止計劃の二つ
116134	鮮滿版	1924/6/29	03단	本部員全部を馘首/朝鮮相愛會の大改革
116135	鮮滿版	1924/6/29	03단	朝鮮棉花有望
116136	鮮滿版	1924/6/29	03단	舞鶴から視察に近く三重からも
116137	鮮滿版	1924/6/29	03단	安東に都市計劃委員會を設置
116138	鮮滿版	1924/6/29	04단	『耳かくし』は結ひますまい外國品は一切使ふまい/大邱高女生徒の堅い申合せ
116139	鮮滿版	1924/6/29	04단	二萬圓橫領/參禮金融理事
116140	鮮滿版	1924/6/29	04단	收賄技手押送/工夫頭は竊盜
116141	鮮滿版	1924/6/29	05단	協贊費二萬圓/金泉面で募集
116142	鮮滿版	1924/6/29	05단	羅南金融組合紛紜
116143	鮮滿版	1924/6/29	05단	脫獄囚逮捕三名悉くを
116144	鮮滿版	1924/6/29	05단	大中臨海生活/馬山の海岸で
116145	鮮滿版	1924/6/29	06단	新義州幼稚園新築
116146	鮮滿版	1924/6/29	06단	城津電報扱數
116147	鮮滿版	1924/6/29	06단	咸興の矯風會
116148	鮮滿版	1924/6/29	06단	辭令
116149	鮮滿版	1924/6/29	06단	各地より(平壤/鎮南浦/咸興/大田)

1924년 7월 (선만판)

일련번호	판명	간행일	단수	기사명
116150	鮮滿版	1924/7/1	01단	日本婦人の誇りを堅く自覺して來た/排日法と女學生の覺悟
116151	鮮滿版	1924/7/1	01단	政府は保證を拒むまい/外債八千萬圓募集に(東拓尾崎理事の話)
116152	鮮滿版	1924/7/1	01단	鴨綠江の改修工事/新義州附近の浸水を慮って/工費四十五萬圓で
116153	鮮滿版	1924/7/1	01단	多獅島築港滿鐵も希望/鐵道部長視察
116154	鮮滿版	1924/7/1	02단	繡屛を獻上/御成婚記念に
116155	鮮滿版	1924/7/1	03단	李王職買上品
116156	鮮滿版	1924/7/1	03단	油房の壁の菊御紋/日露戰役の思ひ出草/安東の日支親善の一插話
116157	鮮滿版	1924/7/1	03단	朝鮮米の檢査は嚴に/不正米事件に鑒みて
116158	鮮滿版	1924/7/1	03단	安東流筏順調/商談は折合はず
116159	鮮滿版	1924/7/1	03단	平壤牛大市場平南五箇所で
116160	鮮滿版	1924/7/1	04단	漁郎川の鐵橋
116161	鮮滿版	1924/7/1	04단	龍岡小作爭議/李保安課長談
116162	鮮滿版	1924/7/1	05단	不良靑年結社檢擧/京龍を荒し廻った太陽組
116163	鮮滿版	1924/7/1	05단	西鮮師團增設期成會
116164	鮮滿版	1924/7/1	05단	ほっと一息忠南の農家春蠶が平年以上
116165	鮮滿版	1924/7/1	06단	巡回商品陣列會
116166	鮮滿版	1924/7/1	06단	海州産業講習會
116167	鮮滿版	1924/7/1	06단	灌漑に送電
116168	鮮滿版	1924/7/1	06단	朝鮮の器さ
116169	鮮滿版	1924/7/1	06단	各地より(馬山/平壤/城津)
116170	鮮滿版	1924/7/2	01단	咸鏡線の開通は三四年後でも至難か/改良費が千萬圓では
116171	鮮滿版	1924/7/2	01단	震災と時局問題で客の減った滿鐵ホテル/この不況は長く續かう
116172	鮮滿版	1924/7/2	01단	百の稅務署鮮內に新設
116173	鮮滿版	1924/7/2	01단	朝鮮紙の改良/對支輸出のため
116174	鮮滿版	1924/7/2	02단	元淸間の船客一年間に五萬人
116175	鮮滿版	1924/7/2	02단	小汽船の營業取締法總督府で研究中
116176	鮮滿版	1924/7/2	03단	金冠も玉笛も慶州の分館へ
116177	鮮滿版	1924/7/2	03단	『理解は融和の母』新しい日附印
116178	鮮滿版	1924/7/2	03단	此の頃滅切り多い/若い鮮女の離婚沙汰/他愛もない埋由
116179	鮮滿版	1924/7/2	03단	密林に潛む不逞團/武器は精銳行動は敏/擊滅は難中の難事
116180	鮮滿版	1924/7/2	04단	失業者を救濟/勞動共濟會
116181	鮮滿版	1924/7/2	04단	咸南の公醫
116182	鮮滿版	1924/7/2	04단	八百萬圓低資融通
116183	鮮滿版	1924/7/2	05단	琿春に鮮人中學
116184	鮮滿版	1924/7/2	05단	福田大將大田へ
116185	鮮滿版	1924/7/2	05단	黃海道の異動

일련번호	판명	간행일	단수	기사명
116186	鮮滿版	1924/7/2	05단	犯罪搜索實驗記
116187	鮮滿版	1924/7/2	05단	新憲兵百五十名
116188	鮮滿版	1924/7/2	05단	咸興の宣傳塔
116189	鮮滿版	1924/7/2	05단	清津府報發行
116190	鮮滿版	1924/7/2	05단	咸興養鷄講習會
116191	鮮滿版	1924/7/2	05단	舞鶴視察團
116192	鮮滿版	1924/7/2	06단	上水基本調査
116193	鮮滿版	1924/7/2	06단	京城給水制限
116194	鮮滿版	1924/7/2	06단	會社銀行(京城電氣總會)
116195	鮮滿版	1924/7/2	06단	各地より(京城/平壤/新義州)
116196	鮮滿版	1924/7/3	01단	師團增設の曉/在鮮部隊はどう動く/司令部は平壤へか
116197	鮮滿版	1924/7/3	01단	倍大される安東病院/明年度の豫算百萬圓/安東地方事務所の事業
116198	鮮滿版	1924/7/3	01단	內地へ流れる五千萬圓/爲替と振替で
116199	鮮滿版	1924/7/3	01단	沙河口編入/大連市の擴張
116200	鮮滿版	1924/7/3	01단	吉州街區整理/郡守の指示にて
116201	鮮滿版	1924/7/3	02단	排日反對の平壤宣教師決議文を道廳へ(決議)
116202	鮮滿版	1924/7/3	02단	城津停車場建築に着手す
116203	鮮滿版	1924/7/3	03단	咸南の農業/自作農が多い
116204	鮮滿版	1924/7/3	03단	預金部の低資/全額融通を希望
116205	鮮滿版	1924/7/3	03단	安東高女建築十七萬圓で本館
116206	鮮滿版	1924/7/3	03단	共同購入と小賣人の紛紜/黃海の海州道廳
116207	鮮滿版	1924/7/3	04단	救護船來る/坐礁した新生丸
116208	鮮滿版	1924/7/3	04단	鮮商實業合併八月末に營業
116209	鮮滿版	1924/7/3	04단	清津刑務所囚徒脫走/二名とも逮捕
116210	鮮滿版	1924/7/3	04단	悲憤の叫び/大邱の講演會
116211	鮮滿版	1924/7/3	04단	盤龍山公園
116212	鮮滿版	1924/7/3	05단	區長の情で火田民息づく
116213	鮮滿版	1924/7/3	05단	不良少年狩り/大邱で九名檢擧
116214	鮮滿版	1924/7/3	05단	清津商工講習會
116215	鮮滿版	1924/7/3	05단	晝間動力供給
116216	鮮滿版	1924/7/3	06단	各地より(清津/平壤/大田/鎭南浦)
116217	鮮滿版	1924/7/3	06단	咸南の水汲
116218	鮮滿版	1924/7/4	01단	臺灣物語(一)/在臺北英塘翠生
116219	鮮滿版	1924/7/4	01단	女も銃を執って立つ/悲壯なる國境第一線/警察官の忍苦の生活
116220	鮮滿版	1924/7/4	02단	良民と區別が立たぬ鮮內に潜む不逞鮮人/責任感から殉職した本田署長
116221	鮮滿版	1924/7/4	02단	煙と消えた十八萬圓/今年の六月末までに年々增す釜山の火災
116222	鮮滿版	1924/7/4	04단	間島の穀類禁輸七月一日から

일련번호	판명	간행일	단수	기사명
116223	鮮滿版	1924/7/4	04단	京城府の砂防可及的速に完城
116224	鮮滿版	1924/7/4	04단	醫者の藥局を釜山署で調査
116225	鮮滿版	1924/7/4	04단	起訴猶豫
116226	鮮滿版	1924/7/4	04단	咸南の燒鮎
116227	鮮滿版	1924/7/4	04단	消火栓增設
116228	鮮滿版	1924/7/4	05단	會社銀行(京取臨時總會/合同銀行新重役)
116229	鮮滿版	1924/7/4	05단	二高女音樂會/土曜日の半日を
116230	鮮滿版	1924/7/4	05단	各地より(南川/咸興)
116231	鮮滿版	1924/7/4	06단	運動界(決勝記錄)
116232	鮮滿版	1924/7/4	06단	女子競技餘話
116233	鮮滿版	1924/7/5	01단	臺灣物語(二)/在臺北英塘翠生
116234	鮮滿版	1924/7/5	01단	今は未練は無いが內閣の短命は遺憾だ/川村前社長の述懷
116235	鮮滿版	1924/7/5	01단	節約の上にも節約/急場を遁れる朝鮮線
116236	鮮滿版	1924/7/5	01단	見よこの壯美!
116237	鮮滿版	1924/7/5	03단	排日抗議を米領事へ/全鮮公職者から(抗議文)
116238	鮮滿版	1924/7/5	04단	師團設置請願/委員も東上する(請願書)
116239	鮮滿版	1924/7/5	04단	餓ゑては蕎麥滓さへも口にする貧しい人々の群/平壤を襲ふた不況
116240	鮮滿版	1924/7/5	05단	京城不渡手形/六月中に二萬圓
116241	鮮滿版	1924/7/5	05단	京城の夜間金庫今後も續ける
116242	鮮滿版	1924/7/5	05단	漁況振はず/ポセット方面
116243	鮮滿版	1924/7/5	06단	三尺の大鰤が僅に七十錢/江原道の豊漁
116244	鮮滿版	1924/7/5	06단	沿海の昆布買入
116245	鮮滿版	1924/7/5	06단	婦人衛生講座
116246	鮮滿版	1924/7/5	06단	旅行展覽會
116247	鮮滿版	1924/7/5	06단	會社銀行(朝鮮火災總會/京城各銀行決算)
116248	鮮滿版	1924/7/5	06단	運動界(朝鮮軍猛練習)
116249	鮮滿版	1924/7/6	01단	新朝鮮政務總監下岡さんの家庭
116250	鮮滿版	1924/7/6	01단	臺灣議會設置實現は不可能だ/參政權も贊同出來ぬ/內田臺灣總督談
116251	鮮滿版	1924/7/6	01단	騷然たる國境の不安/新義州から福田大將に訴ふ/不逞團の侵入六百件
116252	鮮滿版	1924/7/6	01단	女學生の新高登山十日に出發する
116253	鮮滿版	1924/7/6	02단	朝鮮の航空路基本を調査中
116254	鮮滿版	1924/7/6	02단	地方稅の減免/稅額四千八百圓
116255	鮮滿版	1924/7/6	02단	臺灣物語(三)
116256	鮮滿版	1924/7/6	03단	非常な惡化に驚いた/江界視察を終った渡邊中將/國家の面目上棄置けぬ
116257	鮮滿版	1924/7/6	04단	大邱浦項間運賃引下要望

일련번호	판명	간행일	단수	기사명
116258	鮮滿版	1924/7/6	04단	情に厚かった浦中尉/囑望された良飛行將校
116259	鮮滿版	1924/7/6	04단	衡平社の請願
116260	鮮滿版	1924/7/6	05단	牛首を刎ね雨乞をする
116261	鮮滿版	1924/7/6	05단	西鮮の慈雨
116262	鮮滿版	1924/7/6	05단	釜山の排米
116263	鮮滿版	1924/7/6	05단	有望な咸南氷魚
116264	鮮滿版	1924/7/6	05단	第一艦隊出港
116265	鮮滿版	1924/7/6	06단	江原郡守會議
116266	鮮滿版	1924/7/6	06단	吉州敎育會事業
116267	鮮滿版	1924/7/6	06단	會社銀行(新義州電燈決算/殖産銀行業蹟)
116268	鮮滿版	1924/7/6	06단	咸興
116269	鮮滿版	1924/7/6	06단	運動界(全鮮選手權庭球戰)
116270	鮮滿版	1924/7/8	01단	臺灣物語(四)/臺北英塘翠生
116271	鮮滿版	1924/7/8	01단	新總監は物堅い人/同鄕の富田氏談
116272	鮮滿版	1924/7/8	01단	第八隱岐丸浦項入港/北鮮山陰結ばる
116273	鮮滿版	1924/7/8	01단	水産物が上海向き/花輪書記長談
116274	鮮滿版	1924/7/8	02단	平元鐵道工事中止の狀態
116275	鮮滿版	1924/7/8	02단	特用作物實收
116276	鮮滿版	1924/7/8	02단	滿洲粟免稅/穀物協會が要望
116277	鮮滿版	1924/7/8	02단	全州水電計劃/東津江を利用
116278	鮮滿版	1924/7/8	03단	慶北の干魃
116279	鮮滿版	1924/7/8	03단	潮のやうに鮮人の群が每日六百名內地へ/中には悲劇を生むものもある
116280	鮮滿版	1924/7/8	03단	愛兒の身代九百圓/不逞團の暴狀
116281	鮮滿版	1924/7/8	04단	受信試驗/釜山と大邱で
116282	鮮滿版	1924/7/8	04단	各地凉話/影池の奇
116283	鮮滿版	1924/7/8	04단	押丁滑走/全鮮女子オリムピック觀/SPR
116284	鮮滿版	1924/7/8	05단	巷の塵
116285	鮮滿版	1924/7/8	05단	前妻を刺す
116286	鮮滿版	1924/7/8	05단	馬山地方植付
116287	鮮滿版	1924/7/8	05단	鎭海夏季大學
116288	鮮滿版	1924/7/8	05단	白耀社畵會
116289	鮮滿版	1924/7/8	05단	各地より(新義州/鎭南浦/釜山/平壤)
116290	鮮滿版	1924/7/8	06단	敎育界(官立附移轉/父兄會組織)
116291	鮮滿版	1924/7/8	06단	會(淸津兒童保護者會)
116292	鮮滿版	1924/7/8	06단	運動界(大連本社軍捷つ/淸凉里ゴルフ場/體育講習會/朝鮮卓球協會/京城高商庭球部遠征)
116293	鮮滿版	1924/7/9	01단	財界管見(三十九)/ゴタつきの裡に喘ぐ京取市場(1)/問題の渦卷き

일련번호	판명	간행일	단수	기사명
116294	鮮滿版	1924/7/9	01단	新規事業は手控へ/來年度總督府豫算の編成方針/財務局長代理の通告
116295	鮮滿版	1924/7/9	01단	心細い鮮人留學生/眞面目なのが少い/東京出張所長古橋事務官
116296	鮮滿版	1924/7/9	01단	平壤の空中寫眞/田邊大尉が作成
116297	鮮滿版	1924/7/9	02단	天圖輕鐵工事來年中に竣成
116298	鮮滿版	1924/7/9	03단	平壤に無電局/遞信省で調査
116299	鮮滿版	1924/7/9	03단	人質、放火、掠奪/飽なき不逞團の兇暴/今春來の平北の被害調
116300	鮮滿版	1924/7/9	03단	押丁滑走/第二高女の音樂會/SPR
116301	鮮滿版	1924/7/9	04단	建築法實施/朝鮮四都市に
116302	鮮滿版	1924/7/9	05단	夏休みを山へ海へ/計劃の出來た各學校(中學校/官立師範/女學校/小學校)
116303	鮮滿版	1924/7/9	05단	平壤羅南連絡飛行/咸鏡に途中着陸
116304	鮮滿版	1924/7/9	05단	特命檢閱使馬山から釜山へ
116305	鮮滿版	1924/7/9	06단	濟州にも無電
116306	鮮滿版	1924/7/9	06단	各地凉話/千貫の炭
116307	鮮滿版	1924/7/9	06단	光州市民大會/聯隊設置を請願
116308	鮮滿版	1924/7/9	06단	咸興修養團
116309	鮮滿版	1924/7/9	06단	地下水を利用
116310	鮮滿版	1924/7/9	06단	馬山教育會總會
116311	鮮滿版	1924/7/9	06단	運動界(釜山野球戰)
116312	鮮滿版	1924/7/10	01단	財界管見(１４)/ゴタつきの裡に喘ぐ京取市場(２)/土着社長の立消え
116313	鮮滿版	1924/7/10	01단	日も足らぬ道界警戒/平南の警察隊
116314	鮮滿版	1924/7/10	01단	自衛策を講ず支那領鮮民匪賊來の不安
116315	鮮滿版	1924/7/10	01단	埋立てる/鎭南浦驛前の池
116316	鮮滿版	1924/7/10	02단	松方公追弔會/國葬日の京城
116317	鮮滿版	1924/7/10	02단	慶州紙好況/袋用の主文殺到
116318	鮮滿版	1924/7/10	02단	安取の紛紜/日本仲買入暴擧
116319	鮮滿版	1924/7/10	02단	淸津木材相場
116320	鮮滿版	1924/7/10	02단	麻蚊帳地製織咸南機業組合
116321	鮮滿版	1924/7/10	03단	上半期に二億/京城手形交換高
116322	鮮滿版	1924/7/10	03단	咸興憲兵廳舍新築に決定
116323	鮮滿版	1924/7/10	03단	淸津府の人口
116324	鮮滿版	1924/7/10	03단	學校に看護婦
116325	鮮滿版	1924/7/10	04단	大邱女子高普設立運動起る
116326	鮮滿版	1924/7/10	04단	猩紅熱衰ふ
116327	鮮滿版	1924/7/10	04단	上海へ林檎を鎭南浦から輸出
116328	鮮滿版	1924/7/10	04단	全鮮記者大會
116329	鮮滿版	1924/7/10	05단	各地より(平壤/城津/龍山/淸津)

일련번호	판명	간행일	단수	기사명
116330	鮮滿版	1924/7/10	05단	大邱制限給水
116331	鮮滿版	1924/7/10	05단	海嘯で荒蕪地
116332	鮮滿版	1924/7/10	06단	信川溫泉電話開通
116333	鮮滿版	1924/7/10	06단	『門摽を掲げよ』
116334	鮮滿版	1924/7/10	06단	藝術漫語/歌壇の二潮流
116335	鮮滿版	1924/7/11	01단	財界管見(四十一)/ゴタつきの裡に喘ぐ京取市場(3)/訴訟取下げの代償
116336	鮮滿版	1924/7/11	01단	鮮人の期待も大きい下岡新政務總監/黨人だった事を力賴み
116337	鮮滿版	1924/7/11	01단	結核菌に強い朝鮮牛/保菌牛は殆ど見當らぬ
116338	鮮滿版	1924/7/11	01단	慶北の大旱魃/畑作物は枯死
116339	鮮滿版	1924/7/11	01단	鮮滿間の直通電話今年中に實現
116340	鮮滿版	1924/7/11	02단	降雨無くば稻作絶望/全北の旱魃
116341	鮮滿版	1924/7/11	03단	全北各郡古例の雨乞/頻々と水喧嘩
116342	鮮滿版	1924/7/11	03단	航路開通で慶北米に注目/島根の米穀商
116343	鮮滿版	1924/7/11	03단	押丁滑走/一寸先の闇に迷ったか/SPR
116344	鮮滿版	1924/7/11	04단	電柱稅を倍に/來年度から
116345	鮮滿版	1924/7/11	04단	就職難の知識階級/釜山を吹く不景氣風/女中ばかりは飛ぶ樣な賣行き
116346	鮮滿版	1924/7/11	05단	光州に軍營を/總督に電請
116347	鮮滿版	1924/7/11	05단	旅團設置を大田も運動
116348	鮮滿版	1924/7/11	05단	貨幣賣買禁止/安東支那商恐慌
116349	鮮滿版	1924/7/11	05단	憂日嶺の嶮/改修要望の聲
116350	鮮滿版	1924/7/11	06단	平北郡守會議廿五日から
116351	鮮滿版	1924/7/11	06단	九十六名に通學を許す盟休中の京高普
116352	鮮滿版	1924/7/11	06단	保安係主任警部補收容/釜山署の怪聞
116353	鮮滿版	1924/7/11	06단	辭令
116354	鮮滿版	1924/7/11	06단	敎育界(通俗醫學講演)
116355	鮮滿版	1924/7/11	06단	運動界(全平壤勝つ)
116356	鮮滿版	1924/7/12	01단	財界管見(四十二)/ゴタつきの裡に喘ぐ京取市場(4)/重役不信任の叫び
116357	鮮滿版	1924/7/12	01단	今更手の引けぬ事業/無い袖を振って續ける/不況に喘ぐ京鐵局
116358	鮮滿版	1924/7/12	01단	排日問題には冷淡/平壤鮮人の對米態度
116359	鮮滿版	1924/7/12	02단	海林公司馬賊に惱む
116360	鮮滿版	1924/7/12	02단	六月手形交換高
116361	鮮滿版	1924/7/12	03단	朝鮮寄港の配船增加/商船の回答
116362	鮮滿版	1924/7/12	03단	醫者は居ず學校はなし不逞團も出沒する/惠まれぬ奧地の勤務
116363	鮮滿版	1924/7/12	04단	陰陽丸坐礁/城津へ曳行
116364	鮮滿版	1924/7/12	04단	航路九州延長朝郵に要望
116365	鮮滿版	1924/7/12	05단	設立運動に入る/大邱に女高普(宣言/決議)

일련번호	판명	간행일	단수	기사명
116366	鮮滿版	1924/7/12	05단	運動に東上/師團增設期成會
116367	鮮滿版	1924/7/12	05단	*暑い暑い 二萬貫の氷一日に使ふ大邱/夜も寢られぬ咸興の苦熱*
116368	鮮滿版	1924/7/12	05단	半數は先天的不良/永興の感化院
116369	鮮滿版	1924/7/12	06단	花臉溝の馬賊/海林から討伐隊
116370	鮮滿版	1924/7/12	06단	僞領收書で千數百圓詐取
116371	鮮滿版	1924/7/12	06단	釜山
116372	鮮滿版	1924/7/12	06단	平壤に競馬場
116373	鮮滿版	1924/7/12	06단	教育界(師範落成式/鐵道校講習/京畿小學調查/春川校落成)
116374	鮮滿版	1924/7/12	06단	會社銀行(咸興殖銀移轉期)
116375	鮮滿版	1924/7/12	06단	人(植村俊二氏(元總督府病院醫官)
116376	鮮滿版	1924/7/13	01단	朝鮮への抱負發表出來兼ねる/多少腹案は持つが/下岡新政務總監
116377	鮮滿版	1924/7/13	01단	總督の思ひ違ひか確い自信があってか/波紋を生んだ鐵道完成期
116378	鮮滿版	1924/7/13	01단	國葬日の京城/追悼會を開く
116379	鮮滿版	1924/7/13	01단	五龍背へ延長/沙河鎭汽動車
116380	鮮滿版	1924/7/13	02단	慘たる南鮮の旱魃/農作物は枯死に瀕す/減收百六十萬石
116381	鮮滿版	1924/7/13	02단	農民は粟で命を繋ぐ/悲慘な間島の旱害
116382	鮮滿版	1924/7/13	02단	全道擧げて降雨を祈る/旱魃の全北道
116383	鮮滿版	1924/7/13	02단	百廿度突破/咸興
116384	鮮滿版	1924/7/13	03단	天圖輕鐵五百萬圓借入
116385	鮮滿版	1924/7/13	03단	發動機船坐礁
116386	鮮滿版	1924/7/13	03단	事業復活/平壤兵器製造所
116387	鮮滿版	1924/7/13	03단	黃海道水量豐富/大豐作の豫想
116388	鮮滿版	1924/7/13	04단	浦中尉遺骨歸る/涙のうちに
116389	鮮滿版	1924/7/13	04단	幼兒二人を豺が奪ふ/痛ましい死骸
116390	鮮滿版	1924/7/13	04단	群山の火事/朝日精米燒く
116391	鮮滿版	1924/7/13	05단	裳の搖ぎ/京城スナップ
116392	鮮滿版	1924/7/13	05단	平壤紳士賭博/檢擧に際限ない
116393	鮮滿版	1924/7/13	05단	曹長に賞詞/福田大將から
116394	鮮滿版	1924/7/13	05단	自動車で追ふ
116395	鮮滿版	1924/7/13	05단	印紙稅違反が多い
116396	鮮滿版	1924/7/13	05단	咸南稅務局廳舍
116397	鮮滿版	1924/7/13	06단	元山潛水漁業有望
116398	鮮滿版	1924/7/13	06단	定州に電燈會社
116399	鮮滿版	1924/7/13	06단	咸南の昇段者
116400	鮮滿版	1924/7/13	06단	教育界(官立校生徒狀況/暑休と第二高女/小樽高商生/海州學藝會/光中本館起工/教員講習會/新義州商業)
116401	鮮滿版	1924/7/15	01단	奢侈品關稅引上後の影響/總督府殖産局で調査

일련번호	판명	간행일	단수	기사명
116402	鮮滿版	1924/7/15	01단	群山の不正米は變質米の誤解だ/鮮米の眞價は變らぬ/大工原農場長歸る
116403	鮮滿版	1924/7/15	01단	傳統の砧を棄てる生活改善の講習
116404	鮮滿版	1924/7/15	02단	隱陂丸歸航
116405	鮮滿版	1924/7/15	03단	上海航路積荷薄
116406	鮮滿版	1924/7/15	03단	鹹い鹽を四億斤一年間に鮮內で嘗める/今年は減收二千萬斤
116407	鮮滿版	1924/7/15	03단	殉難者遺骨改葬/咸興陸軍墓地へ
116408	鮮滿版	1924/7/15	04단	大邱府協議會撒水自動車購入
116409	鮮滿版	1924/7/15	04단	咸南繭取引希望
116410	鮮滿版	1924/7/15	04단	永興麻布好評
116411	鮮滿版	1924/7/15	04단	二十師團檢閱
116412	鮮滿版	1924/7/15	04단	憲兵分隊長會議
116413	鮮滿版	1924/7/15	04단	水田に稗を播く慶北道の早魃
116414	鮮滿版	1924/7/15	04단	俺等の會(二)/京城スナップ
116415	鮮滿版	1924/7/15	05단	夜は斷水/大邱の上水道
116416	鮮滿版	1924/7/15	05단	重大事か/京畿警察部活動
116417	鮮滿版	1924/7/15	05단	穆淸殿を修築/李太祖の古蹟
116418	鮮滿版	1924/7/15	05단	元山の外人村/例年通り賑ふ
116419	鮮滿版	1924/7/15	06단	京晉の衡平社/合同の機運
116420	鮮滿版	1924/7/15	06단	新義州でも標語入り日附印/邦鮮兩文字で
116421	鮮滿版	1924/7/15	06단	各地より(平壤/大邱)
116422	鮮滿版	1924/7/15	06단	日本解剖學會
116423	鮮滿版	1924/7/15	06단	修養講習會/宗敎夏季大學
116424	鮮滿版	1924/7/16	01단	凉しい傳說(一)/鄕在生
116425	鮮滿版	1924/7/16	01단	寧遠の大國有林拂下らる
116426	鮮滿版	1924/7/16	01단	元山も師團要望市民大會
116427	鮮滿版	1924/7/16	02단	咸興增師運動/各要路に電請
116428	鮮滿版	1924/7/16	02단	鮮米を脅す支那米/輸入激增せん
116429	鮮滿版	1924/7/16	02단	平壤都計案/實際的のを作る
116430	鮮滿版	1924/7/16	03단	財界悲觀に及ばず産業獎勵の資金は緊縮せぬ/鈴木鮮銀副總裁
116431	鮮滿版	1924/7/16	03단	北鮮材の需要/東京方面から
116432	鮮滿版	1924/7/16	03단	平壤電車均一制に/可能性がある
116433	鮮滿版	1924/7/16	04단	淸津六月貿易百八萬餘圓
116434	鮮滿版	1924/7/16	04단	平南棉改善
116435	鮮滿版	1924/7/16	04단	今度は農會から土地改良會社建議/四十萬町改良
116436	鮮滿版	1924/7/16	05단	淸津共進會準備進む
116437	鮮滿版	1924/7/16	05단	渡邊さんの音樂の旅/京城から滿洲へ
116438	鮮滿版	1924/7/16	05단	舞臺と裏と/京城スナップ
116439	鮮滿版	1924/7/16	06단	白岳に藥水/當局では試驗

일련번호	판명	간행일	단수	기사명
116440	鮮滿版	1924/7/16	06단	支那馬の悩み
116441	鮮滿版	1924/7/16	06단	全羅南北植付不能/只管雨をまつ
116442	鮮滿版	1924/7/16	06단	靑年の自殺
116443	鮮滿版	1924/7/16	06단	會社銀行(朝鮮火災海上契約高/北鮮運輸總會)
116444	鮮滿版	1924/7/16	06단	運動界(二回戰を廿日に)
116445	鮮滿版	1924/7/17	01단	財界管見(四十三)/ゴタつきの裡に喘ぐ京取市場(５)/減資償却の一幕
116446	鮮滿版	1924/7/17	01단	抱負を胸に祕めて/下岡總監の東京出發
116447	鮮滿版	1924/7/17	01단	來年度豫算と緊急の新規計劃/米突法/治水/土地會社/鐵道/膳立して總監を待つ
116448	鮮滿版	1924/7/17	02단	聯隊の設置請願/咸北の雄基
116449	鮮滿版	1924/7/17	02단	咸南稗拔獎勵/産米の品位向上
116450	鮮滿版	1924/7/17	03단	北鮮航路に優秀船/建造中の北祐丸
116451	鮮滿版	1924/7/17	03단	靑松朱瓦と白沙と美しい黃海の外人村/百九十九年の借地/世に出でた九味浦の海水浴場
116452	鮮滿版	1924/7/17	04단	放火は噂程多くない/原因は大部分過失/釜山警察署の火災調べ
116453	鮮滿版	1924/7/17	05단	四機共羅南着陸/平壤航空隊から
116454	鮮滿版	1924/7/17	05단	罹災民救濟目的を達す
116455	鮮滿版	1924/7/17	05단	採木公司兩建制困難/銀高ではあるが
116456	鮮滿版	1924/7/17	06단	學生の感電
116457	鮮滿版	1924/7/17	06단	警察部長奥地へ
116458	鮮滿版	1924/7/17	06단	雄基の救濟車
116459	鮮滿版	1924/7/17	06단	各地より(鎭南浦/平壤)
116460	鮮滿版	1924/7/18	01단	凉しい傳說(二)/京城鄕花
116461	鮮滿版	1924/7/18	01단	無償拂下は熟考の上/井上事務長談
116462	鮮滿版	1924/7/18	01단	全北道稻作絶望/水は絶え苗は枯死した
116463	鮮滿版	1924/7/18	01단	內閣其他へ請願/大田の師團運動
116464	鮮滿版	1924/7/18	02단	梅、楓、楠淸津入港/飛行機も訪問
116465	鮮滿版	1924/7/18	02단	京城生絲消費高
116466	鮮滿版	1924/7/18	02단	基督教信者が減った/これも排日法の一影響
116467	鮮滿版	1924/7/18	02단	伊艦沿海巡航
116468	鮮滿版	1924/7/18	02단	排日法は遺憾だ/光州米人團決議
116469	鮮滿版	1924/7/18	03단	咸南畜産獎勵
116470	鮮滿版	1924/7/18	03단	空と陸と聯合演習/陸軍機會寧へ
116471	鮮滿版	1924/7/18	03단	鄕兵の演習
116472	鮮滿版	1924/7/18	04단	各地凉話/麒麟窟
116473	鮮滿版	1924/7/18	04단	行路病者收容所建設/釜山府の計劃
116474	鮮滿版	1924/7/18	04단	朝鮮野球大會前記(一)/必勝を期す龍中/烈日の下に猛練習/今春殘した好成績(龍山中學校)

일련번호	판명	간행일	단수	기사명
116475	鮮滿版	1924/7/18	05단	仲買人委託手數料を統一/大邱穀物商組合
116476	鮮滿版	1924/7/18	05단	壽昌の林間學校/銀海寺で七日
116477	鮮滿版	1924/7/18	05단	朝鮮改修道路
116478	鮮滿版	1924/7/18	05단	平北の旅券下附
116479	鮮滿版	1924/7/18	05단	會社銀行(鮮銀支店長會議/大邱穀物信託總會)
116480	鮮滿版	1924/7/18	06단	運動界(稅關優勝)
116481	鮮滿版	1924/7/18	06단	藝術漫語/詩壇の人々
116482	鮮滿版	1924/7/19	01단	動搖せる教育界(一) 自由教育腕まる 視學官の疾風的調査/不安に戰く教員二百 斷乎たる視學官の聲明/自由教育果して非か 速斷出來る 荒內學務課長/自由教育を否認はせぬ長野學務局長語る
116483	鮮滿版	1924/7/19	03단	朝鮮人は支那服禁止/不逞取締を嚴重
116484	鮮滿版	1924/7/19	03단	林檎を上海輸出/米國産と競爭
116485	鮮滿版	1924/7/19	04단	稻苗代りに粟を播いた/慶北の早魃
116486	鮮滿版	1924/7/19	04단	北鮮の水電/主意を惹かる
116487	鮮滿版	1924/7/19	04단	各地凉話/瀑の江原道
116488	鮮滿版	1924/7/19	04단	豫選野球大會前記(二)/連日接戰を重ねて試合度胸を作る京中/物凄い捲土重來振り(京城中學校)
116489	鮮滿版	1924/7/19	05단	父兄團の陳謝/光州高普の盟休事件
116490	鮮滿版	1924/7/19	05단	暴風雨の被害/電信電話故障
116491	鮮滿版	1924/7/19	05단	爲替取扱廢止/日曜日に限り
116492	鮮滿版	1924/7/19	06단	師團運動に東上
116493	鮮滿版	1924/7/19	06단	咸南の出品
116494	鮮滿版	1924/7/19	06단	平壤牛移出高
116495	鮮滿版	1924/7/19	06단	教育界(京城夏季大學)
116496	鮮滿版	1924/7/19	06단	運動界(水上選手權大會/寶塚チーム來京/京中對殖銀試合)
116497	鮮滿版	1924/7/20	01단	動搖せる教育界(二) 京城十小學校長結束 再視察を要求す/不眞面目な數多の放言 視學官が云った/我等は安心出來ぬ 中原東大門校長/問題の起る譯はない 時實京畿道知事は云ふ/責任は寧ろ視學に 父兄側は斯く見る)
116498	鮮滿版	1924/7/20	02단	半島茶話/教育界の痛恨事/SPR
116499	鮮滿版	1924/7/20	04단	豫選野球大會前記(三)/初陣の培材高普/布哇征戰の腕の冴え/打擊に强い仁川商業(培材高等普通校/仁川商業學校)
116500	鮮滿版	1924/7/20	04단	平北では取締る/春日學務課長
116501	鮮滿版	1924/7/20	04단	一身を朝鮮に捧ぐ産業開發が主眼/下岡總監の朝鮮第一聲
116502	鮮滿版	1924/7/20	04단	旱害水田七萬町/代用作の粟種も騰貴/慶北道各地の慘狀
116503	鮮滿版	1924/7/20	06단	慈雨來る/蘇生の思ひ
116504	鮮滿版	1924/7/20	06단	石原府尹袂別/高松市長に就任
116505	鮮滿版	1924/7/20	06단	支那總領事來津/領事派遣準備か

일련번호	판명	간행일	단수	기사명
116506	鮮滿版	1924/7/20	06단	漂流する死體/手を燒く釜山署
116507	鮮滿版	1924/7/20	06단	釜山の火事
116508	鮮滿版	1924/7/20	06단	運動界(浦鐵對三菱野球戰)
116509	鮮滿版	1924/7/22	01단	*動搖せる教育界(三) 情操教育を慫慂した 當局の予盾と撞着と/一齊視察の收穫は何 恐るべき弊害 丸山警務局長/一切を發表する 長野學務局長/是非の論斷は愼む 白神師範主事*
116510	鮮滿版	1924/7/22	01단	新總監初登廳/就任の挨拶
116511	鮮滿版	1924/7/22	02단	咸鏡全線の開通期/大正十六年度の見込/來年度千六百萬圓支出すれば
116512	鮮滿版	1924/7/22	02단	東萊への運賃割引出來ぬ/京鐵局長の話
116513	鮮滿版	1924/7/22	03단	豫期以上に流筏順調/取引は不振
116514	鮮滿版	1924/7/22	04단	京義線不通/線路崩壞す
116515	鮮滿版	1924/7/22	04단	平壤出水
116516	鮮滿版	1924/7/22	04단	線路崩壞
116517	鮮滿版	1924/7/22	04단	戰慄すべき橫非の罪跡/取調益々峻烈
116518	鮮滿版	1924/7/22	04단	半島茶話/愛兒の爲に叫べ/SPR
116519	鮮滿版	1924/7/22	05단	無料宿泊所相愛會が釜山に
116520	鮮滿版	1924/7/22	05단	鮮靑年の投身/對州の沖合で
116521	鮮滿版	1924/7/22	05단	教育界(教員夏季講習/附屬校同窓會/平北道教育會)
116522	鮮滿版	1924/7/22	05단	朝日活寫會各地の賑ひ/好評に迎へらる(永登浦/水原/咸興/天安)
116523	鮮滿版	1924/7/23	01단	*動搖せる教育界(四) 學務局長の辯明で事件は解決した/具體的說明を求む 小學校長側から/一時は心配だった 谷府尹談*
116524	鮮滿版	1924/7/23	01단	斜陽を浴びて奮鬪せし旅順工大/福高の堅壘を拔く能はず/二對一で惜くも敗る
116525	鮮滿版	1924/7/23	02단	救助汽船を急派す/黃海道の洪水
116526	鮮滿版	1924/7/23	03단	半島茶話/今後の指導の爲に/SPR
116527	鮮滿版	1924/7/23	03단	全北に大雨降る/一月遲れて一齊に田植
116528	鮮滿版	1924/7/23	03단	働きに出る鮮人娘それが著しく增加した/外出を罪惡と信じたものが
116529	鮮滿版	1924/7/23	04단	崔時興に死刑求刑/犯罪を多く否認
116530	鮮滿版	1924/7/23	05단	墓を發いて雨を乞ふ全南の大旱
116531	鮮滿版	1924/7/23	05단	鮮人學生暴行/禁止の景武臺で
116532	鮮滿版	1924/7/23	05단	豫選野球大會前記(四)/活躍待れる平中/新進の武者を揃へて底力を持つ釜山一商(平壤中學校/釜山第一商業)
116533	鮮滿版	1924/7/23	06단	私財で養鷺獎勵
116534	鮮滿版	1924/7/23	06단	鮮滿靑年大會
116535	鮮滿版	1924/7/23	06단	全南武道大會
116536	鮮滿版	1924/7/24	01단	凉しい傳說(三)/京城、鄕花
116537	鮮滿版	1924/7/24	01단	一萬頭の牛に注射/牛疫の傳染豫防に/大規模な平北の試み

일련번호	판명	간행일	단수	기사명
116538	鮮滿版	1924/7/24	01단	錢紗取引の解禁運動/安東支那人起つ
116539	鮮滿版	1924/7/24	01단	鮮鐵の竣工期年內に二線
116540	鮮滿版	1924/7/24	01단	生魚を上海へ/清津で輸送計劃
116541	鮮滿版	1924/7/24	02단	繭の共同販賣/成績は不良
116542	鮮滿版	1924/7/24	02단	咸北麻布移出/六月中に三萬疋
116543	鮮滿版	1924/7/24	02단	新麻布の試織
116544	鮮滿版	1924/7/24	03단	收入減の平壤電車/三日間均一デー
116545	鮮滿版	1924/7/24	03단	豫選野球大會前記(五)/熱烈な意氣で戰ふ/氣銳の大中のナイン/榮冠を得るは何校ぞ(大田中學校/槪評)
116546	鮮滿版	1924/7/24	04단	昆陽江へ鐵橋
116547	鮮滿版	1924/7/24	04단	平壤に圖書館/公會堂地下室に
116548	鮮滿版	1924/7/24	05단	貝類採取禁止/亂採で産額減る
116549	鮮滿版	1924/7/24	05단	犬を獻じて降雨を祈る/病弊した農民
116550	鮮滿版	1924/7/24	05단	咸北旱害/大麥に被害
116551	鮮滿版	1924/7/24	05단	全南に雨降る/一齊に植付け
116552	鮮滿版	1924/7/24	06단	西鮮は豊作か
116553	鮮滿版	1924/7/24	06단	咸北水田稻揷秧
116554	鮮滿版	1924/7/24	06단	咸北の氣溫
116555	鮮滿版	1924/7/24	06단	清津公設市場
116556	鮮滿版	1924/7/24	06단	會社銀行(大邱穀物信託總會)
116557	鮮滿版	1924/7/25	01단	凉しい傳說(四)/京城鄕花
116558	鮮滿版	1924/7/25	01단	內地師團へ朝鮮から白米を直接に輸送する/朝鮮精米業者救濟のため
116559	鮮滿版	1924/7/25	01단	釜山春天直通列車の一等車廢止の下調べ/經費節減を圖る朝鮮線
116560	鮮滿版	1924/7/25	01단	關東州鹽生産減か/暴風/貯藏鹽流失/朝鮮需給に大影響
116561	鮮滿版	1924/7/25	01단	送金制限は財界の爲め/井上鮮銀理事談
116562	鮮滿版	1924/7/25	02단	慶南の米作一割減收/東拓支店の觀測
116563	鮮滿版	1924/7/25	03단	鮮鐵豫定線
116564	鮮滿版	1924/7/25	03단	留學生の歸鮮か尠い/『內地の方が寬大で氣樂』
116565	鮮滿版	1924/7/25	04단	咸鏡南北線十日には開通/城津で擧式
116566	鮮滿版	1924/7/25	04단	殖銀貸出未決/低資四百萬圓
116567	鮮滿版	1924/7/25	04단	京成府現住調査/戶數六萬七千
116568	鮮滿版	1924/7/25	04단	脅かされる京城上水道/給水能力不足
116569	鮮滿版	1924/7/25	05단	憲兵下士補充八月から三百名
116570	鮮滿版	1924/7/25	05단	姿を隱した密漁業者/釜山署の大檢擧に/連絡悉く斷たれた
116571	鮮滿版	1924/7/25	05단	運動界(平中先づ入京)
116572	鮮滿版	1924/7/25	06단	釜山の猩紅熱/漸く終熄す
116573	鮮滿版	1924/7/25	06단	京畿道の狂犬

일련번호	판명	간행일	단수	기사명
116574	鮮滿版	1924/7/25	06단	咸興の華紅會
116575	鮮滿版	1924/7/25	06단	巷の塵
116576	鮮滿版	1924/7/25	06단	會(憲兵隊長會議/事業主任會議)
116577	鮮滿版	1924/7/26	01단	支那絹輸入に打擊/勃興せる平南の絹織物/奢侈品關稅引上と朝鮮
116578	鮮滿版	1924/7/26	01단	造船職工賃銀引下/職工側は反對す/釜山造船界紛糾か
116579	鮮滿版	1924/7/26	01단	放流水で水田經營/平壤府の對岸
116580	鮮滿版	1924/7/26	01단	財界管見(四十四)/ゴタつきの裡に喘ぐ京取市場(6)/所謂現株問題の渦
116581	鮮滿版	1924/7/26	02단	大邱水道擴張完成/夜間斷水廢止
116582	鮮滿版	1924/7/26	02단	咸興に着陸/平壤歸還の四機
116583	鮮滿版	1924/7/26	02단	浸水九百戸を越す大邱府の洪水被害/避難者二千名に炊出し
116584	鮮滿版	1924/7/26	04단	僞電で六千圓詐取/釜山署で逮捕
116585	鮮滿版	1924/7/26	05단	稻苗不足
116586	鮮滿版	1924/7/26	05단	慶北の植付
116587	鮮滿版	1924/7/26	05단	三分の一で食止め度い今年の平壤の傳染病/西平安南道衛生課長
116588	鮮滿版	1924/7/26	05단	運動界(咸元野球試合/元山ゴルフコース開き)
116589	鮮滿版	1924/7/26	05단	朝日活寫會豪雨中に盛會
116590	鮮滿版	1924/7/26	06단	城津の簡閱點呼
116591	鮮滿版	1924/7/26	06단	城津の靴下産額
116592	鮮滿版	1924/7/26	06단	大敷網に鯨
116593	鮮滿版	1924/7/26	06단	各地より(元山)
116594	鮮滿版	1924/7/26	06단	藝術漫語/鮮人と新劇
116595	鮮滿版	1924/7/27	01단	南鮮は水稻絶望/朝鮮米主産地の早害/代用作の蕎麥種配布
116596	鮮滿版	1924/7/27	01단	在滿鮮人は生活難/不遑團も生活の方便/滿洲から歸った大塚局長
116597	鮮滿版	1924/7/27	01단	財界管見(45)/ゴタつきの裡に喘ぐ京取市場(7)/新社長の顔觸れ
116598	鮮滿版	1924/7/27	02단	鮮銀の整理/支店長會議開かる
116599	鮮滿版	1924/7/27	02단	東拓の滿洲製鹽
116600	鮮滿版	1924/7/27	02단	購買組合撤廢の希望/釜山商議が滿鐵に對して
116601	鮮滿版	1924/7/27	03단	水利灌漑事業と低資融通
116602	鮮滿版	1924/7/27	03단	各地の師團設置運動/國境にと 新義州の請願/國境の第一線に咸興の請願書/情報に躍起 平壤の運動/爆擊隊新設か 氣早い噂さ/平壤附近測量/聯隊は確實と早くも敷地物色/師團地の條件 交通と物資の便 軍當局は云ふ
116603	鮮滿版	1924/7/27	05단	統營の漁港計劃/南鮮漁業の中樞地にせんと
116604	鮮滿版	1924/7/27	05단	平壤銀鞍會

일련번호	판명	간행일	단수	기사명
116605	鮮滿版	1924/7/27	06단	朝鮮人蔘被害夥し/本場所開城の浸水流失
116606	鮮滿版	1924/7/27	06단	糠に合せて白土を食ふ/朝鮮旱害慘話
116607	鮮滿版	1924/7/27	06단	蕎麥種を新義州に需む/早くも騰貴氣配
116608	鮮滿版	1924/7/27	06단	統營の運河
116609	鮮滿版	1924/7/27	06단	運動界(寶塚野球協會)
116610	鮮滿版	1924/7/29	01단	天引三千萬圓か/整理は相當に行ふ/來年度豫算に就き下岡政務總監の談
116611	鮮滿版	1924/7/29	01단	開墾會社設立計劃殖産局でまた立案/東拓との關係は如何に
116612	鮮滿版	1924/7/29	01단	儲らぬ朝鮮の鐵道/豫定線完成も難事業
116613	鮮滿版	1924/7/29	01단	各地の師團設置運動/部隊の奪合は止めて增師の根本を訊さう 雄基から各地へ飛檄す/爆擊隊愈實現か 陸軍側は云ふ/五十萬坪陸軍が回收師團設置と關係あるか
116614	鮮滿版	1924/7/29	03단	鮮米の取引中止/深川廻米問屋基地の通告
116615	鮮滿版	1924/7/29	03단	金剛山電鐵十八哩開通/一日から營業
116616	鮮滿版	1924/7/29	03단	自動車の修理まで平壤兵器で引受
116617	鮮滿版	1924/7/29	04단	保險會社の鮮滿進出
116618	鮮滿版	1924/7/29	04단	三百萬圓融通東拓水利事業に
116619	鮮滿版	1924/7/29	04단	漁業組合起債/廿四組合七十萬圓
116620	鮮滿版	1924/7/29	04단	鎭南浦貿易額/本年度上半期
116621	鮮滿版	1924/7/29	04단	內地送金料引上鮮銀で計劃
116622	鮮滿版	1924/7/29	04단	大連商業優勝す/滿洲豫選優勝戰/場を埋めた二萬の大觀衆
116623	鮮滿版	1924/7/29	05단	淸津各種保險
116624	鮮滿版	1924/7/29	05단	産業開發は狹く深く/畜産、養蠶、産米を大豆作に全力を注ぐ平安南道
116625	鮮滿版	1924/7/29	06단	淸津大材界
116626	鮮滿版	1924/7/29	06단	平壤航空隊空中射擊/秋十月の上旬
116627	鮮滿版	1924/7/29	06단	要塞地帶擴張/鎭海長承浦一帶
116628	鮮滿版	1924/7/29	06단	二等車廢止/收入減の埋合せ
116629	鮮滿版	1924/7/29	06단	朝鮮印刷罷業
116630	鮮滿版	1924/7/29	06단	生江囑託講演
116631	鮮滿版	1924/7/29	06단	永紫女史畫會
116632	鮮滿版	1924/7/30	01단	朝鮮地方豫選野球大會(第一日)/半島の精銳集って熱球飛ぶ爭霸戰/龍中、釜山商一回戰に勝つ
116633	鮮滿版	1924/7/30	01단	入學試驗は算術と國語だけに/兒童を苦しめぬやう/長尾學務局長語る
116634	鮮滿版	1924/7/30	02단	滿洲粟收入激增/一月以降七百六十三萬圓
116635	鮮滿版	1924/7/30	03단	總監地方巡視八月南鮮から
116636	鮮滿版	1924/7/30	03단	朝鮮の郵便貯金利子引上げの聲起る/金融組合も異議なし
116637	鮮滿版	1924/7/30	03단	河口の埋った萬頃江/沿岸民には年々水害

일련번호	판명	간행일	단수	기사명
116638	鮮滿版	1924/7/30	03단	回線增加に努む
116639	鮮滿版	1924/7/30	04단	市街建築法を近く平壤に施行
116640	鮮滿版	1924/7/30	04단	東拓借入使途
116641	鮮滿版	1924/7/30	05단	橫斷航路測量/特務艦大和
116642	鮮滿版	1924/7/30	05단	安東の瓦斯今冬から配給/新義州も希望
116643	鮮滿版	1924/7/30	05단	敷地問題紛糾す/釜山の行路病者收容所
116644	鮮滿版	1924/7/30	05단	雨が續けば苗が腐る/苗を山へ運ぶ
116645	鮮滿版	1924/7/30	05단	四割減收/全羅米作豫想
116646	鮮滿版	1924/7/30	06단	强奪犯人逮捕/僞の假政府委員
116647	鮮滿版	1924/7/30	06단	頭二つに手足六本/稀しい畸形兒/醫者も産婦も氣絶
116648	鮮滿版	1924/7/30	06단	巷の塵
116649	鮮滿版	1924/7/30	06단	朝鮮活寫會/物凄い盛況(全泉/尙州)

1924년 8월 (선만판)

일련번호	판명	간행일	단수	기사명
116650	鮮滿版	1924/8/1	01단	勝敗は次の一戰で手取早く片附ける對露態度はもその儘で/釜山通過の芳澤公語る
116651	鮮滿版	1924/8/1	01단	咸鏡線の全通に努力下岡總監も斯く洩した/豫算緊縮そ鐵道關係
116652	鮮滿版	1924/8/1	01단	國境の警備に軍隊を師團設置は大贊成だ/町野張作霖顧問語る
116653	鮮滿版	1924/8/1	02단	殖産局新規計劃握潰を懸念/農家經濟調査其他
116654	鮮滿版	1924/8/1	02단	財務機關獨立中止說/貴現はすまい
116655	鮮滿版	1924/8/1	03단	道廳移轉は心だに無い/和田慶南和事談
116656	鮮滿版	1924/8/1	03단	追付けぬ植林事業/年々の水害
116657	鮮滿版	1924/8/1	03단	營林廠の値下傳はる/驚いた安義の製材業者
116658	鮮滿版	1924/8/1	04단	殖銀再度社債/三百萬圓契約
116659	鮮滿版	1924/8/1	04단	木材對支輸出/有望の確信を得
116660	鮮滿版	1924/8/1	04단	朝鮮棉作良好
116661	鮮滿版	1924/8/1	04단	郵便所長に鮮人/採用する方針
116662	鮮滿版	1924/8/1	04단	船舶職員試驗
116663	鮮滿版	1924/8/1	04단	苦熱に喘ぐ(二)/和光教園/宿泊部の窓から
116664	鮮滿版	1924/8/1	05단	朝日活寫會
116665	鮮滿版	1924/8/1	05단	旅團を望む大田の運動
116666	鮮滿版	1924/8/1	05단	地價釣上げ策平壤爆擊隊問題につき/堀航空隊長語る
116667	鮮滿版	1924/8/1	05단	聯合攻防演習/飛行隊そ砲兵隊
116668	鮮滿版	1924/8/1	05단	淺薄な社會事業內地視察からつた/官館平壤府尹
116669	鮮滿版	1924/8/1	06단	釜山女子高普近く實現せん/慶南當局者談
116670	鮮滿版	1924/8/1	06단	結氷期まで復舊不可能/馬井里川鐵橋
116671	鮮滿版	1924/8/1	06단	大邱出水被害
116672	鮮滿版	1924/8/1	06단	會(平壤修養會發會)
116673	鮮滿版	1924/8/2	01단	節約で不用額捻出か/追加實行豫算を通じて
116674	鮮滿版	1924/8/2	01단	朝鮮牛の改良を企つ原種牛を五道に配置/經費二萬六千圓を計上
116675	鮮滿版	1924/8/2	01단	輸移出鮮米活氣を呈す/買占めと買惜み
116676	鮮滿版	1924/8/2	01단	貨車輸送能力/水害で復舊せず
116677	鮮滿版	1924/8/2	01단	輝く海
116678	鮮滿版	1924/8/2	02단	銀行合同整理/鮮銀で救濟
116679	鮮滿版	1924/8/2	02단	和田財務局長合銀頭取に
116680	鮮滿版	1924/8/2	03단	苦熱に喘ぐ(三)/向上會館/産業部の窓から
116681	鮮滿版	1924/8/2	03단	海州附近鐵道復舊/南川元山線は見込が立たぬ
116682	鮮滿版	1924/8/2	03단	本年は豊作か
116683	鮮滿版	1924/8/2	04단	城津館會寧館/清津共進會に
116684	鮮滿版	1924/8/2	04단	西湖津の海邊/滿鐵で浴場設備
116685	鮮滿版	1924/8/2	05단	黃海水害七百萬圓/一昨年の被害一千萬圓

일련번호	판명	간행일	단수	기사명
116686	鮮滿版	1924/8/2	05단	朝日活寫會
116687	鮮滿版	1924/8/2	06단	全南で統計展
116688	鮮滿版	1924/8/2	06단	郡廳へ押掛く/龍塘浦の內鮮人
116689	鮮滿版	1924/8/2	06단	步兵水泳練習
116690	鮮滿版	1924/8/2	06단	會社銀行(京信臨時總會/淸津無盡會社總會)
116691	鮮滿版	1924/8/2	06단	會(黃海敎員講習會)
116692	鮮滿版	1924/8/3	01단	朝鮮球界の覇權「燦として京中に輝く」熱烈悲壯なる數次の接戰 朝鮮地方豫選野球大會詳報/第一回戰 遠征の平壤敗る/釜商に凱歌擧る/觀衆雲の加く集る炎天下に物凄い戰ひ/第二回戰 一點差釜商惜敗/薄暮優勝旗を授與政務總監の優勝カップも/龍中遂に及はず/優勝戰 何故か培材棄權九回の表で
116693	鮮滿版	1924/8/3	01단	豫選野球畵報
116694	鮮滿版	1924/8/3	06단	黃海警察部出火/縫工室を燒く
116695	鮮滿版	1924/8/5	01단	師團移轉は難事陸軍で獨斷出來ぬ考慮すべき國境の防備/菊池朝鮮司令官談
116696	鮮滿版	1924/8/5	01단	齋藤總督退任說/總督の鰻上り
116697	鮮滿版	1924/8/5	01단	種牛部落設置して畜牛改良
116698	鮮滿版	1924/8/5	01단	八千に灌漑/黃海安岳郡內
116699	鮮滿版	1924/8/5	01단	スパイクの跡
116700	鮮滿版	1924/8/5	02단	水利組合被害/過般の出水で
116701	鮮滿版	1924/8/5	02단	來年度豫算はすべて內輪に見積れ/下岡政務總監からお達示
116702	鮮滿版	1924/8/5	03단	沿岸航路不振
116703	鮮滿版	1924/8/5	03단	副業に割箸製造
116704	鮮滿版	1924/8/5	03단	會社銀行(私鐵朝鮮鐵道總會/朝鮮新託支店)
116705	鮮滿版	1924/8/5	03단	平壤羅南間中間着陸場/葛麻浦に決定か
116706	鮮滿版	1924/8/5	04단	苦熱に喘ぐ(四)/鎌倉保育園/孤兒求濟部より
116707	鮮滿版	1924/8/5	04단	何れにしても運動繼續が必要/新義州中學校設置問題
116708	鮮滿版	1924/8/5	04단	奇病
116709	鮮滿版	1924/8/5	05단	無電と方向探知器/增設計劃
116710	鮮滿版	1924/8/5	05단	北鮮の名刹歸州寺/上棟式擧行
116711	鮮滿版	1924/8/5	05단	トテも素晴らしい大漁迎日郡九龍浦沖の鯖群/一日九十萬尾を捕獲
116712	鮮滿版	1924/8/5	06단	押すな押すなの大盛況/釜山の本社活寫大會
116713	鮮滿版	1924/8/5	06단	京城花代値下げ
116714	鮮滿版	1924/8/5	06단	櫻井校の林問學校
116715	鮮滿版	1924/8/5	06단	運動界(全鮮競泳大會記錄/新義州軍勝つ)
116716	鮮滿版	1924/8/6	01단	節約緊縮の聲をよそに盛澤山のお膳立/總督府土木部新豫算案

일련번호	판명	간행일	단수	기사명
116717	鮮滿版	1924/8/6	01단	要望よりも促進に努力せよ平壤府民は安心して何なり内田錄雄民歸來談 朝鮮師團設置問題/新義州も動き出す平壤側と提携
116718	鮮滿版	1924/8/6	01단	苦熱に喘ぐ(五)/天主教會/嬰兒院の窓から
116719	鮮滿版	1924/8/6	02단	慶南道廳/移轉延期か
116720	鮮滿版	1924/8/6	02단	漢江通りの地番整理着手
116721	鮮滿版	1924/8/6	02단	金泉上水道認可
116722	鮮滿版	1924/8/6	03단	谷城學校組合議員
116723	鮮滿版	1924/8/6	03단	每日缺損續き安義連絡汽動車
116724	鮮滿版	1924/8/6	03단	大規構の柞蠶製絲工場/安東に設置計劃
116725	鮮滿版	1924/8/6	03단	會社銀行(江界電燈會社創立)
116726	鮮滿版	1924/8/6	04단	スパイクの跡
116727	鮮滿版	1924/8/6	04단	お役人の洋行/遊びと實用の二樣に分ける
116728	鮮滿版	1924/8/6	04단	要塞設置と釜山府の將來　『産業の發展を阻番するやうなこそはあるまい』/香椎釜山商議會頭談
116729	鮮滿版	1924/8/6	04단	內地とは比較にならぬ/鮮內の郵便局所
116730	鮮滿版	1924/8/6	04단	靑年團員入隊
116731	鮮滿版	1924/8/6	05단	朝日活寫會
116732	鮮滿版	1924/8/6	05단	牡丹臺公園の松毛蟲退治
116733	鮮滿版	1924/8/6	06단	大鯨を捕ふ
116734	鮮滿版	1924/8/6	06단	夜の人道橋
116735	鮮滿版	1924/8/6	06단	會(世界語講習會)
116736	鮮滿版	1924/8/6	06단	人(中山大邱復氏法院長)
116737	鮮滿版	1924/8/7	01단	スパイクの跡
116738	鮮滿版	1924/8/7	01단	普選實施と參政權附與問題/宿望を達するはこの秋と國民協會意氣込む
116739	鮮滿版	1924/8/7	01단	警務方面では緊縮の餘地なし/今の所名察なしと丸山警務局長語る
116740	鮮滿版	1924/8/7	01단	農業實習
116741	鮮滿版	1924/8/7	02단	安東郡市計劃基調確定
116742	鮮滿版	1924/8/7	03단	黃海道水害復舊費/總額二百七十四萬圓
116743	鮮滿版	1924/8/7	03단	全鮮聯合增師要望大會/平壤で開催
116744	鮮滿版	1924/8/7	03단	成南府尹郡守會
116745	鮮滿版	1924/8/7	04단	荒廢地であ構はぬ水害のない安全な地を/移民の希望
116746	鮮滿版	1924/8/7	04단	應急と恒久の二段に分けて施工/大邱府の治水計劃
116747	鮮滿版	1924/8/7	04단	心配なのは密輸入の增加正規の輸入で安くなる支郡燒酎/關稅引上げと新義州港
116748	鮮滿版	1924/8/7	04단	海州仁川問に新機船就航
116749	鮮滿版	1924/8/7	04단	爲贊貯金管理支所設置要望

일련번호	판명	간행일	단수	기사명
116750	鮮滿版	1924/8/7	05단	咸南農畜産物/品評會を今秋開催
116751	鮮滿版	1924/8/7	05단	西湖潯の海水浴
116752	鮮滿版	1924/8/7	05단	咸興消防組/講習會開催計劃
116753	鮮滿版	1924/8/7	05단	朝日活寫會
116754	鮮滿版	1924/8/7	06단	巷の塵
116755	鮮滿版	1924/8/7	06단	咸興より/馬鎭より
116756	鮮滿版	1924/8/7	06단	運動界(北鮮競泳大會/東拓優勝す)
116757	鮮滿版	1924/8/8	01단	海外への第一步を踏ませらる高松少尉候補生官殿下大連埠頭御見學/國中左端が殿河
116758	鮮滿版	1924/8/8	01단	全鮮公職者大會で決意した自治制施行參政權附與實現運動/時節柄重大視さる
116759	鮮滿版	1924/8/8	01단	頻々として襲はれる/現金遞送の護衛に兵士を附けて欲しい
116760	鮮滿版	1924/8/8	01단	警備用の電話線を一般に利用
116761	鮮滿版	1924/8/8	01단	捗らぬ鮮鐵の豫定線敷設工事/二重役視察
116762	鮮滿版	1924/8/8	02단	憲兵補充
116763	鮮滿版	1924/8/8	03단	風俗改善乳房が見れる短い上衣と頭髮のグルグル巷を東髮に/咸興矯風會で改善決議
116764	鮮滿版	1924/8/8	03단	人工鼈種孵化
116765	鮮滿版	1924/8/8	03단	教員團見學
116766	鮮滿版	1924/8/8	03단	會社銀行
116767	鮮滿版	1924/8/8	03단	東大門金融組合認可
116768	鮮滿版	1924/8/8	03단	普天教を彈刻ソール靑年會運動を起す
116769	鮮滿版	1924/8/8	03단	衡平社合同發會式
116770	鮮滿版	1924/8/8	04단	盤龍山公園設計調査着手
116771	鮮滿版	1924/8/8	04단	學校の建物華業を廢し民度相應に
116772	鮮滿版	1924/8/8	04단	大邱消防組へ賞狀下附
116773	鮮滿版	1924/8/8	04단	酷暑にめげず觀衆殺到連日大入滿員續き/大好評の朝日活寫會
116774	鮮滿版	1924/8/8	05단	不逞團逮捕
116775	鮮滿版	1924/8/8	05단	咸興憲兵隊の櫻
116776	鮮滿版	1924/8/8	05단	鮮人に肺チストま患者が多い/原因は川蟹を食うため當局その防遏に苦しむ
116777	鮮滿版	1924/8/8	05단	咸興より
116778	鮮滿版	1924/8/8	05단	運動界(鮮滿對抗競技派遣選手決定/野球豫選大會/運動熱高潮)
116779	鮮滿版	1924/8/8	05단	朝日活寫會
116780	鮮滿版	1924/8/8	06단	咸興の宣傳塔
116781	鮮滿版	1924/8/8	06단	童話劇大會
116782	鮮滿版	1924/8/8	06단	巷の塵

일련번호	판명	간행일	단수	기사명
116783	鮮滿版	1924/8/9	01단	利子だけでも千五百萬圓總督府の借金二億/六千餘萬圓に達す/政府の公債整理と總督府
116784	鮮滿版	1924/8/9	01단	根本に遡つて水源を涵養せよ/朝鮮の道路網と水害による荒廢
116785	鮮滿版	1924/8/9	01단	無暗矢鱈に宿題を課するのは過酷だ/小學校暑問題
116786	鮮滿版	1924/8/9	01단	松茸
116787	鮮滿版	1924/8/9	02단	不景氣風吹き荒む昨今の人事相談所/非活動的な/鮮婦人でさへき口を求める者が多い
116788	鮮滿版	1924/8/9	03단	驛屯土拂下げ終了/面積一萬三千町歩
116789	鮮滿版	1924/8/9	03단	元山穀物市場の信認金分配問題
116790	鮮滿版	1924/8/9	04단	慶北線金泉、尚州間/十月上旬開通
116791	鮮滿版	1924/8/9	04단	城津學議補缺選擧
116792	鮮滿版	1924/8/9	04단	八十萬坪の大練兵塲/平壤に設置
116793	鮮滿版	1924/8/9	04단	輻湊する電報を無電で緩和/遞信當局で講究中
116794	鮮滿版	1924/8/9	04단	細民の子弟を教育する徒弟學校を設置/追問氏がし寄附た二十萬圓で
116795	鮮滿版	1924/8/9	04단	清津の新聯盟拓北曾生る/內鮮支人の結合
116796	鮮滿版	1924/8/9	05단	朝日活寫會
116797	鮮滿版	1924/8/9	05단	歸鄉留學生に喜ぶべき傾向
116798	鮮滿版	1924/8/9	06단	列車內の避暑/京鐵局で設備を研究中
116799	鮮滿版	1924/8/9	06단	忠北の寄勝
116800	鮮滿版	1924/8/9	06단	巷の塵
116801	鮮滿版	1924/8/9	06단	人(菊池慎之助氏(朝鮮司令官)/吉谷■一氏(京城第二高女校長)/齊藤■述氏(憲兵大尉))
116802	鮮滿版	1924/8/10	01단	本年度實行豫算を節約して一割捻出は/少々無理な相談地方費には餘裕なし
116803	鮮滿版	1924/8/10	01단	店開きだけで三千萬圓後は年々六百萬圓宛要る/新設師團と所要經費
116804	鮮滿版	1924/8/10	01단	憲兵增派計劃
116805	鮮滿版	1924/8/10	01단	行政整理準備
116806	鮮滿版	1924/8/10	01단	百七十步の大溜池/平壤江西水利組合の事業
116807	鮮滿版	1924/8/10	02단	國有山林制度を更改して整理斷行
116808	鮮滿版	1924/8/10	03단	惠山鎭端川間/鐵道部で測量
116809	鮮滿版	1924/8/10	03단	慶北の米作/順調に行って割減か
116810	鮮滿版	1924/8/10	03단	豊年滿作/平安地方
116811	鮮滿版	1924/8/10	03단	職を求めに牛島へ/内地人の渡來が殖いた普通教育未了者が多數中には大學卒業生もある
116812	鮮滿版	1924/8/10	04단	咸南の苹果
116813	鮮滿版	1924/8/10	04단	朝鮮貿易衰ふ/對外貿易は當分盛況を見られないとの觀測
116814	鮮滿版	1924/8/10	04단	京畿道管內署長異動と/下馬評

일련번호	판명	간행일	단수	기사명
116815	鮮滿版	1924/8/10	04단	釜中學級增加について/飛鋪理事官談
116816	鮮滿版	1924/8/10	05단	朝日活寫會
116817	鮮滿版	1924/8/10	05단	穀物聯合會
116818	鮮滿版	1924/8/10	05단	東拓事業改善策
116819	鮮滿版	1924/8/10	05단	莫大な費用に一寸手出しが出來ない京城中央市場/代りに公私設市場を改善
116820	鮮滿版	1924/8/10	05단	海底線切斷者處刑
116821	鮮滿版	1924/8/10	05단	各地より(馬鎭より/咸興より)
116822	鮮滿版	1924/8/10	05단	葛麻浦に飛行場/元山から提供
116823	鮮滿版	1924/8/10	06단	練習艦隊來る/八日鎭海へ三日間碇泊
116824	鮮滿版	1924/8/10	06단	巷の塵
116825	鮮滿版	1924/8/12	01단	練習を重ねる大連南業チーム
116826	鮮滿版	1924/8/12	01단	國境は靜かに歸す六月來の被害死者卅名/討伐隊も解散
116827	鮮滿版	1924/8/12	01단	朝鮮線やっと息づく/營業俄に活氣を呈す
116828	鮮滿版	1924/8/12	01단	一割は捻出難/遞信局實行豫算
116829	鮮滿版	1924/8/12	02단	大韓統義の豫算二十萬圓/各戶より徵收
116830	鮮滿版	1924/8/12	03단	軍政系鮮人退去令/取締峻嚴を加ふ
116831	鮮滿版	1924/8/12	03단	營林廠廢止問題/營林廠員談
116832	鮮滿版	1924/8/12	04단	燐寸の鮮內生産/前途注目さる
116833	鮮滿版	1924/8/12	04단	釜山の海邊慕をうて集るの癩患者れ/當局その處置に困る
116834	鮮滿版	1924/8/12	04단	十五萬で復舊/水邱府の水害
116835	鮮滿版	1924/8/12	04단	內部の紛紜から經營困難に陷る/普成專門學校
116836	鮮滿版	1924/8/12	05단	朝日活寫會
116837	鮮滿版	1924/8/12	05단	鮮銀資出豫想
116838	鮮滿版	1924/8/12	05단	慶北の春蠶/好成績を收む
116839	鮮滿版	1924/8/12	05단	電柱は防腐劑塗りに限る耐久力は原木の殆ごど倍/現在鮮內の電信電話柱二十五萬本
116840	鮮滿版	1924/8/12	06단	檢査增員計劃/明年豫算に計上
116841	鮮滿版	1924/8/12	06단	危險な參拜道路の工事/岩石の破片飛ぶ
116842	鮮滿版	1924/8/12	06단	脚本朗讀會
116843	鮮滿版	1924/8/12	06단	朝鮮代表選手出發
116844	鮮滿版	1924/8/12	06단	巷の塵
116845	鮮滿版	1924/8/13	01단	砂防工事の完成は夢のやうな三千年後現在の經營のまゝでは/出らしくするに三億圓
116846	鮮滿版	1924/8/13	01단	行政整理委員/總監が委員長
116847	鮮滿版	1924/8/13	01단	財務機關特設中止
116848	鮮滿版	1924/8/13	01단	利率引上調查
116849	鮮滿版	1924/8/13	01단	殖銀の融通額/四百萬圓ご査定

일련번호	판명	간행일	단수	기사명
116850	鮮滿版	1924/8/13	01단	夥しい乳兒の死亡百中卅七は死ぬ寒心すべき朝鮮の現狀/生江內務省囑託語る
116851	鮮滿版	1924/8/13	02단	平北實行豫算/天引的に五分減
116852	鮮滿版	1924/8/13	02단	慶北道の養鷄
116853	鮮滿版	1924/8/13	02단	平北敎育總會
116854	鮮滿版	1924/8/13	03단	着筏四千五百/料棧材の見込
116855	鮮滿版	1924/8/13	03단	一網に夏鰤一萬尾/咸北漁況賑ふ
116856	鮮滿版	1924/8/13	03단	淸津協贊豫算
116857	鮮滿版	1924/8/13	04단	出品輸入手續
116858	鮮滿版	1924/8/13	04단	城津近海溫度低下夏の漁業不振/近年稀な現象
116859	鮮滿版	1924/8/13	04단	燃上る向學心/鮮少女に著し
116860	鮮滿版	1924/8/13	04단	形勢惡化天安の衡平社/對面民の紛擾
116861	鮮滿版	1924/8/13	04단	刻煙草需要增す新義州での傾向
116862	鮮滿版	1924/8/13	05단	一日に六百人/內地行き鮮人
116863	鮮滿版	1924/8/13	05단	連絡船で僞電詐欺乘客は御注意/犯人は捕はれず
116864	鮮滿版	1924/8/13	05단	生活改善講習/咸南道社會課
116865	鮮滿版	1924/8/13	05단	情操敎育講習よき兒よき母/よき市民のため
116866	鮮滿版	1924/8/13	06단	巷の塵
116867	鮮滿版	1924/8/13	06단	各地より(咸興/平壤/馬鎭)
116868	鮮滿版	1924/8/13	06단	馬山の朝日活寫會/成功を收む
116869	鮮滿版	1924/8/14	01단	名地の師團設置運動 請願書二千を送る 新義州期成會の活躍/財源捻出も決定した樂觀すべき報告が平壤へ/局外者は窺ひ知れぬ案外臥損になるものだ
116870	鮮滿版	1924/8/14	01단	秋立つ風
116871	鮮滿版	1924/8/14	02단	下岡政務黃海視察北粟面の水害/拓殖事業其地を
116872	鮮滿版	1924/8/14	03단	千古のまゝの大森林發見/咸北の輿地に
116873	鮮滿版	1924/8/14	03단	神樣のやうに喜ばれる慈惠醫院の自動車施療班/平壤各地の病者への福音
116874	鮮滿版	1924/8/14	04단	馬山大邱飛行
116875	鮮滿版	1924/8/14	04단	朝鮮在籍船舶
116876	鮮滿版	1924/8/14	05단	元山支廳昇格運動起る
116877	鮮滿版	1924/8/14	05단	兒童の天幕生活を來年度から釜産府で獎勵
116878	鮮滿版	1924/8/14	05단	年限延長至難/釜山の高女
116879	鮮滿版	1924/8/14	05단	城津海邊賑ふ
116880	鮮滿版	1924/8/14	05단	城津署土用稽古
116881	鮮滿版	1924/8/14	05단	鮮人の入水自殺が增した內地人の敎へた惡影響/聯絡船の嚴重な監視
116882	鮮滿版	1924/8/14	06단	平壤新義州電話工事進む
116883	鮮滿版	1924/8/14	06단	慈惠醫院開院式

일련번호	판명	간행일	단수	기사명
116884	鮮滿版	1924/8/14	06단	會社銀行(合同銀行本店)
116885	鮮滿版	1924/8/14	06단	咸南署長會議
116886	鮮滿版	1924/8/14	06단	鎌倉倶樂部來る
116887	鮮滿版	1924/8/14	06단	人(笹井三等軍醫正)
116888	鮮滿版	1924/8/15	01단	全南中等學校野球大會/京中遠征隊に空し十對零烏取名を成す/幾萬觀衆の應援甲斐なく暮迫る甲子園頭の惜敗
116889	鮮滿版	1924/8/15	02단	拂込徵收研究/頭を惱す鮮鐵
116890	鮮滿版	1924/8/15	02단	農作物被害の賠償十分知事から師團へ
116891	鮮滿版	1924/8/15	03단	七月洪水被害/京畿道水利組合
116892	鮮滿版	1924/8/15	03단	咸興種畜場
116893	鮮滿版	1924/8/15	03단	鮮銀監督移管は金融には好影響/財務局長辯明書を發表
116894	鮮滿版	1924/8/15	03단	朝鮮私設鐵道への補合金增率は至難/緊縮で內地のも駄目
116895	鮮滿版	1924/8/15	04단	沿海州間島へ實業調査員
116896	鮮滿版	1924/8/15	05단	平壤閑話/小學校で藝妓の踊り
116897	鮮滿版	1924/8/15	05단	素質の悪い釜山の周旋業者/加々尾署長撲滅を計劃す
116898	鮮滿版	1924/8/15	05단	釜山神經を尖す/上海の虎疫に
116899	鮮滿版	1924/8/15	05단	大邱に新庭球場
116900	鮮滿版	1924/8/15	06단	公金を二萬圓横領/浦項金融理事
116901	鮮滿版	1924/8/15	06단	警官武道大會
116902	鮮滿版	1924/8/16	01단	全國中等學校野球大會/接戰愛知を破る幸線よし大連南業/碧空に描く飛球の大圓よ勇ましき遠征軍の快技
116903	鮮滿版	1924/8/16	01단	野球大會第二日
116904	鮮滿版	1924/8/16	02단	內地送金料引上
116905	鮮滿版	1924/8/16	02단	牡丹臺下に新聚落/水道も敷設せん
116906	鮮滿版	1924/8/16	02단	朝鮮國境の如き無防備の國境はない新義州の委員活躍朝鮮師團增設問題/鎭南浦から要路に請願請願/朝鮮移管には尚運動が必要
116907	鮮滿版	1924/8/16	05단	本社グラブユーア高級印刷/日本アルプス百景
116908	鮮滿版	1924/8/16	05단	三百萬圓捻出因難/結局二百五十萬圓位か
116909	鮮滿版	1924/8/16	05단	巡査の劍に刀緒を付ける
116910	鮮滿版	1924/8/16	05단	織物同業組合/咸南水與に許可
116911	鮮滿版	1924/8/16	05단	京日社長排斥/京城新聞團體が
116912	鮮滿版	1924/8/16	06단	朝鮮線國營物に成らぬ/安藤京鐵局長
116913	鮮滿版	1924/8/16	06단	龍山
116914	鮮滿版	1924/8/16	06단	運動界(西鮮豫選野球大會)
116915	鮮滿版	1924/8/17	01단	明年度歲入激減餘儀なく一千萬圓節約/委員會て整理立案中
116916	鮮滿版	1924/8/17	01단	火田民を取締れ植林事業を害する/彼等百萬の放浪生活
116917	鮮滿版	1924/8/17	01단	平年三倍の大收穫/平年の豊作
116918	鮮滿版	1924/8/17	01단	京城金融閑散

일련번호	판명	간행일	단수	기사명
116919	鮮滿版	1924/8/17	01단	平安南道財界好轉せん/米田知事談
116920	鮮滿版	1924/8/17	02단	安義木材不況春以來需要なし
116921	鮮滿版	1924/8/17	02단	慶北秋蠶良好
116922	鮮滿版	1924/8/17	02단	單獨經營が可/新義州の瓦期
116923	鮮滿版	1924/8/17	03단	電車運轉遲る金剛山電鐵/蒸汽車で開業
116924	鮮滿版	1924/8/17	03단	般龍山公園設計/運動場も取入る
116925	鮮滿版	1924/8/17	03단	南鮮の勞働者はそれ程慘めでない收入の割に生活費賸し/(文釜山商議副會頭談)
116926	鮮滿版	1924/8/17	03단	十午時間働いて六十錢西鮮の鮮人は斯くの如く因窮/(金平壤府理事官談)
116927	鮮滿版	1924/8/17	04단	工事の手落か平南江西郡廳
116928	鮮滿版	1924/8/17	04단	鄕兵の演武場
116929	鮮滿版	1924/8/17	04단	咸興時の標語
116930	鮮滿版	1924/8/17	05단	タイトルの影(一)/京城映畫界
116931	鮮滿版	1924/8/17	05단	鮮滿商議聯合會開かる
116932	鮮滿版	1924/8/17	05단	評判が過ぎた咸南の龍の膽
116933	鮮滿版	1924/8/17	05단	野菜も枯死せんごする旱天
116934	鮮滿版	1924/8/17	05단	大邱夏季講習會
116935	鮮滿版	1924/8/17	05단	釜山より本社グラブユーア高級印刷/日本アルプス百景
116936	鮮滿版	1924/8/17	06단	巷の塵
116937	鮮滿版	1924/8/17	06단	會社銀行(朝鮮商業臨時總會)
116938	鮮滿版	1924/8/17	06단	運動界(北鮮競泳大會)
116939	鮮滿版	1924/8/17	06단	會(朝鮮實業事務引總/合倂報告總會)
116940	鮮滿版	1924/8/19	01단	全國中等學校野球大會/大連商業快捷す凄いじい聲援に力鬪して愛知を一蹴す/萬雷の如き拍手と歡聲
116941	鮮滿版	1924/8/19	01단	朝鮮統治の要訣は産業振興と生活安定今後五億の金を要する/政務總監平壤にて語る
116942	鮮滿版	1924/8/19	01단	漁港に無電を設置/先づ釜山木浦群山元山に
116943	鮮滿版	1924/8/19	01단	實行豫算捻出額/二百五十萬圓か
116944	鮮滿版	1924/8/19	01단	官有小蒸汽管理統一/熱心に論議さる
116945	鮮滿版	1924/8/19	02단	東拓移管實現せん/尾崎東拓理事
116946	鮮滿版	1924/8/19	02단	鮮鐵開通二つ花山未力間と/金泉尙州間
116947	鮮滿版	1924/8/19	02단	東拓貸付肥料回收成績不良
116948	鮮滿版	1924/8/19	03단	穀物市場移轉
116949	鮮滿版	1924/8/19	03단	聖恩を偲ぶ林檎の園/平壤對岸の恩賜金美談
116950	鮮滿版	1924/8/19	04단	釜山西部線路延長中止か/期成同盟成る
116951	鮮滿版	1924/8/19	04단	間島鮮人激增六萬八千を越す
116952	鮮滿版	1924/8/19	04단	株券が金庫で消ゆ/京城信託の怪事
116953	鮮滿版	1924/8/19	05단	咸南の荷牛車一月千臺の改良

일련번호	판명	간행일	단수	기사명
116954	鮮滿版	1924/8/19	05단	漢江の投身
116955	鮮滿版	1924/8/19	05단	釜山の火事
116956	鮮滿版	1924/8/19	05단	炭酸水を獻上
116957	鮮滿版	1924/8/19	05단	虹原社展覽會
116958	鮮滿版	1924/8/19	05단	各地より(咸興)
116959	鮮滿版	1924/8/19	05단	タイトルの影(二)/京城映畫界
116960	鮮滿版	1924/8/19	05단	人(下岡政務總監)
116961	鮮滿版	1924/8/19	06단	會社銀行(朝鐵總會)
116962	鮮滿版	1924/8/19	06단	運動界(鎭倉俱樂部入京)
116963	鮮滿版	1924/8/19	06단	巷の塵
116964	鮮滿版	1924/8/19	06단	朝日活寫會各地の盛況
116965	鮮滿版	1924/8/20	01단	全國中等學校野球大會全滿の覇者遂に破る接戰十二合の准優勝戰形勢幾度か逆轉鎬を削る/七A對六諦め難の大連の敗
116966	鮮滿版	1924/8/20	01단	大會第六日
116967	鮮滿版	1924/8/20	04단	歲入減は因つたもの行政整理で不足を捻出公債打切は朝鮮統治に大頓挫/齊藤總督語る
116968	鮮滿版	1924/8/20	05단	增版出來/燃うる渦卷
116969	鮮滿版	1924/8/20	05단	龍銀安東支店支拂停止
116970	鮮滿版	1924/8/20	05단	朝鮮郵便貯金
116971	鮮滿版	1924/8/20	06단	浦潮昆布輸入
116972	鮮滿版	1924/8/20	06단	樂浪時代の遺物發掘壺や古鏡や
116973	鮮滿版	1924/8/20	06단	神裡宗會三分
116974	鮮滿版	1924/8/20	06단	排斥事件解決
116975	鮮滿版	1924/8/20	06단	試驗船進水
116976	鮮滿版	1924/8/21	01단	朝鮮行政の大整理人員整理俸給削減/營林廠も廢止されん
116977	鮮滿版	1924/8/21	01단	枕木買入を見合しこれも京鐵減收の影響
116978	鮮滿版	1924/8/21	01단	理想を云へば五師團增設の必要は言を竢たぬ　下岡政務總監談/三個師團の增設を全鮮の力で實現せん　期成聯合會の申合せ
116979	鮮滿版	1924/8/21	01단	行動を密告すれば一族を虐殺する飽くなき不逞團の暴行/大韓統義軍の組織
116980	鮮滿版	1924/8/21	03단	三個師團の增設を/全鮮の力で實現せん/期成聯合會の申合せ
116981	鮮滿版	1924/8/21	04단	麻布の增産計劃/咸南で試織
116982	鮮滿版	1924/8/21	05단	新義州供入金十六萬圓殖銀へ交涉/六萬圓は決定
116983	鮮滿版	1924/8/21	05단	新義州上水道送水時間制限
116984	鮮滿版	1924/8/21	05단	慶北に浮塵子被害は三百町步
116985	鮮滿版	1924/8/21	05단	元山淸津間に優秀船配航/十七時代で連絡
116986	鮮滿版	1924/8/21	06단	持剩す避病舍/利用法を考案
116987	鮮滿版	1924/8/21	06단	水道擴張完成

일련번호	판명	간행일	단수	기사명
116988	鮮滿版	1924/8/21	06단	慶北園藝共進會
116989	鮮滿版	1924/8/21	06단	咸南の畜産奬勵
116990	鮮滿版	1924/8/21	06단	淸津水産製品
116991	鮮滿版	1924/8/21	06단	良化郵便所開設
116992	鮮滿版	1924/8/21	06단	教育界/淸州學校組合選擧
116993	鮮滿版	1924/8/21	06단	會(咸南警察劍柔道試合)
116994	鮮滿版	1924/8/22	01단	平壤の將來は有望全鮮の工業地として/不岡政務總監語る
116995	鮮滿版	1924/8/22	01단	寧ろ委吻洩任經營が可/口吻を洩す齊藤總督
116996	鮮滿版	1924/8/22	01단	潮汐から電氣を得る仁川にて試驗成功/全鮮に互る發電水力調査終る
116997	鮮滿版	1924/8/22	01단	張作霖拓聘される/鎭南浦出身の/女流飛行家木部茂野談
116998	鮮滿版	1924/8/22	03단	整理の捻出額/三百六十萬圓
116999	鮮滿版	1924/8/22	03단	所謂白紙で出掛るさ新龍山師團長引田中將/管野中將とは同村同窓の間柄
117000	鮮滿版	1924/8/22	03단	萬一の時が思遣られる貧弱な民間飛行界/安滿航空本部長談
117001	鮮滿版	1924/8/22	04단	平南歲出激增
117002	鮮滿版	1924/8/22	04단	朝鮮線輸送狀況/昨年より暢良好
117003	鮮滿版	1924/8/22	04단	新任平壤飛行隊長/齊藤中佐
117004	鮮滿版	1924/8/22	04단	組合銀行貸出
117005	鮮滿版	1924/8/22	05단	國民の軍隊的訓練/緩急の時必要
117006	鮮滿版	1924/8/22	05단	不統一無節制の鮮人勞働者壓迫さる/新義州に救濟運動起る
117007	鮮滿版	1924/8/22	05단	朝鮮大旱魃(稻苗が生育せぬ撓て加へて害蟲の發生/牛首を捧げ悲壯な雨乞/全北の四割/收穫皆無救濟を憂慮/間島も旱害悲慘な雨乞/十日年振の旱害)
117008	鮮滿版	1924/8/22	06단	組合銀行帳尻
117009	鮮滿版	1924/8/23	01단	京城に巢喰ふ穴居生活者蛇捕りの話
117010	鮮滿版	1924/8/23	01단	明年度からは地方分權を實施知事以下の權限を擴張總督政治の徹底を期す/巡閱から歸つて總監語る
117011	鮮滿版	1924/8/23	01단	釜山貸客減退/門鐵七月調査
117012	鮮滿版	1924/8/23	01단	棧橋の立塲制限/滿鐵は實施希望
117013	鮮滿版	1924/8/23	02단	新橫斷航路
117014	鮮滿版	1924/8/23	02단	咸興種牛部落/事業準備完成
117015	鮮滿版	1924/8/23	03단	城津七月貿易
117016	鮮滿版	1924/8/23	04단	朝鮮白玉大豆包裝を改善麻袋を叺入に
117017	鮮滿版	1924/8/23	04단	不逞團の兇手殺害された五十人/平北道一月以來の被害放火强奪人質無類の兇暴
117018	鮮滿版	1924/8/23	04단	血染の手巾を證據に拷問憲兵を告訴す
117019	鮮滿版	1924/8/23	04단	京城で苦學はは出來ぬ救濟すれば忽ち殺到する/彼等には不良を働く輩が多い

일련번호	판명	간행일	단수	기사명
117020	鮮滿版	1924/8/23	05단	迎日灣鯖の大漁/漁獲三百萬尾
117021	鮮滿版	1924/8/23	06단	手足を斷つた嬰兒の死體/迷信からの慘虐
117022	鮮滿版	1924/8/23	06단	雨を給へと斷食して祈り/平壤の基督信者
117023	鮮滿版	1924/8/23	06단	果物ばかりは珍しい豊作
117024	鮮滿版	1924/8/23	06단	咸興より
117025	鮮滿版	1924/8/23	06단	運動界(滿鐵軍捷つ)
117026	鮮滿版	1924/8/24	01단	財界管見(四十日)/難關の多い私鐵朝鮮鐵道(1)産業開發の大看
117027	鮮滿版	1924/8/24	01단	行政整理を俎上に連日激論の委員會/己が手に墓穴を掘るもの
117028	鮮滿版	1924/8/24	01단	有價拂下か無償か安東の土地拂下問題/煩雜な舊民團土地解決は買收のみ
117029	鮮滿版	1924/8/24	03단	値下延期を請願/營林廠批難の聲
117030	鮮滿版	1924/8/24	03단	朝鮮上海線に商船も配船か
117031	鮮滿版	1924/8/24	04단	殖銀社債現在/一億二百萬圓
117032	鮮滿版	1924/8/24	04단	組合銀行七月貸出
117033	鮮滿版	1924/8/24	04단	朝鮮七月貿易
117034	鮮滿版	1924/8/24	04단	收穫豫常高/各道廳に照電
117035	鮮滿版	1924/8/24	04단	殖銀定時總會/頭取の營業報告
117036	鮮滿版	1924/8/24	05단	航空課長に榮轉した/堀丈夫大佐
117037	鮮滿版	1924/8/24	05단	歐米を巡つて/日本を慕ふハンガリー/ある未亡人の藏書揷話/尊敬に値せぬ歐米人のこと
117038	鮮滿版	1924/8/24	05단	道路改修
117039	鮮滿版	1924/8/24	05단	不逞團を嚴中取締る/張作霖の訓令
117040	鮮滿版	1924/8/24	05단	京城の傳染病昨年より半減
117041	鮮滿版	1924/8/24	06단	納付金問題/尚解決せせず
117042	鮮滿版	1924/8/24	06단	葛麻浦飛行場/甘五日に竣成
117043	鮮滿版	1924/8/24	06단	人(不岡政務總監/大島良士氏)
117044	鮮滿版	1924/8/26		缺號
117045	鮮滿版	1924/8/27	01단	粟の飯と冷水に命を委ねて山龍り精說な不逞團相水に/悲壯眞劍な討伐隊
117046	鮮滿版	1924/8/27	01단	中樞院改革の叫び鮮人有力者間に擧る/甲子倶樂部は總督に建言
117047	鮮滿版	1924/8/27	01단	朝鮮は見當がつかぬ伸びる爲めには消極的に/新財務局長草間氏語る
117048	鮮滿版	1924/8/27	01단	火風ぞ吹く南鮮にて(二)/SPR
117049	鮮滿版	1924/8/27	03단	朝鮮保險金問題解決/復舊工事を開始
117050	鮮滿版	1924/8/27	03단	新燈臺建設/舊式のは改造
117051	鮮滿版	1924/8/27	04단	元山高女へ本社の優勝旗
117052	鮮滿版	1924/8/27	04단	八月上半貿易
117053	鮮滿版	1924/8/27	04단	稻は勿論果樹も枯る/黃海道の旱害

일련번호	판명	간행일	단수	기사명
117054	鮮滿版	1924/8/27	05단	强制的に驅除/咸南の浮塵子
117055	鮮滿版	1924/8/27	05단	新浦水道涸渴
117056	鮮滿版	1924/8/27	05단	姿を潛めた間島の眞瓜あんものが贅澤品と/プロ黨大コボし
117057	鮮滿版	1924/8/27	06단	すつかり悲觀草根木皮食べて/秋を待つた農民
117058	鮮滿版	1924/8/27	06단	京城府の同姓調べ/總督と同姓同名が一人
117059	鮮滿版	1924/8/27	06단	港の塵
117060	鮮滿版	1924/8/27	06단	各地より(馬鎭/釜山)
117061	鮮滿版	1924/8/28	01단	朝鮮行政の大整理局課の廢合人員淘汰二千萬圓捻出の計劃/第一次主査委員會終る
117062	鮮滿版	1924/8/28	01단	簡易保險の實施努力する/新遞信管理課長
117063	鮮滿版	1924/8/28	01단	朝鮮を墳墓の地に/この覺悟で草間氏赴任
117064	鮮滿版	1924/8/28	01단	何より水利の便/ゴルドン氏語る
117065	鮮滿版	1924/8/28	01단	火風ぞ吹く南鮮にて(三)/SPR
117066	鮮滿版	1924/8/28	03단	亞國機大邱着陸/準備員來らん
117067	鮮滿版	1924/8/28	03단	多獅島築港根本的に調査
117068	鮮滿版	1924/8/28	03단	三橋川水利組合/灌漑工事に着手
117069	鮮滿版	1924/8/28	04단	京城の畫界(一)/美術の秋を前にして
117070	鮮滿版	1924/8/28	04단	稅金を夜間に徵收/成績の良い釜山府の試み
117071	鮮滿版	1924/8/28	04단	朝鮮旱害(水稻は二割減收/慶尙北道被害/五萬石減收黃海米作豫想雨なくば半作か/水田被害無し憂ひは今後に)
117072	鮮滿版	1924/8/28	06단	釜山の無酒デー/震災記念日に追悼會も
117073	鮮滿版	1924/8/28	06단	一圓に米二升今にも咸興に來さうな氣配
117074	鮮滿版	1924/8/28	06단	人(渡邊軍馬補充部長)
117075	鮮滿版	1924/8/29	01단	眞の整理は『天降り式』でないと效が薄い/行政整理調査員の述懷
117076	鮮滿版	1924/8/29	01단	五千町步を食ひ荒す百六十三萬圓の被害/慶北迎日郡の浮塵子
117077	鮮滿版	1924/8/29	01단	河川整理と治山に力を/着任した草間局長語る
117078	鮮滿版	1924/8/29	01단	奢侈關稅で大打擊/朝郵の上海線
117079	鮮滿版	1924/8/29	01단	清津埋立地へ引込線/滿鐵でも大歡迎
117080	鮮滿版	1924/8/29	02단	穀物市場存廢依然決定せず
117081	鮮滿版	1924/8/29	03단	實行豫算削減の通牒地方に響く/兩政整理
117082	鮮滿版	1924/8/29	03단	製鹽六千二百二十三萬斤/昨年より三千斤增收
117083	鮮滿版	1924/8/29	03단	實業敎育振興の知事諮問答申
117084	鮮滿版	1924/8/29	03단	雄基の商況
117085	鮮滿版	1924/8/29	04단	魚市場經營は引上げか繼續か
117086	鮮滿版	1924/8/29	04단	一日四百の鮮人が內地に入込んで居どる/慘めなの歸來はする勞働者
117087	鮮滿版	1924/8/29	04단	清津に疑獄/紳士連續々拘引
117088	鮮滿版	1924/8/29	04단	補助憲兵來る/御用船で四千名

일련번호	판명	간행일	단수	기사명
117089	鮮滿版	1924/8/29	04단	朝鮮視察
117090	鮮滿版	1924/8/29	04단	藥品を分配/貧者の救急用に
117091	鮮滿版	1924/8/29	05단	臺中丸就航
117092	鮮滿版	1924/8/29	05단	咸鏡線客車到着
117093	鮮滿版	1924/8/29	05단	慶北で毒性醬油を發見/ベタナフトールを多量混入
117094	鮮滿版	1924/8/29	05단	研究團報告
117095	鮮滿版	1924/8/29	05단	新米走り
117096	鮮滿版	1924/8/29	06단	列車ボーイの密輸
117097	鮮滿版	1924/8/29	06단	西潮津の浴客
117098	鮮滿版	1924/8/29	06단	道令で害蟲驅除
117099	鮮滿版	1924/8/29	06단	「燃ゆる渦卷」映畵
117100	鮮滿版	1924/8/29	06단	黃海修養講習會
117101	鮮滿版	1924/8/29	06단	慶北園藝品評會
117102	鮮滿版	1924/8/29	06단	運動界(全平壤勝つ/銀鞍會競技)
117103	鮮滿版	1924/8/29	06단	會社銀行(東洋セメント創設/金剛水力送電增加)
117104	鮮滿版	1924/8/29	06단	人(菊池愼之組氏/古谷傳一氏/黑木吉郎氏/平尾壬五郎氏)
117105	鮮滿版	1924/8/30	01단	朝鮮の爲め微力を捧げたい/新任引用師團長
117106	鮮滿版	1924/8/30	01단	食糧の自給自足に死物狂ひの獨逸國民/農事視察を終へた渡邊農務課長
117107	鮮滿版	1924/8/30	01단	海から五千萬圓/昨年の漁獲
117108	鮮滿版	1924/8/30	01단	撫順炭を煉炭に代る/朝鮮線で試驗
117109	鮮滿版	1924/8/30	01단	火風ぞ吹く南鮮にて(四)/SPR
117110	鮮滿版	1924/8/30	02단	海峽橫斷飛行/大村航空隊の壯擧
117111	鮮滿版	1924/8/30	02단	法院支廳昇格請願
117112	鮮滿版	1924/8/30	02단	樂浪遺蹟保存
117113	鮮滿版	1924/8/30	03단	京畿警官異動
117114	鮮滿版	1924/8/30	03단	釜山を動かぬ加々尾署長/轉任を打消す
117115	鮮滿版	1924/8/30	04단	新義州に勞働組合組織
117116	鮮滿版	1924/8/30	04단	大ドルメン群を發見平南龍岡郡の眞池洞/朝鮮史學界に投げた一啓示
117117	鮮滿版	1924/8/30	04단	『米國の爲めの敎會』に叛旗を掲げた基督光明會/朝鮮宗敎界の新しい思潮
117118	鮮滿版	1924/8/30	04단	咸南に降霜/作物被害多大
117119	鮮滿版	1924/8/30	04단	大邱の震災記念
117120	鮮滿版	1924/8/30	05단	夥しい失業者平壤へ流込む
117121	鮮滿版	1924/8/30	06단	京城の傳染病
117122	鮮滿版	1924/8/30	06단	元山に狂犬
117123	鮮滿版	1924/8/30	06단	巡査部長採用試驗
117124	鮮滿版	1924/8/30	06단	港の塵

일련번호	판명	간행일	단수	기사명
117125	鮮滿版	1924/8/30	06단	運動界(京城記念運動場/平壤公設運動場/大邱ゴルフ場開場)
117126	鮮滿版	1924/8/31	01단	整理は淸涼濟だ人心動搖も止むを得ぬ/下岡政務總監談
117127	鮮滿版	1924/8/31	01단	賣られる皇建門舊韓時代の離宮の正門
117128	鮮滿版	1924/8/31	01단	水産學校を釜山に設置したい/脇谷博士語る
117129	鮮滿版	1924/8/31	02단	東拓南洋進出
117130	鮮滿版	1924/8/31	02단	洋灰需給狀態
117131	鮮滿版	1924/8/31	02단	師團增設問題/各地とも大賛成/遊說から歸つた新義州の委員
117132	鮮滿版	1924/8/31	02단	臺中丸初入港
117133	鮮滿版	1924/8/31	02단	夏と冬で時代表變更/京鐵間の計劃
117134	鮮滿版	1924/8/31	03단	龍山師團演習
117135	鮮滿版	1924/8/31	03단	平壤市區改正
117136	鮮滿版	1924/8/31	03단	黃海道警官異動
117137	鮮滿版	1924/8/31	03단	平壤炭研究で吉川氏博士に
117138	鮮滿版	1924/8/31	03단	黃海道の喜雨萬物蘇へる
117139	鮮滿版	1924/8/31	04단	朝鮮平南龍岡洞で發見された大ドルメンの正面
117140	鮮滿版	1924/8/31	04단	無電で內鮮連絡京城に中央通信所を遞信當局で計劃さる
117141	鮮滿版	1924/8/31	04단	旱害を深めた魔風綠寒風が今年多かつた
117142	鮮滿版	1924/8/31	04단	平安にも降雨
117143	鮮滿版	1924/8/31	04단	校長辭任から學校組合の決議
117144	鮮滿版	1924/8/31	05단	震災記念行事(仁川)
117145	鮮滿版	1924/8/31	05단	鎭南浦授産施設
117146	鮮滿版	1924/8/31	05단	細民は碎米を
117147	鮮滿版	1924/8/31	05단	農畜産品評會
117148	鮮滿版	1924/8/31	06단	巡査のヘルメット
117149	鮮滿版	1924/8/31	06단	淸津施館の茶代廢止
117150	鮮滿版	1924/8/31	06단	咸興修養會
117151	鮮滿版	1924/8/31	06단	やまと支局
117152	鮮滿版	1924/8/31	06단	各地より(京城/釜山/咸興)
117153	鮮滿版	1924/8/31	06단	運動界(淸津水泳閉鎖)
117154	鮮滿版	1924/8/31	06단	人(牛尾中佐/佐藤京城秘密檢事長)

1924년 9월 (선만판)

일련번호	판명	간행일	단수	기사명
117155	鮮滿版	1924/9/2	01단	都計實施の前に建築取締規則改正/總督府で目下審議中
117156	鮮滿版	1924/9/2	01단	朝鮮線營業漸く安定/愁眉を聞いた京鐵の當局
117157	鮮滿版	1924/9/2	01단	京城の震災記念/元山の記念
117158	鮮滿版	1924/9/2	01단	秋風ぞ吹く南鮮にて(五)/SPR
117159	鮮滿版	1924/9/2	02단	滅切り殖えた釜山の住宅/事業不振から貸家へ投資
117160	鮮滿版	1924/9/2	02단	營林廠撤廢請願/安東木材業組合から
117161	鮮滿版	1924/9/2	03단	反對に會って二等車復活/群山裡里間の
117162	鮮滿版	1924/9/2	03단	支那領事協議/絹紬商人の打擊善後策を
117163	鮮滿版	1924/9/2	04단	京城の畵界(二)/美術の秋を前にして
117164	鮮滿版	1924/9/2	04단	身を裂いて父の藥餌に
117165	鮮滿版	1924/9/2	04단	水源地を對岸へ新設/平壤水道の擴張
117166	鮮滿版	1924/9/2	04단	朝鮮農會要望
117167	鮮滿版	1924/9/2	05단	保證金詐欺泡沫會社を種に
117168	鮮滿版	1924/9/2	05단	全南嚴泰面の小作爭議解決
117169	鮮滿版	1924/9/2	05단	平壤から三機大邱へ飛來する
117170	鮮滿版	1924/9/2	06단	全鮮水道會議
117171	鮮滿版	1924/9/2	06단	宿營の依賴
117172	鮮滿版	1924/9/2	06단	鮮商實業社員整理
117173	鮮滿版	1924/9/2	06단	滿蒙毛織燒跡調査
117174	鮮滿版	1924/9/2	06단	咸南署長會議
117175	鮮滿版	1924/9/2	06단	憲兵隊の工事
117176	鮮滿版	1924/9/2	06단	巷の塵
117177	鮮滿版	1924/9/2	06단	會社銀行(京取臨時總會)
117178	鮮滿版	1924/9/3	01단	救濟金に頭痛病み朝鮮の旱水害と金のない總督府の苦惱
117179	鮮滿版	1924/9/3	01단	七十萬石の減收か/全羅北道の大旱魃窮民救濟の諸方策
117180	鮮滿版	1924/9/3	01단	秋風ぞ吹く南鮮にて(六)/SPR
117181	鮮滿版	1924/9/3	02단	平南旱害/六百萬圓餘
117182	鮮滿版	1924/9/3	02단	豆滿江涸る
117183	鮮滿版	1924/9/3	02단	早手廻しの三井
117184	鮮滿版	1924/9/3	03단	爆擊隊設置/龍岡郡海雲面で土地買收
117185	鮮滿版	1924/9/3	03단	王世子殿下御生母菩提寺敷地を物色中
117186	鮮滿版	1924/9/3	03단	二萬坪の墓地每年京城で要る/改められぬ土葬
117187	鮮滿版	1924/9/3	04단	工業校の開設/大邱府の希望
117188	鮮滿版	1924/9/3	04단	元山で飛行演習
117189	鮮滿版	1924/9/3	04단	明末史の新資料發見さる毛文龍の殘した古文書/朝鮮史編纂の稻葉君山氏の喜び
117190	鮮滿版	1924/9/3	04단	徽文高普不穩學生/數名檢束さる
117191	鮮滿版	1924/9/3	05단	內鮮人の結婚/年每に增加す
117192	鮮滿版	1924/9/3	05단	自家酒造減少

일련번호	판명	간행일	단수	기사명
117193	鮮滿版	1924/9/3	05단	群山米咸興移入
117194	鮮滿版	1924/9/3	05단	漫然と下關へ大邱普校の三少年が
117195	鮮滿版	1924/9/3	05단	巡査爭鬪し匕首閃かす/新義州の料亭で
117196	鮮滿版	1924/9/3	06단	全州藝妓盟休
117197	鮮滿版	1924/9/3	06단	流彈飛び込む
117198	鮮滿版	1924/9/3	06단	陳情の相談
117199	鮮滿版	1924/9/3	06단	大同江でも滑走艇
117200	鮮滿版	1924/9/3	06단	釜山漁業組合役買認可遲る/不一致を危まれて
117201	鮮滿版	1924/9/3	06단	全鮮宣教師會
117202	鮮滿版	1924/9/4	01단	財界管見(四十七)/難關の多い私鐵朝鮮鐵道(２)/六社合同の動機
117203	鮮滿版	1924/9/4	01단	內外債共に至難賴みは補給金の增額/資金に行詰った鮮鐵
117204	鮮滿版	1924/9/4	01단	默禱と緊張の一日/釜山の震災記念
117205	鮮滿版	1924/9/4	01단	咸南道大豆減收/品質も低下/移出には便法を
117206	鮮滿版	1924/9/4	02단	秋の陽のもと
117207	鮮滿版	1924/9/4	03단	コレラの豫防注射/平北の恐慌
117208	鮮滿版	1924/9/4	04단	北鮮連絡地方實業家大會
117209	鮮滿版	1924/9/4	04단	また殖えた米國人の往來/對米感精に安心してか/釜山經由が一日に二十人平均
117210	鮮滿版	1924/9/4	05단	咸南育英會/明年は事業開始
117211	鮮滿版	1924/9/4	06단	淸進疑獄と共進會
117212	鮮滿版	1924/9/4	06단	各地より(安義/元山)
117213	鮮滿版	1924/9/4	06단	咸興邑內傳染病
117214	鮮滿版	1924/9/4	06단	咸南武道大會
117215	鮮滿版	1924/9/4	06단	人(竹上師團長)
117216	鮮滿版	1924/9/5	01단	秋風ぞ吹く南鮮にて(七)/SPR
117217	鮮滿版	1924/9/5	01단	自由敎育是か非か組合會議で再燃/議員の熱烈な辯難と核心を避けた當局の辯
117218	鮮滿版	1924/9/5	02단	八千貫の殺蟲劑で尙ほ驅除出來ぬ浮塵子/迎日郡被害百萬圓
117219	鮮滿版	1924/9/5	03단	咸南の米一割減收か大豆も粟も減ず
117220	鮮滿版	1924/9/5	04단	京城倉庫業に合同の機運
117221	鮮滿版	1924/9/5	04단	釜山碇泊船舶に盜難事件が頻出す/不正沖賣商人の犯罪か
117222	鮮滿版	1924/9/5	04단	旱水害の窮民救濟/土工を起して
117223	鮮滿版	1924/9/5	04단	國境對岸を馬賊團覘ふ
117224	鮮滿版	1924/9/5	04단	奇特な巡査鮮少年の學費を補助
117225	鮮滿版	1924/9/5	05단	實銀合倂決定
117226	鮮滿版	1924/9/5	05단	京城上水道メートル制に
117227	鮮滿版	1924/9/5	05단	玄米飯で追憶
117228	鮮滿版	1924/9/5	05단	優良分子には復校を盡力/徽文事件と警察側の態度

일련번호	판명	간행일	단수	기사명
117229	鮮滿版	1924/9/5	05단	救濟策に乞食を官許/極度に達した間島旱害
117230	鮮滿版	1924/9/5	06단	普天教を糾彈
117231	鮮滿版	1924/9/5	06단	華紅會展覽會
117232	鮮滿版	1924/9/5	06단	各地より(馬鎭)
117233	鮮滿版	1924/9/5	06단	會社銀行(京取新重役)
117234	鮮滿版	1924/9/5	06단	人(石原元山府尹/デアーデー師)
117235	鮮滿版	1924/9/6	01단	內地蠶種の購入を許可されたいと歎願/蠶業界發達のために
117236	鮮滿版	1924/9/6	01단	中學の學級增加を大邱で盛んに唱へる
117237	鮮滿版	1924/9/6	01단	拂込徵收延期社債一千萬圓發行に決す
117238	鮮滿版	1924/9/6	01단	八月末帳尻/京城組合銀行
117239	鮮滿版	1924/9/6	01단	慶北秋蠶豫想
117240	鮮滿版	1924/9/6	01단	秋風ぞ吹く南鮮にて(八)/SPR
117241	鮮滿版	1924/9/6	02단	會議所調査
117242	鮮滿版	1924/9/6	02단	大豆も粟も作柄不良 旱害は僅少だ/減收八割 慘めな農民/慶南の農信
117243	鮮滿版	1924/9/6	03단	釜山の秘密結社捕鳳團檢擧さる/卅萬圓捲上から發覺惡辣な彼等の魔手
117244	鮮滿版	1924/9/6	04단	警務局長辭意/後任は三矢氏か
117245	鮮滿版	1924/9/6	04단	徽文高普校長辭職勸告決議/鮮人の主義者
117246	鮮滿版	1924/9/6	05단	陰謀中捕はる
117247	鮮滿版	1924/9/6	05단	鮮人學生の總聯盟近く京城で發會式/官憲の異常なる注視
117248	鮮滿版	1924/9/6	05단	傳染病續發/京城の衛生狀態
117249	鮮滿版	1924/9/6	05단	副面長不正/八千圓を殖銀から引出す
117250	鮮滿版	1924/9/6	05단	憲兵制度更改/師團增設に伴ひ
117251	鮮滿版	1924/9/6	05단	工兵架橋演習
117252	鮮滿版	1924/9/6	05단	元山要塞地擴張/釜山も新に編人
117253	鮮滿版	1924/9/6	06단	資金募集に妓生舞踏會/鮮人協會の試み
117254	鮮滿版	1924/9/6	06단	各地より(釜山/咸興)
117255	鮮滿版	1924/9/6	06단	運動界(咸興軍猛練習)
117256	鮮滿版	1924/9/6	06단	人(武志中將)
117257	鮮滿版	1924/9/7	01단	財界管見(四十八)/難關の多い私鐵朝鮮鐵道(3)/寄合ひ世帶の前途
117258	鮮滿版	1924/9/7	01단	朝鮮には無い眠り病/何時內地から來るやら各人の注意が必要だ(釜山の警戒)
117259	鮮滿版	1924/9/7	01단	政務總監の鐵道政策を訊しに京城へ/渡邊鮮鐵社長
117260	鮮滿版	1924/9/7	01단	北鮮連絡物産共進會/會期を延長す
117261	鮮滿版	1924/9/7	02단	旱害面積十五萬町免稅額四十萬以上に達せん
117262	鮮滿版	1924/9/7	02단	黃海免稅額六七萬圓か
117263	鮮滿版	1924/9/7	03단	忠北も減收/米は一割五分

일련번호	판명	간행일	단수	기사명
117264	鮮滿版	1924/9/7	03단	多獅島築港/豫算に計上
117265	鮮滿版	1924/9/7	04단	記錄破の好成績/着筏數既に三千尺締
117266	鮮滿版	1924/9/7	04단	校長と校主の軋轢/徽文高普紛擾の原因/五年生も渦中に入るか
117267	鮮滿版	1924/9/7	05단	滿洲粟輸入增加
117268	鮮滿版	1924/9/7	05단	東上農場擴張か/三菱の投資
117269	鮮滿版	1924/9/7	05단	鮮鐵社債賣出
117270	鮮滿版	1924/9/7	05단	前途遠い農村の電化/電力を低廉に
117271	鮮滿版	1924/9/7	05단	漂着する夥しい塵芥/府營で取除きの調査
117272	鮮滿版	1924/9/7	06단	冬を前に溫突の注意/京城府から
117273	鮮滿版	1924/9/7	06단	生活難から棄て子が多い
117274	鮮滿版	1924/9/7	06단	喜劇『盜人の土産』
117275	鮮滿版	1924/9/7	06단	季春生民逝去
117276	鮮滿版	1924/9/9	01단	知事の權限擴張と土木部側での考慮/局部的土木事業のみに委すか
117277	鮮滿版	1924/9/9	01단	新事業は一切認めぬ地方廳豫算に大斧鉞
117278	鮮滿版	1924/9/9	01단	朝鮮增師設置地內定/運動では動かぬ
117279	鮮滿版	1924/9/9	01단	北鮮地方の陸上聯結/天野土木課長
117280	鮮滿版	1924/9/9	01단	秋風ぞ吹く南鮮にて(九)/SPR
117281	鮮滿版	1924/9/9	02단	樺太材大量移入/朝鮮では嚆矢
117282	鮮滿版	1924/9/9	03단	滿洲粟輸入頓挫
117283	鮮滿版	1924/9/9	03단	朝鮮にも移動警察實施したい希望が多い/列車犯罪が次第に增して來た
117284	鮮滿版	1924/9/9	03단	京畿警視增員
117285	鮮滿版	1924/9/9	03단	京畿道警官異動
117286	鮮滿版	1924/9/9	04단	釜山八月貿易
117287	鮮滿版	1924/9/9	04단	大同銀行新專務
117288	鮮滿版	1924/9/9	04단	復興債券使途
117289	鮮滿版	1924/9/9	05단	鮮銀支配人交迭
117290	鮮滿版	1924/9/9	05단	綿花取締規則/聲價維持のため
117291	鮮滿版	1924/9/9	05단	無條件復校拒絕/强硬な生徒側/徽文高普事件
117292	鮮滿版	1924/9/9	05단	共進會氣分淸進に溢る
117293	鮮滿版	1924/9/9	05단	紛擾の豫期される學生聯盟/斷乎たる當局
117294	鮮滿版	1924/9/9	05단	講金橫領
117295	鮮滿版	1924/9/9	05단	借金を苦に轢死
117296	鮮滿版	1924/9/9	06단	橫領して農園經營
117297	鮮滿版	1924/9/9	06단	飢饉對策講究會
117298	鮮滿版	1924/9/9	06단	記者團の慰靈祭
117299	鮮滿版	1924/9/9	06단	內地見學
117300	鮮滿版	1924/9/9	06단	會社銀行(朝鮮火災關東州進出)

일련번호	판명	간행일	단수	기사명
117301	鮮滿版	1924/9/9	06단	人(鈴木莊大將(朝鮮宣司令官)/安廣伴三郡氏(滿鐵社長)/下岡忠治氏(政務總監)/副島道正伯(京日社長)/佐藤檢事長/中野咸北知事)
117302	鮮滿版	1924/9/9	06단	各地より(城津/咸興/井邑)
117303	鮮滿版	1924-09-10/1	01단	財經私言/窮して通ぜよ
117304	鮮滿版	1924-09-10/1	01단	支那內亂の影響/漸く重大ならんとする模樣
117305	鮮滿版	1924-09-10/1	01단	日銀貸出三億臺割れ/震災以來の記綠
117306	鮮滿版	1924-09-10/1	02단	哈爾寶の穀物取引停止
117307	鮮滿版	1924-09-10/1	02단	米英爲替暴落
117308	鮮滿版	1924-09-10/1	03단	官米拂下總計
117309	鮮滿版	1924-09-10/1	03단	八月物價騰貴(昂騰原因)
117310	鮮滿版	1924-09-10/1	03단	吾國最初の試み農業の共同經營(下)/SK生
117311	鮮滿版	1924-09-10/1	04단	製鐵工業保護
117312	鮮滿版	1924-09-10/1	04단	倫敦海運活況
117313	鮮滿版	1924-09-10/1	04단	南米航路競爭
117314	鮮滿版	1924-09-10/1	05단	樺太から(第十二信)/樓外樓/難物の豊眞鐵道
117315	鮮滿版	1924-09-10/1	06단	大阪組合銀行協議
117316	鮮滿版	1924-09-10/1	06단	紡績原綿手當
117317	鮮滿版	1924-09-10/1	06단	綿絲直約旺盛
117318	鮮滿版	1924-09-10/1	06단	八月拂入金調
117319	鮮滿版	1924-09-10/1	06단	八月手形交換高
117320	鮮滿版	1924-09-10/1	07단	生絲市況九日(橫濱(閑散)/神戶(成行値待ち)/稱井羽二重(模樣眺め))
117321	鮮滿版	1924-09-10/1	07단	會社銀行(南海改革續報)
117322	鮮滿版	1924-09-10/1	08단	泉州織物起價
117323	鮮滿版	1924-09-10/1	08단	水銀燈
117324	鮮滿版	1924-09-10/2	01단	先住民族の墳墓か判然とはせぬドルメン/郡內に一個は必ずある
117325	鮮滿版	1924-09-10/2	01단	不要な土地家屋漸次拂下げる/近く百萬圓程度を三百萬坪の耕地も
117326	鮮滿版	1924-09-10/2	01단	全鮮の減收大豆二割三分粟一割一厘/慶南道豫想前年より十四萬石減
117327	鮮滿版	1924-09-10/2	02단	二百萬石輸入か減收と滿洲粟
117328	鮮滿版	1924-09-10/2	02단	一割は無理ではない/私鐵への補給額
117329	鮮滿版	1924-09-10/2	03단	總監光州視察
117330	鮮滿版	1924-09-10/2	03단	貨客連帶運送/慶南線と商船
117331	鮮滿版	1924-09-10/2	03단	秋風ぞ吹く南鮮にて(十)/SPR
117332	鮮滿版	1924-09-10/2	04단	龍銀預金者大會
117333	鮮滿版	1924-09-10/2	04단	眠り病/京城に發生

일련번호	판명	간행일	단수	기사명
117334	鮮滿版	1924-09-10/2	04단	旅順導燈變更
117335	鮮滿版	1924-09-10/2	05단	校長引退か/紛擾の徽文校
117336	鮮滿版	1924-09-10/2	05단	智能犯罪增加/檢事局の起訴を通じて
117337	鮮滿版	1924-09-10/2	05단	百人中に十三名保卵/榮州郡のヂストマ調査
117338	鮮滿版	1924-09-10/2	06단	平北在住外人
117339	鮮滿版	1924-09-10/2	06단	張德震射殺
117340	鮮滿版	1924-09-10/2	06단	飛行隊送別宴
117341	鮮滿版	1924-09-10/2	06단	朝鮮商議聯合會
117342	鮮滿版	1924-09-10/2	06단	巷の塵
117343	鮮滿版	1924-09-10/2	06단	會(鐵道醫會)
117344	鮮滿版	1924/9/11	01단	第一線に立つ/支那領越しに談んで來る彈丸(一)/一發の銃彈から面倒な國際問題/警戒の對照は？
117345	鮮滿版	1924/9/11	01단	釜山の金融梗塞も商人自らの警戒から來年の夏まで續かう/預金と貸出釜山組合銀行
117346	鮮滿版	1924/9/11	02단	清津の上海貿易
117347	鮮滿版	1924/9/11	02단	清津間管內電話開通期
117348	鮮滿版	1924/9/11	02단	問題の變質米/米高の折柄注意を惹く
117349	鮮滿版	1924/9/11	03단	咸鏡北線停車場
117350	鮮滿版	1924/9/11	03단	歸國する鮮人が殖えた內地の不況に裏切られて/創立滿一年の釜山人事相談所
117351	鮮滿版	1924/9/11	03단	疑似腦炎釜山に現る/目下檢鏡中
117352	鮮滿版	1924/9/11	04단	苹作果豊
117353	鮮滿版	1924/9/11	04단	巡查に鮮語を
117354	鮮滿版	1924/9/11	04단	新義州にも發生
117355	鮮滿版	1924/9/11	04단	府廳と警察睨合ふ/共同便所の問題から
117356	鮮滿版	1924/9/11	05단	土中から五千圓/清津疑獄怪聞
117357	鮮滿版	1924/9/11	05단	咸南火災調べ 原因の六割は溫突から/咸興の火災豫防
117358	鮮滿版	1924/9/11	05단	郡屬の不正
117359	鮮滿版	1924/9/11	06단	汁の實もない/咸南奧地の旱害
117360	鮮滿版	1924/9/11	06단	咸興に安い米が
117361	鮮滿版	1924/9/11	06단	博徒一掃さる
117362	鮮滿版	1924/9/11	06단	京取の要望
117363	鮮滿版	1924/9/11	06단	各地より(統營/釜山/大邱)
117364	鮮滿版	1924/9/12	01단	第一線に立つ軍資金の名で常に强奪を行ふ/馬賊同樣の鮮人團軋轢の絶えぬ/內部我が虛を狙っては(二)
117365	鮮滿版	1924/9/12	01단	今年中に罷め度い齋藤總督の肚/愛想を盡かして
117366	鮮滿版	1924/9/12	01단	朝鮮では赤松『興國』見當らぬ植林の適樹/治山總監は何を撰ぶか
117367	鮮滿版	1924/9/12	01단	御結婚の記念寺

일련번호	판명	간행일	단수	기사명
117368	鮮滿版	1924/9/12	01단	三社受命競爭/鮮連長連結航路
117369	鮮滿版	1924/9/12	02단	見乃梁海峽に新燈臺十月には完成
117370	鮮滿版	1924/9/12	03단	一石の米が百圓餘/食糧の盡きた/間島悲慘を通越した鮮人
117371	鮮滿版	1924/9/12	03단	財界管見(四十九)/難關の多い私鐵朝鮮鐵道/(４)中央系策士の躍動(他の五會社合併)
117372	鮮滿版	1924/9/12	04단	徽文事件解決/校長は辭職
117373	鮮滿版	1924/9/12	05단	鯖魚船から傳染したか/迎日郡の腦炎
117374	鮮滿版	1924/9/12	05단	釜山の傳染病
117375	鮮滿版	1924/9/12	05단	浦項高普校醵金に非難
117376	鮮滿版	1924/9/12	05단	市場開設に反對
117377	鮮滿版	1924/9/12	06단	秋期佛務講座
117378	鮮滿版	1924/9/12	06단	巷の塵
117379	鮮滿版	1924/9/12	06단	會社銀行(朝郵今期業續)
117380	鮮滿版	1924/9/12	06단	人(齋藤航空大隊長)
117381	鮮滿版	1924/9/13	01단	第一線に立つ/機會さへあれば朝鮮に潜入して過激主義の宣傳學生商人に化けて/咸興ある赤露關係(三)
117382	鮮滿版	1924/9/13	01단	總督辭任後は下岡總監の鰻上り/官制が改正の曉に早くも慘政官の下馬評
117383	鮮滿版	1924/9/13	01단	官吏增員は中止して豫算を緊縮する朝鮮
117384	鮮滿版	1924/9/13	01단	上海市場で米國と競爭/鎭南浦の林檎/年産八十萬貫
117385	鮮滿版	1924/9/13	02단	支那商人活躍/北鮮木材界に
117386	鮮滿版	1924/9/13	03단	嚴かな教訓を得た廢棄艦爆沈を視察して(松村鎭海要港司令官談)
117387	鮮滿版	1924/9/13	03단	財界管見(五十)/難關の多い私鐵朝鮮鐵道/(５)無い袖の振れぬ苦しみ
117388	鮮滿版	1924/9/13	04단	淸津貿易額
117389	鮮滿版	1924/9/13	04단	一氣に京城へ所澤の爆擊機
117390	鮮滿版	1924/9/13	04단	補助金減額
117391	鮮滿版	1924/9/13	04단	家畜共進會
117392	鮮滿版	1924/9/13	05단	自動車連結開始
117393	鮮滿版	1924/9/13	05단	死刑執行
117394	鮮滿版	1924/9/13	05단	藝妓の情死未遂
117395	鮮滿版	1924/9/13	05단	巷の塵
117396	鮮滿版	1924/9/13	05단	各地より(大田/咸興/安東)
117397	鮮滿版	1924/9/13	06단	運動界(陸上競技研究會/滿鮮劍道試合)
117398	鮮滿版	1924/9/13	06단	人(鈴木軍司令官)
117399	鮮滿版	1924/9/13	06단	教育界(小學校長會議/附小同窓會)
117400	鮮滿版	1924/9/14	01단	第一線に立つ/不逞團のほかに名物の馬賊が凄い眼で國境を/襲擊は夏秋のころ/馬賊にも本業がある(四)

일련번호	판명	간행일	단수	기사명
117401	鮮滿版	1924/9/14	01단	本國は亂れても領事館に影響はない/奉直戰も筋書通り(京城駐在陣副領事談)
117402	鮮滿版	1924/9/14	01단	明後年は外債募集/近く具體案を作成する
117403	鮮滿版	1924/9/14	01단	京鐵局また減收/十日迄に既に百萬圓突破
117404	鮮滿版	1924/9/14	02단	釜山入庫數
117405	鮮滿版	1924/9/14	03단	京電發電能力增加
117406	鮮滿版	1924/9/14	03단	郵便物が度々の被害/不逞鮮人の侵入暴行/意固地を張る警務局
117407	鮮滿版	1924/9/14	04단	愉快に働けやう/元山府尹に榮轉した丹羽太一郎氏
117408	鮮滿版	1924/9/14	05단	平南道異動
117409	鮮滿版	1924/9/14	05단	光州に眠り病
117410	鮮滿版	1924/9/14	05단	運賃協定成る/競爭を續けた釜統間航路
117411	鮮滿版	1924/9/14	05단	柞蠶協會設立日本側のみで
117412	鮮滿版	1924/9/14	05단	平南沿岸で養貝獎勵/産額二百萬の可能性がある
117413	鮮滿版	1924/9/14	06단	平南に師範學校
117414	鮮滿版	1924/9/14	06단	光陽署新築入札
117415	鮮滿版	1924/9/14	06단	鮮人一萬が內地入り/八月中釜山から
117416	鮮滿版	1924/9/14	06단	二機大邱へ
117417	鮮滿版	1924/9/14	06단	交通宣傳デー
117418	鮮滿版	1924/9/16	01단	第一線に立つ/討伐の官兵が馬賊に仲間入り/奉直關係からか集團が堅くなった/覘はれる日本領士(五)
117419	鮮滿版	1924/9/16	01단	支那動亂と鐵道の不通連絡切符も發賣中止/枕木まで喰ふ督軍
117420	鮮滿版	1924/9/16	01단	百萬圓で灌漑計劃/慶北に二箇所/旱魃に刺戟され
117421	鮮滿版	1924/9/16	01단	鐵道改良費一千萬圓/豫算に編入か
117422	鮮滿版	1924/9/16	02단	補助減で弱る
117423	鮮滿版	1924/9/16	02단	寧ろ廣く淺く合同の營業方針
117424	鮮滿版	1924/9/16	02단	司令部隷屬變更
117425	鮮滿版	1924/9/16	02단	慶北線一部開通/全泉尙州間
117426	鮮滿版	1924/9/16	03단	知事府尹に處決を迫る/平壤若松校の女生侮辱事件
117427	鮮滿版	1924/9/16	03단	教育界の廓淸/父兄大會の決議
117428	鮮滿版	1924/9/16	04단	三兒を抱へ悲嘆に暮る 森脇大尉末亡人/大膽な飛行振り故海老根少尉/葬儀は十九日
117429	鮮滿版	1924/9/16	04단	春川へ二機飛來/觀衆三萬人
117430	鮮滿版	1924/9/16	05단	航空局へ獻金/春川官民の決議
117431	鮮滿版	1924/9/16	05단	上官の死に聲を擧げて泣く/森脇大尉の部下
117432	鮮滿版	1924/9/16	05단	四人燒死
117433	鮮滿版	1924/9/16	05단	勞動者聯合會
117434	鮮滿版	1924/9/16	05단	喧擾して解散/朝鮮學總聯合/解決を交涉
117435	鮮滿版	1924/9/16	05단	朝日巡回活寫會
117436	鮮滿版	1924/9/16	06단	川蟹を驅除

일련번호	판명	간행일	단수	기사명
117437	鮮滿版	1924/9/16	06단	大邱の鮮盆
117438	鮮滿版	1924/9/16	06단	領事館新築入札
117439	鮮滿版	1924/9/16	06단	運動界(平壤先づ敗る)
117440	鮮滿版	1924/9/17	01단	第一線に立つ/馬賊の跳梁で富源も開かれぬ/日本領事の安全さ婦女の獨り旅でも/獨立團實は朝鮮馬賊(六)
117441	鮮滿版	1924/9/17	01단	朝鮮梨には恐しい病菌が附着/內地にない黃紛アブラムシ/病菌の移入を怖れる
117442	鮮滿版	1924/9/17	01단	本社の優勝旗を
117443	鮮滿版	1924/9/17	02단	治山事業は計劃通りに/來年度支出は七十萬圓
117444	鮮滿版	1924/9/17	03단	燕麥に加工して淸麥の代用に/朝鮮軍食庫の試み
117445	鮮滿版	1924/9/17	03단	財界管見(五十一)/難關の多い私鐵朝鮮鐵道/(６)補給增率の言ひ分
117446	鮮滿版	1924/9/17	04단	警官は減員すまい/增師の曉でも
117447	鮮滿版	1924/9/17	04단	無電で內鮮通新緩和計劃
117448	鮮滿版	1924/9/17	05단	淸津築港速成/當路大官に請願
117449	鮮滿版	1924/9/17	05단	東拓貸出高
117450	鮮滿版	1924/9/17	05단	鮮人銀行貸附利高
117451	鮮滿版	1924/9/17	05단	鮮日巡回活寫會
117452	鮮滿版	1924/9/17	06단	不動産金融要望
117453	鮮滿版	1924/9/17	06단	賣殘り引受契約
117454	鮮滿版	1924/9/17	06단	屠末側先手を打たる/屠殺料値上問題
117455	鮮滿版	1924/9/17	06단	銀行券偏造計劃
117456	鮮滿版	1924/9/17	06단	財務部長會議
117457	鮮滿版	1924/9/17	06단	京南鐵道總會
117458	鮮滿版	1924-09-18/1	01단	襲來の虞ある『紙の飢饉』(二)/二十年の命
117459	鮮滿版	1924-09-18/1	01단	船會社の懷中勘定/航海獎勵金と過剩船腹
117460	鮮滿版	1924-09-18/1	02단	爲替相場引締る
117461	鮮滿版	1924-09-18/1	02단	關稅改正審議
117462	鮮滿版	1924-09-18/1	03단	在外正貨四億七千萬圓/珍らしく殖えたが借金のお陰だ
117463	鮮滿版	1924-09-18/1	03단	火保助成金の淸算
117464	鮮滿版	1924-09-18/1	03단	上海財界沈衰
117465	鮮滿版	1924-09-18/1	04단	遼陽取引所廢止
117466	鮮滿版	1924-09-18/1	04단	官米拂下成績
117467	鮮滿版	1924-09-18/1	04단	對支棉花再輸
117468	鮮滿版	1924-09-18/1	05단	八月織布減産
117469	鮮滿版	1924-09-18/1	05단	綿實粕成分要求
117470	鮮滿版	1924-09-18/1	05단	復興債夢物語
117471	鮮滿版	1924-09-18/1	06단	光棉集散狀況
117472	鮮滿版	1924-09-18/1	06단	郵船亞丁寄港

일련번호	판명	간행일	단수	기사명
117473	鮮滿版	1924-09-18/1	06단	商品市況(護謨限産效果)
117474	鮮滿版	1924-09-18/1	06단	米國石油軟弱
117475	鮮滿版	1924-09-18/1	06단	大島紬強調
117476	鮮滿版	1924-09-18/1	06단	生絲市況十七日(橫濱(閑散)/神戶(無商談))
117477	鮮滿版	1924-09-18/1	07단	會社銀行(國際汽船愈よ整理)
117478	鮮滿版	1924-09-18/1	07단	東洋汽船業績
117479	鮮滿版	1924-09-18/1	07단	北海拓銀總會紛擾
117480	鮮滿版	1924-09-18/2	01단	第一線に立つ/夜も晝も國境を守る苦難/妻でも拳銃位は射たねばならぬ/國境總二百五十里(七)
117481	鮮滿版	1924-09-18/2	01단	積極的には救濟せぬ朝鮮旱害と總督府
117482	鮮滿版	1924-09-18/2	01단	煙草減收/一割乃至二割
117483	鮮滿版	1924-09-18/2	01단	重視される柞蠶試驗場/本年研究を開始
117484	鮮滿版	1924-09-18/2	02단	節約宣傳で官吏貯金增加
117485	鮮滿版	1924-09-18/2	02단	■■有卦に入る荷車製造者
117486	鮮滿版	1924-09-18/2	03단	咸南消防表彰規程
117487	鮮滿版	1924-09-18/2	03단	財界管見(五十二)/難關の多い私鐵朝鮮鐵道/(７)業者の補給七分說
117488	鮮滿版	1924-09-18/2	04단	平壤人口十萬突破祝賀
117489	鮮滿版	1924-09-18/2	04단	武器爆藥の密輸が絶滅/嚴刑と大檢擧に怖氣づいてか
117490	鮮滿版	1924-09-18/2	04단	生活費四十錢それが城南ではフル階級
117491	鮮滿版	1924-09-18/2	05단	自動車聯絡難事
117492	鮮滿版	1924-09-18/2	05단	城津郡戶口數
117493	鮮滿版	1924-09-18/2	05단	朝日巡回活寫會
117494	鮮滿版	1924-09-18/2	06단	公金を橫領/平南の畜産技手
117495	鮮滿版	1924-09-18/2	06단	北鮮競馬大會
117496	鮮滿版	1924-09-18/2	06단	本願寺布教所落成
117497	鮮滿版	1924-09-18/2	06단	咸南に降雹
117498	鮮滿版	1924-09-18/2	06단	初霜は八月に
117499	鮮滿版	1924-09-18/2	06단	人(井上收氏)
117500	鮮滿版	1924/9/19	01단	第一線に立つ/軍隊以上に警備には苦心/國內鮮人の素朴がせめてもの氣安さ/邦人活躍を待つ咸北(八)
117501	鮮滿版	1924/9/19	01단	奉軍死活の鍵は滿鐵の掌中に輸途の便宣を懇請
117502	鮮滿版	1924/9/19	01단	引下げか引上げか結局は六分に歸着か/朝鮮線納付金問題
117503	鮮滿版	1924/9/19	01단	總督訓示/財務部長會議
117504	鮮滿版	1924/9/19	01단	張元峻拉致
117505	鮮滿版	1924/9/19	02단	二十一旅出動
117506	鮮滿版	1924/9/19	02단	增減を免れぬ不動産貸付
117507	鮮滿版	1924/9/19	03단	繭資金回收良好
117508	鮮滿版	1924/9/19	03단	釜山入港船舶

일련번호	판명	간행일	단수	기사명
117509	鮮滿版	1924/9/19	03단	財界管見(五十三)/難關の多い私鐵朝鮮鐵道/(８)汽車が禿山に上る
117510	鮮滿版	1924/9/19	04단	元山八月商況
117511	鮮滿版	1924/9/19	04단	一日六十萬尾の豊漁/慶北東海岸に鯖の大群
117512	鮮滿版	1924/9/19	04단	免囚保護の補成會その近況
117513	鮮滿版	1924/9/19	05단	城津八月貿易(輸出及移出品/輸入及移入品)
117514	鮮滿版	1924/9/19	05단	石油一萬罐で漸く奏效/慶北迎日の蟲害
117515	鮮滿版	1924/9/19	05단	朝日巡回活寫會
117516	鮮滿版	1924/9/19	06단	怪鮮人爆彈破裂
117517	鮮滿版	1924/9/19	06단	大連にも戰爭氣分/義勇軍の募兵
117518	鮮滿版	1924/9/19	06단	不逞團劃策す
117519	鮮滿版	1924/9/19	06단	各地より(國境)
117520	鮮滿版	1924/9/19	06단	人(鈴木軍司令官)
117521	鮮滿版	1924/9/20	01단	支那兵に惡戲に寺院は荒れ果てた/支那四百餘州を通じて巡禮から歸った向出師
117522	鮮滿版	1924/9/20	01단	聯隊の設置請願/慶源郡民大會
117523	鮮滿版	1924/9/20	01단	參與官廢止尚早
117524	鮮滿版	1924/9/20	02단	酒造稅減額見込
117525	鮮滿版	1924/9/20	02단	李王職廢止か/行政整理で
117526	鮮滿版	1924/9/20	02단	滿鐵の米穀特定運賃/釜山も規定地竝に
117527	鮮滿版	1924/9/20	03단	朝鮮絹織有望
117528	鮮滿版	1924/9/20	03단	給料か拂へず休校/間島龍井村の二中學近年にない大旱魃
117529	鮮滿版	1924/9/20	03단	咸鏡線の連結自動車/上井氏經營か
117530	鮮滿版	1924/9/20	03단	メソヂスト派宣教師大會
117531	鮮滿版	1924/9/20	03단	晉州の鬪牛
117532	鮮滿版	1924/9/20	04단	殖銀募債見合
117533	鮮滿版	1924/9/20	04단	京電料金引下
117534	鮮滿版	1924/9/20	04단	慶州の製紙好評
117535	鮮滿版	1924/9/20	04단	城津春繭生產高
117536	鮮滿版	1924/9/20	04단	朝鮮土地合併進陟
117537	鮮滿版	1924/9/20	04단	吉洲農學校開校
117538	鮮滿版	1924/9/20	04단	金一味を嚴重警戒/侵入を企つ不逞鮮人團
117539	鮮滿版	1924/9/20	04단	支那街緊張/邦人保護に心痛
117540	鮮滿版	1924/9/20	05단	少年も混る/營口新守備兵
117541	鮮滿版	1924/9/20	05단	露領も凶作
117542	鮮滿版	1924/9/20	05단	共産黨員二名捕縛/赤色團體の不安
117543	鮮滿版	1924/9/20	05단	銃器彈藥多數盜まる/東京坪支那砲兵
117544	鮮滿版	1924/9/20	05단	平壤若松校女性暴行事件/道學務課發表
117545	鮮滿版	1924/9/20	05단	朝日巡回活寫會

일련번호	판명	간행일	단수	기사명
117546	鮮滿版	1924/9/20	06단	釜山小火
117547	鮮滿版	1924/9/20	06단	九龍浦の腦炎
117548	鮮滿版	1924/9/20	06단	迷へる傳書鳩
117549	鮮滿版	1924/9/20	06단	各地より(京城/城津)
117550	鮮滿版	1924/9/20	06단	人(鈴木軍司令官/チャルヂ二師)
117551	鮮滿版	1924/9/20	06단	運動界(安義少年野球)
117552	鮮滿版	1924/9/21	01단	官有林經營機關/十五年度には實現か不統一に惱む現在制
117553	鮮滿版	1924/9/21	01단	土木關係法規改廢/土地收用や道路取締を
117554	鮮滿版	1924/9/21	01단	難所の多い咸鏡線南部/十月から開通
117555	鮮滿版	1924/9/21	01단	國境へ行く(一)/SPR
117556	鮮滿版	1924/9/21	02단	滿洲粟關稅撤廢の調査
117557	鮮滿版	1924/9/21	02단	朝鮮郵貯現在
117558	鮮滿版	1924/9/21	03단	覺書を交換/朝鮮土地住宅大正土地建物
117559	鮮滿版	1924/9/21	03단	普天教革新の叫び除名された二等の憤激
117560	鮮滿版	1924/9/21	04단	電話度數制調査
117561	鮮滿版	1924/9/21	04단	慶北道農作物被害/旱害と水害
117562	鮮滿版	1924/9/21	04단	無賃同樣引下げたい/牧島の渡船賃問題(小西釜山府尹談)
117563	鮮滿版	1924/9/21	05단	朝日巡回活寫會
117564	鮮滿版	1924/9/21	05단	春川にて
117565	鮮滿版	1924/9/21	05단	着陸地として大邱は最適地/高橋飛行隊長談
117566	鮮滿版	1924/9/21	06단	支那富豪脅迫/間島の馬賊團
117567	鮮滿版	1924/9/21	06단	安東神社竣成
117568	鮮滿版	1924/9/21	06단	咸南の初氷
117569	鮮滿版	1924/9/21	06단	巷の塵
117570	鮮滿版	1924/9/21	06단	各地より(咸興)
117571	鮮滿版	1924/9/21	06단	會(內務部長會議/商鋪聯合會延期)
117572	鮮滿版	1924/9/23	01단	復活の曙光ある朝鮮の經濟界/農鑛水産の活氣に金融界も刺戟さる(産業/事業/金融)
117573	鮮滿版	1924/9/23	01단	可能性濃厚となった朝鮮線直營問題/但來年度實現設は疑はし
117574	鮮滿版	1924/9/23	01단	總督府各部局新規要求額/二千五百萬圓
117575	鮮滿版	1924/9/23	01단	奉直開戰と安東の警戒
117576	鮮滿版	1924/9/23	02단	國境へ行く(二)/SPR
117577	鮮滿版	1924/9/23	03단	國有林野整理と違反者の處罰
117578	鮮滿版	1924/9/23	03단	慶尙北道綿作狀況良好
117579	鮮滿版	1924/9/23	03단	贅澤品の免稅制限分量
117580	鮮滿版	1924/9/23	03단	鮮米別建と穀商組合の態度
117581	鮮滿版	1924/9/23	04단	不建實な內鮮融和團體と當局の監視
117582	鮮滿版	1924/9/23	04단	危險は刻々迫って私は殺されるものと覺悟した/避難者丸山壽雄氏語る

일련번호	판명	간행일	단수	기사명
117583	鮮滿版	1924/9/23	06단	嚴泰事件判決
117584	鮮滿版	1924/9/23	06단	鮮人部落に眠り病流行/京北東岸は終熄
117585	鮮滿版	1924/9/23	06단	生牛に豫防注射
117586	鮮滿版	1924/9/23	06단	鮮滿各派聯合會
117587	鮮滿版	1924/9/23	06단	運動界
117588	鮮滿版	1924/9/23	06단	人(丸山鶴吉氏/三失宮松氏)
117589	鮮滿版	1924/9/24	01단	平安南道道評樓圓西崎鶴太郎氏は北鮮地方を視察し去る十六日歸南して語る(漁業/木業/鑛業/排日)
117590	鮮滿版	1924/9/24	01단	補助金は減っても事業緊縮はせぬ三角航路も物にしたい(恩田朝郵社長談)
117591	鮮滿版	1924/9/24	01단	保險會社の資金融通
117592	鮮滿版	1924/9/24	01단	樂觀出來ぬ增師問題/平壤から請電
117593	鮮滿版	1924/9/24	02단	釜山刑務所に四百四十八人/支那人も二人
117594	鮮滿版	1924/9/24	02단	國境へ行く(三)/SPR
117595	鮮滿版	1924/9/24	03단	新飛行場を朝鮮に二箇所
117596	鮮滿版	1924/9/24	03단	夜間は交通杜絕/官兵と馬賊を警戒/商團兵を募集した安東
117597	鮮滿版	1924/9/24	03단	京城の街に公家千軒/十數年來見ね現象
117598	鮮滿版	1924/9/24	04단	事業會社は不振の極度に滿鐵沿線を視察した/鈴木參事官
117599	鮮滿版	1924/9/24	04단	林檎輸出有望
117600	鮮滿版	1924/9/24	05단	城津慈惠醫院開院祝賀式
117601	鮮滿版	1924/9/24	05단	安東ホテル/外部修理了る
117602	鮮滿版	1924/9/24	05단	新義州小學校建築を見合す
117603	鮮滿版	1924/9/24	06단	鎭海行嚴灣築港工事着手
117604	鮮滿版	1924/9/24	06단	未婦心中
117605	鮮滿版	1924/9/24	06단	日鮮洋畫會
117606	鮮滿版	1924/9/24	06단	會社銀行(京城信託拂込金徵收)
117607	鮮滿版	1924/9/24	06단	各地より(馬鎭)
117608	鮮滿版	1924/9/25	01단	彼岸半ば
117609	鮮滿版	1924/9/25	01단	奉直開戰で滿洲に防穀令か/甚大な影響を受る/旱水害後の朝鮮
117610	鮮滿版	1924/9/25	01단	平南米作實收豫想/四十七萬石
117611	鮮滿版	1924/9/25	01단	收穫皆無地百町に餘る迎日郡の浮塵子
117612	鮮滿版	1924/9/25	01단	咸南道旱蟲害
117613	鮮滿版	1924/9/25	02단	朝鮮昨年人口
117614	鮮滿版	1924/9/25	02단	祖先の骨まで抱いて露領を引揚る鮮人/官憲の壓迫と凶作に數十年住慣れた地を棄て
117615	鮮滿版	1924/9/25	02단	京城起債交涉/內地保險會社と所要額二百萬圓
117616	鮮滿版	1924/9/25	03단	
117617	鮮滿版	1924/9/25	03단	國境へ行く(四)/SPR
117618	鮮滿版	1924/9/25	04단	革新派の切崩に努む/普天教內訌事件

일련번호	판명	간행일	단수	기사명
117619	鮮滿版	1924/9/25	04단	慶南の陸地棉/矢島內務部長談
117620	鮮滿版	1924/9/25	05단	殉職二將校葬儀
117621	鮮滿版	1924/9/25	05단	平壤丸の出火/郵便物を燒く
117622	鮮滿版	1924/9/25	05단	平南段山面に畜産の爲の學校
117623	鮮滿版	1924/9/25	05단	朝日巡回活寫會
117624	鮮滿版	1924/9/25	06단	三陟港の鱈漁/本秋も盛況
117625	鮮滿版	1924/9/25	06단	鮮教員の脅迫
117626	鮮滿版	1924/9/25	06단	巷の塵
117627	鮮滿版	1924/9/25	06단	人(矢島慶南內務部長)
117628	鮮滿版	1924/9/26	01단	日夜皇居を謠拜する老儒生
117629	鮮滿版	1924/9/26	01단	奉軍を脅威する東支沿線の馬賊/各地に潛む賊團と勢力
117630	鮮滿版	1924/9/26	01단	左傾團體には鮮人は背を向けた/萬歲騷ぎ以來堅實に
117631	鮮滿版	1924/9/26	02단	行政整理發表期/年末か明年か
117632	鮮滿版	1924/9/26	02단	國境へ行く(五)/SPR
117633	鮮滿版	1924/9/26	03단	碎米需要減退/捨賣同樣の値
117634	鮮滿版	1924/9/26	03단	夥しい鮮少年の犯罪/新刑訴から受ける不利/立法の精神は失はれはせぬ
117635	鮮滿版	1924/9/26	04단	滿洲粟初入荷
117636	鮮滿版	1924/9/26	04단	煙草一割增收/大邱支店管內
117637	鮮滿版	1924/9/26	04단	教育品展覽會
117638	鮮滿版	1924/9/26	05단	朝日巡回活寫會
117639	鮮滿版	1924/9/26	05단	米人系基督教勢力を增さう
117640	鮮滿版	1924/9/26	05단	入學試驗は算術と國語/本年の通り平易に/入學難のない朝鮮の中等學校
117641	鮮滿版	1924/9/26	05단	大邱の腦炎
117642	鮮滿版	1924/9/26	05단	安藤氏講演
117643	鮮滿版	1924/9/26	06단	北鮮物産會に對岸から出品
117644	鮮滿版	1924/9/26	06단	運動界(慶北武道大會)
117645	鮮滿版	1924-09-27/1	01단	襲來の虞ある『紙の飢饉』(九)/火と煙の洗禮
117646	鮮滿版	1924-09-27/1	01단	線絲大逆鞘の對策は關稅撤廢の外にない(支那絲の採算/關稅撤廢は急務)
117647	鮮滿版	1924-09-27/1	02단	全國銀行勘定/預金貸出共減少
117648	鮮滿版	1924-09-27/1	03단	對支毛斯宣傳の效驗/上海婦人界に流行する模樣
117649	鮮滿版	1924-09-27/1	03단	爲替市場小康
117650	鮮滿版	1924-09-27/1	04단	十三都市卸賣物價概況
117651	鮮滿版	1924-09-27/1	05단	麥作減收
117652	鮮滿版	1924-09-27/1	05단	營業稅撤廢運動再燃
117653	鮮滿版	1924-09-27/1	06단	紡績聯合委員會/委員長は留任か
117654	鮮滿版	1924-09-27/1	06단	阪神大同交涉/電力需給談蒸返し

일련번호	판명	간행일	단수	기사명
117655	鮮滿版	1924-09-27/1	06단	取引所聯合會
117656	鮮滿版	1924-09-27/1	06단	當局の意響
117657	鮮滿版	1924-09-27/1	07단	浦潮船車連絡實施
117658	鮮滿版	1924-09-27/1	07단	中旬綿布輸出增加
117659	鮮滿版	1924-09-27/1	07단	特産商請待會
117660	鮮滿版	1924-09-27/1	07단	生絲市況廿六日(橫濱(惡化す)/神戸(安含み))
117661	鮮滿版	1924-09-27/1	08단	會社銀行(滿鐵社債發行)
117662	鮮滿版	1924-09-27/1	08단	朝鮮郵船配當
117663	鮮滿版	1924-09-27/1	08단	水銀煙
117664	鮮滿版	1924-09-27/2	01단	準備は出來た北鮮物産共進會十月一日から開館/北鮮未曾有の偉觀
117665	鮮滿版	1924-09-27/2	02단	關釜聯絡船の乘込警官も廢止か/パス取上げに祟られて
117666	鮮滿版	1924-09-27/2	03단	朝鮮一の墜道/鳳岡吉州間に
117667	鮮滿版	1924-09-27/2	04단	鶴も雉子も今年は多い
117668	鮮滿版	1924-09-27/2	04단	氷魚を南鮮へ移殖する新計劃
117669	鮮滿版	1924-09-27/2	04단	衡平運動の現狀/喰物にする徒を取締る(村山慶南警察部長談)
117670	鮮滿版	1924-09-27/2	04단	北鮮共進會畫報
117671	鮮滿版	1924-09-27/2	05단	朝日巡回活寫會
117672	鮮滿版	1924-09-27/2	05단	龍山津の船着場設置請願
117673	鮮滿版	1924-09-27/2	05단	城津農作被害
117674	鮮滿版	1924-09-27/2	05단	死を求め朝鮮へ/失戀の九州女
117675	鮮滿版	1924-09-27/2	06단	投身自殺か
117676	鮮滿版	1924-09-27/2	06단	大陸木材新陳容
117677	鮮滿版	1924-09-27/2	06단	各地より(釜山/咸興)
117678	鮮滿版	1924-09-27/2	06단	運動界(女子庭球大會/安義庭球戰)
117679	鮮滿版	1924/9/28	01단	朝鮮官界の整理守屋丸山兩氏旣に去る/倭城臺上秋風の悲愁
117680	鮮滿版	1924/9/28	01단	屍を埋める覺悟だ/誠意と努力を標語に三矢新警務局長語る
117681	鮮滿版	1924/9/28	01단	海嘯早害と天災續き農民は血の滲む苦しみ/平安南道の三箇面
117682	鮮滿版	1924/9/28	01단	私鐵補給增率鐵道側意響/講究を要する
117683	鮮滿版	1924/9/28	02단	國境へ行く(六)/SPR
117684	鮮滿版	1924/9/28	03단	害蟲被害尠し
117685	鮮滿版	1924/9/28	03단	鮮外で一旗擧げんと朱山月の儚い劃策/榮華は夢の天道教主の愛妾
117686	鮮滿版	1924/9/28	04단	九月上旬對外貿易
117687	鮮滿版	1924/9/28	05단	避難民五十萬が上海に入込む
117688	鮮滿版	1924/9/28	05단	一時に四船の衝突/釜山港外の椿事
117689	鮮滿版	1924/9/28	05단	運動界(京鐵軍惜敗)
117690	鮮滿版	1924/9/28	05단	朝日巡回活寫會
117691	鮮滿版	1924/9/28	06단	會寧では空前の人出/盛況を極める巡回活寫會

일련번호	판명	간행일	단수	기사명
117692	鮮滿版	1924/9/30	01단	防穀令は出ても粟輸入は變るまい寧ろ領外搬出に努めん
117693	鮮滿版	1924/9/30	01단	慘めな獨逸在留鮮人食ふや食はずて苦學/海外渡航が減った
117694	鮮滿版	1924/9/30	01단	稻作豫想/各道別にして
117695	鮮滿版	1924/9/30	01단	鮮米別建反對/京城商議答申
117696	鮮滿版	1924/9/30	01단	財界管見(五十四)難關の多い私鐵朝鮮鐵道/(４)所謂大會社の前途
117697	鮮滿版	1924/9/30	02단	往く往くは司令部廢止/朝鮮憲兵の縮小
117698	鮮滿版	1924/9/30	02단	全南實業聯合會
117699	鮮滿版	1924/9/30	03단	普天教の內訌に乘ぜんとする左傾派/密使は果して潛入したか
117700	鮮滿版	1924/9/30	03단	生徒の半數は退學勞働して生活を助ける/全南靈光郡の旱害
117701	鮮滿版	1924/9/30	04단	全鮮新聞記者大會
117702	鮮滿版	1924/9/30	04단	東邊道に戒嚴令/張作霖の發令
117703	鮮滿版	1924/9/30	05단	朝日巡回活寫會
117704	鮮滿版	1924/9/30	05단	奉直戰と不逞團劃策/餘り微力
117705	鮮滿版	1924/9/30	05단	若松小學校竣成
117706	鮮滿版	1924/9/30	05단	虹原社展覽會/三日から一週間
117707	鮮滿版	1924/9/30	05단	女の求職者がこの頃殖えた
117708	鮮滿版	1924/9/30	05단	全南統計展覽會
117709	鮮滿版	1924/9/30	06단	春川修養團組織
117710	鮮滿版	1924/9/30	06단	人(丸山鶴吉氏/三矢宮松氏)
117711	鮮滿版	1924/9/30	06단	會(甲子俱樂部總會)
117712	鮮滿版	1924/9/30	06단	運動界(京鐵惜敗す/長崎高商野球部/競馬大會)
117713	鮮滿版	1924/9/30	06단	羅南の盛況/朝日巡回活寫

1924년 10월 (선만판)

일련번호	판명	간행일	단수	기사명
117714	鮮滿版	1924/10/1	01단	王世子殿下御下賜の銀カップ京城ゴルフ倶樂部へ/中村參事官の手に
117715	鮮滿版	1924/10/1	01단	加藤首相病まず政界の取沙汰は流說/東上の途に/總監語る
117716	鮮滿版	1924/10/1	01단	新義州平壤間直通電話開通期
117717	鮮滿版	1924/10/1	01단	咸鏡線中部開通準備進む
117718	鮮滿版	1924/10/1	01단	淸津天馬山に無線電信裝置
117719	鮮滿版	1924/10/1	02단	銀行貸出整理
117720	鮮滿版	1924/10/1	02단	荷動き漸增/南鮮の海運界
117721	鮮滿版	1924/10/1	02단	朝鐵社債賣出
117722	鮮滿版	1924/10/1	02단	遊動搜査班引上ぐ/匪賊跡を斷つ
117723	鮮滿版	1924/10/1	03단	京城には爆彈一つない/鳴を靜めた左傾運動
117724	鮮滿版	1924/10/1	03단	圖書館通ひが殖えて來た/京城には兒童圖書館が必要
117725	鮮滿版	1924/10/1	03단	國境へ行く(七)/SPR
117726	鮮滿版	1924/10/1	04단	警務局で旅費負擔かパス廢止と/連絡船乘込警官
117727	鮮滿版	1924/10/1	05단	黃海紹介活寫道內各地を撮影
117728	鮮滿版	1924/10/1	05단	若い社員の恐慌/京鐵直營實現で
117729	鮮滿版	1924/10/1	05단	白雲狂殺さる
117730	鮮滿版	1924/10/1	05단	春川の掌共進會
117731	鮮滿版	1924/10/1	06단	巷の塵
117732	鮮滿版	1924/10/1	06단	各地より(三陟)
117733	鮮滿版	1924/10/1	06단	運動界(淸津羅南庭球團)
117734	鮮滿版	1924/10/2	01단	大邱民間の反目に驚いた民情視察から歸った/總督府山口監察官
117735	鮮滿版	1924/10/2	01단	漁期に入って跋扈する不正漁業/取締に苦心する釜山署
117736	鮮滿版	1924/10/2	02단	間島を覗く(一)/SPR
117737	鮮滿版	1924/10/2	03단	平北道米出廻る例年より早い
117738	鮮滿版	1924/10/2	03단	富豪を脅迫した釜山警察警部補の結審/晝は官服夜は犯罪者恐るべき惡辣手段
117739	鮮滿版	1924/10/2	03단	警察も頭を痛める釜山港頭の鮮人露店適當の場所に移したい
117740	鮮滿版	1924/10/2	05단	安東地方事務所明年度事業費
117741	鮮滿版	1924/10/2	05단	北鮮共進會蓋を開けた/押寄せた觀光客淸津の賑ひ
117742	鮮滿版	1924/10/2	05단	府立病院昇格は來年/小西釜山府尹談
117743	鮮滿版	1924/10/2	06단	伏木七尾から淸津へ直航船
117744	鮮滿版	1924/10/2	06단	演習部隊淸津發
117745	鮮滿版	1924/10/2	06단	載寧郡降雹
117746	鮮滿版	1924/10/2	06단	巷の塵
117747	鮮滿版	1924/10/2	06단	運動界(春川庭球大會)

일련번호	판명	간행일	단수	기사명
117748	鮮滿版	1924/10/3	01단	小學生共學から內鮮の堅い融和/朝鮮奧地の美い情景/困るのはお裁縫教授
117749	鮮滿版	1924/10/3	01단	別建贊成新義州米穀組合
117750	鮮滿版	1924/10/3	01단	總督咸鏡視察
117751	鮮滿版	1924/10/3	01단	社債募集の試金石/朝鐵社債五十萬圓を鮮內で賣出す
117752	鮮滿版	1924/10/3	01단	間島を覗く(二)/SPR
117753	鮮滿版	1924/10/3	02단	火保會社協定難
117754	鮮滿版	1924/10/3	02단	滿銀安東駐在常務留任運動
117755	鮮滿版	1924/10/3	02단	金泉高女設立請願
117756	鮮滿版	1924/10/3	03단	九龍浦紛紜解決
117757	鮮滿版	1924/10/3	03단	練兵を始めた商團兵/奉直開戰と安東の警戒
117758	鮮滿版	1924/10/3	03단	華美な者に警告/大邱の克己デー
117759	鮮滿版	1924/10/3	04단	北鮮共進會開會式
117760	鮮滿版	1924/10/3	04단	學生と左傾派が睨み合ひ同じ家屋で
117761	鮮滿版	1924/10/3	04단	色衣を獎勵
117762	鮮滿版	1924/10/3	05단	釜山の不況で素人下宿增加
117763	鮮滿版	1924/10/3	05단	地均自働車購入
117764	鮮滿版	1924/10/3	05단	巷の塵
117765	鮮滿版	1924/10/3	05단	各地より(統營)
117766	鮮滿版	1924/10/3	06단	會社銀行(朝鮮勸信總會)
117767	鮮滿版	1924/10/3	06단	人(鈴木軍司令官/草間財務局長/西村殖産局長)
117768	鮮滿版	1924/10/3	06단	運動界(學生庭球大會/大邱野球戰)
117769	鮮滿版	1924/10/3	06단	十餘卷映寫/鏡城の巡回活動寫眞會
117770	鮮滿版	1924/10/4	01단	待れる總監の土産整理豫算の重大案を政府は受け容れるか/總督府高官不安がる
117771	鮮滿版	1924/10/4	01단	平北警察部長突然轉任發表さる朝鮮國境警備の難
117772	鮮滿版	1924/10/4	01단	新義州製材極力操短/協會脫退は虛報
117773	鮮滿版	1924/10/4	01단	間島を覗く(三)/SPR
117774	鮮滿版	1924/10/4	02단	新戶籍令で紛爭が多い/面書記の不熟から各地で講習會
117775	鮮滿版	1924/10/4	03단	痛々しい鮮農の飢え酒滓や草根木皮に收穫迄の露命を繫ぐ
117776	鮮滿版	1924/10/4	03단	秋の夜を琵琶彈くロシヤ娘/母と子と儚い流浪の十年
117777	鮮滿版	1924/10/4	04단	警察部長の打合せ朝鮮、九州、山口から集って
117778	鮮滿版	1924/10/4	04단	全鮮新聞記者大會淸津にて開會
117779	鮮滿版	1924/10/4	05단	貨客連絡開始滿鐵と元山航路
117780	鮮滿版	1924/10/4	05단	憲兵閱屬替實施期不明
117781	鮮滿版	1924/10/4	05단	不逞團潜入共進會を機に
117782	鮮滿版	1924/10/4	05단	草梁方面の飲食店惡風撲滅を策する/釜山警察署
117783	鮮滿版	1924/10/4	06단	全州に腦炎
117784	鮮滿版	1924/10/4	06단	統計展授賞式

일련번호	판명	간행일	단수	기사명
117785	鮮滿版	1924/10/4	06단	巷の塵
117786	鮮滿版	1924/10/4	06단	運動界(神宮競技豫選/朝鮮自轉車大會/日出校運動會)
117787	鮮滿版	1924/10/5	01단	朝鮮への增師來年度では至難/嗚を鎭めた誘引運動
117788	鮮滿版	1924/10/5	01단	資金難と郵貯裝勵識者間に唱らる
117789	鮮滿版	1924/10/5	01단	共進會に賑ふ清津の街
117790	鮮滿版	1924/10/5	02단	財界不況持續か
117791	鮮滿版	1924/10/5	02단	同種會社合同調査
117792	鮮滿版	1924/10/5	03단	間島を覗く(四)/SPR
117793	鮮滿版	1924/10/5	03단	金泉驛擴張/去月末竣工
117794	鮮滿版	1924/10/5	03단	平壤電車延長行惱み一月の純益が僅か三十一圓
117795	鮮滿版	1924/10/5	04단	大同江口に牡蠣群發見支那向に有望
117796	鮮滿版	1924/10/5	04단	全鮮第一の慶北の苗圃
117797	鮮滿版	1924/10/5	04단	永興郡の肺ヂストマ調査/百人中に十四人
117798	鮮滿版	1924/10/5	05단	平壤記念圖書館
117799	鮮滿版	1924/10/5	05단	平穩圓滿な地主と小作/慶北道內の現狀
117800	鮮滿版	1924/10/5	05단	善山郡地主申合
117801	鮮滿版	1924/10/5	05단	平壤屠畜場擴張
117802	鮮滿版	1924/10/5	06단	奉直戰爭と不逞鮮人の協議
117803	鮮滿版	1924/10/5	06단	水魚を南鮮へ
117804	鮮滿版	1924/10/5	06단	巷の塵
117805	鮮滿版	1924/10/5	06단	運動界(平壤新運動場)
117806	鮮滿版	1924/10/7	01단	朝鮮線直營は明年度實現か/直營斷行への二暗礁總監には成算がある
117807	鮮滿版	1924/10/7	01단	清涼里の無電工事完成は十五年
117808	鮮滿版	1924/10/7	01단	鮮鐵賣殘社債は野村銀行引受
117809	鮮滿版	1924/10/7	01단	京畿道麥作
117810	鮮滿版	1924/10/7	01단	虹原社の展覽會を觀て/京城一記者
117811	鮮滿版	1924/10/7	02단	移出鮮米に容量を表記
117812	鮮滿版	1924/10/7	02단	覺書交換で京南鐵紛糾解決
117813	鮮滿版	1924/10/7	03단	間島を覗く(五)/SPR
117814	鮮滿版	1924/10/7	03단	數十里の險路を越え婦人團の共進會見物/湧き返る清津の賑ひ
117815	鮮滿版	1924/10/7	03단	清津で赤十字大會愛婦も同日に
117816	鮮滿版	1924/10/7	04단	北鮮物産共進會に盛況を添ふ本社出品/大震災寫眞と朝鮮映畵
117817	鮮滿版	1924/10/7	04단	全北水電計劃進む
117818	鮮滿版	1924/10/7	05단	後發部隊咸興へ/輪城で演習後
117819	鮮滿版	1924/10/7	05단	女性同友會演說會解散
117820	鮮滿版	1924/10/7	05단	輕便な受話裝置/吉田氏が新案
117821	鮮滿版	1924/10/7	06단	不逞青年餓死武器運搬の途
117822	鮮滿版	1924/10/7	06단	巡査の自殺未遂

일련번호	판명	간행일	단수	기사명
117823	鮮滿版	1924/10/7	06단	日淸洋畫會展覽會
117824	鮮滿版	1924/10/7	06단	尾崎行雄氏講演
117825	鮮滿版	1924/10/7	06단	各地より(南川)
117826	鮮滿版	1924/10/7	06단	運動界(全鮮女子庭球會)
117827	鮮滿版	1924/10/8	01단	來年度からは教員俸給が減る？/學校組合の補助費が二萬圓減額されるかも知れぬ/暗澹たる教育界
117828	鮮滿版	1924/10/8	01단	八年懸りで山の調べ愈々所有者が決定した/平北二百萬町の山林
117829	鮮滿版	1924/10/8	01단	間島を覗く(六)/SPR
117830	鮮滿版	1924/10/8	02단	北鮮商工聯合會/共進會の淸津で/教育品展覽會
117832	鮮滿版	1924/10/8	03단	八月末預金高釜山組合銀行
117833	鮮滿版	1924/10/8	03단	亂暴至極な醫生の投藥と治療/鋸で脚を挽いたり死産させたり/釜山署で嚴重な訓戒
117834	鮮滿版	1924/10/8	04단	振替貯金利用增加
117835	鮮滿版	1924/10/8	04단	社會事業補助
117836	鮮滿版	1924/10/8	05단	鮮鐵の借入れ
117837	鮮滿版	1924/10/8	05단	王子製紙來春操業
117838	鮮滿版	1924/10/8	05단	城津に上水道工費十一萬圓で近々着手
117839	鮮滿版	1924/10/8	05단	咸鏡線開通式へ齋藤總督の一行
117840	鮮滿版	1924/10/8	05단	鮮人の內地渡航が減った
117841	鮮滿版	1924/10/8	05단	金泉養鷄品評會
117842	鮮滿版	1924/10/8	05단	現物團の朝鮮視察
117843	鮮滿版	1924/10/8	05단	富士川博士講演
117844	鮮滿版	1924/10/8	06단	鮮米協會總會
117845	鮮滿版	1924/10/8	06단	內綠の妻を斬る
117846	鮮滿版	1924/10/8	06단	巷の塵
117847	鮮滿版	1924/10/8	06단	運動界(神宮競技參加/大中軍勝つ)
117848	鮮滿版	1924/10/8	06단	各地より(馬鎭)
117849	鮮滿版	1924/10/8	06단	城津の盛會/巡回朝日活寫
117850	鮮滿版	1924/10/9	01단	朝鮮線移管で從業員俄に動搖/退職金問題に就き結束して希望を本社へ
117851	鮮滿版	1924/10/9	01단	朝鮮線の納付金は元の六分に還元する/京鐵局の二課合倂は煩雜を增すだけのこと
117852	鮮滿版	1924/10/9	01단	旱害三郡救助
117853	鮮滿版	1924/10/9	01단	羅南學校組合管理者任期滿了吉本氏留任希望
117854	鮮滿版	1924/10/9	02단	城津市街整理
117855	鮮滿版	1924/10/9	03단	間島を覗く(七)/SPR
117856	鮮滿版	1924/10/9	03단	火保の弊害か/頻々たる火災
117857	鮮滿版	1924/10/9	03단	求めても求めても職は與へられぬ釜山に聞く生活苦

일련번호	판명	간행일	단수	기사명
117858	鮮滿版	1924/10/9	05단	迷信から生膽採り危難を脫した鮮人少女
117859	鮮滿版	1924/10/9	05단	羅南師團機動演習
117860	鮮滿版	1924/10/9	06단	新米出廻る
117861	鮮滿版	1924/10/9	06단	棉花買收人決定
117862	鮮滿版	1924/10/9	06단	屑繭整理講習
117863	鮮滿版	1924/10/9	06단	本社見學
117864	鮮滿版	1924/10/9	06단	各地より(咸興/大邱/城津)
117865	鮮滿版	1924/10/10	01단	
117866	鮮滿版	1924/10/10	01단	在鮮外人の內地旅行は自由だ/警察部長會から歸って/石川保安課長談
117867	鮮滿版	1924/10/10	01단	水平社と衡平社の連繫は未だ成らぬ段々接近して來た
117868	鮮滿版	1924/10/10	01단	朝鮮線直營は明年十五年說も有力
117869	鮮滿版	1924/10/10	02단	間島を覗く(八)/SPR
117870	鮮滿版	1924/10/10	03단	師團設置運動熾烈安東の要望
117871	鮮滿版	1924/10/10	04단	滿銀安東支店に取締役駐在を株主から運動
117872	鮮滿版	1924/10/10	04단	新羅時代の石像か慶州で發見した古佛像
117873	鮮滿版	1924/10/10	04단	活動寫眞を見て驚く咸興以北の鮮人
117874	鮮滿版	1924/10/10	05단	鹽不足は西班牙産で補ふ
117875	鮮滿版	1924/10/10	05단	中學新設運動熱烈な安東府民
117876	鮮滿版	1924/10/10	05단	倒潰した內地館復舊災厄續きの淸津共進會
117877	鮮滿版	1924/10/10	06단	幼女攫はる
117878	鮮滿版	1924/10/10	06단	わが身を裂いて病める夫に
117879	鮮滿版	1924/10/10	06단	新義州火葬場竣工
117880	鮮滿版	1924/10/10	06단	木石南畫會
117881	鮮滿版	1924/10/10	06단	巷の塵
117882	鮮滿版	1924/10/10	06단	運動界(大邱教育會庭球)
117883	鮮滿版	1924/10/10	06단	人(安藤正純氏)
117884	鮮滿版	1924/10/11	01단	襲來の虞ある『紙の飢饉』(廿一)/樓外樓
117885	鮮滿版	1924/10/11	01단	爲替市場惡化 爲替底知れず市場は殆ど手も足も出ぬ/上海對日爲替ますます惡化
117886	鮮滿版	1924/10/11	03단	紡績筋は成行注視/印棉買付が問題
117887	鮮滿版	1924/10/11	03단	市價釣上げの口實爲替安と商品界への影響
117888	鮮滿版	1924/10/11	05단	上旬貿易出超九百餘萬圓
117889	鮮滿版	1924/10/11	06단	紐育財界近狀(月末金融/物價指數)
117890	鮮滿版	1924/10/11	06단	新戶絹物輸出業へ橫濱復歸勸說
117891	鮮滿版	1924/10/11	06단	朝鮮三定航社協議
117892	鮮滿版	1924/10/11	06단	鮮米積取始る
117893	鮮滿版	1924/10/11	06단	早害救濟費金融通/農工銀行大會の提案

일련번호	판명	간행일	단수	기사명
117894	鮮滿版	1924/10/11	01단	三橋川を堰いて大貯水池完成す/八億立方尺の水を貯ふ内地にも誇る大工事
117895	鮮滿版	1924/10/11	01단	全南旱害免稅額十三萬圓見當
117896	鮮滿版	1924/10/11	01단	*旱害民救濟に道路改修起工/全南道路工事*
117897	鮮滿版	1924/10/11	02단	聲價を高めた慶北の朝鮮紙
117898	鮮滿版	1924/10/11	02단	間島を覗く/SPR
117899	鮮滿版	1924/10/11	03단	自動押捺機增設
117900	鮮滿版	1924/10/11	04단	松汀里莞草製筵
117901	鮮滿版	1924/10/11	04단	林檎苗木の輸入が年每に增して來た/昨年釜山へ六十萬本
117902	鮮滿版	1924/10/11	05단	竣成した大鰕堤
117903	鮮滿版	1924/10/11	05단	棉花指定販賣廢止
117904	鮮滿版	1924/10/11	05단	全南棉花初入札
117905	鮮滿版	1924/10/11	05단	窮民救濟工事全南の水利組合
117906	鮮滿版	1924/10/11	05단	道令で心喰蟲豫防/平南で硏究中
117907	鮮滿版	1924/10/11	06단	安步加病死
117908	鮮滿版	1924/10/11	06단	連絡船で出産
117909	鮮滿版	1924/10/11	06단	敎育界(慶北敎育總會)
117910	鮮滿版	1924/10/11	06단	會社銀行(朝鮮郵船總會)
117911	鮮滿版	1924/10/11	06단	京鐵局より
117912	鮮滿版	1924/10/11	06단	巷の塵
117913	鮮滿版	1924/10/12	01단	*朝鮮線直營反對に決す從業員の結束成る內閣に移管反對を打電/籠城しても目的を徹す/軍資金は二百五十萬圓*
117915	鮮滿版	1924/10/12	01단	行政整理實現は明春/局課を廢合か
117916	鮮滿版	1924/10/12	01단	*咸鏡北線試乘式/總督は朱乙へ/吉州, 端川間開通/城津の賑ひ*
117918	鮮滿版	1924/10/12	02단	昨年度對外貿易額輸入增加す
117919	鮮滿版	1924/10/12	02단	間島を覗く(十)/SPR
117920	鮮滿版	1924/10/12	03단	珍重すべき阿彌陀像慶州發見の石像
117921	鮮滿版	1924/10/12	03단	爆擊や夜間飛行丁式機二機が試みる/所澤京城飛行の準備員來る
117922	鮮滿版	1924/10/12	04단	天日製鹽を三倍にする計劃廣梁鹽田を擴張
117923	鮮滿版	1924/10/12	04단	全鮮川柳大會
117924	鮮滿版	1924/10/12	05단	巷の塵
117925	鮮滿版	1924/10/12	05단	出鼻を挫かれた師團增設の運動/軍縮論の尾崎氏を迎へて
117926	鮮滿版	1924/10/12	05단	警備嚴重な安東夜は通行人もない有樣
117927	鮮滿版	1924/10/12	06단	全鮮の覇を握る平壤高女選手
117928	鮮滿版	1924/10/12	06단	人(引田師團長)
117929	鮮滿版	1924/10/12	06단	敎育界(忠南高普開校)
117930	鮮滿版	1924/10/12	06단	朝鮮勸信總會
117931	鮮滿版	1924/10/14	01단	京鐵員の反直營運動(一)/京城一記者

일련번호	판명	간행일	단수	기사명
117932	鮮滿版	1924/10/14	01단	教育の立場から內鮮融和の試み秋の京城に大教育會全國的に參加を勸誘す
117933	鮮滿版	1924/10/14	01단	吉州端川間開通式/齋藤總督臨場(淸津共進會へ)
117934	鮮滿版	1924/10/14	01단	借地料値下げを地主側に要求
117935	鮮滿版	1924/10/14	02단	竹林の造成に努む/慶北道の施設荒廢を憂へて
117936	鮮滿版	1924/10/14	02단	水利事業資金東拓の貸出
117937	鮮滿版	1924/10/14	02단	辯護士試驗合格者
117938	鮮滿版	1924/10/14	03단	平壤林檎出盛る
117939	鮮滿版	1924/10/14	03단	軍資金欲しさに鹽の輸出稅引下げ/支那政府と靑島製鹽業者腹を合せてこの計劃
117940	鮮滿版	1924/10/14	03단	道草を食ふ(一)/SPR
117941	鮮滿版	1924/10/14	04단	平南の出品
117942	鮮滿版	1924/10/14	05단	俸給手當の取越苦勞/警務局は斯く見る/反直營運動側面
117943	鮮滿版	1924/10/14	05단	遞信從業の鮮人漸く增す
117944	鮮滿版	1924/10/14	06단	大邱無盡事件判決
117945	鮮滿版	1924/10/14	06단	常成會バザー
117946	鮮滿版	1924/10/14	06단	人(鐵道硏究記者團)
117947	鮮滿版	1924/10/14	06단	運動界(春川庭球大會/米友敗る/弓道秋季大會/京中俱樂部勝つ)
117948	鮮滿版	1924/10/14	06단	會(春川婦人講演會)
117949	鮮滿版	1924/10/15	01단	京鐵員の反直營運動(二)/京城一記者
117950	鮮滿版	1924/10/15	01단	直營實現の日朝鮮の招く不利豆粕運賃低減遅れん/露骨にたらう大連集中主義
117951	鮮滿版	1924/10/15	01단	地方開發には副業獎勵が必要淸津共進會を觀て/齋藤總督の所感
117952	鮮滿版	1924/10/15	02단	國際直通電話架設年中には奉天迄
117953	鮮滿版	1924/10/15	02단	牡蠣群又も發見/輸出に有望
117954	鮮滿版	1924/10/15	03단	日每に絶えぬ不逞團の侵入二日に一人は殺される/侮り難い其の勢力
117955	鮮滿版	1924/10/15	03단	道草を食ふ(二)/SPR
117956	鮮滿版	1924/10/15	04단	慶北道園藝品評會來月半から
117957	鮮滿版	1924/10/15	05단	一日に五十五の犯罪が發生/京畿道刑事課調へ
117958	鮮滿版	1924/10/15	05단	婦人死體漂流
117959	鮮滿版	1924/10/15	05단	咸南線特定運賃
117960	鮮滿版	1924/10/15	05단	咸興の自動車便
117961	鮮滿版	1924/10/15	05단	釜山裏日本北海道間連絡航路開かる來月大成丸を初航に
117962	鮮滿版	1924/10/15	06단	金融會社決算案
117963	鮮滿版	1924/10/15	06단	鮮鐵社債好成績
117964	鮮滿版	1924/10/15	06단	春川

일련번호	판명	간행일	단수	기사명
117965	鮮滿版	1924/10/15	06단	人(總督羅南訪問/西村殖産局長/財部靜治氏(京大經濟學部教授))
117966	鮮滿版	1924/10/16	01단	京鐵員の反直營運動(三)/京城一記者
117967	鮮滿版	1924/10/16	01단	朝鮮線直營は死すとも反對す 何時にても一線に立たん 靑年從業員の誓約/結束を固む十月會の活動
117968	鮮滿版	1924/10/16	01단	滿鮮商議聯合會廿日から釜山で
117969	鮮滿版	1924/10/16	02단	北鮮關係地實業家大會
117970	鮮滿版	1924/10/16	03단	載寧學校組合市場經營歎願
117971	鮮滿版	1924/10/16	03단	釜山港九月貿易總計千四百萬圓
117972	鮮滿版	1924/10/16	04단	鮮銀穀資貸出
117973	鮮滿版	1924/10/16	04단	模範團體を近く表彰/係員の再調査
117974	鮮滿版	1924/10/16	04단	東朝鮮近海は鰯の大漁續き
117975	鮮滿版	1924/10/16	05단	大同江で鵜飼
117976	鮮滿版	1924/10/16	05단	平壤順川間にプロペラ船
117977	鮮滿版	1924/10/16	05단	刑務所の社會奉仕
117978	鮮滿版	1924/10/16	05단	毒藥自殺か/婦人の怪死體
117979	鮮滿版	1924/10/16	05단	囚徒看守に毆られて死亡
117980	鮮滿版	1924/10/16	05단	二等客投身か
117981	鮮滿版	1924/10/16	06단	眞正院明渡し普天舊敎の要求
117982	鮮滿版	1924/10/16	06단	人(齋藤總督一行/富永十二氏/副島京日社長/穗積學士院長)
117983	鮮滿版	1924/10/16	06단	運動界(京中快捷す/實業捷つ/全鮮實業硬球大會/少年蹴球大會)
117984	鮮滿版	1924/10/17	01단	京鐵員の反直營運動(四)/京城一記者
117985	鮮滿版	1924/10/17	01단	直營實現の曉地方の受ける打擊遊覽地施設への變化と交通系統の複雜化
117986	鮮滿版	1924/10/17	01단	姑息な地方廳の救濟旱害は聲程でない被害地を巡った渡邊農務課長
117987	鮮滿版	1924/10/17	02단	總督府の副業獎勵/畜牛養蠶と繩叭の制造
117988	鮮滿版	1924/10/17	03단	直派の密使浦潮で捕はる/張作霖氏と赤軍の握手で
117989	鮮滿版	1924/10/17	03단	道草を食ふ(三)/SPR
117990	鮮滿版	1924/10/17	04단	內地移出米は三百萬石見當
117991	鮮滿版	1924/10/17	04단	凄じい麥酒戰新工場設置か/馬越恭平氏渡鮮す
117992	鮮滿版	1924/10/17	05단	珍しい鵜飼ひ
117993	鮮滿版	1924/10/17	05단	怪死體身元判る他殺か自殺か
117994	鮮滿版	1924/10/17	06단	農民に强制貯金
117995	鮮滿版	1924/10/17	06단	敎祖誕生記念祭
117996	鮮滿版	1924/10/17	06단	巷の塵
117997	鮮滿版	1924/10/17	06단	各地より(晉州)
117998	鮮滿版	1924/10/17	06단	竹內健郎氏
117999	鮮滿版	1924/10/18	01단	平壤奉天間電話開通來月一日頃に
118000	鮮滿版	1924/10/18	01단	東支沿線米作良好鮮農喜悅す/慶北麥作良好

일련번호	판명	간행일	단수	기사명
118001	鮮滿版	1924/10/18	02단	沿岸近海航路現在九十一線
118002	鮮滿版	1924/10/18	02단	滿洲駐屯師團機動演習/興味ある新戰術
118003	鮮滿版	1924/10/18	02단	東拓米收二割減
118004	鮮滿版	1924/10/18	02단	必要資金を朝鮮農村へ/河田博士談
118005	鮮滿版	1924/10/18	03단	海印寺の秋
118006	鮮滿版	1924/10/18	03단	嗜眠性貯金が鮮人間に多い
118007	鮮滿版	1924/10/18	03단	道草を食ふ(四)/SPR
118008	鮮滿版	1924/10/18	04단	風景美しい咸鏡南部線/全鮮で第一等
118009	鮮滿版	1924/10/18	04단	無盡會社事件控訴
118010	鮮滿版	1924/10/18	05단	樂浪の古墳發掘
118011	鮮滿版	1924/10/18	05단	咸南奧地山火事一月燃え續く
118012	鮮滿版	1924/10/18	05단	棄兒と乞食が增加した不況を物語るこの世相
118013	鮮滿版	1924/10/18	06단	鈴木大尉葬儀
118014	鮮滿版	1924/10/18	06단	支那人の歸還故鄉の急で
118015	鮮滿版	1924/10/18	06단	大邱
118016	鮮滿版	1924/10/18	06단	人(久保田積藏氏(鮮銀大連支店業務部長庶務部長)/村山警察部長)
118017	鮮滿版	1924/10/18	06단	運動界(第二高女運動會)
118018	鮮滿版	1924/10/19	01단	朝鮮に注いだ金に積れば十億/生産機能も此處から
118019	鮮滿版	1924/10/19	01단	*課稅の公正を期して記帳と棚卸の冊子配布/審査の成績*
118020	鮮滿版	1924/10/19	01단	淸津共進會褒賞授與式
118021	鮮滿版	1924/10/19	01단	咸鏡線百哩竣成に際し/安藤京鐵局長(談)
118022	鮮滿版	1924/10/19	02단	奉天票下落で輸出澁る/平壤の對滿貿易
118023	鮮滿版	1924/10/19	03단	道草を食ふ(五)/SPR
118024	鮮滿版	1924/10/19	03단	スパイの遠山は朝鮮でも飛躍/水平社と衡平社を結合させに來た
118025	鮮滿版	1924/10/19	04단	臺灣米移入增す鮮米より廉い
118026	鮮滿版	1924/10/19	04단	平南棉增收一千六百萬厅
118027	鮮滿版	1924/10/19	04단	平安南酒釀造高
118028	鮮滿版	1924/10/19	05단	航空隊は古都の跡/關野博士の研究
118029	鮮滿版	1924/10/19	05단	四分五裂の統義府國境はその爲め平穩/結氷期を前に油斷できぬ
118030	鮮滿版	1924/10/19	05단	各地より(京城/咸興/城津)
118031	鮮滿版	1924/10/19	05단	運動界(長崎商業捷つ)
118032	鮮滿版	1924/10/19	06단	鰯の大漁續く
118033	鮮滿版	1924/10/19	06단	京城穀物信託總會
118034	鮮滿版	1924/10/19	06단	本社見學
118035	鮮滿版	1924/10/21	01단	在鮮宣教師との關係も圓滿に復した/外事課長園田事務官語る
118036	鮮滿版	1924/10/21	01단	反直運動に訓示/安藤局長から

일련번호	판명	간행일	단수	기사명
118037	鮮滿版	1924/10/21	01단	府民十萬突破祝典平壤の賑ひ
118038	鮮滿版	1924/10/21	01단	全鮮女子オリンピック大會紀錄を續々破る/長崎商業敗る/全大邱大勝す/全安東敗る/長崎高商勝つ
118039	鮮滿版	1924/10/21	02단	清津共進會閉會入場總數十三萬
118040	鮮滿版	1924/10/21	02단	京城公設市場賣上額減少す
118041	鮮滿版	1924/10/21	03단	十月上半不渡手形
118042	鮮滿版	1924/10/21	03단	歸州寺再建
118043	鮮滿版	1924/10/21	03단	京城下水工事竣工
118044	鮮滿版	1924/10/21	03단	釜山第二商業同盟休校/解決の曙光が見えた
118045	鮮滿版	1924/10/21	04단	咸興驛へ水道
118046	鮮滿版	1924/10/21	04단	咸北醫師大會
118047	鮮滿版	1924/10/21	05단	臺南丸長山丸に接觸釜山港の椿事
118048	鮮滿版	1924/10/21	05단	鮮人飛行士の鄉土訪問飛行
118049	鮮滿版	1924/10/21	05단	鮮米を賣って外米で代用
118050	鮮滿版	1924/10/21	06단	納稅思想宣傳
118051	鮮滿版	1924/10/21	06단	鐵砲自殺
118052	鮮滿版	1924/10/21	06단	無産靑年共濟會
118053	鮮滿版	1924/10/21	06단	平壤旭座竣工
118054	鮮滿版	1924/10/21	06단	會社銀行(仁取重役會)
118055	鮮滿版	1924/10/21	06단	教育界(女學校學藝會/商業落成式)
118056	鮮滿版	1924/10/21	06단	京鐵局より
118057	鮮滿版	1924/10/21	06단	人(李咸南知事)
118058	鮮滿版	1924/10/22	01단	委任經營は變則/直營は今が好機/從業員は騷ぐに及ばぬ/齋藤總督語る
118059	鮮滿版	1924/10/22	01단	滿鮮電話開通す/廿一日の午前九時から/奉天で祝賀會を
118060	鮮滿版	1924/10/22	01단	滿洲駐屯師團演習終る白塔下で分列式
118061	鮮滿版	1924/10/22	01단	スパイクの跡/女子オリンピックを見た儘の記
118062	鮮滿版	1924/10/22	02단	入場者十二萬成功を收めた清津共進會
118063	鮮滿版	1924/10/22	02단	對支貿易額
118064	鮮滿版	1924/10/22	03단	雄基九月商況
118065	鮮滿版	1924/10/22	03단	妾は慰藉料を請求する權利がない永興支廳の新判決/朝鮮には影響が大きい
118066	鮮滿版	1924/10/22	04단	本月中旬帳尻/京城組合銀行
118067	鮮滿版	1924/10/22	05단	靴下生産者の轉業
118068	鮮滿版	1924/10/22	05단	穀物市場移轉立消
118069	鮮滿版	1924/10/22	05단	吳軍を援ける華共會軍政系の鮮人
118070	鮮滿版	1924/10/22	05단	清津賴母子講の亂脈遂に暴露す會計の橫暴と講員の憤り
118071	鮮滿版	1924/10/22	05단	同情巡査表彰
118072	鮮滿版	1924/10/22	05단	殉職警官招魂祭

일련번호	판명	간행일	단수	기사명
118073	鮮滿版	1924/10/22	05단	西湖津の縊死
118074	鮮滿版	1924/10/22	06단	保衛團員殺さる金佐鎭等に
118075	鮮滿版	1924/10/22	06단	李東秀捕はる
118076	鮮滿版	1924/10/22	06단	安洲團碁大會
118077	鮮滿版	1924/10/22	06단	咸興
118078	鮮滿版	1924/10/22	06단	春川高普地鎭祭
118079	鮮滿版	1924/10/22	06단	會(京釜線驛長會議)
118080	鮮滿版	1924/10/22	06단	辭令
118081	鮮滿版	1924/10/23	01단	財界管見/私鐵京南鐵道(５５)/甚だ物騒な總會
118082	鮮滿版	1924/10/23	01단	緊縮方針の外に鮮滿を置かれ度い滿洲商議聯合大會が滿場一致で當局に要望
118083	鮮滿版	1924/10/23	01단	天圖輕鐵二期線開通/龍井村老頭溝朝陽川延吉間
118084	鮮滿版	1924/10/23	02단	大邱地方煙草增收/河東は減收
118085	鮮滿版	1924/10/23	02단	道草を食ふ(六)/SPR
118086	鮮滿版	1924/10/23	03단	農業研究大會
118087	鮮滿版	1924/10/23	03단	危險の多い現金の國境送り例の不逞團が覘ふ
118088	鮮滿版	1924/10/23	04단	龍坪驛改稱を漁大津より請願
118089	鮮滿版	1924/10/23	05단	對支貿易增加
118090	鮮滿版	1924/10/23	05단	寒い寒い/最低九度五分農作物に被害
118091	鮮滿版	1924/10/23	05단	內鮮兒童に、家庭に喜ばれる『コドモアサヒ』/教育界でも重視される附錄
118092	鮮滿版	1924/10/23	06단	新義州初氷
118093	鮮滿版	1924/10/23	06단	天長節奉祝
118094	鮮滿版	1924/10/23	06단	笠峰のスレート
118095	鮮滿版	1924/10/23	06단	獵友會の雀狩り
118096	鮮滿版	1924/10/23	06단	堤防竣成祝賀
118097	鮮滿版	1924/10/23	06단	人(生田平北知事)
118098	鮮滿版	1924/10/23	06단	運動界(兼二浦捷つ/若松校優勝)
118099	鮮滿版	1924/10/24	01단	帝都より朝鮮へ(１)/SPR
118100	鮮滿版	1924/10/24	01단	學校組合への國庫補助が減る/京城でも對策に腐心
118101	鮮滿版	1924/10/24	01단	新聞紙法の改正實施は明年度にならう
118102	鮮滿版	1924/10/24	01단	收穫が三分の二早害の全北
118103	鮮滿版	1924/10/24	01단	納稅不良特に國稅に
118104	鮮滿版	1924/10/24	02단	京城府廳建築基礎工事終る
118105	鮮滿版	1924/10/24	02단	內鮮教育大會出席者三百餘
118106	鮮滿版	1924/10/24	02단	飢寒と闘ひ國境を護る咸南道の江岸は無事平穩
118107	鮮滿版	1924/10/24	03단	悲觀に及ばぬ朝鮮米の移出不良米は絶滅した鮮米協會石塚理事談
118108	鮮滿版	1924/10/24	03단	咸南奧地大山火事/鎭火の見込なし

일련번호	판명	간행일	단수	기사명
118109	鮮滿版	1924/10/24	04단	元山の火事
118110	鮮滿版	1924/10/24	04단	スパイクの跡/全鮮中學校競技會徒步部見た儘の記
118111	鮮滿版	1924/10/24	05단	濟州島和布の製法を改良
118112	鮮滿版	1924/10/24	05단	朝鮮へ日銀支店設置要望は撤回滿鮮商議大會(第二日)
118113	鮮滿版	1924/10/24	06단	憲兵隊廳舍建築
118114	鮮滿版	1924/10/24	06단	饑饉演說會中止
118115	鮮滿版	1924/10/24	06단	永興郡の大理石
118116	鮮滿版	1924/10/24	06단	仁取重役再選
118117	鮮滿版	1924/10/25	01단	當局は全力で旱害窮民を救ふ/土木水利事業を起工/雜穀食糧も給與する
118118	鮮滿版	1924/10/25	01단	支那の平和恢復に機宜の措置を執れ/滿鮮商議大會の決議
118119	鮮滿版	1924/10/25	01단	奉軍敗北に備へ國境に警官增派戰終れば歸還する
118120	鮮滿版	1924/10/25	01단	第二十師團入退營期
118121	鮮滿版	1924/10/25	01단	大邱聯隊演習參加
118122	鮮滿版	1924/10/25	02단	帝都より朝鮮へ(2)/SPR
118123	鮮滿版	1924/10/25	03단	金塊密輸支那人捕はる
118124	鮮滿版	1924/10/25	03단	鮑の輸出が激增した釜山港から上海へ
118125	鮮滿版	1924/10/25	04단	靴職工盟休向上會館製靴部
118126	鮮滿版	1924/10/25	04단	海州の寒さ
118127	鮮滿版	1924/10/25	04단	鮮人の轢死
118128	鮮滿版	1924/10/25	05단	二萬の生徒が聯合の運動會來月三日の體育デー
118129	鮮滿版	1924/10/25	05단	京城公立商業學校二十日落成式を擧げた
118130	鮮滿版	1924/10/25	05단	日本麥酒敷地
118131	鮮滿版	1924/10/25	06단	晋州諸博判決
118132	鮮滿版	1924/10/25	06단	朝鮮文藝會
118133	鮮滿版	1924/10/25	06단	武德館建築
118134	鮮滿版	1924/10/25	06단	鑛業權取消
118135	鮮滿版	1924/10/25	06단	婦人懇談會
118136	鮮滿版	1924/10/25	06단	人(三山試驗所長/近藤遞信局事務官/大工原博士/福井縣會議員/俊藤仁川觀測所長)
118137	鮮滿版	1924/10/26	01단	張作霖氏を訪ふ(一)/衆議院議員田中萬逸
118138	鮮滿版	1924/10/26	01단	條件付きで防穀令は解除/領事の證明あれば出穀は差支へない
118139	鮮滿版	1924/10/26	01단	鮮人農夫/相踵ひで移住間島から東支沿線へ
118140	鮮滿版	1924/10/26	01단	本社見學の內鮮女學生
118141	鮮滿版	1924/10/26	03단	鹽の不足が二億八千萬斤/西班牙土耳古鹽で補ふ靑島鹽は戒嚴令で駄目
118142	鮮滿版	1924/10/26	04단	咸南の移出牛增加旱害の爲め農民の亂賣
118143	鮮滿版	1924/10/26	04단	京城物價
118144	鮮滿版	1924/10/26	05단	奢侈關稅七千圓九月中に

일련번호	판명	간행일	단수	기사명
118145	鮮滿版	1924/10/26	05단	十機京城へ飛來
118146	鮮滿版	1924/10/26	05단	不逞團の本據を衝き總務以下四名逮捕/日支共同隊の殊勳
118147	鮮滿版	1924/10/26	05단	各地の寒氣(初雪/咸興は薄氷/城津も氷)
118148	鮮滿版	1924/10/26	05단	助産婦辭職續出
118149	鮮滿版	1924/10/26	06단	安東公會堂全燒/食堂部の失火
118150	鮮滿版	1924/10/26	06단	城津近海鰯の大漁
118151	鮮滿版	1924/10/26	06단	全鮮競馬大會
118152	鮮滿版	1924/10/26	06단	巷の塵
118153	鮮滿版	1924/10/26	06단	會(間島署長會議)
118154	鮮滿版	1924/10/26	06단	人(佐藤海軍中將)
118155	鮮滿版	1924/10/28	01단	張作霖氏を訪ふ(二)/衆議院議員田中萬逸
118156	鮮滿版	1924/10/28	01단	效果を擧げる朝鮮の判例調査會/無意味の判決例は殘して置いて百害一利
118157	鮮滿版	1924/10/28	01단	九月中朝鮮の貿易三千八百萬圓餘
118158	鮮滿版	1924/10/28	02단	隨所に燃え鎭火絶望/咸南奧地の火事
118159	鮮滿版	1924/10/28	03단	壯丁は屆出よ
118160	鮮滿版	1924/10/28	03단	流行の盟休に大鐵槌を下す學校は一時閉鎖しても
118161	鮮滿版	1924/10/28	04단	不景氣から貧の盜み釜山に殖えた
118162	鮮滿版	1924/10/28	04단	財界管見/私鐵京南鐵道(５６)/之も簇生した一つ
118163	鮮滿版	1924/10/28	05단	水道基本調査で四萬圓の增收
118164	鮮滿版	1924/10/28	05단	咸南の試驗船
118165	鮮滿版	1924/10/28	05단	所澤京城間大飛行延期三十日快翔
118166	鮮滿版	1924/10/28	05단	犬故に殺人
118167	鮮滿版	1924/10/28	05단	浮世草紙(內鮮の盜人/阿片密賣か)
118168	鮮滿版	1924/10/28	06단	會社銀行(朝郵總會)
118169	鮮滿版	1924/10/28	06단	運動界(大邱軍捷つ/南鮮庭球大會)
118170	鮮滿版	1924/10/28	06단	各地より(咸興)
118171	鮮滿版	1924/10/28	06단	京鐵局より
118172	鮮滿版	1924/10/29	01단	張作霖氏を訪ふ(三)/衆議院議員田中萬逸
118173	鮮滿版	1924/10/29	01단	自由地帶になれば釜山繁榮は請合/注目すべき保稅地域法案/政府は提案の下心
118174	鮮滿版	1924/10/29	01단	肺ヂストマの絶滅を咸南道衛生課で計劃/思ひ通りにゆけば八九年で
118175	鮮滿版	1924/10/29	02단	馬山航路增船
118176	鮮滿版	1924/10/29	02단	失業の鮮人大阪府下に七千人餘
118177	鮮滿版	1924/10/29	03단	內地とは異り軍事敎育は至難困難な事情が纏ふ
118178	鮮滿版	1924/10/29	03단	咸南警官異動
118179	鮮滿版	1924/10/29	04단	配當一分減か/京城の諸銀行
118180	鮮滿版	1924/10/29	04단	和順學祖議員選擧

일련번호	판명	간행일	단수	기사명
118181	鮮滿版	1924/10/29	04단	賴母子紛糾に解決の光り辯護士に委す
118182	鮮滿版	1924/10/29	05단	馬山商業盟休
118183	鮮滿版	1924/10/29	05단	漁場から陸へ海底電話を
118184	鮮滿版	1924/10/29	05단	協援會の十月う會入會時節柄重視さる
118185	鮮滿版	1924/10/29	05단	殊勳巡査表彰
118186	鮮滿版	1924/10/29	05단	爲替詐欺犯人捕はる小菅の脫獄囚
118187	鮮滿版	1924/10/29	06단	大邱初霜/咸南の雪
118188	鮮滿版	1924/10/29	06단	自動車顚覆乘客は重輕傷
118189	鮮滿版	1924/10/29	06단	溫突から火事/釜山の宵火事
118190	鮮滿版	1924/10/29	06단	常成會バザー
118191	鮮滿版	1924/10/29	06단	各地より(平壤/咸興)
118192	鮮滿版	1924/10/30	01단	生徒不足を喞つ朝鮮の學校/鮮人の心持が一變した/學問よりはパンを
118193	鮮滿版	1924/10/30	01단	釜山漁業組合認可が來ぬ內部の暗鬪と認可の保留
118194	鮮滿版	1924/10/30	01단	不況に惱む在鮮事業會社
118195	鮮滿版	1924/10/30	01단	帝都より朝鮮へ(3)/SPR
118196	鮮滿版	1924/10/30	02단	十月上半貿易
118197	鮮滿版	1924/10/30	02단	咸鏡中部線運輸況
118198	鮮滿版	1924/10/30	03단	朝郵配船二隻北鮮仁川航路
118199	鮮滿版	1924/10/30	03단	間島穀物出廻り捗らず金融難と防穀令
118200	鮮滿版	1924/10/30	03단	各地の山火事鎭火の見込がない/莫大な燒失面積/怪しい火元と時期
118201	鮮滿版	1924/10/30	03단	鷗のやうな小船に乘って荒海を浦潮から釜山へ/露西亞船長と愛犬と
118202	鮮滿版	1924/10/30	04단	港灣協會總會京城で開く
118203	鮮滿版	1924/10/30	05단	替玉で受驗普通校の訓導
118204	鮮滿版	1924/10/30	05단	城津旅館賑ふ咸鏡中部線で
118205	鮮滿版	1924/10/30	05단	農民六百押掛く/閘門破壞に旱害に荒む心
118206	鮮滿版	1924/10/30	05단	春川水道竣成
118207	鮮滿版	1924/10/30	05단	光州中學建築
118208	鮮滿版	1924/10/30	05단	英陽の雪
118209	鮮滿版	1924/10/30	06단	价川品評會
118210	鮮滿版	1924/10/30	06단	第一高女音樂會
118211	鮮滿版	1924/10/30	06단	會社銀行(合同土地會社重役)
118212	鮮滿版	1924/10/30	06단	京鐵局より
118213	鮮滿版	1924/10/30	06단	各地より(京城/馬山)
118214	鮮滿版	1924/10/30	06단	運動界(聯合運動大會/女學生綱引/町洞リレー/勞働者運動會)
118215	鮮滿版	1924/10/31	01단	來月から行政整理高級者から漸次下へ官名も改稱されん
118216	鮮滿版	1924/10/31	01단	局部的に不安な結氷期前の國境/商取引さへ中止狀態

일련번호	판명	간행일	단수	기사명
118217	鮮滿版	1924/10/31	01단	成功した道路共進會市街道路より良い知事の喜び
118218	鮮滿版	1924/10/31	02단	棉作が增加平安の農民に
118219	鮮滿版	1924/10/31	03단	スパイクの跡/體協主催オリンピック大會見た儘の記
118220	鮮滿版	1924/10/31	04단	衡、水平社統一は尙早水平社を視察した/金慶三氏の話
118221	鮮滿版	1924/10/31	04단	釜山の銀座にかしや札電車も電燈も收入減/不況の風はとこまで吹く
118222	鮮滿版	1924/10/31	04단	達城の摸範洞
118223	鮮滿版	1924/10/31	04단	元山の火事
118224	鮮滿版	1924/10/31	05단	憲兵隷屬替立消
118225	鮮滿版	1924/10/31	05단	馬車徵發で運送に困難
118226	鮮滿版	1924/10/31	05단	劣等米を混ぜ暴利を貪る商人釜山署嚴重に取締る
118227	鮮滿版	1924/10/31	06단	朝紡社債保證
118228	鮮滿版	1924/10/31	06단	東亞日報社長
118229	鮮滿版	1924/10/31	06단	運動界(兼二浦捷つ/新宮競技劍道選手)

1924년 11월 (선만판)

일련번호	판명	간행일	단수	기사명
118230	鮮滿版	1924/11/1	01단	行政整理の俎に自ら進んで上る人々/餘り多くて整理に整理/淺間しい人間心理の暴露
118231	鮮滿版	1924/11/1	01단	京城の天長祝日
118232	鮮滿版	1924/11/1	01단	退職手當減額か/直營決定に憤る十月會
118233	鮮滿版	1924/11/1	01단	張作霖氏を訪ふ(四)/衆義院議員田中萬逸
118234	鮮滿版	1924/11/1	02단	府尹郡守會に訓示米田知事から
118235	鮮滿版	1924/11/1	03단	浦項濱田間定期航路開始に決す
118236	鮮滿版	1924/11/1	03단	平壤附近に陶器村作って製陶の發達を期せ/忘れられた良質陶土
118237	鮮滿版	1924/11/1	04단	着筏數著しく減少/商況は依然と極度の不振
118238	鮮滿版	1924/11/1	05단	新大豆出廻る
118239	鮮滿版	1924/11/1	05단	朝鐵千萬圓社債を再募か
118240	鮮滿版	1924/11/1	05단	支那馬賊茂山へ襲來
118241	鮮滿版	1924/11/1	05단	釜山の初霜
118242	鮮滿版	1924/11/1	05단	總督府の『朝鮮』危まれる運命
118243	鮮滿版	1924/11/1	06단	咸興の木炭安く買込むには
118244	鮮滿版	1924/11/1	06단	無料讀書券を讀書週間に撒布
118245	鮮滿版	1924/11/1	06단	教祖記念講演會
118246	鮮滿版	1924/11/1	06단	會社銀行(朝鮮肥料整理)
118247	鮮滿版	1924/11/1	06단	運動界(神官競技選手/滿鮮劍道大會/咸南射擊大會/全釜山遠征)
118248	鮮滿版	1924/11/2	01단	直營實現の日心配の種は給與 大滿鐵の恩澤に比べ惠まれぬ官吏の俸給/退職金は契約通りに給與するのが至當だ/藤根滿鐵鐵道部長談
118250	鮮滿版	1924/11/2	02단	警官整理は南鮮方面で/北方は無事か
118251	鮮滿版	1924/11/2	03단	燒けた二萬町步/豊山の山火事
118252	鮮滿版	1924/11/2	03단	內地の不況に逐はれ故鄉に歸る鮮人の群秋に入って一層殖えて來た
118253	鮮滿版	1924/11/2	03단	大連商業和中を破る 神宮野球戰/案外脆い和中 本石主將の話
118254	鮮滿版	1924/11/2	04단	增師問題樂觀出來ぬ東京で運動中
118255	鮮滿版	1924/11/2	04단	鮮人書堂閉鎖令で子弟の教育に困る/我領事から交涉中
118256	鮮滿版	1924/11/2	05단	酒造は手控へ慶尚北道管內
118257	鮮滿版	1924/11/2	05단	蔬菜より有利甜菜の栽培
118258	鮮滿版	1924/11/2	05단	酷暑で大半は死/咸南の養鰻
118259	鮮滿版	1924/11/2	05단	黃海の秋鼈
118260	鮮滿版	1924/11/2	06단	咸北線難工事愈々續行か
118261	鮮滿版	1924/11/2	06단	頻々と電線を切斷犯人搜查中
118262	鮮滿版	1924/11/2	06단	退學が頻發咸南の諸學校
118263	鮮滿版	1924/11/2	06단	川は凍った
118264	鮮滿版	1924/11/2	06단	大邱鄕兵組織替

일련번호	판명	간행일	단수	기사명
118265	鮮滿版	1924/11/2	06단	滿鐵洋畫會
118266	鮮滿版	1924/11/2	06단	運動界(安義陸上競技)
118267	鮮滿版	1924/11/2	06단	齋藤總督
118268	鮮滿版	1924/11/4	01단	大合唱を序曲に開かれる音樂の國/あへかなる秋の夕べ/京城支局後援音樂大演奏會
118269	鮮滿版	1924/11/4	01단	映畵檢閱を統一して全鮮三箇所で開始/興行時間は五時間以内に
118270	鮮滿版	1924/11/4	01단	華々しい滿洲代表低障礙、柔道に優勝 明治神宮大競技/柔道選手權を握った滿鐵の二宮五段/大接戰の末大連敗る 野球競技
118271	鮮滿版	1924/11/4	03단	早害救濟の水利事業施行地二萬町
118272	鮮滿版	1924/11/4	03단	亞米利加材の輸入防遏に北海の木材を
118273	鮮滿版	1924/11/4	04단	鮮人に貯金裝勵
118274	鮮滿版	1924/11/4	04단	高麗革命軍赤軍に擊破さる/團長以下卅餘名を銃殺
118275	鮮滿版	1924/11/4	04단	營業稅の減少を見越して京城府の心配
118276	鮮滿版	1924/11/4	04단	牛十九頭撲殺處分/釜山の牛疫豫防
118277	鮮滿版	1924/11/4	05단	朝鮮の牛皮漸く品質改良
118278	鮮滿版	1924/11/4	05단	滿鐵圖書館解放/讀書デーに
118279	鮮滿版	1924/11/4	05단	淸津の奉祝
118280	鮮滿版	1924/11/4	05단	吉州水南間の自動車連絡圓滑
118281	鮮滿版	1924/11/4	05단	安東公會堂復興の氣運
118282	鮮滿版	1924/11/4	06단	減收二割七分慶北の稻作豫想
118283	鮮滿版	1924/11/4	06단	豫想五百萬斤黃海道の棉收穫
118284	鮮滿版	1924/11/4	06단	大猪を射止む
118285	鮮滿版	1924/11/4	06단	釜山の放火
118286	鮮滿版	1924/11/4	06단	各地より(馬鎭/釜山)
118287	鮮滿版	1924/11/4	06단	會(淸津署射擊大會)
118288	鮮滿版	1924/11/5	01단	張作霖氏を訪ふ(五)/衆義院議員田中萬逸
118289	鮮滿版	1924/11/5	01단	鮮鐵從業員に優遇の途を講じる/退職者は引止めぬ/直營につき/齋藤總督談
118290	鮮滿版	1924/11/5	01단	各大巨もよく諒解朝鮮の師團設置問題/行詰りは只金の一點に
118291	鮮滿版	1924/11/5	02단	初等敎育硏究會朝鮮最初の試み
118292	鮮滿版	1924/11/5	02단	北鮮航路開始/神戶川崎汽船
118293	鮮滿版	1924/11/5	03단	漁業不振は資金缺乏から
118294	鮮滿版	1924/11/5	03단	潮流の變化から煎子は稀しい不漁/釜山市場極めて閑散
118295	鮮滿版	1924/11/5	04단	提防改築と市街地の擴張/新義州の事業
118296	鮮滿版	1924/11/5	04단	半島茶話
118297	鮮滿版	1924/11/5	05단	地方官交迭明春四月頃發表
118298	鮮滿版	1924/11/5	05단	咸興の祝日
118299	鮮滿版	1924/11/5	05단	城津地方實業大會

일련번호	판명	간행일	단수	기사명
118300	鮮滿版	1924/11/5	05단	旱害減收と小作人の要求
118301	鮮滿版	1924/11/5	05단	清津體育デー
118302	鮮滿版	1924/11/5	06단	咸興聯隊除隊
118303	鮮滿版	1924/11/5	06단	八機歸隊
118304	鮮滿版	1924/11/5	06단	航空隊歸營
118305	鮮滿版	1924/11/5	06단	警察聯合點呼
118306	鮮滿版	1924/11/5	06단	京鐵局より
118307	鮮滿版	1924/11/5	06단	巷の塵
118308	鮮滿版	1924/11/6	01단	張作霖氏を訪ふ(六)/衆義院議員田中萬逸
118309	鮮滿版	1924/11/6	01단	朝鮮の行政整理/高等官は三割判任は二割五分を/下岡總監の心構へ
118310	鮮滿版	1924/11/6	01단	會員の利益を擁護/直營と十月會の態度
118311	鮮滿版	1924/11/6	01단	老朽と女教師を整理して節約か
118312	鮮滿版	1924/11/6	01단	平南道路共進會九十萬圓の賦役
118313	鮮滿版	1924/11/6	02단	在鮮青年團體
118314	鮮滿版	1924/11/6	03단	粟運賃低減運動
118315	鮮滿版	1924/11/6	03단	宣傳よりは內容を/雜誌も通信もお廢止
118316	鮮滿版	1924/11/6	03단	麥酒工場誘致運動
118317	鮮滿版	1924/11/6	03단	殖銀社債賣出期
118318	鮮滿版	1924/11/6	04단	土地收用審議制朝鮮に設けん
118319	鮮滿版	1924/11/6	04단	辭令
118320	鮮滿版	1924/11/6	05단	不況に祟られ電燈料値下/朝鮮瓦電が出願
118321	鮮滿版	1924/11/6	05단	また金塊密輸
118322	鮮滿版	1924/11/6	05단	學生の兵營生活
118323	鮮滿版	1924/11/6	05단	貧困者へ布教/天道教の申合
118324	鮮滿版	1924/11/6	05단	鮮人一萬飢に泣く慘めな全南旱害地兒童の退學が續出する
118325	鮮滿版	1924/11/6	06단	物乞ひに困る
118326	鮮滿版	1924/11/6	06단	大邱火災豫防デー
118327	鮮滿版	1924/11/6	06단	京鐵局より
118328	鮮滿版	1924/11/6	06단	會社銀行(商銀職制改正)
118329	鮮滿版	1924/11/6	06단	會(平運驛長會議)
118330	鮮滿版	1924/11/6	06단	人(三矢警務局長)
118331	鮮滿版	1924/11/7	01단	石板に殘された世界最古の筆蹟樂浪の古墳で發掘/學界の至寶漆器の盆も
118332	鮮滿版	1924/11/7	01단	商取引に恐しく警戒/不動産競賣を契約し疑ひ疑っての商賣
118333	鮮滿版	1924/11/7	01단	釜山組合銀行貸付減少/これも不況から
118334	鮮滿版	1924/11/7	01단	鮮內綿布生産/多くは副業的に
118335	鮮滿版	1924/11/7	02단	害獸驅除銃許可咸南に七十三挺
118336	鮮滿版	1924/11/7	03단	不納同盟で東拓に對抗/北栗面の農民

일련번호	판명	간행일	단수	기사명
118337	鮮滿版	1924/11/7	03단	朝鮮體育デー 京城では聯合體育會二萬五千の 內鮮兒童參加/營庭に人の波/大邱の合同體操/第二高女運動會/準硬球試合/城津署射擊會
118338	鮮滿版	1924/11/7	04단	定數外の敎員漸次淘汰する
118339	鮮滿版	1924/11/7	04단	設備の完全さに驚いた/女學生の觀た新聞事業
118340	鮮滿版	1924/11/7	05단	電信電話の利用漸く增加した
118341	鮮滿版	1924/11/7	05단	小口肇氏當選/慶北評議員補選
118342	鮮滿版	1924/11/7	05단	半島茶話
118343	鮮滿版	1924/11/7	06단	容疑者も未だ判らぬ鐘路爆彈事件
118344	鮮滿版	1924/11/7	06단	不逞蠢動止む
118345	鮮滿版	1924/11/7	06단	稚鮎を放流
118346	鮮滿版	1924/11/7	06단	本町警察移廳式
118347	鮮滿版	1924/11/8	01단	張作霖氏を訪ふ(七)/衆義院議員田中萬逸
118348	鮮滿版	1924/11/8	01단	政策上の囑託も今度こそは整理する/多數の人と多額の給與/警務方面は除外か
118349	鮮滿版	1924/11/8	01단	退職金は支給するやう總督府に交涉する/安藤京鐵局長語る
118350	鮮滿版	1924/11/8	01단	天圖鐵道第二期線開通
118351	鮮滿版	1924/11/8	01단	私線汽船とは連絡輸送せぬ咸鏡中部線
118352	鮮滿版	1924/11/8	02단	日鮮滿周遊の一等賃金値上
118353	鮮滿版	1924/11/8	02단	滿鐵經營ホテル支配人の會議
118354	鮮滿版	1924/11/8	03단	第二回米作豫想
118355	鮮滿版	1924/11/8	03단	內地の實情が判ってか/夥しい勞動者が歸る
118356	鮮滿版	1924/11/8	03단	間島大豆出穀豫想五十萬袋か
118357	鮮滿版	1924/11/8	03단	荷揚場埋立
118358	鮮滿版	1924/11/8	04단	模範林經營の勸業課出張所
118359	鮮滿版	1924/11/8	04단	半島茶話
118360	鮮滿版	1924/11/8	05단	朝鮮生絹產額
118361	鮮滿版	1924/11/8	05단	鮮人中學生の兵式訓練是非論持上る
118362	鮮滿版	1924/11/8	05단	東三省防穀令解禁奉軍の勝利確信から
118363	鮮滿版	1924/11/8	05단	新義州の初雪
118364	鮮滿版	1924/11/8	05단	朝鮮物産協會
118365	鮮滿版	1924/11/8	05단	會社銀行(平北柞蠶解散)
118366	鮮滿版	1924/11/8	05단	各地より(光州/咸興)
118367	鮮滿版	1924/11/8	06단	派出所を撤廢京畿道の整理
118368	鮮滿版	1924/11/8	06단	廉い朝鮮米
118369	鮮滿版	1924/11/8	06단	運動界(木浦商業競技/町洞リレー)
118370	鮮滿版	1924/11/9	01단	帝都より朝鮮へ(4)/SPR
118371	鮮滿版	1924/11/9	01단	社會事業施設に努める朝鮮總督府の方針/靑年團の指導や濟生院の設立

일련번호	판명	간행일	단수	기사명
118372	鮮滿版	1924/11/9	01단	中等學校入學試驗は明春も算術と國語/名案のない試驗課目 元の五科目制に復歸しやう
118373	鮮滿版	1924/11/9	01단	平壤牛を殖す相談/移出が餘り多く畜牛が減る
118374	鮮滿版	1924/11/9	03단	增收九十萬圓郵便値上すれば
118375	鮮滿版	1924/11/9	03단	新義州商業校學年延長運動
118376	鮮滿版	1924/11/9	03단	肺ヂストマにエミチン注射成績がよい
118377	鮮滿版	1924/11/9	04단	浦潮の邦人赤化日露通商を悲觀する歸還者鈴木商店も引揚る
118378	鮮滿版	1924/11/9	04단	四萬町の山を燒いて雪に消えた咸南の火事
118379	鮮滿版	1924/11/9	04단	草根木皮を常食に全羅の飢民
118380	鮮滿版	1924/11/9	05단	鮮人も喜んで宿をした師團演習の生んだ美しい挿話
118381	鮮滿版	1924/11/9	05단	慶南水稻收穫高
118382	鮮滿版	1924/11/9	05단	京城地金引上げ
118383	鮮滿版	1924/11/9	05단	五百石の蠅を夏中に採った
118384	鮮滿版	1924/11/9	05단	半島茶話
118385	鮮滿版	1924/11/9	06단	李完用の暗殺を企てた李東秀の公判
118386	鮮滿版	1924/11/9	06단	電燈料金引下京電の瓦電
118387	鮮滿版	1924/11/9	06단	舊本町署借入れ
118388	鮮滿版	1924/11/9	06단	會社銀行(貿易組合創立總會/朝鮮皮革無配當)
118389	鮮滿版	1924/11/11	01단	逝く秋の夜を美しき樂に醉ひて魅了された聽衆千五百/京城支局後援音樂大演奏會
118390	鮮滿版	1924/11/11	02단	朝鮮保險界競爭激甚
118391	鮮滿版	1924/11/11	03단	廢官となる監察官は?靜養と榮轉と
118392	鮮滿版	1924/11/11	03단	教員の轉免斷行
118393	鮮滿版	1924/11/11	03단	斷水の懼ある新義州の水道
118394	鮮滿版	1924/11/11	03단	頭を惱ます鮮人巡査整理の曉の生活難
118395	鮮滿版	1924/11/11	04단	京鐵畫展/觀たま>を
118396	鮮滿版	1924/11/11	04단	鮮人書堂へ支那側の壓迫/支那教師を傭って調和を圖る計劃
118397	鮮滿版	1924/11/11	04단	京城府廳工事
118398	鮮滿版	1924/11/11	04단	平壤下水工事
118399	鮮滿版	1924/11/11	05단	讀書週間と京城の圖書館何れも成功(公立圖書館/滿鐵圖書館)
118400	鮮滿版	1924/11/11	05단	釜山に集まる宿なし鮮童/頻出する火事もその仕業
118401	鮮滿版	1924/11/11	05단	半島茶話
118402	鮮滿版	1924/11/11	06단	釜山
118403	鮮滿版	1924/11/12	01단	帝都より朝鮮へ(5)/SPR
118404	鮮滿版	1924/11/12	01단	兜を脫いだ增師運動/爆擊飛行隊は有望か/平壤の東上委員歸る
118405	鮮滿版	1924/11/12	01단	幸運の白羽の矢は弓削現鐵道部長に落ちるか/話題に上る新鐵道局長
118406	鮮滿版	1924/11/12	01단	官立師範昇格說/中等教師養成に
118407	鮮滿版	1924/11/12	02단	清津學校組合會

일련번호	판명	간행일	단수	기사명
118408	鮮滿版	1924/11/12	03단	低資の鮮內流入が産業開發の根本
118409	鮮滿版	1924/11/12	03단	釜山十月貿易
118410	鮮滿版	1924/11/12	04단	移出牛檢疫所鎭南浦に設置か
118411	鮮滿版	1924/11/12	04단	鮮人主義者內訌を起す
118412	鮮滿版	1924/11/12	04단	不動産貸付で惱む
118413	鮮滿版	1924/11/12	05단	鮮銀整理狀況
118414	鮮滿版	1924/11/12	05단	功勞章授與一警部と一巡査(金警部/木村巡査)
118415	鮮滿版	1924/11/12	05단	國民協會內輪揉め補助金の使途
118416	鮮滿版	1924/11/12	05단	半島茶話
118417	鮮滿版	1924/11/12	06단	學生の兵營宿泊
118418	鮮滿版	1924/11/12	06단	派出所撤廢で自衛團の組織
118419	鮮滿版	1924/11/12	06단	釜山に初雪
118420	鮮滿版	1924/11/12	06단	釜山の防火宣傳
118421	鮮滿版	1924/11/12	06단	京鐵局より
118422	鮮滿版	1924/11/13	01단	金價維持放棄で有卦に入る金鑛山/重要鑛山は米人經營/復活擴張と景氣はよい/平南道の産金額昨年は二十八萬圓
118423	鮮滿版	1924/11/13	01단	滿鐵鐵道局を其まゝ存續/監理課を新設
118424	鮮滿版	1924/11/13	01단	財界管見/私鐵京南鐵道(５７)/改革派要請の總會
118425	鮮滿版	1924/11/13	02단	府尹更迭近し京城府尹は本府へ
118426	鮮滿版	1924/11/13	02단	國境警備は充實した不逞團の策動も減らう/不逞鮮人光正團潰ゆ團長は百姓に
118427	鮮滿版	1924/11/13	02단	整理される四千人は直ぐ就職は出来まい/心配の種は其處に
118428	鮮滿版	1924/11/13	03단	鮮銀券發行高
118429	鮮滿版	1924/11/13	03단	新義州煙草賣高
118430	鮮滿版	1924/11/13	03단	時效間際に捕った李東秀
118431	鮮滿版	1924/11/13	04단	新進作家の時代は過ぎた讀書の傾向は飜譯ものへ/秋の半島讀書界の一瞥
118432	鮮滿版	1924/11/13	04단	御成婚記念の訓練院大グラウンド明年八月頃には竣成
118433	鮮滿版	1924/11/13	04단	不況の裡にも成績を擧げる京城人事相談所
118434	鮮滿版	1924/11/13	04단	林檎積出旺盛
118435	鮮滿版	1924/11/13	04단	仁川の猩紅熱
118436	鮮滿版	1924/11/13	04단	零下十九度
118437	鮮滿版	1924/11/13	05단	南鮮北海道間定期航路開かる
118438	鮮滿版	1924/11/13	05단	釜山の宵火事
118439	鮮滿版	1924/11/13	05단	安東でも防火宣傳
118440	鮮滿版	1924/11/13	05단	半島茶話
118441	鮮滿版	1924/11/13	06단	各地より(城津/咸興)
118442	鮮滿版	1924/11/13	06단	京鐵局より

일련번호	판명	간행일	단수	기사명
118443	鮮滿版	1924/11/13	06단	教育界(漢洞校落成式/教育研究會/聯合教育展覽會/京中生の野營)
118444	鮮滿版	1924/11/14	01단	帝都より朝鮮へ(7)/SPR
118445	鮮滿版	1924/11/14	01단	鮮鐵直營の日溫泉は經營中止か/ホテルは手放すまい
118446	鮮滿版	1924/11/14	01단	小包で金の密輸出/郵便局でも嚴重取締る
118447	鮮滿版	1924/11/14	01단	沈滯を破る教育界整理/老朽は勇退/新進者を拔擢
118448	鮮滿版	1924/11/14	02단	朝鐵咸北線建設補助問題で停頓
118449	鮮滿版	1924/11/14	02단	營林廠材拂下
118450	鮮滿版	1924/11/14	03단	鮮米內地移出
118451	鮮滿版	1924/11/14	03단	小作爭議から犯罪者を出さぬやう/努めて調停解決せよと高等法院長のお達
118452	鮮滿版	1924/11/14	03단	自動車病院僻地へ巡回
118453	鮮滿版	1924/11/14	04단	間島大豆出廻り
118454	鮮滿版	1924/11/14	04단	旱害三郡免稅
118455	鮮滿版	1924/11/14	04단	濟州島道路修築
118456	鮮滿版	1924/11/14	04단	學藝會所感官立師範にて/京城一記者
118457	鮮滿版	1924/11/14	05단	鮮人童子軍の軍事教練と宣傳
118458	鮮滿版	1924/11/14	05단	咸南新興の暴風
118459	鮮滿版	1924/11/14	05단	咸興零下六度
118460	鮮滿版	1924/11/14	05단	內地婦人の轢死
118461	鮮滿版	1924/11/14	05단	孤兒救濟音樂會
118462	鮮滿版	1924/11/14	06단	エス語聯盟創立
118463	鮮滿版	1924/11/14	06단	各地より(淸津)
118464	鮮滿版	1924/11/14	06단	教育界(教育打合會/教員整理進捗/咸南教育大會/教育品展覽會)
118465	鮮滿版	1924/11/15	01단	帝都より朝鮮へ(7)/勞動救濟施設
118466	鮮滿版	1924/11/15	01단	悲痛の氣漲る整理を前の官廳/退職給與の金も豫期したよりは尠い
118467	鮮滿版	1924/11/15	01단	新鐵道局長は誰?有力な弓削、和田兩氏/其の他の話頭に上る人々
118468	鮮滿版	1924/11/15	01단	尚淘汰される判任高級者
118469	鮮滿版	1924/11/15	02단	社債保證案議會提出か/東拓の新計劃
118470	鮮滿版	1924/11/15	03단	來年下半期は出超となるか/韓相龍氏談
118471	鮮滿版	1924/11/15	03단	鮮牛の聲價は落ちた/度々發生する牛疫/釜山からの移出のみ解禁さる
118472	鮮滿版	1924/11/15	03단	國境の守り堅く一步の侵入を許さず平北道の不逞追討計劃
118473	鮮滿版	1924/11/15	05단	國境靜穩/警官增派と統義府の內訌
118474	鮮滿版	1924/11/15	05단	稀しく良い衛生狀態
118475	鮮滿版	1924/11/15	05단	北栗面の小作爭議續く
118476	鮮滿版	1924/11/15	05단	鮮鐵直營後に平壤炭使用か/煉炭業界の福音

일련번호	판명	간행일	단수	기사명
118477	鮮滿版	1924/11/15	05단	半島茶話
118478	鮮滿版	1924/11/15	06단	釜山の在監者
118479	鮮滿版	1924/11/15	06단	家族的に質實に/兵隊さんの勤儉日
118480	鮮滿版	1924/11/15	06단	在鄉軍人の演習
118481	鮮滿版	1924/11/15	06단	運動界(鮮滿劍道戰近し)
118482	鮮滿版	1924/11/15	06단	各地より(雄基/淸津)
118483	鮮滿版	1924/11/16	01단	俎上の警官千五百十二月一日淘汰發表/警務機關も編成替
118484	鮮滿版	1924/11/16	01단	形式的に整理する京城府廳の方針
118485	鮮滿版	1924/11/16	01단	怠業說につき公開狀を協援會が發表
118486	鮮滿版	1924/11/16	01단	許可あれば金は出るが釜山鎭埋立問題
118487	鮮滿版	1924/11/16	02단	煙草の種類は增加せぬ方針/高武事務官談
118488	鮮滿版	1924/11/16	02단	特惠關稅のお仲間入りを安東商議の願出
118489	鮮滿版	1924/11/16	02단	平北道來年度豫算極度の緊縮削減
118490	鮮滿版	1924/11/16	02단	財界管見/私鐵京南鐵道(５８)/改革派の言分
118491	鮮滿版	1924/11/16	03단	鮮滿直通電話成績
118492	鮮滿版	1924/11/16	03단	眞珠に化ける太刀魚の鱗片釜山から大阪へ移出/落付くさきは北米其他
118493	鮮滿版	1924/11/16	04단	內地移出米檢查を嚴に/大阪から抗議
118494	鮮滿版	1924/11/16	04단	注意を惹く鮮銀券の發行增加
118495	鮮滿版	1924/11/16	04단	露國共產黨員不逞鮮人を燒殺す/露領松田館の慘事
118496	鮮滿版	1924/11/16	05단	半島茶話
118497	鮮滿版	1924/11/16	05단	鮮米出廻りと購買力の增進
118498	鮮滿版	1924/11/16	05단	水雲開教記念日
118499	鮮滿版	1924/11/16	05단	慶北の園藝品評會十九日まで
118500	鮮滿版	1924/11/16	06단	自動車連絡絶ゆ摩雲嶺の大雪
118501	鮮滿版	1924/11/16	06단	棉花買付混亂全羅南北で
118502	鮮滿版	1924/11/16	06단	大邱林檎大阪へ
118503	鮮滿版	1924/11/16	06단	熱と光を失へる衡平社本部委員
118504	鮮滿版	1924/11/16	06단	靑年の力で開墾
118505	鮮滿版	1924/11/18	01단	滿州を流浪の鮮人救濟の計劃/鄭安立氏の農業經營
118506	鮮滿版	1924/11/18	01단	暗殺の噂の裡にも王家御一族の爲め骨折った篠田李王職次官
118507	鮮滿版	1924/11/18	01단	浦濱航路明年から開航
118508	鮮滿版	1924/11/18	01단	北栗面堤防補修工事開始
118509	鮮滿版	1924/11/18	01단	漸く京城に来た丁式六號機/前方は出迎への平壤航公隊の一機
118510	鮮滿版	1924/11/18	03단	地稅免除六萬圓
118511	鮮滿版	1924/11/18	03단	黃海米作豫想
118512	鮮滿版	1924/11/18	03단	銀行預金爭奪近く解決せん
118513	鮮滿版	1924/11/18	03단	工賃低下す
118514	鮮滿版	1924/11/18	03단	就職に焦慮する/淘汰される官吏達大部分は徒食するだらう

일련번호	판명	간행일	단수	기사명
118515	鮮滿版	1924/11/18	03단	目も當てられぬ寂しさを/この冬の京城
118516	鮮滿版	1924/11/18	03단	郵便所の請願
118517	鮮滿版	1924/11/18	04단	財界管見/私鐵京南鐵道（５９）/改革派の重役不信
118518	鮮滿版	1924/11/18	04단	新義州が最も有望/新設の暴擊隊候補地
118519	鮮滿版	1924/11/18	04단	自家用煙草耕作
118520	鮮滿版	1924/11/18	04단	整理される郡守
118521	鮮滿版	1924/11/18	04단	兵隊さんも覗く(人事相談所/公立圖書館)
118522	鮮滿版	1924/11/18	05단	拳銃密賣者公判
118523	鮮滿版	1924/11/18	05단	窓口で搔浚ふ
118524	鮮滿版	1924/11/18	05단	領事館の産業獎勵
118525	鮮滿版	1924/11/18	05단	半島茶話
118526	鮮滿版	1924/11/18	06단	軍人同志會生る
118527	鮮滿版	1924/11/18	06단	會(朝鮮獵友會/朝鮮統計協會/朝鮮物産協會/饑饉救濟音樂會)
118528	鮮滿版	1924/11/18	06단	會社銀行(朝鮮貿易組合總會/京信整理問題)
118529	鮮滿版	1924/11/18	06단	教育界(生徒作品陳列會)
118530	鮮滿版	1924/11/19	01단	音樂美術學校創設は氣運が旣に熟した/無い袖の振れぬ悲しさ
118531	鮮滿版	1924/11/19	01단	命の縮む思ひの冬の新義州府民/雨は降らず上水道は減水
118532	鮮滿版	1924/11/19	01단	平中學級增加明春は實現せん
118533	鮮滿版	1924/11/19	01단	今度は代議士口說き平壤の增師運動
118534	鮮滿版	1924/11/19	01단	海州道路取擴げ
118535	鮮滿版	1924/11/19	02단	浦鹽北鮮と上海航路新線の開始
118536	鮮滿版	1924/11/19	02단	露領沿海縣が穀物輸出禁止
118537	鮮滿版	1924/11/19	02단	賑はふ裏日本航路朝鮮を控へて競爭の態
118538	鮮滿版	1924/11/19	03단	大減少はない鮮米移出高
118539	鮮滿版	1924/11/19	03단	鮮米積取に增船
118540	鮮滿版	1924/11/19	03단	濟州名物の海女が板挾み/釜山濟州兩組合へ義理立て
118541	鮮滿版	1924/11/19	03단	比安水利組合
118542	鮮滿版	1924/11/19	03단	海州市場面營
118543	鮮滿版	1924/11/19	04단	淸津貿易額
118544	鮮滿版	1924/11/19	04단	慶北棉出廻況
118545	鮮滿版	1924/11/19	04단	棉作品評會授賞
118546	鮮滿版	1924/11/19	04단	曉星女學校紛擾六年生全部退學處分
118547	鮮滿版	1924/11/19	05단	姿を潛める舊韓國貨幣
118548	鮮滿版	1924/11/19	05단	馬山灣は養貝に好適地
118549	鮮滿版	1924/11/19	05단	生徒お出入り勝手の飲食店を學校で指定/釜山第一商業の試み
118550	鮮滿版	1924/11/19	05단	潛水艦鎭海へ
118551	鮮滿版	1924/11/19	05단	樂浪古器物展覽
118552	鮮滿版	1924/11/19	05단	氷採取場を新設

일련번호	판명	간행일	단수	기사명
118553	鮮滿版	1924/11/19	05단	理髮業試驗制度
118554	鮮滿版	1924/11/19	05단	清津のモヒ心中
118555	鮮滿版	1924/11/19	06단	清津形務所作業能率擧る
118556	鮮滿版	1924/11/19	06단	清津の荷揚場埋立に着水
118557	鮮滿版	1924/11/19	06단	轢死婦人身元
118558	鮮滿版	1924/11/19	06단	朝鮮紡織竣工期
118559	鮮滿版	1924/11/19	06단	山口安憲氏
118560	鮮滿版	1924/11/19	06단	京鐵局より
118561	鮮滿版	1924/11/20	01단	失職官吏足止めの策/總督府で思案半は國有未墾地拂下げ等と
118562	鮮滿版	1924/11/20	01단	除隊の兵隊さんを朝鮮の地に殘さうと今更に大官達の宣傳
118563	鮮滿版	1924/11/20	01단	來年から事業を同民會の近狀
118564	鮮滿版	1924/11/20	01단	全南窮民救濟
118565	鮮滿版	1924/11/20	02단	法聖浦港修築
118566	鮮滿版	1924/11/20	02단	馬山の淘汰
118567	鮮滿版	1924/11/20	02단	中學、高普を道立に/これも行政整理の餘沫
118568	鮮滿版	1924/11/20	02단	水産業と資金難
118569	鮮滿版	1924/11/20	02단	釜山銀行預金
118570	鮮滿版	1924/11/20	03단	朝鮮米豆檢査者に注意
118571	鮮滿版	1924/11/20	03단	朝鮮の婦人團體
118572	鮮滿版	1924/11/20	03단	協定難の銀行預金爭奪
118573	鮮滿版	1924/11/20	03단	慶北苹果移出
118574	鮮滿版	1924/11/20	04단	辭令
118575	鮮滿版	1924/11/20	04단	小作人地主を襲ふ險惡な全南岩泰島
118576	鮮滿版	1924/11/20	04단	弊害の多い組合を警察部長が大改革/コタ返しの釜山の諸組合
118577	鮮滿版	1924/11/20	04단	二年間は味の變らぬ果實の地下室貯藏
118578	鮮滿版	1924/11/20	04단	服裝は質素に大邱藝妓の申合
118579	鮮滿版	1924/11/20	05단	醉拂ひの怪魚/半魚半蛇のカムルチー
118580	鮮滿版	1924/11/20	05단	半島茶話
118581	鮮滿版	1924/11/20	06단	歸州寺の再建
118582	鮮滿版	1924/11/20	06단	支那强盜那人を射殺/圖們江驛附近で
118583	鮮滿版	1924/11/20	06단	迷信から殺人
118584	鮮滿版	1924/11/20	06단	咸興防火宣傳劇
118585	鮮滿版	1924/11/20	06단	馬山電燈値下げ
118586	鮮滿版	1924/11/20	06단	咸興管內の狂者
118587	鮮滿版	1924/11/20	06단	三越出張所落成
118588	鮮滿版	1924/11/20	06단	會社銀行(大阪出張所昇格/積船限定反對委員)
118589	鮮滿版	1924/11/21	01단	十月會の苦笑ひ要求は大體貫徹/現業側には小不平
118590	鮮滿版	1924/11/21	01단	古朝鮮の藝術研究が暗に葬られ相な運命

일련번호	판명	간행일	단수	기사명
118591	鮮滿版	1924/11/21	01단	意氣も挫けた京城學校組合
118592	鮮滿版	1924/11/21	01단	財界管見/私鐵京南鐵道（６０）/永遠の策を樹て
118593	鮮滿版	1924/11/21	02단	大邱聯隊除隊
118594	鮮滿版	1924/11/21	02단	朝鮮の麥酒界
118595	鮮滿版	1924/11/21	03단	高女音樂會と少年少女大會
118596	鮮滿版	1924/11/21	03단	全北東津水利組織着々進む
118597	鮮滿版	1924/11/21	03단	千萬圓の社債殖銀の募集決す
118598	鮮滿版	1924/11/21	03단	取引所令の其後未だ局長の掌中に
118599	鮮滿版	1924/11/21	04단	赤露の經濟調査滿洲朝鮮にて
118600	鮮滿版	1924/11/21	04단	東拓の棉試作
118601	鮮滿版	1924/11/21	04단	漁撈や耕作で自給自足する學校永興灣頭の感化院
118602	鮮滿版	1924/11/21	04단	預金部の低資旱害救濟に融通
118603	鮮滿版	1924/11/21	04단	幼い二兒を棄て置いて情人に奔った女/夫は朝鮮入營中
118604	鮮滿版	1924/11/21	05단	社會主義學生教師を毆打す
118605	鮮滿版	1924/11/21	05단	鮮人學生を軍事教育に免除
118606	鮮滿版	1924/11/21	05단	半島茶話
118607	鮮滿版	1924/11/21	06단	形務所でスレート細工
118608	鮮滿版	1924/11/21	06단	青年の溺死
118609	鮮滿版	1924/11/21	06단	京鐵局より
118610	鮮滿版	1924/11/21	06단	運動界(優勝旗授與式)
118611	鮮滿版	1924/11/21	06단	三矢警務局長
118612	鮮滿版	1924/11/22	01단	總監の言葉に不平も洗去られ十月會は解散に決定/退職給與金問題解決
118613	鮮滿版	1924/11/22	01단	鐵道ホテルの經營は移管後改革されやう/今までは缺損續き
118614	鮮滿版	1924/11/22	01단	國境の守備隊明年も存置
118615	鮮滿版	1924/11/22	01단	在鮮陸軍異動
118616	鮮滿版	1924/11/22	01단	財界管見/私鐵京南鐵道（６１）/社長の椅子を狙ふ
118617	鮮滿版	1924/11/22	02단	京城水道電化
118618	鮮滿版	1924/11/22	02단	露領出漁が增した/一時程の壓迫もない
118619	鮮滿版	1924/11/22	03단	練兵町拂下問題解決容易ならず
118620	鮮滿版	1924/11/22	03단	牛市場復活淸津牛疫熄む
118621	鮮滿版	1924/11/22	03단	大邱十月貿易
118622	鮮滿版	1924/11/22	04단	朝鮮金融機關
118623	鮮滿版	1924/11/22	04단	鮮銀券發行高
118624	鮮滿版	1924/11/22	04단	活氣づく棉花
118625	鮮滿版	1924/11/22	04단	咸北の陶土から硫酸アルミニウムを安價に製造する法に成功/殘渣からは脱色劑を
118626	鮮滿版	1924/11/22	04단	乞食團が救濟を嘆願/黃海道知事に
118627	鮮滿版	1924/11/22	04단	八方塞りの在外不逞團/窮迫、暗鬪、暗殺

일련번호	판명	간행일	단수	기사명
118628	鮮滿版	1924/11/22	05단	盛んに讀まれる「死線を越えて」釜山の讀書界
118629	鮮滿版	1924/11/22	05단	京城大學教授服部博士が銓衡
118630	鮮滿版	1924/11/22	05단	赤化防止の大陸勞働協會
118631	鮮滿版	1924/11/22	05단	獵友達を撃つ
118632	鮮滿版	1924/11/22	05단	半島茶話
118633	鮮滿版	1924/11/22	06단	明大魚豊漁か
118634	鮮滿版	1924/11/22	06단	北栗面の小作爭議解決/鳳山郡で續發
118635	鮮滿版	1924/11/22	06단	防火宣傳標語募集
118636	鮮滿版	1924/11/22	06단	光州
118637	鮮滿版	1924/11/23	01단	釜山福岡間無電遂に復活されず？/本社通信部の通話を最後に財政緊縮の祟り
118638	鮮滿版	1924/11/23	01단	中樞院は存續/創設の趣旨に鑑み漸次改造する
118639	鮮滿版	1924/11/23	01단	來月半ば迄に淘汰發表/退職、免官、休職
118640	鮮滿版	1924/11/23	01단	警務局異動豫想
118641	鮮滿版	1924/11/23	01단	殖産局分離中止/實績が擧らぬ
118642	鮮滿版	1924/11/23	02단	鐵原金泉間近く開通する
118643	鮮滿版	1924/11/23	02단	十月會解散聲明書を發表
118644	鮮滿版	1924/11/23	02단	寒空に震へる四千の失業者一萬人は內地に引揚げ
118645	鮮滿版	1924/11/23	02단	固定貸整理鮮銀第一次調査
118646	鮮滿版	1924/11/23	02단	財界管見/私鐵京南鐵道（６２）/安城線建設問題
118647	鮮滿版	1924/11/23	03단	內地に居る咸南の鮮人
118648	鮮滿版	1924/11/23	04단	十萬貫の氷を輸城川で採る
118649	鮮滿版	1924/11/23	04단	大邱の藥市
118650	鮮滿版	1924/11/23	04단	滿洲粟の輸入
118651	鮮滿版	1924/11/23	04단	滿洲粟出廻る
118652	鮮滿版	1924/11/23	04단	大邱歲末好況か
118653	鮮滿版	1924/11/23	04단	山中に痩せ衰へた親子四人特別勤務の警官に救はる/警察協會で近く表彰
118654	鮮滿版	1924/11/23	05단	半島茶話
118655	鮮滿版	1924/11/23	05단	平南養蠶獎勵
118656	鮮滿版	1924/11/23	05단	大袈裟な耐寒飛行平壤を中心に
118657	鮮滿版	1924/11/23	05단	公魚を南鮮へ移殖する計劃
118658	鮮滿版	1924/11/23	06단	許一袋叩にさる暴力派の首領
118659	鮮滿版	1924/11/23	06단	大邱に着陸場設置說高まる
118660	鮮滿版	1924/11/23	06단	火の海に飛込む
118661	鮮滿版	1924/11/23	06단	旱害民の移住
118662	鮮滿版	1924/11/23	06단	『社友』危まる
118663	鮮滿版	1924/11/25	01단	警官の質が落ちた/車夫も馬丁も巡査になった/好景氣時代の弊害

일련번호	판명	간행일	단수	기사명
118664	鮮滿版	1924/11/25	01단	師團增設は實現すまい寧ろ爆擊隊が有望
118665	鮮滿版	1924/11/25	01단	咸南の淘汰/李知事も退官
118666	鮮滿版	1924/11/25	01단	元山署長退官
118667	鮮滿版	1924/11/25	01단	酒の品評會來月京城で開く
118668	鮮滿版	1924/11/25	02단	物産協會陳列館
118669	鮮滿版	1924/11/25	02단	副業經營法募集
118670	鮮滿版	1924/11/25	02단	大好評の朝鮮苹果十月までに百萬斤の移出/上海への輸出 米國産と商戰
118671	鮮滿版	1924/11/25	02단	
118672	鮮滿版	1924/11/25	02단	北鮮産枕木來年度供給高
118673	鮮滿版	1924/11/25	03단	財界に回復の氣運/荷動きから觀て
118674	鮮滿版	1924/11/25	03단	仁川港の貿易
118675	鮮滿版	1924/11/25	03단	京城飛行の失敗は險惡な天候の災ひ/八號機で苦しんだ麥田大尉
118676	鮮滿版	1924/11/25	04단	水産製品檢査規則改正
118677	鮮滿版	1924/11/25	04단	完全な着陸場朝鮮に欲しい
118678	鮮滿版	1924/11/25	04단	內地で職を失って歸り來る鮮人の因苦
118679	鮮滿版	1924/11/25	04단	烏賊魚の復活總督府に運動
118680	鮮滿版	1924/11/25	05단	帝政派日本亡命/東支鐵道幹部
118681	鮮滿版	1924/11/25	05단	重砲兵の除隊
118682	鮮滿版	1924/11/25	05단	江畔會展覽會
118683	鮮滿版	1924/11/25	05단	各地より(平壤)
118684	鮮滿版	1924/11/25	06단	會社銀行(東拓第十五回移民/京城信託業績)
118685	鮮滿版	1924/11/25	06단	運動界(滿洲軍大捷鮮滿對抗劍道戰/京鐵のグラウンド)
118686	鮮滿版	1924/11/25	06단	教育界(官立學校長會議)
118687	鮮滿版	1924/11/25	06단	大島勝太郎氏
118688	鮮滿版	1924/11/25	06단	半島茶話
118689	鮮滿版	1924/11/26	01단	昌德宮兩殿下の御近狀/洋琴に堪能の妃の宮
118690	鮮滿版	1924/11/26	01단	緊縮の餘地も少ない李王職の切詰めたお世帶
118691	鮮滿版	1924/11/26	01단	更に來春五百萬圓社債を募集/賀田鮮鐵取締役
118692	鮮滿版	1924/11/26	01단	伸びる爲め一時資金も引揚げた
118693	鮮滿版	1924/11/26	01단	財界管見/私鐵京南鐵道(63)/堅實を誇る會社側
118694	鮮滿版	1924/11/26	02단	委員會改廢總督府で調査中
118695	鮮滿版	1924/11/26	02단	普通學校教科書改正十五年度から
118696	鮮滿版	1924/11/26	03단	新聞紙法改正草案研究中
118697	鮮滿版	1924/11/26	03단	鮮鐵運賃統一
118698	鮮滿版	1924/11/26	03단	在滿鮮人の生活安定を圖る七十餘萬圓を投出して
118699	鮮滿版	1924/11/26	04단	半島の文壇
118700	鮮滿版	1924/11/26	04단	纖維工業擡頭

일련번호	판명	간행일	단수	기사명
118701	鮮滿版	1924/11/26	04단	大震災に乗じて盗み取った時計の山釜山地方法院で競賣
118702	鮮滿版	1924/11/26	04단	鮮人の歩兵隊減員は補充せぬ
118703	鮮滿版	1924/11/26	04단	咸興の火事
118704	鮮滿版	1924/11/26	05단	浦潮自由港を北鮮では歡迎
118705	鮮滿版	1924/11/26	05단	積雪二尺五寸咸南道の奧地
118706	鮮滿版	1924/11/26	05단	ジ氏來鮮
118707	鮮滿版	1924/11/26	05단	自殺と凍死と
118708	鮮滿版	1924/11/26	05단	カツとなった張作霖不逞鮮人の撲滅を計劃す
118709	鮮滿版	1924/11/26	06단	樂浪古器物展覽
118710	鮮滿版	1924/11/26	06단	會社銀行(豊國製紛再興)
118711	鮮滿版	1924/11/26	06단	半島茶話
118712	鮮滿版	1924/11/27	01단	雲行きの良い吉會線敷設問題/段總理も好意を持つ
118713	鮮滿版	1924/11/27	01단	鮮人を多く官吏に採用する新方針內定
118714	鮮滿版	1924/11/27	01단	道の中學へ國費の補助ある時期まで
118715	鮮滿版	1924/11/27	01단	泣付く外ない脊負込まされた三中等學校
118716	鮮滿版	1924/11/27	02단	整理風は何處吹く?/落着いた釜山の官廳
118717	鮮滿版	1924/11/27	03단	緊縮一天張り師範校は建る平南の新豫算
118718	鮮滿版	1924/11/27	03단	全鮮屈指の富豪に一萬圓の請求訴訟/香椎會頭の昔友達が
118719	鮮滿版	1924/11/27	03단	保有性に强い鮮人樂浪の古器から考察
118720	鮮滿版	1924/11/27	04단	富平水利組合揚水に電力を
118721	鮮滿版	1924/11/27	04단	代表者派遣萬國鐵道會議
118722	鮮滿版	1924/11/27	04단	釜山郵便局增築
118723	鮮滿版	1924/11/27	04단	問題の火藥釜山に移入
118724	鮮滿版	1924/11/27	05단	半島茶話
118725	鮮滿版	1924/11/27	05단	六萬町燒く咸北の山火事
118726	鮮滿版	1924/11/27	05단	成績の擧る在監者の作業
118727	鮮滿版	1924/11/27	05단	十五名に停學鎭南浦商工校
118728	鮮滿版	1924/11/27	06단	淸津府の出品
118729	鮮滿版	1924/11/27	06단	鴨綠江結氷/不逞鮮人の侵入を警戒
118730	鮮滿版	1924/11/27	06단	羅南の雪
118731	鮮滿版	1924/11/27	06단	福井出漁者歸る
118732	鮮滿版	1924/11/27	06단	羅南面事務所
118733	鮮滿版	1924/11/27	06단	東洋畵展
118734	鮮滿版	1924/11/27	06단	各地より(咸興)
118735	鮮滿版	1924/11/28	01단	帝都より朝鮮へ(8)/SPR
118736	鮮滿版	1924/11/28	01단	朝鮮には醫者が不足/醫生は駄目/志賀潔博士談
118737	鮮滿版	1924/11/28	01단	鮮人書堂に閉鎖令/滿洲奧地で支那の壓迫
118738	鮮滿版	1924/11/28	01단	全廢論の持上った運輸工務事務所

일련번호	판명	간행일	단수	기사명
118739	鮮滿版	1924/11/28	02단	明春でお拂ひ箱/無資格の教員
118740	鮮滿版	1924/11/28	03단	淘汰を前に名殘の別盃
118741	鮮滿版	1924/11/28	03단	黃海道明年度豫算百二十五萬圓位
118742	鮮滿版	1924/11/28	03단	瑞興形務支所整理で廢止か
118743	鮮滿版	1924/11/28	04단	平北米の移出
118744	鮮滿版	1924/11/28	04단	火災期を前に超過保險を取締る/釜山警察で協議會
118745	鮮滿版	1924/11/28	04단	半島の文壇
118746	鮮滿版	1924/11/28	05단	慶北棉出廻況
118747	鮮滿版	1924/11/28	05단	祐大紡績の計劃
118748	鮮滿版	1924/11/28	05단	大邱雨傘製造組合
118749	鮮滿版	1924/11/28	05단	火消に十六萬人/咸南山火事後聞
118750	鮮滿版	1924/11/28	05단	『我國危いかな』憲兵隊の宣傳
118751	鮮滿版	1924/11/28	06단	浮浪者狩り
118752	鮮滿版	1924/11/28	06단	釜山の小火
118753	鮮滿版	1924/11/28	06단	優勝刀を受ける滿軍木村主將(第二回滿鮮對抗劍道大會)
118754	鮮滿版	1924/11/28	06단	各地より(平壤)
118755	鮮滿版	1924/11/29	01단	帝都より朝鮮へ(9)/賃銀泥醉感情
118756	鮮滿版	1924/11/29	01단	義烈團の密使奉天から潜入/京城警察の大活動
118757	鮮滿版	1924/11/29	01단	不逞團赤軍に追はれ間島森林帶へ南下す
118758	鮮滿版	1924/11/29	01단	銀の帶した『さば』放流/回游調査のため
118759	鮮滿版	1924/11/29	01단	嘱望される苹果
118760	鮮滿版	1924/11/29	02단	陸軍馬糧買入
118761	鮮滿版	1924/11/29	02단	東拓事業整理
118762	鮮滿版	1924/11/29	02단	五十萬圓融通
118763	鮮滿版	1924/11/29	02단	仁川鮮米移出
118764	鮮滿版	1924/11/29	02단	女高普演習科京城師範へ轉屬
118765	鮮滿版	1924/11/29	03단	禁酒會の名で民衆運動を
118766	鮮滿版	1924/11/29	03단	恐喝警部、補判決/長い罪名で懲役四年
118767	鮮滿版	1924/11/29	03단	整理喜悲
118768	鮮滿版	1924/11/29	04단	八年蒐集した樂浪古器を寄托/平壤を去る關口氏
118769	鮮滿版	1924/11/29	05단	賑ふ棉市場
118770	鮮滿版	1924/11/29	05단	農産物品評會
118771	鮮滿版	1924/11/29	05단	半島茶話
118772	鮮滿版	1924/11/29	06단	平南の極貧者
118773	鮮滿版	1924/11/29	06단	問題の華嚴寺昇格
118774	鮮滿版	1924/11/29	06단	朝鮮海陸勞働協會
118775	鮮滿版	1924/11/29	06단	京鐵局より
118776	鮮滿版	1924/11/30	01단	空しく放任の千古の大森林運輸施設がないのでとても算盤にあはぬ/鴨綠江岸の大富源

일련번호	판명	간행일	단수	기사명
118777	鮮滿版	1924/11/30	01단	『外債で朝鮮の開發』久保田東拓總裁來る
118778	鮮滿版	1924/11/30	01단	新局長噂の人/村井運輸局長
118779	鮮滿版	1924/11/30	01단	安東都市計劃
118780	鮮滿版	1924/11/30	02단	安東中學開校來年四月から
118781	鮮滿版	1924/11/30	02단	米を賣って木綿買ふ朝鮮人の經濟生活
118782	鮮滿版	1924/11/30	03단	朝鮮對外貿易
118783	鮮滿版	1924/11/30	03단	灣米移入止む
118784	鮮滿版	1924/11/30	03단	整理小話
118785	鮮滿版	1924/11/30	04단	鮮米代用に外米の輸入
118786	鮮滿版	1924/11/30	04단	社外船の割込/鮮米の積取に
118787	鮮滿版	1924/11/30	04단	關釜連絡船の警官乘込は續ける//パス廢止に脅かされた總督府もやっと一息
118788	鮮滿版	1924/11/30	04단	朝鮮線には朝鮮炭を殊に良い平壤無煙炭
118789	鮮滿版	1924/11/30	04단	商業卒業で初給十五圓
118790	鮮滿版	1924/11/30	05단	京城商議豫算
118791	鮮滿版	1924/11/30	05단	鴨綠江岸の鐵道砲壘廿八日竣成
118792	鮮滿版	1924/11/30	05단	私生子の悲み二十娘の轢死
118793	鮮滿版	1924/11/30	05단	鮮人强盜の二人斬り兇刃に殪れた金融組合理事
118794	鮮滿版	1924/11/30	06단	俵米品評會
118795	鮮滿版	1924/11/30	06단	大邱消防義會
118796	鮮滿版	1924/11/30	06단	龍山義勇消防組
118797	鮮滿版	1924/11/30	06단	會社銀行(仁川米豆取引所/朝鐵と社債)
118798	鮮滿版	1924/11/30	06단	運動界(弓術大會)
118799	鮮滿版	1924/11/30	06단	半島茶話

1924년 12월 (선만판)

일련번호	판명	간행일	단수	기사명
118800	鮮滿版	1924/12/2	01단	關係會社の整理は滿洲一社鮮內に三社/齊藤東拓事業部長談
118801	鮮滿版	1924/12/2	01단	古蹟調査課廢止か/學界の爲惜まれてゐる
118802	鮮滿版	1924/12/2	01단	鮮人教科書編纂難/大內編輯課長
118803	鮮滿版	1924/12/2	02단	贅澤品輸入/著しく減少
118804	鮮滿版	1924/12/2	02단	蟲のよい借地組合の要求/練兵町拂下問題
118805	鮮滿版	1924/12/2	03단	不逞團を避けて故鄉を引拂ふ地主/江界楚山に集まる
118806	鮮滿版	1924/12/2	03단	龍山中學の軍事研究(一)/若い士官は平和の戰勝を提唱
118807	鮮滿版	1924/12/2	04단	安東領事館新築成る/鎭江山腹の雄姿
118808	鮮滿版	1924/12/2	04단	朝鐵旣設線
118809	鮮滿版	1924/12/2	04단	有望な柞蠶
118810	鮮滿版	1924/12/2	05단	半島茶話
118811	鮮滿版	1924/12/2	05단	細民救濟費借入交涉惱む
118812	鮮滿版	1924/12/2	05단	豆滿江結氷す
118813	鮮滿版	1924/12/2	05단	ヂムバリスト提琴演奏會
118814	鮮滿版	1924/12/2	05단	いよいよ嚴重な朝鮮國境の守備/守備兵は永久駐屯
118815	鮮滿版	1924/12/2	06단	會社銀行(朝鮮肥料整理)
118816	鮮滿版	1924/12/2	06단	各地より(京城)
118817	鮮滿版	1924/12/3	01단	由緒深い昌慶苑御拂下げの噂/經營がなかなか苦しい
118818	鮮滿版	1924/12/3	01단	朝鮮に佛教大學/布教の人材を養成する
118819	鮮滿版	1924/12/3	01단	淘汰と異動/氣早い引揚げ/咸北內務部長
118820	鮮滿版	1924/12/3	01단	武內警察部長
118821	鮮滿版	1924/12/3	01단	新義州水道擴張說/水源地增設か
118822	鮮滿版	1924/12/3	02단	狹くなった中央電話局
118823	鮮滿版	1924/12/3	02단	生牛移出旺盛/淸津から內地へ
118824	鮮滿版	1924/12/3	03단	平壤中學擴張
118825	鮮滿版	1924/12/3	03단	慶北の蠶種
118826	鮮滿版	1924/12/3	03단	慶東線にボギー車運轉
118827	鮮滿版	1924/12/3	03단	電話の手放しが殖えた/不況を物語るこの世相
118828	鮮滿版	1924/12/3	03단	新殖産局長池田秀雄氏
118829	鮮滿版	1924/12/3	03단	龍山中學の軍事研究(二)/不寢番勤務は貧乏籤
118830	鮮滿版	1924/12/3	04단	山形から移民/甛菜栽培に
118831	鮮滿版	1924/12/3	04단	鎭南浦刑務所本年で廢止か
118832	鮮滿版	1924/12/3	05단	半島茶話
118833	鮮滿版	1924/12/3	05단	密造火藥爆發/一家死傷す
118834	鮮滿版	1924/12/3	05단	寫眞屋さんあがったりの事/兵士出入嚴禁の羅南勤儉週間
118835	鮮滿版	1924/12/3	05단	遙々奉天から武藤氏を脅迫
118836	鮮滿版	1924/12/3	06단	平壤府歲入出
118837	鮮滿版	1924/12/3	06단	試驗場の鯖節

일련번호	판명	간행일	단수	기사명
118838	鮮滿版	1924/12/3	06단	優良店員表彰
118839	鮮滿版	1924/12/3	06단	土産愛用婦人會
118840	鮮滿版	1924/12/3	06단	會(聯合俵米品評會)
118841	鮮滿版	1924/12/4	01단	
118842	鮮滿版	1924/12/4	01단	學生委員の懸命の努力/工科學堂廢止反對は政黨方面も動く
118843	鮮滿版	1924/12/4	01단	不逞鮮人の立てた武官學校閉鎖さる/支那軍警の强壓手段
118844	鮮滿版	1924/12/4	01단	外人を離れる基督教信者/萬歲騷後の傾向
118845	鮮滿版	1924/12/4	01단	北鮮大豆を馬糧用に/軍馬補充部へ
118846	鮮滿版	1924/12/4	02단	龍山中學の軍事研究(完)/一圓二十錢奉納の酒保
118847	鮮滿版	1924/12/4	03단	新聞電報の豫約制度實施/內鮮滿相互に
118848	鮮滿版	1924/12/4	03단	厄介者の宿なし鮮童/釜山補助會に收容して眞人間に育てる
118849	鮮滿版	1924/12/4	04단	東拓回收良好
118850	鮮滿版	1924/12/4	04단	六百圓で行詰る
118851	鮮滿版	1924/12/4	04단	平北金融組合
118852	鮮滿版	1924/12/4	05단	浦潮自由港說は嘘傳/白軍系の宣傳
118853	鮮滿版	1924/12/4	05단	また擡頭の學校騷動/京城普成と協成校
118854	鮮滿版	1924/12/4	05단	亞港から送還された貧しき鮮人の群
118855	鮮滿版	1924/12/4	06단	獐の研究に石川博士朝鮮へ
118856	鮮滿版	1924/12/4	06단	闇に還った海州
118857	鮮滿版	1924/12/4	06단	損害六十二萬圓/咸南の山火事
118858	鮮滿版	1924/12/4	06단	拔いたも拔いた九十八萬束の稗
118859	鮮滿版	1924/12/4	06단	エス語聯盟成る
118860	鮮滿版	1924/12/5	01단	內地老官吏の朝鮮落ちお斷り待遇も內鮮同樣に/整理を機に大刷新
118861	鮮滿版	1924/12/5	01단	郵便局へ三十里/餘り少い所を整理で又格下げ
118862	鮮滿版	1924/12/5	01단	帝都より朝鮮へ(１０)/SPR
118863	鮮滿版	1924/12/5	02단	二十錢の稅にも惱む貧窮の果ての平北の民
118864	鮮滿版	1924/12/5	02단	勞農經濟會議
118865	鮮滿版	1924/12/5	03단	在露鮮人引揚げ止む
118866	鮮滿版	1924/12/5	03단	咸鏡線運輸況
118867	鮮滿版	1924/12/5	04단	釜山組合銀行預金
118868	鮮滿版	1924/12/5	04단	京城各銀行配當
118869	鮮滿版	1924/12/5	04단	電燈も點けられぬ釜山の不景氣
118870	鮮滿版	1924/12/5	04단	京城にラヂオ聽く日/それも遠くはあるまい
118871	鮮滿版	1924/12/5	04단	舊水雷艇を張作霖が買入れ
118872	鮮滿版	1924/12/5	05단	半島茶話
118873	鮮滿版	1924/12/5	05단	二日で地均し江界の着陸場
118874	鮮滿版	1924/12/5	05단	無極教を種に/惡い鮮人の騙り

일련번호	판명	간행일	단수	기사명
118875	鮮滿版	1924/12/5	05단	稀しや青銅錢も飛出す/世智辛いこの頃の賽錢箱/お宮さんから見た世相の一端
118876	鮮滿版	1924/12/5	06단	海州慈惠醫院工事
118877	鮮滿版	1924/12/5	06단	侍天教百年祭
118878	鮮滿版	1924/12/5	06단	咸南山地方疫講習
118879	鮮滿版	1924/12/5	06단	朝鮮及朝鮮人
118880	鮮滿版	1924/12/5	06단	各地より(京城)
118881	鮮滿版	1924/12/6	01단	ある意味での若返り/失鍋新黃海知事の喜び
118882	鮮滿版	1924/12/6	01단	行政整理異動發表/西村局長免官
118883	鮮滿版	1924/12/6	01단	軍隊讚美/若人の胸には軍隊は斯く映ず/龍山中學生の告白(親切溫和/軍隊の規律/一家族の如く/軍人になった氣/赤くなった)
118884	鮮滿版	1924/12/6	02단	黃海道異動
118885	鮮滿版	1924/12/6	02단	廢止される庶務土木の兩部
118886	鮮滿版	1924/12/6	02단	鐵道と教員は
118887	鮮滿版	1924/12/6	03단	活動寫眞部は文書課へ輿入れ
118888	鮮滿版	1924/12/6	03단	法院支廳廢止とその管轄變更
118889	鮮滿版	1924/12/6	03단	一輪の菊の花の物言はぬ尊い教化/囚人の心を和めた釜山刑務所の菊物語
118890	鮮滿版	1924/12/6	04단	吉會線促進の建言を首相に
118891	鮮滿版	1924/12/6	04단	電氣事業の合同は難事
118892	鮮滿版	1924/12/6	05단	半島茶話
118893	鮮滿版	1924/12/6	05단	夕暗の京城上空に快翔/丁式八號機
118894	鮮滿版	1924/12/6	05단	年の瀨前に京城の嚴戒
118895	鮮滿版	1924/12/6	05단	人氣よさに値上げ/大邱産のりんご
118896	鮮滿版	1924/12/6	05단	珊瑚と思ったのは『七兵衛』
118897	鮮滿版	1924/12/6	06단	支那漁夫許可か/淸川江の米蝦
118898	鮮滿版	1924/12/6	06단	要求容れられ協成の休校解決
118899	鮮滿版	1924/12/6	06단	古戰場見學
118900	鮮滿版	1924/12/6	06단	京鐵局より
118901	鮮滿版	1924/12/6	06단	人(赤井朝鮮軍參謀長/牧山耕藏代議士(朝鮮新聞社長))
118902	鮮滿版	1924/12/7	01단	江木翰長に膝詰談判
118903	鮮滿版	1924/12/7	01단	殉職警官の待遇を戰死軍人同樣に/警務局長が交涉中
118904	鮮滿版	1924/12/7	01단	藝術教育を加味せよ/新任の大內視學官(談)
118905	鮮滿版	1924/12/7	01단	釜山協議會波瀾捲起る/船舶給水の不當料金問題
118906	鮮滿版	1924/12/7	03단	二學級制の普校多設主義/平南道の方針
118907	鮮滿版	1924/12/7	03단	防穀令撤廢に決す/一部では旣に廢止
118908	鮮滿版	1924/12/7	03단	普遍的な金融機關設立が急務
118909	鮮滿版	1924/12/7	03단	財界管見/私鐵京南鐵道(６４)/攻擊は惡宣傳か

일련번호	판명	간행일	단수	기사명
118910	鮮滿版	1924/12/7	04단	多獅島築港明年は駄目か
118911	鮮滿版	1924/12/7	04단	寒流を泳ぎ渡って不時着陸機を保護した/鮮人巡査の隱れた美談
118912	鮮滿版	1924/12/7	05단	半島茶話
118913	鮮滿版	1924/12/7	05단	鮮銀の整理と外人取引關係
118914	鮮滿版	1924/12/7	06단	外人宣教師排斥運動/長老派が起す
118915	鮮滿版	1924/12/7	06단	朝鮮牛の好評を惡用/內地の惡德商人
118916	鮮滿版	1924/12/7	06단	不逞鮮人武器を蒐集/奉直戰に乘じて
118917	鮮滿版	1924/12/7	06단	西村保吉氏(前總督府殖産局長)/三矢宮松氏(總督府警務局長)
118918	鮮滿版	1924/12/9	01단	吉會線問題を前に期待される羅津築港 北鮮第一の不凍港/吉會線速成に拓北會の猛運動
118919	鮮滿版	1924/12/9	01단	警官整理は一時のこと/また增員しやう
118920	鮮滿版	1924/12/9	01단	南鮮諸港を觀て/丸山土木部技師(麗水港/統營港/木浦港/群山港)
118921	鮮滿版	1924/12/9	02단	朱乙需城は孰れが經營/鮮鐵移管後も現狀のまゝか
118922	鮮滿版	1924/12/9	02단	慶南道廳釜山移轉に決す/明春四月一日から
118923	鮮滿版	1924/12/9	02단	營口鐵道協議
118924	鮮滿版	1924/12/9	02단	東鮮航路賑ふ
118925	鮮滿版	1924/12/9	02단	北祐丸就航
118926	鮮滿版	1924/12/9	02단	滿蒙毛織事業開始
118927	鮮滿版	1924/12/9	03단	不況の底でも鐵道は儲ける
118928	鮮滿版	1924/12/9	03단	移出牛檢疫所鎭南浦に新設
118929	鮮滿版	1924/12/9	04단	釜山稅關の不關出張所近く實現せん
118930	鮮滿版	1924/12/9	04단	莞草疊表內地試賣/高値で不成績
118931	鮮滿版	1924/12/9	04단	年の暮近くに鮮人の內地行き激增/證明制度復活の噂
118932	鮮滿版	1924/12/9	04단	當局の無責任を詰り學校組合議員總辭職
118933	鮮滿版	1924/12/9	04단	圖書館通ひが殖えた/殊に婦人讀者が
118934	鮮滿版	1924/12/9	05단	半島茶話
118935	鮮滿版	1924/12/9	06단	平南の棉花增殖計劃成功
118936	鮮滿版	1924/12/9	06단	頭を惱ます羅南の商人達
118937	鮮滿版	1924/12/9	06단	聯結手の殉職
118938	鮮滿版	1924/12/9	06단	拓殖局長歡迎茶話會
118939	鮮滿版	1924/12/9	06단	會社銀行(京取後期繰越金)
118940	鮮滿版	1924/12/9	06단	人(馬廷亮氏/荻原榮松氏)
118941	鮮滿版	1924/12/10	01단	三線聯絡協定は鮮鐵側が寧ろ苦痛/直營後とて問題はあるまい
118942	鮮滿版	1924/12/10	01단	教育費は冗費か/總監のため惜む
118943	鮮滿版	1924/12/10	01단	疑はれる産業總監/二萬圓のため釀造試驗所廢止
118944	鮮滿版	1924/12/10	01단	財界管見/私鐵京南鐵道(65)/委任狀の爭奪
118945	鮮滿版	1924/12/10	02단	憲兵司令官異動
118946	鮮滿版	1924/12/10	02단	高橋視學官轉任か

일련번호	판명	간행일	단수	기사명
118947	鮮滿版	1924/12/10	02단	安東土地拂下競爭入札か
118948	鮮滿版	1924/12/10	03단	不二鐵原農場事業完成近し
118949	鮮滿版	1924/12/10	03단	鮮人學生の軍事敎育は實施可否で思案中
118950	鮮滿版	1924/12/10	04단	阿吾地鐵道來春から起工
118951	鮮滿版	1924/12/10	04단	朝鮮對支貿易
118952	鮮滿版	1924/12/10	04단	連袂辭職の理由/平壤學祖議員
118953	鮮滿版	1924/12/10	04단	大阪見本市へ澁い顔の返事
118954	鮮滿版	1924/12/10	05단	半島茶話
118955	鮮滿版	1924/12/10	05단	鮮人を覘ふ露國國境の強盜
118956	鮮滿版	1924/12/10	05단	凍れる江上に瀕死の娘を救ふ/綱を垂して警官の大昌險
118957	鮮滿版	1924/12/10	05단	平壤に博物館
118958	鮮滿版	1924/12/10	05단	協成學校の紛擾尙ほ續く
118959	鮮滿版	1924/12/10	05단	東津水電許可か
118960	鮮滿版	1924/12/10	05단	在鄕憲兵の團體組織計劃
118961	鮮滿版	1924/12/10	06단	剿匪遊擊隊支那側で新設
118962	鮮滿版	1924/12/10	06단	昌原郡の驛屯土爭議
118963	鮮滿版	1924/12/10	06단	摸擬國會
118964	鮮滿版	1924/12/10	06단	京鐵局より
118965	鮮滿版	1924/12/11	01단	通關事務の滿鐵委任は不利益/貨車配給も不安だ
118966	鮮滿版	1924/12/11	01단	道廳移轉補助機關/協贊會を釜山に組織
118967	鮮滿版	1924/12/11	01단	ない袖振って慰み洋行を高官三名に
118968	鮮滿版	1924/12/11	01단	浦項浚渫歎願
118969	鮮滿版	1924/12/11	01단	珍しや金鑛移出/釜山客月貿易
118970	鮮滿版	1924/12/11	02단	財界管見/私鐵京南鐵道(６６)/總會前の示威
118971	鮮滿版	1924/12/11	03단	淸津港貿易百三十萬圓突破
118972	鮮滿版	1924/12/11	03단	猛烈な求職運動/失職官吏を中心に/總督府關係諸會社を絡んで
118973	鮮滿版	1924/12/11	04단	豆粕運賃引下實行は困難/絡み合ふ事情
118974	鮮滿版	1924/12/11	04단	東拓低資借入運動/問題の八百萬圓
118975	鮮滿版	1924/12/11	04단	元山府尹退官か
118976	鮮滿版	1924/12/11	04단	鎭海要港異動
118977	鮮滿版	1924/12/11	05단	京城に空家千五百/家賃は下らぬ
118978	鮮滿版	1924/12/11	05단	近く快報に接しやう不逞團大掃蕩の計劃/不逞團の侵入俄に激減 支那側の取締 統義府の自滅
118979	鮮滿版	1924/12/11	05단	全鮮一の事務所面民の醵金で建つ
118980	鮮滿版	1924/12/11	05단	甲山に豚コレラ
118981	鮮滿版	1924/12/11	06단	小作と地主爭ふ
118982	鮮滿版	1924/12/11	06단	慶北の警官整理
118983	鮮滿版	1924/12/11	06단	江界署の昇格
118984	鮮滿版	1924/12/11	06단	各地より(咸興)

일련번호	판명	간행일	단수	기사명
118985	鮮滿版	1924/12/11	06단	京鐵局より
118986	鮮滿版	1924/12/11	06단	人(矢鍋黃海知事/ハーバー博士)
118987	鮮滿版	1924/12/12	01단	泥棒の卵を眞人間に孵さんとて浮浪鮮童を收容する
118988	鮮滿版	1924/12/12	01단	出版法改正停頓/總監の意嚮が判らぬので
118989	鮮滿版	1924/12/12	01단	財政緊縮で實現せぬ/新義州二問題
118990	鮮滿版	1924/12/12	01단	東拓の新方針
118991	鮮滿版	1924/12/12	02단	東拓の籾買收
118992	鮮滿版	1924/12/12	02단	吉州漁大津へ明春電話開通
118993	鮮滿版	1924/12/12	02단	安東の瓦斯供給
118994	鮮滿版	1924/12/12	02단	平南織物産額
118995	鮮滿版	1924/12/12	03단	釜山出入船舶
118996	鮮滿版	1924/12/12	03단	釜山ゴム靴工業
118997	鮮滿版	1924/12/12	03단	總督のお膝元を荒し廻る鮮人强盜/生活苦からいよいよ增す
118998	鮮滿版	1924/12/12	03단	雪の國境を追はれる白軍/赤軍に敗れて
118999	鮮滿版	1924/12/12	04단	海上で火に包まる/發動機船の椿事
119000	鮮滿版	1924/12/12	04단	警察で貸す旅費さへ踏倒す/釜山署の迷惑
119001	鮮滿版	1924/12/12	05단	ドルメンを發見/全南谷城郡で
119002	鮮滿版	1924/12/12	05단	經濟獨立を意識してか/專門敎育を望む女性が多い
119003	鮮滿版	1924/12/12	05단	平壤公職者大會/總辭職事件で
119004	鮮滿版	1924/12/12	06단	入營兵羅南へ
119005	鮮滿版	1924/12/12	06단	中學生雄辯大會
119006	鮮滿版	1924/12/12	06단	京鐵局より
119007	鮮滿版	1924/12/12	06단	會社銀行(京取と決算/朝鮮天然氷總會)
119008	鮮滿版	1924/12/12	06단	朝鮮の船
119009	鮮滿版	1924/12/13	01단	財界管見/私鐵京南鐵道(６７)/喡合の副産物
119010	鮮滿版	1924/12/13	01단	總監の冱えた腕前で朝鮮敎育界の大改革
119011	鮮滿版	1924/12/13	01단	當分は京城に集めぬ/各地高普に附設の演習科
119012	鮮滿版	1924/12/13	01단	學校を脊負込み苦しむ道の臺所
119013	鮮滿版	1924/12/13	02단	朝鮮總督府明年度豫算/繼續費未決
119014	鮮滿版	1924/12/13	02단	龍山無電擴張の計劃
119015	鮮滿版	1924/12/13	03단	飛行隊演習場買收に參謀出發
119016	鮮滿版	1924/12/13	03단	年の內に春が來た/道廳移轉で釜山の喜び/何處へ行っても『お芽出度う』
119017	鮮滿版	1924/12/13	03단	怨みを買ひつゝ二十年/水利に努力した藤井寬太郎氏/平北評議會で表彰
119018	鮮滿版	1924/12/13	04단	大邱倉庫業況
119019	鮮滿版	1924/12/13	04단	全鮮一の收繭/慶北道の養蠶
119020	鮮滿版	1924/12/13	04단	朝鮮線はお返ししても滿鮮案內所は返さぬ/宣傳には一層力を盡す

일련번호	판명	간행일	단수	기사명
119021	鮮滿版	1924/12/13	05단	赤軍の煙秋集中
119022	鮮滿版	1924/12/13	05단	鮮銀券禁止は實現出來ぬ
119023	鮮滿版	1924/12/13	05단	不逞鮮人を捕へれば昇級/支那の取締方針
119024	鮮滿版	1924/12/13	05단	在露鮮人の軍事教育/女子は木銃で
119025	鮮滿版	1924/12/13	06단	武裝鮮人を國外へ放逐
119026	鮮滿版	1924/12/13	06단	水産試驗場でトマト鯖製造
119027	鮮滿版	1924/12/13	06단	仁川の猩紅熱
119028	鮮滿版	1924/12/13	06단	朝鮮國境の酷寒/零下三十度
119029	鮮滿版	1924/12/13	06단	五十駄の魚を蟹や蟲が喰ふ
119030	鮮滿版	1924/12/13	06단	咸興の火事調べ
119031	鮮滿版	1924/12/13	06단	龍頭山神社へ奉告
119032	鮮滿版	1924/12/13	06단	各地より(咸興)
119033	鮮滿版	1924/12/13	06단	人(下岡總監/李鐘國氏/大原胤夫氏(鮮銀本店營業部支配人))
119034	鮮滿版	1924/12/14	01단	不平なく職を去った警察方面の整理は好評
119035	鮮滿版	1924/12/14	01단	汽車賃は下げられぬ/運賃距離遞減法などとても算盤に合はぬ
119036	鮮滿版	1924/12/14	01단	多獅島築港着手を請願
119037	鮮滿版	1924/12/14	01단	淸津高女新設案/時期尚早と否決
119038	鮮滿版	1924/12/14	02단	富永地方課長哈爾賓派遣員に
119039	鮮滿版	1924/12/14	02단	咸北牛の內地移出旺盛/四月迄に一萬八千
119040	鮮滿版	1924/12/14	03단	殖銀の貸出增加
119041	鮮滿版	1924/12/14	03단	地價も電話も跳上る/道廳移轉で釜山の景氣/不當利得取締りを調査
119042	鮮滿版	1924/12/14	03단	夜逃げの荷物の差押へや十圓たらずの强制執行/執達吏の忙しいこの年の暮
119043	鮮滿版	1924/12/14	03단	金融から見た平壤と大邱
119044	鮮滿版	1924/12/14	04단	對支貿易入超
119045	鮮滿版	1924/12/14	04단	新義州稅關昇格
119046	鮮滿版	1924/12/14	04단	大邱米穀出澁る
119047	鮮滿版	1924/12/14	04단	大邱穀物市場
119048	鮮滿版	1924/12/14	05단	官印を盜み多額の金を詐取/殖産局の官吏
119049	鮮滿版	1924/12/14	05단	酷寒と闘ひ/國境を嚴守/結氷と賊團侵入
119050	鮮滿版	1924/12/14	05단	佐野學天津に潜むか
119051	鮮滿版	1924/12/14	05단	支那兵の不逞團討伐
119052	鮮滿版	1924/12/14	05단	支那兵脫營し馬賊團に投ず
119053	鮮滿版	1924/12/14	05단	丸腰になった加々尾署長/橫井事件は返すがへすも殘念
119054	鮮滿版	1924/12/14	06단	下に厚い賞與/勅任官は十割
119055	鮮滿版	1924/12/14	06단	龍山鄕兵の申合
119056	鮮滿版	1924/12/14	06단	無電放送
119057	鮮滿版	1924/12/14	06단	大邱本紙讀者優待福引デー

일련번호	판명	간행일	단수	기사명
119058	鮮滿版	1924/12/14	06단	會社銀行(京氷定時總會/朝氷減資總會/京城信託總會)
119059	鮮滿版	1924/12/16	01단	鮮人で初めての局長/學務局の李軫鎬氏/教育は內鮮同樣に出來ぬ
119060	鮮滿版	1924/12/16	01단	二萬五千の在鄕軍人統裁の機關を設ける朝鮮軍司令部の計劃
119061	鮮滿版	1924/12/16	01단	鮮鐵豫定線の忠北全南線/孰れか近く起工
119062	鮮滿版	1924/12/16	02단	朝鮮電氣事業/動力送電は少い
119063	鮮滿版	1924/12/16	03단	水利事業資金
119064	鮮滿版	1924/12/16	03단	保留鹽田地の開放が肝要/西鮮の干潟地
119065	鮮滿版	1924/12/16	03단	全市を暗黑にし道廳移轉に反對す自暴自棄の晋州市民/物凄い市內の警戒
119066	鮮滿版	1924/12/16	03단	激しい入學難から中學校高女の學級增加を釜山の各小學校が要望
119067	鮮滿版	1924/12/16	04단	朝鮮年末決濟
119068	鮮滿版	1924/12/16	04단	殖産局長の着任を待つ取引所令案
119069	鮮滿版	1924/12/16	05단	珍島小作爭議
119070	鮮滿版	1924/12/16	05단	社金卅萬圓橫領消費す京城電氣の會計
119071	鮮滿版	1924/12/16	05단	アヌチノで五十名を銃殺
119072	鮮滿版	1924/12/16	05단	道廳移轉と南鮮鐵道打擊
119073	鮮滿版	1924/12/16	05단	不況と整理の冷い風で京城の賣出しも淋しいこと
119074	鮮滿版	1924/12/16	05단	軍隊生活誌を師範出が出版
119075	鮮滿版	1924/12/16	05단	浦項面長人選難
119076	鮮滿版	1924/12/16	05단	奇篤な地主
119077	鮮滿版	1924/12/16	06단	整理喜劇/二人の課長
119078	鮮滿版	1924/12/16	06단	電燈料値下
119079	鮮滿版	1924/12/16	06단	漢江も氷結
119080	鮮滿版	1924/12/16	06단	各地より(釜山)
119081	鮮滿版	1924/12/16	06단	人(モサリー大尉)
119082	鮮滿版	1924/12/16	06단	會社銀行(京城窯業總會)
119083	鮮滿版	1924/12/17	01단	特別任用令行惱む/總監の鮮人登用方針
119084	鮮滿版	1924/12/17	01단	不便な地の道廳は移轉/內議に上る黃海忠南北と江原
119085	鮮滿版	1924/12/17	01단	耕牛が減る程に咸北牛の盛んな內地移出
119086	鮮滿版	1924/12/17	01단	那須司令官動かず
119087	鮮滿版	1924/12/17	02단	東津水力電氣許可尙ほ遲る
119088	鮮滿版	1924/12/17	02단	有望な干拓地貯水池完成で
119089	鮮滿版	1924/12/17	02단	財界管見/私鐵京南鐵道(６８)/噴火口上の王國
119090	鮮滿版	1924/12/17	03단	四社六船で貨客爭奪戰/橫斷航路の活況
119091	鮮滿版	1924/12/17	03단	安取總會と支那人重役問題
119092	鮮滿版	1924/12/17	04단	電力料引下運動
119093	鮮滿版	1924/12/17	04단	京城組合銀行張尻

일련번호	판명	간행일	단수	기사명
119094	鮮滿版	1924/12/17	04단	朝鮮神社/明秋遷座の儀
119095	鮮滿版	1924/12/17	04단	七寶山の亞砒酸鑛/米英へ直輸
119096	鮮滿版	1924/12/17	05단	半島茶話
119097	鮮滿版	1924/12/17	05단	煙秋の鮮人に赤軍が軍事教練
119098	鮮滿版	1924/12/17	05단	九龍浦で鯖の大漁/一日に百四十萬
119099	鮮滿版	1924/12/17	05단	東三省復興の張作霖の訓令
119100	鮮滿版	1924/12/17	05단	平壤魚屋爭議
119101	鮮滿版	1924/12/17	06단	赤拳團檢擧
119102	鮮滿版	1924/12/17	06단	京城と賞與
119103	鮮滿版	1924/12/17	06단	大邱警察の人事相談所閉鎖
119104	鮮滿版	1924/12/17	06단	東拓小作料收納
119105	鮮滿版	1924/12/17	06단	會社銀行(鮮鐵重役會議)
119106	鮮滿版	1924/12/18	01단	明後年は愈增師か/移轉先は平壤/朝鮮軍司令部で準備
119107	鮮滿版	1924/12/18	01단	黃海道廳は移轉すまい/自ら安んずる海州の公職者
119108	鮮滿版	1924/12/18	01단	憲兵司令部隷屬替發表期
119109	鮮滿版	1924/12/18	01단	矢鍋黃海知事訓示/産業開發に努力
119110	鮮滿版	1924/12/18	02단	慶南道廳移轉は三千浦の死活問題/市民大會で反對の決議
119111	鮮滿版	1924/12/18	02단	東拓職員異動風說に終るか
119112	鮮滿版	1924/12/18	03단	李局長顧問辭任
119113	鮮滿版	1924/12/18	03단	京城靑年會順歷(一)/先驅者の血を承けて流汗主義の本町二丁目實業靑年會
119114	鮮滿版	1924/12/18	04단	全南三鐵道の竣工期延ぶ
119115	鮮滿版	1924/12/18	04단	安東製材業者協會設立を策す/窮狀に藻搔いて
119116	鮮滿版	1924/12/18	04단	仁川移出米百萬石を突破
119117	鮮滿版	1924/12/18	04단	朝鮮麥作增收
119118	鮮滿版	1924/12/18	05단	半島茶話
119119	鮮滿版	1924/12/18	05단	咸北丸の活動
119120	鮮滿版	1924/12/18	05단	咸北の牛疫再發/移出に大打擊
119121	鮮滿版	1924/12/18	05단	滿鮮を合して日本基督教會總會
119122	鮮滿版	1924/12/18	06단	同盟休校して校長の復職運動
119123	鮮滿版	1924/12/18	06단	新義州の別宴/整理で動く人々
119124	鮮滿版	1924/12/18	06단	淸津機關庫工事
119125	鮮滿版	1924/12/18	06단	陸軍生徒募集
119126	鮮滿版	1924/12/18	06단	各地より(元山)
119127	鮮滿版	1924/12/19	01단	自重して發展を期せ 晋州市民に望む 憤怒の街に和田知事語る/最後の手段に出ると村山警察部長の決心 形勢尙ほ不安の狀態 慶南道廳移轉反對運動
119128	鮮滿版	1924/12/19	01단	龍銀合倂に努力を惜まず/兒玉長官の言明

일련번호	판명	간행일	단수	기사명
119129	鮮滿版	1924/12/19	01단	京城靑年會巡歷(二)/町の美と榮えの爲め/戰ひの使命/南大門靑年會
119130	鮮滿版	1924/12/19	02단	王子製紙作業開始愈明春から
119131	鮮滿版	1924/12/19	02단	牛一頭が僅に二十圓也/牛疫の本場の間島/利に釣られて密輸入の心配
119132	鮮滿版	1924/12/19	03단	旱害救濟の全南協議員會
119133	鮮滿版	1924/12/19	03단	朝鮮鹿兒島線復航積荷少し
119134	鮮滿版	1924/12/19	03단	金融依然警戒
119135	鮮滿版	1924/12/19	04단	二重利益の養兎の話
119136	鮮滿版	1924/12/19	04단	身の振り方に焦燥する京城高商の卒業生
119137	鮮滿版	1924/12/19	04단	東西も知らぬ幼い鮮童を甘言で內地の工場へ送る/鬼のやうな募集人を取締る
119138	鮮滿版	1924/12/19	04단	廿六年勤勞の老雇員に總督自ら褒狀授與の事
119139	鮮滿版	1924/12/19	05단	大家族主義の徹底にて電話の事故發生を防ぎたい
119140	鮮滿版	1924/12/19	05단	煙秋無電復舊
119141	鮮滿版	1924/12/19	06단	支那官憲の不逞團取締/銃器彈藥の沒收
119142	鮮滿版	1924/12/19	06단	摸擬議會の解散
119143	鮮滿版	1924/12/19	06단	人(竹友德太郎氏/馬野精一氏(新任京畿道警察部長)/李軫鎬氏(新任總督府學務局長))
119144	鮮滿版	1924/12/19	06단	半島茶話
119145	鮮滿版	1924/12/20	01단	特別任用令發布は數日の後/鮮人の警察部長任命は時期が未だ來ない/三矢警務局長語る
119146	鮮滿版	1924/12/20	01단	草梁洞埋立地での貨物陸揚げが增加/占用問題も解決した
119147	鮮滿版	1924/12/20	01단	惠まれた鮮鐵從業員/共濟組合のこと
119148	鮮滿版	1924/12/20	03단	郡民大會で道廳移轉反對
119149	鮮滿版	1924/12/20	03단	鮮鐵豫定線と資金融通問題
119150	鮮滿版	1924/12/20	03단	榮養不足で鮮童の發育が惡い/總督府の身體檢査で判る
119151	鮮滿版	1924/12/20	04단	京城靑年會巡歷(三)/人間愛の橫溢する睦じい集ひ/旭友靑年會
119152	鮮滿版	1924/12/20	04단	品質の惡い和順炭利用/鮮鐵で研究
119153	鮮滿版	1924/12/20	05단	またも給水制限/新義州の水道
119154	鮮滿版	1924/12/20	05단	鮮鐵荷動狀況
119155	鮮滿版	1924/12/20	05단	全南電氣創立
119156	鮮滿版	1924/12/20	05단	東拓農事改良區
119157	鮮滿版	1924/12/20	05단	金若孌逮捕さる
119158	鮮滿版	1924/12/20	06단	釜山送別大會
119159	鮮滿版	1924/12/20	06단	咸興の義士會
119160	鮮滿版	1924/12/20	06단	人(林田龜太郎氏/池田秀雄氏(新任總督府殖産局長))
119161	鮮滿版	1924/12/20	06단	半島茶話

일련번호	판명	간행일	단수	기사명
119162	鮮滿版	1924/12/21	01단	高山に冬籠りの不逞鮮人の群/虱殺しに討伐する/水も洩さぬ國境の警備
119163	鮮滿版	1924/12/21	01단	京城靑年會巡歷(四)/政治的にも活躍する/本町一丁目靑年會/內容は戶主會
119164	鮮滿版	1924/12/21	02단	官吏の洋行打切の方針
119165	鮮滿版	1924/12/21	02단	榮養不良の朝鮮線に旅客運賃遞減制は望めぬ/實現は鮮鐵の破滅
119166	鮮滿版	1924/12/21	02단	地方費吏員優遇法決定
119167	鮮滿版	1924/12/21	03단	總督總監東上/年を越して
119168	鮮滿版	1924/12/21	04단	甘浦港修築工事
119169	鮮滿版	1924/12/21	04단	全南郡守會議
119170	鮮滿版	1924/12/21	04단	金につまって米の賣急ぎ
119171	鮮滿版	1924/12/21	04단	二校受驗すれば合格しても無效になる明年の中等學校入學試驗
119172	鮮滿版	1924/12/21	05단	慶北麥作良好
119173	鮮滿版	1924/12/21	05단	全南の養鼈
119174	鮮滿版	1924/12/21	05단	大邱白菜好評
119175	鮮滿版	1924/12/21	05단	內鮮融和の高普入學者が漸增する傾向
119176	鮮滿版	1924/12/21	05단	魚屋爭議解決
119177	鮮滿版	1924/12/21	06단	神職養成所を朝鮮神社に設く
119178	鮮滿版	1924/12/21	06단	妓生の不買同盟
119179	鮮滿版	1924/12/21	06단	天に近いから我等は偉い人間
119180	鮮滿版	1924/12/21	06단	野犬撲殺お斷り/慶北の衡平社員
119181	鮮滿版	1924/12/21	06단	咸興の猩紅熱
119182	鮮滿版	1924/12/21	06단	咸興靜坐會
119183	鮮滿版	1924/12/21	06단	新聞公論創刊
119184	鮮滿版	1924/12/21	06단	各地より(咸興)
119185	鮮滿版	1924/12/23	01단	怒れる晋州へ行く(上)/靑山生
119186	鮮滿版	1924/12/23	01단	朝鮮明年度豫算一億七千三百萬圓/緊縮の中にも産業に力を
119187	鮮滿版	1924/12/23	01단	官吏の住宅府營で建る/釜山に二百戶
119188	鮮滿版	1924/12/23	01단	晋州に高普校設立/總督府で計劃
119189	鮮滿版	1924/12/23	01단	釜山中學學級增加/此際實現したい
119190	鮮滿版	1924/12/23	02단	安東領事館新館移廳式
119191	鮮滿版	1924/12/23	02단	考慮すべき資材運搬法/新營林廠長水口隆三氏談
119192	鮮滿版	1924/12/23	03단	萩を山野に植ゑて綠肥と燃料用にする/疲弊した朝鮮の林野
119193	鮮滿版	1924/12/23	03단	京城靑年會巡(五)/鮮人靑年も抱擁し熱と力を示す/舊龍山靑年會
119194	鮮滿版	1924/12/23	04단	滿洲粟輸入況
119195	鮮滿版	1924/12/23	04단	釜山府立病院擴張工事に着手

일련번호	판명	간행일	단수	기사명
119196	鮮滿版	1924/12/23	05단	鮮鐵の軌幅統一は至難
119197	鮮滿版	1924/12/23	05단	慶北米は主として大阪へ
119198	鮮滿版	1924/12/23	05단	留任運動の美名に匿れて/海州高普の盟休
119199	鮮滿版	1924/12/23	06단	珍島小作爭議
119200	鮮滿版	1924/12/23	06단	永興の害獸狩り
119201	鮮滿版	1924/12/23	06단	商業生の兵營生活
119202	鮮滿版	1924/12/23	06단	城川江のスケート
119203	鮮滿版	1924/12/23	06단	半島茶話
119204	鮮滿版	1924/12/24	01단	怒れる晋州へ行く(中)/青山生
119205	鮮滿版	1924/12/24	01단	不逞鮮人を王道で敎化する/支那地內に敎化團隊を新に組織の計劃
119206	鮮滿版	1924/12/24	01단	間島穀類オランカイ越え始まる
119207	鮮滿版	1924/12/24	01단	二三割增す滿洲粟の輸入
119208	鮮滿版	1924/12/24	01단	朝鮮開墾費は內地の三分の一
119209	鮮滿版	1924/12/24	02단	移住鮮人の米輸出默認
119210	鮮滿版	1924/12/24	02단	殖銀貸出資金
119211	鮮滿版	1924/12/24	02단	清津無盡支配人
119212	鮮滿版	1924/12/24	02단	浦項浚渫工事
119213	鮮滿版	1924/12/24	03단	慶北線尙州店村間開通
119214	鮮滿版	1924/12/24	03단	鮮人家屋の賣買が殖えた/底を流れる釜山の不況
119215	鮮滿版	1924/12/24	03단	安東の瓦斯
119216	鮮滿版	1924/12/24	04단	醬油値上反對/大邱組合の決議
119217	鮮滿版	1924/12/24	04단	鮭の人工孵化今年は減少
119218	鮮滿版	1924/12/24	04단	京城靑年會巡歷(六)/尊い勞力の報酬で會を守立つ/永樂町二丁目靑年會
119219	鮮滿版	1924/12/24	05단	鰮の海と化した咸南道の沿岸
119220	鮮滿版	1924/12/24	05단	海州普高校盟休解決
119221	鮮滿版	1924/12/24	05단	對抗競技は安東で開きたい
119222	鮮滿版	1924/12/24	06단	損害三百萬圓/咸北山火事被害
119223	鮮滿版	1924/12/24	06단	會(朝鮮工業協會)
119224	鮮滿版	1924/12/24	06단	人(上田勇氏(京城中央電話局長))
119225	鮮滿版	1924/12/24	06단	半島茶話
119226	鮮滿版	1924/12/25	01단	京城靑年會巡歷(六)/『心の糧』と社會人/眼覺しい活躍/本町四丁目靑年會
119227	鮮滿版	1924/12/25	01단	總督の二枚舌を床次さんに訴へる/絶望した晋州市民
119228	鮮滿版	1924/12/25	01단	直營後の收益は?/朝鮮線と北滿貨物/依然と殘される問題
119229	鮮滿版	1924/12/25	02단	增收見込み四五〇萬圓/新鐵道局豫算
119230	鮮滿版	1924/12/25	02단	洋行は二人か/松村中村兩氏
119231	鮮滿版	1924/12/25	03단	賀狀を交換/萬國郵便條約加盟の諸國を

일련번호	판명	간행일	단수	기사명
119232	鮮滿版	1924/12/25	03단	怒れる晋州へ行く(下)/青山生
119233	鮮滿版	1924/12/25	04단	朝鮮工業生産
119234	鮮滿版	1924/12/25	04단	大仕掛な銀貨偽造か/巧妙な五十錢
119235	鮮滿版	1924/12/25	04단	割引乘車券を惡用する學生
119236	鮮滿版	1924/12/25	04단	京城の火事
119237	鮮滿版	1924/12/25	05단	京鐵局より
119238	鮮滿版	1924/12/25	05단	歲暮情景(一)/雜誌屋と子供/SPR
119239	鮮滿版	1924/12/25	05단	半島茶話
119240	鮮滿版	1924/12/26	01단	在滿鮮人のため新しい農村を作る/總督府の社會施設/海林での試みは成功
119241	鮮滿版	1924/12/26	01단	學校增設は中止する/遊民を作らぬやう
119242	鮮滿版	1924/12/26	01단	半島史編纂立直し新委員會組織
119243	鮮滿版	1924/12/26	01단	參與官に新進拔擢
119244	鮮滿版	1924/12/26	02단	消防、衛生二課復活/京畿道警察部
119245	鮮滿版	1924/12/26	02단	搬出絶無の咸北小手亡豆旱害で大打擊
119246	鮮滿版	1924/12/26	02단	産米增收と低資融通
119247	鮮滿版	1924/12/26	03단	夜半牢獄を脫走し海上を漂流中に救はる清津に來た白軍の二露人
119248	鮮滿版	1924/12/26	03단	咸昌店村の鐵道開通祝賀
119249	鮮滿版	1924/12/26	03단	歲暮情景(二)/不運な人の群/京城鄕花生
119250	鮮滿版	1924/12/26	04단	鮮銀券增發/年內には一億三千萬圓か
119251	鮮滿版	1924/12/26	04단	殖銀の募債
119252	鮮滿版	1924/12/26	04단	未墾地貸付は內務局に移管
119253	鮮滿版	1924/12/26	04단	大邱の女子高普新設問題
119254	鮮滿版	1924/12/26	04단	外人宣敎師と絶緣し鮮人敎徒が自治の計劃
119255	鮮滿版	1924/12/26	05단	半島茶話
119256	鮮滿版	1924/12/26	05단	御法度になる咸南の荷牛車/車輛幅の改正
119257	鮮滿版	1924/12/26	06단	耐寒飛行國境江界にて
119258	鮮滿版	1924/12/26	06단	武裝不逞團駐在所を襲擊
119259	鮮滿版	1924/12/26	06단	松岡氏北京へ/入露の目的
119260	鮮滿版	1924/12/27	01단	街路や塵箱の中に痛しく橫はる死骸/寒さに凍へる鮮人兒童/外國婦人が救濟の相談
119261	鮮滿版	1924/12/27	01단	明春は學校の整理/淘汰は少い見込だと
119262	鮮滿版	1924/12/27	01단	測候所も地方費に移管
119263	鮮滿版	1924/12/27	02단	咸鏡北線十工區着手か
119264	鮮滿版	1924/12/27	02단	京城青年會巡歷(八)/可憐な小學生のため道路を改修/岡崎町青年會
119265	鮮滿版	1924/12/27	03단	日支鐵道の聯絡運輸復活
119266	鮮滿版	1924/12/27	03단	辭令

일련번호	판명	간행일	단수	기사명
119267	鮮滿版	1924/12/27	03단	薄倖な女を救上げ學校へ官費で通はす支那の濟良所のこと
119268	鮮滿版	1924/12/27	04단	歲暮情景(三)/朝鮮出來の本
119269	鮮滿版	1924/12/27	04단	樂々の年越し/財界は不況ながら
119270	鮮滿版	1924/12/27	04단	新義州歲末財界
119271	鮮滿版	1924/12/27	05단	女宣教師を排斥の決議
119272	鮮滿版	1924/12/27	05단	茂山對岸の馬賊
119273	鮮滿版	1924/12/27	05단	畜牛檢疫所を引張り凧/淸津と城津で
119274	鮮滿版	1924/12/27	06단	咸興消防出初式
119275	鮮滿版	1924/12/27	06단	半島茶話
119276	鮮滿版	1924/12/28	01단	不振の裡に越年する朝鮮本年度の財界
119277	鮮滿版	1924/12/28	02단	朝鮮の對外貿易/一月以降一億一千萬圓
119278	鮮滿版	1924/12/28	02단	對支貿易南滿が大部分
119279	鮮滿版	1924/12/28	03단	いとしきものよ/幼き受驗生の群
119280	鮮滿版	1924/12/28	04단	整理を前に控へて寂しい教師の胸中/退職金の規定がない
119281	鮮滿版	1924/12/28	04단	年始廻禮も廢めやう/驛の送迎も/お役人の申合せ
119282	鮮滿版	1924/12/28	04단	咸北金融組合
119283	鮮滿版	1924/12/28	04단	歲暮情景(四)/京城の銀座街
119284	鮮滿版	1924/12/28	05단	新義州商業學年延長問題
119285	鮮滿版	1924/12/28	06단	半島茶話

1925년 1월 (선만판)

일련번호	판명	간행일	단수	기사명
119286	鮮滿版	1925/1/6	01단	新春の朝鮮神社
119287	鮮滿版	1925/1/6	01단	山色連天の意氣/積極事に當らん/朝鮮總督齋藤實男(談)
119288	鮮滿版	1925/1/6	01단	昌德宮兩殿下の御迎春
119289	鮮滿版	1925/1/6	02단	各地の元旦(羅南/清津)
119290	鮮滿版	1925/1/6	02단	木部繁野さんの物語/彼女が鳥人となるまで/美しい斷髮男裝の姿
119291	鮮滿版	1925/1/6	03단	朝鮮傳說/赤牛と黑牛/黃翼成のこと
119292	鮮滿版	1925/1/6	04단	西遊記に現はれた牛魔王の素性/支那人の牛の觀方
119293	鮮滿版	1925/1/6	05단	平南の林檎
119294	鮮滿版	1925/1/6	05단	清津出初式
119295	鮮滿版	1925/1/6	06단	鄕土の新春/信濃は雪よ/SPR
119296	鮮滿版	1925/1/6	06단	半島茶話
119297	鮮滿版	1925/1/7	01단	代表的な朝鮮牛
119298	鮮滿版	1925/1/7	01단	隱れた牛の功德/種痘の犧牲になる仔牛/慶南港務醫官長富芳介氏(談)
119299	鮮滿版	1925/1/7	02단	木部繁野さんの物語/彼女が鳥人となるまで/ス孃の妙技が刺戟
119300	鮮滿版	1925/1/7	03단	日本製粉新工場建設/多事な半島製粉界
119301	鮮滿版	1925/1/7	04단	咸南生産總額七千二百萬圓
119302	鮮滿版	1925/1/7	04단	水南鳳岡兩驛終點爭ひのこと
119303	鮮滿版	1925/1/7	04단	清津の賴母子整理進捗す
119304	鮮滿版	1925/1/7	05단	鄕土の新春/北陸情調/鄕花生
119305	鮮滿版	1925/1/7	05단	平壤電氣値下一割程度か
119306	鮮滿版	1925/1/7	05단	國境の特別警戒
119307	鮮滿版	1925/1/7	05단	牛助けの注射
119308	鮮滿版	1925/1/7	06단	少年絞殺さる
119309	鮮滿版	1925/1/7	06단	憲兵の無理心中
119310	鮮滿版	1925/1/7	06단	半島茶話
119311	鮮滿版	1925/1/8	01단	燦と輝く漢代の文化/樂浪の發掘物
119312	鮮滿版	1925/1/8	01단	朝鮮本年の財界期待すべき其活躍/鮮銀總裁野中淸氏談
119313	鮮滿版	1925/1/8	01단	國境都市たる新義州の發展策/自由貿易地たらしめよ/多田榮吉氏(談)
119314	鮮滿版	1925/1/8	02단	木部繁野さんの物語/彼女が鳥人となるまで(續き)/若き日の女騎者
119315	鮮滿版	1925/1/8	03단	支那の正月/日本と大同小異
119316	鮮滿版	1925/1/8	04단	氷の上に屋臺店
119317	鮮滿版	1925/1/8	05단	牛に關する迷信と傳說
119318	鮮滿版	1925/1/8	05단	鮮牛妄語
119319	鮮滿版	1925/1/8	06단	鄕土の新春/腰がのうさん/本住生
119320	鮮滿版	1925/1/9	01단	鮮鐵を民營に移せ/鐵道網完成は容易/內田平壤商議會頭談

일련번호	판명	간행일	단수	기사명
119321	鮮滿版	1925/1/9	01단	平北の牛/每年の輸出高一萬餘頭
119322	鮮滿版	1925/1/9	02단	名譽を購ふ心/選擧に現はれた不正/釜山地方法院檢事正杉村逸樓氏談
119323	鮮滿版	1925/1/9	03단	樂浪遺物紙上展覽/世界最古の銅鍾
119324	鮮滿版	1925/1/9	03단	二千萬圓を突破した淸津港貿易額
119325	鮮滿版	1925/1/9	04단	氷雪の裡の國境の此頃(上)/Aとの對話
119326	鮮滿版	1925/1/9	05단	牛に關する迷信と傳說
119327	鮮滿版	1925/1/9	06단	鄉土の新春/佐渡が島では/柳島生
119328	鮮滿版	1925/1/9	06단	三上淸津府尹
119329	鮮滿版	1925/1/9	06단	半島茶話
119330	鮮滿版	1925/1/10	01단	樹海天に連る鴨江の大深林/流筏と鴨綠江節の揷話
119331	鮮滿版	1925/1/10	01단	實行第一主義で產業開發に努める/新任の池田殖產局長■■
119332	鮮滿版	1925/1/10	01단	三機三隊の編隊飛行/平壤の初飛行
119333	鮮滿版	1925/1/10	01단	侍從武官國境へ
119334	鮮滿版	1925/1/10	01단	たった一人の露國領事
119335	鮮滿版	1925/1/10	02단	信仰の自由を叫び/基督教學生齋藤總督に陳情す
119336	鮮滿版	1925/1/10	03단	不逞團を包圍して半時間銃火を交ふ
119337	鮮滿版	1925/1/10	03단	新年遠乘會參加騎者二百
119338	鮮滿版	1925/1/10	03단	殖銀株主總會
119339	鮮滿版	1925/1/10	04단	『長生の悲しみ』の老夫婦に奇篤な夜警が情の送金
119340	鮮滿版	1925/1/10	04단	昨年の一割增/京城の年賀郵便
119341	鮮滿版	1925/1/10	04단	樂浪遺物紙上展覽/銅製の馬(明器)
119342	鮮滿版	1925/1/10	05단	丑の時參り
119343	鮮滿版	1925/1/10	05단	咸興の觀兵式
119344	鮮滿版	1925/1/10	06단	咸興消防出初式
119345	鮮滿版	1925/1/10	06단	人(齋藤總督/下岡總監/疋田龍山師團長/竹上羅南師團長)
119346	鮮滿版	1925/1/10	06단	鄉土の新春/除夜の鐘/片々子
119347	鮮滿版	1925/1/10	06단	半島茶話
119348	鮮滿版	1925/1/11	01단	樂浪遺物紙上展覽/羽觴(銅製の杯)
119349	鮮滿版	1925/1/11	01단	海外貿易の發展/我國刻下の急務/漢銀頭取韓相龍氏語
119350	鮮滿版	1925/1/11	01단	滿鐵は約束を破らぬ釜山の決心一つで公會堂は建築出來る
119351	鮮滿版	1925/1/11	01단	確信を持つ鮮鐵の直營/豫算を通じて
119352	鮮滿版	1925/1/11	02단	鐵道局の新紋章に苦情百出す
119353	鮮滿版	1925/1/11	03단	三巴で受命競爭/長崎朝鮮大連間命令航路
119354	鮮滿版	1925/1/11	03단	道廳移轉費三萬五千圓/釜山で引受ける
119355	鮮滿版	1925/1/11	03단	昇給月に昇給なくツムヂを曲げた教員/加俸は減じても增俸を希望
119356	鮮滿版	1925/1/11	03단	噂だけの不逞妄動あるとすれば微力な潜入
119357	鮮滿版	1925/1/11	04단	海州仁川航路櫻井丸就航二月下旬に

일련번호	판명	간행일	단수	기사명
119358	鮮滿版	1925/1/11	04단	半數は學校閉鎖/旱害の間島
119359	鮮滿版	1925/1/11	05단	在外鮮人救濟に五萬圓を計上
119360	鮮滿版	1925/1/11	05단	牛に關する迷信と傳說
119361	鮮滿版	1925/1/11	05단	良質の陶土康津郡で發見/高麗燒の竈跡もある
119362	鮮滿版	1925/1/11	05단	鍾路通りの電車筋が變る
119363	鮮滿版	1925/1/11	05단	露支國境電話架設に着手
119364	鮮滿版	1925/1/11	05단	平壤學議補選
119365	鮮滿版	1925/1/11	06단	龍山觀兵式
119366	鮮滿版	1925/1/11	06단	東亞協會發會
119367	鮮滿版	1925/1/11	06단	京鐵局より
119368	鮮滿版	1925/1/11	06단	會社銀行(京城電氣總會/私鐵朝鐵業績)
119369	鮮滿版	1925/1/11	06단	人(福井中將)
119370	鮮滿版	1925/1/11	06단	半島茶話
119371	鮮滿版	1925/1/13	01단	一躍高い地位を望む鮮人の誤った考へ方 東上の途 齋藤總督語る/閔氏と總督の密議 身の振り方の相談事
119372	鮮滿版	1925/1/13	01단	今年の朝鮮財界/好轉か悲觀か
119373	鮮滿版	1925/1/13	01단	黃州の林檎は鎭南浦以上だ/矢鍋知事の話
119374	鮮滿版	1925/1/13	02단	引繼の相談は濟んだ/直營の曉/變るもの變らぬもの大連集中は全然やるまい(直營と連絡/幹部は交迭/バス整理問題)
119375	鮮滿版	1925/1/13	02단	氷雪の裡の國境の此頃(下)/AとBの對話
119376	鮮滿版	1925/1/13	03단	釜山出入船舶平月に二倍す
119377	鮮滿版	1925/1/13	03단	樂浪遺物紙上展覽/土器壺
119378	鮮滿版	1925/1/13	04단	濟州と木浦に小無電局を龍山局も擴張
119379	鮮滿版	1925/1/13	04단	移入禁止となる新聞/出版法改正前に發表
119380	鮮滿版	1925/1/13	05단	義烈團の盲動/一二年で熄まう
119381	鮮滿版	1925/1/13	05단	警察部長が慰問品を持ち國境勤務の警官を犒ふ/喜ばれる醫藥や玩具や
119382	鮮滿版	1925/1/13	05단	鮮銀支配人異動
119383	鮮滿版	1925/1/13	05단	半島茶話
119384	鮮滿版	1925/1/13	06단	靑年の渡鮮が依然尠くない
119385	鮮滿版	1925/1/13	06단	元山の火事
119386	鮮滿版	1925/1/13	06단	牛に關する迷信と傳說
119387	鮮滿版	1925/1/14	01단	本社の歐洲訪問飛行 南鮮諸名士の祝福/世界に對する誇り 切に成功を祈る 鎭海要港部司令官松村菊勇中將/豫想外の大壯擧 慶南知事和田純氏/愛國の至情の發露 香椎釜山商議會頭/大きな教訓 大地釜山繁榮會長
119388	鮮滿版	1925/1/14	01단	在露鮮人に福音/國有土地を貸す
119389	鮮滿版	1925/1/14	02단	神社事務移管內務地方課へ
119390	鮮滿版	1925/1/14	02단	眞の內鮮融和に蹶起した普天教徒/賴母しい六百萬人の心

일련번호	판명	간행일	단수	기사명
119391	鮮滿版	1925/1/14	03단	優良保線區表彰
119392	鮮滿版	1925/1/14	03단	演習科改造計劃/官立師範で委託教育を
119393	鮮滿版	1925/1/14	04단	銀騰貴と産地高とで出穀不振を極む
119394	鮮滿版	1925/1/14	04단	十萬丁の枕木咸北から出材
119395	鮮滿版	1925/1/14	04단	鮮人學生の中途退學續出/在校生は定員の半ば/生活苦と卒業後の就職難
119396	鮮滿版	1925/1/14	04단	咸鏡線の開通は四年後の年の暮か/乏しい鐵道部の豫算
119397	鮮滿版	1925/1/14	04단	新義州中學設立問題
119398	鮮滿版	1925/1/14	05단	諦めた晉州市民に知事から四つの繁榮策を/道廳を失ふ償ひに
119399	鮮滿版	1925/1/14	05단	鮮銀限外發行
119400	鮮滿版	1925/1/14	06단	再割率引下問題
119401	鮮滿版	1925/1/14	06단	會(朝鮮郵船配當)
119402	鮮滿版	1925/1/14	06단	運動界(スケート大會)
119403	鮮滿版	1925/1/14	06단	半島茶話
119404	鮮滿版	1925/1/15	01단	樂浪遺物紙上展覽/長官子孫內行花文鏡
119405	鮮滿版	1925/1/15	01단	濱邊に築く米の山/釜山繁昌のバロメーター/共同荷揚場所のこのごろ
119406	鮮滿版	1925/1/15	01단	咸北悲話/官吏の流謫
119407	鮮滿版	1925/1/15	02단	京城高女の高等科問題
119408	鮮滿版	1925/1/15	03단	北海道朝鮮間新航路調査
119409	鮮滿版	1925/1/15	03단	私鐵鮮鐵の本年度工事
119410	鮮滿版	1925/1/15	03단	甲子俱樂部協議
119411	鮮滿版	1925/1/15	04단	零下三十六度咸南の酷寒
119412	鮮滿版	1925/1/15	04단	日本密偵死刑/邦人數名と共に
119413	鮮滿版	1925/1/15	04단	明太魚不漁/咸南道の名物
119414	鮮滿版	1925/1/15	04단	釜山を通過した內鮮外人/昨年中に卅七萬
119415	鮮滿版	1925/1/15	04단	馬總領事榮轉
119416	鮮滿版	1925/1/15	04단	年賀狀五割減る
119417	鮮滿版	1925/1/15	05단	半島茶話
119418	鮮滿版	1925/1/15	05단	牛に關する迷信と傳說
119419	鮮滿版	1925/1/15	05단	慶源電話架設運動
119420	鮮滿版	1925/1/15	05단	清津消防出初式
119421	鮮滿版	1925/1/15	05단	大邱入營兵
119422	鮮滿版	1925/1/15	05단	元山讀者福引大會
119423	鮮滿版	1925/1/15	05단	京鐵局の業績/減收五十萬圓か
119424	鮮滿版	1925/1/15	06단	鮮銀業績
119425	鮮滿版	1925/1/15	06단	各地より(咸興)
119426	鮮滿版	1925/1/15	06단	京鐵局より
119427	鮮滿版	1925/1/15	06단	運動界(氷上選手權大會)

일련번호	판명	간행일	단수	기사명
119428	鮮滿版	1925/1/15	06단	人(趙德懋氏)
119429	鮮滿版	1925/1/16	01단	賑ふ大同江のスケーチング
119430	鮮滿版	1925/1/16	01단	土地改良事業は部分的に實行する/東拓も一部試驗的に/從來の計劃は立直し
119431	鮮滿版	1925/1/16	02단	朝鮮沿岸巡航
119432	鮮滿版	1925/1/16	02단	安東新義州間の軌道車は廢止されぬ/直營後も犧牲を拂ふ計劃
119433	鮮滿版	1925/1/16	02단	樂觀すべき鎭南浦/有望な將來と事業/澤永府尹談
119434	鮮滿版	1925/1/16	03단	水産學校增設は贊成/萩源水産課長談
119435	鮮滿版	1925/1/16	03단	京城の富力は四億/吳と伯仲の間
119436	鮮滿版	1925/1/16	04단	舊年末金融
119437	鮮滿版	1925/1/16	04단	黃海庶務主任異動
119438	鮮滿版	1925/1/16	04단	朝鮮三界へ押寄す求職者の群/外來はとても捌けまい
119439	鮮滿版	1925/1/16	04단	數十頭の猪を追出す/長山串の猪狩
119440	鮮滿版	1925/1/16	05단	不景氣も影響せぬ/釜山商業卒業生の賣行き/四分の一は上級學校へ
119441	鮮滿版	1925/1/16	06단	珍しい暖かさ
119442	鮮滿版	1925/1/16	06단	朝鮮在住の英國在鄉軍人
119443	鮮滿版	1925/1/16	06단	寵姬の卷試寫
119444	鮮滿版	1925/1/16	06단	實業界(朝鮮商業決算)
119445	鮮滿版	1925/1/17	01단	十四年度植民地豫算(豫算總額/一般會計補充金/朝鮮總督府/臺灣總督府/樺太廳/關東廳/南洋廳)
119446	鮮滿版	1925/1/17	01단	內務省にでも繼って在內地鮮人子弟を教養か/係員を派して下調べ
119447	鮮滿版	1925/1/17	01단	笑って晋州と別れたい/自暴自棄的行動は自らの不利だ/村山警察部長談
119448	鮮滿版	1925/1/17	01단	道知事更迭三月に發表
119449	鮮滿版	1925/1/17	01단	釜山客月貿易/移出超過七百萬圓
119450	鮮滿版	1925/1/17	02단	天圖鐵道敦化延長/存外早く實現しよう橫はる暗礁/吉會線との倂行
119451	鮮滿版	1925/1/17	04단	內地に往く朝鮮米/三分の一は釜山から
119452	鮮滿版	1925/1/17	04단	京鐵局荷動き
119453	鮮滿版	1925/1/17	04단	鮮人の學校では軍事教育はやらぬ/朝鮮軍司令部樋口參謀の話
119454	鮮滿版	1925/1/17	04단	解決難/釜山の海女歸屬問題交涉
119455	鮮滿版	1925/1/17	04단	滿洲不況依然
119456	鮮滿版	1925/1/17	05단	金泉の製紙
119457	鮮滿版	1925/1/17	05단	安東新義州天然痘流行/支那人鮮人間に
119458	鮮滿版	1925/1/17	05단	大邱の粟出廻り
119459	鮮滿版	1925/1/17	05단	鮮人のため女子大學/外人宣教師團で建る
119460	鮮滿版	1925/1/17	06단	釜山の火事

일련번호	판명	간행일	단수	기사명
119461	鮮滿版	1925/1/17	06단	各地より(釜山)
119462	鮮滿版	1925/1/17	06단	人(下岡總監/三矢警務局長/國友警務課長)
119463	鮮滿版	1925/1/17	06단	半島茶話
119464	鮮滿版	1925/1/18	01단	需要期に入って四苦八苦の鹽商人/靑島鹽は不買同盟/關東鹽は結氷期で入荷なし
119465	鮮滿版	1925/1/18	01단	鮮人參政は時期尚早/下岡政務總監
119466	鮮滿版	1925/1/18	01단	學校整理は調査中/補助額一つで決定する/時實京畿道知事談
119467	鮮滿版	1925/1/18	01단	川坊江水利/東拓から讓渡
119468	鮮滿版	1925/1/18	01단	直營後の工事
119469	鮮滿版	1925/1/18	02단	雪合戰
119470	鮮滿版	1925/1/18	03단	軍隊內の呼吸器病漸次減少する/秋山軍醫部長
119471	鮮滿版	1925/1/18	03단	移出牛に檢疫料を畜産業者から反對の叫び
119472	鮮滿版	1925/1/18	04단	殆ど全部が寄生蟲患者/慶北安東の小學生
119473	鮮滿版	1925/1/18	04단	內地へ行く牛/元山から六牛
119474	鮮滿版	1925/1/18	04단	新型三等客車/設備がよくなった
119475	鮮滿版	1925/1/18	05단	虎が出沒
119476	鮮滿版	1925/1/18	05단	清津市場の成績
119477	鮮滿版	1925/1/18	05단	輸城川の採氷
119478	鮮滿版	1925/1/18	05단	咸南水産試驗船
119479	鮮滿版	1925/1/18	06단	昨年中の新設會社
119480	鮮滿版	1925/1/18	06단	同民會理事會
119481	鮮滿版	1925/1/18	06단	京鐵スケート大會
119482	鮮滿版	1925/1/18	06단	各地より(咸興)
119483	鮮滿版	1925/1/18	06단	半島茶話
119484	鮮滿版	1925/1/20	01단	樂浪の遺物
119485	鮮滿版	1925/1/20	01단	今年は入學『易』/中等學校志願が殆ど半數に減った
119486	鮮滿版	1925/1/20	01단	緊縮一天張りでも産業開發は可能だ/米田平安南道知事談
119487	鮮滿版	1925/1/20	02단	服部侍從武官
119488	鮮滿版	1925/1/20	02단	久留米絣を織る釜山刑務所の囚徒/一年の織質が一萬圓
119489	鮮滿版	1925/1/20	04단	朝鮮牛/各倉畜産技師談
119490	鮮滿版	1925/1/20	04단	斷水に苦しむ新義州/集水堰堤を改築して急場を凌ぐ計劃進む
119491	鮮滿版	1925/1/20	05단	コソ泥は不良鮮童の所爲/朝鮮正月を前に大檢擧
119492	鮮滿版	1925/1/20	06단	東拓政府持株配當成行注目さる
119493	鮮滿版	1925/1/20	06단	東拓土地改良/明年度四千町步
119494	鮮滿版	1925/1/20	06단	養鷄實習會
119495	鮮滿版	1925/1/20	06단	記者團の旱害救濟
119496	鮮滿版	1925/1/21	01단	大同江の氷を割って洗濯する鮮婦人
119497	鮮滿版	1925/1/21	01단	人間の價値の自覺それが鮮人學生に出來た/留學生の父阿部充家氏談

일련번호	판명	간행일	단수	기사명
119498	鮮滿版	1925/1/21	01단	國境では效果が大きい/服務規定につき/赤澤憲兵隊長談
119499	鮮滿版	1925/1/21	02단	道廳移轉は三月下旬完了
119500	鮮滿版	1925/1/21	02단	飯上の蠅を拂ふに等し成果の結ばぬ/乞食救濟事業
119501	鮮滿版	1925/1/21	03단	杏花學堂へ總督府補助金
119502	鮮滿版	1925/1/21	03단	平南の無煙炭輸移出解禁さる/無煙炭田解放の前提か
119503	鮮滿版	1925/1/21	04단	警察官に恩典を軍人同樣に
119504	鮮滿版	1925/1/21	04단	新義州から江界へ二機の空中輸送/自動車隊も耐寒行軍/國境耐寒飛行近づく
119505	鮮滿版	1925/1/21	05단	慶北の陸地棉
119506	鮮滿版	1925/1/21	05단	新義州客月貿易
119507	鮮滿版	1925/1/21	05단	東拓償還社債
119508	鮮滿版	1925/1/21	05단	軍艦が連絡船に元淸航路の光濟丸
119509	鮮滿版	1925/1/21	05단	慶北評議員官選
119510	鮮滿版	1925/1/21	05단	舊臘中の出穀
119511	鮮滿版	1925/1/21	06단	郊外に娛樂境を
119512	鮮滿版	1925/1/21	06단	現地戰術演習
119513	鮮滿版	1925/1/21	06단	獅子飛出す
119514	鮮滿版	1925/1/21	06단	會社銀行(金融證券總會)
119515	鮮滿版	1925/1/21	06단	各地より(淸津)
119516	鮮滿版	1925/1/21	06단	半島茶話
119517	鮮滿版	1925/1/22	01단	京城少年義勇團/漢江氷上の作業
119518	鮮滿版	1925/1/22	01단	兵卒にまで卷煙草下賜(服部御慰問使/羅南師團視察)
119519	鮮滿版	1925/1/22	01단	私費制度を設け苦境を切拔ける/緊縮に惱む官立師範
119520	鮮滿版	1925/1/22	01단	釜山に私立高女設立具體的運動に
119521	鮮滿版	1925/1/22	02단	大邱普校問題/明年は實現難
119522	鮮滿版	1925/1/22	02단	學童の郵貯/一人當り五圓
119523	鮮滿版	1925/1/22	03단	手荷物は八十斤まで/三月一日から實施
119524	鮮滿版	1925/1/22	03단	京城郊外に無電局/內地と聯絡のため建設
119525	鮮滿版	1925/1/22	03단	植桑費補助
119526	鮮滿版	1925/1/22	04단	樺太材に及ばぬ鴨綠江材/新義州王子製紙今春操業開始
119527	鮮滿版	1925/1/22	04단	メンタルテスト全廢/樂になる入學試驗
119528	鮮滿版	1925/1/22	04단	尼僧殺し無期
119529	鮮滿版	1925/1/22	05단	迎日灣の鰊漁
119530	鮮滿版	1925/1/22	05단	埋立で出來た淸津新市街地
119531	鮮滿版	1925/1/22	05단	慶南銀行へ請求訴訟/預金十二萬圓
119532	鮮滿版	1925/1/22	06단	咸北國境上三峰の貿易
119533	鮮滿版	1925/1/22	06단	釜山電鐵延長/大廳町線を
119534	鮮滿版	1925/1/22	06단	半島茶話

일련번호	판명	간행일	단수	기사명
119535	鮮滿版	1925/1/23	01단	教員志願が多い龍中の新卒業生/早く世に出たい/この心理が生徒に働いたか
119536	鮮滿版	1925/1/23	01단	李太王を哀悼/平壌の各校休校
119537	鮮滿版	1925/1/23	01단	朝鮮氷上選手權大會
119538	鮮滿版	1925/1/23	02단	お役人に早變りする京鐵局員/高等官に九十名
119539	鮮滿版	1925/1/23	02단	釜山港の誇/龍頭山の綠は褪せた/煤煙と白蟻と松毛蟲に
119540	鮮滿版	1925/1/23	03단	活寫隊も加はる侍從武官の一行
119541	鮮滿版	1925/1/23	04단	授業料增徵/京城の二學校
119542	鮮滿版	1925/1/23	04단	金泉の上水道
119543	鮮滿版	1925/1/23	05단	半島茶話
119544	鮮滿版	1925/1/23	05단	移出牛の繫留三日に短縮
119545	鮮滿版	1925/1/23	05단	氷肥料運賃引下
119546	鮮滿版	1925/1/23	05단	萬頃江改修工事
119547	鮮滿版	1925/1/23	06단	朝鮮靑島間電話
119548	鮮滿版	1925/1/23	06단	戰後の復活を策する奉天省
119549	鮮滿版	1925/1/23	06단	朝鮮米を賣り外國米を食ふ朝鮮の農民
119550	鮮滿版	1925/1/23	06단	こども向の馬
119551	鮮滿版	1925/1/23	06단	加藤氏自作畵頒布
119552	鮮滿版	1925/1/24	01단	朝鮮人臺灣人も陸軍軍人になれる/召募規則改正發表
119553	鮮滿版	1925/1/24	01단	露支の態度を見よ/東支鐵道に關して白川關東軍司令官談
119554	鮮滿版	1925/1/24	01단	淸川沖の米蝦漁業を支那人に許すか
119555	鮮滿版	1925/1/24	01단	平壌高女生のスケート
119556	鮮滿版	1925/1/24	02단	日本麥酒工場建築は延びやう
119557	鮮滿版	1925/1/24	03단	入學試驗が近づいた/試驗科目は算術國語やさしい問題で二度づゝ(メンタルテストは行らぬ/福島龍中校長談/考査表は參考にする/坪內高女校長談)
119558	鮮滿版	1925/1/24	03단	一年に三十萬通の書狀を一人の配達人が配り歩いた/郵便物から見た釜山の繁榮
119559	鮮滿版	1925/1/24	04단	鱈漁地發見に活動する咸北丸
119560	鮮滿版	1925/1/24	04단	外米と粟關稅減免を望む
119561	鮮滿版	1925/1/24	05단	京城基本調査
119562	鮮滿版	1925/1/24	05단	新義州通過の外人旅行者
119563	鮮滿版	1925/1/24	05단	在外派遣員召集/鮮人對策協議
119564	鮮滿版	1925/1/24	05단	郵便貯金額
119565	鮮滿版	1925/1/24	05단	軍倉庫移轉難
119566	鮮滿版	1925/1/24	06단	百ワット以上は計量制に/新義州電氣の試み
119567	鮮滿版	1925/1/24	06단	鐵道學校生徒募集
119568	鮮滿版	1925/1/24	06단	咸興聯隊寒稽古
119569	鮮滿版	1925/1/24	06단	牛に關する迷信と傳說

일련번호	판명	간행일	단수	기사명
119570	鮮滿版	1925/1/24	06단	鮮鐵廿年會
119571	鮮滿版	1925/1/24	06단	各地より(釜山/咸興)
119572	鮮滿版	1925/1/25	01단	赤い露國と握手して新にする憂二つ赤井朝鮮軍參謀の話/鐵道連絡の復活は世界的の福音だ安藤京鐵局長の話
119573	鮮滿版	1925/1/25	01단	朝鮮神社へ燈籠寄進/在鮮文武官が
119574	鮮滿版	1925/1/25	02단	木材業者大同團結/新義州の計劃
119575	鮮滿版	1925/1/25	02단	多獅島の自由港實現の日の利益/原料無稅輸入と對滿輸出
119576	鮮滿版	1925/1/25	03단	朝鮮線のパス整理四月から實施
119577	鮮滿版	1925/1/25	04단	燐寸は小包で送れる
119578	鮮滿版	1925/1/25	04단	入學試驗を前にして/考査表はよい參考/師範の試驗課目は五つ/入學試驗を前にして(赤木京城師範校長談/テストは全廢古谷京城高女校長談)
119579	鮮滿版	1925/1/25	04단	鮮人訴訟代理業者に辯護士資格を與へよ/衆議院に請願書提出
119580	鮮滿版	1925/1/25	05단	試驗科目さへ知らぬ受驗生/そんなのが高師を受驗
119581	鮮滿版	1925/1/25	05단	平北第二期國稅
119582	鮮滿版	1925/1/25	05단	安義の確執は氷解した/安東中學校の學級增加決す
119583	鮮滿版	1925/1/25	06단	慘殺して放火
119584	鮮滿版	1925/1/25	06단	牛に關する迷信と傳說
119585	鮮滿版	1925/1/25	06단	羅南面事務所建築
119586	鮮滿版	1925/1/25	06단	人(王總領事)
119587	鮮滿版	1925/1/27	01단	內地へ行く牛の群れ
119588	鮮滿版	1925/1/27	01단	南支那へ落ちるか在露の不逞鮮人 日露交涉成立の影響/京城に赤旗の飜る日 それも遠いことでない 五つの領事館は復活しやう
119589	鮮滿版	1925/1/27	02단	奉露協約放棄されん/王京城總領事
119590	鮮滿版	1925/1/27	03단	鮮實業績
119591	鮮滿版	1925/1/27	03단	水ぬるむ頃には不逞鮮人は影を潛めやう/警察の大討伐計劃
119592	鮮滿版	1925/1/27	04단	鮮婦人の前に活動の扉は開けた/外氣に觸れるを罪とした/彼女に解放の時が來た
119593	鮮滿版	1925/1/27	04단	仁川の移出牛
119594	鮮滿版	1925/1/27	04단	平南道明年度豫算/植林養蠶に努力
119595	鮮滿版	1925/1/27	04단	淸津春鰊季節と製油業の計劃
119596	鮮滿版	1925/1/27	05단	轍の跡が一日に四萬里/朝鮮の定期自動車便
119597	鮮滿版	1925/1/27	05단	妓生不乘同盟/俥夫の詫で解決
119598	鮮滿版	1925/1/27	06단	交涉成立と貿易
119599	鮮滿版	1925/1/27	06단	レニン追悼會
119600	鮮滿版	1925/1/27	06단	列車聯絡協議
119601	鮮滿版	1925/1/27	06단	朝鮮軍寒稽古
119602	鮮滿版	1925/1/27	06단	各地より(釜山/咸興)

일련번호	판명	간행일	단수	기사명
119603	鮮滿版	1925/1/28	01단	戰鬪機の前にて
119604	鮮滿版	1925/1/28	01단	平壤航空隊に爆擊班/爆擊隊新設の前提
119605	鮮滿版	1925/1/28	01단	ルーサンを植えて地力の恢復を圖る/渡邊平南道內務部長談
119606	鮮滿版	1925/1/28	01단	東亞煙草の請願採擇/賠償金下付問題
119607	鮮滿版	1925/1/28	02단	咸南道廳舍新築と總監
119608	鮮滿版	1925/1/28	03단	船橋里の新道路工事尚行惱む
119609	鮮滿版	1925/1/28	03단	警官は大減員しても治安維持に不安はない
119610	鮮滿版	1925/1/28	03단	また始った武器密輸/手古摺る釜山警察と巧妙を極めるその手段
119611	鮮滿版	1925/1/28	03단	農産物の高値/農民の懷は大分潤うて來た
119612	鮮滿版	1925/1/28	04단	海林移住鮮人
119613	鮮滿版	1925/1/28	04단	北滿材を大連へ
119614	鮮滿版	1925/1/28	05단	大邱川護岸工事
119615	鮮滿版	1925/1/28	05단	鰮の研究終る今度は明太魚/朝鮮水産試驗場
119616	鮮滿版	1925/1/28	05단	李花學堂に專問部新設
119617	鮮滿版	1925/1/28	05단	運工兩事務所合併/早晩實現せん
119618	鮮滿版	1925/1/28	06단	釜山に高女新設運動具體化
119619	鮮滿版	1925/1/28	06단	暖い咸興
119620	鮮滿版	1925/1/28	06단	慘殺犯人捕はる
119621	鮮滿版	1925/1/28	06단	振はぬ家畜市場
119622	鮮滿版	1925/1/28	06단	光州高女生徒募集
119623	鮮滿版	1925/1/28	06단	人(小川理事官/土居千代三氏)
119624	鮮滿版	1925/1/29	01단	日露の接近を寂しく眺める人々/京城に集る白系露人/流浪の空に安易な生活
119625	鮮滿版	1925/1/29	01단	日露の爲替交換も條約修正後實現せん
119626	鮮滿版	1925/1/29	01단	潮に浮く樂土『海の悲曲』の濟州島/淳朴な男、放たれた女
119627	鮮滿版	1925/1/29	02단	不逞團は愈窮地に/日露協定成立と張作霖の取締
119628	鮮滿版	1925/1/29	02단	內地人學生は近視鮮人學生は榮養不良/總督府の健康調査
119629	鮮滿版	1925/1/29	03단	赤い領事館/鮮內に五箇所
119630	鮮滿版	1925/1/29	03단	植林して財源涵養/平南道當局談
119631	鮮滿版	1925/1/29	04단	平壤府新事業/水源地擴張と電車の延長
119632	鮮滿版	1925/1/29	04단	黃海道明年度豫算
119633	鮮滿版	1925/1/29	05단	浮草のやうな鮮人の群滿洲一帶に百五十萬/救濟事業も效がない
119634	鮮滿版	1925/1/29	05단	寒ければ麥の芽が枯れ/暖氣が續けば螟蟲が死なぬ
119635	鮮滿版	1925/1/29	05단	地方費職員の整理は三月頃
119636	鮮滿版	1925/1/29	05단	製絲工女を內地へ誘出す
119637	鮮滿版	1925/1/29	06단	海州面の豫算
119638	鮮滿版	1925/1/29	06단	關釜連絡船二便時刻改正

일련번호	판명	간행일	단수	기사명
119639	鮮滿版	1925/1/29	06단	全南の陸地棉記錄破りの賣高
119640	鮮滿版	1925/1/29	06단	朝鮮の産金額
119641	鮮滿版	1925/1/29	06단	木浦高女生徒募集
119642	鮮滿版	1925/1/29	06단	岩佐總督府視學官
119643	鮮滿版	1925/1/30	01단	北鮮と西鮮を結ぶ交通路完成せん/孟山永興間を連絡
119644	鮮滿版	1925/1/30	01단	鮮鐵直營に伴ふ會計法法律案提出二十八日衆議院へ
119645	鮮滿版	1925/1/30	01단	慰問使咸南入り/三月の初め頃
119646	鮮滿版	1925/1/30	02단	京城從業員優遇要求/怠業してまでと敦圉く
119647	鮮滿版	1925/1/30	03단	殖銀所要資金
119648	鮮滿版	1925/1/30	03단	持餘される女教員/男女教員間の問題頻出/採用を減ずる方針
119649	鮮滿版	1925/1/30	04단	京城組合銀行昨年末貸出
119650	鮮滿版	1925/1/30	04단	大豆輸出解禁
119651	鮮滿版	1925/1/30	04단	海州本町通擴張
119652	鮮滿版	1925/1/30	04단	*朝郵と商船兩社に命令か/大連航路妥協點/大連長崎航路鹿兒島寄港希望*
119653	鮮滿版	1925/1/30	05단	ひたすら雪を待つスキー大會
119654	鮮滿版	1925/1/30	05단	高普卒業は演習科無試驗
119655	鮮滿版	1925/1/30	05단	早くも露國視察團の計劃/釜山で準備中
119656	鮮滿版	1925/1/30	05단	金製品は飾窓から消へた/金價の昂騰が生んだ奇現象
119657	鮮滿版	1925/1/30	06단	清津荷揚場竣工は今秋九月
119658	鮮滿版	1925/1/30	06단	師範生徒募集
119659	鮮滿版	1925/1/30	06단	慶山學組議員
119660	鮮滿版	1925/1/30	06단	會(清津無盡總會)
119661	鮮滿版	1925/1/30	06단	運動界(一高女のスケート)
119662	鮮滿版	1925/1/31	01단	教への親生みの親それが一樣に悩む/中等學校受驗期は來た(校長に會見申込/受驗生の學校參觀/學校の善惡を)
119663	鮮滿版	1925/1/31	01단	畜牛檢疫料反對は或は敵本主義運動か
119664	鮮滿版	1925/1/31	01단	港灣協會と元山の提案
119665	鮮滿版	1925/1/31	02단	朝鮮牛を共同購入/兵庫の農村から
119666	鮮滿版	1925/1/31	03단	安住の地を求めて浮浪/哀れな露人の群
119667	鮮滿版	1925/1/31	03단	成吉斯汗の芝居に日本の鎧姿が出るダタール人の生活/亞伯利と源義經の遺跡
119668	鮮滿版	1925/1/31	04단	朝鮮の陸地棉
119669	鮮滿版	1925/1/31	04단	元山學組豫算
119670	鮮滿版	1925/1/31	04단	偏らざる衛生狀態を各國醫學者に公表/醫藥分業は望まれぬこと
119671	鮮滿版	1925/1/31	05단	金融組合帳尻
119672	鮮滿版	1925/1/31	05단	北鮮の國境に新機關を設く
119673	鮮滿版	1925/1/31	05단	朝鮮紡織の操業恢復は夏

일련번호	판명	간행일	단수	기사명
119674	鮮滿版	1925/1/31	05단	救はれるモヒ中毒者
119675	鮮滿版	1925/1/31	06단	全南から內地に渡った鮮人一萬六千人
119676	鮮滿版	1925/1/31	06단	寒さに凍へる窮民を救助
119677	鮮滿版	1925/1/31	06단	京鐵局より
119678	鮮滿版	1925/1/31	06단	會社銀行(朝紡拂込徵收)
119679	鮮滿版	1925/1/31	06단	人(ムレリ大尉)
119680	鮮滿版	1925/1/31	06단	運動界(滿鐵スケート大會/アイス、ホッケー)

1925년 2월 (선만판)

일련번호	판명	간행일	단수	기사명
119681	鮮滿版	1924/2/1	01단	關稅の免除で押寄せる外國米/鮮米は內地へ移出し/粟と外米に生きる鮮人
119682	鮮滿版	1924/2/1	01단	排日法は人道の敵/政府を覺醒せしむと米國基督教靑年は起った
119683	鮮滿版	1924/2/1	01단	五千の牛を移出/平壤牛の增殖に力を入れて
119684	鮮滿版	1924/2/1	02단	國境上三峰に畜牛檢疫所/請願攻めの三矢警務局長
119685	鮮滿版	1924/2/1	03단	朝鮮私鐵補助法改正案卅一日提出さる
119686	鮮滿版	1924/2/1	03단	郵貯額を超過した低資融通/當局の認む特例
119687	鮮滿版	1924/2/1	03단	鮮人の露領出漁この頃激增した/紛糾も無くなつた
119688	鮮滿版	1924/2/1	03단	當民洞まで水道を延す
119689	鮮滿版	1924/2/1	03단	團隊長會議
119690	鮮滿版	1924/2/1	03단	龍山信用組合
119691	鮮滿版	1924/2/1	03단	咸南の犯罪數
119692	鮮滿版	1924/2/1	04단	朝鮮簡易保險實現に難色
119693	鮮滿版	1924/2/1	04단	移民十萬東三省へ募集
119694	鮮滿版	1924/2/1	05단	綏東の騎兵脫走/連長以下百名
119695	鮮滿版	1924/2/1	05단	領事は來ても沒交渉だ/白軍系露人牧畜王の憂ひ
119696	鮮滿版	1924/2/1	05단	京城に生れた內鮮外人の少年團/その純情に大きい期待
119697	鮮滿版	1924/2/1	06단	金知事の贈物貧しき人へ
119698	鮮滿版	1924/2/1	06단	大邱土産展三月開會の計劃
119699	鮮滿版	1924/2/1	06단	服部御慰問使
119700	鮮滿版	1924/2/1	06단	前府尹へ記念品
119701	鮮滿版	1924/2/1	06단	海東銀行總會
119702	鮮滿版	1924/2/1	06단	人(那須憲兵司令官/大村旅團長)
119703	鮮滿版	1924/2/3	01단	新義州から江界へ氷の鴨江上空を飛ぶ/山岳重疊する壯大な景/國境耐寒飛行演習
119704	鮮滿版	1924/2/3	01단	日露の仲直りで手不足になる玄關番/釜山警察の高等係
119705	鮮滿版	1924/2/3	01단	春近き日
119706	鮮滿版	1924/2/3	02단	鮮露貿易戰前に恢復か(亞細亞露領/歐露)
119707	鮮滿版	1924/2/3	03단	有耶無耶中止/取引所令と産業組合令
119708	鮮滿版	1924/2/3	03단	鮮鐵委員會/委員長理事互選
119709	鮮滿版	1924/2/3	03단	道視學も更迭
119710	鮮滿版	1924/2/3	04단	京畿教員整理
119711	鮮滿版	1924/2/3	04단	私鐵の國有線との運賃統一/四月から實施か
119712	鮮滿版	1924/2/3	04단	平壤商議豫算
119713	鮮滿版	1924/2/3	04단	日本の兵器は時代遲れ/朝鮮政治には感服したムレリー英國武官談
119714	鮮滿版	1924/2/3	05단	帝國麥酒工場
119715	鮮滿版	1924/2/3	05단	怯える白系軍人

일련번호	판명	간행일	단수	기사명
119716	鮮滿版	1924/2/3	05단	空家を使ふ新手の詐欺/京城で捕はる
119717	鮮滿版	1924/2/3	06단	子供の研究/京城少年團
119718	鮮滿版	1924/2/3	06단	釜山の火事
119719	鮮滿版	1924/2/3	06단	甘浦九龍浦に電話が通じる/三月頃迄に
119720	鮮滿版	1924/2/3	06단	鹽業技術會議
119721	鮮滿版	1924/2/3	06단	京鐵局より
119722	鮮滿版	1924/2/3	06단	會社銀行(全南電氣創立)
119723	鮮滿版	1924/2/4	01단	露國の赤旗は釜山に先づ翻らう/伏兵山腹の赤い建物/懐しいス領事の面影
119724	鮮滿版	1924/2/4	01단	さらば京城よ/落行へ領事
119725	鮮滿版	1924/2/4	01단	赤露の金輪解禁/鮮銀には影響更になし
119726	鮮滿版	1924/2/4	01단	慶州の旱害被害民救濟/叺生産、土木工事
119727	鮮滿版	1924/2/4	02단	金泉法院敷地
119728	鮮滿版	1924/2/4	02단	海州學校組合十四年度豫算
119729	鮮滿版	1924/2/4	02단	御慰問使一行
119730	鮮滿版	1924/2/4	02단	咸興面協議會
119731	鮮滿版	1924/2/4	03단	京城不動産整理
119732	鮮滿版	1924/2/4	03단	久原製煉所復活
119733	鮮滿版	1924/2/4	03단	惡性の猩紅熱がはやる/大人の死亡も尠くない
119734	鮮滿版	1924/2/4	03단	安圖縣知事警備を嚴にす
119735	鮮滿版	1924/2/4	03단	不良露人の入國を警戒
119736	鮮滿版	1924/2/4	04단	咸興聯隊耐寒行軍
119737	鮮滿版	1924/2/4	04단	辭令
119738	鮮滿版	1924/2/4	04단	土窟中に鮮人を集め勤儉獎勵の宣傳
119739	鮮滿版	1924/2/4	05단	耕牛の輸出禁止/和龍縣知事發令
119740	鮮滿版	1924/2/4	05단	扶助料二萬圓請求/感電して死んだ男の遺族
119741	鮮滿版	1924/2/4	05단	一虎に咬まる
119742	鮮滿版	1924/2/4	05단	出前持ち爭議
119743	鮮滿版	1924/2/4	06단	咸興の天然氷
119744	鮮滿版	1924/2/4	06단	城大本科建設
119745	鮮滿版	1924/2/4	06단	青年會兎狩り
119746	鮮滿版	1924/2/4	06단	各地より(咸興/大邱)
119747	鮮滿版	1924/2/4	06단	人(三矢宮松氏/田中武雄氏/松村松盛氏)
119748	鮮滿版	1924/2/5	01단	世界各地に漂泊して日一日と死の影を踏む露人/悲惨の極みの白軍系の幾萬人/默されぬ人道の問題
119749	鮮滿版	1924/2/5	01단	耐寒飛行の興へた好教訓/電熱服でも凍える氷の鴨江は何處でも着陸地
119750	鮮滿版	1924/2/5	01단	國境に沿ふ大道路を十九年の秋迄に完成
119751	鮮滿版	1924/2/5	01단	明太魚不漁相場甚しく昂騰

일련번호	판명	간행일	단수	기사명
119752	鮮滿版	1924/2/5	02단	釜山港の裏日本貿易
119753	鮮滿版	1924/2/5	03단	鎭海學校組合議員改選
119754	鮮滿版	1924/2/5	03단	理髮試驗が近づき風紀が急に良くなった/釜山の床屋さんの緊張
119755	鮮滿版	1924/2/5	04단	慶南道評議會
119756	鮮滿版	1924/2/5	04단	馬山府の人口
119757	鮮滿版	1924/2/5	04단	平壤炭輸出高
119758	鮮滿版	1924/2/5	04단	道廳豫定地へ釜山電車延長
119759	鮮滿版	1924/2/5	05단	火葬場を府營
119760	鮮滿版	1924/2/5	05단	西鮮三道から二萬の牛を昨年中に移輸出
119761	鮮滿版	1924/2/5	05단	慶北春蠶掃立
119762	鮮滿版	1924/2/5	05단	工業補習料を大邱に新設
119763	鮮滿版	1924/2/5	05단	朝鮮入りの新聞雜誌/慶南高等課で檢閱/今までの水上署はお拂ひ箱
119764	鮮滿版	1924/2/5	06단	棍棒で亂打
119765	鮮滿版	1924/2/5	06단	煙にした金が大邱で五百萬圓
119766	鮮滿版	1924/2/5	06단	大邱の寒さ零下十二度
119767	鮮滿版	1924/2/5	06단	大邱の空家
119768	鮮滿版	1924/2/5	06단	人(齋藤總督)
119769	鮮滿版	1924/2/6	01단	冷却した空氣で食堂車を冷す裝置/この夏朝鮮線で實施
119770	鮮滿版	1924/2/6	01단	國境平穩は意外のこと/服部侍從武官談
119771	鮮滿版	1924/2/6	01단	御慰問使一行淸津から元山へ
119772	鮮滿版	1924/2/6	01단	三度目の整理近づく四月
119773	鮮滿版	1924/2/6	01단	稅關職員服制改正の勅令
119774	鮮滿版	1924/2/6	01단	京城の治安は極めて良好/東高等課長談
119775	鮮滿版	1924/2/6	02단	普及した鮮內電話綱/今年は又擴張
119776	鮮滿版	1924/2/6	02단	平南道明年度豫算百七十八萬圓
119777	鮮滿版	1924/2/6	03단	現代から餘り遠い韓國時代の舊法令/次第に改正を行ふ
119778	鮮滿版	1924/2/6	03단	日本海橫斷航路/朝郵と商船の競爭
119779	鮮滿版	1924/2/6	03단	朝鮮在籍船舶七百三十隻
119780	鮮滿版	1924/2/6	04단	振はぬ工業多いのは精米業
119781	鮮滿版	1924/2/6	04단	養蠶と養鷄有利な副業
119782	鮮滿版	1924/2/6	04단	鹽の特定運賃近く實現しやう
119783	鮮滿版	1924/2/6	05단	灣米から滿洲粟へ食べ代へた鮮人
119784	鮮滿版	1924/2/6	05단	襲爵すまい宋秉畯の長子
119785	鮮滿版	1924/2/6	05단	かぜが流行/全鮮的には衛生狀態はよい
119786	鮮滿版	1924/2/6	05단	半島茶話
119787	鮮滿版	1924/2/6	06단	この冬に蠅捕
119788	鮮滿版	1924/2/6	06단	朝鮮にも梅は育った

일련번호	판명	간행일	단수	기사명
119789	鮮滿版	1924/2/6	06단	光陽の山火事
119790	鮮滿版	1924/2/6	06단	咸興で食った牛
119791	鮮滿版	1924/2/6	06단	鉋屑の様な白米の味
119792	鮮滿版	1924/2/6	06단	人(平井三男氏/岸川社員令弟)
119793	鮮滿版	1924/2/7	01단	世界的港灣として大釜山港の築造を/港灣協會を通じて請願(具體的提案/莫大な費用/大釜山港と)
119794	鮮滿版	1924/2/7	01단	上空から見た江界の街
119795	鮮滿版	1924/2/7	02단	直營を前に問題二つ/社員立替金と共濟會の積立
119796	鮮滿版	1924/2/7	04단	運送店にまた打擊/實施を豫想さる割戻制撤廢
119797	鮮滿版	1924/2/7	04단	鮮鐵在貨減少
119798	鮮滿版	1924/2/7	04단	釜山を中心の密漁船/警察は徹底的に取締る
119799	鮮滿版	1924/2/7	04단	新學期から開校したい釜山私立高女
119800	鮮滿版	1924/2/7	04단	不逞團に對抗する自警團
119801	鮮滿版	1924/2/7	05단	昨年の産米千二百萬石/實收調査中
119802	鮮滿版	1924/2/7	05단	大邱聯隊特殊演習
119803	鮮滿版	1924/2/7	05단	朝郵の汽船を利用して物産紹介/商工課の試み
119804	鮮滿版	1924/2/7	05단	賣立を急ぐ清津の埋立地
119805	鮮滿版	1924/2/7	06단	家禽共進會の繪畫展
119806	鮮滿版	1924/2/7	06단	南鮮圍碁大會
119807	鮮滿版	1924/2/7	06단	松崎大尉の碑/修築計劃進む
119808	鮮滿版	1924/2/7	06단	京鐵局柔道大會
119809	鮮滿版	1924/2/7	06단	人(西侍從武官/秋山朝鮮軍軍醫部長)
119810	鮮滿版	1924/2/7	06단	半島茶話
119811	鮮滿版	1924/2/8	01단	日支露鐵道會議と京鐵局の諸準備/ワゴンリーとの關係など
119812	鮮滿版	1924/2/8	01단	平壤へは戰鬪中隊が增設されるばかりだ/爆撃隊は未だ判らぬ
119813	鮮滿版	1924/2/8	01단	慶尚北道明年度豫算二百三十五萬圓
119814	鮮滿版	1924/2/8	01단	家庭を訪ねて/鄕花生
119815	鮮滿版	1924/2/8	02단	吉會線促進運動/清津拓北會決議
119816	鮮滿版	1924/2/8	02단	鮮人向絹織物福井縣で製織
119817	鮮滿版	1924/2/8	03단	輸出組合法案と朝鮮
119818	鮮滿版	1924/2/8	03단	從業員は動搖してゐぬ/鮮鐵會計法案委員會で下岡總監の答辯
119819	鮮滿版	1924/2/8	04단	稀しく暖い間島の近狀(食糧難/天圖輕鐵乘客減少/馬車と競爭)
119820	鮮滿版	1924/2/8	04단	元山釜山間を自動車便で郵便物を送る/遞信局の計劃
119821	鮮滿版	1924/2/8	04단	京鐵局一月業績
119822	鮮滿版	1924/2/8	05단	清津の牛市
119823	鮮滿版	1924/2/8	05단	高麗共産黨解散は信じ得る/然し主意は怠れぬ
119824	鮮滿版	1924/2/8	05단	成績表はよい參考に/入學試驗を前にして
119825	鮮滿版	1924/2/8	05단	窮民に惠む
119826	鮮滿版	1924/2/8	05단	蠶業講習會

일련번호	판명	간행일	단수	기사명
119827	鮮滿版	1924/2/8	05단	京鐵詩と歌の會
119828	鮮滿版	1924/2/8	06단	龍井村の鮮人著しく減少す
119829	鮮滿版	1924/2/8	06단	會(在鄕軍人分會長會)
119830	鮮滿版	1924/2/8	06단	半島茶話
119831	鮮滿版	1924/2/10	01단	大旱害に懲りて東津水利組合の復活/具體的な相談も出來た
119832	鮮滿版	1924/2/10	01단	所謂高等遊民救濟策考へねばならぬ/李學務局長談
119833	鮮滿版	1924/2/10	01단	御慰問使の聖旨傳達式龍山師團に
119834	鮮滿版	1924/2/10	01단	家庭を訪ねて/鄕花生
119835	鮮滿版	1924/2/10	02단	補給金の增額なくば鮮鐵は事業見合/鈴木取締役談
119836	鮮滿版	1924/2/10	03단	朝鮮火保再引受問題
119837	鮮滿版	1924/2/10	03단	豫算編成に心配する/京城府財務課
119838	鮮滿版	1924/2/10	03단	馬山慈惠病院獨立
119839	鮮滿版	1924/2/10	03단	元山に水産試驗場新設
119840	鮮滿版	1924/2/10	04단	龍山衛戌病院分院移轉/溫泉の儒城へ
119841	鮮滿版	1924/2/10	04단	道評議會
119842	鮮滿版	1924/2/10	04단	ルーサン作付段高
119843	鮮滿版	1924/2/10	04단	京城で『正ちゃん』活躍する
119844	鮮滿版	1924/2/10	04단	盛時の漁場に回さんと鎭海灣に鱈卵の放流
119845	鮮滿版	1924/2/10	05단	大體良かった釜山の理髪試驗
119846	鮮滿版	1924/2/10	06단	火田の跡に栗を植ゑる
119847	鮮滿版	1924/2/10	06단	訓導の縊死
119848	鮮滿版	1924/2/10	06단	龍中スケート會
119849	鮮滿版	1924/2/10	06단	半島茶話
119850	鮮滿版	1924/2/11	01단	故宋伯の追悼會
119851	鮮滿版	1924/2/11	01단	學校は出來たが入學さす資力がない/困難な鮮人不就學問題
119852	鮮滿版	1924/2/11	01단	家庭を訪ねて/鄕花生
119853	鮮滿版	1924/2/11	02단	盟休して昇格を期す/仁川海員養成所
119854	鮮滿版	1924/2/11	03단	浦潮莫斯科間直通列車編成に決す
119855	鮮滿版	1924/2/11	03단	日露の握手から思惑/活氣づいた浦潮鰊買出し一肌ぬいだ金融組合
119856	鮮滿版	1924/2/11	03단	殆ど影を潛めた贅澤品/十二月中に僅か四萬圓輸入
119857	鮮滿版	1924/2/11	03단	十五年の計劃で朝鮮の土地改良を行る
119858	鮮滿版	1924/2/11	04단	京鐵局の運動部依然存續される
119859	鮮滿版	1924/2/11	05단	西鮮にも白魚がゐる/イカの好漁地も大同江口に
119860	鮮滿版	1924/2/11	05단	生牛代りに生肉移出が增す/淸津より宇品へ
119861	鮮滿版	1924/2/11	06단	女學校の經費全部負擔を申出黄海道の富豪
119862	鮮滿版	1924/2/11	06단	靈光水利工事十三萬圓で落札
119863	鮮滿版	1924/2/11	06단	陸地棉の作付/全鮮六萬五千町
119864	鮮滿版	1924/2/11	06단	卓球協會大會

일련번호	판명	간행일	단수	기사명
119865	鮮滿版	1924/2/11	06단	半島茶話
119866	鮮滿版	1924/2/12	01단	廢墟の如き道廳の燒け跡/佳節の表彰は假廳舍で咸北劫火餘聞
119867	鮮滿版	1924/2/12	01단	獎勵金下賜/社會事業團體へ朝鮮及び關東廳
119868	鮮滿版	1924/2/12	01단	李王殿下御病狀些か御衰弱
119869	鮮滿版	1924/2/12	01단	家庭を訪ねて/鄕花生
119870	鮮滿版	1924/2/12	02단	咸北石炭東京で大持て
119871	鮮滿版	1924/2/12	02단	浦潮京城の電信/久し振りで直通する露國の架線修理の曉
119872	鮮滿版	1924/2/12	02단	百四十萬圓を補助する/道に移管になる學校費へ
119873	鮮滿版	1924/2/12	03단	日露協會學校を大學に昇格させたい
119874	鮮滿版	1924/2/12	03단	教育費補助三割減った/京城府の驚き
119875	鮮滿版	1924/2/12	04단	間島の大豆に檢查制度を設け
119876	鮮滿版	1924/2/12	04단	産業釜山の勢力を示す見本市を開く/卸賣取引の便宜と改善に
119877	鮮滿版	1924/2/12	04단	訴訟代理業者の請願採擇
119878	鮮滿版	1924/2/12	05단	教育攻勞者に總督から表彰
119879	鮮滿版	1924/2/12	05단	重要任務で田中課長上海行
119880	鮮滿版	1924/2/12	05단	不成績の狩獵列車
119881	鮮滿版	1924/2/12	05단	咸興驛に水道
119882	鮮滿版	1924/2/12	06단	旱害とウンカで咸北産米減收
119883	鮮滿版	1924/2/12	06단	各地より(咸興)
119884	鮮滿版	1924/2/12	06단	半島茶話
119885	鮮滿版	1924/2/13	01단	家庭を訪ねて/鄕花生
119886	鮮滿版	1924/2/13	01단	對岸の不逞團は片ッ端から討伐/寒いより痛いやうな寒氣/國境から歸った國友警務課長
119887	鮮滿版	1924/2/13	01단	鐵道圖書館の四十萬圓の積立金/結局どう納るのか京鐵局員はかう言ふ
119888	鮮滿版	1924/2/13	01단	四百萬石を突破鮮米の大移出
119889	鮮滿版	1924/2/13	02단	小學校補助金
119890	鮮滿版	1924/2/13	03단	補助の減額で困つた學校組合
119891	鮮滿版	1924/2/13	03단	桃畑が住宅地に伸びゆく釜山の郊外/道廳移轉で好景氣來る/地價大爆騰
119892	鮮滿版	1924/2/13	04단	小學校にもスケート場
119893	鮮滿版	1924/2/13	04단	移出牛の檢疫所を浦項に設けよ/猛烈な運動を起す
119894	鮮滿版	1924/2/13	04단	咸北でも米が作れる/試作の結果成功す/間島では十年も前から
119895	鮮滿版	1924/2/13	04단	牧の島荒しの不良靑年逮捕
119896	鮮滿版	1924/2/13	05단	國境で鮮人飢ゆ
119897	鮮滿版	1924/2/13	05단	黑山島の捕鯨
119898	鮮滿版	1924/2/13	05단	釜山東萊で二萬の鮮人が大綱引/枝綱でも四斗樽の太さ
119899	鮮滿版	1924/2/13	06단	無賃乘車法を
119900	鮮滿版	1924/2/13	06단	京城の火事

일련번호	판명	간행일	단수	기사명
119901	鮮滿版	1924/2/13	06단	會(城大音樂會)
119902	鮮滿版	1924/2/13	06단	半島茶話
119903	鮮滿版	1924/2/14	01단	飛行機を見た鮮人の驚き/神だ!神だ!神のしわざだ/陶醉した心持ちの國境の內地人/耐寒飛行の齎した效果の數々
119904	鮮滿版	1924/2/14	01단	家庭を訪ねて/鄕花生
119905	鮮滿版	1924/2/14	02단	整理の餘地はないがそのうちから整理する/老朽敎員を淘汰する京畿道
119906	鮮滿版	1924/2/14	03단	總督表彰の譽れの人々
119907	鮮滿版	1924/2/14	03단	平南の新事業/評議會開かる
119908	鮮滿版	1924/2/14	04단	基督敎徒騷擾事件解決/敎會は自治派へ引渡す
119909	鮮滿版	1924/2/14	05단	平南の表彰/篤行者十二名
119910	鮮滿版	1924/2/14	05단	國境に憲兵を增派する
119911	鮮滿版	1924/2/14	05단	國境で現地戰術
119912	鮮滿版	1924/2/14	05단	解氷期から富寧の伐木活動を開始する
119913	鮮滿版	1924/2/14	05단	釜山の貿易/一月の移出激減を示す
119914	鮮滿版	1924/2/14	06단	淸津內地貿易
119915	鮮滿版	1924/2/14	06단	大邱の圍碁會
119916	鮮滿版	1924/2/14	06단	京鐵局より
119917	鮮滿版	1924/2/14	06단	半島茶話
119918	鮮滿版	1924/2/15	01단	家庭を訪ねて/鄕花生
119919	鮮滿版	1924/2/15	01단	東萊ホテルの敷地を郡か地元民にくれと直營を機に滿鐵へ要求
119920	鮮滿版	1924/2/15	01단	朝鮮の人口七千百萬
119921	鮮滿版	1924/2/15	02단	仁川驛月尾島間埋立てる/新會社創立
119922	鮮滿版	1924/2/15	02단	官憲の惱む大馬賊團/長春で每日死刑がある
119923	鮮滿版	1924/2/15	03단	電力を金剛電氣に求めよ/元山の電力問題
119924	鮮滿版	1924/2/15	03단	第二棧橋使用許可の願ひ/釜山卸商同盟から棧橋を使へば物價も下らう
119925	鮮滿版	1924/2/15	04단	上海航路に皮肉な現象/除外された鎭南浦の好績
119926	鮮滿版	1924/2/15	04단	釜山外國貿易
119927	鮮滿版	1924/2/15	05단	京城下水工事補助
119928	鮮滿版	1924/2/15	05단	黃海道の表彰
119929	鮮滿版	1924/2/15	05단	留置人の辨當代八千圓/全鮮一の犯罪地釜山
119930	鮮滿版	1924/2/15	05단	大虎漂着/海を渡る途中溺れたか
119931	鮮滿版	1924/2/15	06단	全鮮公職者大會/大邱で四月に
119932	鮮滿版	1924/2/15	06단	慶北道では實業補習科を普通學校に附設
119933	鮮滿版	1924/2/15	06단	全鮮敎育會
119934	鮮滿版	1924/2/15	06단	落札から紛糾/靈光水利工事
119935	鮮滿版	1924/2/15	06단	各地より(釜山)

일련번호	판명	간행일	단수	기사명
119936	鮮滿版	1924/2/17	01단	家庭を訪ねて/鄕花生
119937	鮮滿版	1924/2/17	01단	咸鏡線を速成せよ/松山代議士から建議案/何故旣定額を半減した
119938	鮮滿版	1924/2/17	01단	火災時の心配から釜山各處に溜池を/緊縮の折柄寄附金で
119939	鮮滿版	1924/2/17	01단	朝鮮神社十月に竣工
119940	鮮滿版	1924/2/17	01단	朝鮮での簡易保險經營法研究中
119941	鮮滿版	1924/2/17	02단	慶北評議會開かる
119942	鮮滿版	1924/2/17	03단	教育費補助の割當が變った
119943	鮮滿版	1924/2/17	03단	責任は雙方に東萊對滿鐵問題
119944	鮮滿版	1924/2/17	03단	京城第二高女が一學級を增す
119945	鮮滿版	1924/2/17	03단	京畿米減收實收百四十萬石
119946	鮮滿版	1924/2/17	04단	馬山の酒造高
119947	鮮滿版	1924/2/17	04단	普校校長選獎
119948	鮮滿版	1924/2/17	04단	生牛代りに生肉移出/日を逐うて旺盛
119949	鮮滿版	1924/2/17	04단	鮮語の判らぬ巡査が多い鮮人と接觸の多い釜山で/研究會で課外教授を始める
119950	鮮滿版	1924/2/17	05단	農家を待つ群山干拓地
119951	鮮滿版	1924/2/17	05단	兇刃に殪れた態谷巡査葬儀
119952	鮮滿版	1924/2/17	05단	陸軍記念日に演習を/龍山師團の試み
119953	鮮滿版	1924/2/17	05단	思ひのまゝに電話が手に入る/咸興の電話普及
119954	鮮滿版	1924/2/17	06단	署長が投手で/警察に野球團
119955	鮮滿版	1924/2/17	06단	前校長へ記念品
119956	鮮滿版	1924/2/17	06단	馬山警友會生る
119957	鮮滿版	1924/2/17	06단	各地より(釜山)
119958	鮮滿版	1924/2/17	06단	會(朝鮮銀行總會)
119959	鮮滿版	1924/2/17	06단	半島茶話
119960	鮮滿版	1924/2/18	01단	浦潮の鮮人學校時機を見て復活/醫療機關も設ける
119961	鮮滿版	1924/2/18	01단	西鮮りんごに大敵/東支鐵道の運賃値上/ハルピン輸出に大打擊
119962	鮮滿版	1924/2/18	01단	朝鮮內地貿易
119963	鮮滿版	1924/2/18	01단	郵便預金貸先
119964	鮮滿版	1924/2/18	01단	國境雜聞价川の卷(一)/新田生
119965	鮮滿版	1924/2/18	02단	群山商議豫算一萬六百圓
119966	鮮滿版	1924/2/18	03단	平壤病院と改稱/移管の慈惠醫院
119967	鮮滿版	1924/2/18	03단	咸南評議員會
119968	鮮滿版	1924/2/18	03단	咸北に牛疫發生/牛市場は閉鎖
119969	鮮滿版	1924/2/18	03단	猛火の中を潛って御眞影を奉安す/道廳の火災と美談
119970	鮮滿版	1924/2/18	04단	咸南大豆の檢查不統一
119971	鮮滿版	1924/2/18	05단	咸南りんご
119972	鮮滿版	1924/2/18	05단	專賣支局に押寄せて暴行

일련번호	판명	간행일	단수	기사명
119973	鮮滿版	1924/2/18	05단	雪のあり次第/元山でスキー會
119974	鮮滿版	1924/2/18	06단	連川のチブス
119975	鮮滿版	1924/2/18	06단	平壤の火事
119976	鮮滿版	1924/2/18	06단	黃海道師範募集
119977	鮮滿版	1924/2/18	06단	人(中野咸北知事)
119978	鮮滿版	1924/2/18	06단	半島茶話
119979	鮮滿版	1924/2/19	01단	本社の訪歐大飛行第二の着陸地平壤の歡喜官民合同の歡迎と應援の申出飛行日程發表と市民の感銘/御洋行延期李王世子兩殿下/『全將卒で應援する』平壤飛行隊の好意
119980	鮮滿版	1924/2/19	01단	新鐵道局陣容
119981	鮮滿版	1924/2/19	01단	淑明高女の淵澤刀自の物語/內房生活から明るい街頭へ/鮮婦人の放たれるまで駕で通った女學生
119982	鮮滿版	1924/2/19	02단	朝鮮地方自治制建議/衆議院へ提出
119983	鮮滿版	1924/2/19	02단	咸北道廳復舊速成を陳情/羅南公職者から
119984	鮮滿版	1924/2/19	03단	支那航路に優秀船を配す
119985	鮮滿版	1924/2/19	03단	政本のやり方は反對のための反對/咸鏡線工事と憲法違反/法理論では解釋できぬ
119986	鮮滿版	1924/2/19	04단	有利な海鼠採取の競願
119987	鮮滿版	1924/2/19	05단	鎭海學校組合選擧
119988	鮮滿版	1924/2/19	05단	散髮から白癬蔓こる/京城の普通學校
119989	鮮滿版	1924/2/19	05단	立派な久留米が朝鮮の刑務所で織られる
119990	鮮滿版	1924/2/19	05단	關稅を免除して滿洲粟の大輸入/旱害民の食糧として拂はれる大犧牲
119991	鮮滿版	1924/2/19	06단	鎭南浦に移出牛檢疫所/明年度に新設
119992	鮮滿版	1924/2/19	06단	人(岩佐總督巡視學官/李總督府學務局長/石本黃海道警察部長)
119993	鮮滿版	1924/2/19	06단	半島茶話
119994	鮮滿版	1924/2/20	01단	內鮮融和の徹底を期す/朝鮮統治に對する加藤首相の答辨書
119995	鮮滿版	1924/2/20	01단	淑明女學校淵澤刀自の物語/男を見たら蒼ざめた鮮婦人/長い傳統の殼を破り婦人が解散されるまで
119996	鮮滿版	1924/2/20	02단	內地以上の波瀾が捲き起るであらう/軍事輸送運賃半減問題
119997	鮮滿版	1924/2/20	02단	連山の神秘の大釜もとの古刹に還る/湖南大旱害と農民の信仰
119998	鮮滿版	1924/2/20	03단	李王殿下御恢復
119999	鮮滿版	1924/2/20	04단	新聞紙法改正は秋頃實現か
120000	鮮滿版	1924/2/20	04단	淸凉里に受信局を龍山無電局は改裝/內鮮を結ぶ無線電信
120001	鮮滿版	1924/2/20	05단	要塞地帶の取締りを嚴に密漁や撮影が近頃多い
120002	鮮滿版	1924/2/20	05단	養兎が流行/あまりよい副業ではないが
120003	鮮滿版	1924/2/20	05단	鮮人で二人目の新博士/若い醫學者朴昌薰氏
120004	鮮滿版	1924/2/20	05단	義兄を慘殺寸斷して月尾島の沖に沈める
120005	鮮滿版	1924/2/20	06단	粟北面の爭議/尙ほ解決せず

일련번호	판명	간행일	단수	기사명
120006	鮮滿版	1924/2/20	06단	馬山府民會繼續
120007	鮮滿版	1924/2/20	06단	永興水電工事
120008	鮮滿版	1924/2/20	06단	半島茶話
120009	鮮滿版	1924/2/21	01단	朝鮮入りの旅客を取締る/完全な國境の移動警察釜/山はどうして固める
120010	鮮滿版	1924/2/21	01단	總督の機密費まで思ひきり節約する
120011	鮮滿版	1924/2/21	01단	航路補助額減少す/九十三萬圓に
120012	鮮滿版	1924/2/21	01단	家庭を訪ねて/鄕花生
120013	鮮滿版	1924/2/21	02단	模範的港灣の多い朝鮮の施設
120014	鮮滿版	1924/2/21	03단	釜山に出張所を港灣協會總會/總會日程決定
120015	鮮滿版	1924/2/21	03단	遼河開河早いだらう
120016	鮮滿版	1924/2/21	04단	慶北醫學講習生の陳情/組織の改善を
120017	鮮滿版	1924/2/21	04단	京城藥學校同盟休校
120018	鮮滿版	1924/2/21	05단	歡迎される飛行機鳥/肉用としての朝鮮の養鷄
120019	鮮滿版	1924/2/21	05단	素人には判りにくい/朝鮮に多い/僞造の五十錢
120020	鮮滿版	1924/2/21	05단	常の花へ入門の大邱の怪童
120021	鮮滿版	1924/2/21	06단	海州の基督敎信者が年々增す
120022	鮮滿版	1924/2/21	06단	湯室へ注意
120023	鮮滿版	1924/2/21	06단	第二高女音樂會
120024	鮮滿版	1924/2/21	06단	會(分堂局長會議/駐在員會議)
120025	鮮滿版	1924/2/21	06단	半島茶話
120026	鮮滿版	1924/2/22	01단	ハルピンの鮮人に指導者を派遣する/農業技術向上のため
120027	鮮滿版	1924/2/22	01단	支拂日の定らぬ釜山商取引の惡習/左官組合が改革を叫ぶ
120028	鮮滿版	1924/2/22	01단	新義州堤防擴張/市街整理と共に明年から
120029	鮮滿版	1924/2/22	01단	安東海關の電柱課稅撤廢
120030	鮮滿版	1924/2/22	02단	朝鮮鷄の移出/檢疫でやせる
120031	鮮滿版	1924/2/22	02단	米穀運賃引上
120032	鮮滿版	1924/2/22	02단	慘めな內地の勞働/在大阪四萬の鮮人はいま悲慘の極に陷ってゐる/勞働者よ內地へ行くな
120033	鮮滿版	1924/2/22	02단	平南米穀檢査高
120034	鮮滿版	1924/2/22	03단	しきりに榮轉の噂/小西釜產府尹土木局入りか
120035	鮮滿版	1924/2/22	03단	惜まれる彼女海雲丸/例の整理で淋しい勤めに/武器を積んだ代船
120036	鮮滿版	1924/2/22	04단	釜山府新理事官山內氏着任す
120037	鮮滿版	1924/2/22	05단	京城に腦炎發生/流行をおそれて大消毒
120038	鮮滿版	1924/2/22	05단	土產品品評會/三月の末大邱で
120039	鮮滿版	1924/2/22	05단	月謝六割上げ/新義州學校組合
120040	鮮滿版	1924/2/22	05단	か弱い少女が稼ぐ二十萬圓/大邱の三工場
120041	鮮滿版	1924/2/22	05단	京城の高齡者調べ

일련번호	판명	간행일	단수	기사명
120042	鮮滿版	1924/2/22	05단	海州高普生徒募集
120043	鮮滿版	1924/2/22	06단	咸興
120044	鮮滿版	1924/2/22	06단	會社銀行(殖銀總會)
120045	鮮滿版	1924/2/22	06단	運動系(氷上遠走會)
120046	鮮滿版	1924/2/22	06단	半島茶話
120047	鮮滿版	1924/2/24	01단	美食ではないが榮養分はあり餘る/鮮人因の食べ物調べ/一日に三千七百カロリー
120048	鮮滿版	1924/2/24	01단	水雷艇に警官が乘組み不正漁業船を一掃する/鯖の豊漁と密漁
120049	鮮滿版	1924/2/24	01단	安東豆粕需要/朝鮮に激增
120050	鮮滿版	1924/2/24	01단	家庭を訪ねて/鄕花生
120051	鮮滿版	1924/2/24	02단	鐵道運賃の低減問題/商業聯合會へ提案
120052	鮮滿版	1924/2/24	02단	移出された慶北の米と豆
120053	鮮滿版	1924/2/24	03단	朝鮮一月貿易
120054	鮮滿版	1924/2/24	03단	浦潮行き郵便物/第一回に千通
120055	鮮滿版	1924/2/24	03단	密漁に使用する爆藥多數發見/釜山府內の空家から連累者多數に上らん
120056	鮮滿版	1924/2/24	04단	櫻咲く四月兒童成績展覽會釜山第六小學で開く本社釜山通信部が主催
120057	鮮滿版	1924/2/24	04단	マラリヤ絶滅に力を入れる咸南
120058	鮮滿版	1924/2/24	05단	慶南兒童成績品展覽會
120059	鮮滿版	1924/2/24	05단	織物の仕上げを中央試驗場が安く請合ふ
120060	鮮滿版	1924/2/24	05단	不良鼈種四千枚燒棄
120061	鮮滿版	1924/2/24	05단	咸興の新道路
120062	鮮滿版	1924/2/24	06단	廣島高師入學者
120063	鮮滿版	1924/2/24	06단	光州の鷄品評會
120064	鮮滿版	1924/2/24	06단	咸興
120065	鮮滿版	1924/2/24	06단	ゴルフリンク新設
120066	鮮滿版	1924/2/24	06단	半島茶話
120067	鮮滿版	1924/2/25	01단	燒失を機會に道廳の爭奪戰/樂觀を許さぬ羅南
120068	鮮滿版	1924/2/25	01단	釜山高女增級問題/學校組合で委員會に委託
120069	鮮滿版	1924/2/25	01단	木材業者合同の計劃/不況の新義州に
120070	鮮滿版	1924/2/25	02단	朝鮮美術展
120071	鮮滿版	1924/2/25	02단	東拓の南洋方面事業
120072	鮮滿版	1924/2/25	02단	內地見學に鮮人團派遣
120073	鮮滿版	1924/2/25	02단	平壤牛の移出は咸北牛に壓せられた/唯一の利便は夏李輸送
120074	鮮滿版	1924/2/25	03단	朝鮮北海道航路
120075	鮮滿版	1924/2/25	03단	鮮人を副面長に任用せとの叫び
120076	鮮滿版	1924/2/25	03단	運賃引上中止/阪神への穀物運送■■
120077	鮮滿版	1924/2/25	03단	振替貯金の內地送金制限

일련번호	판명	간행일	단수	기사명
120078	鮮滿版	1924/2/25	04단	慶州に褐炭礦
120079	鮮滿版	1924/2/25	04단	模範鄕兵表彰
120080	鮮滿版	1924/2/25	04단	釜山に公園がほしい/道廳移轉を機にぼつぼつ運動がはじまった
120081	鮮滿版	1924/2/25	04단	賃金の値上要求/平壤靴下工結束/印刷工組合でも
120082	鮮滿版	1924/2/25	05단	高女生も演習に參加/陸軍記念日
120083	鮮滿版	1924/2/25	05단	法被姿を學生は厭はぬ/しかし家庭が心配する/就職心理と苦しい世間
120084	鮮滿版	1924/2/25	05단	咸興の電話
120085	鮮滿版	1924/2/25	05단	人(大塚總督府內務局長)
120086	鮮滿版	1924/2/25	05단	慶南兒童成績品展覽會
120087	鮮滿版	1924/2/25	05단	半島茶話
120088	鮮滿版	1924/2/25	06단	莚包みの白骨/大邱驛につく
120089	鮮滿版	1924/2/26	01단	國境雜聞价川の卷(二)/新田生
120090	鮮滿版	1924/2/26	01단	小波さんの話も面白く聽かれた/本社のラヂオ放送に大喜びの仁川の燈臺
120091	鮮滿版	1924/2/26	01단	新聞紙法改正未定/三矢局長談
120092	鮮滿版	1924/2/26	01단	支那絹は影を潜む/鮮內機業の擡頭
120093	鮮滿版	1924/2/26	02단	北滿粟輸入/浦潮から淸津へ國境でも取引
120094	鮮滿版	1924/2/26	02단	咸鏡線工事
120095	鮮滿版	1924/2/26	02단	粟の鐵道運賃引下げ交渉/京鐵局が滿鐵へ
120096	鮮滿版	1924/2/26	03단	朝鮮小麥産額
120097	鮮滿版	1924/2/26	03단	北鮮景氣立つ
120098	鮮滿版	1924/2/26	03단	幼い鮮人兒童が學校のため土運び/學年延長を願ふ切な心/淚を唆る可憐な決議
120099	鮮滿版	1924/2/26	04단	淸津府豫算總額五十萬圓
120100	鮮滿版	1924/2/26	04단	京城金融緩漫
120101	鮮滿版	1924/2/26	04단	赤露の官吏七名內地へ
120102	鮮滿版	1924/2/26	05단	釜山通過の外人の群れ/ロシア人が第一
120103	鮮滿版	1924/2/26	05단	全鮮に感冒が流行/大人より子供がかゝり易い
120104	鮮滿版	1924/2/26	05단	害獸跳梁の國/咸南道の被害
120105	鮮滿版	1924/2/26	05단	京城學組會議
120106	鮮滿版	1924/2/26	05단	第二高女增築
120107	鮮滿版	1924/2/26	05단	各地より(釜山)
120108	鮮滿版	1924/2/26	05단	慶南兒童成績品展覽會
120109	鮮滿版	1924/2/26	06단	厭世の轢死
120110	鮮滿版	1924/2/26	06단	半島茶話
120111	鮮滿版	1924/2/27	01단	研究室巡禮/腰辨生活から醫學博士に頸の腫物に關する/世界的研究を完成/朴昌薰博士

일련번호	판명	간행일	단수	기사명
120112	鮮滿版	1924/2/27	01단	日露の修交と新義州の警戒/過激思想の侵入に對し心配なのは鮮人の心
120113	鮮滿版	1924/2/27	01단	舊露領事が淋しい家具の賣立/ヘットラー氏は濠洲へ白系露人は米國へ
120114	鮮滿版	1924/2/27	01단	中部國境へ侍從武官出發
120115	鮮滿版	1924/2/27	02단	請願採擇/辯護士資格附與の件
120116	鮮滿版	1924/2/27	02단	平北明年度追加豫算/醫院學校の移管
120117	鮮滿版	1924/2/27	03단	ラヂオと取締
120118	鮮滿版	1924/2/27	03단	朝鮮關係航路
120119	鮮滿版	1924/2/27	03단	國境雜聞熙川の卷(三)/新田生
120120	鮮滿版	1924/2/27	04단	龍山驛に裸の死體/生後間のない男
120121	鮮滿版	1924/2/27	05단	新装成る/京城驛
120122	鮮滿版	1924/2/27	05단	公金九千圓横領/鮮人の郡吏が
120123	鮮滿版	1924/2/27	05단	肺チストマ特效藥完成
120124	鮮滿版	1924/2/27	05단	百人に二つの割/京城の電話
120125	鮮滿版	1924/2/27	05단	慶南兒童成績品展覽會
120126	鮮滿版	1924/2/27	06단	京師の入學試驗
120127	鮮滿版	1924/2/27	06단	大阪で穀物聯合會
120128	鮮滿版	1924/2/27	06단	會社銀行(證券金融社存續)
120129	鮮滿版	1924/2/27	06단	半島茶話
120130	鮮滿版	1924/2/28	01단	研究室巡禮/若き博士の幼き日の願ひは眞面目な勉强のこと/今は肺結の研讚/尹治衡博士
120131	鮮滿版	1924/2/28	01단	朝鮮引揚げに二百萬圓バラまく滿鐵の大盡振り/お別れの催に三十萬圓
120132	鮮滿版	1924/2/28	01단	龍山市街地の拂下げは不當だ/會計檢査官から報告書を議會に提出
120133	鮮滿版	1924/2/28	01단	浪花節が聽けた
120134	鮮滿版	1924/2/28	02단	新義州水道の擴張/今後二十五年間は斷水の心配ないやうに
120135	鮮滿版	1924/2/28	03단	郵便局を次ぎつぎ改築
120136	鮮滿版	1924/2/28	04단	在外派遣員會議/鮮人取締のため
120137	鮮滿版	1924/2/28	04단	道廳移轉喰止め運動/羅南市民大會
120138	鮮滿版	1924/2/28	04단	巢立ちの教育者が先づ嘗める就職難/卒業期を前にして教員はどこにもあり餘る
120139	鮮滿版	1924/2/28	04단	未來ある咸南の米作/水利事業が完成すれば百四十萬石の收穫
120140	鮮滿版	1924/2/28	05단	鮮人の入學志願者が增加/新義州の商業
120141	鮮滿版	1924/2/28	05단	貯金通帳の再製
120142	鮮滿版	1924/2/28	05단	慶南兒童成績品展覽會
120143	鮮滿版	1924/2/28	06단	露人の北行が俄に激增した
120144	鮮滿版	1924/2/28	06단	宵の口に强盗/棍棒で毆る

일련번호	판명	간행일	단수	기사명
120145	鮮滿版	1924/2/28	06단	各學校卒業式
120146	鮮滿版	1924/2/28	06단	半島茶話

1925년 3월 (선만판)

일련번호	판명	간행일	단수	기사명
120147	鮮滿版	1925/3/1	01단	研究室巡禮/鮮人の迷信的な保健食物を/學者の立場から觀る「にんにく」や朝鮮酒や/佐藤剛藏氏
120148	鮮滿版	1925/3/1	01단	武装して寝る國境警官の苦しみ/巡査の妻は泣いて侍從武官をお迎へした
120149	鮮滿版	1925/3/1	01단	*侍從武官國境へ/明紬等を獻上*
120150	鮮滿版	1925/3/1	01단	總督の激勵/不逞團討伐の成功に對し
120151	鮮滿版	1925/3/1	02단	小汽船用棧橋が釜山に必要だ/朝郵で作るか
120152	鮮滿版	1925/3/1	02단	頻りに鮮人を銃殺/ウスリ地方赤兵の暴擧
120153	鮮滿版	1925/3/1	03단	慶南の旱害救濟/近く實行に入る
120154	鮮滿版	1925/3/1	04단	群山築港運動
120155	鮮滿版	1925/3/1	04단	內鮮滿の航空路と朝鮮/飛行場や航空標識を三百萬圓で作る
120156	鮮滿版	1925/3/1	05단	鴨綠江の採氷增加/南鮮は暖くて氷が採れぬ
120157	鮮滿版	1925/3/1	05단	龍山騎兵の國境耐寒行軍/零下三十度の朔風を衝いて
120158	鮮滿版	1925/3/1	05단	獎勵金を出す/慶南水産會
120159	鮮滿版	1925/3/1	06단	漸く平靜に/北栗面の爭議
120160	鮮滿版	1925/3/1	06단	慶北の內地視察團
120161	鮮滿版	1925/3/1	06단	大邱金剛徒步旅行
120162	鮮滿版	1925/3/1	06단	半島茶話
120163	鮮滿版	1925/3/1	11단	(ミツソ家庭文座十四、三)壬生狂言の話/三月王年寺はれ圓賀上人の始めたもの/中村福助談
120164	鮮滿版	1925/3/1	11단	市川市藏日く
120165	鮮滿版	1925/3/1	12단	中村魁車日く
120166	鮮滿版	1925/3/3	01단	研究室巡禮/涙こぼるゝ學究の態度/緊縮て整理されても研究は整理されぬ/片山岩氏
120167	鮮滿版	1925/3/3	01단	外人宣教師に鮮人反旗を翳す/『キリストは我等のもの』信徒に上る戰の矢叫び
120168	鮮滿版	1925/3/3	01단	旱害救濟に一八〇萬圓/追加豫算提出
120169	鮮滿版	1925/3/3	01단	産業開發は低廉な電力供給から
120170	鮮滿版	1925/3/3	02단	釜山漁港と國庫補助/大塚內務局長談
120171	鮮滿版	1925/3/3	03단	咸北道廳は假建築にする/設計やり直し
120172	鮮滿版	1925/3/3	03단	羅南の市民大會/道廳問題で熱す
120173	鮮滿版	1925/3/3	03단	安住の地は何處內地を憧れ渡る鮮人/朝鮮にのがれる內地人釜山はこの人々で賑ふ
120174	鮮滿版	1925/3/3	04단	總督新廳舍/西半部竣工す
120175	鮮滿版	1925/3/3	05단	滿鐵の下關の案內所/直營後も存置
120176	鮮滿版	1925/3/3	05단	十六人から一人採る/京城師範の入學試驗
120177	鮮滿版	1925/3/3	05단	京城二高女試驗
120178	鮮滿版	1925/3/3	06단	預金利率協定
120179	鮮滿版	1925/3/3	06단	巢立ちの惱み/京成高工卒業生

일련번호	판명	간행일	단수	기사명
120180	鮮滿版	1925/3/3	06단	半島茶話
120181	鮮滿版	1925/3/4	01단	少年たちの通譯で騎兵隊をねぎらった/御慰問使と國境の鮮人
120182	鮮滿版	1925/3/4	01단	鮮鐵は直營が有利/貴族院委員會下岡總監の答辯(內田嘉吉君(茶話)/下岡總監/內田君/下岡總監)
120183	鮮滿版	1925/3/4	01단	知事の言葉に安心にた羅南/道廳移轉問題
120184	鮮滿版	1925/3/4	02단	在職三十五年の稅務司/リ氏辭任歸朝
120185	鮮滿版	1925/3/4	02단	安東製材業者合同を計劃す
120186	鮮滿版	1925/3/4	03단	志願者の殺到する師範學校
120187	鮮滿版	1925/3/4	03단	大邱高女の學年延長申請
120188	鮮滿版	1925/3/4	03단	新卒業生とその進路/六割上級學校へ
120189	鮮滿版	1925/3/4	03단	一年一度の入浴が/鮮人には稀しくない
120190	鮮滿版	1925/3/4	04단	迎日灣の鰊漁
120191	鮮滿版	1925/3/4	04단	先生をお客樣に/第二高女の雛祭
120192	鮮滿版	1925/3/4	05단	近刊豫告/威曲黎明番匠谷 英一作
120193	鮮滿版	1925/3/4	05단	驛長異動
120194	鮮滿版	1925/3/4	05단	自殺の多い春が來た昨年全鮮で千人の命がわれとわが失はれた
120195	鮮滿版	1925/3/4	05단	帝國麥酒新工場
120196	鮮滿版	1925/3/4	05단	可愛いゝ兎/飼ふことを獎勵
120197	鮮滿版	1925/3/4	06단	三種の標準封筒/三十萬枚配付
120198	鮮滿版	1925/3/4	06단	京中同窓會
120199	鮮滿版	1925/3/4	06단	會社銀行(私鐵朝鐵總會/定州電氣創立/朝鮮窯業總會/京南責金借人)
120200	鮮滿版	1925/3/5	01단	タブレットの授受が安全になる機械/朝鮮鐵道に裝置する保線助役が苦心の發明
120201	鮮滿版	1925/3/5	01단	鮮滿列車/聯絡會議
120202	鮮滿版	1925/3/5	01단	底を流れる/道廳移轉反對運動のその後
120203	鮮滿版	1925/3/5	01단	研究室巡禮/馬と人との親族關係化石研究の眼目朝鮮の生立ちと日本/地質調査所長川崎繁太郎氏
120204	鮮滿版	1925/3/5	02단	蟾津の水電と産米の增收
120205	鮮滿版	1925/3/5	02단	全生徒が退學す壽城普校の三四年生/學年延長が實現されず學校の誠意を疑って
120206	鮮滿版	1925/3/5	03단	女學校舍に/生れる安東中學
120207	鮮滿版	1925/3/5	03단	軍事教育の將校
120208	鮮滿版	1925/3/5	04단	大中第一回卒業式
120209	鮮滿版	1925/3/5	04단	殖銀新資金
120210	鮮滿版	1925/3/5	04단	鮮銀限外發行
120211	鮮滿版	1925/3/5	04단	山と積れる山品の申込み/委員の努力と周圍の聲援慶南兒童成績品展覽會

일련번호	판명	간행일	단수	기사명
120212	鮮滿版	1925/3/5	05단	浦潮鰊/買出し始る
120213	鮮滿版	1925/3/5	05단	明太魚不漁
120214	鮮滿版	1925/3/5	05단	五十萬貫のりんご産出/北鮮咸南道
120215	鮮滿版	1925/3/5	06단	老婦人殺さる
120216	鮮滿版	1925/3/5	06단	鮮人理髪人の反對
120217	鮮滿版	1925/3/5	06단	南鮮オリムヒック
120218	鮮滿版	1925/3/5	06단	朝鮮新聞組織變更
120219	鮮滿版	1925/3/5	06단	半島茶話
120220	鮮滿版	1925/3/6	01단	京城で廳いた本社のラジオ下村專務の『朝鮮』の講演や謠曲童謠などがハッキリと劃期的な無電の通話/琵琶を彈く音が耳に痛いほどに大連でも傍受した/三味線の音も呀てい釜山の連絡船に聽いた
120221	鮮滿版	1925/3/6	01단	歴史上見逃せぬ朝鮮/井上博士談
120222	鮮滿版	1925/3/6	02단	大邱府新豫算
120223	鮮滿版	1925/3/6	02단	研究室巡禮/試驗管に家蠅を養って産卵期の研究/養ってみれば哀れや冬の蠅/小林博士
120224	鮮滿版	1925/3/6	03단	仁川學祖豫算/二十四萬圓
120225	鮮滿版	1925/3/6	03단	全南の米收額
120226	鮮滿版	1925/3/6	03단	道廳より一足先きに釜山に來た金融組合
120227	鮮滿版	1925/3/6	04단	琴平詣の總督夫妻
120228	鮮滿版	1925/3/6	04단	東拓の出資
120229	鮮滿版	1925/3/6	04단	殖銀の公共資金
120230	鮮滿版	1925/3/6	05단	京城浦潮間の電信/近く通信開始の運び日露技術員で復舊工事
120231	鮮滿版	1925/3/6	05단	德川郡に豚コレラ蔓延を虞れ撲殺する
120232	鮮滿版	1925/3/6	06단	平壤印刷工同盟罷業/鮮人工場は休業
120233	鮮滿版	1925/3/6	06단	人選は了った/農業指導員
120234	鮮滿版	1925/3/6	06단	人(大西一郎氏(慶北內務部長)/腹部待從式官/町田大將(軍事參議官)
120235	鮮滿版	1925/3/6	06단	半島茶話
120236	鮮滿版	1925/3/7	01단	軍事教育は內地の成績を見て可否いづれを決する/齋藤總督は話す
120237	鮮滿版	1925/3/7	01단	道廳は移轉せぬ安心せよと總監の言明/清津會寧の凄い運動
120238	鮮滿版	1925/3/7	01단	窮乏の果の地方費財源/生田知事談
120239	鮮滿版	1925/3/7	01단	研究室巡禮/一村死滅した肺ヂストマ病苦の根を斷つべく死物狂ひの研究/小林博士
120240	鮮滿版	1925/3/7	02단	北滿粟の輸入增加す
120241	鮮滿版	1925/3/7	03단	過激思想にも動くまい淳朴な平北民
120242	鮮滿版	1925/3/7	03단	潮の如く押寄せたラヂオファンの喜び/本社の放送と京城の受話上海の音樂も聽いた

일련번호	판명	간행일	단수	기사명
120243	鮮滿版	1925/3/7	04단	請願郵便所
120244	鮮滿版	1925/3/7	04단	臨時の戶口調査/十月一日
120245	鮮滿版	1925/3/7	04단	京鐵局の業績
120246	鮮滿版	1925/3/7	04단	地代を十割値上/窮した學校組合憤った借地人
120247	鮮滿版	1925/3/7	05단	半島茶話
120248	鮮滿版	1925/3/7	05단	芙江の普通校全燒/放火の疑ひ
120249	鮮滿版	1925/3/7	05단	新鐵道局長は安藤氏か
120250	鮮滿版	1925/3/7	05단	府の力で塵箱整理/始末に困った警察コンクリートか煉瓦にかへる
120251	鮮滿版	1925/3/7	05단	阿片吸飮者を救濟
120252	鮮滿版	1925/3/7	05단	光陽警察落成
120253	鮮滿版	1925/3/7	06단	職を離れる無資格教師
120254	鮮滿版	1925/3/7	06단	月掛定期の成績
120255	鮮滿版	1925/3/7	06단	女子高師入學者
120256	鮮滿版	1925/3/7	06단	經理學校採用試驗
120257	鮮滿版	1925/3/8	01단	梅ほころぶ
120258	鮮滿版	1925/3/8	01단	空腹に耐へず兒童が續々倒れる/昨年の早魃に祟られた子どもたち
120259	鮮滿版	1925/3/8	01단	道廳移轉の實行を期ず/淸津府民大會
120260	鮮滿版	1925/3/8	01단	平南の絹物/俄に頭をもたぐ
120261	鮮滿版	1925/3/8	01단	滿洲粟の輸入高/一年百二十萬石
120262	鮮滿版	1925/3/8	02단	滯納六千圓
120263	鮮滿版	1925/3/8	02단	外米關稅も/近く撤廢されん
120264	鮮滿版	1925/3/8	02단	萬頃江の鐵橋/架換へに決す
120265	鮮滿版	1925/3/8	03단	廣川群山線は/起工困難の模樣
120266	鮮滿版	1925/3/8	03단	京城のラヂオ/放送局設立計劃
120267	鮮滿版	1925/3/8	03단	西大門校の雛祭り
120268	鮮滿版	1925/3/8	03단	研究室巡禮/人間味溢る朝鮮の手工藝古き傳流を偲べ失はれゆくその手法/京城高工助教授山形靜智氏
120269	鮮滿版	1925/3/8	04단	少年の焚火から/芙江校は燒けた
120270	鮮滿版	1925/3/8	04단	訓練院のグラウンドは愈工事に着手
120271	鮮滿版	1925/3/8	05단	御慰問使に丹頂の鶴を
120272	鮮滿版	1925/3/8	05단	春のやうな暖氣それでも零下二
120273	鮮滿版	1925/3/8	05단	特別高等事務警察部へ移す/道廳移轉に伴ひ
120274	鮮滿版	1925/3/8	05단	驅逐隊の巡航
120275	鮮滿版	1925/3/8	05단	慶南兒童成績品展覽會
120276	鮮滿版	1925/3/8	06단	鐵道修養團
120277	鮮滿版	1925/3/8	06단	各地より(定州)
120278	鮮滿版	1925/3/8	06단	半島茶話

일련번호	판명	간행일	단수	기사명
120279	鮮滿版	1925/3/10	01단	湧返る人氣映畫と演劇の展覽會/大連三越檐上の賑ひ
120280	鮮滿版	1925/3/10	01단	平穩な咸北國境/尠くなった賊團の侵入
120281	鮮滿版	1925/3/10	01단	林檎を獻上
120282	鮮滿版	1925/3/10	01단	露領事の着任は八月以後
120283	鮮滿版	1925/3/10	01단	研究所巡禮/優れた效果ある朝鮮の溫泉ラヂウムを多分に難を言へば低溫なこと/地質調査所教師駒田亥久雄氏
120284	鮮滿版	1925/3/10	02단	釜山二月貿易
120285	鮮滿版	1925/3/10	02단	保險料より拂出が多い/釜山は全鮮一の火災地
120286	鮮滿版	1925/3/10	03단	咸興の上水道/二里八町卅三間
120287	鮮滿版	1925/3/10	03단	平北評議會
120288	鮮滿版	1925/3/10	03단	殖産局長を迎へ/全北から重要問題陳情
120289	鮮滿版	1925/3/10	04단	藥劑師試驗
120290	鮮滿版	1925/3/10	04단	僅に動く景氣/米高と農民の懷
120291	鮮滿版	1925/3/10	04단	全南の米收額
120292	鮮滿版	1925/3/10	04단	外人の少女も交って/京城二高女の入學試驗ふるはれた百三十人
120293	鮮滿版	1925/3/10	05단	新義州に少年義勇團
120294	鮮滿版	1925/3/10	05단	怪しい乞食團/馬賊の一味か
120295	鮮滿版	1925/3/10	05단	授業料を引上げ/平壤學校組合
120296	鮮滿版	1925/3/10	06단	侍從武官が舌鼓を打った/咸南豊山の馬鈴薯のこと
120297	鮮滿版	1925/3/10	06단	新義州にまた天然痘
120298	鮮滿版	1925/3/10	06단	壽城普校の退學問題解決
120299	鮮滿版	1925/3/10	06단	半島茶話
120300	鮮滿版	1925/3/11		缺號
120301	鮮滿版	1925/3/12	01단	德惠姫さまの御成績品出陳/先塋の兒童展覽會『子供の日』には講演
120302	鮮滿版	1925/3/12	01단	平北奧地の物資を集める/新道路盛んに提唱
120303	鮮滿版	1925/3/12	01단	營林廠材の拂下で一息ついた木材協會/原木に窮した新義州
120304	鮮滿版	1925/3/12	01단	民心の動搖を防止せよ/羅南から陳情
120305	鮮滿版	1925/3/12	02단	行詰りの新義州校舍建築/狹くなった小學校
120306	鮮滿版	1925/3/12	03단	鮮米運賃十圓引上げ/朝鮮阪神間
120307	鮮滿版	1925/3/12	03단	資金に惱む/朝鮮私設鐵道
120308	鮮滿版	1925/3/12	03단	軍隊亂鬪す工兵と野砲兵が相撲勝負の爭から/龍山の陸軍記念日
120309	鮮滿版	1925/3/12	03단	落着きの惡い鮮人の勞働者/金のため轉々する
120310	鮮滿版	1925/3/12	04단	鮮人預金增加/郵貯銀行を通じ
120311	鮮滿版	1925/3/12	04단	元山組合銀行帳尻
120312	鮮滿版	1925/3/12	04단	優良團體表彰
120313	鮮滿版	1925/3/12	05단	羅南の陸軍記念日大卷狩/地酒で野宴

일련번호	판명	간행일	단수	기사명
120314	鮮滿版	1925/3/12	05단	元山に黃塵襲來/雪が眞赤に
120315	鮮滿版	1925/3/12	05단	支那領鮮人の取締嚴重
120316	鮮滿版	1925/3/12	05단	赤露領事館/馬山以外は從前通り設置
120317	鮮滿版	1925/3/12	05단	巡航の驅逐艦/元山から淸津へ
120318	鮮滿版	1925/3/12	06단	今度は東京から受話/ラヂオの京城
120319	鮮滿版	1925/3/12	06단	運動家一安心社友會の補助は/從前通り五萬圓
120320	鮮滿版	1925/3/12	06단	表彰される高齡者と篤行者
120321	鮮滿版	1925/3/12	06단	人(神官興太郎氏)
120322	鮮滿版	1925/3/12	06단	半島茶話
120323	鮮滿版	1925/3/13	01단	咸鏡北道の道廳は動かさぬ/齋藤總督の言明羅南もこれで一安心
120324	鮮滿版	1925/3/13	01단	鮮人女子が進んで內鮮共學/女子高普では收容出來ぬ勃興にた女性の向學心手を燒く內地留學生の群
120325	鮮滿版	1925/3/13	01단	研究室巡禮/一家まどゐの中心はラヂオ/歐米の無電界を行脚して歸った人/遞信技師佐々木仁氏
120326	鮮滿版	1925/3/13	02단	露支貿易の進展のため/新豫算を計上
120327	鮮滿版	1925/3/13	02단	咸北牛と木炭を需めてゐる石川京都/取引のため施設をなせ
120328	鮮滿版	1925/3/13	03단	多年の懸案淸雄連絡船/二十日頃實現
120329	鮮滿版	1925/3/13	03단	淸津魚市場/二月中水揚高
120330	鮮滿版	1925/3/13	04단	切詰めに切詰/羅南學組豫算
120331	鮮滿版	1925/3/13	04단	三千石の白米を露國から釜山へ注文/軍隊用の研磨米色めき立つ對露貿易
120332	鮮滿版	1925/3/13	05단	安邊郡の表彰/孝子節婦など
120333	鮮滿版	1925/3/13	05단	不逞團統義府の仲間割れ/鎭束都督府組織
120334	鮮滿版	1925/3/13	05단	思想と勞動代表者大會
120335	鮮滿版	1925/3/13	05단	ラヂオの話で持切り折角のよい設費を經費一つで止めた釜山/いまさら口惜しがる
120336	鮮滿版	1925/3/13	06단	藝妓だん盟休/署長さんの調停
120337	鮮滿版	1925/3/13	06단	京城女子靑年會/盛んな開會式
120338	鮮滿版	1925/3/13	06단	鐘紡朝鮮工場
120339	鮮滿版	1925/3/13	06단	人(坪內孝氏(京成第一高校長))
120340	鮮滿版	1925/3/13	06단	半島茶話
120341	鮮滿版	1925/3/14	01단	新兵器を使用して軍人と學生の演習/陸軍記念日の龍山實戰そのまゝの物凄さ/女學生も模擬戰參加/平壤の記念日 /元山の記念日
120342	鮮滿版	1925/3/14	02단	咸鏡北道評議會/豫算編成の方針
120343	鮮滿版	1925/3/14	03단	國境越に露鈴へ/交通は公然と
120344	鮮滿版	1925/3/14	03단	京城駐佐の赤露の總鈴事/近く發表されん
120345	鮮滿版	1925/3/14	04단	東拓社債償還

일련번호	판명	간행일	단수	기사명
120346	鮮滿版	1925/3/14	04단	殖銀債の使途
120347	鮮滿版	1925/3/14	04단	海州道路改修
120348	鮮滿版	1925/3/14	04단	憲兵隊長會議
120349	鮮滿版	1925/3/14	04단	旱害の影響から就學兒童が半減/教科書二百萬冊賣殘る
120350	鮮滿版	1925/3/14	04단	今年も巡回する/白動車病院
120351	鮮滿版	1925/3/14	05단	金海大火/四十七戶全燒
120352	鮮滿版	1925/3/14	05단	山火事/百町步燒く
120353	鮮滿版	1925/3/14	05단	黃海全道感冒流行/六千人の患者
120354	鮮滿版	1925/3/14	05단	五百の豚も撲殺するか/德川の豚コレラ
120355	鮮滿版	1925/3/14	05단	安岳に偽造貨
120356	鮮滿版	1925/3/14	06단	印刷工同盟創立
120357	鮮滿版	1925/3/14	06단	衡平社記念日
120358	鮮滿版	1925/3/14	06단	X光線機構入
120359	鮮滿版	1925/3/14	06단	郵便事務員講習
120360	鮮滿版	1925/3/14	06단	濟州島電氣創立
120361	鮮滿版	1925/3/14	06단	敎育會(兩女學校入學者/商工同窓會)
120362	鮮滿版	1925/3/14	06단	半島茶話
120363	鮮滿版	1925/3/15	01단	お化粧して道廳を待つ釜山/街路樹を植いたり電車を延長したり/待たれる四月一日よ
120364	鮮滿版	1925/3/15	01단	嫌はれる女教員/養成しても庸ひ先がないので頭を痛める
120365	鮮滿版	1925/3/15	01단	元山淸津線航路補助廢止/明年度から
120366	鮮滿版	1925/3/15	03단	希望は撤った/元山商業昇格
120367	鮮滿版	1925/3/15	03단	鮮人の諸施設を觀た 大阪での李學務局長內鮮融和の努力を感謝/支那釜山 商業會議所御中北海道の公文書
120368	鮮滿版	1925/3/15	04단	全北唎酒會
120369	鮮滿版	1925/3/15	04단	鎭南浦りんご/露鈴移出阻まる
120370	鮮滿版	1925/3/15	05단	慶南兒童成績品展覽會
120371	鮮滿版	1925/3/15	05단	疊を胡麻化す/大邱の商店
120372	鮮滿版	1925/3/15	05단	仁川の火事
120373	鮮滿版	1925/3/15	05단	頭目虎林一行
120374	鮮滿版	1925/3/15	05단	顔を裂かれて
120375	鮮滿版	1925/3/15	05단	普天教徒の襲擊は數年來の反目から
120376	鮮滿版	1925/3/15	06단	釜山新聞記者團
120377	鮮滿版	1925/3/15	06단	人(國友尙議氏(總督府事務課長)/石川登盛氏(總督府保安課長)/李軫鎬氏(總督府宁務局長)/鈴木莊六氏(朝鮮軍司令官))
120378	鮮滿版	1925/3/15	06단	半島茶話
120379	鮮滿版	1925/3/17	01단	主要費目の使途/議會に堤出された十四年度追加豫算
120380	鮮滿版	1925/3/17	01단	朝鮮に工場法施行/今のところ時期尙早(總督府當局者談)
120381	鮮滿版	1925/3/17	01단	黃海道の港灣施設/八卷土木課長談

일련번호	판명	간행일	단수	기사명
120382	鮮滿版	1925/3/17	01단	篝火を合圖に決る二十六名の安否/驅逐艦が出動するまで警察と島民の焦慮不安/漁民遭難事件後日譚
120383	鮮滿版	1925/3/17	02단	實現は至難の/日銀支店設置說
120384	鮮滿版	1925/3/17	02단	牧の島自治團評議員當選者
120385	鮮滿版	1925/3/17	03단	吉會線敷設/第一期線の準備に着手
120386	鮮滿版	1925/3/17	03단	勞農聯盟總會/來月十五日から光州に開催
120387	鮮滿版	1925/3/17	03단	御遊學の日を德惠姫は指をり算へてお待ちかね/淋しい心の李太王殿下
120388	鮮滿版	1925/3/17	03단	京城消防署改稱
120389	鮮滿版	1925/3/17	03단	安東木材協會組織
120390	鮮滿版	1925/3/17	04단	內地の水産學校を拔群の成績で卒業した手才二人/互濟島漁業組合の委託生/貧しい中から修業中に百圓貯金した曹君と漁堺科の首位を店め■健着實な金君
120391	鮮滿版	1925/3/17	04단	五千本の櫻を寄附
120392	鮮滿版	1925/3/17	04단	潛水艦/十七日元山入港一船に觀買許可
120393	鮮滿版	1925/3/17	05단	晋州衡平社折れる
120394	鮮滿版	1925/3/17	05단	庚子幼稚園獨立
120395	鮮滿版	1925/3/17	05단	學閥の爭ひから醜狀を曝け出す/あらぬ噂を立てられ其筋も活動/總督府林業試驗場の內幕
120396	鮮滿版	1925/3/17	05단	花盜人
120397	鮮滿版	1925/3/17	06단	半島茶話
120398	鮮滿版	1925/3/17	06단	少年團宣講演
120399	鮮滿版	1925/3/17	06단	仁川少年義勇團
120400	鮮滿版	1925/3/18		缺號
120401	鮮滿版	1925/3/19	01단	たった一つの女學校を奪はれた釜山鎭/附■學校だけは殘してけれと釜山側の運動
120402	鮮滿版	1925/3/19	01단	國産共進會に光彩を添へる朝鮮館/地方色濃やかに
120403	鮮滿版	1925/3/19	02단	元山に新設する試驗場と陳列所
120404	鮮滿版	1925/3/19	02단	吉林敦化間鐵道敷設問題
120405	鮮滿版	1925/3/19	03단	東拓會社の小作人優遇策
120406	鮮滿版	1925/3/19	03단	副業の獎勵を說く松井府尹
120407	鮮滿版	1925/3/19	03단	陸軍倉庫の軍需資源視察
120408	鮮滿版	1925/3/19	03단	鮮人左傾團體南鮮各地に策動/南鮮青年大會を名として續々大邱に入込む主義者大邱署活動を始む
120409	鮮滿版	1925/3/19	03단	全鮮會議聯合會/七月に延期か
120410	鮮滿版	1925/3/19	04단	認可を受ける崇實大中學校
120411	鮮滿版	1925/3/19	04단	新鐵道局長/安藤氏が有望
120412	鮮滿版	1925/3/19	04단	新文記達組合
120413	鮮滿版	1925/3/19	04단	『九州朝日』と『朝鮮朝日』いよいよ門司において印刷發行

일련번호	판명	간행일	단수	기사명
120414	鮮滿版	1925/3/19	05단	弊害のある
120415	鮮滿版	1925/3/19	05단	突加罷業した京城鐵物工場/會社の態度强硬で罷業團の形勢不穩
120416	鮮滿版	1925/3/19	05단	日露協約成立と不逞團の策動
120417	鮮滿版	1925/3/19	05단	櫻花滿開の候を期し/南鮮オリンピック大會全鮮の雄を鎭海に集める
120418	鮮滿版	1925/3/19	05단	戰士の眠る仁川陸軍基地
120419	鮮滿版	1925/3/19	06단	驅逐艦で軍港見學
120420	鮮滿版	1925/3/20	01단	修交恢復の有難味がつくつぐ判つたと/大喜びの露國老船長大邱入港のレニン號(恢復の情報/國交恢復上/飛行の基金/どの室にも)
120421	鮮滿版	1925/3/20	01단	攝政官に映畫を獻上
120422	鮮滿版	1925/3/20	01단	柳めぶくころ
120423	鮮滿版	1925/3/20	02단	五年計劃で風俗史の編纂/原稿は既に出來上り上司の命令を待つ許り
120424	鮮滿版	1925/3/20	02단	奉直戰で紅蔘賣行不振/前期の約二分の二
120425	鮮滿版	1925/3/20	02단	滿洲粟/盛んに咸興へ
120426	鮮滿版	1925/3/20	03단	食糧十萬石を/延吉地方の窮民に惠興へ
120427	鮮滿版	1925/3/20	04단	四月一日より『九州朝日』と『朝鮮朝日』門司において印刷發行
120428	鮮滿版	1925/3/20	04단	內輪揉めで減じた/不逞團の鮮內潛入
120429	鮮滿版	1925/3/20	04단	年內に交換せぬと全く無價値となる/交煥期の滿了する韓國時代の諸貨幣
120430	鮮滿版	1925/3/20	05단	全鮮のセメント需要高
120431	鮮滿版	1925/3/20	05단	漸次改良される全鮮の電柱/くレオンート注入材に
120432	鮮滿版	1925/3/20	05단	在外派遣員を京城に集め/對鮮人策の協議
120433	鮮滿版	1925/3/20	06단	京畿の種牡牛
120434	鮮滿版	1925/3/20	06단	平壤商議要望/工場設置を
120435	鮮滿版	1925/3/20	06단	仁義橋架替へ
120436	鮮滿版	1925/3/20	06단	京城でも映畫を作成する
120437	鮮滿版	1925/3/20	06단	朝鐵社債
120438	鮮滿版	1925/3/20	06단	人(三矢官松氏(總督府■■局長)
120439	鮮滿版	1925/3/21	01단	二千の家族が續々引越して來た/道廳移轉と官史の群釜山大新洞の住宅街へ
120440	鮮滿版	1925/3/21	01단	水平社と衡平社握手すまい/動くのは末梢神經さ歸任した田中高等課長
120441	鮮滿版	1925/3/21	01단	李王殿下御誕長
120442	鮮滿版	1925/3/21	01단	雅樂部も整理か/總督府に直屬として古典を保存する案
120443	鮮滿版	1925/3/21	01단	異採を放つ朝鮮館と第一會場正門/態本の國産共進會

일련번호	판명	간행일	단수	기사명
120444	鮮滿版	1925/3/21	03단	城大にも入學難/千名殺到する受驗者群
120445	鮮滿版	1925/3/21	03단	一人當り僅か十二圓/鮮內に於ける郵便貯金
120446	鮮滿版	1925/3/21	03단	萬佛畫の揮毫
120447	鮮滿版	1925/3/21	04단	城北の牛疫は間島から傳播/國境の監視を嚴にし發生地の牛には血淸注射
120448	鮮滿版	1925/3/21	05단	鮮鐵資金統一
120449	鮮滿版	1925/3/21	05단	全北輕鐵/廣軌引直至難
120450	鮮滿版	1925/3/21	05단	依然出超の朝鮮貿易
120451	鮮滿版	1925/3/21	05단	『九州朝日』『朝鮮朝日』發行記念/讀者優待大福引/九州、朝鮮、那覇、下關、長府の讀者/諸君の福引券進早詳細は追て發表す
120452	鮮滿版	1925/3/21	06단	復舊に努む破壞された/載壹江橋
120453	鮮滿版	1925/3/21	06단	幸明丸坐礁/盤津の沖合に
120454	鮮滿版	1925/3/21	06단	潛水艦入港/拜觀者で賑ふ
120455	鮮滿版	1925/3/21	06단	元山の高齢者
120456	鮮滿版	1925/3/22		缺號
120457	鮮滿版	1925/3/24	01단	兒童成績品展覽會/驚異そのものよ幼き子の手藝/出品の搬入相踵ぐ釜山府民の祝福
120458	鮮滿版	1925/3/24	01단	寄附攻めで頭を痛む巨商/道廳を迎へる喜びとその裏に潜む惱み
120459	鮮滿版	1925/3/24	01단	增收を焦る直營後の鮮鐵
120460	鮮滿版	1925/3/24	01단	褒美に銘刀/賊團を討った署長
120461	鮮滿版	1925/3/24	01단	商船・近郵運賃協定
120462	鮮滿版	1925/3/24	02단	産業組合令不必要だ/池田局長の話
120463	鮮滿版	1925/3/24	02단	お別れの音樂會/德惠姫さまの御轉學と母校『日の出』の催し
120464	鮮滿版	1925/3/24	03단	便利になる西鮮牛移出/鎭南浦に牛檢疫所設置
120465	鮮滿版	1925/3/24	03단	萌い出た麥の菓で朝鮮は命を繋ぐ/南鮮裡里地方の慘狀
120466	鮮滿版	1925/3/24	03단	處女作『沈靑傳』白南プロダくション社の
120467	鮮滿版	1925/3/24	04단	咸興面の豫算
120468	鮮滿版	1925/3/24	04단	京城に綜合大學/米國基督教六派聯合で
120469	鮮滿版	1925/3/24	05단	大邱朝日新聞賣價變便
120470	鮮滿版	1925/3/24	05단	全北の雀で鑵詰製造/一擧兩得で有望
120471	鮮滿版	1925/3/24	05단	白衣を色衣に代へて/鮮婦人を洗濯から解放せうといふ運動起る
120472	鮮滿版	1925/3/24	05단	拳銃彈の大密輸/列車給仕と結託して
120473	鮮滿版	1925/3/24	05단	咸南物産紹介
120474	鮮滿版	1925/3/24	06단	運動競技指導
120475	鮮滿版	1925/3/24	06단	京城豫備校擴張

일련번호	판명	간행일	단수	기사명
120476	鮮滿版	1925/3/24	06단	咸興
120477	鮮滿版	1925/3/24	06단	朝鮮記者大會
120478	鮮滿版	1925/3/24	06단	女子雄辯大會
120479	鮮滿版	1925/3/24	06단	日窒の水電計劃
120480	鮮滿版	1925/3/25	01단	白系露人に開かれる救の扉/見せ金なしで日本へ入國出來るやうにならう蘇った彼等の喜び
120481	鮮滿版	1925/3/25	01단	小中等學校の教師の整理と/喜びの·人悲しみの人早くも傳はる噂の噂
120482	鮮滿版	1925/3/25	01단	滿家館と正門遠望/熊本の國産共進會
120483	鮮滿版	1925/3/25	02단	國交恢復と朝鮮の警戒
120484	鮮滿版	1925/3/25	03단	大地王が納稅せぬ/黃海の産業團體解散說傳はる
120485	鮮滿版	1925/3/25	04단	內鮮を結ぶ一つの施設/子供の國は一途に樂し愛國婦人會の開く愛の幼稚園のこと
120486	鮮滿版	1925/3/25	04단	口惜しや許可來ず開校出來ぬ女學校/膳立はちゃんと整ひながら
120487	鮮滿版	1925/3/25	04단	見事出來上った/釜山埠頭の擴張工事
120488	鮮滿版	1925/3/25	04단	當感する外國船/水先案內のない元山への入港
120489	鮮滿版	1925/3/25	04단	『九州朝日』『朝鮮朝日』發行記念/讀者優待大福引/九州、朝鮮、那覇、下關、長府の讀者/諸君の福引券進早詳細は追て發表す
120490	鮮滿版	1925/3/25	05단	高等普通校へ內地人が入學
120491	鮮滿版	1925/3/25	05단	鮮人を六十人集めればうち一人は內地語が話せる/女よりは男の方が上手
120492	鮮滿版	1925/3/25	06단	全南評議會/地方費二〇〇萬圓市場稅撤廢
120493	鮮滿版	1925/3/25	06단	清津に潛水艦
120494	鮮滿版	1925/3/25	06단	群山尚武會發會
120495	鮮滿版	1925/3/26		缺號
120496	鮮滿版	1925/3/27	01단	都會に走る農村青年の惱み彼等は都を憧れぬ深刻な經濟壓迫からの逃避だ/統計からみた農家の減少笛吹けど踊れぬもの一基名は農民
120497	鮮滿版	1925/3/27	01단	のどか
120498	鮮滿版	1925/3/27	03단	全鮮一の平壤酒の醸造が年々減る/これも不景氣の影響飲酒家の嗜好が響った
120499	鮮滿版	1925/3/27	04단	鎭昌鐵道/完成近し
120500	鮮滿版	1925/3/27	05단	總監を迎へ移轉祝賀會/準備中の釜山
120501	鮮滿版	1925/3/27	05단	消防費の地方移管
120502	鮮滿版	1925/3/27	05단	平壤府の豫算
120503	鮮滿版	1925/3/27	05단	全北豫算
120504	鮮滿版	1925/3/27	05단	全州面長留任か

일련번호	판명	간행일	단수	기사명
120505	鮮滿版	1925/3/27	06단	抱妓を抵當に/金融を圖る北鮮の不況
120506	鮮滿版	1925/3/27	06단	元山の雪
120507	鮮滿版	1925/3/27	06단	肥汲みの罷業/臭い爭議解決
120508	鮮滿版	1925/3/27	06단	印刷工側敗る/平壤の罷業
120509	鮮滿版	1925/3/27	06단	固城郡に電燈
120510	鮮滿版	1925/3/28	01단	京城女子高普へ首席で入學した少女/給仕を勤めながら/勉強した金相直さん
120511	鮮滿版	1925/3/28	01단	整理された女官の行方/淋しいさだめ
120512	鮮滿版	1925/3/28	01단	入露する鮮人續出
120513	鮮滿版	1925/3/28	02단	价川郡廳移轉か/猛烈な存置運動
120514	鮮滿版	1925/3/28	02단	萌いいづる草
120515	鮮滿版	1925/3/28	03단	南鮮競技大會/開催に當り松村中將談
120516	鮮滿版	1925/3/28	03단	野猪に惱も長出串/二千の群が作物を荒す
120517	鮮滿版	1925/3/28	04단	龍頭山の大祭/道廳を迎へて湧返る釜山
120518	鮮滿版	1925/3/28	05단	港灣協會大會日程
120519	鮮滿版	1925/3/28	05단	今年はお流か/滿鮮商議聯合會
120520	鮮滿版	1925/3/28	06단	公職者大會へ提案
120521	鮮滿版	1925/3/28	06단	子供たしの溫い交り/滿洲から來た見學の小學生
120522	鮮滿版	1925/3/28	06단	特殊禽獸を保護する/狩獵規則改正
120523	鮮滿版	1925/3/28	06단	第二艦隊が元山へ
120524	鮮滿版	1925/3/28	06단	切符の地紋變る
120525	鮮滿版	1925/3/28	06단	娼妓の同姓心中
120526	鮮滿版	1925/3/28	06단	人(鈴木■鮮■司令官)
120527	鮮滿版	1925/3/29	01단	冷たい獄舍に唯一の慰めは書籍/貪り讀まる宗教書難解のものを好く
120528	鮮滿版	1925/3/29	01단	釜山商圈の推移を調査
120529	鮮滿版	1925/3/29	01단	書留料置上/四月一日から
120530	鮮滿版	1925/3/29	01단	一般金融界漸く活況/總督府發表
120531	鮮滿版	1925/3/29	02단	秋までには五十九萬石/釜山の鮮米移出
120532	鮮滿版	1925/3/29	02단	京城府地押調査
120533	鮮滿版	1925/3/29	03단	平安の穀物檢査料値下せず/京畿は値下げ
120534	鮮滿版	1925/3/29	03단	百二十五を筆頭に/高齡者二千五百
120535	鮮滿版	1925/3/29	03단	入學は許されたが增築が沙汰止みで結局入學絶望の百四十人/早まった平壤の普校
120536	鮮滿版	1925/3/29	04단	京都で開催の俵米品評會へ/群山より出品
120537	鮮滿版	1925/3/29	04단	土木部平壤出張所閉鎖/新たに平化の義州へ設置
120538	鮮滿版	1925/3/29	04단	群北晉州間六月に開通
120539	鮮滿版	1925/3/29	04단	佛國極東艦隊/近く馬山へ
120540	鮮滿版	1925/3/29	04단	達城郡小作爭議

일련번호	판명	간행일	단수	기사명
120541	鮮滿版	1925/3/29	05단	兒童成績品展覽會
120542	鮮滿版	1925/3/29	05단	大阪朝日新聞賣價變便
120543	鮮滿版	1925/3/29	05단	ポプラ眞田が副業として喜ばれる
120544	鮮滿版	1925/3/29	05단	營口結核豫防デー
120545	鮮滿版	1925/3/29	05단	電話交換教科書/能率增進に努むる中央電話局
120546	鮮滿版	1925/3/29	06단	釜山在監者/五百三十石
120547	鮮滿版	1925/3/29	06단	記念植樹
120548	鮮滿版	1925/3/29	06단	卜社の代理店設置
120549	鮮滿版	1925/3/29	06단	殖銀新債券
120550	鮮滿版	1925/3/29	06단	慈濟會追弔會
120551	鮮滿版	1925/3/29	06단	群山高女
120552	鮮滿版	1925/3/29	06단	全鮮競馬大會
120553	鮮滿版	1925/3/31	01단	厄介扱ひのボタから木炭代用の燃料を平壤無煙炭の利用法/內藤博士の新考案
120554	鮮滿版	1925/3/31	01단	專賣局始って以來の大收穫/益金九百萬圓以上か
120555	鮮滿版	1925/3/31	01단	御留學になった德惠姫(山場ホテルにて)
120556	鮮滿版	1925/3/31	01단	潛水夫もの語り/海底で鯛釣り/恐しい蛸の足見つかったら天年目
120557	鮮滿版	1925/3/31	03단	鮮米移出四百萬石に上らん
120558	鮮滿版	1925/3/31	03단	黃海道に乾稻を將勵
120559	鮮滿版	1925/3/31	03단	南鮮實業懇話會への提案/四日から釜山で
120560	鮮滿版	1925/3/31	04단	釜山商人激昂す/道廳が器具を釜山で買はぬ
120561	鮮滿版	1925/3/31	04단	直營の間際に京鐵局の不安/六百萬圓に餘る貯金が拂戾されぬ
120562	鮮滿版	1925/3/31	05단	官民合同で火防と/交通整理宣傳
120563	鮮滿版	1925/3/31	05단	東京の鮮人學生に手を燒く指導者/田中玄黃氏も隱退
120564	鮮滿版	1925/3/31	06단	連鮮長の航路兩社妥協成る
120565	鮮滿版	1925/3/31	06단	墓地へ植樹
120566	鮮滿版	1925/3/31	06단	鮮展審查圓/二部に南薰造氏
120567	鮮滿版	1925/3/31	06단	人(丹羽太一郎氏)

1925년 4월 (조선아사히)

일련번호	판명	간행일	단수	기사명
120568	朝鮮朝日	1925-04-01/1	01단	朝鮮の山河と同胞へ
120569	朝鮮朝日	1925-04-01/1	02단	里乳を離れて獨り起ちする鮮鐵/滿鮮聯絡は圓滿を期すると齋藤總督は語る
120570	朝鮮朝日	1925-04-01/1	02단	新に讀者に見ゆる我が門司支局
120571	朝鮮朝日	1925-04-01/1	02단	神仙爐/倫理運動の醜
120572	朝鮮朝日	1925-04-01/1	03단	會議所聯合會
120573	朝鮮朝日	1925-04-01/1	03단	松村司令官の留任運動猛烈
120574	朝鮮朝日	1925-04-01/1	03단	取上げたのは尤もだが再貸下の交涉や理由は知らぬ問題の蘆田拂下
120575	朝鮮朝日	1925-04-01/1	05단	赭土芽ぐむ朝鮮に咲き出るキネマの花/朝鮮の色調や情緒をたっぷりと如實に描き出さうと/あこがれて居る伊白南氏
120576	朝鮮朝日	1925-04-01/1	05단	朝鮮の憲兵が中央に管轄されるは時勢の進展上至極の事だ朝鮮では減員しない
120577	朝鮮朝日	1925-04-01/1	06단	ニコライ會堂に赤い鮮人が暴行/帝政派宣教師を追うて
120578	朝鮮朝日	1925-04-01/1	07단	子供二名づゝを夫婦で抱合ひ親子六人が無慘の自殺生活難から老父を殘して
120579	朝鮮朝日	1925-04-01/1	07단	漁船難破し三十餘名激浪に浚はる/十三名は救助したが二十餘名は遂に行方不明
120580	朝鮮朝日	1925-04-01/1	07단	咸南地方に牛疫發生
120581	朝鮮朝日	1925-04-01/1	08단	時/四月一日から三日まで/所/釜山第六小學校/慶南兒童成績品展覽會/主催/大阪朝日新聞社釜山通信部/後援/釜山府
120582	朝鮮朝日	1925-04-01/1	09단	高普入學志願者減少/不況に崇られて
120583	朝鮮朝日	1925-04-01/1	09단	肇柱殿建立さる/李太王殿下を崇慕して
120584	朝鮮朝日	1925-04-01/1	10단	大邱府のプール新設
120585	朝鮮朝日	1925-04-01/1	10단	會(京城府敎育會)
120586	朝鮮朝日	1925-04-01/1	10단	人(香椎釜山商議會頭/那須朝鮮憲兵司令官/松山代議士/安東海關長出發)
120587	朝鮮朝日	1925-04-01/1	10단	半島茶話
120588	朝鮮朝日	1925-04-01/2	01단	檢査區域を分ち鮮米の統一を期す/京城穀物商組合の計劃
120589	朝鮮朝日	1925-04-01/2	01단	負けろ負けぬで京城府有地拂下が/當局と組合との間で行惱む
120590	朝鮮朝日	1925-04-01/2	01단	軍縮を餘處に平壤航空隊の擴張/大隊が聯隊組職となる
120591	朝鮮朝日	1925-04-01/2	01단	寄附迄集めた共進會の延期/咸興線の延引から
120592	朝鮮朝日	1925-04-01/2	01단	正チャンび冒險(一)
120593	朝鮮朝日	1925-04-01/2	03단	遞信局の船舶拂下
120594	朝鮮朝日	1925-04-01/2	03단	安住の地を求めて去る/憐な白系の人/赤い領事館に脅いて
120595	朝鮮朝日	1925-04-01/2	03단	行政講習所は廢止さる
120596	朝鮮朝日	1925-04-01/2	04단	各地期米
120597	朝鮮朝日	1925-04-01/2	04단	後場受渡の爲休會/關門商況(砂糖/製粉/米)

일련번호	판명	간행일	단수	기사명
120598	朝鮮朝日	1925-04-02/1	01단	民族の分布を知るに重要な日鮮支三國人の血液比較研究/日本人は白色人種に近い
120599	朝鮮朝日	1925-04-02/1	01단	直營の初日大陸幹線鐵道として使命を達成せしめよと齋藤總督訓示す
120600	朝鮮朝日	1925-04-02/1	01단	赭土芽ぐむ朝鮮に咲き出るキネマの花/文字を動作に描き出させるのが監督の仕事でせうと/まだ若き我が李慶孫氏
120601	朝鮮朝日	1925-04-02/1	02단	鮮鐵に入って二十年と安藤局長述懷す
120602	朝鮮朝日	1925-04-02/1	03단	純眞なる發達を冀ふと少年團檢閱に際して後藤子訓示す
120603	朝鮮朝日	1925-04-02/1	03단	後藤子爵の京城出發/奉天で張氏と會見
120604	朝鮮朝日	1925-04-02/1	03단	東洋義會組織
120605	朝鮮朝日	1925-04-02/1	04단	光榮に浴する高齡者咸南道に於ける
120606	朝鮮朝日	1925-04-02/1	04단	慶尙北道の極貧者救濟/第二回目
120607	朝鮮朝日	1925-04-02/1	05단	神仙爐/妙な感じ
120608	朝鮮朝日	1925-04-02/1	06단	仁取今期配當は一割五分
120609	朝鮮朝日	1925-04-02/1	06단	上海に朝鮮の物産館を設立
120610	朝鮮朝日	1925-04-02/1	06단	龍山府有地を値下したなら記念グラウンドは出來ぬと長尾理事官は語る
120611	朝鮮朝日	1925-04-02/1	07단	思想團體內情憲兵隊が調査
120612	朝鮮朝日	1925-04-02/1	08단	遙々壯士を集め決鬪を期する北風會對ソール派の爭/鐘路署の大警戒
120613	朝鮮朝日	1925-04-02/1	08단	空前の成功を贏ち得た本社通信部催のかずかず/展覽會と童話と活動寫眞
120614	朝鮮朝日	1925-04-02/1	09단	情夫を持った實母を訴ふ/遺産橫領で
120615	朝鮮朝日	1925-04-02/1	10단	脫稅自動車二十七臺
120616	朝鮮朝日	1925-04-02/1	10단	悲喜交々の鐵道引繼
120617	朝鮮朝日	1925-04-02/1	10단	遲れ遲れた圖書館開館藏書六萬一千冊
120618	朝鮮朝日	1925-04-02/1	10단	漢江々畔の大競馬會四月四日まで
120619	朝鮮朝日	1925-04-02/1	10단	半島茶話
120620	朝鮮朝日	1925-04-02/2	01단	高射砲隊が龍山聯隊に新設される/移動砲であって欲しい
120621	朝鮮朝日	1925-04-02/2	01단	産業開發に努力せんと金知事語る
120622	朝鮮朝日	1925-04-02/2	01단	本年は病氣が少い
120623	朝鮮朝日	1925-04-02/2	01단	正チャンび冒險(二)
120624	朝鮮朝日	1925-04-02/2	02단	辭令
120625	朝鮮朝日	1925-04-02/2	02단	兩地米檢新設
120626	朝鮮朝日	1925-04-02/2	03단	府營住宅の空家が增す
120627	朝鮮朝日	1925-04-02/2	03단	無線電信で通信聯絡/遞信局の計劃
120628	朝鮮朝日	1925-04-02/2	03단	元山學校組合評議員選擧
120629	朝鮮朝日	1925-04-02/2	03단	平壤府に牛疫發生當局狼狽す
120630	朝鮮朝日	1925-04-02/2	04단	各地期米

일련번호	판명	간행일	단수	기사명
120631	朝鮮朝日	1925-04-02/3	01단	九州線と電話網日豊線方面に力を注ぐ/門鐵局の計劃
120632	朝鮮朝日	1925-04-02/3	01단	亞砒酸の原産地は宮崎縣が世界第一/年産額四十萬圓に上る/精製工場を設くれば更に有望
120633	朝鮮朝日	1925-04-02/3	01단	長崎港發展と自由倉庫存廢問題
120634	朝鮮朝日	1925-04-02/3	02단	公魚の放養試驗大淀川口で
120635	朝鮮朝日	1925-04-02/3	03단	痩せ細る企救郡/人口が減っても郡の廢合は行はれない/甲木郡長語る
120636	朝鮮朝日	1925-04-02/3	03단	義務教育費國庫負擔下附/大分縣に六萬圓
120637	朝鮮朝日	1925-04-02/3	03단	小學生の見た警察署と巡査/民衆警察實現の第一歩として小學生徒から答案を募る
120638	朝鮮朝日	1925-04-02/3	04단	現兵入營
120639	朝鮮朝日	1925-04-02/3	04단	熊本高工校則改正
120640	朝鮮朝日	1925-04-02/3	04단	門司消防理事會
120641	朝鮮朝日	1925-04-02/3	04단	門司商工補習生徒募集
120642	朝鮮朝日	1925-04-02/3	05단	柔順で安價な朝鮮耕作牛
120643	朝鮮朝日	1925-04-02/3	05단	盛りの花をよそに豊後名物の選擧騷ぎ/政本の堅壘に獅子奮迅の憲政派
120644	朝鮮朝日	1925-04-02/3	05단	西南役で偉勳をたてた谷村計介の銅像建設計劃
120645	朝鮮朝日	1925-04-02/3	05단	牛馬商の認可條件中に學力と資産を附加
120646	朝鮮朝日	1925-04-02/3	05단	末廣博士等の手で液體酸素爆破試驗/成功せば鑛山界の一福音
120647	朝鮮朝日	1925-04-02/3	06단	別府は犯罪人の巣/隱れるのに都合がよい/金田別府署長談
120648	朝鮮朝日	1925-04-03/1	01단	朝鮮鐵道の委任解除の公契約/僅に第四條より成る
120649	朝鮮朝日	1925-04-03/1	01단	鐵道局の職員決定/特別任用令發布
120650	朝鮮朝日	1925-04-03/1	01단	京城學校組合賦課額決定す
120651	朝鮮朝日	1925-04-03/1	01단	赭土芽ぐむ朝鮮に咲き出るキネマの花/低き觀費眼に餘儀なくされると現實界のヂレンマに/充されぬ想の尹甲容氏
120652	朝鮮朝日	1925-04-03/1	02단	未來は牛に生れる/慶北軍威の迷信
120653	朝鮮朝日	1925-04-03/1	02단	金玉均氏の追悼祭/純朝鮮式で
120654	朝鮮朝日	1925-04-03/1	03단	六月開催する朝鮮美展/第四回
120655	朝鮮朝日	1925-04-03/1	03단	合同作品展覽
120656	朝鮮朝日	1925-04-03/1	03단	神に祈念し訪歐飛行の成功を冀ふ/平壤商業會議所會頭/內田鐵雄氏寄
120657	朝鮮朝日	1925-04-03/1	04단	慶尙北道の校長異動/大體顔觸決定
120658	朝鮮朝日	1925-04-03/1	04단	後藤子講演會少年團主催の
120659	朝鮮朝日	1925-04-03/1	04단	體內便の檢査を今年朝鮮軍で試みる/秋山朝鮮軍々醫總監談
120660	朝鮮朝日	1925-04-03/1	05단	神仙爐/東拓の口と腹
120661	朝鮮朝日	1925-04-03/1	05단	能率增進の資料蒐集/京城電話局の試
120662	朝鮮朝日	1925-04-03/1	06단	黃海道評議員一行(本社高塔上と於る)
120663	朝鮮朝日	1925-04-03/1	07단	鴨綠江解氷す珍らしく早い

일련번호	판명	간행일	단수	기사명
120664	朝鮮朝日	1925-04-03/1	07단	毆り毆られた民衆運動大會と勞働教育者大會とが同時に開催される
120665	朝鮮朝日	1925-04-03/1	08단	移轉した慶南道廳事務開始
120666	朝鮮朝日	1925-04-03/1	08단	仲の宜い地主と小作人
120667	朝鮮朝日	1925-04-03/1	09단	冬籠りから出て活躍する不逞滿賊團/粟黍栽培經營の代償に襲擊をせぬ密約で妥協
120668	朝鮮朝日	1925-04-03/1	09단	併合後始めての鮮人の軍事志望者/咸興高普卒業の靑年
120669	朝鮮朝日	1925-04-03/1	09단	盟休を動機に培材學堂廢校/但在校生卒業後
120670	朝鮮朝日	1925-04-03/1	09단	三十九旅團の幹部演習
120671	朝鮮朝日	1925-04-03/1	09단	僞造小切手一萬圓が漢銀で發見さる
120672	朝鮮朝日	1925-04-03/1	09단	二名の强盜金品を强奪す
120673	朝鮮朝日	1925-04-03/1	10단	衝突で機船沈沒
120674	朝鮮朝日	1925-04-03/1	10단	半島茶話
120675	朝鮮朝日	1925-04-03/2	01단	平壤の無煙炭は註文に應じきれぬ/內地では木炭の代用となる
120676	朝鮮朝日	1925-04-03/2	01단	水利組合は南鮮が好成績/收穫が多いから
120677	朝鮮朝日	1925-04-03/2	01단	赤米含有料を殖して欲しいと道當局に請願
120678	朝鮮朝日	1925-04-03/2	01단	正チヤンび冒險(三)
120679	朝鮮朝日	1925-04-03/2	02단	勇退する黑澤氏は廿五年中野氏は十九年/黑澤明九郎氏語る/中野深氏語る
120680	朝鮮朝日	1925-04-03/2	03단	京畿道の記念植樹
120681	朝鮮朝日	1925-04-03/2	03단	仁取總會は十八日/差金十二萬圓
120682	朝鮮朝日	1925-04-03/2	03단	二百圓を增す爲授業料の値上/平壤の學校組合
120683	朝鮮朝日	1925-04-03/2	04단	各地期米(二日)
120684	朝鮮朝日	1925-04-04/1	01단	湖南民は唐氏討伐を宣言す/西江の決戰近づく
120685	朝鮮朝日	1925-04-04/1	01단	橫須賀航空隊は北京訪問の大飛行/霞ケ浦航空隊は占守島へ/本社訪歐飛行と前後し
120686	朝鮮朝日	1925-04-04/1	01단	十三年貿易額は六億三千八百萬圓一億一千萬圓增加す/總督府の發表
120687	朝鮮朝日	1925-04-04/1	01단	工場地を水田になすは平壤の價値を減ずると有力者が激昂する/東拓は凉しい顔して斷行
120688	朝鮮朝日	1925-04-04/1	02단	赭土芽ぐむ朝鮮に咲き出るキネマの花/役の眞の氣持にならなければと愛くるしい瞳の持主/朝鮮のベギー芝春芳孃
120689	朝鮮朝日	1925-04-04/1	03단	全鮮公職者大會
120690	朝鮮朝日	1925-04-04/1	03단	平安南道の植桑獎勵
120691	朝鮮朝日	1925-04-04/1	03단	京城內手形の交換高/累計二十五萬圓
120692	朝鮮朝日	1925-04-04/1	03단	元山局の手形交換加入
120693	朝鮮朝日	1925-04-04/1	04단	軈て竣工する朝鮮神社遷座式は十月
120694	朝鮮朝日	1925-04-04/1	04단	朝鮮郵船の受命航路內容
120695	朝鮮朝日	1925-04-04/1	04단	意義深き告別式と新鐵道局の首途/シャンパンの杯を擧げて

일련번호	판명	간행일	단수	기사명
120696	朝鮮朝日	1925-04-04/1	05단	神仙爐/三等車內の出來事
120697	朝鮮朝日	1925-04-04/1	05단	東洋畵は平福百穗氏を審査員に決定
120698	朝鮮朝日	1925-04-04/1	05단	朝鮮を去る安藤又三郎氏/忠北知事に榮轉の金潤晶氏
120699	朝鮮朝日	1925-04-04/1	06단	奧村女史の銅像光州に建設さる
120700	朝鮮朝日	1925-04-04/1	06단	辭令
120701	朝鮮朝日	1925-04-04/1	07단	朝鮮で誇る花の名所/馬山河の櫻
120702	朝鮮朝日	1925-04-04/1	07단	鴨綠江鐵橋の開閉始る
120703	朝鮮朝日	1925-04-04/1	07단	獻上品となる平壤の革細工
120704	朝鮮朝日	1925-04-04/1	08단	今は禿山の盤龍山も四五年經てば幾分進化する
120705	朝鮮朝日	1925-04-04/1	08단	不二農村の移民到着/十二縣より五十五戶
120706	朝鮮朝日	1925-04-04/1	09단	鐘乳石は萬病の妙藥
120707	朝鮮朝日	1925-04-04/1	09단	鮮人靑年會の禁阿片宣傳
120708	朝鮮朝日	1925-04-04/1	09단	山火事豫防宣傳
120709	朝鮮朝日	1925-04-04/1	09단	福山丸坐礁す
120710	朝鮮朝日	1925-04-04/1	09단	艦隊入港と仁川の歡迎
120711	朝鮮朝日	1925-04-04/1	10단	敎育會(八派氏に記念品)
120712	朝鮮朝日	1925-04-04/1	10단	培花高普認可/鐵道校長更送/第一高女校長決定
120713	朝鮮朝日	1925-04-04/1	10단	正直な泥棒盜んだ七錢を七圓にして返す
120714	朝鮮朝日	1925-04-04/1	10단	見學々生團
120715	朝鮮朝日	1925-04-04/1	10단	半島茶話
120716	朝鮮朝日	1925-04-04/2	01단	機關が出來てから指導取締の法案を發布するのが當然であると本府當局の意見
120717	朝鮮朝日	1925-04-04/2	01단	四十旅團の幹部演習
120718	朝鮮朝日	1925-04-04/2	01단	東宮御成婚記念運動場は豫定通り進める
120719	朝鮮朝日	1925-04-04/2	01단	建設して欲しい公設グラウンド平壤府民の希望
120720	朝鮮朝日	1925-04-04/2	01단	正チヤンび冒險(四)
120721	朝鮮朝日	1925-04-04/2	02단	讀者優待大福引
120722	朝鮮朝日	1925-04-04/2	03단	二十馬力の報時機を目下備付中
120723	朝鮮朝日	1925-04-04/2	03단	靈光水利起工
120724	朝鮮朝日	1925-04-04/2	03단	道是綿絲設立
120725	朝鮮朝日	1925-04-04/2	03단	朝鮮絹絲會社/發起人總會
120726	朝鮮朝日	1925-04-04/2	04단	馬山無盡成立
120727	朝鮮朝日	1925-04-04/2	04단	同民會副會長
120728	朝鮮朝日	1925-04-04/2	04단	仁川府協議會
120729	朝鮮朝日	1925-04-04/2	04단	靈南水利入札
120730	朝鮮朝日	1925-04-04/2	04단	運動界(大邱少年野球大會/朝鮮新聞社主催の京城府內各商店員對抗リレー)

일련번호	판명	간행일	단수	기사명
120731	朝鮮朝日	1925-04-05/1	01단	*高橋政友總裁政界隱退を申出づ 政友會總裁後任に田中義一大將を推す/田中大將の後任總裁は疑問 靑木鐵道事務次官談/政友最高幹部會で總裁辭任を承認*
120732	朝鮮朝日	1925-04-05/1	01단	羅馬濠洲間大飛行の伊飛行機の東京訪問途中仁川に着陸する
120733	朝鮮朝日	1925-04-05/1	01단	木浦濟州島間の無線電信開始近し航行船舶とも通信する
120734	朝鮮朝日	1925-04-05/1	01단	赭土芽ぐむ朝鮮に笑き出るキネマの花/屹度期待を裏切らぬやうと如實に描き出さうと/希望に燃ゆる許白雨君
120735	朝鮮朝日	1925-04-05/1	03단	募債も出來ず京城府の財政難/低資借入も一寸困難であらう
120736	朝鮮朝日	1925-04-05/1	04단	忙しくなる釜山の高等係/日露の修交で
120737	朝鮮朝日	1925-04-05/1	05단	神仙爐/氣になる事
120738	朝鮮朝日	1925-04-05/1	05단	貧弱極った西鮮三道の通信機關/三日がゝりで配達する處もある
120739	朝鮮朝日	1925-04-05/1	07단	奮鐵道部のお引越/寄合世帶愈始る
120740	朝鮮朝日	1925-04-05/1	07단	七日から始る全鮮飛行
120741	朝鮮朝日	1925-04-05/1	07단	門司市內の鮮人は一千名に達するが金は酒と賭博に費消して貯蓄した者は尠い
120742	朝鮮朝日	1925-04-05/1	08단	光榮に浴する九十以上の老人は一千五百餘名
120743	朝鮮朝日	1925-04-05/1	09단	先生に贈物は罷り成らぬ/府の嚴しい御達示
120744	朝鮮朝日	1925-04-05/1	09단	自殺者は若者が多い/平南道の調査/老人は死ぬ元氣すらない
120745	朝鮮朝日	1925-04-05/1	09단	鴨江解氷に起る珍現象畑の中で魚が取れる
120746	朝鮮朝日	1925-04-05/1	10단	朝鮮人學生二名溺死すボートが顛覆し
120747	朝鮮朝日	1925-04-05/1	10단	主家へ押入った强盗捕縛さる
120748	朝鮮朝日	1925-04-05/1	10단	近く故國へ歸る黑澤明九郎氏
120749	朝鮮朝日	1925-04-05/1	10단	黃海道視察團/下關通過東上す
120750	朝鮮朝日	1925-04-05/1	10단	人(下岡政務總監/赤井軍參謀長)
120751	朝鮮朝日	1925-04-05/1	10단	半島茶話
120752	朝鮮朝日	1925-04-05/2	01단	盛況を極めた兒童作品展覽會/釜山通信部主催の
120753	朝鮮朝日	1925-04-05/2	01단	浦鹽での商賣は官憲對手で容易でない/引揚げる者が非常に多い
120754	朝鮮朝日	1925-04-05/2	01단	遞信局の共濟組合では低資を融通する
120755	朝鮮朝日	1925-04-05/2	01단	咸南道師範合格者卅五名
120756	朝鮮朝日	1925-04-05/2	01단	平壤府の救濟施設變更料金は値上しない
120757	朝鮮朝日	1925-04-05/2	01단	正チヤンび冒險(五)
120758	朝鮮朝日	1925-04-05/2	02단	咸鏡南道の育英事業/其緒に就く
120759	朝鮮朝日	1925-04-05/2	02단	鐵道局員任命
120760	朝鮮朝日	1925-04-05/2	03단	記念植林(京城/元山/光州)
120761	朝鮮朝日	1925-04-05/2	03단	京城組合銀行月末帳尻/預金七千五百萬貸出一億七百萬
120762	朝鮮朝日	1925-04-05/2	04단	慶尚北道の畜産總額五百萬圓に達す
120763	朝鮮朝日	1925-04-05/2	04단	漸次進展する製絲事業/總寵數二千五百

일련번호	판명	간행일	단수	기사명
120764	朝鮮朝日	1925-04-05/2	04단	元山港三月の內地仕向高
120765	朝鮮朝日	1925-04-05/2	04단	木浦より
120766	朝鮮朝日	1925-04-07/1	01단	愈豫備となり總裁の後釜に据る/田中義一大將/來月の陸軍大異動と共に發表
120767	朝鮮朝日	1925-04-07/1	01단	主なる陸軍の異動/五月一日發表
120768	朝鮮朝日	1925-04-07/1	01단	朝鮮私鐵の第二回社債發行/二百萬圓は前借金の穴埋め
120769	朝鮮朝日	1925-04-07/1	01단	北滿露領の鮮銀券は大丈夫/朝鮮では爲替逆調と貸付回收が大問題と井內理事語る
120770	朝鮮朝日	1925-04-07/1	01단	赭土芽ぐむ朝鮮に笑き出るキネマの花/故鄕戀しの遺憾ない情を嚙殺して/スターたらんといそしむ/明い瞳の金雨燕孃
120771	朝鮮朝日	1925-04-07/1	02단	全鮮公職者大會/第二日目
120772	朝鮮朝日	1925-04-07/1	03단	吉會線の竣功は相當時日を要するが吉林老頭溝間計劃進捗す
120773	朝鮮朝日	1925-04-07/1	03단	朝鮮神社の宮司神官銓衡
120774	朝鮮朝日	1925-04-07/1	03단	弓削前局長の宮內省入內定
120775	朝鮮朝日	1925-04-07/1	04단	鐵道局の新共濟組合は將來に主を置く
120776	朝鮮朝日	1925-04-07/1	04단	露領鮮人學校に敎科書を配布し日本語を敎ふ
120777	朝鮮朝日	1925-04-07/1	04단	赤い中學校/ハバロフスクに設立さる
120778	朝鮮朝日	1925-04-07/1	05단	神仙爐/先生への贈物
120779	朝鮮朝日	1925-04-07/1	05단	五日から開く鴨江の大鐵橋
120780	朝鮮朝日	1925-04-07/1	05단	廢止されるは培材學堂で高普ではない
120781	朝鮮朝日	1925-04-07/1	06단	總督府の圖書館開始/大部分は學生
120782	朝鮮朝日	1925-04-07/1	07단	文學好きな妙齡な女學生二名轢死す/高師入學に失敗したのを儚なみ/京城一高女卒業生
120783	朝鮮朝日	1925-04-07/1	07단	歸鮮して見て二度吃驚/母國民を救はんと考へた
120784	朝鮮朝日	1925-04-07/1	07단	第一艦隊は二十一日入港
120785	朝鮮朝日	1925-04-07/1	07단	火藥の爆發で支人一名卽死一名は重傷
120786	朝鮮朝日	1925-04-07/1	08단	袋に包んだ子供の生首南山の麓で發見/癩病患者人肉斬取の犧牲が
120787	朝鮮朝日	1925-04-07/1	09단	失戀と病の重たき憶ひに惱む/新しき女姜香蘭が鮮人主義者が賣名に過ぎぬ內幕を暴露すべく/自敍傳を執筆する
120788	朝鮮朝日	1925-04-07/1	09단	仁川神社の盜難事件迷宮に入る
120789	朝鮮朝日	1925-04-07/1	09단	不逞團員三名を射殺し武器彈藥を押收
120790	朝鮮朝日	1925-04-07/1	09단	鮮人鰒で死亡
120791	朝鮮朝日	1925-04-07/1	10단	大石佛を發見/占刹照崎寺より
120792	朝鮮朝日	1925-04-07/1	10단	半島茶話
120793	朝鮮朝日	1925-04-07/2	01단	敎育上からも小作爭議を解決したいと忠北農學校では「週刊朝日」を敎科書に採用
120794	朝鮮朝日	1925-04-07/2	01단	朝鮮軍には波紋は起るまいと中村高級副官は語る
120795	朝鮮朝日	1925-04-07/2	01단	活動寫眞の取締統一/內地に倣って

일련번호	판명	간행일	단수	기사명
120796	朝鮮朝日	1925-04-07/2	01단	正チヤンび冒險(六)
120797	朝鮮朝日	1925-04-07/2	02단	長連航路に初出帆の羅南大智の兩船
120798	朝鮮朝日	1925-04-07/2	02단	面長の辭職で豫算行惱む
120799	朝鮮朝日	1925-04-07/2	03단	忠南道の學校職員退職
120800	朝鮮朝日	1925-04-07/2	03단	大邱少年野球大會の入場式
120801	朝鮮朝日	1925-04-07/2	03단	朝鮮軍に優良馬配屬
120802	朝鮮朝日	1925-04-07/2	03단	南浦商議選擧
120803	朝鮮朝日	1925-04-07/2	04단	咸南道水産高
120804	朝鮮朝日	1925-04-07/2	04단	東拓移民は四月中旬到着
120805	朝鮮朝日	1925-04-07/2	04단	勸信無配當か償却に努めん
120806	朝鮮朝日	1925-04-07/2	04단	釜山商議の見本市
120807	朝鮮朝日	1925-04-07/2	04단	工補校認可さる
120808	朝鮮朝日	1925-04-07/2	04단	運動界(商店對抗リレー)
120809	朝鮮朝日	1924-04-08/1	01단	東拓總裁決定/渡邊前横濱市長
120810	朝鮮朝日	1924-04-08/1	01단	新任鐵道局長内定/噂の如く大村卓一氏
120811	朝鮮朝日	1924-04-08/1	01단	朝鮮私鐵の社債一千萬圓發行/利廻り九分一厘七毛
120812	朝鮮朝日	1924-04-08/1	01단	訪歐大飛行は思想を豪宕にする/僕も飛んで行き度い喃と若き荒川中尉は語る
120813	朝鮮朝日	1924-04-08/1	01단	赭土芽ぐむ朝鮮に咲き出るキネマの花/白南プロダクションに巢くう若くもまた美しき人達に/榮光あれ神よ
120814	朝鮮朝日	1924-04-08/1	03단	鮮人店員達に初等教育を課す/門司市の鮮人教化具體化
120815	朝鮮朝日	1924-04-08/1	03단	鐵道學校は養成所と改稱して存置される
120816	朝鮮朝日	1924-04-08/1	04단	東拓會社の内債計劃一千萬圓か
120817	朝鮮朝日	1924-04-08/1	04단	六月五日から齒科醫試驗始る/願書受付は五月二十日迄
120818	朝鮮朝日	1924-04-08/1	04단	鮮語に上達せねば巡査の昇給を保留す/咸南道の鮮語獎勵方法
120819	朝鮮朝日	1924-04-08/1	05단	神仙爐/道行
120820	朝鮮朝日	1924-04-08/1	06단	京城府の學校組合會議で教育界の腐敗が問題となる
120821	朝鮮朝日	1924-04-08/1	07단	松汀里を中心に飛行偵察/平壤飛行隊の企
120822	朝鮮朝日	1924-04-08/1	07단	基督教を懷しむ和田知事夫人/草場町の官邸で
120823	朝鮮朝日	1924-04-08/1	08단	林校長の左遷から元町小學校動搖す/職員一同連署して糺彈的留任運動に努むる
120824	朝鮮朝日	1924-04-08/1	09단	朝日巡回活寫會
120825	朝鮮朝日	1924-04-08/1	09단	妙齡な婦人の屍體を野晒にする着物欲しさの飢民が/富豪の墳墓を盜掘する
120826	朝鮮朝日	1924-04-08/1	09단	咸南聯隊の軍旗祭/市民も熱狂す
120827	朝鮮朝日	1924-04-08/1	10단	眩暈して溺死す
120828	朝鮮朝日	1924-04-08/1	10단	半島茶話
120829	朝鮮朝日	1924-04-08/2	01단	平壤發展の根幹は人の和であると松井府尹語る
120830	朝鮮朝日	1924-04-08/2	01단	兵士勤めで親に送金す/聯隊から表彰さる

일련번호	판명	간행일	단수	기사명
120831	朝鮮朝日	1924-04-08/2	01단	白系露人のカナダ移住多し
120832	朝鮮朝日	1924-04-08/2	01단	漸次增加する小麥粉消費高
120833	朝鮮朝日	1924-04-08/2	01단	鮮人勞働者の內地渡航多し/二萬五千に達す
120834	朝鮮朝日	1924-04-08/2	01단	正チヤンび冒險(七)
120835	朝鮮朝日	1924-04-08/2	02단	鎭南浦商議の會頭選擧紛糾
120836	朝鮮朝日	1924-04-08/2	03단	京城府內の高齡者は最高九十九歲
120837	朝鮮朝日	1924-04-08/2	03단	理髮業者の健康診斷/結核保菌者もある
120838	朝鮮朝日	1924-04-08/2	03단	京畿道の生牛檢疫嚴重
120839	朝鮮朝日	1924-04-08/2	04단	湖南一圓の實業家懇談會/今年も群山で
120840	朝鮮朝日	1924-04-08/2	04단	沃溝郡では種籾を配給す/旱害救濟の爲め
120841	朝鮮朝日	1924-04-08/2	04단	全南の叺檢査
120842	朝鮮朝日	1924-04-08/2	04단	東萊商務の運動會
120843	朝鮮朝日	1924-04-08/2	04단	光州より
120844	朝鮮朝日	1925-04-09/1	01단	恩賜公債を殖銀債券に乘替へ恩賜事業の擴張を期す/公債は日銀が買入る
120845	朝鮮朝日	1925-04-09/1	01단	有線と無線の接續に成功を收む/下關驛構內と德壽丸に限り遞信省より許可さる
120846	朝鮮朝日	1925-04-09/1	03단	仁川測候所から氣象暴風を無電放送五月一日から實施
120847	朝鮮朝日	1925-04-09/1	03단	無電放送の第二回協議會
120848	朝鮮朝日	1925-04-09/1	04단	朝鮮美展の審査員決定
120849	朝鮮朝日	1925-04-09/1	04단	全南農談會小作問題を議す
120850	朝鮮朝日	1925-04-09/1	04단	咸南長津江で水力電氣會社設立/發起者は全部三菱系資本金二億圓全額拂込
120851	朝鮮朝日	1925-04-09/1	04단	全鮮に亙る教育者の戶惑ひは當局者の不用意から/平南師範卒業生の就職難
120852	朝鮮朝日	1925-04-09/1	05단	神仙爐/米、牛肉、海苔
120853	朝鮮朝日	1925-04-09/1	06단	培材盟休生が學校に殺到/試驗を阻止する
120854	朝鮮朝日	1925-04-09/1	06단	朝日巡回活寫會
120855	朝鮮朝日	1925-04-09/1	07단	民衆運動の反對聯合會案外平穩に終了
120856	朝鮮朝日	1925-04-09/1	07단	日露親善は先づ藝術からと/松竹の露國管絃團招聘
120857	朝鮮朝日	1925-04-09/1	09단	助興稅率を引下げて吳れ釜山當業者要望
120858	朝鮮朝日	1925-04-09/1	09단	釜山港へ驅逐艦の入港/道廳移轉祝賀で
120859	朝鮮朝日	1925-04-09/1	09단	一萬圓の大萬引釜山で發覺す
120860	朝鮮朝日	1925-04-09/1	09단	モヒ注射で友人を殺し十一錢を强奪す
120861	朝鮮朝日	1925-04-09/1	10단	群山の火事/全燒二棟で滔止む
120862	朝鮮朝日	1925-04-09/1	10단	朝鮮讀本編纂着々進陟す
120863	朝鮮朝日	1925-04-09/1	10단	人(三矢宮松氏(朝鮮醫務局長)/西脇校長轉任)
120864	朝鮮朝日	1925-04-09/1	10단	取消申込
120865	朝鮮朝日	1925-04-09/1	10단	社告/大阪朝日新聞社釜山通信部

일련번호	판명	간행일	단수	기사명
120866	朝鮮朝日	1925-04-09/1	10단	半島茶話
120867	朝鮮朝日	1925-04-09/2	01단	議政院では總統李承晩を排斥し後任に朴允植を推す
120868	朝鮮朝日	1925-04-09/2	01단	三度變った不逞鮮人の武器/最近は精銳なモーゼル拳銃
120869	朝鮮朝日	1925-04-09/2	01단	全廢して欲しい米豆檢査の手數料京畿道だけで百餘萬圓
120870	朝鮮朝日	1925-04-09/2	01단	正チヤンび冒險(八)
120871	朝鮮朝日	1925-04-09/2	02단	三月中の釜山貿易額百二十萬圓減
120872	朝鮮朝日	1925-04-09/2	03단	三月中の元山貿易額移出入とも增加
120873	朝鮮朝日	1925-04-09/2	03단	迎日灣の鰊不漁三十萬圓の減少
120874	朝鮮朝日	1925-04-09/2	03단	小作爭議に懲り大地主が移民となる/結構だと石黑課長は語る
120875	朝鮮朝日	1925-04-09/2	03단	民衆の便を圖り稅務相談部新設釜山府の試み
120876	朝鮮朝日	1925-04-09/2	03단	全州商工會の飾窓競技會
120877	朝鮮朝日	1925-04-09/2	04단	航路補助九十萬圓向ふ五箇年間
120878	朝鮮朝日	1925-04-09/2	04단	釜山府で軍縮廢馬拂下
120879	朝鮮朝日	1925-04-09/2	04단	丸菱ボール來鮮
120880	朝鮮朝日	1925-04-09/2	04단	會(港灣協會總會/佛敎硏究會)
120881	朝鮮朝日	1925-04-10/1	01단	身命を捧げ朝鮮統治に努めんと病總督感激して語る
120882	朝鮮朝日	1925-04-10/1	01단	民間鮮人救護の京都協助會館は五月中に完成の豫定
120883	朝鮮朝日	1925-04-10/1	01단	龍口銀行は安田銀行か? 救濟すると兒玉長官は語る
120884	朝鮮朝日	1925-04-10/1	01단	書堂
120885	朝鮮朝日	1925-04-10/1	03단	京城東京間に電信一回線を增加す總工費八十三萬圓
120886	朝鮮朝日	1925-04-10/1	03단	溫突用の松葉は六百萬噸に達する朝鮮燃料の大問題
120887	朝鮮朝日	1925-04-10/1	03단	敎育界革正で視學官以下の更迭が近く發表される
120888	朝鮮朝日	1925-04-10/1	04단	仁川米豆總會
120889	朝鮮朝日	1925-04-10/1	04단	辭令
120890	朝鮮朝日	1925-04-10/1	04단	全羅北道の駐在所整理/現在の百七十七を百五十二に
120891	朝鮮朝日	1925-04-10/1	04단	舊韓國貨幣の引換は今年限/旣引換千萬圓
120892	朝鮮朝日	1925-04-10/1	05단	海州市民の鐵道期成會 市民大會を開き氣勢を擧ぐ/決議文
120893	朝鮮朝日	1925-04-10/1	05단	銀婚式當日京城の奉祝
120894	朝鮮朝日	1925-04-10/1	05단	平壤慈惠院は自營が出來る
120895	朝鮮朝日	1925-04-10/1	05단	朝日巡回活寫會
120896	朝鮮朝日	1925-04-10/1	06단	神仙爐/地價で唲み合ふ
120897	朝鮮朝日	1925-04-10/1	06단	全鮮唯一の人工鮭孵化場/八十萬尾を放流
120898	朝鮮朝日	1925-04-10/1	06단	セ氏の金塊は鮮銀に保管中と勞農露國は睨む
120899	朝鮮朝日	1925-04-10/1	06단	勢力の增大を忌み支那勞働者を排斥する平壤の鮮人勞働者
120900	朝鮮朝日	1925-04-10/1	07단	傳染病の原因は下水の不完全/京城府の調査
120901	朝鮮朝日	1925-04-10/1	07단	慶北靑年團の內地視察五月二日出發
120902	朝鮮朝日	1925-04-10/1	08단	所謂大臣宰相が椅子を賣拂って露命を/繫ぐ上海假政府の窮狀
120903	朝鮮朝日	1925-04-10/1	08단	平壤聯隊の軍旗祭

일련번호	판명	간행일	단수	기사명
120904	朝鮮朝日	1925-04-10/1	08단	四十名を減じた京城の傳染病三月中三十七人
120905	朝鮮朝日	1925-04-10/1	09단	東京歸りの鮮人主義者が京電盟休を煽動
120906	朝鮮朝日	1925-04-10/1	09단	大酒希望者の見て貰ふ機械京畿道で購入
120907	朝鮮朝日	1925-04-10/1	09단	民衆大會反對の聯合會決議
120908	朝鮮朝日	1925-04-10/1	10단	御成婚記念のグラウンド完成/鎮南浦に於る
120909	朝鮮朝日	1925-04-10/1	10단	人(下岡政務總監/鈴木軍司令官)
120910	朝鮮朝日	1925-04-10/1	10단	社告/大阪朝日新聞社釜山通信部
120911	朝鮮朝日	1925-04-10/1	10단	半島茶話
120912	朝鮮朝日	1925-04-10/2	01단	鮮內外に於る過激思想取締方針內地の治安法に準ずる
120913	朝鮮朝日	1925-04-10/2	01단	赤い鮮人の歸鮮が増加し釜山で警戒す
120914	朝鮮朝日	1925-04-10/2	01단	湖南線は犯罪が尠い富めるが故に？
120915	朝鮮朝日	1925-04-10/2	01단	正チヤンび冒險(九)
120916	朝鮮朝日	1925-04-10/2	02단	長津江電力は硫安生産が第一目的らしい
120917	朝鮮朝日	1925-04-10/2	03단	全州面長決定
120918	朝鮮朝日	1925-04-10/2	03단	醴泉地方民の慶北線延長要望
120919	朝鮮朝日	1925-04-10/2	03단	釜山府協議會
120920	朝鮮朝日	1925-04-10/2	03단	鎮南浦の上水計量使用
120921	朝鮮朝日	1925-04-10/2	04단	多年懸案の南浦驛前埋立解氷と同時に着手
120922	朝鮮朝日	1925-04-10/2	04단	群山府の土産品展覽會五月中旬開催
120923	朝鮮朝日	1925-04-10/2	04단	大邱工補校開設
120924	朝鮮朝日	1925-04-10/2	04단	仁川より
120925	朝鮮朝日	1925-04-10/2	04단	會(朝鮮電氣協會/會議所役員會)
120926	朝鮮朝日	1925-04-11/1	01단	政友會總裁を快諾し卽刻入黨の手續をした/田中義一男爵
120927	朝鮮朝日	1925-04-11/1	01단	鐵道直營最初に投ぜられた大爆彈/學閥偏重で局員の大不平爆發するは何時の日？
120928	朝鮮朝日	1925-04-11/1	01단	國境守備隊は漸次完成を期する本年は二十萬圓の支出と中村朝鮮軍經理部長は語る
120929	朝鮮朝日	1925-04-11/1	01단	澱んではまた流れる水の轟ろきこそは溺死した人達の現世に殘す恨のかずかず/流れ逝く漢江秘史
120930	朝鮮朝日	1925-04-11/1	02단	無暗矢鱈の教員移動は困る/京城學校組合の問題となる
120931	朝鮮朝日	1925-04-11/1	03단	政治的には民族自決經濟的には共産主義で行く不逞思想
120932	朝鮮朝日	1925-04-11/1	04단	電氣法規改正/保護■■を無味して立案
120933	朝鮮朝日	1925-04-11/1	04단	間島移住鮮人續々歸還す
120934	朝鮮朝日	1925-04-11/1	04단	黑幕に操られ李承晩歸鮮の噂上海で排斥せられ
120935	朝鮮朝日	1925-04-11/1	05단	神仙爐/京仁水道の電化に就き
120936	朝鮮朝日	1925-04-11/1	05단	關本太田校長の留任を請願す父兄と生徒が
120937	朝鮮朝日	1925-04-11/1	05단	釜山教職員の健康診斷/理髮業者の結核患者に驚き
120938	朝鮮朝日	1925-04-11/1	06단	秘密結社の主謀鮮人逮捕さる/爆彈宣傳文で陰謀を計劃中
120939	朝鮮朝日	1925-04-11/1	06단	在沿海州の不逞團衰微一般鮮人喜ぶ

일련번호	판명	간행일	단수	기사명
120940	朝鮮朝日	1925-04-11/1	07단	國民協會の參政權運動國境で巡回講演
120941	朝鮮朝日	1925-04-11/1	07단	六百餘名が警察署に押し掛け檢束者を返せと敦圍く
120942	朝鮮朝日	1925-04-11/1	07단	神社に殺到し金光氏を放逐せんとす/京城神社神職問題益惡化
120943	朝鮮朝日	1925-04-11/1	07단	昌信校五年生九日から同盟休校す教師が生徒を毆打したので
120944	朝鮮朝日	1925-04-11/1	09단	內地人が永續きする鮮人就職者より
120945	朝鮮朝日	1925-04-11/1	09단	紛糾を續けた培材校の盟休解決す/退學生を入校させて
120946	朝鮮朝日	1925-04-11/1	09단	京城二高女の野球練習/朝鮮での嚆矢
120947	朝鮮朝日	1925-04-11/1	09단	昌德宮の小火/掃除人の不始末
120948	朝鮮朝日	1925-04-11/1	09단	遞信吏員の本社見學
120949	朝鮮朝日	1925-04-11/1	10단	勇進園長が靴を盜む
120950	朝鮮朝日	1925-04-11/1	10단	人(三矢宮松氏(警務局長)/李鍝公殿下(擧習完生)/井上準之助氏)
120951	朝鮮朝日	1925-04-11/1	10단	半島茶話
120952	朝鮮朝日	1925-04-11/2	01단	鐵道從業員に警察權を附與する必要は更に無い
120953	朝鮮朝日	1925-04-11/2	01단	十四年度の地方費は增加
120954	朝鮮朝日	1925-04-11/2	01단	本年度麥作は三割の增收見込作付段別增加で
120955	朝鮮朝日	1925-04-11/2	01단	元山組合銀行手形交換高百三十七萬圓
120956	朝鮮朝日	1925-04-11/2	01단	鐵道の金は鮮銀が取扱ふ/日銀代理として
120957	朝鮮朝日	1925-04-11/2	01단	正チヤンび冒險(十)
120958	朝鮮朝日	1925-04-11/2	02단	釜山分會の豫備消防志願維持費捻出の爲
120959	朝鮮朝日	1925-04-11/2	02단	鎭南浦綿布商の悲鳴/市日減少を叫ぶ
120960	朝鮮朝日	1925-04-11/2	03단	航空隊記念日平壤の大賑
120961	朝鮮朝日	1925-04-11/2	03단	赤米含有增加は不認可らしい
120962	朝鮮朝日	1925-04-11/2	03단	釜山刑務所の女囚監房竣工/然し犯人は減少
120963	朝鮮朝日	1925-04-11/2	03단	發動機船を屎尿運搬に利用/京城府の計劃
120964	朝鮮朝日	1925-04-11/2	04단	釜山火葬場の値上認可さる
120965	朝鮮朝日	1925-04-11/2	04단	太田驛の辨當檢査
120966	朝鮮朝日	1925-04-11/2	04단	新設された大邱矯南學院入學志願者多し
120967	朝鮮朝日	1925-04-11/2	04단	平壤唎酒會/優等は樂浪と金千代
120968	朝鮮朝日	1925-04-11/2	04단	人蔘耕作者表彰
120969	朝鮮朝日	1925-04-11/2	04단	運動界(平壤競馬會十一日から)
120970	朝鮮朝日	1925-04-11/2	04단	蝟道より
120971	朝鮮朝日	1924-04-12/1	01단	愈よ大仕掛の國勢調査施行十月一日を期し一齊に
120972	朝鮮朝日	1924-04-12/1	01단	五百萬圓の削減は朝鮮鐵道の大痛手/私鐵合同は資金融通の方便と鮮鐵を去る黑澤氏語る
120973	朝鮮朝日	1924-04-12/1	01단	浦鹽經由で滿洲粟の釜山輸入/陸路運賃に比し三分一の低率
120974	朝鮮朝日	1924-04-12/1	01단	百歲長壽の藥酒獻上/白頭山に産する/木の實で釀した
120975	朝鮮朝日	1924-04-12/1	02단	朝鮮郵船の定時株主總會配當は年八分
120976	朝鮮朝日	1924-04-12/1	02단	憐れ憂國の志士の骸と歡歌亂舞の花の宴と/悲喜交々を綯りおはせ盡きぬ恨を知らぬ氣に/流れ逝く漢江秘史

일련번호	판명	간행일	단수	기사명
120977	朝鮮朝日	1924-04-12/1	03단	營林廠拂下は十四萬尺締前年より增加
120978	朝鮮朝日	1924-04-12/1	03단	殖銀の大阪支店開設
120979	朝鮮朝日	1924-04-12/1	03단	養鷄奬勵の共進會/畜産協會主催
120980	朝鮮朝日	1924-04-12/1	04단	久邇宮殿下京城御入京/李壬殿下の御招待
120981	朝鮮朝日	1924-04-12/1	04단	齋藤總督靜養儒城溫泉で
120982	朝鮮朝日	1924-04-12/1	04단	年々縮小の京城府圖書館と府民は嘆ずる
120983	朝鮮朝日	1924-04-12/1	04단	朝日巡回活寫會
120984	朝鮮朝日	1924-04-12/1	05단	神仙爐/親しみの程度
120985	朝鮮朝日	1924-04-12/1	05단	滿鐵會社の整理委員囑託
120986	朝鮮朝日	1924-04-12/1	05단	殖銀局課廢合
120987	朝鮮朝日	1924-04-12/1	06단	十日本事見學の遞信吏員內地見學團/昨紙所載
120988	朝鮮朝日	1924-04-12/1	06단	諺文新聞の記者大會天道教本部で
120989	朝鮮朝日	1924-04-12/1	06단	京城府協議會
120990	朝鮮朝日	1924-04-12/1	07단	所得税申告は四月一杯/速に届出でよ
120991	朝鮮朝日	1924-04-12/1	07단	新羅高麗の三等賃金は一割引/關釜間のみの旅客に限る
120992	朝鮮朝日	1924-04-12/1	07단	大豆の不作で間島鮮人は窮迫して居る
120993	朝鮮朝日	1924-04-12/1	08단	平壤での旺んな乘馬熱/馬が足らぬで盟痛鉢卷
120994	朝鮮朝日	1924-04-12/1	08단	伽耶山の落葉採取で地元民騷ぐ
120995	朝鮮朝日	1924-04-12/1	09단	北風會と火曜會合同か
120996	朝鮮朝日	1924-04-12/1	09단	ソール派が社會運動同盟創立を決議す
120997	朝鮮朝日	1924-04-12/1	09단	統義府の不逞漢逮捕大搦鬪の末
120998	朝鮮朝日	1924-04-12/1	10단	平壤署の亂暴巡査拳銃を發射す
120999	朝鮮朝日	1924-04-12/1	10단	紙幣偏造犯人逮捕さる
121000	朝鮮朝日	1924-04-12/1	10단	會(遞信局溫交會)
121001	朝鮮朝日	1924-04-12/1	10단	私書函開設/大阪朝日新聞門司支局
121002	朝鮮朝日	1924-04-12/1	10단	半島茶話
121003	朝鮮朝日	1924-04-12/2	01단	漸次增加する朝鮮海苔の移出高/色澤のみを顧慮するが遺憾
121004	朝鮮朝日	1924-04-12/2	01단	旱害のお蔭で麥作は增收の見込昨年に比し約三割增/是が唯一の生命の綱
121005	朝鮮朝日	1924-04-12/2	01단	會寧共榮會の圖們鐵道速成運動/理由書
121006	朝鮮朝日	1924-04-12/2	01단	正チヤンび冒險(一)
121007	朝鮮朝日	1924-04-12/2	03단	岡山食料展へ錦江の海月出品群山水産校製品
121008	朝鮮朝日	1924-04-12/2	03단	咸南輸出入高總額二千百萬圓
121009	朝鮮朝日	1924-04-12/2	03단	全羅北道の漁獲高增加約三十萬圓
121010	朝鮮朝日	1924-04-12/2	03단	三月中に於る群山港の出入汽船と宿泊旅客
121011	朝鮮朝日	1924-04-12/2	04단	工費五萬圓で南浦高女移轉/候補地は東拓の所有地
121012	朝鮮朝日	1924-04-12/2	04단	群山運送業者運友會を組織自發的に覺醒/趣意書
121013	朝鮮朝日	1924-04-12/2	04단	羅南高女校入學志願者多し
121014	朝鮮朝日	1924-04-12/2	04단	光州より

일련번호	판명	간행일	단수	기사명
121015	朝鮮朝日	1924-04-12/3	01단	長崎大連航路は郵商兩社に受命か/熊本甕島延航も許可される見込み
121016	朝鮮朝日	1924-04-12/3	01단	ばなゝの移入が年二百萬圓/いろとり美しく旅客の味覺をそゝる/門司驛頭果物店
121017	朝鮮朝日	1924-04-12/3	01단	國産共進會/文化村の休養の家と文化住宅
121018	朝鮮朝日	1924-04-12/3	02단	電信電話併用機使用
121019	朝鮮朝日	1924-04-12/3	03단	無電の妨害になる高壓線を地下線に變更
121020	朝鮮朝日	1924-04-12/3	03단	毛色の變った江島海軍少佐/軍人をやめて九大へ
121021	朝鮮朝日	1924-04-12/3	04단	阿蘇火山灰は建築材料として頗る有望
121022	朝鮮朝日	1924-04-12/3	04단	治維法施行は在鮮主義者に大打擊/勞農宣傳部も鮮人主義者に愛想をつかす
121023	朝鮮朝日	1924-04-12/3	04단	時代の力に抗し得ず亡び行くもの/カタヤ「自動車」コナタ「人力車」の取組/門鐵局へ雙方から嘆願
121024	朝鮮朝日	1924-04-12/3	05단	穀物大會へ提案
121025	朝鮮朝日	1924-04-12/3	05단	移住誘致策に共同宿舍建設/其筋に補助金申請
121026	朝鮮朝日	1924-04-12/3	06단	佐賀縣の海外渡航者昨年だけで六百餘名
121027	朝鮮朝日	1924-04-12/3	06단	一番多いのが殺人犯
121028	朝鮮朝日	1924-04-12/3	06단	全國中の第三位/福岡縣と犯罪件數
121029	朝鮮朝日	1924-04-14/1	01단	鮮人の參政權は與へる覺悟はしてゐる/唯時期方法が問題だと下岡政務總監は語る
121030	朝鮮朝日	1924-04-14/1	01단	內地で通用せぬ總督府の割引券/歸國する鮮鐵從業員が下關に上陸しての悲劇
121031	朝鮮朝日	1924-04-14/1	01단	追々實行される旱害救濟豫算額は三百七十五萬圓で社會土木兩課の手で實施さる
121032	朝鮮朝日	1924-04-14/1	01단	生活難？ 薄命か何れは同じ人の身を/草木も眠る丑滿頃と治平さん話し續ける/流れ逝く漢江秘史
121033	朝鮮朝日	1924-04-14/1	02단	齋藤總督病狀逐日良好
121034	朝鮮朝日	1924-04-14/1	03단	道知事會議
121035	朝鮮朝日	1924-04-14/1	03단	朝鮮遞信局で飛行士を養成する平壤航空隊に委囑し
121036	朝鮮朝日	1924-04-14/1	03단	南鮮で多いのは智的犯罪とモヒ患者/三矢警務局長談
121037	朝鮮朝日	1924-04-14/1	03단	國勢調査の申告內容は秘密を守る/課税や犯罪搜査の爲でない
121038	朝鮮朝日	1924-04-14/1	04단	咸北道廳假建築に決定
121039	朝鮮朝日	1924-04-14/1	05단	神仙爐/聖地谷の櫻
121040	朝鮮朝日	1924-04-14/1	05단	憲兵司令官休職の噂は無根
121041	朝鮮朝日	1924-04-14/1	05단	朝鮮軍が損害要求訴訟
121042	朝鮮朝日	1924-04-14/1	05단	記者大會と言ふが眞實な操觚者は尠く/徒に多額の寄附を各地で强要東拓に數千圓を吹掛く
121043	朝鮮朝日	1924-04-14/1	06단	平壤航空隊の光州訪問飛行
121044	朝鮮朝日	1924-04-14/1	06단	不法監禁だと露婦人憤慨す/當局は密輸入容疑者といふ

일련번호	판명	간행일	단수	기사명
121045	朝鮮朝日	1924-04-14/1	06단	松の葉團子で九年を過した修業者千六百の石佛を刻む
121046	朝鮮朝日	1924-04-14/1	07단	怪鮮人六名を引致す釜山署の活動
121047	朝鮮朝日	1924-04-14/1	07단	金融組合理事公金を費消す
121048	朝鮮朝日	1924-04-14/1	07단	朝日巡回活寫會
121049	朝鮮朝日	1924-04-14/1	08단	青年總同盟/會合を禁止さる
121050	朝鮮朝日	1924-04-14/1	08단	景祐組合に疑獄事件發生公金横領か
121051	朝鮮朝日	1924-04-14/1	08단	コソ泥横行で釜山署警戒す
121052	朝鮮朝日	1924-04-14/1	09단	鮮人婦人が三つ兒を産む母子共に健全
121053	朝鮮朝日	1924-04-14/1	09단	鮮人女學生の投身未遂入學難の悲劇
121054	朝鮮朝日	1924-04-14/1	09단	鮮人嬰兒の他殺死體發見
121055	朝鮮朝日	1924-04-14/1	09단	大酒の結果心臟痲痺を起す
121056	朝鮮朝日	1924-04-14/1	10단	吉野川筏夫の朝鮮出稼
121057	朝鮮朝日	1924-04-14/1	10단	私書函開設/大阪朝日新聞門司支局
121058	朝鮮朝日	1924-04-14/1	10단	半島茶話
121059	朝鮮朝日	1924-04-14/2	01단	大阪鶴橋署に鮮人相談所が開かる/阪本署長の肝煎りで
121060	朝鮮朝日	1924-04-14/2	01단	大倉氏經營の群山修道社へ/宮內省より御沙汰
121061	朝鮮朝日	1924-04-14/2	01단	官幣大社朝鮮神社宮司
121062	朝鮮朝日	1924-04-14/2	01단	成鏡線自動車不通
121063	朝鮮朝日	1924-04-14/2	01단	京城府協議會
121064	朝鮮朝日	1924-04-14/2	01단	殖産銀行異動
121065	朝鮮朝日	1924-04-14/2	01단	正チヤンび冒險(二)
121066	朝鮮朝日	1924-04-14/2	02단	急設電話減少
121067	朝鮮朝日	1924-04-14/2	02단	公州面費減額/一戶當一圓八十五錢減
121068	朝鮮朝日	1924-04-14/2	03단	警官に射られた兵士歸隊す
121069	朝鮮朝日	1924-04-14/2	03단	咸南の山火事五萬七千圓の損害
121070	朝鮮朝日	1924-04-14/2	03단	珍らしい鮮人娼妓學校
121071	朝鮮朝日	1924-04-14/2	03단	京城府の艦隊乘員歡迎
121072	朝鮮朝日	1924-04-14/2	03단	鮮人のみの幼稚園設置
121073	朝鮮朝日	1924-04-14/2	03단	鮮鐵局友會
121074	朝鮮朝日	1924-04-14/2	03단	京城の火事損害二萬圓
121075	朝鮮朝日	1924-04-14/2	04단	運動界(全鮮ゴルフ大會三日清涼里で/駿馬北海號)
121076	朝鮮朝日	1924-04-14/2	04단	會(軍樂隊演奏會/山口氏追悼會/會議所評議員會/洋畫展覽會)
121077	朝鮮朝日	1924-04-14/2	04단	人(函館視察)
121078	朝鮮朝日	1925-04-15/1	01단	日銀利下げ發表十五日から實施
121079	朝鮮朝日	1925-04-15/1	01단	鮮鐵從業員の半額券は十四日から通用/本省からの通牒で
121080	朝鮮朝日	1925-04-15/1	01단	動搖防止器で船體の動搖が半減/關釜連絡船に取付けて成功
121081	朝鮮朝日	1925-04-15/1	01단	割引開始から却って乘客が減少/門鐵局は泡を食って近く對抗策を講ずる

일련번호	판명	간행일	단수	기사명
121082	朝鮮朝日	1925-04-15/1	01단	夕闇罩むる黃昏に悲雨降り注ぐ小夜中/悲鳴を聞いて飛び出しますがと不氣味な話が續けられる/流れ逝く漢江秘史
121083	朝鮮朝日	1925-04-15/1	03단	不穩の空氣は刻々濃厚に醸され/不平の聲は部內に漲る朝鮮鐵道の人事問題
121084	朝鮮朝日	1925-04-15/1	03단	海軍次官更迭
121085	朝鮮朝日	1925-04-15/1	03단	聯隊となる平壌飛行大隊完成期は十八年
121086	朝鮮朝日	1925-04-15/1	04단	露國駐日大使朝鮮經由で東上
121087	朝鮮朝日	1925-04-15/1	04단	京城浦潮間電信不通十三日夜から
121088	朝鮮朝日	1925-04-15/1	05단	慶北道の旱害救濟人員は十一萬五千人
121089	朝鮮朝日	1925-04-15/1	05단	朝新主催の全鮮一周飛行無事太田到着
121090	朝鮮朝日	1925-04-15/1	05단	露國の女流音樂家三十名を日本に招聘
121091	朝鮮朝日	1925-04-15/1	06단	神仙爐/行餘詩草
121092	朝鮮朝日	1925-04-15/1	06단	日活對松竹が興業權を爭ふ/平壌キネマの「猛進ロイド」
121093	朝鮮朝日	1925-04-15/1	06단	平壌航空隊の開隊式九機入亂れて飛ぶ
121094	朝鮮朝日	1925-04-15/1	07단	佐野、近藤がメーデーに來ると主義者の宣傳
121095	朝鮮朝日	1925-04-15/1	07단	釜山に集り水藻刈る海女の落付先が極る/松井矢島兩部長の肝煎で
121096	朝鮮朝日	1925-04-15/1	08단	革淸團總會宣言發表は禁止
121097	朝鮮朝日	1925-04-15/1	08단	京城府內に不良少年跋扈す
121098	朝鮮朝日	1925-04-15/1	09단	高い料金や押賣は相成らぬ/釜山署の達示
121099	朝鮮朝日	1925-04-15/1	09단	鮮人靴下職工千餘名盟休す/工場主高を括る
121100	朝鮮朝日	1925-04-15/1	09단	釜山の蠅征伐/取敢ず機械を配布
121101	朝鮮朝日	1925-04-15/1	09단	鳥致院の火事
121102	朝鮮朝日	1925-04-15/1	10단	運動界(朝鮮體協の本年事業豫定)
121103	朝鮮朝日	1925-04-15/1	10단	人(露支觀光團/水野伊藤氏來鮮/下岡忠治氏(政務總監)/白石光治郎氏(京畿道保安課長))
121104	朝鮮朝日	1925-04-15/1	10단	取消申込
121105	朝鮮朝日	1925-04-15/1	10단	半島茶話
121106	朝鮮朝日	1924-04-15/2	01단	養蠶が盛で柞蠶事業が衰退する前年より三百七十萬顆の減少
121107	朝鮮朝日	1924-04-15/2	01단	府の譲步で建築規則施行/區域漸く決定
121108	朝鮮朝日	1924-04-15/2	01단	鎭南浦會議所役員決定
121109	朝鮮朝日	1924-04-15/2	01단	學校組合會議
121110	朝鮮朝日	1924-04-15/2	01단	朝鮮婦人が教育會を組織し自ら向上啓發を圖る
121111	朝鮮朝日	1924-04-15/2	01단	正チヤンび冒險(三)
121112	朝鮮朝日	1924-04-15/2	02단	慶北棉花增産前年より七割強
121113	朝鮮朝日	1924-04-15/2	02단	有望なる公州の養鷄注文殺到す
121114	朝鮮朝日	1924-04-15/2	03단	咸昌黑鉛鑛採掘
121115	朝鮮朝日	1924-04-15/2	03단	金融理事者の功勞表彰
121116	朝鮮朝日	1924-04-15/2	03단	公州體協の春季運動會

일련번호	판명	간행일	단수	기사명
121117	朝鮮朝日	1924-04-15/2	03단	公州江景運航開始
121118	朝鮮朝日	1924-04-15/2	04단	借切貨車で鷄を送る共進會出品の
121119	朝鮮朝日	1924-04-15/2	04단	全南自動業者總會
121120	朝鮮朝日	1924-04-15/2	04단	咸南の名刹歸州寺再建/李朝に由緒深い
121121	朝鮮朝日	1924-04-15/2	04단	キネマ界/大地は微笑む十五日上演
121122	朝鮮朝日	1924-04-15/2	04단	光州より
121123	朝鮮朝日	1925-04-16/1	01단	高橋氏の後任に野田、岡崎兩氏を加藤首相より指名/多分兩民入閣に決せん
121124	朝鮮朝日	1925-04-16/1	01단	各地鐵道ホテルは或は委任經營か/何れも同じ缺損つゞき
121125	朝鮮朝日	1925-04-16/1	01단	二箇年繼續で京畿道の林野調査/林業獎勵の基礎を確立すべく
121126	朝鮮朝日	1925-04-16/1	01단	三月末に於る全鮮金融組合帳尻總額二千六百四十萬圓で上旬に比し珍しく減少
121127	朝鮮朝日	1925-04-16/1	01단	覺めた不逞者/恐ろしき名よ/だが彼も遂に人である
121128	朝鮮朝日	1925-04-16/1	02단	在城中の久邇宮殿下
121129	朝鮮朝日	1925-04-16/1	03단	海軍異動
121130	朝鮮朝日	1925-04-16/1	03단	東宮妃殿下御懷胎/關西行啓御取止め
121131	朝鮮朝日	1925-04-16/1	03단	メソヂストの獨立した原因は排日の爲ではない
121132	朝鮮朝日	1925-04-16/1	04단	憧憬の的となった美しき戀の巡禮者/奇しきローマンスの持主/康明花
121133	朝鮮朝日	1925-04-16/1	04단	日本を袖にし間島鮮人が自治を企つ
121134	朝鮮朝日	1925-04-16/1	04단	愈實行される平壤電車の線路延長/運轉は六月中旬頃
121135	朝鮮朝日	1925-04-16/1	04단	港灣協會員を釜山で歡迎する
121136	朝鮮朝日	1925-04-16/1	05단	長連航路の處女航海船が釜山に入港
121137	朝鮮朝日	1925-04-16/1	06단	咸興市街に小花壇
121138	朝鮮朝日	1925-04-16/1	06단	珍らしい育雛競技會
121139	朝鮮朝日	1925-04-16/1	06단	大地は微笑む
121140	朝鮮朝日	1925-04-16/1	07단	四百餘名に無料施療す醫生高明秀氏
121141	朝鮮朝日	1925-04-16/1	07단	辭令
121142	朝鮮朝日	1925-04-16/1	07단	城川堤防に櫻を植える計劃頓挫
121143	朝鮮朝日	1925-04-16/1	07단	漁船方津丸の乘組員悉く慘殺さる/犯人は目下不明
121144	朝鮮朝日	1925-04-16/1	08단	職工の盟休で靴下製造業移轉か/平壤の大問題
121145	朝鮮朝日	1925-04-16/1	09단	釜山に流れ込む癩病患者が增加し警察も取締に困る
121146	朝鮮朝日	1925-04-16/1	09단	蒸し返さるゝ移廳祝/釜山十七日の賑
121147	朝鮮朝日	1925-04-16/1	09단	倭明媾和の古建築燒く/征韓の遺蹟
121148	朝鮮朝日	1925-04-16/1	09단	田舍者と見て切符を掏換る/釜山波止場で
121149	朝鮮朝日	1925-04-16/1	10단	技藝學校の社宅燒失す/防火の疑あり
121150	朝鮮朝日	1925-04-16/1	10단	半島茶話
121151	朝鮮朝日	1925-04-16/2	01단	內地へ/朝鮮へ/行交ふ失業者の群が增え其斡旋に釜山府弱る
121152	朝鮮朝日	1925-04-16/2	01단	良く賣れる刑務所の製品百十八萬圓の賣上

일련번호	판명	간행일	단수	기사명
121153	朝鮮朝日	1925-04-16/2	01단	三月中の大邱物價
121154	朝鮮朝日	1925-04-16/2	01단	咸南物産館の大修理計劃
121155	朝鮮朝日	1925-04-16/2	01단	全北輕鐵の廣軌引直絶望
121156	朝鮮朝日	1925-04-16/2	01단	正チヤンの冒險(四)
121157	朝鮮朝日	1925-04-16/2	03단	勸信定期總會減資案上程
121158	朝鮮朝日	1925-04-16/2	03단	全南棉花收穫五千四百萬斤
121159	朝鮮朝日	1925-04-16/2	03단	全南道の紫雲英増植
121160	朝鮮朝日	1925-04-16/2	03단	賣れそうもない朝鮮窯業の土地
121161	朝鮮朝日	1925-04-16/2	03단	裡里農林學校入學試驗合格者
121162	朝鮮朝日	1925-04-16/2	04단	咸興弓術大會
121163	朝鮮朝日	1925-04-16/2	04단	殖えた殖えた京城の空家
121164	朝鮮朝日	1925-04-16/2	04단	平壤府民の大運動會
121165	朝鮮朝日	1925-04-17/1	01단	岡崎氏は入閣する朝鮮の參政權は/腹案はあるが現在ではね と下岡總監は語る
121166	朝鮮朝日	1925-04-17/1	01단	學生の軍事教育は朝鮮では大問題/當局者や軍は實施の意見/教育者間には可否決せず
121167	朝鮮朝日	1925-04-17/1	01단	覺めた不逞者/銃を執り何故戰ふかそれすら彼には判らなかった/唯運命の彼に漂うたのみ
121168	朝鮮朝日	1925-04-17/1	02단	兩省の政務次官/參與官等內定
121169	朝鮮朝日	1925-04-17/1	02단	損續きの平電/當局は樂觀す
121170	朝鮮朝日	1925-04-17/1	03단	得難き珍品の多い/京一高普の標本が總督府に引移さる
121171	朝鮮朝日	1925-04-17/1	04단	辭令(東京電話)
121172	朝鮮朝日	1925-04-17/1	04단	有名無實な衡平社だと當局は輕視す
121173	朝鮮朝日	1925-04-17/1	05단	神仙爐/中島生
121174	朝鮮朝日	1925-04-17/1	05단	滿鮮に於る參謨演習旅行
121175	朝鮮朝日	1925-04-17/1	05단	議論沸騰した京城の學校組合會/第一高女と教員異動問題で
121176	朝鮮朝日	1925-04-17/1	06단	第一艦隊の仁川入港
121177	朝鮮朝日	1925-04-17/1	06단	移轉祝賀に驅逐艦入港す
121178	朝鮮朝日	1925-04-17/1	06단	歸航の途演習/仁川へ入港の第一艦隊
121179	朝鮮朝日	1925-04-17/1	06단	殘櫻會の廢兵釜山通過
121180	朝鮮朝日	1925-04-17/1	06단	高津正道が密に京城に現る/鮮人主義者應援の爲め入露の疑ありとて嚴重警戒中
121181	朝鮮朝日	1925-04-17/1	06단	平壤航空隊の飛機一機行方不明/二機は無事松汀里到着
121182	朝鮮朝日	1925-04-17/1	08단	京城府の交通デー/ポスターを撒き散らし
121183	朝鮮朝日	1925-04-17/1	08단	慶北道の流行性感冒/死者九十四名
121184	朝鮮朝日	1925-04-17/1	08단	露領海上に海賊と化けた不逞/漁夫を襲ふ
121185	朝鮮朝日	1925-04-17/1	09단	在露の不逞/赤軍に殺戮さる/取締頗る嚴重
121186	朝鮮朝日	1925-04-17/1	09단	支那勞働者が増加し內鮮同業者を脅すので當局では相當取締る

일련번호	판명	간행일	단수	기사명
121187	朝鮮朝日	1925-04-17/1	09단	刑事と稱し脅迫
121188	朝鮮朝日	1925-04-17/1	09단	釜山驛で雙兒を分娩す
121189	朝鮮朝日	1925-04-17/1	10단	京城の火事/溫突の不始末から
121190	朝鮮朝日	1925-04-17/1	10단	人(齋藤總督/濱田侍從武官/王萬年氏)
121191	朝鮮朝日	1925-04-17/1	10단	半島茶話
121192	朝鮮朝日	1925-04-17/2	01단	醒め易き鮮人だから如何はしき思想や行動も問題にならぬと某當局は語る
121193	朝鮮朝日	1925-04-17/2	01단	鮮銀整理に來たのぢやないと島田大藏事務官は語る
121194	朝鮮朝日	1925-04-17/2	01단	新義州の通關貿易額/輸入減の輸出增加
121195	朝鮮朝日	1925-04-17/2	01단	群山三月の輸移出入高
121196	朝鮮朝日	1925-04-17/2	01단	旱害救濟の爲鐵道運賃割引
121197	朝鮮朝日	1925-04-17/2	01단	正チヤンの冒險(五)
121198	朝鮮朝日	1925-04-17/2	02단	全羅北道の畜産視察團內地を視察す
121199	朝鮮朝日	1925-04-17/2	03단	全南農會の産米改良計劃
121200	朝鮮朝日	1925-04-17/2	03단	YMCAの夜學校認可さる
121201	朝鮮朝日	1925-04-17/2	03단	咸南道の兒童貯金額
121202	朝鮮朝日	1925-04-17/2	03단	負擔が重いからと安康水利の大揉め/反對決議を本府に提出する
121203	朝鮮朝日	1925-04-17/2	04단	群山の旅館茶代廢止屬行/絶對に受けぬ
121204	朝鮮朝日	1925-04-17/2	04단	やっと安心した釜山の太公望/港內で釣が出來る
121205	朝鮮朝日	1925-04-18/1	01단	咸鏡鐵道問題は反對の爲の反對だ/軍事教育は一箇年延期する/下岡政務總監談
121206	朝鮮朝日	1925-04-18/1	01단	福嚴間の海底線は內鮮電話聯絡の一步/工費百五十萬圓が問題
121207	朝鮮朝日	1925-04-18/1	01단	久邇宮殿下御入京李王殿下と御懇談遊さる/兵學校での教授岩佐氏を御召
121208	朝鮮朝日	1925-04-18/1	01단	生活のとん底を喘ぐ(一)
121209	朝鮮朝日	1925-04-18/1	02단	支那勞働者を無暗に排斥するのは可哀想だ/何故なれば五十萬の鮮人は支那地に居る
121210	朝鮮朝日	1925-04-18/1	03단	殖銀の低資は平均六分六厘/一定限度迄
121211	朝鮮朝日	1925-04-18/1	03단	朝鮮最初の家禽共進會京城で開催
121212	朝鮮朝日	1925-04-18/1	04단	張作霖氏の間島飢民救濟/高染輸送
121213	朝鮮朝日	1925-04-18/1	04단	支那の救恤品を無稅にして運賃を五割引
121214	朝鮮朝日	1925-04-18/1	04단	慶北牟東面の旱害細民救助/人員六百四十七名に達す
121215	朝鮮朝日	1925-04-18/1	04단	龍山土地拂下の評價は決して高くない/京城府協議會で可決/借地組合對府の大喧嘩は是から
121216	朝鮮朝日	1925-04-18/1	04단	羅南と淸津が法院移轉でまた睨合ふ
121217	朝鮮朝日	1925-04-18/1	05단	神仙爐/鬼城生
121218	朝鮮朝日	1925-04-18/1	05단	普通學校の教科書改正/完成は十七年
121219	朝鮮朝日	1925-04-18/1	06단	勞資爭議の頻發で平壤の資本家惱む(石工さん/靴下職工)

일련번호	판명	간행일	단수	기사명
121220	朝鮮朝日	1925-04-18/1	08단	鮮人主義者の黨爭愈白熱化す/二派の勢力殆ど伯仲す
121221	朝鮮朝日	1925-04-18/1	08단	高津の渡鮮は何の目論見があるか/佐野近藤歸國の噂に絡り當局官憲極度に緊張す
121222	朝鮮朝日	1925-04-18/1	09단	反配達組合の新友會生る/京城府內で
121223	朝鮮朝日	1925-04-18/1	09단	京城に着いた殘櫻團一行南山で招魂祭
121224	朝鮮朝日	1925-04-18/1	09단	貧民の爲戶稅を代納す/二人の篤行家
121225	朝鮮朝日	1925-04-18/1	10단	群山地方に爲替欺僞續出/犯人未だ不明
121226	朝鮮朝日	1925-04-18/1	10단	慶南始ての鮮人産婆さん
121227	朝鮮朝日	1925-04-18/1	10단	金挺で打殺す
121228	朝鮮朝日	1925-04-18/1	10단	人(水野鍊太郎氏/ゾルフ氏(駐日獨大使)/露國管絃團)
121229	朝鮮朝日	1925-04-18/1	10단	半島茶話
121230	朝鮮朝日	1925-04-18/2	01단	準備作業が良く製鹽作業は好成績/初日だけで百萬斤を超へ/豫想高一億餘萬斤を突破せん
121231	朝鮮朝日	1925-04-18/2	01단	琿春事件の被害賠償請願
121232	朝鮮朝日	1925-04-18/2	01단	商議聯合會に私鐵案要望
121233	朝鮮朝日	1925-04-18/2	01단	港灣協會に群山よりの提案
121234	朝鮮朝日	1925-04-18/2	01단	北鮮航路の兩鮮へ補助申請/七尾線と東京芝浦線へ
121235	朝鮮朝日	1925-04-18/2	01단	正チヤンの冒險(六)
121236	朝鮮朝日	1925-04-18/2	02단	咸南道の養蠶獎勵
121237	朝鮮朝日	1925-04-18/2	03단	抱負を語る鎭南浦會義所正副會頭
121238	朝鮮朝日	1925-04-18/2	03단	北鷗丸の沿岸客面巡航
121239	朝鮮朝日	1925-04-18/2	03단	慶北道の米豆檢査高
121240	朝鮮朝日	1925-04-18/2	04단	淸津畜産組合漸く成立す
121241	朝鮮朝日	1925-04-18/2	04단	朝鮮書籍總會配當は年一割
121242	朝鮮朝日	1925-04-18/2	04단	朝鮮婦人の蠶業講話會
121243	朝鮮朝日	1925-04-18/2	04단	大邱消防組頭更迭
121244	朝鮮朝日	1925-04-18/2	04단	群山競馬大會五月一日より四日間
121245	朝鮮朝日	1925-04-18/2	04단	キネマ界/「大地は御笑む」平壤で上演
121246	朝鮮朝日	1925-04-19/1	01단	皇室の御優遇で媛をひとりお殘ししても何の心配もありません/韓中樞院參議談
121247	朝鮮朝日	1925-04-19/1	01단	米海軍の演習は氣に懸けるに及はぬ/寧ろ新嘉坡要塞が問題と岡田第一艦隊司令長官は語る
121248	朝鮮朝日	1925-04-19/1	01단	時機尚早の一語で參政問題を葬るのは頗る殘念だが/實現の日は来るべしと李東雨氏語る
121249	朝鮮朝日	1925-04-19/1	01단	守備隊は存置するが配置方法が未決定で兵舍の改造が出来ない
121250	朝鮮朝日	1925-04-19/1	01단	生活のとん底を喘ぐ(二)
121251	朝鮮朝日	1925-04-19/1	03단	總理大巨の前官禮遇を賜った高橋前農相
121252	朝鮮朝日	1925-04-19/1	03단	商工參與官野村嘉六氏

일련번호	판명	간행일	단수	기사명
121253	朝鮮朝日	1925-04-19/1	03단	陸軍大移動/主なるもの
121254	朝鮮朝日	1925-04-19/1	04단	莞草莫蓙御嘉納
121255	朝鮮朝日	1925-04-19/1	04단	辭令(東京電話)
121256	朝鮮朝日	1925-04-19/1	04단	日銀の利下で殖銀債券が良く賣れる
121257	朝鮮朝日	1925-04-19/1	04단	激増する京城の電話日本で六番目
121258	朝鮮朝日	1925-04-19/1	04단	大同江浚渫要望/平浦兩府民から
121259	朝鮮朝日	1925-04-19/1	05단	張氏の施料米/地元民當にせず官憲がせしめる
121260	朝鮮朝日	1925-04-19/1	05단	東京の放送が大邱に聞えた
121261	朝鮮朝日	1925-04-19/1	05단	七百基米の往復飛行成功/平壤航空隊
121262	朝鮮朝日	1925-04-19/1	05단	全鮮飛行の朝新號全州發/李飛行士操縱
121263	朝鮮朝日	1925-04-19/1	06단	神仙爐/朝鮮卵
121264	朝鮮朝日	1925-04-19/1	06단	家禽共進會盛況を極む
121265	朝鮮朝日	1925-04-19/1	06단	港灣協會員を歡迎する群山港
121266	朝鮮朝日	1925-04-19/1	06단	續出する窮民救助家
121267	朝鮮朝日	1925-04-19/1	06단	間島の旱害で鮮人の人露多し/支那官憲は引留める
121268	朝鮮朝日	1925-04-19/1	07단	灯の海と化した釜山の賑/道廳移轉祝ひ
121269	朝鮮朝日	1925-04-19/1	07단	リズムの賑(京城府廳前/龜山小學校庭/公會堂)
121270	朝鮮朝日	1925-04-19/1	08단	神職問題は一應落ついたが紛擾は絶へまい
121271	朝鮮朝日	1925-04-19/1	08단	全北井邑に天然痘發生/種痘を勵行中
121272	朝鮮朝日	1925-04-19/1	08단	保險金欲しさの女房の放火/本町署で取調中
121273	朝鮮朝日	1925-04-19/1	08단	朝鮮に来れば鮮人が味方だよ/言論集會の壓迫は實に酷いと主義者高津は嘯く
121274	朝鮮朝日	1925-04-19/1	09단	御定りの失戀で靑年の投身自殺
121275	朝鮮朝日	1925-04-19/1	10단	人(コツプ大使/下岡政務總監/韓昌朱氏(中樞院參議)/中野寅吉氏(代議士)/李東雨氏(國民協會總務)
121276	朝鮮朝日	1925-04-19/1	10단	半島茶話
121277	朝鮮朝日	1925-04-19/2	01단	十三年目で土地引渡しが終了す/總督府から陸軍へ
121278	朝鮮朝日	1925-04-19/2	01단	併合當時に比し四倍になった重要物産/總額十六億圓に達す
121279	朝鮮朝日	1925-04-19/2	01단	平安南道の植桑計劃樹立/本年植裁は二百餘萬本
121280	朝鮮朝日	1925-04-19/2	01단	正チヤンの冒險(七)
121281	朝鮮朝日	1925-04-19/2	02단	改正された船員試驗規則/近く發表の筈
121282	朝鮮朝日	1925-04-19/2	03단	京城組合銀行帳尻一億九千萬圓
121283	朝鮮朝日	1925-04-19/2	03단	稅を下げたら赦してやらうでなければ殺す
121284	朝鮮朝日	1925-04-19/2	03단	普天教の殿堂大建築/工費六十萬圓
121285	朝鮮朝日	1925-04-19/2	03단	電信電話の事務員養成/修業期間六月
121286	朝鮮朝日	1925-04-19/2	03단	旱害救濟の滿洲粟運賃は半額減に特定
121287	朝鮮朝日	1925-04-19/2	04단	京城不渡手形
121288	朝鮮朝日	1925-04-19/2	04단	朝鮮內の會社工場數
121289	朝鮮朝日	1925-04-19/2	04단	鐵原水利竣成

일련번호	판명	간행일	단수	기사명
121290	朝鮮朝日	1925-04-19/2	04단	群山府の金融組合總會
121291	朝鮮朝日	1925-04-19/2	04단	大邱對釜山の大野球戰/大邱に於て
121292	朝鮮朝日	1925-04-19/2	04단	總督府聯合の陸上競技會/總督監督のカップが出る
121293	朝鮮朝日	1925-04-21/1	01단	加藤首相を狙ふ陰謀者捕はる
121294	朝鮮朝日	1925-04-21/1	01단	情實に捉はれて任用したのでないが過度期に免れぬ現象で將來は整理する
121295	朝鮮朝日	1925-04-21/1	01단	朝鮮に於ける新聞紙法改正斷行/近く主務省へ廻付
121296	朝鮮朝日	1925-04-21/1	01단	生活のとん底を喘ぐ(三)
121297	朝鮮朝日	1925-04-21/1	03단	平壤黑鉛獨逸から入主/見本として
121298	朝鮮朝日	1925-04-21/1	03단	燒けた朝紡は七月頃操業を開始/復舊工事竣工す
121299	朝鮮朝日	1925-04-21/1	03단	岡田大將のアットホーム/陸奧艦上で
121300	朝鮮朝日	1925-04-21/1	03단	奉天信託の拂込を拒絶/減資當時の聲明を裏切るとて
121301	朝鮮朝日	1925-04-21/1	04단	靴下職工の盟休は解決か/更に石工の盟休
121302	朝鮮朝日	1925-04-21/1	05단	辭令
121303	朝鮮朝日	1925-04-21/1	05단	久原製錬所愈よ操業開始六、七月頃から
121304	朝鮮朝日	1925-04-21/1	05단	『大正の忠治矢鱈に首を誂り』で京城の失業者愈よ增加し/六十の募集に千五百の應募者
121305	朝鮮朝日	1925-04-21/1	06단	神仙爐/木南生
121306	朝鮮朝日	1925-04-21/1	06단	支那人排斥で石工の盟休/一爆發あるか
121307	朝鮮朝日	1925-04-21/1	07단	朝新號の奇禍/プロペライを折ったが搭乘者は無事
121308	朝鮮朝日	1925-04-21/1	07단	高津正道の講演會禁止
121309	朝鮮朝日	1925-04-21/1	08단	櫻卷ステツキで大道を闊步する/鮮人靑年の惡化
121310	朝鮮朝日	1925-04-21/1	08단	民衆大會の禁止で鮮人主義者激昂す/形勢穩かならずと觀て當局警戒に努む
121311	朝鮮朝日	1925-04-21/1	09단	自稱醫生の鍼術人を殺す
121312	朝鮮朝日	1925-04-21/1	09단	草梁の騙取犯人捕はる
121313	朝鮮朝日	1925-04-21/1	10단	全北鎭安郡の山火事/燒失九十町步
121314	朝鮮朝日	1925-04-21/1	10단	咸南定平の火事/郵便局も全燒
121315	朝鮮朝日	1925-04-21/1	10단	八間の鯨が元山で捕れる
121316	朝鮮朝日	1925-04-21/1	10단	水源池畔の野遊觀櫻會
121317	朝鮮朝日	1925-04-21/1	10단	人(下岡政務總監/池田總督府殖産局長)
121318	朝鮮朝日	1925-04-21/1	10단	半島茶話
121319	朝鮮朝日	1925-04-21/2	01단	大船渠は必要だが自分でやるのは見た上でと淺野總一郎氏は語る
121320	朝鮮朝日	1925-04-21/2	01단	入學檢定試驗課目變更
121321	朝鮮朝日	1925-04-21/2	01단	一日六百萬圓を扱ふ貯金局
121322	朝鮮朝日	1925-04-21/2	01단	極東銀行の日本支店設置
121323	朝鮮朝日	1925-04-21/2	01단	仁取株主懇談
121324	朝鮮朝日	1925-04-21/2	01단	慶北道の棉作獎勵

일련번호	판명	간행일	단수	기사명
121325	朝鮮朝日	1925-04-21/2	01단	正チヤンの冒険(八)
121326	朝鮮朝日	1925-04-21/2	02단	四月上旬の全北鐵道業績昨年より減收
121327	朝鮮朝日	1925-04-21/2	02단	外粟米の輸入で群山港の繁忙/旱害の影響で
121328	朝鮮朝日	1925-04-21/2	02단	旱害救濟で群山下水工事/繰上げらる
121329	朝鮮朝日	1925-04-21/2	03단	東京局の震災前郵貯は査閲を要す
121330	朝鮮朝日	1925-04-21/2	03단	市目を減せねば市中商店が困る/布木商の陳情
121331	朝鮮朝日	1925-04-21/2	03단	定州金融組合の紛擾
121332	朝鮮朝日	1925-04-21/2	03단	咸南道の物産品紹介所元山に設立
121333	朝鮮朝日	1925-04-21/2	04단	十九師團の軍馬拂下げ
121334	朝鮮朝日	1925-04-21/2	04단	鰊買出船の判明した被害
121335	朝鮮朝日	1925-04-21/2	04단	キネマ界/「大地は御笑む」大山館で上演
121336	朝鮮朝日	1925-04-21/2	04단	清道謠曲會
121337	朝鮮朝日	1925-04-21/2	04단	倭城臺から
121338	朝鮮朝日	1925-04-22/1	01단	在留鮮人の歸化は生存上必要であれば何とか方法を講じよう/大塚內務局長談
121339	朝鮮朝日	1925-04-22/1	01단	勞農露國が鮮人に共産主義教育第二期生を募集す
121340	朝鮮朝日	1925-04-22/1	01단	長大航路船の鮮地寄港は片道だけ往復寄港は時日が許さぬ/總督府に諒解を求むる
121341	朝鮮朝日	1925-04-22/1	01단	港灣協會の提出議案
121342	朝鮮朝日	1925-04-22/1	01단	港灣協會の講演會決定
121343	朝鮮朝日	1925-04-22/1	02단	生活のとん底を喘ぐ(四)
121344	朝鮮朝日	1925-04-22/1	03단	一介の武弁だが內鮮融和を圖り度い/犬塚新任鎭海要港部司令官は語る
121345	朝鮮朝日	1925-04-22/1	03단	日鮮滿の鐵道連絡會議京城で開催
121346	朝鮮朝日	1925-04-22/1	03단	取毀たれた海州の順天門/百十年前の建物
121347	朝鮮朝日	1925-04-22/1	03단	五月二日の運動者同盟も或は禁止か
121348	朝鮮朝日	1925-04-22/1	04단	仁取の京城移轉協議會で可決
121349	朝鮮朝日	1925-04-22/1	04단	赤旗を揚げ無産黨萬歲を叫ぶ/大會禁止に憤慨した在傾鮮人/首謀者八名は檢束さる
121350	朝鮮朝日	1925-04-22/1	05단	神仙爐/エス生
121351	朝鮮朝日	1925-04-22/1	05단	復校どころか對手にせない/培材校當事者
121352	朝鮮朝日	1925-04-22/1	06단	當豪を相手に養子確認訴訟/不良團の煽動か
121353	朝鮮朝日	1925-04-22/1	07단	遙々釜山まで死にゝ来た男/死に損じて保護を求む
121354	朝鮮朝日	1925-04-22/1	07단	繼しい母に棄てられ父の故國を尋ねる混血兒/二歲の時に父に連れられ內地へ渡った哀な孤子
121355	朝鮮朝日	1925-04-22/1	08단	一箇月に六人の捨兒/大邱府內で
121356	朝鮮朝日	1925-04-22/1	09단	群山形務所で囚人二名脱走/白晝の出来事
121357	朝鮮朝日	1925-04-22/1	09단	久野久子女史自殺を圖って危篤/維納の宿の屋上から中庭に飛び下りて/過度の勉強で發作的の所爲か

일련번호	판명	간행일	단수	기사명
121358	朝鮮朝日	1925-04-22/1	09단	豆滿江解氷
121359	朝鮮朝日	1925-04-22/1	09단	咸南定平郡の晝火事/百五十戸燒く
121360	朝鮮朝日	1925-04-22/1	09단	慶尙北道で山火事頻發す/薪取の焚火から
121361	朝鮮朝日	1925-04-22/1	10단	閔泳達家の遺産相續爭ひ/原告明植氏は目下詐欺罪で入監中
121362	朝鮮朝日	1925-04-22/1	10단	人(コツプ氏(駐日露國代使)/大塚當三郎氏(總督府內務局長)/松山常次郎氏(代議士)/足立總二郎氏(總督府商工課長)/鳥取縣畜産視察團(宇野畜産技師外七名)/水野鍊太郎氏/淺野總一郎氏)
121363	朝鮮朝日	1925-04-22/1	10단	半島茶話
121364	朝鮮朝日	1925-04-22/2	01단	全北の大工事たる東津水利の灌漑事業/工事計劃愈成り近く起工/蒙利面積一萬餘町步
121365	朝鮮朝日	1925-04-22/2	01단	清雄連絡船櫻井丸引張り凧
121366	朝鮮朝日	1925-04-22/2	01단	全南勞山浦に乾繭場設置
121367	朝鮮朝日	1925-04-22/2	01단	咸北鮮人の米食者增加し水稻試作勃興す
121368	朝鮮朝日	1925-04-22/2	01단	正チヤンの冒險(九)
121369	朝鮮朝日	1925-04-22/2	02단	代書業者の資格試驗施行/釜山法院で
121370	朝鮮朝日	1925-04-22/2	02단	築港問題で群山港の大宣傳/港灣協會員の來群を機とし
121371	朝鮮朝日	1925-04-22/2	02단	大邱法院の登記事件激增/代書人の宣傳で
121372	朝鮮朝日	1925-04-22/2	03단	公州相談所の基金醵集
121373	朝鮮朝日	1925-04-22/2	03단	京城府の青年聯合會三日獎忠壇で
121374	朝鮮朝日	1925-04-22/2	03단	全南汽船協會總會
121375	朝鮮朝日	1925-04-22/2	03단	港灣協會員の元山視察
121376	朝鮮朝日	1925-04-22/2	04단	全州商工會の優良店員表彰
121377	朝鮮朝日	1925-04-22/2	04단	運動界(朝日カップは大同銀行が獲得平壤店員運動會/平壤の野球戰/庭球個人試合平壤高普勝つ/元山の庭球戰)
121378	朝鮮朝日	1925-04-23/1	01단	朝鮮の景色は南伊太利のやうだとまだ見ぬ日本の空に憧るゝ露大使一行/退鮮後の變遷と總督政治を推獎する/水野元政務總監は政本は合同するサと語る
121379	朝鮮朝日	1925-04-23/1	01단	我等を慰むる美しき日本の花環と本社寄贈の花環に微笑んでコツプ大使大邱を通過す
121380	朝鮮朝日	1925-04-23/1	02단	生活のとん底を喘ぐ(五)
121381	朝鮮朝日	1925-04-23/1	03단	入超增加の朝鮮對外貿易四月上旬で五百萬圓
121382	朝鮮朝日	1925-04-23/1	03단	司令部附ばかりで行政方面は判らぬと太塚新任司令官は語る
121383	朝鮮朝日	1925-04-23/1	03단	平壤府の銀婚式祝賀
121384	朝鮮朝日	1925-04-23/1	03단	鎮南浦の排水工事延期/本府の不許可で
121385	朝鮮朝日	1925-04-23/1	04단	清津經由の浦潮への郵便物減少/どんな理由か
121386	朝鮮朝日	1925-04-23/1	05단	京城の戸數は六萬八千餘戸/內地人は二萬戸
121387	朝鮮朝日	1925-04-23/1	05단	理事後任の競爭猛烈で全州組合の暗鬪
121388	朝鮮朝日	1925-04-23/1	05단	人員を增して現住調查厲行/京城府の計劃

일련번호	판명	간행일	단수	기사명
121389	朝鮮朝日	1925-04-23/1	05단	鮮內思想團體の解散禁止な不得策/團體側でも結論を急ぐは間違
121390	朝鮮朝日	1925-04-23/1	06단	神仙爐/一乘客
121391	朝鮮朝日	1925-04-23/1	06단	馬山最初のラヂオの實驗
121392	朝鮮朝日	1925-04-23/1	06단	ブルガリヤ大混亂/死傷四千人
121393	朝鮮朝日	1925-04-23/1	06단	靑島紡績罷業惡化
121394	朝鮮朝日	1925-04-23/1	07단	平壤電車の乘務員募集に十倍の應募者
121395	朝鮮朝日	1925-04-23/1	08단	勞働祭は微溫的なもの/官憲の干涉で
121396	朝鮮朝日	1925-04-23/1	08단	警官隊が新聞寫眞班を毆打す/諺文新聞當局を糺彈す
121397	朝鮮朝日	1925-04-23/1	09단	不逞團が巡査を拉去す碧洞管內で
121398	朝鮮朝日	1925-04-23/1	09단	忠淸北道報恩郡の火事/全燒十六戶
121399	朝鮮朝日	1925-04-23/1	09단	郵便局の公金を盜んだ犯人逮捕さる
121400	朝鮮朝日	1925-04-23/1	10단	公州府內のコソ泥絶滅す/小澤署長の肝煎で
121401	朝鮮朝日	1925-04-23/1	10단	鮮人主義者引續き檢束され/手も足も出ず
121402	朝鮮朝日	1925-04-23/1	10단	人(齋藤總督/岩佐總督府編輯課長/平井總督府學務課長/水野鍊太郎氏(大日本港灣協會長)/石井徹氏(前郵船副社長)/犬塚太郎少將(新任鎭海要港部司令官))
121403	朝鮮朝日	1925-04-23/1	10단	半島茶話
121404	朝鮮朝日	1925-04-23/2	01단	府協議員の知らぬ元山の新道路開設/廳で一波瀾あるべきか
121405	朝鮮朝日	1925-04-23/2	01단	釜山稅關の水産品檢査成績槪して良好
121406	朝鮮朝日	1925-04-23/2	01단	本社大銀カップを獲た平壤大同銀行チーム
121407	朝鮮朝日	1925-04-23/2	01단	正チヤンの冒險(十)
121408	朝鮮朝日	1925-04-23/2	02단	末頼母しい朝鮮の學生と艦隊員感賞す
121409	朝鮮朝日	1925-04-23/2	02단	京城府の種痘督勵
121410	朝鮮朝日	1925-04-23/2	02단	咸北褐炭の乾餾會社設立
121411	朝鮮朝日	1925-04-23/2	03단	全州學組の授業料値上
121412	朝鮮朝日	1925-04-23/2	03단	慶尙北道の蠶種配給高
121413	朝鮮朝日	1925-04-23/2	03단	窯業家の生産能率協定
121414	朝鮮朝日	1925-04-23/2	03단	標準封筒獎勵
121415	朝鮮朝日	1925-04-23/2	04단	開館される海州圖書館
121416	朝鮮朝日	1925-04-23/2	04단	群山消防組の春季消防演習
121417	朝鮮朝日	1925-04-23/2	04단	靈南水利地鎭祭
121418	朝鮮朝日	1925-04-23/2	04단	運動界(公州運動會)
121419	朝鮮朝日	1925-04-23/2	04단	キネマ界(中央館/喜樂館)
121420	朝鮮朝日	1925-04-23/2	04단	會(京城醫師會)
121421	朝鮮朝日	1925-04-24/1	01단	朝鮮の港灣を諒解して貰ひ度い/施設改善も現在の財政難ではと下岡政務總監は語る
121422	朝鮮朝日	1925-04-24/1	01단	自由港となって釜山が榮えるでなく大釜山あって自由港となる/それが順序だと堀切局長語る

일련번호	판명	간행일	단수	기사명
121423	朝鮮朝日	1925-04-24/1	01단	生活のとん底を喘ぐ(六)
121424	朝鮮朝日	1925-04-24/1	02단	北鮮特産の光榮
121425	朝鮮朝日	1925-04-24/1	02단	秩父宮殿下御出發期/五月二十八日神戸御發と決定す
121426	朝鮮朝日	1925-04-24/1	02단	駐露大使/田中都吉氏に內定した
121427	朝鮮朝日	1925-04-24/1	03단	各地の銀婚奉祝(海州/咸興/木浦)
121428	朝鮮朝日	1925-04-24/1	03단	東支鐵道の値上げは朝鮮苹果に大打擊/南浦、大邱は提携の要がある
121429	朝鮮朝日	1925-04-24/1	03단	勃興して来た全北の養蠶業/旱害の御陰か
121430	朝鮮朝日	1925-04-24/1	03단	全北叺の三月中賣高/六萬四千圓
121431	朝鮮朝日	1925-04-24/1	04단	辭令(東京電話)
121432	朝鮮朝日	1925-04-24/1	05단	神仙爐/平洞春宙生
121433	朝鮮朝日	1925-04-24/1	05단	癩病療養所擴張と增設/明年豫算に計上計劃中
121434	朝鮮朝日	1925-04-24/1	06단	口を揃へて左樣なら/愛想のよい露大使一行
121435	朝鮮朝日	1925-04-24/1	06단	衡平社大會に主義者も交り參劃煽動せん/大會禁止の腹癒せに
121436	朝鮮朝日	1925-04-24/1	06단	教師と偽り生徒を連れて高津は潜入した
121437	朝鮮朝日	1925-04-24/1	07단	漁船で賑ふ魚の群山港/今年は例年よりも多い
121438	朝鮮朝日	1925-04-24/1	08단	猫を責殺せば失せ物が出る/飛んだ迷信流行
121439	朝鮮朝日	1925-04-24/1	08단	兩班になれると辭令を賣付く/舊韓國官吏が
121440	朝鮮朝日	1925-04-24/1	08단	京城では九十六の女が最高齡者
121441	朝鮮朝日	1925-04-24/1	09단	主義上の議論から肉切庖丁を揮ふ/北風會系內部の暗鬪
121442	朝鮮朝日	1925-04-24/1	09단	馬と衝突し腦震蕩で死す
121443	朝鮮朝日	1925-04-24/1	09단	樂浪古墳/發掘して散失を防ぐ/前漢時代の遺物
121444	朝鮮朝日	1925-04-24/1	09단	二十の靑年が焼け死ぬ/逃げ迷って
121445	朝鮮朝日	1925-04-24/1	10단	人(島田大藏省事務官/デ英國副領事/堀切善次郎氏(內務土木局長)/松波仁一郎氏(法學博士))
121446	朝鮮朝日	1925-04-24/1	10단	半島茶話
121447	朝鮮朝日	1925-04-24/2	01단	全南外五道で未墾地十三萬町步は耕地となす事が出来る/總督府の調査成績發表
121448	朝鮮朝日	1925-04-24/2	01단	鮮滿金融制度基本調査
121449	朝鮮朝日	1925-04-24/2	01단	道路綱完成の豫定計劃
121450	朝鮮朝日	1925-04-24/2	01단	本年新築の法院支廳出張所
121451	朝鮮朝日	1925-04-24/2	01단	志願者の多い平壤の飛行隊/除隊後の就職が樂だから
121452	朝鮮朝日	1925-04-24/2	01단	正チヤンの冒險(十一)
121453	朝鮮朝日	1925-04-24/2	02단	平安南道地主と小作の利益分配狀況
121454	朝鮮朝日	1925-04-24/2	03단	專賣局では煙草小賣店を地方に增設する
121455	朝鮮朝日	1925-04-24/2	03단	國語講習は盛況
121456	朝鮮朝日	1925-04-24/2	03단	淸津在住民の四十一年會/懷舊談に耽る
121457	朝鮮朝日	1925-04-24/2	04단	新井虎太郎氏逝く

일련번호	판명	간행일	단수	기사명
121458	朝鮮朝日	1925-04-24/2	04단	運動界(鐵道局運動會/釜山局のコート開き/全州府の自轉車競走二十六日擧行)
121459	朝鮮朝日	1925-04-24/2	04단	教育界(中等校長會議/就學兒童減少)
121460	朝鮮朝日	1925-04-24/2	04단	水野氏歡迎會
121461	朝鮮朝日	1925-04-25/1	01단	會社は承知したが總督府は應ぜぬ/長大航路寄港地整理問題
121462	朝鮮朝日	1925-04-25/1	01단	驛頭に佇立し思出に耽る水野氏夫妻/朝鮮が我理想鄕となる日も遠くはないと莞爾やかに語る
121463	朝鮮朝日	1925-04-25/1	02단	いよいよ開かれた港灣協會總會/朝鮮關係建議安は全部可決
121464	朝鮮朝日	1925-04-25/1	03단	辭令(東京電話)
121465	朝鮮朝日	1925-04-25/1	04단	銀婚御式の記念切手/菊花に鳳凰を配す
121466	朝鮮朝日	1925-04-25/1	04단	總督府の外遊者確定/本年は三名
121467	朝鮮朝日	1925-04-25/1	04단	司令部參謀を鐵道局に囑託して軍事連絡の圓滑を期す
121468	朝鮮朝日	1925-04-25/1	04단	慶北安康水利の反對運動熾烈となる/當局も實行に躊躇す
121469	朝鮮朝日	1925-04-25/1	04단	早慶野球戰今秋から復活
121470	朝鮮朝日	1925-04-25/1	04단	朝鮮神社を朝鮮神宮と改稱する/神職人員も自然增加す
121471	朝鮮朝日	1925-04-25/1	05단	神仙爐/一靑年
121472	朝鮮朝日	1925-04-25/1	06단	全北視察團の本社見學
121473	朝鮮朝日	1925-04-25/1	06단	李完用侯病む/氣管を損ず
121474	朝鮮朝日	1925-04-25/1	06단	佐世保飛行隊の南鮮沿岸飛行五月二日から
121475	朝鮮朝日	1925-04-25/1	06단	高津正道の京城脱出/內地メーデーに參加の爲め
121476	朝鮮朝日	1925-04-25/1	07단	驅逐艦の鎭南浦入港五月二日に
121477	朝鮮朝日	1925-04-25/1	07단	主義者大會を禁止した眞意は有力な團體として/インターネショナルに認められるのが心配で
121478	朝鮮朝日	1925-04-25/1	08단	普天敎徒と耶蘇敎徒の喧嘩/重傷者を出す
121479	朝鮮朝日	1925-04-25/1	08단	靴下職工の盟休幹部起訴
121480	朝鮮朝日	1925-04-25/1	08단	總ての運動大會禁止
121481	朝鮮朝日	1925-04-25/1	09단	拉去巡査を奪還す/碧潼搜査班が
121482	朝鮮朝日	1925-04-25/1	09단	府協議員告訴さる/詐欺橫領で
121483	朝鮮朝日	1925-04-25/1	09단	桃の木で女を毆り殺す/憑物を拂ふとて
121484	朝鮮朝日	1925-04-25/1	10단	毒草を食し十二名中毒/何れも生命危篤
121485	朝鮮朝日	1925-04-25/1	10단	平壤の山火事/炭燒竈から
121486	朝鮮朝日	1925-04-25/1	10단	赤行囊犯人捕はる
121487	朝鮮朝日	1925-04-25/1	10단	人(大塚總督府內務局長/東京畿道高等課長)
121488	朝鮮朝日	1925-04-25/1	10단	半島茶話
121489	朝鮮朝日	1925-04-25/2	01단	今度の土地調査は事業家の計劃資料と考へ調査をなしたもので/所在面積資金採算迄考慮した
121490	朝鮮朝日	1925-04-25/2	01단	我々漁業者にも口錢割戾を實施せよと元山組合が水産會社へ要求す/會社側は經營上應せぬ模樣
121491	朝鮮朝日	1925-04-25/2	01단	京城府の夜間金庫開設結果良好とて

일련번호	판명	간행일	단수	기사명
121492	朝鮮朝日	1925-04-25/2	01단	平安南道の內地視察團自治制を視察
121493	朝鮮朝日	1925-04-25/2	01단	正チヤンの冒險(一)
121494	朝鮮朝日	1925-04-25/2	02단	營舍內に新棚を設け日夕禮拜す
121495	朝鮮朝日	1925-04-25/2	02단	廣場や借家で巡査を敎習する
121496	朝鮮朝日	1925-04-25/2	03단	京城府內の發疹チブス終熄せず
121497	朝鮮朝日	1925-04-25/2	03단	港灣協會員の全南道視察
121498	朝鮮朝日	1925-04-25/2	03단	淺野氏の群山港視察直に京城に向ふ
121499	朝鮮朝日	1925-04-25/2	04단	殘雪を踏み海州官民の雪留峰登山
121500	朝鮮朝日	1925-04-25/2	04단	またまた鯨か/綱にかゝる
121501	朝鮮朝日	1925-04-25/2	04단	新世界創立
121502	朝鮮朝日	1925-04-25/2	04단	運動界(大邱の野球戰/桑澤庭球團來襲)
121503	朝鮮朝日	1925-04-26/1	01단	朝鮮の港灣施設は急務中の急務と下岡政務總監は述ぶ/愈蓋を開けた港灣協會總會
121504	朝鮮朝日	1925-04-26/1	01단	兼二浦製鐵所で無煙炭と有煙炭の燃料價値を試驗す/矢張無煙炭が好成績
121505	朝鮮朝日	1925-04-26/1	01단	憲兵隊長會議/管轄を變更す
121506	朝鮮朝日	1925-04-26/1	01단	一千町步の君子鹽田竣功/採鹽五千萬斤
121507	朝鮮朝日	1925-04-26/1	01단	銀婚式當日の京城府の催
121508	朝鮮朝日	1925-04-26/1	03단	大邱府の銀婚式祝賀
121509	朝鮮朝日	1925-04-26/1	03단	警察權附與はこっちが眞平御免と鐵道局側の意嚮
121510	朝鮮朝日	1925-04-26/1	03단	京城府の招魂祭三十日擧行
121511	朝鮮朝日	1925-04-26/1	03단	平南北の漁區問題で當局折衝す
121512	朝鮮朝日	1925-04-26/1	04단	鮮展審査會の幹事決定
121513	朝鮮朝日	1925-04-26/1	04단	辭令(東京電話)
121514	朝鮮朝日	1925-04-26/1	04단	旱害の影響で小作爭議が却て減少/朝鮮にのみ見る奇現象
121515	朝鮮朝日	1925-04-26/1	05단	釜山沖賣人の取締規定が近く發布される
121516	朝鮮朝日	1925-04-26/1	05단	港灣協會に宣傳書を携へ/群山より出席
121517	朝鮮朝日	1925-04-26/1	05단	地方新聞記者團京城で組織
121518	朝鮮朝日	1925-04-26/1	06단	神仙爐/エス生
121519	朝鮮朝日	1925-04-26/1	06단	傳染病に懲り釜山の淸潔法/急々に施行
121520	朝鮮朝日	1925-04-26/1	06단	高津正道は二十四日夜內地に歸還
121521	朝鮮朝日	1925-04-26/1	06단	平安南道へ不逞團潛入す
121522	朝鮮朝日	1925-04-26/1	06단	社會運動に參加せず二十四日衡平社大會で決議/煽動した主義者の當外れ
121523	朝鮮朝日	1925-04-26/1	07단	東拓社員の小作料詐欺/通知書を改造す
121524	朝鮮朝日	1925-04-26/1	07단	國師堂の暴漢の片割三年目に逮捕
121525	朝鮮朝日	1925-04-26/1	08단	易者と稱し婦人に戲る
121526	朝鮮朝日	1925-04-26/1	08단	數百餘名の鮮人部落全滅す/露領コルチケ地方で高麗共産黨救護班を特派す

일련번호	판명	간행일	단수	기사명
121527	朝鮮朝日	1925-04-26/1	09단	繼母に惱む發狂美人/父は京城在住
121528	朝鮮朝日	1925-04-26/1	09단	松の皮を食する旱害窮民の慘狀/今年の天候も氣遣はれる
121529	朝鮮朝日	1925-04-26/1	10단	海軍ナイフで對手を突刺す/光州中學生が
121530	朝鮮朝日	1925-04-26/1	10단	生活難で入水せんとす
121531	朝鮮朝日	1925-04-26/1	10단	人(賀陽宮殿下/浦原遞信局長/國友總督府警務課長
121532	朝鮮朝日	1925-04-26/1	10단	半島茶話
121533	朝鮮朝日	1925-04-26/2	01단	內鮮米の鞘は商人の不當利得だと安達商工課長は語る
121534	朝鮮朝日	1925-04-26/2	01단	漸次增加する內鮮の郵便物
121535	朝鮮朝日	1925-04-26/2	01단	淸津の埋立地買上を請願
121536	朝鮮朝日	1925-04-26/2	01단	全南羅州の水利事業有望
121537	朝鮮朝日	1925-04-26/2	01단	鎭南浦の米穀移出入高/漸增の見込
121538	朝鮮朝日	1925-04-26/2	01단	正チヤンの冒險(二)
121539	朝鮮朝日	1925-04-26/2	02단	咸北道の穀物移出減少/旱害の影響で
121540	朝鮮朝日	1925-04-26/2	03단	北鮮開拓の第一期工事/近々着手
121541	朝鮮朝日	1925-04-26/2	03단	內地に賣れる咸北の木炭/註文殺到す
121542	朝鮮朝日	1925-04-26/2	03단	慶北特産の莞草疊表好評/註文激增に閉口
121543	朝鮮朝日	1925-04-26/2	03단	狂犬豫防注射
121544	朝鮮朝日	1925-04-26/2	04단	京城府の依賴消毒件數
121545	朝鮮朝日	1925-04-26/2	04단	釜山の俥檢査
121546	朝鮮朝日	1925-04-26/2	04단	私費を投じ養蠶傳習所を慶州に設立
121547	朝鮮朝日	1925-04-26/2	04단	東萊面の隔難病舍竣工
121548	朝鮮朝日	1925-04-26/2	04단	林業講習會全南各地で
121549	朝鮮朝日	1925-04-26/2	04단	麗水より
121550	朝鮮朝日	1925-04-26/2	04단	運動界(光州庭球會)
121551	朝鮮朝日	1925-04-28/1	01단	當初は穩健な態度を以て臨む/朝鮮に於ける治警法
121552	朝鮮朝日	1925-04-28/1	01단	京城の勞働祭に屋外運動は罷ならぬ/勞働者は一濟休業を申合す
121553	朝鮮朝日	1925-04-28/1	01단	特赦される選擧違反/普選法實施によって
121554	朝鮮朝日	1925-04-28/1	01단	港灣協會總會/第二日目
121555	朝鮮朝日	1925-04-28/1	01단	地方官一部異動六月頃に
121556	朝鮮朝日	1925-04-28/1	01단	北京訪問の海軍飛機は五日平壤着
121557	朝鮮朝日	1925-04-28/1	02단	平壤長春飛行操縱者決定
121558	朝鮮朝日	1925-04-28/1	02단	大邱府の銀婚式祝賀
121559	朝鮮朝日	1925-04-28/1	03단	銀婚式當日篤行者を表彰/大邱府
121560	朝鮮朝日	1925-04-28/1	03단	銀婚式と木浦の奉祝
121561	朝鮮朝日	1925-04-28/1	03단	工業試驗所の設置を請願/大邱府民が
121562	朝鮮朝日	1925-04-28/1	03단	廢兵團歸る
121563	朝鮮朝日	1925-04-28/1	04단	慶南道の高齡者/百歲以上は七名
121564	朝鮮朝日	1925-04-28/1	04단	黃海道の高齡者は六十六名

일련번호	판명	간행일	단수	기사명
121565	朝鮮朝日	1925-04-28/1	04段	間島地方旱害農民の窮狀
121566	朝鮮朝日	1925-04-28/1	05段	旱害國費補助
121567	朝鮮朝日	1925-04-28/1	05段	一千萬圓の繭資金融通
121568	朝鮮朝日	1925-04-28/1	05段	歐米委員部廢止
121569	朝鮮朝日	1925-04-28/1	05段	全身鱗の/蛇男年に一回必ず脱皮す
121570	朝鮮朝日	1925-04-28/1	05段	鮮人學生の內地修學旅行
121571	朝鮮朝日	1925-04-28/1	06段	神仙爐/整理首生投
121572	朝鮮朝日	1925-04-28/1	06段	釜山府內の洞を町に改名
121573	朝鮮朝日	1925-04-28/1	06段	幼年日の兒童愛護宣傳
121574	朝鮮朝日	1925-04-28/1	06段	水野氏の招宴
121575	朝鮮朝日	1925-04-28/1	06段	陞爵披露觀櫻宴
121576	朝鮮朝日	1925-04-28/1	06段	昌慶苑の櫻夜間公開
121577	朝鮮朝日	1925-04-28/1	07段	傳書鳩を警察で使用
121578	朝鮮朝日	1925-04-28/1	07段	京城府內の小公園候補地物色中
121579	朝鮮朝日	1925-04-28/1	07段	京城神社紛擾
121580	朝鮮朝日	1925-04-28/1	07段	勞働無産の合同發會式は不許可/官憲糺彈の氣配があるとて
121581	朝鮮朝日	1925-04-28/1	07段	給與の粟を生のまゝ噛る慶北の旱害民
121582	朝鮮朝日	1925-04-28/1	07段	方津丸乘組員悉く殺戮さる/露領海上で
121583	朝鮮朝日	1925-04-28/1	09段	慶北英陽の大山火事/燒失面積五百町
121584	朝鮮朝日	1925-04-28/1	09段	勞働祭を期する黑旗聯盟の秘密結社團鐘路署で探知し取調中
121585	朝鮮朝日	1925-04-28/1	09段	銃火を交へて山中で逮捕
121586	朝鮮朝日	1925-04-28/1	09段	人(賀陽宮恒憲王/齋藤總督)
121587	朝鮮朝日	1925-04-28/1	10段	公州小學校に猖紅熱流行す/昨年から引續き
121588	朝鮮朝日	1925-04-28/1	10段	半島茶話
121589	朝鮮朝日	1925-04-28/2	01段	酒や女で賑ふ石首漁期の海州灣/警察や郵便局迄臨時出張
121590	朝鮮朝日	1925-04-28/2	01段	咸南の牛疫益猖獗を極む/防遏效を奏せず
121591	朝鮮朝日	1925-04-28/2	01段	慶北道の桑苗自給獎勵/需要數三百六十萬本
121592	朝鮮朝日	1925-04-28/2	01段	鮮米移出狀況
121593	朝鮮朝日	1925-04-28/2	01段	正チヤンの冒險(三)
121594	朝鮮朝日	1925-04-28/2	02段	上海航路鎮南浦輸出狀況
121595	朝鮮朝日	1925-04-28/2	02段	本年增車計劃
121596	朝鮮朝日	1925-04-28/2	02段	咸南道の苹果六年後が全盛
121597	朝鮮朝日	1925-04-28/2	03段	鷄の入賞は慶北が第一/家畜品評會で
121598	朝鮮朝日	1925-04-28/2	03段	平景氣で電話賣買が多い
121599	朝鮮朝日	1925-04-28/2	03段	京城驛の鐵道用地拂下
121600	朝鮮朝日	1925-04-28/2	03段	朝日巡回活寫會
121601	朝鮮朝日	1925-04-28/2	04段	全南道の旱害民救助は約五千名
121602	朝鮮朝日	1925-04-28/2	04段	旱害民を救ふ全州の篤行者

일련번호	판명	간행일	단수	기사명
121603	朝鮮朝日	1925-04-28/2	04단	咸南道の精神異狀者百九十三名
121604	朝鮮朝日	1925-04-28/2	04단	仁川より
121605	朝鮮朝日	1925-04-29/1	01단	師團の移轉が實現するとすれば位置の如き直に決定
121606	朝鮮朝日	1925-04-29/1	01단	新設の鐵道局長大村氏の就任一頓挫か
121607	朝鮮朝日	1925-04-29/1	02단	港灣協會第三回總會は北海度か
121608	朝鮮朝日	1925-04-29/1	02단	公州の銀婚御式祝賀
121609	朝鮮朝日	1925-04-29/1	03단	總督府讓らず結局三日間短縮した上成行を見る/長大航路寄港制限問題
121610	朝鮮朝日	1925-04-29/1	03단	下岡總監が五月末張作霖氏を訪問し國境警備と在滿鮮人の保護取締を協議する
121611	朝鮮朝日	1925-04-29/1	03단	國境警備の主力を越境から鮮內へ/張作霖氏の不逞團取締から
121612	朝鮮朝日	1925-04-29/1	03단	京城府內の主なる官廳の破壞を企てた/鮮人無政府主義者一味の者檢擧さる
121613	朝鮮朝日	1925-04-29/1	04단	港灣協會出席者視察
121614	朝鮮朝日	1925-04-29/1	04단	爆藥密輸入が漸次增加する/日露の修交で
121615	朝鮮朝日	1925-04-29/1	05단	神仙爐/龍山ケイ生
121616	朝鮮朝日	1925-04-29/1	05단	第三者から見れば共和會が餘りに過激ではなからうかと當局は語る
121617	朝鮮朝日	1925-04-29/1	05단	勞働祭を前に官憲と睨み合ひ/手も足も出ない主義者
121618	朝鮮朝日	1925-04-29/1	05단	活動寫眞關係の三友會發會式
121619	朝鮮朝日	1925-04-29/1	06단	産業功勞者表彰
121620	朝鮮朝日	1925-04-29/1	06단	風船ぶくぶく膨れます/愛らしい子供の國の水野、下岡兩夫人歡迎會
121621	朝鮮朝日	1925-04-29/1	07단	必要に迫られる鎭南浦港の擴張は急務中の急務と府民が絶叫する
121622	朝鮮朝日	1925-04-29/1	08단	大邱市內に猖紅熱流行す
121623	朝鮮朝日	1925-04-29/1	09단	又新患を出す公州の猖紅熱
121624	朝鮮朝日	1925-04-29/1	09단	鮮人强盜が出刃を揮ひ女を刺す
121625	朝鮮朝日	1925-04-29/1	09단	通帳を改竄し貯金を詐取す/下關生の男
121626	朝鮮朝日	1925-04-29/1	10단	私はお前の忰ぢやないと子が親を訴ふ
121627	朝鮮朝日	1925-04-29/1	10단	人(齋藤總督/御座流石氏)
121628	朝鮮朝日	1925-04-29/1	10단	半島茶話
121629	朝鮮朝日	1925-04-30/1	01단	陸軍の大整理は上に重く下に輕く行ひ其人員は約五百名と決定
121630	朝鮮朝日	1925-04-30/1	01단	獨立陰謀の思想は漸次影を潛める/防遏するには治維法が適法
121631	朝鮮朝日	1925-04-30/1	01단	昌慶苑の夜ざくら
121632	朝鮮朝日	1925-04-30/1	02단	浦潮政廳の鮮人取締令
121633	朝鮮朝日	1925-04-30/1	03단	左傾團體の取締を嚴重に
121634	朝鮮朝日	1925-04-30/1	03단	京城の銀婚御式奉祝

일련번호	판명	간행일	단수	기사명
121635	朝鮮朝日	1925-04-30/1	03단	銀婚式を壽ぐ咸興の賑ひ
121636	朝鮮朝日	1925-04-30/1	04단	慶北道の高齢者と篤行者
121637	朝鮮朝日	1925-04-30/1	04단	日露の鐵道聯絡/會議の下準備として佐藤參事が歐露方面を視察
121638	朝鮮朝日	1925-04-30/1	04단	教育界の廓清は最初からやる積りでえた/然し漸進的にやる/下岡政務總監漫談
121639	朝鮮朝日	1925-04-30/1	05단	神仙爐/社內SPR
121640	朝鮮朝日	1925-04-30/1	05단	表彰さるゝ慶南の篤行者/銀婚式に際し
121641	朝鮮朝日	1925-04-30/1	05단	獻穀田地鎭祭
121642	朝鮮朝日	1925-04-30/1	05단	來淸する港灣協會會員歡迎準備
121643	朝鮮朝日	1925-04-30/1	06단	港灣協會員の木馬鎭海視察
121644	朝鮮朝日	1925-04-30/1	06단	淸羅消防聯合大演習
121645	朝鮮朝日	1925-04-30/1	06단	御成婚記念の運動場工事
121646	朝鮮朝日	1925-04-30/1	06단	淸津府の晝間動力計劃
121647	朝鮮朝日	1925-04-30/1	07단	京畿道の精神病患者數
121648	朝鮮朝日	1925-04-30/1	07단	花まつり
121649	朝鮮朝日	1925-04-30/1	07단	咸南の名刹歸州寺再建/附屬建物は延期
121650	朝鮮朝日	1925-04-30/1	08단	大邱聯隊の軍旗拜受記念
121651	朝鮮朝日	1925-04-30/1	08단	靴下罷業/目出度く解決
121652	朝鮮朝日	1925-04-30/1	09단	借金の爲め夫婦心中
121653	朝鮮朝日	1925-04-30/1	09단	共謀して盜んで遊ぶ
121654	朝鮮朝日	1925-04-30/1	09단	實業界に出て罪亡しに活動/死損った安部前校長
121655	朝鮮朝日	1925-04-30/1	09단	熊谷部長殺し死刑を求刑
121656	朝鮮朝日	1925-04-30/1	10단	酒屋殺し控訴
121657	朝鮮朝日	1925-04-30/1	10단	筒先の摑んだ獵銃が發射し面長卽死す
121658	朝鮮朝日	1925-04-30/1	10단	犬專門の賊
121659	朝鮮朝日	1925-04-30/1	10단	人(宗三郎氏(東京實業家))
121660	朝鮮朝日	1925-04-30/1	10단	半島茶話
121661	朝鮮朝日	1925-04-30/2	01단	北海航路を西海岸へ延長希望
121662	朝鮮朝日	1925-04-30/2	01단	運搬船で魚類仲買をすれば收支償ふ
121663	朝鮮朝日	1925-04-30/2	01단	馬山學校組合の財源喪失
121664	朝鮮朝日	1925-04-30/2	01단	正チヤンの冒險(五)
121665	朝鮮朝日	1925-04-30/2	02단	慶北春蠶掃立
121666	朝鮮朝日	1925-04-30/2	02단	馬山金融組合總會
121667	朝鮮朝日	1925-04-30/2	02단	羅南金融組合總會
121668	朝鮮朝日	1925-04-30/2	03단	海鼠採取に潛水機出願多し
121669	朝鮮朝日	1925-04-30/2	03단	鮮鐵從業員の鮮語使用
121670	朝鮮朝日	1925-04-30/2	03단	朝日巡廻活寫會
121671	朝鮮朝日	1925-04-30/2	04단	熊本共進會鮮內の受賞者

일련번호	판명	간행일	단수	기사명
121672	朝鮮朝日	1925-04-30/2	04단	鮮米移輸出數
121673	朝鮮朝日	1925-04-30/2	04단	煙草賣捌會社總會
121674	朝鮮朝日	1925-04-30/2	04단	畜牛移出會社創立
121675	朝鮮朝日	1925-04-30/2	04단	皮革會社無配當
121676	朝鮮朝日	1925-04-30/2	04단	キネマ界(中央館/喜樂館)

1925년 5월 (조선아사히)

일련번호	판명	간행일	단수	기사명
121677	朝鮮朝日	1925-05-01/1	01단	秩父宮御渡歐御豫定變更 二十四日御出發/御召艦は出雲に御決定佐世保で修理
121678	朝鮮朝日	1925-05-01/1	01단	勞農政府の耕地配給方針決定/移住鮮人の對する
121679	朝鮮朝日	1925-05-01/1	01단	慶福會から公共團體へ
121680	朝鮮朝日	1925-05-01/1	01단	辭令(東京電話)
121681	朝鮮朝日	1925-05-01/1	01단	紛糾を續ける安東學校組合/一冊の帳落もない
121682	朝鮮朝日	1925-05-01/1	02단	東宮殿下の御氣の召したシトロン
121683	朝鮮朝日	1925-05-01/1	02단	東宮妃只管御靜養
121684	朝鮮朝日	1925-05-01/1	02단	貧しき人々の哀話(一)/大京城の裏面に春に背いて蠢く盡でも夜でも暗い穴居
121685	朝鮮朝日	1925-05-01/1	03단	朝鮮産の白米總督より獻上
121686	朝鮮朝日	1925-05-01/1	03단	普選案の樞密院通過五日發布の筈
121687	朝鮮朝日	1925-05-01/1	03단	原州公會堂の落成式と郡廳移轉の祝賀會
121688	朝鮮朝日	1925-05-01/1	04단	青年聯合發會
121689	朝鮮朝日	1925-05-01/1	04단	朝鮮美術展
121690	朝鮮朝日	1925-05-01/1	04단	復活した對露貿易製粉の輸出多し
121691	朝鮮朝日	1925-05-01/1	04단	京畿道死亡者
121692	朝鮮朝日	1925-05-01/1	04단	河口慧海師活佛の借金を返えして歸る
121693	朝鮮朝日	1925-05-01/1	05단	神仙爐/秋蓮の言葉
121694	朝鮮朝日	1925-05-01/1	06단	陰謀組の一味朝鮮へ高飛した形跡
121695	朝鮮朝日	1925-05-01/1	08단	自ら墓穴を掘る不逞團最後の悲哀/在滿鮮人は彼等から背馳
121696	朝鮮朝日	1925-05-01/1	08단	國民必讀/普選早わかり發賣
121697	朝鮮朝日	1925-05-01/1	09단	在監囚人が土塊に壓せられ卽死を遂ぐ
121698	朝鮮朝日	1925-05-01/1	09단	修學旅行/滿鮮行滅切りふえた
121699	朝鮮朝日	1925-05-01/1	09단	不貞の女房を殺して自殺
121700	朝鮮朝日	1925-05-01/1	10단	阿片と僞って
121701	朝鮮朝日	1925-05-01/1	10단	鹽密賣の鮮人射殺さる
121702	朝鮮朝日	1925-05-01/1	10단	人(水野錬太郎博士/伊藤內務省港灣課長/拂國實業團)
121703	朝鮮朝日	1925-05-01/1	10단	半島茶話
121704	朝鮮朝日	1925-05-01/2	01단	鮮內鹽の需要高は一箇年四億萬斤/自給自足は出來ぬ
121705	朝鮮朝日	1925-05-01/2	01단	洪原市場移轉問題紛糾
121706	朝鮮朝日	1925-05-01/2	01단	粘りの強い黃海道の小麥品質も段々向上
121707	朝鮮朝日	1925-05-01/2	01단	正チヤンの冒險(六)
121708	朝鮮朝日	1925-05-01/2	02단	支那漁船が米鰕を沖買する一種の脫稅
121709	朝鮮朝日	1925-05-01/2	02단	平南北道の櫻鰕漁權問題/結局會社組織か
121710	朝鮮朝日	1925-05-01/2	03단	全州金融組合理事は野村氏
121711	朝鮮朝日	1925-05-01/2	03단	京城穀物組合移轉問題
121712	朝鮮朝日	1925-05-01/2	03단	朝日巡回活寫會
121713	朝鮮朝日	1925-05-01/2	04단	敦賀家畜市場五月から常設

일련번호	판명	간행일	단수	기사명
121714	朝鮮朝日	1925-05-01/2	04단	咸南貯藏氷
121715	朝鮮朝日	1925-05-01/2	04단	咸北道の牛疫
121716	朝鮮朝日	1925-05-01/2	04단	楸川鐵橋工事落礼
121717	朝鮮朝日	1925-05-01/2	04단	教育界(宣誓式/女教員大會/同窓會と音樂會)
121718	朝鮮朝日	1925-05-01/2	04단	會(學校長會議)
121719	朝鮮朝日	1925-05-02/1	01단	內地人の警官に鮮語の學習を必須科目として統一し能率を上げる
121720	朝鮮朝日	1925-05-02/1	01단	貧しき人々の(二)/働いても働いても樂にならぬ生計流れの末のドンソコ生活
121721	朝鮮朝日	1925-05-02/1	02단	普通銀行へはおもむろに響く朝鮮銀行の利下
121722	朝鮮朝日	1925-05-02/1	03단	憲兵隊長更迭
121723	朝鮮朝日	1925-05-02/1	03단	辭令(東京電話)
121724	朝鮮朝日	1925-05-02/1	04단	港灣協會員湖南沿線視察少數に失望
121725	朝鮮朝日	1925-05-02/1	04단	大邱上水配水池擴張
121726	朝鮮朝日	1925-05-02/1	04단	近海航路船に氣象放送
121727	朝鮮朝日	1925-05-02/1	04단	鎮南浦の穀物市場に司直の眼光る
121728	朝鮮朝日	1925-05-02/1	05단	神仙爐/最近の兵卒心理
121729	朝鮮朝日	1925-05-02/1	05단	官立師範同窓會
121730	朝鮮朝日	1925-05-02/1	05단	鮮內農業が成功のちかみち農業教育に力を注ぎ勞動者の內地入を防ぐ
121731	朝鮮朝日	1925-05-02/1	06단	普天教と反對團體
121732	朝鮮朝日	1925-05-02/1	06단	京城聯合青年團發團式
121733	朝鮮朝日	1925-05-02/1	06단	朝鮮の褐炭を怎う焚けば良いか石炭を安くする事が文化に導く所以/加茂博士朝鮮炭改良談
121734	朝鮮朝日	1925-05-02/1	07단	京城府新廳舍の模型
121735	朝鮮朝日	1925-05-02/1	07단	釜山の大火を假想した消防組の演習
121736	朝鮮朝日	1925-05-02/1	08단	朝日巡回活寫會
121737	朝鮮朝日	1925-05-02/1	09단	不穩ビラを撒いた主義者の檢束に奔走
121738	朝鮮朝日	1925-05-02/1	09단	高津正道と共に鮮內に潛入した/二人は露國入りを企てた共産主義者か
121739	朝鮮朝日	1925-05-02/1	09단	踊屋臺や假裝行列で釜山の銀婚奉祝
121740	朝鮮朝日	1925-05-02/1	10단	女給さん達の慰安運動會
121741	朝鮮朝日	1925-05-02/1	10단	匪賊の出沒
121742	朝鮮朝日	1925-05-02/1	10단	人(隅田帝國麥酒社長)
121743	朝鮮朝日	1925-05-02/1	10단	半島茶話
121744	朝鮮朝日	1925-05-02/2	01단	熊本の共進會で刑務所の製作品が注文に應じ切れない/程の賣行きを示した土居行刑課長のお土産話し
121745	朝鮮朝日	1925-05-02/2	01단	電氣事業の統一は容易でないらしい
121746	朝鮮朝日	1925-05-02/2	01단	咸興沿岸の漁撈革新/林兼組の後援で大網を入れる

일련번호	판명	간행일	단수	기사명
121747	朝鮮朝日	1925-05-02/2	01단	旱害地方の間接救濟として土木事業
121748	朝鮮朝日	1925-05-02/2	01단	正チヤンの冒險(七)
121749	朝鮮朝日	1925-05-02/2	02단	群山商議の産業振興計劃
121750	朝鮮朝日	1925-05-02/2	02단	全北道貯水量旱魃を虞る
121751	朝鮮朝日	1925-05-02/2	03단	咸南道物陳館模樣替
121752	朝鮮朝日	1925-05-02/2	03단	全北檢查米減少
121753	朝鮮朝日	1925-05-02/2	03단	勸信臨時總會
121754	朝鮮朝日	1925-05-02/2	04단	清津學校議員補缺選擧延期
121755	朝鮮朝日	1925-05-02/2	04단	慶北道高齢者
121756	朝鮮朝日	1925-05-02/2	04단	鹽田竣工式
121757	朝鮮朝日	1925-05-02/2	04단	大田敬老會
121758	朝鮮朝日	1925-05-02/2	04단	大邱のプール近く着工
121759	朝鮮朝日	1925-05-02/2	04단	運動界(清津の野球戰/京城の庭球戰)
121760	朝鮮朝日	1925-05-03/1	01단	自家用煙草栽培は急激には止めぬ官鹽は高くはない/青木總督府專賣局長談
121761	朝鮮朝日	1925-05-03/1	01단	釜山下關での旅券取調は廢止か二度の檢查は妥當でないとて
121762	朝鮮朝日	1925-05-03/1	01단	軍制改革に伴ふ陸軍の大異動
121763	朝鮮朝日	1925-05-03/1	01단	貧しき人々の哀話(三)/社會に罪か人の罪か畜犬の食費にも足らぬ彼等の收入
121764	朝鮮朝日	1925-05-03/1	04단	待命武官
121765	朝鮮朝日	1925-05-03/1	05단	留學生の思想傾向
121766	朝鮮朝日	1925-05-03/1	05단	行き惱んでゐた鐵道局長の後任はいよいよ大村氏に決定か
121767	朝鮮朝日	1925-05-03/1	05단	學校職員の整理員數
121768	朝鮮朝日	1925-05-03/1	05단	發疹チブス病原體の研究に草間博士來鮮
121769	朝鮮朝日	1925-05-03/1	06단	群山と木浦が湖南線列車の改善運動
121770	朝鮮朝日	1925-05-03/1	06단	醫生試驗は警察部で統一容易に許可せず
121771	朝鮮朝日	1925-05-03/1	06단	清州の銀婚式奉祝
121772	朝鮮朝日	1925-05-03/1	07단	子供を抱いた生徒全州の鮮婦人講習會/岩佐視學官土産話
121773	朝鮮朝日	1925-05-03/1	07단	元山の銀婚奉祝
121774	朝鮮朝日	1925-05-03/1	07단	群山の開港記念祝賀
121775	朝鮮朝日	1925-05-03/1	07단	航空事業の奬勵に奬勵金や賞金を交附する總督の目論見
121776	朝鮮朝日	1925-05-03/1	07단	斷水を憂慮さるゝ平壤上水
121777	朝鮮朝日	1925-05-03/1	08단	橫須賀から北京まで海軍機の訪支飛行
121778	朝鮮朝日	1925-05-03/1	08단	咸南道の金融組合聯合會
121779	朝鮮朝日	1925-05-03/1	09단	百餘名が面役所を襲擊暴行
121780	朝鮮朝日	1925-05-03/1	09단	牛豚の鮮血を啜り青葉の繁茂期を利用し馬賊團掠奪を開始
121781	朝鮮朝日	1925-05-03/1	09단	蕎麥屋さんのストライキ
121782	朝鮮朝日	1925-05-03/1	09단	藥水は不良水
121783	朝鮮朝日	1925-05-03/1	09단	水野鍊太郎氏

일련번호	판명	간행일	단수	기사명
121784	朝鮮朝日	1925-05-03/1	10단	赤旗事件の一味檢事局送
121785	朝鮮朝日	1925-05-03/1	10단	營林廠の作業所を燒く不逞鮮人が
121786	朝鮮朝日	1925-05-03/1	10단	統義府の參事が自首す手も足も出ず
121787	朝鮮朝日	1925-05-03/1	10단	半島茶話
121788	朝鮮朝日	1925-05-03/2	01단	急激な利下げは却って市場に惡影響/鮮銀の理由發表
121789	朝鮮朝日	1925-05-03/2	01단	司法官會議の總督の訓示
121790	朝鮮朝日	1925-05-03/2	01단	平壤附近の無煙炭
121791	朝鮮朝日	1925-05-03/2	01단	正チヤンの冒險(八)
121792	朝鮮朝日	1925-05-03/2	02단	黃海道と殖鐵開通
121793	朝鮮朝日	1925-05-03/2	03단	湖南線の列車增發請願
121794	朝鮮朝日	1925-05-03/2	03단	大田に郡是製絲工場
121795	朝鮮朝日	1925-05-03/2	03단	林檎上海輸出
121796	朝鮮朝日	1925-05-03/2	03단	京城本町ビル
121797	朝鮮朝日	1925-05-03/2	04단	近く實現する湖南水力電氣
121798	朝鮮朝日	1925-05-03/2	04단	京城手形交換高
121799	朝鮮朝日	1925-05-03/2	04단	咸興の妓生券番
121800	朝鮮朝日	1925-05-03/2	04단	武道大會練習
121801	朝鮮朝日	1925-05-03/2	04단	群山春期競馬
121802	朝鮮朝日	1925-05-05/1	01단	憲政革三派主催で普選のお祝ひ五日上野精養軒で
121803	朝鮮朝日	1925-05-05/1	01단	內鮮人合同の選擧に普選はまだまだ當氷總督府地方課長談
121804	朝鮮朝日	1925-05-05/1	01단	研究した上で朝鮮への資金輸入を考慮して見ようと井上準之助氏語る
121805	朝鮮朝日	1925-05-05/1	01단	貧しき人々の哀話(完)/惠まれぬ彼等の間に爛しき相互扶助が理屈なしに流露して居る
121806	朝鮮朝日	1925-05-05/1	03단	改正を急ぐ新聞紙法內地よりも先に實施か
121807	朝鮮朝日	1925-05-05/1	03단	鮮鐵一日に一萬圓の收入減始の目論見とは大分の開きである
121808	朝鮮朝日	1925-05-05/1	03단	四月末東拓貸出高
121809	朝鮮朝日	1925-05-05/1	04단	社債全部は鮮內に貸付る東拓の資金
121810	朝鮮朝日	1925-05-05/1	04단	朝鮮管內の憲兵隊異動
121811	朝鮮朝日	1925-05-05/1	05단	辭令(東京電話)
121812	朝鮮朝日	1925-05-05/1	05단	十八を聯ねる京城靑年聯合團京城師範で發團式
121813	朝鮮朝日	1925-05-05/1	05단	北京訪問の飛行家を歡迎/平壤航空隊で
121814	朝鮮朝日	1925-05-05/1	06단	長春まで一氣に飛ぶ平壤飛行隊
121815	朝鮮朝日	1925-05-05/1	06단	是からは航空二等卒も出來る/聯隊になった航空隊
121816	朝鮮朝日	1925-05-05/1	07단	神仙爐/惡道路の危險
121817	朝鮮朝日	1925-05-05/1	07단	驅逐艦の鎭南浦入港
121818	朝鮮朝日	1925-05-05/1	07단	全鮮飛行は遂に中止
121819	朝鮮朝日	1925-05-05/1	07단	京城に武德殿建設
121820	朝鮮朝日	1925-05-05/1	07단	穀物市場に疑獄が發生公金費消か

일련번호	판명	간행일	단수	기사명
121821	朝鮮朝日	1925-05-05/1	08단	平壤で下女の盗み
121822	朝鮮朝日	1925-05-05/1	08단	ボーイに化け汽車に只乘/元山で捕はる
121823	朝鮮朝日	1925-05-05/1	09단	年一割でも損ではない/運井殖銀支店長談
121824	朝鮮朝日	1925-05-05/1	09단	會(憲兵隊長會議)
121825	朝鮮朝日	1925-05-05/1	09단	鮮人左傾團體頻に泣を入れる/然し會合は絶對に許さぬ
121826	朝鮮朝日	1925-05-05/1	09단	各地に流れ込んで小作人をおだてる然し實績は擧るまい
121827	朝鮮朝日	1925-05-05/1	10단	人(李堈公殿下/鈴木朝鮮軍司令官/黃宗浩氏/井上準之助氏(貴族院議員)/田中守正君逝く/前田異氏(前朝鮮憲兵司令官)/木田義成氏(代議士)/高木背水氏(書家))
121828	朝鮮朝日	1925-05-05/1	10단	半島茶話
121829	朝鮮朝日	1925-05-05/2	01단	朝鮮の航空事業は取締よりも獎勵遞信局で調査中
121830	朝鮮朝日	1925-05-05/2	01단	學校組合を危くする如き措置はあるまい/馬山組合の借用土地問題
121831	朝鮮朝日	1925-05-05/2	01단	咸南の牛疫益々蔓延し農民の恐慌
121832	朝鮮朝日	1925-05-05/2	01단	咸興聯隊の腦脊髓炎終熄
121833	朝鮮朝日	1925-05-05/2	01단	正チヤンの冒險(九)
121834	朝鮮朝日	1925-05-05/2	02단	銀婚御式に各地の奉祝(大田/馬山/大邱)
121835	朝鮮朝日	1925-05-05/2	02단	木浦濟州間無電開通
121836	朝鮮朝日	1925-05-05/2	03단	吃音者は鮮人に多い海州の矯正會
121837	朝鮮朝日	1925-05-05/2	03단	全羅北道米穀檢查高/前年より五十萬叭減
121838	朝鮮朝日	1925-05-05/2	03단	群山府の營業稅査正/昨年より約一割減
121839	朝鮮朝日	1925-05-05/2	03단	四月中元山貿易額
121840	朝鮮朝日	1925-05-05/2	04단	元山學議員選擧
121841	朝鮮朝日	1925-05-05/2	04단	清津金融組合總會
121842	朝鮮朝日	1925-05-05/2	04단	キネマ界(中央館/「三人姉妹」の場面)
121843	朝鮮朝日	1925/5/6	01단	御學友も舌を卷く德惠姫の御成績聖上よりも特別の御沙汰で/樂しく御勉強遊ばさる
121844	朝鮮朝日	1925/5/6	01단	橫須賀北京間往復飛行/愈二十四日に出發する
121845	朝鮮朝日	1925/5/6	01단	軍備は手搏だ/もう三箇師團は必要と朝鮮軍備擴張を力說する/鈴木朝鮮軍司令官
121846	朝鮮朝日	1925/5/6	01단	日本服に限られた女學校の裁縫は時代おくれで改善の要がある
121847	朝鮮朝日	1925/5/6	02단	有吉氏の橫濱市長決定
121848	朝鮮朝日	1925/5/6	03단	佐世保大連の連絡飛行機 木浦通過/仁川に着水
121849	朝鮮朝日	1925/5/6	03단	全鮮の家畜販賣高十五萬石に上る
121850	朝鮮朝日	1925/5/6	04단	東拓の株主總會配當は年八分
121851	朝鮮朝日	1925/5/6	04단	大邱商議評議會
121852	朝鮮朝日	1925/5/6	04단	三百萬圓の湖南水電會社
121853	朝鮮朝日	1925/5/6	04단	日露貿易協會清津に組織

일련번호	판명	간행일	단수	기사명
121854	朝鮮朝日	1925/5/6	04단	鮮銀職員異動
121855	朝鮮朝日	1925/5/6	05단	神仙爐/議案の價値
121856	朝鮮朝日	1925/5/6	05단	慶南道の教員大異動二三月後に
121857	朝鮮朝日	1925/5/6	05단	輔仁會の給費生決定全部で十名
121858	朝鮮朝日	1925/5/6	05단	治維法施行で震へ戰く鮮人主義者警察では大童になって/思想團體の內容調査
121859	朝鮮朝日	1925/5/6	06단	佛國軍艦の仁川入港
121860	朝鮮朝日	1925/5/6	06단	擡頭して來た師團設置運動
121861	朝鮮朝日	1925/5/6	06단	大田土地會社創立委員總會
121862	朝鮮朝日	1925/5/6	06단	漸く合同の衡平社運動支部二百五十
121863	朝鮮朝日	1925/5/6	07단	陸軍用地の小作人騷ぐ
121864	朝鮮朝日	1925/5/6	07단	朝郵の海員動搖す會社は否認
121865	朝鮮朝日	1925/5/6	07단	咸南道の特殊犯罪は阿片と盜伐
121866	朝鮮朝日	1925/5/6	08단	一人二十五圓で鮮女九名を紡績女工に賣込まんとして捕はる
121867	朝鮮朝日	1925/5/6	08단	朝鮮神社の鎭座祭は十月の末
121868	朝鮮朝日	1925/5/6	08단	大邱の工業試驗場漸進的に充實
121869	朝鮮朝日	1925/5/6	09단	武道大會に全北の出場者/選りに擇って十名
121870	朝鮮朝日	1925/5/6	09단	不評判の震災切手は燒きすてる
121871	朝鮮朝日	1925/5/6	09단	百四十枚の硝子を拔取る
121872	朝鮮朝日	1925/5/6	09단	漁場を種に九千圓を詐取/釜山署で捕る
121873	朝鮮朝日	1925/5/6	09단	滿鐵副社長の煙草に對し違法檢査をしたとて疑惑を招く
121874	朝鮮朝日	1925/5/6	10단	自動車が谷間に墜落す乘客は無事
121875	朝鮮朝日	1925/5/6	10단	朝鮮家禽協會
121876	朝鮮朝日	1925/5/6	10단	衛生展覽會
121877	朝鮮朝日	1925/5/6	10단	人(三矢警務局長/井上準之助氏/恩田銅吉氏(朝郵社長))
121878	朝鮮朝日	1925/5/6	10단	半島茶話
121879	朝鮮朝日	1925-05-07/1	01단	下岡總監在任中は補給金の減額もあるまいと期待され/鐵道費も前年通りか
121880	朝鮮朝日	1925-05-07/1	01단	總督府編纂の教科書のみを使用/編纂方針も根底から改革すべく決定した
121881	朝鮮朝日	1925-05-07/1	03단	緊縮した全北道廳費細心の考慮を要す
121882	朝鮮朝日	1925-05-07/1	03단	いよいよ朝鮮神宮鎭座祭
121883	朝鮮朝日	1925-05-07/1	03단	窮民救濟の群山下水工事認可を申請
121884	朝鮮朝日	1925-05-07/1	04단	道物産の陳列館開設を大邱商議議決
121885	朝鮮朝日	1925-05-07/1	04단	橫須賀大泊の競爭的飛行だ/佐世保大連聯絡の松村中尉は語る/海軍機大連に向ふ五月仁川發
121886	朝鮮朝日	1925-05-07/1	04단	五分利債券を賣出す鐵道や朝鮮事業費の財源にするため千五百萬圓を
121887	朝鮮朝日	1925-05-07/1	04단	産業の功績者表彰全北に於て

일련번호	판명	간행일	단수	기사명
121888	朝鮮朝日	1925-05-07/1	04단	佛國寺旅館拂下を道知事に請願
121889	朝鮮朝日	1925-05-07/1	05단	全羅北道の紫雲英視察當山縣へ
121890	朝鮮朝日	1925-05-07/1	05단	各地の銀婚式奉祝施行列と祝賀會
121891	朝鮮朝日	1925-05-07/1	05단	全北で播種不能の窮民が七萬四千戸 昨年旱害の影響から道から籾種を配布する/南鮮旱害地が本年もまた雨量が少い
121892	朝鮮朝日	1925-05-07/1	06단	神仙爐/宣言一つ
121893	朝鮮朝日	1925-05-07/1	06단	咸南の牛疫漸く終熄す累計百十五頭
121894	朝鮮朝日	1925-05-07/1	06단	安康水利の反對者鎭撫經過を報告し
121895	朝鮮朝日	1925-05-07/1	07단	露領に在住する不逞の巨頭が反目反對派の軍器輸送を赤軍に密告して殺害
121896	朝鮮朝日	1925-05-07/1	07단	江原高城の蛇紋石の二間の板石がとれる
121897	朝鮮朝日	1925-05-07/1	07단	副業獎勵に益山で叺競技男工よりも女工が早い
121898	朝鮮朝日	1925-05-07/1	08단	群山府の旱害窮民救濟義損金を募集
121899	朝鮮朝日	1925-05-07/1	08단	咸南漁業組合理事會重要事項協議
121900	朝鮮朝日	1925-05-07/1	08단	繻子の事務服の胴體を藁繩で縛った他殺らしい溺死體が/釜山港內で發見さる
121901	朝鮮朝日	1925-05-07/1	08단	咸興炭山の山祭り盛況を極む
121902	朝鮮朝日	1925-05-07/1	09단	官民合同で羅南聯隊の異動將校送別
121903	朝鮮朝日	1925-05-07/1	09단	重難症を塗布劑で治す
121904	朝鮮朝日	1925-05-07/1	09단	二重の鐵扉を破り測量器を盜む
121905	朝鮮朝日	1925-05-07/1	10단	熟睡中を斬付く犯人は逃走
121906	朝鮮朝日	1925-05-07/1	10단	巡査殺し死刑の判決犯人微笑す
121907	朝鮮朝日	1925-05-07/1	10단	三涉臨院郵便局
121908	朝鮮朝日	1925-05-07/1	10단	會(鐘路署慰勞會)
121909	朝鮮朝日	1925-05-07/1	10단	半島茶話
121910	朝鮮朝日	1925-05-07/2	01단	ライスカレ用に釜山の研磨米を先づ五千袋輸出す
121911	朝鮮朝日	1925-05-07/2	01단	清州高女新築工事の候補地決せず
121912	朝鮮朝日	1925-05-07/2	01단	正チヤンの冒險(十一)
121913	朝鮮朝日	1925-05-07/2	02단	大英斷で賴母子講を整理する/清津財界の癌腫である
121914	朝鮮朝日	1925-05-07/2	02단	五萬餘圓で競馬會新設大邱府で
121915	朝鮮朝日	1925-05-07/2	03단	鎭南浦の市民運動會觀衆一萬餘
121916	朝鮮朝日	1925-05-07/2	03단	咸安の第二水利組合起工
121917	朝鮮朝日	1925-05-07/2	03단	懸案たりし咸南豊上橋愈々架設
121918	朝鮮朝日	1925-05-07/2	04단	人(三矢宮松氏(總督府警察局長)/町田少佐(張作霖氏顧問)/守房太郎少將/平野中佐/本府拓殖局群山事務官/京城少年團長佐田至弘氏/大阪朝日新聞京城支局長井上收氏/羅南第十九師團長竹上中將/川尻淸吾氏)
121919	朝鮮朝日	1925-05-07/2	04단	運動界(大邱市民の春季運動會四日擧行/大田高女運動會/元中運動會/元山鐵道運動會/奉祝運動會)

일련번호	판명	간행일	단수	기사명
121920	朝鮮朝日	1925/5/8	01단	朝鮮人居住の地域を調査して社會的施設をなす/大大阪の實現につれ
121921	朝鮮朝日	1925/5/8	01단	海潮利用の發電事業有望總督府が仁川で調査
121922	朝鮮朝日	1925/5/8	02단	北京訪問の海軍飛機を平壤で檢査/支那官憲が
121923	朝鮮朝日	1925/5/8	03단	朝新紙の全鮮飛行は豫定通り進捗
121924	朝鮮朝日	1925/5/8	03단	辭令(東京電話)
121925	朝鮮朝日	1925/5/8	03단	表彰される篤行者全鮮で十六名
121926	朝鮮朝日	1925/5/8	03단	銀婚式を壽ぐ内鮮合同の幼稚園兒が
121927	朝鮮朝日	1925/5/8	04단	共産と獨立が相結ぶ左傾團治維法は朝鮮でも卽刻施行と/三矢警務局長は語る
121928	朝鮮朝日	1925/5/8	04단	鐵道局理事は内地本省より拉致か政治的手腕の所有者で滿鐵に拮抗し得る人物
121929	朝鮮朝日	1925/5/8	04단	佛國旗艦の仁川入港幹部の總督訪問
121930	朝鮮朝日	1925/5/8	04단	拓殖書記官全北林業を視察す
121931	朝鮮朝日	1925/5/8	04단	柳原帶谷の兩氏天盃を賜はる/内鮮融和に功ありと
121932	朝鮮朝日	1925/5/8	05단	京城圖書館入場者減少
121933	朝鮮朝日	1925/5/8	05단	柔き女性の潤ひで荒び行く鮮人の心を柔げやうと李雲卿女史の奔走
121934	朝鮮朝日	1925/5/8	06단	神仙爐/治安法と朝鮮
121935	朝鮮朝日	1925/5/8	06단	鎭海要塞部員の異動昇格に伴ひ
121936	朝鮮朝日	1925/5/8	06단	朝鮮輸出の牛疫發生は聲價を損すと/輸出牛檢疫員急行す
121937	朝鮮朝日	1925/5/8	08단	他兒童を羨まねやう學用品を統一
121938	朝鮮朝日	1925/5/8	08단	釜山府營住宅に閑古鳥が啼きさう官等で區別した上/僻地で不便でもある
121939	朝鮮朝日	1925/5/8	09단	咸興の牛疫またまた發生
121940	朝鮮朝日	1925/5/8	09단	慈雨に欣ぶ全北地方
121941	朝鮮朝日	1925/5/8	10단	巡査殺しの强盜犯人が東京で捕はる
121942	朝鮮朝日	1925/5/8	10단	世の中が嫌になって下宿を飛出す
121943	朝鮮朝日	1925/5/8	10단	頗る多い咸南の山火事道當局の焦慮
121944	朝鮮朝日	1925/5/8	10단	半島茶話
121945	朝鮮朝日	1925-05-09/1	01단	本年こそは保稅運送問題が提出されやうと安藤氏語る/日支鐵道連絡會議で
121946	朝鮮朝日	1925-05-09/1	01단	日支鐵道の連絡會議も旅客には影響が少ない
121947	朝鮮朝日	1925-05-09/1	01단	朝鮮にも治維法施行八日發表さる
121948	朝鮮朝日	1925-05-09/1	01단	内鮮農の經濟調査を詳細に行ふ
121949	朝鮮朝日	1925-05-09/1	01단	第三回の全鮮教育會大邱で開催
121950	朝鮮朝日	1925-05-09/1	02단	京城府教育會代議員を選擧
121951	朝鮮朝日	1925-05-09/1	02단	昨年度の鮮鐵成績は百三十六萬圓の收入減補給金は滿鐵が補塡

일련번호	판명	간행일	단수	기사명
121952	朝鮮朝日	1925-05-09/1	03단	私鐵社債は六日で締切
121953	朝鮮朝日	1925-05-09/1	03단	水産主官の協議會
121954	朝鮮朝日	1925-05-09/1	03단	釜山府協議會七日午後開催
121955	朝鮮朝日	1925-05-09/1	04단	吳鎮守府に鮮米を直送/鎭南浦から
121956	朝鮮朝日	1925-05-09/1	04단	貨物吸收の上から牛骨皮の檢疫を簡單にして貰ひ度い/鐵道局が警務局に交涉
121957	朝鮮朝日	1925-05-09/1	04단	拓殖記者團元山を視察
121958	朝鮮朝日	1925-05-09/1	04단	港灣協會員城津視察
121959	朝鮮朝日	1925-05-09/1	05단	神仙爐/鮮展を前に
121960	朝鮮朝日	1925-05-09/1	05단	總督府派遣の洋行者出發
121961	朝鮮朝日	1925-05-09/1	05단	旱害民に紡織機械と原料を下附
121962	朝鮮朝日	1925-05-09/1	06단	我軍の撤退で鮮人四百名樺太から歸る
121963	朝鮮朝日	1925-05-09/1	06단	初筏二臺が馬子臺到着
121964	朝鮮朝日	1925-05-09/1	06단	お節句
121965	朝鮮朝日	1925-05-09/1	06단	要塞地帶法は釜山の發展を阻むと府民の間に反對論が段々擡頭して來た
121966	朝鮮朝日	1925-05-09/1	07단	京城の人事相談所求人より求職が遙に多い
121967	朝鮮朝日	1925-05-09/1	07단	仁川沖に蜃氣樓が現はれて天變萬化を見せた
121968	朝鮮朝日	1925-05-09/1	07단	四百餘名の孤兒を請待樂しく遊ばす
121969	朝鮮朝日	1925-05-09/1	07단	當局も弱る咸南の山火事/火田が原因
121970	朝鮮朝日	1925-05-09/1	08단	頻々たる平南の山火事二日に四件
121971	朝鮮朝日	1925-05-09/1	08단	前科を秘し記者となった窮盜容疑者
121972	朝鮮朝日	1925-05-09/1	09단	主義的な平壤勞動會結局分裂か
121973	朝鮮朝日	1925-05-09/1	09단	十七年前の死刑囚が證據不充分で無罪
121974	朝鮮朝日	1925-05-09/1	09단	龍井村の鮮人中學生同盟休校し宣傳文を配布す
121975	朝鮮朝日	1925-05-09/1	09단	鮮少年慘死遊戲中誤って
121976	朝鮮朝日	1925-05-09/1	09단	娼妓に迷ひ水兵の泥棒
121977	朝鮮朝日	1925-05-09/1	10단	文無しの自殺未遂者釜山署で保護
121978	朝鮮朝日	1925-05-09/1	10단	小學生が崖より墜つ躑躅を採らんとして
121979	朝鮮朝日	1925-05-09/1	10단	會(咸興講演會)
121980	朝鮮朝日	1925-05-09/1	10단	半島茶話
121981	朝鮮朝日	1925-05-09/2	01단	標準金利は下げても一般金利はなかなか相手方の信用や擔保資金の性質で相違する
121982	朝鮮朝日	1925-05-09/2	01단	全羅北道の陸地棉栽培昨年より增加
121983	朝鮮朝日	1925-05-09/2	01단	大邱商議の評議員會
121984	朝鮮朝日	1925-05-09/2	01단	忠南金融組合協議會開催
121985	朝鮮朝日	1925-05-09/2	01단	大邱の三製絲場が製品を統一
121986	朝鮮朝日	1925-05-09/2	01단	正チヤンの冒險(十三)
121987	朝鮮朝日	1925-05-09/2	02단	御眞影奉戴式全州地方法院の

일련번호	판명	간행일	단수	기사명
121988	朝鮮朝日	1925-05-09/2	02단	元山郵便局記念貯金の宣傳に努む
121989	朝鮮朝日	1925-05-09/2	02단	朝鮮一の君子鹽田竣工式
121990	朝鮮朝日	1925-05-09/2	02단	公州實業入所式
121991	朝鮮朝日	1925-05-09/2	02단	朝日活寫大會
121992	朝鮮朝日	1925-05-09/2	03단	元山中學旅行
121993	朝鮮朝日	1925-05-09/2	03단	會(朝鮮水産會議)
121994	朝鮮朝日	1925-05-09/2	03단	人(井上準之助氏)
121995	朝鮮朝日	1925-05-09/2	03단	運動界(全京城軍再び財戰す對丸菱戰で/釜山の野球リーグ戰十數組出場/大邱府の公設プール納凉にも利用/群山中學の運動場完成近く運動場開き/盛況を極めた群山競馬大會前例なき成績/元中軍捷つ劈頭戰で)
121996	朝鮮朝日	1925/5/10	01단	丹心を披瀝し慶賀し奉らん(齊藤總督謹話)
121997	朝鮮朝日	1925/5/10	01단	津々浦々まで誠意溢るゝ奉祝は國家の慶福是に過ぎずと喜び語る下岡政務總監
121998	朝鮮朝日	1925/5/10	01단	全半島を擧げて壽ぐ銀婚御式の今日の佳き日君萬歳の聲は遠く高く 心ゆく迄御慶事を祝する人の群れ/畏くも光榮の人千三百餘名/天盃を賜ふ高齡者全鮮に於る/御式の今日奉祝飛行祝賀文を撒く/百三歳の長壽者淸州の朴氏/京城靑年團二千名が全市を練廻る/本社支局の祝賀提燈行列二日に亘り
121999	朝鮮朝日	1925/5/10	02단	道知事會議いよいよ開かる
122000	朝鮮朝日	1925/5/10	03단	鮮展の朝鮮側審査員/漸く決定す
122001	朝鮮朝日	1925/5/10	03단	東拓の支店長會議二十六日から
122002	朝鮮朝日	1925/5/10	03단	鐵道の引渡も略ぼ片づいたが朝鮮を變しがる安藤元局長
122003	朝鮮朝日	1925/5/10	03단	鎭海の鰮本年は豊漁年産二百萬圓
122004	朝鮮朝日	1925/5/10	04단	辭令(東京電話)
122005	朝鮮朝日	1925/5/10	04단	公職者大會の實行委員陳情總監を訪問し
122006	朝鮮朝日	1925/5/10	05단	京畿道の金融組合聯合會理事會開催
122007	朝鮮朝日	1925/5/10	05단	御菓子を孤兒に寄贈する銀婚式當日愛國婦人會から
122008	朝鮮朝日	1925/5/10	05단	大邱商議が經濟研究に着手する
122009	朝鮮朝日	1925/5/10	06단	神仙爐/誠意の問題
122010	朝鮮朝日	1925/5/10	06단	櫻蝦の漁業會社が近く成立せん
122011	朝鮮朝日	1925/5/10	06단	拂込むかイヤか愈紛糾する奉取信社とも角も臨時總會は開く
122012	朝鮮朝日	1925/5/10	07단	海軍機鎭海に向ふ九日仁川發
122013	朝鮮朝日	1925/5/10	07단	娼妓の送込が認可籠の鳥の福音
122014	朝鮮朝日	1925/5/10	08단	全北のモヒ密賣者目下取調中
122015	朝鮮朝日	1925/5/10	09단	飽かで別れた夫を慕うて家出した人妻
122016	朝鮮朝日	1925/5/10	09단	防火して快哉を叫ぶ無茶な鮮人
122017	朝鮮朝日	1925/5/10	09단	糞壺に頭を突込み其儘卽死す
122018	朝鮮朝日	1925/5/10	09단	美人娼妓と質屋の主人合意の心中

일련번호	판명	간행일	단수	기사명
122019	朝鮮朝日	1925/5/10	10단	平壤に覆面の強盜百二十圓を强奪
122020	朝鮮朝日	1925/5/10	10단	姦夫殺し逮捕さる利川署で
122021	朝鮮朝日	1925/5/10	10단	人(中村寅之助氏(總督府外事課長)/通口少佐(波蘭公使附武官)/副島道正伯(京城日報社長)/出版業視察團坪/和田純氏(慶南知事))
122022	朝鮮朝日	1925/5/10	10단	半島茶話
122023	朝鮮朝日	1925/5/12	01단	藝術と法律を綯ひまぜた法文科/京城大學の特色と平井學務課長語る
122024	朝鮮朝日	1925/5/12	01단	治維法は實施だが方針は未決定旣設團體は注意した上で改めねば解散を命ずるか
122025	朝鮮朝日	1925/5/12	01단	淸津の築港は自分も反對したが實際見れば必要だと井上準之助氏語る
122026	朝鮮朝日	1925/5/12	01단	釜山港の貿易額四月中の
122027	朝鮮朝日	1925/5/12	02단	全北に於る旱害の影響學童の缺席と煙草賣行減少
122028	朝鮮朝日	1925/5/12	03단	囚人指導に技術者を配す經費の都合で十四年度からか
122029	朝鮮朝日	1925/5/12	03단	平南牛は暫らく內地へ移出禁止か鎭南浦の出牛に牛疫發生の結果
122030	朝鮮朝日	1925/5/12	03단	熱狂した各地の奉祝劣らずまけず(京城/淸津/鎭海/馬山/釜山/海州/大邱/鎭南浦/群山/光州)
122031	朝鮮朝日	1925/5/12	04단	義金を蒐め旱害民救濟赤十字社と愛婦支部が
122032	朝鮮朝日	1925/5/12	05단	神仙爐/內鮮融合?
122033	朝鮮朝日	1925/5/12	05단	不逞鮮人が在滿鮮人を脅すは不都合との通牒を朴假政府總理が發送
122034	朝鮮朝日	1925/5/12	05단	警察を出しぬき民衆運動の聯盟を竊に計劃する幹部連綱領や會則を制定中
122035	朝鮮朝日	1925/5/12	06단	中野知事或は動くか氣の敏い推測
122036	朝鮮朝日	1925/5/12	07단	朝日巡回活寫會
122037	朝鮮朝日	1925/5/12	07단	朱唇を衝く熱烈な雄辯全鮮女子大會
122038	朝鮮朝日	1925/5/12	09단	大松を削り姓名を記し逃走した不逞團
122039	朝鮮朝日	1925/5/12	09단	一人旅に裝はせ少年や少女を內地へ送る無責任な募集者が多く/當局は取締に努む
122040	朝鮮朝日	1925/5/12	09단	面事務員公金を費消三年に亙り
122041	朝鮮朝日	1925/5/12	09단	運送店員が貨物の拔取三人共謀し
122042	朝鮮朝日	1925/5/12	09단	群山沖合で帆船沈沒/乘組員は無事
122043	朝鮮朝日	1925/5/12	09단	大福人抽籤
122044	朝鮮朝日	1925/5/12	10단	朝日活寫會
122045	朝鮮朝日	1925/5/12	10단	半島茶話
122046	朝鮮朝日	1925/5/13	01단	地上の歡聲裡に無事盛岡へ着陸太刀洗盛岡間の所要時間/わづかに八時四十七分

일련번호	판명	간행일	단수	기사명
122047	朝鮮朝日	1925/5/13	01단	在滿鮮人救濟に大農場を建設日本に補助を要請/事業の成否が疑問
122048	朝鮮朝日	1925/5/13	01단	軍事教育は鮮人學校も實施するのが當然であると李學務局長は語る
122049	朝鮮朝日	1925/5/13	01단	數奇な運命に弄ばれたロシア女と一勞動者の鮮人の夫/三人の子の成長を樂しみに片田舍で暮す「ヴイクさん」
122050	朝鮮朝日	1925/5/13	03단	京城大學の校舍建築目下設計中
122051	朝鮮朝日	1925/5/13	03단	露國赤軍が樺太に向ふ治安維持の爲
122052	朝鮮朝日	1925/5/13	03단	全鮮に於る手形交換高四月は前月より減少
122053	朝鮮朝日	1925/5/13	03단	密造の絶へない葉煙草を取締る製造販賣規定が總督府令で發布
122054	朝鮮朝日	1925/5/13	06단	神仙爐/半島婦人禮讚
122055	朝鮮朝日	1925/5/13	06단	佛旗艦の仁川出港十二日朝
122056	朝鮮朝日	1925/5/13	06단	署長の巡視を集約的に改める/慶南警察部の試み成績が極めて良好
122057	朝鮮朝日	1925/5/13	07단	滿鐵の補助で奉取問題解決拂込みは撤回
122058	朝鮮朝日	1925/5/13	07단	京城對外の通關貿易額輸入ばかりで輸出は減少
122059	朝鮮朝日	1925/5/13	07단	鮮內春蠶の掃立豫想數五十三萬枚
122060	朝鮮朝日	1925/5/13	07단	子供の國/幼稚園の聯合運動會向ふの組の勝を楓の手で喝采祝福の一日
122061	朝鮮朝日	1925/5/13	07단	大福引抽籤
122062	朝鮮朝日	1925/5/13	08단	兒童の神經衰弱
122063	朝鮮朝日	1925/5/13	08단	六十の僧侶が坊主頭を振立て威鳳寺の住職を自派から出さうと大喧嘩
122064	朝鮮朝日	1925/5/13	09단	朝日巡回活寫會
122065	朝鮮朝日	1925/5/13	09단	京畿道の春蠶收繭額豫想一萬五千石
122066	朝鮮朝日	1925/5/13	09단	平南警察部の思想團體調查治維法發布で
122067	朝鮮朝日	1925/5/13	09단	殉職警官の招魂祭二十日京城で
122068	朝鮮朝日	1925/5/13	09단	印紙稅違反は仕切書が一番京城の調查
122069	朝鮮朝日	1925/5/13	10단	娘の淫奔母親を殺す子を悲む親心
122070	朝鮮朝日	1925/5/13	10단	半島茶話
122071	朝鮮朝日	1925/5/14	01단	八月頃に福仁間の郵便飛行開始/福岡格納庫をも擴張する別府の移轉は目下交涉中/阪東日本航空支配人談
122072	朝鮮朝日	1925/5/14	01단	二百餘萬圓で航空路を新設七箇年繼續で遞信局の計劃
122073	朝鮮朝日	1925/5/14	01단	遞信局の飛行委員會十四日開催
122074	朝鮮朝日	1925/5/14	01단	勝った卯の緖を締める張作霖氏
122075	朝鮮朝日	1925/5/14	01단	輕便な紳士入學淸凉里のゴルフ場約四千碼のリンク/孫子を連れて敦圍くゴルフアー
122076	朝鮮朝日	1925/5/14	02단	國際情誼を傷つけると露國側排日紙を取締る

일련번호	판명	간행일	단수	기사명
122077	朝鮮朝日	1925/5/14	03단	滿鮮御旅行の賀陽宮殿下十八日御入京
122078	朝鮮朝日	1925/5/14	03단	穀物大會の決議事項を總督府に諒解を求む
122079	朝鮮朝日	1925/5/14	03단	道立師範校に大改革を加へ官立師範には研究科設置/道知事會議に諮問
122080	朝鮮朝日	1925/5/14	04단	朝鮮神宮に攝社を建立/檀君を祭る
122081	朝鮮朝日	1925/5/14	04단	鐵道協會の改造問題で會長の後任爭
122082	朝鮮朝日	1925/5/14	05단	神仙爐/『治安法と朝鮮』の筆者に與ふ
122083	朝鮮朝日	1925/5/14	05단	教育にまで吹込む朝鮮の産業第一主義近く教科を改正して
122084	朝鮮朝日	1925/5/14	05단	世界的名手ギ女史獨唱會/十五日京城で
122085	朝鮮朝日	1925/5/14	05단	警察の功名爭があんまり烈しくその弊を撓むべく京畿道が立案する
122086	朝鮮朝日	1925/5/14	06단	全南の隕石は鐵が主成分大さは拳大
122087	朝鮮朝日	1925/5/14	06단	鮮銀利下で金融組合の態度が問題
122088	朝鮮朝日	1925/5/14	07단	大田敬老會內鮮一堂に麗しき光景
122089	朝鮮朝日	1925/5/14	07단	刑事三十名が新聞を對手に名譽毀損の告訴を提出
122090	朝鮮朝日	1925/5/14	07단	朝日巡回活寫會
122091	朝鮮朝日	1925/5/14	08단	給料不拂から支那人激昂鮮支人の喧嘩
122092	朝鮮朝日	1925/5/14	08단	利權獲得を楯に兩派鎬を削る普天教徒の暗鬪
122093	朝鮮朝日	1925/5/14	09단	奉祝中に屋臺の火事/直りに消止
122094	朝鮮朝日	1925/5/14	09단	塵箱の中の河豚の卵で一家中毒し幼女は死亡
122095	朝鮮朝日	1925/5/14	09단	聯絡船で自殺します自宅に通知した聾者
122096	朝鮮朝日	1925/5/14	09단	錆庖丁で親方を刺す御祭氣分が昂じ過ぎ
122097	朝鮮朝日	1925/5/14	10단	山積された竊盜の贓品平壤の僞記者
122098	朝鮮朝日	1925/5/14	10단	狂犬頻出で京城の野犬狩
122099	朝鮮朝日	1925/5/14	10단	人(高山憲兵隊副官/平井三男氏(總督府學務課長)/佐分利良民氏(大阪第四師團軍醫部長)/龜岡榮吉氏(元京城日々新聞社編輯長)/和田純氏(慶尙南道知事)/村山沼一郎氏(慶南繁榮部長)/名古屋市實業有志團)
122100	朝鮮朝日	1925/5/14	10단	半島茶話
122101	朝鮮朝日	1925/5/15	01단	長期貸出日步は五厘方引下げか漁業資金と不動産に限る/水利や公共資金は駄目
122102	朝鮮朝日	1925/5/15	01단	從來躊躇した貨物保稅問題を支那自らが提案したのは/結構だと種田局長語る
122103	朝鮮朝日	1925/5/15	01단	本年に開通する朝鮮私鐵の豫定線前半期資金は預金/後半期のは借入る
122104	朝鮮朝日	1925/5/15	01단	燕の脚の物語(一)/正しき者の榮光坊ちゃん孃ちゃん/御聞きなさい
122105	朝鮮朝日	1925/5/15	03단	齊藤總督の首相訪問歸任は十五日
122106	朝鮮朝日	1925/5/15	03단	李王妃殿下の御親鬮狀況を活動寫眞に撮影す

일련번호	판명	간행일	단수	기사명
122107	朝鮮朝日	1925/5/15	03단	日支連絡の打合會豫定通り終了
122108	朝鮮朝日	1925/5/15	03단	遞信局の航空委員會規則を制定
122109	朝鮮朝日	1925/5/15	04단	神仙爐/産業の障碍
122110	朝鮮朝日	1925/5/15	04단	朝鮮神宮の工事進捗す十月十七日鎭座祭執行
122111	朝鮮朝日	1925/5/15	04단	辭令(東京電話)
122112	朝鮮朝日	1925/5/15	04단	新義州局で外國郵便交換滿洲と北鮮の連絡から
122113	朝鮮朝日	1925/5/15	05단	發見された御親筆銀婚當日に菊花と桐の御紋章一首の和歌
122114	朝鮮朝日	1925/5/15	05단	夜中警戒を破り疑はしい牛を移入す/取締がなかなか困難で農民が自衛團を組織
122115	朝鮮朝日	1925/5/15	06단	朝鮮は全然未知だと語る新任の七九聯隊長
122116	朝鮮朝日	1925/5/15	07단	咸南の牛疫なほ熄まず
122117	朝鮮朝日	1925/5/15	07단	咸南では鰻が育たぬ餌の關係で
122118	朝鮮朝日	1925/5/15	08단	廉賣した利益を訪歐飛行に寄贈
122119	朝鮮朝日	1925/5/15	08단	ガラリ外れた釐寅氏の大山張氏に刎ねられ朝鮮を退くの事
122120	朝鮮朝日	1925/5/15	09단	朝日巡回活寫會
122121	朝鮮朝日	1925/5/15	09단	まだ若い鮮人三名が盗んで逮捕
122122	朝鮮朝日	1925/5/15	09단	遺愛の驢馬墓前に斃る表彰の節婦に絡む奇蹟
122123	朝鮮朝日	1925/5/15	10단	定州で貨車衝突す死傷はない
122124	朝鮮朝日	1925/5/15	10단	人(齊藤總督/井上準之助氏/清水會計檢查官/筧正太郎氏(鐵道局監督局長)/金咸南知事夫人)
122125	朝鮮朝日	1925/5/15	10단	半島茶話
122126	朝鮮朝日	1925-05-16/1	01단	末賴母しく御成人遊ばすやう 御祈りして居ますと德惠姫の御補導役の光榮の人、中川女史は語る/稀に見る眞摯な人で朝鮮事情にも明い 表甲南校長談
122127	朝鮮朝日	1925-05-16/1	01단	燕の脚の物語(二)/正直な興甫は意地の惡い兄から追ひ出された
122128	朝鮮朝日	1925-05-16/1	02단	漸く開けて來た朝鮮の空中路/獎勵やら取締を遞信局で制定
122129	朝鮮朝日	1925-05-16/1	03단	京城浦潮間の電信增加す一日百七十通
122130	朝鮮朝日	1925-05-16/1	04단	今十六日長春に向ふ平壤の飛機
122131	朝鮮朝日	1925-05-16/1	04단	蒙古で羊飼ひさと囂囂たる鶴彦翁/猛烈に外務省を扱きおろす
122132	朝鮮朝日	1925-05-16/1	04단	海産金利愈よ引下/但し一厘方融通額三百萬圓
122133	朝鮮朝日	1925-05-16/1	05단	神仙爐/『治安法と朝鮮』につき答ふ
122134	朝鮮朝日	1925-05-16/1	05단	對露支の貿易振興策研究會を組織して調査
122135	朝鮮朝日	1925-05-16/1	06단	米も濟んで朝鮮海運界は閑散狀態
122136	朝鮮朝日	1925-05-16/1	06단	旱害救濟に種薯を配給/五萬餘貫を
122137	朝鮮朝日	1925-05-16/1	06단	爆彈の一つ二つは飛ぶかも知れぬ/不逞團の斷末魔が近づいたならば
122138	朝鮮朝日	1925-05-16/1	07단	武裝した支那兵士が亂暴して逃ぐ
122139	朝鮮朝日	1925-05-16/1	07단	薄倖な兒童が樂しく遊んだ慰安會

일련번호	판명	간행일	단수	기사명
122140	朝鮮朝日	1925-05-16/1	07단	嗜眠病がまた發生す鎭南浦で
122141	朝鮮朝日	1925-05-16/1	07단	福岡縣の女の先生が滿鮮視察
122142	朝鮮朝日	1925-05-16/1	08단	基督教の感化で子孫を持たぬ朝鮮の癩病患者/病氣の傳はるを恐れ
122143	朝鮮朝日	1925-05-16/1	09단	不逞團が安州に侵入/三百圓を强奪
122144	朝鮮朝日	1925-05-16/1	09단	京城元町で賭博犯人が珠數つなぎ
122145	朝鮮朝日	1925-05-16/1	09단	またもや河豚の中毒/一名死亡す
122146	朝鮮朝日	1925-05-16/1	09단	傷害の外に詐欺もある/水平社支部長の犯罪
122147	朝鮮朝日	1925-05-16/1	10단	平南道の模範林燒く/火田の火入から
122148	朝鮮朝日	1925-05-16/1	10단	人(大倉喜八郎男/木村匡氏(臺灣商工銀行頭取)/柵瀨軍之佐氏(代議士)/閔泳綺氏/今井淸氏(新任步兵第八十聯隊長)/久留島武彦氏)
122149	朝鮮朝日	1925-05-16/1	10단	半島茶話
122150	朝鮮朝日	1925-05-16/2	01단	七百町步に送水が出來る/十箇所に大口徑の試錐を行へば/朝鮮農業界の一新生面
122151	朝鮮朝日	1925-05-16/2	01단	慶北道內の製紙價格は六十三萬圓
122152	朝鮮朝日	1925-05-16/2	01단	浦項濱田間の直通航路が愈開かれる
122153	朝鮮朝日	1925-05-16/2	01단	京城魚市場四月中賣高十三萬餘圓
122154	朝鮮朝日	1925-05-16/2	01단	京畿道金融組合聯合會定期總會
122155	朝鮮朝日	1925-05-16/2	01단	正チャンの冒險(三)
122156	朝鮮朝日	1925-05-16/2	02단	露國政府に印象の深い釜山港は眞先に領事館設置か
122157	朝鮮朝日	1925-05-16/2	02단	活動寫眞で副業を奬勵/慶南道で
122158	朝鮮朝日	1925-05-16/2	02단	銀婚御式の記念繪葉書/京城の賣行一萬二千組
122159	朝鮮朝日	1925-05-16/2	03단	寄生蟲の保育者多し大邱高普生
122160	朝鮮朝日	1925-05-16/2	03단	警官招魂祭遺族旅費を慶南では制限
122161	朝鮮朝日	1925-05-16/2	03단	餘生を公共事業に盡す奇特の鮮人富豪家
122162	朝鮮朝日	1925-05-16/2	03단	朝日巡回活寫會
122163	朝鮮朝日	1925-05-16/2	04단	支那富豪家が新加坡鎭署に道場を寄贈/尙武の氣風を與すとて
122164	朝鮮朝日	1925-05-16/2	04단	サンノゼ軍全大邱と戰ふ
122165	朝鮮朝日	1925-05-16/2	04단	第五回目全鮮庭球大會體育會主催
122166	朝鮮朝日	1925-05-17/1	01단	德惠姬のおるすでお淋しい李王殿下/毎日撞球を御覽になる御病氣は殆ど御平癒
122167	朝鮮朝日	1925-05-17/1	01단	朝鮮の治維法も待ったとばかり振りまはしはせぬと齋藤總督は語る
122168	朝鮮朝日	1925-05-17/1	01단	燕の脚の物語(三)/燕の贈った寶瓢/正直な興甫の家は遂に榮えました
122169	朝鮮朝日	1925-05-17/1	02단	御下賜金の使途方法は民間の意見も聽取する
122170	朝鮮朝日	1925-05-17/1	03단	安邊大尉の成功を祈る/友情に厚い服部大尉

일련번호	판명	간행일	단수	기사명
122171	朝鮮朝日	1925-05-17/1	03단	豫算案通りの收入が無ければ支出を減ずるため節約より途がない
122172	朝鮮朝日	1925-05-17/1	04단	京城の中央市場問題/經費の問題で捗らぬ
122173	朝鮮朝日	1925-05-17/1	04단	飛行機で日本を訪問し空よりする日華親善を圖りたいですと東三省旺少佐は語る
122174	朝鮮朝日	1925-05-17/1	05단	御孃さん達まで交って馬の御稽古/小野憲兵隊長が大の肝煎
122175	朝鮮朝日	1925-05-17/1	05단	齋藤總督の昇爵祝賀會一千名參加
122176	朝鮮朝日	1925-05-17/1	05단	辭令(東京電話)
122177	朝鮮朝日	1925-05-17/1	06단	千人に對し內地より五、七人も多い慶南の死亡率/鮮人に比しても多い/寒さで乳兒が育たぬからか
122178	朝鮮朝日	1925-05-17/1	06단	五名の女を送り赤化宣傳に努むる浦潮高麗共産黨/軍資七千圓を貰ひ
122179	朝鮮朝日	1925-05-17/1	07단	朝鮮では京城だけ/露領事館は
122180	朝鮮朝日	1925-05-17/1	07단	殉職警官の招魂祭/午後は武道大會
122181	朝鮮朝日	1925-05-17/1	08단	慈惠姬御補導係/中川糸子女史
122182	朝鮮朝日	1925-05-17/1	08단	樂浪古墳の盜掘者が逮捕さる
122183	朝鮮朝日	1925-05-17/1	08단	良家の婦女子に絡む怪しき祈禱者/被害者が外聞を恥ぢて口外せず當局持て餘す
122184	朝鮮朝日	1925-05-17/1	09단	感泣に咽ぶ公州の篤行者/恩賜を拜受し
122185	朝鮮朝日	1925-05-17/1	10단	人(東支鐵道幹部/鈴木莊六大將(朝鮮軍司令官)/矢銅水三郎氏(黃海道知事)マッケンヂー氏(釜山日進女學校校長宣敎師))/時實秋穗氏(京畿道知事))
122186	朝鮮朝日	1925-05-17/1	10단	極東選手權大會(バレーボールは比島勝つ/陸上競技番組)
122187	朝鮮朝日	1925-05-17/1	10단	半島茶話
122188	朝鮮朝日	1925-05-17/2	01단	內地側は優遇朝鮮側は廉すぎると意見が一致せぬ/鮮米格付問題
122189	朝鮮朝日	1925-05-17/2	01단	播種を終った全北陸地綿/昨年より增加
122190	朝鮮朝日	1925-05-17/2	01단	紛糾した淸津の講會/漸く解決か
122191	朝鮮朝日	1925-05-17/2	01단	全北の大工事/萬頃江改修起工決定す
122192	朝鮮朝日	1925-05-17/2	01단	正チャンの冒險(四)
122193	朝鮮朝日	1925-05-17/2	02단	記念公會堂は寄附が問題/更に協議の必要がある
122194	朝鮮朝日	1925-05-17/2	02단	大邱公設のプール決定/七月一日開場
122195	朝鮮朝日	1925-05-17/2	03단	府民連暑し公設運動場設置を請願
122196	朝鮮朝日	1925-05-17/2	03단	咸南道の物産陳列館大修理
122197	朝鮮朝日	1925-05-17/2	03단	群山市內の飾窓競技會六月一日より
122198	朝鮮朝日	1925-05-17/2	04단	慶北の麥作發育が良好/平年作以上か
122199	朝鮮朝日	1925-05-17/2	04단	農業倉庫を東拓が經營
122200	朝鮮朝日	1925-05-17/2	04단	牛城校開校式

일련번호	판명	간행일	단수	기사명
122201	朝鮮朝日	1925-05-17/2	04단	運動界(鐵道軍破る 五對零でサンノゼ勝つ/税關軍五對山中學二/硬球選手權庭球大會は二十四日)
122202	朝鮮朝日	1925-05-19/1	01단	統治事業は官民協力精神的に經濟的に治績を擧ぐべし/且兩政整理に基き豫算の運用に心し綱紀肅正は特に效果あらしめたい/道知事會議で齋藤總督訓示
122203	朝鮮朝日	1925-05-19/1	01단	十箇年繼續事業で土地の改良を行ふ/毎年二萬町步の豫定で本年度より着手する
122204	朝鮮朝日	1925-05-19/1	01단	鄕土の人々を救ひたい/美しい理想に胸は高鳴る/まだ若い朝鮮の一女學生
122205	朝鮮朝日	1925-05-19/1	02단	東拓近く募債
122206	朝鮮朝日	1925-05-19/1	02단	清津商議の申請/近く非公式に提出する
122207	朝鮮朝日	1925-05-19/1	03단	賀陽宮御入京
122208	朝鮮朝日	1925-05-19/1	03단	慶南に壓倒される平壤の靴下製造事業/覺醒要望の聲が高い
122209	朝鮮朝日	1925-05-19/1	03단	鳥越理事辭任/後任は決まらぬ
122210	朝鮮朝日	1925-05-19/1	04단	牛疫で市場が寂れる/箕林里畜牛市場
122211	朝鮮朝日	1925-05-19/1	04단	單に預金の勉强率を引下げ協定率に迄及ぼすまい/京城組合銀行の利子引下
122212	朝鮮朝日	1925-05-19/1	04단	學事資金が缺乏し制限外の賦課でもせねば慶南道では學校の增設は出來ぬ
122213	朝鮮朝日	1925-05-19/1	05단	商大兩銀の合同傳はる/商銀は極力否認
122214	朝鮮朝日	1925-05-19/1	05단	新に採用の鐵道慰問婦/驛員家族の出產まで手傳ふ
122215	朝鮮朝日	1925-05-19/1	05단	水に困る咸南農家は十四日の雨に蘇生す
122216	朝鮮朝日	1925-05-19/1	06단	個性を飽迄生かして大阪美術展に見事人選/半島美術界の爲氣を吐た三木君
122217	朝鮮朝日	1925-05-19/1	06단	聯合賣出計劃/群山各商店の
122218	朝鮮朝日	1925-05-19/1	06단	警察官に義損金
122219	朝鮮朝日	1925-05-19/1	06단	大邱に於ける全鮮競馬大會
122220	朝鮮朝日	1925-05-19/1	06단	不逞鮮人四名を射殺/博川警察の手で
122221	朝鮮朝日	1925-05-19/1	07단	歸化の有無を問はず鮮人を嚴重取締る/我官憲の越境に立腹し支那では對策を講ず
122222	朝鮮朝日	1925-05-19/1	07단	大竊盜團捕はる
122223	朝鮮朝日	1925-05-19/1	07단	賊と組んだ儘一丈の崖下へ墜落して逮捕した勇敢な警官
122224	朝鮮朝日	1925-05-19/1	07단	大膽不敵な匪賊
122225	朝鮮朝日	1925-05-19/1	08단	牛の通行禁止
122226	朝鮮朝日	1925-05-19/1	08단	五名無慘の燒死
122227		1925-05-19/1	09단	大福引抽籤いよいよ明日
122228	朝鮮朝日	1925-05-19/1	09단	電車屋根を燒く
122229	朝鮮朝日	1925-05-19/1	09단	極東競技大會第三日目の戰績/八百米で桑田君一着を占む(各國得點表)

일련번호	판명	간행일	단수	기사명
122230	朝鮮朝日	1925-05-19/1	10단	人(藤田陸軍小將/井上準之助氏)
122231	朝鮮朝日	1925-05-19/1	10단	半島茶話
122232	朝鮮朝日	1925-05-19/2	01단	總督府の苦心する支那麻布の輸入防遏/漸次輸入が減ずる見込
122233	朝鮮朝日	1925-05-19/2	01단	直接米國へ鮮米輸出著しく向上
122234	朝鮮朝日	1925-05-19/2	01단	全北の桑苗增植/本年約二百五十萬本
122235	朝鮮朝日	1925-05-19/2	01단	土産品展は準備の都合で少しく延期
122236	朝鮮朝日	1925-05-19/2	01단	正チャンの冒險(五)
122237	朝鮮朝日	1925-05-19/2	02단	內鮮憲兵の統一/相互の輸入が出來る
122238	朝鮮朝日	1925-05-19/2	02단	鎭南浦各道メートルを取付ける/二割五分の飮水が出來る
122239	朝鮮朝日	1925-05-19/2	03단	麻原料の收穫高/五億五十五萬貫
122240	朝鮮朝日	1925-05-19/2	03단	運動界(全京中軍惜敗す サ軍九全京中四/機關庫軍勝つ 釜山野球リーグ戰/元山高女優勝 全鮮女子庭球大會/全鮮競漕大會/官廳合同大運動會)
122241	朝鮮朝日	1925-05-19/2	04단	會(農具講習會/金融組合集會/郵便所長會議)
122242	朝鮮朝日	1925-05-20/1	01단	不逞の徒輩に對しては治安維持法を適用すべし 然し法規を用ふるは末であるから當局は民心を指導し思想の善導に努めよ 道知事會議での下岡總督の訓示/道知事會議の指示諮問事項
122243	朝鮮朝日	1925-05-20/1	01단	新綠の東鮮(一)/SPR/夢うつゝに聞く京元線內の苦情/官營だとて有難くはない
122244	朝鮮朝日	1925-05-20/1	03단	老婦人が獨力で社會事業に投資/生活に疲れた者のため淸津資生院を建てる
122245	朝鮮朝日	1925-05-20/1	04단	釜山公會堂設計漸く成る
122246	朝鮮朝日	1925-05-20/1	04단	大正の富樫/朝鮮では入露者を嚴重に取締る
122247	朝鮮朝日	1925-05-20/1	05단	今後も繼續する朝鮮海象調査
122248	朝鮮朝日	1925-05-20/1	05단	無暗矢鱈と朝鮮人會を中傷し鮮人を誤らすべく努める三國境の支那警察署長
122249	朝鮮朝日	1925-05-20/1	05단	陣列所設備改善
122250	朝鮮朝日	1925-05-20/1	05단	觧賃低下を協議/群山に於ける回漕業者は
122251	朝鮮朝日	1925-05-20/1	06단	淸州旅館解決か
122252	朝鮮朝日	1925-05-20/1	06단	掏摸の一味檢擧/大邱の競馬場で
122253	朝鮮朝日	1925-05-20/1	06단	私鐵建設費を正に調達すると總督府の聲明/それに手を出さぬ私鐵側
122254	朝鮮朝日	1925-05-20/1	07단	更に二名燒死
122255	朝鮮朝日	1925-05-20/1	07단	四戶二棟全燒/平壤の朝火事
122256	朝鮮朝日	1925-05-20/1	07단	支那の馬賊討伐/子供欺しだとの批難あり
122257	朝鮮朝日	1925-05-20/1	07단	極東競技大會第四日目の戰績/日本遂に野球に敗る(野球戰比律賓四A日本軍零/審判の不公平で日本選手憤慨全部棄權して引揚ぐ)

일련번호	판명	간행일	단수	기사명
122258		1925-05-20/1	08단	大福引抽籤いよいよ明日
122259	朝鮮朝日	1925-05-20/1	08단	白晝辻强盜
122260	朝鮮朝日	1925-05-20/1	08단	渡船衝突で溺死/群山港內にて
122261	朝鮮朝日	1925-05-20/1	09단	泣きながら萬歲を唱へて引揚げた悲壯な光景/我が陸上選手棄權の動機
122262	朝鮮朝日	1925-05-20/1	10단	人(賀陽宮殿下/東支鐵幹部一行/中村高等法院檢事長/和田重政氏)
122263	朝鮮朝日	1925-05-20/1	10단	半島茶話
122264	朝鮮朝日	1925-05-20/2	01단	國境に大仕掛な屠牛場を設置する大體支那側の諒解を得た
122265	朝鮮朝日	1925-05-20/2	01단	歡迎される支那勞働者/當局對策に苦心
122266	朝鮮朝日	1925-05-20/2	01단	全南道人の內地見學/下關市では一行を優待する
122267	朝鮮朝日	1925-05-20/2	01단	正チャンの冒險(六)
122268	朝鮮朝日	1925-05-20/2	02단	憲兵隊長會議
122269	朝鮮朝日	1925-05-20/2	02단	商議大會と京城
122270	朝鮮朝日	1925-05-20/2	02단	朝鮮美展盛況
122271	朝鮮朝日	1925-05-20/2	03단	京城の預金減少
122272	朝鮮朝日	1925-05-20/2	03단	群山幼稚園開園鮮婦人團の活躍
122273	朝鮮朝日	1925-05-20/2	03단	安東、犬孤山間に輕鐵敷設計劃
122274	朝鮮朝日	1925-05-20/2	03단	國有林立木賣却
122275	朝鮮朝日	1925-05-20/2	03단	淸津水産製品
122276	朝鮮朝日	1925-05-20/2	03단	債券保管事務九月頃から開始
122277	朝鮮朝日	1925-05-20/2	03단	官民協力して猖紅熱の豫防
122278	朝鮮朝日	1925-05-20/2	04단	鎭海の海軍記念日
122279	朝鮮朝日	1925-05-20/2	04단	運動界(釜山の庭球戰全 大邱對全釜山/サンノゼ大勝 全大邱軍惜しく敗す/飛行隊勝つ 平壤の野球リーグ戰/鎭南浦の野球/北鮮自轉車大會)
122280	朝鮮朝日	1925/5/21	01단	■■した豫算/■■費七百二十萬圓 改良費二百八十萬圓
122281	朝鮮朝日	1925/5/21	01단	北方の鐵道守備を守備隊に一任し機關銃隊をも附屬さす/白川關東軍司令官の歸來談
122282	朝鮮朝日	1925/5/21	01단	新綠の東鮮(二)/SPR/甚だふじゆうな官邸內藤見の莚/木村君當世放れのカズカズ
122283	朝鮮朝日	1925/5/21	02단	無意味の記者大會
122284	朝鮮朝日	1925/5/21	02단	辭令(東京電話)
122285	朝鮮朝日	1925/5/21	03단	全北で最初の斃牛へ救濟金/年四百頭の豫定
122286	朝鮮朝日	1925/5/21	03단	京城居殺場新築
122287	朝鮮朝日	1925/5/21	03단	刑務所內に大花壇を作り囚人の情操を陶治する/釜山刑務所の新しき試み
122288	朝鮮朝日	1925/5/21	04단	大村鮮鐵局長今月末頃赴任
122289	朝鮮朝日	1925/5/21	04단	仕入を中止する幕原冷藏群山出張所

일련번호	판명	간행일	단수	기사명
122290	朝鮮朝日	1925/5/21	05단	神仙爐/若朽の新著
122291	朝鮮朝日	1925/5/21	05단	馬山中學の設置を要望/學校組合より意見書を提出
122292	朝鮮朝日	1925/5/21	05단	組合組織とし湯の濫費を節約せねばならぬ/東萊溫泉につき川崎所長談
122293	朝鮮朝日	1925/5/21	05단	鍬立式と祝賀會
122294	朝鮮朝日	1925/5/21	05단	朝郵と商船/競爭免れずして注意を惹く
122295	朝鮮朝日	1925/5/21	06단	棚ボタ式に朝鮮人夫を釣る
122296	朝鮮朝日	1925/5/21	06단	初雷鳴と霰
122297	朝鮮朝日	1925/5/21	07단	李堈公殿下を相手取り五萬圓の支拂訴訟を提起/漁場讓渡の契約を履行せぬとて損害の一部を請求
122298	朝鮮朝日	1925/5/21	07단	ヤケ糞となった鮮人の小作團支那地主を襲ひ雙方入亂れて大格鬪/理由なく耕地を取り返したとて
122299	朝鮮朝日	1925/5/21	07단	日本陸上選手は遂に參加せず(興味更になし/領事の忠告も聽かず調停を斷る/松浦文部次官談)
122300		1925/5/21	07단	讀者優待/大福引抽籤/二十日門司支局樓上で
122301	朝鮮朝日	1925/5/21	10단	廣濟社事件判決
122302	朝鮮朝日	1925/5/21	10단	人(李堈公殿下/高岡榮氏/田口米舫氏)
122303	朝鮮朝日	1925/5/21	10단	會(露地貿易例會)
122304	朝鮮朝日	1925/5/21	10단	半島茶話
122305	朝鮮朝日	1925-05-22/1	01단	法の威力により不良の徒を嚴戒し特に綱紀肅正に努むべし/警察部長會議で齋藤總督訓示
122306	朝鮮朝日	1925-05-22/1	01단	能率增進のため度數制にしたい/京城の電話は內地の六大都市に比し遜色がない/上田中央電話局長の視察談
122307	朝鮮朝日	1925-05-22/1	01단	新綠の東鮮(三)/SPR/發達は鈍くとも朝鮮人の勢力地/「理窟よりも金」の李知事の事ども咸興をみて思ふが儘に
122308	朝鮮朝日	1925-05-22/1	02단	金融職員表彰
122309	朝鮮朝日	1925-05-22/1	02단	引張凧の農業速修校/六箇所に新設
122310	朝鮮朝日	1925-05-22/1	03단	齋藤總督の陞爵祝賀會/頗る盛大に開催
122311	朝鮮朝日	1925-05-22/1	03단	百萬圓を積む高陞號の引揚計劃愈よ熟す
122312	朝鮮朝日	1925-05-22/1	04단	辭令
122313	朝鮮朝日	1925-05-22/1	04단	淸津羅南の聯合消防演習
122314	朝鮮朝日	1925-05-22/1	04단	排日案通過以來奉天側神經を尖し我國の對滿政策に就て極秘裡に訓令を發す
122315	朝鮮朝日	1925-05-22/1	05단	鐵道病院と療養所設立要望の聲/早晚實現するであらう
122316	朝鮮朝日	1925-05-22/1	06단	尊由師の巡錫
122317	朝鮮朝日	1925-05-22/1	07단	殉職警官招魂祭
122318	朝鮮朝日	1925-05-22/1	07단	下岡總監の滿洲出張期は大村局長赴任後
122319	朝鮮朝日	1925-05-22/1	07단	不景氣の裏/近頃非常に增えた釜山の行路病死人/釜山の救濟事業の發達に伴ひ釜山迄の公費送還人が多い

일련번호	판명	간행일	단수	기사명
122320	朝鮮朝日	1925-05-22/1	08단	團體旅行の二等客も割引する
122321	朝鮮朝日	1925-05-22/1	08단	群山書記官會議中に卒倒
122322	朝鮮朝日	1925-05-22/1	08단	頗る精巧な爆彈を押收/白軍が埋沒したる三十八個
122323	朝鮮朝日	1925-05-22/1	09단	始末に困る咸南の火田民
122324	朝鮮朝日	1925-05-22/1	09단	死兒の肉を數回癩病の夫に食はす/人肉は癩病の妙藥と信じた無智な妻の所業
122325	朝鮮朝日	1925-05-22/1	09단	竊盜團局送り
122326	朝鮮朝日	1925-05-22/1	09단	淸州のボヤ
122327	朝鮮朝日	1925-05-22/1	09단	陸上競技に我監督連加入(日華野球大勝十一A對二)
122328	朝鮮朝日	1925-05-22/1	10단	五人組の匪賊/金品を掠奪す
122329	朝鮮朝日	1925-05-22/1	10단	會(宣傳陳列大會)
122330	朝鮮朝日	1925-05-22/1	10단	人(外交親書使/齋藤隆夫氏(代議士)/白川義側大長(關東軍司令官)/高橋亭氏(總督府視學官)/アデール氏夫妻)
122331	朝鮮朝日	1925-05-22/1	10단	半島茶話
122332	朝鮮朝日	1925-05-22/2	01단	新聞紙規則改正は朝鮮と內地を統一し同時に發布されるだらう/深澤京城地方法院檢事正談
122333	朝鮮朝日	1925-05-22/2	01단	京城府を怨む村民/二村洞堤防問題解決の爲
122334	朝鮮朝日	1925-05-22/2	01단	忠淸北道の躄況
122335	朝鮮朝日	1925-05-22/2	01단	正チャンの冒險(八)
122336	朝鮮朝日	1925-05-22/2	02단	南鮮方面に管理支所設置
122337	朝鮮朝日	1925-05-22/2	03단	中等教科書の使用を嚴重監督/總督府の方針
122338	朝鮮朝日	1925-05-22/2	03단	營林廠材の流筏
122339	朝鮮朝日	1925-05-22/2	03단	朝鮮交通展覽會
122340	朝鮮朝日	1925-05-22/2	03단	炭坑と送電契約せる朝鮮電興
122341	朝鮮朝日	1925-05-22/2	03단	鐵道問題を提出/京城商議より
122342	朝鮮朝日	1925-05-22/2	04단	注意を惹く北鮮の水電
122343	朝鮮朝日	1925-05-22/2	04단	紹介に努める平南の無煙炭/先づ官廳より
122344	朝鮮朝日	1925-05-22/2	04단	貴院方面へ交渉/朝鐵協會長問題
122345	朝鮮朝日	1925-05-22/2	04단	運動界(全鮮警官の武道大會/鮮人巡査初めて劍道で優勝)
122346	朝鮮朝日	1925-05-23/1	01단	東洋の航空路/露支兩國と協調の上三國聯絡を形成
122347	朝鮮朝日	1925-05-23/1	01단	平穩だとて安心はならぬ/思想は思想で制せよと下岡總監の訓示
122348	朝鮮朝日	1925-05-23/1	01단	新綠の東鮮(四)/SPR/行届いて行はれる立派な內鮮教育/『地の上を歩いて來た』といふ大庭校長の事共
122349	朝鮮朝日	1925-05-23/1	02단	總督の訓示/憲兵隊長會議で
122350	朝鮮朝日	1925-05-23/1	03단	美展審査委員
122351	朝鮮朝日	1925-05-23/1	03단	弓削氏東拓入り
122352	朝鮮朝日	1925-05-23/1	03단	滿鐵に慾が出た共濟會の殘金/十九萬圓もあるので知らぬ顔で取上げるか

일련번호	판명	간행일	단수	기사명
122353	朝鮮朝日	1925-05-23/1	04단	佐田至弘氏少年聯盟の評議員任命
122354	朝鮮朝日	1925-05-23/1	04단	咸北線は中止せず豫定通り遂行する
122355	朝鮮朝日	1925-05-23/1	04단	咸興圖書館愈よ建設する
122356	朝鮮朝日	1925-05-23/1	05단	一路花の巴里に通ずる半島藝術の殿堂開かれ/腕の冴をきそふ若き藝術家のむれ入選? 落選? 今は嵐の前の靜寂/愈よ迫る朝鮮美術展覽會
122357	朝鮮朝日	1925-05-23/1	05단	行き惱んだ訓練院のグラウンドいよいよ工事に着手/明年度に竣成
122358	朝鮮朝日	1925-05-23/1	05단	平壤の靴下職工に不穩の氣分漲る支那職工問題を解決せず依然使用するので憤慨
122359	朝鮮朝日	1925-05-23/1	06단	日支親善の一旬
122360	朝鮮朝日	1925-05-23/1	07단	大邱の婦人會組織發起者會
122361	朝鮮朝日	1925-05-23/1	07단	田中大將を狙擊した犯人南鮮に潛入か/當局秘密裡に活動
122362	朝鮮朝日	1925-05-23/1	07단	牛で釣る不都合な商人一萬人欺さる
122363	朝鮮朝日	1925-05-23/1	08단	鷄卵大の雹が降る被害甚大
122364	朝鮮朝日	1925-05-23/1	08단	平南价川郡に降雹と旋風/家屋數十戸を吹き飛ばす
122365	朝鮮朝日	1925-05-23/1	09단	五人組の馬賊支那人を射殺し金品を掠奪して去る
122366	朝鮮朝日	1925-05-23/1	09단	船長對手に過失致死の訴/溺死者の遺族が
122367	朝鮮朝日	1925-05-23/1	10단	人(朝鮮軍隊慰問團/竹田津吾一氏(朝鮮新聞社專務理事))
122368	朝鮮朝日	1925-05-23/1	10단	半島茶話
122369	朝鮮朝日	1925-05-23/2	01단	平南道當局は學年延長を許さず批難の聲愈よ高まる
122370	朝鮮朝日	1925-05-23/2	01단	軍營通竝行線財政難で實現難
122371	朝鮮朝日	1925-05-23/2	01단	鎭海に一大製絲工場/來春工場を開始
122372	朝鮮朝日	1925-05-23/2	01단	成績のよい機業
122373	朝鮮朝日	1925-05-23/2	01단	正チャンの冒險(九)
122374	朝鮮朝日	1925-05-23/2	02단	煙草の違反增加/今後嚴罰の方針
122375	朝鮮朝日	1925-05-23/2	03단	水の節約/苗代水に困る全北道の旱害
122376	朝鮮朝日	1925-05-23/2	03단	金融組合總會
122377	朝鮮朝日	1925-05-23/2	03단	鮮鐵馬晉間の開通式を擧行六月十五日に
122378	朝鮮朝日	1925-05-23/2	04단	太子堂落成式
122379	朝鮮朝日	1925-05-23/2	04단	焚出しで徵稅/咸興の納稅狀況
122380	朝鮮朝日	1925-05-23/2	04단	慶南道の時の宣傳六月十日に
122381	朝鮮朝日	1925-05-23/2	04단	運動界(體育協會は會員組織に變更さる/大邱野球戰/本町署運動會)

일련번호	판명	간행일	단수	기사명
122382	朝鮮朝日	1925/5/24	01단	昨朝山陰地方の大激震/震源地は但馬豊岡町附近か/城崎町は殆ど全滅、鐵道にも大事故(攝政宮殿下御心痛遊ばさる　本社機の實況報告を本多侍從より聽召さる/死體二十を發見 尙ほ燃え續く豊岡町/泣き叫ぶ避難民 豊岡、城崎方面/全町暗黑と化し 悽惨を極めた豊岡町/死傷者數百名/湯治客丸裸で續々と避難す/全滅救援を乞ふ 城崎町長の發電/開通は一週間後か/救援列車豊岡へ/火藥庫爆發の虞れ豊岡の死傷百名位 城崎方面は全滅の見込/東京市の救援協議 慰問隊を派遣か/竹藪や畑に避難 現場に向った特派員の第一報)
122383	朝鮮朝日	1925/5/24	04단	朝鮮にも感ず
122384	朝鮮朝日	1925/5/24	05단	全町燒失して恰も煉瓦を幷べた樣にペチャンコになった城崎溫泉/豊岡から津居山までは黑煙連續して一軒の家もなく猛火に包まれた震災地
122385	朝鮮朝日	1925/5/24	07단	支那署長の管內巡視
122386	朝鮮朝日	1925/5/24	07단	安東府民が地方委員會を決議機關に要望する
122387	朝鮮朝日	1925/5/24	08단	獻穀田の苗代は頗る良好に發芽した
122388	朝鮮朝日	1925/5/24	08단	生牛は一切釜山で下車檢疫/六月一日から實施
122389	朝鮮朝日	1925/5/24	08단	三十五名の馬賊越境して潛入/我が警官隊交戰す
122390	朝鮮朝日	1925/5/24	08단	朝鮮ホテルの自動車衝突/少女を殺す
122391	朝鮮朝日	1925/5/24	08단	珍らしく嬰兒を盗む男の手切れを恐れて
122392	朝鮮朝日	1925/5/24	09단	新義州の時の記念日/宣傳標語民謠を募集す
122393	朝鮮朝日	1925/5/24	09단	浮氣で若い寡婦の嬰兒殺し
122394	朝鮮朝日	1925/5/24	10단	耕作中に爆彈が破裂/鮮農の奇禍
122395	朝鮮朝日	1925/5/24	10단	花園町で鮮人の喧嘩/對手を蹴殺
122396	朝鮮朝日	1925/5/24	10단	人(薄田美朝氏(總督府警務局高等警察課事務官))
122397	朝鮮朝日	1925/5/24	10단	半島茶話
122398	朝鮮朝日	1925/5/26	01단	新聞紙法は內地と同樣になしたいと松寺法務局長語る
122399	朝鮮朝日	1925/5/26	01단	童謠はもとより自由教育でもまたは藝術教育でも正科さへ無視せねば結講
122400	朝鮮朝日	1925/5/26	02단	査證無くば入露は駄目/總督府に通牒が來た
122401	朝鮮朝日	1925/5/26	02단	初夏の風は流るゝ新綠の歡びの日/內鮮學生の音樂大會本社京城支局主催で
122402	朝鮮朝日	1925/5/26	03단	鮮人の歸化を許可すなと東邊道へ通牒
122403	朝鮮朝日	1925/5/26	03단	北京飛行の海軍機は雲に遮られ京城に着陸/海軍機の大邱通過二千五日晝
122404	朝鮮朝日	1925/5/26	04단	憲兵隊長會議治安維持法も附議する
122405	朝鮮朝日	1925/5/26	04단	疲れた身を故郷の風物で癒したいと弓削氏東拓入りを打■
122406	朝鮮朝日	1925/5/26	04단	一齊に着手した全鮮の砂防工事/總工費は三十萬圓で四期に分ち完成する
122407	朝鮮朝日	1925/5/26	05단	神仙爐/この親にしてこの子

일련번호	판명	간행일	단수	기사명
122408	朝鮮朝日	1925/5/26	05단	東拓が貸出す間島旱害民の救濟資金振當容易に解決せず
122409	朝鮮朝日	1925/5/26	06단	安東海關で痲醉藥輸入を制限す
122410	朝鮮朝日	1925/5/26	06단	大邱穀物が東京に販賣店を設置
122411	朝鮮朝日	1925/5/26	07단	鴨綠江口のテルタに聚る利權屋多し
122412	朝鮮朝日	1925/5/26	07단	鎭海工作部職工を馘首
122413	朝鮮朝日	1925/5/26	07단	基督敎の獨立を圖る朴炳載氏が
122414	朝鮮朝日	1925/5/26	08단	麥作の豊收で全北農村に生色漲る
122415	朝鮮朝日	1925/5/26	08단	テノールの名手ジ氏演奏會二日京城で
122416	朝鮮朝日	1925/5/26	08단	モヒ中毒の藝妓が自殺/醫院の毒藥を持出し
122417	朝鮮朝日	1925/5/26	08단	前科を秘して新聞記者に化け鐵道パスを利用し各地で竊盜を働く
122418	朝鮮朝日	1925/5/26	09단	刑事に化け飮食店を脅す
122419	朝鮮朝日	1925/5/26	09단	浮氣な妻を毆り殺す
122420	朝鮮朝日	1925/5/26	10단	鮮人三名の反物密輸入/安東縣から
122421	朝鮮朝日	1925/5/26	10단	人(齋藤總督/下岡政務總監/松井大尉/池田秀雄氏(殖産局長)/草間秀雄氏(財務局長))
122422	朝鮮朝日	1925/5/26	10단	半島茶話
122423	朝鮮朝日	1925/5/27	01단	何でもやる鮮人移住者は産業の恢復せぬ/露國は却て歡迎
122424	朝鮮朝日	1925/5/27	01단	廉く拂下げねば借地料は一時保留いたします/解決困難な練兵町問題
122425	朝鮮朝日	1925/5/27	01단	織り絢なさる藝術の花や美し內鮮學生音樂大會二日に亘るプログラム
122426	朝鮮朝日	1925/5/27	02단	昨年度に遜色のない成績不良の京城納稅
122427	朝鮮朝日	1925/5/27	03단	遞信局の航空事業に軍からも援助
122428	朝鮮朝日	1925/5/27	03단	辭令(東京電話)
122429	朝鮮朝日	1925/5/27	04단	商大兩銀の合同問題は近く實現か
122430	朝鮮朝日	1925/5/27	04단	黃海道の運河を開鑿/載寧江から沙里院まで
122431	朝鮮朝日	1925/5/27	04단	結構なお催で隨分お骨でせう/是非お伺ひしますと總監夫人のお話し
122432	朝鮮朝日	1925/5/27	04단	京城商議渡邊會頭の辭職を承認
122433	朝鮮朝日	1925/5/27	04단	漁民吸收の慰安會を盛大にやる
122434	朝鮮朝日	1925/5/27	05단	救世軍の英國留學生/最初の試み
122435	朝鮮朝日	1925/5/27	06단	神仙爐/猿の親子と人の母
122436	朝鮮朝日	1925/5/27	06단	富永課長の靑年會視察內容を調査し善導する
122437	朝鮮朝日	1925/5/27	06단	射擊場を民間に開放/龍山聯隊で
122438	朝鮮朝日	1925/5/27	06단	愛/幼なき心に芽ぐまれた
122439	朝鮮朝日	1925/5/27	07단	家庭の不和で鮮人の自殺
122440	朝鮮朝日	1925/5/27	07단	鳥に啄まれた死體を發見/遭難の漁夫か

일련번호	판명	간행일	단수	기사명
122441	朝鮮朝日	1925/5/27	08단	工事がなかったら溺死もすまいと遺族が憤り出し事務所を包圍する
122442	朝鮮朝日	1925/5/27	09단	狂暴化した馬賊
122443	朝鮮朝日	1925/5/27	10단	人(大谷尊由師/有賀光豊氏(殖産銀行頭取)/二宮■氏(東拓京城支店長/松井太久郎氏(步兵隊尉))
122444	朝鮮朝日	1925/5/27	10단	半島茶話
122445	朝鮮朝日	1925/5/27	10단	記念大福引當選番號(一)
122446	朝鮮朝日	1925/5/28	01단	金融に通せぬ株主が多く銀行の減配は容易であるまい
122447	朝鮮朝日	1925/5/28	01단	打續く不景氣と同僚の激增で血で血を洗ふ窮狀のあはれな鮮人勞動者
122448	朝鮮朝日	1925/5/28	01단	秩父宮の御渡歐祈願祭を淸津で擧行/御出發の時刻に遙拜
122449	朝鮮朝日	1925/5/28	01단	新綠の東鮮(五)/SPR/國語敎育の無方針に惱む高普の學生たち
122450	朝鮮朝日	1925/5/28	02단	憲兵隊の分駐所設置經費節減で
122451	朝鮮朝日	1925/5/28	02단	辭令(東京電話)
122452	朝鮮朝日	1925/5/28	03단	全羅北道の春蠶掃立減/桑の發芽不良
122453	朝鮮朝日	1925/5/28	03단	順調に復興へと進む北但震災地/各方面の其後
122454	朝鮮朝日	1925/5/28	04단	十四年度の地方稅豫算昨年より減少
122455	朝鮮朝日	1925/5/28	04단	全北道の水稻植付は增加の見込
122456	朝鮮朝日	1925/5/28	04단	咸南道の苗植付遲る氣溫低下で
122457	朝鮮朝日	1925/5/28	04단	咸南道の挿秧面積は一千町步增加
122458	朝鮮朝日	1925/5/28	05단	神仙爐/臭いものに蓋
122459	朝鮮朝日	1925/5/28	05단	鐵道局員に戻したお金が五十萬圓/目を着けた金融業者預金爭奪に浮身をやつす
122460	朝鮮朝日	1925/5/28	05단	朝鮮人の食糧問題を料理によって改善しやうと敎職を棄て上京した鮮婦人
122461	朝鮮朝日	1925/5/28	06단	朝鮮の誇り/金剛山のやま開き一日からいよいよ始る
122462	朝鮮朝日	1925/5/28	07단	本社販賣部主催の鮮滿沿岸飛行に錦を飾る張飛行士/六月一日からいよいよ決行
122463	朝鮮朝日	1925/5/28	07단	一方里に六百十五人咸南人口率
122464	朝鮮朝日	1925/5/28	07단	平北の降雹作物を害す
122465	朝鮮朝日	1925/5/28	07단	またも現れた咸北茂山に三十餘名の馬賊の一團
122466	朝鮮朝日	1925/5/28	08단	記念大福引當籤番號(二)/附錄九州朝日、朝鮮朝日發行
122467	朝鮮朝日	1925/5/28	09단	楚山署員一名を殪す交戰の末
122468	朝鮮朝日	1925/5/28	09단	連絡船で鮮勞動者が脚氣衝心
122469	朝鮮朝日	1925/5/28	09단	ステージに立つ可愛い水兵さん待たるゝその日/音樂學藝大會
122470	朝鮮朝日	1925/5/28	10단	賢臟炎で野田氏重態/家人は警戒中
122471	朝鮮朝日	1925/5/28	10단	東京大相撲大邱乘込
122472	朝鮮朝日	1925/5/28	10단	會(財務部長會議)

일련번호	판명	간행일	단수	기사명
122473	朝鮮朝日	1925/5/28	10단	人(齋藤總督/村山沼一郎氏(慶南警察部長)/松山忠次郎氏(代議士))
122474	朝鮮朝日	1925/5/28	10단	半島茶話
122475	朝鮮朝日	1925/5/29	01단	統計に照さるゝ朝鮮の人口/十月の國勢調査
122476	朝鮮朝日	1925/5/29	01단	內地の銀行が鮮內の資金を吸收するのは/何とかして取締る/鮮銀は鮮滿以外には貸出さぬ
122477	朝鮮朝日	1925/5/29	01단	新綠の東鮮(六)/SPR/低氣壓を冒しランチを驅り永興灣をよぎる
122478	朝鮮朝日	1925/5/29	02단	全市を分ち百二十四區/大邱の國勢調査
122479	朝鮮朝日	1925/5/29	03단	內鮮共學と年限の延長/道立師範の改善は近く實現
122480	朝鮮朝日	1925/5/29	03단	辭令(東京電話)
122481	朝鮮朝日	1925/5/29	04단	支那側の匪賊取締が非難される
122482	朝鮮朝日	1925/5/29	04단	今年のやうな豫算であれば咸鏡線の完成は/なほ四箇年を要する
122483	朝鮮朝日	1925/5/29	05단	忠北警察部署長會議
122484	朝鮮朝日	1925/5/29	05단	大震災で一千通以上電報が增加
122485	朝鮮朝日	1925/5/29	05단	天候も定まり北京訪問の海軍機平壤出發
122486	朝鮮朝日	1925/5/29	05단	硅砂の大脈/黃海道で發見さる採取額數五千萬圓で品質も優秀
122487		1925/5/29	06단	內鮮學生兒童音樂學藝大會
122488	朝鮮朝日	1925/5/29	06단	震災地ゆき救恤品は無賃で輸送
122489	朝鮮朝日	1925/5/29	06단	六圓手取で朝鮮窯業はいよいよ解散
122490	朝鮮朝日	1925/5/29	06단	內客改善は會社の義務/大興電氣の值下問題で大邱府民怒る
122491	朝鮮朝日	1925/5/29	07단	日本航空輸送研究所鮮滿連絡大飛行
122492	朝鮮朝日	1925/5/29	07단	音樂大會を活寫に收め各學校で映寫
122493	朝鮮朝日	1925/5/29	07단	海賊に襲はれた方津丸還る斧で慘殺された/死體八つを鹽漬に
122494	朝鮮朝日	1925/5/29	07단	北京訪問の飛行機行方不明
122495	朝鮮朝日	1925/5/29	08단	釜山の蠅討伐徹底的に
122496	朝鮮朝日	1925/5/29	09단	娘や倅に盜ませる女/平壤で捕る
122497	朝鮮朝日	1925/5/29	09단	漂ふ小船に婦人の死體/身許が判らぬ
122498	朝鮮朝日	1925/5/29	09단	金は盜み對手は河に投込んだ男
122499	朝鮮朝日	1925/5/29	09단	附錄九州朝日、朝鮮朝日發行記念大福引當籤番號(三)
122500	朝鮮朝日	1925/5/29	10단	あぶない電車の飛乘/落ちて重傷
122501	朝鮮朝日	1925/5/29	10단	落雷で震死/牛もろとも
122502	朝鮮朝日	1925/5/29	10단	人(女教員朝鮮視察團/淺利三郎氏(香川縣知事))
122503	朝鮮朝日	1925/5/29	10단	半島茶話
122504	朝鮮朝日	1925/5/30	01단	噂にとどまる浦潮の自由港/遠き將來はイザ知らず
122505	朝鮮朝日	1925/5/30	01단	制令と治維法は屋上屋を重ねない拔かぬ太刀の功名を希望する安藤部長
122506	朝鮮朝日	1925/5/30	01단	新綠の東鮮(七)/PSR/薄ら寒く曇る灣內の空を指呼しつゝ進む

일련번호	판명	간행일	단수	기사명
122507	朝鮮朝日	1925/5/30	02단	高等法院も下級裁判所の意見を十分尊重する
122508	朝鮮朝日	1925/5/30	03단	海軍機北京着
122509	朝鮮朝日	1925/5/30	03단	八十萬坪の大金鑛/義州郡に發見
122510	朝鮮朝日	1925/5/30	03단	利子に追はるゝ鮮銀の借金は一億四千萬圓
122511	朝鮮朝日	1925/5/30	03단	音樂大會は誠に結構である/然しボンヤリと聽かれては堪らぬ
122512	朝鮮朝日	1925/5/30	04단	平北道の春蠶掃立數/前年より増加
122513	朝鮮朝日	1925/5/30	04단	釜山府の印紙稅檢査/犯則者もある
122514	朝鮮朝日	1925/5/30	04단	遞信局員の航空隊視察係り新設の前提か
122515	朝鮮朝日	1925/5/30	05단	內地からまで見學する音樂學藝大會/本社京城支局
122516	朝鮮朝日	1925/5/30	05단	同民會の夏季大學/七月下旬に
122517	朝鮮朝日	1925/5/30	05단	新義州の空を私が飛ぶとき故鄕の人達は迎へて吳れませうか知ら
122518	朝鮮朝日	1925/5/30	06단	朝鮮線にラヂオはまだ早からう
122519	朝鮮朝日	1925/5/30	06단	自由教育で問題を起した高橋視學は近く轉任
122520	朝鮮朝日	1925/5/30	06단	辭令(東京電話)
122521	朝鮮朝日	1925/5/30	06단	日本海戰の憶出深き/鎭海灣の海軍記念日
122522	朝鮮朝日	1925/5/30	07단	日本航空輸送研究所鮮滿連絡大飛行
122523	朝鮮朝日	1925/5/30	07단	鮮展出品の裸體習作が何者かのため片腕をもがる
122524	朝鮮朝日	1925/5/30	07단	珍らしき朱子の筆蹟/亡命當時のもの
122525	朝鮮朝日	1925/5/30	08단	全身鱗の蛇をとこまた現はる
122526	朝鮮朝日	1925/5/30	08단	三十名の不逞團襲撃/放火して逃走
122527	朝鮮朝日	1925/5/30	09단	鮮人を拉去不逞團が
122528	朝鮮朝日	1925/5/30	09단	肥後守で脅しつけ金品を強奪
122529	朝鮮朝日	1925/5/30	09단	遣る瀬なき憶ひの老革命家/趙鼎氏竊に入京敗殘の身を抱いて
122530	朝鮮朝日	1925/5/30	09단	附錄九州朝日、朝鮮朝日發行記念大福引當籤番號(四)
122531	朝鮮朝日	1925/5/30	10단	破獄囚支那で捕はる
122532	朝鮮朝日	1925/5/30	10단	人(齋藤總督/橫田五郎氏(京城高等法院長)/大友賴達氏(朝鮮船舶工業會社長)/野中淸氏(朝鮮銀行總裁)
122533	朝鮮朝日	1925/5/30	10단	半島茶話
122534	朝鮮朝日	1925/5/31	01단	全長二百八十里國境道路の完成に努むる總督府の意響
122535	朝鮮朝日	1925/5/31	01단	內地鐵道省が目をつけた無煙炭/大量生産でなくば引合はぬらしい
122536	朝鮮朝日	1925/5/31	01단	新綠の東鮮(八)/PSR/花時を偲ばす群れ立つ葉櫻/白布を振つて迎へて吳れる子供たち
122537	朝鮮朝日	1925/5/31	03단	海軍機の平壤歸還六月一日
122538	朝鮮朝日	1925/5/31	03단	齋藤總督の鮮展縱覽二十九日
122539	朝鮮朝日	1925/5/31	03단	改正して欲い區域と時期/水産取締規則を
122540	朝鮮朝日	1925/5/31	03단	諮問と協議で賑ふ朝鮮教育總會六月から大邱で
122541	朝鮮朝日	1925/5/31	04단	教科書改正の委員會が近く開設

일련번호	판명	간행일	단수	기사명
122542	朝鮮朝日	1925/5/31	04단	童話研究會/オハナシのおぢきん達が京城で創立する
122543	朝鮮朝日	1925/5/31	05단	大邱公普校校長を排斥/轉任教師の煽動らし
122544	朝鮮朝日	1925/5/31	05단	連日の雨凊く霽れ八百の女性の/大コーラス初夏の名殘を惜しむ/我社支局の大音樂會
122545	朝鮮朝日	1925/5/31	05단	かゞやく榮光「鑿の匂ひ」と「色の絢」/第四回鮮展入選者
122546	朝鮮朝日	1925/5/31	06단	神仙爐/家庭工業の價値
122547	朝鮮朝日	1925/5/31	06단	間島の慈雨/住民大喜び
122548	朝鮮朝日	1925/5/31	07단	洪原地方豪雨で洪水侵水七十戸
122549	朝鮮朝日	1925/5/31	07단	雪/眞白となる鴨江の山
122550	朝鮮朝日	1925/5/31	07단	殺人犯人を龍山署が逮捕
122551	朝鮮朝日	1925/5/31	07단	自白せぬと毆り殺した/亂暴な巡査
122552	朝鮮朝日	1925/5/31	08단	落雷で娘は死亡し母親は發狂
122553	朝鮮朝日	1925/5/31	08단	水平運動と提携すべく餘りに實力がない衡平社
122554	朝鮮朝日	1925/5/31	09단	幽靈會社で八千餘圓を騙り取る
122555	朝鮮朝日	1925/5/31	09단	廓のお金に詰って盜み
122556	朝鮮朝日	1925/5/31	09단	附錄九州朝日、朝鮮朝日發行記念大福引當籤番號(五)
122557	朝鮮朝日	1925/5/31	10단	賣られ行く六名の婦人釜山署で取調
122558	朝鮮朝日	1925/5/31	10단	人(植村恒三郎氏(九州帝大助教授)/和田純氏(慶尙南道知事))
122559	朝鮮朝日	1925/5/31	10단	半島茶話

1925년 6월 (조선아사히)

일련번호	판명	간행일	단수	기사명
122560	朝鮮朝日	1925/6/2	01단	陪審制度は朝鮮ではまだまだ/第一に人がないと松村法務局長語る
122561	朝鮮朝日	1925/6/2	01단	咸鏡線の目鼻がつけば平元線も着手/總工費四千六百萬圓
122562	朝鮮朝日	1925/6/2	01단	歸還の海軍機/一日平壤着
122563	朝鮮朝日	1925/6/2	01단	新綠の東鮮(九)/RSP/山紫水明の堂々たる學校に收容の不良兒五十一名
122564	朝鮮朝日	1925/6/2	02단	東拓の關東州鹽田擴張計劃
122565	朝鮮朝日	1925/6/2	03단	殖銀利下四厘ほど
122566	朝鮮朝日	1925/6/2	03단	救助米を橫領した/馬和龍縣知事は誡首
122567	朝鮮朝日	1925/6/2	03단	普天教主の總督訪問は如何なる魂膽かと當局大に氣を病む
122568	朝鮮朝日	1925/6/2	04단	間島奧地に馬賊出沒し當局の大警戒
122569	朝鮮朝日	1925/6/2	04단	龍井村に幼稚園開設
122570	朝鮮朝日	1925/6/2	04단	辭令(東京電話)
122571	朝鮮朝日	1925/6/2	05단	溢るゝ觀衆/京城公會堂に於ける我社支局の音樂學藝大會
122572	朝鮮朝日	1925/6/2	05단	柞蠶飼育が支人に獨占せられるのは惜しい
122573	朝鮮朝日	1925/6/2	06단	商銀,大銀の合倂問題は容易でない
122574	朝鮮朝日	1925/6/2	06단	滿鮮連絡の大飛行愈よ開始/屹度成功すると張飛行士意氣込む
122575	朝鮮朝日	1925/6/2	06단	清津金組の預金大洪水/捌口に困る
122576	朝鮮朝日	1925/6/2	07단	京城新託の解散總會
122577	朝鮮朝日	1925/6/2	07단	慶北道の春繭出走る/三貫目九圓
122578	朝鮮朝日	1925/6/2	07단	清雄連絡船橫奪りされる
122579	朝鮮朝日	1925/6/2	08단	義烈團の幹部釜山から慶山に潜行して富豪を脅喝
122580	朝鮮朝日	1925/6/2	08단	大同江口にラジオ裝置/鎭南浦が請願/冬季汽船の狀況を通信のため
122581	朝鮮朝日	1925/6/2	08단	楚山署員土賊と衝突一名を斃す
122582	朝鮮朝日	1925/6/2	08단	警察署長の名を騙って菓子を詐取せんとす
122583	朝鮮朝日	1925/6/2	09단	慶北の降雹作物を害す
122584	朝鮮朝日	1925/6/2	09단	空米相場師一網打盡
122585	朝鮮朝日	1925/6/2	09단	附錄九州朝日、朝鮮朝日發行記念大福引當籤番號(六)
122586	朝鮮朝日	1925/6/2	10단	電車に刎ね飛され鮮婦人重傷
122587	朝鮮朝日	1925/6/2	10단	會(間島寫眞會)
122588	朝鮮朝日	1925/6/2	10단	人(西澤安東領事/中野寅吉氏)
122589	朝鮮朝日	1925/6/2	10단	半島茶話
122590	朝鮮朝日	1925-06-03/1	01단	*上海の罷業全般的となる 群衆は益亢奮/伊太利の陸戰隊上陸*
122591	朝鮮朝日	1925-06-03/1	01단	關釜連絡に五十噸級の巨船を更に新造する
122592	朝鮮朝日	1925-06-03/1	01단	水兵/康子幼稚園兒童所演/可憐な少年少女の明るい律動の國/內鮮學生の音樂と學藝大會の二日目
122593	朝鮮朝日	1925-06-03/1	02단	*海軍機の平壤出發二日朝/大邱通過/大村到着*
122594	朝鮮朝日	1925-06-03/1	02단	穀類濫賣は相成らぬ

일련번호	판명	간행일	단수	기사명
122595	朝鮮朝日	1925-06-03/1	03단	定期預金の利率引下げ/京城組合銀行
122596	朝鮮朝日	1925-06-03/1	03단	降雨多く平南の陸稻/前途が不安
122597	朝鮮朝日	1925-06-03/1	03단	歸鮮飛行の二日目/統營の空を亂舞數萬の觀衆雀躍す
122598	朝鮮朝日	1925-06-03/1	04단	百濟の舊都扶餘に王仁神社奉建
122599	朝鮮朝日	1925-06-03/1	04단	豪雨續きで自動車不通/鴨江上流
122600	朝鮮朝日	1925-06-03/1	05단	新綠の東鮮(十)/SPR/解って解らぬふりをするのが咸北教育のコツか
122601	朝鮮朝日	1925-06-03/1	05단	史實に反する繪だからとて三戶氏の作品は落選したらしい
122602	朝鮮朝日	1925-06-03/1	06단	馬賊が同情して金を惠む
122603	朝鮮朝日	1925-06-03/1	07단	元山に在住して居ない立花壽滿子さんの入選は鮮展の親定に反し失格
122604	朝鮮朝日	1925-06-03/1	09단	贈った金の半分は戻せ
122605	朝鮮朝日	1925-06-03/1	09단	法院書記が合意の心中/女人は玄人らし
122606	朝鮮朝日	1925-06-03/1	09단	附錄九州朝日,朝鮮朝日發行記念大福引當籤番號(七)
122607	朝鮮朝日	1925-06-03/1	10단	電車軌道に石を積上げ顚覆を圖る
122608	朝鮮朝日	1925-06-03/1	10단	人(李軫鎬氏/下岡政務總監)
122609	朝鮮朝日	1925-06-03/1	10단	半島茶話
122610	朝鮮朝日	1925-06-03/2	01단	釜山晋州間幹線道路は本年度着工
122611	朝鮮朝日	1925-06-03/2	01단	安東の着筏六百五十臺
122612	朝鮮朝日	1925-06-03/2	01단	公司の値下/安東木材界依然振はず
122613	朝鮮朝日	1925-06-03/2	01단	大田の春蠶發育頗る良好
122614	朝鮮朝日	1925-06-03/2	01단	鮮婦人の田植に懸賞咸南で獎勵
122615	朝鮮朝日	1925-06-03/2	01단	消防の充實/咸南の計劃
122616	朝鮮朝日	1925-06-03/2	01단	日本海戰の記念碑建設鎭海灣に
122617	朝鮮朝日	1925-06-03/2	02단	安東縣の遊びの税金一萬餘圓
122618	朝鮮朝日	1925-06-03/2	02단	七百町步の麥作全滅す/降雹のため
122619	朝鮮朝日	1925-06-03/2	02단	大邱府の汚物取扱所移轉に決定
122620	朝鮮朝日	1925-06-03/2	02단	震災死者追悼會
122621	朝鮮朝日	1925-06-03/2	02단	運動界(少年野球戰南浦普校優勝)
122622	朝鮮朝日	1925-06-03/2	02단	震災義金/全二千六百圓
122623	朝鮮朝日	1925/6/4	01단	鮮人勞働者の內地移住は何とか取締って吳れと內地から泣付いて來る
122624	朝鮮朝日	1925/6/4	01단	山火事の原因は火田の火入と地方民の不始末
122625	朝鮮朝日	1925/6/4	01단	日支親善に效果のあった北京訪問の大飛行
122626	朝鮮朝日	1925/6/4	01단	アマチュアの鮮展覗き(一)/KYOKA
122627	朝鮮朝日	1925/6/4	03단	龍井村の大成中學は或は廢校か
122628	朝鮮朝日	1925/6/4	03단	鮮鐵一日の損金五千圓/御蔭で貨車八百輛は倉庫や構內にゴロゴロ
122629	朝鮮朝日	1925/6/4	04단	支那巡警が理由もなく鮮人を射殺/在住民憤り抗議を要望

일련번호	판명	간행일	단수	기사명
122630	朝鮮朝日	1925/6/4	05단	懷かしい故山の空を快翔する/張德昌君の欣び
122631	朝鮮朝日	1925/6/4	05단	多大の參考資料を得たを喜ぶ/平岡元山校長の書信
122632	朝鮮朝日	1925/6/4	05단	藝術を透し朝鮮文化の向上が窺はれると田口米舫氏鮮展を激賞
122633	朝鮮朝日	1925/6/4	06단	汎太平洋基督教大會/朝鮮の出席者
122634	朝鮮朝日	1925/6/4	06단	雄大で素朴な高勾麗の壁畫
122635	朝鮮朝日	1925/6/4	07단	鮮滿飛行 一路麗水に 第三日目/光陽順天を飛行して歸還/京城を飛ぶ復興號 八、九の兩日
122636	朝鮮朝日	1925/6/4	08단	妙齡な婦人も交る主義者平壤署の大活動/十六名を引致する
122637	朝鮮朝日	1925/6/4	08단	無盡講役員告訴さる/講金を拂はぬ
122638	朝鮮朝日	1925/6/4	09단	新義州の猖紅熱不熄/當局手を燒く
122639	朝鮮朝日	1925/6/4	09단	二千年前の佛像二體佛國寺で發見
122640	朝鮮朝日	1925/6/4	09단	附錄九州朝日、朝鮮朝日發行記念大福引當籤番號(八)
122641	朝鮮朝日	1925/6/4	10단	短銃で脅し金品を强奪
122642	朝鮮朝日	1925/6/4	10단	人(大村鐵道局長/京都市視察團/齊藤總督)
122643	朝鮮朝日	1925/6/4	10단	半島茶話
122644	朝鮮朝日	1925-06-05/1	01단	日英排斥を決議し盛んに悲憤慷慨した東京の支那學生大會/上海に於ける罷業擴大
122645	朝鮮朝日	1925-06-05/1	01단	奉天と提携し東洋の平和を確保するが良策と赤井參謀長語る
122646	朝鮮朝日	1925-06-05/1	01단	新綠の東鮮/SPR/親を恨まぬ純眞な女性を讚へて筆を擱く
122647	朝鮮朝日	1925-06-05/1	03단	京取總會/配當は六分
122648	朝鮮朝日	1925-06-05/1	03단	連絡船のラジオ据付/一先づ中止
122649	朝鮮朝日	1925-06-05/1	03단	京城での無電放送は本年末頃か
122650	朝鮮朝日	1925-06-05/1	03단	京城局の急設電話は八日から受付ける
122651	朝鮮朝日	1925-06-05/1	04단	平北厚昌の藤田の銅山/來年は操業
122652	朝鮮朝日	1925-06-05/1	04단	全北平野の稻植附始る/本月中に終る
122653	朝鮮朝日	1925-06-05/1	04단	牛と豚で千五百餘頭/京城府民の口に這入る
122654	朝鮮朝日	1925-06-05/1	04단	忍べるだけは忍んだ我等の抗議に對し協會は更に耳を藉さなかった
122655	朝鮮朝日	1925-06-05/1	05단	アマチュアの鮮展覗き(二)/KYOKA
122656	朝鮮朝日	1925-06-05/1	05단	支那の暴動は露國インターナショナルが黑幕/國境警戒の要があると國友警務局課長は語る
122657	朝鮮朝日	1925-06-05/1	06단	辭令(東京電話)
122658	朝鮮朝日	1925-06-05/1	06단	朝鮮飛行/麗水を發す 雨を冒して/筏橋に着手 泊りがけの見物が多數
122659	朝鮮朝日	1925-06-05/1	08단	天道教徒が教祖を擁立/振興を圖る
122660	朝鮮朝日	1925-06-05/1	08단	京城南山の殖産會取調/回收不能と公金橫領
122661	朝鮮朝日	1925-06-05/1	08단	木製拳銃で脅し廻り金品を强奪
122662	朝鮮朝日	1925-06-05/1	09단	千八百圓の哀れな命

일련번호	판명	간행일	단수	기사명
122663	朝鮮朝日	1925-06-05/1	09단	朝鮮の情緒を永久に偲び度いと河奎一翁の喉をレコードに吹込む
122664	朝鮮朝日	1925-06-05/1	09단	附錄九州朝日、朝鮮朝日發行記念大福引當籤番號(九)
122665	朝鮮朝日	1925-06-05/1	10단	戀する男が新妻を迎へ世を儚んだ鮮婦人自殺
122666	朝鮮朝日	1925-06-05/1	10단	人(中村竹藤氏)
122667	朝鮮朝日	1925-06-05/1	10단	半島茶話
122668	朝鮮朝日	1925-06-05/2	01단	全北の麥作第一回豫想/昨年より増收
122669	朝鮮朝日	1925-06-05/2	01단	沃溝叺の群山檢查數/前月より増加
122670	朝鮮朝日	1925-06-05/2	01단	大田面擴張/來年四月から施實
122671	朝鮮朝日	1925-06-05/2	01단	愈よ始った飾窓の競技/全部出揃ひ
122672	朝鮮朝日	1925-06-05/2	01단	震災義金
122673	朝鮮朝日	1925-06-05/2	01단	正チヤンの昌險(一)
122674	朝鮮朝日	1925-06-05/2	02단	教育參考品展覽會開催/教育總會を期として
122675	朝鮮朝日	1925-06-05/2	02단	元山學組議員
122676	朝鮮朝日	1925-06-05/2	02단	咸興より
122677	朝鮮朝日	1925-06-05/2	02단	運動界(安東野球戰)
122678	朝鮮朝日	1925/6/6	01단	沈江危險に瀕し米宣教師襲撃さる/領事より軍艦派遣を電請
122679	朝鮮朝日	1925/6/6	01단	産業の根源たる金融機關の増設普及が急務/齊藤總督訓示す
122680	朝鮮朝日	1925/6/6	01단	在滿鮮人の保護と國境警備/總監の奉天訪問は飈て效果があらう
122681	朝鮮朝日	1925/6/6	01단	アマチユアの鮮展覗き(三)/KYOKA
122682	朝鮮朝日	1925/6/6	03단	第三回教育總會いよいよ始る
122683	朝鮮朝日	1925/6/6	03단	支那側が馬賊を討伐/吉林より出動
122684	朝鮮朝日	1925/6/6	03단	內鮮間の預金利率は開きの大きいのが至當
122685	朝鮮朝日	1925/6/6	04단	私鐵の資金/五百萬圓は重役個人が東部で調達
122686	朝鮮朝日	1925/6/6	04단	平南道の春鼈掃立數/五萬四千枚發育も良好
122687	朝鮮朝日	1925/6/6	04단	全國商議に京城から出張
122688	朝鮮朝日	1925/6/6	04단	辭令(東京電話)
122689	朝鮮朝日	1925/6/6	05단	堺航空研究所の鮮滿連絡飛行本社京城支局後援/五日目(筏橋を發し悠々と飛翔/木浦に着手　歡呼の間に/靈岩の空に數刻の圓舞/飛行講演會　木浦で開催)
122690	朝鮮朝日	1925/6/6	05단	二村洞の堤防工事は急速に運ばぬ
122691	朝鮮朝日	1925/6/6	05단	明太魚の相場激騰す/品薄のため
122692	朝鮮朝日	1925/6/6	05단	朝鮮鐵道の冷藏庫設置實/現すれば蒙古肉も朝鮮經由で輸入される
122693	朝鮮朝日	1925/6/6	06단	京城穀物信託/定時總會配當は五分
122694	朝鮮朝日	1925/6/6	06단	未檢疫の北鮮牛から/肋膜肺炎の系統は
122695	朝鮮朝日	1925/6/6	07단	四年間で三十七萬圓/喰ひ潰した京城信託
122696	朝鮮朝日	1925/6/6	07단	漸增する全北の小作農/農家の疲弊を物語もの

일련번호	판명	간행일	단수	기사명
122697	朝鮮朝日	1925/6/6	07단	公債證書を渡し一千圓を强奪はるばる上海から潜入した假政府首領
122698	朝鮮朝日	1925/6/6	08단	時の記念に産業第一の主議を高唱
122699	朝鮮朝日	1925/6/6	08단	釜山府の小公園近く着手する
122700	朝鮮朝日	1925/6/6	09단	新羅節/踊も添へて大邱を宣傳する/作歌は大谷暢弘氏
122701	朝鮮朝日	1925/6/6	09단	保險をつけて自宅を燒く/商賣に失敗し
122702	朝鮮朝日	1925/6/6	09단	暗夜のため不逞を逸す/目下追跡中
122703	朝鮮朝日	1925/6/6	09단	汽車に轢れ卽死す
122704	朝鮮朝日	1925/6/6	09단	附錄九州朝日,朝鮮朝日發行記念大福引當籤番號(十)
122705	朝鮮朝日	1925/6/6	10단	江景實業團/公州を訪問
122706	朝鮮朝日	1925/6/6	10단	人(弓削幸太郎氏(元鐵道部長)/大村卓一氏(新任鐵道局長)/引田第二十師團長/竹上第十九師團長)
122707	朝鮮朝日	1925/6/6	10단	半島茶話
122708	朝鮮朝日	1925-06-07/1	01단	內地で勉强中は頭腦明晰な鮮人青年が歸國すれば舊の木阿彌
122709	朝鮮朝日	1925-06-07/1	01단	外人や宗敎の私立學校が總督府の學制に做ふ/來業生の智識問題から
122710	朝鮮朝日	1925-06-07/1	01단	アマチュアの鮮展覗き(四)/KYOKA
122711	朝鮮朝日	1925-06-07/1	02단	觀光團で國境通過の外人が增加
122712	朝鮮朝日	1925-06-07/1	02단	排日扇子がまた賣れる
122713	朝鮮朝日	1925-06-07/1	03단	四月中の輸移出入/全鮮各地の
122714	朝鮮朝日	1925-06-07/1	03단	傷をつけた鯖の三千尾を放流/魚群の棲息に適する/潮流や氣溫を調査
122715	朝鮮朝日	1925-06-07/1	04단	京城提出案/都市金融の懇話會へ
122716	朝鮮朝日	1925-06-07/1	04단	安取の成績/今期も無配當
122717	朝鮮朝日	1925-06-07/1	05단	堺航空研究所の鮮滿連絡飛行本社京城支局後援/六日目(黃登の賑ひ臨時列車で觀衆の殺到)
122718	朝鮮朝日	1925-06-07/1	05단	旱害救濟で下水工事を繰上げ施行
122719	朝鮮朝日	1925-06-07/1	05단	憲兵分遣はせねばならず金はなし
122720	朝鮮朝日	1925-06-07/1	06단	ラジオ放送は當分儲からぬ/堂本遞信事務官談
122721	朝鮮朝日	1925-06-07/1	06단	水道料金不拂に困りぬき/共用栓に請負人を設けて石油鑵一杯の水を七厘で賣る
122722	朝鮮朝日	1925-06-07/1	07단	名も床しき錦江に着手/群山の空を悠々と搏く
122723	朝鮮朝日	1925-06-07/1	07단	大田の急務/治水と不水/萬難を排し斷行する
122724	朝鮮朝日	1925-06-07/1	08단	慶南線通す/馬普の握手
122725	朝鮮朝日	1925-06-07/1	08단	元山長箭の探勝航路がいよいよ開始
122726	朝鮮朝日	1925-06-07/1	09단	釜山高女に猩紅熱發生/蔓延の兆なし
122727	朝鮮朝日	1925-06-07/1	09단	活動寫眞に中學生の與へた感想
122728	朝鮮朝日	1925-06-07/1	09단	滅び行く斷末魔/假政府北京に移る/軍資金募集の計劃を探知した當局の大警戒

일련번호	판명	간행일	단수	기사명
122729	朝鮮朝日	1925-06-07/1	09단	人(儒林視察團/大橋小將(陸軍省兵器局長)/小泉小將(新任天津駐屯司令官)/野上俊夫博士(京大教授))
122730	朝鮮朝日	1925-06-07/1	09단	附錄九州朝日,朝鮮朝日發行記念大福引當籤番號(十一)
122731	朝鮮朝日	1925-06-07/1	10단	强盜犯人斷食を企て警察手古摺る
122732	朝鮮朝日	1925-06-07/1	10단	親子三名を銃殺す/不逞六名で
122733	朝鮮朝日	1925-06-07/1	10단	半島茶話
122734	朝鮮朝日	1925-06-07/2	01단	慶北産繭は作年よりも增加の見込
122735	朝鮮朝日	1925-06-07/2	01단	全北地方費追加豫算額八萬餘圓
122736	朝鮮朝日	1925-06-07/2	01단	都市金組の貸付限度を擴張すべしと協議す
122737	朝鮮朝日	1925-06-07/2	01단	大邱商議の平壤視察團八月半に出發
122738	朝鮮朝日	1925-06-07/2	01단	黃海道郡守會議
122739	朝鮮朝日	1925-06-07/2	01단	正チヤンの昌險(三)
122740	朝鮮朝日	1925-06-07/2	02단	安義對抗の陸上競技は本月の下旬
122741	朝鮮朝日	1925-06-07/2	02단	震災義金
122742	朝鮮朝日	1925/6/9	01단	人口と經濟の兩問題解決に朝鮮は重要な役割と井上準之助氏語る
122743	朝鮮朝日	1925/6/9	01단	閑却された平北は今後發展の餘地があると下岡政務總監語る
122744	朝鮮朝日	1925/6/9	02단	手緩い東拓/貸金が遅れ鮮農は支那を謳歌す
122745	朝鮮朝日	1925/6/9	03단	上海動亂で安東の銀市/亂調子を迪る
122746	朝鮮朝日	1925/6/9	03단	南京でも邦人に亂暴/珠江を挾み廣東軍戰ふ/衝突を避けよ芳澤公使が領事に訓電
122747	朝鮮朝日	1925/6/9	03단	都會に憧る、鮮人靑年に農敎育を施し土に親しましめる
122748	朝鮮朝日	1925/6/9	03단	麥作豫想前年より增加
122749	朝鮮朝日	1925/6/9	04단	安東の着筏八百臺突破/賣行は不良
122750	朝鮮朝日	1925/6/9	04단	稅關長會議/贅澤品關稅に就き諮問
122751	朝鮮朝日	1925/6/9	04단	辭令(東京電話)
122752	朝鮮朝日	1925/6/9	05단	繭相場が高すぎると警告を發す
122753	朝鮮朝日	1925/6/9	05단	南支の罷業は赤化宣傳の金がどの位出たかゞ問題/滿洲には影響なしと大村氏語る
122754	朝鮮朝日	1925/6/9	05단	平南農家の金肥使用が漸く增加す
122755	朝鮮朝日	1925/6/9	05단	降雹被害が甚大で善後/策に焦慮中
122756	朝鮮朝日	1925/6/9	06단	砂金鑛發見/咸南道で
122757	朝鮮朝日	1925/6/9	06단	繁茂期に入り不逞の蠢動に當局の警戒きびし/然し昨年よりは減少
122758	朝鮮朝日	1925/6/9	06단	補助がないと民間飛行も發達はせぬ
122759	朝鮮朝日	1925/6/9	06단	堺航空硏究所の鮮滿連絡飛行本社京城支局後援/復興號 群山に翼を憩む/學校で講演 生徒の質問に應じ說明/待ち焦れる海州の府民と學生たち/張飛行士の出身地たる義州の歡迎
122760	朝鮮朝日	1925/6/9	07단	産婆受驗者旅費が無く自殺を圖る

일련번호	판명	간행일	단수	기사명
122761	朝鮮朝日	1925/6/9	08단	淫奔な繼母/義理の子を自殺せしむ
122762	朝鮮朝日	1925/6/9	09단	むしり取られた毛髮の一摑み/慘を極めた金融組合の强盜公判
122763	朝鮮朝日	1925/6/9	09단	遺失した二千三百圓拾得者が出ない
122764	朝鮮朝日	1925/6/9	09단	人(下岡政務總監/大村卓一氏(新任鐵道局長)/石崎賴久氏(鐵道局庶務課長)/大島正滿氏(理學博士)
122765	朝鮮朝日	1925/6/9	09단	附錄九州朝日,朝鮮朝日發行記念大福引當籤番號(十二)
122766	朝鮮朝日	1925/6/9	10단	鴨綠江の川中へ突落し姦夫婦が本夫を殺害
122767	朝鮮朝日	1925/6/9	10단	販消
122768	朝鮮朝日	1925/6/9	10단	半島茶話
122769	朝鮮朝日	1925-06-10/1	01단	時けふは時の記念日
122770	朝鮮朝日	1925-06-10/1	01단	上海暴動は英國關係からと語尾を濁す陳副領事
122771	朝鮮朝日	1925-06-10/1	01단	何れの戰にも波瀾の渦卷の朝鮮に增師は實行の域に達して居る
122772	朝鮮朝日	1925-06-10/1	02단	田植が始る/水が潤澤で農家大喜び
122773	朝鮮朝日	1925-06-10/1	02단	間島方面の作柄見直す/連日の雨で
122774	朝鮮朝日	1925-06-10/1	03단	氣候適順で大小麥/槪して良好
122775	朝鮮朝日	1925-06-10/1	03단	沿海州鍊の輸入は昨年より減少
122776	朝鮮朝日	1925-06-10/1	04단	滿洲粟の運賃を滿鐵が下げぬので憤慨した京城實業家が東支線を通じ海路輸入
122777	朝鮮朝日	1925-06-10/1	04단	郡北普州間列車開通す
122778	朝鮮朝日	1925-06-10/1	04단	大連勸業博に朝鮮館を特設/主要物産を紹介する
122779	朝鮮朝日	1925-06-10/1	04단	辭令(東京電話)
122780	朝鮮朝日	1925-06-10/1	04단	無限の寶庫/敦化方面を視察する
122781	朝鮮朝日	1925-06-10/1	05단	支那巡邏船が我警官に發砲/鹽の密輸入犯人を追ひかけたあげく
122782	朝鮮朝日	1925-06-10/1	05단	無産靑年黨組織の計劃/治維法施行の令日/當局の許可は困難
122783	朝鮮朝日	1925-06-10/1	06단	面長を擁護し協議員排斥/知事に陳情
122784	朝鮮朝日	1925-06-10/1	06단	內鮮支に外人も交り萬國音樂會
122785	朝鮮朝日	1925-06-10/1	07단	道廳俱樂部/圖書部と遊戲部を設く
122786	朝鮮朝日	1925-06-10/1	07단	堺航空硏究所の鮮滿連絡飛行本社京城支局後援/京城に向ふ群山に名殘を惜みつつ/いよいよ漢江に人道橋上を旋回し着水
122787	朝鮮朝日	1925-06-10/1	07단	彫刻/三年前/金復鎭氏作
122788	朝鮮朝日	1925-06-10/1	07단	訪歐飛行を默止す能はず/岡崎町靑年の益金寄贈
122789	朝鮮朝日	1925-06-10/1	08단	上海暴動の首魁が安東に潛入の噂が傳る
122790	朝鮮朝日	1925-06-10/1	08단	血痕腥さき小舟が漂着/乘組員は慘殺されたか
122791	朝鮮朝日	1925-06-10/1	08단	刃渡り一尺の庖丁を振廻し警官に抵抗した/竊盜犯遂に捕はる
122792	朝鮮朝日	1925-06-10/1	09단	銃彈破裂し妓女負傷す/出所が怪しい
122793	朝鮮朝日	1925-06-10/1	09단	面白半分に列車顚覆を圖る物騷な男
122794	朝鮮朝日	1925-06-10/1	09단	警察や紳士に絡む淸津の大疑獄/一年後に豫番終結す

일련번호	판명	간행일	단수	기사명
122795	朝鮮朝日	1925-06-10/1	10단	民衆娛樂は三味や太鼓で踊ること/珍答の多い辯士の試驗
122796	朝鮮朝日	1925-06-10/1	10단	擧動不審は銀貨偽造犯/海州で捕はる
122797	朝鮮朝日	1925-06-10/1	10단	半島茶話
122798	朝鮮朝日	1925-06-10/2	01단	煙草をやめて棉を栽培す/專賣局農務課に泣つく/仕方がないと當事者は嘯く
122799	朝鮮朝日	1925-06-10/2	01단	盛なりし延平の漁業/水揚高三十萬圓
122800	朝鮮朝日	1925-06-10/2	01단	本年度編入全北保安林/約二萬町步
122801	朝鮮朝日	1925-06-10/2	01단	大田治山事業
122802	朝鮮朝日	1925-06-10/2	01단	鎮南浦の貯炭場時機の問題
122803	朝鮮朝日	1925-06-10/2	01단	正チヤンの昌險(五)
122804	朝鮮朝日	1925-06-10/2	03단	鎮南浦築港/運動員上京
122805	朝鮮朝日	1925-06-10/2	03단	大田を鼇業の都に/市民の意氣込
122806	朝鮮朝日	1925-06-10/2	03단	有段者增加/咸南警察部
122807	朝鮮朝日	1925-06-10/2	03단	運動界(全鮮爭覇の代表野球戰/寶塚を迎へ全大邱軍戰ふ/ゴルフ大會元山で擧行/西鮮庭球の覇者決定す/北鮮豫選は檢垣組優勝)
122808	朝鮮朝日	1925/6/11	01단	日英排斥を記した廿萬本の旗を立て通行人に寄附を強要 素晴らしい北京の國民大會/福州でも排外熱 商店悉く閉鎖
122809	朝鮮朝日	1925/6/11	01단	外米關稅檢查は船內でも差支ない/釜山道廳へ通知が來た
122810	朝鮮朝日	1925/6/11	01단	五月中に於る全鮮貿易額/總督府の調查
122811	朝鮮朝日	1925/6/11	02단	思想の流れ/右手に翳さず溫情主義と左に提ぐ治維法施行/下岡總監統治の陣容
122812	朝鮮朝日	1925/6/11	03단	勞農露國に日本領事館/六簡所の承認
122813	朝鮮朝日	1925/6/11	03단	關知事更迭/後任は趙氏
122814	朝鮮朝日	1925/6/11	03단	李王家の御買上げ/鮮展作品を
122815	朝鮮朝日	1925/6/11	04단	外米輸入の豫想高/十六萬石か
122816	朝鮮朝日	1925/6/11	04단	南支に動亂は第三インターナショナルが糸を操る/對岸の火災視すな鮮人學生も盲動を愼め
122817	朝鮮朝日	1925/6/11	05단	龍井村人口一千名弱
122818	朝鮮朝日	1925/6/11	05단	八道の山河に武德を普及/京城に支部を設け/滿洲と策應せん
122819	朝鮮朝日	1925/6/11	05단	釜山入庫數昨年より增加
122820	朝鮮朝日	1925/6/11	06단	銀婚記念の据置貯金で鎮南浦は三位
122821	朝鮮朝日	1925/6/11	06단	平壤慈惠院/肺患者を收容
122822	朝鮮朝日	1925/6/11	07단	九大農學部演習林を茂山に設定
122823	朝鮮朝日	1925/6/11	07단	支拂日統一商議が協議
122824	朝鮮朝日	1925/6/11	07단	理事排斥で蔚山漁業組合の內訌
122825	朝鮮朝日	1925/6/11	07단	西湖津の海水浴に道も力を入る
122826	朝鮮朝日	1925/6/11	07단	銃彈私有を支那側嚴禁
122827	朝鮮朝日	1925/6/11	07단	大谷尊由師十日入京/尊由氏と其筆蹟/勤行來道德

일련번호	판명	간행일	단수	기사명
122828	朝鮮朝日	1925/6/11	07단	堺航空研究所の鮮滿連絡飛行本社京城支局後援/漢江の橋畔人を以て埋る報告筒を投下
122829	朝鮮朝日	1925/6/11	08단	京城の空家千五百戸で十一月より減少
122830	朝鮮朝日	1925/6/11	08단	逃惑ふ不逞/各地で發見/射殺さる
122831	朝鮮朝日	1925/6/11	09단	地に埋めた爆彈十九箇警官が押收
122832	朝鮮朝日	1925/6/11	09단	勞動組合の大團結を圖り權威あらしめ度いと星出氏等計劃す
122833	朝鮮朝日	1925/6/11	09단	家出女の取押へ方を釜山署に依頼
122834	朝鮮朝日	1925/6/11	09단	支人二名が少女を盜み/自宅に檻禁
122835	朝鮮朝日	1925/6/11	10단	長さ二尺の/墓の化石全鮮で發見/千圓の買手がつく
122836	朝鮮朝日	1925/6/11	10단	會(工事課長會議)
122837	朝鮮朝日	1925/6/11	10단	人(コンノー少將(美國支那駐屯軍司令官))
122838	朝鮮朝日	1925/6/11	10단	半島茶話
122839	朝鮮朝日	1925-06-12/1	01단	日本攻擊下火となる/今では英攻擊に全力集注せる支那の排外運動
122840	朝鮮朝日	1925-06-12/1	01단	歐露直通の列車運轉を開始すべく鐵道局は滿鐵と協議を始む
122841	朝鮮朝日	1925-06-12/1	01단	警務局から捕潮に派遣/駐在させる
122842	朝鮮朝日	1925-06-12/1	01단	王奉天省長匪賊取締を督勵する
122843	朝鮮朝日	1925-06-12/1	01단	盈進中學事件/告訴取下で圓滿に解決
122844	朝鮮朝日	1925-06-12/1	02단	忠北春繭/共同販賣の入札終了す
122845	朝鮮朝日	1925-06-12/1	02단	思想の流れ/民族自決が高唱されて聖化殿を出た天道教主孫秉熙
122846	朝鮮朝日	1925-06-12/1	03단	繭資金貸出百五十萬圓/なほ增加せん
122847	朝鮮朝日	1925-06-12/1	03단	至極閑散な大邱の金融/貸出も減少
122848	朝鮮朝日	1925-06-12/1	03단	朝鮮私鐵の未開通線は一千二百七十餘哩/實現は容易でない
122849	朝鮮朝日	1925-06-12/1	04단	辭令(東京電話)
122850	朝鮮朝日	1925-06-12/1	04단	大邱水道の地下水利用/試掘成功す
122851	朝鮮朝日	1925-06-12/1	04단	京城に乘出/平壤商議の無煙炭宣傳
122852	朝鮮朝日	1925-06-12/1	05단	朝鮮西海岸に海上空路を設定し郵便飛行開始の計劃/實現も遠くない
122853	朝鮮朝日	1925-06-12/1	05단	附屬校が看護婦備聘/他校も倣はん
122854	朝鮮朝日	1925-06-12/1	05단	二十二人/生れて十七人は死亡する京城の赤坊
122855	朝鮮朝日	1925-06-12/1	06단	大邱聯隊の勤務演習
122856	朝鮮朝日	1925-06-12/1	06단	騎馬巡査で樂浪古墳の盜掘を取締
122857	朝鮮朝日	1925-06-12/1	06단	大同江上の無警察狀態/識者批難す
122858	朝鮮朝日	1925-06-12/1	07단	鎭南浦に大貯炭場來年度實現
122859	朝鮮朝日	1925-06-12/1	07단	三年の苦心空しからずエスペラント學會創立さる/全鮮の講習者二千餘名に達す
122860	朝鮮朝日	1925-06-12/1	07단	賭博の金を拂はぬとて官憲に訴ふ
122861	朝鮮朝日	1925-06-12/1	08단	如何はしい信託業者に釜山署が注目する

일련번호	판명	간행일	단수	기사명
122862	朝鮮朝日	1925-06-12/1	08단	釜山港外で帆船の遭難/水上署の救援奏功せず
122863	朝鮮朝日	1925-06-12/1	08단	義烈團首領そろそろ泥を吐く
122864	朝鮮朝日	1925-06-12/1	09단	留置場から逃げ出した竊盜嫌疑者
122865	朝鮮朝日	1925-06-12/1	09단	大盡遊びが無一文で逃げ廻る
122866	朝鮮朝日	1925-06-12/1	09단	不逞の輩が非を悟ってか歸順者が弗々ある/眞實なのは許す
122867	朝鮮朝日	1925-06-12/1	10단	生活難から鮮人の自殺
122868	朝鮮朝日	1925-06-12/1	10단	尊由師を種に各地で詐欺/時實知事も被害者の一人
122869	朝鮮朝日	1925-06-12/1	10단	人(西久保弘道氏(大日本武德會副會長)/岩崎廣太郞氏(鐵道局當業課長)/肺口少佐(ポーランド公事官附武官))
122870	朝鮮朝日	1925-06-12/1	10단	半島茶話
122871	朝鮮朝日	1925-06-12/2	01단	郵便局所數/廣い所は五十方里に一
122872	朝鮮朝日	1925-06-12/2	01단	全州川の護岸工事はいよいよ起工
122873	朝鮮朝日	1925-06-12/2	01단	清津着炭數會寧からの
122874	朝鮮朝日	1925-06-12/2	01단	朝鮮汽船の業績稍振ふ
122875	朝鮮朝日	1925-06-12/2	01단	大邱信用組合創立さる
122876	朝鮮朝日	1925-06-12/2	01단	金肥の需要苦しく增加
122877	朝鮮朝日	1925-06-12/2	01단	正チヤンの昌險(七)
122878	朝鮮朝日	1925-06-12/2	02단	柞蠶大工場謙盛恒號が遂に閉鎖
122879	朝鮮朝日	1925-06-12/2	02단	土産品々評會褒賞授與式/出品物賣却
122880	朝鮮朝日	1925-06-12/2	02단	京城の郵貯昨年より減少
122881	朝鮮朝日	1925-06-12/2	02단	朝鮮史編輯/官制を公布
122882	朝鮮朝日	1925-06-12/2	03단	北鎭雲山間自動車開通
122883	朝鮮朝日	1925-06-12/2	03단	大田競馬大會
122884	朝鮮朝日	1925-06-12/2	03단	震災義金
122885	朝鮮朝日	1925/6/13		缺號
122886	朝鮮朝日	1925-06-14/1	01단	朝鮮の産業は內地の食糧問題を解決するに重大と/下岡總監の訓示
122887	朝鮮朝日	1925-06-14/1	01단	北京から學生入込み旺んに宣傳
122888	朝鮮朝日	1925-06-14/1	01단	安東總商會臨時兵募集/日支衝突から
122889	朝鮮朝日	1925-06-14/1	01단	排日扇子で支商當局の態度を主意
122890	朝鮮朝日	1925-06-14/1	02단	李王妃殿下鮮展御成り/十二日午後
122891	朝鮮朝日	1925-06-14/1	02단	清津貿易高/五月中の
122892	朝鮮朝日	1925-06-14/1	02단	生糸工場を鮮內に設けねば內地仲買人から繭價は叩き落される
122893	朝鮮朝日	1925-06-14/1	03단	慶北管內の米豆の移動著しく減少
122894	朝鮮朝日	1925-06-14/1	04단	咸南道が牛肉移出に獎勵金交付
122895	朝鮮朝日	1925-06-14/1	04단	線絲布總會京城ホテルで
122896	朝鮮朝日	1925-06-14/1	04단	操業開始の丸原製煉所鎭南浦大喜び
122897	朝鮮朝日	1925-06-14/1	05단	釜山補成會/昨年度免囚保護の成績

일련번호	판명	간행일	단수	기사명
122898	朝鮮朝日	1925-06-14/1	05단	內地發行新聞も朝鮮に配付すればやはり許可を要する/村山慶南部長の大英斷
122899	朝鮮朝日	1925-06-14/1	05단	新義州府民下岡總監に師團や中學問題を陳情
122900	朝鮮朝日	1925-06-14/1	05단	棄てた滓土が金になる/合辨會社組織
122901	朝鮮朝日	1925-06-14/1	05단	氣遣はるゝ全北の雨量/插秧期に迫り用水不足
122902	朝鮮朝日	1925-06-14/1	06단	佛教團結議/純正なる布教に努むる
122903	朝鮮朝日	1925-06-14/1	06단	我が守備兵に支那兵が發砲/交戰したが死傷なし/安奉線草河口で
122904	朝鮮朝日	1925-06-14/1	07단	京城內のラジオ研究者四百餘名
122905	朝鮮朝日	1925-06-14/1	07단	女で固むる/清津局の窓口成績は良好
122906	朝鮮朝日	1925-06-14/1	07단	昨年度の遭難船舶大小五百九十餘隻
122907	朝鮮朝日	1925-06-14/1	07단	鐵道開通で馬普兩地は空前の賑ひ
122908	朝鮮朝日	1925-06-14/1	07단	平北警官に拳銃を支給
122909	朝鮮朝日	1925-06-14/1	07단	二百齡の滿洲松/直徑二尺の大樹二百本/孟山で發見
122910	朝鮮朝日	1925-06-14/1	08단	藥水旅館主山中で慘殺さる/犯人は宿泊中の鮮人らしいが捕はれぬ
122911	朝鮮朝日	1925-06-14/1	09단	惡友に誘れ好奇心から逢ひ行つた/釜山高女生の役者訪問
122912	朝鮮朝日	1925-06-14/1	09단	列車改善の打合會開催
122913	朝鮮朝日	1925-06-14/1	09단	巡査殺/一番通り死刑言渡
122914	朝鮮朝日	1925-06-14/1	09단	不義の子を殺した犯人/懲役一年六月
122915	朝鮮朝日	1925-06-14/1	09단	鮮女數名誘拐されて渡航せんとす
122916	朝鮮朝日	1925-06-14/1	10단	匪賊三名を楚山で射殺
122917	朝鮮朝日	1925-06-14/1	10단	吏員を毆る/府稅を督促され
122918	朝鮮朝日	1925-06-14/1	10단	會(京畿道署長會議/憲兵分隊長會議/尊由師歡迎會)
122919	朝鮮朝日	1925-06-14/1	10단	人(下岡政務總監/村田隆南警察部長/相田純氏/古由又之承氏/鳥崎少將)
122920	朝鮮朝日	1925-06-14/1	10단	半島茶話
122921	朝鮮朝日	1925-06-14/2	01단	國境署長會議/惠山鎭で開催
122922	朝鮮朝日	1925-06-14/2	01단	營林廠親交會
122923	朝鮮朝日	1925-06-14/2	01단	會(黑澤少將披露宴)
122924	朝鮮朝日	1925-06-14/2	01단	運動界(鐵道軍七釜山軍三/大邱軍一慶照軍零)
122925	朝鮮朝日	1925-06-14/2	01단	震災義金
122926	朝鮮朝日	1925-06-14/2	01단	正チヤンの昌險(九)
122927	朝鮮朝日	1925/6/16	01단	群山港の修築/豫算編成を前に必成を期して猛運動
122928	朝鮮朝日	1925/6/16	01단	內務局長更迭
122929	朝鮮朝日	1925/6/16	01단	知事に榮轉の名府尹/谷多喜磨氏
122930	朝鮮朝日	1925/6/16	01단	鳥人の後を追うて/美しき統營の海/あはれな交通機關で空飛ぶ張氏を追ふ
122931	朝鮮朝日	1925/6/16	02단	府尹に轉ずる/馬野警察部長

일련번호	판명	간행일	단수	기사명
122932	朝鮮朝日	1925/6/16	02단	宮內省入りの大塚氏語る
122933	朝鮮朝日	1925/6/16	03단	京城都計基本調査資料完成
122934	朝鮮朝日	1925/6/16	03단	群北普州間鐵道開通式
122935	朝鮮朝日	1925/6/16	03단	載寧江改修起工式/齊藤總督臨場
122936	朝鮮朝日	1925/6/16	04단	露語通譯官平北、京畿、慶南咸北四道に配置
122937	朝鮮朝日	1925/6/16	04단	金融組合理事長協議會
122938	朝鮮朝日	1925/6/16	04단	慶尚北道府尹郡守會議
122939	朝鮮朝日	1925/6/16	04단	平北傳川郡道評議員補缺
122940	朝鮮朝日	1925/6/16	04단	農業技術官/會議の指示及主意事項
122941	朝鮮朝日	1925/6/16	05단	實業敎育/振興の答申
122942	朝鮮朝日	1925/6/16	05단	京畿道師範/附屬普校開校
122943	朝鮮朝日	1925/6/16	05단	新義州府協議員會
122944	朝鮮朝日	1925/6/16	05단	朝商、平壤大同兩銀行合同交涉未し
122945	朝鮮朝日	1925/6/16	06단	五月中の群山貿易額
122946	朝鮮朝日	1925/6/16	06단	安東取引所今期無配當
122947	朝鮮朝日	1925/6/16	06단	慶北道內の造林面積は一萬餘町步
122948	朝鮮朝日	1925/6/16	06단	全北道の産業品評會本年は開催
122949	朝鮮朝日	1925/6/16	06단	砂金鑛休止
122950	朝鮮朝日	1925/6/16	07단	大倉男の滿蒙入は却って排日熱を高める
122951	朝鮮朝日	1925/6/16	07단	洛東江の鮎保護方法考究中
122952	朝鮮朝日	1925/6/16	07단	ひと一人の價が二圓から五圓/幼い鮮女の上に伸びる支那人の恐しい魔の手
122953	朝鮮朝日	1925/6/16	07단	小作人が地主に要求
122954	朝鮮朝日	1925/6/16	08단	王世子殿下の新願寺建立計劃進捗す
122955	朝鮮朝日	1925/6/16	08단	尊由師來邱
122956	朝鮮朝日	1925/6/16	08단	埋築工事起工
122957	朝鮮朝日	1925/6/16	08단	降雹の被害
122958	朝鮮朝日	1925/6/16	09단	警官六名匪賊と砲火を交ゆ
122959	朝鮮朝日	1925/6/16	09단	江界郡の牛疫
122960	朝鮮朝日	1925/6/16	09단	絞殺死體か
122961	朝鮮朝日	1925/6/16	09단	四人組の强盜
122962	朝鮮朝日	1925/6/16	09단	運動界(元山運動界/大海軍優勝/實業靑年運動會/安義對抗競技)
122963	朝鮮朝日	1925/6/16	10단	會(家庭衛生講習/漁業者慰安會)
122964	朝鮮朝日	1925/6/16	10단	人(下岡政務總監/西久保弘道氏/大谷尊由師/赤木萬二郎氏/安藤攵三郎氏)
122965	朝鮮朝日	1925/6/16	10단	半島茶話
122966	朝鮮朝日	1925-06-17/1	01단	新任內務局長/生田淸三浪氏
122967	朝鮮朝日	1925-06-17/1	01단	警察部長異動近く行ふ
122968	朝鮮朝日	1925-06-17/1	01단	淸津學議/補缺當選者

일련번호	판명	간행일	단수	기사명
122969	朝鮮朝日	1925-06-17/1	01단	羅南學校組合議員補缺戰
122970	朝鮮朝日	1925-06-17/1	01단	京畿道管內/警察署會議
122971	朝鮮朝日	1925-06-17/1	01단	朝鮮の修道院を訪ふ(一)/超人の福音を説くッアラトウストラの住居にも似伸鄕
122972	朝鮮朝日	1925-06-17/1	02단	林政調査囑託
122973	朝鮮朝日	1925-06-17/1	02단	京畿林學會
122974	朝鮮朝日	1925-06-17/1	02단	組合の發達は産業開發ばかりでなく民風作興にも關係がある/金融總監の訓示
122975	朝鮮朝日	1925-06-17/1	03단	巡査部長の選拔試驗
122976	朝鮮朝日	1925-06-17/1	03단	朝鮮社會事業研究會
122977	朝鮮朝日	1925-06-17/1	03단	城淸電氣營業區域擴張
122978	朝鮮朝日	1925-06-17/1	04단	開通した慶南線の工事槪要
122979	朝鮮朝日	1925-06-17/1	05단	鳥人の後を追うて 二/雪と氷の朝鮮に珍らしい樂園地/名勝舊蹟にも富む水産地
122980	朝鮮朝日	1925-06-17/1	05단	ベンチで晝寢する人
122981	朝鮮朝日	1925-06-17/1	06단	咸興聯隊點呼
122982	朝鮮朝日	1925-06-17/1	06단	野採類の共同洗計畵
122983	朝鮮朝日	1925-06-17/1	06단	咸南物産巡回展覽會/鮮米宣傳
122984	朝鮮朝日	1925-06-17/1	07단	グチ漁業好況
122985	朝鮮朝日	1925-06-17/1	07단	榮山浦の乾繭場落成
122986	朝鮮朝日	1925-06-17/1	08단	鯉兒の孵化
122987	朝鮮朝日	1925-06-17/1	08단	學校で養鼈/成績良好
122988	朝鮮朝日	1925-06-17/1	08단	第一回の美展懇親會
122989	朝鮮朝日	1925-06-17/1	08단	取引所設置は根據なき風說/虛傳に迷はされるな池田殖産局長談
122990	朝鮮朝日	1925-06-17/1	09단	『田舍』は遂に入賞取消し
122991	朝鮮朝日	1925-06-17/1	09단	麥風畵伯來鮮
122992	朝鮮朝日	1925-06-17/1	09단	全化館內の耕牛が足らぬ
122993	朝鮮朝日	1925-06-17/1	10단	鎭南浦のスケート塲
122994	朝鮮朝日	1925-06-17/1	10단	會(學議茶話會)
122995	朝鮮朝日	1925-06-17/1	10단	人(下岡政務總監/衛生視察團)
122996	朝鮮朝日	1925-06-17/1	10단	半島茶話
122997	朝鮮朝日	1925-06-17/2	01단	個人所得稅をも徵收の餘地がある/小島廣島稅務監督局長談
122998	朝鮮朝日	1925-06-17/2	01단	元山の金融と貿易額
122999	朝鮮朝日	1925-06-17/2	01단	新義州專賣局賣上
123000	朝鮮朝日	1925-06-17/2	01단	京城府の所得稅減少
123001	朝鮮朝日	1925-06-17/2	01단	正チャンの冒險(十)
123002	朝鮮朝日	1925-06-17/2	02단	明犬魚卵の鹽漬好評
123003	朝鮮朝日	1925-06-17/2	02단	慶南天然氷不潔ではない

일련번호	판명	간행일	단수	기사명
123004	朝鮮朝日	1925-06-17/2	03단	東拓大邱支店社有地面積
123005	朝鮮朝日	1925-06-17/2	03단	全鮮選拔野球 鐵道軍勝つ七A對三/鐵道軍遂優勝/大邱軍雪辱す 慶熙軍惜財
123006	朝鮮朝日	1925-06-17/2	04단	全鮮中等學校 陸上競技競技會/京城中等學校 庭球聯盟組織/鎮南浦庭球
123007	朝鮮朝日	1925-06-18/1	01단	前年踏襲方針の明年度豫算/不急の新規事業も延期
123008	朝鮮朝日	1925-06-18/1	01단	國際航空路は遠からず實現/船舶規定も改正/蒲原遞信局長歸來談
123009	朝鮮朝日	1925-06-18/1	01단	大塚君を朝鮮から失ふ事は遺憾/齋藤總督談
123010	朝鮮朝日	1925-06-18/1	01단	朝鮮の修道院を訪ふ(二)/文豪社翁に似た獨逸の哲人と同じ名の美鬚の修士さん
123011	朝鮮朝日	1925-06-18/1	02단	忠北郡守會議
123012	朝鮮朝日	1925-06-18/1	03단	木浦麗水間定期郵便航路
123013	朝鮮朝日	1925-06-18/1	03단	國勢調査準備
123014	朝鮮朝日	1925-06-18/1	03단	郡晋間鐵路開通祝賀
123015	朝鮮朝日	1925-06-18/1	03단	張作霖との協定も效果は一時的/永遠の策は領事館增設/國境警備問題
123016	朝鮮朝日	1925-06-18/1	04단	勅任の動き/大塚君の大內山入
123017	朝鮮朝日	1925-06-18/1	04단	鐵道從業員の慰問婦任命
123018	朝鮮朝日	1925-06-18/1	05단	神仙爐/體育の奬勵
123019	朝鮮朝日	1925-06-18/1	05단	兩性の豚
123020	朝鮮朝日	1925-06-18/1	05단	四百萬圓の巨費を投じて/着手する載寧江改修
123021	朝鮮朝日	1925-06-18/1	06단	朝鮮紡績の無電受信機
123022	朝鮮朝日	1925-06-18/1	07단	白鳳里に蜃氣樓
123023	朝鮮朝日	1925-06-18/1	07단	京城の火事/全燒六戶/半燒四戶
123024	朝鮮朝日	1925-06-18/1	07단	土地橫領の陰謀組捕はる
123025	朝鮮朝日	1925-06-18/1	07단	上海暴動の一味が間島に潜入して學生を煽動
123026	朝鮮朝日	1925-06-18/1	08단	妓生から金を取った偏辯護士
123027	朝鮮朝日	1925-06-18/1	08단	石造殿に盜難
123028	朝鮮朝日	1925-06-18/1	08단	竊盜團の首謀者三名檢事局送り
123029	朝鮮朝日	1925-06-18/1	09단	安東支那術案外に平穩
123030	朝鮮朝日	1925-06-18/1	09단	學生團も先づ平穩
123031	朝鮮朝日	1925-06-18/1	09단	モヒ密輸者
123032	朝鮮朝日	1925-06-18/1	09단	便壺に嬰兒
123033	朝鮮朝日	1925-06-18/1	10단	會(儒道振興會/同民會支部)
123034	朝鮮朝日	1925-06-18/1	10단	人(不關政總監/谷平北知事)
123035	朝鮮朝日	1925-06-18/1	10단	半島茶話
123036	朝鮮朝日	1925-06-18/2	01단	仁川米穀取引所で證券の受渡も實施/米穀檢査を嚴にする
123037	朝鮮朝日	1925-06-18/2	01단	五月中における主要港對內地貿易

일련번호	판명	간행일	단수	기사명
123038	朝鮮朝日	1925-06-18/2	01단	鎮南浦貿易好況
123039	朝鮮朝日	1925-06-18/2	01단	正チャンの冒險(十一)
123040	朝鮮朝日	1925-06-18/2	02단	公認運送店制は貨物本位に早晩改正
123041	朝鮮朝日	1925-06-18/2	03단	市民運動會
123042	朝鮮朝日	1925-06-18/2	03단	五月中の清津水産品
123043	朝鮮朝日	1925-06-18/2	03단	新設桑田と所要苗木
123044	朝鮮朝日	1925-06-18/2	03단	公州から
123045	朝鮮朝日	1925-06-18/2	04단	運動界(安義對抗競技/少年庭球計畫/大邱の野球戰)
123046	朝鮮朝日	1925-06-19/1	01단	若いインテリゲンチャを煽動すべく入りこんだ花も羞らふ妙齢の鮮女/金マリヤ第二世と噂さるゝ/傑出した美貌の持主黃イリナ
123047	朝鮮朝日	1925-06-19/1	01단	貨物運賃値下は朝鮮線には緣遠い話
123048	朝鮮朝日	1925-06-19/1	01단	朝鮮の修道院を訪ふ(三)/一脈の人間味が通つているベネツト派ユスラ梅熟する農園
123049	朝鮮朝日	1925-06-19/1	03단	仁川會議所/評議員會
123050	朝鮮朝日	1925-06-19/1	03단	辭令(東京電話)
123051	朝鮮朝日	1925-06-19/1	03단	元山水産試驗場開場
123052	朝鮮朝日	1925-06-19/1	03단	施肥法を研究獎勵
123053	朝鮮朝日	1925-06-19/1	04단	神仙爐/第一主義のうら
123054	朝鮮朝日	1925-06-19/1	04단	勞働協會の分身たる土工組發會
123055	朝鮮朝日	1925-06-19/1	04단	鎮南浦公會堂新築/漸く具體化
123056	朝鮮朝日	1925-06-19/1	04단	從來のやうな活動ができず形勢觀望の諸團體/治維法の施行で
123057	朝鮮朝日	1925-06-19/1	05단	勅任の動き(二)/眉宇の間に不思議な皺
123058	朝鮮朝日	1925-06-19/1	06단	大邱市內の乘合自動車
123059	朝鮮朝日	1925-06-19/1	06단	海水浴場の民間渡船計畫
123060	朝鮮朝日	1925-06-19/1	07단	上海の罷業を激勵する電報/京城左傾團體から
123061	朝鮮朝日	1925-06-19/1	07단	豪雨で山崩れ/三十箇所
123062	朝鮮朝日	1925-06-19/1	07단	咸南道の迷信
123063	朝鮮朝日	1925-06-19/1	08단	慶南殉職警官招魂際
123064	朝鮮朝日	1925-06-19/1	08단	不穩文書を撒布した怪支那人
123065	朝鮮朝日	1925-06-19/1	09단	金塊密輸を恐喝した巡査
123066	朝鮮朝日	1925-06-19/1	09단	匪賊と應戰
123067	朝鮮朝日	1925-06-19/1	09단	平壤の官術衙を爆破せんとした兇賊の主魁
123068	朝鮮朝日	1925-06-19/1	10단	馬券僞造者檢事局送り
123069	朝鮮朝日	1925-06-19/1	10단	會(個人展覽會/初等教員講習會)
123070	朝鮮朝日	1925-06-19/1	10단	人(安東稅捐局長)
123071	朝鮮朝日	1925-06-19/1	10단	半島茶話
123072	朝鮮朝日	1925-06-19/2	01단	鳥人の後を追うて(三)/張さんの妙技に群衆今更の如く醉ふ
123073	朝鮮朝日	1925-06-19/2	01단	春繭は頗る好況で破天荒の相場を出す

일련번호	판명	간행일	단수	기사명
123074	朝鮮朝日	1925-06-19/2	01단	粟の關稅/撤廢中止は愚策
123075	朝鮮朝日	1925-06-19/2	01단	正チャンの冒險(十二)
123076	朝鮮朝日	1925-06-19/2	02단	城津大豆出廻
123077	朝鮮朝日	1925-06-19/2	02단	海水浴場に土産品陳列
123078	朝鮮朝日	1925-06-19/2	03단	通關手續が遅れて迷惑
123079	朝鮮朝日	1925-06-19/2	03단	兵庫縣人會の震災慰問金
123080	朝鮮朝日	1925-06-19/2	03단	ハーモニカ演奏旅行(咸興より)
123081	朝鮮朝日	1925-06-19/2	03단	運動界(野球審判講習/選手歡迎競技/善隣勝つ/元山中學勝つ/滿洲俱樂部野球)
123082	朝鮮朝日	1925-06-20/1	01단	新開墾地以外には內地人を入れず鮮人を保護する
123083	朝鮮朝日	1925-06-20/1	01단	慶南道署長會議
123084	朝鮮朝日	1925-06-20/1	01단	崇正普通學校設立認可
123085	朝鮮朝日	1925-06-20/1	01단	教育副會長占城氏就任
123086	朝鮮朝日	1925-06-20/1	01단	道廳移轉協贊會解散
123087	朝鮮朝日	1925-06-20/1	01단	朝鮮の修道院を訪ふ(四)/何から何まで自給自足の世界人間最後のユートピア
123088	朝鮮朝日	1925-06-20/1	02단	人蔘耕作將勵規改正
123089	朝鮮朝日	1925-06-20/1	02단	沿線に散在する隱れた名所舊蹟を紹介して增收を計る/鮮鐵の新しい試み
123090	朝鮮朝日	1925-06-20/1	03단	松毛蟲驅除
123091	朝鮮朝日	1925-06-20/1	03단	全北道麥作豫想高二割增收見込
123092	朝鮮朝日	1925-06-20/1	03단	辭令(東京電話)
123093	朝鮮朝日	1925-06-20/1	04단	孫文追悼會も時節柄禁止
123094	朝鮮朝日	1925-06-20/1	05단	勅任の動き(三)/禁酒が唯一の親孝行
123095	朝鮮朝日	1925-06-20/1	05단	人事相談所が基金の算段
123096	朝鮮朝日	1925-06-20/1	06단	雇傭員同盟/成行監視
123097	朝鮮朝日	1925-06-20/1	06단	萬頃江改修と水利組合とで旱害に見舞はれた全北に轉禍爲福の施設
123098	朝鮮朝日	1925-06-20/1	07단	鍊買出船の本年の被害
123099	朝鮮朝日	1925-06-20/1	09단	軍資金を出せと匪賊二名が侵入
123100	朝鮮朝日	1925-06-20/1	09단	平壤高普生徒數十名/校庭で大亂鬪鎭撫の職員數名負傷
123101	朝鮮朝日	1925-06-20/1	09단	犢大の犲が幼女を咬え去る
123102	朝鮮朝日	1925-06-20/1	09단	空家の火事
123103	朝鮮朝日	1925-06-20/1	09단	會(臨時評議員會/教育講習會/鐵道局講演會)
123104	朝鮮朝日	1925-06-20/1	10단	遊廓裏で青年の縊死
123105	朝鮮朝日	1925-06-20/1	10단	人(大塚常三郎氏/神浦萬十郎氏/尾崎敬義氏(東拓理事)/內地視察團/北野元峰大禪師)
123106	朝鮮朝日	1925-06-20/1	10단	半島茶話
123107	朝鮮朝日	1925-06-20/2	01단	神仙爐/新府尹に希望

일련번호	판명	간행일	단수	기사명
123108	朝鮮朝日	1925-06-20/2	01단	移住者の生活/安定と不逞鮮人全滅/在滿鮮人救濟策
123109	朝鮮朝日	1925-06-20/2	01단	輸城平野開墾計畫
123110	朝鮮朝日	1925-06-20/2	01단	鮮鐵運賃統一
123111	朝鮮朝日	1925-06-20/2	01단	慶北の苹果/發育良好
123112	朝鮮朝日	1925-06-20/2	01단	正チャンの冒險(十三)
123113	朝鮮朝日	1925-06-20/2	02단	豆粕需要增加
123114	朝鮮朝日	1925-06-20/2	03단	すみのえ牡蠣移植試驗を行ふ
123115	朝鮮朝日	1925-06-20/2	03단	平南春繭高値
123116	朝鮮朝日	1925-06-20/2	03단	咸南道の畜産物産額
123117	朝鮮朝日	1925-06-20/2	03단	成人教育(朝日講演集)/四六判二百五十餘頁·定價五十錢
123118	朝鮮朝日	1925-06-20/2	04단	咸南奧地の霜
123119	朝鮮朝日	1925-06-20/2	04단	運動界(全鮮陸上競技/寶塚野球團/北靑陸上競技/武道講演會/慶北武道大會)
123120	朝鮮朝日	1925/6/21		缺號
123121	朝鮮朝日	1925-06-23/1	01단	安東の支那人が英國商人に經濟斷絶を宣言/奉天學生と連絡して
123122	朝鮮朝日	1925-06-23/1	01단	春蠶收繭高二十二萬石/(總督府調査十日現在)
123123	朝鮮朝日	1925-06-23/1	01단	米商人の間島進出/パルフ會社設立の計畫
123124	朝鮮朝日	1925-06-23/1	01단	支那絹織物輸入減退す內地品の競爭が始まる
123125	朝鮮朝日	1925-06-23/1	01단	鳥人の後を追うて(五)/いよいよ筏橋へ宣傳飛行終了
123126	朝鮮朝日	1925-06-23/1	02단	鎭海の商船學校は明年度實現か
123127	朝鮮朝日	1925-06-23/1	02단	年に二十萬噸の窒素を製造/赴津江に水電を興し
123128	朝鮮朝日	1925-06-23/1	03단	警察部長異動
123129	朝鮮朝日	1925-06-23/1	04단	看護手を表彰/復興號隊落時の處置で
123130	朝鮮朝日	1925-06-23/1	04단	感心なる御角力さん/貰つた金で父の古い借金を返還す
123131	朝鮮朝日	1925-06-23/1	04단	輕卒に本國と策應はしない/京城在住支人は大抵北の昔氣質
123132	朝鮮朝日	1925-06-23/1	05단	鴨綠江の筏
123133	朝鮮朝日	1925-06-23/1	05단	全北平野に黃金の雨/農家蘇る
123134	朝鮮朝日	1925-06-23/1	05단	十箇年賦で小作人に讓渡す/荷衣島を買受けて裏面に絡るものあるか
123135	朝鮮朝日	1925-06-23/1	06단	京城府內腸チブス/蔓延の兆
123136	朝鮮朝日	1925-06-23/1	06단	大同江は鎭南浦署の警備船が取締
123137	朝鮮朝日	1925-06-23/1	06단	匪賊二名を射殺す
123138	朝鮮朝日	1925-06-23/1	07단	漁船歸らず或は難破か
123139	朝鮮朝日	1925-06-23/1	07단	平静になれば默認する平壤高普の亂鬪事件
123140	朝鮮朝日	1925-06-23/1	07단	家庭の貧に泣き暮した兵士が逃亡/自殺を企つ
123141	朝鮮朝日	1925-06-23/1	08단	制服官吏が妓生と同衾/釜山署の料理屋檢擧
123142	朝鮮朝日	1925-06-23/1	09단	逃げ出した放火狂がノコノコと戻る

일련번호	판명	간행일	단수	기사명
123143	朝鮮朝日	1925-06-23/1	09단	元山中學校長四村氏自殺す/神經衰弱の結果だが裏面に仔細があるらしい
123144	朝鮮朝日	1925-06-23/1	09단	地に埋めた病牛を食ひ留置處分
123145	朝鮮朝日	1925-06-23/1	09단	大邱警察署モヒ密賣者七名を檢擧
123146	朝鮮朝日	1925-06-23/1	10단	樺太戻りの鮮人自殺す/生活難から
123147	朝鮮朝日	1925-06-23/1	10단	人(儒林團一行/田中萬渙氏(憲政會代議士)/森田一雄氏(日本窒素東役)/恩田剛亩氏(朝郵社長)/米田甚犬郎氏(平南知事)/大谷尊由師/佐藤林學博士/平田新任清津稅關支署長)/コルネルバーハムルム氏)
123148	朝鮮朝日	1925-06-23/1	10단	半島茶話
123149	朝鮮朝日	1925-06-23/2	01단	各道ごとに指導員を置き/貧弱な鐵工業の指道獎勵に資す
123150	朝鮮朝日	1925-06-23/2	01단	全北道では綠肥獎勵に一萬二千圓計上
123151	朝鮮朝日	1925-06-23/2	01단	慶南管內市場取引高/釜山が筆頭
123152	朝鮮朝日	1925-06-23/2	01단	慶北道の施肥獎勵/低資を融通
123153	朝鮮朝日	1925-06-23/2	01단	正チャンの冒險(一)
123154	朝鮮朝日	1925-06-23/2	02단	清津府の徵稅好成積八割は徵收濟
123155	朝鮮朝日	1925-06-23/2	03단	慶北尙州郡一郡の繭が五十萬圓
123156	朝鮮朝日	1925-06-23/2	03단	全北道の種牡牛配布豫定數に達す
123157	朝鮮朝日	1925-06-23/2	03단	清津近海鯖漁で賑ふ一尾五六錢
123158	朝鮮朝日	1925-06-23/2	03단	平原郡の洪水の被害
123159	朝鮮朝日	1925-06-23/2	03단	挿秧は順調/馬山地方
123160	朝鮮朝日	1925-06-23/2	04단	歌劇を聘し人事相談所の基金を作る
123161	朝鮮朝日	1925-06-23/2	04단	大中臨海教授
123162	朝鮮朝日	1925-06-23/2	04단	沙里院より
123163	朝鮮朝日	1925-06-23/2	04단	運動界(中等學校庭球リーグ戰/新義州勝つ/慶北武道大會)
123164	朝鮮朝日	1925-06-24/1	01단	歐亞の關門/朝鮮の上空は世界航空路として軍事上重大である
123165	朝鮮朝日	1925-06-24/1	01단	今相忠北警察部長/佐伯忠南警察部長
123166	朝鮮朝日	1925-06-24/1	01단	國を愛せは盲動するな學生に訓戒
123167	朝鮮朝日	1925-06-24/1	01단	實を探る敦化親察團いよいよ出發
123168	朝鮮朝日	1925-06-24/1	02단	山家の猿が都で踊りをやるわけさ/安藤新京城警察部長談
123169	朝鮮朝日	1925-06-24/1	02단	愛が基調の政治でなくては朝鮮民族をして日本を諒解させるは困難
123170	朝鮮朝日	1925-06-24/1	02단	征韓役の鬼上官/清正の後裔が總督府編輯課囑託の人類學者加藤灌覺氏
123171	朝鮮朝日	1925-06-24/1	03단	考古學者加藤藤灌覽氏
123172	朝鮮朝日	1925-06-24/1	04단	鮮米協會/當分は存續
123173	朝鮮朝日	1925-06-24/1	04단	土工組合發會式に反對派が妨害せんとの計畫がある/原因は落札お祝金
123174	朝鮮朝日	1925-06-24/1	04단	衡平社が會館を設立/資金二萬圓の

일련번호	판명	간행일	단수	기사명
123175	朝鮮朝日	1925-06-24/1	05단	朝鮮綿絲布聯合總會
123176	朝鮮朝日	1925-06-24/1	05단	咸南特産のかたびら改良の企て
123177	朝鮮朝日	1925-06-24/1	05단	首を長うし白班の來着を京城府民待ち焦る/我社の關所爭奪リレー
123178	朝鮮朝日	1925-06-24/1	06단	雛六羽で/四十五圓優良を誇る/州公種鷄組合共同販賣
123179	朝鮮朝日	1925-06-24/1	06단	李學務局長を偏證で訴へん/李氏は一萬圓の負債があり被告の有利に陳述したとて
123180	朝鮮朝日	1925-06-24/1	07단	釜山の赤痢
123181	朝鮮朝日	1925-06-24/1	07단	自殺を企て果さず釜山署で保護
123182	朝鮮朝日	1925-06-24/1	08단	義烈團員徐東日罪狀のかずかず生れつきの放蕩で懶惰者/二十二日檢事局送り
123183	朝鮮朝日	1925-06-24/1	09단	馬賊に拉去された甲長の死體を母親と妻が發見/身代金を持參の途中
123184	朝鮮朝日	1925-06-24/1	09단	贋造銀貨を釜山で發見
123185	朝鮮朝日	1925-06-24/1	09단	會(奉仕會講演會)
123186	朝鮮朝日	1925-06-24/1	10단	人(齋藤總督/生田內務局長/馬野京城府尹/谷多喜磨(新任平北知事))
123187	朝鮮朝日	1925-06-24/1	10단	半島茶話
123188	朝鮮朝日	1925-06-24/2	01단	總督府肝煎の資金千五百萬圓補給金より高率と私鐵側更に借入れず
123189	朝鮮朝日	1925-06-24/2	01단	頭道溝の鮮人商務會/定期總會
123190	朝鮮朝日	1925-06-24/2	01단	咸南道が繩叭を獎勵/自給自足を圖る
123191	朝鮮朝日	1925-06-24/2	01단	正チャンの冒險(二)
123192	朝鮮朝日	1925-06-24/2	02단	龍井村民間役員補缺決定
123193	朝鮮朝日	1925-06-24/2	02단	公州郡農會/春繭其販高六日で十萬圓
123194	朝鮮朝日	1925-06-24/2	03단	沿海昆布の買出期近づく
123195	朝鮮朝日	1925-06-24/2	03단	新義州府廳會一部を改策
123196	朝鮮朝日	1925-06-24/2	03단	羅南支部の警官招魂祭/式後式道大會
123197	朝鮮朝日	1925-06-24/2	03단	穀物市場移轉の摸樣
123198		1925-06-24/2	03단	成人教育(朝日講演集)/四六判二百五十餘頁·定價五十錢
123199	朝鮮朝日	1925-06-24/2	04단	運動界(龍中捷つ對抗陸上競技/送別ゴルフ大塚氏のため/京城少年野球/平壤野球戰/大田野球戰)
123200	朝鮮朝日	1925-06-25/1	01단	鐵道局豫算改良建設費は一千五六百萬圓で大部分は公債支辨
123201	朝鮮朝日	1925-06-25/1	01단	渡航鮮人の激證するのは內地では由々しき問題
123202	朝鮮朝日	1925-06-25/1	01단	通遠堡の鉛鑛有望/更に擴張せん
123203	朝鮮朝日	1925-06-25/1	01단	新義州金組利率引下/二厘かた
123204	朝鮮朝日	1925-06-25/1	02단	京城組合銀行の減配は實現が株主も異議は無いらしい
123205	朝鮮朝日	1925-06-25/1	02단	田植え
123206	朝鮮朝日	1925-06-25/1	03단	馬山金融の金利引下げ/いよいよ實施

일련번호	판명	간행일	단수	기사명
123207	朝鮮朝日	1925-06-25/1	03단	國境地方の副業を獎勵/百六十萬圓の費用計上
123208	朝鮮朝日	1925-06-25/1	04단	上流地の日支官憲は其同して不逞を取締る
123209	朝鮮朝日	1925-06-25/1	04단	京城府の市區改正/財源は受陰者に求める
123210	朝鮮朝日	1925-06-25/1	05단	辭令(東京電話)
123211	朝鮮朝日	1925-06-25/1	05단	內地渡航をやめるやう町總代に通牒
123212	朝鮮朝日	1925-06-25/1	05단	國境警備の費用驚く勿れ二千萬圓四箇師團の經常費と匹敵
123213	朝鮮朝日	1925-06-25/1	05단	平北警察官二百名を增し匪賊を掃蕩
123214	朝鮮朝日	1925-06-25/1	05단	幼稚園の活動寫眞會/楓の手で拍手
123215	朝鮮朝日	1925-06-25/1	06단	京城義甬團員の須崎留一君漢江で溺死す/京城支局の音樂大會で活躍した
123216	朝鮮朝日	1925-06-25/1	06단	學生で賑ふ/馬山海水浴
123217	朝鮮朝日	1925-06-25/1	06단	禪宗の總本山/海印寺の醜聞/山師の其言に乘せられた前住職李晦光師の放埒
123218	朝鮮朝日	1925-06-25/1	07단	旅順防備隊驅逐艦入港/安東縣に
123219	朝鮮朝日	1925-06-25/1	07단	タクシー/京城で運轉
123220	朝鮮朝日	1925-06-25/1	07단	普通學校の克己デー每月一回づゝ
123221	朝鮮朝日	1925-06-25/1	08단	河津民逝く朝鮮體育の恩人
123222	朝鮮朝日	1925-06-25/1	08단	大行李の中一ぱいの白紙/樂品で文字を現はすが入鮮した高麗其産黨員逮捕
123223	朝鮮朝日	1925-06-25/1	08단	平壤高普校の放火犯嫌疑者二名が逮捕された損害は約二十萬圓
123224	朝鮮朝日	1925-06-25/1	09단	日本は滅び大韓獨立萬歲の貼札を發見
123225	朝鮮朝日	1925-06-25/1	09단	永生學校同盟休校す/界格と教員淘汰で
123226	朝鮮朝日	1925-06-25/1	09단	東興對岸で匪賊を射殺
123227	朝鮮朝日	1925-06-25/1	10단	一萬五千圓を東拓がら鮮人が詐取
123228	朝鮮朝日	1925-06-25/1	10단	會(足立女史個人展/黑澤少將歡迎會/小學教員講習會/生田氏送別會)
123229	朝鮮朝日	1925-06-25/1	10단	人(佐伯顯氏(忠南警察部長)/近藤當尙氏/安藤新任京畿沺警察部長/新任馬野府尹)
123230	朝鮮朝日	1925-06-25/1	10단	半島茶話
123231	朝鮮朝日	1925-06-25/2	01단	京城大學の文部省移管/噂だけに止まり實現の可能性なし
123232	朝鮮朝日	1925-06-25/2	01단	簡閱點呼京城府の
123233	朝鮮朝日	1925-06-25/2	01단	仁川の勞働同盟が基大でイガミ合ふ
123234	朝鮮朝日	1925-06-25/2	01단	鮮婦人達の挿秧を督勵褒賞を與ふ
123235	朝鮮朝日	1925-06-25/2	01단	正チャンの冒險(三)
123236	朝鮮朝日	1925-06-25/2	02단	城津地方鯖漁が旺盛/一日に五萬尾
123237	朝鮮朝日	1925-06-25/2	02단	西湖津の海水浴準備/着々と進行
123238	朝鮮朝日	1925-06-25/2	03단	群山對岸の渡船場突堤愈よ竣工す
123239	朝鮮朝日	1925-06-25/2	03단	奎北益山の繭共同販賣/非常に好成績

일련번호	판명	간행일	단수	기사명
123240	朝鮮朝日	1925-06-25/2	03단	喜雨と植村
123241	朝鮮朝日	1925-06-25/2	03단	運動界(安義對抗競技 新義州勝つ/酉鮮野球戰 製糖三菱勝つ/自轉車競爭內地から參加/大邱野球後援會/滿鐵軍勝つ/咸興庭球戰/野球規則講演)
123242	朝鮮朝日	1925-06-25/2	03단	成人教育(朝日講演集)/四六判二百五十餘頁·定價五十錢
123243	朝鮮朝日	1925/6/26	01단	軍事教育を受けぬ抵鮮の學生は一年志願に際し年限短縮は得られぬ
123244	朝鮮朝日	1925/6/26	01단	六月中旬鮮鐵荷動幾分增加す
123245	朝鮮朝日	1925/6/26	01단	五月中郵便爲替の受拂高
123246	朝鮮朝日	1925/6/26	01단	全北道內の陸地棉發育慨して良好
123247	朝鮮朝日	1925/6/26	01단	平南春繭取引始まる/上物百圓見當
123248	朝鮮朝日	1925/6/26	02단	全鮮各水道水質檢查成績/(總督府の調查)
123249	朝鮮朝日	1925/6/26	02단	平南に動く/伊達警察部長
123250	朝鮮朝日	1925/6/26	02단	京城學組の評議會
123251	朝鮮朝日	1925/6/26	03단	全北道內の畜產現在數三百七十餘萬圓
123252	朝鮮朝日	1925/6/26	03단	鎭海繭共同販賣
123253	朝鮮朝日	1925/6/26	03단	馬山の麥作/例年より減收
123254	朝鮮朝日	1925/6/26	03단	商議役員會
123255	朝鮮朝日	1925/6/26	03단	草鞋ばきで親察をやり大に働くよ
123256	朝鮮朝日	1925/6/26	04단	全北平野の稻田植村狀況/最近の喜雨で植村最中
123257	朝鮮朝日	1925/6/26	04단	楮苗を植戚慶北盈德に
123258	朝鮮朝日	1925/6/26	04단	辭令(東京電話)
123259	朝鮮朝日	1925/6/26	04단	釜山水源池部落民の反對緩和す
123260	朝鮮朝日	1925/6/26	04단	海の勇者岩田氏朝鮮海峽の橫斷/今夏七月擧行せん
123261	朝鮮朝日	1925/6/26	05단	平壤高普校再建築決定/今秋までに竣功せしむ
123262	朝鮮朝日	1925/6/26	05단	平壤府電の擴張工事/いよいよ竣工
123263	朝鮮朝日	1925/6/26	06단	信用猪局間輕鐵の延長/鎭南浦府民頻りに希望
123264	朝鮮朝日	1925/6/26	06단	李完用男に三萬圓を强請/高麗共產黨と通じた左傾團の首領逃亡す
123265	朝鮮朝日	1925/6/26	06단	東拓本社を朝鮮に移せ大邱南議要望
123266	朝鮮朝日	1925/6/26	06단	孝子碑建設權泰銓氏表彰
123267		1925/6/26	07단	訪歐記念朝日活寫會
123268	朝鮮朝日	1925/6/26	07단	需要增加で海州水道の擴張計畫
123269	朝鮮朝日	1925/6/26	07단	施療券を配布/患者を制限
123270	朝鮮朝日	1925/6/26	08단	沖賣營業者取締規則を最近發布か
123271	朝鮮朝日	1925/6/26	08단	行李中の白紙は紙幣僞造のため精巧な機械まで据付けて居た浦潮から潜入した不涅
123272	朝鮮朝日	1925/6/26	08단	金を强要/總督にも救助を請願
123273	朝鮮朝日	1925/6/26	08단	鎭南浦を小火/損失三千圓

일련번호	판명	간행일	단수	기사명
123274	朝鮮朝日	1925/6/26	08단	藝妓が墮胎兒を列車便所に遺棄して逃走
123275	朝鮮朝日	1925/6/26	09단	咸南甲山に大降雹/家屋倒潰す
123276	朝鮮朝日	1925/6/26	09단	衣類専門の泥棒二人京城で逮捕
123277	朝鮮朝日	1925/6/26	09단	會(馬野府尹披露宴/大毎支局長張宴)
123278	朝鮮朝日	1925/6/26	10단	運動界(鐵道軍破る五對零寶塚軍勝つ/全大邱速征全州群山に/元山庭球戰/釜山署員射擊會)
123279	朝鮮朝日	1925/6/26	10단	人(上野興仁師)
123280	朝鮮朝日	1925/6/26	10단	半島茶話
123281	朝鮮朝日	1925-06-27/1	01단	鮮人の渡來者が俄に減少した期待した內地が思った程にないから
123282	朝鮮朝日	1925-06-27/1	01단	排英學生安東に乘込/說諭の上送り返さる
123283	朝鮮朝日	1925-06-27/1	01단	上海罷業へ義捐金/安東支那人が
123284	朝鮮朝日	1925-06-27/1	01단	裁判所の怠業/出勤が三時頃
123285	朝鮮朝日	1925-06-27/1	01단	咸南道の罌粟栽培は昨年より增加
123286	朝鮮朝日	1925-06-27/1	01단	五老里と上通里間の延長工事着手
123287	朝鮮朝日	1925-06-27/1	02단	豫算編成で鐵道局の苦心/本年の實績から見れば三百萬圓の收入減
123288	朝鮮朝日	1925-06-27/1	02단	植つけころ
123289	朝鮮朝日	1925-06-27/1	03단	仁川南議の評議員選擧/二十五日擧行
123290	朝鮮朝日	1925-06-27/1	03단	至急電開通京城無冊籤の
123291	朝鮮朝日	1925-06-27/1	04단	鎭南浦驛の步廊へ上屋を建築するやう其筋へ陳情
123292	朝鮮朝日	1925-06-27/1	04단	資金が乏しくて改善が出來ぬ朝鮮の漁業者/組合を組織するより方法がない
123293	朝鮮朝日	1925-06-27/1	05단	神仙爐/盛夏時の脅威
123294	朝鮮朝日	1925-06-27/1	05단	新義州の中學校設置/困難でない
123295	朝鮮朝日	1925-06-27/1	05단	精米勞働者結束して組合を作る
123296	朝鮮朝日	1925-06-27/1	05단	タクシー許可から車夫組合の決議/値上を要求して聞かれずんば罷業
123297	朝鮮朝日	1925-06-27/1	06단	モヒ患者を收容して治療を加ふ
123298	朝鮮朝日	1925-06-27/1	06단	全北道の災害救助數/地方費支拂額
123299	朝鮮朝日	1925-06-27/1	06단	南山國師堂移轉で紛擾
123300	朝鮮朝日	1925-06-27/1	06단	國勢調査標語募集/統計研究會が
123301	朝鮮朝日	1925-06-27/1	07단	營業停止の相互利殖拂戻に應ぜず
123302	朝鮮朝日	1925-06-27/1	07단	近頃珍らしき阿片の大密輸/紳士風の犯人が列車內で逮捕さる
123303	朝鮮朝日	1925-06-27/1	07단	府吏員が府民を毆打/納稅したのを催促して
123304	朝鮮朝日	1925-06-27/1	08단	牛車に轢る生命は取止
123305	朝鮮朝日	1925-06-27/1	08단	元山の活劇妓女八名が船員と鬪ふ
123306	朝鮮朝日	1925-06-27/1	08단	竊盜殺さるスコツフで毆打され
123307	朝鮮朝日	1925-06-27/1	09단	砂金礦の採掘權を橫領せんとし逆に告訴さる

일련번호	판명	간행일	단수	기사명
123308	朝鮮朝日	1925-06-27/1	09단	妙齢な美女に言ひ寄る不倫な父/警察の處置を怨み凄文句の脅迫狀を送る
123309	朝鮮朝日	1925-06-27/1	09단	會(靑年會店員慰安/修養團講習會/大田高女音樂會/西村校長遙拜式)
123310	朝鮮朝日	1925-06-27/1	10단	モヒ患者が船中で頓死
123311	朝鮮朝日	1925-06-27/1	10단	五名の鮮人煙草を盗む專賣局から
123312	朝鮮朝日	1925-06-27/1	10단	人(李堈公殿下/下岡政務總監/田中駐■大使/谷平北知事/近藤常尙氏/大谷尊由師)
123313	朝鮮朝日	1925-06-27/1	10단	半島茶話
123314	朝鮮朝日	1925-06-27/2	01단	金堤の揷秧月末頃終了
123315	朝鮮朝日	1925-06-27/2	01단	全北の揷秧/二十日頃終了
123316	朝鮮朝日	1925-06-27/2	01단	全北四郡の畜産品評會/金堤で開催
123317	朝鮮朝日	1925-06-27/2	01단	靈南水利の起債認可さる
123318	朝鮮朝日	1925-06-27/2	01단	釜馬を通ず汽船會社設立
123319	朝鮮朝日	1925-06-27/2	01단	水産試驗場移轉開場式
123320	朝鮮朝日	1925-06-27/2	01단	正チャンの冒險(五)
123321	朝鮮朝日	1925-06-27/2	02단	全北教育會で功勞者表彰/來月末頃
123322		1925-06-27/2	02단	咸興より/安東縣から
123323	朝鮮朝日	1925-06-27/2	02단	運動界(寶塚軍再勝慶熙軍惜敗/安義庭球戰二十八日擧行/善隣商業勝つ)
123324	朝鮮朝日	1925-06-27/2	03단	震災義金/金二萬二千四百十七圓○四錢
123325	朝鮮朝日	1925-06-28/1	01단	安東の排英は持久戰を覺悟/現在の支那は一世紀前とは相違す
123326	朝鮮朝日	1925-06-28/1	01단	內鮮連絡の郵便飛行行惱む福岡起點は航空局で承知せず目下折衝中
123327	朝鮮朝日	1925-06-28/1	01단	鴨江增水で安東の着俵順調に進む
123328	朝鮮朝日	1925-06-28/1	01단	上海向の海産物一時送荷中止
123329	朝鮮朝日	1925-06-28/1	01단	通信リレーの聲援に愛兒二名が紅白に分れ/フレー紅、フレー白
123330	朝鮮朝日	1925-06-28/1	03단	敦化親察團無事に到着
123331	朝鮮朝日	1925-06-28/1	03단	外觀と教育に走り過ぎたから經濟的に窮迫したとナノーエル氏は語る
123332	朝鮮朝日	1925-06-28/1	03단	義陵(咸興の東北に里至成桂の祖父度祖の陵で老松鐵莟たる山境)
123333	朝鮮朝日	1925-06-28/1	04단	安東總商會上海罷業へ義捐金送附
123334	朝鮮朝日	1925-06-28/1	05단	南山小學校へ通ふ日本好きのライクさん土耳古生れの可憐の少女
123335	朝鮮朝日	1925-06-28/1	05단	安圖縣の馬賊を擊破五名を殪す
123336	朝鮮朝日	1925-06-28/1	06단	景氣恢復に賭博開帳/暗默に官廳の諒解を得

일련번호	판명	간행일	단수	기사명
123337	朝鮮朝日	1925-06-28/1	06단	自動車の發達は私鐵の發展を阻害するか否か/地方民と私鐵の爭
123338	朝鮮朝日	1925-06-28/1	06단	大像のやうで潤ひに乏しい朝鮮の先生達も少し自由にあって欲しい
123339	朝鮮朝日	1925-06-28/1	08단	鮮人幼女を製絲工場に賣込まんとして捕はる
123340	朝鮮朝日	1925-06-28/1	08단	女軍を指揮する/それは噓です크日的はありますが/肅親王の愛娘芳子さん
123341	朝鮮朝日	1925-06-28/1	08단	支那紳士賭博で檢擧/罰金に處せらる
123342	朝鮮朝日	1925-06-28/1	09단	大々的なぬくて狩/咸南豊山郡で
123343	朝鮮朝日	1925-06-28/1	09단	浦鹽歸りや滿洲歸鮮人の身許調査
123344	朝鮮朝日	1925-06-28/1	09단	インチキで二千餘圓を捲き上ぐ
123345	朝鮮朝日	1925-06-28/1	09단	鴨江鐵橋に爆彈を發見/調査の結果暎寫用と判明
123346	朝鮮朝日	1925-06-28/1	09단	今後新聞は遠慮會釋なく取締ると決定した全鮮警察部長會議で
123347	朝鮮朝日	1925-06-28/1	10단	會(大邱經濟懇話會/須崎少年追悼會)
123348	朝鮮朝日	1925-06-28/1	10단	人(渡邊東拓繪載/平田淸津稅關支署長/松浦百英禪師/伊達四雄氏(忠南警察部長)/山本庫一氏(忠南警察部詰警部)/竹本政文氏(會寧憲兵隊長)/菅龍之助氏(鐘城高等普通學校長))
123349	朝鮮朝日	1925-06-28/1	10단	半島茶話
123350	朝鮮朝日	1925-06-28/2	01단	神仙爐/北鮮の自まん
123351	朝鮮朝日	1925-06-28/2	01단	都市計畫上の平壤の癌である/陸軍用地解決には本府の力を借る
123352	朝鮮朝日	1925-06-28/2	01단	咸南郡守會議/七月一日から
123353	朝鮮朝日	1925-06-28/2	01단	群山在庫米漸減の傾向
123354	朝鮮朝日	1925-06-28/2	01단	全北稻田の正條植漸增/二萬五千町步に達する見込
123355	朝鮮朝日	1925-06-28/2	01단	六月中旬の全北鐵道業績前年より減收
123356	朝鮮朝日	1925-06-28/2	01단	正チャンの冒險(六)
123357	朝鮮朝日	1925-06-28/2	02단	大邱水道の非戶掘拔作業第一は終了/更に着工す
123358		1925-06-28/2	03단	訪歐紀念朝日活寫會
123359	朝鮮朝日	1925-06-28/2	03단	京城府の衛生狀態不良/傳染病が頗る流行
123360	朝鮮朝日	1925-06-28/2	03단	村木氏に表彰狀送達時の功券者
123361	朝鮮朝日	1925-06-28/2	03단	櫻井團士の體操講習會/大邱小學校で
123362		1925-06-28/2	04단	小學教員試驗
123363		1925-06-28/2	04단	安東縣から
123364	朝鮮朝日	1925-06-28/2	04단	運動界(鐵道軍破る庭球聯盟戰/京城商業土俵開/咸興高女庭球戰)
123365	九州朝日	1925-06-30/1	01단	『オレ渡したぞ!!』『確に受け取った』自嵋選手バトンの引繼ぎ斯て鹽入選手は九州へ/太刀洗と虹の松原古領/手拭鉢卷で島原へ向ふ

일련번호	판명	간행일	단수	기사명
123366	九州朝日	1925-06-30/1	02단	政治の旗印鮮に九州無産者の集ひ極めて静肅に終始した/九州民憲黨第一回大會
123367	九州朝日	1925-06-30/1	04단	名山堀を埋立て鹿兒島商陳の改桀を行ふ
123368	九州朝日	1925-06-30/1	04단	合同三銀行の營業開始延期
123369	九州朝日	1925-06-30/1	04단	九大工學部長降矢博士當選
123370	九州朝日	1925-06-30/1	04단	有志連は早くも中橋氏擁立の軍動に着手/然し政本の態度は決定せぬ鹿兒島縣第五區の補選
123371	九州朝日	1925-06-30/1	04단	八代郡畜産組合會
123372	九州朝日	1925-06-30/1	04단	天然の寶庫を探りに支那へ水積博士の計畫
123373	九州朝日	1925-06-30/1	05단	辭令(東京電話)
123374	九州朝日	1925-06-30/1	05단	指定港灣になりさうな入大港の將來
123375	九州朝日	1925-06-30/1	05단	福岡縣林業主任會議
123376	九州朝日	1925-06-30/1	06단	何のために上京か留任? はたまた辭職? /立花市長の進退は男爵議員改選を控へ注目を惹く
123377	九州朝日	1925-06-30/1	06단	高橋熊本市長は正式に辭職を公表議員多數の切なる留任勸告をキッパリ斷る/熊本市電第二期線は七路線 市會で可決さる
123379	九州朝日	1925-06-30/1	07단	十五名兵士は戰友の田植を加勢し貧困の一家は再生の宮に滿つ涙なくして聞き得ぬ決來の美談
123380	九州朝日	1925-06-30/1	07단	無謨極まる內容を公判廷で暴露した第一購買會詐欺事件公判
123381	九州朝日	1925-06-30/1	08단	熊本縣の畜産技術員會
123382	九州朝日	1925-06-30/1	08단	學位授與式
123383	九州朝日	1925-06-30/1	09단	電工大會拐帶
123384	九州朝日	1925-06-30/1	09단	左足を轢斷
123385	九州朝日	1925-06-30/1	09단	情婦を賣る惡坑夫捕はる
123386	九州朝日	1925-06-30/1	09단	二度も脫走
123387	九州朝日	1925-06-30/1	09단	世間體を憚り私生兒を殺す
123388	九州朝日	1925-06-30/1	09단	夫婦を斬る失業坑夫の兇行
123389	九州朝日	1925-06-30/1	10단	大島の强震/時計が止まる
123390	九州朝日	1925-06-30/1	10단	杖立橋流失白川上流も增水
123391	九州朝日	1925-06-30/1	10단	會(久留商役員會)
123392	九州朝日	1925-06-30/1	10단	人(川崎警保局長/葉田福岡縣知事/新任石井縣視學/波多野砲兵監)
123393	九州朝日	1925-06-30/1	10단	不知火
123394	九州朝日	1925-06-30/2	01단	九州史談(十八)/玄海生西田直養の金石年表
123395	九州朝日	1925-06-30/2	01단	特定運賃や特定賃率で收入を增す鐵道省の方針
123396	九州朝日	1925-06-30/2	01단	筑紫俳壇
123397	九州朝日	1925-06-30/2	01단	門鐵局の能率增進研究
123398	九州朝日	1925-06-30/2	01단	正チャンの冒險(七)
123399	九州朝日	1925-06-30/2	02단	演藝(直方/下關/門司/在世保/在賀/長崎)

일련번호	판명	간행일	단수	기사명
123400	九州朝日	1925-06-30/2	03단	各地期米(廿九日)
123401	九州朝日	1925-06-30/2	04단	各地期米(廿九日)
123402	九州朝日	1925-06-30/2	04단	入港豫定船(三十日)

1925년 7월 (조선아사히)

일련번호	판명	간행일	단수	기사명
123403	朝鮮朝日	1925-07-01/1	01단	朝鮮の安定は今後十年かゝる/內地の財政が安定し政治方針が確定した曉
123404	朝鮮朝日	1925-07-01/1	01단	滿洲貨物のハケ日は大連だけでは到底駄目で是非とも吉會線が必要
123405	朝鮮朝日	1925-07-01/1	01단	鴨綠江畔にて(二)/SPR
123406	朝鮮朝日	1925-07-01/1	02단	皮肉な現象排日扇子を邦人が買ふ
123407	朝鮮朝日	1925-07-01/1	02단	平南の金鑛復活の兆/金價高と原料安で
123408	朝鮮朝日	1925-07-01/1	03단	全北の名産團扇生産高八萬圓に達す
123409	朝鮮朝日	1925-07-01/1	03단	官廳の用品は朝鮮産を使へ/官廳や學校へ總監から通牒
123410	朝鮮朝日	1925-07-01/1	03단	棉花移出檢查近く實施
123411	朝鮮朝日	1925-07-01/1	04단	海州刑務所硝石の製造近く實現か
123412	朝鮮朝日	1925-07-01/1	04단	田植時期で勞銀の昂騰/失業者蘇る
123413	朝鮮朝日	1925-07-01/1	05단	下岡總監の咸興視察/赴戰水電の實現を洩す
123414	朝鮮朝日	1925-07-01/1	05단	釜山の支拂日統一/會議所の肝煎でいよいよ七月から實行
123415	朝鮮朝日	1925-07-01/1	05단	生徒の田植(忠北堤川普通高校)
123416	朝鮮朝日	1925-07-01/1	05단	小男/身長一尺八寸おまけに尻尾がある
123417	朝鮮朝日	1925-07-01/1	05단	暴利を貪る鎭南浦の氷/平壤の四倍半
123418	朝鮮朝日	1925-07-01/1	06단	牡丹台に手を入れ立派な大公園になすべき計劃が最近考慮されて來た
123419	朝鮮朝日	1925-07-01/1	07단	祈禱の效目/雨乞ひが成功し大降雨があったので寺を創める
123420	朝鮮朝日	1925-07-01/1	07단	馬鹿にならぬモヒ消費額/徹底的な取締が急務
123421	朝鮮朝日	1925-07-01/1	08단	長さ九尺のボートで浦潮樺太の沿岸を乘廻った/露靑年二名が元山に入港
123422	朝鮮朝日	1925-07-01/1	08단	時計泥棒犯人は府協議員
123423	朝鮮朝日	1925-07-01/1	09단	朝鮮勞働組合いよいよ組織/支那勞働者も加へ近く發會式を擧行
123424	朝鮮朝日	1925-07-01/1	09단	滿鐵沿線子供デー安東の行事
123425	朝鮮朝日	1925-07-01/1	09단	主人の留守に手形を振出し/豪遊を極む
123426	朝鮮朝日	1925-07-01/1	09단	鄭士斌の自殺は私書僞造を苦にした結果
123427	朝鮮朝日	1925-07-01/1	10단	人(李堈公殿下/下岡政務總監/コンナー少將■米(支那駐蒙軍司令官)/■支賴■氏(■船渠買社々長))
123428	朝鮮朝日	1925-07-01/1	10단	半島茶話
123429	朝鮮朝日	1925-07-01/2	01단	神仙爐/到處有靑山矣(下)
123430	朝鮮朝日	1925-07-01/2	01단	京城咸興間の電話が開通す/たゞ使用の器械が長距離用でない
123431	朝鮮朝日	1925-07-01/2	01단	慶南郡守會議二十九日から
123432	朝鮮朝日	1925-07-01/2	01단	安東の木材愈よ行詰る/採木公司は値下に應ぜず
123433	朝鮮朝日	1925-07-01/2	01단	咸興聯隊檢閱
123434	朝鮮朝日	1925-07-01/2	01단	正チヤンの冒險(八)
123435	朝鮮朝日	1925-07-01/2	02단	釜山交通部會

일련번호	판명	간행일	단수	기사명
123436	朝鮮朝日	1925-07-01/2	02단	安東縣から
123437	朝鮮朝日	1925-07-01/2	03단	運動系(總督カップ爭奪ゴルフ/鮮人軍破る寶塚大勝す/滿鐵軍大勝對鮮鐵硬球(シングル/ダブル)/鎮南浦にプール建設夏までに/安東縣の公設運動場工費八萬圓/鐵道軍大勝京高商破る/全鮮庭球大會/運動場設置請願/南鮮庭球大會)
123438	朝鮮朝日	1925-07-02/1	01단	國境警備隊の兵舍を改造/永久的の施設とし軍醫も增加する
123439	朝鮮朝日	1925-07-02/1	01단	邦人の入露には希望に副ふべく/努力を惜しまぬと田中新駐露大使語る
123440	朝鮮朝日	1925-07-02/1	01단	白系露人に旅券下附既發二十一件
123441	朝鮮朝日	1925-07-02/1	01단	黑かね原に水ひいて開いた水田一萬町/黃金の波をうたすべく/中央水利の工事竣る
123442	朝鮮朝日	1925-07-02/1	02단	敦化視察團無事歸龍す
123443	朝鮮朝日	1925-07-02/1	02단	在京城白系の露人の動搖/國際關係に屬するので總督府も傍觀
123444	朝鮮朝日	1925-07-02/1	03단	國調の打合總督府で開催
123445	朝鮮朝日	1925-07-02/1	03단	廢物利用豚毛の刷子前途有望
123446	朝鮮朝日	1925-07-02/1	03단	朝鮮土地配當一割二分を据置に決定
123447	朝鮮朝日	1925-07-02/1	04단	平元線の速成を三地で一齊に高唱する
123448	朝鮮朝日	1925-07-02/1	05단	司法官更迭三十日發表
123449	朝鮮朝日	1925-07-02/1	05단	電力料を京電程度に引下を要望
123450	朝鮮朝日	1925-07-02/1	05단	國勢調査は租稅の賦課や犯罪搜查の爲でない/下岡政務總監訓示
123451	朝鮮朝日	1925-07-02/1	05단	鮮滿の兵備を視察に來た/米國駐支軍司令官補給運輸の權威者
123452	朝鮮朝日	1925-07-02/1	05단	全北昨年の生死者比較/一萬五千の人口が增加
123453	朝鮮朝日	1925-07-02/1	05단	土炭/溫突焚きに極めて調法
123454	朝鮮朝日	1925-07-02/1	06단	全國中等學校第十一回野球大會/全朝鮮中等學校豫選大會
123455	朝鮮朝日	1925-07-02/1	06단	行惱んだ間島大神宮地鎮祭施行
123456	朝鮮朝日	1925-07-02/1	07단	釜山犯罪數昨年より激增/原因は不景氣
123457	朝鮮朝日	1925-07-02/1	07단	富豪の寡婦に絡る醜い三角關係
123458	朝鮮朝日	1925-07-02/1	07단	馬賊志願の怪少年/親の金を盜み渡滿を企つ
123459	朝鮮朝日	1925-07-02/1	07단	咸南の牛疫漸く終熄
123460	朝鮮朝日	1925-07-02/1	07단	幽靈會社で地方民を釣り逮捕さる
123461	朝鮮朝日	1925-07-02/1	08단	釜山棧橋で客を騙す宿屋の客引/警察で警戒
123462	朝鮮朝日	1925-07-02/1	08단	罪に落した情夫に濟まぬとて自殺
123463	朝鮮朝日	1925-07-02/1	08단	金品は奪って人質は返さぬ/三年目にまた金を强要/間島奧地馬賊の强暴
123464	朝鮮朝日	1925-07-02/1	09단	黍五升を賣ったとて姑や夫が責め殺す
123465	朝鮮朝日	1925-07-02/1	09단	復讎は當然/妻や弟が法廷で豪語
123466	朝鮮朝日	1925-07-02/1	10단	會(蠶業講習會人員千四百人/麵麴製造講習會/咸興校保護者會/家庭通俗講習會)

일련번호	판명	간행일	단수	기사명
123467	朝鮮朝日	1925-07-02/1	10단	人(安藤新任京畿道警察部長/黑澤咸興旅團長)
123468	朝鮮朝日	1925-07-02/1	10단	半島茶話
123469	朝鮮朝日	1925-07-02/2	01단	神仙爐/自動車の横暴
123470	朝鮮朝日	1925-07-02/2	01단	全鮮の挿秧近く終了の見込/米價高に刺戟され植付反別增加す
123471	朝鮮朝日	1925-07-02/2	01단	咸南道の作付段別は五百町步增加
123472	朝鮮朝日	1925-07-02/2	01단	慶北植桑は發育良好
123473	朝鮮朝日	1925-07-02/2	01단	群山港の在庫米減少/端境期で廻着減退
123474	朝鮮朝日	1925-07-02/2	01단	正チヤンの冒險(九)
123475	朝鮮朝日	1925-07-02/2	02단	龍塘浦突堤延長工事竣成
123476	朝鮮朝日	1925-07-02/2	02단	三陟繭共同販賣
123477	朝鮮朝日	1925-07-02/2	03단	憲兵志願者採用試驗
123478	朝鮮朝日	1925-07-02/2	03단	安東遊興稅いよいよ實施豫算は二萬圓
123479	朝鮮朝日	1925-07-02/2	03단	新義州から
123480	朝鮮朝日	1925-07-02/2	04단	運動界(野球聯盟戰鮮人中等學校/早大軍勝つ平壤の弓術戰/新義州大勝對安東庭球/慶熙も破る/三菱軍勝つ/全鮮競馬大會)
123481	朝鮮朝日	1925-07-03/1	01단	裏日本連絡の根據貿易港は單に港灣たけでは決定せぬと總監語る
123482	朝鮮朝日	1925-07-03/1	01단	銀行成績京城内の(殖産銀行/商業銀行/漢城銀行/韓一銀行/海東銀行)
123483	朝鮮朝日	1925-07-03/1	01단	鴨綠江畔にて(三)/SPR
123484	朝鮮朝日	1925-07-03/1	02단	商業銀行の大銀合併いよいよ決定
123485	朝鮮朝日	1925-07-03/1	02단	日本兵士の强き行軍力と清潔と整頓にコンナー少將感心す
123486	朝鮮朝日	1925-07-03/1	02단	總監接見に民間を疎外/咸南當局に批難の聲高し
123487	朝鮮朝日	1925-07-03/1	03단	教科書改正/教授者に意見を求む
123488	朝鮮朝日	1925-07-03/1	04단	憲兵隊異動
123489	朝鮮朝日	1925-07-03/1	04단	釜山法院管内判事の異動
123490	朝鮮朝日	1925-07-03/1	04단	平南成川の亞鉛鑛復活鈴木所有の
123491	朝鮮朝日	1925-07-03/1	04단	稅金は不要で生活は原始的/支那勞働者の跋扈制限の必要が高唱される
123492	朝鮮朝日	1925-07-03/1	05단	荒れるに委せた三百米の高原を美田と化すべき企/中央水利の工事竣工
123493	朝鮮朝日	1925-07-03/1	05단	露國係新設/警務局と京畿道に
123494	朝鮮朝日	1925-07-03/1	05단	女大を見合せ梨花學堂の專門部擴張す/美監理派の計劃
123495	朝鮮朝日	1925-07-03/1	06단	大邱府の支那人減少上海の影響か
123496	朝鮮朝日	1925-07-03/1	06단	咸南道は朝鮮第一のマラリヤ流行地
123497	朝鮮朝日	1925-07-03/1	07단	鮮人左傾團が罷業義損金を華商商會に申込み/眞平と刎ねつけらる
123498	朝鮮朝日	1925-07-03/1	07단	ラヂオ放送創立委員會/每週二回
123499	朝鮮朝日	1925-07-03/1	07단	モヒ患者の收容所設立/人道上必要と高唱さる

일련번호	판명	간행일	단수	기사명
123500	朝鮮朝日	1925-07-03/1	08단	自慢で贈る米一俵/下岡總監に
123501	朝鮮朝日	1925-07-03/1	08단	山犬が子供を食ふ
123502	朝鮮朝日	1925-07-03/1	08단	全鮮不良兒の集合地たる釜山/泥棒しても子供だから監獄には行かないと嘯く
123503	朝鮮朝日	1925-07-03/1	09단	小膽者自殺/主人の金を費消して
123504	朝鮮朝日	1925-07-03/1	09단	專賣局の紛失葉煙草/漢口沿岸の巖窟で發見
123505	朝鮮朝日	1925-07-03/1	09단	暢氣な男線路に眠り轢殺さる
123506	朝鮮朝日	1925-07-03/1	10단	會(朝日活動寫眞會/英語教授講習會/小學教員講習會)
123507	朝鮮朝日	1925-07-03/1	10단	人(伊達四雄氏(平南警察部長)/渡邊秀雄氏(慶北財務部長)/杉村逸樓氏(釜山地方病院檢事正)/金澤正夫氏(長崎縣內務部長)/佐伯顯氏(忠淸南道警察部長)/渡邊秀雄氏(慶北財務部長)/松浦百英師(禪宗特派講師)/鈴木數馬氏(新任淸津供託局長)/成淸信愛氏(貴族院議員)/蘆田均氏(外務省情報部第一課長)
123508	朝鮮朝日	1925-07-03/1	10단	半島茶話
123509	朝鮮朝日	1925-07-03/2	01단	神仙爐/憐れな荷馬のために
123510	朝鮮朝日	1925-07-03/2	01단	馬山の意氣込/群山や木浦を凌ぐ計劃
123511	朝鮮朝日	1925-07-03/2	01단	全北道內陸地棉成績前年より增加
123512	朝鮮朝日	1925-07-03/2	01단	咸南道の堆肥施用量/段當り八十貫
123513	朝鮮朝日	1925-07-03/2	01단	赤崎移出牛/道廳直轄
123514	朝鮮朝日	1925-07-03/2	01단	正チヤンの冒險(十)
123515	朝鮮朝日	1925-07-03/2	02단	群山商議所平春副會頭/辭意固し
123516	朝鮮朝日	1925-07-03/2	02단	特定運賃請願
123517	朝鮮朝日	1925-07-03/2	02단	松旨水利の起工式
123518	朝鮮朝日	1925-07-03/2	03단	漁夫呼寄の鎮南浦の慰安會
123519	朝鮮朝日	1925-07-03/2	03단	咸興醫院の施療規則改正
123520	朝鮮朝日	1925-07-03/2	03단	灌漑用の發動揚水機は本府の許可が必要である
123521	朝鮮朝日	1925-07-03/2	04단	安東公會堂近く再建か
123522	朝鮮朝日	1925-07-03/2	04단	咸興より
123523	朝鮮朝日	1925-07-03/2	04단	運動界(大邱庭球戰)
123524	朝鮮朝日	1925/7/4		缺號
123525	朝鮮朝日	1925-07-05/1	01단	政治好きの鮮人學生が最近では法律經濟を專攻するやうになった
123526	朝鮮朝日	1925-07-05/1	01단	都會と田舍で教科書を分けるは朝鮮には適せぬ/都會の子供にも産業を吹込む
123527	朝鮮朝日	1925-07-05/1	01단	下岡總監警戒裡に/龍井村視察
123528	朝鮮朝日	1925-07-05/1	01단	爲替不利で安東材木の天津行不振
123529	朝鮮朝日	1925-07-05/1	02단	大阪から鷄卵の注文新義州に
123530	朝鮮朝日	1925-07-05/1	03단	朝鮮火災十日重役會配當は五分
123531	朝鮮朝日	1925-07-05/1	03단	辭令(東京電話)

일련번호	판명	간행일	단수	기사명
123532	朝鮮朝日	1925-07-05/1	03단	支那人の持出すお金一年十五萬圓
123533	朝鮮朝日	1925-07-05/1	04단	平北郡守會議八月上旬開催
123534	朝鮮朝日	1925-07-05/1	04단	警察官の功名爭ひを避けるため內規を制定
123535	朝鮮朝日	1925-07-05/1	04단	群山府民が築港の完成に白熱的運動を開始し決死的に突貫せん
123536	朝鮮朝日	1925-07-05/1	04단	出來ない相談校長達の申合/京城府內小學校の受驗準備教育廢止
123537	朝鮮朝日	1925-07-05/1	05단	文學書が一番讀まれる/京城圖書館閱覽成績
123538	朝鮮朝日	1925-07-05/1	05단	露國飛行機の北京訪問機をウエルフネウヂンスクに迎へた/我社訪歐飛行準備委員/新井、中山兩事務官の通信
123539	朝鮮朝日	1925-07-05/1	06단	全國中等學校第十一回野球大會/全朝鮮中等學校豫選大會
123540	朝鮮朝日	1925-07-05/1	06단	土木請負の保證金全廢を釜山商議が道に要望
123541	朝鮮朝日	1925-07-05/1	06단	京城府の人事相談所六月の成績
123542	朝鮮朝日	1925-07-05/1	06단	人を救ふ/感心な鮮童/水泳を知らぬ身が思はず河中に飛込んで
123543	朝鮮朝日	1925-07-05/1	07단	大波が洗ひ去る生地獄の孤島/獲物が多いので失職の漁夫が蝟集
123544	朝鮮朝日	1925-07-05/1	07단	白晝匪賊が車輦館に殺到/駐在所を襲擊し巡査二名を斃す
123545	朝鮮朝日	1925-07-05/1	07단	美容術の怪行者多數の婦人を誘惑する
123546	朝鮮朝日	1925-07-05/1	08단	八年以下暴れ廻った/康聖利逮捕元山潛伏中
123547	朝鮮朝日	1925-07-05/1	09단	辨當屋と通じ收監の幹部を盜み出さんとした/光復團の一味玄其厚
123548	朝鮮朝日	1925-07-05/1	09단	地主殺しの鮮人は懲役二年
123549	朝鮮朝日	1925-07-05/1	09단	稀代の殺人犯が米國より日本へ入り込んだ形跡あると福岡縣刑事課へ手配
123550	朝鮮朝日	1925-07-05/1	10단	勞働服の死體が漂着釜山棧橋に
123551	朝鮮朝日	1925-07-05/1	10단	半島茶話
123552	朝鮮朝日	1925-07-05/2	01단	神仙爐/鹽がない
123553	朝鮮朝日	1925-07-05/2	01단	汽車が焚ねば朝鮮の石炭は一大恐慌を來す/焚滓が多くて困るはお客
123554	朝鮮朝日	1925-07-05/2	01단	蔓延した牛疫初發以來で二千五百頭に達し悲喜劇が頻出した
123555	朝鮮朝日	1925-07-05/2	01단	正チャンの冒險(十二)
123556	朝鮮朝日	1925-07-05/2	03단	平北の稻作/發育旺盛
123557	朝鮮朝日	1925-07-05/2	03단	殖林苗圃を讓り受けて民間で經營
123558	朝鮮朝日	1925-07-05/2	03단	鎭南浦の支拂日統一/物價高を防ぐため
123559	朝鮮朝日	1925-07-05/2	03단	平壤府の林間學校は本年も開設
123560	朝鮮朝日	1925-07-05/2	04단	尙州郡廳舍近く新築
123561	朝鮮朝日	1925-07-05/2	04단	安東縣から
123562	朝鮮朝日	1925-07-05/2	04단	會(慶南活動寫眞會)
123563	朝鮮朝日	1925-07-05/2	04단	運動界(早大弓術部大勝/南鮮庭球大會)

일련번호	판명	간행일	단수	기사명
123564	朝鮮朝日	1925-07-07/1	01단	軍事教育は鮮人學生にも制限を附して實施か/軍側では贊成
123565	朝鮮朝日	1925-07-07/1	01단	秩父宮マルセーユに御安着/直ちにパリに向はせらる
123566	朝鮮朝日	1925-07-07/1	01단	預金利率の引下濃厚/京城各銀行の
123567	朝鮮朝日	1925-07-07/1	01단	安東兩銀行預金利子の引下げ實行
123568	朝鮮朝日	1925-07-07/1	02단	二銀行決算(韓一銀行/海東銀行)
123569	朝鮮朝日	1925-07-07/1	02단	商議聯合會海水浴期に元山で開催
123570	朝鮮朝日	1925-07-07/1	02단	京電總會東京で開催/配當一割二分
123571	朝鮮朝日	1925-07-07/1	02단	準備教育で身心を害するとは信じられないと高橋視學官は語る
123572	朝鮮朝日	1925-07-07/1	03단	電氣協會/新義州で總會後滿洲視察
123573	朝鮮朝日	1925-07-07/1	03단	下岡總監の城津視察
123574	朝鮮朝日	1925-07-07/1	03단	獸皮獸骨輸入檢疫の實施方法
123575	朝鮮朝日	1925-07-07/1	03단	神ながらの道/總督府に御下賜
123576	朝鮮朝日	1925-07-07/1	04단	東拓の十萬圓漸く貸出/期間一年で利子は一割
123577	朝鮮朝日	1925-07-07/1	04단	大邱覆審法院判事高木安太郎氏
123578	朝鮮朝日	1925-07-07/1	04단	フ井ルムの檢閱を總督府で統一/經費六萬圓で明年度から實施
123579	朝鮮朝日	1925-07-07/1	04단	光州府民河川改修を要望す
123580	朝鮮朝日	1925-07-07/1	04단	內地商店が朝鮮に預金利子の高率と課稅を避けて
123581	朝鮮朝日	1925-07-07/1	05단	咸南甲山の銅鑛復活十五日から
123582	朝鮮朝日	1925-07-07/1	05단	學校で陸地棉栽培何れも好成績
123583	朝鮮朝日	1925-07-07/1	05단	大學との連絡/法學專門の學生が請願
123584	朝鮮朝日	1925-07-07/1	05단	澤村氏に功勞金贈呈京城府から
123585	朝鮮朝日	1925-07-07/1	05단	訪歐記念朝日活寫會
123586	朝鮮朝日	1925-07-07/1	06단	全北郡守異動
123587	朝鮮朝日	1925-07-07/1	06단	結閥排他の京城辯護士團/平山氏の失脚も其犧牲だとの噂
123588	朝鮮朝日	1925-07-07/1	06단	『左樣なら』と別れの訪歐機に/日本最後の着陸地/平壤府民の熱烈な後援(一氣に飛ぶ/メダル贈呈/數千の學生)
123589	朝鮮朝日	1925-07-07/1	07단	陣沒將校の記念碑を仁川に建立
123590	朝鮮朝日	1925-07-07/1	07단	雷/三十年來に始ての事
123591	朝鮮朝日	1925-07-07/1	08단	新溪渡橋式十二月擧行
123592	朝鮮朝日	1925-07-07/1	08단	咸興の赤痢/患者は女學生
123593	朝鮮朝日	1925-07-07/1	08단	天道教の內訌/妥協が成立
123594	朝鮮朝日	1925-07-07/1	08단	添へぬ悲しさ心中沙汰/男は兩班で女は妓生上り
123595	朝鮮朝日	1925-07-07/1	08단	車輦館襲擊の不逞團一味は面民の手引で潜入/天幕を携へた七名の一隊
123596	朝鮮朝日	1925-07-07/1	09단	十五年前の强盗犯人益山で逮捕
123597	朝鮮朝日	1925-07-07/1	09단	內地漁夫が鎭南浦で密輸を働く
123598	朝鮮朝日	1925-07-07/1	10단	密輸の上に橫領を働く預けた女がまた橫領
123599	朝鮮朝日	1925-07-07/1	10단	會(單級教授講習/英語講習會)

일련번호	판명	간행일	단수	기사명
123600	朝鮮朝日	1925-07-07/1	10단	人(田中駐露大使/高木安太郎氏/田中萬逸氏(大阪府選出代議士)/中里中將/森田善藏氏(總督府屬會計課)/安倍吉郎氏(同上會計課員)
123601	朝鮮朝日	1925-07-07/1	10단	半島茶話
123602	朝鮮朝日	1925-07-07/2	01단	神仙爐/チブス猖獗
123603	朝鮮朝日	1925-07-07/2	01단	新義州木材業の大合同計劃は愈よ近く實現せん/株式は發起人で引受
123604	朝鮮朝日	1925-07-07/2	01단	好成績な全北の春蠶收繭一萬石
123605	朝鮮朝日	1925-07-07/2	01단	全北管內春蠶收繭額八十六萬圓
123606	朝鮮朝日	1925-07-07/2	01단	全北道東津水利の創立委員會
123607	朝鮮朝日	1925-07-07/2	01단	正チヤンの冒險(十三)
123608	朝鮮朝日	1925-07-07/2	02단	全北管內面基本財産昨年より增加
123609	朝鮮朝日	1925-07-07/2	03단	漸增する全北面財産五萬八千圓餘
123610	朝鮮朝日	1925-07-07/2	03단	靈光干拓地堤防締切成功
123611	朝鮮朝日	1925-07-07/2	03단	セメントと砂糖の移出/鎭南浦の强味
123612	朝鮮朝日	1925-07-07/2	03단	羅南學議の補缺選終了
123613	朝鮮朝日	1925-07-07/2	04단	三十萬圓の大精米會社/鮮銀の肝煎で元山に設立
123614	朝鮮朝日	1925-07-07/2	04단	西大門署が公衆衛生の統一を圖る
123615	朝鮮朝日	1925-07-07/2	04단	煙草植付檢査
123616	朝鮮朝日	1925-07-07/2	04단	寶塚野球團連勝
123617	朝鮮朝日	1925-07-08/1	01단	行政整理で捻出した地方費/四百二十萬圓のうち眞の節約は二百四十萬圓
123618	朝鮮朝日	1925-07-08/1	01단	芙蓉堂【海州の名勝】
123619	朝鮮朝日	1925-07-08/1	02단	松井大尉が間島で講演/露國事情を
123620	朝鮮朝日	1925-07-08/1	03단	埋藏一億噸/朱南炭礦が活動を開始
123621	朝鮮朝日	1925-07-08/1	03단	鮮銀異動四日附で
123622	朝鮮朝日	1925-07-08/1	03단	增師は出來ず動員計劃を研究/內務系統でやるか或は警察が當るか
123623	朝鮮朝日	1925-07-08/1	03단	窮民救濟に國有地貸下/淸津鮮人が總監へ陳情
123624	朝鮮朝日	1925-07-08/1	04단	電燈料値下浦項民が要求
123625	朝鮮朝日	1925-07-08/1	04단	咸南永興の荒地を開墾/部民の喜び
123626	朝鮮朝日	1925-07-08/1	04단	咸鏡北部線水南極洞間十一哩を明年中に完成
123627	朝鮮朝日	1925-07-08/1	04단	學生等演藝其他の公開ものに出演を禁止
123628	朝鮮朝日	1925-07-08/1	04단	一名の犯罪者も出さない平南の平和鄕成川歸仁面/伊平巡査部長七年努力の賜
123629	朝鮮朝日	1925-07-08/1	05단	無くてならぬ唐辛子の大部/百五十萬斤は支那からの輸入
123630	朝鮮朝日	1925-07-08/1	05단	高麗キネマ第一回製作を近く公開
123631	朝鮮朝日	1925-07-08/1	05단	全北名産/乾柿講習會を開いて製造を改良
123632	朝鮮朝日	1925-07-08/1	06단	國勢調査を飛行機で主要地に宣傳

일련번호	판명	간행일	단수	기사명
123633	朝鮮朝日	1925-07-08/1	06단	咸鏡南部線靈武簡易驛普通驛となる
123634	朝鮮朝日	1925-07-08/1	06단	學校職員が驅逐艦に便乘/鎭海と佐世保を見學し海事思想を練る
123635	朝鮮朝日	1925-07-08/1	06단	本春以來チブス蔓延/京城府內で
123636	朝鮮朝日	1925-07-08/1	07단	全國中等學校第十一回野球大會/全朝鮮中等學校豫選大會
123637	朝鮮朝日	1925-07-08/1	07단	咸南道の武道熱昂る/代々の部長が悉く獎勵す
123638	朝鮮朝日	1925-07-08/1	07단	平北の牛疫終熄に近し
123639	朝鮮朝日	1925-07-08/1	07단	間島の牛疫總計十頭
123640	朝鮮朝日	1925-07-08/1	07단	老の手一つで狂氣の娘と孫を養ふ憐れな老婆/不孝な姊娘は寄付もしない
123641	朝鮮朝日	1925-07-08/1	08단	咸南の牛疫/初發以來二百頭漸く終熄す
123642	朝鮮朝日	1925-07-08/1	08단	疫痢が蔓延/局子街と龍井村に
123643	朝鮮朝日	1925-07-08/1	09단	長老派の學校が動搖/米宣教師の排斥を高唱
123644	朝鮮朝日	1925-07-08/1	09단	車輦館の匪賊系統は不明/現在鮮人潛在の不逞團は五六十名
123645	朝鮮朝日	1925-07-08/1	09단	京城驛で薃被を盜む/運送店員が
123646	朝鮮朝日	1925-07-08/1	09단	電車を飛乘過って墜落/足を轢かる
123647	朝鮮朝日	1925-07-08/1	09단	人(奈須少將(朝鮮憲兵司令官)/芝岐路可氏(局子街分館領事)/毛利此吉氏(頭道溝分館主任)/多田吉彌氏(新任淸津地方法律長))
123648	朝鮮朝日	1925-07-08/1	10단	密會中の姦婦を撲殺/憤怒の本夫が
123649	朝鮮朝日	1925-07-08/1	10단	會(棉作技術員會議/消防慰安活寫會)
123650	朝鮮朝日	1925-07-08/1	10단	半島茶話
123651	朝鮮朝日	1925-07-08/2	01단	神仙爐/いはゆる方便の歸化
123652	朝鮮朝日	1925-07-08/2	01단	京畿道內の小學校長二百名を召致して協議を凝す/實業教育振興策
123653	朝鮮朝日	1925-07-08/2	01단	山林組合を統一の計劃全北道で
123654	朝鮮朝日	1925-07-08/2	01단	全北鐵道の六月末業績/前年より減收
123655	朝鮮朝日	1925-07-08/2	01단	羅南高女の地方費移管を府民が要請
123656	朝鮮朝日	1925-07-08/2	01단	正チヤンの冒險(十四)
123657	朝鮮朝日	1925-07-08/2	03단	咸南署長會議
123658	朝鮮朝日	1925-07-08/2	03단	殖銀淸津支店今期純益は二萬餘員
123659	朝鮮朝日	1925-07-08/2	03단	釜山署乳牛檢査
123660	朝鮮朝日	1925-07-08/2	03단	咸興より
123661	朝鮮朝日	1925-07-08/2	03단	映畫界(喜樂館)
123662	朝鮮朝日	1925-07-08/2	04단	運動界(對抗野球戰(大邱と全州)/丘陵軍優勝/大田庭球戰/咸興野球豫選)
123663	朝鮮朝日	1925-07-09/1	01단	無制限の移民は露國も欲しまい/其程度が重大な問題/細目協定會議出席の川上氏語る
123664	朝鮮朝日	1925-07-09/1	01단	間島地方の排外運動/學生が騷ぎ終熄せず
123665	朝鮮朝日	1925-07-09/1	01단	二千七百圓を上海へ義損/京城支那人が

일련번호	판명	간행일	단수	기사명
123666	朝鮮朝日	1925-07-09/1	01단	勞農露國の領事官は京城に設置
123667	朝鮮朝日	1925-07-09/1	02단	京城府內の不渡手形/財界の整理で漸く減少す
123668	朝鮮朝日	1925-07-09/1	02단	鐵道局新事業咸鏡線を主とし鎭昌平元兩線に着手/總工費千六百萬圓
123669	朝鮮朝日	1925-07-09/1	02단	李朝興って五百年起伏の趾を悠久として默々として瞰下した大京城鎭護の靈山/綠濃き南山秘史(一)
123670	朝鮮朝日	1925-07-09/1	03단	六月中の釜山貿易額千八百萬圓で昨年より增加
123671	朝鮮朝日	1925-07-09/1	03단	辭令(東京電話)
123672	朝鮮朝日	1925-07-09/1	04단	大邱府の滿洲粟輸入/八十餘萬圓
123673	朝鮮朝日	1925-07-09/1	04단	朝鮮私鐵七八萬圓の收益增加
123674	朝鮮朝日	1925-07-09/1	04단	京取內の證券金融社配當年一割
123675	朝鮮朝日	1925-07-09/1	04단	營林廠材の値下は嘘/奸商の惡策
123676	朝鮮朝日	1925-07-09/1	05단	京城二高女校舍を增築六千六百圓で
123677	朝鮮朝日	1925-07-09/1	05단	忠北病院がレントゲンの治療を開始
123678	朝鮮朝日	1925-07-09/1	05단	鮮米の移出は昨年と略ぼ同量/旱害での收穫減は粟や外米で補給された
123679	朝鮮朝日	1925-07-09/1	05단	昨年中の內鮮の結婚三百六十組
123680	朝鮮朝日	1925-07-09/1	06단	支那側から粟を借入れ/間島面が極貧者救濟
123681	朝鮮朝日	1925-07-09/1	06단	殉職警官夫々昇進す
123682	朝鮮朝日	1925-07-09/1	06단	朝鮮にも梅が實る/扶桑の梅必ずしも杏には變ぜぬらしい
123683	朝鮮朝日	1925-07-09/1	07단	大邱の低溫/昨年に比し二十八度低い
123684	朝鮮朝日	1925-07-09/1	07단	慶北各地の交通杜絶す/六日の豪雨で
123685	朝鮮朝日	1925-07-09/1	07단	埋築締切の堤防決潰す/六日の大潮で
123686	朝鮮朝日	1925-07-09/1	07단	慶北達城に稻熱病發生/驅除は困難
123687	朝鮮朝日	1925-07-09/1	08단	自分等の非行を知悉した先生/それを排斥して釜山鎭高普生の盟休
123688	朝鮮朝日	1925-07-09/1	08단	寧邊搜査隊/匪賊と交戰巡査一名負傷
123689	朝鮮朝日	1925-07-09/1	08단	五千圓の金塊密輸犯平壤で發見
123690	朝鮮朝日	1925-07-09/1	09단	梅雨昨年より遲れた
123691	朝鮮朝日	1925-07-09/1	09단	紙幣の雨/大風で飛び拾ひ手多く持主に返らず
123692	朝鮮朝日	1925-07-09/1	09단	ミシンの賣掛代金を一年に互り五千圓を橫領
123693	朝鮮朝日	1925-07-09/1	09단	石造殿に忍込み貴重品を盜む/犯人は人攫ひの博徒の親分 「汽車」と綽名された强か者
123694	朝鮮朝日	1925-07-09/1	10단	高貴な方の肖像を押賣/釜山署で差止
123695	朝鮮朝日	1925-07-09/1	10단	會(明大武道修養團)
123696	朝鮮朝日	1925-07-09/1	10단	人(下岡總監)
123697	朝鮮朝日	1925-07-09/1	10단	半島茶話
123698	朝鮮朝日	1925-07-09/2	01단	神仙爐/おしゃれ連へ

일련번호	판명	간행일	단수	기사명
123699	朝鮮朝日	1925-07-09/2	01단	要塞地だとて釜山の發展を害しはせぬ、たゞ航空路だけは駄目
123700	朝鮮朝日	1925-07-09/2	01단	校長會議で暑中休暇中/生徒の取扱ひ方を協議
123701	朝鮮朝日	1925-07-09/2	01단	正チヤンの冒險(十五)
123702	朝鮮朝日	1925-07-09/2	02단	平北道より牛疫の南下/平南當局は必死に防禦
123703	朝鮮朝日	1925-07-09/2	03단	激增した全北陸地棉/本年の作付一萬餘町步
123704	朝鮮朝日	1925-07-09/2	03단	普校生に稗拔を獎勵/郡農會の試
123705	朝鮮朝日	1925-07-09/2	03단	警察部員の水泳練習二十一日から
123706	朝鮮朝日	1925-07-09/2	04단	書道大會を安東で開催/好成績を收む
123707	朝鮮朝日	1925-07-09/2	04단	衛生巡回講話會
123708	朝鮮朝日	1925-07-09/2	04단	新義州から
123709	朝鮮朝日	1925-07-09/2	04단	安東縣から
123710	朝鮮朝日	1925-07-09/2	04단	咸興から
123711	朝鮮朝日	1925-07-09/2	04단	全咸興軍編成
123712	朝鮮朝日	1925-07-09/2	04단	咸興野球戰
123713	朝鮮朝日	1925-07-10/1	01단	朝鮮でも漸く國籍法を實施/目下原案作成中
123714	朝鮮朝日	1925-07-10/1	01단	自發的な罷業義損金上海へ送附
123715	朝鮮朝日	1925-07-10/1	01단	支那山中の罌粟密培を官憲が搜査
123716	朝鮮朝日	1925-07-10/1	02단	安東縣知事鮮人取締を嚴にせよと訓令を發す
123717	朝鮮朝日	1925-07-10/1	02단	歸省學生の思想講演は絶對に許可しない/學術なら喜んで援助
123718	朝鮮朝日	1925-07-10/1	03단	大同商銀合同は九月/鮮銀の觀測
123719	朝鮮朝日	1925-07-10/1	03단	實施に研究/慶北道の國調委員が
123720	朝鮮朝日	1925-07-10/1	03단	大工土工の組合を各地で組織し軈て全鮮を統一する/計劃が順調に進捗
123721	朝鮮朝日	1925-07-10/1	04단	忠南でも豫備調査を九月に擧行
123722	朝鮮朝日	1925-07-10/1	04단	慶南財務會議/表彰式と珠算競技
123723	朝鮮朝日	1925-07-10/1	04단	市民大會で南江治水の速成を期す
123724	朝鮮朝日	1925-07-10/1	04단	金も出來て東津水利がいよいよ許可
123725	朝鮮朝日	1925-07-10/1	04단	群山委員築港運動で知事に交涉
123726	朝鮮朝日	1925-07-10/1	05단	三里の間至隔て全鮮を包む烽火の網/玆處南山の頂上から脈々と急を傳へたのであった/綠濃き南山秘史(二)
123727	朝鮮朝日	1925-07-10/1	05단	草間局長群山を視察本月二十日頃
123728	朝鮮朝日	1925-07-10/1	05단	商品陣列所人寄に努む/卽賣を增加すべく
123729	朝鮮朝日	1925-07-10/1	05단	海水浴や林間學校を各學校が計劃
123730	朝鮮朝日	1925-07-10/1	06단	東鄉大將が大廟に奉納の錦の御旗の布片で拵へた/守袋を空の勇士に贈る
123731	朝鮮朝日	1925-07-10/1	06단	清津の海水浴十日から開始
123732	朝鮮朝日	1925-07-10/1	06단	白水平壤高女校長
123733	朝鮮朝日	1925-07-10/1	06단	京城府の傳染病六月中に百四十七名

일련번호	판명	간행일	단수	기사명
123734	朝鮮朝日	1925-07-10/1	07단	勞働同盟の支部長改選/星出氏當選
123735	朝鮮朝日	1925-07-10/1	07단	馬賊が人夫を募集けし採取に
123736	朝鮮朝日	1925-07-10/1	07단	子持の役人を轉任させて吳れ/生徒の無い學校から教育第一が産んだ喜劇
123737	朝鮮朝日	1925-07-10/1	08단	鄭上斌の免訴を嘆願/鮮人有力者が
123738	朝鮮朝日	1925-07-10/1	09단	植付けたばかりの靑田を賣拂ふ/昨旱害の痛手で窮乏の全北農村が
123739	朝鮮朝日	1925-07-10/1	09단	忠南體山の水喧嘩/一雨降らねば益紛糾せん
123740	朝鮮朝日	1925-07-10/1	09단	梵魚寺の殺人犯人公判開廷
123741	朝鮮朝日	1925-07-10/1	10단	東京府の收入役高飛/京城で手配
123742	朝鮮朝日	1925-07-10/1	10단	人(下岡政務總監/中學教員視察團/國友總督府警務課長/田中總督府高等課長/白水千里氏(平壤高女校長)/恩田朝郵社長/中野內國通運社長)
123743	朝鮮朝日	1925-07-10/1	10단	半島茶話
123744	朝鮮朝日	1925-07-10/2	01단	神仙爐/寝てゐてお國奉公
123745	朝鮮朝日	1925-07-10/2	01단	商議聯合會へ提出の重要議案二十三日から三日間/いよいよ元山で開催
123746	朝鮮朝日	1925-07-10/2	01단	貪りすぎる京城のお醫者/公認醫師會の必要が高唱される
123747	朝鮮朝日	1925-07-10/2	01단	平南春繭の出廻は不振/昨年通りの先高思惑で
123748	朝鮮朝日	1925-07-10/2	02단	全國中等學校第十一回野球大會/全朝鮮中等學校豫選大會
123749	朝鮮朝日	1925-07-10/2	03단	平南道では座操製糸を極力獎勵す
123750	朝鮮朝日	1925-07-10/2	03단	鎮昌鐵道の殘工事實測/今秋から着工
123751	朝鮮朝日	1925-07-10/2	03단	蔚山釜山間鐵道速成の期成會開催
123752	朝鮮朝日	1925-07-10/2	03단	燃料節約で温突の改良/慶北の試み
123753	朝鮮朝日	1925-07-10/2	04단	補助を申請/馬山府市區改正の
123754	朝鮮朝日	1925-07-10/2	04단	登記所設置要望
123755	朝鮮朝日	1925-07-10/2	04단	安東縣から
123756	朝鮮朝日	1925-07-10/2	04단	新義州から
123757	朝鮮朝日	1925-07-11/1	01단	結核療養地として朝鮮は日本一/從來の學者の說を否定し【志賀博士の發表】
123758	朝鮮朝日	1925-07-11/1	01단	お米の大敵たる土負蟲を研究に素木博士の咸鏡行
123759	朝鮮朝日	1925-07-11/1	01단	想ひ起す文祿の役征旗靡き轡の音/日本將士の威風は倭城臺の名を殘すに至った/綠濃き南山秘史(三)
123760	朝鮮朝日	1925-07-11/1	02단	殖銀の社債償還八月から
123761	朝鮮朝日	1925-07-11/1	02단	金融組合も利子引下五厘ほど
123762	朝鮮朝日	1925-07-11/1	03단	合同しても地場銀行と同樣の金融をなして欲しい
123763	朝鮮朝日	1925-07-11/1	03단	鎮南浦港貿易額增加米穀の移出と外米移入で
123764	朝鮮朝日	1925-07-11/1	03단	客車十臺を連ね臨時列車を運轉/平壤驛から飛行場まで歡迎の市民のために

일련번호	판명	간행일	단수	기사명
123765	朝鮮朝日	1925-07-11/1	04단	營林廠着筏昨年と同量
123766	朝鮮朝日	1925-07-11/1	04단	仁取に商議員會を組合から要望
123767	朝鮮朝日	1925-07-11/1	04단	辭令(東京電話)
123768	朝鮮朝日	1925-07-11/1	05단	漢江の水嵩み龍山の大驚戒/避難民救助の大釜まで用意して
123769	朝鮮朝日	1925-07-11/1	06단	慶南の豪雨/被害多く當局警戒す
123770	朝鮮朝日	1925-07-11/1	06단	坪當り二石二斗/光州の豪雨
123771	朝鮮朝日	1925-07-11/1	06단	滿鐵の夏季大學/安東で開催
123772	朝鮮朝日	1925-07-11/1	07단	衡平社の學生が差別撤廢の叫びをあぐべく大田で大會を開く
123773	朝鮮朝日	1925-07-11/1	07단	鎭南浦築港暫くお預け/帆船波止場を兎も角も改築
123774	朝鮮朝日	1925-07-11/1	07단	難波大助を稱揚する不敬漢/左傾主義の齋藤繁雄が占師に化けて京城に潛入す
123775	朝鮮朝日	1925-07-11/1	07단	車輦館襲擊の匪賊の二名が平北良策に現はれ捜査隊で包圍す
123776	朝鮮朝日	1925-07-11/1	08단	「進め社」の左傾主義者入鮮の疑
123777	朝鮮朝日	1925-07-11/1	08단	無殘な自殺/ダイナマイトを爆發させ
123778	朝鮮朝日	1925-07-11/1	09단	空米相場師/懲役十月を求刑さる
123779	朝鮮朝日	1925-07-11/1	09단	先生と生徒が妓生と戀の鞘當/東萊高普校の盟休は益々險惡
123780	朝鮮朝日	1925-07-11/1	09단	會(衛生防火寫會/京城商議評議會/聞慶教員講習會/全州女子青年會)
123781	朝鮮朝日	1925-07-11/1	10단	新義州の軍曹自殺す/原因は不明
123782	朝鮮朝日	1925-07-11/1	10단	人(李學務局長/中野通運社長/吉田秀次郎氏(吉田運輸前社長)/和田純氏(慶南知事)/嗚瀧紫麿中將(陸軍運輸部本部長)/名越那班次郎氏(京城帝大教授)/古賀喜太一氏(總督部屬)/多田清津地方法院長)
123783	朝鮮朝日	1925-07-11/1	10단	半島茶話
123784	朝鮮朝日	1925-07-11/2	01단	神仙爐/京城府の水道電化如何
123785	朝鮮朝日	1925-07-11/2	01단	松毛虫に崇られ植林計劃の變改/從來の松をやめ潤葉樹を植栽
123786	朝鮮朝日	1925-07-11/2	01단	財務主任會議
123787	朝鮮朝日	1925-07-11/2	01단	支那勞働者使用を制限/靈南水利困る
123788	朝鮮朝日	1925-07-11/2	01단	慶北桑苗數/八百萬本で生育は良好
123789	朝鮮朝日	1925-07-11/2	02단	全鮮釀造品評會二十一日から元山で開催
123790	朝鮮朝日	1925-07-11/2	03단	獎勵が過ぎ桑の過剰に全南苦しむ
123791	朝鮮朝日	1925-07-11/2	03단	畜牛飼料の乾草貯藏を賞金で獎勵
123792	朝鮮朝日	1925-07-11/2	03단	平元線路を自動車突破/開通要請の示威運動
123793	朝鮮朝日	1925-07-11/2	03단	軍服のまゝ舞戻った不逞/農民に化け潛伏中を捜査隊に逮捕さる
123794	朝鮮朝日	1925-07-11/2	04단	新義州から
123795	朝鮮朝日	1925-07-11/2	04단	仁川より
123796	朝鮮朝日	1925-07-11/2	04단	咸興より

일련번호	판명	간행일	단수	기사명
123797	朝鮮朝日	1925-07-11/2	04단	運動界(全鮮射擊會內地からも參加する/咸南武道大會警察部長も出場する)
123798	朝鮮朝日	1925-07-12/1	01단	事務簡捷で知事の權限擴張/近く之が實現を見ん
123799	朝鮮朝日	1925-07-12/1	01단	朝鮮神宮の表參道/俗惡を排し森嚴ならしむ
123800	朝鮮朝日	1925-07-12/1	01단	美なるかな形勝眞にこれ王京/それは南山の頂から顧望した詩人の禮讚である/綠濃き南山秘史(完)
123801	朝鮮朝日	1925-07-12/1	02단	金融組合に爲替事務を開いて欲しい
123802	朝鮮朝日	1925-07-12/1	02단	私鐵補給金は增額の見込なし/經費節限の理由で大藏省が不承知
123803	朝鮮朝日	1925-07-12/1	02단	金融組合の預金增加し殖銀の貸出が減少す
123804	朝鮮朝日	1925-07-12/1	03단	仁淸兩港貿易高/六月中の(仁川/淸津)
123805	朝鮮朝日	1925-07-12/1	04단	京城電氣の擴張工事二線を新設
123806	朝鮮朝日	1925-07-12/1	04단	平北三橋川渡場の悶着/當局が仲裁
123807	朝鮮朝日	1925-07-12/1	04단	朝鮮の蠶絲が評判の良いのは蠶種を制限したから/百萬石の生産は困難でない
123808	朝鮮朝日	1925-07-12/1	05단	平壤に創立されたワンワンの學校/生徒の數が三十三頭/授業料は月に八圓
123809	朝鮮朝日	1925-07-12/1	05단	辭令(東京電話)
123810	朝鮮朝日	1925-07-12/1	06단	いよいよ始まった朝鮮各地の豪雨 交通杜絶や浸水家屋で當局警戒に努む(京城附近/慶南管內/全北道內)二村洞危險に瀕し警察消防必死となり避難民救助に努む/漢江河畔刻々危險龍山も浸水
123811	朝鮮朝日	1925-07-12/1	08단	間島の降雹六百町步の作物は全滅
123812	朝鮮朝日	1925-07-12/1	08단	正米薄で米が高い/前途が憂慮さる
123813	朝鮮朝日	1925-07-12/1	08단	練習艦磐手仁川に入港
123814	朝鮮朝日	1925-07-12/1	09단	天道敎本部/純朝鮮式の大建築附近に文化村建設
123815	朝鮮朝日	1925-07-12/1	09단	療養中の怪賊鮮人主義者と通じセフランス病院で脫出を圖り發覺
123816	朝鮮朝日	1925-07-12/1	09단	財政難で侍天敎/水雲敎と合同する
123817	朝鮮朝日	1925-07-12/1	09단	釜山の爆死男身許判明す
123818	朝鮮朝日	1925-07-12/1	09단	會(京城學校組合會/夏季衛生講話會)
123819	朝鮮朝日	1925-07-12/1	10단	小學生に化け白晝學校で竊盜を働く
123820	朝鮮朝日	1925-07-12/1	10단	人(米國投資團代表)
123821	朝鮮朝日	1925-07-12/1	10단	半島茶話
123822	朝鮮朝日	1925-07-12/2	01단	今樣平井權八/三矢局長の劍好み/旅宿の下女を驚かすの事
123823	朝鮮朝日	1925-07-12/2	01단	銀高の關係で安東材の入鮮少く/營林廠の立木處分は明年度增加の計劃
123824	朝鮮朝日	1925-07-12/2	01단	群山の在米いよいよ減少昨年より早い
123825	朝鮮朝日	1925-07-12/2	01단	順天市民普校移轉に反對陳情す

일련번호	판명	간행일	단수	기사명
123826	朝鮮朝日	1925-07-12/2	01단	正チヤンの冒險(一)
123827	朝鮮朝日	1925-07-12/2	02단	全北道の公有林面積と造林事業
123828	朝鮮朝日	1925-07-12/2	03단	全北道內金肥使用高八十四萬餘圓
123829	朝鮮朝日	1925-07-12/2	03단	群山府の魚市場賣上前月より減少
123830	朝鮮朝日	1925-07-12/2	03단	全羅北道の教育會總會廿七八兩日
123831	朝鮮朝日	1925-07-12/2	03단	金泉より
123832	朝鮮朝日	1925-07-12/2	04단	運動界(鎭南浦の水泳プール近く新設/咸南道廳大捷)
123833	朝鮮朝日	1925-07-12/2	04단	教育界(動植物講習會/各校臨海教授)
123834	朝鮮朝日	1925-07-14/1	01단	連日の豪雨歇まず南鮮を荒狂ふ大濁流 川は溢れ橋は落ち道路は潰れ 十二日京釜線も遂に不通/慶南の島々殆んど浸水し救護の發動機船も危險のため引返す/全北鐵道線路破壞し復舊は三日後/大田は無事/馬山附近刻々增水 馬山線危し/慶北管內の判明せる死者十六名で行方不明十二名 十二日京釜線漸く開通/錦江の增水 二十七尺で渡川不可能/旅客と荷物とで釜山の大混雜/萬頃江增水 浸水田は約一千町步
123835	朝鮮朝日	1925-07-14/1	01단	聖上御下賜金で博物館を建設/舊總督府廳舍の內部を改善修理し
123836	朝鮮朝日	1925-07-14/1	03단	六月中の主要港貿易額/總督府調査(京城/釜山/新義州/鎭南浦/平壤/元山)
123837	朝鮮朝日	1925-07-14/1	05단	安東公署民衆集會を嚴禁す
123838	朝鮮朝日	1925-07-14/1	05단	安東銀市大暴落
123839	朝鮮朝日	1925-07-14/1	05단	先高見越で穀物出廻減釜山の市場
123840	朝鮮朝日	1925-07-14/1	05단	蘇堤湖
123841	朝鮮朝日	1925-07-14/1	06단	辭令(東京電話)
123842	朝鮮朝日	1925-07-14/1	06단	金組聯合會預金增加は農民の覺醒
123843	朝鮮朝日	1925-07-14/1	06단	內地の主義者が鮮內入込み露國行を計劃する/治維法に追はれた結果
123844	朝鮮朝日	1925-07-14/1	07단	二十師團の秋期演習/全州平野で
123845	朝鮮朝日	1925-07-14/1	07단	穀物檢查の料金値下/鎭南浦の要求仁川と對抗上
123846	朝鮮朝日	1925-07-14/1	08단	京城少年團月尾島野營/ペーヂエントも試みる
123847	朝鮮朝日	1925-07-14/1	08단	朝鮮無煙炭織工罷業/會社側强硬で全部を解雇す
123848	朝鮮朝日	1925-07-14/1	08단	食ふに途なき五千の勞働者平壤の巷に溢る/工場の大半は閉鎖
123849	朝鮮朝日	1925-07-14/1	09단	證人が被告を毆る/申立が餘り得手勝手だと
123850	朝鮮朝日	1925-07-14/1	09단	生徒十八名で授業を續ける/東萊高普の盟休一人でも續けよと當局は命ず
123851	朝鮮朝日	1925-07-14/1	10단	安東商議所に放火を企つ犯人は不明
123852	朝鮮朝日	1925-07-14/1	10단	會(訪歐飛行活寫會/東邊尹晩餐會)
123853	朝鮮朝日	1925-07-14/1	10단	人(川上俊彦氏)
123854	朝鮮朝日	1925-07-14/1	10단	半島茶話

일련번호	판명	간행일	단수	기사명
123855	朝鮮朝日	1925-07-14/2	01단	神仙爐/內地から追剝
123856	朝鮮朝日	1925-07-14/2	01단	全北公有林一萬九千町步
123857	朝鮮朝日	1925-07-14/2	01단	商議聯合に鎭南浦築港/繰返し提出
123858	朝鮮朝日	1925-07-14/2	01단	新義州局の煙草賣上高/昨年より減少
123859	朝鮮朝日	1925-07-14/2	01단	咸南道の巡回診療近く實施
123860	朝鮮朝日	1925-07-14/2	01단	正チヤンの冒險(二)
123861	朝鮮朝日	1925-07-14/2	02단	三橋渡船に發動機船を使用の計劃
123862	朝鮮朝日	1925-07-14/2	02단	清州高女校敷地漸く決定/近く着工
123863	朝鮮朝日	1925-07-14/2	03단	畜牛の模範部落を義州郡で選定
123864	朝鮮朝日	1925-07-14/2	03단	大邱府の女高普設立/陳情委員が近く出城す
123865	朝鮮朝日	1925-07-14/2	03단	慶會樓の人柱史實には勿論ない/鐘路の鐘の人身供養を誤り傳へたものか
123866	朝鮮朝日	1925-07-14/2	04단	新義州普校增築近く起工
123867	朝鮮朝日	1925-07-14/2	04단	水害後の惡疫豫防/釜山の清潔法
123868	朝鮮朝日	1925-07-14/2	04단	新義州
123869	朝鮮朝日	1925-07-14/2	04단	安東縣
123870	朝鮮朝日	1925-07-15/1	01단	北鮮開發の要は交通の完成で來年豫算面に現はしたいと下岡政務總監は語る
123871	朝鮮朝日	1925-07-15/1	01단	來年度は鹽田擴張五十六萬圓で/專賣局の計劃
123872	朝鮮朝日	1925-07-15/1	01단	教科書の賣殘り二百五十萬冊/明年は半減
123873	朝鮮朝日	1925-07-15/1	02단	鹽密輸を根絶すべく救濟策を考究
123874	朝鮮朝日	1925-07-15/1	02단	國境警備では奉天側と完全な諒解を遂げたから今後好成績を擧げん
123875	朝鮮朝日	1925-07-15/1	02단	廣石川
123876	朝鮮朝日	1925-07-15/1	03단	京電配當一割二分昨年より收入減
123877	朝鮮朝日	1925-07-15/1	04단	水害に懲り堤防大增築/大邱川岸の
123878	朝鮮朝日	1925-07-15/1	04단	京城府內の鮮人職工が大同團結す/組合員五千
123879	朝鮮朝日	1925-07-15/1	05단	私の事業に就て/不二與業株式會社々長藤井寬太郎(寄)
123880	朝鮮朝日	1925-07-15/1	05단	入露鮮人の激增に驚いた/露國政廳が嚴重な取締規則を發布する
123881	朝鮮朝日	1925-07-15/1	05단	洛東江沿岸の被害最も激甚 罹災者の救護に決死隊を組織す/還河氾濫し三千浦を襲ふ
123882	朝鮮朝日	1925-07-15/1	06단	雨に呪はれた南鮮の各鐵道追ひ追ひ開通の見込(黃海線/慶北線/慶南線/慶東線/慶南鐵道/馬山線)
123883	朝鮮朝日	1925-07-15/1	07단	釜山の傳染病を國際聯盟に基きゼネバに通知
123884	朝鮮朝日	1925-07-15/1	07단	モヒ患者の强制施療極めて好成績
123885	朝鮮朝日	1925-07-15/1	07단	大卵/重さ一斤安東縣での出來事
123886	朝鮮朝日	1925-07-15/1	08단	李完用侯爵の滯納稅金は値引し/細民のを絞り取るのは怪しからぬと鮮人學義憤慨

일련번호	판명	간행일	단수	기사명
123887	朝鮮朝日	1925-07-15/1	08단	鴨江對岸に虎疫發生/蔓延の兆あり國境の大警戒
123888	朝鮮朝日	1925-07-15/1	08단	朝鮮一の全南の鮎/絶滅に近し
123889	朝鮮朝日	1925-07-15/1	09단	兼二浦で紙幣僞造/大仕掛らしい
123890	朝鮮朝日	1925-07-15/1	09단	總督府倉庫の錠前を破って地圖や書類を竊取/犯人は九名の小兒/裏面に何等かの書策があるか
123891	朝鮮朝日	1925-07-15/1	09단	警官が拷問したと部落民が憤慨/駐在所を襲擊す咸北吉州管內の出來ごと
123892	朝鮮朝日	1925-07-15/1	10단	平北雲山で匪賊と交戰數名を斃す
123893	朝鮮朝日	1925-07-15/1	10단	半島茶話
123894	朝鮮朝日	1925-07-15/2	01단	神仙爐/贅澤をいふな
123895	朝鮮朝日	1925-07-15/2	01단	幾代が經ぬる火田民の群れ/世の文化に盲ゐて唯だ生きてるだけ(火田民の分類/世襲の火田民/亂農者の群れ/一日七錢で暮す)
123896	朝鮮朝日	1925-07-15/2	01단	正チヤンの冒險(三)
123897	朝鮮朝日	1925-07-15/2	03단	改良された咸興の燒酎/販路擴大す
123898	朝鮮朝日	1925-07-15/2	03단	慈善興行で基金が出來た/咸興恕の人事相談所
123899	朝鮮朝日	1925-07-15/2	03단	洪水當時の救命美談/二巡查表彰か
123900	朝鮮朝日	1925-07-15/2	04단	平南の松毛蟲本年は輕微
123901	朝鮮朝日	1925-07-15/2	04단	鮮鐵運賃は聲明を裏切り却て値上と大邱の協議
123902	朝鮮朝日	1925-07-15/2	04단	各地より(安東縣)
123903	朝鮮朝日	1925-07-16/1	01단	釜山を中心に臺灣航路を開設して欲しいと總督府に要望
123904	朝鮮朝日	1925-07-16/1	01단	日英と戰ふ軍資金にと二割を增稅
123905	朝鮮朝日	1925-07-16/1	01단	罷業義損に領事が斡旋/上海に送金
123906	朝鮮朝日	1925-07-16/1	01단	私の事業に就て/不二興業株式會社々長藤井寬太郞(寄)
123907	朝鮮朝日	1925-07-16/1	02단	天圖鐵道十六日復舊
123908	朝鮮朝日	1925-07-16/1	02단	咸鏡線起工九十萬圓で延長十二哩
123909	朝鮮朝日	1925-07-16/1	02단	無爲徒食の結果貧窮しながら李王家の財産をアテに救助せるは不穩當
123910	朝鮮朝日	1925-07-16/1	03단	改良された平南米/高値で取引
123911	朝鮮朝日	1925-07-16/1	03단	新義州の木材業合同/鴨江木材が創立される
123912	朝鮮朝日	1925-07-16/1	03단	間島內鮮人漸次減少す
123913	朝鮮朝日	1925-07-16/1	04단	平北産米移出が過ぎ逆移入の必要を生ず
123914	朝鮮朝日	1925-07-16/1	04단	辭令(東京電話)
123915	朝鮮朝日	1925-07-16/1	04단	長白縣に簡易師範校近く開設
123916	朝鮮朝日	1925-07-16/1	04단	溫泉聚落/安東小學の上田校長が五龍背で今夏開催

일련번호	판명	간행일	단수	기사명
123917	朝鮮朝日	1925-07-16/1	05단	雨漸く霽れて善後策の考究に多忙を極むる罹災地 南鮮の洪水漸く歇む/十五名の死體發見慶山郡で/水害後の防疫に關し通達を發す/慶北管內の復舊工事/貯藏米を全部流失し釜山から救助/內地人に篤過ぎると鮮人が協議/電線故障で釜山局の混雜復舊は一週後
123918	朝鮮朝日	1925-07-16/1	06단	鷄林球界の粹/中等學校豫選大會/卽に技を練る若き戰士/申込開に十有二校
123919	朝鮮朝日	1925-07-16/1	08단	朝鮮人の眞の叫びを傳へるため團體を組織
123920	朝鮮朝日	1925-07-16/1	08단	畑中に蟠居の勞働者/善後策を考究中
123921	朝鮮朝日	1925-07-16/1	09단	拷問事件は事實無根/女の死因は腎萎縮と判明
123922	朝鮮朝日	1925-07-16/1	09단	通度寺の紛擾また蒸し返さる/二萬圓橫領の金九河が復職運動を起したため
123923	朝鮮朝日	1925-07-16/1	09단	永新校事件公判開廷/鄭に一年二月求刑あり
123924	朝鮮朝日	1925-07-16/1	09단	庖丁を懐に床下に忍込/板場を殺さんとして
123925	朝鮮朝日	1925-07-16/1	09단	東萊高普の盟休生徒が弗々復校す
123926	朝鮮朝日	1925-07-16/1	10단	支那人の紙幣僞造/兼二浦で逮捕
123927	朝鮮朝日	1925-07-16/1	10단	鹽貝大人逝去
123928	朝鮮朝日	1925-07-16/1	10단	半島茶話
123929	朝鮮朝日	1925-07-16/2	01단	神仙爐/産業組合會と金融組合
123930	朝鮮朝日	1925-07-16/2	01단	六月中の群山貿易額四百五拾萬圓
123931	朝鮮朝日	1925-07-16/2	01단	元山各銀行手形交換高/昨年より增加
123932	朝鮮朝日	1925-07-16/2	01단	內國通運に反感の荷主/國際運送系の店を新設する
123933	朝鮮朝日	1925-07-16/2	01단	正チヤンの冒險(四)
123934	朝鮮朝日	1925-07-16/2	02단	咸北假廳舍工事進陟し十一日上棟式
123935	朝鮮朝日	1925-07-16/2	02단	羅南高女の道立引直を府民が要望
123936	朝鮮朝日	1925-07-16/2	03단	淸津魚市場六月水揚高
123937	朝鮮朝日	1925-07-16/2	03단	淸津金組の事務所新築/公會堂の倂築を計劃
123938	朝鮮朝日	1925-07-16/2	03단	羅南面事務所新築落成す
123939	朝鮮朝日	1925-07-16/2	04단	煙草から見た/鎭南浦附近の經濟狀況
123940	朝鮮朝日	1925-07-16/2	04단	鮮人學生に寄生蟲患者が極めて多い
123941	朝鮮朝日	1925-07-16/2	04단	會(水害救濟講演會)
123942	朝鮮朝日	1925-07-16/2	04단	演藝(京城)
123943	朝鮮朝日	1925-07-17/1	01단	植民地免許の看護婦たちも內地で開業が出來る/然し産婆は駄目
123944	朝鮮朝日	1925-07-17/1	01단	安東の排外運動/效目が無い
123945	朝鮮朝日	1925-07-17/1	01단	水稻植村/十日迄に百四十萬町
123946	朝鮮朝日	1925-07-17/1	01단	決戰の期は近づく/覇權を前に血潮高鳴る若きナインの群れ(粒揃ひの龍中チーム/初陣の元山中學校)
123947	朝鮮朝日	1925-07-17/1	02단	平壤水道の收入激減/豫期に反す

일련번호	판명	간행일	단수	기사명
123948	朝鮮朝日	1925-07-17/1	02단	靑島鹽の輸入/支那側諒解す/本年度朝鮮鹽田の成績は極めて不良
123949	朝鮮朝日	1925-07-17/1	03단	空屋は多く新築も增加/平壤の奇現象
123950	朝鮮朝日	1925-07-17/1	04단	細民の納稅免除/馬野府尹最初の腕試
123951	朝鮮朝日	1925-07-17/1	04단	納凉市場で不景氣を掃の計劃
123952	朝鮮朝日	1925-07-17/1	04단	水漸く收まり濡れた我家の後片付を始めた避難民 惡疫豫防に當局努む/農場の被害 馬山附近の/全州附近は自動車開通/全北の被害狀況 警務局着電/龍山の被害/黃海の被害 死者は五名
123953	朝鮮朝日	1925-07-17/1	05단	咸北郡守會義
123954	朝鮮朝日	1925-07-17/1	05단	東京訪問の伊太利機/仁川に飛來
123955	朝鮮朝日	1925-07-17/1	06단	パスの整理がいよいよ始まり內地關係を先に弗々實行される
123956	朝鮮朝日	1925-07-17/1	07단	長老派教會が鮮人の特典を廢止せんごする傾向がある/獨立運動に憤慨して
123957	朝鮮朝日	1925-07-17/1	08단	辭令
123958	朝鮮朝日	1925-07-17/1	08단	潛水艦が釜山に入港
123959	朝鮮朝日	1925-07-17/1	08단	看守を毆打し匪賊が逃走を企て三名は鮮內に潛入/日本官憲に逮浦さる
123960	朝鮮朝日	1925-07-17/1	09단	曖昧雜誌を一掃の計劃
123961	朝鮮朝日	1925-07-17/1	09단	貞洞土木課で盜まれた地圖は小梯尺のもので騷ぐ必要はない
123962	朝鮮朝日	1925-07-17/1	09단	時計を盜んだ府協議員が辭職を申出
123963	朝鮮朝日	1925-07-17/1	09단	模範兵の鐵道白殺/平壤聯隊の
123964	朝鮮朝日	1925-07-17/1	10단	進行中の汽車に飛乘/粟を盜む
123965	朝鮮朝日	1925-07-17/1	10단	尼僧殺し無期懲役を言渡さる
123966	朝鮮朝日	1925-07-17/1	10단	人(李堈公殿下/福井縣視察團/鈴木莊六氏(朝鮮軍司令官)/金谷範三氏(參謀次長)/學習院視察團)
123967	朝鮮朝日	1925-07-17/1	10단	半島茶話
123968	朝鮮朝日	1925-07-17/2	01단	神仙爐/考えてほしい
123969	朝鮮朝日	1925-07-17/2	01단	七月上旬の鮮鐵荷動狀況/昨年より幾分增加
123970	朝鮮朝日	1925-07-17/2	01단	咸南道の水稻植付は作年より增加
123971	朝鮮朝日	1925-07-17/2	01단	平北では松毛蟲に懲り全部伐採し闊葉樹に替ふ
123972	朝鮮朝日	1925-07-17/2	01단	大連博へ平北の出品近日に發送
123973	朝鮮朝日	1925-07-17/2	01단	正チャンの冒險(五)
123974	朝鮮朝日	1925-07-17/2	02단	二十萬圓で工作會社を龍山に開く
123975	朝鮮朝日	1925-07-17/2	03단	商議聯合に鎭南浦築港を追加提案
123976	朝鮮朝日	1925-07-17/2	03단	六百町步の水利組合を慶北で計劃
123977	朝鮮朝日	1925-07-17/2	03단	阿峴女普校/設立認可さる
123978	朝鮮朝日	1925-07-17/2	03단	刑事指導會/黃海道で
123979	朝鮮朝日	1925-07-17/2	03단	三地聯合で平元線の期成會を開く

일련번호	판명	간행일	단수	기사명
123980	朝鮮朝日	1925-07-17/2	04단	名地より(新義州/安東縣/咸興)
123981	朝鮮朝日	1925-07-17/2	04단	籃球大會
123982	朝鮮朝日	1925-07-17/2	04단	會(中堅靑年講習會)
123983	朝鮮朝日	1925/7/18		缺號
123984	朝鮮朝日	1925-07-19/1	01단	千五百名の兵士が必死に避難民を救護 電燈電話電信悉く不通 死傷者の取調も困難 漢江の增水四十尺/瓦斯タンク爆發の蜚語に人心恟々たり/龍山全滅第一鐵橋流失の說 雨のため展望きかず/無電局も危險に瀕す兵士を增派/救ひを求むる暗中の悲鳴 發電所破壞して京城は暗黑に化す/見殺しの外はない壹島慘状/郵便貯金の非常拂戾 開始せらる/鐵道官舍屋根に浸水/遂に破壞給水を停止/京城を中心に鐵道不通 通信も出來ぬ/滿洲行の旅客悉く引返へす汽車開通の見込立たず 大田附近に蜚語流布さる/列車開通の見込なく旅客は爭ひ海路をとる/列車の乘客が船で山に避難 漢江鐵橋も流失の噂あれど査として消息不明/鐵道局員は京城に避難/判明した慶北の皮害 三百五十萬圓 死者は卅二名/災害地に粟を代作水利組合に借入を許す
123985	朝鮮朝日	1925-07-19/1	01단	煙草の賣行は二千三百萬圓の豫定額には達すると靑水專賣局長語る
123986	朝鮮朝日	1925-07-19/1	01단	黃海線の猪島延長で期成會組織
123987	朝鮮朝日	1925-07-19/1	02단	福井の絹織物が朝鮮に進入し平南の斯業家恐慌/道當局も防禦に努めん
123988	朝鮮朝日	1925-07-19/1	03단	黃州茶果を上海え輸出/鎭南浦から
123989	朝鮮朝日	1925-07-19/1	04단	筋肉勞働と情操陶治の大邱高普の園藝部新設
123990	朝鮮朝日	1925-07-19/1	04단	平壤高女增築の必要/五年制を採用するか
123991	朝鮮朝日	1925-07-19/1	05단	幾ら耕作しても家族の食糧を除いた殘りは沒收/浦潮東方からの歸來者談
123992	朝鮮朝日	1925-07-19/1	06단	滯納多き電話料納入者は三分一
123993	朝鮮朝日	1925-07-19/1	07단	更生の人/全療したモヒ患者
123994	朝鮮朝日	1925-07-19/1	07단	洪水美談/病床から身を挺し小舟を操り百五十名を救ふ
123995	朝鮮朝日	1925-07-19/1	08단	窮追せる淸水東雲氏/日本畵家が同情賣會
123996	朝鮮朝日	1925-07-19/1	08단	樓主の分前を增して號れと不景氣に崇られ釜山當業者が嘆願
123997	朝鮮朝日	1925-07-19/1	09단	大手を擴げ列車を停む麻疹が癒るとの迷信から
123998	朝鮮朝日	1925-07-19/1	10단	人(李鍝公殿下)
123999	朝鮮朝日	1925-07-19/1	10단	半島茶話
124000	朝鮮朝日	1925-07-19/2	01단	神仙爐/國境は平穩か
124001	朝鮮朝日	1925-07-19/2	01단	支那動亂でイカナゴの輸出が社絶した鎭南浦/銀行が金融をせぬ
124002	朝鮮朝日	1925-07-19/2	01단	間島の作柄/極めて良好/段別も增加
124003	朝鮮朝日	1925-07-19/2	01단	正チャンの冒險(七)

일련번호	판명	간행일	단수	기사명
124004	朝鮮朝日	1925-07-19/2	02단	咸南道の鯖不漁/海流が冷く昨年の三分一
124005	朝鮮朝日	1925-07-19/2	03단	新義州支人/靴下製造業漸次増加す
124006	朝鮮朝日	1925-07-19/2	04단	大邱の會社數八十八社
124007	朝鮮朝日	1925-07-19/2	04단	列車乘客の國勢調査を鐵道側研究
124008	朝鮮朝日	1925-07-19/2	04단	軍用鳩使用/安東憲兵隊が
124009				
124010	朝鮮朝日	1925-07-21/1	01단	絶へず吹き鳴す/悲愴の警笛は滔々たる大漢江の水勢に搖曳す(野中特派員發電)/二十一日から電燈か輝き電車も運轉する市中の警戒頗る嚴重/漢江の水弗々減水/一時間に一尺づゝ/人家の屋根のみ僅かに現る/漢江上流増水四十七尺　二巡査溺死/泣き叫ぶ溺死者　修羅場の如き永登浦避難民/水中に浮かべる龍山驛の大混雜 詳細の被害未だ不明/貨車に莚を敷き族客を收容 水原の混雜/流失家屋で山をなす漢江の沿岸歸來者の談/十七日に始まり十八日の夜が増水の絶頂で朝の二時に連絡絶ゆ/浮島の平澤市街成歡も浸水/各列車が立往生救援列車も來らず/京釜線も始興まで近く開通せん/一萬人を軍隊が救護浸水家屋は八千九百戸/機關庫の屋根が僅に見えるのみ他は一面の泥海/慘澹たる龍山の遠望/天安驛以北の線路の破損が四十數箇所に及び工夫總出で復舊作業/內地との通信は國境を迂回/電信技術者を總動員京城に向けせ復舊を圖る/ボートで白米輸送 永登浦と始興驛に/一週間に互る惡戰と苦闘で疲れきった救護班/南鮮未だ濁流が過巻く/混亂の龍山で巡査が拔刀し鮮人に斬付く/猛烈なる水勢を眺め暮す避難民永登浦も軒を沒すと大田歸來者は語る/光州附近また増水 浸水十七戸/馬山線は復舊す二十日午後/滿洲行きの族客が殺到し汽船會社では受け付け切れぬ/度々の水害で二村洞には建築を許さぬ/瓦斯タンクに身體を縛付け監視の任を全うす/鐵舟で決死隊が線路調査に二十日出發/停滯客は汽船で仁川に送る/龍山電話局復舊は五六十日後
124011	朝鮮朝日	1925-07-21/1	02단	內地の夏を伊香保に避け御兄御姉御二方と睦み遊さるゝ德惠姫
124012	朝鮮朝日	1925-07-21/1	03단	朝鮮史編修委員任命さる
124013	朝鮮朝日	1925-07-21/1	04단	幾萬圓を費すとも淸津の築港完成に努力する府民
124014	朝鮮朝日	1925-07-21/1	05단	バンゼイの文字型に兒童を列ばせ訪歐の飛行機を歡迎する安東市民
124015	朝鮮朝日	1925-07-21/1	06단	永新校事件公判開廷/尹は一年三月鄭は一年を求刑
124016	朝鮮朝日	1925-07-21/1	08단	孤立無援から京城を救ふが第一の急務だと大村鐵道局長語る
124017	朝鮮朝日	1925-07-21/1	10단	半島茶話

일련번호	판명	간행일	단수	기사명
124018	朝鮮朝日	1921-07-21/2	01단	朝鮮の地中に富源があると言ふだけなら/堀江氏井上氏を拂捨す
124019	朝鮮朝日	1921-07-21/2	01단	正チャンの冒險(八)
124020	朝鮮朝日	1921-07-21/2	03단	咸北郡守會議
124021	朝鮮朝日	1921-07-21/2	03단	咸興聯隊の演習應召者五十餘名
124022	朝鮮朝日	1921-07-21/2	03단	馬山無盡營業を許可/三十一日總會
124023	朝鮮朝日	1921-07-21/2	04단	正副會頭の辭任問題で群山商議協議
124024	朝鮮朝日	1921-07-21/2	04단	全北聯合の畜産品評會/今秋十月開催
124025	朝鮮朝日	1921-07-21/2	04단	中學院の基金を募集/鮮人教育の私立學校
124026	朝鮮朝日	1921-07-21/2	04단	群山法院支廳/新築落成式盛會を極む
124027	朝鮮朝日	1925-07-22/1	01단	孤島の如き京城から死線を突破し詳報を齎して下關に上陸の澤村本社記者語る
124028	朝鮮朝日	1925-07-22/1	01단	こんなに酷いとは夢想しなかった陸軍其他の援助で被害が少くて濟んだと下岡政務總監は語る/龍山殆ど減水 避難民の家內掃除石油乳劑で消毒/齋藤總督水害視察漢江方面を/京畿道調査班を各地に急派/仁川米豆總解合 立會は未確定/京釜線の開通二十三日の豫定 鐵道の總復舊費は四百萬圓に達せん/電信電話全部開通 南鮮どの連絡なる/京釜線の從步聯絡 漸く開始/停滯中の郵便物一掃二十日中に/每年の事としてはあまりに準備が無さ過ぎる 鈴木司令官は語る/六千人を容るゝバラック病院を差し當り建設する/金剛電氣修理完成送電が可能/水道の破損箇が未だ判らぬ/暴利を取縛り供給を潤澤にと各關係者と協議/京城水道復舊遲れる機械掃除で/纛島普校野原と化す勅語を流失/一千名を收容するバラック建設ポプラの枝に死を待つ人を工兵隊の鐵舟が救助 荒井牧場の乳牛百頭斃死/判明した被害二十日午後の調査/避難民にマラリヤ蔓廷の兆あり/七十六の死體が纛島で發見/炊出しを打切り食糧を給與 經費二十萬圓
124029	朝鮮朝日	1925-07-22/1	04단	侍從を御差遣か平北の例に準じ
124030	朝鮮朝日	1925-07-22/1	05단	電信電話全部開通/南鮮どの連絡なる
124031	朝鮮朝日	1925-07-22/1	06단	正チャンの冒險(九)
124032	朝鮮朝日	1925-07-22/1	08단	夫は死を睹して職に當り家に殘った妻は水に卷れ愛兒を抱へて哀れな溺死
124033	朝鮮朝日	1925-07-22/1	10단	文明丸濟州島で坐礁
124034	朝鮮朝日	1925-07-22/1	10단	銀行合同で大株主會

일련번호	판명	간행일	단수	기사명
124035	朝鮮朝日	1925-07-22/2	01단	東拓の移民は撤底的に救助すると崎尾理事は語る/外人には被害なし救恤品を募集/乘客をトロで輸送する/仁川からも白米を送る 汽車開通次第/魚類の暴騰を當局取締る/勞銀騰貴し取締に腐心/煙草の損害は十二三萬圓/不眠不休の警官隊に遭難者感謝す/復舊工事に罹災者を使用 惡化を防ぐ/平壤から食糧輸送 京義線が近く開通/流失家屋に小屋掛費を支給する
124036	朝鮮朝日	1925-07-22/2	02단	三名の强盜が短刀で斬付け家人に重傷を負はす/犯人は支那人らしい
124037	朝鮮朝日	1925-07-22/2	03단	拓殖省は要らぬよ去津代議上談
124038	朝鮮朝日	1925-07-22/2	03단	間島方面に馬賊が進出/人質拉致の計劃
124039	朝鮮朝日	1925-07-22/2	03단	永進中學の尹、鄭兩名は上告せず服罪
124040	朝鮮朝日	1925-07-22/2	03단	五名溺死/增水した川を渡涉中
124041	朝鮮朝日	1925-07-22/2	03단	豫選大會は廷期す二十八日に
124042	朝鮮朝日	1925-07-23/1	01단	荒蕪で蔽うた二百名の死體/目も當てられぬ慘害の跡(野中特派員水記)/瓦斯供給二十四日後一日の電報 二千七百通平常の二倍/從步連絡で京釜京元兩線開通す/百二十名の乘客は進退谷り列生活/村民は鐘や太鼓で大騷ぎで食糧を購ふ事も出來なかった/各地から應援を受け電信電話修理/形の流通高 三十萬圓減少/郵便貯金非常拂戾額 三千二百圓/家賃暴騰 八千の避難民住宅に困る/暴利が起り掠奪をやるかも知れぬと注意された然し見苦しき動搖はなかったと京城脫出の吉良高商敎授は語る/疊表が一割高原料不足す/一家七名五十理を流されて不思議に助かる/死ぬ人も辛かったらうあの世で安泰にと祈りながら見殺しにする 我々もどんなにか辛かったと安藤警察部長淚で語る/判明した被害京城府外の(永登浦署管內/水原署管內/平澤署管內/安城署管內/龍仁署管內/廣州署管內/揚州署管內)/漂流する男に蛇が一面に卷付く流れるポプラの枝にも蛇や蛙が何百と縋って居た/學生疲勞し握り飯の結び手がない/奸商の狼狽平壤送附の野菜賣出で/手入のため龍山驛當分は閉鎖/俠妓喜與次五十圓を義金に投出/避難中の貨車內で春を鬻ぐ
124043	朝鮮朝日	1925-07-23/1	05단	商、大兩銀合併の成案決定す
124044	朝鮮朝日	1925-07-23/1	05단	漢城銀行配當は七步/二十二日總會
124045	朝鮮朝日	1925-07-23/1	06단	正チャンの冒險(十)
124046	朝鮮朝日	1925-07-23/1	06단	壯途を送る/二千名の小學兒童朝日の旗を打振って國境新義州で
124047	朝鮮朝日	1925-07-23/1	06단	家が倒れ三名卽死し四名は負傷
124048	朝鮮朝日	1925-07-23/1	07단	救はんとして却て溺死/二名の巡査と面民の一名が
124049	朝鮮朝日	1925-07-23/1	08단	山崩れて潛水夫壓死/矢張豪雨で

일련번호	판명	간행일	단수	기사명
124050	朝鮮朝日	1925-07-23/1	09단	レール枕の暢氣な男轢殺さる
124051	朝鮮朝日	1925-07-23/2	01단	間島の諸金鑛採掘の準備整ひ鮮人の人未志願多し
124052	朝鮮朝日	1925-07-23/2	01단	局子街の無電臺/龍山に感電
124053	朝鮮朝日	1925-07-23/2	01단	龍山無電の増築工事は十一月竣成
124054	朝鮮朝日	1925-07-23/2	01단	新義州の米價暴騰/水害で廻米が無く
124055	朝鮮朝日	1925-07-23/2	01단	咸北道の水稻改良策郡守會で指示
124056	朝鮮朝日	1925-07-23/2	02단	清津地方の水産製品高/前月より増加
124057	朝鮮朝日	1925-07-23/2	02단	光州附近の煙草消費高/六箇月間に三十餘萬圓
124058	朝鮮朝日	1925-07-23/2	03단	釜山でも暴利を取締/警察官憲が
124059	朝鮮朝日	1925-07-23/2	03단	二十萬圓で鐵道醫師を直屬となす
124060	朝鮮朝日	1925-07-23/2	03단	間島方面の水害總額は六千圓見當
124061	朝鮮朝日	1925-07-23/2	03단	納税袋/小學校の兒童たちに作らせて種の自覺を促す
124062	朝鮮朝日	1925-07-23/2	03단	新築中の光州面事務所十月竣成す
124063	朝鮮朝日	1925-07-23/2	03단	多田氏披露宴
124064	朝鮮朝日	1925/7/24		缺號
124065	朝鮮朝日	1925-07-25/1	01단	減收に拘らず産米の移出旺盛面して鮮内の需要は外米、雑穀で補給か
124066	朝鮮朝日	1925-07-25/1	01단	前後二回に亙る洪水の被害狀況【警務局の調査】(京畿浦/忠清北/忠清南道/全羅北道/全羅南道/慶尚北道/慶尚南道/黃海道/江原道/總計)/今度の水害も歷史を辿れば絶無ではないと測候所長は語る/李喜公妃 着物數百枚を罹災民に御下附ある/陸軍側の義金募集 俸給の割で/避難民に義金を寄贈 直ちに分配/復舊工事に熱し過勞のあまり極度の神經衰弱に陷った土木委員もある/鐵道局の書類や圖面殆ど泥になる/鐵道局は救濟貨金を局員に貸與/人道橋附近在卿軍人が警備に任ず/鸞島普校は夏休み中に校舎を新築し間に合はす/孝昌園のバラック竣成 二十四日午後
124067	朝鮮朝日	1925-07-25/1	02단	私鐵補給は一割に改めて欲しい/入澤氏語る
124068	朝鮮朝日	1925-07-25/1	02단	非常時用に無電の設置を増加する要ありと遞信局が考究中
124069	朝鮮朝日	1925-07-25/1	03단	天然氷社は解散か水害の結果
124070	朝鮮朝日	1925-07-25/1	03단	移出牛の無料檢疫をやって欲しい
124071	朝鮮朝日	1925-07-25/1	05단	酒の移入を驅逐せんと慶南酒造家を當局が鞭撻
124072	朝鮮朝日	1925-07-25/1	06단	刑務所の印刷請負はやめて欲しいと營業者反對
124073	朝鮮朝日	1925-07-25/1	06단	東萊高普の盟休は解決/詫を入れて
124074	朝鮮朝日	1925-07-25/1	06단	鮮銀新總裁/噂のいろいろ度々變るは面白くない
124075	朝鮮朝日	1925-07-25/1	06단	婦人を通じての日鮮融和/東亞聯盟が愈組織さる王世子妃殿下を總裁に推戴
124076	朝鮮朝日	1925-07-25/1	07단	全國中等學校第十一回野球大會/全朝鮮中等學校豫選大會
124077	朝鮮朝日	1925-07-25/1	09단	厭世の結果投身自殺す

일련번호	판명	간행일	단수	기사명
124078	朝鮮朝日	1925-07-25/1	09단	支那の砲艦が鴨緑江に進出/日支の境界が曖昧で事端を醸さぬかと憂慮さる
124079	朝鮮朝日	1925-07-25/1	09단	不逞掃蕩に支那側の態度/協定の成立以來頗る眞面目になった
124080	朝鮮朝日	1925-07-25/1	10단	英人經營の癩病療養所に國庫から補助金下附
124081	朝鮮朝日	1925-07-25/1	10단	無理心中男懲役十二年
124082	朝鮮朝日	1925-07-25/1	10단	人(和田純氏(慶南道知事))
124083	朝鮮朝日	1925-07-25/2	01단	政府の産米計劃は增收率の多い朝鮮が一番有利/資金も流れ込まう
124084	朝鮮朝日	1925-07-25/2	01단	咸鏡中部線六月中成績/一萬四千圓
124085	朝鮮朝日	1925-07-25/2	01단	全鮮一の物價高/鎭南浦
124086	朝鮮朝日	1925-07-25/2	01단	天寶山奧地水稻に害蟲/打撃は甚し
124087	朝鮮朝日	1925-07-25/2	02단	穩城水利は八月下旬竣工/將來頗る有望
124088	朝鮮朝日	1925-07-25/2	02단	清雄連絡船近く復活す
124089	朝鮮朝日	1925-07-25/2	02단	元山商業の移轉決定す兵營跡に
124090	朝鮮朝日	1925-07-25/2	03단	安東縣
124091	朝鮮朝日	1925-07-25/2	04단	安東縣
124092	朝鮮朝日	1925-07-25/2	05단	全鮮學生の庭球大會
124093	朝鮮朝日	1925/7/26		缺號
124094	朝鮮朝日	1925/7/27		休刊
124095	朝鮮朝日	1925/7/28		缺號
124096	朝鮮朝日	1925-07-29/1	01단	火と燃ゆる感激と聲援を兩翼に擔うての鹿島立ち鵬翼一搏平壤に向け出發/歡呼嵐と轟ろく太刀洗かくて征空のスタートは切られた/朝十一時 大邱を通過府民の熱狂/訪歐二機悠々と平壤へ着陸し熱烈な歡迎を受く 四勇士の元氣旺盛/勇姿を仰いで『行け行け勇士』と歌ふ京城の熱狂的歡迎送/斷雲に阻まれ飛行は困難だった安邊操縱士の感想談
124097	朝鮮朝日	1925-07-29/1	05단	天候驗惡飛行中止の模樣/風がやみ雨となる//ハルビンの天候/那須少將より本社へ祝電
124098	朝鮮朝日	1925-07-29/1	07단	遂に戰の日は來た七校選手の輪贏を爭ふ朝鮮豫選大會はじまり烈日下に極度の緊張味を以て戰ふ/接戰を重ね培材勝つ 培材十A京師七/補回效なく仁商敗る 京中七仁商六/出場閧各校のメンバー
124099	朝鮮朝日	1925-07-29/1	10단	辭令(東京電話)
124100	朝鮮朝日	1925-07-29/2	01단	八名の犧牲者を出した良德水利事業/近く圓滿解決せん
124101	朝鮮朝日	1925-07-29/2	01단	東京方面の同情昂まる
124102	朝鮮朝日	1925-07-29/2	01단	巨額に上る慶南の損害
124103	朝鮮朝日	1925-07-29/2	01단	水害に備ふ新義州の用意
124104	朝鮮朝日	1925-07-29/2	01단	損害莫大の龍山電話局
124105	朝鮮朝日	1925-07-29/2	02단	水害移住調べ

일련번호	판명	간행일	단수	기사명
124106	朝鮮朝日	1925-07-29/2	02단	京城への物資供給狀況
124107	朝鮮朝日	1925-07-29/2	03단	忠北の被害
124108	朝鮮朝日	1925-07-29/2	03단	京城の家賃は筐棒に高い水害を機に値下運動起る
124109	朝鮮朝日	1925-07-29/2	03단	間島作柄調査
124110	朝鮮朝日	1925-07-29/2	03단	運動界(全鮮軟式庭球選手權大會/丘陸優勝す)
124111	朝鮮朝日	1925-07-30/1	01단	大洪水のあと 緊急なものから順次工事に着手 國費關係の被害は二千餘萬圓/水害善後策龍山治水會の/水利組合の補助金方針/罹災民の收容を開始/慶北の被害三百七十萬圓/晋州郡の善後策協議/連絡橋架設/水道復活す蘇生した仁川/龍山の傳染病
124112	朝鮮朝日	1925-07-30/1	03단	必勝の氣に燃えた四球團互に覇を爭ふ この日陽光眩しく野球日和に惠まる朝鮮豫選大會準優勝戰/培材及ばず京中大勝京中２１培材１３/第一回戰積 釜山中勝つ/釜山四龍山一
124113	朝鮮朝日	1925-07-30/1	05단	大空を睨みて(1)/SPR
124114	朝鮮朝日	1925-07-30/1	05단	姦夫を絞殺
124115	朝鮮朝日	1925-07-30/1	06단	アテにならぬ天氣豫報に憤慨/アテにするのは馬鹿だと某關係者はいふ
124116	朝鮮朝日	1925-07-30/1	06단	シベリヤに入れば長距離らしくなる今は全く練習氣分だと河内一等飛行士語る/訪歐機は出發見合天候不良で/飛行延期で國境民の失望
124117	朝鮮朝日	1925-07-30/1	08단	人質を拉して村民と戰った馬賊/鮮人流彈で死亡す/匪賊出沒で自衛團組織
124118	朝鮮朝日	1925-07-30/1	08단	トッカヒンにまさる精力率ミル人氣をよぶ
124119	朝鮮朝日	1925-07-30/1	09단	情婦の變心から巡査の四人斬り女は卽死し巡査部長等瀕死の重傷を負ふ
124120	朝鮮朝日	1925-07-30/1	10단	渡船顚覆し六名溺死三名救助さる
124121	朝鮮朝日	1925-07-30/1	10단	山崩れで壓死
124122	朝鮮朝日	1925-07-30/1	10단	工夫長の慘死
124123	朝鮮朝日	1925-07-30/1	10단	人(小貫賴母氏(官立京師嘱訓導))
124124	朝鮮朝日	1925-07-30/2	01단	どうしても明年度に平元鐵道の實現を期する平期商議
124125	朝鮮朝日	1925-07-30/2	01단	鎭南浦の市街區改善
124126	朝鮮朝日	1925-07-30/2	01단	兩銀合併總會
124127	朝鮮朝日	1925-07-30/2	01단	魚露店の復活を陳情
124128	朝鮮朝日	1925-07-30/2	02단	商業學校の設置を要望
124129	朝鮮朝日	1925-07-30/2	02단	通信いろいろ(馬山/安東縣/新義州/清津/仁川/釜山)
124130	朝鮮朝日	1925-07-30/2	03단	運動界(間島の野球)
124131	朝鮮朝日	1925-07-31/1	01단	總辭職か單獨內閣かけふ最後の閣議で決定政界の雲行いよいよ急 他閣僚と根本から意見を異にする小川、岡崎兩相はその進退について相當御考があらうと首相引導を渡す/ひたすら時局の捨收を急ぐ加藤首相 攝政殿下の目光行啓御取止め

일련번호	판명	간행일	단수	기사명
124132	朝鮮朝日	1925-07-31/1	01단	水害危險地帶に指定する二村洞その買收は頗る困難だ/立退に對する總督府の意響/復舊材料は潤澤に來る/復舊人夫ら突如休業鎭撫でをさまる/海江田侍從慶南視察/京城視察の海江田侍從
124133	朝鮮朝日	1925-07-31/1	03단	軍用米を廢し小賣値段を制限/當分の間一等米一升五十錢を超れさせない/玄米値上決議/平壤府の米價暴騰當局の眼光る
124134	朝鮮朝日	1925-07-31/1	04단	不正なのは穀類が第一
124135	朝鮮朝日	1925-07-31/1	05단	大空を睨みて(2)/SPR
124136	朝鮮朝日	1925-07-31/1	06단	愈火蓋を切った淸津大築港運動/期成會を起して着手
124137	朝鮮朝日	1925-07-31/1	06단	強敵京中を暑って新進の釜中優勝し燦たる優勝旗を授與さる大接戰に觀衆も應援團も熱狂す/第二日目戰積釜中大勝
124138	朝鮮朝日	1925-07-31/1	06단	物凄い程の接戰/京中の奮闘も空しく釜中四A對京中二
124139	朝鮮朝日	1925-07-31/1	08단	愈豫算へ計上する多獅島築港費
124140	朝鮮朝日	1925-07-31/1	09단	京城府內のチブス蔓延
124141	朝鮮朝日	1925-07-31/1	09단	大邱のチブスいよいよ猖獗
124142	朝鮮朝日	1925-07-31/1	10단	總代を排斥/京城府麻浦の
124143	朝鮮朝日	1925-07-31/1	10단	夫へ面あてに教員の妻服毒
124144	朝鮮朝日	1925-07-31/1	10단	死に損ねて警察へ賴る
124145	朝鮮朝日	1925-07-31/1	10단	會費を食ふ購買組合役員
124146	朝鮮朝日	1925-07-31/1	10단	匪賊と交戰
124147	朝鮮朝日	1925-07-31/1	10단	投身者は門司の男らし
124148	朝鮮朝日	1925-07-31/1	10단	人(深尾道恕氏(殖銀理事))
124149	朝鮮朝日	1925-07-31/2	01단	阿片取締令の改正取締の完全を期するため
124150	朝鮮朝日	1925-07-31/2	01단	ゴム靴は頗る不況
124151	朝鮮朝日	1925-07-31/2	01단	京城家畜市場成績頗る良好
124152	朝鮮朝日	1925-07-31/2	01단	漁業閑散の慶北道海岸
124153	朝鮮朝日	1925-07-31/2	01단	水利基本調査
124154	朝鮮朝日	1925-07-31/2	02단	ハイカラな鐵道官舍建築
124155	朝鮮朝日	1925-07-31/2	02단	辭令(東京電話)
124156	朝鮮朝日	1925-07-31/2	02단	陪審制度の模擬裁判/釜山辯護士會主催で開催する
124157	朝鮮朝日	1925-07-31/2	02단	通信いろいろ(安東縣/新義州/咸興/大邱/釜山)
124158	朝鮮朝日	1925-07-31/2	03단	全鮮射擊大會
124159	朝鮮朝日	1925-07-31/2	03단	體協軍大勝

1925년 8월 (조선아사히)

일련번호	판명	간행일	단수	기사명
124160	朝鮮朝日	1925/8/1	01단	後繼內閣の組織は明日までに決定せん/攝政宮の聖旨を畏み/入江侍從長園公を御殿場に訪問
124161	朝鮮朝日	1925/8/1	01단	無い袖がふれず豫算に苦む總督府/主腦部の肚藝注目を惹く水害復舊費も頭痛の種
124162	朝鮮朝日	1925/8/1	01단	大空を睨みて(3)/SPR
124163	朝鮮朝日	1925/8/1	03단	今猶行惱む東津水利組合長/結局知事か
124164	朝鮮朝日	1925/8/1	04단	朝鮮豫選大會
124165	朝鮮朝日	1925/8/1	04단	水害にかんがみ無電增設を計劃/來年度豫算に取敢ず計上
124166	朝鮮朝日	1925/8/1	05단	海林、鏡波江間の鐵道敷設の計劃/鏡波公司と提携して？/その成行注目を惹く
124167	朝鮮朝日	1925/8/1	05단	四勇士に對し激勵と歡迎の辭/各方面より續々來り寄贈品も山と積む
124168	朝鮮朝日	1925/8/1	06단	慶南線全通
124169	朝鮮朝日	1925/8/1	06단	未開墾地整理許可取消三十件
124170	朝鮮朝日	1925/8/1	07단	傳染病撲滅で大活動の京畿管內の警察
124171	朝鮮朝日	1925/8/1	08단	鷰島普通校の勅語謄本發見
124172	朝鮮朝日	1925/8/1	08단	一日に十八時間も泳ぐこともある/朝鮮海峽橫斷の岩田氏の壯擧愈よ決行
124173	朝鮮朝日	1925/8/1	08단	拔荷の弊に惱み/惡弊を絕滅せんとし忠淸南道通牒を發す
124174	朝鮮朝日	1925/8/1	08단	靑龍洞附近に馬賊現はる
124175	朝鮮朝日	1925/8/1	09단	給料不備で馬賊となり强盜を働いた支那兵二百餘名
124176	朝鮮朝日	1925/8/1	09단	支那官憲は頻りに否認の歸化强要事件
124177	朝鮮朝日	1925/8/1	10단	博徒の處刑
124178	朝鮮朝日	1925/8/1	10단	雨量の多寡を知らす老木
124179	朝鮮朝日	1925/8/1	10단	奇怪な迷信
124180	朝鮮朝日	1925/8/1	10단	岡本氏夫人の訃
124181	朝鮮朝日	1925-08-01/2	01단	支那の上司と協商したから今後の國境警備は相當效果があらう
124182	朝鮮朝日	1925-08-01/2	01단	在米減少は事實だ/然し心配する程の事はない/安達商工課長談
124183	朝鮮朝日	1925-08-01/2	01단	長津水電の測量班到着
124184	朝鮮朝日	1925-08-01/2	02단	練習艦入港
124185	朝鮮朝日	1925-08-01/2	02단	膳立を終へた生牛移出會社
124186	朝鮮朝日	1925-08-01/2	02단	金知事の美擧
124187	朝鮮朝日	1925-08-01/2	03단	新義州の米價協定
124188	朝鮮朝日	1925-08-01/2	03단	咸南新興に松茸の發生
124189	朝鮮朝日	1925-08-01/2	03단	近く竣工の京城第二高女の增築
124190	朝鮮朝日	1925-08-01/2	03단	京城府の雜種稅整理
124191	朝鮮朝日	1925-08-01/2	03단	移出牛檢疫所を五箇所へ設置
124192	朝鮮朝日	1925-08-01/2	03단	郵便遞送復活

일련번호	판명	간행일	단수	기사명
124193	朝鮮朝日	1925-08-01/2	03단	會(自由敎育講習)
124194	朝鮮朝日	1925/8/2	01단	政友出身閣僚の椅子を補充し更生した加藤內閣再出現/第二次加藤內閣の顔觸れ決定す 親任式はけふ/政權獲得に失敗し政本黨動搖す 床次總裁は依然として洞ヶ峠を下らず/從來と違って平靜な總督府 總督曰く『下岡君をとられては少し困るよ』總監曰く『僕は朝鮮で朽る』
124195	朝鮮朝日	1925/8/2	03단	密雲に阻まれ訪歐機引返す 到着以來の平壤府は飛行氣分橫溢す/國境民の失望 飛行見合せで
124196	朝鮮朝日	1925/8/2	03단	大空を睨みて(4)/SPR
124197	朝鮮朝日	1925/8/2	04단	辭令/東京電話
124198	朝鮮朝日	1925/8/2	04단	信賞必罰高唱/近藤咸南警察副長の
124199	朝鮮朝日	1925/8/2	04단	まづ假橋を架し交通の便利をはかる 慶南道の水害復舊策/元山驛夜間行列車發着時間改正/龍山堤防を增築する/被害の少い咸南道管內/半强制的に十萬人に注射/知事は水に圍まれ手の下しやうなく主腦も多忙で出場出來なかったと慶南道當局の辯明/苗の不足で籾のバラ播か/假橋竣成す 全谷東豆川間の/三浪津の果樹園全滅/全潰家屋は當然免稅 半潰に對してどうするか/移轉內定の龍山憲兵分隊/人命救助で鮮人表彰さる
124200	朝鮮朝日	1925/8/2	05단	應援歌に送られ岩田氏出發/途中鱶に襲はれやむなく中止す
124201	朝鮮朝日	1925/8/2	09단	妓生を伴ひ神域を冒し/科料に處せらる
124202	朝鮮朝日	1925/8/2	09단	不逞らの謀議
124203	朝鮮朝日	1925/8/2	09단	女中の手柄/濁流を衝いて重要書類を出す
124204	朝鮮朝日	1925/8/2	10단	囚人馬車を自動車に大邱刑務所であらためる
124205	朝鮮朝日	1925/8/2	10단	土工と住民大喧嘩し負傷者十餘名
124206	朝鮮朝日	1925/8/2	10단	豪遊中逮捕
124207	朝鮮朝日	1925/8/2	10단	不正飲料水/釜山署の取締
124208	朝鮮朝日	1925/8/2	10단	傳書鳩試驗
124209	朝鮮朝日	1925/8/2	10단	人(杉木軍司令官)
124210	朝鮮朝日	1925-08-02/2	01단	內地漁業者に浦潮鰊を買占められ鮮人漁業者全く死地に陷り咸南北道當局頭を惱ます
124211	朝鮮朝日	1925-08-02/2	01단	忠南棉は大豊作か
124212	朝鮮朝日	1925-08-02/2	01단	愈建築する平壤圖書館
124213	朝鮮朝日	1925-08-02/2	01단	病蟲驅除注意
124214	朝鮮朝日	1925-08-02/2	01단	磐手仁川入港
124215	朝鮮朝日	1925-08-02/2	02단	鴨綠江氷の移出計劃
124216	朝鮮朝日	1925-08-02/2	02단	通信いろいろ(新義州/安東縣)
124217	朝鮮朝日	1925-08-02/2	03단	國境の旱魃
124218	朝鮮朝日	1925-08-02/2	03단	釜山の點呼
124219	朝鮮朝日	1925-08-02/2	03단	晉州に生れた經濟調査會

일련번호	판명	간행일	단수	기사명
124220	朝鮮朝日	1925-08-02/2	03단	見なほした新義稅關派出所
124221	朝鮮朝日	1925-08-02/2	03단	間島奧地に自衛團組織
124222	朝鮮朝日	1925-08-02/2	04단	正副會長は辭表を提出/龍井村內地人民會の
124223	朝鮮朝日	1925-08-02/2	04단	運動界(咸興刑務所武道の獎勵/領事館軍破れ羅南軍大勝/スポンヂボール優勝旗爭奪戰擧行/少年庭球大會)
124224	朝鮮朝日	1925/8/4	01단	早くも幹部の橫暴を鳴しいろいろの註文を出し活氣をていした政友會の議員總會
124225	朝鮮朝日	1925/8/4	01단	推薦されても伴食の大臣になれるものかと下岡總監の大氣焰
124226	朝鮮朝日	1925/8/4	02단	京城七月の手形交換高/前月より減少
124227	朝鮮朝日	1925/8/4	02단	大空を睨みて(5)/SPR
124228	朝鮮朝日	1925/8/4	03단	全鮮商議聯合會は七日から分配
124229	朝鮮朝日	1925/8/4	03단	兩階下の御下賜金/貧困者に分配
124230	朝鮮朝日	1925/8/4	03단	憲政會內閣で下岡氏高唱の産業第一主義が徹底されるであらう
124231	朝鮮朝日	1925/8/4	03단	犬塚司令官軍令部に轉任
124232	朝鮮朝日	1925/8/4	03단	敎職員の海軍見學團鎭海を出發
124233	朝鮮朝日	1925/8/4	04단	殖銀理事の後任下馬評/矢鍋水口の兩氏が有力
124234	朝鮮朝日	1925/8/4	04단	反對を排し遊興稅實施/愈一日から
124235	朝鮮朝日	1925/8/4	04단	朝日新聞のラヂオ聽取/京城少年團が
124236	朝鮮朝日	1925/8/4	05단	月明を利して鎭海へ一氣に飛翔/佐世保海軍航空隊の鎭海訪問夜間大飛行
124237	*朝鮮朝日*	*1925/8/4*	*05단*	*煙火やサイレンで訪歐機の通過を國境市民が歡送迎/ハルビンの訪歐機四日朝五時出發の豫定/訪歐飛行の後援に不眠不休で努めた人達*
124238	朝鮮朝日	1925/8/4	06단	谷知事が新任の挨拶/府廳員に
124239	朝鮮朝日	1925/8/4	06단	好人氣の大邱プール/婦人も多い
124240	朝鮮朝日	1925/8/4	06단	オイルセイルの重要用件を帶び/松村中將の撫順行き
124241	朝鮮朝日	1925/8/4	07단	宗敎家と雖もカラーに左右される/太平洋會義出席の丹羽淸次郎氏は語る
124242	朝鮮朝日	1925/8/4	08단	李侯に絡る學議評議員の總辭職は仲裁者が奔走
124243	朝鮮朝日	1925/8/4	08단	襦袢一つで瓢然と歸營/精神異常者か
124244	朝鮮朝日	1925/8/4	09단	堤防改築中の鮮人が押掛け土木課技手を毆倒す/盜んだ鮮人人夫を毆ったとて
124245	朝鮮朝日	1925/8/4	09단	蟻の防禦法を研究して是非本年內に再擧する/朝鮮海峽橫斷遠泳を中止した岩田敏氏昂然として語る
124246	朝鮮朝日	1925/8/4	09단	逆上して母親を傷け店員を斬る
124247	朝鮮朝日	1925/8/4	10단	汽車に轢れ靑年自殺す/久留米の人
124248	朝鮮朝日	1925/8/4	10단	女給が出した贋造紙幣釜山で取調

일련번호	판명	간행일	단수	기사명
124249	朝鮮朝日	1925/8/4	10단	人(松村菊勇中將/丹羽淸次郎氏/出田辰喜氏(大日本義勇飛行隊常任理事)/村山沼一郎氏(慶南警察部長)/安部磯雄氏(早大教授))
124250	朝鮮朝日	1925-08-04/2	01단	大銀の合併案は株主總會で可決/大銀五株に對し商新二株を割當つ
124251	朝鮮朝日	1925-08-04/2	01단	産業方面には多少積極的に出るであらうと財界方面は觀測
124252	朝鮮朝日	1925-08-04/2	01단	咸北落葉松電柱として移出が旺盛
124253	朝鮮朝日	1925-08-04/2	01단	沿海州昆布追々入荷す
124254	朝鮮朝日	1925-08-04/2	01단	鎭南浦水道米突制實施/一日から
124255	朝鮮朝日	1925-08-04/2	02단	寧邊郡の早天續きで農民の雨乞
124256	朝鮮朝日	1925-08-04/2	02단	平南の早魃/收穫皆無に農民の恐慌
124257	朝鮮朝日	1925-08-04/2	02단	間島の牛疫/支人の無理解に當局手古摺
124258	朝鮮朝日	1925-08-04/2	03단	運動界(訓練院のグラウンド竣工は十月末/全鮮野球中央豫選は二日から擧行/間島の野球領事館勝つ)
124259	朝鮮朝日	1925-08-04/2	03단	通信いろいろ(元山/安東縣/新義州/咸興/馬山)
124260	朝鮮朝日	1925-08-04/2	04단	水害義捐活寫會
124261	朝鮮朝日	1925/8/5	01단	水害の總決散 警務局の調査(京畿道/忠淸北道/忠淸南道/全羅北道/全羅南道/慶尙北道/慶尙南道/黃海道/平安南道/江原道/咸鏡南道/合計)/判明した慶南の被害 一千五百萬圓
124262	朝鮮朝日	1925/8/5	01단	大空を睨みて(6)/SPR
124263	朝鮮朝日	1925/8/5	02단	訪歐の二機は無事チタへ着陸/コース中の最長距離翔破
124264	朝鮮朝日	1925/8/5	03단	內地で發行し朝鮮に頒布の新聞紙を取締る/今秋までに立案
124265	朝鮮朝日	1925/8/5	04단	御下賜金各道に分配
124266	朝鮮朝日	1925/8/5	05단	F五號艇無事歸還
124267	朝鮮朝日	1925/8/5	05단	新經理部長飯塚主計監/朝鮮は二度目
124268	朝鮮朝日	1925/8/5	05단	商議聯合會またまた延期/十一日から
124269	朝鮮朝日	1925/8/5	05단	救濟會の募集金額は七千七十圓/半額は地方に
124270	朝鮮朝日	1925/8/5	05단	日淸役當時の高陞號の引揚/三田氏の靈感で沈沒場所が判明
124271	朝鮮朝日	1925/8/5	06단	釜山港で虎疫豫防の準備を整ふ
124272	朝鮮朝日	1925/8/5	06단	忠南道の移動防疫班洪水後の惡疫豫防に
124273	朝鮮朝日	1925/8/5	06단	水害地の罹病者減少/八月中に絶滅
124274	朝鮮朝日	1925/8/5	06단	文化教育の支那視察團/京城を通過
124275	朝鮮朝日	1925/8/5	06단	最低で八割の補助を貰ひたい/罹災組合十五が釜山での復舊協議
124276	朝鮮朝日	1925/8/5	07단	磐手艦入港二日仁川に
124277	朝鮮朝日	1925/8/5	07단	軍事見學團四日歸還す
124278	朝鮮朝日	1925/8/5	07단	總督相手に損害賠償訴訟
124279	朝鮮朝日	1925/8/5	08단	雜誌開闢が發行を停止/八月一日附で
124280	朝鮮朝日	1925/8/5	09단	間島の雨乞ひ/驟雨沛然と降り大喜び

일련번호	판명	간행일	단수	기사명
124281	朝鮮朝日	1925/8/5	09단	銛や白布で護って貰っても鱶の襲撃は避けられなかった/來年は方法を講ずる
124282	朝鮮朝日	1925/8/5	09단	靑年總同盟が執行委員會を開き雜誌靑年運動を發刊
124283	朝鮮朝日	1925/8/5	09단	木の根や松の皮を粥に交ぜ露命を繋ぐ月華面の人
124284	朝鮮朝日	1925/8/5	10단	京城の火事/木村パン屋
124285	朝鮮朝日	1925/8/5	10단	三日間に四組の匪賊悉く逃走す
124286	朝鮮朝日	1925/8/5	10단	會(實業敎育講習會/出品協會發起會)
124287	朝鮮朝日	1925-08-05/2	01단	飽く迄實現を期す太閤堀の開鑿運動/近く市民大會を開き來年度豫算に計上方を高唱
124288	朝鮮朝日	1925-08-05/2	01단	慶北管內秋蠶の掃立/一萬四千枚
124289	朝鮮朝日	1925-08-05/2	01단	永興の金鑛/鑛脈を掘當つ
124290	朝鮮朝日	1925-08-05/2	01단	慶南道の植桑獎勵/洪水時にも被害が少い
124291	朝鮮朝日	1925-08-05/2	01단	諒解を得た群山築港が水害で駄目にならぬやう運動を續く
124292	朝鮮朝日	1925-08-05/2	02단	群山商議の政府會頭が漸く決定す
124293	朝鮮朝日	1925-08-05/2	02단	昌原驛の移轉運動を村民開始す
124294	朝鮮朝日	1925-08-05/2	02단	咸興刑務所一年賣上高/八萬圓に達す
124295	朝鮮朝日	1925-08-05/2	03단	淸津府の支拂日統一/小賣商が組合を作り
124296	朝鮮朝日	1925-08-05/2	03단	鎭南浦の府立病院は來春四月竣工
124297	朝鮮朝日	1925-08-05/2	03단	防蟲線で松毛蟲驅除/新義郡が
124298	朝鮮朝日	1925-08-05/2	03단	通信いろいろ(馬山/義州/安東縣)
124299	朝鮮朝日	1925-08-05/2	04단	人(伏見宮殿下)
124300	朝鮮朝日	1925-08-05/2	04단	運動界(全鮮野球中央豫選で東拓軍勝つ/淸津體協の水泳敎授/咸興高普の水陸競技練習/兼二浦優勝西鮮豫選で)
124301	朝鮮朝日	1925/8/6	01단	鐵道局を移轉し敷地跡は公園になしたいがと大村局長は語る
124302	朝鮮朝日	1925/8/6	01단	龍井村の家屋建築令/徹底を缺き日支交涉す
124303	朝鮮朝日	1925/8/6	01단	大空を睨みて(7)/SPR
124304	朝鮮朝日	1925/8/6	02단	日支郵便の交換所建設
124305	朝鮮朝日	1925/8/6	02단	沿海州では移民一切お斷り/無資本無旅券の鮮支人を嚴重取締る
124306	朝鮮朝日	1925/8/6	02단	京城都市研究幹部會/漢江治水協議
124307	朝鮮朝日	1925/8/6	03단	東拓貸出の救濟金から滯納稅金を控除して貸與
124308	朝鮮朝日	1925/8/6	03단	大邱府が書堂財産の整理で紛糾
124309	朝鮮朝日	1925/8/6	04단	珍魚てふさめ生棲調査中
124310	朝鮮朝日	1925/8/6	04단	金鑛發見/鎭海附近で
124311	朝鮮朝日	1925/8/6	04단	金肥の使用を極力獎勵する/産米增殖の上から現在は一段當十五錢
124312	朝鮮朝日	1925/8/6	05단	支那大使館員等田中大使の暗殺を企て露國官憲に逮捕さる/支那側ヂレンマにかゝる
124313	朝鮮朝日	1925/8/6	05단	鐵道社宅の一部分は吉野町に

일련번호	판명	간행일	단수	기사명
124314	朝鮮朝日	1925/8/6	05단	全北道の傳染病蔓延/防疫に努む
124315	朝鮮朝日	1925/8/6	05단	龍中校内の臨時病院は四日閉鎖す
124316	朝鮮朝日	1925/8/6	05단	元山附近の聯合演習に飛行隊參加
124317	朝鮮朝日	1925/8/6	06단	氷の暴騰で國境や平壤から京城に移入を計劃/鐵道運賃も半減
124318	朝鮮朝日	1925/8/6	06단	訪歐機歡迎
124319	朝鮮朝日	1925/8/6	06단	眞空管の改良に成功/特許を得る
124320	朝鮮朝日	1925/8/6	07단	辭令/東京電話
124321	朝鮮朝日	1925/8/6	07단	龍井村の貧困者救濟/粟三十石で
124322	朝鮮朝日	1925/8/6	07단	大龜重さが二百餘斤/鴨綠江で捕獲さる
124323	朝鮮朝日	1925/8/6	07단	ラヂオ講習會京城で組織/一箇月間
124324	朝鮮朝日	1925/8/6	07단	儲話に唆かされ農業を放棄し水害後の京城に農民が續々集る
124325	朝鮮朝日	1925/8/6	08단	賑ひ初めた月尾島の遊園地
124326	朝鮮朝日	1925/8/6	08단	牛車幼女を轢き殺す
124327	朝鮮朝日	1925/8/6	08단	少年の溺死/釜山草梁で
124328	朝鮮朝日	1925/8/6	09단	豆腐賣子が同盟罷業す
124329	朝鮮朝日	1925/8/6	09단	子供二名が犲に浚はる/慶北達城で
124330	朝鮮朝日	1925/8/6	09단	元山港埋立の人夫が罷業す/常備の賃金制度を仕事割にしたとて
124331	朝鮮朝日	1925/8/6	09단	春を鬻いで阿片を吸飮/支那婦人が
124332	朝鮮朝日	1925/8/6	09단	郵便局で公金千圓を拔き取らる
124333	朝鮮朝日	1925/8/6	10단	派出所で鮮婦人に巡査が言寄る
124334	朝鮮朝日	1925/8/6	10단	行方不明の人妻の自殺/精神病の結末
124335	朝鮮朝日	1925/8/6	10단	九大入院の患者を取調/元山署で
124336	朝鮮朝日	1925/8/6	10단	人(芝崎路可氏(局市街分館副領事)/近藤信一氏(總領事館副領事)/李茂一郎氏(間島輸出入組合長)/茶川長治氏(總領事館警察部署警部))
124337	朝鮮朝日	1925/8/6	10단	半島茶話
124338	朝鮮朝日	1925-08-06/2	01단	多獅島の築港は國境の鮮人をして生活の不安から救ひ警備上にも功ありと多田氏語る
124339	朝鮮朝日	1925-08-06/2	01단	仁川府の生牛檢疫所頻りに粉糾
124340	朝鮮朝日	1925-08-06/2	01단	移出棉の檢査を施行/來年度から
124341	朝鮮朝日	1925-08-06/2	01단	京城府の淸酒納稅は昨年より可良
124342	朝鮮朝日	1925-08-06/2	02단	夏繭はしり
124343	朝鮮朝日	1925-08-06/2	02단	出始めた鎭南浦苹果/支那輸出は動亂で皆無
124344	朝鮮朝日	1925-08-06/2	02단	新幕小學校新築落成す
124345	朝鮮朝日	1925-08-06/2	02단	鎭南浦で穀物業者の大會を企劃
124346	朝鮮朝日	1925-08-06/2	03단	濟州島には京城無電から通信する
124347	朝鮮朝日	1925-08-06/2	03단	平南の旱魃/農民の不安
124348	朝鮮朝日	1925-08-06/2	03단	新義州署の集約的巡視/日曜に行ふ

일련번호	판명	간행일	단수	기사명
124349	朝鮮朝日	1925-08-06/2	03단	漢城銀行の準幹部整理刷新を圖る/學校組合へ寄附
124350	朝鮮朝日	1925-08-06/2	04단	演藝(喜樂館)
124351	朝鮮朝日	1925-08-06/2	04단	運動界(全鮮野球中央豫選戰四球團勝つ/北鮮水泳大會元山で擧行/元山庭球戰野村小野優勝/警官武道大會)
124352	朝鮮朝日	1925-08-06/2	04단	會(間島在鄉軍人會/慶南巡回活寫會/教員夏季講習會)
124353	朝鮮朝日	1925/8/7	01단	鮮人勞動者には條件を附して渡航を制限するより外はないと安部磯雄氏語る
124354	朝鮮朝日	1925/8/7	01단	朝鮮神社に動物園を設備されん
124355	朝鮮朝日	1925/8/7	01단	日露鐵道下準備會に鮮鐵から出席
124356	朝鮮朝日	1925/8/7	01단	大空を睨みて(8)/SPR
124357	朝鮮朝日	1925/8/7	02단	鮮銀整理/人員淘汰は行はぬと
124358	朝鮮朝日	1925/8/7	02단	大銀の合同/先づは無難と米田知事語る
124359	朝鮮朝日	1925/8/7	02단	水害救濟會は總督府で統一し私設は許可せぬ/取締困難の結果
124360	朝鮮朝日	1925/8/7	03단	金融組合が水害對策を釜山で協議す
124361	朝鮮朝日	1925/8/7	04단	鈴木司令官參謀總長說/當分實現せず
124362	朝鮮朝日	1925/8/7	04단	青年聯合の名譽會長に馬野府尹推薦
124363	朝鮮朝日	1925/8/7	04단	府立圖書館閱覽者增加す
124364	朝鮮朝日	1925/8/7	04단	水害後で配達不能の郵便物が多い
124365	朝鮮朝日	1925/8/7	04단	新義州の上水道制限/降雨が少く
124366	朝鮮朝日	1925/8/7	05단	全州が飛行場設立を計劃
124367	朝鮮朝日	1925/8/7	06단	白馬附近の金鑛は駄目/含有量が少い
124368	朝鮮朝日	1925/8/7	06단	夜間飛行も案外氣樂と操縱者は語る
124369	朝鮮朝日	1925/8/7	06단	遠く上海からまで集って來る避暑の外人達/全鮮一と稱せらるゝ九味浦
124370	朝鮮朝日	1925/8/7	07단	匪賊以來車輦館住民他地へ逃出す
124371	朝鮮朝日	1925/8/7	07단	平北當局虎疫豫防に懸命の努力
124372	朝鮮朝日	1925/8/7	07단	龍中校內臨時病院の取扱ひ狀況
124373	朝鮮朝日	1925/8/7	07단	京城の死亡者/水害による
124374	朝鮮朝日	1925/8/7	08단	女給から暴れた僞造紙幣の犯人/口を喊して語らず山東に本部があるらしい
124375	朝鮮朝日	1925/8/7	08단	沿海州鍊の買取船を襲ふ/不逞漢の出沒多く外務省に取締を要望
124376	朝鮮朝日	1925/8/7	08단	仁川の潮湯評判が馬鹿に惡い不潔な上に物價が高い
124377	朝鮮朝日	1925/8/7	09단	生れ出でて十五歲產みの親達の顔知らず賣られゆく少女危く救はる
124378	朝鮮朝日	1925/8/7	09단	馴染女郎を落籍されて遊廓に暴れ込む
124379	朝鮮朝日	1925/8/7	10단	避難民中に自活出來ぬ人が百餘名
124380	朝鮮朝日	1925/8/7	10단	鴨綠江上で匪賊四名が高瀨船を襲ひ/乘客は丸裸體
124381	朝鮮朝日	1925/8/7	10단	大邱の微震/人體に感ず

일련번호	판명	간행일	단수	기사명
124382	朝鮮朝日	1925/8/7	10단	お斷り
124383	朝鮮朝日	1925/8/7	10단	人(三矢宮松氏(本部警務局長)/守屋榮夫氏(內務省社會局第二部長))
124384	朝鮮朝日	1925/8/7	10단	半島茶話
124385	朝鮮朝日	1925-08-07/2	01단	神仙爐/狂蝶生
124386	朝鮮朝日	1925-08-07/2	01단	平北秋蠶の飼育が激增/絲價好況で
124387	朝鮮朝日	1925-08-07/2	01단	廉くせねば對抗出來ぬ/平南の絹織物內地品が壓迫
124388	朝鮮朝日	1925-08-07/2	01단	築港問題で城津府民が市民大會開催
124389	朝鮮朝日	1925-08-07/2	02단	山十製絲が平壤に進出/來年から操業
124390	朝鮮朝日	1925-08-07/2	02단	慶北線の運賃引下は具體的な交涉に入る
124391	朝鮮朝日	1925-08-07/2	02단	對岸貿易の調査員派出/裏日本一帶に
124392	朝鮮朝日	1925-08-07/2	03단	牛豚を屠り山上で雨乞/咸南の早魃
124393	朝鮮朝日	1925-08-07/2	03단	通信いろいろ(安東縣/淸州/釜山/新義州/馬山)
124394	朝鮮朝日	1925-08-07/2	04단	運動界(全鮮野球の中央豫選戰)
124395	朝鮮朝日	1925/8/8		缺號
124396	朝鮮朝日	1925/8/9	01단	軍事教育は來年から實施/兵役義務のない鮮人は除外して
124397	朝鮮朝日	1925/8/9	01단	三千六百萬圓で洪水を全治し十八萬基の動力を得る事が出來る
124398	朝鮮朝日	1925/8/9	01단	朝鮮貴族哀史/趙子の住所は不定、鮮ならず/是が中樞院の回答チゲそっくりもある
124399	朝鮮朝日	1925/8/9	03단	一寸先は判らぬのが政界の常と/折原政本代議士語る
124400	朝鮮朝日	1925/8/9	03단	元山での商議聯合/各地よりの出席者決定
124401	朝鮮朝日	1925/8/9	04단	內地印刷の鮮銀券出廻/月末までに
124402	朝鮮朝日	1925/8/9	04단	道路復舊に三百萬圓/豫備費と剩餘金から支出
124403	朝鮮朝日	1925/8/9	04단	大銀合倂反對派は重役や知事對手に商法違反と總合無效で訴訟せんと敦圉く
124404	朝鮮朝日	1925/8/9	05단	遙白雲の間から悠々として現れ來る訪歐機を望んだ時淚さへ浮ぶ胸の高鳴
124405	朝鮮朝日	1925/8/9	05단	咸鏡線不通/四月の豪雨で
124406	朝鮮朝日	1925/8/9	05단	辭令/東京電話
124407	朝鮮朝日	1925/8/9	06단	憲兵としては第一線だと咸興に轉任の沖永中佐は語る
124408	朝鮮朝日	1925/8/9	06단	犯人の出獄後に眞の犯人が判明/全北南原郵便局の赤行囊紛失事件
124409	朝鮮朝日	1925/8/9	07단	元山の海開き/九日に擧行
124410	朝鮮朝日	1925/8/9	07단	公州では高官に對し歡迎宴開催
124411	朝鮮朝日	1925/8/9	08단	菩薩の像を古く見せて高々と賣捌く
124412	朝鮮朝日	1925/8/9	08단	巡査の鐵砲が突然盲發して部落民が卽死す
124413	朝鮮朝日	1925/8/9	08단	果樹の大敵葉卷蟲が發生/鎭南浦苹果の大恐慌/放置すれば二三年で全滅せん

일련번호	판명	간행일	단수	기사명
124414	朝鮮朝日	1925/8/9	09단	小船を密輸入/平北附近の國境沿岸で
124415	朝鮮朝日	1925/8/9	09단	生膽を取らんと鮮婦人の少女誘拐/通行人に發見され果さず/癩病を癒す迷信から
124416	朝鮮朝日	1925/8/9	10단	安州附近に豺が出沒し人畜を殺傷す
124417	朝鮮朝日	1925/8/9	10단	人(三矢宮松氏(警務局長)/中學校員視察團/岩田水泳師範)
124418	朝鮮朝日	1925/8/9	10단	半島茶話
124419	朝鮮朝日	1925-08-09/2	01단	松毛蟲の被害三百五十萬圓の豫想/寄生蜂を培養して驅除すべく當局の計劃
124420	朝鮮朝日	1925-08-09/2	01단	七月大邱金融の動き/組合銀行の
124421	朝鮮朝日	1925-08-09/2	01단	平南産の小麥の走り/調製不十分で全部不合格
124422	朝鮮朝日	1925-08-09/2	01단	七月末の京城の戸數/前月より増加
124423	朝鮮朝日	1925-08-09/2	01단	平北の喜雨/水道も助かり農民も大喜び
124424	朝鮮朝日	1925-08-09/2	02단	市電擴張で祝賀會開催
124425	朝鮮朝日	1925-08-09/2	02단	咸興陳列館面目を一新/陳列品更新で
124426	朝鮮朝日	1925-08-09/2	02단	咸興共榮會/新に組織さる
124427	朝鮮朝日	1925-08-09/2	03단	水源池に殺菌機設備/元山の試み
124428	朝鮮朝日	1925-08-09/2	03단	日華木材が遂に破産す
124429	朝鮮朝日	1925-08-09/2	03단	京城案內府教育會が編纂に着手
124430	朝鮮朝日	1925-08-09/2	03단	弊害ありとて東洋信託に解散を慫慂
124431	朝鮮朝日	1925-08-09/2	04단	通信いろいろ(馬山/咸興/安東縣/新義州)
124432	朝鮮朝日	1925-08-09/2	04단	運動界(柔劍道仕合元山對京龍中聯合/遞信軍快勝八對五火災破る)
124433	朝鮮朝日	1925/8/11	01단	來年度鐵道の建設改良費も結局一千萬圓程度か/豫算は一千六百五十萬圓だが
124434	朝鮮朝日	1925/8/11	01단	殖産銀行定時總會/理事の選擧も擧行さる
124435	朝鮮朝日	1925/8/11	01단	朝鮮貴族哀史/砂糖に蟻のやう各門に集って徒食する食客が軈て貴族を喰潰す
124436	朝鮮朝日	1925/8/11	02단	北鮮浦潮と山陰の航路補助金申請
124437	朝鮮朝日	1925/8/11	02단	七月中各港對外貿易額/日本海岸方面振ふ
124438	朝鮮朝日	1925/8/11	03단	京元線不通/近く復舊せん
124439	朝鮮朝日	1925/8/11	03단	また枇峴に金鑛を發見/採掘を申請中
124440	朝鮮朝日	1925/8/11	03단	洛東江の根本治水策/總督府が調査
124441	朝鮮朝日	1925/8/11	03단	咸南の甛菜に日糖が着目/來年度から試作
124442	朝鮮朝日	1925/8/11	04단	總辭職の學校評議員/折合がつき辭表を撤回
124443	朝鮮朝日	1925/8/11	04단	平南安州の淸川江海嘯數百町歩浸水
124444	朝鮮朝日	1925/8/11	05단	平北の豪雨/定州氾濫す
124445	朝鮮朝日	1925/8/11	05단	釜山瓦電の府營案を提げ道當局に迫り/實現を期する府民
124446	朝鮮朝日	1925/8/11	05단	陪審制度の模擬裁判が釜山で開催
124447	朝鮮朝日	1925/8/11	05단	群山沿岸で鯨が獲れた/本年中に五頭

일련번호	판명	간행일	단수	기사명
124448	朝鮮朝日	1925/8/11	06단	總督政治の年月に比較し文化向上の度が低い/視察中の地歷の先生談
124449	朝鮮朝日	1925/8/11	06단	郡廳員の農作/執務の餘暇を割き
124450	朝鮮朝日	1925/8/11	06단	馬賊團が一夜の裡に三百餘日耕の罌粟を盜刈
124451	朝鮮朝日	1925/8/11	06단	京城、平壤、新義州の郵便飛行を計劃する金飛行士を後援/平壤の友人達が
124452	朝鮮朝日	1925/8/11	07단	放牧中の八頭の馬を馬賊が强奪
124453	朝鮮朝日	1925/8/11	07단	支那巡警が鮮匪と交戰/一名殉職す
124454	朝鮮朝日	1925/8/11	07단	分捕の爆彈/爆發して牛牽が重傷
124455	朝鮮朝日	1925/8/11	08단	人妻と手を携へ逃亡した警部補/本夫から告訴され潛伏中を逮捕さる
124456	朝鮮朝日	1925/8/11	08단	親子四名相抱いて投身自殺す
124457	朝鮮朝日	1925/8/11	09단	意見した妻亂酒の夫に蹴殺さる
124458	朝鮮朝日	1925/8/11	09단	釜山棧橋に死體が漂着/勞動者らしいが判明せぬ
124459	朝鮮朝日	1925/8/11	09단	連絡船から靑年の投身/遺書に藤村操の巖頭詩
124460	朝鮮朝日	1925/8/11	10단	滿洲へ行く積りのが途中で空恐ろしくなり自殺したのか
124461	朝鮮朝日	1925/8/11	10단	人(三矢警務局長/鈴木司令官/赤井軍參謀長/野田咸北警察部長)
124462	朝鮮朝日	1925/8/11	10단	半島茶話
124463	朝鮮朝日	1925-08-11/2	01단	淸津金組の七月末帳尻/鰯資金で豫金が減少
124464	朝鮮朝日	1925-08-11/2	01단	鎭南浦の大農園式は苹果に不適當/恩田博士は語る
124465	朝鮮朝日	1925-08-11/2	01단	公州種鷄は注文が多く供給が大不足
124466	朝鮮朝日	1925-08-11/2	01단	一雨あったが旱魃に苦しむ咸南の奧地
124467	朝鮮朝日	1925-08-11/2	01단	中央試驗所製品を卽賣/商品陳列館で
124468	朝鮮朝日	1925-08-11/2	02단	釜山刑務所煉瓦の注文/殺到して擴張を計劃
124469	朝鮮朝日	1925-08-11/2	02단	山十製絲が鎭海を見捨る/注文が强慾で
124470	朝鮮朝日	1925-08-11/2	02단	釜山紹介所求職者激減/水害復舊の事業が殖え
124471	朝鮮朝日	1925-08-11/2	02단	一萬圓で京城の防疫/道から支出
124472	朝鮮朝日	1925-08-11/2	02단	群山府の穿貫工事は遠からず着手
124473	朝鮮朝日	1925-08-11/2	03단	平北教總會八日擧行さる
124474	朝鮮朝日	1925-08-11/2	03단	釜山刑務所六日現在が五百十三人
124475	朝鮮朝日	1925-08-11/2	03단	咸鏡南部線運轉時刻改正
124476	朝鮮朝日	1925-08-11/2	03단	大田驛の旅館客引を一名に限定
124477	朝鮮朝日	1925-08-11/2	04단	會(游泳術講習會/教育思潮講習會/社會問題講習會)
124478	朝鮮朝日	1925-08-11/2	04단	通信いろいろ(安東縣/新義州/馬山)
124479	朝鮮朝日	1925-08-11/2	04단	運動界(ユニオン軍近く入鮮す)
124480	朝鮮朝日	1925/8/12	01단	眞劍に深刻に朝鮮を視察した內地中等學校の地歷擔當の先生達
124481	朝鮮朝日	1925/8/12	01단	萬鮮視察團に朝鮮から加入
124482	朝鮮朝日	1925/8/12	01단	勅任級異動

일련번호	판명	간행일	단수	기사명
124483	朝鮮朝日	1925/8/12	01단	朝鮮貴族哀史(完)/資産者として天質の不具者/よし資源を與へても失はるべき日は直ちに來らん
124484	朝鮮朝日	1925/8/12	02단	地方官異動
124485	朝鮮朝日	1925/8/12	03단	辭令(東京電話)
124486	朝鮮朝日	1925/8/12	03단	農作物の被害は慶南道が第一/其後の天候順調で被害は輕減せん
124487	朝鮮朝日	1925/8/12	04단	露支貿易の研究例會で上海航路利用其他を協議
124488	朝鮮朝日	1925/8/12	04단	動員計劃や部隊間の聯絡等を視察して來たと赤井參謀長語る
124489	朝鮮朝日	1925/8/12	05단	元山市外葛麻の原で飛行隊の演習
124490	朝鮮朝日	1925/8/12	05단	鷺梁津に家を建てゝ孝昌園の避難民を收容
124491	朝鮮朝日	1925/8/12	05단	支那側の討伐が嚴重になって對岸の不逞團が死物狂ひの窮境
124492	朝鮮朝日	1925/8/12	06단	京元線の時間變更/十日から
124493	朝鮮朝日	1925/8/12	06단	朝鮮の覇者釜中野球團十日上阪す
124494	朝鮮朝日	1925/8/12	07단	七月一杯に一萬餘戸の出入があった
124495	朝鮮朝日	1925/8/12	07단	都市研究會が漢江治水の實行を附議
124496	朝鮮朝日	1925/8/12	07단	釜山署の計量檢査/量目不足が多數あった
124497	朝鮮朝日	1925/8/12	08단	馬賊の諒解を得て蒙古探險の計劃/赤間、熊谷の兩氏が同志の來城を待ち近く出發
124498	朝鮮朝日	1925/8/12	08단	同情/罹災民を救はんとした殉職警官に
124499	朝鮮朝日	1925/8/12	08단	大邱癩病院の患者百名が大立廻を演ず
124500	朝鮮朝日	1925/8/12	08단	鮮人酌婦が墮胎を圖り/樓主夫婦も淸州署で取調
124501	朝鮮朝日	1925/8/12	09단	カフエーでモヒを發見/或は密賣者か
124502	朝鮮朝日	1925/8/12	09단	ヒステリーの母親二兒を毒殺し己れは拳銃で自殺夫は慶北森林主事
124503	朝鮮朝日	1925/8/12	09단	忠南警官の水泳練習が五日から開始
124504	朝鮮朝日	1925/8/12	10단	前科二犯の銀貨偽造犯/元山署で逮捕
124505	朝鮮朝日	1925/8/12	10단	人(鈴木軍司令官/竹上十九師團長/井上咸南內務部長/篠田治策氏(李王職次官)/長根禪提氏(總管府編輯官)/近藤咸南道警察部長/西川藤八氏(群山稅關支署長)
124506	朝鮮朝日	1925/8/12	10단	半島茶話
124507	朝鮮朝日	1925-08-12/2	01단	赤松以外に闊葉樹が必要/林相さへ整へれば木材輸出は有望
124508	朝鮮朝日	1925-08-12/2	01단	元山七月の手形交換高/百五十八萬圓
124509	朝鮮朝日	1925-08-12/2	01단	元山入超は油類の輸入で
124510	朝鮮朝日	1925-08-12/2	01단	元山の金融閑散を極む
124511	朝鮮朝日	1925-08-12/2	02단	五萬圓の回收が不能/永登浦金組が
124512	朝鮮朝日	1925-08-12/2	02단	農會獎勵の麻布漂白に興がる鮮人
124513	朝鮮朝日	1925-08-12/2	02단	鐵道倉庫の貨物激增す/荷動少いので
124514	朝鮮朝日	1925-08-12/2	02단	大田牛皮漸騰/品薄の影響で
124515	朝鮮朝日	1925-08-12/2	03단	酒造業者の改良協議會/八日馬山で

일련번호	판명	간행일	단수	기사명
124516	朝鮮朝日	1925-08-12/2	03단	學校費組合賦課額審議十三日午後
124517	朝鮮朝日	1925-08-12/2	03단	小學校に實習園設備/體驗のために
124518	朝鮮朝日	1925-08-12/2	03단	通信いろいろ(馬山/咸興/京城)
124519	朝鮮朝日	1925-08-12/2	04단	咸南教育總會八日元山で
124520	朝鮮朝日	1925-08-12/2	04단	運動界(鎭釜間の大遠泳要港部の壯擧/全龍中優勝中央豫選で)
124521	朝鮮朝日	1925-08-12/2	04단	會(水害死者追悼會/ハモニカ獨奏會/日蓮主義研究會)
124522	朝鮮朝日	1925/8/13	01단	獨立運動の巨頭呂運弘が入京/資金五十萬圓を得ばまた活動すると豪語
124523	朝鮮朝日	1925/8/13	01단	京城の金融/閑散裡に超月預金貸出減少
124524	朝鮮朝日	1925/8/13	01단	少年團野營月尾島における(一)/神器を象る團員章の閃き/齋藤總督の筆になる團旗はためく汽車の窓
124525	朝鮮朝日	1925/8/13	02단	殖銀異動
124526	朝鮮朝日	1925/8/13	02단	有望視された上海航路不振/要は資力の問題と朝郵當事者は語る
124527	朝鮮朝日	1925/8/13	03단	京城都計が漢江治水を根本と應急の二に分ち協議
124528	朝鮮朝日	1925/8/13	03단	露支國境を嚴重取締る/浦潮政務部が
124529	朝鮮朝日	1925/8/13	04단	朝鮮沿岸の海難事故は多島海が一番で漸次減少す
124530	朝鮮朝日	1925/8/13	04단	年限の盡きた櫻丸と工保丸/廢航となれば地方民は難澁
124531	朝鮮朝日	1925/8/13	04단	教科書は同一學校名も統一し內鮮等しき教育を施す意見が當事者間に高唱
124532	朝鮮朝日	1925/8/13	05단	因緣の深い赤領事館の設置されぬを殘念がる釜山
124533	朝鮮朝日	1925/8/13	05단	運送會社の競爭開始/朝郵の通運と商船の國際運輸
124534	朝鮮朝日	1925/8/13	05단	國境警備の警官に勳章を下賜される事は多分實現されやうと
124535	朝鮮朝日	1925/8/13	06단	豫算は通っても議會が解散すれば來年度は駄目かと憂慮さるゝ群山築港
124536	朝鮮朝日	1925/8/13	06단	鳥致院に着陸場設備/演習參加の飛行のため
124537	朝鮮朝日	1925/8/13	07단	京城の傳染病水道に關係なし/酒井技師斷言す
124538	朝鮮朝日	1925/8/13	07단	京大敷地の地鎭祭/十四日執行
124539	朝鮮朝日	1925/8/13	07단	李完用侯千圓を寄贈/京城府に
124540	朝鮮朝日	1925/8/13	07단	虎疫豫防の準備を整へ警戒に努む
124541	朝鮮朝日	1925/8/13	08단	京義線不通 連日の豪雨で平北交通杜絶/雲田、古邑間線路流失? 復舊の見込なし
124542	朝鮮朝日	1925/8/13	08단	五十二浬を泳ぎ切る/一名の落伍もなく
124543	朝鮮朝日	1925/8/13	08단	飽まで唯合ふ北風系とソウル派/一は道の青年を合同他は府の勞働者を併せ相爭ふ
124544	朝鮮朝日	1925/8/13	08단	面事務員が巡査と喧嘩し同盟休業決行
124545	朝鮮朝日	1925/8/13	09단	姑を蹴殺した鬼のやうな嫁女/義兄と共謀し縊死と見せかく
124546	朝鮮朝日	1925/8/13	09단	大東印刷の罷業騷ぎで鐘路署警戒す
124547	朝鮮朝日	1925/8/13	09단	治安維持で三年の懲役始めての適用

일련번호	판명	간행일	단수	기사명
124548	朝鮮朝日	1925/8/13	10단	時局標榜の強盗が浸入し二百餘圓を強奪
124549	朝鮮朝日	1925/8/13	10단	神の使が教へ子の寝室に忍込む/崇義女學校で
124550	朝鮮朝日	1925/8/13	10단	人(飯塚唯助氏/三矢警務局長/ナヒフサルコーフ氏(京城駐在露國領事)/レツテルホリアリン氏(大連駐在露閣領事))
124551	朝鮮朝日	1925-08-13/2	01단	赴戰水電の實測調査は本年內に終了し明年は材料輸送の鐵道を敷設
124552	朝鮮朝日	1925-08-13/2	01단	水害後の慶南の米作/平年作の豫想
124553	朝鮮朝日	1925-08-13/2	01단	群山附近の米作豫想は非常な豊作
124554	朝鮮朝日	1925-08-13/2	01단	慶北春鷺三萬七千石/昨年よりも一割の增收
124555	朝鮮朝日	1925-08-13/2	02단	水産品の輸移出減少/釜山七月成績
124556	朝鮮朝日	1925-08-13/2	02단	漢江港口に燈臺を建設/沖合に標木
124557	朝鮮朝日	1925-08-13/2	03단	通信いろいろ(馬山/新義州/安東縣/間島/元山)
124558	朝鮮朝日	1925-08-13/2	04단	全鮮爭覇のゴルフ 京城中屋氏優勝/馬山鎭海間水泳競技會中旬頃擧行/元山體育の北鮮競泳會 鬼頭選手優勝
124559	朝鮮朝日	1925/8/14	01단	鮮鐵の收入減/七月迄に三十萬圓/水害の打擊が一千萬圓で鐵道當局困り拔く
124560	朝鮮朝日	1925/8/14	01단	鴨江木材が天津に送荷/英支合辨社の注文で
124561	朝鮮朝日	1925/8/14	01단	鮮人を忌む露國の高官/後援するとは全くの虚説
124562	朝鮮朝日	1925/8/14	01단	仁川高女校の不正工事が暴露/コンクリートに餡がある實施檢分で判明す
124563	朝鮮朝日	1925/8/14	02단	古巢に歸る氣持がすると水口新局長語る
124564	朝鮮朝日	1925/8/14	03단	阿片芟除隊馬賊と交戰/賊の勢增大し官兵危し
124565	朝鮮朝日	1925/8/14	04단	新義州に不時着陸場/露飛行機の日本訪問で
124566	朝鮮朝日	1925/8/14	04단	城川江氾濫し咸興の大半が浸水 團平船を取りよせ濁流中を救護す/豪雨襲來し淸津附近 電燈は消え道路は破壞/京元線不通 復舊は十四日
124567	朝鮮朝日	1925/8/14	05단	少年團野營月尾島における(2)/耀やかしい大自然の裡に堯々たる喇叭につれ莊嚴なる國旗揭揚式
124568	朝鮮朝日	1925/8/14	05단	資金の少ない朝鮮の請負業者/赴戰水電の工事は到底引受られまい
124569	朝鮮朝日	1925/8/14	07단	九龍浦の不正漁業者一齊に檢擧
124570	朝鮮朝日	1925/8/14	07단	咸南北の木炭が競爭の時期に入る/一時聲價のなかった咸南炭が改良さる
124571	朝鮮朝日	1925/8/14	08단	教主問題で天道教紛擾/十五日に臨時總會
124572	朝鮮朝日	1925/8/14	08단	鮮人讀書界に勢力を有する中西氏の來鮮で當局神經を惱す
124573	朝鮮朝日	1925/8/14	09단	佛教の復活に努力した人達を策士に過られ罷免したと當局の處置を批難
124574	朝鮮朝日	1925/8/14	09단	歸化を望む不逞の首領/支那の討伐が徹底した結果
124575	朝鮮朝日	1925/8/14	10단	大邱の夜嵐/非常召集で料亭を襲ふ

일련번호	판명	간행일	단수	기사명
124576	朝鮮朝日	1925/8/14	10단	人(毛利此吉氏(頭道溝分館主任)/森新助氏(間島中央學校長)/森氏大人)
124577	朝鮮朝日	1925/8/14	10단	半島茶話
124578	朝鮮朝日	1925-08-14/2	01단	朝鮮の泥負蟲は稻作を害せず從って驅除の必要もなく/素木博士失望す
124579	朝鮮朝日	1925-08-14/2	01단	半年の六月迄で昨年の二倍半激増した間島の牛疫總領事館の調査
124580	朝鮮朝日	1925-08-14/2	01단	小切手を廢し現銀取引の安東支那商
124581	朝鮮朝日	1925-08-14/2	01단	朝鮮では外米の手持/潤澤で免税の影響は皆無
124582	朝鮮朝日	1925-08-14/2	02단	京城魚市場七月賣上高/七萬五百餘圓
124583	朝鮮朝日	1925-08-14/2	02단	水害中の水道料低減/水道條例で
124584	朝鮮朝日	1925-08-14/2	02단	二萬圓の補助を申請/咸興水道が
124585	朝鮮朝日	1925-08-14/2	03단	新義州の堤防擴張に營林廠から十萬圓補組
124586	朝鮮朝日	1925-08-14/2	03단	通信いろいろ(咸興/羅南/間島/新義州/仁川)
124587	朝鮮朝日	1925-08-14/2	04단	會(淸津小屋同窓會)
124588	朝鮮朝日	1925-08-14/2	04단	運動界(乘馬倶樂部淸津に創立)
124589	朝鮮朝日	1925/8/15	01단	鮮人學生に對する實際問題から十五年度までは軍事教育は實施せぬ
124590	朝鮮朝日	1925/8/15	01단	鮮銀券縮小八千萬圓臺を割り/なほ收縮の見込み
124591	朝鮮朝日	1925/8/15	01단	淸津港の豆出廻旺勢/支商の投出で
124592	朝鮮朝日	1925/8/15	01단	政治的言論の壓迫が酷い事は百も承知だから講演は文學丈と中西氏は語る
124593	朝鮮朝日	1925/8/15	02단	媒介通信の通過船舶數五百二十餘隻
124594	朝鮮朝日	1925/8/15	02단	京城上水道の擴張費補助を總督府に要望/明年度計上は疑問
124595	朝鮮朝日	1925/8/15	02단	漸く具體化した朝鮮勞動協會/規約や宣傳文を全鮮勞働團體に配布
124596	朝鮮朝日	1925/8/15	03단	鮮銀の春繭貸出/六百萬圓以上
124597	朝鮮朝日	1925/8/15	03단	府教育會「京城案內」の起草委員決定
124598	朝鮮朝日	1925/8/15	03단	辭令(東京電話)
124599	朝鮮朝日	1925/8/15	04단	釜山の大警戒/長崎の虎疫發生に對し
124600	朝鮮朝日	1925/8/15	04단	共産黨の宣傳雜誌を京城に撒布
124601	朝鮮朝日	1925/8/15	05단	城川口の水量漸く減水し避難民も弗々歸來 鐵道は十五日復舊/案外酷い水の被害 道路橋梁で二百萬圓に及ぶ/市民大會 水害善後策で龍山府民が
124602	朝鮮朝日	1925/8/15	05단	內鮮婦人が互ひに握手し喪はれたる女性の經濟的獨立/或は權利を奪還せねばと京城入の奧むめを女史語る
124603	朝鮮朝日	1925/8/15	07단	塵芥箱から喰物を獵る鎭南浦の哀れな窮民
124604	朝鮮朝日	1925/8/15	07단	盗んだ時計が五十九/主人から疑はれ狂言自殺で信用させ自動車で大威張中に逮捕さる

일련번호	판명	간행일	단수	기사명
124605	朝鮮朝日	1925/8/15	07단	鎮南浦が目をつけた熊島の海水浴
124606	朝鮮朝日	1925/8/15	08단	*鐵拳飛ばんず大銀の臨時總會 合同反對者の意見少數で敗れ去る/商銀總會は平穩裡に終了/總會停止の申請は却下*
124607	朝鮮朝日	1925/8/15	08단	京城府の石炭消費量/昨年中で十三萬噸
124608	朝鮮朝日	1925/8/15	08단	條件つき解決を無條件と聲明したと學校費評議員の辭職問題また再燃
124609	朝鮮朝日	1925/8/15	09단	ワクチンで牛疫一掃/總督府の計劃豫算を計上
124610	朝鮮朝日	1925/8/15	10단	會(修養團講習會)
124611	朝鮮朝日	1925/8/15	10단	人(槇山邦男氏(統計學社副社長)/大河內正敏子(貴族院議員)/倉橋誌氏(總督府文書課長))
124612	朝鮮朝日	1925/8/15	10단	半島茶話
124613	朝鮮朝日	1925-08-15/2	01단	情實を廢して適材適所で行く下岡總監の大鉈/消息通の異動評
124614	朝鮮朝日	1925-08-15/2	01단	外米輸入稅は朝鮮でも免除/今後は內地で通關の手續が無用
124615	朝鮮朝日	1925-08-15/2	01단	一年六千頭の間島牛を輸入/金生に大屠畜場を設け/生肉を內鮮各地に賣込む計劃
124616	朝鮮朝日	1925-08-15/2	01단	大邱の物價下落を辿る
124617	朝鮮朝日	1925-08-15/2	01단	酒造業者の組合聯合を道當局が奬勵
124618	朝鮮朝日	1925-08-15/2	02단	大邱府の東雲町堤防/近く着工せん
124619	朝鮮朝日	1925-08-15/2	02단	紛糾を續けた教會堂問題/近く解決か
124620	朝鮮朝日	1925-08-15/2	03단	通信機關の設置を請願/洛東沿岸民が
124621	朝鮮朝日	1925-08-15/2	03단	咸興小學の臨海學校は成績頗る良好
124622	朝鮮朝日	1925-08-15/2	03단	不逞六十五名馬賊に包圍され三十三名の卽死と二十六名負傷し全滅
124623	朝鮮朝日	1925-08-15/2	04단	通信いろいろ(淸州/釜山/京城)
124624	朝鮮朝日	1925-08-15/2	04단	運動界(全大邱決勝慶應ユニオン敗る/明大庭球部釜山でコーチ/乘馬倶樂部刷新の計劃)
124625	朝鮮朝日	1925-08-16/1	01단	朝鮮の物價も昔通りに廉くなく大臺所は骨が折れる/飯塚新經理部長談
124626	朝鮮朝日	1925-08-16/1	01단	鴨綠江の水電調査/渴水時水量を
124627	朝鮮朝日	1925-08-16/1	01단	行政整理の退職金二百九十萬圓
124628	朝鮮朝日	1925-08-16/1	01단	少年團野營月尾島における(3)/意義深き團仗の敬禮法/二少年によって拵へられたおいしいオムレツの料理
124629	朝鮮朝日	1925-08-16/1	02단	飛行機で國調を宣傳/ビラを撒く
124630	朝鮮朝日	1925-08-16/1	02단	北滿粟の輸入に脅へた手持筋が一齊に投賣を始め/元山粟の大爆落
124631	朝鮮朝日	1925-08-16/1	03단	京元線の開通は二十三四日頃
124632	朝鮮朝日	1925-08-16/1	03단	支那側の京察處長を鮮匪が脅迫
124633	朝鮮朝日	1925-08-16/1	03단	*平壤飛機羅南に向ふ三機雁行し/無事に到着 城津を通過し*
124634	朝鮮朝日	1925-08-16/1	04단	鎮南浦が檢疫を開始/支那入港船に

일련번호	판명	간행일	단수	기사명
124635	朝鮮朝日	1925-08-16/1	04단	鎭南浦の水道値下/六厘を三厘に
124636	朝鮮朝日	1925-08-16/1	04단	各宗聯合の大追悼會/水害犧牲の六百名の爲
124637	朝鮮朝日	1925-08-16/1	04단	共濟保險の京城支店は動搖の色なし
124638	朝鮮朝日	1925-08-16/1	05단	釜山鎭の埋立 先願の府を差措き私人への許可は心得ぬと釜山府民激昂す/ 淺野氏は大道船所を設置の計劃
124639	朝鮮朝日	1925-08-16/1	06단	三百圓を水害義金に東京在住の鮮人が寄贈
124640	朝鮮朝日	1925-08-16/1	06단	豊年踊に事よせ衡平社の宴會に勞動者が暴込み大喧嘩を吹きかく
124641	朝鮮朝日	1925-08-16/1	07단	施米金の使用が放慢/天道教徒憤る
124642	朝鮮朝日	1925-08-16/1	08단	鮮銀券僞造の主謀者判明す數年前のものを滿洲から持込んだ品
124643	朝鮮朝日	1925-08-16/1	08단	大田九中隊名譽旗獲得/特別射擊で
124644	朝鮮朝日	1925-08-16/1	08단	內地語を解する鮮人八十一萬餘人
124645	朝鮮朝日	1925-08-16/1	08단	主人の家に泥棒に這入/直ちに逮捕
124646	朝鮮朝日	1925-08-16/1	09단	世昌洋靴の職工が盟休/當局警戒す
124647	朝鮮朝日	1925-08-16/1	09단	姦夫を毆打/道路上で
124648	朝鮮朝日	1925-08-16/1	09단	生きた牛肉/飼牛二頭が腰から下を喰取らる
124649	朝鮮朝日	1925-08-16/1	09단	郵便局員二千餘圓を着服姿を晦す
124650	朝鮮朝日	1925-08-16/1	10단	居眠りして叱られた馬山重砲隊の兵卒逃亡す
124651	朝鮮朝日	1925-08-16/1	10단	刑事に斬付/精神病者が
124652	朝鮮朝日	1925-08-16/1	10단	會(咸南衛生展覽會/元每讀者慰安會)
124653	朝鮮朝日	1925-08-16/1	10단	人(鹿兒島高農視察團/松村中將(海軍々令部出仕))
124654	朝鮮朝日	1925-08-16/1	10단	半島茶話
124655	朝鮮朝日	1925-08-16/2	01단	水害復舊費は四百五十萬圓/大部分は追加豫算/調査の結果損害は漸次減少す
124656	朝鮮朝日	1925-08-16/2	01단	例によって例の如く要望澤山の商議聯合/喧々轟々提出案全部可決
124657	朝鮮朝日	1925-08-16/2	01단	安東の着筏/順調に進陟
124658	朝鮮朝日	1925-08-16/2	01단	漢江治水を本府に請願/都市研究會が
124659	朝鮮朝日	1925-08-16/2	01단	京城府の下水道改修/全長五百餘間
124660	朝鮮朝日	1925-08-16/2	02단	學校費賦課査定審議は無事に終了
124661	朝鮮朝日	1925-08-16/2	02단	エスペラント講習會十八日から淑明女高普で
124662	朝鮮朝日	1925-08-16/2	03단	凝った趣向/咸興陳列館の模樣がへ
124663	朝鮮朝日	1925-08-16/2	03단	電笛は聞えぬ矢張り午砲と大邱市民要望
124664	朝鮮朝日	1925-08-16/2	03단	通信いろいろ(新義州/安東縣/馬山/釜山)
124665	朝鮮朝日	1925-08-16/2	03단	山なすモヒを車に積んで押收/女給の手で賣ってゐた事件は擴大の模樣
124666	朝鮮朝日	1925-08-18/1	01단	鮮米の暴騰を牽制し外米の輸入を促進する/外米關稅撤廢と鎭南浦

일련번호	판명	간행일	단수	기사명
124667	朝鮮朝日	1925-08-18/1	01단	漢江の氾濫は嘗て李鮮時代に/佛艦の遡航を恐れ多數の石を埋めたからと
124668	朝鮮朝日	1925-08-18/1	01단	國務領更迭/財務の困難
124669	朝鮮朝日	1925-08-18/1	01단	鹹の話(1)/SPR
124670	朝鮮朝日	1925-08-18/1	02단	水禮讃の人たち
124671	朝鮮朝日	1925-08-18/1	03단	安東公會堂再築に決定
124672	朝鮮朝日	1925-08-18/1	03단	慶南における無盡賴母子を整理/警告を発する程度で
124673	朝鮮朝日	1925-08-18/1	04단	空陸連絡飛行演習
124674	朝鮮朝日	1925-08-18/1	04단	地方行政に疎いから心配/今村武志氏談
124675	朝鮮朝日	1925-08-18/1	05단	少年團營月尾島における(4)/蚊軍と蟻軍に攻められて眠れぬ/暗夜をついて響く悲鳴かはりの詩吟
124676	朝鮮朝日	1925-08-18/1	05단	訪日露機の着陸地選定
124677	朝鮮朝日	1925-08-18/1	05단	鐵道の受けた水の被害額は四百萬圓に上る/咸南道の出水被害/道路橋梁/黃海道の被害/鴨綠江增水 各地の被害/軍醫正に共犯の疑ひ
124678	朝鮮朝日	1925-08-18/1	06단	訪歐機の安着報告祭
124679	朝鮮朝日	1925-08-18/1	07단	德惠姫に御面會のため御生母の微行の御旅
124680	朝鮮朝日	1925-08-18/1	07단	女給を手先に/夥しいモヒ密賣
124681	朝鮮朝日	1925-08-18/1	09단	土砂の下敷
124682	朝鮮朝日	1925-08-18/1	09단	鐵橋が沈下して列車運轉不能
124683	朝鮮朝日	1925-08-18/1	09단	三人組の支那強盜逮捕さる
124684	朝鮮朝日	1925-08-18/1	10단	暴漢が演壇を占領
124685	朝鮮朝日	1925-08-18/1	10단	匪賊と砲火を交ゆ
124686	朝鮮朝日	1925-08-18/1	10단	會(獸醫講習會)
124687	朝鮮朝日	1925-08-18/1	10단	人(水日隆三氏(專賣局長)/石田千太郎氏(總督府事務官)/谷条喜麿氏(平北知事)/大村鐵道局長/矢鍋前黃海道知事/中村太郎左衛門氏(清津府協議會員)/池相殖産局長(總督府))
124688	朝鮮朝日	1925-08-18/1	10단	半島茶話
124689	朝鮮朝日	1925-08-18/2	01단	資金の需要減退し預金利子値下斷行か
124690	朝鮮朝日	1925-08-18/2	01단	慶南第二期酒稅增收入
124691	朝鮮朝日	1925-08-18/2	01단	元山の貿易高
124692	朝鮮朝日	1925-08-18/2	01단	客月中の新義州貿易
124693	朝鮮朝日	1925-08-18/2	01단	內地行の搾置絲箱數
124694	朝鮮朝日	1925-08-18/2	01단	大邱の盆景氣/相當の好況
124695	朝鮮朝日	1925-08-18/2	02단	忠淸北道秋蠶掃立數
124696	朝鮮朝日	1925-08-18/2	02단	清津府徵稅/比較的好成績
124697	朝鮮朝日	1925-08-18/2	02단	元山米豆內地移出高
124698	朝鮮朝日	1925-08-18/2	02단	開城附近を保安林に決定/水源涵養で地元民が要望
124699	朝鮮朝日	1925-08-18/2	03단	朝鮮線檢車區太田に新設

일련번호	판명	간행일	단수	기사명
124700	朝鮮朝日	1925-08-18/2	03단	通信いろいろ(新義州/安東縣)
124701	朝鮮朝日	1925-08-18/2	03단	雨に祟られ脾肉を嘆ずる/釜中軍の選手
124702	朝鮮朝日	1925-08-18/2	04단	五月末現在租税徴収狀況(國稅/地方稅/府稅/學校費賦課稅/學校費組合費)
124703	朝鮮朝日	1925-08-18/2	04단	大邱軍勝つ/西鮮庭球大會
124704	朝鮮朝日	1925-08-19/1	01단	鷄林八道の代表釜中軍の善戰健鬪に當夏國の代表臺工軍敗る/試合は一進一退の大接戰
124705	朝鮮朝日	1925-08-19/1	01단	鹹の話(２)/SPR
124706	朝鮮朝日	1925-08-19/1	05단	少年團野營月尾島における(５)/豪雨の暗夜に士氣を鼓舞する幕末巷談と怪談/久遠につきぬ波の囁き
124707	朝鮮朝日	1925-08-19/1	05단	全龍中軍勝つ
124708	朝鮮朝日	1925-08-19/1	05단	植民地における開墾事業官營は總督府の素志が貫徹された譯で欣ばしい
124709	朝鮮朝日	1925-08-19/1	05단	發券銀行から普通商業銀行へ/變らんとする鮮銀推移を注目さる
124710	朝鮮朝日	1925-08-19/1	06단	京城の赤露領事館近く開館
124711	朝鮮朝日	1925-08-19/1	07단	在滿不逞團鮮內潛入
124712	朝鮮朝日	1925-08-19/1	07단	水害死亡者大追悼會
124713	朝鮮朝日	1925-08-19/1	07단	チブス豫防注射を屬行
124714	朝鮮朝日	1925-08-19/1	07단	日毎に增加する/京城府內の失業者救濟策考究中
124715	朝鮮朝日	1925-08-19/1	08단	英澤川橋臺沈下復舊
124716	朝鮮朝日	1925-08-19/1	08단	新聞記者と署長の睨合
124717	朝鮮朝日	1925-08-19/1	08단	衡平運動の宣傳で紛擾
124718	朝鮮朝日	1925-08-19/1	09단	軍用自動車少女を轢く
124719	朝鮮朝日	1925-08-19/1	09단	中西民の講演會場で國粹會員と掴み合ひ
124720	朝鮮朝日	1925-08-19/1	10단	十餘名の匪賊放火して逃走
124721	朝鮮朝日	1925-08-19/1	10단	列車から軍馬飛出す
124722	朝鮮朝日	1925-08-19/1	10단	會(全南山林會/町洞總代會)
124723	朝鮮朝日	1925-08-19/1	10단	人(中學敎員視察團)
124724	朝鮮朝日	1925-08-19/1	10단	半島茶話
124725	朝鮮朝日	1925-08-19/2	01단	慶南の淸酒工業/陸地販路の擴張に當業者の協議
124726	朝鮮朝日	1925-08-19/2	01단	大邱附近の苹果出廻/成績良好
124727	朝鮮朝日	1925-08-19/2	01단	釜山沿岸埋立權問題
124728	朝鮮朝日	1925-08-19/2	01단	平元線の起工は延期せぬ
124729	朝鮮朝日	1925-08-19/2	02단	新泰仁市場移轉問題
124730	朝鮮朝日	1925-08-19/2	02단	鯖の大漁で浦江の景氣
124731	朝鮮朝日	1925-08-19/2	02단	鯖の大豊漁
124732	朝鮮朝日	1925-08-19/2	02단	貝類養殖計劃
124733	朝鮮朝日	1925-08-19/2	02단	米價の昂騰

일련번호	판명	간행일	단수	기사명
124734	朝鮮朝日	1925-08-19/2	03단	北鮮水電株鮮內割當少し
124735	朝鮮朝日	1925-08-19/2	03단	歸省學生の辯論取締
124736	朝鮮朝日	1925-08-19/2	03단	全南水利組合
124737	朝鮮朝日	1925-08-19/2	03단	國境警官の宿舍改造を明年は是非實行/豫算七萬五千圓で
124738	朝鮮朝日	1925-08-19/2	04단	咸南道農産品評會の餘興の數々
124739	朝鮮朝日	1925-08-19/2	04단	公共事業に一萬圓寄附
124740	朝鮮朝日	1925-08-19/2	04단	修理成った城內里東門保存申請
124741	朝鮮朝日	1925-08-20/1	01단	またも大接戰裡に惜しくも敗る/夕陽の光を浴びて悲壯な釜軍の退場
124742	朝鮮朝日	1925-08-20/1	01단	少年團野營月尾島における(６)/お江戸の淨瑠璃浪速の長唄/野營にラヂオを聞く美しい月尾島
124743	朝鮮朝日	1925-08-20/1	02단	釜中軍のエール(上)/勝った日の野球場(下)
124744	朝鮮朝日	1925-08-20/1	03단	『釜山が勝った釜山が勝った』とファンの欣びと校長の欣び
124745	朝鮮朝日	1925-08-20/1	04단	慶應軍再敗
124746	朝鮮朝日	1925-08-20/1	04단	郵貯所管がへ
124747	朝鮮朝日	1925-08-20/1	05단	鯎の話(３)/SPR
124748	朝鮮朝日	1925-08-20/1	05단	道立水産試驗場明年度豫算に設立費を計上か
124749	朝鮮朝日	1925-08-20/1	06단	洛東江の支流南江の治水計劃
124750	朝鮮朝日	1925-08-20/1	06단	對岸移鮮人
124751	朝鮮朝日	1925-08-20/1	07단	內地の學童より胸圍の狹い鮮內學童/主として氣候と衣服の關係
124752	朝鮮朝日	1925-08-20/1	07단	成川江流域農作物被害
124753	朝鮮朝日	1925-08-20/1	08단	京城府町洞總大會
124754	朝鮮朝日	1925-08-20/1	08단	金剛山探勝自動車連絡運轉
124755	朝鮮朝日	1925-08-20/1	08단	滿鐵から水害見舞金
124756	朝鮮朝日	1925-08-20/1	09단	京畿道管內犯罪增加
124757	朝鮮朝日	1925-08-20/1	09단	斥候の溺死
124758	朝鮮朝日	1925-08-20/1	09단	釜山鎭埋立問題ますます紛糾/問題の中心となった石原氏公職辭退
124759	朝鮮朝日	1925-08-20/1	10단	普天教徒毆打騷擾事件有罪公判
124760	朝鮮朝日	1925-08-20/1	10단	資産家へ强盜押入り/短刀で脅す
124761	朝鮮朝日	1925-08-20/2	01단	飯山の城下と千曲川の流と/SPR
124762	朝鮮朝日	1925-08-20/2	01단	全羅北道內の五大事業內容(萬頃江改修/東津水利組合/群山港の修築/靈岩水力電氣/全裡鐵道廣軌)
124763	朝鮮朝日	1925-08-20/2	01단	咸南の柿栽培
124764	朝鮮朝日	1925-08-20/2	01단	全鮮釀造品評會計劃
124765	朝鮮朝日	1925-08-20/2	02단	通信いろいろ(羅南/馬山)
124766	朝鮮朝日	1925-08-20/2	03단	詰らぬ者を偉い大家のやうに昇ぐはおかしい
124767	朝鮮朝日	1925-08-20/2	04단	外米弗々入荷

일련번호	판명	간행일	단수	기사명
124768	朝鮮朝日	1925-08-20/2	04단	映畫界(喜樂館)
124769	朝鮮朝日	1925-08-20/2	04단	文書課長倉橋銕氏逝く
124770	朝鮮朝日	1925-08-21/1	01단	對總督府へと波瀾なほ擴がる釜山鎭埋立問題
124771	朝鮮朝日	1925-08-21/1	01단	治維法の施行と警告/鮮內思想團に
124772	朝鮮朝日	1925-08-21/1	01단	訪歐機安着報告祭/京城神社で
124773	朝鮮朝日	1925-08-21/1	01단	蝨の話(４)/SPR
124774	朝鮮朝日	1925-08-21/1	02단	署長對記者ますます紛糾
124775	朝鮮朝日	1925-08-21/1	03단	原木流失損害
124776	朝鮮朝日	1925-08-21/1	03단	鎭まりさうにない天道敎の內訌/經費支出の放漫でいよいよ紛糾
124777	朝鮮朝日	1925-08-21/1	04단	釜山の白米小賣値段協定して暴利取締
124778	朝鮮朝日	1925-08-21/1	05단	傳染病患者調査
124779	朝鮮朝日	1925-08-21/1	06단	申合せの活殺は教授の人格にある/特診問題に關し某教授談
124780	朝鮮朝日	1925-08-21/1	06단	またまた大仕掛のモヒ密賣
124781	朝鮮朝日	1925-08-21/1	06단	衡平社と農民の衝突ますます擴大 兩々對策に腐心/事を大きくしたのは左傾團體の煽動 同志討はみっともない 官憲當局の談
124782	朝鮮朝日	1925-08-21/1	07단	城川江の堤防決潰/咸興又も水ひたり
124783	朝鮮朝日	1925-08-21/1	08단	教師と生徒共謀して藝妓に暴行
124784	朝鮮朝日	1925-08-21/1	08단	內地人の裝ひを詰って教師に暴行
124785	朝鮮朝日	1925-08-21/1	08단	平壤の辻强盜
124786	朝鮮朝日	1925-08-21/1	09단	小蒸汽と漁船衝突して二名行方不明
124787	朝鮮朝日	1925-08-21/1	09단	醉拂って往生
124788	朝鮮朝日	1925-08-21/1	09단	牛老父を突き殺し子息に敵打たる
124789	朝鮮朝日	1925-08-21/1	10단	匪賊と警官隊頻りに交戰
124790	朝鮮朝日	1925-08-21/1	10단	清津大疑獄二十八日公判
124791	朝鮮朝日	1925-08-21/1	10단	大東印刷の職工罷業解決
124792	朝鮮朝日	1925-08-21/1	10단	咸興出水被害
124793	朝鮮朝日	1925-08-21/1	10단	會(國調講演會)
124794	朝鮮朝日	1925-08-21/1	10단	人(岩佐重一氏(本府編輯課長)/大村鐵道局長/古谷傳一氏(京城第二高女校長)/池田殖産局長)
124795	朝鮮朝日	1925-08-21/2	01단	咸北の米作增收見込
124796	朝鮮朝日	1925-08-21/2	01단	慶南夏秋蠶收繭豫想
124797	朝鮮朝日	1925-08-21/2	01단	咸南道の水稻田補助
124798	朝鮮朝日	1925-08-21/2	02단	鐵道貨物の出廻不振
124799	朝鮮朝日	1925-08-21/2	02단	平壤牛內地移出漸增
124800	朝鮮朝日	1925-08-21/2	02단	組合費徵收狀況
124801	朝鮮朝日	1925-08-21/2	03단	中央鑛業創立
124802	朝鮮朝日	1925-08-21/2	03단	通信いろいろ(京城/新義州/安東縣/咸興/馬山/元山)

일련번호	판명	간행일	단수	기사명
124803	朝鮮朝日	1925-08-22/1	01단	群山港の修築中央政府へも請願/豫算編成前に
124804	朝鮮朝日	1925-08-22/1	01단	滿鐵との連絡運輸協議
124805	朝鮮朝日	1925-08-22/1	01단	滿鮮産業協議設立計劃
124806	朝鮮朝日	1925-08-22/1	01단	內鮮人有志懇談會決議
124807	朝鮮朝日	1925-08-22/1	01단	北鮮の炭界好轉/咸興炭の內地送荷
124808	朝鮮朝日	1925-08-22/1	02단	國調各部打合
124809	朝鮮朝日	1925-08-22/1	02단	貝類採取取締
124810	朝鮮朝日	1925-08-22/1	02단	獸疫豫防の屠場新設
124811	朝鮮朝日	1925-08-22/1	02단	倭城臺から
124812	朝鮮朝日	1925-08-22/1	03단	義勇飛行隊贊助員募集
124813	朝鮮朝日	1925-08-22/1	03단	コレラの豫防注射强制的に厲行
124814	朝鮮朝日	1925-08-22/1	03단	九大改革の根本案漸く成り五箇條の申合せを發表/此上萬全を期す
124815	朝鮮朝日	1925-08-22/1	04단	懶怠な部落民
124816	朝鮮朝日	1925-08-22/1	04단	木材荷動閑散
124817	朝鮮朝日	1925-08-22/1	04단	慶南勤儉週間
124818	朝鮮朝日	1925-08-22/1	04단	聯合演習機平壤へ歸還
124819	朝鮮朝日	1925-08-22/1	05단	熱球飛ぶ/日增に白熱化す甲子園球場
124820	朝鮮朝日	1925-08-22/1	05단	府施設物の出水被害復舊
124821	朝鮮朝日	1925-08-22/1	05단	浮塵子驅除
124822	朝鮮朝日	1925-08-22/1	06단	熔銑海上運搬
124823	朝鮮朝日	1925-08-22/1	06단	鎭南浦の水産施設要望
124824	朝鮮朝日	1925-08-22/1	07단	夏枯れの京城映畵界/自衛策の申合せも違約者が出てゴタゴタ
124825	朝鮮朝日	1925-08-22/1	07단	獨流に呑れた鮮人を救はんとして殉死した警官/咸南水害美談
124826	朝鮮朝日	1925-08-22/1	08단	投げた鉢が首に當って遂に死亡
124827	朝鮮朝日	1925-08-22/1	08단	鐵道の水害復舊
124828	朝鮮朝日	1925-08-22/1	09단	洛東江沿岸農作物被害案外輕小
124829	朝鮮朝日	1925-08-22/1	09단	咸南出水被害四十萬に上るか
124830	朝鮮朝日	1925-08-22/1	09단	二洞村住民代地請求
124831	朝鮮朝日	1925-08-22/1	09단	記者團が加藤署長を不信任
124832	朝鮮朝日	1925-08-22/1	10단	平壤刑務所の囚人逃走す
124833	朝鮮朝日	1925-08-22/1	10단	體育協議主催陸上競技
124834	朝鮮朝日	1925-08-22/1	10단	會(臨海學校講習會)
124835	朝鮮朝日	1925-08-22/1	10단	人(池田殖産局長/滿鮮實業視察團/畑山咸南新聞社長)
124836	朝鮮朝日	1925-08-22/1	10단	半島茶話
124837	朝鮮朝日	1925-08-22/2	01단	キク人ハナス人/どこか面影も後藤子に似て/もと新派俳優花井次郎/四十年ぶりに親子の對面と世間の噂を氣にしながら語る
124838	朝鮮朝日	1925-08-22/2	02단	首きりの悲喜劇

일련번호	판명	간행일	단수	기사명
124839	朝鮮朝日	1925-08-22/2	03단	京城株式界ぼつぼつ芽を吹く
124840	朝鮮朝日	1925-08-22/2	04단	中部線運輸況
124841	朝鮮朝日	1925-08-22/2	04단	林業功勞者表彰
124842	朝鮮朝日	1925-08-22/2	04단	通信いろいろ(馬山/仁川)
124843	朝鮮朝日	1925-08-23/1	01단	さらに公文書盜用問題が併發しいよいよ紛糾擴大の釜山鎭埋立問題
124844	朝鮮朝日	1925-08-23/1	01단	水害御下賜金分配方法
124845	朝鮮朝日	1925-08-23/1	01단	京城府學校組合會
124846	朝鮮朝日	1925-08-23/1	01단	在鄕憲兵組織
124847	朝鮮朝日	1925-08-23/1	01단	京城の酒稅徵收成績
124848	朝鮮朝日	1925-08-23/1	02단	拓殖銀行異動
124849	朝鮮朝日	1925-08-23/1	02단	大使命を帶びて我が訪歐の二機が目ざすモスクワ府の市街(下)とクレムリン宮殿(上)
124850	朝鮮朝日	1925-08-23/1	03단	引込線上屋と金融組合新築
124851	朝鮮朝日	1925-08-23/1	03단	改革案を携へ上京する眞野總長 或は辭職するか/申合せ完成は九月末か 二十數箇條に上る 高山學部長談
124852	朝鮮朝日	1925-08-23/1	04단	龍岩浦水路浚渫決行
124853	朝鮮朝日	1925-08-23/1	05단	慶南稅管內貸出額增加
124854	朝鮮朝日	1925-08-23/1	05단	多獅島築港と新義州驛擴張
124855	朝鮮朝日	1925-08-23/1	05단	辭令/東京電話
124856	朝鮮朝日	1925-08-23/1	05단	中堅靑年團主催の講習會
124857	朝鮮朝日	1925-08-23/1	06단	露都着の報と共に祝賀提燈行列/翌日は報告祭
124858	朝鮮朝日	1925-08-23/1	06단	自動車は開通
124859	朝鮮朝日	1925-08-23/1	06단	惠山鎭のラヂオ實驗/頗る良好
124860	朝鮮朝日	1925-08-23/1	06단	新義州局でラヂオ公開
124861	朝鮮朝日	1925-08-23/1	06단	敎人大會が敎堂を占領/天道敎紛擾事件
124862	朝鮮朝日	1925-08-23/1	07단	三學校組合出納檢査
124863	朝鮮朝日	1925-08-23/1	07단	平壤飛機歸還
124864	朝鮮朝日	1925-08-23/1	07단	衡平社員の檄文押收さる
124865	朝鮮朝日	1925-08-23/1	07단	父子の關係を血液で調べる/朝鮮木浦から九大へ血液を送附して來る
124866	朝鮮朝日	1925-08-23/1	07단	鱶に中毒/三名死亡し二名重體
124867	朝鮮朝日	1925-08-23/1	07단	又もや匪賊と交戰/巡査一名斃る
124868	朝鮮朝日	1925-08-23/1	08단	平北各地の豪雨被害
124869	朝鮮朝日	1925-08-23/1	08단	田や山を賣り喰ひの大逆犯/金の家族
124870	朝鮮朝日	1925-08-23/1	08단	豫防注射は却って危險率が多いと無效論が飛び出すやら/京城の腹チブスますます蔓延
124871	朝鮮朝日	1925-08-23/1	09단	賊一名を斃す
124872	朝鮮朝日	1925-08-23/1	09단	新義州の虎列拉豫防

일련번호	판명	간행일	단수	기사명
124873	朝鮮朝日	1925-08-23/1	10단	海難救助料四十萬圓事件漸く判決
124874	朝鮮朝日	1925-08-23/1	10단	人(野田鞆雄氏(新任全北內務部長)/谷多喜磨氏(平北知事)/須藤素氏(營林廠長))
124875	朝鮮朝日	1925-08-23/1	10단	急告/小倉君急用直ぐ歸へれ
124876	朝鮮朝日	1925-08-23/1	10단	半島茶話
124877	朝鮮朝日	1925-08-23/2	01단	キク人ハナス人/榊博士の若返り手術から小便が出ない/利がぬといふ田村老と利いたといふ中村鴈治郎丈/『特診料はとらなんだ』(中村鴈治郎丈/田村松竹奥役)
124878	朝鮮朝日	1925-08-23/2	03단	支那動亂で製粉活況/輸出激增
124879	朝鮮朝日	1925-08-23/2	03단	清津港の七月貿易高
124880	朝鮮朝日	1925-08-23/2	04단	大豆相場昂騰
124881	朝鮮朝日	1925-08-23/2	04단	通信いろいろ(安東縣/新義州/元山)
124882	朝鮮朝日	1925-08-23/2	04단	運動界(神宮競技豫選)
124883	朝鮮朝日	1925-08-23/2	04단	會(運動講習會/電協臨時總會)
124884	朝鮮朝日	1925-08-25/1	01단	歡呼と奏樂裡に訪歐機露都に着く/その勇姿は場を壓して我國威を發揚す
124885	朝鮮朝日	1925-08-25/1	01단	使命を果して喜び此上なし これといふのも偏に國民聲援の賜である 四勇士感激す/京城神社で壯嚴な報告祭 夜は提燈行列に賑ふ 訪歐飛行氣分漲る/訪歐二機の安着報告祭詞/とても素晴しい市中の人氣 報告祭は莊嚴に執行 露都到着と釜山/大田の喜び 報告祭と視賀
124886	朝鮮朝日	1925-08-25/1	04단	假橋が出來/鐵道開通す
124887	朝鮮朝日	1925-08-25/1	04단	平壤の露機歡迎 訪歐機の答禮として心から厚くもてなす/天候よければ二十六日に訪日露機は平壤に到着
124888	朝鮮朝日	1925-08-25/1	05단	京城下水改良
124889	朝鮮朝日	1925-08-25/1	05단	羅南高女移管再度陳情するに決す
124890	朝鮮朝日	1925-08-25/1	06단	著く激增した鮮內の小作爭議/南鮮地方は頗る多く目的貫徹の多いのは最も注意を惹く
124891	朝鮮朝日	1925-08-25/1	06단	竹を植ゑなさいと慶南道の獎勵/四萬圓の豫算を計上す
124892	朝鮮朝日	1925-08-25/1	06단	咸南當局の水害措置通牒
124893	朝鮮朝日	1925-08-25/1	06단	國調打合せ
124894	朝鮮朝日	1925-08-25/1	07단	復舊材拂下げ/李王家から
124895	朝鮮朝日	1925-08-25/1	07단	煙突改普通告
124896	朝鮮朝日	1925-08-25/1	07단	切符一枚でユルリと歐亞へ/歐亞連絡三線の統一で旅行が樂になる
124897	朝鮮朝日	1925-08-25/1	07단	肺牛の病源は朝鮮で御座らぬと關係者大いに憤慨し相當波瀾起らん
124898	朝鮮朝日	1925-08-25/1	08단	パ女史の講演
124899	朝鮮朝日	1925-08-25/1	09단	阿片で儲けて軍備の擴張を圖る統義府義勇會政府

일련번호	판명	간행일	단수	기사명
124900	朝鮮朝日	1925-08-25/1	09단	圓滿すぎて投身負傷する
124901	朝鮮朝日	1925-08-25/1	09단	成績のよい平南の樹苗/自給自足も遠くはない
124902	朝鮮朝日	1925-08-25/1	10단	三品取引所具體化し草案起草中
124903	朝鮮朝日	1925-08-25/1	10단	祐大紡の善後策を東拓で考究
124904	朝鮮朝日	1925-08-25/1	10단	大邱の強盗遂に判明す
124905	朝鮮朝日	1925-08-25/1	10단	煙草に懸賞
124906	朝鮮朝日	1925-08-25/1	10단	人(中華民國鎮南浦領事陳策氏)
124907	朝鮮朝日	1925-08-25/2	01단	キク人ハナス人/もう二年も前から胸に祕めて 『何や夢みたいだす』/この秋に福助と結婚する南地新大和屋の梅彌
124908	朝鮮朝日	1925-08-25/2	03단	馬山海面埋築近く許可か
124909	朝鮮朝日	1925-08-25/2	03단	禿山を防ぐ
124910	朝鮮朝日	1925-08-25/2	03단	豫想より減少の廣梁灣鹽
124911	朝鮮朝日	1925-08-25/2	04단	通信いろいろ(咸興/馬山/群山)
124912	朝鮮朝日	1925-08-25/2	04단	運動界(生徒聯合運動會)
124913	朝鮮朝日	1925-08-26/1	01단	總督府の斡旋と在滿鮮人の自覺で幾多の困難はあるも漸次教育は普及して來た
124914	朝鮮朝日	1925-08-26/1	01단	朝鮮産の絹を獻上/皇后陛下と東宮妃殿下に
124915	朝鮮朝日	1925-08-26/1	01단	空の交驩/ソブイエート式の氣焰とスタイル(上)/訪日露機の準備
124916	朝鮮朝日	1925-08-26/1	03단	間島領事館新築工事が着々進陟す
124917	朝鮮朝日	1925-08-26/1	03단	基督教の結社が蔓ってる朝鮮は可なり困難の地だと新任高松朝鮮神宮官司は語る
124918	朝鮮朝日	1925-08-26/1	04단	列車時間を變更する/十一月一日から
124919	朝鮮朝日	1925-08-26/1	04단	龍井電信局本年十一月愈よ開始せん
124920	朝鮮朝日	1925-08-26/1	04단	馬山府の鐵道用地は解決が困難
124921	朝鮮朝日	1925-08-26/1	05단	毎朝齊戒沐浴して訪歐機の成功を祈願した松尾宮司 平壌での安着奉告祭/釜山でも奉告祭 龍頭山神社で/訪日飛機を大歡迎 大邱府民が
124922	朝鮮朝日	1925-08-26/1	06단	殖銀の産業貸出/四千九百萬圓/前年より激增
124923	朝鮮朝日	1925-08-26/1	07단	新穀出廻で米穀市場が漸く立會開始
124924	朝鮮朝日	1925-08-26/1	07단	坐礁した五州丸入港/神戸に直行す
124925	朝鮮朝日	1925-08-26/1	08단	安藤部長の治維法高唱で學生の講演や會合が例年に比し激減す
124926	朝鮮朝日	1925-08-26/1	08단	事件は中央に移る/衡平社と靑年の紛糾事件擴大す
124927	朝鮮朝日	1925-08-26/1	08단	記者團と加藤署長の紛糾解決す
124928	朝鮮朝日	1925-08-26/1	08단	若い男が投身自殺す/原因は不明
124929	朝鮮朝日	1925-08-26/1	08단	教會堂の明渡し事件またまた紛糾/警察が警戒す
124930	朝鮮朝日	1925-08-26/1	09단	囚人の自殺/逃走したが遁切れずに

일련번호	판명	간행일	단수	기사명
124931	朝鮮朝日	1925-08-26/1	09단	阿片强奪の不逞鮮人敗らる/赤軍兵士のため死傷三十餘名を出す
124932	朝鮮朝日	1925-08-26/1	10단	若い女を自宅に連込/暴行を迫る
124933	朝鮮朝日	1925-08-26/1	10단	人(教育會視察團/園田總督府理財課長/藤田總督府外事課屬/伊賀誠一氏(殖銀新義州支店長)/安川三郎氏(大阪師團司令部附)/山田健三氏(關東軍司令部附大佐)/佐藤作太郎氏(城津殖銀支店長)/加藤正雄氏(帝國大學教授)/山平亮一氏(總督府教師))
124934	朝鮮朝日	1925-08-26/1	10단	半島茶話
124935	朝鮮朝日	1925-08-26/2	01단	鰯の大豊漁/加工場頻出で清津の大賑ひ/二百萬圓を移出か
124936	朝鮮朝日	1925-08-26/2	01단	鰯の卵で海面が赤色を呈す
124937	朝鮮朝日	1925-08-26/2	01단	棉價高で作付段別が一割以上增加
124938	朝鮮朝日	1925-08-26/2	01단	城津の米作/非常な豊作
124939	朝鮮朝日	1925-08-26/2	01단	豊作氣構で正米出廻り/小賣も値下げ
124940	朝鮮朝日	1925-08-26/2	01단	社會團體へ補助金交附/三千七百圓を
124941	朝鮮朝日	1925-08-26/2	02단	金鑛採取で市場を設置/和龍爽皮溝に
124942	朝鮮朝日	1925-08-26/2	02단	馬鈴薯の冷凍貯藏を咸南で研究
124943	朝鮮朝日	1925-08-26/2	02단	洞總代に花環を贈る/京城府から
124944	朝鮮朝日	1925-08-26/2	02단	安東商議の會頭就任は或は藤平氏か
124945	朝鮮朝日	1925-08-26/2	03단	教育會が乘馬を奬勵/役員を選んで
124946	朝鮮朝日	1925-08-26/2	03단	通信いろいろ(馬山/新義州/安東縣/咸興)
124947	朝鮮朝日	1925-08-26/2	04단	聯合靑年團團則を協議/近く起草せん
124948	朝鮮朝日	1925-08-26/2	04단	會(算術教材講習會)
124949	朝鮮朝日	1925-08-26/2	04단	運動界(大會の血祭兼二浦決勝)
124950	朝鮮朝日	1925-08-27/1	01단	總經費一億圓で道路港灣の大改修/財源公債に求め十箇年の繼續事業(道路/港灣/治水)
124951	朝鮮朝日	1925-08-27/1	01단	空の交驩/朴訥そのまゝのムジツクの赤誠は(中)/日露視善への楔子である
124952	朝鮮朝日	1925-08-27/1	02단	預金利子の勉强率は近く全廢か
124953	朝鮮朝日	1925-08-27/1	02단	日露鐵道の連絡會議打合/三線の競爭が未解決/鮮鐵佐藤氏は語る
124954	朝鮮朝日	1925-08-27/1	03단	事業公債を政府に折衝/京城上議員東上
124955	朝鮮朝日	1925-08-27/1	04단	朝鮮神宮の御神體/優良靑年が齋戒して奉昇
124956	朝鮮朝日	1925-08-27/1	04단	國勢調査をスタンプで宣傳する
124957	朝鮮朝日	1925-08-27/1	04단	京城神社の訪歐機安着奉告祭(中央は總督代理小川秘書官)
124958	朝鮮朝日	1925-08-27/1	05단	窒素肥料の咸興誘致に井上部長出城
124959	朝鮮朝日	1925-08-27/1	05단	支那警官達も誠意を披瀝し歡迎して吳れたと三矢局長喜び語る
124960	朝鮮朝日	1925-08-27/1	06단	商議主催の廉賣デー每月一回づゝ
124961	朝鮮朝日	1925-08-27/1	06단	不二干拓地に着陸場決定

일련번호	판명	간행일	단수	기사명
124962	朝鮮朝日	1925-08-27/1	06단	方法は兎に角/釜山の發展には貢獻大なりとて埋立事業に府民が援助
124963	朝鮮朝日	1925-08-27/1	07단	珍らしく害獸が出ぬ本年の咸南道
124964	朝鮮朝日	1925-08-27/1	07단	バラツクの格納庫建設/南鮮大演習で
124965	朝鮮朝日	1925-08-27/1	07단	平南順川の仙沼面は衛滿の古都らしく多數の古墳が散在し古代史研究の好資料
124966	朝鮮朝日	1925-08-27/1	08단	菩提樹/全鮮にないと府民が自慢
124967	朝鮮朝日	1925-08-27/1	08단	遞信局の共濟組合が六十棟の住宅を建築
124968	朝鮮朝日	1925-08-27/1	08단	不逞の一味支那官憲に逮捕處罰さる
124969	朝鮮朝日	1925-08-27/1	09단	臺灣米を混じ鮮米と稱して全鮮の主要都市で賣捌かれて居る
124970	朝鮮朝日	1925-08-27/1	09단	四つの子供匁に掠はる
124971	朝鮮朝日	1925-08-27/1	09단	住職が辭し通度寺の紛擾ーまず解決か
124972	朝鮮朝日	1925-08-27/1	10단	青年會員が罌粟を盗む匪賊を防止
124973	朝鮮朝日	1925-08-27/1	10단	十四の妻が家政が執れず魔の井戸で自殺
124974	朝鮮朝日	1925-08-27/1	10단	人(美座流石氏(新任咸北警察部長)/二木謙三氏(醫學博士))
124975	朝鮮朝日	1925-08-27/1	10단	半島茶話
124976	朝鮮朝日	1925-08-27/2	01단	水産試驗場の爭奪戰が始まる/馬山鎭海の運動に驚いた統營の奮起
124977	朝鮮朝日	1925-08-27/2	01단	京城府の水害額二十八萬餘圓
124978	朝鮮朝日	1925-08-27/2	01단	洛東江の改修要望で住民大會開催
124979	朝鮮朝日	1925-08-27/2	01단	慶北道が勤儉を強調/九月一日から一週間を
124980	朝鮮朝日	1925-08-27/2	01단	馬山港は天然の良港と激賞して設備を疎んず
124981	朝鮮朝日	1925-08-27/2	02단	實業教育振興の方法/平北から申答
124982	朝鮮朝日	1925-08-27/2	02단	怪投手に接する機會が尠ない/我等は矢張り不利だ/釜中選手交々語る
124983	朝鮮朝日	1925-08-27/2	03단	自動車の營業者大會二十三日大邱で
124984	朝鮮朝日	1925-08-27/2	03단	大邱商議の滿洲九視察團九月初旬出發
124985	朝鮮朝日	1925-08-27/2	03단	保光學校の高普昇格が計劃される
124986	朝鮮朝日	1925-08-27/2	04단	京城二高女轉學者試驗/四名を許可
124987	朝鮮朝日	1925-08-27/2	04단	罹災兒童に學用品寄贈配布を了す
124988	朝鮮朝日	1925-08-27/2	04단	孝子節婦を大邱府が表彰
124989	朝鮮朝日	1925-08-27/2	04단	通信いろいろ(馬山)
124990	朝鮮朝日	1925-08-27/2	04단	全鮮爭覇の野球大會番組決定す
124991	朝鮮朝日	1925-08-28/1	01단	平南のビートは悲觀の要なし/技術を要する高等作物で集約的栽培が必要
124992	朝鮮朝日	1925-08-28/1	01단	朝鮮の方は文學や藝術に伸びる素質があるとパ女史は語る
124993	朝鮮朝日	1925-08-28/1	01단	空の交驩/この好意この感激を私達のタワリツチに傳へる(下)/赤い國の飛行狀況を語る三氏
124994	朝鮮朝日	1925-08-28/1	03단	全南養苗者大會を開く

일련번호	판명	간행일	단수	기사명
124995	朝鮮朝日	1925-08-28/1	03단	咸南の自動車連絡水害後に於る
124996	朝鮮朝日	1925-08-28/1	03단	外米の賣行/引續き旺勢/在荷十四萬石
124997	朝鮮朝日	1925-08-28/1	03단	龍井村で穀物商大會八月末開催
124998	朝鮮朝日	1925-08-28/1	04단	滿場一致で團則を可決/聯合青年團が
124999	朝鮮朝日	1925-08-28/1	04단	新築家屋に防火壁の設備を釜山署が極力屬行し消防の徹底を期す
125000	朝鮮朝日	1925-08-28/1	04단	永新中學の開校は延期/幾多の障害で
125001	朝鮮朝日	1925-08-28/1	05단	水害後の就學步合は極めて良好
125002	朝鮮朝日	1925-08-28/1	05단	訪日露機の新義州着陸は着陸場の都合で遂に中止と決定/訪日露機を大歡迎 總督司令官が代理を派して/日本訪問伊太利機の仁川來は未定
125003	朝鮮朝日	1925-08-28/1	07단	移住鮮人の朝鮮視察團九月一日出發
125004	朝鮮朝日	1925-08-28/1	08단	金剛山の觀光團募集/鎮南浦驛で
125005	朝鮮朝日	1925-08-28/1	08단	總監の親戚だと南鮮を荒し廻り流石の下岡氏大弱り警察は目下調査中
125006	朝鮮朝日	1925-08-28/1	08단	小學校員試驗
125007	朝鮮朝日	1925-08-28/1	08단	五百圓の贈賄事件で本町署の活動/各銀行を取調ぶ
125008	朝鮮朝日	1925-08-28/1	08단	行倒の男はモヒ中毒者
125009	朝鮮朝日	1925-08-28/1	08단	女二十五電車の飛降/大怪俄す
125010	朝鮮朝日	1925-08-28/1	09단	安東縣の國粹會設立/會長は高橋氏
125011	朝鮮朝日	1925-08-28/1	09단	會(婦人工講習會/三矢局長招待宴/在鄉軍人總會)
125012	朝鮮朝日	1925-08-28/1	09단	山崩れ山水で三十一名慘死/死體未だ判明せず/咸南洪水の悲話
125013	朝鮮朝日	1925-08-28/1	10단	人(三矢警務局長/パーカスト女史/蒲原遞信局長/高松四郎氏(朝鮮神宮宮司)/和田純氏(慶南知事)/廣島、吳視察團/能本滿鮮視察團乙班五名)
125014	朝鮮朝日	1925-08-28/1	10단	半島茶話
125015	朝鮮朝日	1925-08-28/2	01단	平壤移出には臺灣米は混ぜぬ/鎮南浦檢查所員が京畿道の放言に憤慨
125016	朝鮮朝日	1925-08-28/2	01단	間島大豆の聲價を擧ぐべく/內地同樣の檢查所を近く龍井村に開設
125017	朝鮮朝日	1925-08-28/2	01단	咸南の收繭二萬石突破
125018	朝鮮朝日	1925-08-28/2	01단	洪水のため咸南農作物收穫大減收
125019	朝鮮朝日	1925-08-28/2	02단	咸南の出水被害/保安課の調查
125020	朝鮮朝日	1925-08-28/2	03단	通信いろいろ(新義州)
125021	朝鮮朝日	1925-08-28/2	03단	孝昌園のバラツク住民當局が調查
125022	朝鮮朝日	1925-08-28/2	03단	隱れたる德行家二見の女將たま子さん死後は財産全部を公共事業に寄贈すると
125023	朝鮮朝日	1925-08-28/2	04단	城川江の堤防通行は當分の間禁止

일련번호	판명	간행일	단수	기사명
125024	朝鮮朝日	1925-08-28/2	04단	運動界(本社寄贈の優勝旗爭奪リーダ戰開始/盛況を極めた北鮮競泳大會二十三日擧行)
125025	朝鮮朝日	1925/8/29		缺號
125026	朝鮮朝日	1925-08-30/1	01단	大變に內地が御氣に召したと德惠姬御生母に侍く住永女史は語る
125027	朝鮮朝日	1925-08-30/1	01단	朝鮮神宮に謠曲「高砂」の掛軸を奉獻
125028	朝鮮朝日	1925-08-30/1	01단	金融組合の利率引下/平北管內の
125029	朝鮮朝日	1925-08-30/1	01단	寂びと匂ひの王都に憧れて顧望低徊瞳に立つ/慶州を訪れて
125030	朝鮮朝日	1925-08-30/1	02단	安東縣に馬蹄銀流通/一塊九十三元
125031	朝鮮朝日	1925-08-30/1	02단	新規要求額は五千萬圓程度/總べての豫算は九月五日に取纏
125032	朝鮮朝日	1925-08-30/1	03단	京城府廳舍工事延長/起債年度も隨って變改
125033	朝鮮朝日	1925-08-30/1	03단	京取の商品上場/米の上場は實現困難
125034	朝鮮朝日	1925-08-30/1	04단	朝鮮在監囚累犯者增加/初犯を合せザット一萬人
125035	朝鮮朝日	1925-08-30/1	04단	鮮鐵網完成で京城商議所から聯合會長に宛て反省を促す通牒
125036	朝鮮朝日	1925-08-30/1	04단	先生が三千生徒が十萬學校が三百/京畿道學校情況
125037	朝鮮朝日	1925-08-30/1	05단	石原氏の副頭留任で釜山鎭埋立がまたまた紛糾
125038	朝鮮朝日	1925-08-30/1	05단	大打擊を蒙る淸津の活牛輸出/檢疫所設置が間にあひ兼ねて
125039	朝鮮朝日	1925-08-30/1	06단	出入記者を選擇せよ小原氏が府尹に要望
125040	朝鮮朝日	1925-08-30/1	06단	普通校生が義金を醵出/罹災生徒に物品を贈る
125041	朝鮮朝日	1925-08-30/1	07단	鴨綠江畔の修養團/警務局長も臨席
125042	朝鮮朝日	1925-08-30/1	07단	遞信局の無電放送準備が進陟し九月中に完成
125043	朝鮮朝日	1925-08-30/1	07단	犬の血で白山を汚す/其罰だと部落民怖る
125044	朝鮮朝日	1925-08-30/1	08단	對馬の自然石で硯を製造する收入減に困った/釜山刑務所の試み
125045	朝鮮朝日	1925-08-30/1	08단	親戚共有の先祖の土地を賣飛ばすと警察へ告訴
125046	朝鮮朝日	1925-08-30/1	08단	岡崎町の强盜/內地人風な二名の兇漢
125047	朝鮮朝日	1925-08-30/1	08단	電車で怪我/電柱に觸れ
125048	朝鮮朝日	1925-08-30/1	09단	普通校生の兵營見學/珍らしい試み
125049	朝鮮朝日	1925-08-30/1	09단	電車の衝突/車掌の居眠から
125050	朝鮮朝日	1925-08-30/1	09단	中學生が女生と通じ觀心を得んと竊盜を働く
125051	朝鮮朝日	1925-08-30/1	09단	面民數百名が師團長に面會/陳情せんと敦圉く演習小作地問題で
125052	朝鮮朝日	1925-08-30/1	10단	會(パ女史講演會/思想善導活寫會/軍司令官午餐會)
125053	朝鮮朝日	1925-08-30/1	10단	人(鄭家屯視察團/靑木戒三氏(新任全北知事)/津守萬靑氏(新義州病院長))
125054	朝鮮朝日	1925-08-30/1	10단	半島茶話
125055	朝鮮朝日	1925-08-30/2	01단	キク人ハナス人/一切の飾りをすて眞實の生命に心の易さを樂しむ/房州にある石原純博士
125056	朝鮮朝日	1925-08-30/2	01단	通信いろいろ(安東縣/咸興)

일련번호	판명	간행일	단수	기사명
125057	朝鮮朝日	1925-08-30/2	03단	表彰さるゝ篤行者決定/大邱府での
125058	朝鮮朝日	1925-08-30/2	04단	巻莨五億本義州通の新工場竣工
125059	朝鮮朝日	1925-08-30/2	04단	輸入粟の檢査其他を露支貿易が研究する
125060	朝鮮朝日	1925-08-30/2	04단	消防隊の自動車完成/近く到着せん
125061	朝鮮朝日	1925-08-30/2	04단	群山の稲作/生育は良好
125062	朝鮮朝日	1925-08-30/2	04단	移轉が多く水害見舞の分配に困る
125063	朝鮮朝日	1925-08-30/2	04단	龍山治水會漢江を視察/仁川から麻浦へ溯航

1925년 9월 (조선아사히)

일련번호	판명	간행일	단수	기사명
125064	朝鮮朝日	1925-09-01/1	01단	學校諸經費の內鮮人負擔額/一人當り鮮人一に內地人一五の割合
125065	朝鮮朝日	1925-09-01/1	01단	畜牛の特別運賃檢疫所所在地に適用せしむべく/鎭南浦商議運動
125066	朝鮮朝日	1925-09-01/1	01단	露機を待ちつゝ(1)/SPR
125067	朝鮮朝日	1925-09-01/1	02단	遞信省と無電聽取の協定が成立
125068	朝鮮朝日	1925-09-01/1	04단	大邱鮮銀の舊盆貸出五十餘萬圓
125069	朝鮮朝日	1925-09-01/1	04단	鎭南浦商議金が無くて委員東上は見合せる
125070	朝鮮朝日	1925-09-01/1	05단	築港期成で資金を集め政府と折衝
125071	朝鮮朝日	1925-09-01/1	06단	靑木新知事群山築港の緊急を聲明す
125072	朝鮮朝日	1925-09-01/1	06단	馬山の淸酒に不正品が絶無/分析の結果判明/當業者の覺醒から
125073	朝鮮朝日	1925-09-01/1	06단	間島の草分會/涙の歷史に興越が湧く
125074	朝鮮朝日	1925-09-01/1	06단	勤儉强調の活動寫眞を大邱で公開
125075	朝鮮朝日	1925-09-01/1	07단	假橋が落ち京元線不通/東豆川金谷間
125076	朝鮮朝日	1925-09-01/1	07단	翼を連ねた訪日の二露機大邱に向け出發/朝霧を衝いて日本海を突破 一日岡山着の豫定知事以下の歡迎準備
125077	朝鮮朝日	1925-09-01/1	07단	勞農同盟の幹部連處刑平壤法院で
125078	朝鮮朝日	1925-09-01/1	07단	外米混入の不正米業者二名を檢擧
125079	朝鮮朝日	1925-09-01/1	08단	大邱に於ける露機準備員/中央はミヘリヨーフ氏
125080	朝鮮朝日	1925-09-01/1	08단	教へ兒に戀を働いた西淸風が斷食自殺す
125081	朝鮮朝日	1925-09-01/1	09단	住所不明の老婆轢死す馬山附近で
125082	朝鮮朝日	1925-09-01/1	09단	叔母と通じた不埒な男を立退かしむべく三百餘名が押掛く
125083	朝鮮朝日	1925-09-01/1	10단	重砲隊の脱走兵捕る密陽警察で
125084	朝鮮朝日	1925-09-01/1	10단	長崎再度の虎疫警戒
125085	朝鮮朝日	1925-09-01/1	10단	人(蒲原遞信局長/全學無局長/中村勇氏)
125086	朝鮮朝日	1925-09-01/1	10단	半島茶話
125087	朝鮮朝日	1925-09-01/2	01단	研究半ばの血液檢査のみで父子を鑑定するは考慮の餘地がある
125088	朝鮮朝日	1925-09-01/2	01단	羅南高女の地方移管で知事に陳情
125089	朝鮮朝日	1925-09-01/2	01단	南江治水の實地踏査/原田博士が
125090	朝鮮朝日	1925-09-01/2	01단	下岡總監の主張通れば群山築港は來年度着手か
125091	朝鮮朝日	1925-09-01/2	02단	南江の架橋九月中旬着工/晋州民の喜び
125092	朝鮮朝日	1925-09-01/2	02단	水害時の功勞警官を警察部が表彰
125093	朝鮮朝日	1925-09-01/2	02단	預金貸出ともに增加/慶南の金組
125094	朝鮮朝日	1925-09-01/2	03단	咸南道で優良牝牛の保護を獎勵
125095	朝鮮朝日	1925-09-01/2	03단	良德水利の設計變更
125096	朝鮮朝日	1925-09-01/2	03단	平北奧地に貨幣が拂底/山人蔘の買入の資金に困る
125097	朝鮮朝日	1925-09-01/2	04단	通信いろいろ(淸州/新義州/馬山)

일련번호	판명	간행일	단수	기사명
125098	朝鮮朝日	1925-09-02/1	01단	朝鮮海峽の濃霧で針路を誤った訪日露機の一機が彦島に不時着陸 本社門司支局の斡旋に『朝日』『朝日』と欣ぶ勇士/午前七時大邱を出發內地に向ふ
125099	朝鮮朝日	1925-09-02/1	03단	産業施設費を公債に仰ぐべき/下岡總監の肚裡政府が容認するか
125100	朝鮮朝日	1925-09-02/1	05단	新羅王朝の懷古赫居世の君臨と脫解王の生ひ立/慶州を訪れて(2)
125101	朝鮮朝日	1925-09-02/1	05단	辭令(東京電話)
125102	朝鮮朝日	1925-09-02/1	05단	批難に鑑み規約を改正/朝鮮鐵道協會近く總會開催
125103	朝鮮朝日	1925-09-02/1	05단	建築費三十萬圓經常費百三十萬圓京城大學の豫算決定/明年より愈よ開校
125104	朝鮮朝日	1925-09-02/1	05단	大韓統義府が在滿鮮農に課稅/財政に窮した結果既に告知書を配布す
125105	朝鮮朝日	1925-09-02/1	06단	朝鮮神宮の奉遷近づく/奉祝方法を公職者が協議
125106	朝鮮朝日	1925-09-02/1	06단	取引所令は明年度中に發布の豫定
125107	朝鮮朝日	1925-09-02/1	07단	出廻時期に漢藥市場を開城に開設
125108	朝鮮朝日	1925-09-02/1	07단	清津附近厄日の天候平穩に終る
125109	朝鮮朝日	1925-09-02/1	07단	健氣な警官の妻拳銃を執り戰ふ/衆寡敵せず妻女二名と十三の娘兇手に斃る
125110	朝鮮朝日	1925-09-02/1	07단	漢江河床に電線を埋設/水害時に備へるため
125111	朝鮮朝日	1925-09-02/1	08단	鐵道事故は湖南線が一番/滿一箇年に二百八十二件
125112	朝鮮朝日	1925-09-02/1	08단	總督始政の記念日/繪葉書を發行スタンプを押捺
125113	朝鮮朝日	1925-09-02/1	08단	虎疫の豫防/京城仁川は注射を厲行
125114	朝鮮朝日	1925-09-02/1	09단	渡船の顚覆/死者が二名不明が四名
125115	朝鮮朝日	1925-09-02/1	09단	表彰旗で農民の大喧嘩/二十餘名の死傷を出す
125116	朝鮮朝日	1925-09-02/1	10단	男に叱られ十八の女給自殺を企つ
125117	朝鮮朝日	1925-09-02/1	10단	人(太平滿鐵副社長/安藤又三郎氏(滿鐵理事)/李學務局長)
125118	朝鮮朝日	1925-09-02/1	10단	半島茶話
125119	朝鮮朝日	1925-09-02/2	01단	露機を待ちつゝ(2)/SPR
125120	朝鮮朝日	1925-09-02/2	01단	二十年計劃で四千哩に達する/鐵道網の完成を鐵道協會が調査
125121	朝鮮朝日	1925-09-02/2	01단	本年の夏秋蠶五割の增繭豫想/桑葉の需給も大體順調に進んだ
125122	朝鮮朝日	1925-09-02/2	01단	咸北の農作平年に比し一割增收見込
125123	朝鮮朝日	1925-09-02/2	01단	基地增設を京城在住の鮮人が要望
125124	朝鮮朝日	1925-09-02/2	02단	會社銀行(京城天然氷總會/金剛水電送電)
125125	朝鮮朝日	1925-09-02/2	03단	朝鮮の船舶/汽船が四萬噸帆船が二萬噸
125126	朝鮮朝日	1925-09-02/2	03단	水で流失の屎尿タンク/二村洞に新設
125127	朝鮮朝日	1925-09-02/2	03단	中の島の修養團講習會二十九日終了
125128	朝鮮朝日	1925-09-02/2	04단	通信いろいろ(新義州)
125129	朝鮮朝日	1925-09-02/2	04단	運動界(南鮮庭救大會順天助優勝す/立教運來る九月一日ごろ)

일련번호	판명	간행일	단수	기사명
125130	朝鮮朝日	1925-09-03/1	01단	露機は遂に解體航空局に引繼ぎ ヴ氏は鐵路東上/殘念だがも う飛ぶ氣も起らぬと淋しい露國の勇士 我が社の心盡しを深 謝/再飛の可否が一刻も早く聞きたかった 『厚意をそのま〻 受け入れ難い』と飛行士の悲痛な一言
125131	朝鮮朝日	1925-09-03/1	03단	名主武烈王と英邁の士金瘐信/その花香またなかるべくしと 氣を吐いた善德女王/慶州を訪れて(3)
125132	朝鮮朝日	1925-09-03/1	04단	A號機は無事所澤着
125133	朝鮮朝日	1925-09-03/1	05단	露機を待ちつゝ(3)/SPR
125134	朝鮮朝日	1925-09-03/1	05단	政治や社會學を喜び讀む鮮人/圖書館から見た京城の讀書界
125135	朝鮮朝日	1925-09-03/1	06단	自動車の利く朝鮮の道路は總計二千七百里で慶北が一番多い
125136	朝鮮朝日	1925-09-03/1	07단	米作豫想二十五六日頃發表のはず
125137	朝鮮朝日	1925-09-03/1	07단	記念會葉書三枚一組で一齊に賣出
125138	朝鮮朝日	1925-09-03/1	08단	國士の墓碑に雜草を茂らせたと和尚を引摺り出し黑龍會員 が折檻す
125139	朝鮮朝日	1925-09-03/1	09단	夜間飛行は研究の餘地あり氣流の惡い海の日本としては
125140	朝鮮朝日	1925-09-03/1	09단	總同盟の國際デーに集會は禁止
125141	朝鮮朝日	1925-09-03/1	10단	威力ある空氣銃/釜山署が驚き取締に着手
125142	朝鮮朝日	1925-09-03/1	10단	銀行類似の信託業を慶南當局が嚴重に取締る
125143	朝鮮朝日	1925-09-03/1	10단	半島茶話
125144	朝鮮朝日	1925-09-03/2	01단	キク人ハナス人/返り咲きの昇之助の初戀? /今の亭主を想っ たのは七ツの春からドースル連からの附文
125145	朝鮮朝日	1925-09-03/2	01단	慶南の稻作豐作見込で景氣づく
125146	朝鮮朝日	1925-09-03/2	01단	釜山の陳情聽入れ難し埋立問題の本府の意嚮
125147	朝鮮朝日	1925-09-03/2	02단	復舊土木費二百七十萬圓七八十萬圓は豫備金で支出
125148	朝鮮朝日	1925-09-03/2	02단	外國小包は一年に五萬個
125149	朝鮮朝日	1925-09-03/2	03단	三期に分ち虎疫豫防に當局の大努力
125150	朝鮮朝日	1925-09-03/2	03단	慶南水害地赤痢終熄す防疫隊解散
125151	朝鮮朝日	1925-09-03/2	04단	通信いろいろ(京城)
125152	朝鮮朝日	1925-09-03/2	04단	猛烈な蟻合戰黑赤兩軍が必死と鬪ふ
125153	朝鮮朝日	1925-09-04/1	01단	支那官憲の壓迫で永住の地を離行く/在滿百萬の鮮人商租權 が解決の鑰
125154	朝鮮朝日	1925-09-04/1	02단	長津江水電の設置地は元山/水運交通その他の點から考慮し て決定
125155	朝鮮朝日	1925-09-04/1	03단	京城組合銀行八月末帳尻
125156	朝鮮朝日	1925-09-04/1	04단	練兵町の拂下問題/漸く解決す
125157	朝鮮朝日	1925-09-04/1	04단	朝鮮鐵道の五老上通間開通工事決定
125158	朝鮮朝日	1925-09-04/1	04단	日本海の橫斷航路/改善と充實
125159	朝鮮朝日	1925-09-04/1	05단	露機を待ちつゝ(4)/SPR
125160	朝鮮朝日	1925-09-04/1	05단	感情を損ふ旅券の檢査は早くやめて欲しい/外人宣敎師の意嚮

일련번호	판명	간행일	단수	기사명
125161	朝鮮朝日	1925-09-04/1	05단	司法官異動
125162	朝鮮朝日	1925-09-04/1	05단	辭令(東京電話)
125163	朝鮮朝日	1925-09-04/1	06단	支那將校更迭
125164	朝鮮朝日	1925-09-04/1	06단	鮮滿連絡鐵道會議/九月二日から大連で開催
125165	朝鮮朝日	1925-09-04/1	06단	地方農民と衡平社の睨合/內應した農民二名に三十名が暴行す
125166	朝鮮朝日	1925-09-04/1	06단	滿鮮連絡の電話近く開通/關東聽と協定開始臚ては大連まで延長されん
125167	朝鮮朝日	1925-09-04/1	07단	大隈石/六尺大高麗朝時に落下したもの忠淸南道河西里で
125168	朝鮮朝日	1925-09-04/1	08단	女學校で不穩な演說/公州署に檢擧
125169	朝鮮朝日	1925-09-04/1	08단	游泳中の鮮人溺死す/錦江船橋で
125170	朝鮮朝日	1925-09-04/1	09단	不倫な先生/茄佐普校生が同盟して休校
125171	朝鮮朝日	1925-09-04/1	09단	拳銃を發射し巡査が巡査を殺害せんと企つ/黃海安岳署員が
125172	朝鮮朝日	1925-09-04/1	09단	會(大工組合發會式/忠北置業技手會)
125173	朝鮮朝日	1925-09-04/1	10단	郡技手が公金費消で取調べらる
125174	朝鮮朝日	1925-09-04/1	10단	龍井村に無産主義の宣傳員出沒す
125175	朝鮮朝日	1925-09-04/1	10단	東萊高普の盟休事件はいよいよ解決
125176	朝鮮朝日	1925-09-04/1	10단	人(李塤公殿下/齋藤總督/下岡政務總監/奧田讓氏(九大敎授農學博士)
125177	朝鮮朝日	1925-09-04/1	10단	半島茶話
125178	朝鮮朝日	1925-09-04/2	01단	來年度からは共同販賣以外の繭取引を禁止すべく平南當局が研究
125179	朝鮮朝日	1925-09-04/2	01단	忠南の稻作平年作の見込
125180	朝鮮朝日	1925-09-04/2	01단	末山の發展鐵道開通で愈よ素晴し
125181	朝鮮朝日	1925-09-04/2	01단	馬山郵局の移轉を要望さもなければ敷地を拂下よ
125182	朝鮮朝日	1925-09-04/2	02단	牛罐工場を淸津に設置
125183	朝鮮朝日	1925-09-04/2	02단	平北道內水の被害死者三十四
125184	朝鮮朝日	1925-09-04/2	02단	咸南の水害二百萬圓餘溺死八十名
125185	朝鮮朝日	1925-09-04/2	02단	咸北特産の共進會入賞者
125186	朝鮮朝日	1925-09-04/2	03단	咸南出品入賞熊本共進會で
125187	朝鮮朝日	1925-09-04/2	03단	慶南道の敎員試驗筆記だけ終了
125188	朝鮮朝日	1925-09-04/2	03단	山口縣の普文試驗で/朝鮮の合格者
125189	朝鮮朝日	1925-09-04/2	03단	通信いろいろ(安東縣/新義州/羅南/咸興)
125190	朝鮮朝日	1925-09-04/2	03단	運動界(大邱乘俱の威容が整ふ 評議會で決定/女子體育の發達に驚くと野口氏語る)
125191	朝鮮朝日	1925/9/5		缺號
125192	朝鮮朝日	1925-09-06/1	01단	軍事敎育は來年から愈よ實施に決定す/鮮人學生も希望者には實施/經費十萬圓を計上す
125193	朝鮮朝日	1925-09-06/1	01단	露機を待ちつゝ(6)/SPR
125194	朝鮮朝日	1925-09-06/1	02단	通行列車の國調試驗十日頃擧行

일련번호	판명	간행일	단수	기사명
125195	朝鮮朝日	1925-09-06/1	02단	水利組合の復舊總額は二百三、四十萬圓で五割を本府が補助
125196	朝鮮朝日	1925-09-06/1	03단	穀物市場の監督權還附/道に提唱せん
125197	朝鮮朝日	1925-09-06/1	03단	罹災民の救助費交付京城府に
125198	朝鮮朝日	1925-09-06/1	04단	支那關稅問題研究會が審議
125199	朝鮮朝日	1925-09-06/1	04단	放送局は京城だけか遞信局が目下研究中
125200	朝鮮朝日	1925-09-06/1	05단	鯖の山/慶南東海岸稀有の豊漁
125201	朝鮮朝日	1925-09-06/1	05단	漁夫の貯金を郵便船で蒐める/盛漁期には三週間に七、八萬圓に上る成績
125202	朝鮮朝日	1925-09-06/1	06단	軍事郵便は廢地しても便法を講ぜん
125203	朝鮮朝日	1925-09-06/1	06단	鎭海要塞の實彈射擊十四日午前
125204	朝鮮朝日	1925-09-06/1	06단	大邱出身の女流飛行家航空科を卒業
125205	朝鮮朝日	1925-09-06/1	07단	河西靑苔君に白す/SPR
125206	朝鮮朝日	1925-09-06/1	07단	穀物市場の休業問題で近く役員會
125207	朝鮮朝日	1925-09-06/1	07단	支那富豪が海林を起點に鐵道敷設を計劃
125208	朝鮮朝日	1925-09-06/1	07단	金鑛を碎く水車/八道溝金鑛の
125209	朝鮮朝日	1925-09-06/1	07단	地震慶北で朝鮮には珍し
125210	朝鮮朝日	1925-09-06/1	08단	大小天狗/窓口に殺倒狩獵願で
125211	朝鮮朝日	1925-09-06/1	08단	衡平支部が緊急總會/地方民との衝突事件で
125212	朝鮮朝日	1925-09-06/1	08단	平壤高女校新築費補助で府當局と道とが責任を塗り合ふ
125213	朝鮮朝日	1925-09-06/1	09단	職工の盜み登樓中を逮捕
125214	朝鮮朝日	1925-09-06/1	09단	會(鈴木領事午餐會)
125215	朝鮮朝日	1925-09-06/1	09단	人(津守前吉氏(新義法院長)/堀江孝市氏(新義州檢事正)/佐藤基氏(法制局參事官)/奧田讓氏(農學博士總督府水産課囑託))
125216	朝鮮朝日	1925-09-06/1	10단	半島茶話
125217	朝鮮朝日	1925-09-06/2	01단	穀物市場存續廢止したら將來取引所設置の障害となると
125218	朝鮮朝日	1925-09-06/2	01단	近く始る人蔘の收納十一萬斤餘
125219	朝鮮朝日	1925-09-06/2	01단	落葉松の賣本年は豊作
125220	朝鮮朝日	1925-09-06/2	01단	吉林省長が道路改修を鎭守使に示達
125221	朝鮮朝日	1925-09-06/2	01단	昨年度の道路修築は直轄を除き百二十八里
125222	朝鮮朝日	1925-09-06/2	01단	咸南道が水害に懲り編入すべき保安林を調査
125223	朝鮮朝日	1925-09-06/2	02단	馬山熊南間道路速成で期成會を組織
125224	朝鮮朝日	1925-09-06/2	02단	洞名を町に改稱/釜山の願が許可された
125225	朝鮮朝日	1925-09-06/2	02단	白粉の原料滑石を發見/大阪へ發送
125226	朝鮮朝日	1925-09-06/2	02단	水産試驗場今期修業生
125227	朝鮮朝日	1925-09-06/2	03단	鮮酒製造の巡回品評會慶南道の試み
125228	朝鮮朝日	1925-09-06/2	03단	豊國製粉運轉を開始/原料を買入れ
125229	朝鮮朝日	1925-09-06/2	03단	釜山水上署取締に困る/モーター船の設備を計劃す
125230	朝鮮朝日	1925-09-06/2	03단	木浦商議員改選終る
125231	朝鮮朝日	1925-09-06/2	03단	咸南道の傳染病患者二百三十餘名

일련번호	판명	간행일	단수	기사명
125232	朝鮮朝日	1925-09-06/2	04단	通信いろいろ(新義州/安東縣/馬山)
125233	朝鮮朝日	1925-09-06/2	04단	運動界(安東の野球/平壤射擊會婦人にも流行/全鮮ゴルフ爭覇戰擧行)
125234	朝鮮朝日	1925-09-08/1	01단	朝鮮に大影響を與へる/支那に於ける關稅會議/減稅取消しが愈實現するとすれば鐵道の損害は頗る大きい(當局者はかう觀てゐる)
125235	朝鮮朝日	1925-09-08/1	01단	組合も結構だが消極的改善は先決問題だ/卽ち輸出を獎勵して金融機關を充實せよ/實業家の輸出組合法實施評
125236	朝鮮朝日	1925-09-08/1	01단	心憎きまでに自然と人工を巧に糊ひ交ぜた鴈鴨池/附り萬人淚の櫻/慶州を訪れて(5)
125237	朝鮮朝日	1925-09-08/1	02단	朝鮮神宮へ奉納申込多數に上り/盛儀を思はしむ
125238	朝鮮朝日	1925-09-08/1	03단	守備隊出動し國境で示威演習/不逞團に出會ったら一泡吹かすと力む
125239	朝鮮朝日	1925-09-08/1	03단	愈來年度から專門校に昇格し商船學校と改稱する/仁川海員養成所/明年豫算に計上する 噂に違はず馬山へ移轉が
125240	朝鮮朝日	1925-09-08/1	05단	訪歐飛行は劃期的な成功/是により世界一周の最捷徑路が完成
125241	朝鮮朝日	1925-09-08/1	05단	豺六頭を捕獲
125242	朝鮮朝日	1925-09-08/1	05단	生徒三名行方を晦す
125243	朝鮮朝日	1925-09-08/1	06단	愈よ平元鐵の實測を開始 先づ本年は西浦から順川までと決定し前途祝福さる/千二百萬圓の金が轉げこみ 平壤を景氣づけやう九分までは大丈夫だ 平元鐵道に關し米田平南知事談
125244	朝鮮朝日	1925-09-08/1	07단	釜山の大荒れ 倒壞家屋や死傷多く 遭難漁船も多數に上り慘狀言語に絶す/救援に赴く途中顚覆脫線して乘組員中死傷者を出す 暴風雨と鐵道被害/電柱を倒し屋根瓦を飛ばす
125245	朝鮮朝日	1925-09-08/1	09단	平穩だった國際無産靑年日
125246	朝鮮朝日	1925-09-08/1	09단	出奔常習の怪少年/繼母の虐待に堪へ兼ねて
125247	朝鮮朝日	1925-09-08/1	10단	我子を殺害した淺ましい女房
125248	朝鮮朝日	1925-09-08/1	10단	鮮人娼妓と水兵の情死
125249	朝鮮朝日	1925-09-08/1	10단	人(外國使臣家族/中華工程師一行)
125250	朝鮮朝日	1925-09-08/2	01단	引續いて植桑し産繭百萬石を實現する平安南道の計劃
125251	朝鮮朝日	1925-09-08/2	01단	平南の米作減收豫想水害影響す
125252	朝鮮朝日	1925-09-08/2	01단	不便な漁場に無電を設置すべく申請す
125253	朝鮮朝日	1925-09-08/2	01단	鐵道局の療養施設改善
125254	朝鮮朝日	1925-09-08/2	01단	全南春繭收量
125255	朝鮮朝日	1925-09-08/2	02단	支那海水産探險
125256	朝鮮朝日	1925-09-08/2	02단	生田局長/體育協會長に就任
125257	朝鮮朝日	1925-09-08/2	02단	兒童らしい思ひ遣り水害慰問狀
125258	朝鮮朝日	1925-09-08/2	02단	里民結束し內地人を排斥

일련번호	판명	간행일	단수	기사명
125259	朝鮮朝日	1925-09-08/2	03단	通信いろいろ(釜山/鎭南浦/安東縣/光州/新義州/大田/馬山/全州/公州)
125260	朝鮮朝日	1925-09-08/2	03단	運動界(軟球庭球大會)
125261	朝鮮朝日	1925-09-09/1	01단	暴風のため貨車は自然に動き人を轢く 倒壞浸水家屋は殆んど數が知れず遭難漁船も多數に上る 南鮮方面の大暴風雨/水に呪はれた大邱府七星町 倒壞浸水家屋多數に上り府外の被害も頗る多い/復舊開通は比較的早い 門鐵へ來電/判明した全南の被害/慶北の被害/光山沖で汽船坐礁
125262	朝鮮朝日	1925-09-09/1	02단	全入格を打込んだ鑿の匂ひと太い線/ヒシと私の心をとらへた尊き藝術の力/慶州を訪れて(6)
125263	朝鮮朝日	1925-09-09/1	04단	朝鮮日報は無期發行停止を命ぜらる
125264	朝鮮朝日	1925-09-09/1	04단	水質試驗をズボる上水道全鮮に三箇所もある/水質不良は僅か三箇所 朝鮮の水質調べ/總督府當局は左の如く語った
125265	朝鮮朝日	1925-09-09/1	05단	露機を待ちつゝ(7)/SPR
125266	朝鮮朝日	1925-09-09/1	06단	軍人の口ハ郵便を廢止せんとし/遞信局と軍當局の間に面倒な交涉がはじまる
125267	朝鮮朝日	1925-09-09/1	07단	またも農民と衡平社の紛擾
125268	朝鮮朝日	1925-09-09/1	07단	賭博隨意の緩衝地帶/取締上缺陷ある爽皮溝金鑛
125269	朝鮮朝日	1925-09-09/1	08단	陣容を改める京城聯合靑年團
125270	朝鮮朝日	1925-09-09/1	08단	大邱市外のヌクテ狩々大々的に行ふ
125271	朝鮮朝日	1925-09-09/1	08단	キーサンら狂態を演じ遂に處罰さる
125272	朝鮮朝日	1925-09-09/1	08단	さつても現金な贅澤品の輸入/增稅後の激減振
125273	朝鮮朝日	1925-09-09/1	09단	露領事館から銃聲聞え人々を驚かす/誤て發射と判明
125274	朝鮮朝日	1925-09-09/1	10단	放蕩者の哀れな最後
125275	朝鮮朝日	1925-09-09/1	10단	二十年振に親子の對面/お互の成功に抱合って喜ぶ
125276	朝鮮朝日	1925-09-09/1	10단	人(下岡政務總監)
125277	朝鮮朝日	1925-09-09/2	01단	二十箇年に四千哩を完成する朝鮮の鐵道計劃/入澤朝鐵副社長談
125278	朝鮮朝日	1925-09-09/2	01단	可能性は十分ある鎭南浦築港/澤永府尹談
125279	朝鮮朝日	1925-09-09/2	01단	氣に病む合成酒/朝鮮酒には强敵とならう
125280	朝鮮朝日	1925-09-09/2	02단	漸次增加の全鮮郵便事務
125281	朝鮮朝日	1925-09-09/2	02단	朝鮮神宮の獻句を募集
125282	朝鮮朝日	1925-09-09/2	02단	第一回野營會
125283	朝鮮朝日	1925-09-09/2	02단	朝鐵に賃金の低減を交涉す/馬晉兩地から
125284	朝鮮朝日	1925-09-09/2	03단	馬賊間島を狙ふ
125285	朝鮮朝日	1925-09-09/2	03단	咸北の大豆と粟の作柄
125286	朝鮮朝日	1925-09-09/2	03단	馬鎭地方の週間節約日
125287	朝鮮朝日	1925-09-09/2	03단	豪勢な宣教師
125288	朝鮮朝日	1925-09-09/2	04단	宣統帝の水害同情見舞金贈呈

일련번호	판명	간행일	단수	기사명
125289	朝鮮朝日	1925-09-09/2	04단	著い衰徴を製棉事業で救濟する晋州民の對策
125290	朝鮮朝日	1925-09-09/2	04단	失張文學が一番讀まれる京城府圖書館八月中の成績
125291	朝鮮朝日	1925-09-10/1	01단	未曾有の暴風雨に荒らされた慶南道 報告の來るごとに惨狀明かとなる 各地の被害高莫大に上らん/慶北東海岸も被害頗る多く 風浪今にしづまらず救護は困難を極む/清津荒れる
125292	朝鮮朝日	1925-09-10/1	01단	麻浦附近に住宅地を選定し/鴨綠江材木を與へて小屋を建築せしめる
125293	朝鮮朝日	1925-09-10/1	03단	氣遣はれる土木費の起債一億圓若し巧く行かなければ新年度に竢つ方針らしい/伸びるつもりで豫算を提出する 内地と全然異るから起債增額も要求する 下岡總監東上の途次語る/不穩の噂に嚴重警戒 其中を悠々と下岡總監東上
125294	朝鮮朝日	1925-09-10/1	03단	秋季佛教講座
125295	朝鮮朝日	1925-09-10/1	04단	漁業會社新設計劃/今村氏の奔走
125296	朝鮮朝日	1925-09-10/1	04단	辭令【東京電話】
125297	朝鮮朝日	1925-09-10/1	04단	便利になった浦潮ポセット間
125298	朝鮮朝日	1925-09-10/1	05단	基督教の自治問題を長老總會へ提議する
125299	朝鮮朝日	1925-09-10/1	05단	鮮人商家の電話架設/漸次增加す
125300	朝鮮朝日	1925-09-10/1	06단	外米目先安で買氣を殺ぐ
125301	朝鮮朝日	1925-09-10/1	06단	京畿道に新き村/土地も購入し準備すゝむ
125302	朝鮮朝日	1925-09-10/1	06단	結局移轉は百戸位か/龍山鐵道官舍
125303	朝鮮朝日	1925-09-10/1	07단	內鮮四線の鐵道連絡設擡頭/私船運賃も解決の今日近く實現の見込あり
125304	朝鮮朝日	1925-09-10/1	07단	咸興繁榮會今後の躍進
125305	朝鮮朝日	1925-09-10/1	08단	十月竣工の訓練院運動場
125306	朝鮮朝日	1925-09-10/1	08단	全鮮土産品展
125307	朝鮮朝日	1925-09-10/1	08단	北風會へ金二萬圓を露國より送金し來る
125308	朝鮮朝日	1925-09-10/1	08단	二回目に分與する/水害見舞品
125309	朝鮮朝日	1925-09-10/1	09단	咸興聯隊の赤痢
125310	朝鮮朝日	1925-09-10/1	09단	平南に響く天道教の內訌
125311	朝鮮朝日	1925-09-10/1	09단	馬匹を强奪
125312	朝鮮朝日	1925-09-10/1	09단	九大醫學部またもや燒ける/衛生學教室より出火し數教室を烏有に歸す
125313	朝鮮朝日	1925-09-10/1	10단	死に連を殘し娘の投身自殺
125314	朝鮮朝日	1925-09-10/1	10단	モヒの密賣買
125315	朝鮮朝日	1925-09-10/1	10단	愈軍人の口ハ郵便廢止
125316	朝鮮朝日	1925-09-10/1	10단	寢乍ら極樂往生
125317	朝鮮朝日	1925-09-10/2	01단	露機を待ちつゝ(8)/SPR
125318	朝鮮朝日	1925-09-10/2	01단	外交軟弱とは片腹痛き言葉/要は法權不通にある/間瑋兩地に於て材木商人の失敗につき當局はかう辯明してゐる

일련번호	판명	간행일	단수	기사명
125319	朝鮮朝日	1925-09-10/2	02단	引下げは事實らしい/鮮銀限外發行稅
125320	朝鮮朝日	1925-09-10/2	02단	手形交換增加(京城手形交換所調査)
125321	朝鮮朝日	1925-09-10/2	03단	通信いろいろ(京城/群山/平壤/間島)
125322	朝鮮朝日	1925-09-10/2	04단	運動界(親睦の試合/大邱の馬術會/京城競馬大會)
125323	朝鮮朝日	1925-09-11/1	01단	近頃耳寄な增收策/四百五十萬石とは大きい/農事の改良はもとより施肥を完全にすれば譯なしと當局は大汗で研究中
125324	朝鮮朝日	1925-09-11/1	01단	蒼茫と暮れ行く佛國寺畔の眺/茜色の雲漸く點ずみ松葉牡丹の黃がほの白く匂ふ/慶州を訪れて(7)
125325	朝鮮朝日	1925-09-11/1	02단	朦朧新聞を嚴重に取締り新發刊を絕對に許さぬ/總督府の新聞政策
125326	朝鮮朝日	1925-09-11/1	02단	鮮內供給電燈數
125327	朝鮮朝日	1925-09-11/1	03단	兵に逃げられ鮮人を募る
125328	朝鮮朝日	1925-09-11/1	03단	京城神宮の鎭座祭準備成り/御神靈をお迎へするばかりに進んでゐる
125329	朝鮮朝日	1925-09-11/1	04단	機械規則改正
125330	朝鮮朝日	1925-09-11/1	04단	工程を急ぐ訓練院運動場
125331	朝鮮朝日	1925-09-11/1	04단	巧くゆかぬ穀物市場の移轉
125332	朝鮮朝日	1925-09-11/1	05단	嬉々として露國飛行家の歸國/くさぐさのプレゼントを携へ「此喜ヴぃを故國に頒ちます」と大ニコニコの態で釜山を發す
125333	朝鮮朝日	1925-09-11/1	05단	一定の其間は小作權を異動せぬ/此同情的諒解は産業上實に效果が大きい/石忠南道知事歸來談
125334	朝鮮朝日	1925-09-11/1	06단	韓國貨幣通用禁止本年末から
125335	朝鮮朝日	1925-09-11/1	07단	未力新院間鐵道開通今後運輸上に革命起らん
125336	朝鮮朝日	1925-09-11/1	07단	釜山港內の暴風被害十四萬圓に上る/暴風のため果實は凶作
125337	朝鮮朝日	1925-09-11/1	07단	八月の花柳界
125338	朝鮮朝日	1925-09-11/1	07단	露領事館上に赤旗の飜へるは本月中旬頃であらう/左傾團の笑止な望み
125339	朝鮮朝日	1925-09-11/1	08단	醉に乘じ投身
125340	朝鮮朝日	1925-09-11/1	08단	失敗して自殺
125341	朝鮮朝日	1925-09-11/1	08단	測量隊に暴行
125342	朝鮮朝日	1925-09-11/1	08단	大膽な少年釜山に舞込む
125343	朝鮮朝日	1925-09-11/1	09단	生活難から狂人となった日露役の間諜
125344	朝鮮朝日	1925-09-11/1	09단	京城の自覺社假面をはがる/社會事業の美名に隱れ關係者は私腹を肥す
125345	朝鮮朝日	1925-09-11/1	09단	支那紙幣僞造の一味平壤署で檢擧
125346	朝鮮朝日	1925-09-11/1	10단	少女に暴行
125347	朝鮮朝日	1925-09-11/1	10단	京城の傳染病
125348	朝鮮朝日	1925-09-11/1	10단	京中の猖紅熱

일련번호	판명	간행일	단수	기사명
125349	朝鮮朝日	1925-09-11/1	10단	運動界(洋盃は大邱へ)
125350	朝鮮朝日	1925-09-11/1	10단	會(京畿校長會議/女子音樂大會/平壤の招魂祭)
125351	朝鮮朝日	1925-09-11/1	10단	人(眞鍋京城覆審法院長)
125352	朝鮮朝日	1925-09-11/2	01단	勞働團體として新く勢力を爲す/朝鮮工業倶樂部生れ今後の活躍を期待さる
125353	朝鮮朝日	1925-09-11/2	01단	愈增加の郵便貯金/今後睡眠貯金を呼起す方針
125354	朝鮮朝日	1925-09-11/2	01단	全南棉花取締
125355	朝鮮朝日	1925-09-11/2	01단	鮮銀副總裁日銀より來るか
125356	朝鮮朝日	1925-09-11/2	01단	青年團の補習夜學會
125357	朝鮮朝日	1925-09-11/2	02단	京城府廳定礎式/嚴かに擧行
125358	朝鮮朝日	1925-09-11/2	02단	家屋撤退戒告
125359	朝鮮朝日	1925-09-11/2	02단	公債增額と低資融通請願/群山の應援
125360	朝鮮朝日	1925-09-11/2	02단	安東縣の地方委員選擧
125361	朝鮮朝日	1925-09-11/2	03단	安東商議役員の選擧
125362	朝鮮朝日	1925-09-11/2	03단	新義州の犯罪增加を示す
125363	朝鮮朝日	1925-09-11/2	03단	公設市場好成績
125364	朝鮮朝日	1925-09-11/2	04단	通信いろいろ(光州/咸興/海州/安東縣/新義州)
125365	朝鮮朝日	1925-09-12/1	01단	日支官憲の協定で手が出せぬ不逞團 草木繁茂期が過ぎたのに本年の被害は少ない/行きがけの駄賃に慘虐を敢てする 然し被害數は減じた 今後も嚴重に警戒すると眞壁高等警察課主任談
125366	朝鮮朝日	1925-09-12/1	01단	全鮮の暴風被害 被害の多きは五道に上る/自動車流さる
125367	朝鮮朝日	1925-09-12/1	02단	佛國寺の境地絢爛と簡素の巧みな對照をなす/多寶塔と釋迦塔/慶州を訪れて(8)
125368	朝鮮朝日	1925-09-12/1	03단	在滿鮮人に愈壓迫を加へる/支那官憲の橫暴振を外務省と總督府へ陳情
125369	朝鮮朝日	1925-09-12/1	03단	空中から國調宣傳/平壤府の試み
125370	朝鮮朝日	1925-09-12/1	04단	民國工程師の交通狀況視察
125371	朝鮮朝日	1925-09-12/1	04단	神宮職員令勅令で公布す
125372	朝鮮朝日	1925-09-12/1	04단	水田は增加し田は減少した
125373	朝鮮朝日	1925-09-12/1	05단	平年作以下ではない/十二年收穫高を突破か全鮮本年度の米作豫想
125374	朝鮮朝日	1925-09-12/1	05단	榮轉する人 今一息の處轉任は殘念然し己を得ぬ 小西江原道內務部長談/財務には經驗がない 全く感慨が深い 阿部慶南財務部長談
125375	朝鮮朝日	1925-09-12/1	06단	活況を呈した大邱穀物市場
125376	朝鮮朝日	1925-09-12/1	06단	堤防一重先は怖い死の世界/それでも續々引移る鐵道局關係のお役人
125377	朝鮮朝日	1925-09-12/1	07단	第二回朝鮮日曜學校大會

일련번호	판명	간행일	단수	기사명
125378	朝鮮朝日	1925-09-12/1	07단	山中から發掘の甕/五百年前の物
125379	朝鮮朝日	1925-09-12/1	08단	逐次增加する大邱支局の煙草
125380	朝鮮朝日	1925-09-12/1	08단	增收豫想の平壤粟/今後は極力增收をはかる
125381	朝鮮朝日	1925-09-12/1	08단	不正質屋に鐵槌を下す
125382	朝鮮朝日	1925-09-12/1	08단	各道の魁をなす汚物掃除規則/慶南道令として發布し釜馬兩府で實施する
125383	朝鮮朝日	1925-09-12/1	09단	開港記念共進會
125384	朝鮮朝日	1925-09-12/1	09단	鎭海行嚴灣に遊園地計劃
125385	朝鮮朝日	1925-09-12/1	09단	日活の女優ら平壤でロケーション
125386	朝鮮朝日	1925-09-12/1	09단	甕中に爆藥
125387	朝鮮朝日	1925-09-12/1	10단	公金を橫領
125388	朝鮮朝日	1925-09-12/1	10단	職にアブれ自殺を企つ
125389	朝鮮朝日	1925-09-12/1	10단	演藝界(女子競技大會/羅軍優勝す)
125390	朝鮮朝日	1925-09-12/1	10단	會(全南棉花大會)
125391	朝鮮朝日	1925-09-12/1	10단	人(三失宮松氏(本府警務局長)/國友尚讓氏(本府警務課長))
125392	朝鮮朝日	1925-09-12/2	01단	キク人ハナス人/珍妙な風體で大正の彌次喜多/大阪探勝靑遊會の東海道五十三次膝栗毛/全區間を七回に分って
125393	朝鮮朝日	1925-09-12/2	03단	朝鮮征伐など間違った言葉だ/元は同一家族だった/朝鮮民族を說く今野繁江博士
125394	朝鮮朝日	1925-09-12/2	03단	京城の種痘
125395	朝鮮朝日	1925-09-12/2	03단	水害見舞金を贈る
125396	朝鮮朝日	1925-09-12/2	03단	持ち直した平壤の府電
125397	朝鮮朝日	1925-09-12/2	04단	通信いろいろ(安東縣/間島/群山)
125398	朝鮮朝日	1925-09-13/1	01단	北滿に鐵道を敷說し勢力の伸張を圖る勞農露國/東支線東部の密山稷稜間に一線と寶黑線の一部馬海線敷說を計劃す
125399	朝鮮朝日	1925-09-13/1	01단	昌德宮は決してお引越にならぬ それは御用邸の建築で誤り傳へられたのだと李王職當局辯解す/李鍝公殿下新邸へ 御引移りになる
125400	朝鮮朝日	1925-09-13/1	02단	基地火葬場の移轉請願京城東部民決議
125401	朝鮮朝日	1925-09-13/1	02단	悲慘極まる密陽の被害
125402	朝鮮朝日	1925-09-13/1	03단	飢た八百名京畿道の憂慮
125403	朝鮮朝日	1925-09-13/1	03단	明けて越す總督府新廳舍殆ど竣成す
125404	朝鮮朝日	1925-09-13/1	04단	辭令(十一日發令)
125405	朝鮮朝日	1925-09-13/1	04단	實生活に觸れた恩賜記念科學館を御成婚御下賜金で京城へ設置に決定す
125406	朝鮮朝日	1925-09-13/1	05단	列車內で國調の豫習
125407	朝鮮朝日	1925-09-13/1	05단	咸北線續行工事
125408	朝鮮朝日	1925-09-13/1	05단	減收と水害で鼻べチヤの鐵道/いかほど力んだとて豫定額に達せぬ

일련번호	판명	간행일	단수	기사명
125409	朝鮮朝日	1925-09-13/1	06단	水害で物資缺乏
125410	朝鮮朝日	1925-09-13/1	06단	倭城臺から/鮮支協約はどうなる？ 某局長夜嵐に脅える事
125411	朝鮮朝日	1925-09-13/1	06단	ハルビンで打合せて露都へ行く鐵道の主腦部
125412	朝鮮朝日	1925-09-13/1	07단	石炭は動物から採れる學說を覆へした橋本さんのお說
125413	朝鮮朝日	1925-09-13/1	07단	新義州の家賃引下平均一割八分
125414	朝鮮朝日	1925-09-13/1	07단	成績のよい公魚の養殖全鮮に普及する
125415	朝鮮朝日	1925-09-13/1	07단	羅南の厄日無事に過ごす
125416	朝鮮朝日	1925-09-13/1	07단	病牛を食ひ三十六名中毒
125417	朝鮮朝日	1925-09-13/1	07단	棺桶の中に立派なミイラ
125418	朝鮮朝日	1925-09-13/1	08단	コレラ流行豫防手當の注意
125419	朝鮮朝日	1925-09-13/1	08단	佛國寺の本門倒壞す
125420	朝鮮朝日	1925-09-13/1	08단	强盗逮捕さる
125421	朝鮮朝日	1925-09-13/1	08단	妻戀し夫戀し/不逞頭目の妻奧地へ旅立つ
125422	朝鮮朝日	1925-09-13/1	09단	出初めた鎮南浦のリンゴ/今年は百萬貫に上り販路の開拓に汗をかく
125423	朝鮮朝日	1925-09-13/1	09단	醉漢の人殺し
125424	朝鮮朝日	1925-09-13/1	10단	衡平社同人會員を訴へる
125425	朝鮮朝日	1925-09-13/1	10단	事務員の拐帶
125426	朝鮮朝日	1925-09-13/1	10단	人(口病院醫員一行/失島杉造氏(本府社會課長)
125427	朝鮮朝日	1925-09-13/1	10단	喫茶室(斷髮で散ずる女主義者の空閨)
125428	朝鮮朝日	1925-09-13/2	01단	キク人ハナス人/川島芳子孃の戀人は？ 結婚は？ 若い馬子姿に憧れて數日の間心待ちした/なかなかのヤンチヤ者
125429	朝鮮朝日	1925-09-13/2	02단	颱風にカラ駄目の關釜連絡船のスタビライザー大船就航は遠くはあるまい/連絡船の大將東サンの話
125430	朝鮮朝日	1925-09-13/2	03단	八月の商況
125431	朝鮮朝日	1925-09-13/2	04단	巡回醸造品評會を開く
125432	朝鮮朝日	1925-09-13/2	04단	馬山朝鮮酒醸造組合成る
125433	朝鮮朝日	1925-09-13/2	04단	平年より增收/平南の米作
125434	朝鮮朝日	1925-09-13/2	04단	慶北の棉收穫
125435	朝鮮朝日	1925-09-13/2	04단	清津の貿易高/移入で增し移出で減少
125436	朝鮮朝日	1925-09-15/1	01단	團結力が强くなった勞働爭議の動き/民族的偏見も交り解決がなかなか困難
125437	朝鮮朝日	1925-09-15/1	01단	朝鮮神宮例祭決定す十四日發表
125438	朝鮮朝日	1925-09-15/1	02단	竣工した京城驛
125439	朝鮮朝日	1925-09-15/1	03단	平壤煉炭の脅威/ピッチが暴騰しおまけに之が供給も非常に潤澤を缺ぐ
125440	朝鮮朝日	1925-09-15/1	04단	御下賜金の傳達式十四日擧行
125441	朝鮮朝日	1925-09-15/1	04단	京城青年團顧問相談役漸く決定す
125442	朝鮮朝日	1925-09-15/1	04단	大同江の口燈臺に點火嚴寒時にも

일련번호	판명	간행일	단수	기사명
125443	朝鮮朝日	1925-09-15/1	04단	大鹿や黑豹は捕獲を禁止さる/改正の狩獵規則が十二日發表さる
125444	朝鮮朝日	1925-09-15/1	05단	鮮人のみの金融組合は許可されず
125445	朝鮮朝日	1925-09-15/1	05단	釜山港內船舶の給水/府で經營する
125446	朝鮮朝日	1925-09-15/1	05단	京城消防手隔日制を署長に要望/容れねば龍業を協議
125447	朝鮮朝日	1925-09-15/1	05단	南浦果園に新しき害蟲/水原で研究中
125448	朝鮮朝日	1925-09-15/1	06단	榮轉する人達/慶南道廳の渦巻(頭腦明敏の賜さとおどける大島氏/辭令巧みな中樞院入の鄭僑源氏/汗愛主義の精神行事を安東小學が實施する/鮮內各地にお伽噺旅行別府の數氏が)
125449	朝鮮朝日	1925-09-15/1	06단	京城內のゴム工場が漸く蘇生す
125450	朝鮮朝日	1925-09-15/1	06단	京城電氣が鮮內炭使用撫順炭と混じ
125451	朝鮮朝日	1925-09-15/1	06단	安東縣の地方委員選擧/期日切迫し漸く白熱せん
125452	朝鮮朝日	1925-09-15/1	06단	京城府內に鐵道案內所設立の計劃
125453	朝鮮朝日	1925-09-15/1	07단	釀造品評と土産品展覽元山で開會
125454	朝鮮朝日	1925-09-15/1	07단	朝鮮電氣協會新義州で總會/參會者四十餘名で解散後滿洲を視察
125455	朝鮮朝日	1925-09-15/1	07단	窒肥工場の運動熾烈
125456	朝鮮朝日	1925-09-15/1	08단	侍從一行の視察狀況を活寫で公開
125457	朝鮮朝日	1925-09-15/1	08단	商船學校は失張り鎭海昨年から確定
125458	朝鮮朝日	1925-09-15/1	09단	共産黨員は三年の懲役/李は控訴す
125459	朝鮮朝日	1925-09-15/1	09단	府營長屋に傭人を收容空家あり次第
125460	朝鮮朝日	1925-09-15/1	10단	平南道へ侵入の匪賊總計二十二名
125461	朝鮮朝日	1925-09-15/1	10단	釜山鎭局の公金橫領は局長も共犯
125462	朝鮮朝日	1925-09-15/1	10단	農民のため重傷を負うた衡平社員全快/祝賀會で當局氣を揉む
125463	朝鮮朝日	1925-09-15/1	10단	會(轉任諸氏送別會)
125464	朝鮮朝日	1925-09-15/1	10단	人(李軫鎬氏(學務課長)/秋山鍊造氏(朝鮮軍軍醫部長)/鈴木莊六氏(朝鮮軍司令官)/守十九旅團長/白川關東軍司令官)
125465	朝鮮朝日	1925-09-15/2	01단	生牛の繫留檢疫は詮議成り難し/しかも城津檢疫所は期日迄に竣工不可能
125466	朝鮮朝日	1925-09-15/2	01단	平北の豫算依然緊縮方針
125467	朝鮮朝日	1925-09-15/2	01단	忠北の秋蠶/出廻り潤澤
125468	朝鮮朝日	1925-09-15/2	01단	咸南の稻作四十萬石を突破の豫想
125469	朝鮮朝日	1925-09-15/2	01단	平南の棉作豐作を豫想
125470	朝鮮朝日	1925-09-15/2	02단	淸津八月の水産品移出/鰯肥料が全盛
125471	朝鮮朝日	1925-09-15/2	02단	靑豌豆賣行七十袋神戶へ
125472	朝鮮朝日	1925-09-15/2	02단	平南道の生牛特大市活況を極む
125473	朝鮮朝日	1925-09-15/2	03단	新義州の精米工場が操業を開始す
125474	朝鮮朝日	1925-09-15/2	03단	通信いろいろ(安東縣/馬山/群山/新義州/羅南)

일련번호	판명	간행일	단수	기사명
125475	朝鮮朝日	1925-09-15/2	04단	運動界(訓練院運動場入場料決定/選手派遣で靑年團協議神宮競技への/安東實業出場全滿野球戰に/安東庭球部リーグ戰擧行)
125476	朝鮮朝日	1925-09-16/1	01단	人員と金額では內地に亞ぐ郵貯/一人當りの金額と人の步合は最下位
125477	朝鮮朝日	1925-09-16/1	01단	東京の昌德宮
125478	朝鮮朝日	1925-09-16/1	01단	慶州を訪れて(9)/總べての讚辭で石窟庵を觀じ/若僧の酌む苦茗を啜り宿の朝餐の味旨し(頻りと寒い/浴衣の袂が/黑衣の僧が)
125479	朝鮮朝日	1925-09-16/1	03단	訪歐飛機露都出發/二期計劃に入る
125480	朝鮮朝日	1925-09-16/1	03단	御下賜金分配案が漸く決定す
125481	朝鮮朝日	1925-09-16/1	03단	水害復舊費の支出が不可能/己むを得ずんば鐵道收入から支辨
125482	朝鮮朝日	1925-09-16/1	04단	支那海關の關稅附加稅一割を增徵す
125483	朝鮮朝日	1925-09-16/1	04단	在滿鮮人の壓迫を抗議/奉天當局に
125484	朝鮮朝日	1925-09-16/1	04단	辭令(東京電話)
125485	朝鮮朝日	1925-09-16/1	04단	國勢調査の宣傳を引受/京城靑年團が
125486	朝鮮朝日	1925-09-16/1	05단	漸次增加の殖銀の貯金/矢鍋理事談
125487	朝鮮朝日	1925-09-16/1	06단	京城府主催漢江溯航の視察團出發
125488	朝鮮朝日	1925-09-16/1	06단	平壤附近の古蹟を調査/保存價値の有無を決定
125489	朝鮮朝日	1925-09-16/1	07단	頻りに增加する左傾派の結社/靜穩を餘儀なくされ之に對する戰法か
125490	朝鮮朝日	1925-09-16/1	08단	激增した鮮人の通信/殊に電信が一層著しい
125491	朝鮮朝日	1925-09-16/1	08단	朝鮮神宮に午砲を獻上する
125492	朝鮮朝日	1925-09-16/1	08단	釜山署の不正漁者狩蔚山沖に出動
125493	朝鮮朝日	1925-09-16/1	08단	東大門署の浮浪者狩り賭博犯や賣女を檢擧
125494	朝鮮朝日	1925-09-16/1	08단	鮮人主義者に金が出來ると却って活動が鈍る東高等課長語る
125495	朝鮮朝日	1925-09-16/1	09단	普通病室で傳染病を治療/釜山署が私病院を臨檢して發見す
125496	朝鮮朝日	1925-09-16/1	09단	京城驛開始が近づき驛員を配置
125497	朝鮮朝日	1925-09-16/1	09단	小兒を咬殺す獰大の犲が
125498	朝鮮朝日	1925-09-16/1	10단	病身な石工の自殺生活に窮し
125499	朝鮮朝日	1925-09-16/1	10단	會(天鐵總辦晩餐會)
125500	朝鮮朝日	1925-09-16/1	10단	半島茶話
125501	朝鮮朝日	1925-09-16/2	01단	無理矢理な工場招致運動/あまりに無理解と某實業家は語る
125502	朝鮮朝日	1925-09-16/2	01단	京穀市場の維持策具體案
125503	朝鮮朝日	1925-09-16/2	01단	京城府の畜牛特大市二十二日から東大門外で
125504	朝鮮朝日	1925-09-16/2	01단	運輸會社が共同檢裁所設置の計劃
125505	朝鮮朝日	1925-09-16/2	01단	百萬圓なら獨で引受く平安漁業株を
125506	朝鮮朝日	1925-09-16/2	02단	裏日本の經濟狀態を視察の計劃
125507	朝鮮朝日	1925-09-16/2	02단	義州郡で森林組合の設立を計劃
125508	朝鮮朝日	1925-09-16/2	02단	通信いろいろ(新義州/木浦)

일련번호	판명	간행일	단수	기사명
125509	朝鮮朝日	1925-09-16/2	03단	新義州の堤防擴張工事/設置も豫算も近く發表せん
125510	朝鮮朝日	1925-09-16/2	03단	萩原驛長が近く洋行す/後任は飯笹氏
125511	朝鮮朝日	1925-09-16/2	03단	成績を擧げた金泉普校の稚拔
125512	朝鮮朝日	1925-09-16/2	04단	運動界(慶熙軍大勝　五對二龍軍敗る/鐵道軍勝つ京師惜敗す/全朝鮮の軟庭球大會出場選手決定)
125513	朝鮮朝日	1925-09-17/1	01단	在滿の日本人は相變らず押れ氣味/支那の赤化は杞憂だ/鈴木朝鮮軍司令官は語る
125514	朝鮮朝日	1925-09-17/1	01단	舊韓國の貨幣引換は今年限り/葉錢だけは通用/銀行、郵便局金融組合で取換る
125515	朝鮮朝日	1925-09-17/1	01단	慶州を訪れて(１０)/王位繼承の神器萬波息笛/この笛一度鳴って倭寇を却け唐兵を降す(噂に違はず/眞の神笛は/笛の裏書に)
125516	朝鮮朝日	1925-09-17/1	02단	沿海漁業の域を脫せぬ朝鮮/學理を應用して遠洋に乘出せ
125517	朝鮮朝日	1925-09-17/1	03단	命の綱は今秋の出穀季/悲況に沈める北鮮海運界
125518	朝鮮朝日	1925-09-17/1	04단	昨年に比し硫安の移入頗る增加す
125519	朝鮮朝日	1925-09-17/1	04단	八幡製鐵所が洋灰を滿鮮に賣り擴める計劃で總督府に見本送付
125520	朝鮮朝日	1925-09-17/1	04단	朝鮮葉莨を滿洲に輸出/專賣局の計劃
125521	朝鮮朝日	1925-09-17/1	05단	商大兩銀愈よ合同十五日認可
125522	朝鮮朝日	1925-09-17/1	05단	泥炭で尿屎を吸收/事業として/相當に有望
125523	朝鮮朝日	1925-09-17/1	05단	情實と醜聞の蟠るタラ漁場の利權獲得/今後如何はしきは容赦なく引揚げる
125524	朝鮮朝日	1925-09-17/1	06단	南鮮の暴風雨判明した被害/總督府に報告が到着(全羅南道/慶尙北道/慶尙南道/江原道)
125525	朝鮮朝日	1925-09-17/1	06단	在鄕軍人の全國大會に朝鮮の出席者
125526	朝鮮朝日	1925-09-17/1	07단	補習夜學校十七日開始
125527	朝鮮朝日	1925-09-17/1	07단	官民合同で內地林業を近く視察する
125528	朝鮮朝日	1925-09-17/1	08단	慶北の蠶種は稀有の好成績/製產高十四萬餘枚/病毒步合○.○七%
125529	朝鮮朝日	1925-09-17/1	08단	汽車や海を初めて見た長白在住鮮人
125530	朝鮮朝日	1925-09-17/1	08단	生活難で內地人靑年自殺を圖る
125531	朝鮮朝日	1925-09-17/1	08단	怪少年が短刀を投出し保護して吳れと警察に飛込
125532	朝鮮朝日	1925-09-17/1	09단	骨のみの死體を發見/十三日木浦で
125533	朝鮮朝日	1925-09-17/1	09단	間島領事館九月十日に上棟式擧行
125534	朝鮮朝日	1925-09-17/1	09단	盜んで埋めた公金六千圓を共犯者が掘出し行方をくらます
125535	朝鮮朝日	1925-09-17/1	10단	人(內地農學校長團/鈴木莊六大將(朝鮮軍司令官)/國友尙謙氏(總督府警務課長)/眞鍋覆審法院/那須憲兵司令官)
125536	朝鮮朝日	1925-09-17/1	10단	半島茶話
125537	朝鮮朝日	1925-09-17/2	01단	厄日前後(一)/SPR

일련번호	판명	간행일	단수	기사명
125538	朝鮮朝日	1925-09-17/2	01단	十有七箇年間吉會線の開通に心血を注ぐ我等と淸津の市民絶叫す
125539	朝鮮朝日	1925-09-17/2	01단	漁業資金で釜山組合が代表者會
125540	朝鮮朝日	1925-09-17/2	01단	咸興劇場で工場招致の三郡聯合大會
125541	朝鮮朝日	1925-09-17/2	02단	慶北警官異動
125542	朝鮮朝日	1925-09-17/2	02단	洛東江の改修工事を本年度中にと道當局へ陳情
125543	朝鮮朝日	1925-09-17/2	03단	安東商議の常議員選擧十三日擧行
125544	朝鮮朝日	1925-09-17/2	03단	棉作技術員木浦で會合/協議を凝す
125545	朝鮮朝日	1925-09-17/2	04단	新義州の在住憲兵が憲友會を組織
125546	朝鮮朝日	1925-09-17/2	04단	通信いろいろ(馬山)
125547	朝鮮朝日	1925-09-18/1	01단	全鮮靑年を聚め大聯盟組織の計劃/現在の團數四百餘人員六萬人を突破
125548	朝鮮朝日	1925-09-18/1	01단	李王妃の御誕辰祝宴十九日正午
125549	朝鮮朝日	1925-09-18/1	01단	釜山と下關の旅行券檢査はいよいよ廢止さる/慶南部長が命令
125550	朝鮮朝日	1925-09-18/1	01단	慶州を訪れて(11)/慶州の山河よ永へに安けかれと盡きぬ名殘を惜しみ再遊を思ひ歸途に着く(一個二萬圓/曲玉の模造/兎も角くも)
125551	朝鮮朝日	1925-09-18/1	03단	列車乘客の國勢準備調査/用紙を配付して記入させたのが好成績
125552	朝鮮朝日	1925-09-18/1	04단	朝鮮內の宗敎團體數基督敎が最多
125553	朝鮮朝日	1925-09-18/1	04단	學校組合の選擧權擴張/九百人が六千に增加
125554	朝鮮朝日	1925-09-18/1	05단	在間島鮮人を自國の學校に入學せしめやうと支那官憲が脅迫
125555	朝鮮朝日	1925-09-18/1	05단	總督府の引越は一月の御用始に新廳舍各局部の間取りも漸く決定
125556	朝鮮朝日	1925-09-18/1	06단	一燈園の天香氏來鮮月上旬頃
125557	朝鮮朝日	1925-09-18/1	07단	鐘路女校が校長排斥で紛糾を續く
125558	朝鮮朝日	1925-09-18/1	07단	紙幣僞造の首魁を逮捕/根據を衝かんと平壤署力む
125559	朝鮮朝日	1925-09-18/1	07단	在滿在鄕軍人が待遇改善の大運動/九州聯合會の提議に共鳴して
125560	朝鮮朝日	1925-09-18/1	08단	論山の恩津彌勒佛/二十三日に秋季大祭執行
125561	朝鮮朝日	1925-09-18/1	08단	平壤飛行隊龍岡で演習/六機が出發
125562	朝鮮朝日	1925-09-18/1	08단	六年目に殺人犯逮捕/逃廻った末に
125563	朝鮮朝日	1925-09-18/1	08단	パラソルを專門の鼠賊本町署に檢擧
125564	朝鮮朝日	1925-09-18/1	09단	獵天狗二人數名の子供に傷を負はす
125565	朝鮮朝日	1925-09-18/1	09단	四十八萬圓を七年間に橫領した元京電の出納係小林鐵太郎の公判
125566	朝鮮朝日	1925-09-18/1	09단	消防手は現在生活に窮する/勤務變更要求の京城消防手の談
125567	朝鮮朝日	1925-09-18/1	09단	會(鐵道有志修養會/淺野氏披露宴)
125568	朝鮮朝日	1925-09-18/1	10단	南山公園の不審な男は高官の邸に忍込んだ賊

일련번호	판명	간행일	단수	기사명
125569	朝鮮朝日	1925-09-18/1	10단	人(鈴木島吉氏(鮮銀總裁)/村山沼一郎氏(慶南警察部長)/大島良士氏(京畿道財務部長)
125570	朝鮮朝日	1925-09-18/1	10단	半島茶話
125571	朝鮮朝日	1925-09-18/2	01단	厄日前後(二)/SPR
125572	朝鮮朝日	1925-09-18/2	01단	十年後には收繭十六萬石/過去の發展に鑑み慶北道の新計劃
125573	朝鮮朝日	1925-09-18/2	01단	電柱用に江原道材を遞信局が研究
125574	朝鮮朝日	1925-09-18/2	01단	陳列裝飾會原價で即賣/二十一日から
125575	朝鮮朝日	1925-09-18/2	01단	財務課の所得稅協議各會社を集め
125576	朝鮮朝日	1925-09-18/2	01단	稅務相談所八月までに八十餘件
125577	朝鮮朝日	1925-09-18/2	02단	不景氣で勞役留置が增加する
125578	朝鮮朝日	1925-09-18/2	02단	前府尹に三千圓贈呈釜山府が
125579	朝鮮朝日	1925-09-18/2	02단	淸州面長の後任行惱む
125580	朝鮮朝日	1925-09-18/2	03단	會寧面長は官房主事の物部氏に決定
125581	朝鮮朝日	1925-09-18/2	03단	軍と道廳で淡交會組織/親睦が目的
125582	朝鮮朝日	1925-09-18/2	03단	專賣局品とて不正人蔘を勝手に賣廻る
125583	朝鮮朝日	1925-09-18/2	04단	運動界(慶熙軍勝つ龍中の惜敗/牡丹豪裏に公設運動場　平壤府が設置　經費約三萬圓/鐘城署の武道大會盛況を極む)
125584	朝鮮朝日	1925/9/19		缺號
125585	朝鮮朝日	1925-09-20/1	01단	檀君と李大王殿下を朝鮮神宮の攝社に祀りたいと貴族連が猛烈な運動を起す
125586	朝鮮朝日	1925-09-20/1	01단	訪日の伊機淡水河に着水/基陸要塞の上空を通過したとて取調中
125587	朝鮮朝日	1925-09-20/1	02단	第十三回醫學總會京城醫專で
125588	朝鮮朝日	1925-09-20/1	03단	遞信局の十萬圓減收/萬國郵便の料金改正で
125589	朝鮮朝日	1925-09-20/1	03단	最近激增した水産物の輸移出/仁川、群山を凌ぐ鎭南浦港の殷盛
125590	朝鮮朝日	1925-09-20/1	04단	慶北米出走る二十三圓で釜山積出
125591	朝鮮朝日	1925-09-20/1	04단	古站隊道は十月一日から起工の豫定
125592	朝鮮朝日	1925-09-20/1	04단	王子分工場が製紙を始める/需要の多い商品包紙を十二月初旬から操業
125593	朝鮮朝日	1925-09-20/1	05단	母居ませし地ぞ父終焉の土地懷しと日夜幻の夢に入る上海に奔った関廷植氏
125594	朝鮮朝日	1925-09-20/1	05단	營林廠の値下は嘘/當局明言す
125595	朝鮮朝日	1925-09-20/1	05단	東拓の金を支那人が借り高利で鮮人に貸付/間島の珍現象
125596	朝鮮朝日	1925-09-20/1	06단	釜山水道の淨水池決定/水源地附近に
125597	朝鮮朝日	1925-09-20/1	06단	癩病患者收容難/慶北焦慮す
125598	朝鮮朝日	1925-09-20/1	07단	肥料にする程豊漁だった鯖が過日の暴風雨後一尾も獲れない/巨濟島では非常な豊漁 巾着綱一組に二十萬を捕獲
125599	朝鮮朝日	1925-09-20/1	07단	健氣な兩夫人の靈を慰むる義金を募集

일련번호	판명	간행일	단수	기사명
125600	朝鮮朝日	1925-09-20/1	08단	トランクを盗み逃出し直ちに逮捕
125601	朝鮮朝日	1925-09-20/1	08단	人夫即死す/崖崩れで
125602	朝鮮朝日	1925-09-20/1	09단	謎の死/大邱醫員の妻の自殺
125603	朝鮮朝日	1925-09-20/1	09단	內地にも滅多にない元山水道の鹽素滅菌機/上水滅菌は內地より朝鮮が進步
125604	朝鮮朝日	1925-09-20/1	09단	撤廢令にダダを捏ね强制執行さる
125605	朝鮮朝日	1925-09-20/1	09단	釀造品展を引立つべく土産品展開催
125606	朝鮮朝日	1925-09-20/1	09단	人(須藤營林廠長/那須憲兵司令官/入江正太郎氏(滿鐵人事課長)/白川大將(關東軍司令官)/マック·ケープ氏)
125607	朝鮮朝日	1925-09-20/1	10단	會(露支貿易研究會)
125608	朝鮮朝日	1925-09-20/1	10단	半島茶話
125609	朝鮮朝日	1925-09-20/1	01단	厄日前後(四)/SPR
125610	朝鮮朝日	1925-09-20/1	01단	合同しても方針は變らぬ/地方的條件を考慮すると和田商銀頭取は語る
125611	朝鮮朝日	1925-09-20/1	01단	營林廠が原木を拂下/木材業者に
125612	朝鮮朝日	1925-09-20/1	01단	馬山附近の濁酒釀造高/當局の調査
125613	朝鮮朝日	1925-09-20/1	01단	生牛檢疫所近く竣工か/城津畜産の委託經營で
125614	朝鮮朝日	1925-09-20/1	02단	工業協會の創立總會は二十日開催
125615	朝鮮朝日	1925-09-20/1	02단	元山で集めた水害見舞金千餘圓を送付
125616	朝鮮朝日	1925-09-20/1	03단	通信いろいろ(新義州/馬山/安東縣)
125617	朝鮮朝日	1925-09-20/1	04단	運動界(シングルのトーナメント二十六日から/神宮競技の豫選大會は二十一日擧行/元山每日の北鮮庭球會十八日から)
125618	朝鮮朝日	1925-09-20/1	01단	遲々として進まぬ師範教育の改善/道立師範の昇格も經費困で難で不可能
125619	朝鮮朝日	1925-09-20/1	01단	朝鮮神宮神靈奉遷に軍艦を派遣
125620	朝鮮朝日	1925-09-20/1	01단	金ありと睨んだ假政府の監禁から纔に遁出で久變、の地上海に別れ/湯の町別府に落ついた閔廷植氏
125621	朝鮮朝日	1925-09-20/1	02단	釜山局の電信中繼/新式に改む
125622	朝鮮朝日	1925-09-20/1	02단	產米增收計劃で三億圓の豫算/草間財務局長が首相官邸を訪ふ
125623	朝鮮朝日	1925-09-20/1	02단	區域外兒童の入學を拒否す/京城學校組合が收容難の理由で
125624	朝鮮朝日	1925-09-20/1	04단	海員養成所存續問題で仁川有志入京
125625	朝鮮朝日	1925-09-20/1	04단	公債增額で關係大臣の諒解を求む
125626	朝鮮朝日	1925-09-20/1	04단	平壤栗害蟲が發生
125627	朝鮮朝日	1925-09-20/1	04단	三十三尺の日蓮の銅像鎭江山に建設
125628	朝鮮朝日	1925-09-20/1	04단	蒙古探險の同志出發す
125629	朝鮮朝日	1925-09-20/1	05단	銃殺された支那强盜が我警官を罵倒
125630	朝鮮朝日	1925-09-20/1	05단	不良鮮童を一處に收容/仕事を授くる
125631	朝鮮朝日	1925-09-20/1	06단	天道教の唯合ひ教主推戴を中心に新舊兩派に分れて十月の授輿祭が見物

일련번호	판명	간행일	단수	기사명
125632	朝鮮朝日	1925-09-20/1	07단	朝鮮神宮祭に全鮮競技大會/體育協會が主催で總督府が補助金交附
125633	朝鮮朝日	1925-09-20/1	08단	海林の不逞團は一種自治機關/在住の鮮農等は稅金を支拂って居る
125634	朝鮮朝日	1925-09-20/1	08단	船內で慘殺さる/犯人嚴探中
125635	朝鮮朝日	1925-09-20/1	09단	高瀬舟を襲った不逞支那巡警が追跡逮捕す
125636	朝鮮朝日	1925-09-20/1	09단	幽靈會社で保證金詐取/平壤署が逮捕
125637	朝鮮朝日	1925-09-20/1	09단	株式會社で旅館の營業/道の肝煎で許可
125638	朝鮮朝日	1925-09-20/1	10단	小刀を胸に擬して八圓を强奪
125639	朝鮮朝日	1925-09-20/1	10단	人(新貝電氏(平壤郵遞便局長)/松島淳氏(總督爲贊貯金管理所長)/草間財務局長)
125640	朝鮮朝日	1925-09-20/1	10단	喫茶室(朝鮮を外國扱ひ某代議士が)
125641	朝鮮朝日	1925-09-20/1	10단	半島茶話
125642	朝鮮朝日	1925-09-22/2	01단	厄日前後(五)/SPR
125643	朝鮮朝日	1925-09-22/2	01단	忠南道の秋繭豫想高/二千七百萬石
125644	朝鮮朝日	1925-09-22/2	01단	支那料棧の着筏高/三千六百臺
125645	朝鮮朝日	1925-09-22/2	01단	六千坪の大荷置場を淸津が開設
125646	朝鮮朝日	1925-09-22/2	01단	包裝麻袋を新品に改む咸北の發令
125647	朝鮮朝日	1925-09-22/2	02단	淸津港の棧橋竣工で內務主任が注文取り
125648	朝鮮朝日	1925-09-22/2	02단	惠山城津の連絡道路は實地踏査まで漕ぎつける
125649	朝鮮朝日	1925-09-22/2	03단	禁酒禁煙の克己會設立/新義州署が
125650	朝鮮朝日	1925-09-22/2	03단	通信いろいろ(咸興/新義州/群山)
125651	朝鮮朝日	1925-09-22/2	04단	運動界(スポンヂ野球敎員團惜敗/鎭海豫選會神宮競技の)
125652	朝鮮朝日	1925-09-23/1	01단	原案まで出來た鮮人の國籍法が反對論擡頭の結果遂に握り潰しか
125653	朝鮮朝日	1925-09-23/1	01단	本年度の棉作二千萬斤の增收/陸地棉は徒長したが在來棉は極めて良好/朝鮮神宮の鎭座祭には三千人を請待/京城が獻上の石燈籠建設を終了
125654	朝鮮朝日	1925-09-23/1	01단	朝鮮神宮の御神體奉遷鐵道省と打合
125655	朝鮮朝日	1925-09-23/1	02단	營林廠の着筏高/三十五萬尺締
125656	朝鮮朝日	1925-09-23/1	03단	露國領事館國旗揭揚式二十三日正午
125657	朝鮮朝日	1925-09-23/1	03단	簡易保險を朝鮮でも施行か/金額は少からうが低資に流用の計劃
125658	朝鮮朝日	1925-09-23/1	03단	溫容人に迫る總督の勸告も容れぬ反逆兒も夫人の懇請には勝てず我を折り歸鮮する閔廷植氏
125659	朝鮮朝日	1925-09-23/1	04단	平元線復舊二十二日開通
125660	朝鮮朝日	1925-09-23/1	04단	辭令(東京電話)
125661	朝鮮朝日	1925-09-23/1	04단	新義州の失業者減少/各種事業勃興
125662	朝鮮朝日	1925-09-23/1	04단	衡平社の態度一變/思想團體と手を握る

일련번호	판명	간행일	단수	기사명
125663	朝鮮朝日	1925-09-23/1	05단	運送勞動者賃金値上要求/回答如何では强硬なる態度に出ん
125664	朝鮮朝日	1925-09-23/1	05단	釜山以外の活牛檢查所は監理希望者が尠く/有名無實に終るか
125665	朝鮮朝日	1925-09-23/1	05단	不逞の取締で吉林省の訓令/良不良を問はず武器携帶を嚴禁
125666	朝鮮朝日	1925-09-23/1	06단	乞食の行倒四十餘の鮮人
125667	朝鮮朝日	1925-09-23/1	07단	御慶事記念の訓練院グラウンド/十月十日に竣工し十五日は盛大な運動場開き
125668	朝鮮朝日	1925-09-23/1	07단	大鱚/長さ七尺/重量が三十五貫
125669	朝鮮朝日	1925-09-23/1	07단	雙頭の蛇晉州で發見
125670	朝鮮朝日	1925-09-23/1	08단	自動車が押流されて鮮婦人溺死す
125671	朝鮮朝日	1925-09-23/1	08단	群山に疑似虎疫/朝鮮で最初
125672	朝鮮朝日	1925-09-23/1	08단	雹/鷄卵大で小禽が死す
125673	朝鮮朝日	1925-09-23/1	09단	生活難で自殺者頻出/京城府內で
125674	朝鮮朝日	1925-09-23/1	09단	屆出でた男が犯人/釜山港での船內殺人事件
125675	朝鮮朝日	1925-09-23/1	09단	左傾團體の卵靑少年團簇出す/雨後の筍の如くに
125676	朝鮮朝日	1925-09-23/1	09단	勞動黨の連中百餘名が爭鬪/北風會の合同派が非合同派を襲擊
125677	朝鮮朝日	1925-09-23/1	10단	會(工業協會創立總會)
125678	朝鮮朝日	1925-09-23/1	10단	人(新任慶尙南道財務部長)
125679	朝鮮朝日	1925-09-23/1	10단	半島茶話
125680	朝鮮朝日	1925-09-23/2	01단	十月一日の簡易國勢調查についての話(1)/京城編輯子
125681	朝鮮朝日	1925-09-23/2	01단	全南慶南線が開通の曉には荷物運輸系統が馬山中心とならん
125682	朝鮮朝日	1925-09-23/2	01단	慶南鐵道の水東里延長は不可能と大村局長語る
125683	朝鮮朝日	1925-09-23/2	01단	溫陽溫泉を身請の相談/慶南鐵道が
125684	朝鮮朝日	1925-09-23/2	02단	長崎縣の漁夫を檢診證明なきは漁業を禁止
125685	朝鮮朝日	1925-09-23/2	02단	全滅を虞れ漁期を短縮す/南鮮名物洛東の鮎
125686	朝鮮朝日	1925-09-23/2	03단	鮮滿鐵道技術員會の規約を制定
125687	朝鮮朝日	1925-09-23/2	03단	學校費の納稅成績は至って不良
125688	朝鮮朝日	1925-09-23/2	04단	運動界(大邱商業優勝　庭球大會で/全鮮ゴルフ大邱側優勝/京城靑年の豫選大會を二十日擧行/庭球リーグ新義州內の)
125689	朝鮮朝日	1925/9/24		休刊
125690	朝鮮朝日	1925-09-25/1	01단	內地人農家が朝鮮に移住してもその成功は覺束ない/內地の議論は實際に觸れぬ
125691	朝鮮朝日	1925-09-25/1	01단	十月一日の簡易國勢調查についての話(2)/京城編輯子
125692	朝鮮朝日	1925-09-25/1	02단	九月上半對外貿易/四百十七萬圓
125693	朝鮮朝日	1925-09-25/1	02단	訪日の伊機木浦に着水し府民の大歡迎裡に二十四日出發の筈
125694	朝鮮朝日	1925-09-25/1	02단	臺灣米の混入その實は間違/平南産の白玉入が酷似して居るから
125695	朝鮮朝日	1925-09-25/1	03단	獻穀田の修稧式/五、六日二日間
125696	朝鮮朝日	1925-09-25/1	04단	記念繪はがき
125697	朝鮮朝日	1925-09-25/1	04단	眞紅の旗の揭揚式/露領事館開館

일련번호	판명	간행일	단수	기사명
125698	朝鮮朝日	1925-09-25/1	04단	辭令(東京電話)
125699	朝鮮朝日	1925-09-25/1	04단	鎭海所屬の潛水艦二隻各地を巡航
125700	朝鮮朝日	1925-09-25/1	05단	警察歌咸南道が募集
125701	朝鮮朝日	1925-09-25/1	05단	朝鮮の産業開發も內地と同樣たるべし塚本翰長首相に代り陳情諸氏に答ふ
125702	朝鮮朝日	1925-09-25/1	05단	倭城臺本廳趾に科學館を新設/銀婚御下賜金で
125703	朝鮮朝日	1925-09-25/1	06단	殉難したきよ子さんに警察賞與金五百圓を贈呈
125704	朝鮮朝日	1925-09-25/1	07단	京城第二高女全鮮女子オリムピックに優勝す/總督カップや朝新、大朝の優勝旗を獲得す
125705	朝鮮朝日	1925-09-25/1	07단	閔廷植氏夫人の里の稷山に落着
125706	朝鮮朝日	1925-09-25/1	07단	高句麗の隱れた名畫/澤山あらう
125707	朝鮮朝日	1925-09-25/1	07단	初雪/咸南大德山の昨年より二十日早い
125708	朝鮮朝日	1925-09-25/1	07단	霜/鴨綠江岸に
125709	朝鮮朝日	1925-09-25/1	07단	プロペラ船暗礁に衝突乘客一名が行方不明
125710	朝鮮朝日	1925-09-25/1	07단	群山の疑虎系統が不明
125711	朝鮮朝日	1925-09-25/1	08단	鎭南浦で薪炭斤量を胡魔化し逮捕
125712	朝鮮朝日	1925-09-25/1	08단	稼ぐ女房に氣の毒だと病夫が自殺
125713	朝鮮朝日	1925-09-25/1	08단	父子七名が悉く竊盜犯刑務所に收容
125714	朝鮮朝日	1925-09-25/1	08단	本當の安全燐寸/軸木を鹽分に浸し燃えさしはすぐ炭化す/成興の松下氏が發明
125715	朝鮮朝日	1925-09-25/1	09단	過って親友を殺す獵銃を弄び
125716	朝鮮朝日	1925-09-25/1	09단	毒蛇に小兒を嚙ます/病氣治癒迷信から
125717	朝鮮朝日	1925-09-25/1	09단	船大工卽死/新造船の下敷となり
125718	朝鮮朝日	1925-09-25/1	10단	連絡船から狂女の投身/蔚山沖で死體を發見
125719	朝鮮朝日	1925-09-25/1	10단	會(文化宣傳活寫會)
125720	朝鮮朝日	1925-09-25/1	10단	人(下岡忠治氏(政務總監)/農學校長視察團/山田勝一氏/金東準氏(慶南道廳學務課長)/國井實氏(咸南道技師)/新潟縣視察團/大村鐵道局長/福岡縣視察團)
125721	朝鮮朝日	1925-09-25/1	10단	半島茶話
125722	朝鮮朝日	1925-09-25/2	01단	密輸人の牛が肺疫を輸入する/今後は賣買證明書の無いのは移出禁止
125723	朝鮮朝日	1925-09-25/2	01단	大豆の移出一段落して成津財界閑散
125724	朝鮮朝日	1925-09-25/2	01단	八年後は牡蠣養殖で百萬圓を産出する計劃
125725	朝鮮朝日	1925-09-25/2	01단	造林補助の規定が發布
125726	朝鮮朝日	1925-09-25/2	02단	酒造業者の組合を組織/府郡單位の
125727	朝鮮朝日	1925-09-25/2	02단	慶南線の荷物運賃引下/旅客は不可能
125728	朝鮮朝日	1925-09-25/2	02단	京城師範で初等敎育の研究會開催
125729	朝鮮朝日	1925-09-25/2	03단	果實品評會/咸北道の
125730	朝鮮朝日	1925-09-25/2	03단	通信いろいろ(安東縣/新義州/馬山)

일련번호	판명	간행일	단수	기사명
125731	朝鮮朝日	1925-09-25/2	04段	運動界(全鮮籃球大會靑年會優勝/元山の野球/大邱競馬大會一日から四日)
125732	朝鮮朝日	1925/9/26		缺號
125733	朝鮮朝日	1925-09-27/1	01段	目下審議中の河川令が近く發布/目下原案審議中で全文五十一條からなる
125734	朝鮮朝日	1925-09-27/1	01段	訪歐機佛國へ
125735	朝鮮朝日	1925-09-27/1	01段	十月一日の簡易國勢調査についての話(４)/京城編輯子
125736	朝鮮朝日	1925-09-27/1	02段	新築工事中の京城帝大は來年四月の開校期までには竣工する
125737	朝鮮朝日	1925-09-27/1	03段	神の森/全鮮學生が神宮に獻上
125738	朝鮮朝日	1925-09-27/1	04段	平壤驛前の堀立小屋は美を損ずると立退を要求
125739	朝鮮朝日	1925-09-27/1	04段	德壽宮前の新築の京城府廳舍工事着々と進行す
125740	朝鮮朝日	1925-09-27/1	05段	京城商議の改造計劃/評議員連が
125741	朝鮮朝日	1925-09-27/1	06段	スパイクの跡
125742	朝鮮朝日	1925-09-27/1	06段	京城商銀の預金增加す貸出は澁る
125743	朝鮮朝日	1925-09-27/1	06段	普通學校の水害義捐金各校に配布
125744	朝鮮朝日	1925-09-27/1	06段	閔廷植氏忠南保寧の別莊に向ふ
125745	朝鮮朝日	1925-09-27/1	06段	八錢の豆腐鎭南浦のが全鮮で最高
125746	朝鮮朝日	1925-09-27/1	06段	産金の獎勵は低資の融通が何よりの急務と營業者は觀測す
125747	朝鮮朝日	1925-09-27/1	07段	安東の人口最近の調査
125748	朝鮮朝日	1925-09-27/1	07段	慶北の初霜昨年より十六早い/京畿道もはや霜降る十八日に
125749	朝鮮朝日	1925-09-27/1	07段	慶州附近の降雹/農作物に大損害を與ふ
125750	朝鮮朝日	1925-09-27/1	08段	舊貨幣/平南道の山間地で一萬餘圓が流通して居る
125751	朝鮮朝日	1925-09-27/1	08段	冬季の切迫で鷺梁津の住宅を大急ぎで建築し避難民を收容する
125752	朝鮮朝日	1925-09-27/1	09段	新羅舊都/佛國寺修築終了し落成式擧行
125753	朝鮮朝日	1925-09-27/1	09段	虎列拉騷ぎ/乘客の吐瀉で
125754	朝鮮朝日	1925-09-27/1	10段	添はれぬ戀とて美貌を誇る妓女の自殺
125755	朝鮮朝日	1925-09-27/1	10段	牧島の火事二十戸全燒
125756	朝鮮朝日	1925-09-27/1	10段	人(松方幸次郎氏)
125757	朝鮮朝日	1925-09-27/1	10段	半島茶話
125758	朝鮮朝日	1925-09-27/2	01段	靑島鹽の輸入は供給難に苦しむ朝鮮にとっては非常なる福音
125759	朝鮮朝日	1925-09-27/2	01段	釜山瓦電が金海に進出二十一日許可
125760	朝鮮朝日	1925-09-27/2	01段	慶北の稻作平年作の二百十萬石
125761	朝鮮朝日	1925-09-27/2	01段	平南道の本年度植桑二百八十萬本
125762	朝鮮朝日	1925-09-27/2	01段	摺った揉んだの桃岩堤の修築/殖銀の利子は棒引/新に補助を受け着工
125763	朝鮮朝日	1925-09-27/2	02段	木材界近況/廠材の値下は實現すまい
125764	朝鮮朝日	1925-09-27/2	02段	殘滓土塊で復活する稷山金鑛
125765	朝鮮朝日	1925-09-27/2	02段	淸津港の麻袋の入荷/今年は百萬袋

일련번호	판명	간행일	단수	기사명
125766	朝鮮朝日	1925-09-27/2	03단	古地圖の展覽會開催/鮮史編修會が
125767	朝鮮朝日	1925-09-27/2	03단	養鷄品評會慶北金泉で
125768	朝鮮朝日	1925-09-27/2	03단	京畿道の畜牛販賣高六十一萬圓
125769	朝鮮朝日	1925-09-27/2	04단	佛教團支部大邱にも設置/二十四日打合
125770	朝鮮朝日	1925-09-27/2	04단	大盛況の裝飾競技會/廉價卽賣で
125771	朝鮮朝日	1925-09-27/2	04단	京城第一第二高女修學旅行決定
125772	朝鮮朝日	1925-09-27/2	04단	京城師範の附屬校生に英語を教授
125773	朝鮮朝日	1925-09-29/1	01단	十年計劃で四億の巨費を投じて行ふ/産米計劃と河川道路等の修築/明年度に財源公募は困難か
125774	朝鮮朝日	1925-09-29/1	01단	朝鮮神宮御神靈
125775	朝鮮朝日	1925-09-29/1	01단	十月一日の簡易國勢調査についての話(５)/京城編輯子
125776	朝鮮朝日	1925-09-29/1	02단	支那人勞動者の增加で勞動爭議も增加/鮮人勞動者との轢轢もある
125777	朝鮮朝日	1925-09-29/1	02단	朝鮮特別の簡保實施の意嚮/目下調査研究中
125778	朝鮮朝日	1925-09-29/1	04단	不景氣で半減した狩獵免狀願
125779	朝鮮朝日	1925-09-29/1	04단	赤い色を神經に病む警務當局
125780	朝鮮朝日	1925-09-29/1	05단	平南の初氷
125781	朝鮮朝日	1925-09-29/1	05단	釜山府の交通事故/取締を嚴にする
125782	朝鮮朝日	1925-09-29/1	06단	スパイクの跡
125783	朝鮮朝日	1925-09-29/1	06단	朝鮮神宮竣工の日京城府內の奉祝 舞へや唄への祭氣分/學校は休業
125784	朝鮮朝日	1925-09-29/1	06단	馬山と群山を結ぶのは國策上からも必要な線/鐵道網完成の急務を說く視察から歸った大村鐵道局長
125785	朝鮮朝日	1925-09-29/1	07단	牛の貨車下し檢疫制を永久存置/鮮牛の信用のため
125786	朝鮮朝日	1925-09-29/1	07단	宿屋の主人殺し一度捕まったが捕繩のまゝで又逃走
125787	朝鮮朝日	1925-09-29/1	09단	一大怪物の暴れ去った樣な積城面の大旋風
125788	朝鮮朝日	1925-09-29/1	09단	添はれぬを苦にいて心中平壤の妓生
125789	朝鮮朝日	1925-09-29/1	09단	三萬圓持ち逃げ集配人不明
125790	朝鮮朝日	1925-09-29/1	10단	狂妻手斧で夫を慘殺
125791	朝鮮朝日	1925-09-29/1	10단	匪賊と衝突し警官傷く
125792	朝鮮朝日	1925-09-29/1	10단	人(泉崎三郎氏(釜山府尹))
125793	朝鮮朝日	1925-09-29/1	10단	半島茶話
125794	朝鮮朝日	1925-09-29/2	01단	淸津漁港區域擴張/候補地編入具體化
125795	朝鮮朝日	1925-09-29/2	01단	全鮮水稻收穫豫想千四百八十八萬三千餘石
125796	朝鮮朝日	1925-09-29/2	01단	咸南米作增收豫想
125797	朝鮮朝日	1925-09-29/2	01단	平南米作豫想
125798	朝鮮朝日	1925-09-29/2	01단	京城地方米收穫豫想
125799	朝鮮朝日	1925-09-29/2	01단	大豆增收豫想
125800	朝鮮朝日	1925-09-29/2	02단	枝炭の改良竈成績良好

일련번호	판명	간행일	단수	기사명
125801	朝鮮朝日	1925-09-29/2	02단	通信いろいろ(新義州/城津/咸興/羅南)
125802	朝鮮朝日	1925-09-29/2	03단	耕地の水利設計調査
125803	朝鮮朝日	1925-09-29/2	03단	咸南奧地の馬鈴薯栽培頗る有望
125804	朝鮮朝日	1925-09-29/2	04단	運動界(全鮮秋季競馬/全鮮女子庭球/內外人庭球戰/シ軍野球對戰/神宮競技豫選/鐵奉野球戰/帝大陸上運動會/聯合運動會/全鮮軟球庭球)
125805	朝鮮朝日	1925-09-30/1	01단	總督府で計劃中の耕地增加の一部分を土地會社で開墾灌漑/資本金一千萬圓
125806	朝鮮朝日	1925-09-30/1	01단	十月一日の簡易國勢調査についての話(6)/京城編輯子
125807	朝鮮朝日	1925-09-30/1	02단	陸軍倉庫と兵器廠の拂下問題再燃
125808	朝鮮朝日	1925-09-30/1	02단	運送勞働賃値上運動の調停調査
125809	朝鮮朝日	1925-09-30/1	03단	橋梁應急修理
125810	朝鮮朝日	1925-09-30/1	03단	河川法施行に伴ひ洛東江の調査を明年度から開始
125811	朝鮮朝日	1925-09-30/1	04단	吉林道路改修
125812	朝鮮朝日	1925-09-30/1	04단	辭令(東京電話)
125813	朝鮮朝日	1925-09-30/1	05단	意地の惡い二萬圓(上)/金が仇敵の唯合ひ北風會とソール靑年會
125814	朝鮮朝日	1925-09-30/1	05단	慶北教育總會
125815	朝鮮朝日	1925-09-30/1	05단	柿業組合を組織して共同販賣
125816	朝鮮朝日	1925-09-30/1	05단	柴炭蔬菜の公設市場新設決定/瑞麟洞官有地に
125817	朝鮮朝日	1925-09-30/1	05단	原博士が發見した臨海殿の渠石を何の理由でか總督府が再び埋めて仕舞った
125818	朝鮮朝日	1925-09-30/1	06단	二萬圓の使途は?/いろいろの風說を生む
125819	朝鮮朝日	1925-09-30/1	07단	軍馬補充部
125820	朝鮮朝日	1925-09-30/1	07단	羅南の軍旗祭
125821	朝鮮朝日	1925-09-30/1	07단	機關車競技
125822	朝鮮朝日	1925-09-30/1	07단	學校に理髮部新設
125823	朝鮮朝日	1925-09-30/1	07단	洋式の裁縫教室京城第二高女
125824	朝鮮朝日	1925-09-30/1	08단	朝鮮神宮の石燈籠寄附金豫定超過か
125825	朝鮮朝日	1925-09-30/1	08단	鎭座祭に入城旅客の優遇協議
125826	朝鮮朝日	1925-09-30/1	08단	巧な手段で無智な幼鮮人を內地へ送り出す募集違反者の增加
125827	朝鮮朝日	1925-09-30/1	09단	救濟方を地主に要求水害小作人が
125828	朝鮮朝日	1925-09-30/1	10단	不正米商極力取締る
125829	朝鮮朝日	1925-09-30/1	10단	赤行囊持逃げ犯人共犯者があるか
125830	朝鮮朝日	1925-09-30/1	10단	人(杉村逸權氏/東京畿道高等課長)
125831	朝鮮朝日	1925-09-30/1	10단	半島茶話
125832	朝鮮朝日	1925-09-30/2	01단	キク人ハナス人/香しくないおなら問答/餘りこらへると腦に惡影響音の共鳴と屁の擴聲割烹學校長的場氏の研究
125833	朝鮮朝日	1925-09-30/2	03단	外米需要擡頭價格も上騰

일련번호	판명	간행일	단수	기사명
125834	朝鮮朝日	1925-09-30/2	03단	畜牛特別大市第二日目
125835	朝鮮朝日	1925-09-30/2	03단	通信いろいろ(馬山)
125836	朝鮮朝日	1925-09-30/2	04단	教育界(郡教育會/高女運動會/農業學校遠足/學校生徒獻木)
125837	朝鮮朝日	1925-09-30/2	04단	運動界(選手權爭奪戰/平壤秋季野球リーグ戰/公立普校秋季運動會)

1925년 10월 (조선아사히)

일련번호	판명	간행일	단수	기사명
125838	朝鮮朝日	1925-10-01/1	01단	六百萬石移出の可能性はあるが先安の軟材料も多く銀行側は氣迷ひの態
125839	朝鮮朝日	1925-10-01/1	01단	大高原の秋(1)/SPR
125840	朝鮮朝日	1925-10-01/1	02단	畜牛移出港として鎭南浦は有望だ/釜山側の宣傳に對し鎭南浦側の憤慨/鎭南浦檢疫所
125841	朝鮮朝日	1925-10-01/1	04단	御神體を驅逐艦で護送
125842	朝鮮朝日	1925-10-01/1	05단	鎭南浦檢疫所
125843	朝鮮朝日	1925-10-01/1	05단	關釜連絡船出帆見合せ/颱風襲來のため停滞乗客で混雑
125844	朝鮮朝日	1925-10-01/1	06단	意地の惡い二萬圓(中)/秋風で懷が寒い/始めから金に緣遠いソール青年團
125845	朝鮮朝日	1925-10-01/1	06단	龍山の鐵道倉庫人夫賃金値上げ强要/百三十餘名同盟罷業
125846	朝鮮朝日	1925-10-01/1	06단	十三年度末の鮮內の耕地面積/水田は増し畑は減る
125847	朝鮮朝日	1925-10-01/1	07단	村井農場の水害救助/埒明かずまた紛糾か
125848	朝鮮朝日	1925-10-01/1	07단	高等女學校でも受驗料を徵收する/明年度から實施
125849	朝鮮朝日	1925-10-01/1	08단	荷馬車の馬狂奔して數名傷く
125850	朝鮮朝日	1925-10-01/1	09단	苹果召せ召せ値が安い
125851	朝鮮朝日	1925-10-01/1	09단	猫いらずで酌婦の自殺
125852	朝鮮朝日	1925-10-01/1	09단	社告
125853	朝鮮朝日	1925-10-01/1	10단	半島茶話
125854	朝鮮朝日	1925-10-01/2	01단	キク人ハナス人/『御大典の五節の舞』/舞姫のその後/降る程の縁談でそれぞれ御輿入れ殘るは持明院/子爵の令妹がたゞ一人
125855	朝鮮朝日	1925-10-01/2	03단	馬耳山の國有林から五百萬尺の伐材計劃
125856	朝鮮朝日	1925-10-01/2	03단	朝日勝繼碁戰/第十二回(一)
125857	朝鮮朝日	1925-10-01/2	04단	忠南道警官招魂祭
125858	朝鮮朝日	1925-10-01/2	04단	實業家大會
125859	朝鮮朝日	1925-10-01/2	04단	運動界(忠南武道大會)
125860	朝鮮朝日	1925-10-02/1	01단	文化經濟二つながら先進國に遜色なく 昌平の恩澤に浴せしめんと日夕涓埃の奉公を致した 始政十五周年記念日に際し齋藤 總督談/特に産業開發に努め民衆生活安定に大努力を希望す 下岡總監のステートメント
125861	朝鮮朝日	1925-10-02/1	01단	意地の惡い二萬圓(下)/八萬圓事件以來もつれて解けぬ金が仇敵の兩結社
125862	朝鮮朝日	1925-10-02/1	04단	元山會議所評議員選擧
125863	朝鮮朝日	1925-10-02/1	05단	大高原の秋(2)/SPR
125864	朝鮮朝日	1925-10-02/1	05단	出來上った御神寶御劒は黄金作り/御鏡は白銅、御璽は水晶/鎭座祭には勅使御差遣
125865	朝鮮朝日	1925-10-02/1	05단	慶南の道路改良
125866	朝鮮朝日	1925-10-02/1	06단	朝鮮の國調無事終了

일련번호	판명	간행일	단수	기사명
125867	朝鮮朝日	1925-10-02/1	07단	奉安所遷座式
125868	朝鮮朝日	1925-10-02/1	07단	郵便所の改增築計劃
125869	朝鮮朝日	1925-10-02/1	07단	朝鮮辯護士試驗合格者
125870	朝鮮朝日	1925-10-02/1	08단	新聞講座講演
125871	朝鮮朝日	1925-10-02/1	08단	朝鮮教育會講演會計劃
125872	朝鮮朝日	1925-10-02/1	08단	清津疑獄事件/公判開かる
125873	朝鮮朝日	1925-10-02/1	08단	電信電話專用線は俄に實現困難だが調査の步を進める
125874	朝鮮朝日	1925-10-02/1	09단	六千圓橫領犯人眞疑不明
125875	朝鮮朝日	1925-10-02/1	10단	電車で轢死
125876	朝鮮朝日	1925-10-02/1	10단	無免許で幼女を周旋/途中で捕まる
125877	朝鮮朝日	1925-10-02/1	10단	桃色腰帶で女房の縊死
125878	朝鮮朝日	1925-10-02/1	10단	モヒ中毒者藥代を得んと竊盜
125879	朝鮮朝日	1925-10-02/1	10단	僞造質札で金錢を騙取
125880	朝鮮朝日	1925-10-02/1	10단	人(松木復興院副總裁/渡邊朝鐵社長)
125881	朝鮮朝日	1925-10-02/2	01단	生牛檢疫の繫留期間/十五日實施か
125882	朝鮮朝日	1925-10-02/2	01단	平南棉出廻る/大增收豫想
125883	朝鮮朝日	1925-10-02/2	01단	慶南の棉花作豫想
125884	朝鮮朝日	1925-10-02/2	01단	新米出廻り祝儀相場四十五圓
125885	朝鮮朝日	1925-10-02/2	01단	馬鎭地方の秋蠶成績良好
125886	朝鮮朝日	1925-10-02/2	02단	城津水稻作柄
125887	朝鮮朝日	1925-10-02/2	02단	清津埋立地の引込線活用十五日から
125888	朝鮮朝日	1925-10-02/2	02단	鎭南浦の支拂日統一
125889	朝鮮朝日	1925-10-02/2	02단	穀物業者大會
125890	朝鮮朝日	1925-10-02/2	02단	黑板博士樂浪調査
125891	朝鮮朝日	1925-10-02/2	03단	通信いろいろ(京城/釜山/安東縣/馬山/新義州)
125892	朝鮮朝日	1925-10-02/2	03단	朝日勝繼碁戰/第十二回(二)
125893	朝鮮朝日	1925-10-03/1	01단	産業保護のため特産物の運賃を引下げる計劃で鐵道局が調査す
125894	朝鮮朝日	1925-10-03/1	01단	鎭座祭前の諸祭式/次第が決定
125895	朝鮮朝日	1925-10-03/1	01단	御神體奉遷奉舁者青年より選拔
125896	朝鮮朝日	1925-10-03/1	01단	赫土禮讚(一)/平壤HARUE
125897	朝鮮朝日	1925-10-03/1	02단	人命救助の生徒表彰
125898	朝鮮朝日	1925-10-03/1	02단	鐵道局が五六百人を整理/既に成案を得近く發表か
125899	朝鮮朝日	1925-10-03/1	02단	健實な方面の資金なら融通する/鮮銀の整理について井內同行理事語る
125900	朝鮮朝日	1925-10-03/1	03단	强制的な規約貯金を當局が獎勵
125901	朝鮮朝日	1925-10-03/1	04단	義州郡農作物增收豫想
125902	朝鮮朝日	1925-10-03/1	04단	京城穀物商組合役員決定
125903	朝鮮朝日	1925-10-03/1	04단	鐘路通りの電車軌道を中央に移す

일련번호	판명	간행일	단수	기사명
125904	朝鮮朝日	1925-10-03/1	04단	朝鮮佛教團新義州支部發會式
125905	朝鮮朝日	1925-10-03/1	05단	大高原の秋(3)/SPR
125906	朝鮮朝日	1925-10-03/1	05단	安東地方委員當選者
125907	朝鮮朝日	1925-10-03/1	05단	京城府のマークを改正する
125908	朝鮮朝日	1925-10-03/1	05단	平北の雪/厚昌郡で
125909	朝鮮朝日	1925-10-03/1	06단	鷄卵大の雹で雀打たれて數十羽死す
125910	朝鮮朝日	1925-10-03/1	06단	君ヶ代丸離洲
125911	朝鮮朝日	1925-10-03/1	06단	水害救濟音樂演奏會(第一部/第二部)
125912	朝鮮朝日	1925-10-03/1	06단	平壤新義州間の郵便飛行を計劃中の二飛行士が飛行隊に就き練習
125913	朝鮮朝日	1925-10-03/1	07단	勞農代表との會見計劃で兩團體またもいがみ合ふ
125914	朝鮮朝日	1925-10-03/1	07단	共榮組人夫罷業解決
125915	朝鮮朝日	1925-10-03/1	08단	連絡船乘客を釜山で再調査/國調申告の樣式が內鮮で相違するので
125916	朝鮮朝日	1925-10-03/1	08단	稅關長の官舍燒失す
125917	朝鮮朝日	1925-10-03/1	08단	粒々辛苦の貯金を集めた/帝國公債社の營業停止で加入者非常に憂慮
125918	朝鮮朝日	1925-10-03/1	09단	李埼展下の自動車が過り人を轢く
125919	朝鮮朝日	1925-10-03/1	10단	懸想した娘を山中に誘出して暴行
125920	朝鮮朝日	1925-10-03/1	10단	運動界(朝鮮神宮競技出場選手　三箇所で豫選/運動場開きに中小學生の聯合體操擧行/全鮮大競馬大邱で開催)
125921	朝鮮朝日	1925-10-03/1	10단	人(滿洲視察團/大橋新太郎氏(京城電氣社長)/井內勇氏(鮮銀理事)/鈴木島吉氏(鮮銀總裁)/倉地鐵吉氏(貴族院議員)/久米民之助氏(貴族院議員)/古川半次郎氏(貴族院議員)
125922	朝鮮朝日	1925-10-03/2	01단	キク人ハナス人(下)/御大典の『五節の舞』/舞姫のその後/すでに數人おたあさん/幸福な日を送る
125923	朝鮮朝日	1925-10-03/2	02단	馬山の海面埋築/專門家の實地踏査
125924	朝鮮朝日	1925-10-03/2	02단	咸興教會改築
125925	朝鮮朝日	1925-10-03/2	03단	平北植桑更に九年計劃
125926	朝鮮朝日	1925-10-03/2	03단	凝視の一年/讀後の感
125927	朝鮮朝日	1925-10-03/2	03단	朝日勝繼碁戰/第十二回(三)
125928	朝鮮朝日	1925/10/4	01단	督學部の事業を教育會が繼承し東京に寄宿舍を設け學生の向上を圖る
125929	朝鮮朝日	1925/10/4	01단	各道の視學を本府直屬とする/實現の可能性あるか
125930	朝鮮朝日	1925/10/4	01단	大高原の秋(4)/SPR
125931	朝鮮朝日	1925/10/4	02단	朝鮮神宮の鎭座前祭の諸式
125932	朝鮮朝日	1925/10/4	03단	國語教授の視察に藤村博士招聘
125933	朝鮮朝日	1925/10/4	03단	東拓の朝鮮産米計劃

일련번호	판명	간행일	단수	기사명
125934	朝鮮朝日	1925/10/4	04단	無産農民諸君とこれを機緣に握手/ロシアからの二萬圓を手渡に來た行政農民組合幹事談
125935	朝鮮朝日	1925/10/4	05단	咸興聯隊出征
125936	朝鮮朝日	1925/10/4	06단	營林廠長視察
125937	朝鮮朝日	1925/10/4	06단	切詰めるだけ切詰め剩餘金で新事業/前年と同額程度
125938	朝鮮朝日	1925/10/4	06단	辭令(東京電話)
125939	朝鮮朝日	1925/10/4	06단	釜山の淸潔法
125940	朝鮮朝日	1925/10/4	06단	十重二十重の觀衆に腹をよらせた『醫者と坊主』始政記念の歡ばしき日に催された京城大學豫科の運動會/京城師範陸上運動會
125941	朝鮮朝日	1925/10/4	07단	京城秋の市/大々的にやる
125942	朝鮮朝日	1925/10/4	07단	上官の病氣平癒を神に祈願した兵士二人の仲の美しい人情話
125943	朝鮮朝日	1925/10/4	07단	大院君の借用證/零落した貴族からイカサマ師が買ひとり四十萬圓の返濟を迫る
125944	朝鮮朝日	1925/10/4	08단	京城九月中の手形交換高
125945	朝鮮朝日	1925/10/4	08단	三十四箇所の局名を變更
125946	朝鮮朝日	1925/10/4	08단	囚人逃亡す
125947	朝鮮朝日	1925/10/4	09단	鐵道心中の身許判る
125948	朝鮮朝日	1925/10/4	09단	赤行囊拐帶犯は內地へ潜入か
125949	朝鮮朝日	1925/10/4	09단	手負熊に咬み殺さる
125950	朝鮮朝日	1925/10/4	10단	養子捨て井戸掘さんと女房の道行
125951	朝鮮朝日	1925/10/4	10단	咸興水田の絞殺犯人逮捕
125952	朝鮮朝日	1925/10/4	10단	朝鮮スポーツ發行さる
125953	朝鮮朝日	1925/10/4	10단	ビール瓶で頭を破られ損害賠償訴訟
125954	朝鮮朝日	1925/10/4	10단	運動界(平壤の野球戰/京畿豫選會)
125955	朝鮮朝日	1925-10-06/1	01단	改正の機運到來せる/古くさい朝鮮の漁業令/改正の曉には一大躍進を期待され水産業者は完成を待つ
125956	朝鮮朝日	1925-10-06/1	01단	無産政黨との握手計劃が濃厚/左傾運動團體の欣ぶべき思想的軟化
125957	朝鮮朝日	1925-10-06/1	03단	不景氣で增收できぬ租稅/豫算面に漕ぎつけても到底增收は望めない(地租/所得稅/取引所稅)
125958	朝鮮朝日	1925-10-06/1	03단	第五回慶南酒類品評會
125959	朝鮮朝日	1925-10-06/1	04단	平壤安東間豫約電話直通
125960	朝鮮朝日	1925-10-06/1	04단	記者團慰例祭
125961	朝鮮朝日	1925-10-06/1	04단	明年度から少年赤十字團組織/先づ京城府へ/漸次擴張する
125962	朝鮮朝日	1925-10-06/1	05단	赫土禮讚(二)/平壤HARUE
125963	朝鮮朝日	1925-10-06/1	05단	平壤栗走り
125964	朝鮮朝日	1925-10-06/1	05단	辭令(東京電話)
125965	朝鮮朝日	1925-10-06/1	05단	最近の滿洲/滿洲發展は不言實行にある/懸聲の大きいのは我國策を誤る基だと池田殖産局長の歸來談

일련번호	판명	간행일	단수	기사명
125966	朝鮮朝日	1925-10-06/1	07단	朝鮮神宮鎭座祭 祭典次第決定す/京畿道の選手決定す/神宮競技の出場選手決定 バレーとバスケット/鎭座祭の舞姬決定す/慶南から神宮へ獻上
125967	朝鮮朝日	1925-10-06/1	08단	鹽田の復活で鳴旨面の住民蘇る
125968	朝鮮朝日	1925-10-06/1	09단	週間クロスワードで邦文タイプライターを受け一家をあげて喜びにしたる一等當選者山元鹿助サン
125969	朝鮮朝日	1925-10-06/1	09단	陽德地方で松茸移植試驗を行ふ
125970	朝鮮朝日	1925-10-06/1	10단	漁船行方不明遭難したか
125971	朝鮮朝日	1925-10-06/1	10단	騷擾罪で送局
125972	朝鮮朝日	1925-10-06/1	10단	産米改良組合認可申請
125973	朝鮮朝日	1925-10-06/1	10단	人(大村鐵道局長/池田殖産局長/須藤素氏(營林廠長)/倉知貴院議員一行/岩田農學博士(京大敎授)/李完用侯爵)
125974	朝鮮朝日	1925-10-06/2	01단	キク人ハナス人/舞臺とはまるで違ふ家庭での蝶六/ムッツリ崖の氣むつかし屋/「氣苦勞です」と女房の話
125975	朝鮮朝日	1925-10-06/2	03단	朝日勝繼碁戰/第十二回(四)
125976	朝鮮朝日	1925-10-06/2	04단	鮮內の金肥需要漸次增加
125977	朝鮮朝日	1925-10-06/2	04단	咸北の朝鮮酒品評會/果物と鷄の兩品も開催
125978	朝鮮朝日	1925-10-06/2	04단	功勞巡査に昇進の道
125979	朝鮮朝日	1925-10-07/1	01단	釜山警察は絶對に許可せず府道當局はなるべく許可してやりたい方針/釜山魚仲買の道路使用問題
125980	朝鮮朝日	1925-10-07/1	01단	どうすれば祕密が守れるか釜山署の苦慮
125981	朝鮮朝日	1925-10-07/1	01단	切符販賣で各商店の運動猛烈を極む
125982	朝鮮朝日	1925-10-07/1	01단	大高原の秋(5)/SPR
125983	朝鮮朝日	1925-10-07/1	02단	殉職妻女に同情集まる
125984	朝鮮朝日	1925-10-07/1	03단	勃興した目出帽生産
125985	朝鮮朝日	1925-10-07/1	03단	辭令(東京電話)
125986	朝鮮朝日	1925-10-07/1	03단	亂脈極まる馬山酒造組合
125987	朝鮮朝日	1925-10-07/1	04단	鐵道消費部の拂下問題/中安氏を介し當局へ交渉中
125988	朝鮮朝日	1925-10-07/1	04단	朝鮮神宮の鎭座祭前記 御靈代は御鏡である 高松神宮々司談/大燈籠奉納式/鎭座祭の童女決定 二十二名選拔/各種の催日取
125989	朝鮮朝日	1925-10-07/1	05단	赫土禮讚(三)/平壤HARUE
125990	朝鮮朝日	1925-10-07/1	07단	列車內の國調/好成績で終了
125991	朝鮮朝日	1925-10-07/1	07단	日本官憲の國境越を峻拒/奉天警務官長から安東知事へ嚴い訓令
125992	朝鮮朝日	1925-10-07/1	08단	水電と製煉施設完成
125993	朝鮮朝日	1925-10-07/1	08단	最も惡い光州の水道
125994	朝鮮朝日	1925-10-07/1	08단	列車時間改正中旬頃發表
125995	朝鮮朝日	1925-10-07/1	08단	警官に授賞
125996	朝鮮朝日	1925-10-07/1	09단	京畿道のチブスナカナカ終熄しさうもない/大邱のチブス

일련번호	판명	간행일	단수	기사명
125997	朝鮮朝日	1925-10-07/1	09단	審査するに當り面倒な感情問題が起りそれがため審査員を斷はった滿鮮に避難橋本關雪畫伯談
125998	朝鮮朝日	1925-10-07/1	09단	會(燃料器具展覽/慈善映畫會)
125999	朝鮮朝日	1925-10-07/1	10단	妃殿卜の御居問へ投石
126000	朝鮮朝日	1925-10-07/1	10단	人(牧山耕藏氏(代議士)/西原八十八氏(慶南水産課長)/演原久四郎氏(遞信局長))
126001	朝鮮朝日	1925-10-07/1	10단	半島茶話
126002	朝鮮朝日	1925-10-07/2	01단	條件つきで埋築許可/先願者の目加田氏一名に
126003	朝鮮朝日	1925-10-07/2	01단	着筏過多で木材の値下
126004	朝鮮朝日	1925-10-07/2	01단	ホテルと安宿は到底合併出來ぬ電力統一も同じ事だ/大橋京電社長の財界縱橫談
126005	朝鮮朝日	1925-10-07/2	01단	明年度實現の新義州署新築
126006	朝鮮朝日	1925-10-07/2	01단	群山府の市街區改正
126007	朝鮮朝日	1925-10-07/2	02단	仁取の配當率
126008	朝鮮朝日	1925-10-07/2	02단	明太魚高値
126009	朝鮮朝日	1925-10-07/2	02단	京城の不渡手形
126010	朝鮮朝日	1925-10-07/2	02단	郡山公園掘鑿工事入札執行
126011	朝鮮朝日	1925-10-07/2	03단	飼養管理品評
126012	朝鮮朝日	1925-10-07/2	03단	運動界/神宮競技會出場選手決定(京城靑年團/京畿道警官/安義の庭球戰/京城運動場の開場式順序/ア式蹴球豫選九大で擧行/京城倶優勝/バスケットバレー大會)
126013	朝鮮朝日	1925-10-07/2	03단	朝日勝繼碁戰/第十二回(五)
126014	朝鮮朝日	1925-10-08/1	01단	朝鮮神宮の御靈代と御神寶愈十三日夕方京城到着卽時嚴かに奉遷する/不足 『御札』の追奉製を依賴す美しい神宮繪葉書や全景圖をも頒布する/選拔された野球チーム/京畿道の選手
126015	朝鮮朝日	1925-10-08/1	01단	大高原の秋(6)/SPR
126016	朝鮮朝日	1925-10-08/1	02단	重要案件を附議した京城府協議會
126017	朝鮮朝日	1925-10-08/1	03단	工程師學會員の日本工業觀/工場に漲る潑溂たる元氣中華民國として學ぶべき點が多い
126018	朝鮮朝日	1925-10-08/1	04단	秋の催し/(右)龍山對安東陸上競技/(左上)官立師範附屬の栗拾ひ/(左下)咸興聯隊の演習參加
126019	朝鮮朝日	1925-10-08/1	05단	京城驛の修秡式/「高崎山の夕暮」京城驛へ寄贈/觀覽に供する新築の京城驛
126020	朝鮮朝日	1925-10-08/1	06단	朝郵据置配當總會は下旬頃
126021	朝鮮朝日	1925-10-08/1	06단	辭令(東京電話)
126022	朝鮮朝日	1925-10-08/1	06단	東亞連盟の支部設置內定
126023	朝鮮朝日	1925-10-08/1	07단	京城府視學愈決定す京都市學務課長の柏木氏に

일련번호	판명	간행일	단수	기사명
126024	朝鮮朝日	1925-10-08/1	07단	キネマファンの虛榮心を巧みに利用し滿洲の損を朝鮮で盛返さんとして京城へ来たダイヤモンド座長の神田/惡辣な手段のかずかず
126025	朝鮮朝日	1925-10-08/1	07단	共存共榮からどうにかならう/決定せぬのは各社から本店へ照會中だからと運賃問題で石垣朝郵專務談
126026	朝鮮朝日	1925-10-08/1	08단	建築後すぐ支障を生じた開城第二高普
126027	朝鮮朝日	1925-10-08/1	09단	朝鮮農民の啓發を期し農民社を組織
126028	朝鮮朝日	1925-10-08/1	09단	大金强奪の强盜逮捕/京城本町の捕物
126029	朝鮮朝日	1925-10-08/1	09단	衝突して重傷
126030	朝鮮朝日	1925-10-08/1	10단	警察を種に詐欺を働く
126031	朝鮮朝日	1925-10-08/1	10단	鐵道へ周旋するとて詐取
126032	朝鮮朝日	1925-10-08/1	10단	巡査殺しの死刑執行/母の名を呼び乍ら安けく往生
126033	朝鮮朝日	1925-10-08/1	10단	半島茶話
126034	朝鮮朝日	1925-10-08/2	01단	警官の慰安と子女の敎養を金さへ許せば講じたい朝鮮警察協會の意嚮
126035	朝鮮朝日	1925-10-08/2	01단	蘇へった山東煙草二割六分減で被害を喰止む
126036	朝鮮朝日	1925-10-08/2	01단	普通學校の敎科書改纂/委員會意見
126037	朝鮮朝日	1925-10-08/2	01단	通信いろいろ(羅南/新義州/安東縣)
126038	朝鮮朝日	1925-10-08/2	02단	支那籾を精米して移出
126039	朝鮮朝日	1925-10-08/2	02단	赤十字診療所擴張/名稱も改稱
126040	朝鮮朝日	1925-10-08/2	03단	京城電氣の新線敷設と軌條の取替
126041	朝鮮朝日	1925-10-08/2	03단	必ず來年度に着工される平原の豫定線
126042	朝鮮朝日	1925-10-08/2	03단	朝日勝繼碁戰/第十二回(六)
126043	朝鮮朝日	1925-10-08/2	04단	在軍の手で架橋を假設
126044	朝鮮朝日	1925-10-08/2	04단	大邱酒の增石
126045	朝鮮朝日	1925-10-08/2	04단	改修工事に補助
126046	朝鮮朝日	1925-10-08/2	04단	內國貿易增加
126047	朝鮮朝日	1925-10-08/2	04단	運動界(八千人が準備體操訓練院運動場で)
126048	朝鮮朝日	1925-10-09/1	01단	總督自ら乘出し大藏當局と折衝する總監の病臥で進捗しない總督府の明年度豫算案/明年度土木補助總額五十一萬餘圓
126049	朝鮮朝日	1925-10-09/1	01단	大高原の秋/SPR(7)
126050	朝鮮朝日	1925-10-09/1	02단	減りどころか增加しさうな釜山に於ける移出牛規則發布直後の狀況/澤山汽船は割込んで二大船會社を相手に競爭か
126051	朝鮮朝日	1925-10-09/1	04단	好成績の忠北棉作/非常なる增收
126052	朝鮮朝日	1925-10-09/1	04단	活動も映寫すれば御馳走もする/部長がお先棒を舁ぐ咸南道の巡回物産展
126053	朝鮮朝日	1925-10-09/1	04단	神宮競技大會組合せと試合日(野球試合/男子軟硬球/バレーバスケット/女子部庭球/女子バレーバスケット)神宮御靈代の奉迎員の配置決定す京城驛と奉遷行列道の

일련번호	판명	간행일	단수	기사명
126054	朝鮮朝日	1925-10-09/1	05단	赫土禮讚(四)/安い土地で農業を開發する/これが食糧問題を解決する良策だ
126055	朝鮮朝日	1925-10-09/1	08단	辭令(東京電話)
126056	朝鮮朝日	1925-10-09/1	08단	治淋藥草の採取料一圓也を請求珍訴訟
126057	朝鮮朝日	1925-10-09/1	08단	東方文化の研究に努力する/各部に朝鮮の特色を十分に發揮させる鮮大總長たるべき服部博士談
126058	朝鮮朝日	1925-10-09/1	09단	龍山騎兵隊倉庫燒く/一棟だけで鎭火
126059	朝鮮朝日	1925-10-09/1	09단	銃が倒れ卽死
126060	朝鮮朝日	1925-10-09/1	09단	木材を盜み車で運搬する
126061	朝鮮朝日	1925-10-09/1	10단	杉板を盜む
126062	朝鮮朝日	1925-10-09/1	10단	婦女誘拐の惡漢捕はる
126063	朝鮮朝日	1925-10-09/1	10단	またもや山中で慘殺/旅館主殺しの同一場所にて
126064	朝鮮朝日	1925-10-09/1	10단	半島茶話
126065	朝鮮朝日	1925-10-09/2	01단	朝鮮協會を東京に設立する/確に效果のあったのは北鮮鐵と鮮光增殖豫算/渡邊定一郎氏の歸來談
126066	朝鮮朝日	1925-10-09/2	01단	安東支那側の普通郵便引上
126067	朝鮮朝日	1925-10-09/2	01단	通信いろいろ(新義州/安東縣/馬山/咸興)
126068	朝鮮朝日	1925-10-09/2	02단	京畿道の夏蠶は良好
126069	朝鮮朝日	1925-10-09/2	02단	京城府の種痘
126070	朝鮮朝日	1925-10-09/2	03단	京城神社大祭
126071	朝鮮朝日	1925-10-09/2	03단	二萬圓は罹災者へ殘金七萬圓に當局目を注ぐ
126072	朝鮮朝日	1925-10-09/2	03단	各製絲は平壤に工場を設置すべく何れも計劃中
126073	朝鮮朝日	1925-10-09/2	03단	平南道の府尹郡守會議
126074	朝鮮朝日	1925-10-09/2	03단	手形交換高
126075	朝鮮朝日	1925-10-09/2	04단	京城高工展覽
126076	朝鮮朝日	1925-10-09/2	04단	運動界/シカゴ野球團京城へ来る(慶南道選手/平壤の野球出場を許さる/馬上ポーロ/女生のダンス)
126077	朝鮮朝日	1925-10-09/2	04단	會(同志社音樂會/鮮銀店長會議/郵便局長會議)
126078	朝鮮朝日	1925/10/10		缺號
126079	朝鮮朝日	1925/10/12		休刊
126080	朝鮮朝日	1925/10/13		缺號
126081	朝鮮朝日	1925-10-14/1	01단	御魂鎭大祭朝鮮神宮鎭座祭
126082	朝鮮朝日	1925-10-14/1	05단	奉祝歌
126083	朝鮮朝日	1925-10-14/1	06단	敬神の大儀は國民道德の大本/鎭座祭に際し齋藤總督は語る
126084	朝鮮朝日	1925-10-14/1	06단	焰の海と旗の流れ飛機亂舞し煙火轟く訓練院では技を競ふオリンピヤを偲ぶ競技大會 奉祝に醉ふ大京城の佳き日/三萬二千の旗行列/訓練院の開場式絹テープを總督が剪る
126085	朝鮮朝日	1925-10-14/1	09단	半島に於ける未曾有の盛儀と木の香新しき社務所で高松神宮々司は語る

일련번호	판명	간행일	단수	기사명
126086	朝鮮朝日	1925-10-14/1	10단	半島茶話
126087	朝鮮朝日	1925-10-14/2	01단	大正九年からの御祭儀のかずかず 六年間にわたる/祭典順序 十五日の/御恙もなく御靈代京城着 各員の奉迎裡に勅使館へ 入御/宮司以下奉仕の神官任命/奉遷列車各地を通過/各地で は遙拜式祭典時刻に
126088	朝鮮朝日	1925-10-14/2	03단	準備に八箇年建設に六箇年御用地二十萬坪で總工費百五十 萬圓を要した
126089	朝鮮朝日	1925-10-14/2	03단	合同と減配を極力慫慂する全鮮銀行家大會に出席の松本銀 行局長は語る/營林廠値下十日發表す
126090	朝鮮朝日	1925-10-14/2	04단	出場者決定神宮競技の
126091	朝鮮朝日	1925-10-14/2	04단	慶南道の免稅額十五萬九千圓
126092	朝鮮朝日	1925-10-14/2	04단	宿屋殺し漸く逮捕/忠北安南で
126093	朝鮮朝日	1925/10/15		缺號
126094	朝鮮朝日	1925-10-16/1	01단	紺碧の空晴れて瑞氣半島に漲る妙なる雅樂神々しく文武の 大官は侍立し鎭座の御儀目出度く終わる/朝鮮神宮の遙拜式 各地で擧行
126095	朝鮮朝日	1925-10-16/1	03단	朝鮮主義者の慾求(上)/露國禮讚の共産化ではない議會制度 承認の政治的運動である
126096	朝鮮朝日	1925-10-16/1	05단	世界最古の木造建築物と樂浪古墳發掘の黑板博士は語る
126097	朝鮮朝日	1925-10-16/1	05단	人のどよめき旗と灯の交響暮れ行く夜も晝に化す/京城府內 の大雜沓
126098	朝鮮朝日	1925-10-16/1	05단	畜牛輸送賃の特別割引制は十月十日から實施/鎭南浦、仁 川、元山、釜山鎭の四箇所
126099	朝鮮朝日	1925-10-16/1	06단	蔭ながら御神體を守護/赤化防止團の小笠原氏
126100	朝鮮朝日	1925-10-16/1	06단	朝鮮の人口數千八百萬人
126101	朝鮮朝日	1925-10-16/1	07단	食糧品市場の便所を監視/傳染病の豫防手段
126102	朝鮮朝日	1925-10-16/1	07단	一千名に餘る選手堂々と入場新裝なったグラウンド盛んな るその開場式
126103	朝鮮朝日	1925-10-16/1	07단	なぜ俺を救けたか投身男が喰って掛る
126104	朝鮮朝日	1925-10-16/1	08단	內地に準ずる巡査給與令閣議に上程
126105	朝鮮朝日	1925-10-16/1	08단	鎭座祭日に發行停止を解除さる
126106	朝鮮朝日	1925-10-16/1	08단	閔庭植氏保寧に引退/田園生活に終始すると
126107	朝鮮朝日	1925-10-16/1	08단	戀は嬉しいと獨身主義者の權愛羅が結婚する
126108	朝鮮朝日	1925-10-16/1	09단	貸附係が行金を費消女に迷うて
126109	朝鮮朝日	1925-10-16/1	09단	地方法院の雇員が竊取/廳員の財布を
126110	朝鮮朝日	1925-10-16/1	10단	電車の衝突乘客は無事
126111	朝鮮朝日	1925-10-16/1	10단	朝倉氏逝去
126112	朝鮮朝日	1925-10-16/1	10단	人(三矢宮松氏(警務局長)/草間秀雄氏(財務局長)小河正儀氏/ (本府祕書宮))

일련번호	판명	간행일	단수	기사명
126113	朝鮮朝日	1925-10-16/1	10단	半島茶話
126114	朝鮮朝日	1925-10-16/2	01단	鮮銀も殖銀も朝鮮第一主義で進むだらうと松本銀行局長語る
126115	朝鮮朝日	1925-10-16/2	01단	新米走り釜山着で四十三圓
126116	朝鮮朝日	1925-10-16/2	01단	平南道が優良稻沓を增加の計劃
126117	朝鮮朝日	1925-10-16/2	01단	京城商議の有權者減少/二百餘名が
126118	朝鮮朝日	1925-10-16/2	01단	京城神社の神宮が決定市和弘氏に
126119	朝鮮朝日	1925-10-16/2	01단	殖銀湖南の支店長會議/群山で開催
126120	朝鮮朝日	1925-10-16/2	02단	國調の誤りが百十人に達す調査員の區城が不確實であった
126121	朝鮮朝日	1925-10-16/2	02단	消防組の乘用自動車公共の場合は貸與する
126122	朝鮮朝日	1925-10-16/2	02단	*ラヂオの放送室近く改造し完全を期す/農民社の『朝鮮農民』近く發刊さる*
126123	朝鮮朝日	1925-10-16/2	03단	忠北道の教員檢定試驗二十日から
126124	朝鮮朝日	1925-10-16/2	03단	朝日勝繼碁戰/第十二回(四)
126125	朝鮮朝日	1925-10-16/2	04단	大演習で刈入を急ぐ全北地方が
126126	朝鮮朝日	1925-10-16/2	04단	通信いろいろ(淸州)
126127	朝鮮朝日	1925-10-16/2	04단	不成績な土産品展水害に災され
126128	朝鮮朝日	1925-10-16/2	04단	農産品評會協贊會の活躍
126129	朝鮮朝日	1925/10/17		缺號
126130	朝鮮朝日	1925/10/18	01단	南山の翠綠を點綴する紅葉の紅空また朗かに晴れ/佳き日を壽ぐがやう朝鮮神宮御例祭
126131	朝鮮朝日	1925/10/18	01단	勅使館を發する御靈式(上)と訓練院グラウンド開場式で齋藤總督がテープを翦るところ(下)
126132	朝鮮朝日	1925/10/18	02단	全南實業聯合會/木浦から提案
126133	朝鮮朝日	1925/10/18	02단	支那方面に苹果の輸出平壤方面から
126134	朝鮮朝日	1925/10/18	03단	移出牛の寄港證明書/釜山でも發行
126135	朝鮮朝日	1925/10/18	03단	朝鮮私鐵の全南線値下は明年迄繼續
126136	朝鮮朝日	1925/10/18	04단	組合費徵收益沃水利が不服を申立
126137	朝鮮朝日	1925/10/18	04단	七百餘名の除隊歸鄕兵/七四聯隊の
126138	朝鮮朝日	1925/10/18	04단	第五鵲丸遂に拂下げ二十日に
126139	朝鮮朝日	1925/10/18	04단	神宮競技(庭球シングル/京城軍勝つ軟式庭球で/籃排球試合/バスケットボール/バレーボール/兼二浦大勝六A對二大邱敗る/釜中惜敗す鐵道軍勝つ/走高跳新記錄を出す山本麓の二選手)
126140	朝鮮朝日	1925/10/18	05단	地方官の異動決定
126141	朝鮮朝日	1925/10/18	05단	山下黑鉛の永興鑛業所事業を中止
126142	朝鮮朝日	1925/10/18	05단	日本の神樣が宗教を超越した權威である事は/外人には判るまい
126143	朝鮮朝日	1925/10/18	05단	漸次判って來た放牧の利益/來年度になったら預託者も增加せん
126144	朝鮮朝日	1925/10/18	06단	全參團南拜提燈行列で/神宮に參拜

일련번호	판명	간행일	단수	기사명
126145	朝鮮朝日	1925/10/18	06단	白系露人が領事館を嫌ふ/私有財産の沒收を恐れ
126146	朝鮮朝日	1925/10/18	07단	通信いろいろ(咸興)
126147	朝鮮朝日	1925/10/18	07단	南船校の鎭海移轉は明年度に實現
126148	朝鮮朝日	1925/10/18	07단	火の海/淸津地方の烏賊釣舟で
126149	朝鮮朝日	1925/10/18	07단	海も埋る鰮の群/北鮮沿海に
126150	朝鮮朝日	1925/10/18	08단	新妻を殘し娼妓と心中す/生さぬ子を抱へ途方に暮るゝ新妻
126151	朝鮮朝日	1925/10/18	08단	印東氏邸を訪問したデ·ビネード中佐
126152	朝鮮朝日	1925/10/18	08단	製絲の工女に鮮幼女を連出す/惡周旋人が殖えて取締に困る釜山署
126153	朝鮮朝日	1925/10/18	09단	京城の小火/一戶半燒く
126154	朝鮮朝日	1925/10/18	09단	三人連の强盜犯逮捕/一網打盡に
126155	朝鮮朝日	1925/10/18	09단	三十本山の聯合會/十六日發會
126156	朝鮮朝日	1925/10/18	09단	運動界(京中優勝す陸上競技で)
126157	朝鮮朝日	1925/10/18	10단	會(全南衛生活寫會/商議評議員會)
126158	朝鮮朝日	1925/10/18	10단	人(國際衛生技術官/極東醫學會員/釜山視察團/鈴木島吉氏(鮮銀總裁)/佐伯顯氏(忠南警察部長)
126159	朝鮮朝日	1925/10/18	10단	半島茶話
126160	朝鮮朝日	1925/10/20		缺號
126161	朝鮮朝日	1925-10-21/1	01단	朝鮮産業開發のため明年度から募債主義積極も消極もないがと東上の途にある齋藤總督語る/批難の聲も聞くが産米計劃は緊急/汽車中大阪で總督更に語る
126162	朝鮮朝日	1925-10-21/1	01단	神宮競技の受賞者/明治神宮競技出場者/戰の跡(一)/シカゴ軍來城/金堤軍連勝
126163	朝鮮朝日	1925-10-21/1	04단	總督の出馬は産米計劃實現のため
126164	朝鮮朝日	1925-10-21/1	04단	八十萬圓內外の人件費を節約/出來る鐵道局整理
126165	朝鮮朝日	1925-10-21/1	05단	童話大會計劃
126166	朝鮮朝日	1925-10-21/1	06단	寺刹令改正決議と朝鮮佛敎界の裏(上)/破戒の罪に迷ふ者ばかり
126167	朝鮮朝日	1925-10-21/1	06단	獨立不逞團宗敎團組織
126168	朝鮮朝日	1925-10-21/1	06단	內鮮の直通電話來年度あたりから/計劃する當局の意嚮
126169	朝鮮朝日	1925-10-21/1	07단	全鮮新聞雜誌代表者會
126170	朝鮮朝日	1925-10-21/1	08단	釜山鎭の埋築設計劃/關技師長談
126171	朝鮮朝日	1925-10-21/1	08단	平壤の/初霜初氷
126172	朝鮮朝日	1925-10-21/1	08단	方魚津に眞性虎疫/魚市大恐慌
126173	朝鮮朝日	1925-10-21/1	08단	斷髮妙齡の美人花恥しき姿で/主義の宣傳に？ 露國生れの姜アギンニヤ
126174	朝鮮朝日	1925-10-21/1	09단	社金十五萬圓共謀して橫領
126175	朝鮮朝日	1925-10-21/1	09단	京城の火事
126176	朝鮮朝日	1925-10-21/1	10단	艀顚覆し七名溺死

일련번호	판명	간행일	단수	기사명
126177	朝鮮朝日	1925-10-21/1	10단	五戸を燒き二戸半燒
126178	朝鮮朝日	1925-10-21/1	10단	會(京城商議役員會)
126179	朝鮮朝日	1925-10-21/1	10단	人(園池勅使)
126180	朝鮮朝日	1925-10-21/1	10단	半島茶話
126181	朝鮮朝日	1925-10-21/2	01단	キク人ハナス人/夢のやうだす一富田屋の八千代と舞ふた三番叟も世良さんとの哀しい別れも/秋田屋の女將と納る名妓政彌(南地の美妓/手活の花と/袖を口にし/あどけない/姉さん連の)
126182	朝鮮朝日	1925-10-21/2	03단	朝日勝繼碁戰/第十二回(十三)
126183	朝鮮朝日	1925-10-21/2	04단	穀物運賃五圓値上げ
126184	朝鮮朝日	1925-10-21/2	04단	鐘路公設市場廢止となる
126185	朝鮮朝日	1925-10-21/2	04단	京城驛下車數
126186	朝鮮朝日	1925-10-22/1	01단	低資の融通難で成否氣遣はれる/産米增殖計劃
126187	朝鮮朝日	1925-10-22/1	01단	總督の滯京は延びるか
126188	朝鮮朝日	1925-10-22/1	01단	鐵道局の整理と異動
126189	朝鮮朝日	1925-10-22/1	01단	衆生は濟度しても濟度できぬ佛徒/學務局長專斷の聲
126190	朝鮮朝日	1925-10-22/1	02단	鐵道退職金
126191	朝鮮朝日	1925-10-22/1	02단	來年度の治水要求額は全部認容困難
126192	朝鮮朝日	1925-10-22/1	03단	恩賜記念科學館/成案を見る
126193	朝鮮朝日	1925-10-22/1	03단	朝鮮神宮不敬行爲/容赦なく處罰
126194	朝鮮朝日	1925-10-22/1	03단	全國水道會議/明年京城で
126195	朝鮮朝日	1925-10-22/1	03단	全鮮醸造品評會
126196	朝鮮朝日	1925-10-22/1	04단	近海郵船は割込まぬか
126197	朝鮮朝日	1925-10-22/1	04단	新造船を配置し鎭南浦汽船の命令航路持續
126198	朝鮮朝日	1925-10-22/1	04단	漁業組合の運用が肝要殖産局長挨拶
126199	朝鮮朝日	1925-10-22/1	05단	平壤學校議員/納稅資格撤廢
126200	朝鮮朝日	1925-10-22/1	05단	辭令(東京電話)
126201	朝鮮朝日	1925-10-22/1	05단	日曜學校大會
126202	朝鮮朝日	1925-10-22/1	05단	京城府の增課
126203	朝鮮朝日	1925-10-22/1	05단	樂浪古墳發掘進む
126204	朝鮮朝日	1925-10-22/1	05단	貞操問題や母性愛を高潮した/初等女子教育者大會
126205	朝鮮朝日	1925-10-22/1	06단	野原で牛の檢疫
126206	朝鮮朝日	1925-10-22/1	06단	囚人の菊栽培/今が見頃
126207	朝鮮朝日	1925-10-22/1	07단	簡易國勢調査の結果が判るのは/十五年一杯かゝる
126208	朝鮮朝日	1925-10-22/1	07단	二萬圓の分配もめる
126209	朝鮮朝日	1925-10-22/1	07단	藥と間違へた爆藥口中で爆發/嚙んだ女は重體提供した男は縊死
126210	朝鮮朝日	1925-10-22/1	08단	大邱精米罷業解決
126211	朝鮮朝日	1925-10-22/1	08단	普成高普の盟休解決

일련번호	판명	간행일	단수	기사명
126212	朝鮮朝日	1925-10-22/1	08단	新患續發の京城傳染病
126213	朝鮮朝日	1925-10-22/1	08단	不穩宣傳文の出處不明
126214	朝鮮朝日	1925-10-22/1	09단	癩病の我兒に人肉が藥と聞き乞食の少年を殺した/母親遂に死刑
126215	朝鮮朝日	1925-10-22/1	09단	虎が出て牛を喰殺す
126216	朝鮮朝日	1925-10-22/1	09단	釜山の虎疫防備
126217	朝鮮朝日	1925-10-22/1	10단	爆發物は線香煙火
126218	朝鮮朝日	1925-10-22/1	10단	貞操蹂躙訴訟/示談解決
126219	朝鮮朝日	1925-10-22/1	10단	誘拐の未遂
126220	朝鮮朝日	1925-10-22/1	10단	半島茶話
126221	朝鮮朝日	1925-10-22/2	01단	戰の跡(二)/硬球男子
126222	朝鮮朝日	1925-10-22/2	01단	咸南米の關東移出
126223	朝鮮朝日	1925-10-22/2	01단	屠殺鮮牛輸送新羅丸に/冷藏庫設備
126224	朝鮮朝日	1925-10-22/2	01단	秋鯖の大漁
126225	朝鮮朝日	1925-10-22/2	01단	九月中の朝鮮貿易額
126226	朝鮮朝日	1925-10-22/2	02단	京城組合銀行爲替受拂高/京城商業會議所調査
126227	朝鮮朝日	1925-10-22/2	02단	大邱米の受渡無事解合
126228	朝鮮朝日	1925-10-22/2	02단	京城府內九月末戶數
126229	朝鮮朝日	1925-10-22/2	02단	鎭南浦築港はどうなるか/川添氏談
126230	朝鮮朝日	1925-10-22/2	03단	通信いろいろ(咸興)
126231	朝鮮朝日	1925-10-22/2	03단	朝日勝繼碁戰/第十三回(一)
126232	朝鮮朝日	1925-10-22/2	04단	運動界(京城體育デー/平壤のグラウンド)
126233	朝鮮朝日	1925-10-22/2	04단	會(朝郵總會/戶別割減額協議)
126234	朝鮮朝日	1925/10/23		缺號
126235	朝鮮朝日	1925/10/24		缺號
126236	朝鮮朝日	1925/10/25	01단	湖の如く勃興した運動競技の蔭に潜む/精神肉體各方面の弊害/閑却されぬ研究問題
126237	朝鮮朝日	1925/10/25	02단	滿洲柞蠶糸の特惠關稅に依る/免稅適用を運動
126238	朝鮮朝日	1925/10/25	03단	鐵道協會員鐵道綱豫定/實地視察
126239	朝鮮朝日	1925/10/25	03단	佛教支部發會
126240	朝鮮朝日	1925/10/25	03단	接戰また接戰/寶塚軍惜敗す九A對六のスコアー
126241	朝鮮朝日	1925/10/25	04단	共進會役員鐵道割引實施
126242	朝鮮朝日	1925/10/25	04단	慶南道の女子蠶業講習/成績良好
126243	朝鮮朝日	1925/10/25	04단	十月末鐵道在貨增加
126244	朝鮮朝日	1925/10/25	05단	東拓管內の米作柄良好
126245	朝鮮朝日	1925/10/25	05단	電氣取引增加
126246	朝鮮朝日	1925/10/25	05단	明年種植苗木
126247	朝鮮朝日	1925/10/25	05단	滿洲からの入國者に對し入國券交附
126248	朝鮮朝日	1925/10/25	05단	多寶塔修築落成式

일련번호	판명	간행일	단수	기사명
126249	朝鮮朝日	1925/10/25	06단	遞送便集配時刻變更
126250	朝鮮朝日	1925/10/25	06단	羅南の品評會褒賞授與式
126251	朝鮮朝日	1925/10/25	06단	支那動亂と安東支人動搖
126252	朝鮮朝日	1925/10/25	07단	城川江の水電事業工事
126253	朝鮮朝日	1925/10/25	07단	土耳古娘ライスさんの描いた畵
126254	朝鮮朝日	1925/10/25	08단	大田地方初氷
126255	朝鮮朝日	1925/10/25	08단	通信いろいろ(安東縣/新義州)
126256	朝鮮朝日	1925/10/25	08단	朝鮮神宮大祭の雜沓を裏書する/各般に亙る統計
126257	朝鮮朝日	1925/10/25	09단	機動演習と龍山聯隊行動
126258	朝鮮朝日	1925/10/25	10단	燒酎の大密輸
126259	朝鮮朝日	1925/10/25	10단	振られた腹癒せに放火
126260	朝鮮朝日	1925/10/25	10단	情婦殺した十二年求刑
126261	朝鮮朝日	1925/10/25	10단	拘束者の身柄釋放陳情
126262	朝鮮朝日	1925/10/25	10단	平壤の火事
126263	朝鮮朝日	1925/10/25	10단	人(廓松齡中將/村川堅固氏(東大敎授)/犬塚鋼海要港部司令官)
126264	朝鮮朝日	1925/10/27		缺號
126265	朝鮮朝日	1925/10/28		缺號
126266	朝鮮朝日	1925/10/29		缺號
126267	朝鮮朝日	1925/10/30		缺號
126268	朝鮮朝日	1925/10/31		缺號

1925년 11월 (조선아사히)

일련번호	판명	간행일	단수	기사명
126269	朝鮮朝日	1925/11/1		缺號
126270	朝鮮朝日	1925/11/2		休刊
126271	朝鮮朝日	1925/11/3		缺號
126272	朝鮮朝日	1925-11-04/1	01단	畜牛の移出を內地から抗議/肺疫の源泉地が朝鮮だとの理由で
126273	朝鮮朝日	1925-11-04/1	01단	釜山府自治要望の大演設會
126274	朝鮮朝日	1925-11-04/1	01단	京城商議の選擧人員數二千三百人
126275	朝鮮朝日	1925-11-04/1	01단	定平郡廳移轉を認可希望通りに
126276	朝鮮朝日	1925-11-04/1	01단	世相は物語る(三)/高層な大館の下を項低れて三々伍々夕闇に消えて行く彼等勞働者の群れ
126277	朝鮮朝日	1925-11-04/1	02단	不逞團の潰滅も難事では無い/支那側の取締りが誠意で嚴重を極む
126278	朝鮮朝日	1925-11-04/1	03단	活牛運賃の對策を協議釜山商議が
126279	朝鮮朝日	1925-11-04/1	03단	秋鯖の漁港淸河灣修築の計劃
126280	朝鮮朝日	1925-11-04/1	03단	總督府辭令
126281	朝鮮朝日	1925-11-04/1	04단	海州電氣が二百馬力に擴張の計劃
126282	朝鮮朝日	1925-11-04/1	04단	注目を惹く正副會頭の顏觸/京城商業會議所の評議員選擧近づく
126283	朝鮮朝日	1925-11-04/1	04단	京城の入學難二高女で不足さらに一校を增設するの計劃が擡頭
126284	朝鮮朝日	1925-11-04/1	05단	驛前の廣場買入が無い/歲末を控へて
126285	朝鮮朝日	1925-11-04/1	06단	郵便局長異動
126286	朝鮮朝日	1925-11-04/1	06단	學議選擧に普選/納稅を撤廢新義州の試み
126287	朝鮮朝日	1925-11-04/1	06단	慶州靑年の聯合會組織/大邱で發會式
126288	朝鮮朝日	1925-11-04/1	07단	組合費の減免希望者は申告が必要
126289	朝鮮朝日	1925-11-04/1	07단	航路標識や燈臺を休止/鴨綠江の
126290	朝鮮朝日	1925-11-04/1	07단	小作爭議から自作農へ進む/最近の朝鮮農家と勞働運動の變化
126291	朝鮮朝日	1925-11-04/1	07단	從來の暖爐に簡單な裝置で無煙炭の完全燃燒が出來るやうな發明
126292	朝鮮朝日	1925-11-04/1	08단	支那動亂が幸して大繁昌の支那大道代書人/應募兵たちの手紙代筆で
126293	朝鮮朝日	1925-11-04/1	08단	義損金申込今夏水害の
126294	朝鮮朝日	1925-11-04/1	08단	機動演習と大田の賑ひ拂曉戰の壯觀
126295	朝鮮朝日	1925-11-04/1	09단	消防隊の分列式京城管內の
126296	朝鮮朝日	1925-11-04/1	09단	慶南當局が棉花密賣を嚴重に檢擧
126297	朝鮮朝日	1925-11-04/1	10단	慶南沿海の密漁者避難江原道附近へ
126298	朝鮮朝日	1925-11-04/1	10단	佐世保の驅逐艦入港二日釜山に
126299	朝鮮朝日	1925-11-04/1	10단	會(朝鮮土木協會/一高女音樂會)
126300	朝鮮朝日	1925-11-04/1	10단	人(鈴木莊六氏(朝鮮軍司令官)/尾野實信氏(陸軍大將)/岩佐重一氏(本府視學官兼編輯課長)/高橋亨氏(本府視學官))

일련번호	판명	간행일	단수	기사명
126301	朝鮮朝日	1925-11-04/1	10단	半島茶話
126302	朝鮮朝日	1925-11-04/2	01단	間島穀物の大宗大豆の格付檢査/咸北産業員の手で鮮内同様に實施す
126303	朝鮮朝日	1925-11-04/2	01단	慶北の稲作/昨年より多く平年より減少
126304	朝鮮朝日	1925-11-04/2	01단	慶北道の秋蠶收繭高五割の激增
126305	朝鮮朝日	1925-11-04/2	01단	全北道の本年收繭高千四百餘石
126306	朝鮮朝日	1925-11-04/2	01단	朝鮮汽船は一割を配當
126307	朝鮮朝日	1925-11-04/2	01단	約四百萬本を植栽する/平南の桑苗
126308	朝鮮朝日	1925-11-04/2	02단	咸南の受賞者國産共進會で
126309	朝鮮朝日	1925-11-04/2	02단	産繭增加の記念祝賀會十一月九日
126310	朝鮮朝日	1925-11-04/2	02단	南鮮圍碁大會
126311	朝鮮朝日	1925-11-04/2	02단	通信いろいろ(安東縣)
126312	朝鮮朝日	1925-11-04/2	03단	運動界(全鮮籃球大會善隣校勝つ/ゴルフ競技總督カップ戰/釜山の野球釜中優勝す/製糖軍優勝平壤の野球戰/仁川府の府民運動會體育デーの/體育デーに聯合運動會海州初めての/體育デーに元山府民の大運動會)
126313	朝鮮朝日	1925-11-04/2	03단	朝日勝繼碁戰/第十三回(十)
126314	朝鮮朝日	1925-11-04/2	04단	大邱狩獵會
126315	朝鮮朝日	1925-11-04/2	04단	大邱遠乘會
126316	朝鮮朝日	1925-11-05/1	01단	日暮れて道遠き京城の都市計劃/基本的調査を始め其後で專門家を選む
126317	朝鮮朝日	1925-11-05/1	01단	露領事館の國祭日來る七日
126318	朝鮮朝日	1925-11-05/1	01단	朝鮮石炭は苦情が多い列車に焚けば
126319	朝鮮朝日	1925-11-05/1	01단	世相は物語る(四)/全癒してもまた奈落の陶醉に墜ちて行くモヒ患者/あさましい現代人の自慰よ
126320	朝鮮朝日	1925-11-05/1	02단	貸出が增加組合銀行の月末帳尻が
126321	朝鮮朝日	1925-11-05/1	02단	豫算が通れは軍事教育は實施/當分の間は中等校と內鮮混合の學校だけ
126322	朝鮮朝日	1925-11-05/1	03단	金剛山電車一割一分配當/來る二十日東京で總會
126323	朝鮮朝日	1925-11-05/1	03단	配達日時の指定電報を取扱開始
126324	朝鮮朝日	1925-11-05/1	03단	清津商議所いよいよ設立
126325	朝鮮朝日	1925-11-05/1	04단	義損金の分配を協議京城府が
126326	朝鮮朝日	1925-11-05/1	04단	白系の露人に國籍の獲得を勞農政府が許可領事館で受付ける
126327	朝鮮朝日	1925-11-05/1	04단	二面に一人の防疫員を特派/內地移出が出來るやう總督府當局の大童
126328	朝鮮朝日	1925-11-05/1	05단	力鬪よく努めた鮮滿の二若人/中距離の吉田君とハードルの網干選手
126329	朝鮮朝日	1925-11-05/1	05단	半島縱斷の晝夜飛行海軍三機が
126330	朝鮮朝日	1925-11-05/1	06단	遞信局の放送局四日竣工す

일련번호	판명	간행일	단수	기사명
126331	朝鮮朝日	1925-11-05/1	06단	大京城の徽章變更一般に募集
126332	朝鮮朝日	1925-11-05/1	06단	內鮮の婦人達が小銃を借り集め/戰鬪演習や射撃大會不逞に惱む國境で
126333	朝鮮朝日	1925-11-05/1	06단	鬼女/養女を殺す實母を夢みたと
126334	朝鮮朝日	1925-11-05/1	07단	傳染病減少京城府內の
126335	朝鮮朝日	1925-11-05/1	07단	虎疫發生で漁業者困憊浦項附近の
126336	朝鮮朝日	1925-11-05/1	07단	女子誘拐の親玉が逮捕/上海から護送
126337	朝鮮朝日	1925-11-05/1	07단	肺ヂストマは狐と狸の病氣/朝鮮の王子も嘗て蟹料理から傳染された
126338	朝鮮朝日	1925-11-05/1	09단	妓生に愛せられ免職されて發狂/復職させて下さいと猛り狂ふ鮮人巡査
126339	朝鮮朝日	1925-11-05/1	09단	聯合體操
126340	朝鮮朝日	1925-11-05/1	10단	鮮人夫が岩に撲たれ卽死す
126341	朝鮮朝日	1925-11-05/1	10단	治癒せぬと醫者に亂暴留守宅に放火
126342	朝鮮朝日	1925-11-05/1	10단	天香氏講演會
126343	朝鮮朝日	1925-11-05/1	10단	人(熱帶病醫學會員/床次政本總裁/王洞貞氏)
126344	朝鮮朝日	1925-11-05/1	10단	半島茶話
126345	朝鮮朝日	1925-11-05/2	01단	兩軍勝敗の鍵は投手の相違か/城大對高商野球戰
126346	朝鮮朝日	1925-11-05/2	01단	平南道の米作豫算高五十一萬石
126347	朝鮮朝日	1925-11-05/2	01단	四十萬石突破す咸南の米作
126348	朝鮮朝日	1925-11-05/2	01단	江水利用の組合を計劃目下運動中
126349	朝鮮朝日	1925-11-05/2	01단	慶南淸酒の二倍增石は不景氣で駄目
126350	朝鮮朝日	1925-11-05/2	02단	米蝦漁業の會社設立は着々進捗す
126351	朝鮮朝日	1925-11-05/2	02단	釜山商業が兵營に宿泊/見學のため
126352	朝鮮朝日	1925-11-05/2	02단	慶山水利起工式いよいよ七日
126353	朝鮮朝日	1925-11-05/2	03단	博川普校の教育品展覽會十一月七八日
126354	朝鮮朝日	1925-11-05/2	03단	朝日勝繼碁戰/第十三回(十一)
126355	朝鮮朝日	1925-11-05/2	04단	增築記念の作品展覽會鎭南浦景校の
126356	朝鮮朝日	1925-11-05/2	04단	運動界(京城府の體育デー小學生活躍/體育デーの釜山運動會盛況を極む/商工社優勝鎭南浦の野球)
126357	朝鮮朝日	1925-11-06/1	01단	削減されても相當の計劃は出來るだらうと産米計劃に總督樂觀
126358	朝鮮朝日	1925-11-06/1	01단	入學難緩和の中學校長會議十九日から大田で
126359	朝鮮朝日	1925-11-06/1	01단	奉天票の亂取引取締/暴落に鑒み
126360	朝鮮朝日	1925-11-06/1	01단	結氷中の艀船を利用他地へ廻す
126361	朝鮮朝日	1925-11-06/1	01단	世相は物語る(五)/頻りと殖える鮮婦人の斷髮/その魁は大正十一年女主義者の姜香蘭
126362	朝鮮朝日	1925-11-06/1	02단	溫突用に石炭使用を平南が獎勵

일련번호	판명	간행일	단수	기사명
126363	朝鮮朝日	1925-11-06/1	02단	京城の無電は來年十月までに通信し得るやう工事いよいよ進捗
126364	朝鮮朝日	1925-11-06/1	03단	漢銀支店の預金協定加入近く實現か
126365	朝鮮朝日	1925-11-06/1	03단	大村羅南間聯絡飛行いよいよ實行
126366	朝鮮朝日	1925-11-06/1	04단	適齡者の檢査地變更は十日までに届出を要す
126367	朝鮮朝日	1925-11-06/1	04단	辭令(東京電話)
126368	朝鮮朝日	1925-11-06/1	04단	兎も角も京城は不逞團の巢窟/容赦なく取締ると長尾新任檢事正語る
126369	朝鮮朝日	1925-11-06/1	05단	九州特産品朝鮮巡回博/明春頃に開催
126370	朝鮮朝日	1925-11-06/1	06단	期限前に税金が完納新義州で珍しい現象
126371	朝鮮朝日	1925-11-06/1	06단	移出禁止で牛商大困り北鮮四道の
126372	朝鮮朝日	1925-11-06/1	06단	彈藥を發見李容九氏の邸宅から
126373	朝鮮朝日	1925-11-06/1	07단	二十五年前に家出した夫が同じ日に歸宅し親子夫婦の嬉しき對面
126374	朝鮮朝日	1925-11-06/1	07단	七匹の犲牛四頭を喰ひ殺す
126375	朝鮮朝日	1925-11-06/1	07단	肥料にと人糞の泥棒釜山の取締
126376	朝鮮朝日	1925-11-06/1	08단	百萬長者の夫へ設諭を本妻が願出
126377	朝鮮朝日	1925-11-06/1	08단	鮮人の刑事が婦女誘拐團の手先となって働き犯人を逃走させる
126378	朝鮮朝日	1925-11-06/1	08단	肉を鬻がぬと庖丁で脅迫する/親の魔の手を逃れ戀人に趨った美女鐘路署の手で救はる
126379	朝鮮朝日	1925-11-06/1	09단	阿片密輸で男女を檢擧載寧に護送
126380	朝鮮朝日	1925-11-06/1	09단	支那の連長が給料を横領直ちに檻禁
126381	朝鮮朝日	1925-11-06/1	10단	絞殺された鮮人の死體身許が不明
126382	朝鮮朝日	1925-11-06/1	10단	生活難で自殺を企つ六十老爺が
126383	朝鮮朝日	1925-11-06/1	10단	三人組の强盗押入り二百元を强奪
126384	朝鮮朝日	1925-11-06/1	10단	人(齋藤總督/矢吹省三男(外務政務次官))
126385	朝鮮朝日	1925-11-06/1	10단	半島茶話
126386	朝鮮朝日	1925-11-06/2	01단	第二回義損金割當てを決定/地方費で處理出來ぬ五道へ配分する
126387	朝鮮朝日	1925-11-06/2	01단	電燈需要は秋冬に增加珍しき現象
126388	朝鮮朝日	1925-11-06/2	01단	新規事業は望まれない平壤府の豫算
126389	朝鮮朝日	1925-11-06/2	01단	黃海道が綠肥栽培を極力獎勵す
126390	朝鮮朝日	1925-11-06/2	02단	黃海の棉作八百萬斤で三百萬斤增收
126391	朝鮮朝日	1925-11-06/2	02단	米豆檢査の標準を格上咸南道産の
126392	朝鮮朝日	1925-11-06/2	02단	散逸する書堂の田沓名義人が横領
126393	朝鮮朝日	1925-11-06/2	02단	賣行の良い刑務所製品內地へ移出
126394	朝鮮朝日	1925-11-06/2	03단	補習學校の製作品即賣七八の兩日
126395	朝鮮朝日	1925-11-06/2	03단	東津水利の起工式一日に擧行

일련번호	판명	간행일	단수	기사명
126396	朝鮮朝日	1925-11-06/2	03단	成績良好の林産品評會全北道の
126397	朝鮮朝日	1925-11-06/2	03단	通信いろいろ(淸州/安東縣)
126398	朝鮮朝日	1925-11-06/2	03단	朝日勝繼碁戰/第十三回(十二)
126399	朝鮮朝日	1925-11-06/2	04단	運動界(大邱遠乘會期日を變更)
126400	朝鮮朝日	1925-11-06/2	04단	弓道講習會
126401	朝鮮朝日	1925/11/7		缺號
126402	朝鮮朝日	1925-11-08/1	01단	鐵道局の收入豫定より增加/十月中の成績が二百五十餘萬圓
126403	朝鮮朝日	1925-11-08/1	01단	課の上に部を設置する計劃/京城府の職制變更府尹を勅任に昇格
126404	朝鮮朝日	1925-11-08/1	01단	京城府廳の上棟式十二月五日
126405	朝鮮朝日	1925-11-08/1	01단	和文印刷の電信機採用明年度から
126406	朝鮮朝日	1925-11-08/1	01단	世相は物語る(六)/表面は兎も角人身の賣買は口入業者の手を通じ暗默の裡に行はれる
126407	朝鮮朝日	1925-11-08/1	02단	咸鏡線の陽化俗厚間いよいよ開通
126408	朝鮮朝日	1925-11-08/1	02단	作柄は惡いが段別が增加し昨年の實收高より二千萬斤を增加す
126409	朝鮮朝日	1925-11-08/1	03단	米穀資金の貸出を警戒銀行業者が
126410	朝鮮朝日	1925-11-08/1	03단	品質低下の黃海道産米檢査寬大で
126411	朝鮮朝日	1925-11-08/1	04단	辭令(東京電話)
126412	朝鮮朝日	1925-11-08/1	04단	北鮮にも柿が實る/鎭南浦の乙羊農園で
126413	朝鮮朝日	1925-11-08/1	04단	貝の濫獲を自主的に取締らす
126414	朝鮮朝日	1925-11-08/1	05단	まだ僕達の出る幕では無いよ/中野咸北知事は福岡市長就任を拒否
126415	朝鮮朝日	1925-11-08/1	05단	會議所改造は一級戰の結果で如何に推移するか二級戰は三名の超過
126416	朝鮮朝日	1925-11-08/1	07단	夕陽に映ゆ海軍機 咸興を通過羅南に向ふ/歡迎裡に羅南着 元山に向ふ
126417	朝鮮朝日	1925-11-08/1	07단	牛移出の解禁は一定期間を經て發生せねば出來る 平南道當局の交涉/檢疫中の北鮮牛は生肉として販賣するか
126418	朝鮮朝日	1925-11-08/1	08단	藤村博士の國語敎授視察總督府の委囑
126419	朝鮮朝日	1925-11-08/1	08단	學校長會議慶南道の
126420	朝鮮朝日	1925-11-08/1	08단	不正金融社支店長逃亡行方捜査中
126421	朝鮮朝日	1925-11-08/1	09단	依然と困る鮮人の內地渡航/何等の妙案も無く取締に困る釜山署
126422	朝鮮朝日	1925-11-08/1	09단	うら淋しかった露領事館の記念祭訪問者の多くは左傾主義の鮮人
126423	朝鮮朝日	1925-11-08/1	09단	萬引男逮捕南大門通で
126424	朝鮮朝日	1925-11-08/1	09단	鮮銀支店の出納係自殺原因が怪しい
126425	朝鮮朝日	1925-11-08/1	10단	不逞らしい强盜犯逮捕本町署が

일련번호	판명	간행일	단수	기사명
126426	朝鮮朝日	1925-11-08/1	10단	人(仙波太郎大將/梶本益一氏(新任淸津郵便局長)/齋藤朝鮮總督/衛生技術官會議員一行)
126427	朝鮮朝日	1925-11-08/1	10단	半島茶話
126428	朝鮮朝日	1925-11-10/1	01단	中等學校入學試驗の廢止は鳥渡困難/前年通り二科目を課し小學校の成績をウンと參酌
126429	朝鮮朝日	1925-11-10/1	01단	世相は物語る(八)/不景氣でます闇に咲く花/家庭の女たちまで闇の巷に出て蠢く
126430	朝鮮朝日	1925-11-10/1	02단	無意味の內地渡航を禁止/下關の阿片中毒者は原籍地まで送還する
126431	朝鮮朝日	1925-11-10/1	02단	臨時列車を仕立 朝鮮神宮奉納品を全鮮に巡回展覽
126432	朝鮮朝日	1925-11-10/1	03단	平壤學校組合
126433	朝鮮朝日	1925-11-10/1	04단	運轉手の筆記試驗免除
126434	朝鮮朝日	1925-11-10/1	04단	本年上半期の火災損害
126435	朝鮮朝日	1925-11-10/1	04단	藤村博士講演
126436	朝鮮朝日	1925-11-10/1	04단	水害罹災者の戶別割を減免す第二回の調査終了
126437	朝鮮朝日	1925-11-10/1	05단	御婦人連中が鐵砲のお稽古/不逞鮮人に備ゆるため
126438	朝鮮朝日	1925-11-10/1	05단	本年度に新築する三郵便局
126439	朝鮮朝日	1925-11-10/1	06단	樂浪遺跡發掘から博物館建設の議 發掘地に保存が有意義/當時既パラソルが用ひられてゐる
126440	朝鮮朝日	1925-11-10/1	06단	齋藤總督再度上京す
126441	朝鮮朝日	1925-11-10/1	07단	鎭海灣內の漁權問題嚴重になる
126442	朝鮮朝日	1925-11-10/1	07단	無賴漢と交遊し/阿片吸煙の常習者で大袈裟な婦女誘拐
126443	朝鮮朝日	1925-11-10/1	08단	九龍浦方面に更に新患出づ/慶南の虎疫設備
126444	朝鮮朝日	1925-11-10/1	08단	迷信から新基をあばく
126445	朝鮮朝日	1925-11-10/1	09단	教育者の遺産に絡る醜い爭鬪/辯護士までグルになる
126446	朝鮮朝日	1925-11-10/1	09단	文學から科學經濟へ京城府內讀書界の傾向不景氣で賣行も鈍い
126447	朝鮮朝日	1925-11-10/1	09단	(寫眞說明)
126448	朝鮮朝日	1925-11-10/1	10단	列車めがけて男女の情死
126449	朝鮮朝日	1925-11-10/1	10단	拐帶犯判決
126450	朝鮮朝日	1925-11-10/1	10단	人(經濟記者團)
126451	朝鮮朝日	1925-11-10/1	10단	半島茶話
126452	朝鮮朝日	1925-11-10/2	01단	體育聯盟主催の對抗陸上競技大會京城高商優勝す/神宮競技朝鮮代表選手歸る/全鮮專門柔道/實業團野球戰/東亞日報勝つ/京城高商秋季劍道大會
126453	朝鮮朝日	1925-11-10/2	01단	鐵道局を京城驛跡に移轉の計劃
126454	朝鮮朝日	1925-11-10/2	01단	鮮牛移入取締緩和と陳情
126455	朝鮮朝日	1925-11-10/2	02단	勤儉貯蓄獎勵
126456	朝鮮朝日	1925-11-10/2	02단	朝鮮でも煙草値上げか

일련번호	판명	간행일	단수	기사명
126457	朝鮮朝日	1925-11-10/2	03단	輕鐵敷設協議
126458	朝鮮朝日	1925-11-10/2	03단	關東州外の郵便科金値上
126459	朝鮮朝日	1925-11-10/2	03단	第二回電話至急開通受付
126460	朝鮮朝日	1925-11-10/2	03단	吉長線も粟は特別取扱
126461	朝鮮朝日	1925-11-10/2	03단	朝日勝繼碁戰/第十三回(十四)
126462	朝鮮朝日	1925-11-10/2	04단	平北稻作豫想
126463	朝鮮朝日	1925-11-10/2	04단	果實品評會
126464	朝鮮朝日	1925-11-10/2	04단	會(煙草元賣捌總會)
126465	朝鮮朝日	1925-11-10/2	04단	通信いろいろ(安東縣/新義州)
126466	朝鮮朝日	1925-11-11/1	01단	朝鮮神宮外苑一帶を民衆の娛樂場としたい 然し工事費は削られたので更に方針を變へて着手/神社規則制定起案中/物産陳列館　神宮奉贊會の手で建設/鎭座以來每日夥しい參詣者/お守が每日百體出る朝鮮神宮の榮え/朝鮮神宮に能樂堂奇附/皇后陛下より神ながらの道 朝鮮神宮に御奉納
126467	朝鮮朝日	1925-11-11/1	01단	世相は物語る(九)/若い未婚の男に愛讀さるゝ婦人雜誌『愛はリベラルだわ』と滔々たる雜誌文化
126468	朝鮮朝日	1925-11-11/1	03단	露國領事上京
126469	朝鮮朝日	1925-11-11/1	04단	郵便所長に鮮人を採用
126470	朝鮮朝日	1925-11-11/1	04단	言論擁護大會鐵筆俱樂部で計劃中
126471	朝鮮朝日	1925-11-11/1	04단	煙草は値上せぬ朝鮮は內地と事情を異にする
126472	朝鮮朝日	1925-11-11/1	04단	辭令(東京電話)
126473	朝鮮朝日	1925-11-11/1	04단	屠獸場落成式
126474	朝鮮朝日	1925-11-11/1	05단	小春凪
126475	朝鮮朝日	1925-11-11/1	05단	赤ん坊展覽會
126476	朝鮮朝日	1925-11-11/1	05단	農業者の轉業續出は鮮內にとりて由々敷き問題その原因と轉業の內容
126477	朝鮮朝日	1925-11-11/1	06단	通信いろいろ(新義州)
126478	朝鮮朝日	1925-11-11/1	06단	補習教育の改善充實を計劃/明年豫算に計上すべて京城府で起案中
126479	朝鮮朝日	1925-11-11/1	08단	鴨綠江の流下材は增加豆滿江は不振
126480	朝鮮朝日	1925-11-11/1	08단	赤化運動の鮮美人搜査
126481	朝鮮朝日	1925-11-11/1	09단	家督相續權を女にも附與する/戶籍令を改正
126482	朝鮮朝日	1925-11-11/1	09단	京城會議所の正副會頭問題で注目さるゝ評議員選擧
126483	朝鮮朝日	1925-11-11/1	09단	戀人の死に落膽し情人に抱かれて毒死/同時に二人を愛した青年
126484	朝鮮朝日	1925-11-11/1	09단	大ヌクテ現る
126485	朝鮮朝日	1925-11-11/1	09단	汽車中で往生
126486	朝鮮朝日	1925-11-11/1	10단	人(中樞院參議申應熙氏)
126487	朝鮮朝日	1925-11-11/1	10단	半島茶話

일련번호	판명	간행일	단수	기사명
126488	朝鮮朝日	1925-11-11/2	01단	キクヒトハナスヒト/面白い事なら何でもお答します/熊本城脱出の谷村計介を道案内した剛勇士今年七十六の清水老大尉 西南役の隱れた軍事談
126489	朝鮮朝日	1925-11-11/2	01단	東拓異動豫想
126490	朝鮮朝日	1925-11-11/2	01단	黃海線の豫定工事着手
126491	朝鮮朝日	1925-11-11/2	02단	大邱會議所評議員選擧
126492	朝鮮朝日	1925-11-11/2	03단	朝日勝繼碁戰/第十三回(十五)
126493	朝鮮朝日	1925-11-11/2	04단	庭球リーグ戰
126494	朝鮮朝日	1925-11-12/1	01단	支那勞働者の入城多く日支鮮勞働者の融和ますます困難に陷る/小ぜり合はお互の自滅
126495	朝鮮朝日	1925-11-12/1	01단	來年度から電話度數制を實施すべく準備中料金につき研究
126496	朝鮮朝日	1925-11-12/1	02단	鮮人に對する無理解が恐ろしい結果を齎す
126497	朝鮮朝日	1925-11-12/1	02단	災害復舊豫算審議の道評議會/增稅と起債とで道路橋梁を復舊
126498	朝鮮朝日	1925-11-12/1	03단	平壤高女增改築委員會
126499	朝鮮朝日	1925-11-12/1	04단	喫茶室
126500	朝鮮朝日	1925-11-12/1	05단	世相は物語る(十)/腐れるリンゴは他のそれをも腐らす寂しく面やつれした/職業婦人の姿よ
126501	朝鮮朝日	1925-11-12/1	05단	全鮮物産卽賣頗る好評
126502	朝鮮朝日	1925-11-12/1	05단	往航は現在の儘で復航を直航とする/朝鮮大連長崎航路
126503	朝鮮朝日	1925-11-12/1	05단	鮮滿連絡長距離電話
126504	朝鮮朝日	1925-11-12/1	05단	肺牛疫豫防協議第一日目/檢疫所設置
126505	朝鮮朝日	1925-11-12/1	06단	京城府內の空家千四百戶に上るこれも不景氣の現れ
126506	朝鮮朝日	1925-11-12/1	07단	京城府內の傳染病患者數
126507	朝鮮朝日	1925-11-12/1	07단	天道教のイガミ合/尚ほ鎭らぬ
126508	朝鮮朝日	1925-11-12/1	07단	篤志看護婦人會講演
126509	朝鮮朝日	1925-11-12/1	08단	朝鮮鐵道協會無能との批難/會長選擧もお流れ
126510	朝鮮朝日	1925-11-12/1	08단	輸送中の獅子逃出す
126511	朝鮮朝日	1925-11-12/1	08단	主義運動を斷念した/崔昌益放釋
126512	朝鮮朝日	1925-11-12/1	09단	明治神宮御神符を僞せ數千圓詐取
126513	朝鮮朝日	1925-11-12/1	10단	京城の棄兒
126514	朝鮮朝日	1925-11-12/1	10단	猩紅熱流行期に入る
126515	朝鮮朝日	1925-11-12/1	10단	會(物産品評會)
126516	朝鮮朝日	1925-11-12/1	10단	人(仙波太郎大將/渡邊綻一郎氏(京城商議會頭))
126517	朝鮮朝日	1925-11-12/1	10단	半島茶話
126518	朝鮮朝日	1925-11-12/2	01단	キクヒトハナスヒト/面白い事なら何でもお答します/仲仕さん市會議員岡山の名物男片山良一君　『勞働者の氣焰をあげたい』降っても照っても豆粕かつぎ
126519	朝鮮朝日	1925-11-12/2	01단	咸南物産紹介宣傳に內地へ巡回展
126520	朝鮮朝日	1925-11-12/2	02단	慶南線の特定運賃實施

일련번호	판명	간행일	단수	기사명
126521	朝鮮朝日	1925-11-12/2	03단	自家用酒は漸次廢する密告者取締
126522	朝鮮朝日	1925-11-12/2	03단	朝日勝繼碁戰/第十四回(一)
126523	朝鮮朝日	1925-11-12/2	04단	咸南農品褒賞授與式
126524	朝鮮朝日	1925-11-12/2	04단	運動界(元山軍勝つ)
126525	朝鮮朝日	1925-11-13/1	01단	産米計劃の資金は半額を東拓の外債に總額一億二千萬圓位で折合ふ外はない模樣
126526	朝鮮朝日	1925-11-13/1	01단	福岡を中心に朝鮮と大連へ/定期航空路開設か
126527	朝鮮朝日	1925-11-13/1	01단	外國へも派遣する/學事視察改善高橋視學官談
126528	朝鮮朝日	1925-11-13/1	02단	新義州の商議設立準備促進
126529	朝鮮朝日	1925-11-13/1	02단	外人通過の高等警察事務打合會
126530	朝鮮朝日	1925-11-13/1	03단	辭令(東京電話)
126531	朝鮮朝日	1925-11-13/1	03단	大邱會議所評議員戰愈よ近づく
126532	朝鮮朝日	1925-11-13/1	03단	十月中の京城商況/京城各市場の十月賣上高
126533	朝鮮朝日	1925-11-13/1	04단	安滿鐵道速成運動/決議文
126534	朝鮮朝日	1925-11-13/1	04단	いかさま新聞の撲滅を期すため新聞紙法を改正
126535	朝鮮朝日	1925-11-13/1	04단	歐米視察に行く/土地改良課技師池田泰治郎氏
126536	朝鮮朝日	1925-11-13/1	05단	仁川港貿易高
126537	朝鮮朝日	1925-11-13/1	06단	咸鏡南道は天與の養蠶地十萬石産繭計劃
126538	朝鮮朝日	1925-11-13/1	06단	皇孫殿下の御降誕奉祝京城の催し
126539	朝鮮朝日	1925-11-13/1	06단	生牛移入禁止令の撤廢を要望
126540	朝鮮朝日	1925-11-13/1	07단	平壤からの生牛搬入禁止
126541	朝鮮朝日	1925-11-13/1	07단	大邱の陸地棉暴落
126542	朝鮮朝日	1925-11-13/1	07단	資金よりも技術者を得るが困難の水利事業
126543	朝鮮朝日	1925-11-13/1	08단	鐵道局增收
126544	朝鮮朝日	1925-11-13/1	08단	朝鮮鹽錬の課稅從價の五分に改正/安東會議所から交涉
126545	朝鮮朝日	1925-11-13/1	08단	軍資金募集に部下をひき連れ/朝鮮に潛入して捕った馬賊の頭目朴音駿
126546	朝鮮朝日	1925-11-13/1	08단	京城定期總會
126547	朝鮮朝日	1925-11-13/1	08단	臨時大祭の活動寫眞會
126548	朝鮮朝日	1925-11-13/1	09단	柞蠶公司計劃
126549	朝鮮朝日	1925-11-13/1	09단	高梁輸出禁止
126550	朝鮮朝日	1925-11-13/1	09단	鮮人側の入學難は今後緩和されやう/玄總督府視學官談
126551	朝鮮朝日	1925-11-13/1	10단	堤防擴張で新義州膨脹
126552	朝鮮朝日	1925-11-13/1	10단	奉天軍の軍費捻出に安東の增稅
126553	朝鮮朝日	1925-11-13/1	10단	磯附魚捕獲刺網成績良好
126554	朝鮮朝日	1925-11-13/1	10단	軍資金募集に部下をひき連れ/朝鮮に潛入して捕った馬賊の頭目朴音駿

일련번호	판명	간행일	단수	기사명
126555	朝鮮朝日	1925-11-13/2	01단	キクヒトハナスヒト/面白い事なら何でもお答します/アメリカの旅館でメザシを燒いたマダム天勝の土産ばなし/高等官の娘の鮮美人一座の花形野呂かめ子/
126556	朝鮮朝日	1925-11-13/2	01단	通信いろいろ(群山/安東縣)
126557	朝鮮朝日	1925-11-13/2	03단	朝日勝繼碁戰/第十四回(二)
126558	朝鮮朝日	1925-11-13/2	04단	群山の移出米買付激增
126559	朝鮮朝日	1925-11-13/2	04단	黃海線の猪島延長請願
126560	朝鮮朝日	1925-11-14/1	01단	中等學校入學の準備教育全廢は父兄側も當局も反對/中等校長會議で協議
126561	朝鮮朝日	1925-11-14/1	01단	今のところは極めて平穩だがやがて激戰を呈せん/淸津商議評議員選擧
126562	朝鮮朝日	1925-11-14/1	01단	安滿鐵道の速成決議
126563	朝鮮朝日	1925-11-14/1	02단	張氏が沒落せば影響は大
126564	朝鮮朝日	1925-11-14/1	03단	京南鐵道延長を陳情
126565	朝鮮朝日	1925-11-14/1	03단	羅南の商業銀行支店設置運動
126566	朝鮮朝日	1925-11-14/1	03단	鐵道網促進結局駄目か
126567	朝鮮朝日	1925-11-14/1	03단	咸南森林調査
126568	朝鮮朝日	1925-11-14/1	03단	上方地方へ積出す素晴しい朝鮮鯖/餘り獲れ過ぎるので當業者オヂ氣つく
126569	朝鮮朝日	1925-11-14/1	04단	新聞紙法の名譽毀損改正立案中
126570	朝鮮朝日	1925-11-14/1	04단	保護の範圍を超えないやう主意/釜山の內地渡航阻止
126571	朝鮮朝日	1925-11-14/1	04단	渡邊總督府農務課長講演
126572	朝鮮朝日	1925-11-14/1	05단	辭令(東京電話)
126573	朝鮮朝日	1925-11-14/1	05단	不景氣と會社の現狀
126574	朝鮮朝日	1925-11-14/1	05단	慶南水利事業は勞働者が不足/內地渡航者を喰止め此處に流用を計劃
126575	朝鮮朝日	1925-11-14/1	06단	京城府民の屎尿の販路を三里以內の地に擴め四十萬の財源を得る計劃
126576	朝鮮朝日	1925-11-14/1	06단	小包郵便物自動車遞送陳情
126577	朝鮮朝日	1925-11-14/1	06단	御安産の御神符獻上
126578	朝鮮朝日	1925-11-14/1	06단	淸津大棧橋使用料遞減
126579	朝鮮朝日	1925-11-14/1	07단	京城放送局加入を勸誘
126580	朝鮮朝日	1925-11-14/1	07단	ザリ蟹驅除
126581	朝鮮朝日	1925-11-14/1	07단	大邱醫院の傳染病患者
126582	朝鮮朝日	1925-11-14/1	07단	二十萬の農夫が救はれる産米計劃/失業者の救濟は産業發展の外ない
126583	朝鮮朝日	1925-11-14/1	08단	連絡船で朝鮮煙草密輸
126584	朝鮮朝日	1925-11-14/1	08단	京城府の傳染病者數
126585	朝鮮朝日	1925-11-14/1	08단	木浦の火事九戶を燒く

일련번호	판명	간행일	단수	기사명
126586	朝鮮朝日	1925-11-14/1	09단	今まで燒棄てゝゐた使用濟の汽車切符を製紙の原料に試驗中
126587	朝鮮朝日	1925-11-14/1	09단	記念寫眞帖
126588	朝鮮朝日	1925-11-14/1	09단	會(商議評議員會/商議工業部會/刀劍講演會/廢物利用展)
126589	朝鮮朝日	1925-11-14/1	10단	共謀詐欺の一味捕はる
126590	朝鮮朝日	1925-11-14/1	10단	人(渡邊農務課長/仙波太郎中將/吉住融氏(新任大邱郵便局長)/尾野大將歸東)
126591	朝鮮朝日	1925-11-14/1	10단	半島茶話
126592	朝鮮朝日	1925-11-14/2	01단	キクヒトハナスヒト/面白い事なら何でもお答します/金比羅さまの靈驗で千里眼/百發百中外れつこなし/大阪高工教授の中尾さん
126593	朝鮮朝日	1925-11-14/2	01단	朝日勝繼碁戰/第十四回(三)
126594	朝鮮朝日	1925-11-14/2	03단	年々向上する在滿鮮農の經濟/新設農村十三箇村
126595	朝鮮朝日	1925-11-14/2	03단	城津郡內稻作
126596	朝鮮朝日	1925-11-14/2	03단	咸南道の木炭指導獎勵
126597	朝鮮朝日	1925-11-14/2	04단	燒酎と繭籠特定運賃制定
126598	朝鮮朝日	1925-11-14/2	04단	ゴム靴業不景氣で休業續出
126599	朝鮮朝日	1925-11-14/2	04단	運動界(大邱野球大會)
126600	朝鮮朝日	1925-11-15/1	01단	內鮮滿商議の關係者ら會合し/滿鮮航路改善を協議來月初旬仁川に於て
126601	朝鮮朝日	1925-11-15/1	01단	昨年に比し二萬圓を增加/切り詰めた平南豫算新規事業は極少
126602	朝鮮朝日	1925-11-15/1	01단	十一月上旬鮮米移出高十七萬餘石
126603	朝鮮朝日	1925-11-15/1	01단	京城府教育會の教育功勞者表彰/被表彰者七氏の功績
126604	朝鮮朝日	1925-11-15/1	02단	島德氏による取引所復活說
126605	朝鮮朝日	1925-11-15/1	02단	これと言ふ名案も持たぬ/入學難問題に關し福島龍中校長語る
126606	朝鮮朝日	1925-11-15/1	03단	京奉間の第一通話/商議關係者により行はれる
126607	朝鮮朝日	1925-11-15/1	03단	例により給水を制限新義州水道
126608	朝鮮朝日	1925-11-15/1	03단	信川溫泉で通信員大會十一月下旬
126609	朝鮮朝日	1925-11-15/1	04단	學校費は最も惡く/國稅は一等よい京城の納稅調べ
126610	朝鮮朝日	1925-11-15/1	04단	水害地の學校費も矢つ張り免稅/本稅の地租が水害で免稅されたため
126611	朝鮮朝日	1925-11-15/1	04단	道內の蠶紙は不良だと嫌惡/平南養蠶業者頑張る/製造された蠶紙はどうなるか
126612	朝鮮朝日	1925-11-15/1	05단	人道橋を渡る十五町コンコンと溫泉が湧出/遊覽に好適の景勝で大溫泉場設置の計劃
126613	朝鮮朝日	1925-11-15/1	06단	鮮人學生には希望者に限り/軍事教育を實施す內地學生は全部に
126614	朝鮮朝日	1925-11-15/1	06단	通信いろいろ(新義州/安東縣)
126615	朝鮮朝日	1925-11-15/1	06단	四道の活牛は絶對に出さず/惡疫終熄を竢ち徐ろに移出禁止の解除を要望

일련번호	판명	간행일	단수	기사명
126616	朝鮮朝日	1925-11-15/1	07단	平南鮮人の內地渡航が激增した
126617	朝鮮朝日	1925-11-15/1	08단	虎疫終熄で第二期豫防は近く撤廢されん料亭のツクリも許される
126618	朝鮮朝日	1925-11-15/1	08단	鴨綠江の銀盤で全日本選手權大會/滿洲體協の主催で盛大に催さるゝスケート
126619	朝鮮朝日	1925-11-15/1	08단	女子高普校大邱に新設明年度から
126620	朝鮮朝日	1925-11-15/1	08단	不逞と交戰一名を斃し四名行方不明
126621	朝鮮朝日	1925-11-15/1	08단	咸南道の無人島六十七に達す
126622	朝鮮朝日	1925-11-15/1	09단	大同江の鵜飼許可する
126623	朝鮮朝日	1925-11-15/1	09단	記事が不穩當だと記者に腰繩を打ち手錠を穿めて護送/京城少壯記者の憤慨
126624	朝鮮朝日	1925-11-15/1	10단	金融組合長斬らる/貸借關係が原因か
126625	朝鮮朝日	1925-11-15/1	10단	鷺梁津に飛行學校/朝鮮出身の二飛行士計劃
126626	朝鮮朝日	1925-11-15/1	10단	半島茶話
126627	朝鮮朝日	1925-11-17/1	01단	會社敎化策として京城府に活寫班を設置する/府尹の諮問に對する意見ほゞ決定/表彰や役員改選のあった京城府敎育總會
126628	朝鮮朝日	1925-11-17/1	01단	鮮支協約に對し惡口を叩くのはまだ時機が早過ぎる今後の成績を見て欲いと國友警務課長は語る
126629	朝鮮朝日	1925-11-17/1	02단	京城の種痘は成績頗る不良
126630	朝鮮朝日	1925-11-17/1	02단	擴大する麗水の商業勢力/其前途有望視さる
126631	朝鮮朝日	1925-11-17/1	03단	京城に國技館愈設置する
126632	朝鮮朝日	1925-11-17/1	03단	頗る好成績の/本月上旬の鐵道收入
126633	朝鮮朝日	1925-11-17/1	03단	新舊泰仁の道路愈よ改修
126634	朝鮮朝日	1925-11-17/1	04단	圖門鐵道運賃引下/コレで私鐵の運賃統一さる
126635	朝鮮朝日	1925-11-17/1	04단	內鮮混合種子を極力研究する/必ず近き將來には何物かを齎すだらうと大工原水原農場長歸來談
126636	朝鮮朝日	1925-11-17/1	04단	可愛い集り/鮮人夜學協議(大阪電話)
126637	朝鮮朝日	1925-11-17/1	04단	不景氣風に染らない京城の花柳界/トテも素晴い好景氣
126638	朝鮮朝日	1925-11-17/1	05단	大邱商議役員選擧無事終了す
126639	朝鮮朝日	1925-11-17/1	05단	堰堤工事落札
126640	朝鮮朝日	1925-11-17/1	05단	特立隊の軍敎嚴重を極む
126641	朝鮮朝日	1925-11-17/1	05단	滿鐵案內所竣工
126642	朝鮮朝日	1925-11-17/1	06단	プロ黨喜べ！！伊勢蝦が食へる/慶南道では今後盛んに捕獲すべく計劃中
126643	朝鮮朝日	1925-11-17/1	06단	老醫生を隱退させ醫生試驗を嚴重にする/慶南道の醫生取締方針
126644	朝鮮朝日	1925-11-17/1	06단	役人や請負人を家宅侵入で告訴/平南介川郡廳舍移轉に伴ふ所有權の侵害
126645	朝鮮朝日	1925-11-17/1	07단	一名壓死四名重傷家屋倒壞して

일련번호	판명	간행일	단수	기사명
126646	朝鮮朝日	1925-11-17/1	08단	思惑連の狼狽煙草値上說で
126647	朝鮮朝日	1925-11-17/1	08단	黍畑の中に撲殺死體/妻を容疑者として引致取調
126648	朝鮮朝日	1925-11-17/1	08단	釜山府の火事
126649	朝鮮朝日	1925-11-17/1	08단	出征奉天軍馬賊に化ける
126650	朝鮮朝日	1925-11-17/1	08단	汽船と帆船衝突一名溺死す
126651	朝鮮朝日	1925-11-17/1	09단	密輸阿片を賣り支那紙幣を偽造/主魁者遂に逮捕さる
126652	朝鮮朝日	1925-11-17/1	09단	二圓の借金で大工を殺す
126653	朝鮮朝日	1925-11-17/1	09단	一等車へ人頭大の石を投込む/支那人の仕業か
126654	朝鮮朝日	1925-11-17/1	09단	便益社の開業
126655	朝鮮朝日	1925-11-17/1	09단	運動界(專門校の柔劍大會京城で擧行/大田武道稽古始式/大邱の野球戰)
126656	朝鮮朝日	1925-11-17/1	10단	會(衡平青年總會/平北道評議會)
126657	朝鮮朝日	1925-11-17/1	10단	人(米國視察團/水野葉舟氏)
126658	朝鮮朝日	1925-11-17/1	10단	半島茶話
126659	朝鮮朝日	1925-11-17/2	01단	キクヒトハナスヒト/面白い事なら何でもお答します/洛北の名物大原の里子産みの親より育ての親その間の美しい人情味
126660	朝鮮朝日	1925-11-17/2	01단	忠南の籾共同販賣惡仲買手も足も出ず農家は福音來に喜ぶ
126661	朝鮮朝日	1925-11-17/2	02단	釜山か京城で開催を希望/長連航路會議と仁川商議の希望
126662	朝鮮朝日	1925-11-17/2	02단	慶北鼓膜會/盲人救濟機關の
126663	朝鮮朝日	1925-11-17/2	02단	青年の手で架橋修養橋と命名
126664	朝鮮朝日	1925-11-17/2	03단	朝日勝繼碁戰/第十四回(四)
126665	朝鮮朝日	1925-11-17/2	04단	新義の滯納處分
126666	朝鮮朝日	1925-11-17/2	04단	清州養鷄品評
126667	朝鮮朝日	1925-11-18/1	01단	人民の被害は減少し却って匪賊に被害多くなる/殊に匪賊達の獨立思想は消え失せ共產思想の擡頭せるは注目に價す/國境に於ける不逞鮮人の動靜
126668	朝鮮朝日	1925-11-18/1	01단	京城奉天間の處女通話を濟す/成績頗る良好の裡に關係者祝辭を交換す
126669	朝鮮朝日	1925-11-18/1	01단	全鮮の裁判所はあまりに貧弱だ/法の威嚴上經費の許す限り應急修理したい/水野法務課長の視察談
126670	朝鮮朝日	1925-11-18/1	01단	總督府の一部冬休中に移轉
126671	朝鮮朝日	1925-11-18/1	02단	移出は減じ移入は增加/十月中の內鮮貿易の狀況
126672	朝鮮朝日	1925-11-18/1	03단	辭令(東京電話)
126673	朝鮮朝日	1925-11-18/1	03단	黃海線延長/期成大會盛況を呈す
126674	朝鮮朝日	1925-11-18/1	03단	可愛い集ひ
126675	朝鮮朝日	1925-11-18/1	04단	奉票暴落防止/嚴重なる通達
126676	朝鮮朝日	1925-11-18/1	04단	慶南道最初の面營倉庫落成し近く農產物を保管し保管券で金融までする

일련번호	판명	간행일	단수	기사명
126677	朝鮮朝日	1925-11-18/1	04단	朝鮮步兵隊を明年度から移轉/場所は決定しないが經費は豫算に計上す
126678	朝鮮朝日	1925-11-18/1	05단	衛生技術官ら鮮內衛生視察
126679	朝鮮朝日	1925-11-18/1	06단	家庭燃料として石炭は經濟的だ/炊事用にも使へる/黑木鑛務課長のお話
126680	朝鮮朝日	1925-11-18/1	06단	皇孫御降誕と名地の奉祝(京城/新義州)
126681	朝鮮朝日	1925-11-18/1	06단	新義州商業五年制を道知事に陳情
126682	朝鮮朝日	1925-11-18/1	06단	仁義軍の馬賊八道溝を燒打し警官隊を全滅して悠々掠奪を恣にす/少人數のため蹂躪さる八道溝の官憲全滅の原因)
126683	朝鮮朝日	1925-11-18/1	07단	漁船遭難/漁夫十八名行方不明となる
126684	朝鮮朝日	1925-11-18/1	07단	鮭の濫獲で人工孵化減少し咸南道では取締規則屬行を嚴達
126685	朝鮮朝日	1925-11-18/1	07단	獵銃で過って友人を射殺す
126686	朝鮮朝日	1925-11-18/1	08단	黑旗事件の判決言渡何れも懲役一年に處せらる
126687	朝鮮朝日	1925-11-18/1	08단	虐待されて小娘自殺を企つ
126688	朝鮮朝日	1925-11-18/1	08단	元山劇場全燒/煙草の火からか
126689	朝鮮朝日	1925-11-18/1	09단	爆裂して重傷
126690	朝鮮朝日	1925-11-18/1	09단	露領へ漂流か
126691	朝鮮朝日	1925-11-18/1	09단	投石で重傷
126692	朝鮮朝日	1925-11-18/1	09단	竊盜犯の怪死
126693	朝鮮朝日	1925-11-18/1	09단	別莊內に豿/難なく生捕る
126694	朝鮮朝日	1925-11-18/1	10단	運動界(平南武道大會/老童團を組織)
126695	朝鮮朝日	1925-11-18/1	10단	會(安城物産品評會/女學生音樂會)
126696	朝鮮朝日	1925-11-18/1	10단	半島茶話
126697	朝鮮朝日	1925-11-18/2	01단	キクヒトハナスヒト/面白い事なら何でもお答します/兩手片足のない龜さんの生立ち/金光中學を卒業して今は新富座の名物活辯/血と涙の二十一年の半生
126698	朝鮮朝日	1925-11-18/2	03단	朝日勝繼碁戰/第十四回(五)
126699	朝鮮朝日	1925-11-18/2	04단	十二峰の勝地に櫻楓を植え遊園地をつくる
126700	朝鮮朝日	1925-11-19/1	01단	補助金をアテ込み左滿鮮人の教育を引受たしとて滿鐵から總督府へ出願/總督府ではオイソレと渡しさうもない/收穫まで待てず靑田の儘で賣る哈爾賓附近に在住の鮮人農家の生活狀態
126701	朝鮮朝日	1925-11-19/1	01단	道路改善請願/速成期成會から
126702	朝鮮朝日	1925-11-19/1	01단	高女校の年制延長/京城府では明年から實施
126703	朝鮮朝日	1925-11-19/1	02단	育兒ホームの內外音樂會
126704	朝鮮朝日	1925-11-19/1	02단	朝鮮農會令愈閣議を通過/係官を各地に派遣し趣旨宣傳をやる
126705	朝鮮朝日	1925-11-19/1	03단	郡守達の關西見物/先づ本社を參觀
126706	朝鮮朝日	1925-11-19/1	03단	再調査を行はず明年度から實施/京城府の税制整理で馬野府尹肚を決める

일련번호	판명	간행일	단수	기사명
126707	朝鮮朝日	1925-11-19/1	04단	京城府の屠獸場落成す
126708	朝鮮朝日	1925-11-19/1	04단	會社銀行(東亞煙草配當/朝鮮難信總會)
126709	朝鮮朝日	1925-11-19/1	04단	辭令(東京電話)
126710	朝鮮朝日	1925-11-19/1	04단	平安籾の正味取引成績頗る良好
126711	朝鮮朝日	1925-11-19/1	05단	將來は判らぬが今の處値上せぬ自家用廢止は言明すること を許されてないと煙草値上につき水口局長談
126712	朝鮮朝日	1925-11-19/1	05단	入學試驗日を各校共別々にして欲しいと父兄側の熱烈な要 求/當局は不可能だと頑張る
126713	朝鮮朝日	1925-11-19/1	05단	ヴェーポア式の蒸氣を試驗する/成績がよければ國有鐵道の 列車に裝置
126714	朝鮮朝日	1925-11-19/1	06단	無料で溫突改善
126715	朝鮮朝日	1925-11-19/1	07단	キーサンと女官の頭飾りを强奪/戀に破れたヤンパンの忰が ヤケからの犯行
126716	朝鮮朝日	1925-11-19/1	07단	道界を遮斷し牛の檢病を行ふ/平南道の牛疫豫防策
126717	朝鮮朝日	1925-11-19/1	07단	重要問題を調査して參考とする朝鮮工業會
126718	朝鮮朝日	1925-11-19/1	07단	慶南のコレラは漸次下火となり釜山の豫防を解除し方魚津 方面の手も緩める
126719	朝鮮朝日	1925-11-19/1	07단	遭難船を救助
126720	朝鮮朝日	1925-11-19/1	08단	吏員と若き娘朝鮮へ出奔か
126721	朝鮮朝日	1925-11-19/1	08단	內鮮同一の質札にて質商の暴利を未然に防止する
126722	朝鮮朝日	1925-11-19/1	09단	鐵道の古切符から新く生れる紙/馬鹿にならない
126723	朝鮮朝日	1925-11-19/1	09단	時局標榜の强盜團か/京畿道刑事課の大活動開始
126724	朝鮮朝日	1925-11-19/1	09단	十一年間も病院にゐる京城府內の厄介な行路病人
126725	朝鮮朝日	1925-11-19/1	10단	八道溝民續々避難/警備漸く整ふ
126726	朝鮮朝日	1925-11-19/1	10단	運動界(京城馬場開き)
126727	朝鮮朝日	1925-11-19/1	10단	會(上席判檢事會議/穀檢查定協議/京取と振興策)
126728	朝鮮朝日	1925-11-19/1	10단	半島茶話
126729	朝鮮朝日	1925-11-19/2	01단	キクヒトハナスヒト/面白い事なら何でもお答します/漫畫家 の見た大阪の女性/うなぎどんぶりとの關係/一平さんの眞面 目なハナシ
126730	朝鮮朝日	1925-11-19/2	02단	露國官憲の嚴重な告示/ウスリー國境について注意
126731	朝鮮朝日	1925-11-19/2	03단	咸南の農作物は五千萬圓の生産/農家戶數十六萬で殆んど全 部が自作
126732	朝鮮朝日	1925-11-19/2	03단	朝日勝繼碁戰/第十四回(六)
126733	朝鮮朝日	1925-11-19/2	04단	驚くべき增加/平南の穀用叺
126734	朝鮮朝日	1925-11-19/2	04단	工事に着手の咸南良德水利組合
126735	朝鮮朝日	1925-11-19/2	04단	平南道評議會
126736	朝鮮朝日	1925-11-20/1	01단	埒あかぬ案件も譯もなく解決し非常に好成績を擧げた內鮮 滿連絡高等會議

일련번호	판명	간행일	단수	기사명
126737	朝鮮朝日	1925-11-20/1	01단	內地渡航のため或程度までは干涉もする/それは軈て鮮人達に幸福となるからであると田中本府高等警察課長談
126738	朝鮮朝日	1925-11-20/1	01단	移住者は逐年增加するばかり需要品の大阪から來るのには一驚を喫した/渡邊農務課長の間島視察談
126739	朝鮮朝日	1925-11-20/1	02단	辭令(東京電話)
126740	朝鮮朝日	1925-11-20/1	03단	高女增設より年制延長が先決問題だ/馬野京城府尹談
126741	朝鮮朝日	1925-11-20/1	03단	咸興運動場設置問題擡頭し今度こそはと非常な意氣込/朝鮮郡守一行/本社バルコニーに於て
126742	朝鮮朝日	1925-11-20/1	04단	平壤商議/會頭は誰か/松井氏? 內田氏? 鍵を握る朝鮮人側に新勢力の勃興を見る/覆面を脱ぎ戰ひ開始 愈白熱化した平壤商議選擧
126743	朝鮮朝日	1925-11-20/1	05단	鮮牛依然として內地へ移出さる 來月に入れば釜山經由の移出は多くなる/痛ましく瘦せ細り朝鮮牛の逆戾り 內地陸揚げを拒絶され巳むを得ずに歸る/牛疫豫防で局長東上 豫防緩和と費用捻出のため
126744	朝鮮朝日	1925-11-20/1	06단	警察當局に警告する筆禍事件に奮起せる仁川記者團/京城記者團の眞相調査
126745	朝鮮朝日	1925-11-20/1	06단	絹布の密輸淸津で檢擧さる
126746	朝鮮朝日	1925-11-20/1	07단	淸津大豆商人窮境に陷る/約束の間島大豆が來ぬため
126747	朝鮮朝日	1925-11-20/1	07단	稅制は今のところ改正の要はない然し調査はしてゐる/生田內務局長の談
126748	朝鮮朝日	1925-11-20/1	07단	金を强奪し人質とし主人を拉致す/支那强盜の犯行
126749	朝鮮朝日	1925-11-20/1	07단	氷會社の繫爭
126750	朝鮮朝日	1925-11-20/1	08단	リンゴの豐作にて農家有卦に入る/今日迄廿萬貫を移出
126751	朝鮮朝日	1925-11-20/1	08단	鴨綠江の燈臺休燈す
126752	朝鮮朝日	1925-11-20/1	08단	大尉殿叱らる/女に戲れて
126753	朝鮮朝日	1925-11-20/1	08단	暗い獄內で愛慾の爭/女囚絞殺未遂は同性愛から
126754	朝鮮朝日	1925-11-20/1	09단	此寒空に洗濯が出來ず/鐵道員の大弱り
126755	朝鮮朝日	1925-11-20/1	09단	釜山の野犬狩
126756	朝鮮朝日	1925-11-20/1	09단	運動界(成南道射擊會)
126757	朝鮮朝日	1925-11-20/1	10단	會(海外發展講演/鐵道所場長會/鮮滿車輛協議)
126758	朝鮮朝日	1925-11-20/1	10단	人(水野增三氏/津田弘季氏/高松四郎氏(朝鮮神宮宮司)/飯田延太郎氏(有隣生命社長)/山崎延吉氏(帝國農會長))
126759	朝鮮朝日	1925-11-20/1	10단	半島茶話
126760	朝鮮朝日	1925-11-20/2	01단	キクヒトハナスヒト/面白い事なら何でもお答します/千日前の極樂小路しやうべんたんごの名つけ親/それは私ですがな/二鶴主人の數奇な身の上話
126761	朝鮮朝日	1925-11-20/2	03단	厚崎嶺道路進捗せず不安に襲はる
126762	朝鮮朝日	1925-11-20/2	03단	朝日勝繼碁戰/第十四回(七)

일련번호	판명	간행일	단수	기사명
126763	朝鮮朝日	1925-11-20/2	04단	平南米の格付上る檢査施行の結果
126764	朝鮮朝日	1925-11-20/2	04단	清津荷置場の竣工近づく
126765	朝鮮朝日	1925-11-20/2	04단	清津穀物同業組合
126766	朝鮮朝日	1925-11-20/2	04단	海州の學議補選
126767	朝鮮朝日	1925-11-21/1	01단	姑息な方法も採れず學級増設に苦む京城府/來年度は泣いても笑っても普通學校だけで二十七學級増設の要あり
126768	朝鮮朝日	1925-11-21/1	01단	朝鮮だけの判決例を開く/既に新判例を得たが成績は頗る好い
126769	朝鮮朝日	1925-11-21/1	02단	新聞紙法脱稿し關係方面で審議/現在數は五百餘種に上り中には苦いのが多い
126770	朝鮮朝日	1925-11-21/1	02단	有線を利用するラヂオは駄目だ/朝鮮としては到底豫算關係は許さない
126771	朝鮮朝日	1925-11-21/1	03단	幼年校體格檢査
126772	朝鮮朝日	1925-11-21/1	04단	京城大阪間電線増設/竣成期は來年二月頃か
126773	朝鮮朝日	1925-11-21/1	04단	高陞號引揚試驗は好成績
126774	朝鮮朝日	1925-11-21/1	04단	山間部と都市との女教員の交換を時々行ふ
126775	朝鮮朝日	1925-11-21/1	04단	慶南道評議會
126776	朝鮮朝日	1925-11-21/1	04단	慶北道評議會
126777	朝鮮朝日	1925-11-21/1	04단	樂浪南墳の棺は後漢末期の物か/北墳は結氷期に向ふので來年度発掘する
126778	朝鮮朝日	1925-11-21/1	05단	皇孫御降誕と名地の奉祝(新義州/大田/仁川/大邱/京城)
126779	朝鮮朝日	1925-11-21/1	06단	國境線外に對し巡査を増派する/外務省では來年度の豫算に経費を計上す
126780	朝鮮朝日	1925-11-21/1	06단	仁義軍の襲撃は豫定の計劃か/八道溝の燒失家屋千四百十四戶の多きに上る
126781	朝鮮朝日	1925-11-21/1	06단	十二個條に上る待遇改善の要求/釜山印刷工組合より印刷同業組合に提出
126782	朝鮮朝日	1925-11-21/1	06단	釜山實習女校財團法人に變更
126783	朝鮮朝日	1925-11-21/1	06단	光州農學校新築落成式
126784	朝鮮朝日	1925-11-21/1	07단	辭令(東京電話)
126785	朝鮮朝日	1925-11-21/1	07단	京城學校組合/評議員會開催
126786	朝鮮朝日	1925-11-21/1	07단	傍聽者を限定し祕密裡に開催の全鮮中等學校長會議/本年は特に緊張す
126787	朝鮮朝日	1925-11-21/1	08단	鮮人學生暴れる
126788	朝鮮朝日	1925-11-21/1	08단	慶北各地のヌクテ被害/牧場主は巨大な奴を退治る
126789	朝鮮朝日	1925-11-21/1	08단	途方もない流言蜚語/大邱附近に流布
126790	朝鮮朝日	1925-11-21/1	09단	罪の子を殺す
126791	朝鮮朝日	1925-11-21/1	09단	煉炭の中毒騒ぎ平壌山手校の出來事/兒童數名遂に寝込む
126792	朝鮮朝日	1925-11-21/1	09단	新設市場に激しい反對/店村市場業者道へ反對陳情
126793	朝鮮朝日	1925-11-21/1	09단	氣遣はれる農勞總會

일련번호	판명	간행일	단수	기사명
126794	朝鮮朝日	1925-11-21/1	10단	筆禍事件愈擴大し平壤鮮人記者も遂に奮起す
126795	朝鮮朝日	1925-11-21/1	10단	半島茶話
126796	朝鮮朝日	1925-11-21/2	01단	キクヒトハナスヒト/面白い事なら何でもお答します/　お饅頭由來/七百年前に唐から歸った名僧が博多へ傳へたもの/今だに殘るその時の看板
126797	朝鮮朝日	1925-11-21/2	02단	通信いろいろ(新義州/安東縣)
126798	朝鮮朝日	1925-11-21/2	03단	京南鐵道延長は前途頗る有望/熱誠なる沿道住民の運動に會社遂に動かさる
126799	朝鮮朝日	1925-11-21/2	03단	朝日勝繼碁戰/第十四回(八)
126800	朝鮮朝日	1925-11-21/2	04단	漁撈改善宣傳
126801	朝鮮朝日	1925-11-21/2	04단	牛疫豫防會議
126802	朝鮮朝日	1925/11/22		缺號
126803	朝鮮朝日	1925-11-24/1	01단	下岡總監の訃報に色めき立つ倭城臺 局長以下急遽會合し各代表者續々東上/政治家を必要とする問題の多い今日 總監の死は殘念でならぬ 生田內務局長談/朝鮮のみでなく國家の損失だ 眞の經綸は是からだったのにと鈴水司令官は嘆ず/産米增殖の成果を見ず逝去は惜しい 和田商銀頭取談/府民を代表二氏東上す 馬野氏に代り
126804	朝鮮朝日	1925-11-24/1	01단	偉い人を喪った李王殿下の御言葉
126805	朝鮮朝日	1925-11-24/1	01단	警務第一主義を産業第一に改めた 政治家としてその銳き閃き經綸の具體化を見ず 忽焉と逝く總監を悼む
126806	朝鮮朝日	1925-11-24/1	04단	偉大な功績は永久に輝かん 産業第一主義を繼承す後の任が欲しい/産米計劃は勿論治山治水に關して深き諒解を有った總監を喪ふは惜しい 藤井寬太郎氏談/鮮人側も得難き總監と期待してゐた　韓相龍氏談/京城府の追悼會は二十五日/光州でも追弔式 二十五日に
126807	朝鮮朝日	1925-11-24/1	05단	鮮鐵の十年計劃愈よ閣議に上程/成否果して如何/木村局長急遽東上
126808	朝鮮朝日	1925-11-24/1	06단	上玉を選み三菱鑛業の坑夫に送る
126809	朝鮮朝日	1925-11-24/1	06단	皇孫御降誕と各地の奉祝(羅南/元山)
126810	朝鮮朝日	1925-11-24/1	06단	鮮米の出廻り漸く旺勢
126811	朝鮮朝日	1925-11-24/1	06단	七年に亘る四十八萬圓の橫領事件公判
126812	朝鮮朝日	1925-11-24/1	06단	近頃の女學生は戀愛を詩化せず實際的に考慮する/つまり堅實になった
126813	朝鮮朝日	1925-11-24/1	07단	あまり過激で辯論會禁止/二日目から
126814	朝鮮朝日	1925-11-24/1	08단	二十萬圓を投じ普通校の大擴張/五萬圓は增稅で十五萬圓は起債
126815	朝鮮朝日	1925-11-24/1	09단	北鮮の電話だんだんと開通する
126816	朝鮮朝日	1925-11-24/1	09단	二千圓の强奪犯人を新義州署逮捕
126817	朝鮮朝日	1925-11-24/1	10단	馬山から怪鮮人引致/時局標榜の拳銃事件で

일련번호	판명	간행일	단수	기사명
126818	朝鮮朝日	1925-11-24/1	10단	人(衛生技術會議團/池田泰治郎氏(總督府殖産局技師)/西田天香氏)
126819	朝鮮朝日	1925-11-24/1	10단	半島茶話
126820	朝鮮朝日	1925-11-24/2	01단	四等米を等外とし道外移出を認容/檢査を嚴重にして
126821	朝鮮朝日	1925-11-24/2	01단	皇孫殿下御誕生奉祝/面民が協議(淸州)
126822	朝鮮朝日	1925-11-24/2	01단	內地人の十分の一慶南稅額の鮮人の負擔
126823	朝鮮朝日	1925-11-24/2	01단	大田大隊の除隊式/滿期兵は百七十六名
126824	朝鮮朝日	1925-11-24/2	01단	赤十字支部傳染病棟がいよいよ竣工
126825	朝鮮朝日	1925-11-24/2	01단	鴨綠江の開拓會社を設立の計劃
126826	朝鮮朝日	1925-11-24/2	02단	一萬圓で大掃除/京城府の
126827	朝鮮朝日	1925-11-24/2	02단	貨幣引換は二萬三千圓/九月以降で
126828	朝鮮朝日	1925-11-24/2	02단	駐在所に藥を配布し住民を治療
126829	朝鮮朝日	1925-11-24/2	03단	元山中學の發火演習は好成績で終了
126830	朝鮮朝日	1925-11-24/2	03단	猪島延長の運動經過會/鎭南浦で
126831	朝鮮朝日	1925-11-24/2	03단	恩に狎れ易い鮮人の多くが上海からの歸航に無賃乘船を企らむ
126832	朝鮮朝日	1925-11-24/2	03단	通信いろいろ(新義州)
126833	朝鮮朝日	1925-11-24/2	03단	朝日勝繼碁戰/第十四回(九)
126834	朝鮮朝日	1925-11-24/2	04단	婦人も交る懸賞射擊會/羅南で開催
126835	朝鮮朝日	1925-11-25/1	01단	後任が誰だらうと産業政策は不變 たゞ稅制整理や參政問題は相當懸隔があらう/下馬評で賑ふ總督府の昨今 上山氏說が最も有力 荒井氏も噂に上る/過去よりも寧ろ將來を囑望した總監の竹馬の友の富田儀作翁の述懷/官僚出身に似ずよく練れた人だった 總監の秋田知事時代 米田氏は內務部長で働いて居た
126836	朝鮮朝日	1925-11-25/1	03단	內地人よりは鮮人の追悼が切なるものがある 東上の兩知事語る
126837	朝鮮朝日	1925-11-25/1	03단	日窒會社敷地決定五日に發表か/總監追悼式 大邱府で
126838	朝鮮朝日	1925-11-25/1	04단	皇孫殿下の御誕生奉祝/釜山府の
126839	朝鮮朝日	1925-11-25/1	04단	松井派の冷靜と內田派の熱狂振/例により大騷ぎの平壤商議會頭戰
126840	朝鮮朝日	1925-11-25/1	05단	撫順炭の鮮內輸入は逐年增加す
126841	朝鮮朝日	1925-11-25/1	05단	理解力を主とした試驗問題を課する/從來のやうな一夜作りの試驗勉强では駄目
126842	朝鮮朝日	1925-11-25/1	05단	在來棉は先高見越で農家賣惜む
126843	朝鮮朝日	1925-11-25/1	05단	勸信臨時總會
126844	朝鮮朝日	1925-11-25/1	06단	辭令(東京電話)
126845	朝鮮朝日	1925-11-25/1	06단	今暫らく祕密である公會堂問題は

일련번호	판명	간행일	단수	기사명
126846	朝鮮朝日	1925-11-25/1	06단	多く讀まれるのは矢張り小說が一番/學生が七割を占め婦人の閱覽は二分
126847	朝鮮朝日	1925-11-25/1	07단	加來氏の後任下馬評/河野氏が有力
126848	朝鮮朝日	1925-11-25/1	07단	罷業團員を業務妨害で告訴す
126849	朝鮮朝日	1925-11-25/1	07단	在米中の夫の音信も杜切れ親子四人が義兄の世話になるのを苦にし
126850	朝鮮朝日	1925-11-25/1	08단	銀行の窓で金員を詐取/被害者は李址鎔夫人
126851	朝鮮朝日	1925-11-25/1	08단	またしても軍資募集/義烈團を黑幕とする
126852	朝鮮朝日	1925-11-25/1	09단	活版職工を働くうち朴烈と相識った/亂倫の父にすてられ朝鮮に放浪した文子
126853	朝鮮朝日	1925-11-25/1	09단	國際運輸に火蓋を切る/安東當業者が
126854	朝鮮朝日	1925-11-25/1	09단	玉の肌に注射の痕/歌姬のモヒ中毒
126855	朝鮮朝日	1925-11-25/1	10단	女學生と支那人
126856	朝鮮朝日	1925-11-25/1	10단	運動界(大邱中優勝)
126857	朝鮮朝日	1925-11-25/1	10단	會(二十師團遠乘會/元山倉庫總會)
126858	朝鮮朝日	1925-11-25/1	10단	半島茶話
126859	朝鮮朝日	1925-11-25/2	01단	キクヒトハナスヒト/思切れぬ舞台 『面白いといふはどんなこと』無愛嬌になった呂昇/今日謝恩の建碑式擧行
126860	朝鮮朝日	1925-11-25/2	03단	叺檢查の値上に反對/元山米商が
126861	朝鮮朝日	1925-11-25/2	03단	朝日勝繼碁戰/第十五回(一)
126862	朝鮮朝日	1925-11-25/2	04단	臨波驛で車扱を開始/十二月から
126863	朝鮮朝日	1925-11-25/2	04단	慶北道の蠅の捕獲高/百六十餘石
126864	朝鮮朝日	1925-11-25/2	04단	教育の懸賞/全南道で
126865	朝鮮朝日	1925-11-26/1	01단	東海岸諸港と裏日本の交通が漸次旺勢となって朝郵でも新船配置
126866	朝鮮朝日	1925-11-26/1	01단	公州市民奉祝の計劃御生誕翌日に/御慶の日に氣球を揚げ兒童愛護宣傳
126867	朝鮮朝日	1925-11-26/1	01단	刑務所物語(一)/誨悟と憤怒とが潮のやうに渦卷く/自由を外に息苦しく生きねばならぬ囚人の群れ
126868	朝鮮朝日	1925-11-26/1	02단	鮮銀券の發行高/一億一千萬圓程度だらう
126869	朝鮮朝日	1925-11-26/1	02단	東拓理事の東京集中が批難さる
126870	朝鮮朝日	1925-11-26/1	02단	昨年より悪い京城の納稅成績/國稅が一番好成績
126871	朝鮮朝日	1925-11-26/1	03단	釜山の埋立許可さる
126872	朝鮮朝日	1925-11-26/1	03단	朝鮮炭も結構焚ける/火粉も少く
126873	朝鮮朝日	1925-11-26/1	04단	京城府民の追悼會二十五日擧行/各地追悼會
126874	朝鮮朝日	1925-11-26/1	04단	米穀の移出が旺勢で艀の通ひ賑やかに不景氣知らずの鎮南浦の大繁忙
126875	朝鮮朝日	1925-11-26/1	06단	舊貨幣の引換は僅少/平北道內の
126876	朝鮮朝日	1925-11-26/1	06단	新廳府の上棟式/六日に延期

일련번호	판명	간행일	단수	기사명
126877	朝鮮朝日	1925-11-26/1	06단	馬賊を避け朝鮮海岸に支那人遁る
126878	朝鮮朝日	1925-11-26/1	07단	屋根には雜草蔓り荒れ果てた御座所/宣統帝に謁した吾妻新義州小學校長は語る
126879	朝鮮朝日	1925-11-26/1	07단	珍らしい暖かさ/國境地方の
126880	朝鮮朝日	1925-11-26/1	07단	平壤に還す樂浪の遺物骨董的の趣味は無い/黑板博士語る
126881	朝鮮朝日	1925-11-26/1	08단	山手校の放火騷ぎ解雇された小使の所爲か
126882	朝鮮朝日	1925-11-26/1	08단	僞電を發して八千圓を詐取す/犯人は殖銀支店員で新義州で逮捕さる
126883	朝鮮朝日	1925-11-26/1	09단	病臥中の妻を捨てゝ行方を晦す
126884	朝鮮朝日	1925-11-26/1	09단	鮮人學生團立廻を演じ負傷者を出す
126885	朝鮮朝日	1925-11-26/1	10단	釜山の火事/損害三千圓
126886	朝鮮朝日	1925-11-26/1	10단	子曰くを呼號し歩く讀書好の狂人
126887	朝鮮朝日	1925-11-26/1	10단	會(三越展覽會)
126888	朝鮮朝日	1925-11-26/1	10단	人(川田關東參謀/サンダース氏(米國レイモンド社支配人)/三矢宮松氏(警務局長))
126889	朝鮮朝日	1925-11-26/1	10단	半島茶話
126890	朝鮮朝日	1925-11-26/2	01단	慶南の復舊費/十四萬六千圓は道評議會で可決し來月初旬から着工
126891	朝鮮朝日	1925-11-26/2	01단	仁川港の米穀移出は百五十萬石を突破する勢
126892	朝鮮朝日	1925-11-26/2	01단	木浦港の移出米旺勢/二十日までに三十五萬石
126893	朝鮮朝日	1925-11-26/2	01단	針葉樹が減じ闊葉樹增加/慶北の植栽
126894	朝鮮朝日	1925-11-26/2	01단	北鮮の枝肉/內地運送增加
126895	朝鮮朝日	1925-11-26/2	01단	新義州驛の荷動き狀態/穀類が激增
126896	朝鮮朝日	1925-11-26/2	02단	組合費の徵收方法協議/慶南管內の水利組合が
126897	朝鮮朝日	1925-11-26/2	02단	運動場の新設を可決/京城府學議で
126898	朝鮮朝日	1925-11-26/2	02단	活牛移入の緩和策講究/技術家會同じ
126899	朝鮮朝日	1925-11-26/2	02단	主要都市の電話加入者逐年增加す
126900	朝鮮朝日	1925-11-26/2	03단	小學校に看護婦配置/內地に倣ひ
126901	朝鮮朝日	1925-11-26/2	03단	鮮語試驗の合格者發表/成績は良好
126902	朝鮮朝日	1925-11-26/2	03단	初等中等の女教員會を組織の計劃
126903	朝鮮朝日	1925-11-26/2	03단	朝日勝繼碁戰/第十五回(二)
126904	朝鮮朝日	1925-11-26/2	04단	商工會で從業員表彰/新嘗の佳節に
126905	朝鮮朝日	1925-11-26/2	04단	京城府主催淸酒品評會/明年一月に
126906	朝鮮朝日	1925-11-26/2	04단	運動界(體協を新設慶北道で/スケート場新に設置す/大邱軍勝つ)
126907	朝鮮朝日	1925-11-27/1	01단	元山に牛疫檢查所を新設するとの交換條件で鮮牛移出禁止緩和に/三矢總督府警務局長東上
126908	朝鮮朝日	1925-11-27/1	01단	大邱商業會議所役員
126909	朝鮮朝日	1925-11-27/1	01단	齋藤總督藏相と懇談/豫算に關し

일련번호	판명	간행일	단수	기사명
126910	朝鮮朝日	1925-11-27/1	01단	刑務所物語(二)/女囚の多いのは家庭悲劇を語る/暗き牢獄に生への執着に悶え苦む死刑囚
126911	朝鮮朝日	1925-11-27/1	02단	無電放送局創立委員會
126912	朝鮮朝日	1925-11-27/1	02단	松汀、法聖浦間全南鐵道を敷設/鶴橋、咸平間も計劃
126913	朝鮮朝日	1925-11-27/1	03단	李王殿下皇孫御誕生をお待ち遊さる
126914	朝鮮朝日	1925-11-27/1	03단	代表者は送らぬと決定/無産結黨式に
126915	朝鮮朝日	1925-11-27/1	04단	皇孫御降誕と各地の奉祝(大田)
126916	朝鮮朝日	1925-11-27/1	04단	鮮人達衛生思想の向上は喜ばしいと萬國衛生技術官のエルキングトン氏語る
126917	朝鮮朝日	1925-11-27/1	04단	大邱の藥令市/本年は盛大に
126918	朝鮮朝日	1925-11-27/1	05단	瑞西から製紙主文/品質を認められた慶北の紙
126919	朝鮮朝日	1925-11-27/1	05단	平南道の牛肺疫檢査
126920	朝鮮朝日	1925-11-27/1	05단	京城の車輛數
126921	朝鮮朝日	1925-11-27/1	06단	間島方面の雜穀收穫と輸送見込高
126922	朝鮮朝日	1925-11-27/1	06단	京城の下水工事/幹線完成を竣たず局部改修を行ふ
126923	朝鮮朝日	1925-11-27/1	06단	龍井に雜穀の山/天圖鐵道の輸送能力頗る貧弱なるがため
126924	朝鮮朝日	1925-11-27/1	06단	煙草が不作で貧困耕作者に限り賠償金値上を要望
126925	朝鮮朝日	1925-11-27/1	07단	各地に於ける故總監追悼會 京城府の總監追悼 馬野府尹の悲痛な弔辭/釜山の追悼式/元山の遙拜式/仁川の追悼會
126926	朝鮮朝日	1925-11-27/1	08단	痛ましき姿でモヒ患者連歸國/先發隊として二十人だけ故鄉へ送還さる
126927	朝鮮朝日	1925-11-27/1	08단	辭令(東京電話)
126928	朝鮮朝日	1925-11-27/1	08단	棉花資金が二千萬圓の巨額に達す
126929	朝鮮朝日	1925-11-27/1	09단	宜寧道場落成式
126930	朝鮮朝日	1925-11-27/1	09단	精米店へ强盜
126931	朝鮮朝日	1925-11-27/1	09단	警察當局の搜査上の缺陷が暴露された李男爵夫人の盜難事件
126932	朝鮮朝日	1925-11-27/1	10단	幻想のため少年の自殺
126933	朝鮮朝日	1925-11-27/1	10단	人(支那衛生技術官)
126934	朝鮮朝日	1925-11-27/2	01단	キク人ハナス人/家庭の卷/歌舞伎顏見世その始まりは享保の昔/色々の面白い古典的風習/アッといはせた「手打」の賜物
126935	朝鮮朝日	1925-11-27/2	03단	朝日勝繼碁戰/第十五回(三)
126936	朝鮮朝日	1925-11-27/2	04단	金の捻出と法の緩和を運動の爲さ/三矢局長の談
126937	朝鮮朝日	1925-11-27/2	04단	舊貨幣引揚に努む
126938	朝鮮朝日	1925-11-28/1	01단	福岡と朝鮮間の定期航空路開始に內定/日本航空會社の川西社長等漢江着水地その他を視察
126939	朝鮮朝日	1925-11-28/1	01단	砂糖の支那輸出/航路開設の要
126940	朝鮮朝日	1925-11-28/1	01단	鐵道關係の國勢調査
126941	朝鮮朝日	1925-11-28/1	01단	京城府內の戶數と家賃

일련번호	판명	간행일	단수	기사명
126942	朝鮮朝日	1925-11-28/1	02단	時代思想を解せぬ政治は國を亡す/速に野に下った反省せよと張氏に宛てた部下の宣言
126943	朝鮮朝日	1925-11-28/1	02단	刑務所物語(三)/正業の糧たるべき技能練磨に勵む/然しジャンバルジャンの受難は除かれない
126944	朝鮮朝日	1925-11-28/1	03단	日露爲替交換近く決定/遞信當局談
126945	朝鮮朝日	1925-11-28/1	04단	京奉線不通
126946	朝鮮朝日	1925-11-28/1	04단	好成績の十一月中旬の局線收入狀態
126947	朝鮮朝日	1925-11-28/1	04단	混亂また混亂 早くも中傷作戰 コントンたる平壤 商業會議所役員選擧/會頭戰が却て見もの淸津商議戰
126948	朝鮮朝日	1925-11-28/1	05단	貨物增加/十一月中旬の局線の荷動き
126949	朝鮮朝日	1925-11-28/1	05단	政府買上米に朝鮮米も指定か/農林省でも準備調査
126950	朝鮮朝日	1925-11-28/1	06단	近著三種(亞洲紀行/乙丑漢江水害誌/朝鮮交通及運輸)
126951	朝鮮朝日	1925-11-28/1	06단	新聞紙法改正案成る
126952	朝鮮朝日	1925-11-28/1	06단	仲買組合の連帶借欵に再考を求む
126953	朝鮮朝日	1925-11-28/1	06단	京畿道の地方費基本財産
126954	朝鮮朝日	1925-11-28/1	07단	總督府の洋行者人選
126955	朝鮮朝日	1925-11-28/1	07단	緬羊增殖製と織
126956	朝鮮朝日	1925-11-28/1	07단	學校幹部の不信任を決議した評議員會と學生が衝突して形勢不穩
126957	朝鮮朝日	1925-11-28/1	07단	集成組合と屠夫組合と反目/衡平社同人間の勞資爭鬪の一と幕
126958	朝鮮朝日	1925-11-28/1	08단	牛疫豫防協議
126959	朝鮮朝日	1925-11-28/1	08단	豆滿江の結氷
126960	朝鮮朝日	1925-11-28/1	08단	鮮內資金の內地流出頻繁
126961	朝鮮朝日	1925-11-28/1	09단	送還モヒ患者中資産家の息子が多い/彼等は異口同音に送還の不都合をならす
126962	朝鮮朝日	1925-11-28/1	09단	代勤した踏切番の奇禍
126963	朝鮮朝日	1925-11-28/1	10단	京城に天然痘發生
126964	朝鮮朝日	1925-11-28/1	10단	過失致死の書記は罰金刑
126965	朝鮮朝日	1925-11-28/1	10단	墜落して重傷
126966	朝鮮朝日	1925-11-28/1	10단	水上で大格鬪/鵜飼の網場あらそひから
126967	朝鮮朝日	1925-11-28/1	10단	父の放蕩から理髮師の自殺
126968	朝鮮朝日	1925-11-28/2	01단	キクヒトハナスヒト/こどもの卷/猛獸ひの話可愛がり三分嚇かし七分/それでも藝を敎へ込む/油斷すると飛つかれて大怪我
126969	朝鮮朝日	1925-11-28/2	02단	朝日勝繼碁戰/第十五回(四)
126970	朝鮮朝日	1925-11-28/2	03단	鴨綠江に薄氷
126971	朝鮮朝日	1925-11-28/2	04단	渡航制限を履き違へ筋違ひの照會狀/釜山署へ舞込む
126972	朝鮮朝日	1925-11-28/2	04단	明太卵の移出檢査
126973	朝鮮朝日	1925-11-28/2	04단	米の山を築く/出盛り期の爲

일련번호	판명	간행일	단수	기사명
126974	朝鮮朝日	1925-11-29/1	01단	組合員外の女學校入學者を制限しようとの議/京城學校組合で問題
126975	朝鮮朝日	1925-11-29/1	01단	平南の水利芽を吹く/産米增殖計劃解決せるため
126976	朝鮮朝日	1925-11-29/1	01단	國語教授內地人中等學校は駄目
126977	朝鮮朝日	1925-11-29/1	02단	昨年度の主要畜産物
126978	朝鮮朝日	1925-11-29/1	02단	刑務所物語(四)/カロリーの程度は先づ中流どころ/暗い牢獄內にも性慾の闘爭は絶えない
126979	朝鮮朝日	1925-11-29/1	03단	豫想外の造林熱/豫定苗數不足で平南林業界活氣づく
126980	朝鮮朝日	1925-11-29/1	03단	清津會議所當選議員
126981	朝鮮朝日	1925-11-29/1	04단	三矢局長諒解を求む/牛疫豫防に對し塚本翰長に
126982	朝鮮朝日	1925-11-29/1	04단	皇孫御降誕と慶北の記念事業
126983	朝鮮朝日	1925-11-29/1	04단	大邱商議の役員組織成る
126984	朝鮮朝日	1925-11-29/1	05단	鮮米內地移出と商船の積取高
126985	朝鮮朝日	1925-11-29/1	05단	米は實に立派だった/晋州共進會の出品物
126986	朝鮮朝日	1925-11-29/1	05단	海難事故增加と燈臺增設の要/經費關係で實現困難
126987	朝鮮朝日	1925-11-29/1	05단	先づ冬龍りした後ゆっくりと戰ふ/然し赤い手が伸びればどうなるかわからぬ
126988	朝鮮朝日	1925-11-29/1	06단	農事功勞表彰者決定
126989	朝鮮朝日	1925-11-29/1	06단	外國人の金剛山探勝/年々增加
126990	朝鮮朝日	1925-11-29/1	07단	今の處朝鮮軍は絶對に出動せぬ/若し出動命令が下ればいつにても出動すると松井朝鮮軍參謀は語る
126991	朝鮮朝日	1925-11-29/1	07단	鮮人の間に火葬が多くなり京城府は愁眉を開き此機會に火葬を宣傳
126992	朝鮮朝日	1925-11-29/1	08단	二三姉妹團體と仲違ひとなり內憂外患交々いたる朝鮮左傾團體北風會
126993	朝鮮朝日	1925-11-29/1	09단	小作人數千名と警官隊と大衝突/東拓に對する小作料不納同盟の事から
126994	朝鮮朝日	1925-11-29/1	09단	京城府廳舍上棟式の催
126995	朝鮮朝日	1925-11-29/1	09단	國境狀況視察
126996	朝鮮朝日	1925-11-29/1	09단	新義州の初雪
126997	朝鮮朝日	1925-11-29/1	09단	自轉車のベル專門の少年賊
126998	朝鮮朝日	1925-11-29/1	09단	十四歳の妻情夫と駈落
126999	朝鮮朝日	1925-11-29/1	10단	少年の薩摩守叱られて家出
127000	朝鮮朝日	1925-11-29/1	10단	京城府に水を乞ふ/鷺梁津住民話は纏る見込み
127001	朝鮮朝日	1925-11-29/1	10단	あやまって友人を射殺す

1925년 12월 (조선아사히)

일련번호	판명	간행일	단수	기사명
127002	朝鮮朝日	1925-12-01/1	01단	慶北明年度豫算/前年度より十四萬九千餘圓を增加
127003	朝鮮朝日	1925-12-01/1	01단	七萬三千餘圓を前年度より增加/平安南道明年度豫算
127004	朝鮮朝日	1925-12-01/1	02단	內地で繋爭の多い/鮮人の借家
127005	朝鮮朝日	1925-12-01/1	02단	モヒ中毒患者が立派に全癒する/新藥アンチモル發見
127006	朝鮮朝日	1925-12-01/1	03단	豊作だが出廻は少い/農家が賣惜む
127007	朝鮮朝日	1925-12-01/1	03단	皇孫御降誕咸興の奉祝
127008	朝鮮朝日	1925-12-01/1	04단	慶南寒天製造研究中
127009	朝鮮朝日	1925-12-01/1	04단	社會教育上に實施すべき方策/京城教育會委員會の諮問答申案の協議
127010	朝鮮朝日	1925-12-01/1	04단	靑年團夜警實施を計劃
127011	朝鮮朝日	1925-12-01/1	04단	全鮮穀物商聯合大會計劃
127012	朝鮮朝日	1925-12-01/1	05단	金融組合デーの本年預金成績
127013	朝鮮朝日	1925-12-01/1	05단	水害救濟金夫れ夫れ交附
127014	朝鮮朝日	1925-12-01/1	06단	實業教育打合
127015	朝鮮朝日	1925-12-01/1	06단	烏賊の大豊漁
127016	朝鮮朝日	1925-12-01/1	06단	山本參事官法令事項打合
127017	朝鮮朝日	1925-12-01/1	06단	平壤高女を五年制に延長
127018	朝鮮朝日	1925-12-01/1	06단	今度の支那動亂で押寄せる勞農勢力/鮮內の思想にも影響/某軍事消息通談
127019	朝鮮朝日	1925-12-01/1	07단	朝鮮信託總會
127020	朝鮮朝日	1925-12-01/1	07단	仁川高女上棟式
127021	朝鮮朝日	1925-12-01/1	07단	平壤府の人口
127022	朝鮮朝日	1925-12-01/1	07단	平南道の燒酎生産低下/品質は向上
127023	朝鮮朝日	1925-12-01/1	07단	金化電話工事
127024	朝鮮朝日	1925-12-01/1	07단	警察官の頭髮の刈り方/干涉の噂に非難の聲
127025	朝鮮朝日	1925-12-01/1	07단	間島中等學校盟休解決
127026	朝鮮朝日	1925-12-01/1	08단	興味を惹く水利妨害/刑罰の有無は産米に關係す
127027	朝鮮朝日	1925-12-01/1	08단	山手校に放火した兒童一家の悲劇
127028	朝鮮朝日	1925-12-01/1	09단	勞働學院立退きを要求され經營難に陷る
127029	朝鮮朝日	1925-12-01/1	09단	釜山府のチボ狩り
127030	朝鮮朝日	1925-12-01/1	09단	集成組合對屠夫組合の紛糾に調停
127031	朝鮮朝日	1925-12-01/1	09단	夜着の引張り合ひで女房を斬る
127032	朝鮮朝日	1925-12-01/1	09단	戶數五百戶を有する純然たる共産村/支那人から田を租借し農業を營む鮮人
127033	朝鮮朝日	1925-12-01/1	10단	自活のため子を棄てゝ彷徨ふ女
127034	朝鮮朝日	1925-12-01/1	10단	送還モヒ患者
127035	朝鮮朝日	1925-12-01/1	10단	通行中の女を襲ふ京城の辻强盗
127036	朝鮮朝日	1925-12-01/2	01단	キク人ハナス人/『籠の鳥』を自由にしてやった話/全國に率先斷行した得意の關屋岐阜縣警察部長

일련번호	판명	간행일	단수	기사명
127037	朝鮮朝日	1925-12-01/2	03단	忠北の棉出廻り少し
127038	朝鮮朝日	1925-12-01/2	03단	朝日勝繼碁戰/第十五回(五)
127039	朝鮮朝日	1925-12-01/2	04단	關稅會議の朝鮮の要望/會議所調査
127040	朝鮮朝日	1925-12-01/2	04단	通信いろいろ(新義州)
127041	朝鮮朝日	1925-12-02/1	01단	政府との折衝に惡戰苦鬪の總督/交涉の成功を祈る某大官のはなし
127042	朝鮮朝日	1925-12-02/1	02단	淸州醫院長歐米へ出張
127043	朝鮮朝日	1925-12-02/1	02단	教員の素質改良と優遇とが急務/岩佐視學官談
127044	朝鮮朝日	1925-12-02/1	03단	慶北評議任命
127045	朝鮮朝日	1925-12-02/1	04단	自動連結改造
127046	朝鮮朝日	1925-12-02/1	04단	三線連帶輸送/一部品開始
127047	朝鮮朝日	1925-12-02/1	04단	慶南桑苗植栽
127048	朝鮮朝日	1925-12-02/1	05단	神仙爐/火事のシーズン
127049	朝鮮朝日	1925-12-02/1	05단	本町署管內湯錢値上げか
127050	朝鮮朝日	1925-12-02/1	05단	吹雪の日に投票を終った京城商業會議所 評議員選擧/平壤會議所の評議員當選者 一日開票の結果/淸津商議役員選擧
127051	朝鮮朝日	1925-12-02/1	06단	天然氷倉庫
127052	朝鮮朝日	1925-12-02/1	06단	忠北無盡移轉
127053	朝鮮朝日	1925-12-02/1	07단	京城の人口激增/都市計劃實施の急と郊外住宅地建設
127054	朝鮮朝日	1925-12-02/1	07단	普成專門紛擾學生の意志徹る/排斥派評議員總辭職
127055	朝鮮朝日	1925-12-02/1	07단	高麗共産黨と氣脈を通じ/私に入京した七人組の靑年
127056	朝鮮朝日	1925-12-02/1	08단	會社銀行(京城天然氷總會)
127057	朝鮮朝日	1925-12-02/1	08단	屠夫組合の女房連が激昂して押よす
127058	朝鮮朝日	1925-12-02/1	09단	玉山附近で貨車六輛顚覆し二名の死傷を出す
127059	朝鮮朝日	1925-12-02/1	09단	結婚談から妾と連子を撲殺
127060	朝鮮朝日	1925-12-02/1	09단	朝郵の船員が商店と結託して生魚代を胡魔化す
127061	朝鮮朝日	1925-12-02/1	09단	京城の雪 三十日から降り續く/大邱地方
127062	朝鮮朝日	1925-12-02/1	09단	三人組の竊盜不良少年/不相應の遊興中に捕はる
127063	朝鮮朝日	1925-12-02/1	10단	三十萬圓請求事件公判
127064	朝鮮朝日	1925-12-02/1	10단	郵便所の受付で橫取り
127065	朝鮮朝日	1925-12-02/1	10단	會(洋琴演奏會)
127066	朝鮮朝日	1925-12-02/1	10단	人(國友警務課長/島村孝三郎氏(憲政會政務調査會常務理事)/佐々木志賀二氏(貴族院議員)
127067	朝鮮朝日	1925-12-02/2	01단	キクヒトハナスヒト/愛妻を失った心の淋しさに旅から旅へ雲水生活の俳人荻原井泉水氏
127068	朝鮮朝日	1925-12-02/2	03단	朝日勝繼碁戰/第十五回(六)
127069	朝鮮朝日	1925-12-02/2	04단	自家用煙草耕作禁止と小賣店整理
127070	朝鮮朝日	1925-12-02/2	04단	慶南海藻の販賣方法協議
127071	朝鮮朝日	1925-12-02/2	04단	方魚津鯖豐漁

일련번호	판명	간행일	단수	기사명
127072	朝鮮朝日	1925-12-03/1	01단	*新總監の表看板は産業第一主義踏襲か 前人氣は決して惡くない 官界には多少の異動があらう白上氏起用說も傳へらる/財界でも好人氣 井內鮮銀理事談*
127073	朝鮮朝日	1925-12-03/1	01단	總監正式決定/親任式は本日
127074	朝鮮朝日	1925-12-03/1	01단	豫算は縮小しても綜合大學設置は實現を期すると米國での募財不況
127075	朝鮮朝日	1925-12-03/1	02단	間島、琿春に戒嚴令/日本中學校自警團組織
127076	朝鮮朝日	1925-12-03/1	03단	前年度より七萬餘圓を增加/平北の明年豫算
127077	朝鮮朝日	1925-12-03/1	03단	神仙爐/人口過剩問題
127078	朝鮮朝日	1925-12-03/1	04단	何時でも出動できる平壤旅團
127079	朝鮮朝日	1925-12-03/1	04단	支那行の郵便大連經由
127080	朝鮮朝日	1925-12-03/1	04단	黃海道明年豫算/百五十萬圓見當
127081	朝鮮朝日	1925-12-03/1	04단	總督府のボーナス/昨年より良い
127082	朝鮮朝日	1925-12-03/1	05단	醫學會京城支會の研究材料の諸統計/內鮮人の比較對照
127083	朝鮮朝日	1925-12-03/1	05단	朝鮮神宮で御降誕奉告祭
127084	朝鮮朝日	1925-12-03/1	05단	淸津商議評議會
127085	朝鮮朝日	1925-12-03/1	05단	有線輻湊の緩和に無電通信を計劃/淸凉里受信所竣工
127086	朝鮮朝日	1925-12-03/1	06단	水雲敎致誠式
127087	朝鮮朝日	1925-12-03/1	06단	評議員補缺
127088	朝鮮朝日	1925-12-03/1	06단	靑年團夜學會終業式
127089	朝鮮朝日	1925-12-03/1	07단	慶東線の運賃改正と値下げ陳情
127090	朝鮮朝日	1925-12-03/1	07단	北滿地方の林檎は朝鮮産で獨占/年額二十四五萬圓に達す
127091	朝鮮朝日	1925-12-03/1	07단	朝鮮産の糯は高く賣れまい
127092	朝鮮朝日	1925-12-03/1	08단	大邱年末賣出
127093	朝鮮朝日	1925-12-03/1	08단	忠北の家禽品評會
127094	朝鮮朝日	1925-12-03/1	08단	鮮內燃料の大部分は溫突用として使用する/薪炭、松葉類が多い
127095	朝鮮朝日	1925-12-03/1	09단	前仁川府尹の慰勞金決定
127096	朝鮮朝日	1925-12-03/1	09단	咸南の耕地と小作問題
127097	朝鮮朝日	1925-12-03/1	10단	內鮮協和會の鮮人慰問會
127098	朝鮮朝日	1925-12-03/1	10단	日本刀を携へた强盜/釜山に現る
127099	朝鮮朝日	1925-12-03/1	10단	羅南の初雪
127100	朝鮮朝日	1925-12-03/1	10단	間島の積雪で鐵道不通
127101	朝鮮朝日	1925-12-03/1	10단	會社銀行(京取今期配當)
127102	朝鮮朝日	1925-12-03/2	01단	キクヒトハナスヒト/四天王寺の納骨と經木の行方は？ 一つは淨火で燒き捨て一つは 實經輪の塔の下に
127103	朝鮮朝日	1925-12-03/2	03단	*京畿道の人口戶數/釜山の人口槪數と世代數/咸南道の人口*
127104	朝鮮朝日	1925-12-03/2	03단	朝日勝繼碁戰/第十五回(七)
127105	朝鮮朝日	1925-12-03/2	04단	平南の果樹栽培增加

일련번호	판명	간행일	단수	기사명
127106	朝鮮朝日	1925-12-03/2	04단	駐在集配所で郵便物配達
127107	朝鮮朝日	1925-12-03/2	04단	鴨綠江材着筏數增加
127108	朝鮮朝日	1925-12-04/1	01단	精神、物質兩方面とも只平等愛を以て臨む從來の方針は變へぬ 赴任は本月末頃にならうと湯淺新總監欣びを語る/背水の陣を布いて湯淺氏の出盧を懇請して成功した總督 欣び滿つ總督 府出張所
127109	朝鮮朝日	1925-12-04/1	02단	平南道評議會
127110	朝鮮朝日	1925-12-04/1	03단	各課要求額は豫定額より膨脹/査定會で削られやう咸南道明年豫算
127111	朝鮮朝日	1925-12-04/1	03단	京城會議所評議員會
127112	朝鮮朝日	1925-12-04/1	03단	列車乘務員警察權附與は當分見合せか
127113	朝鮮朝日	1925-12-04/1	03단	東拓に産米增殖課を新に設ける
127114	朝鮮朝日	1925-12-04/1	04단	關島地方の不穩計劃/跡を斷つ
127115	朝鮮朝日	1925-12-04/1	04단	總監の貴族へ四萬圓を贈呈/在鮮官吏から
127116	朝鮮朝日	1925-12-04/1	04단	皇孫御誕生龍井奉祝次第
127117	朝鮮朝日	1925-12-04/1	05단	海苔組合創立
127118	朝鮮朝日	1925-12-04/1	05단	內鮮融和の慰安會堺大濱で
127119	朝鮮朝日	1925-12-04/1	05단	西田天香氏の托鉢宣傳
127120	朝鮮朝日	1925-12-04/1	05단	産米增殖も農會令もその他の懸案夫れ夫れ解決 老總督の骨折りを多とすると池田殖産局長釜山で語る/産米增殖計劃の初年島割當額 總督歸任後更めて決定を見やう/時世に適合するやう稅制の整理も是非とも急務/産米計劃實施方法
127121	朝鮮朝日	1925-12-04/1	06단	局線在貨增加
127122	朝鮮朝日	1925-12-04/1	06단	鐵道網の年度割と水害復舊費とは大削減に遭ひ豫算編成替へか
127123	朝鮮朝日	1925-12-04/1	07단	咸南漁民蘇る
127124	朝鮮朝日	1925-12-04/1	08단	兩郵便局改築
127125	朝鮮朝日	1925-12-04/1	08단	支那側間島電報局落成
127126	朝鮮朝日	1925-12-04/1	08단	鮮米出廻增加
127127	朝鮮朝日	1925-12-04/1	08단	釜山鎭埋築執行機關委員
127128	朝鮮朝日	1925-12-04/1	08단	女子蠶業講習所卒業式
127129	朝鮮朝日	1925-12-04/1	08단	職工總同盟組織を企圖
127130	朝鮮朝日	1925-12-04/1	08단	釜山の印刷工罷業/また解決せぬ
127131	朝鮮朝日	1925-12-04/1	09단	新義州へ護送された國境靑年會員
127132	朝鮮朝日	1925-12-04/1	09단	全南長興に金鑛を發見
127133	朝鮮朝日	1925-12-04/1	09단	雪中に格鬪し强盜を捕へる
127134	朝鮮朝日	1925-12-04/1	10단	煙草屋の店先で强奪
127135	朝鮮朝日	1925-12-04/1	10단	二萬圓隱匿者逮捕
127136	朝鮮朝日	1925-12-04/1	10단	菓子屋の火事

일련번호	판명	간행일	단수	기사명
127137	朝鮮朝日	1925-12-04/1	10단	會(調査委員會/公州記者發會/刑事講習會)
127138	朝鮮朝日	1925-12-04/1	10단	人(齋藤總督/三矢警務局長/國友警務課長)
127139	朝鮮朝日	1925-12-04/2	01단	キク人ハナス人/コドモの卷/小鳥のなき聲のうまい『鶯のおぢさん』/鞍馬の山奥へ登って鶯の音色にきゝ惚れるいろいろの小鳥のなき聲の話
127140	朝鮮朝日	1925-12-04/2	04단	咸南の積雪
127141	朝鮮朝日	1925/12/5		缺號
127142	朝鮮朝日	1925/12/6		缺號
127143	朝鮮朝日	1925-12-08/1	01단	皇孫御誕生と各地/道行く人にも喜悅の色溢れ 軒燈に國旗に府內は全く奉祝氣分に包まる(京城)/船中のラヂオから萬歲が聞える 府內は至るところで「お目出度う」をかはす(釜山)/府民はわれ勝に御安産の御禮參り 御誕生の吉報は午後八時半早くも到達す(新義州)/神社に集り奉祝する(海州)
127144	朝鮮朝日	1925-12-08/1	01단	勸業費で質問續出/平南道評議會/第五日目(五日)
127145	朝鮮朝日	1925-12-08/1	03단	鑑査が惡いと煙草耕作人騒ぐ
127146	朝鮮朝日	1925-12-08/1	03단	學年を延長する新義州商業學校/鮮人子弟の入學は今後たやすくなる
127147	朝鮮朝日	1925-12-08/1	03단	刑事捕物譯金相玉事件祕話(三)/愛妻に會ふべく金相玉の苦心/官憲は亂射亂擊を幻想して隱家を圍んだ
127148	朝鮮朝日	1925-12-08/1	04단	新義州の豫算
127149	朝鮮朝日	1925-12-08/1	04단	忠北道の豫算
127150	朝鮮朝日	1925-12-08/1	04단	豊作だのに輸入米が多い/對外貿易の內容
127151	朝鮮朝日	1925-12-08/1	04단	徒食者が稼げば年に二億圓浮く/産米增殖も結講だが內職の獎勵は急務だと安達商工課長の歸來談
127152	朝鮮朝日	1925-12-08/1	05단	その折々/感心できぬ教師の質
127153	朝鮮朝日	1925-12-08/1	05단	朝鮮最初のケーソン/方魚津の漁港工事に用ふ
127154	朝鮮朝日	1925-12-08/1	06단	仁川商業落成
127155	朝鮮朝日	1925-12-08/1	06단	大田に大運動場/舊高女跡に新設
127156	朝鮮朝日	1925-12-08/1	07단	會頭の地位を男らしく讓り淸津商業會議所の役員選擧無事濟む
127157	朝鮮朝日	1925-12-08/1	08단	墓地の鐵道通過を斷る
127158	朝鮮朝日	1925-12-08/1	08단	內地人は金高は多く鮮人は人員多し/全鮮の郵貯現況
127159	朝鮮朝日	1925-12-08/1	08단	成績のよい徽章圖案應募
127160	朝鮮朝日	1925-12-08/1	08단	無資格教員の罷免を要求し不穩の氣勢みなぎる平壤の光成高普校生徒
127161	朝鮮朝日	1925-12-08/1	09단	運送上の改善を請願/承認運送相合より鐵道局へ
127162	朝鮮朝日	1925-12-08/1	09단	粟商組合組織愈具體化す
127163	朝鮮朝日	1925-12-08/1	10단	郭松齡氏に尊敬を拂ふ在滿小作鮮人
127164	朝鮮朝日	1925-12-08/1	10단	忍込專門の賊/豪遊中捕はる

일련번호	판명	간행일	단수	기사명
127165	朝鮮朝日	1925-12-08/1	10단	白頭山丸の無電
127166	朝鮮朝日	1925-12-08/1	10단	人(吉崎龍中教諭の結婚/衛生技術官一行)
127167	朝鮮朝日	1925-12-08/1	10단	半島茶話
127168	朝鮮朝日	1925-12-08/2	01단	素晴らしい仁川の貿易/一億圓突破も昔の夢/トントン拍子で増加する
127169	朝鮮朝日	1925-12-08/2	01단	新安州の起點運動/滿浦鎭間鐵道
127170	朝鮮朝日	1925-12-08/2	01단	仁川港の出超
127171	朝鮮朝日	1925-12-08/2	01단	増加した慶北の人口と世代數
127172	朝鮮朝日	1925-12-08/2	01단	軍隊の鑵詰用に咸南牛輸出計劃
127173	朝鮮朝日	1925-12-08/2	02단	大田面の擴張/年內に發表
127174	朝鮮朝日	1925-12-08/2	02단	道內第一位の大田郡の納稅
127175	朝鮮朝日	1925-12-08/2	02단	日本製糖の甜菜試作準備進む
127176	朝鮮朝日	1925-12-08/2	02단	頗る心細い新義州の貨車
127177	朝鮮朝日	1925-12-08/2	03단	前月下旬貨物輸送總量
127178	朝鮮朝日	1925-12-08/2	03단	倭城臺の舊總督府跡は公園にする
127179	朝鮮朝日	1925-12-08/2	03단	慶北の窮迫漁民救濟
127180	朝鮮朝日	1925-12-08/2	03단	朝日勝繼碁戰/第十五回(九)
127181	朝鮮朝日	1925-12-08/2	04단	檢擧數を增す本町署の犯罪數
127182	朝鮮朝日	1925-12-08/2	04단	西鮮漁業會社創立計劃
127183	朝鮮朝日	1925-12-08/2	04단	朝鮮酒品評會一月六日から
127184	朝鮮朝日	1925-12-09/1	01단	在滿邦人が無事なれば出兵の必要は無からう/鮮人の目的無しに內地へ渡來するは要するに愛鄕心が無いからであると名古屋市に於いて齋藤總督談
127185	朝鮮朝日	1925-12-09/1	01단	故下岡總監納骨式
127186	朝鮮朝日	1925-12-09/1	02단	當業者は嫌ひ本府は氣乘する/朝鮮水産品の關西販賣機關設置計劃
127187	朝鮮朝日	1925-12-09/1	04단	三百萬通增加の全鮮年賀郵便/郵便局の大多忙
127188	朝鮮朝日	1925-12-09/1	04단	黃海線の延長期間延期
127189	朝鮮朝日	1925-12-09/1	04단	幕をあけた慶北道評議會
127190	朝鮮朝日	1925-12-09/1	04단	朝鮮の國調結果人口/男一〇、〇一八、七五〇人/女九、五〇一、一九八人
127191	朝鮮朝日	1925-12-09/1	04단	火花を散す島谷と朝郵/北海道航路の命令をいづれが美事に握るか
127192	朝鮮朝日	1925-12-09/1	05단	刑事捕物譯金相玉事件祕話(四)/惡鬼の形相凄く短銃を亂射し名にし負ふ勇士を斃し金相玉行方を晦す
127193	朝鮮朝日	1925-12-09/1	05단	解決しさうな屠夫組合の紛擾
127194	朝鮮朝日	1925-12-09/1	05단	京城の錢湯値上
127195	朝鮮朝日	1925-12-09/1	05단	支那の赤行囊また紛失/天圖鐵道內で
127196	朝鮮朝日	1925-12-09/1	06단	京城府新廳舍の盛大なる上棟式

일련번호	판명	간행일	단수	기사명
127197	朝鮮朝日	1925-12-09/1	06단	市内は減退し郡部は漸増する不思議な鮮内煙草の消費/不景氣に支配されてか
127198	朝鮮朝日	1925-12-09/1	06단	不良主義者
127199	朝鮮朝日	1925-12-09/1	07단	貞信高女盟休圓滿に解決す
127200	朝鮮朝日	1925-12-09/1	08단	東大門署管内に又も少年殺し歳末を控へ此種事件の續出に鮮人の恐怖高まる
127201	朝鮮朝日	1925-12-09/1	08단	筆禍事件體形となる
127202	朝鮮朝日	1925-12-09/1	08단	船員詐欺事件擴大して取調べ愈嚴重をきはむ
127203	朝鮮朝日	1925-12-09/1	09단	新義州には不正商人少し
127204	朝鮮朝日	1925-12-09/1	09단	惡漢歸郷の途遂に逮捕さる
127205	朝鮮朝日	1925-12-09/1	10단	散髮屋の火事
127206	朝鮮朝日	1925-12-09/1	10단	便所内で變死
127207	朝鮮朝日	1925-12-09/1	10단	運動界(全鮮卓球大會)
127208	朝鮮朝日	1925-12-09/1	10단	會(航空委員會/巡査慰安會)
127209	朝鮮朝日	1925-12-09/1	10단	半島茶話
127210	朝鮮朝日	1925-12-09/2	01단	キク人ハナス人/恐ろしい 『肉付の面』醜い本家爭ひ 實は東西本願寺別院の勢力爭ひ それを喜ぶ吉崎村民/恐ろしい傳說 願慶寺の本家の辯/爭ひに疲れた西念寺の眞正の辯/村會が二派にそして村は賑ふ
127211	朝鮮朝日	1925-12-09/2	03단	朝日勝繼碁戰/第十五回(十)
127212	朝鮮朝日	1925-12-09/2	04단	見舞金の分配/步合率決定
127213	朝鮮朝日	1925-12-09/2	04단	本年中に調査を終え明年二月に實施設計をやる(丹波博士の談)
127214	朝鮮朝日	1925-12-10/1	01단	總督府から應援の爲精銳なる警官を派遣し混亂の滿洲を守備する 頗る元氣よく出發す/不逞鮮人や匪賊が我圈内に入込み 危險なので關東廳は朝鮮の應援を受ける 用合關東廳警視は語る/命令一下せば卽時に出兵する張作霖の沒落は日本の勢力に影響しようと鈴木朝鮮軍司令官語る/龍山部隊俄然緊張/軍用電話を縱橫に架設
127215	朝鮮朝日	1925-12-10/1	03단	不景氣時に絹の移入が增加した釜山の貿易
127216	朝鮮朝日	1925-12-10/1	03단	大邱名物の白菜
127217	朝鮮朝日	1925-12-10/1	04단	東三省行の旅客は減少す
127218	朝鮮朝日	1925-12-10/1	04단	咸興の遠乘會
127219	朝鮮朝日	1925-12-10/1	04단	諒解を得た總督府の豫算/前年度に比し一千五百萬圓程度を增額す
127220	朝鮮朝日	1925-12-10/1	05단	決選投票で會頭決定/平壤商議の役員組織成る
127221	朝鮮朝日	1925-12-10/1	05단	皇孫御生誕と各地の奉祝/御命名日に大祝賀會 釜山府協議會で總てを可決/御命名日に生徒の旗行列/大田の奉祝/平壤の奉祝/盛んな奉祝宴/仁川府の奉祝
127222	朝鮮朝日	1925-12-10/1	05단	漁業組合の設置を獎勵し試驗場をも活動させる朝鮮の水産獎勵方針

일련번호	판명	간행일	단수	기사명
127223	朝鮮朝日	1925-12-10/1	06단	刑事捕物譯金相玉事件祕話(五)/路傍の書面で金の所在判る/その間各署はいひやう無き苦心をなめる
127224	朝鮮朝日	1925-12-10/1	07단	釜山の迫間氏が十萬圓を投出す/府では豫て計劃中の公會堂を建設する
127225	朝鮮朝日	1925-12-10/1	07단	釜山長手通をペーブメントする/一部には反對の聲もある
127226	朝鮮朝日	1925-12-10/1	08단	パンには代へ難く京城から印刷工釜山へ行く
127227	朝鮮朝日	1925-12-10/1	08단	平壤府の市區改正の補助問答で議場大に賑ふ
127228	朝鮮朝日	1925-12-10/1	09단	土幕倒壞し壓死を遂ぐ
127229	朝鮮朝日	1925-12-10/1	10단	重ねて衝突して負傷者を出す
127230	朝鮮朝日	1925-12-10/1	10단	人(齋藤總督/安達本府商工課長/矢鍋殖銀理事)
127231	朝鮮朝日	1925-12-10/1	10단	半島茶話
127232	朝鮮朝日	1925-12-10/2	01단	鮮支協約の批難は當らぬ/たゞ不逞鮮人が荒し廻るだけは困るよと國友警務課長の土産話
127233	朝鮮朝日	1925-12-10/2	01단	今後といへども發刊を許さぬ/新聞創刊計劃の噂に對し警務當局は語る
127234	朝鮮朝日	1925-12-10/2	01단	せめてカユなりとも腹一杯に食はせたい/慶南各地の下級勞働者を視察せる當局の同情話
127235	朝鮮朝日	1925-12-10/2	02단	韓國貨幣を引換へぬ/地金にすれば高價だとて
127236	朝鮮朝日	1925-12-10/2	03단	公州地方の素晴い養鷄熱
127237	朝鮮朝日	1925-12-10/2	03단	養鼈熱を鼓吹
127238	朝鮮朝日	1925-12-10/2	03단	朝日勝繼碁戰(第十五回)十一
127239	朝鮮朝日	1925-12-10/2	04단	黃海穀物檢査
127240	朝鮮朝日	1925-12-10/2	04단	海州面の人口
127241	朝鮮朝日	1925-12-10/2	04단	黃海道の賞與
127242	朝鮮朝日	1925-12-10/2	04단	靈光に電話
127243	朝鮮朝日	1925-12-10/2	04단	通信いろいろ(羅南)
127244	朝鮮朝日	1925-12-11/1	01단	京城商議の役員組織成る/珍しや選擧の形式を省き會頭に渡邊氏當選す
127245	朝鮮朝日	1925-12-11/1	01단	定時運轉週間/遲延せぬやう習慣づける愈よ十七日より二十三日まで實施する
127246	朝鮮朝日	1925-12-11/1	01단	刑事捕物譯金相玉事件祕話(完)/最後迄反抗し愛人の宅で死ぬドラマテックに終始した彼金相玉の一生
127247	朝鮮朝日	1925-12-11/1	02단	皇孫御生誕と各地の奉祝/京城府の奉祝大會　御命名式當日/獄中より奉祝する休業せぬが囚人を優遇する/新幕は旗行列/京城靑年は提燈行列擧行/京城の奉祝歌/皇孫殿下と同じ日に生る/京城の果報者
127248	朝鮮朝日	1925-12-11/1	04단	一瀉千里に議事進行/小作料問題で議論の花咲く
127249	朝鮮朝日	1925-12-11/1	04단	營林廠を擴張し國有林を統一/明年度豫算に取敢ず約七十萬圓を計上す

일련번호	판명	간행일	단수	기사명
127250	朝鮮朝日	1925-12-11/1	04단	法人の資産と評價標準を統一/相互の利益を圖るため釜山商議の斡旋成功す
127251	朝鮮朝日	1925-12-11/1	05단	その折々/新總監と首の心配
127252	朝鮮朝日	1925-12-11/1	06단	大邱の入營者
127253	朝鮮朝日	1925-12-11/1	06단	喫茶室/黃海道産物は美事に化ける
127254	朝鮮朝日	1925-12-11/1	06단	支那行郵便は船便で發送
127255	朝鮮朝日	1925-12-11/1	06단	新義市場の米價反騰/市場品薄のため
127256	朝鮮朝日	1925-12-11/1	07단	馬鹿を見る鎭南浦と海州/黃海線の延長豫定はどうやら變更らしい
127257	朝鮮朝日	1925-12-11/1	07단	鮮人の作業を見て『しっかり働け』と慈父の如く勵ます/齋藤總督大阪を視察す
127258	朝鮮朝日	1925-12-11/1	07단	九州炭の朝鮮移入/船腹過剰の結果本年は多い
127259	朝鮮朝日	1925-12-11/1	09단	ウッカリ朝鮮産を使用出來ない/惡質や不經濟から産業第一主義怪しくなる
127260	朝鮮朝日	1925-12-11/1	09단	納稅の民衆化/ウケのよい京城府の稅務課
127261	朝鮮朝日	1925-12-11/1	09단	愈結氷した國境の河川
127262	朝鮮朝日	1925-12-11/1	09단	橋梁墜落し多數負傷
127263	朝鮮朝日	1925-12-11/1	09단	衝突して帆船沈沒す
127264	朝鮮朝日	1925-12-11/1	10단	映畫だより
127265	朝鮮朝日	1925-12-11/1	10단	人(エル・グルナード氏(白耳義大使館附商務官)/小池秀勝氏(新 任大邱東拓支店支配人)
127266	朝鮮朝日	1925-12-11/1	10단	半島茶話
127267	朝鮮朝日	1925-12-11/2	01단	兒童愛護週間(一)/旅に出た父と子/ステッキとトンボとどんぐりの中に隱れた子供の才能/弘濟會保育部主任田村克己(いたづらステッキ/赤とんぼ/麩と鹽せんべい/團栗拾ひ/性教育の序論)
127268	朝鮮朝日	1925-12-11/2	03단	朝日勝繼碁戰/第十五回(十二)
127269	朝鮮朝日	1925-12-11/2	04단	不景氣な慶南各地の農村不安に脅える
127270	朝鮮朝日	1925-12-11/2	04단	見舞金分配で北風會睨まる
127271	朝鮮朝日	1925-12-11/2	04단	新記錄を作る新義州の米豆檢査數
127272	朝鮮朝日	1925-12-11/2	04단	新義州の新年名刺交換
127273	朝鮮朝日	1925/12/12		缺號
127274	朝鮮朝日	1925/12/13		缺號
127275	朝鮮朝日	1925/12/14		休刊
127276	朝鮮朝日	1925/12/15		缺號
127277	朝鮮朝日	1925/12/16		缺號
127278	朝鮮朝日	1925/12/17		缺號
127279	朝鮮朝日	1925/12/18		缺號
127280	朝鮮朝日	1925/12/19		缺號

일련번호	판명	간행일	단수	기사명
127281	朝鮮朝日	1925/12/20		缺號
127282	朝鮮朝日	1925/12/21		休刊
127283	朝鮮朝日	1925/12/22		缺號
127284	朝鮮朝日	1925/12/23		缺號
127285	朝鮮朝日	1925/12/24		缺號
127286	朝鮮朝日	1925/12/25		缺號
127287	朝鮮朝日	1925/12/26		缺號
127288	朝鮮朝日	1925/12/27		缺號

별표

일련번호	판명	간행일	단수	기사명
127289	鮮滿版	1924-02-08	05단	大阪朝日新聞社謹寫/御成婚活動寫眞
127290	鮮滿版	1924-02-28	05단	竹の園生活動寫眞
127291	鮮滿版	1924-03-01	06단	竹の園生活動寫眞公會
127292	鮮滿版	1924-03-02	06단	竹の園生活動寫眞公會
127293	鮮滿版	1924-03-05	05단	竹の園生活動寫眞公會
127294	鮮滿版	1924-03-06	05단	竹の園生活動寫眞公會
127295	鮮滿版	1924-03-07	06단	竹の園生活動寫眞公會
127296	鮮滿版	1924-03-08	06단	竹の園生活動寫眞公會
127297	鮮滿版	1924-03-09	06단	竹の園生活動寫眞公會
127298	鮮滿版	1924-03-11	05단	竹の園生活動寫眞公會
127299	鮮滿版	1924-03-13	05단	竹の園生活動寫眞公會
127300	鮮滿版	1924-03-18	04단	竹の園生活動寫眞公會
127301	鮮滿版	1924-03-19	06단	竹の園生活動寫眞公會
127302	鮮滿版	1924-07-03	05단	昭憲皇太后御集謹解
127303	鮮滿版	1924-07-04	06단	昭憲皇太后御集謹解
127304	鮮滿版	1924-07-05	05단	昭憲皇太后御集謹解
127305	鮮滿版	1924-07-06	05단	昭憲皇太后御集謹解
127306	鮮滿版	1924-07-10	05단	釜山漁業組合役員
127307	鮮滿版	1924-07-10	05단	朝鮮活寫會
127308	鮮滿版	1924-07-12	05단	朝鮮活寫會
127309	鮮滿版	1924-07-13	05단	朝鮮活寫會
127310	鮮滿版	1924-07-15	05단	朝鮮活寫會
127311	鮮滿版	1924-07-16	06단	朝鮮活寫會
127312	鮮滿版	1924-07-17	05단	朝鮮活寫會
127313	鮮滿版	1924-07-18	05단	朝鮮活寫會
127314	鮮滿版	1924-07-19	05단	朝鮮活寫會
127315	鮮滿版	1924-07-22	05단	朝鮮活寫會
127316	鮮滿版	1924-07-23	05단	朝鮮活寫會
127317	鮮滿版	1924-07-24	05단	朝鮮活寫會
127318	鮮滿版	1924-07-25	06단	朝鮮活寫會
127319	鮮滿版	1924-07-26	04단	朝鮮活寫會
127320	鮮滿版	1924-07-27	05단	朝鮮活寫會
127321	鮮滿版	1924-07-29	05단	朝鮮活寫會
127322	鮮滿版	1924-07-30	06단	朝鮮活寫會

일련번호	판명	간행일	단수	기사명
127323	鮮滿版	1924-08-02	06단	吉州農學校昇格
127324	鮮滿版	1924-08-10	04단	東拓七月貸出高
127325	鮮滿版	1924-08-17	05단	本社グラブユーア高級印刷/日本アルプス百景
127326	鮮滿版	1924-09-10	08단	重要商品相場(九日)
127327	鮮滿版	1924-09-18	07단	名紡減資整理か
127328	鮮滿版	1924-09-18	07단	重要商品相場(十七日)
127329	鮮滿版	1924-09-18	07단	水銀燈
127330	鮮滿版	1924-09-27	06단	重要商品相場(廿六日)
127331	鮮滿版	1924-10-01	04단	朝日巡回活寫會
127332	鮮滿版	1924-10-01	06단	賭博連累保釋
127333	鮮滿版	1924-10-11	06단	九月開墾助成出願
127334	鮮滿版	1924-10-11	06단	生絲市況十日(橫濱/神戶)
127335	鮮滿版	1924-10-11	06단	南海鐵道增資
127336	鮮滿版	1924-10-11	06단	大株組合委員會
127337	鮮滿版	1924-10-11	06단	神戶生絲金部募入
127338	鮮滿版	1924-10-11	06단	水銀燈
127339	鮮滿版	1924-10-18	03단	女學生の分列式京城第二高女の試み/朝鮮でも軍隊的訓練を始めた
127340	鮮滿版	1924-11-02	04단	秋季音樂大演奏會
127341	鮮滿版	1924-11-02	05단	秋季音樂大演奏會
127342	鮮滿版	1924-12-14	06단	朝鮮酒品評會
127343	鮮滿版	1925-03-17	01단	鮮鐵借入金
127344	朝鮮朝日	1925-04-02/1	05단	莞爾として京城少年團を檢閲する後藤子
127345	朝鮮朝日	1925-04-04/1	07단	馬山の櫻
127346	朝鮮朝日	1925-04-16/1	06단	朝日巡回活寫會
127347	朝鮮朝日	1925-04-16/2	02단	讀者優待福引
127348	朝鮮朝日	1925-04-21/1	07단	朝日巡回活寫會
127349	朝鮮朝日	1925-04-22/1	07단	朝日巡回活寫會
127350	朝鮮朝日	1925-04-24/2	03단	朝日巡回活寫會
127351	朝鮮朝日	1925-04-25/2	03단	朝日巡回活寫會
127352	朝鮮朝日	1925-04-26/2	03단	朝日巡回活寫會
127353	朝鮮朝日	1925-06-12/1	09단	內臟疾患が塗布劑で治る
127354	朝鮮朝日	1925-06-30/2	04단	關門商況(米穀/糖粉/肥料)
127355	朝鮮朝日	1925-07-01/2	02단	訪歐記念朝日活寫會

일련번호	판명	간행일	단수	기사명
127356	朝鮮朝日	1925-07-08/2	03단	訪歐記念朝日活寫會
127357	朝鮮朝日	1925-07-29/1	04단	寫眞說明(上右)四勇士家族の見送り/(上左)遙に故國を立ちさらんとする二機/(下)搭乘者代表安邊氏別れの挨拶
127358	朝鮮朝日	1925-07-29/2	03단	海江口侍從の水害視察(龍山で)
127359	朝鮮朝日	1925-09-20/2	01단	厄日前後(二)/SPR/公設賭場その他
127360	朝鮮朝日	1925-09-20/2	01단	合同しても方針は變らぬ地方的條件を考慮すると和田商銀頭取は語る
127361	朝鮮朝日	1925-09-20/2	01단	營林廠が原木を拂下/木材業者に
127362	朝鮮朝日	1925-09-20/2	01단	馬山附近の獨酒釀造高/當局の調査
127363	朝鮮朝日	1925-09-20/2	01단	生牛檢疫所近く竣工か城津畜産の委託經營で
127364	朝鮮朝日	1925-09-20/2	02단	工業協會の創立總會は二十日開催
127365	朝鮮朝日	1925-09-20/2	03단	通信いろいろ(新義州/馬山/安東縣)
127366	朝鮮朝日	1925-09-20/2	04단	運動界(シングルのトーナメント二十六日から/新宮競技の豫選大會は二十一日擧行/元山毎日の北鮮庭球會十八日から)
127367	朝鮮朝日	1925-09-20/2	04단	神宮競技の/豫選大會は/二十一日擧行
127368	朝鮮朝日	1925-09-20/2	04단	元山で集めた水害見舞金千餘圓を送付
127369	朝鮮朝日	1925-07-22/1	01단	遲々として進まぬ師範教育の改善/道立師範の昇格も經費困難で不可能
127370	朝鮮朝日	1925-07-22/1	01단	朝鮮新宮の神靈奉遷に軍艦を派遣
127371	朝鮮朝日	1925-07-22/1	01단	金ありと睨んだ假政府の監禁から纔に遁出で久懇、の地上海に別れ湯の町別府に落ついた閔延植氏
127372	朝鮮朝日	1925-07-22/1	02단	釜山局の電信中繼新式に改む
127373	朝鮮朝日	1925-07-22/1	02단	産米增收計劃で三億圓の豫算/草間財務局長が首相官邸を訪ふ
127374	朝鮮朝日	1925-07-22/1	02단	*區域外兒童の入學を拒否す/京城學校組合が收容難の理由で*
127375	朝鮮朝日	1925-07-22/1	04단	海員養成所在續問題で仁川有志入京
127376	朝鮮朝日	1925-07-22/1	04단	公債增額で關係大臣の諒解を求む
127377	朝鮮朝日	1925-07-22/1	04단	平壤栗害蟲が發生
127378	朝鮮朝日	1925-07-22/1	04단	三十三尺の日蓮の銅像/鎭江山に建設
127379	朝鮮朝日	1925-07-22/1	04단	蒙古探險の同志出發す
127380	朝鮮朝日	1925-07-22/1	05단	銃殺された支那强盜が我警官を罵倒
127381	朝鮮朝日	1925-07-22/1	05단	不良鮮童を一處に收容/仕事を授くる
127382	朝鮮朝日	1925-07-22/1	05단	天道教の啀合ひ教主推戴を中心に新舊兩派に分れて十月の授輿祭が見物
127383	朝鮮朝日	1925-07-22/1	05단	我家を後に

일련번호	판명	간행일	단수	기사명
127384	朝鮮朝日	1925-07-22/1	06단	朝鮮新宮祭に全鮮競技大會體育協會が主催で總督府が補助金交附
127385	朝鮮朝日	1925-07-22/1	06단	天道教の啀合ひ/教主推戴を中心に/新舊兩派に分れて/十月の授與祭が見物
127386	朝鮮朝日	1925-07-22/1	06단	*美統記念日*
127387	朝鮮朝日	1925-07-22/1	07단	*應懲すべく*
127388	朝鮮朝日	1925-07-22/1	08단	*反感を誘ふ*
127389	朝鮮朝日	1925-07-22/1	07단	朝鮮神宮祭に/全鮮競技大會/体育協會が主催で/総督府が補助金交付
127390	朝鮮朝日	1925-07-22/1	08단	海林の不逞團は一種の自治機關/在住の鮮農等は税金を支拂って居る
127391	朝鮮朝日	1925-07-22/1	08단	*船內で慘殺さる犯人犯探中*
127392	朝鮮朝日	1925-07-22/1	09단	高瀬舟を襲った不逞支那巡警が追跡逮捕す
127393	朝鮮朝日	1925-07-22/1	09단	幽靈會社で保證金詐取平壤署が逮捕
127394	朝鮮朝日	1925-07-22/1	09단	株式會社で旅館の營業/道の肝煎で許可
127395	朝鮮朝日	1925-07-22/1	10단	小刀を胸に擬して八圓を强奪
127396	朝鮮朝日	1925-07-22/1	10단	人(新貝肇氏(平壤郵便局長)/松島淳氏(總督爲贊貯金管理所長)/草問財務局長)
127397	朝鮮朝日	1925-07-22/1	10단	喫茶室(朝鮮を外國扱ひ某代議士が)
127398	朝鮮朝日	1925-07-22/1	10단	半島茶話

색인

색인

刻煙草	116861								
各地	113633	113671	113710	113778	113801	113865	113929	113994	113998
	114012	114047	114084	114129	114157	114178	114202	114216	114218
	114241	114258	114277	114294	114311	114334	114348	114406	114427
	114447	114479	114495	114539	114561	114574	114603	114622	114645
	114664	114686	114709	114739	114761	114800	114836	114884	114973
	115021	115052	115110	115186	115197	115221	115237	115252	115304
	115320	115335	115377	115388	115398	115416	115454	115465	115477
	115490	115518	115545	115552	115561	115592	115609	115670	115679
	115759	115777	115833	115884	115932	115989	116013	116070	116089
	116149	116169	116195	116216	116230	116282	116289	116306	116329
	116421	116459	116472	116487	116502	116522	116593	116602	116613
	116821	116867	116873	116958	116964	117060	117131	117152	117212
	117232	117254	117302	117363	117396	117519	117549	117570	117607
	117629	117677	117727	117732	117765	117774	117825	117848	117864
	117997	118030	118147	118170	118191	118200	118213	118286	118366
	118441	118463	118482	118683	118734	118754	118816	118880	118984
	119011	119032	119080	119126	119184	119289	119425	119461	119482
	119515	119571	119602	119746	119748	119883	119935	119957	120107
	120277	120408	120596	120630	120683	121042	121124	121427	121548
	121826	121834	121890	122030	122417	122713	122830	122868	123400
	123401	123684	123720	123810	123902	124028	124042	124400	124615
	124677	124868	125291	125448	125699	126087	126094	126704	126788
	126809	126873	126915	126925	127143	127221	127234	127247	127269
懇談會	114840	118135	120839	124806					
間島	113724	113752	113978	114346	114354	114531	114559	114589	115452
	115486	115566	115791	116222	116381	116895	116951	117007	117056
	117229	117370	117528	117566	117736	117752	117773	117792	117813
	117829	117855	117869	117898	117919	118139	118153	118199	118356
	118453	118757	119131	119206	119358	119819	119875	119894	120447
	120933	120992	121133	121212	121267	121565	122408	122547	122568
	122587	122773	123025	123123	123455	123463	123619	123639	123664
	123680	123811	123912	124002	124038	124051	124060	124109	124130
	124221	124257	124258	124280	124336	124352	124557	124576	124579
	124586	124615	124916	125016	125073	125284	125321	125397	125533
	125554	125595	126302	126738	126746	126921	127025	127075	127100
	127125								
干魃・旱魃	116278	116338	116340	116380	116382	116413	116485	117007	117179
	117420	117528	120258	121750	124217	124256	124347	124392	124466
簡保	115993	125777							
奸商	123675	124042							
干潟地	119064								
看守	115931	117979	123959						
簡閲	116590	123232							
肝要	119064	126198							

簡易驛	115329	123633						
簡捷	123798							
懇親會	122988							
看板	126796	127072						
看護婦	114114	116324	122853	123943	126508	126900		
渴水	124626							
褐炭	113882	120078	121410	121733				
柑橘	114425							
減免	116254	119560	126288	126436				
感冒	120353	121183						
感想	115557	115724	122727	124096				
監囚	121697	125034						
監視	113834	116881	117581	120447	123096	124010	126101	
監視所	113834							
減額	114695	117390	117524	117827	118232	119890	121067	121879	126233
監獄	115480	123502						
甘浦	119168	119719						
感化院	114832	115044	116368	118601				
甲山	118980	123275	123581					
甲子園	116888	124819						
江景	121117	122705						
岡崎	119264	121123	121165	122788	124131	125046		
強盜	113676 114052 118582 118793 118955 118997 120144 120672 120747 121624 121941 122019 122259 122731 122762 122961 123596 124036 124175 124548 124760 124785 124904 125046 125420 125629 126028 126154 126383 126425 126748 126930 127035 127098 127133							
降雹	117497 117745 122364 122464 122583 122618 122755 122957 123275 123811 125749							
岡山	121007	125076	126518					
講習	113790 114066 114155 114435 114839 114988 115208 116128 116166 116190 116214 116292 116373 116400 116403 116423 116521 116691 116735 116752 116864 116865 116934 117100 117774 117862 118878 119826 120016 120359 120595 121455 121548 121772 122241 122859 122963 123069 123081 123103 123228 123309 123361 123466 123506 123599 123631 123780 123833 123982 124193 124286 124323 124352 124477 124610 124661 124686 124834 124856 124883 124948 125011 125127 126242 126400 127128 127137							
講習所	114839	114988	120595	127128				
講習會	113790 114066 114155 114435 116128 116166 116190 116214 116292 116400 116423 116691 116735 116752 116934 117100 117774 119826 121548 121772 122241 123069 123103 123228 123309 123361 123466 123506 123599 123631 123780 123833 123982 124286 124323 124352							

	124477	124610	124661	124686	124834	124856	124883	124948
	125011	125127	126400	127137				
講演	113675	113921	113964	114536	116125	116210	116354	116630	117642
	117824	117843	117948	118245	120220	120301	120398	120658	120940
	121308	121342	121979	122689	122759	123103	123117	123119	123185
	123198	123241	123242	123619	123717	123941	124592	124719	124793
	124898	124925	125052	125870	125871	126342	126435	126508	126571
	126588	126757							
講演會	113675	116125	116210	117948	118245	120658	121308	121342	121979
	122689	123103	123119	123185	123941	124719	124793	125052	125871
	126342	126588							
江原道	114395	114917	115605	116243	116487	124066	124261	125374	125524
	125573	126297							
江原·江原道	114395	114395	114917	114917	115605	115605	116243	116243	116265
	116487	116487	119084	121896	124066	124066	124261	124261	125374
	125374	125524	125524	125573	125573	126297	126297		
康津	119361								
降誕	126680	126778	126809	126915	126982	127007	127083		
强奪	113676	114138	116646	117017	117364	120672	120860	122019	122143
	122528	122641	122661	122697	124452	124548	124931	125311	125638
	126028	126383	126715	126748	126816	127134			
姜香蘭	120787	126361							
凱歌	116692								
開墾	114989	115058	116611	118504	119208	123082	123109	123625	124169
	124708	125805							
開墾事業	115058	124708							
開校	113705	113779	113877	114362	114400	114911	114915	115031	115434
	115621	115798	117537	117929	118498	118780	119799	120486	122200
	122942	125000	125103	125736					
開隊式	121093								
改良	113942	114186	114510	114583	114774	114926	115246	115584	115673
	115700	115712	116170	116173	116435	116674	116697	116953	117421
	118111	118277	119156	119430	119493	119857	120166	120431	121199
	121733	122203	122280	123631	123752	123897	123910	124319	124433
	124515	124570	124888	125323	125800	125865	125972	126535	127043
開發	113610	115024	115523	115542	115921	116020	116501	116624	117026
	117951	118408	118777	119109	119331	119486	120169	120621	122974
	123870	125701	125860	126054	126161				
改善	113814	114070	114500	114888	114902	115080	116403	116434	116763
	116818	116819	116864	117016	119876	120016	121421	121769	121846
	122249	122460	122479	122490	122912	123292	123835	124125	125158
	125235	125253	125559	125618	126478	126527	126600	126701	126714
	126781	126800	127161						
改選	113665	114442	119753	123376	123734	125230	126627		

開城	116605	124698	125107	126026				
改修	113666	114268	115401	115523	116152	116349	116477	117038	117896
	119264	119546	120347	122191	122935	123020	123097	123579	124659
	124762	124950	124978	125220	125542	125811	126045	126633	126922
開始	113879	114455	114600	115139	115276	115343	115389	115678	115744
	115766	115803	115898	115974	116094	117049	117210	117392	117483
	117779	118235	118269	118292	118508	118535	118926	119130	119526
	119912	120230	120665	120733	120781	121081	121117	121298	121303
	121780	122071	122276	122371	122574	122725	122840	122852	122896
	123368	123535	123620	123677	123731	123984	124028	124111	124293
	124503	124533	124634	124919	124923	125024	125166	125228	125243
	125473	125496	125526	125810	126323	126723	126742	126862	126938
	127046								
開業	114477	116923	123943	126654				
改葬	116407							
改正	114251	114303	114511	114543	114596	114628	114801	114898	114918
	114938	115117	115176	115177	115212	115413	115428	115804	116001
	117135	117155	117382	117461	118101	118328	118676	118695	118696
	118988	119256	119379	119552	119638	119685	119773	119777	119999
	120091	120522	120639	120932	121218	121281	121295	121806	122083
	122332	122539	122541	123008	123040	123088	123209	123487	123519
	123753	124149	124199	124475	125102	125329	125443	125588	125907
	125955	125994	126006	126166	126481	126534	126544	126569	126747
	126951	127089	127227						
開鑿	122430	124287						
開拓	121540	125422	126825					
价川	118209	120513	122364					
開催	113675	113778	114025	115011	115077	115214	115613	116743	116750
	116752	120515	120536	120654	120664	120922	121345	121949	121954
	121984	122006	122073	122310	122674	122689	122912	122921	122948
	123316	123444	123533	123569	123570	123706	123745	123751	123771
	123789	123916	124024	124156	124388	124410	124424	124446	124978
	124997	125102	125164	125605	125614	125728	125766	125920	125977
	126119	126369	126661	126785	126786	126834			
開崔	120386	121211						
改築	113727	114661	115210	115489	115692	118295	119490	120135	123773
	124244	125924	126498	127124					
改稱	118088	118215	119966	120388	120815	121470	125224	125239	126039
開通	114267	115487	115658	115779	116046	116071	116116	116170	116332
	116342	116511	116565	116615	116790	116946	117347	117425	117554
	117716	117717	117839	117916	117933	117999	118059	118083	118350
	118642	118992	119248	119396	120538	121792	121835	122103	122377
	122382	122777	122848	122882	122907	122934	122978	123014	123290
	123430	123792	123834	123882	123952	123984	124010	124028	124030
	124035	124042	124631	124858	124886	125157	125166	125180	125261

	125335	125538	125659	125681	126407	126459	126815	
開通式	117839	117933	122377	122934				
改廢	117553	118694						
改革	115776	116134	117046	117321	118424	118490	118517	118576	118613
	119010	120027	121762	121880	122079	124814	124851		
概況	117650							
更迭	113643	113864	121722	124668				
醵金	117375	118979						
巨魁	114229							
居眠	124650	125049						
据置	122820	123446	126020					
健康	119628	120837	120937					
健康診斷	120837	120937						
乾繭	115004	121366	122985					
乾繭場	115004	121366	122985					
乾餾	121410							
建碑	126859							
建碑式	126859							
建設	113712	113904	114671	114876	114891	115160	115691	115700	115971
	116473	117050	118448	118646	119300	119524	119744	120644	120699
	120719	121025	121819	122047	122253	122355	122616	123200	123266
	123437	123814	123835	124028	124304	124433	124556	124964	125627
	125653	126088	126439	126466	127053	127224			
建議	114528	115297	116435	119937	119982	121463			
建築法	116301	116639						
檢擧	113955	114672	116162	116213	116392	116570	117243	117489	119101
	119491	121612	122252	123141	123145	123341	124569	125078	125168
	125345	125493	125563	126296	126379	126745	127181		
劍道	118685	118753						
檢事	113897	115344	117154	117301	117336	119322	121784	122262	122332
	123028	123068	123182	123507	125215	126368	126727		
檢疫	114698	114758	114833	115370	116030	118410	118928	119273	119471
	119663	119684	119893	119991	120030	120464	120838	121936	121956
	122388	122694	123574	124070	124191	124339	124634	125038	125065
	125465	125613	125785	125842	125881	126205	126417	126504	
檢疫料	119471	119663						
檢疫所	114698	114758	114833	115370	116030	118410	118928	119273	119684
	119893	119991	120464	124191	124339	125038	125065	125465	125613
	125842	126504						
檢閲	114995	115298	115766	115859	115965	116075	116304	116411	118269
	119763	120602	123433	123578					
檢閲使	115859	116075	116304					

激減	115339	115945	116095	116915	118978	119913	123947	124470	124925
	125272								
格納庫	122071	124964							
激賞	122632	124980							
激增	114232	114661	114725	114782	115785	116428	116634	116951	117001
	118124	118931	119687	120049	120143	121257	121371	121542	122447
	123456	123703	123880	124386	124513	124579	124878	124890	124922
	125490	125589	126304	126558	126616	126895	127053		
格鬪・挌鬪	115907	120997	122298	126966	127133				
隔靴搔痒	115553								
繭	113869	114848	115004	115130	115652	115718	115853	115982	116002
	116069	116409	116541	117507	117535	117862	119019	121366	121567
	122065	122577	122734	122752	122844	122846	122892	122985	123073
	123115	123122	123155	123193	123239	123247	123252	123476	123604
	123605	123747	124342	124596	124796	125017	125121	125178	125250
	125572	125643	126304	126305	126309	126537	126597		
堅壘	116524	120643							
見舞	115786	123097	124755	125062	125288	125308	125395	125615	127212
	127270								
見物	115199	117814	122658	125631	126705				
見學	114736	114916	114976	115353	115396	115475	115516	115752	115936
	116757	116765	117299	117863	118034	118140	118899	120072	120419
	120521	120714	120948	120987	121472	122266	122515	123634	124232
	124277	125048	126351						
決潰	123685	124782							
結氷	113827	113933	113954	115574	116670	118029	118216	118729	118812
	119049	119464	126360	126777	126959	127261			
決死隊	123881	124010							
決算	113708	114156	114813	115513	115838	116247	116267	117962	119007
	119444	123568							
決戰	120684	123946							
缺乏	118293	122212	125409						
結核	116337	120544	120837	120937	123757				
結核菌	116337								
結婚	117191	117367	123679	124907	125428	126107	127059	127166	
兼二浦	118098	118229	121504	123889	123926	124300	124949	126139	
鯨	114272	115462	115934	116592	116733	119897	121315	121500	124447
警戒	113887	114483	114623	115762	115795	116005	116313	117258	117344
	117345	117538	117575	117596	117757	118332	118729	119065	119134
	119306	119735	120112	120483	120612	120913	121051	121180	121310
	122114	122470	122568	122656	122728	122757	123461	123527	123769
	123810	123887	124010	124540	124546	124599	124646	124929	125084
	125293	125365	126409						

京穀市場	125502							
警官	113807	114039	114134	114283	114338	115198	115283	115468	115527
	115703	115721	115817	116901	117113	117136	117285	117446	117665
	117726	118072	118119	118178	118250	118473	118483	118653	118663
	118787	118903	118919	118956	118982	119381	119609	120048	120148
	121068	121396	121719	122067	122160	122180	122223	122317	122345
	122389	122781	122791	122831	122908	122958	123063	123196	123681
	123891	124035	124351	124498	124503	124534	124737	124789	124825
	124959	125092	125109	125541	125629	125791	125857	125995	126012
	126034	126682	126993	127214					
警官隊	115468	121396	122389	124035	124789	126682	126993		
硬球	117983	118337	122201	123437	126053	126221			
京畿	113732	116373	116416	116497	116573	116814	116891	117113	117284
	117285	117809	117957	118367	119143	119244	119466	119710	119905
	119945	120433	120533	120680	120838	120869	120906	121125	121487
	121647	121691	122006	122065	122085	122154	122185	122918	122936
	122942	122970	123229	123467	123493	123652	124028	124066	124170
	124261	124756	125015	125036	125301	125350	125402	125569	125748
	125768	125830	125954	125966	125996	126012	126014	126068	126723
	126953	127103							
景氣	113607	115929	116345	116787	118161	118422	118663	118869	119041
	119440	119891	120097	120290	120498	121598	122319	122447	123336
	123456	123951	123996	124694	124730	125145	125243	125577	125778
	125957	126349	126429	126446	126505	126573	126598	126637	126874
	127197	127215	127269						
競技	113770	113774	113849	114071	114781	114807	115331	115437	115521
	115556	115588	115708	115753	115769	115783	116010	116017	116037
	116056	116232	116778	117102	117397	117786	117847	118110	118229
	118247	118266	118270	118369	119221	120474	120515	120876	121138
	121292	121897	122186	122197	122229	122257	122327	122671	122740
	122962	123006	123045	123081	123119	123199	123241	123722	124300
	124558	124833	124882	125389	125475	125617	125632	125651	125770
	125804	125821	125920	125966	126012	126018	126053	126084	126090
	126139	126156	126162	126236	126312	126452			
京畿道	113732	116497	116573	116814	116891	117285	117809	117957	118367
	119143	119244	119466	119905	120680	120838	120869	120906	121125
	121487	121647	121691	122006	122065	122085	122154	122185	122918
	122942	122970	123467	123493	123652	124028	124261	124756	125015
	125036	125301	125402	125569	125748	125768	125830	125966	125996
	126012	126014	126068	126723	126953	127103			
京畿道知事	116497	119466	122185						
慶南道	114526	116719	117326	118922	119110	119127	119755	120665	121563
	121856	122157	122212	122380	123083	124082	124199	124290	124486
	124891	125187	125227	125291	125382	125448	125720	126076	126091
	126242	126419	126642	126643	126676	126775			

京大	115621	115798	117965	122471	122729	124538	125973		
京都	113769	113931	115059	115823	115951	120327	120333	120536	120882
	122642	126023							
敬禮	124628								
敬老會	115219	121757	122088						
經理部長	120928	124267	124625						
競馬	114633	114807	115033	115093	115125	116372	117495	117712	118151
	120552	120618	120969	121244	121801	121914	121995	122219	122252
	122883	123480	125322	125731	125804	125920			
競馬大會	114807	115033	115093	115125	117495	117712	118151	120552	121244
	121995	122219	122883	123480	125322	125731			
競賣	118332	118701							
警務局·警務局	113811	113887	114677	116509	116739	117244	117406	117680	117726
	117942	118330	118611	118640	118903	118917	119145	119462	119684
	120950	121036	121877	121927	121956	122396	122656	122841	123493
	123952	124066	124261	124383	124417	124461	124550	125013	125041
	125391	126112	126888	126907	127138	중복날림			
警務機關	118483								
警保局	123392								
景福宮	115011	115698							
警部	115453	115721	116352	117738	118414	118766	123348	124336	124455
京釜線	118079	123834	124010	124028					
慶北線	116790	117425	119213	120918	123882	124390			
警備	114008	114385	114785	115590	115721	116020	116652	116760	117500
	117771	117926	118426	119162	119734	121610	121611	122680	123015
	123136	123212	123438	123874	124066	124181	124338	124534	126725
慶事	113884	113984	114048	114069	115745	121998	125667		
慶尙南道·慶南	114526	114708	114732	114969	115760	115936	116562	116655	116669
	116719	117242	117326	117330	117619	117627	117669	118381	118922
	119110	119127	119298	119387	119531	119755	119763	120058	120086
	120108	120125	120142	120153	120158	120211	120275	120370	120581
	120665	121226	121563	121640	121856	122021	122056	122099	122099
	122157	122160	122177	122208	122212	122380	122473	122558	122724
	122898	122936	122978	123003	123063	123083	123151	123431	123562
	123722	123769	123782	123810	123834	123882	124066	124071	124082
	124102	124132	124168	124199	124249	124261	124261	124290	124352
	124486	124552	124672	124690	124725	124796	124817	124853	124891
	125013	125093	125142	125145	125150	125187	125200	125227	125291
	125374	125382	125448	125524	125549	125569	125678	125681	125682
	125683	125720	125727	125865	125883	125958	125966	126000	126076
	126091	126242	126296	126297	126349	126419	126443	126520	126554
	126574	126642	126643	126676	126718	126775	126822	126890	126896
	127008	127047	127070	127234	127269				
慶尙北道·慶北	113719	113837	114237	114557	114713	114744	114760	114829	114854

114984	114986	115206	115510	115571	115615	116278	116338	116342
116413	116485	116502	116586	116790	116809	116838	116852	116921
116984	116988	117071	117076	117093	117101	117239	117420	117425
117511	117514	117561	117578	117644	117796	117799	117897	117909
117935	117956	118000	118256	118282	118341	118499	118544	118573
118746	118825	118982	119019	119172	119180	119197	119213	119472
119505	119509	119761	119813	119932	119941	120016	120052	120160
120234	120606	120652	120657	120762	120901	120918	121088	121112
121183	121214	121239	121324	121360	121412	121468	121542	121581
121583	121591	121597	121636	121665	121755	122151	122198	122577
122583	122734	122893	122938	122947	123111	123119	123152	123155
123163	123257	123472	123507	123684	123686	123719	123752	123788
123834	123882	123917	123976	123984	124066	124111	124152	124261
124288	124329	124390	124502	124554	124979	125135	125209	125261
125291	125434	125524	125528	125541	125572	125590	125597	125748
125760	125767	125814	126303	126304	126662	126776	126788	126863
126893	126906	126918	126982	127002	127044	127171	127179	127189

京城

113668	113702	113703	113737	113747	113820	113828	113904	113917
113952	113960	113980	114038	114061	114079	114334	114341	114387
114388	114402	114404	114409	114415	114432	114441	114479	114587
114594	114598	114627	114629	114644	114650	114696	114701	114725
114748	114752	114761	114777	114786	114793	114797	114798	114800
114824	114830	114863	114869	114888	114899	114920	114985	114996
114997	115006	115085	115089	115152	115163	115168	115214	115313
115411	115478	115485	115494	115506	115512	115549	115550	115574
115581	115601	115606	115640	115655	115657	115687	115708	115720
115745	115793	115822	115828	115829	115833	115881	115975	116010
116016	116052	116053	116070	116109	116128	116130	116193	116194
116195	116223	116240	116241	116247	116292	116316	116321	116378
116391	116414	116437	116438	116460	116465	116488	116495	116497
116536	116557	116568	116713	116801	116819	116911	116918	116930
116952	116959	117009	117019	117040	117058	117069	117121	117125
117140	117152	117154	117157	117163	117186	117220	117226	117238
117247	117248	117259	117272	117333	117389	117401	117549	117597
117606	117615	117695	117714	117723	117724	117810	117921	117931
117932	117949	117966	117984	118030	118033	118040	118043	118066
118100	118104	118129	118143	118145	118165	118179	118202	118213
118231	118268	118275	118337	118382	118389	118397	118399	118425
118433	118484	118509	118515	118591	118617	118629	118667	118675
118684	118685	118756	118764	118790	118816	118853	118868	118870
118880	118893	118894	118977	119011	119058	119070	119073	119082
119093	119102	119113	119129	119136	119151	119163	119193	119218
119224	119226	119236	119249	119264	119283	119340	119368	119407
119435	119517	119524	119541	119561	119578	119588	119589	119624
119646	119649	119696	119716	119717	119724	119731	119774	119837
119843	119871	119874	119900	119927	119944	119988	120017	120037
120041	120100	120105	120121	120124	120176	120177	120220	120230

120242	120266	120268	120292	120318	120337	120344	120388	120415
120432	120436	120468	120475	120510	120532	120585	120588	120589
120603	120650	120661	120691	120730	120735	120760	120761	120782
120820	120836	120885	120893	120900	120904	120930	120942	120946
120963	120980	120982	120989	121063	121071	121074	121087	121097
121163	121175	121180	121182	121189	121211	121215	121222	121223
121257	121269	121282	121287	121304	121345	121348	121373	121386
121388	121409	121420	121440	121475	121491	121496	121498	121507
121510	121517	121527	121544	121552	121578	121579	121599	121612
121634	121684	121711	121732	121734	121759	121796	121798	121812
121819	121918	121932	121950	121966	121995	121998	122021	122023
122030	122050	122058	122067	122068	122084	122098	122099	122129
122144	122153	122158	122172	122179	122211	122269	122271	122286
122306	122332	122333	122341	122401	122403	122415	122426	122432
122443	122515	122532	122542	122571	122576	122595	122635	122649
122650	122653	122660	122687	122689	122693	122695	122715	122717
122759	122776	122786	122818	122828	122829	122851	122854	122880
122895	122904	122933	122973	123000	123006	123023	123060	123131
123135	123168	123177	123186	123199	123204	123209	123215	123219
123231	123232	123250	123276	123290	123359	123364	123430	123443
123482	123536	123537	123541	123566	123587	123635	123645	123665
123666	123667	123669	123676	123733	123741	123746	123774	123780
123782	123784	123805	123810	123818	123836	123846	123878	123942
123984	124010	124016	124027	124028	124042	124096	124106	124108
124132	124140	124142	124151	124189	124190	124226	124235	124274
124284	124306	124317	124323	124324	124341	124346	124373	124422
124429	124451	124471	124518	124523	124527	124537	124539	124550
124558	124582	124594	124597	124600	124602	124607	124623	124637
124659	124710	124714	124753	124772	124794	124802	124824	124839
124845	124847	124870	124885	124888	124943	124954	124957	124977
124986	125032	125035	125103	125113	125123	125124	125134	125151
125155	125197	125199	125269	125290	125320	125321	125322	125328
125344	125347	125351	125357	125394	125400	125405	125438	125441
125446	125449	125450	125452	125485	125487	125496	125503	125566
125587	125623	125653	125673	125680	125688	125691	125704	125728
125735	125736	125739	125740	125742	125771	125772	125775	125783
125798	125806	125823	125891	125902	125907	125921	125940	125941
125944	125961	126009	126012	126014	126016	126019	126023	126024
126028	126040	126053	126069	126070	126075	126076	126084	126087
126097	126117	126118	126139	126153	126175	126178	126185	126194
126202	126212	126226	126228	126232	126274	126282	126283	126295
126316	126325	126331	126334	126356	126363	126368	126403	126404
126446	126452	126453	126478	126482	126505	126506	126513	126516
126532	126538	126546	126575	126579	126584	126603	126609	126623
126627	126629	126631	126637	126655	126661	126668	126680	126702
126706	126707	126724	126726	126740	126744	126767	126772	126778
126785	126806	126826	126870	126873	126897	126905	126920	126922

	126925	126941	126963	126974	126991	126994	127000	127009	127035
	127050	127053	127056	127061	127082	127111	127143	127194	127196
	127226	127244	127247	127260					
京城局	122650								
京城覆審法院	113917	125351							
京城師範	114824	116128	118764	119578	120176	121812	125728	125772	125940
京城神社	120942	121579	124772	124885	124957	126070	126118		
京城驛	120121	121599	123645	125438	125496	126019	126053	126185	126453
京城豫備校	120475								
京城義甬團	123215								
京城醫專	125587								
京城日報	122021								
京城帝國大學・ 京城帝大・ (京城)帝大	113779	115225	122558	123782	123782	125736	125736	125804	
京城第二高女	125704	125823							
經營	113645	114429	114472	114820	114890	114925	115325	116579	116835
	116845	116922	116995	117085	117296	117310	117529	117552	117970
	118058	118353	118358	118422	118445	118505	118613	118669	118817
	118921	119940	120667	121060	121124	121490	122199	123557	124080
	125445	125613	127028						
耕牛	119085	119739	122992						
慶源	117522	119419							
京元線	122243	124438	124492	124566	124631	125075			
京元鐵道・ 京元線	122243	124438	124492	124566	124631	125075			
京義線	116514	124035	124541						
京義鐵道・ 京義線	116514	124035	124541						
京仁	115255	115367	115687	120935					
京仁線	115255	115367	115687						
耕作	113879	114649	115579	118519	118601	120642	120968	122394	123088
	123991	126924	127069	127145					
京電	115369	117405	117533	118386	120905	121171	121255	121431	121464
	121513	121680	121723	121811	121924	122004	122111	122176	122284
	122428	122451	122480	122520	122570	122657	122688	122751	122779
	122849	123050	123092	123210	123258	123373	123449	123531	123570
	123671	123767	123809	123841	123876	123914	124099	124155	124197
	124320	124406	124485	124598	124855	125101	125162	125296	125484
	125565	125660	125698	125812	125938	125964	125985	126004	126021
	126055	126200	126367	126411	126472	126530	126572	126672	126709
	126739	126784	126844	126927					

鷄卵	122363	123529	125672	125909					
計量器	114598								
鷄林	123918	124704							
計上	113682	113756	115100	115938	116674	116840	117264	119359	120326
	121433	123150	123207	124139	124165	124287	124594	124609	124748
	124891	125192	125239	126478	126677	126779	127249		
戒嚴令	117702	118141	127075						
繼子	113836								
屆出	118159	120990	125674	126366					
計劃	113606	113620	113689	113747	113778	113834	113895	113899	113967
	114025	114079	114108	114211	114286	114325	114345	114383	114385
	114439	114503	114552	114554	114556	114562	114575	114638	114660
	114740	114804	114806	114827	114848	114889	115067	115116	115159
	115189	115312	115313	115348	115383	115429	115469	115482	115544
	115567	115618	115639	115767	115787	115796	115825	115887	115973
	116000	116020	116050	116133	116137	116277	116302	116447	116473
	116540	116603	116611	116621	116653	116709	116724	116741	116746
	116752	116804	116840	116897	116981	117061	117133	117140	117420
	117443	117447	117455	117668	117817	117922	117939	118174	118396
	118469	118472	118505	118657	118708	118747	118779	118935	118960
	118978	119014	119060	119188	119205	119254	119392	119430	119432
	119490	119574	119591	119595	119655	119698	119807	119820	119857
	120069	120185	120266	120423	120479	120588	120627	120631	120644
	120772	120816	120938	120963	121142	121154	121199	121279	121364
	121388	121433	121449	121489	121595	121646	121749	122034	122072
	122217	122273	122311	122564	122615	122728	122782	122832	122852
	122954	123418	123494	123510	123603	123622	123653	123720	123729
	123785	123823	123843	123861	123871	123937	123951	123960	123976
	124038	124083	124165	124166	124215	124317	124366	124419	124451
	124468	124488	124497	124609	124615	124624	124638	124732	124749
	124764	124805	124985	125120	125207	125229	125250	125277	125295
	125384	125398	125452	125479	125504	125506	125507	125519	125520
	125547	125572	125622	125657	125724	125740	125773	125805	125855
	125868	125871	125893	125912	125913	125925	125933	125956	126072
	126116	126161	126163	126165	126168	126170	126186	126279	126281
	126283	126316	126348	126357	126403	126453	126470	126478	126525
	126537	126548	126574	126575	126582	126612	126625	126642	126780
	126806	126807	126825	126866	126902	126912	126975	127010	127011
	127053	127085	127114	127120	127172	127182	127186	127224	127233
高校	119220	120339	123415						
高橋	117565	118946	120731	121123	121251	122330	122519	123377	123571
	125010	126300	126527						
古器物	115734	118551	118709						
高女	113728	114076	114148	114163	114275	114769	114869	114899	115366
	115951	116138	116205	116229	116300	116400	116801	116878	117051

	118595	119037	119066	119407	119555	119557	119618	119641	119661
	119799	119944	119981	120023	120068	120106	120177	120187	120191
	120292	120551	121175	121911	121919	122240	122726	123309	123364
	123990	124189	124562	124794	124889	124986	125836	126283	126498
	127017	127020	127155	127199					
高農	124653								
高等警察	113824	122396	125365	126529	126737				
高等官	118309	119538	126555						
高等法院	118451	122262	122507	122532					
高等商業學校·高商	113894	116292	116400	117712	118038	119136	123437	124042	126345
	126452								
高麗	115284	115302	118274	119361	119823	120991	121526	122178	123222
	123264	123630	125167	127055					
高麗共産黨	119823	121526	122178	123264	127055				
古例	116341								
高瀬船·高瀬舟	124380								
高木	121827	123577	123600						
拷問	117018	123891	123921						
顧問	116652	119112	125441						
高普	113803	114243	114330	114376	114597	114716	114915	115147	115809
	116113	116325	116351	116365	116489	116499	116669	117190	117245
	117266	117291	117375	117929	118078	118567	118764	119011	119175
	119188	119198	119253	119654	120042	120324	120510	120582	120668
	120712	120780	121170	121377	122159	122449	123100	123139	123223
	123261	123687	123779	123850	123864	123925	123989	124073	124300
	124661	124985	125175	126026	126211	126619	127160	PI열 중복	
高普·高等普通學校·高普學校	113803	114243	114330	114376	114376	114597	114716	114915	115147
	115809	116113	116325	116351	116365	116489	116499	116669	117190
	117245	117266	117291	117375	117929	118078	118567	118764	119011
	119175	119188	119198	119253	119654	120042	120324	120510	120582
	120668	120712	120780	121170	121377	122159	122449	123100	123139
	123223	123261	123348	123687	123779	123850	123864	123925	123989
	124073	124300	124661	124985	125175	126026	126211	126619	127160
古墳	115178	115734	115820	118010	118331	121443	122182	122856	124965
	126096	126203							
枯死	116338	116380	116462	116933					
考査	119557	119578							
高砂	125027								
高商	113894	116292	116400	117712	118038	119136	123437	124042	126345
	126452								
固城	120509								
固城郡	120509								
高陞號	122311	124270	126773						

孤兒	116706	116718	118461	121968	122007			
孤兒院	116718							
雇傭	123096							
古蹟・古跡	115178	115199	115238	115820	116417	118801	125488	
古川	125921							
古賀	115001	123782						
穀類	116222	119206	122594	124134	126895			
穀物	113670	114292	114494	114513	114927	115077	115131	115209	115340
	115351	115354	115359	115363	115397	115430	115712	115999	116109
	116276	116475	116479	116556	116789	116817	116948	117080	117306
	118033	118068	118199	118536	119047	120076	120127	120533	120588
	121024	121539	121711	121727	121820	122078	122410	122693	123197
	123839	123845	124345	124997	125196	125206	125217	125331	125375
	125889	125902	126183	126302	126765	127011	127239		
穀物市場	118068	119047	121727	121820	123197	125196	125206	125217	125331
	125375							
穀物信託	113670	116109	116479	116556	118033	122693			
穀物組合	114494	115397	121711						
谷村計介	120644	126488							
困憊	126335								
昆布	116244	116971	123194	124253					
空家	118977	119716	119767	120055	120626	121163	122829	123102	125459
	126505								
工科學堂	118842								
公金	116900	117494	120122	121047	121050	121399	121820	122040	122660
	124332	125173	125387	125461	125534				
公金橫領	121050	122660	125461						
共同販賣	116541	122844	123178	123239	123252	123476	125178	125815	126660
共勵會	115627								
公立	114146	115031	115109	115450	118129	118399	118521	125837	
公立校	114146								
功名	113944	122085	122505	123534					
工兵隊	124028								
公普校	113755	115798	122543						
公司	115544	116359	116455	122612	123432	124166	126548		
工事	113660	114099	114342	114369	114421	114662	114873	115019	115146
	115443	115689	115813	115822	115841	115873	115874	115901	115902
	116045	116152	116274	116297	116761	116841	116845	116882	116927
	117049	117068	117175	117603	117807	117894	117896	117905	118043
	118104	118260	118397	118398	118508	118876	119124	119168	119195
	119212	119409	119468	119546	119608	119614	119726	119862	119927
	119934	119985	120007	120094	120230	120270	120487	121298	121328

	121364	121384	121540	121645	121716	121883	121911	122110	122191
	122357	122406	122441	122690	122718	122836	122872	122956	122978
	123262	123286	123441	123475	123492	123750	123805	123917	123934
	124035	124053	124066	124111	124472	124562	124568	124916	125032
	125157	125407	125509	125542	125736	125739	126010	126045	126252
	126363	126466	126490	126639	126734	126922	127023	127153	
共産黨	115654	117542	118495	119823	121526	122178	123264	124600	125458
	127055								
共産主義	120931	121339	121738						
共産主義者	121738								
共産會	114011								
公設	114575	114595	116555	117125	118040	120719	121995	122194	122195
	123437	125363	125583	125816	126184				
公設市場	116555	118040	125363	125816	126184				
公設質屋	114575	114595							
控訴	118009	121656	125458						
公市	114316								
工業	114325	114625	115485	115863	116994	117187	117311	118700	118996
	119223	119233	119762	119780	121561	121868	122532	122546	123149
	124725	125352	125614	125677	126017	126588	126717		
工業協會	119223	125614	125677						
工業會社	122532								
工藝	120268								
空屋	123949								
公園	114227	114993	115014	115034	115188	115348	116211	116732	116770
	116924	120080	122699	123418	124301	125568	126010	127178	
公園·公園	114227	114993	115014	115034	115188	115348	116211	116732	116770
	116924	120080	122699	123418	124301	125568	126010	127178	
公醫	116181								
公認	114245	123040	123746						
工場	114638	114746	115100	115113	115127	115485	115691	115998	117991
	118316	119137	119300	119556	119714	120040	120195	120232	120338
	120380	120415	120434	120632	120687	121099	121288	121794	122371
	122878	122892	123339	123848	124935	125058	125182	125449	125455
	125473	125501	125540	125592	126017	126072			
功績	121887	126603							
工程	115489	125249	125330	125370	126017				
共濟	116180	118052	119147	119795	120754	120775	122352	124637	124967
共濟組合	119147	120754	120775	124967					
共濟會	116180	118052	119795	122352					
公州	113983	115465	115617	121067	121113	121116	121117	121372	121400
	121418	121587	121608	121623	121990	122184	122705	123044	123193

	124410	124465	125168	125259	126866	127137	127236	
公職者	113854	114605	115742	115878	116001	116126	116237	116758	119003
	119107	119931	119983	120520	120689	120771	122005	125105	
共進會	114291	114325	114337	114625	114665	114687	114737	115115	115613
	115658	116436	116683	116988	117211	117260	117292	117391	117664
	117670	117730	117741	117759	117781	117789	117814	117816	117830
	117876	117933	117951	118020	118039	118062	118217	118312	119805
	120402	120443	120482	120591	120979	121017	121118	121211	121264
	121671	121744	125185	125186	125383	126241	126308	126985	
公債	115459	116783	116967	120844	122697	123200	124950	124954	125099
	125359	125625	125917						
供託局	123507								
公判	118385	118522	122762	123380	123740	123923	124015	124759	124790
	125565	125872	126811	127063					
恐怖	127200								
共學	116080	117748	120324	122479					
恐慌	114329	115793	115865	116027	116348	117207	117728	121831	123553
	123987	124256	124413	126172					
公會堂	113866	114027	114108	114233	114367	114481	115007	115512	116547
	118149	118281	119350	121269	121687	122193	122245	122571	123055
	123521	123937	124671	126845	127224				
科料	115373	124201							
果物	117023	121016	125977						
課稅	115714	115852	118019	120029	121037	123580	124702	125104	126544
菓子	115918	115941	122007	122582	127136				
課長	113700	113723	113744	113791	113824	113850	114011	114043	114240
	114328	114458	114625	114676	114932	115002	115238	115428	115431
	115444	115715	115817	115841	115957	116161	116482	116500	116587
	117036	117062	117106	117279	117866	117986	118035	118802	119038
	119077	119434	119462	119774	119879	119886	120377	120381	120440
	120874	121103	121362	121402	121487	121531	121533	121702	121744
	121803	122021	122023	122099	122436	122656	122764	122836	122869
	123507	123742	124182	124611	124769	124794	124933	125391	125426
	125464	125494	125535	125606	125720	125830	126000	126023	126300
	126571	126590	126628	126669	126679	126737	126738	127066	127138
	127151	127230	127232						
科學	118842	125405	125702	126192	126446				
郭松齡	127163								
廓淸	117427	121638							
灌漑	116167	116601	116698	117068	117420	121364	123520	125805	
灌漑事業	116601	121364							
觀光	117741	121103	122711	125004					
觀光客	117741								

觀光團	121103	122711	125004					
關東	113836	114039	114584	115130	115596	116560	117300	119445	119464
	119553	119867	122281	122330	122564	124933	125166	125464	125606
	126222	126458	126888	127214					
關東軍	119553	122281	122330	124933	125464	125606			
關東州	115596	116560	117300	122564	126458				
官僚	115407	126835							
官吏	117383	117484	118248	118514	118561	118713	118860	118972	119048
	119164	119187	119406	120101	121439	123141	127115		
管理者	113891	117853							
官民	113814	114921	115313	117430	119979	120562	121499	121902	122202
	122277	125527							
官兵	114784	117418	117596	124564					
觀兵式	119343	119365							
關釜連絡船	118787								
官舍	123984	124154	125302	125916					
關西	121130	126705	127186						
關稅	114329	114508	114689	115431	115612	116401	116577	116747	117078
	117461	117556	117646	118144	118488	119560	119681	119990	120263
	122750	122809	123074	124666	125198	125234	125482	126237	127039
關稅改正	117461								
官鹽	121760								
關屋	127036								
官有林	117552								
官有地	125816								
官邸	114778	120822	122282	125622					
官制	117382	122881							
官廳	118466	118716	121612	122240	122343	123336	123409		
觀測	114676								
管轄	118888	120576	121505						
官憲·官憲	113697	114626	115193	115266	115566	115710	117247	117614	119141
	119922	120753	121221	121259	121267	121395	121580	121617	121922
	122221	122860	123208	123715	123959	124058	124176	124312	124781
	124968	125153	125365	125368	125554	125991	126682	126730	127147
	중복								
鑵詰	120470	127172							
廣軌	114510	120449	121155	124762					
廣梁灣	124910								
鑛務	126679								
鑛務課	126679								
光復團	123547								

光山	125261							
鑛山	118422	120646						
光成高普	127160							
廣梁灣	116026							
狂言	120163	124604						
鑛業	115232	115250	117589	118134	124801	126141	126808	
光州	113710	113781	114539	114645	115070	115109	115398	115951	115975
	116113	116307	116346	116468	116489	117329	117409	118207	118366
	118636	119622	120063	120386	120699	120760	120843	121014	121043
	121122	121529	121550	122030	123579	123770	124010	124057	124062
	125259	125364	125993	126783	126806				
拐帶	123383	125425	125948	126449				
怪火	115698							
馘首	116134	122412	122566					
教科書	115154	118695	118802	120349	120545	120776	120793	121218	121880
	122337	122541	123487	123526	123872	124531	126036		
橋臺	124715							
教練	118457							
蕎麥	116239	116595	116607	121781				
橋本關雪	125997							
教師	115936	116201	117201	117530	118035	118311	118396	118406	118604
	118914	119254	119271	119280	119459	120167	120253	120283	120481
	120577	120943	121436	122185	122543	122678	123643	124783	124784
	124933	125160	125287	127152					
絞殺	119308	122960	124114	125951	126381	126753		
交涉	113663	114676	114846	114875	116051	116982	117434	117615	117654
	118255	118349	118811	118903	119454	119588	119598	119695	120095
	120574	121956	122071	122344	122944	123725	124302	124390	125266
	125283	125987	126417	126544	127041				
教授	115334	117748	117965	118629	119949	120268	121207	122558	122729
	123161	123487	123506	123599	123782	123833	124042	124249	124300
	124779	124933	125176	125772	125932	125973	126263	126418	126592
	126976								
教室	125312	125823						
郊外	115334	119511	119524	119891	127053			
教員	113870	115450	116400	116482	116521	116691	116765	117625	117827
	118338	118392	118464	118739	118886	119355	119535	119648	119710
	119905	120138	120364	120930	121175	121717	121856	122502	123069
	123225	123228	123362	123506	123742	123780	124143	124352	124723
	125187	125651	126123	126774	126902	127043	127160		
教員講習會	116400							
	116691	123069	123228	123506	123780			
教育	114110	114182	114869	114949	115031	115070	115112	115124	115149

115173	115185	115208	115276	115293	115334	115366	115381	115389
115424	115428	115472	115498	115621	115643	115676	115782	115798
115864	115951	116068	116128	116266	116290	116310	116354	116373
116400	116482	116495	116497	116498	116509	116521	116523	116794
116811	116853	116865	116992	117083	117217	117399	117427	117637
117827	117831	117882	117909	117929	117932	118055	118091	118105
118177	118255	118291	118443	118447	118464	118529	118605	118686
118904	118942	118949	119002	119010	119024	119059	119392	119453
119874	119878	119933	119942	120138	120207	120236	120361	120585
120636	120664	120711	120793	120814	120820	120851	120887	121110
121166	121205	121339	121459	121638	121717	121730	121949	121950
122048	122083	122348	122399	122449	122519	122540	122600	122674
122682	122747	122941	123085	123103	123117	123198	123242	123243
123321	123331	123536	123564	123571	123652	123736	123830	123833
124025	124193	124274	124286	124396	124429	124473	124477	124519
124531	124589	124597	124913	124933	124945	124981	125192	125618
125728	125814	125836	125871	125928	126204	126321	126353	126445
126478	126560	126603	126613	126627	126700	126864	127009	127014
127267								

教育研究會	115381	115621	115676	118291	118443				
教育會	115208	115498	115798	116266	116310	116521	117882	117932	119933
	120361	120585	120711	121110	121949	121950	123321	123830	124429
	124597	124933	124945	125836	125871	125928	126603	127009	
教材	115616	115996	124948						
教主	115653	117685	122567	122845	124571	125631			
教職員	120937	124232							
交通	114261	115595	116602	117596	117985	119643	120343	120562	121182
	122339	122930	123435	123684	123810	123870	124199	124541	125154
	125370	125781	126865	126950					
交通機關	122930								
矯風會	114518	116147	116763						
交換所	124304	125320							
交換手	113788								
交換姬	113695								
教會	116718	117117	119121	119908	123956	124619	124929	125924	
俱樂部	114113	114633	115568	115662	116962	117046	117711	117714	117947
	119410	122785	123081	124588	124624	125352	126470		
舊臘	119510								
救療	115400								
九龍浦	116711	117547	117756	119098	119719	124569	126443		
救世軍	122434								
歐亞	123164	124896							
久遠	124706								

久邇宮	120980	121128	121207						
拘引	115533	117087							
救濟	113773	113829	114196	114586	114933	115029	115069	115195	115842
	116088	116180	116454	116458	116558	116678	117006	117007	117019
	117178	117179	117222	117229	117481	117893	117896	117905	117986
	118271	118461	118465	118505	118527	118564	118602	118626	118811
	119132	119260	119359	119495	119500	119633	119726	119832	120153
	120168	120251	120606	120756	120840	120883	121031	121088	121196
	121212	121286	121328	121747	121883	121898	122031	122047	122136
	122285	122319	122408	122718	123108	123623	123680	123873	123941
	124066	124269	124307	124321	124359	124714	125289	125827	125911
	126582	126662	127013	127179					
驅除	113674	114433	115924	117054	117098	117218	117436	118335	123686
	124213	124297	124419	124578	124821	126580			
救濟施設	118465	120756							
救濟資金	122408								
救濟會	116088	124269	124359						
救助	115399	116525	117852	119676	120579	121214	121266	121601	122566
	123272	123298	123768	123810	123909	123917	124028	124035	124120
	124199	124873	125197	125847	125897	126719			
九州	115017	116364	117674	117777	120413	120427	120451	120489	120631
	122466	122499	122530	122556	122558	122585	122606	122640	122664
	122704	122730	122765	123365	123366	123394	125559	126369	127258
歐洲	119387								
求職	113999	114725	115314	115810	117707	118972	119438	121966	124470
驅逐	114959	115171	115256	115987	116028	116105	120274	120317	120382
	120419	120858	121177	121476	121817	123218	123634	124071	125841
	126298								
驅逐隊	115171	115256	120274						
驅逐艦	115987	116028	116105	120317	120382	120419	120858	121177	121476
	121817	123218	123634	125841	126298				
救護	116207	120882	121526	123834	123881	123984	124010	124566	125291
救恤金	115721								
國境	113834	113906	113914	113933	113944	114008	114431	114473	114491
	114516	114558	114623	114751	114785	115114	115269	115283	115519
	115522	115524	115546	115555	115569	115576	115594	115598	115611
	115620	115628	115684	115693	115703	115709	115721	115759	116020
	116024	116110	116121	116219	116251	116602	116652	116695	116826
	116906	117223	117400	117480	117519	117555	117576	117594	117617
	117632	117683	117725	117771	118029	118087	118106	118119	118216
	118426	118472	118473	118614	118814	118955	118998	119028	119049
	119162	119257	119306	119313	119325	119333	119363	119375	119381
	119498	119504	119532	119672	119684	119703	119750	119770	119886
	119896	119903	119910	119911	119964	120009	120089	120093	120114

	120119	120148	120149	120157	120181	120280	120343	120447	120928
	120940	121610	121611	122248	122264	122534	122656	122680	122711
	122921	123015	123207	123212	123438	123874	123887	124000	124010
	124046	124116	124181	124195	124217	124237	124317	124338	124414
	124528	124534	124737	125238	125991	126332	126667	126730	126779
	126879	126995	127131	127261					
國境監視所	113834								
國民	114016	115432	115636	116738	117005	117106	118415	120783	120940
	121275	121696	122808	124885	126083				
國民協會	114016	116738	118415	120940	121275				
國士	125138								
國勢	120971	121037	122475	122478	123013	123300	123450	123632	124007
	124956	125485	125551	125680	125691	125735	125775	125806	126207
	126940								
國稅	113662	118103	119581	124702	126609	126870			
國勢調査	120971	121037	122475	122478	123013	123300	123450	123632	124007
	124956	125485	125680	125691	125735	125775	125806	126207	126940
國粹	124719	125010							
國粹會	124719	125010							
國語	116633	117640	118372	119557	121455	122449	125932	126418	126976
國語講習	121455								
局子街	123642	123647	124052						
國葬	116316	116378							
局長談	114456	114676	114677	114832	114875	114915	114949	115248	115474
	115687	119832	120091	120170	121036	121338	121760	122989	122997
	126711	126803							
國際列車	113839								
國際親和會	114106								
國際學校	114305								
國調	123444	123719	124629	124793	124808	124893	125194	125369	125406
	125866	125915	125990	126120	127190				
菊地	113604	114140							
菊池	113700	113791	115378	116695	116801	117104			
國策	125784	125965							
國鉄·國鐵	118721								
國會	118963								
軍警	118843								
軍旗祭	115220	115591	120826	120903	125820				
軍隊	115080	116652	117005	117500	118883	119074	119470	120308	120331
	122367	124010	127172						
軍隊生活誌	119074								

軍樂隊	121076							
軍馬	113846	117074	118760	118845	121333	124721	125819	126649
軍馬補充部	113846	117074	118845	125819				
郡民	117522	119148						
郡民大會	117522	119148						
郡部	127197							
軍事敎育	118177	118605	118949	119024	119453	120207	120236	121166	121205
	122048	123243	123564	124396	124589	125192	126321	126613	
軍司令官	113604	113700	113791	114140	115378	116801	117398	117520	117550
	117767	119553	120377	120526	120909	121827	121845	122185	122281
	122330	122837	123427	123451	123966	124209	124505	125052	125464
	125513	125535	125606	126300	127214				
群山	114592	115311	115316	115940	116132	116390	116402	116942	117161
	117193	118920	119950	119965	120154	120265	120494	120536	120551
	120839	120861	120922	121007	121010	121012	121060	121195	121203
	121225	121233	121244	121265	121290	121327	121328	121356	121370
	121416	121437	121498	121516	121749	121769	121774	121801	121838
	121883	121898	121918	121995	122030	122042	122197	122217	122250
	122260	122272	122289	122321	122669	122722	122759	122786	122927
	122945	123238	123278	123353	123473	123510	123515	123535	123725
	123727	123824	123829	123930	124023	124026	124291	124292	124447
	124472	124505	124535	124553	124762	124803	124911	125061	125071
	125090	125321	125359	125397	125474	125589	125650	125671	125710
	125784	126006	126119	126556	126558				
郡屬	117358							
軍需	120407							
郡守	114186	115557	116200	116265	116350	116744	118234	118520	119169
	122738	122938	123011	123352	123431	123533	123586	123953	124020
	124055	126073	126705	126741					
軍營	116346	122370						
軍用鳩	124008							
軍醫	114096	114256	114593	114678	114870	115080	115378	116887	119470
	119809	122099	123438	124677	125464				
軍人	115733	118480	118526	118883	118903	119060	119442	119503	119552
	119715	119829	120341	121020	124066	124352	125011	125266	125315
	125525	125559							
軍人會	124352							
郡廳	113773	116688	116927	120513	121687	123560	124449	126275	126644
軍艦	119508	121859	122678	125619				
窮境	124491	126746						
窮民	115195	117179	117222	117905	118117	118564	119676	119825	120426
	121266	121528	121883	121891	121898	123623	124603		
窮狀	119115	120902	121565					

窮地	115773	119627						
窮乏	114591	115623	120238	123738				
券番	121799							
卷煙草	119518							
權威	115430	122832	123451	126142				
拳銃	117480	118522	120472	120868	120998	122661	122908	124502	125109
	125171	126817						
蹶起	119390							
軌道	114207	114889	115779	119432	122607	125903		
歸國	117350	121030	121221	122708	125332	126926		
龜山	115109							
歸鮮	114779	114780	115310	116112	116564	120783	120913	120934	122597
	123343	125658						
歸省	123717	124735						
歸營	118304	124243						
歸任	120440	122105	127120					
歸朝	120184							
貴族院	120182	121827	123507	124611	125921	127066		
歸還	116582	118014	118119	118377	120933	121520	122537	122562	122635
	124266	124277	124818	124863				
規約	124595	125102	125686	125900				
規則	114509	114543	114596	114743	115645	117155	117290	118676	119552
	120522	121107	121281	122108	122332	122539	123241	123270	123519
	123880	125329	125382	125443	126050	126466	126684		
劇	113894	114448	114503	115084	116081	116279	116594	116781	117274
	118584	119077	120279	121030	121053	123160	123305	123554	123736
	124838	125540	126688	126910	127027			
極東	120539	121322	122186	122229	122257	126158		
極東艦隊	120539							
極貧救濟	113829							
劇場	114503	125540	126688					
近海	114161	115356	115722	116858	117974	118001	118150	121726	123157
	126196							
金マリヤ	123046							
錦江	121007	122722	123834	125169				
金剛山	115491	116615	116923	122461	124754	125004	126322	126989	
金庫	116241	116952	121491					
金鑛・金礦	115325	118422	118969	122509	122756	122949	123307	123407	124051
	124289	124310	124367	124439	124941	125208	125268	125764	127132
金塊	118123	118321	120898	123065	123689			
金利	114775	116636	117834	121981	122132	122684	123206	123566	

金肥	122754	122876	123828	124311	125976			
禁輸	114953	115819	116222					
金瘦信	125131							
金融	113669	113763	113798	114010	114019	114402	114575	114642	114685
	114809	114930	115163	115340	115586	115797	115921	115933	116082
	116139	116142	116636	116767	116893	116900	116918	117345	117452
	117572	117591	117889	117893	117962	118199	118622	118793	118851
	118908	119043	119134	119149	119282	119436	119514	119671	119855
	120100	120128	120226	120505	120530	120972	121047	121115	121126
	121290	121331	121448	121567	121666	121667	121710	121778	121841
	121984	122006	122087	122154	122241	122308	122376	122446	122459
	122679	122715	122762	122847	122937	122974	122998	123206	123674
	123761	123762	123801	123803	123929	124001	124360	124420	124510
	124523	124850	125028	125235	125444	125514	126420	126624	126676
	127012								
金融機關	114930	118622	118908	122679	125235			
金融組合	113669	113798	114010	114019	114575	115586	115797	115933	116142
	116636	116767	118793	118851	119282	119671	119855	120226	121047
	121126	121290	121331	121666	121667	121710	121778	121841	121984
	122006	122087	122154	122241	122376	122762	122937	123761	123801
	123803	123929	124360	124850	125028	125444	125514	126624	127012
金麟厚	114162	114313						
禁酒	114518	118765	123094	125649				
禁止	113890	116348	116483	116531	116548	118536	119022	119379	119739
	121049	121096	121308	121310	121347	121349	121389	121435	121477
	121480	122029	122225	123093	123627	125023	125140	125178	125334
	125443	125684	125722	126430	126539	126540	126549	126615	126813
	126907	127069							
禁止令	126539							
金泉	114024	114081	114337	114597	116721	116790	116946	117755	117793
	117841	118642	119727	125511	125767				
金泉普校	125511							
給仕	120472	120510						
給水	115634	116193	116330	116568	118905	119153	123984	125445	126607
起工式	122935	123517	126352	126395				
機關車	115255	115367	125821					
機關銃	114623	114785	115269	122281				
飢饉	117297	117458	117645	117884				
妓女	122792	123305	125754					
記念	113656	113673	113712	113769	113781	113805	113806	113849	113884
	113912	113932	113945	113946	113947	113968	113981	113982	114028
	114031	114164	114501	114536	114582	114641	114647	114696	114701
	114703	114744	114859	114869	114911	114974	114975	115021	115059

	115124	115158	115316	115571	115602	115743	115755	115828	115918
	115951	116154	117072	117119	117125	117144	117157	117204	117367
	117798	117995	118245	118432	118498	119700	119952	119955	120082
	120192	120308	120313	120341	120357	120451	120489	120547	120610
	120680	120711	120718	120760	120908	120960	121465	121645	121650
	121774	121988	122158	122193	122278	122392	122445	122466	122499
	122521	122530	122556	122585	122606	122616	122640	122664	122698
	122704	122730	122765	122769	122820	123267	123585	123589	125112
	125137	125383	125405	125667	125696	125860	125940	126192	126309
	126355	126422	126587	126982					
記念博	113769	113806	113912	114028	114164	115059			
記念事業	113673	113712	113781	113805	113981	114641	115571	126982	
記念植樹	113968	114744	115021	115602	120547	120680			
記念日·紀念日	113932	114501	114536	114582	114647	114696	114701	114703	114911
	114974	117072	118498	119952	120082	120308	120313	120341	120357
	120960	122278	122392	122521	122769	125112	125860		
基督教	114079	114445	116466	117639	118844	119121	119335	119682	119908
	120021	120468	120822	122142	122413	122633	124917	125298	125552
汽動車	113723	113949	115572	116379	116723				
杞柳	114069	116715	119639	126139	127271				
嗜眠病	122140								
機密費	120010								
奇病	114767	114946	115137	116708					
騎兵	113713	115591	115595	119694	120157	120181	126058		
寄附	113705	113734	114665	115418	115879	115945	116794	119938	120458
	120591	121042	122193	122808	124349	124739	125824		
寄附金	113705	114665	119938	125824					
技師	113747	114903	114965	115323	115651	115940	118920	119489	120325
	121362	124537	125720	126170	126535	126818			
氣象	120846	121726							
妓生	117253	119178	119597	121799	123026	123141	123594	123779	124201
	125788	126338							
妓生券番	121799								
寄生蟲	119472	122159	123940						
汽船	113867	114802	115268	115795	116175	116525	117477	117478	118292
	118351	119803	120151	121010	121374	122580	122874	123318	124010
	125125	125261	126050	126197	126306	126650			
期成會	114597	116163	116366	116869	120892	123751	123979	123986	124136
	125223	126701							
起訴	116225	117336	121479						
寄宿舍	113727	114876	125928						
技術	114353	115252	115840	119720	120026	120230	122028	122940	123381
	123649	124010	124991	125544	125686	126158	126426	126542	126678

	126818	126898	126916	126933	127166			
技術官	122940	126158	126426	126678	126916	126933	127166	
技術員	114353	120230	123381	123649	125544	125686		
紀元節	114253							
祈願祭	122448							
記者	114188	114573	115848	116328	117298	117701	117778	117810	117931
	117946	117949	117966	117984	119495	120376	120477	120988	121042
	121517	121957	121971	122097	122283	122417	124027	124716	124774
	124831	124927	125039	125960	126450	126623	126744	126794	127137
寄贈・奇贈	115521	121379	122007	122118	122163	122788	124066	124167	124539
	124639	124987	125022	125024	126019				
汽車	114028	114167	115376	116923	117509	119035	121822	122703	123553
	123693	123964	123984	124035	124247	124524	125529	126161	126485
	126586								
起債	114474	115231	115730	116619	117615	123317	125032	125293	126497
	126814								
寄港	114540	114624	114919	114941	115133	115433	115445	115937	116361
	117472	119652	121340	121461	121609	126134			
寄港地	121461								
吉林	115705	115711	120404	120772	122683	125665	125811		
吉林省長	125220								
吉州	116020	116200	116266	117666	117916	117933	118280	118992	123891
吉會線	118712	118890	118918	119450	119815	120385	120772	123404	125538
金相玉	127147	127192	127223	127246					
金玉均	120653								
金佐鎭	118074								
金泉面	116141								

ナムサンコンサン	114001	114014	114026					
ヌクテ	115030	115886	125270	126484	126788			
のり・海苔	113942	118895	120214	120852	121003	127117		
羅南	113649	113705	113783	114362	114400	114447	114647	115342	115490
	115552	115591	115675	115743	115798	116142	116303	116441	116453
	116705	117713	117733	117853	117859	117965	118501	118730	118732
	118834	118936	119004	119289	119345	119518	119585	119983	120067
	120137	120172	120183	120304	120313	120323	120330	120797	121013
	121216	121667	121902	121918	122313	122969	123196	123612	123655
	123935	123938	124066	124223	124261	124586	124633	124765	124889
	125088	125189	125415	125474	125524	125801	125820	126037	126250
	126365	126416	126565	126809	126834	127099	127243		
羅馬	120732							
癩病	115650	120786	121145	121433	122142	122324	124080	124415	124499
	125597	126214						
羅州	113845	115415	121536					
羅津	118918							
喇叭	124567							
癩患者	114933	115046	116833					
洛東江	122951	123881	124440	124749	124828	124978	125542	125810	
樂浪	115199	116972	117112	118010	118331	118551	118709	118719	118768
	119311	119323	119341	119348	119377	119404	119484	120967	121443
	122182	122856	125890	126203	126439	126777	126880		
落成式	115173	115680	115995	116128	116373	118055	118129	118443	121687
	122378	124026	125752	126248	126473	126783	126929		
難波	123774							
南極	123626							
南山	115034	118749	118878	120786	121223	122660	123299	123334	123669
	123726	123759	123800	124722	125568	126130		
南山公園	115034	125568						
南鮮	114072	114252	114805	115108	115558	116014	116072	116093	116127
	116380	116595	116603	116635	116925	117048	117065	117109	117158
	117180	117216	117240	117280	117331	117668	117720	117803	118169
	118437	118657	118920	119072	119387	119806	120156	120217	120408
	120417	120465	120515	120559	120676	121036	121474	121891	122336
	122361	123437	123563	123834	123882	123917	124010	124028	124030
	124890	124964	125005	125129	125261	125524	125685	126310	126616
南洋	114229	117129	119445	120071				
南原	124408							
南浦	113630	113780	114148	114294	114295	114540	114586	114624	114833
	114919	114941	115110	115133	115218	115221	115229	115237	115320
	115351	115352	115354	115363	115433	115445	115937	115938	116013

	116089	116149	116216	116289	116315	116327	116459	116620	116906
	116997	117145	117384	118410	118727	118831	118928	119373	119433
	119925	119991	120369	120464	120802	120835	120908	120920	120921
	120959	121011	121108	121237	121384	121428	121476	121537	121594
	121621	121727	121817	121915	121955	122029	122030	122140	122238
	122279	122580	122621	122802	122804	122820	122858	122896	122993
	123006	123038	123055	123136	123263	123273	123291	123417	123437
	123518	123558	123597	123611	123763	123773	123832	123836	123845
	123857	123939	123975	123988	124001	124085	124125	124254	124296
	124343	124345	124413	124464	124603	124605	124634	124635	124666
	124823	124906	125004	125015	125065	125069	125259	125278	125422
	125447	125589	125711	125745	125840	125842	125888	126098	126197
	126229	126355	126356	126412	126830	126874	127256		
南浦會議	121108								
納凉	115506	116052							
納稅	113662	114118	114441	115843	118050	118103	120484	122379	122426
	123303	123886	123950	124061	124307	124341	125687	126199	126286
	126609	126870	127174	127260					
朗讀	116842								
內閣	113637	115935	116234	116463	117913	124131	124160	124194	124230
內國貿易	126046								
奈良	120192								
內務	113592	113630	113657	114456	114676	114823	114832	115605	115760
	116850	117571	117619	117627	118819	119252	119389	119446	119605
	120085	120170	120234	121338	121362	121445	121487	121702	122928
	122966	123186	123507	123622	124383	124505	124874	125374	125647
	126747	126803	126835						
內務局	113657	114456	114676	114832	119252	120085	120170	121338	121362
	121487	122928	122966	123186	126747	126803			
內務部	113630	114823	115605	115760	117571	117619	117627	118819	119605
	120234	123507	124505	124874	125374	126835			
內務部長	113630	114823	115605	115760	117571	117619	117627	118819	119605
	120234	123507	124505	124874	125374	126835			
內務省	116850	119446	121702	124383					
內鮮婦人	124602								
內鮮兒童	115606	118091	118337						
內鮮人	113614	114023	115342	116688	117191	117500	121803	123912	124806
	125064	127082							
內鮮協和會	115096	126674	127097						
內野(旅團長)	113831								
內地	113622	114170	114180	114242	114449	114470	114506	114515	114565
	114605	114842	114932	114990	115048	115084	115351	115393	115411
	115532	115548	115557	115558	115648	115671	115714	115729	115756
	115785	115801	115810	115899	115929	115936	115956	115958	115964

	116061	116067	116083	116198	116279	116558	116564	116621	116668
	116729	116862	116881	116904	117086	117235	117258	117299	117350
	117415	117441	117615	117840	117866	117876	117894	117990	118177
	118252	118355	118450	118460	118493	118644	118647	118678	118823
	118860	118915	118930	118931	119039	119085	119137	119208	119446
	119451	119473	119524	119587	119628	119636	119675	119681	119903
	119914	119962	119996	120032	120072	120077	120101	120155	120160
	120173	120236	120324	120390	120490	120491	120675	120764	120795
	120833	120901	120912	120944	120987	121030	121151	121198	121386
	121475	121492	121520	121541	121570	121719	121730	121806	121928
	122029	122039	122177	122188	122266	122306	122332	122398	122476
	122515	122535	122623	122708	122886	122892	122898	123037	123082
	123105	123124	123201	123211	123241	123281	123403	123580	123597
	123797	123843	123855	123917	123943	123955	124010	124011	124210
	124222	124264	124387	124401	124480	124614	124644	124693	124697
	124751	124784	124799	124807	125016	125026	125046	125064	125098
	125258	125293	125527	125530	125535	125603	125690	125701	125826
	125948	126104	126272	126327	126393	126421	126430	126471	126519
	126570	126574	126613	126616	126737	126743	126822	126836	126894
	126900	126960	126976	126984	127004	127158	127184		
內地視察	114515	114842	116668	120160	120901	121492	123105		
內地視察團	114515	114842	120160	121492	123105				
內地語	120491	124644							
內地人	114470	114506	115810	116083	116881	119628	119903	120173	120490
	120944	121386	121719	123082	123917	124222	124784	125046	125064
	125258	125530	125690	126822	126836	126976	127158		
耐寒行軍	113713	119504	119736	120157					
內訌	117618	117699	118411	118473	122824	123593	124776	125310	
冷藏船	115836								
女	113728	113803	114004	114076	114148	114163	114243	114275	114353
	114580	114641	114716	114748	114769	114839	114869	114899	114915
	115147	115356	115366	115376	115389	115512	115606	115622	115631
	115725	115739	115783	115807	115809	115818	115871	115898	115922
	115951	116056	116129	116138	116178	116205	116229	116232	116283
	116300	116325	116400	116669	116801	116859	116878	117051	117440
	117544	117674	117678	117707	117819	117826	117858	117877	118038
	118061	118540	118595	118603	119002	119024	119037	119066	119253
	119290	119299	119314	119407	119454	119555	119557	119592	119618
	119626	119636	119641	119648	119661	119799	119861	119944	119981
	120023	120035	120040	120068	120106	120177	120187	120191	120255
	120292	120324	120337	120466	120478	120510	120551	121095	121136
	121175	121357	121440	121483	121589	121821	121866	121911	121919
	121933	122037	122039	122094	122183	122240	122390	122544	122592
	122646	122726	122792	122833	122834	122915	122952	123305	123308
	123309	123334	123339	123364	123780	123822	123977	123990	124189
	124326	124377	124415	124545	124562	124602	124718	124794	124889

	124898	124932	124986	125026	125052	125109	125346	125350	125389
	125493	125704	125718	125754	125804	125836	125876	125983	125988
	126034	126053	126062	126108	126152	126204	126242	126283	126333
	126336	126377	126378	126379	126442	126448	126498	126619	126668
	126729	127017	127020	127128	127155	127199			
女房	115376								
女性同友會 演說會	117819								
女子高普	113803	114243	114716	114915	115147	115809	116325	116669	119253
	120324	120510	126619						
露國	113617	113791	114456	114650	114846	115672	118495	118955	119334
	119572	119655	119723	119871	120331	120420	120856	120898	121086
	121090	121228	121339	121362	121738	122051	122076	122156	122423
	122656	122812	123493	123538	123619	123663	123666	123843	123880
	124312	124550	124561	125130	125307	125332	125398	125656	126095
	126173	126468	126730						
露機	124676	124887	124915	125002	125066	125076	125079	125098	125119
	125130	125133	125159	125193	125265	125317			
勞農	113890	113892	114034	114072	114190	114456	114545	114805	115558
	118864	120386	120898	121022	121339	121678	122812	123666	125077
	125398	125913	126326	127018					
勞農聯盟總會	120386								
勞農者	115558								
勞農政府	113890	121678	126326						
勞農會	114190								
勞動共濟會	116180								
勞働團體	115266	125352							
勞動黨	125676								
勞働服	123550								
勞働爭議	125436								
勞動·勞働	113999	115028	115100	115113	115127	115145	115266	115409	115810
	116180	116925	117006	117086	117115	117433	117700	118214	118355
	118465	118630	118774	120032	120309	120334	120664	120833	120899
	121186	121209	121395	121552	121580	121584	121617	121730	121972
	122049	122265	122447	122468	122623	122832	123054	123233	123295
	123423	123491	123550	123734	123787	123848	123920	123989	124353
	124458	124543	124595	124640	125352	125436	125663	125676	125776
	125808	126276	126290	126494	126518	126574	127028	127234	
鷺梁津	124490	125751	126625						
露領	113620	114005	117541	117614	118495	118536	118618	119687	119706
	120113	120282	120316	120769	120776	121526	121582	121895	124710
	125697	126690							
勞銀	123412	124035							
勞組·勞働組合·	117115	122832	123423						

勞動組合								
綠肥	119192	123150	126389					
農家	114794	115502	116164	116653	119950	120496	122215	122696	122754
	122772	123133	125690	126290	126660	126700	126731	126750	126842
	127006								
農具	122241								
農談會	120849								
濃霧	114161	116133	125098						
農務課	114458	115238	115502	117106	117986	122798	126571	126590	126738
濃霧期	116133								
農民	114189	114850	116095	116381	116549	117057	117242	117681	117994
	118142	118205	118218	118336	119549	119611	119997	120290	120496
	121565	121831	122114	123793	123842	124255	124256	124324	124347
	124423	124781	125115	125165	125267	125462	125934	126027	126122
農事	113600	114066	115246	117106	119156	125323	126988		
農産物	118770	119611	126676						
農業	114806	114909	114924	115409	115466	116203	116740	117310	118086
	118505	120026	120233	121730	122150	122199	122309	122940	124324
	125836	126054	126476	127032					
農業學校	114924	125836							
農園	117296	123048	124464	126412					
農作	114468	116380	116890	117561	117673	118090	124449	124486	124752
	124828	125018	125122	125749	125901	126731			
農場	114285	115623	116402	117268	118948	122047	123952	125847	126635
農村	113689	115076	117270	118004	119240	119665	120496	120705	122414
	123738	126594	127269						
農學校	117537	120793	125535	125720	126783				
農會	114190	115156	116435	117166	121199	123193	123704	124512	126704
	126758	127120							
腦震盪	121442								
樓主	123996								
能樂・能	126466								
泥棒	118987	120713	121976	123276	123422	123502	124645	126375	
尼僧	119528	123965							
泥炭	115663	125522							
癩病	115650	120786	121145	121433	122142	122324	124080	124415	124499
	125597	126214							
癩病院	124499								
拉去	121397	121481	122527	123183					
勞働祭	121395	121552	121584	121617					
露人	114138	115451	119247	119624	119666	119695	119735	119748	120113
	120143	120480	120831	123440	123443	126145	126326		

ㄷ								
ダイナマイト	123777							
ダイヤ	126024							
ダム	126555							
ヂストマ	114223	114247	114482	115373	117337	117797	118174	118376	120239
	126337							
ドイツ・獨逸・獨	114096	115287	117106	117693	121228	121297	123010	125505	
ドラマテック	127246							
ドルメン	117116	117139	117324	119001				
茶	114913	114947	114961	115000	115015	115035	115055	115073	115126
	115143	115174	115191	115222	115239	115254	115277	115290	115308
	115321	115336	115350	115362	115379	115391	115406	115426	115438
	115457	115484	115499	115511	115537	119786	119810	119830	119849
	119865	119884	119902	119917	119959	119978	119993	120008	120025
	120046	120066	120087	120110	120129	120146	120587	120619	120674
	120715	120751	120792	120828	120866	120911	120951	121002	121105
	122589	122609	122643	122667	122707	122733	122768	122797	122838
	122870	122920	122965	122994	122996	123035	123071	123106	123148
	123187	123230	123280	123313	123349	123428	123468	123508	123551
	123650	123697	123743	123783	123821	123854	123893	123928	123967
	123988	123999	124017	124654	124688	124724	124836	124876	124934
	124975	125014	125054	125086	125118	125143	125177	125216	125427
	125500	125536	125570	125608	125641	125679	125721	125757	125793
	125831	126001	126033	126064	126086	126113	126301	126344	126385
	126427	126451	126487	126499	126517	126591	126626	126658	126696
	126728	126759	126795	126819	126858	126889	127253		
多島海	124529							
多獅島	116153	117067	117264	118910	119036	119575	124139	124338	124854
斷末魔	122137	122728						
斷髮	113953	119290	125427	126173	126361			
端川	115357	116808	117916	117933				
團體	114546	115266	115386	116112	116911	117542	117581	117630	117973
	118313	118571	118960	119867	120312	120408	120484	120611	121389
	121477	121633	121679	121731	121825	121858	122024	122066	122320
	123056	123060	123919	124595	124781	124940	125352	125552	125662
	125675	125913	125956	126992				
擔保	121981							
踏査	113751	125089	125648	125923				
撞球	122166							
當局	113702	113743	113892	113962	113975	114228	114233	114604	114687
	114705	114730	114825	114909	114929	114938	115215	115241	115399
	115641	115980	116439	116509	116602	116669	116776	116793	116833
	117140	117156	117217	117293	117581	117656	118082	118117	118932
	119630	119686	120380	120589	120629	120677	120716	120851	121044

	121166	121169	121172	121186	121192	121221	121310	121396	121468
	121511	121616	121943	121969	122039	122183	122242	122265	122361
	122369	122567	122568	122638	122728	122757	122782	122889	123486
	123702	123769	123806	123810	123850	123952	123987	124035	124071
	124133	124199	124210	124257	124371	124419	124445	124559	124572
	124573	124617	124646	124781	124892	125021	125142	125149	125178
	125212	125234	125264	125266	125318	125323	125399	125462	125483
	125542	125594	125612	125779	125900	125979	125987	126048	126071
	126168	126296	126327	126417	126560	126712	126744	126931	126944
	127233	127234							
當選	114394	114796	114814	114829	114971	115242	118341	120192	120384
	122445	122968	123369	123734	125906	125968	126980	127050	127244
大邱	113683	113688	113764	113772	113800	113815	113843	113844	113854
	113910	113985	114000	114017	114048	114058	114126	114132	114137
	114173	114221	114259	114292	114351	114366	114410	114423	114488
	114494	114529	114534	114645	114679	114695	114709	114731	114735
	114746	114761	114842	114883	114987	115116	115138	115186	115217
	115274	115304	115365	115383	115388	115404	115455	115492	115503
	115529	115533	115535	115571	115632	115634	115680	115712	115723
	115772	115809	115878	115925	115975	116045	116069	116073	116090
	116128	116138	116210	116213	116257	116281	116325	116330	116365
	116367	116408	116415	116421	116475	116479	116556	116581	116583
	116671	116736	116746	116772	116874	116899	116934	117066	117119
	117125	117169	117187	117194	117236	117315	117363	117416	117437
	117565	117636	117641	117734	117758	117768	117864	117882	117944
	118015	118038	118084	118121	118169	118187	118264	118326	118337
	118502	118578	118593	118621	118649	118652	118659	118748	118795
	118895	119018	119043	119046	119047	119057	119103	119174	119216
	119253	119421	119458	119521	119614	119698	119746	119762	119765
	119766	119767	119802	119915	119931	120020	120038	120040	120088
	120161	120187	120222	120371	120408	120420	120469	120584	120730
	120800	120923	120966	121153	121243	121260	121291	121355	121371
	121379	121428	121502	121508	121558	121559	121561	121622	121650
	121725	121758	121834	121851	121868	121884	121914	121919	121949
	121983	121985	121995	122008	122030	122159	122164	122194	122219
	122252	122279	122360	122381	122403	122410	122471	122478	122490
	122540	122543	122593	122619	122700	122737	122807	122847	122850
	122855	122875	122924	123004	123005	123045	123058	123145	123241
	123265	123278	123347	123357	123361	123495	123523	123577	123662
	123672	123683	123864	123877	123901	123989	124006	124096	124141
	124157	124204	124239	124308	124381	124420	124499	124575	124616
	124618	124624	124663	124694	124703	124726	124904	124921	124983
	124984	124988	125057	125068	125074	125076	125079	125098	125190
	125204	125261	125270	125322	125349	125375	125379	125602	125688
	125731	125769	125920	125996	126044	126139	126210	126227	126287
	126314	126315	126399	126491	126531	126541	126581	126590	126599

	126619	126638	126655	126778	126789	126837	126856	126906	126908
	126917	126983	127061	127092	127216	127252	127265		
大邱高女	116138	120187							
大都市	122306								
大同江	113934	115523	117199	117795	117975	119429	119496	119859	121258
	122580	122857	123136	125442	126622				
大同橋	115402								
大同銀行	117287	121377	121406						
大豆	113754	114236	114560	115441	116624	117016	117205	117219	117242
	117326	118238	118356	118453	118845	119650	119875	119970	120992
	123076	124880	125016	125285	125723	125799	126302	126746	
大連	114717	115469	115479	115746	115771	115863	116094	116757	116825
	116902	116940	116965	117950	118016	119353	119374	119613	119652
	121015	121848	121885	123404	124550	125164	125166	126502	126526
	127079								
大陸	117676	118630	120599	125804					
對馬	125044								
臺灣・台灣	114355	114713	115588	115807	115818	115839	115858	115880	115897
	115919	115934	115952	115972	115997	116218	116233	116250	116255
	116270	118025	119445	119552	122148	123903	124969	125015	125694
貸付	113614	115355	116947	117506	118333	118412	119252	120769	121809
	122736	125595							
臺北	115849	116218	116233	116270					
大相撲	122471								
大雪	114261	118500							
大神宮	123455								
大新洞	113772	120439							
代議士	118533	118901	119937	120586	121275	121362	121827	122148	122330
	123147	123600	124399	125640	126000				
大日本	121402	122869	124249						
大日本體育會									
大將	115595	115859	116075	116184	116251	116393	117301	120234	120731
	120766	121299	122185	122361	123730	125429	125535	125606	126300
	126426	126516	126554	126590					
大藏省	114567	114887	114901	114914	114931	114948	114962	114978	115001
	115016	115036	115056	115074	115721	121193	121445	123802	126048
大田	114012	114020	114279	114311	114447	114645	115334	115335	115561
	116149	116184	116216	116347	116463	116545	116665	117396	121757
	121794	121834	121861	121919	122088	122613	122670	122723	122801
	122805	122883	123199	123309	123662	123772	123834	123984	124010
	124476	124514	124643	124885	125259	126254	126294	126358	126655
	126778	126823	126915	127155	127173	127174	127221		

大塚(內務局長)	113657	114456	114676	114832	120085	120170	121338	121362	121487
貸出	113646	115180	115668	115984	116566	117004	117032	117305	117345
	117449	117647	117719	117936	117972	119040	119210	119649	120761
	121808	122101	122408	122476	122846	122847	123576	123803	124307
	124523	124596	124853	124922	125068	125093	125742	126320	126409
大阪	113630	113850	114513	115632	115846	118176	118492	118493	118502
	118588	118953	119197	120032	120127	120367	120542	120581	120865
	120910	120978	121001	121057	121059	121918	121920	122099	122216
	123529	123600	124933	125225	125392	126161	126592	126636	126674
	126729	126738	126772	127257					
大學	113877	114079	114105	114870	114915	114949	115031	115070	115408
	115424	115474	115539	116423	116495	116811	118629	118818	119459
	119873	120468	122023	122050	122516	123231	123583	123771	124933
	125103	125940	127074						
大韓	114740	116829	116979	123224	125104				
大韓獨立萬歲	123224								
大韓統義府	114740	125104							
大虎	113845	114772	116027	119930					
大會	113652	113656	113699	113774	113831	113849	113892	113895	113934
	114004	114035	114055	114076	114095	114112	114116	114139	114144
	114166	114191	114221	114259	114321	114390	114445	114499	114545
	114633	114703	114728	114781	114805	114807	114843	114882	114927
	114939	115033	115077	115093	115125	115131	115132	115204	115209
	115214	115351	115354	115359	115363	115430	115432	115437	115442
	115521	115588	115740	115742	115753	115769	115783	115816	115871
	115878	115892	115895	115896	115908	116010	116014	116017	116036
	116056	116091	116129	116130	116307	116328	116426	116474	116488
	116496	116499	116532	116534	116535	116545	116632	116692	116712
	116715	116743	116756	116758	116781	116888	116901	116902	116903
	116914	116938	116940	116965	116966	117208	117214	117332	117427
	117495	117522	117530	117644	117678	117696	117701	117712	117747
	117768	117778	117815	117893	117923	117947	117969	117983	118038
	118046	118076	118082	118086	118105	118112	118118	118151	118169
	118214	118219	118247	118287	118299	118464	118595	118753	118798
	119003	119005	119110	119148	119158	119402	119422	119427	119481
	119537	119653	119680	119806	119808	119864	119931	120137	120172
	120259	120334	120408	120417	120477	120478	120515	120518	120520
	120552	120664	120689	120730	120771	120800	120892	120907	120988
	121024	121042	121075	121162	121244	121310	121349	121435	121477
	121480	121522	121717	121800	121869	121991	121995	122005	122037
	122078	122165	122180	122186	122201	122219	122229	122240	122257
	122269	122279	122283	122329	122345	122401	122425	122469	122487
	122492	122511	122515	122571	122592	122633	122644	122807	122808
	122883	123119	123163	123196	123215	123366	123383	123437	123454
	123480	123539	123563	123636	123706	123723	123748	123772	123797
	123918	123981	124041	124076	124092	124098	124110	124112	124158

	124164	124223	124287	124345	124351	124388	124601	124703	124753
	124861	124949	124978	124983	124990	124994	124997	125024	125129
	125260	125322	125350	125377	125389	125390	125512	125525	125540
	125583	125617	125632	125688	125731	125858	125859	125889	126012
	126053	126084	126089	126165	126201	126204	126310	126312	126332
	126452	126470	126599	126608	126618	126655	126673	126694	127011
	127207	127247							
大興電氣	122490								
德壽宮	125739								
德惠姬	120301	120387	120463	120555	121843	122126	122166	124011	124679
	125026								
稻	113876	115323	115559	116340	116462	116485	116553	116585	116595
	117007	117053	117071	117189	117694	118282	118381	120558	121367
	122455	122652	123256	123354	123686	123945	123970	124055	124086
	124578	124797	125061	125145	125179	125468	125760	125795	125886
	126116	126303	126462	126595					
都計	114130	114221	114259	114351	114366	114529	114679	114731	116429
	122933	124527							
渡橋式	123591								
盜掘	120825	122182	122856						
陶器	118236								
都督府	120333								
跳梁·跳梁	115468	116006	117440	120104					
道路改修	113666	117038	117896	120347	125220	125811			
渡滿	123458								
稻苗	116485	116585	117007						
圖們	113950	116116	118582	121005					
圖們江	118582								
圖們鐵	113950	121005							
賭博	114245	115632	116392	120741	122144	122860	123336	123341	125268
	125493								
盜伐	121865								
渡邊定一郎	126065								
屠夫	126957	127030	127057	127193					
圖書	122785								
圖書館	113712	113734	113784	113884	113946	113982	114214	114432	114629
	114691	115042	116547	117724	117798	118278	118399	118521	118933
	119887	120617	120781	120982	121415	121932	122355	123537	124212
	124363	125134	125290						
渡鮮	117991	119384	121221						
屠獸場	126473	126707							
都市計劃	113747	116137	118779	126316	127053				

徒食者	127151							
稻熱病	123686							
屠牛	122264							
屠牛場	122264							
道議·道議會	113935							
稻作	116340	116462	117694	118282	124578	125061	125145	125179	125468
	125760	125886	126303	126462	126595			
稻田	123256	123354	124797					
道政	117259							
徒弟	114966	115410	116794					
道知事	114420	115781	116497	118626	119448	119466	119486	121034	121888
	121999	122079	122099	122185	122202	122242	122558	124082	124687
	125333	126681						
道廳	113983	114053	115204	115285	115455	115659	115731	116009	116201
	116206	116655	116719	117034	118922	118966	119016	119041	119065
	119072	119084	119107	119110	119127	119148	119354	119398	119499
	119607	119758	119866	119891	119969	119983	120067	120080	120137
	120171	120172	120183	120202	120226	120237	120259	120273	120323
	120363	120439	120458	120517	120560	120665	120858	121038	121268
	121881	122785	122809	123086	123513	123832	125448	125581	125720
道廳舍	119607							
道廳移轉	116655	118966	119016	119041	119065	119072	119110	119127	119148
	119354	119499	119891	120080	120137	120183	120202	120259	120273
	120439	120858	121268	123086				
陶土	118236	118625	119361					
道評議會	113603	113632	113642	113661	113684	113903	114037	114064	114087
	114304	119755	119841	120342	126497	126656	126735	126775	126776
	126890	127109	127189					
渡航鮮人	123201							
渡航者	115558	121026	126574					
鳶島	124028	124066	124171					
督勵	121409	122842	123234					
獨立	114270	115287	115717	116654	117440	119002	119838	120394	121131
	121630	121927	122413	123224	123956	124522	124602	126167	126667
獨立團	115287	115717	117440					
獨立不逞團	126167							
獨立運動	123956	124522						
讀書	118244	118278	118399	118431	118628	124572	125134	126446	126886
獨身者	113602							
獨逸	114096	117106	117693	121297	123010			
讀者	113898	115027	118933	119057	119422	120451	120489	120570	120721

	122300	124652						
督學	125928							
篤行	114225	114226	119909	120320	121224	121559	121602	121636	121640
	121925	122184	125057						
豚コレラ	118980	120231	120354						
敦賀	113970	114820	115603	121713					
敦化	119450	120404	122780	123167	123330	123442			
敦化視察團	123442								
東京	113750	114724	114858	114862	115409	115669	115899	116090	116295
	116431	116446	117543	118254	119870	120318	120563	120732	120885
	120905	121171	121234	121255	121260	121329	121431	121464	121487
	121513	121659	121680	121723	121811	121924	121941	122004	122111
	122176	122284	122382	122410	122428	122451	122471	122480	122520
	122570	122644	122657	122688	122751	122779	122849	123050	123092
	123210	123258	123373	123531	123570	123671	123741	123767	123809
	123841	123914	123954	124099	124101	124155	124197	124320	124406
	124485	124598	124639	124855	125101	125162	125296	125477	125484
	125660	125698	125812	125830	125928	125938	125964	125985	126021
	126055	126065	126200	126322	126367	126411	126472	126530	126572
	126672	126709	126739	126784	126844	126869	126927		
東宮	115313	115571	120718	121130	121682	121683	124914		
東大	116497	116767	125493	125503	126263	127200			
東萊	113787	116512	119898	119919	119943	120842	121547	122292	123779
	123850	123925	124073	125175					
東萊溫泉	113787	122292							
同盟	114072	115097	115903	116950	118044	118336	119122	119178	119464
	119597	119924	120017	120232	120356	120943	120996	121049	121347
	121974	123096	123225	123233	123734	124282	124328	124544	125077
	125140	125170	125845	126993	127129				
同盟罷業	120232	124328	125845						
同盟會	114072	115097	115903						
同盟休校・盟休	114608	114673	114865	114928	115090	116351	116489	117196	118044
	118125	118160	118182	119122	119198	119220	119853	120017	120336
	120669	120853	120905	120943	120945	121099	121144	121301	121306
	121479	121974	123225	123687	123779	123850	123925	124073	124544
	124646	125175	126211	127025	127199				
動物園	115088	124354							
洞民	113962	114646							
同民會	114857	115107	115140	118563	119480	120727	122516	123033	
東邊道	113593	114338	115087	117702	122402				
凍死	118707								
銅山	122651								
東三省	114491	118362	119099	119693	122173	127217			

東鮮	118924	122243	122282	122307	122348	122449	122477	122506	122536
	122563	122600	122646						
東省實業	115538								
東洋	115408	115792	117103	117478	118733	120604	120697	122346	122645
	124430								
童謠	120220	122399							
動員	122804	123622	124010	124488					
東條	114256								
銅鍾	114172	119323							
東津江	116277								
東拓·東洋拓殖	113646	113857	113900	114439	114443	114544	114572	114659	114717
	114733	114762	114798	114831	115025	115257	115278	115292	115380
	115392	115407	115427	115439	115463	115473	115500	115526	115538
	115553	115699	115921	115984	116000	116039	116057	116074	116092
	116151	116562	116599	116611	116618	116640	116818	117449	117936
	118003	118336	118469	118600	118684	118761	118777	118800	118849
	118974	118990	118991	119104	119111	119156	119430	119467	119492
	119493	119507	120071	120228	120345	120405	120660	120687	120804
	120809	120816	121011	121042	121523	121808	121809	121850	122001
	122199	122205	122351	122405	122408	122443	122564	123004	123105
	123227	123265	123348	123576	124035	124300	124307	124903	125595
	125933	126244	126489	126525	126869	126993	127113	127265	
同胞	120568								
東鄕	123730								
兜	118404								
頭道溝	123189	123647	124576						
豆滿江	113645	114116	114245	115273	117182	118812	121358	126479	126959
豆粕	117950	118973	120049	123113	126518				
豆腐	124328	125745							
頭取	113607	114307	116023	116112	116679	117035	119349	122148	122443
	125610	126803							
頭痛	115077	117178	124161						
騰貴	116502	116607	117309	119393	124035				
燈臺	115153	117050	117369	120090	124556	125442	126289	126751	126986
燈籠	119573	125653	125988						
燈料	118386								

ㄹ								
ラジオ・ラヂオ	120220	122580	122648	122720	122904			
ラヂオ								
リーグ戰	115800	121995	122240	122279	123163	125475	125837	126493
リレー	118214	118369	120730	120808	123177	123329		
リンゴ	125422	126500	126750					
レコード	122663							
レニン	119599							
レントゲン	123677							
羅南	113649	113705	113783	114362	114400	114447	114647	115342	115490
	115552	115591	115675	115743	115798	116142	116303	116441	116453
	116705	117713	117733	117853	117859	117965	118501	118730	118732
	118834	118936	119004	119289	119345	119518	119585	119983	120067
	120137	120172	120183	120304	120313	120323	120330	120797	121013
	121216	121667	121902	121918	122313	122969	123196	123612	123655
	123935	123938	124066	124223	124261	124586	124633	124765	124889
	125088	125189	125415	125474	125524	125801	125820	126037	126250
	126365	126416	126565	126809	126834	127099	127243		
癩患者	114933	115046	116833					
旅行	113753	114858	115386	115389	116246	117866	119562	120161	121174
	121570	121698	121992	122077	122320	123080	124896	125448	125549
	125771							
轢死	113653	117295	118127	118460	118557	118792	120109	120782	125081
	125875							
煉瓦	120250	122384	124468					
聯合大會	114144	114166	115131	115351	115430	118082	125540	127011
列車	113706	113839	114498	114910	114932	115767	115773	116559	116798
	117096	117283	119600	119854	119880	120201	120472	121769	121793
	122382	122717	122777	122793	122840	122912	123274	123302	123764
	123984	123997	124007	124010	124199	124682	124721	124918	125194
	125406	125551	125990	125994	126087	126318	126431	126448	126713
	127112							
獵銃	113891	121657	125715	126685				
靈代	125988	126014	126053	126087				
鈴木莊六（朝鮮軍司令）	125535							
露西亜・ロシヤ・露西亜・露國	113617	113791	114456	114650	114846	115672	118495	118955	119334
	119572	119655	119723	119871	120331	120420	120856	120898	121086
	121090	121228	121339	121362	121738	122051	122076	122156	122423
	122656	122812	123493	123538	123619	123663	123666	123843	123880
	124312	124550	124561	125130	125307	125332	125398	125656	126095
	126173	126468	126730					
露領	113620	114005	117541	117614	118495	118536	118618	119687	119706

	120113	120282	120316	120769	120776	121526	121582	121895	124710
	125697	126690						
流筏	115580	116022	116042	116158	116513	119330	122338	
流通	124042	125030	125750					
鯉	115048	116061	122986					
李埚公	113873	121827	122297	122302	123312	123427	123966	
罹病	124273							
李承晩	120867	120934						
罹災	113777	114281	115786	116454	123881	123917	124035	124066	124111
	124275	124498	124987	125040	125197	126071	126436	
罹災民	113777	115786	116454	124066	124111	124498	125197	
李朝	121120	123669						
燐寸	114663	116832	119577	125714				

ロ								

マラリア・マラリヤ	120057	123496	124028					
ミシン	123692							
メーデー	121094	121475						
メソジスト・メソヂスト	117530	121131						
メンタルテスト	119527	119557						
モーゼル拳銃	120868							
モスクワ	124849							
モルヒネ・モヒ	114247	115069	118554	119674	120860	121036	122014	122416	123031
	123145	123297	123310	123420	123499	123884	123993	124501	124665
	124680	124780	125008	125314	125878	126319	126854	126926	126961
	127005	127034							
馬	113846	113911	113917	114033	114633	114654	114664	114807	115033
	115093	115125	115237	115320	115364	115378	115416	115477	115545
	115679	115898	116372	116440	116670	116755	116814	116821	116867
	117060	117074	117232	117382	117495	117607	117712	117848	117991
	118151	118286	118663	118940	119143	119341	119415	119550	120203
	120552	120618	120645	120722	120732	120801	120878	120969	120993
	121075	121244	121333	121442	121643	121801	121914	121963	121995
	122122	122174	122219	122252	122382	122566	122724	122856	122883
	122907	122931	123068	123186	123229	123277	123318	123420	123480
	123507	123509	123950	124115	124233	124362	124367	124376	124588
	124624	124721	124945	125044	125283	125286	125311	125322	125382
	125398	125428	125731	125804	125819	125855	125885	125920	126076
	126163	126281	126706	126722	126726	126740	126803	126835	126847
	126925	127139	127256						
麻	116050	116320	116410	116542	116543	116705	116822	116981	117016
	117042	120371	122232	122239	123997	124142	124489	124512	125063
	125292	125646	125765						
馬糧	118760	118845							
馬鈴薯・馬齢薯	120296	124942	125803						
馬山	113710	113860	113865	114091	114202	114314	114316	114447	114537
	114539	114753	114756	115348	115682	115765	115777	115797	115932
	116100	116103	116104	116144	116169	116286	116304	116310	116868
	116874	117718	118175	118182	118213	118548	118566	118585	119756
	119838	119946	119956	120006	120316	120539	120701	120726	121391
	121663	121666	121830	121834	122030	122291	123159	123206	123216
	123253	123510	123753	123834	123882	123952	124010	124022	124129
	124259	124298	124393	124431	124478	124515	124518	124557	124558
	124650	124664	124765	124802	124842	124908	124911	124920	124946
	124976	124980	124989	125072	125081	125097	125181	125223	125232
	125239	125259	125432	125474	125546	125612	125616	125681	125730

	125784	125835	125891	125923	125986	126067	126817	
馬賊	114784	115705	115707	116005	116359	116369	117364	117400	117418
	117440	117596	117629	118240	119272	120294	122256	122365	122389
	122442	122465	122568	122602	122683	123183	123335	123458	123463
	123735	124038	124117	124174	124175	124452	124497	124564	124622
	125284	126545	126649	126682	126877				
馬賊團	115885	115928	117223	117566	119052	119922	121780	124450	
馬蹄銀	125030								
馬晉	122377								
馬鎭	114664	115237	115320	115416	115477	115545	115679	116755	116821
	116867	117060	117232	117607	117848	118286	121643	125286	125885
馬車	118225	119819	124204	125849					
痲醉藥	122409								
麻布	116050	116410	116542	116543	116981	122232	124512		
莫斯科	119854								
萬國郵便條約	119231								
萬雷	116940								
滿蒙	115573	115578	115597	115610	115705	115711	115735	115755	115771
	115784	115863	116019	117173	118926	122950			
滿鮮	114035	114055	114963	115366	115611	116056	116596	117397	117968
	118059	118112	118118	118247	118698	118753	119020	119121	119240
	120519	120569	121174	121610	121695	121698	122033	122047	122077
	122141	122574	122680	123108	124805	124835	124913	125013	125104
	125166	125368	125483	125519	125997	126594	126600	126700	
滿鮮對抗競技	116017								
滿鮮視察	122141	125013							
滿銀	113841	114775	116023	117754	117871				
滿洲	113620	113836	114037	114049	114064	114087	114422	114619	114636
	114678	114711	114858	115371	115439	115441	115599	115646	115851
	115860	115864	115950	115981	116276	116437	116596	116599	116622
	116634	117267	117282	117327	117556	117609	117635	118002	118060
	118082	118270	118599	118650	118651	118685	118737	118800	119194
	119207	119455	119633	119783	119990	120261	120425	120521	120973
	121286	122112	122318	122753	122776	122818	122909	123081	123343
	123404	123572	123672	123984	124010	124460	124642	124984	125454
	125520	125921	125965	126024	126237	126247	126618	127214	
滿洲財界	115981								
滿鐵	113736	113810	114180	114457	114667	114891	115093	115117	115326
	115429	115441	115556	115676	116021	116040	116041	116153	116171
	116600	116684	117012	117025	117079	117301	117501	117526	117598
	117661	117779	118248	118249	118265	118270	118278	118353	118399
	118423	118965	119350	119680	119919	119943	120095	120131	120175
	120985	121873	121928	121951	122057	122352	122776	122840	123241
	123424	123437	123771	124755	124804	125117	125606	125686	126533

	126562	126641	126700					
亡命	118680	122524						
賣却	113904	122274	122879					
埋立	114030	114370	114651	115179	116111	116315	117079	118357	118556
	119530	119804	119921	120921	121535	124330	124638	124727	124758
	124770	124843	124962	125037	125146	125887	126871		
埋立事業	114030	124962							
埋立地	114370	117079	119804	121535	125887				
賣惜	126842	127006							
梅雨	123690								
埋藏	123620								
埋築	122956	123685	124908	125923	126002	126170	127127		
麥	114269	114274	115764	116239	116550	116595	116607	117444	117651
	117809	117991	118000	118130	118316	118594	118675	119117	119172
	119556	119634	119714	120096	120195	120465	120832	120954	121004
	121706	121742	121781	122198	122414	122618	122668	122748	122774
	122991	123091	123253	124421					
麥粉	114274	120832							
麥作	117651	117809	118000	119117	119172	120954	121004	122198	122414
	122618	122668	122748	123091	123253				
麥酒	117991	118130	118316	118594	119556	119714	120195	121742	
麥酒工場	118316	119556	119714	120195					
猛獸	114468	126968							
盲人	126662								
盟休 · 同盟休業	114608	114673	114865	114928	115090	116351	116489	117196	118044
	118125	118160	118182	119122	119198	119220	119853	120017	120336
	120669	120853	120905	120943	120945	121099	121144	121301	121306
	121479	121974	123225	123687	123779	123850	123925	124073	124544
	124646	125175	126211	127025	127199				
盟休生	114865	120853	123925						
勉強	126841								
免官	118639	118882							
綿絲布	115870	123175							
免稅	113975	114343	114517	114565	114599	114989	116276	117261	117262
	117579	117895	118454	124199	124581	126091	126237	126610	
緬羊	126955								
棉作	118218	118545	121324	123649	125469	125544	125653	126051	
面長	115847	117249	119075	120075	120504	120798	120917	121657	122783
	125579	125580							
綿布	117658	118334	120959						
綿布商	120959								
免許	123943	125876							

木浦高女	119641								
蒙疆·蒙古	115543	115547	115564	115597	115622	115636	115656	115672	115686
	122131	122692	124497	125628					
蒙古	중복								
蒙利	121364								
苗代水	122375								
苗木	117901	123043	126246						
墓地	116407	117186	120418	120565	125123	125400	127157		
武官	118843	119333	119487	119540	119573	119713	119770	119809	120114
	120148	120149	120296	121190	121764	122021	122869		
武官學校	118843								
無極教·無極大道教	118874								
武德	118133	121819	122818	122869					
武道	114321	114435	115708	115740	115816	115896	116017	116535	116901
	117214	117644	121800	121869	122180	122345	123119	123163	123637
	123695	123797	124223	124351	125583	125859	126655	126694	
武道大會	114321	115740	115816	115896	116017	116535	116901	117214	117644
	121800	121869	122180	122345	123119	123163	123797	124351	125583
	125859	126694							
無料宿泊所	113772	116519							
茂山	118240	119272	122465	122822					
無産者	123366								
無線	115394	117718	120000	120627	120733	120845			
無線電信	117718	120000	120627	120733					
撫順	117108	124240	125450	126840					
撫順炭	117108	125450	126840						
務安	114815								
貿易	113644	113726	113748	113886	113905	113940	114144	114174	114249
	114254	114491	114621	114881	114907	115135	115294	115340	115346
	115351	115430	115501	115551	115612	115647	115665	115701	115736
	115877	116077	116433	116620	116813	117015	117033	117052	117286
	117346	117388	117513	117686	117888	117918	117971	118022	118063
	118089	118157	118196	118388	118409	118528	118543	118621	118674
	118782	118951	118969	118971	119044	119277	119278	119313	119324
	119349	119449	119506	119532	119598	119706	119752	119913	119914
	119926	119962	120053	120284	120326	120331	120450	120686	120871
	120872	121194	121381	121690	121839	121853	122026	122058	122134
	122303	122810	122891	122945	122998	123037	123038	123481	123670
	123763	123804	123836	123930	124391	124437	124487	124691	124692
	124879	125059	125435	125607	125692	126046	126225	126536	126671
	127150	127168	127215						
無煙炭	115749	118788	119502	120166	120553	120675	121504	121790	122343

米豆	118570	118797	120869	120888	121239	122893	124028	124697	126391
	127271								
未亡人	117037								
米商	123123	125828	126860						
美術	114025	114212	114320	114548	114632	114653	114944	115011	115054
	115068	115577	117069	117163	118530	120070	121689	122216	122356
美術展	114025	114320	114632	115011	115054	115068	115577	120070	121689
	122216	122356							
美術展覽會	114025	114320	114632	115054	115068	122356			
迷信	114519	117021	117858	118583	119317	119326	119360	119386	119418
	119569	119584	120147	120652	121438	123062	123997	124179	124415
	125716	126444							
尾野實信 (關東軍司令官)	126300								
米英	117307	119095							
美人	121527	122018	126173	126480	126555				
米田	114420	114737	116029	116919	118234	119486	123147	124358	125243
	126835								
美展	115417	115726	115738	120654	120848	122270	122350	122988	
米蝦	118897	119554	126350						
閔妃	115009								
閔妃殿下	115009								
民心	120304	122242							
閔泳綺	122148								
民謠	114610	122392							
閔廷植·閔庭植	115287	125593	125620	125658	125705	125744	126106		
民族	115791	117324	120598	120931	122845	123169	125393	125436	
民衆	114950	118765	120637	120664	120855	120875	120907	121310	122034
	122795	123837	125860	126466	127260				
民衆化	127260								
密賣	118167	118522	121701	122014	123145	124501	124680	124780	125314
	126296								
密輸	114520	116747	117096	117489	118123	118321	118446	119131	119610
	120472	121044	121614	122420	122781	123031	123065	123597	123598
	123689	123873	124414	125722	126258	126379	126583	126651	126745
密輸入	114520	116747	119131	121044	121614	122420	122781	124414	
密陽	125083	125401							
密造	113955	118833	122053						

ㅂ								
バス	118787	125966	126012	126053	126139			
バロメーター	119405							
ビール	125953							
ビラ	121737	124629						
ボーナス	127081							
ボギー	118826							
ボヤ	122326							
電	117497	117745	122363	122364	122464	122583	122618	122755	122957
	123275	123811	125672	125749	125909			
博覽會	114110	115059						
博物館	113673	114594	115317	115390	118957	123835	126439	
博士	114470	114485	114506	114551	115410	115617	115840	115953	117128
	117137	117843	118004	118028	118136	118629	118736	118855	120003
	120111	120130	120221	120223	120239	120553	120646	121445	121702
	121733	121768	122729	122764	123369	123757	123758	124464	124578
	124877	124974	125055	125089	125176	125215	125393	125817	125890
	125932	125973	126057	126096	126418	126435	126880	127213	
撲殺	118276	119180	120231	120354	123648	127059		
朴音駿	126545							
薄田美朝	122396							
朴昌薰	120003	120111						
朴春琴	114712							
博奕	113595							
反對運動	119127	120202	121468					
半島	113598	113608	113615	113623	113628	113640	113658	113701	113721
	113741	113775	113792	113812	113823	113832	113851	113852	113872
	113918	113959	113973	113987	113988	114006	114007	114021	114078
	114097	114098	114120	114141	114192	114213	114248	114301	114323
	114339	114356	114373	114392	114419	114436	114453	114469	114484
	114505	114522	114581	114613	114635	114655	114675	114693	114710
	114729	114749	114770	114808	114809	114826	114845	114871	114900
	114913	114947	114961	115000	115015	115035	115055	115073	115126
	115143	115174	115191	115222	115239	115254	115277	115290	115308
	115321	115336	115350	115362	115379	115391	115406	115426	115438
	115457	115484	115499	115511	115537	115857	115872	116018	116038
	116498	116518	116526	116632	118296	118342	118359	118384	118401
	118416	118431	118440	118477	118496	118525	118580	118606	118632
	118654	118688	118699	118711	118724	118745	118771	118799	118810
	118832	118872	118892	118912	118934	118954	119096	119118	119144
	119161	119203	119225	119239	119242	119255	119275	119285	119296
	119300	119310	119329	119347	119370	119383	119403	119417	119463
	119483	119516	119534	119543	119786	119810	119830	119849	119865
	119884	119902	119917	119959	119978	119993	120008	120025	120046

120066	120087	120110	120129	120146	120162	120180	120219	120235
120247	120278	120299	120322	120340	120362	120378	120397	120587
120619	120674	120715	120751	120792	120828	120866	120911	120951
121002	121058	121105	121150	121191	121229	121276	121318	121363
121403	121446	121488	121532	121588	121628	121660	121703	121743
121787	121828	121878	121909	121944	121980	121998	122022	122045
122054	122070	122100	122125	122149	122187	122216	122231	122263
122304	122331	122356	122368	122397	122422	122444	122474	122503
122533	122559	122589	122609	122643	122667	122707	122733	122768
122797	122838	122870	122920	122965	122996	123035	123071	123106
123148	123187	123230	123280	123313	123349	123428	123468	123508
123551	123601	123650	123697	123743	123783	123821	123854	123893
123928	123967	123999	124017	124337	124384	124418	124462	124506
124577	124612	124654	124688	124724	124836	124876	124934	124975
125014	125054	125086	125118	125143	125177	125216	125500	125536
125570	125608	125641	125679	125721	125757	125793	125831	125853
126001	126033	126064	126085	126086	126094	126113	126159	126180
126220	126301	126329	126344	126385	126427	126451	126487	126517
126591	126626	126658	126696	126728	126759	126795	126819	126858
126889	127167	127209	127231	127266				

半島婦人	122054							
發掘	114172	115178	115199	115565	115953	116972	118010	118331	119311
	121443	125378	126096	126203	126439			
發動機船	113893	115066	116385	118999	120963	123834	123861	
發明	115883	120200	125714	126291				
發電	114326	114333	115364	115600	116996	117405	121921	122382	123984
	124009							
發電所	123984							
發疹チフス・發疹チブス	114003	114415	114452	121496	121768			
拔擢	115956	118447	119243					
發布	113936	115674	119145	120649	120716	121515	121686	122053	122066
	122332	123270	123880	125106	125382	125725	125733	126050	
拔荷	113754	124173						
發行	113697	114715	115719	116189	117237	117661	118428	118494	118623
	119399	120210	120413	120427	120451	120489	120768	120811	122466
	122499	122530	122556	122585	122606	122640	122664	122704	122730
	122765	122898	124264	124279	125112	125263	125319	125952	126105
	126134	126868						
發行稅	114715	125319						
跋扈	114428	115636	117735	121097	123491			
發會式	114518	115107	115152	115587	116769	117247	121580	121618	123173
	123423	125172	125904	126287				
勃興	113803	115447	116577	120324	121367	121429	125661	125984	126236

	126742							
防穀令	114491	117609	117692	118138	118199	118362	118907	
訪歐	119979	120656	120685	120812	122118	122788	123267	123358	123538
	123585	123588	123852	124014	124096	124116	124195	124237	124263
	124318	124404	124678	124772	124849	124884	124885	124887	124921
	124957	125240	125479	125734					
防備隊	123218							
放送	114990	114992	115975	119056	120090	120242	120266	120846	120847
	121260	121726	122649	122720	123498	125042	125199	126122	126330
	126579	126911							
放送局	120266	125199	126330	126579	126911			
防禦	123702	123987	124245					
方魚津	126172	126718	127071	127153				
防疫	123917	124272	124314	124471	125150	126327		
邦人	117500	117539	118377	119412	122746	123406	123439	127184	
紡績	115863	117316	117653	117886	118747	121393	121866	123021	
紡織	116063	118558	119673	121961				
芳澤	116650	122746						
放火	114865	115631	116299	116452	117017	118285	119583	120248	121272
	122526	123142	123223	123851	124720	126259	126341	126881	127027
排球	126139							
配給	114443	116642	118965	120840	121412	121678	122136	
俳壇	123396							
排米	116262							
賠償	116890	119606	121231	124278	125953	126924		
排水	115902	121384						
陪審制度	122560	124156	124446					
排日	113652	114950	115760	115791	116150	116201	116237	116358	116466
	116468	117589	119682	121131	122076	122314	122712	122889	122950
	123406								
排日法	115760	115791	116150	116466	116468	119682		
培材	116499	116692	120669	120780	120853	120945	121351	124098	124112
培材學堂	120669	120780						
排斥	115381	115991	116911	116974	118914	119271	120867	120899	120934
	121209	121306	122543	122644	122783	122808	122824	123643	123687
	124142	125258	125557	127054					
拜賀式								
培花	120712							
背後地								
白狂雲	115802							
白軍	118852	118998	119247	119695	119748	122322		
白頭山·長白山	120974	127165						

白米	114525	116558	119791	120331	121685	124010	124035	124777
白癬	119988							
百姓	114780	118426						
白蟻	119539							
白丁	114260							
伯仲	119435	121220						
白菜	119174	127216						
繁茂	115563	121780	122757	125365				
繁茂期	115563	121780	122757	125365				
飜譯	118431							
繁榮	114687	118173	119387	119398	119558	122099	125304	
繁榮會	114687	119387	125304					
蕃人	115919	115952	115972	115997				
蕃椒	113986							
筏橋	122658	122689	123125					
罰金	115373	123341	126964					
筏夫	114449	121056						
筏師	115831							
氾濫	123881	124444	124566	124667				
梵魚寺	123740							

犯人	114053	114094	114407	115301	116646	116863	118186	118261	119620
	120962	120999	121143	121225	121312	121399	121486	121905	121906
	121941	122144	122361	122550	122731	122781	122910	122914	123302
	123422	123596	123693	123740	123851	123890	124036	124374	124408
	125634	125674	125829	125874	125951	126377	126816	126882	

法	113674	113755	113874	113897	113917	113936	114252	114303	114470
	114482	114485	114506	114551	115095	115241	115248	115261	115440
	115483	115760	115761	115791	115800	115804	115956	116004	116043
	116150	116175	116301	116447	116466	116468	116639	116736	116986
	117111	117205	117553	117634	118101	118111	118173	118451	118565
	118625	118669	118696	118701	118888	118988	119035	119166	119191
	119256	119322	119379	119644	119682	119685	119727	119777	119817
	119818	119899	119940	119985	119999	120083	120091	120268	120380
	120553	120716	120818	120912	120932	121022	121029	121044	121216
	121249	121295	121338	121369	121371	121445	121450	121519	121551
	121553	121630	121789	121806	121858	121873	121927	121934	121947
	121965	121987	122023	122024	122066	122082	122133	122167	122169
	122242	122262	122305	122332	122398	122404	122505	122507	122532
	122560	122605	122782	122811	122951	123052	123056	123292	123448
	123453	123465	123489	123525	123574	123577	123583	123647	123713
	123782	123843	123867	124026	124245	124281	124403	124628	124771
	124844	124925	124962	124981	125077	125105	125161	125202	125215
	125235	125318	125351	125489	125535	125652	125810	125939	126109

	126534	126569	126669	126767	126769	126782	126896	126912	126936
	126951	127016	127070	127120	127250				
法官	115440	115956	121789	123448	125161				
法規	117553	120932	122242						
法令	113936	119777	127016						
法務局	122398	122560							
法院	113897	113917	116736	117111	118451	118701	118888	119322	119727
	121216	121369	121371	121450	121987	122262	122332	122507	122532
	122605	123489	123577	123782	124026	125077	125215	125351	125535
	126109								
法人	126782	127250							
法被	120083								
碧空	116902								
變改	123785	125032							
變更	115299	115541	115764	115901	117133	117334	117424	120218	120756
	121019	121320	121505	121677	122381	124492	124918	125095	125566
	125945	126249	126331	126366	126399	126403	126782	127256	
辨當	119929	120965	123547						
辨當屋	123547								
變死	127206								
辯士	122795								
辯解	125399								
辯護士	115614	117937	118181	119579	120115	123026	123587	124156	125869
	126445								
辯護士會	124156								
病	113766	113911	114102	114114	114169	114228	114440	114519	114593
	114767	114834	114844	114946	115137	115169	115225	115305	115474
	115530	115650	115814	116076	116197	116375	116473	116549	116587
	116643	116708	116873	116986	117040	117121	117178	117213	117248
	117258	117333	117374	117409	117441	117584	117715	117742	117878
	117907	118452	119195	119470	119838	119840	119868	119966	120239
	120350	120622	120706	120786	120787	120881	120900	120904	121033
	121145	121433	121473	121519	121547	121647	121768	122140	122142
	122166	122315	122319	122324	122567	123144	123359	123507	123677
	123686	123733	123815	123883	123994	124028	124080	124111	124170
	124213	124273	124296	124314	124315	124334	124372	124415	124499
	124537	124651	124778	124897	125053	125231	125279	125347	125416
	125426	125495	125498	125528	125597	125712	125716	125779	125942
	126048	126101	126212	126214	126334	126337	126343	126506	126581
	126584	126716	126724	126824	126883				
兵器	116386	116616	119713	120341	122729	125807			
兵隊	113785	113932	114828	115018	115541	115591	116576	116667	116775
	117175	118113	118479	118521	118562	118702	118750	119498	120181

	120348	120611	121505	121722	121810	121824	122099	122174	122268
	122349	122404	122443	122450	123348	123488	124008	124028	126058
	126677								
兵士	115830	116759	118834	120830	121068	122138	123140	123379	123485
	123984	124931	125942						
兵舍	121249	123438							
兵營見學	125048								
兵營生活	118322	119201							
病院	113766	114102	114114	114228	114440	114593	115225	115474	116197
	116375	117742	118452	119195	119838	119840	119966	120350	122315
	123507	123677	123815	124028	124296	124315	124372	124499	125053
	125426	125495	126724						
併合	113849	120668	121278						
保健	120147								
補缺	116791	121754	122939	122969	123192	123612	127087		
報告	115230	116126	116869	116939	117035	117094	120132	121894	122382
	122828	124678	124772	124857	124885	125291	125524		
寶庫	122780								
補給	115955	117203	117328	117445	117487	117682	119835	121879	121951
	123188	123451	123678	123802	124065	124067			
補給金	119835								
堡壘	115732								
步兵隊	118702	122443	126677						
普選	114470	114485	114506	114551	116738	121553	121686	121696	121802
	121803	126286							
補選	118341	119364	123370	126766					
補習教育	126478								
普天教	116768	117230	117559	117618	117699	119390	120375	121284	121478
	121731	122092	122567	124759					
普通學校	114661	118695	119932	119988	121218	123084	123220	123348	125743
	126036	126767							
保險	113776	115085	115215	115550	115778	116617	116623	117049	117062
	117591	117615	118390	118744	119692	119940	120285	121272	122701
	124637	125657							
福岡	113687	113811	113840	113958	118637	121028	122071	122141	123326
	123375	123392	123549	125720	126414	126526	126938		
復舊	114369	114493	116670	116676	116681	116742	116834	117049	117876
	119140	119983	120230	120452	121298	123834	123907	123917	124010
	124028	124035	124066	124132	124161	124199	124275	124402	124438
	124470	124541	124566	124601	124655	124715	124820	124827	124894
	125147	125195	125261	125481	125659	126497	126890	127122	
復舊費	116742	124028	124161	124655	125481	126890	127122		
福島莊平	115245								

覆審	113917	123577	125351	125535				
福音	116873	118476	119388	119572	120646	122013	122971	125758	126660
服裝	115864	118578						
服制	115424	119773						
復興	113596	113613	113880	113885	117288	117470	118281	119099	122635
	122759	123129	125880					
復興號	122635	122759	123129					
本溪湖	114060							
本願寺	117496	127210						
本田(府尹)	114821	116123	116220					
本町	118346	118387	119113	119163	119226	119651	121272	121796	122381
	125007	125563	126028	126425	127049	127181		
本町署	118387	121272	125007	125563	126425	127049	127181	
奉告祭	124921	124957	127083					
縫工	116694							
奉軍	114466	117501	117629	118119	118362			
俸給	114852	116976	117827	117942	118248	124066		
奉納・捧納	118846	123730	125237	125988	126431	126466		
鳳山	118634							
奉迎	126053	126087						
奉直戰・奉直戰爭	117401	117704	117802	118916	120424			
奉天	114585	114935	115543	115547	115711	117952	117999	118022	118059
	118756	118835	119548	120603	121300	122314	122645	122680	122842
	123121	123874	125483	125991	126359	126552	126649	126668	
奉遷	125105	125619	125654	125895	126014	126053	126087	
奉天戰	114585							
賦課	113923	115061	115845	116001	120650	122212	123450	124516	124660
	124702							
賦課金	115061	116001						
婦女子	122183							
部隊	115766	115965	116075	116196	116613	117744	117818	124488	127214
浮島	124010							
不動産	115921	117452	117506	118332	118412	119731	122101	
部落	115887	116697	117014	117584	121526	123259	123863	123891	124412
	124815	125043						
部落民	123259	123891	124412	124815	125043			
浮浪者	118751	125493						
府令	122053							
不逞團	115467	115468	115666	116774	116979	117017	117039	117045	117518
	118087	118146	119800					
富士	117843							

釜山	113671	113673	113711	113718	113743	113795	113801	113803	113805
	113866	113870	113883	113885	113984	114025	114027	114073	114084
	114108	114109	114118	114122	114129	114130	114131	114166	114188
	114197	114211	114218	114225	114260	114275	114280	114348	114361
	114367	114371	114372	114416	114481	114497	114577	114580	114621
	114622	114690	114705	114712	114714	114732	114792	114829	114844
	114868	114881	114971	115007	115013	115038	115049	115147	115150
	115186	115216	115314	115346	115356	115360	115501	115545	115552
	115554	115655	115657	115681	115685	115713	115727	115736	115761
	115776	115803	115819	115841	115843	115865	115873	115913	115945
	115962	115964	115966	115973	115975	115977	115989	116031	116076
	116091	116111	116131	116221	116224	116262	116281	116289	116304
	116311	116345	116352	116371	116452	116473	116506	116507	116519
	116532	116559	116570	116572	116578	116584	116600	116632	116643
	116650	116669	116712	116728	116833	116878	116897	116898	116925
	116935	116942	116950	116955	117011	117060	117070	117072	117114
	117128	117152	117159	117200	117204	117209	117221	117243	117252
	117254	117258	117286	117345	117350	117351	117363	117374	117404
	117415	117508	117526	117546	117562	117593	117677	117688	117735
	117738	117739	117742	117762	117782	117832	117833	117857	117901
	117961	117968	117971	118044	118047	118124	118161	118173	118189
	118193	118201	118221	118226	118241	118247	118276	118285	118286
	118294	118333	118400	118402	118409	118419	118420	118438	118471
	118478	118486	118492	118540	118549	118569	118576	118628	118637
	118701	118716	118722	118723	118744	118752	118848	118867	118869
	118889	118905	118922	118929	118966	118969	118995	118996	119000
	119016	119041	119066	119080	119158	119187	119189	119195	119214
	119322	119350	119354	119376	119387	119405	119414	119440	119449
	119451	119454	119460	119461	119488	119520	119533	119539	119558
	119571	119602	119610	119618	119655	119704	119718	119723	119752
	119754	119758	119793	119798	119799	119820	119845	119876	119891
	119898	119913	119924	119926	119929	119935	119938	119949	119957
	120014	120027	120036	120055	120056	120068	120080	120102	120107
	120151	120170	120173	120220	120226	120284	120285	120331	120335
	120363	120367	120376	120401	120439	120457	120487	120500	120517
	120528	120531	120546	120559	120560	120581	120586	120736	120752
	120806	120857	120858	120859	120865	120871	120875	120878	120910
	120913	120919	120937	120958	120962	120964	120973	121046	121051
	121095	121098	121100	121135	121136				
釜山高女	114275	120068	122726						
釜山商議	116600	116728	116925	119387	120586	120806	123540	126278	127250
釜山驛	121188								
釜山中	119189	122201	124112						
釜山地方法院	118701	119322							
釜山鎭	113885	116111	118486	120401	123687	124638	124758	124770	124843
	125037	125461	126098	126170	127127				

釜山通信	120056	120581	120752	120865	120910			
釜山港	114621	117688	117739	117971	118047	118124	119539	119752	119793
	120858	121900	122026	122156	122862	124271	125336	125445	125674
釜山會議所	114971	115038	115973						
府稅	122917	124702							
扶餘	122598								
賦役	118312								
府營	117271	119187	119759	120626	121938	124445	125459		
府營住宅	120626	121938							
芙蓉堂	123618								
富源	117440	118776	124018						
府尹	113611	113667	113897	113971	113979	114197	114577	115147	115352
	115603	116051	116504	116523	116668	116744	117234	117407	117426
	117562	117742	118234	118425	118975	119328	119433	119700	120034
	120406	120829	122929	122931	122938	123107	123186	123229	123277
	123950	124362	125039	125278	125578	125792	126073	126403	126627
	126706	126740	126925	127095					
附議	122404	124495	126016						
婦人	113720	113870	114113	114209	114629	115649	116086	116117	116150
	116245	116787	117648	117814	117948	117958	117978	118135	118460
	118557	118571	118839	118933	119260	119496	119592	119981	119995
	120215	120471	120485	120825	121044	121052	121110	121242	121525
	121772	122007	122054	122244	122272	122360	122460	122497	122557
	122586	122614	122636	122665	123234	123545	124075	124239	124331
	124333	124415	124602	125011	125233	125670	126332	126361	126437
	126467	126500	126508	126834	126846				
婦人俱樂部	114113								
婦人會	114209	118839	120485	122007	122360	126508			
扶助料	119740								
敷地	115010	116602	116643	117185	118130	119727	119919	123862	124301
	124538	125181	126837						
不振	113928	114082	114906	115706	115923	116513	116702	116858	118237
	118293	119276	119393	123528	123747	124526	126479		
不就學	119851								
富豪	115750	115913	117566	117738	119861	120825	122579	123457	125207
不況	116920								
府會	114038	124292							
北京	119259	120685	121556	121777	121813	121844	121922	122403	122485
	122494	122508	122625	122728	122808	122887	123538		
北滿	115711	119228	119613	120093	120240	120769	124630	125398	127090
北鮮	113639	113760	113767	114160	114735	115198	115203	115300	115414
	115447	115466	115488	115613	115678	115825	115882	115898	115960
	115974	116079	116272	116431	116443	116450	116486	116710	116756

	116938	117208	117260	117279	117385	117495	117589	117643	117664
	117670	117741	117759	117816	117830	117969	118198	118292	118535
	118672	118704	118845	118918	119643	119672	120097	120214	120505
	121234	121367	121424	121540	122112	122279	122342	122694	122807
	123350	123870	124351	124436	124558	124734	124807	125024	125517
	125617	126065	126149	126371	126412	126417	126815	126894	
北青	120901	123119							
北風會	120612	120995	121441	125307	125676	125813	126992	127270	
北海道	115977	117961	118437	119408	120074	120367	127191		
分校	114362	114400							
分配	116789	117090	121453	124066	124228	124229	124265	124844	125062
	125480	126208	126322	126325	127212	127270			
紛擾	114763	116860	117266	117293	117335	117479	118546	118958	121270
	121331	121579	123299	123922	124571	124717	124861	124971	125267
	127054	127193							
焚滓	123553								
紛爭	117774								
奮鬪	116524	124138							
糞壺	122017								
不景氣	113607	115929	116345	118161	118869	119440	120498	122319	122447
	123456	123951	123996	125577	125778	125957	126349	126429	126446
	126505	126573	126598	126637	126874	127197	127215	127269	
佛教	113957	118818	120880	122902	124573	125294	125769	125904	126166
	126239								
佛教大學	118818								
佛國	115318	120539	121859	121888	121929	122639	125324	125367	125419
	125734	125752							
佛國寺	121888	122639	125324	125367	125419	125752			
不良	114118	114962	115044	115375	115580	116057	116162	116213	116368
	117019	117242	118103	118107	119491	119628	119735	119895	120060
	120166	121097	121352	121782	122305	122426	122452	122563	122749
	123502	124116	125264	125630	125665	125687	126611	126629	127062
	127198								
不逞	113697	113914	113915	114033	114229	114354	114428	114672	114730
	114783	114806	115563	115750	115759	115802	116006	116024	116110
	116179	116220	116251	116280	116299	116362	116483	117400	117406
	117538	117704	117781	117802	117821	117954	118426	118472	118495
	118627	118708	118729	118757	118805	118843	118916	118978	119023
	119051	119141	119162	119205	119258	119336	119356	119588	119591
	119627	119886	120150	120333	120416	120428	120667	120789	120868
	120931	120939	120997	121127	121167	121184	121185	121397	121521
	121611	121695	121785	121895	122033	122038	122137	122143	122220
	122242	122526	122527	122702	122732	122830	122866	123108	123208
	123595	123644	123793	124079	124202	124375	124491	124574	124622

	124711	124931	124968	125238	125365	125421	125633	125665	126167
	126277	126332	126368	126425	126437	126620	126667	127214	127232
不逞團	113914	114033	114229	114730	114806	115802	116006	116024	116110
	116179	116251	116280	116299	116362	117400	117704	117781	117954
	118426	118627	118757	118805	118978	119051	119141	119258	119336
	119627	119886	120150	120333	120416	120428	120789	120939	121397
	121521	121611	121695	122038	122137	122143	122526	122527	123595
	123644	124491	124711	125238	125365	125633	126167	126277	126368
不逞鮮人	114730	114783	115759	116220	117406	117538	117802	118426	118495
	118708	118729	118843	118916	119023	119162	119205	119588	119591
	120868	121785	122033	122220	123108	124931	126437	126667	127214
	127232								
不逞鮮人團	117538								
不逞人	115563								
不逞者	113697	113915	114354	114428	121127	121167			
不逞學生	114672								
不逞漢	115750	120997	124375						
佛像	115322	117872	122639						
不穩文書	123064								
拂入・拂込	116889	117237	117318	117606	119678	120850	121300	122011	122057
拂下	113879	113980	114044	114057	114489	114671	115644	115926	116425
	116461	116788	117028	117308	117325	117466	118449	118561	118619
	118804	118817	118947	120132	120303	120574	120589	120593	120878
	120977	121215	121333	121599	121888	122424	124894	125156	125181
	125611	125807	125987	126138					
不況	113825	115058	115163	115339	115945	115947	116021	116100	116171
	116239	116357	117350	117762	117790	118012	118194	118221	118252
	118320	118333	118433	118827	118927	119073	119214	119269	119455
	120069	120505	120582	124150	127074				
比島	122186								
沸騰	121175								
肥料	114443	116947	118246	118815	119545	124958	125470	125598	126375
蓖麻									
秘密結社・祕密結社	117243	120938	121584						
非常	114352	115811	116256	120753	122319	123239	123984	124042	124068
	124553	124575	124938	125439	125598	125758	125917	126051	126736
	126741								
鼻疽病	113911								
匪賊	115198	116314	117722	121741	122224	122328	122481	122842	122916
	122958	123066	123099	123137	123213	123226	123544	123644	123688
	123775	123892	123959	124117	124146	124285	124370	124380	124685
	124720	124789	124867	124972	125460	125791	126667	127214	
飛行	113843	113944	113997	114017	114183	114466	114552	114752	114804

	115101	115105	115150	115258	115330	115469	115479	115685	115746
	115976	116258	116303	116464	116667	116822	116874	116997	117000
	117003	117042	117110	117188	117340	117428	117565	117595	117921
	118048	118165	118404	118656	118675	119015	119257	119332	119387
	119504	119703	119749	119903	119979	120018	120155	120420	120656
	120685	120732	120740	120812	120821	121035	121043	121085	121089
	121261	121262	121451	121474	121557	121777	121813	121814	121818
	121844	121848	121885	121923	121998	122071	122073	122118	122173
	122279	122403	122462	122491	122494	122522	122574	122597	122625
	122635	122658	122689	122717	122758	122759	122786	122788	122828
	122852	123125	123326	123538	123632	123764	123852	124014	124096
	124097	124116	124195	124236	124237	124249	124316	124366	124368
	124451	124489	124536	124565	124629	124673	124812	124885	124993
	125130	125139	125204	125240	125332	125561	125912	126329	126365
	126625								
飛行機	116464	119903	120018	120732	121848	122173	122494	123538	123632
	124014	124565	124629						
飛行隊	115101	115479	116667	117003	117340	117565	118404	119015	119979
	120821	121451	121474	121814	122279	124249	124316	124489	124812
	125561	125912							
飛行場	114552	117595	120155	123764	124366				
飛行學校	114752	126625							
貧民救濟	114196								
濱田	115436	118235	121190	122152					
氷上	113774	114390	119427	119517	119537	120045			

ㅅ								
サイレン	124237							
サンノゼ	122164	122201	122279					
シーズン	127048							
スキー	114390	119653	119973					
スケーチング	113771	114095	119429					
スケート	113699	113831	113849	113934	114035	114055	114076	119202	119402
	119481	119555	119661	119680	119848	119892	122993	126618	126906
スケート大會	113699	113831	113849	113934	114035	114055	114076	119402	119481
	119680								
スケート場	119892	126906							
ストライキ	121781								
スパイ	116699	118024	118061	118110	118219	125741	125782		
スポーツ	114256	125952							
スマトラ	124223								
スレート	118094	118607							
セメント	117103	120430	123611						
せんべい	127267								
教科書改纂	126036								
士官	118806								
砂金鑛	122756	122949							
詐欺	116122	116863	117167	118186	119716	121361	121482	121523	122146
	122868	123380	126030	126589	127202				
師團	113648	114264	114322	114418	114463	114582	115522	115683	115859
	116009	116114	116163	116196	116238	116366	116411	116426	116463
	116492	116602	116613	116652	116695	116717	116803	116869	116890
	116906	116978	116980	116999	117105	117131	117134	117215	117250
	117859	117870	117925	117928	118002	118060	118120	118290	118380
	118664	119345	119459	119518	119833	119952	121333	121605	121845
	121860	121918	122099	122706	122899	123212	123844	124505	124933
	125051	126857							
師團長	114264	114322	114418	116999	117105	117215	117928	119345	121918
	122706	124505	125051						
砂糖	120597	123611	124435						
寺洞	115213	115250	115259						
辭令	114255	114276	115167	115464	115528	115669	115856	116148	116353
	118080	118319	118574	119266	119737	120624	120700	120889	121141
	121171	121255	121302	121431	121439	121464	121513	121680	121723
	121811	121924	122004	122111	122176	122284	122312	122428	122451
	122480	122520	122570	122657	122688	122751	122779	122849	123050
	123092	123210	123258	123373	123531	123671	123767	123809	123841
	123914	123957	124099	124155	124197	124320	124406	124485	124598
	124855	125101	125162	125296	125404	125448	125484	125660	125698

	125812	125938	125964	125985	126021	126055	126200	126280	126367
	126411	126472	126530	126572	126672	126709	126739	126784	126844
	126927								
司令官	113604	113700	113791	114140	114200	114306	114765	115026	115378
	115522	115685	116107	116695	116801	117301	117386	117398	117520
	117550	117767	118945	119086	119387	119553	119702	120377	120526
	120573	120586	120909	121040	121344	121382	121402	121827	121845
	122185	122281	122330	122729	122837	123427	123451	123647	123966
	124028	124209	124231	124361	124461	124505	125002	125052	125464
	125513	125535	125606	126263	126300	126803	127214		
飼料	123791								
沙里阮・沙里院	115031	122430	123162						
私立學校	122709	124025							
死亡	114389	115374	116850	117979	119733	120790	121691	122094	122145
	122177	122552	122854	124117	124373	124712	124826	124866	
事務官	113811	116295	118035	118136	118487	121193	121445	121918	122396
	122720	123538	124687						
事務所	113833	113839	115595	116197	117740	118732	118738	118979	119585
	119617	122441	123937	123938	124062	124544	126085		
砂防工事	116845	122406							
師範	113924	114103	114271	114395	114424	114760	114824	114911	115124
	116128	116302	116373	116509	117413	118764	119074	119392	119519
	119578	119658	119976	120176	120186	120755	120851	121729	121812
	122079	122479	122942	123915	124417	125618	125728	125772	125940
	126018								
師範學校	114395	114824	117413	120186					
司法	115095	115440	115956	121789	123448	125161			
司法官	115440	115956	121789	123448	125161				
射殺	117339	118582	120789	121701	122220	122365	122629	122830	122916
	123137	123226	126685	127001					
死傷	118833	121392	122123	122382	122903	123984	124931	125115	125244
	127058								
私設鐵道	116894	120307							
飼養	126011								
事業家	121489								
査閱	121329								
飼牛	124648								
社友會	120319								
寺院	117521								
飼育	113856	115906	122572	124386					
社長	114149	114255	115326	115405	115533	115778	116040	116234	116312
	116597	116911	117259	117301	117590	117982	118228	118616	118901
	121402	121742	121873	121877	122021	122532	123147	123742	123782

産米	115825	116449	116624	119246	119801	119882	120204	121199	123913
	124065	124083	124311	125773	125933	125972	126161	126163	126186
	126357	126410	126525	126582	126803	126806	126975	127026	127113
	127120	127151							
産米改良	121199	125972							
産米増收	115825	119246							
散髮屋	127205								
産業	113936	114615	114794	115024	115542	115674	116166	116430	116501
	116624	116728	116941	117026	117572	118408	118524	118568	118943
	119109	119186	119331	119471	119486	119707	119876	120169	120462
	120484	120621	121619	121749	121887	122083	122109	122423	122679
	122698	122886	122948	122974	123526	123929	124230	124251	124805
	124922	125099	125333	125701	125860	125893	125955	126161	126302
	126582	126805	126835	127072	127259				
産業組合	113936	114615	115674	119707	120462	123929			
産業組合會	114615	123929							
山陰	116272	122382	124436						
産地	113938	116595	119393	120632	122979				
産出	115875	120214	125724						
産婆	114477	121226	122760	123943					
殺菌機	124427								
撒水	116408								
殺人	114547	118166	118583	121027	122550	123549	123740	125562	125674
撒布	118244	123064	124600						
三浪津	124199								
三菱	116508	117268	123480	126808					
三井	115323	117183							
三千浦	119110	123881							
挿秧	116086	116553	122457	122901	123159	123234	123314	123315	123470
挿話	116156	117037	118380	119330					
桑	113691	113693	114154	115883	119525	120690	121279	121502	121591
	122229	122234	122452	123043	123472	123682	123788	123790	124290
	125121	125250	125761	125925	126307	127047			
賞	114071	114230	115399	115521	115738	116393	116772	117784	118020
	118545	119054	119102	120192	121408	121597	121671	121775	122614
	122632	122879	122990	123234	123791	124198	124905	124980	125185
	125186	125703	125995	126162	126250	126308	126523	126834	126864
	127241								
鱶	124200	124245	124281	124866					
商家	125299								
償却	116445	120805							
上京	114169	115230	116051	122460	122804	123376	124851	126440	126468

上京委員	115230								
商工會	120876	121376	126904						
商團兵	117596	117757							
相談	113999	114409	114725	115314	115810	116044	116787	116802	117198
	117350	118373	118433	118521	119103	119260	119371	119374	119831
	120875	121059	121372	121966	123095	123160	123536	123541	123898
	125441	125576	125683						
相談所	113999	114409	114725	115314	115810	116787	117350	118433	118521
	119103	121059	121372	121966	123095	123160	123541	123898	125576
相談役	125441								
上棟式	116710	123934	125533	126404	126876	127020	127196		
桑苗	113693	121591	122234	123788	126307	127047			
桑苗育成	113693								
相撲	115914	116016	116090	122471					
商船	114735	116361	117030	117330	119652	119778	120461	122294	123126
	124533	125239	125457	126984					
上水	114342	114598	114764	115218	115688	115723	116192	116415	116568
	116721	116983	117226	117838	118531	119542	120286	120920	121725
	121776	124365	124594	125264	125603				
上水道	114342	114598	114764	116415	116568	116721	116983	117226	117838
	118531	119542	120286	124365	124594	125264			
商業	114384	114531	114570	114618	114644	114899	114976	115109	115353
	115354	115363	116091	116131	116400	116499	116532	116622	116937
	116940	118031	118038	118044	118055	118129	118182	118253	118369
	118375	118549	118789	119201	119284	119440	119444	120051	120140
	120366	120367	120656	123323	123364	123482	123484	124089	124128
	124709	125688	126226	126282	126351	126565	126630	126681	126908
	126947	127050	127146	127154	127156				
商業校	114384	114570	115109	115353	118375				
商業學校	116499	118129	119284	124128	127146				
賞與	119054	119102	125703	127241					
桑葉	125121								
商銀·商業銀行	114940	115263	118328	122213	122573	123482	123484	123718	124606
	124709	125610	125742	126565	126803				
商議	113761	114018	114126	114173	114327	114394	114399	114493	114617
	114842	114920	114999	115142	115297	115327	115635	115637	115680
	116600	116728	116925	116931	117341	117695	117968	118082	118112
	118118	118488	118790	119320	119387	119712	119965	120434	120519
	120586	120802	120806	120835	121232	121749	121851	121884	121983
	122008	122206	122269	122341	122432	122687	122737	122823	122851
	123254	123515	123540	123569	123745	123766	123780	123851	123857
	123975	124023	124124	124228	124268	124292	124400	124656	124944
	124960	124984	125035	125065	125069	125230	125361	125543	125740
	126117	126157	126178	126274	126278	126324	126516	126528	126561

	126588	126600	126606	126638	126661	126742	126839	126947	126983
	127050	127084	127220	127244	127250				
商議所	114920	123515	123851	125035	126324				
商議員	123766	125230							
尚州	114835	116649	116790	116946	117425	119213	123155	123560	
上海	113867	114363	114497	114576	114577	114600	114730	114792	114816
	114874	114892	114905	114908	114919	114941	114963	115009	115058
	115133	115287	115433	115445	115501	115716	115803	115882	115937
	115973	116273	116327	116405	116484	116540	116898	117030	117078
	117346	117384	117464	117648	117687	117885	118124	118535	118670
	118671	119879	119925	120242	120609	120902	120934	121594	121795
	122590	122644	122697	122745	122770	122789	123025	123060	123283
	123328	123333	123495	123665	123714	123905	123988	124369	124487
	124526	125593	125620	126336	126831				
傷害	122146								
上海假政府	114730	120902							
上海航路	114497	114576	114577	114600	114792	114908	114941	114963	115058
	115433	115445	115501	115716	115882	115937	115973	116405	118535
	119925	121594	124487	124526					
商況	117084	117510	118064	118237	120597	125430	126532		
商會	122888	123333	123497						
生絹	118360								
生徒	113693	113898	114250	114300	114976	115495	115607	115894	116138
	116400	117291	117700	118128	118192	118529	118549	119125	119535
	119567	119622	119641	119658	120042	120205	120637	120641	120936
	120943	121436	121772	122759	123100	123415	123700	123736	123779
	123808	123850	123925	124783	124912	125036	125040	125242	125836
	125897	127160	127221						
生徒募集	119125	119567	119622	119641	119658	120042	120641		
生命保險	113776	115550							
生絲	116465	117320	117476	117660					
生産高	117535	123408							
生牛	113730	117585	118823	119860	119948	120838	122388	124185	124339
	125465	125472	125613	125881	126539	126540			
生牛檢疫所	124339	125613							
生活	115574	115818	115860	116144	116219	116403	116596	116864	116877
	116916	116925	116941	117009	117273	117490	117700	117857	118322
	118394	118698	118781	118997	119074	119201	119395	119624	119667
	119981	120111	120578	121032	121208	121250	121296	121343	121380
	121423	121530	121720	122244	122867	123108	123146	123491	124042
	124338	125343	125405	125498	125530	125566	125673	125860	126106
	126157	126356	126382	126700	127067				
生活難	116596	117273	118394	120578	121032	121530	122867	123146	125343
	125530	125673	126382						

瑞氣山	114703							
書記長	116273							
書堂	114184	114186	118255	118396	118737	120884	124308	126392
瑞麟洞	125816							
庶務	113700	113791	114240	114625	114847	115123	118016	118885	119437
	122764							
庶務課長	113700	113791	114240	114625	122764			
西班	114658	117874	118141					
西鮮	116094	116163	116261	116552	116914	116926	119064	119643	119760
	119859	119961	120464	120738	122807	124300	124703	127182
西遊記	119292							
署長	113732	113733	114188	114245	116123	116220	116814	116885	116897
	117114	117174	118153	118666	119053	119954	120336	120460	120647
	121059	121400	122056	122248	122385	122483	122582	122918	122921
	123083	123147	123348	123657	124505	124716	124774	124831	124927
	125446							
西海岸	121661	122852						
敍勳	115497							
石窟庵	114707	125478						
石燈籠	125824							
釋放	126261							
石垣	115715	126025						
石油	117474	117514	122721	124028				
碩儒	114162							
石炭	115581	115960	119870	121733	123553	124607	125412	126318	126362
	126679							
船渠	116111	121319	123427					
選擧	114125	114194	114195	114327	114397	114398	114405	114512	114569
	114680	114694	114714	114753	114755	114862	114877	114893	115242
	115548	115583	115675	115731	115798	116791	116992	118180	119322
	119987	120628	120643	120802	120835	121553	121754	121803	121840
	121950	123289	124434	125360	125361	125451	125543	125553	125862
	126274	126282	126286	126482	126491	126509	126561	126638	126742
	126947	127050	127156	127244				
選擧權	125553							
宣敎	116201	117201	117530	118035	118914	119254	119271	119459	120167
	120577	122185	122678	123643	125160	125287			
船橋	114172	114368	119608	125169				
船橋里	114172	114368	119608					
宣敎師	116201	117201	117530	118035	118914	119254	119271	119459	120167
	120577	122185	122678	123643	125160	125287			
宣敎師團	119459							

鮮軍	113604	113897	113906	114585	114882	116248	116801	117444	118901
	119060	119106	119453	119572	119601	119809	120377	120526	120659
	120794	120801	120928	121041	121827	121845	122185	122367	123966
	125464	125513	125535	126300	126990	127214			
鮮女	116178	116283	117826	118038	121866	122037	122240	122915	122952
	125704	125804							
鮮農	117166	117775	118000	118004	121948	122150	122394	122744	125104
	125633	126027	126122	126290	126594	126704			
善德女王	125131								
鮮都	114993	115014	115034	115072	115088				
鮮童	113618	118400	118848	118987	119137	119150	119491	123542	125630
善隣商業	114644	114899	123323						
鮮米	113621	113765	114170	114252	114620	115062	115248	115351	115712
	116157	116402	116428	116595	116614	116675	117580	117695	117811
	117844	117892	118025	118049	118107	118368	118450	118497	118538
	118539	118570	118763	118785	118786	119451	119549	119681	119888
	120306	120531	120557	120588	121533	121592	121672	121955	122188
	122233	122983	123172	123678	124666	124969	126602	126810	126949
	126984	127126							
鮮米協會	115351	117844	118107	123172					
鮮民	116314	123169	125393						
船舶	116662	116875	117221	117508	118905	118995	119376	119779	120593
	120733	122532	122906	123008	124593	125125	125445		
船腹	117459	127258							
鮮婦人	115649	116117	116787	119496	119592	119981	119995	120471	121110
	121242	121772	122272	122460	122586	122614	122665	123234	124333
	124415	124602	125670	126361					
鮮匪	124453	124632							
先生	115959	120191	120743	120778	122141	123338	123687	123779	124448
	124480	125036	125170						
鮮語	117353	119949	120818	121669	121719	126901			
鮮語試驗	126901								
鮮語奬勵	120818								
宣言書	115731								
鮮銀	113686	114175	114198	114293	114354	114422	114450	114475	114502
	114535	114567	114601	114640	114887	114901	114914	114931	114937
	114948	114962	114978	115001	115016	115036	115056	115074	115089
	115229	115296	115437	115476	115705	116430	116479	116561	116598
	116621	116678	116837	116893	117289	117972	118016	118413	118428
	118494	118623	118645	118913	119022	119033	119250	119312	119382
	119399	119424	119725	119958	120210	120769	120898	120956	121193
	121721	121788	121854	122087	122476	122510	122532	123613	123621
	123718	124074	124357	124401	124590	124596	124642	124709	125068
	125319	125355	125569	125899	125921	126077	126089	126114	126158

	126424	126868	127072					
鮮銀券	114354	114450	118428	118494	118623	119022	119250	120769	124401
	124590	124642	126868					
鮮銀總裁	114422	119312	125569	125921				
鮮人墓デー	114666							
鮮人部落	117584	121526						
宣傳	113870	114180	114458	114518	114542	114847	115105	115451	115802
	115888	115894	116087	116188	116780	117381	117417	117484	117648
	118050	118315	118420	118439	118457	118562	118584	118635	118750
	118852	118909	119020	119738	120562	120707	120708	120938	121022
	121094	121370	121371	121516	121573	121974	121988	122178	122329
	122380	122392	122700	122753	122851	122887	122983	123125	123632
	124595	124600	124629	124717	124956	125174	125369	125485	125719
	125840	126173	126213	126519	126704	126800	126866	126991	127119
鮮展	115775	115792	115808	116118	120566	121512	121959	122000	122523
	122538	122545	122603	122626	122632	122655	122681	122710	122814
	122890							
宣傳塔	115888	116188	116780					
鮮鐵	113768	113985	114022	114156	114232	114637	114810	114875	115247
	115513	115719	115955	115957	115983	116040	116100	116115	116563
	116704	116761	116889	116946	117026	117202	117203	117257	117259
	117269	117371	117387	117445	117487	117509	117696	117808	117836
	117963	118289	118445	118476	118691	118697	118921	118941	119061
	119072	119105	119147	119149	119152	119154	119165	119196	119320
	119351	119409	119570	119644	119708	119797	119818	119835	120182
	120200	120448	120459	120569	120601	120648	120972	121030	121073
	121079	121083	121669	121807	121951	122288	122377	122628	122692
	123089	123110	123244	123437	123901	123969	124355	124559	124953
	125035	125102	125157	126065	126509	126807			
鱈	116785	117624	119559	119844	120930	121304	122248		
設立	113769	113858	114345	114597	114641	115028	115140	115410	115554
	115806	115809	116325	116365	116611	117411	117755	118371	118908
	119115	119188	119397	119520	120266	120609	120724	120777	120850
	121332	121410	121546	122315	123084	123123	123174	123318	123499
	123613	123864	123977	124366	124748	124805	125010	125452	125507
	125649	126065	126324	126350	126528	126825			
纖維	118700							
攝政宮	122382	124160						
城大	118629	119744	119901	120444	122023	122050	123231	125103	125940
	126345	126772						
聲明	115408	116482	118643	121300	122253	123901	124608	125071	
成績	113619	113693	113764	113820	114056	114083	114136	114364	114446
	114571	114728	115293	115323	115550	115843	116079	116124	116474
	116541	116947	117070	117265	117466	117963	118019	118376	118433

	118491	118726	118930	119476	119824	119880	120056	120058	120086
	120108	120125	120142	120211	120236	120254	120275	120301	120370
	120390	120457	120541	120581	120676	121230	121405	121447	121504
	121843	121951	121995	122056	122372	122426	122716	122897	122905
	122987	123239	123248	123482	123511	123537	123541	123582	123604
	123706	123874	123884	124084	124151	124555	124621	124696	124726
	124847	124901	125201	125290	125363	125414	125511	125528	125551
	125687	125800	125885	125990	126051	126242	126396	126402	126428
	126553	126628	126629	126632	126768	126773	126829	126870	126901
	126946	127012	127159						
聖旨	119833	124160							
城津	115877	115884	115969	116146	116169	116202	116329	116363	116565
	116590	116591	116683	116791	116858	116879	116880	117015	117302
	117492	117513	117535	117549	117600	117673	117838	117849	117854
	117864	117917	118030	118147	118150	118204	118299	118337	118441
	119273	121958	123076	123236	123573	124388	124633	124933	124938
	125465	125613	125648	125801	125886	126595			
城津慈惠醫院	117600								
成川	114610	123490	123628	124752					
成婚	113679	113901	113945	113960	114031	114109	114205	114279	114352
	114411	114578	114590	114606	114630	115571	116154	118432	120718
	120908	121645	125405						
猩紅熱	113717	113870	114073	114371	114690	115049	115360	115727	115865
	116326	116572	118435	119027	119181	119733	126514		
世界	113609	115858	116735	118331	119323	119387	119572	119748	119793
	120111	120632	121501	122084	123087	123164	125240	125376	126096
稅關	114889	115713	115891	116480	118929	119045	119773	121405	122201
	122750	123147	123348	124220	124505	125916			
稅關檢查	114889								
稅關長	115713	115891	122750	125916					
稅金	117070	122617	123491	123886	124307	125633	126370		
稅納期	113662								
稅務	114409	114951	115181	115230	115415	116172	116396	120184	120875
	122997	125576	127260						
稅務署	115415	116172							
細民	115574	116088	116794	117146	118811	121214	123886	123950	
稅賦課	115845								
稅引上げ	116747								
世子殿下	117185	117714	122954						
蛸	120556								
巢窟	126368								
少女	115606	115631	116859	117858	118595	120040	120292	120510	122039
	122390	122592	122834	123334	124377	124415	124718	125346	

少年	114518	115862	116213	117194	117224	117540	117551	117634	117983
	118595	119308	119517	119696	119717	120181	120269	120293	120398
	120399	120602	120658	120730	120800	121097	121918	121975	122039
	122353	122592	122621	123045	123199	123347	123458	123846	124223
	124235	124327	124524	124567	124628	124675	124706	124742	125246
	125342	125531	125675	125961	126214	126932	126997	126999	127062
	127200								
少年義勇團	119517	120293	120399						
所得稅	120990	122997	123000	125575	125957				
掃立	119761	121665	122059	122452	122512	122686	124288	124695	
小麥	114274	115764	120096	120832	121706	122774	124421		
小麥粉	114274	120832							
召募	119552								
消防	113654	114288	116752	116772	117486	118795	118796	119244	119274
	119344	119420	120388	120501	120640	120958	121243	121416	121644
	121735	122313	122615	123649	123810	124999	125060	125446	125566
	126121	126295							
消防署	120388								
消費組合	113736								
燒死	117432	122226	122254						
訴訟	114502	115213	115333	116335	118718	119531	119579	119877	121041
	121352	122297	124278	124403	125953	126056	126218		
消息通	124613	127018							
騷擾	119908	124759	125971						
素人下宿	117762								
小作	113719	113789	114285	114864	114909	114955	115623	116161	117168
	117799	118300	118451	118475	118575	118634	118981	119069	119104
	119199	120405	120540	120666	120793	120849	120874	121453	121514
	121523	121826	121863	122298	122696	122953	123134	124890	125051
	125333	125827	126290	126993	127096	127163	127248		
小作農	122696								
小作料	119104	121523	126993	127248					
小作人	114285	114909	115623	118300	118575	120405	120666	121826	121863
	122953	123134	125827	126993					
小作爭議	113719	113789	114864	114955	116161	117168	118451	118475	118634
	119069	119199	120540	120793	120874	121514	124890	126290	
少將	114080	114346	114355	115258	121402	121918	122837	122919	122923
	123228	123427	123485	123647	124097				
篠田	113766	118506	124505						
小切手	124580								
少佐	113935	114077	114256	114379	114459	121020	121918	122021	122173
	122869								

燒酎	116747	126258	126597	127022				
召集	119563	124575						
蔬菜	118257	125816						
小切手	120671							
掃蕩	114188	118978	123213	124079				
小包	118446	119577	125148	126576				
小學	113878	113898	113901	114305	114430	114448	114528	115070	115109
	115124	115428	115478	115512	115616	115776	115951	115992	116302
	116373	116497	116523	116785	116896	117399	117602	117705	117748
	119066	119264	119472	119889	119892	120056	120305	120521	120581
	120637	120823	121269	121587	121978	123228	123334	123361	123362
	123506	123536	123652	123819	123916	124046	124061	124344	124517
	124621	125006	125448	125920	126356	126428	126674	126878	126900
小學教	115428	123228	123362	123506				
小學校	113898	113901	114430	114448	115109	115124	115428	115478	115616
	115776	115951	116302	116497	116523	116785	116896	117399	117602
	117705	119066	119889	119892	120305	120581	120823	121269	121587
	123334	123361	123536	123652	124061	124344	124517	125006	126428
	126674	126878	126900					
溯航	125063	125487						
遡航	124667							
速成運動	114116	121005	126533					
續出	113953	114016	114074	118148	118324	119395	120512	121225	121266
	126476	126598	127144	127200				
損金	121898	122218	122628	123497	123714	126293	126325	126386	
孫秉熙	122845							
孫占元	113808							
損害賠償訴訟	124278	125953						
松岡	119259							
松毛蟲	113674	115593	116732	119539	123090	123900	123971	124297	124419
宋伯	119850							
宋秉畯	119784							
松山	119937	120586	121362	122473				
送電	115949	116167	117103	119062	122340	124028	125124		
松井	120406	120829	121095	122421	122443	123619	126742	126839	126990
松汀	117900	120821	121181	126912				
送還	118854	122319	126430	126926	126961	127034		
刷新	114633	118860	124349	124624				
收監	123547							
收繭	119019	122065	123122	123604	123605	124796	125017	125572	126304
	126305							
首魁	122789	125558						

水稻	113876	116595	117071	118381	121367	122455	123945	123970	124055
	124086	124797	125795	125886					
水道	113743	114100	114165	114171	114342	114598	114667	114764	114938
	115352	115813	115841	116044	116073	116415	116568	116581	116721
	116905	116983	116987	117055	117165	117170	117226	117838	118045
	118163	118206	118393	118531	118617	118821	119153	119542	119688
	119881	120134	120286	120935	122721	122850	123248	123268	123357
	123784	123947	124028	124111	124254	124365	124423	124537	124583
	124584	124594	124635	124659	125264	125596	125603	125993	126194
	126607								
狩獵	113606	114772	119880	120522	125210	125443	125778	126314	
狩獵列車	119880								
狩獵場	113606								
首領	115467	118658	122697	122863	123264	124574			
水雷艇	118871								
水利灌漑	116601								
水利事業	116082	116618	117936	118117	118271	119063	120139	121536	124100
	126542	126574							
水利組合	114964	115821	116119	116700	116806	116891	117068	117905	118541
	118720	119831	120676	121916	123976	123984	124111	124163	124736
	124762	125195	126734	126896					
守備隊	113626	113785	114002	114431	114516	115114	118614	120928	121249
	122281	125238							
搜査	115301	115563	117722	118261	121037	121481	123450	123688	123715
	123775	123793	126420	126480	126931				
水産學校	117128	119434	120390						
首相	117715	118890	119994	121123	121293	122105	124131	125622	125701
水上署	115795	119763	122862	125229					
輸城川	118648	119477							
輸送	113817	114232	114273	114565	115678	115960	116540	116558	116676
	117002	118351	119504	119996	120073	121212	121895	122488	122491
	122522	124010	124035	124551	126098	126223	126510	126921	126923
	127046	127177							
手數料	116475	120869							
修養團	113957	114404	116308	117709	120276	123309	123695	124610	125041
	125127								
修業	114395	114424	115031	120390	121045	121285	125226		
授業	115070	119541	120295	120682	121411	123808	123850		
授與	114191	114478	116692	118020	118414	118610	119138	122879	123382
	124137	126250	126523						
獸疫	124810								
水泳	116689	117153	123542	123705	123832	124300	124351	124417	124503
	124558								

守屋榮夫	124383								
需要	115017	115082	115314	115414	115494	115958	115960	116431	116861
	116920	117633	119464	120049	120430	121591	121704	122876	123113
	123268	124065	124689	125592	125833	125976	126387	126738	
收容所	114834	116473	116643	123499					
水運	125154								
水原	116522	124010	124042	125447	126635				
獸醫	124686								
水利組合	120153	123097							
收益	119228	123673	126136						
囚人	113969	118889	121356	121697	122028	122287	124204	124832	124930
	125946	126206	126867	127247					
收入	115128	115249	115612	116095	116544	116628	116634	116925	118221
	121763	121807	121951	122171	123287	123395	123741	123876	123947
	124559	124690	125044	125481	126402	126632	126946		
輸入	113996	114329	114520	114658	114782	115371	115646	115713	115950
	116428	116577	116747	116857	116971	117267	117282	117327	117513
	117692	117901	117918	118272	118650	118785	118803	119131	119194
	119207	119575	119856	119990	120093	120240	120261	120973	121044
	121194	121327	121614	121804	122058	122232	122237	122409	122420
	122692	122775	122776	122781	122815	123124	123574	123629	123672
	123948	124414	124509	124614	124615	124630	124666	125059	125272
	125722	125758	126840	127150					
水田	114472	115159	115559	116061	116413	116502	116553	116579	117071
	120687	123441	123834	125372	125846	125951			
水電	113645	113813	113976	114358	115600	116277	116486	117817	118959
	120007	120204	120479	121852	122342	123127	123413	124183	124551
	124568	124626	124734	125124	125154	125992	126252		
手紙	115929	126292							
水質檢査	123248								
修築	115057	116417	118455	118565	119168	119807	122927	124762	124803
	125221	125752	125762	125773	126248	126279			
輸出	113620	114168	114656	114663	114689	114734	115062	115325	115599
	116173	116327	116484	116659	117513	117599	117658	117890	117939
	117953	118022	118124	118446	118536	118670	118671	119209	119321
	119575	119650	119739	119757	119760	119817	119961	121008	121194
	121594	121672	121690	121795	121910	121936	122058	122233	123988
	124001	124336	124343	124507	124878	125038	125235	125520	126133
	126549	126939	127172						
水平社	115846	117867	118024	118220	120440	122146			
手荷物	119523								
修學旅行	121570	121698	125771						
水害	113777	113962	114281	116637	116656	116676	116685	116742	116745
	116784	116834	116871	117178	117222	117561	117609	123867	123877

乘車券	119235							
繩叺	113663	113981	114062	123190				
蠅取デー	115835							
乘合自動車	115217	123058						
詩	115166	115183	116481	119827	121091	123800	124459	124675	126812
豺	115761	116389	123101	124329	124416	124970	125241	125497	126693
市街	114368	114385	114441	114472	114891	115217	115639	116639	117854
	118217	118295	119530	120028	120132	121137	124010	124125	124336
	124849	126006							
市區改正	114511	117135	123209	123753	127227				
時局	114040	114132	114259	116171	124131	124548	126723	126817	
施療券	123269								
市民	113652	113745	114116	115132	115162	115432	115442	116307	116426
	116865	119065	119110	119127	119227	119398	119979	120137	120172
	120826	120892	121915	121919	122805	123041	123723	123764	123825
	124014	124237	124287	124388	124601	124663	125538	126866	
市民大會	113652	114116	115132	115432	115442	116307	116426	119110	120137
	120172	120892	123723	124287	124388	124601			
施設	113599	113702	114359	114786	115826	116058	117145	117935	117985
	118371	118465	118776	119240	120013	120155	120327	120367	120381
	120485	120756	121421	121503	121920	123097	123438	124820	124823
	125099	125253	125992	127213					
時實	115607	116497	119466	122185	122868				
市外	114832	124489	125270						
示威	115213	118970	123792	125238					
詩人	123800								
市場	113767	113778	114310	114364	114426	115206	115351	115456	115560
	115632	115858	116052	116159	116293	116312	116335	116356	116445
	116555	116580	116597	116819	117376	117384	117649	117885	117970
	118040	118068	118294	118542	118620	118769	119047	119476	119621
	119968	120329	120492	121705	121713	121727	121788	121820	122153
	122172	122210	123151	123197	123829	123839	123936	123951	124151
	124582	124729	124923	124941	125107	125196	125206	125217	125331
	125363	125375	125502	125816	126101	126184	126532	126792	127255
市長	116504	120809	121847	123376	123377	126414			
時節柄	116758	118184	123093						
市政	115596								
侍從	119333	119487	119540	119770	119809	120114	120148	120149	120296
	121190	122382	124029	124132	124160	125456			
侍從武官	119333	119487	119540	119770	119809	120114	120148	120149	120296
	121190								
視察	113731	113906	114008	114037	114064	114087	114147	114198	114234
	114245	114252	114287	114363	114380	114457	114476	114515	114531

	114573	114579	114605	114842	114902	115274	115281	115386	115396
	115519	115524	115546	115555	115557	115569	115576	115594	115598
	115611	115620	115628	115684	115693	115709	115729	115936	115964
	116096	116136	116153	116191	116256	116497	116509	116668	116761
	116871	117089	117106	117329	117386	117589	117598	117734	117750
	117842	118220	119518	119655	120160	120407	120749	120901	121077
	121198	121362	121375	121472	121492	121497	121498	121613	121637
	121643	121724	121889	121930	121957	121958	122021	122141	122306
	122436	122502	122514	122642	122729	122737	122780	122995	123105
	123413	123442	123451	123527	123572	123573	123727	123742	123966
	124028	124132	124274	124417	124448	124480	124481	124488	124653
	124723	124835	124933	124984	125003	125013	125053	125063	125370
	125454	125456	125487	125506	125527	125720	125784	125921	125932
	125936	126158	126238	126418	126527	126535	126657	126669	126678
	126738	126938	126995	127234	127257				
視察團	114363	114515	114842	115274	115396	115729	116191	119655	120160
	120749	121198	121362	121472	121492	122021	122502	122642	122729
	122737	122995	123105	123442	123742	123966	124274	124417	124481
	124653	124723	124835	124933	124984	125003	125013	125053	125487
	125720	125921	126158	126657					
侍天教	114262	118877	123816						
視學官	116482	116497	118904	118946	119642	119992	120887	121772	122330
	123571	126300	126527	126550	127043				
試驗	113678	113692	113722	113782	113795	113796	114061	114127	114460
	114530	114769	114791	114824	114830	114863	114880	114911	114923
	114992	115155	115358	115478	115614	115624	115939	115975	116061
	116281	116439	116633	116662	116975	116996	117108	117123	117483
	117640	117937	118136	118164	118372	118553	118837	118943	119026
	119171	119430	119478	119527	119557	119578	119580	119615	119654
	119824	119839	120059	120126	120176	120177	120223	120256	120289
	120292	120395	120403	120634	120646	120817	120853	121161	121281
	121320	121369	121504	121561	121770	121868	122795	122975	123051
	123114	123319	123362	123477	124208	124467	124748	124976	124986
	125006	125187	125188	125194	125226	125264	125869	125969	126123
	126428	126433	126586	126643	126712	126713	126773	126841	126901
	127222								
食堂車	119769								
食糧	117106	117370	118117	119819	119990	120426	122460	122886	123991
	124028	124035	124042	126054	126101				
食料品	114700								
植林	113874	116656	116916	117366	119594	119630	120760	123785	
植民	115427	119445	123943	124708					
植民地	115427	119445	123943	124708					
殖産局	115248	115323	115674	115935	116132	116401	116611	116653	117767
	117965	118641	118828	118917	119048	119068	119160	119331	120288

	121317	122421	122989	124687	124794	124835	125965	125973	126818
	127120								
植樹	113968	114744	115021	115031	115173	115602	120547	120565	120680
飾窓競技會	120876	122197							
薪	121360	125711	127094						
新嘉坡	121247								
新京	123168								
新京城	123168								
神宮	117786	117847	118253	118270	121470	121882	122080	122110	123455
	123799	124882	124917	124955	125013	125027	125105	125237	125281
	125328	125371	125437	125475	125491	125585	125617	125619	125632
	125651	125653	125654	125737	125774	125783	125804	125824	125920
	125931	125966	125988	126012	126014	126053	126081	126085	126087
	126090	126094	126118	126130	126139	126144	126162	126193	126256
	126431	126452	126466	126512	126758	127083			
新記錄	114069	126139	127271						
新羅	115734	115820	117872	120991	125100	125752	126223		
新聞	113602	113898	114255	114303	114470	114506	115359	115557	115804
	116911	117701	117778	118101	118339	118696	118847	118901	119183
	119379	119763	119999	120091	120192	120218	120376	120469	120542
	120581	120730	120865	120910	120988	121001	121057	121295	121396
	121517	121806	121918	122089	122099	122332	122367	122398	122417
	122898	123346	124235	124264	124716	124835	125325	125870	126169
	126534	126569	126769	126951	127233				
新聞記者大會	117701	117778							
新聞紙法	114303	118101	118696	119999	120091	121295	121806	122398	126534
	126569	126769	126951						
新兵器	120341								
神社	113951	114412	114860	115324	117567	119031	119094	119177	119286
	119389	119573	119939	120693	120773	120788	120942	121061	121470
	121579	121867	122598	124354	124772	124885	124921	124957	126070
	126118	126466	127143						
新潟	125720								
神仙爐	120571	120607	120660	120696	120737	120778	120819	120852	120896
	120935	120984	121039	121091	121173	121217	121263	121305	121350
	121390	121432	121471	121518	121571	121615	121639	121693	121728
	121816	121855	121892	121934	121959	122009	122032	122054	122082
	122109	122133	122290	122407	122435	122458	122546	123018	123053
	123107	123293	123350	123429	123469	123509	123552	123602	123651
	123698	123744	123784	123855	123894	123929	123968	124000	124385
	127048	127077							
新安州	113745	127169							
信仰	115880	119335	119997						
神域	124201								

新義州	113667	113670	113899	113998	114023	114157	114202	114207	114249
	114270	114384	114408	114430	114440	114508	114553	114570	114575
	114656	114671	114694	114700	114800	114804	114876	114882	114963
	114973	114980	114981	115077	115146	115151	115353	115444	115552
	115571	115572	115688	115689	115691	115812	115830	115835	115838
	115904	115914	115926	116145	116152	116195	116251	116267	116289
	116400	116420	116602	116607	116642	116707	116715	116717	116747
	116861	116869	116882	116906	116922	116982	116983	117006	117115
	117131	117195	117354	117602	117716	117749	117772	117879	118092
	118295	118363	118375	118393	118429	118518	118531	118821	118989
	119045	119123	119153	119270	119284	119313	119397	119432	119457
	119490	119504	119506	119526	119562	119566	119574	119703	120028
	120039	120069	120112	120134	120140	120293	120297	120303	120305
	121194	122112	122392	122517	122638	122899	122943	122999	123163
	123195	123203	123241	123294	123479	123480	123529	123572	123603
	123708	123756	123781	123794	123836	123858	123866	123868	123911
	123980	124005	124046	124054	124103	124129	124157	124187	124216
	124259	124348	124365	124393	124431	124451	124478	124557	124565
	124585	124586	124664	124692	124700	124802	124854	124860	124872
	124881	124933	124946	125002	125020	125053	125097	125128	125189
	125215	125232	125259	125362	125364	125413	125454	125473	125474
	125508	125509	125545	125616	125649	125650	125661	125688	125730
	125801	125891	125904	125912	126005	126037	126067	126255	126286
	126370	126465	126477	126528	126551	126607	126614	126680	126681
	126778	126797	126816	126832	126878	126882	126895	126996	127040
	127131	127143	127146	127148	127176	127203	127271	127272	
信川	116332	126608							
信川溫泉	116332	126608							
身體檢查	119150								
新築	113755	113878	114270	114627	115124	115196	115334	115681	115796
	116145	116322	117414	117438	118807	119607	121450	121911	122286
	123055	123560	123937	123938	123949	124026	124062	124066	124344
	124850	124916	124999	125212	125736	125739	126005	126019	126438
	126783								
信託	113670	114997	116109	116479	116556	116952	117606	118033	118684
	119058	121300	122693	122695	122861	124430	125142	127019	
信託會社	113670								
薪炭	125711	127094							
神戶	113630	117320	117476	117660	118292	121425	124924	125471	
信號所	114410								
實施	114500	114637	114791	114792	115058	115241	115248	115330	115778
	116301	116738	117010	117012	117062	117155	117283	117657	117780
	118101	118847	118949	119523	119576	119711	119769	119796	120846
	121031	121078	121166	121490	121553	121806	122024	122048	122388
	123036	123206	123410	123478	123564	123574	123578	123713	123719

	123859	124234	124254	124396	124562	124589	125192	125235	125382
	125448	125777	125848	125881	126098	126241	126302	126321	126495
	126520	126613	126702	126706	127009	127010	127053	127120	127213
	127245								
失業	116180	117120	118176	118644	121151	121304	123388	123412	124714
	125661	126582							
實業	114997	115204	115280	115365	115532	115536	115538	116208	116895
	116939	117083	117172	117208	117698	117969	117983	118299	119113
	119444	119590	119932	120559	120839	121654	121659	121702	121990
	122099	122705	122776	122941	122962	123652	124286	124835	124981
	125235	125475	125501	125858	126132	126452	127014		
實業家	115532	117208	117969	120839	121659	122776	125235	125501	125858
失業者	116180	117120	118644	121151	121304	123412	124714	125661	126582
實業協會	115365								
實測	115508	123750	124551	125243					
實況	122382								

	○							
X光線機	120358							
あかつき	115556							
アメリカ・米	126555	113621	113663	113689	113690	113765	113815	113938	113994
	114020	114040	114079	114128	114170	114237	114252	114309	114420
	114525	114555	114620	114737	115062	115248	115310	115351	115365
	115430	115432	115515	115599	115632	115673	115712	115791	115825
	115838	115849	115851	115892	115940	115991	116029	116043	116132
	116157	116237	116262	116342	116358	116390	116402	116428	116447
	116449	116468	116484	116558	116562	116595	116614	116624	116645
	116675	116809	116919	117037	117071	117073	117095	117117	117146
	117193	117209	117219	117227	117263	117307	117308	117348	117360
	117370	117384	117466	117474	117526	117580	117610	117633	117639
	117695	117737	117749	117811	117844	117860	117892	117947	117990
	118000	118003	118025	118049	118107	118226	118234	118272	118354
	118368	118422	118450	118492	118493	118497	118511	118538	118539
	118570	118670	118671	118743	118763	118781	118783	118785	118786
	118794	118797	118840	118897	119046	119095	119116	119170	119197
	119209	119246	119405	119451	119486	119488	119549	119554	119560
	119681	119682	119780	119783	119791	119801	119882	119888	119894
	119945	119989	120031	120033	120052	120113	120139	120204	120225
	120263	120290	120291	120306	120325	120331	120468	120531	120536
	120557	120588	120596	120597	120625	120630	120677	120683	120852
	120869	120888	120961	121199	121239	121247	121259	121261	121327
	121367	121533	121537	121568	121592	121672	121685	121708	121752
	121837	121910	121955	122135	122188	122229	122233	122302	122566
	122584	122632	122678	122809	122815	122893	122983	123036	123123
	123147	123172	123295	123353	123400	123401	123427	123451	123470
	123473	123492	123500	123549	123613	123643	123678	123758	123763
	123778	123812	123820	123824	123910	123913	123917	124010	124028
	124035	124054	124065	124083	124133	124182	124187	124247	124254
	124311	124358	124552	124553	124581	124614	124641	124666	124697
	124733	124767	124777	124795	124923	124938	124939	124969	124996
	125015	125033	125078	125136	125243	125251	125300	125373	125433
	125473	125590	125622	125694	125773	125796	125797	125798	125828
	125833	125884	125921	125933	125972	126038	126115	126161	126163
	126186	126210	126222	126227	126244	126346	126347	126350	126357
	126391	126409	126410	126525	126535	126558	126582	126602	126657
	126763	126803	126806	126810	126820	126835	126860	126874	126888
	126891	126930	126949	126973	126975	126984	126985	127026	127042
	127074	127113	127120	127126	127150	127151	127255	127271	
アンチモル	127005							
イタリー・伊太利	121378	122590	125002					
インチキ	123344							
エスペラント	122859	124661						

エス語	118462	118859						
オイルセイル	124240							
オリムピック	114781	116283	125704					
オリンピック	114287	116056	118038	118061	118219	120417		
ヤード	113709							
ユニオン	124479	124624						
ワクチン	124609							
浪花節	120133							
鈴木(東拓支店長)	115921	116000	116430	117301	117398	117520	117550	117598	118013
	118377	119835	120377	120526	121827	121845	122185	123966	124028
	124361	124461	124505	125513	125535	125569	125921	126158	127214
	115056	117767	120909	123490	123507	125214	125464	126300	
領事會議	114935							
醴泉	120918							
療養所	114413	115080	122315	124080	121433			
臨時病院	124315	124372						
亞國	117066							
兒島	116094	119133	119652	123367	123370	124653		
兒童	113673	113901	113946	114281	114305	114430	114448	114499	114722
	114876	115166	115434	115512	115529	115549	115606	116291	116633
	116877	117724	118091	118324	118337	119260	120056	120058	120086
	120098	120108	120125	120142	120211	120258	120275	120301	120349
	120370	120457	120541	120581	120752	121201	121459	121573	121937
	122062	122139	122487	122592	124014	124046	124061	124987	125257
	125623	126791	126866	127027	127267				
雅樂	120442	126094						
雅樂部	120442							
阿彌陀經	117920							
阿部新總督・阿部總督・阿部	114328	114872	115293	119497	125374			
阿部充家	114872	115293	119497					
亞砒酸・亞砒酸鑛	119095	120632						
亞細亞民族	115791							
阿吾地	118950							
阿片	115695	118167	120251	120707	121700	121865	123302	124149	124331
	124564	124899	124931	126379	126430	126442	126651		
惡漢	126062	127204						
惡戲	117521							
安價	118625	120642						
安南	113600	113603	113630	114420	114455	115867	115909	116587	116624
	116919	117589	117681	118027	119486	120690	121279	121453	121492

	121521	124261	125250	126092	127003			
案內所	119020	120175	125452	126641				
安東	113609	113613	113666	113709	113728	113838	113844	113849
	113919	113951	113975	114052	114100	114163	114165	114207
	114249	114327	114342	114343	114345	114385	114394	114408
	114412	114421	114438	114508	114514	114518	114565	114583
	114638	114661	114670	114811	114827	114891	114936	114952
	114973	115010	115040	115093	115099	115136	115219	115393
	115543	115544	115572	115639	115660	115692	115806	115814
	115827	115901	115905	115923	115943	115993	115998	116034
	116035	116042	116059	116060	116070	116096	116137	116156
	116158	116197	116205	116348	116538	116642	116724	116741
	116969	117028	117160	117396	117567	117575	117596	117601
	117740	117754	117757	117870	117871	117875	117926	118038
	118149	118281	118439	118488	118779	118780	118807	118947
	118993	119115	119190	119215	119221	119432	119457	119472
	119582	120029	120049	120185	120206	120389	120586	121681
	122273	122386	122409	122420	122588	122611	122612	122617
	122677	122745	122749	122789	122888	122946	123070	123121
	123218	123282	123283	123322	123325	123327	123333	123363
	123424	123432	123436	123437	123478	123480	123521	123528
	123561	123567	123706	123709	123716	123755	123771	123823
	123837	123838	123851	123869	123885	123902	123916	123944
	123980	124008	124014	124090	124091	124129	124157	124216
	124259	124298	124393	124431	124478	124557	124580	124657
	124664	124671	124700	124802	124881	124944	124946	125010
	125030	125056	125189	125232	125233	125259	125360	125361
	125364	125397	125448	125451	125474	125475	125543	125616
	125730	125747	125891	125906	125959	125991	126018	126037
	126066	126067	126251	126255	126311	126397	126465	126544
	126552	126556	126614	126797	126853			
安東縣	115905	122420	122617	123218	123322	123363	123436	123437
	123561	123709	123716	123755	123869	123885	123902	123980
	124090	124091	124129	124157	124216	124259	124298	124393
	124431	124478	124557	124664	124700	124802	124881	124946
	125010	125030	125056	125189	125232	125259	125360	125364
	125397	125451	125474	125616	125730	125891	126037	126067
	126255	126311	126397	126465	126556	126614	126797	
安藤	114234	114875	114934	115086	115378	115687	116040	116912
	117642	117883	118021	118036	118349	119572	120249	120411
	120601	120698	121945	122002	122505	122964	123168	123229
	123467	124042	124925	125117				
鞍馬	127139							
安滿	117000	126533	126562					
鞍山	114590							
贋造銀貨	123184							
安州	113745	114511	122143	124416	124443	127169		
暗殺	114866	118385	118506	118627	124312			

鴨綠江	113813	113827	113954	113976	114358	114428	114541	114734	114802
	114873	115017	115104	115580	115831	116019	116022	116152	118776
	119330	119526	120156	120663	120702	122411	122766	123132	123405
	123483	124078	124215	124322	124380	124626	124677	125041	125292
	125708	126289	126479	126618	126751	126825	126970	127107	
押收	120789	122322	122831	124665	124864				
昻騰	116059	117309	119656	119751	123412	124733	124880		
愛國	119387	120485	122007						
愛國婦人	120485	122007							
愛國婦人會	120485	122007							
愛婦	114991	117815	122031						
縊死	118073	119847	123104	124545	125877	126209			
櫻	113740	114031	115201	115260	115279	115324	116714	116775	119357
	120056	120391	120417	120701	121039	121142	121179	121223	121309
	121316	121365	121575	121576	121709	122010	122536	123361	124530
	125236								
鶯	127139								
罌粟	123715	124450	124972						
夜警	119339	127010							
野球	113831	114883	115093	115349	115535	115554	115783	116017	116091
	116129	116311	116474	116488	116499	116508	116532	116545	116588
	116609	116632	116692	116693	116888	116902	116903	116914	116940
	116965	117551	117712	117768	118253	118270	119954	120730	120800
	120946	121291	121377	121469	121502	121759	121995	122240	122257
	122279	122327	122381	122621	122677	122807	123005	123045	123081
	123119	123199	123241	123454	123480	123539	123616	123636	123662
	123712	123748	124076	124112	124130	124258	124300	124351	124394
	124493	124743	124990	125233	125475	125651	125731	125804	125837
	125954	126014	126053	126076	126312	126345	126356	126452	126599
	126655								
野球大會	116017	116091	116474	116488	116499	116532	116545	116632	116692
	116888	116902	116903	116914	116940	116965	120730	120800	123454
	123539	123636	123748	124076	124990	126599			
野球試合	116588	126053							
耶蘇	121478								
耶蘇教	121478								
野營	118443	123846	124524	124567	124628	124675	124706	124742	125282
夜學	114966	121200	125356	125526	126636	126674	127088		
夜學會	125356	127088							
藥令市	126917								
藥水	116439	121782	122910						
藥劑師	114061	114923	120289						
藥草	126056								

掠奪	116299	121780	122328	122365	124042	126682		
養鷄	115265	115906	116190	116852	117841	119494	119781	120018	120979
	121113	125767	126666	127236				
洋琴	118689	127065						
養豚	115265							
養鰻	118258							
洋襪	113770	114071	114344					
兩班	121439	123594						
養成	115725	118406	118818	119177	119853	120364	120815	121035	121285
	125239	125624						
養成所	119177	119853	120815	125239	125624			
洋式	125823							
養殖	115048	115925	124732	125414	125724			
養蠶	114571	115690	116533	116624	117987	118655	119019	119173	119594
	119781	121106	121236	121429	121546	122987	126537	126611	127237
釀造	115252	116048	118027	118943	120498	123789	124764	125431	125432
	125453	125605	125612	126195				
釀造品	123789	124764	125431	125453	125605	126195		
洋靴	124646							
洋畵會	117605	117823	118265					
洋灰	117130	125519						
漁夫	118897	121184	122440	123518	123543	123597	125201	125684	126683
漁船	114050	115355	119798	120579	121143	121437	121708	123138	124786
	125244	125261	125970	126683				
御成婚	113679	113901	113945	113960	114031	114109	114205	114279	114352
	114411	114578	114590	114606	114630	115571	116154	118432	120718
	120908	121645	125405					
漁業	114307	115788	115879	116112	116397	116570	116603	116619	116858
	117200	117589	117735	118193	118293	119554	120048	120390	121490
	121899	122010	122101	122799	122824	122963	122984	123292	124152
	124210	124569	125295	125505	125516	125539	125684	125955	126198
	126335	126350	127182	127222				
御眞影	119969	121987						
言論	121273	124592	126470					
諺文	120988	121396						
旅客	113739	114043	114046	119165	120009	120991	121010	121016	121946
	123834	123984	125727	125825	127217			
旅館	118204	121203	121888	122251	122910	124476	125637	126063	126555
旅券	116478	121761	123440	124305	125160			
女給	121740	124248	124374	124665	124680	125116		
輿論	114070							
女流	116997	121090	125204					

女房	115376	121272	121699	125247	125712	125877	125950	125974	127031
	127057								
女性	117544	117819	119002	120324	121933	122544	122646	124602	126729
麗水	118920	121549	122635	122658	123012	126630			
旅順	114102	116524	117334	123218					
女子大學	119459								
女將	114451	125022	126181						
女學校	114580	114863	114880	114996	115031	115109	115389	115607	116098
	116302	118055	118546	119861	119995	120206	120361	120401	120486
	121846	122185	124549	125168	125848	126974			
女學生	115512	115818	115832	115851	116150	116252	118140	118214	118339
	119981	120341	120782	121053	122204	123592	126695	126812	126855
驛	113757	113967	113992	114172	114203	114410	114671	115329	115383
	115489	115812	115971	115988	116315	116788	117793	118045	118079
	118088	118329	118582	118962	119281	119302	119881	119921	120088
	120120	120121	120193	120845	120921	120965	121016	121188	121462
	121599	122214	123291	123633	123645	123764	124010	124042	124199
	124293	124476	124854	125004	125438	125496	125510	125738	126019
	126053	126185	126284	126453	126862	126895			
驛屯土	116788	118962							
歷史	120221	124066	125073						
轢死	113653	117295	118127	118460	118557	118792	120109	120782	125081
	125875								
轢殺	115161	123505	124050						
驛員	122214	125496							
驛長	115988	118079	118329	120193	125510				
研究	113884	114246	114780	115004	115017	115381	115408	115446	115621
	115676	115764	115794	115852	115953	115977	116175	116798	116889
	117094	117137	117397	117483	117906	117946	118028	118086	118291
	118443	118590	118696	118806	118829	118846	118855	119152	119615
	119940	119949	120111	120130	120147	120166	120203	120223	120239
	120268	120283	120325	120598	120880	121768	121804	122008	122079
	122134	122491	122522	122542	122689	122717	122759	122786	122828
	122904	122976	123052	123300	123397	123622	123719	123758	124007
	124245	124306	124487	124495	124521	124658	124942	124965	125059
	125087	125139	125178	125198	125199	125323	125447	125573	125607
	125728	125777	125832	126057	126236	126495	126635	127008	127082
研究會	113884	115381	115621	115676	117397	118291	118443	119949	120880
	122134	122542	122976	123300	124495	124521	124658	125198	125607
	125728								
演劇	116081	120279							
連絡大飛行	122491	122522							
連絡飛行	114017	115976	116303	121848	122689	122717	122759	122786	122828

	124673							
聯絡船	116881	117665	122095					
燃料	113882	115446	119192	120553	120886	121504	123752	125998	126679
	127094							
燃料節約	123752							
聯盟	114904	115344	116795	117247	117293	118462	118859	120386	121584
	122034	122353	123006	123364	123480	123883	124075	125547	126452
練兵	116792	117757	118619	118804	122424	125156			
練兵町	118619	118804	122424	125156					
演說會	114132	114351	114366	117819	118114				
沿岸	114245	114541	115626	115706	115939	115973	116637	116702	117412
	118001	119219	119431	121238	121474	121746	122462	123421	123504
	123881	124010	124414	124447	124529	124620	124727	124828	
演藝	123399	123627	123942	124350	125389				
演奏會	114958	118268	118389	118813	121076	122415	125911	127065	
煙草	113861	114520	114649	115119	116861	117482	117636	118084	118429
	118487	118519	119518	119606	121454	121673	121760	121873	122027
	122053	122374	122798	123311	123504	123615	123858	123939	123985
	124035	124057	124905	125379	126035	126456	126464	126471	126583
	126646	126688	126708	126711	126924	127069	127134	127145	127197
煙草耕作	114649	118519	127069	127145					
煙草屋	127134								
煙炭	115749	118788	119502	120166	120553	120675	121504	121790	122343
	122535	122851	123847	126291					
煉炭	116067	117108	118476	125439	126791				
年賀狀	119416								
聯合	114043	114081	114144	114166	114321	114696	115097	115131	115142
	115327	115351	115430	115510	115529	115540	115606	115870	116010
	116098	116470	116667	116743	116817	116931	116980	117341	117433
	117434	117571	117586	117653	117655	117698	117830	117968	118082
	118128	118214	118305	118337	118443	118840	120051	120127	120409
	120468	120519	120572	120855	120907	121232	121292	121373	121644
	121688	121732	121778	121812	122006	122060	122154	122217	122313
	123175	123569	123745	123842	123857	123975	123979	124024	124228
	124268	124316	124362	124400	124432	124617	124636	124656	124818
	124912	124947	124998	125035	125269	125540	125559	125804	125920
	126132	126155	126287	126312	126339	126674	127011		
聯合會	115142	115327	115510	115540	115870	116817	116931	116980	117341
	117433	117571	117586	117655	117698	117830	117968	120051	120127
	120409	120519	120572	120855	120907	121232	121373	121778	122006
	122154	123569	123745	123842	124228	124268	125035	125559	126132
	126155	126287							
沿海	114160	114290	115879	116244	116467	116895	118536	120939	122775

	123194	124253	124305	124375	125516	126149	126297	
沿海州	114160	114290	115879	116244	116467	116895	118536	120939	122775
	123194	124253	124305	124375	125516	126149	126297	
熱狂	120826	122030	124096	124137	126839			
閲覽	114432	114691	123537	124363	126846			
列車	113706	113839	114498	114910	114932	115767	115773	116559	116798
	117096	117283	119600	119854	119880	120201	120472	121769	121793
	122382	122717	122777	122793	122840	122912	123274	123302	123764
	123984	123997	124007	124010	124199	124682	124721	124918	125194
	125406	125551	125990	125994	126087	126318	126431	126448	126713
	127112							
鹽	113900	114587	114658	115005	115713	115805	115819	116026	116406
	116560	116599	117082	117874	117922	117939	118141	118535	119464
	119782	120753	120973	121230	121506	121701	121704	121756	121760
	121989	122493	122564	122781	123002	123343	123365	123552	123871
	123873	123927	123948	124910	125603	125714	125758	125967	126544
	127267							
廉賣	122118							
鹽素滅菌機	125603							
鹽業	115819	117939						
鹽田	114658	115805	116026	117922	121506	121756	121989	122564	123871
	123948	125967						
鹽漬	122493	123002						
捻出	115077	116802	116828	116869	116908	116943	116967	116998	117061
	120958	123617	126552	126743	126936			
葉書	122158	125112	125137	126014				
葉煙草	122053	123504						
英	114611	114638	115990	115994	116036	116218	116233	116270	117210
	117307	118208	119095	119442	119713	120192	120279	120758	121159
	121445	121583	121889	121913	122434	122644	122770	122808	122839
	122898	123121	123282	123325	123348	123506	123507	123599	123904
	124080	124560	124715	125131	125772			
靈感	124270							
榮光	120813	122104	122545					
靈光	117700	119862	119934	120723	123610	127242		
營口	114630	114976	117540	118923	120544			
英國	115994	119442	119713	121445	122434	122770	123121	
英國商人	123121							
盈德	114767	123257						
永登浦	116522	124010	124042	124511				
英領事館	114611							
營林廠	113610	115926	116657	116831	116976	117029	117160	118449	119191

	120303	120977	121785	122338	122922	124585	124874	125594	125606
	125611	125655	125936	125973	126089	127249			
營林廠材	118449	120303	122338						
營舍	121494								
領事館	114345	118524	118807	119190	119588	119629	120594	122156	122179
	124223	124258	124336	124532	124579	124916	125273	125338	125533
	125656	126317	126326	126422					
榮山浦	122985								
永新校	123923	124015							
嬰兒	117021	121054	122391	122393	123032				
榮養	119165	119628	120047						
營養不良	115375								
營業	114043	115715	115845	116175	116208	116615	116827	117035	117156
	117423	117652	118275	119033	121838	122977	123270	123301	123368
	124022	124983	125637	125917					
營業課長	114043	115715							
營業稅	115845	117652	118275	121838					
迎日灣	114051	115022	117020	119529	120190	120873			
榮轉	113687	114045	114080	114102	117036	117407	118391	119415	120034
	120698	122929	125374	125448					
榮州	117337								
映畫 · 映畫 · 映画	115172	116130	116664	116686	116731	116753	116779	116796	116816
	116836	116930	116959	117099	117816	118269	120421	120436	123661
	124768	124824	125998	127264					
豫科	113779	113877	114250	115424	125940				
預金	113875	114502	115852	116204	117332	117345	117647	118512	118569
	118572	118602	118867	119531	119963	120178	120310	120761	122103
	122211	122271	122459	122575	122595	122684	123566	123567	123580
	123803	123842	124523	124689	124952	125093	125742	126364	127012
藝妓	113718	114611	116896	117196	117394	118578	120336	122416	123274
	124783								
豫防注射	117207	117585	121543	124713	124813	124870			
豫算	113681	113682	113683	113703	113744	113756	113780	113922	113939
	114018	114038	114104	114302	114341	114360	114377	114423	114474
	114488	114526	114534	114639	114695	114756	114793	114949	115023
	115040	115099	115128	115938	116197	116294	116447	116610	116651
	116673	116701	116716	116802	116828	116829	116840	116851	116856
	116943	117081	117264	117277	117383	117421	117770	118489	118717
	118741	118790	119013	119186	119229	119351	119396	119445	119594
	119632	119637	119669	119712	119728	119776	119813	119837	119965
	120099	120116	120168	120222	120224	120326	120330	120342	120379
	120467	120502	120503	120798	121031	121433	122171	122202	122280
	122454	122482	122735	122927	123007	123200	123287	123478	123870

	124139	124161	124165	124287	124433	124535	124609	124655	124737
	124748	124803	124891	125031	125103	125239	125293	125466	125509
	125622	125957	126048	126065	126321	126346	126388	126478	126497
	126601	126677	126770	126779	126909	127002	127003	127074	127076
	127080	127110	127122	127148	127149	127219	127249		
豫算編成	114302	119837	122927	123287	124803	127122			
藝術	113698	115864	116334	116481	116594	118590	118904	120856	122023
	122356	122399	122425	122632	124992	125262			
豫習	125406								
豫約電話	125959								
娛樂	119511	122795	126466						
五龍背	116379	123916							
烏賊	118679	127015							
吳鎭	121955								
午砲	124663	125491							
沃溝	120840	122669							
玉笛	116176								
溫突	117272	117357	118189	120886	121189	123453	123752	126362	126714
	127094								
溫泉	113787	113804	113816	113835	113855	113961	113977	116019	116332
	118445	119840	120283	120981	122292	122384	123916	125683	126608
	126612								
瓦	113919	114421	116451	116642	116922	118320	118386	118993	119215
	120250	122384	123984	124042	124445	124468	125244	125759	
瓦斯	113919	114421	116642	118993	119215	123984	124042		
瓦電	118320	118386	124445	125759					
玩具	119381								
莞島	115482								
王妃	122106	122890	125548						
王世子	117185	117714	119979	122954	124075				
王世子妃	124075								
王子製紙	117837	119130	119526						
倭城	113802	113822	114107	115372	115481	117679	121337	123759	124811
	125410	125702	126803	127178					
倭城臺	113802	113822	114107	115372	117679	121337	123759	124811	125410
	125702	126803	127178						
倭城台	115481								
外交	122330	125318							
外國	116138	119260	119549	119681	119926	122112	125148	125249	125640
	126527	126989							
外務省	122131	123507	124375	125368	126779				
外米	118049	118785	119560	119681	120263	122809	122815	123678	123763

	116970	116991	117406	117621	118374	118446	118516	118722	118861
	119231	119340	119558	119564	119820	119963	120054	120135	120243
	120359	120445	121314	121385	121399	121534	121589	121907	121988
	122071	122112	122241	122852	122871	123012	123245	123326	123984
	124028	124042	124192	124304	124332	124364	124408	124451	124649
	125201	125202	125266	125280	125315	125353	125514	125588	125868
	125912	126066	126077	126285	126426	126438	126458	126469	126576
	126590	127064	127079	127106	127124	127187	127254		
郵便局	116729	118446	118722	118861	120135	121314	121399	121589	121907
	121988	122871	124332	124408	124649	125514	126077	126285	126426
	126438	126590	127124	127187					
郵便所	113659	114171	114216	114257	114682	115210	116661	116991	118516
	120243	122241	125868	126469	127064				
郵便貯金	114187	115763	116097	116636	116970	119564	120445	123984	124042
	125353								
牛肺疫	113889	114074	126919						
牛皮	115243	118277	124514						
運動	113656	113697	113699	113765	113774	113831	113849	113895	113934
	113956	114004	114035	114055	114076	114095	114116	114139	114191
	114216	114227	114287	114321	114390	114398	114435	114489	114493
	114521	114540	114580	114597	114612	114633	114654	114728	114751
	114807	114883	114908	114960	114975	114977	114986	115026	115033
	115053	115093	115111	115124	115125	115145	115170	115182	115189
	115204	115213	115267	115280	115401	115437	115455	115521	115535
	115575	115637	115708	115753	115769	115783	115800	115806	115809
	115816	115871	115895	116017	116037	116053	116056	116091	116114
	116129	116231	116248	116269	116292	116311	116325	116347	116355
	116365	116366	116427	116444	116463	116480	116492	116496	116508
	116538	116571	116588	116602	116609	116613	116665	116707	116715
	116756	116758	116768	116778	116869	116876	116906	116914	116924
	116938	116962	117006	117025	117102	117125	117153	117255	117278
	117397	117439	117551	117587	117644	117652	117669	117678	117689
	117712	117723	117733	117747	117754	117768	117786	117787	117805
	117826	117847	117870	117871	117875	117882	117925	117931	117942
	117947	117949	117966	117983	117984	118017	118031	118036	118098
	118128	118169	118214	118229	118247	118254	118266	118314	118316
	118337	118369	118375	118404	118481	118533	118610	118679	118685
	118765	118798	118914	118918	118972	118974	119122	119127	119198
	119402	119419	119427	119520	119618	119661	119663	119680	119815
	119858	119893	120045	120080	120137	120154	120202	120237	120319
	120401	120471	120474	120513	120571	120573	120664	120718	120730
	120808	120823	120842	120855	120940	120969	120996	121005	121075
	121102	121116	121164	121347	121377	121418	121458	121468	121480
	121502	121522	121550	121552	121645	121740	121759	121769	121860
	121862	121915	121919	121995	122034	122060	122195	122201	122240
	122279	122345	122381	122553	122621	122677	122804	122807	122839

	120973	121196	121213	121286	122776	123047	123110	123395	123516
	123901	124317	124390	125065	125303	125727	125893	126025	126183
	126278	126520	126597	126634	127089				
運轉	113723	113949	114207	114925	115141	115176	115255	115779	116923
	118826	121134	122840	123219	123764	124010	124475	124682	124754
	125228	126433	127245						
運航	121117								
蔚山	122824	123751	125492	125718					
熊谷	124497								
雄基	114116	114202	114258	114427	116448	116458	116613	117084	118064
	118482								
雄辯	114112	116036	119005	120478	122037				
雄辯大會	114112	116036	119005	120478					
原料	119575	121961	122239	123407	124042	125225	125228	126586	
元山	113763	113922	113971	113992	114018	114030	114067	114086	114362
	114668	114680	114754	114803	114832	115135	115165	115295	115335
	115490	115603	116397	116418	116426	116588	116593	116681	116789
	116822	116876	116942	116985	117051	117122	117157	117188	117212
	117234	117252	117407	117510	117779	118109	118223	118666	118975
	119126	119385	119422	119473	119664	119669	119771	119820	119839
	119923	119973	120311	120314	120317	120341	120365	120366	120392
	120403	120455	120488	120506	120523	120628	120692	120760	120764
	120872	120955	121315	121332	121375	121377	121404	121490	121773
	121822	121839	121840	121919	121957	121988	121992	122240	122603
	122631	122675	122725	122807	122962	122998	123051	123081	123143
	123278	123305	123421	123546	123569	123613	123745	123789	123836
	123931	123946	124089	124199	124259	124316	124330	124335	124351
	124400	124409	124427	124432	124489	124504	124508	124509	124510
	124519	124557	124558	124630	124691	124697	124802	124881	125154
	125453	125603	125615	125617	125731	125862	126098	126312	126416
	126524	126688	126809	126829	126857	126860	126907	126925	
源義經	119667								
原籍地	126430								
遠征	116692	116888	116902	118247					
原州	121687								
月尾島	114429	115139	115556	119921	120004	123846	124325	124524	124567
	124628	124675	124706	124742					
月華面	124283								
圍碁	119806	119915	126310						
慰靈祭	117298								
慰問	115703	119381	119518	119645	119699	119729	119771	119833	120181
	120271	122214	122367	122382	123017	123079	125257	127097	
慰問金	123079								

慰問團	122367								
衛生	113747	113782	114056	115704	115826	116245	116587	117248	118174
	118474	119244	119670	119785	121876	122963	122995	123359	123614
	123707	123780	123818	124652	125312	126157	126158	126426	126678
	126818	126916	126933	127166					
衛生課長	116587								
衛生試驗所	113782								
衛生展覽會	121876	124652							
衛生·衛生	113747	113782	114056	115704	115826	116245	116587	117248	118174
	118474	119244	119670	119785	121876	122963	122995	123359	123614
	123707	123780	123818	124652	125312	126157	126158	126426	126678
	126818	126916	126933	127166					
衛戍	114593	119840							
衛戍病院	114593	119840							
慰安	121740	122139	122433	122963	123309	123518	123649	124652	126034
	127118	127208							
慰安會	122139	122433	122963	123518	124652	127118	127208		
委員會	116137	116915	117027	117061	117653	118694	119242	119708	119818
	120068	120182	122073	122108	122386	122541	123498	123606	124282
	126036	126498	126911	127009	127137	127208			
慰藉	115333	118065							
僞造	114354	114407	114450	117455	119234	120019	120355	120671	120999
	122796	123068	123271	123426	123889	123926	124374	124504	124642
	125345	125558	125879	126651					
僞造紙幣	114407	124374							
僞造貨	120355								
爲替	116198	116491	117307	117460	117649	117885	117887	118186	119625
	120769	121225	123245	123528	123801	126226	126944		
爲替取扱	116491								
委囑	121035	126418							
柔劍道	124432								
遊擊隊	118961								
遺骨	116388	116407							
遊廓	123104	124378							
誘拐	122915	124415	126062	126219	126336	126377	126442		
有權者	126117								
有吉	113599	113794	113990	114009	114036	114123	114933	115230	115279
	115408	115529	115539	115801	116044	118403	121847		
有吉總監	113794	113990	114009	114123	114933	115279			
有吉忠一	114036								
柔道	114139	114191	114882	114939	116993	118270	119808	126452	
幽靈會社	122554	123460	125636						

儒林	114455	115729	122729	123147					
儒林視察團	115729	122729							
儒林會	114455								
遊民	119241	119832							
流筏	115580	116022	116042	116158	116513	119330	122338		
儒生	117628								
有煙炭	121504								
遊園地	124325	125384	126699						
遺族	115786	119740	122160	122366	122441				
溜池	116806	119938							
幼稚團	123214								
幼稚園	113863	114091	114750	114991	116145	120394	120485	121072	121926
	122060	122272	122569	122592					
幼稚園・幼稚院	113863	114091	114750	114991	116145	120394	120485	121072	121926
	122060	122272	122569	122592					
留置人	119929								
留置處分	123144								
流彈	117197	124117							
留學	113727	116295	116564	116797	119497	120324	120555	121765	122434
留學生	113727	116295	116564	116797	119497	120324	121765	122434	
流行	114767	115865	115905	115943	117584	117648	117776	118160	119457
	119785	120002	120037	120103	120353	121183	121438	121587	121622
	123359	123496	125233	125418	126514				
遊興	123478	124234	127062						
陸軍	116695	118615	118760	120766	121253	121277	121629	123351	123782
	126300	126554	113844	113846	114124	114413	114536	114582	114696
	114701	114703	114870	115595	115644	116407	116470	116613	119125
	119552	119952	120082	120308	120313	120341	120407	120418	120767
	121762	121863	122230	122729	124028	124066	125807		
陸軍記念日	114536	114582	114696	114701	114703	119952	120082	120308	120313
	120341								
陸上	113849	114781	115331	115437	115708	117279	117397	121292	122186
	122261	122299	122327	122740	123006	123119	123119	123199	124833
	125804	125940	126018	126156	126452				
陸上競技	114781	115437	115708	117397	121292	122186	122327	122740	123006
	123119	123119	123199	124833	126018	126156	126452		
育兒	126703								
陸揚	119146	126743							
育英會	117210								
尹治衡	120130								
融通	113963	114262	114810	116082	116182	116204	116601	116618	116849
	117591	117893	118602	118762	119149	119246	119686	120754	120972

	121567	122132	123152	125359	125746	125899	126186	
融和	114857	115140	115604	115899	116177	117581	117748	117932	119175
	119390	119994	120367	121344	121931	124075	126494	127118	
隱匿	115492	127135						
恩赦	114000	114023						
恩賜金	116 949							
殷盛	125589							
恩典	113969	114000	119503					
恩津彌勒佛	125560							
銀行	113647	113670	113694	113708	113764	113820	114022	114156	114198
	114293	114537	114799	114887	114895	114901	114914	114931	114944
	114948	114962	114978	114997	115001	115016	115036	115056	115074
	115092	115287	115289	115296	115307	115456	115610	115668	115714
	115799	115852	115870	116055	116194	116228	116247	116267	116374
	116443	116479	116556	116678	116690	116704	116725	116766	116884
	116937	116961	117004	117008	117032	117103	117177	117233	117238
	117287	117300	117315	117321	117345	117379	117450	117455	117477
	117606	117647	117661	117719	117766	117808	117832	117893	117910
	118054	118066	118168	118179	118211	118246	118328	118333	118365
	118388	118512	118528	118569	118572	118588	118684	118710	118797
	118815	118867	118868	118939	119007	119058	119082	119093	119105
	119368	119514	119531	119649	119678	119701	119722	119958	120044
	120128	120199	120310	120311	120761	120883	120955	121064	121282
	121322	121377	121406	121721	122148	122211	122443	122446	122476
	122532	122595	122944	123204	123368	123482	123484	123566	123567
	123568	123762	123931	124001	124034	124044	124349	124420	124434
	124709	124848	125007	125124	125142	125155	125514	125838	126089
	126114	126226	126320	126409	126565	126708	126850	127056	127101
銀婚式	120893	121383	121507	121508	121558	121559	121560	121635	121640
	121771	121890	121926	122007					
銀貨僞造	119234	124504						
飮料水	124207							
陰謀	114862	117246	120938	121293	121630	121694	123024	
飮食店	117782	118549	122418					
音樂	114858	115512	115529	115606	116066	116098	116229	116300	118268
	118389	118461	118527	118530	118595	119901	120023	120463	121090
	121717	122469	122487	122515	122544	122784	123215	123309	125350
	126077	126299	126695	126703					
音樂會	115512	115529	115606	116098	116229	116300	118461	118527	118595
	119901	120023	120463	121717	122544	122784	123309	126077	126299
	126695	126703							
鷹	114959	120693	121404	122680	123720	124435	125166	126737	
應急修理	125809	126669						
應援歌	124200							

應戰	123066							
義擧	115847							
醫官	116375	119298						
義金	122031	122622	122672	122741	122884	122925	123324	124042	124066
	124639	125040	125599						
醫療	119960							
醫療機關	119960							
義陵	123332							
義務	120636	122490	124396					
義務教育	120636							
醫師	114923	118046	121420	123746	124059			
醫師會	121420	123746						
醫生	115368	117833	118736	121140	121311	121770	126643	
義損金	121898	122218	123497	123714	126293	126325	126386	
義捐金	114281	123283	123333	125743				
義捐 · 義捐金	114281	123283	123333	125743				
義烈團	114763	115514	118756	119380	122579	122863	123182	126851
疑獄	117087	117211	117356	121050	121820	122794	124790	125872
義勇	118796	119517	120293	120399	124249	124812	124899	
義勇團	119517	120293	120399					
議員	113603	113935	114125	114461	114512	114618	114680	114694	114714
	114753	114829	114917	114942	114968	114969	114970	114971	114982
	114983	114984	114985	115003	115039	115041	115061	115242	115297
	115583	115675	115916	116722	117217	118136	118137	118155	118172
	118180	118233	118288	118308	118341	118347	118932	118952	119132
	119509	119659	119753	119967	120384	120628	120662	121076	121404
	121482	121754	121827	121840	121950	121983	122353	122675	122783
	122939	122943	122969	123049	123103	123289	123376	123377	123422
	123507	123766	123962	124224	124242	124442	124608	124611	124954
	125230	125543	125740	125862	125921	126157	126199	126282	126426
	126482	126491	126518	126531	126561	126588	126785	126956	126980
	127050	127054	127066	127087	127111				
醫院	114604	115282	115384	115633	115796	116035	116873	116883	117600
	118876	119966	120116	122416	123519	126581	127042		
醫者	116224	116362	116647	118736	123746	125940	126341	
醫專	125587							
義州	113667	113670	113899	113998	114023	114157	114202	114207	114249
	114270	114384	114408	114430	114440	114508	114553	114570	114575
	114656	114671	114694	114700	114800	114804	114876	114882	114963
	114973	114980	114981	115077	115146	115151	115353	115444	115552
	115571	115572	115688	115689	115691	115812	115830	115835	115838
	115904	115914	115926	116145	116152	116195	116251	116267	116289
	116400	116420	116602	116607	116642	116707	116715	116717	116747

116861	116869	116882	116906	116922	116982	116983	117006	117115
117131	117195	117354	117602	117716	117749	117772	117879	118092
118295	118363	118375	118393	118429	118518	118531	118821	118989
119045	119123	119153	119270	119284	119313	119397	119432	119457
119490	119504	119506	119526	119562	119566	119574	119703	120028
120039	120069	120112	120134	120140	120293	120297	120303	120305
120537	121194	122112	122392	122509	122517	122638	122759	122899
122943	122999	123163	123195	123203	123241	123294	123479	123480
123529	123572	123603	123708	123756	123781	123794	123836	123858
123863	123866	123868	123911	123980	124005	124046	124054	124103
124129	124157	124187	124216	124259	124298	124348	124365	124393
124431	124451	124478	124557	124565	124585	124586	124664	124692
124700	124802	124854	124860	124872	124881	124933	124946	125002
125020	125053	125058	125097	125128	125189	125215	125232	125259
125362	125364	125413	125454	125473	125474	125507	125508	125509
125545	125616	125649	125650	125661	125688	125730	125801	125891
125901	125904	125912	126005	126037	126067	126255	126286	126370
126465	126477	126528	126551	126607	126614	126680	126681	126778
126797	126816	126832	126878	126882	126895	126996	127040	127131
127143	127146	127148	127176	127203	127271	127272		

醫學								
114839	114988	116354	119670	120003	120016	120111	124974	125312
125587	126158	126343	127082					

議會								
113603	113632	113642	113661	113684	113797	113902	113903	113920
113939	113962	114037	114041	114064	114087	114090	114122	114173
114304	114569	114968	114999	115365	115635	115900	116250	116408
116728	118469	118744	118905	119017	119142	119320	119387	119730
119755	119841	119907	119941	120132	120287	120342	120379	120492
120586	120728	120847	120919	120989	121063	121215	121348	121851
121953	121954	121984	122937	123250	123780	124515	124535	124687
125190	126016	126095	126497	126516	126656	126674	126735	126775
126776	126839	126890	127084	127109	127144	127189	127221	

李堈							
113873	121827	122297	122302	123312	123427	123966	

移管								
114567	114887	114901	114914	114931	114948	114962	114978	115001
115016	115036	115056	115074	116893	116906	116945	117850	117913
118613	118921	119252	119262	119389	119872	119966	120116	120501
123231	123655	124889	125088					

離宮								
117127								

二宮 (東拓移民課長)								
118270	122443							

異動								
113732	114124	114145	114251	114795	114937	115395	115450	115476
115527	115935	116185	116814	117113	117136	117285	117408	118178
118615	118640	118819	118882	118884	118945	118976	119111	119382
119437	120193	120657	120766	120767	121064	121129	121175	121555
121762	121810	121854	121856	121902	121935	122967	123128	123488
123489	123586	123621	124482	124484	124525	124613	124848	125161

	125333	125541	126140	126188	126285	126489	127072	
移動警察	113943	117283	120009					
李東輝	115890							
裡里	115031	117161	120465	121161				
移民	113857	114544	116745	118684	118830	119693	120705	120804	120874
	123663	124035	124305					
移民募集								
理髪	118553	120216	120837	120937	125822	126967		
理事	114293	114359	114717	115180	115207	115296	115351	115921	115936
	116000	116139	116151	116561	116815	116900	116926	116945	118107
	118793	119480	119623	119708	120036	120610	120640	120769	121047
	121115	121387	121710	121899	121928	122006	122209	122367	122824
	122937	123105	124035	124148	124233	124249	124434	125117	125486
	125899	125921	126869	127066	127072	127230		
伊勢	126642							
伊勢蝦								
移送								
李承晩	120867	120934						
二審制								
二十師團	116411	118120	122706	123844	126857			
李完用	鮮滿版	朝鮮朝日	朝鮮朝日	朝鮮朝日	朝鮮朝日	朝鮮朝日		
李王	114669	114779	115801	116155	117525	118506	118690	119868	119979
	119998	120441	121207	122106	122166	122814	122890	123909	124505
	124894	125399	125548	126804	126913			
李王家	115801	122814	123909	124894				
李王妃	122106	122890	125548					
李王世子	119979							
李王殿下	114669	119868	119998	120441	121207	122166	126804	126913	
李王職	114779	116155	117525	118506	118690	124505	125399		
李容九	126372							
李鍝	120950	123998	125399					
李鍝公	120950	123998	125399					
李堈公殿下	125176							
罹災	123881	124035	125197					
罹災民	125197							
罹災者	123881	124035						
移住	113914	114626	114954	115452	118139	118661	119209	119612	120831
	120933	121025	121678	122423	122623	123108	124105	125003	125690
	126738							
二重課税	115714							
利川	122020							

燐寸	114663	116832	119577	125714				
仁取	118054	118116	120608	120681	121323	121348	123766	126007
一頓挫	121606							
一燈園	125556							
日蓮	124521	125627						
日露	114846	115227	116156	118377	119588	119624	119625	119627	119704
	119855	119873	120112	120230	120416	120736	120856	121362	121614
	121637	121853	124355	124676	124887	124915	124951	124953	125002
	125098	125343	126944						
日本	113760	114380	114420	114780	115226	115757	115973	116150	116318
	116422	116907	117037	117411	117418	117440	117961	118130	118537
	118680	119121	119300	119315	119412	119556	119667	119713	119752
	119778	120203	120480	120598	120776	120987	121090	121133	121257
	121322	121378	121379	121402	121846	122047	122071	122173	122257
	122299	122491	122521	122522	122616	122812	122839	122869	123147
	123169	123224	123334	123481	123485	123549	123588	123757	123759
	123959	123995	124249	124391	124437	124565	125002	125076	125139
	125158	125506	125513	125991	126017	126142	126618	126865	126938
	127075	127098	127175	127214					
日本刀	127098							
日本兵	123485							
日本海	115973	119778	122521	122616	124437	125076	125158	
日曜學校	125377	126201						
日程	113913	119979	120014	120518				
一座	126555							
日支	113593	114338	115619	115676	115759	116156	118146	119265	119811
	121945	121946	122107	122359	122625	122888	123208	124078	124302
	124304	125365	126494						
日出	114383	115479	120901	124010	125003	125693		
賃金	118352	120081	120991	124330	125283	125663	125845	
任命	114617	115078	119145	120759	122353	123017	124012	126087	127044
林産·林産	126396							
臨時	114659	115297	115307	116228	116690	116937	117177	120244	121589
	121753	122011	122717	122888	123103	123764	124315	124372	124571
	124606	124883	126431	126547	126843				
林業	114524	120395	121125	121548	121930	123375	124841	125527	126979
賃銀	116578	118755						
臨海學校	124621	124834						
入選	115726	122356	122545	122603	123365			
入選者	122545							
入營	113886	115830	118603	119004	119421	120638	127252	
入札	115971	116034	117414	117438	117904	118947	120729	122844	126010

入學	113678	113692	113722	113786	113795	114163	114184	114460	114492
	114499	114661	114769	114791	114824	114830	114863	114880	114911
	115031	115090	115276	115478	115980	116633	117640	118372	119066
	119171	119175	119485	119527	119557	119578	119824	119851	120062
	120126	120140	120176	120255	120292	120361	120444	120490	120510
	120535	120582	120782	120966	121013	121053	121161	121320	122075
	125554	125623	126283	126358	126428	126550	126560	126605	126712
	126974	127146							
入學難	115980	117640	119066	120444	121053	126283	126358	126550	126605
入學試驗	113678	113692	113722	113795	114460	114769	114791	114824	114830
	114863	114880	114911	116633	117640	118372	119171	119527	119557
	119578	119824	120126	120176	120292	121161	126428	126712	
入學制限	114499								
立候補	115245								
剩餘	124402	125937							
剩餘金	124402	125937							

ㅈ								
ザリ蟹	115373	115924	126580					
島田	121193	121445						
鮮滿鐵道	125686							
自家用	118519	121760	126521	126711	127069			
自給	113900	117106	118601	121591	121704	123087	123190	124901
自給自足	113900	117106	118601	121704	123087	123190	124901	
自動車	114075	114115	114244	114925	115141	115217	115357	115412	115667
	115748	115790	115855	116394	116408	116616	116873	117392	117491
	117529	117960	118188	118280	118452	118500	119504	119596	119820
	120615	121023	121062	121874	122390	122599	122882	123058	123337
	123469	123792	123952	124204	124604	124718	124754	124858	124983
	124995	125060	125135	125366	125670	125918	126121	126576	
資本	114325	120850	121219	124305	125805			
資本金	120850	125805						
資産家	124760	126961						
自殺	114609	115376	115453	115944	116442	116881	117675	117822	117978
	117993	118051	118707	120194	120578	120744	121274	121357	121699
	121977	122095	122416	122439	122665	122760	122761	122867	123140
	123143	123146	123181	123426	123462	123503	123777	123781	124077
	124247	124334	124456	124460	124502	124604	124928	124930	124973
	125080	125116	125313	125340	125388	125498	125530	125602	125673
	125712	125754	125851	126382	126424	126687	126932	126967	
慈善	115103	123898	125998					
資源	120407	124483						
自衛團	114052	116005	118418	122114	124117	124221		
自由港	118704	118852	119575	121422	122504			
自治	116758	119254	119908	119982	120384	121133	121492	125298	125633
	126273							
自治團	120384							
自治制	116758	119982	121492					
赭土	120575	120600	120651	120688	120734	120770	120813	
作家	118431							
酌婦	114500	115496	124500	125851				
雀躍	122597							
柞蠶	113609	113856	114082	114530	114638	116124	117411	117483	118365
	118809	121106	122572	122878	126237	126548		
柞蠶絲	114082							
作品展	114722	114750	120655	120752	126355			
棧橋	115900	117012	119924	120151	123461	123550	124458	125647	126578
蠶	113609	113856	114082	114155	114353	114382	114401	114530	114557
	114571	114638	115075	115177	115212	115338	115448	115629	115690

항목								
	116124	116164	116533	116624	116764	116838	116921	117235	117239
	117411	117483	117987	118259	118365	118655	118809	118825	119019
	119173	119594	119720	119761	119781	119826	120060	121106	121236
	121242	121412	121429	121546	121665	121849	122059	122065	122106
	122334	122452	122512	122572	122613	122686	122805	122878	122987
	123122	123466	123604	123605	123807	124288	124386	124554	124693
	124695	124796	125121	125172	125254	125467	125528	125885	126068
	126237	126242	126304	126537	126548	126611	127128	127237	
蠶絲	114082	123807	124693						
蠶事業	121106								
潛水艦	120392	120454	120493	123958	125699				
蠶業	114155	114353	114557	115075	115177	115212	117235	119720	119826
	121242	121429	122805	123466	125172	126242	126611	127128	
蠶業技術	119720								
蠶紙	126611								
蠶況	122334								
雜穀	118117	124065	126921	126923					
雜誌	118315	119763	123960	124279	124282	124600	126169	126467	
長官	114584	115259	115298	115596	119128	119404	120883	121247	
將校	116258	117620	120207	121902	123589	125163			
長崎	114256	117712	118031	118038	119353	119652	120633	121015	123399
	123507	124599	125084	125684	126502				
獎勵	113600	113616	113625	113693	113729	113756	114062	114425	114757
	114954	115026	115431	116086	116430	116449	116469	116533	116877
	116989	117412	117459	117761	117951	117987	118524	118655	119738
	119867	120158	120196	120406	120690	120818	120979	121125	121236
	121324	121414	121591	121775	121829	121897	122128	122157	122614
	122894	123018	123052	123149	123150	123152	123190	123207	123637
	123704	123749	123790	123791	124223	124290	124311	124512	124617
	124891	124945	125094	125235	125746	125900	126362	126389	126455
	126596	127151	127222						
長老派	118914	123643	123956						
長白縣	123915								
長城	113917								
長壽	120974	121998							
長承浦	116627								
醬油	117093	119216							
葬儀	114288	117428	117620	118013	119951				
張作霖	114286	116652	116997	117039	117702	117988	118137	118155	118172
	118233	118288	118308	118347	118708	118871	119099	119627	121212
	121610	121611	121918	122074	123015	127214			
葬場	117879	119759	120964	125400					

長春	115544	115672	119922	121557	121814	122130		
奬忠壇公園	114993							
奬學資金	114776	114854						
長興	127132							
在監者	118478	118726	120546					
財界	113638	113825	113881	114887	114901	114906	114914	114931	114948
	114962	114978	115001	115016	115036	115056	115058	115074	115094
	115118	115129	115144	115157	115192	115223	115240	115257	115278
	115292	115339	115380	115392	115407	115427	115439	115463	115473
	115500	115538	115553	115699	115981	116039	116057	116074	116092
	116293	116312	116335	116356	116430	116445	116561	116580	116597
	116919	117026	117202	117257	117371	117387	117445	117464	117487
	117509	117696	117790	117889	118081	118162	118424	118490	118517
	118592	118616	118646	118673	118693	118909	118944	118970	119009
	119089	119269	119270	119276	119312	119372	121913	123667	124251
	125723	126004	127072						
財團	126782							
齋藤	113592	113637	113657	113811	114169	114391	114471	114486	115098
	115425	115440	115459	115515	115607	115611	115664	115802	116696
	116801	117365	117380	117839	117933	117951	117982	118058	118267
	118289	119287	119335	119345	119371	120236	120323	120569	120599
	120981	121033	121190	121402	121586	121627	122167	122175	122202
	122305	122310	122330	122421	122473	122532	122538	123009	123186
	123774	124028	124524	125176	126083	126384	126426	126440	126909
	127138	127184	127230	127257					
齋藤實	113657	113811	114391	119287					
齋藤總督	113637	114169	114471	114486	115098	115425	115440	115459	115515
	115607	115611	115664	115802	116696	117365	117839	117933	117951
	117982	118058	118267	118289	119335	119345	119371	120236	120323
	120569	120599	120981	121033	121190	121402	121586	121627	122167
	122175	122202	122305	122310	122421	122473	122532	122538	123009
	123186	124028	124524	125176	126083	126384	126440	126909	127138
	127184	127230	127257						
載豐江	120452							
在露鮮人	118865	119024	119388					
在滿鮮人	115611	116596	118698	119240	121610	121695	122033	122047	122680
	123108	124913	125368	125483					
財務監督局	113937	115910						
財務署	113745	113800						
在米	113994	123824	124182					
栽培	114903	115695	118257	118830	120667	121760	121982	122798	123285
	123582	124763	124991	125803	126206	126389	127105		
裁縫	114903	115695	118257	118830	120667	121760	121982	122798	123285

赤十字	117815	122031	125961	126039	126824			
赤十字社	122031							
赤十字診療所擴	126039							
赤行囊	121486	124408	125829	125948	127195			
赤化宣傳	115451	122178	122753					
電氣	114543	115024	115065	115067	116194	116996	118891	119062	119070
	119087	119155	119305	119368	119566	119722	119923	120199	120360
	120850	120925	120932	121745	121797	122490	122977	123572	123805
	124028	124762	125450	125454	125921	126040	126245	126281	
全南	113632	113636	113642	113751	113941	113942	114396	114563	116530
	116535	116551	116687	116888	117168	117698	117700	117708	117895
	117896	117904	117905	118324	118564	118575	119001	119061	119114
	119132	119155	119169	119173	119639	119675	119722	120225	120291
	120492	120841	120849	121119	121158	121159	121199	121366	121374
	121447	121497	121536	121548	121601	122086	122266	123790	123888
	124722	124736	124994	125254	125261	125354	125390	125681	126132
	126135	126157	126864	126912	127132				
傳達式	119833	125440							
全道	116382	120353							
電燈	115837	116103	116267	116398	116725	118221	118320	118386	118585
	118869	119078	119079	123624	123984	124010	124566	125326	126387
全羅	116441	116645	117179	118379	118501	120890	121009	121198	121837
	121889	121982	122452	123830	124066	124261	124762	125524	
展覽會	114025	114320	114632	114769	115054	115068	116246	116957	117231
	117637	117706	117708	117810	117823	117831	118443	118464	118682
	120056	120058	120086	120108	120125	120142	120211	120275	120279
	120301	120370	120457	120541	120581	120613	120752	120922	121076
	121876	122339	122356	122674	122983	123069	124652	125766	126353
	126355	126475	126887						
電力	113813	115271	115500	115687	115990	117270	117654	118720	119092
	119923	120169	120916	123449	126004				
專賣	113790	113861	114746	119972	120554	121454	121760	122798	122999
	123311	123504	123871	123985	124687	125520	125582		
專賣局	113790	114746	120554	121454	121760	122798	122999	123311	123504
	123871	123985	124687	125520	125582				
專賣支局	119972								
全滅	114768	121526	122382	122618	123108	123811	123984	124199	124413
	124622	125685	126682						
專務談	114774	114888	115133	126025					
電報	114759	116058	116146	116793	118847	122484	123060	124042	126323
	127125								
顚覆	115374	118188	120746	122607	122793	124120	125114	125244	126176
	127058								

全北	113661	113797	114893	115455	115805	116340	116341	116382	116462
	116527	117007	117817	118102	118596	120288	120368	120449	120470
	120503	121155	121271	121313	121326	121364	121429	121430	121472
	121750	121752	121869	121881	121887	121891	121930	121940	122014
	122027	122189	122191	122234	122285	122375	122414	122455	122652
	122668	122696	122735	122800	122901	122948	123091	123097	123133
	123150	123156	123246	123251	123256	123298	123315	123316	123321
	123354	123355	123408	123452	123511	123586	123604	123605	123606
	123608	123609	123631	123653	123654	123703	123738	123810	123827
	123828	123834	123856	123952	124024	124314	124408	124874	125053
	126125	126305	126396						
戰死	118903								
傳書鳩	115904	117548	121577	124208					
全鮮	113643	113656	113699	113849	113895	114145	114269	114764	114807
	114999	115033	115093	115131	115182	115204	115209	115214	115252
	115327	115338	115437	115440	115540	115600	115630	115740	115742
	115753	115769	115816	115920	116008	116010	116017	116045	116091
	116129	116237	116269	116283	116328	116715	116743	116758	116980
	116994	116996	117170	117201	117326	117701	117796	117826	117923
	117927	117983	118008	118038	118110	118151	118269	118718	118979
	119019	119785	119863	119929	119931	119933	120103	120194	120285
	120409	120417	120430	120431	120498	120552	120689	120740	120771
	120851	120897	121075	121089	121126	121262	121818	121849	121923
	121925	121949	121998	122037	122052	122165	122219	122240	122345
	122406	122713	122807	122810	122835	122859	123005	123006	123119
	123248	123346	123437	123470	123480	123502	123720	123726	123789
	123797	124085	124092	124110	124158	124228	124258	124300	124351
	124369	124394	124558	124595	124764	124966	124969	124990	125233
	125264	125280	125306	125366	125373	125414	125547	125632	125688
	125704	125731	125737	125745	125795	125804	125920	126089	126169
	126195	126312	126431	126452	126501	126669	126786	127011	127158
	127187	127207							
全燒	115013	118149	120248	120351	121314	121398	122255	123023	125755
	126688								
傳習所	121546								
戰勝	118806								
電信技術	124010								
電信電話	113660	116490	116839	118340	121018	121285	124028	124030	124042
	125873								
電熱服	119749								
傳染病	115814	116076	116587	117040	117121	117213	117248	117374	120900
	120904	121519	123359	123733	123883	124111	124170	124314	124537
	124778	125231	125347	125495	126101	126212	126334	126506	126581
	126584	126824							
轉任	113840	117114	117771	118946	120863	122519	122543	123736	124231

	124407	125374	125463					
戰爭	117517	117802						
戰跡	115735							
前田	121827							
前田(憲兵司令官)	121827							
全州	113633	113801	113909	114129	114178	114279	114294	114348	114761
	114764	114774	115021	115031	115032	115071	115132	115162	115230
	115777	115866	115932	116277	117196	117783	120504	120876	120917
	121262	121376	121387	121411	121458	121602	121710	121772	121987
	122872	123278	123662	123780	123844	123952	124366	125259	
電柱	116344	116839	120029	120431	124252	125047	125244	125573	
田中武雄	113811	113824	119747						
電車	115641	116432	116544	116923	117794	118221	119362	119631	119758
	120363	121134	121394	122228	122500	122586	122607	123646	124010
	125009	125047	125049	125875	125903	126110	126322		
電鐵	114211	114361	114888	116615	116923	119533			
戰鬪機	119603								
殿下	113873	113901	114669	115009	116757	117185	117714	118689	119288
	119868	119979	119998	120387	120441	120583	120950	120980	121128
	121130	121207	121425	121531	121682	121827	122077	122106	122166
	122262	122297	122302	122382	122890	122954	123312	123427	123966
	123998	124075	124131	124299	124914	125176	125399	125585	126538
	126804	126821	126838	126913	127247				
銓衡	115078	118629	120773						
電化	115194	115687	117270	118617	120935	123784			
電話	113660	113788	113899	113967	114206	114408	114465	114566	114697
	114719	114777	114963	115146	115300	115444	115625	115689	115720
	115945	116071	116332	116339	116490	116760	116839	116882	117347
	117560	117716	117952	117999	118059	118183	118340	118491	118822
	118827	118992	119041	119139	119224	119363	119419	119547	119719
	119775	119953	120084	120124	120545	120631	120661	121018	121066
	121171	121206	121255	121257	121285	121431	121464	121513	121598
	121680	121723	121811	121924	122004	122111	122176	122284	122306
	122428	122451	122480	122520	122570	122650	122657	122688	122751
	122779	122849	123050	123092	123210	123258	123373	123430	123531
	123671	123767	123809	123841	123914	123984	123992	124010	124028
	124030	124042	124099	124104	124155	124197	124320	124406	124485
	124598	124855	125101	125162	125166	125296	125299	125484	125660
	125698	125812	125873	125938	125959	125964	125985	126021	126055
	126168	126200	126367	126411	126459	126472	126495	126503	126530
	126572	126636	126672	126709	126739	126784	126815	126844	126899
	126927	127023	127214	127242					
電話架設	115625	117952	119363	119419	125299				
電話交換手	113788								

電話料	114408	123992						
電話網	114566	120631						
電話回線	114719							
竊盜	115931	116140	122097	122222	122325	122417	122791	122864	123028
	123306	123819	125050	125713	125878	126692	127062		
竊盜團	122222	122325	123028						
竊盜犯	122791	125713	126692						
切符	117419	120524	121148	124896	125981	126722			
節約	115036	115723	116235	116673	116716	116802	116915	117484	118311
	120010	122171	122292	122375	123617	123752	125286	126164	
竊取	115301	123890	126109						
折檻	125138								
鮎	115629	116226	118345	122951	123888	125685			
占領	114189	124684	124861						
點呼	116590	118305	122981	123232	124218				
莛	124010	124042							
庭球	115204	115349	115437	115800	115871	115895	116017	116037	116129
	116269	116292	116899	117678	117733	117747	117768	117826	117882
	117947	118169	121377	121502	121550	121759	122165	122201	122240
	122279	122807	123006	123045	123163	123241	123278	123323	123364
	123437	123480	123523	123563	123662	124092	124110	124223	124351
	124624	124703	125260	125475	125512	125617	125688	125804	126012
	126053	126139	126493						
定期船	114816								
貞洞	115369	123961							
淨瑠璃	124742								
整理	114640	114733	114762	114828	114848	114852	114879	115018	115261
	115526	115553	115773	115812	115957	116000	116057	116065	116100
	116200	116598	116610	116678	116720	116783	116805	116807	116846
	116915	116967	116976	116998	117027	117061	117075	117077	117081
	117126	117172	117477	117525	117577	117631	117679	117719	117770
	117854	117862	117915	118215	118230	118246	118250	118309	118311
	118348	118367	118394	118413	118427	118447	118464	118466	118484
	118520	118528	118567	118645	118716	118742	118761	118767	118784
	118800	118815	118860	118861	118882	118913	118919	118982	119034
	119073	119077	119123	119261	119280	119303	119374	119466	119576
	119635	119710	119731	119772	119905	120028	120035	120166	120250
	120442	120481	120511	120562	120890	120985	121193	121294	121461
	121571	121629	121767	121913	122202	123617	123667	123955	124169
	124190	124308	124349	124357	124627	124672	125898	125899	126164
	126188	126706	126835	127069	127120				
精米	113689	116390	116558	119780	123295	123613	125473	126038	126210
	126930								

情報	114033	116602	120420	123507					
情婦	123385	124119	126260						
整備	113660								
情死	117394	125248	126448						
井上準之助	120950	121804	121827	121877	121994	122025	122124	122230	122742
精神病	121647	124334	124651						
政友會	120731	120926	124224						
井邑	117302	121271							
征戰	116499								
情操教育	116509	116865							
定州	116398	120199	120277	121331	122123	124444			
停車場	116202	117349							
定礎式	125357								
町總代	123211								
帝國	115432	119714	120195	121742	124933	125917	126758		
帝國大學	124933								
帝國民	115432								
提琴	118813								
製糖	123241	126312	127175						
製陶	118236								
齊藤	116967	116995	117003	118800	119768	121996	122105	122124	122642
	122679	122935	125860	126131	126161				
製鍊	121303								
製煉所	119732								
制令	122505								
諸問題	114507								
堤防	114217	115618	118096	118508	120028	121142	122333	122690	123610
	123685	123877	124199	124244	124585	124618	124782	125023	125376
	125509	126551							
堤防工事	122690								
製絲	114638	115725	116069	116724	119636	120763	121794	121985	122371
	123339	124389	124469	126072	126152				
製絲業	116069								
製絲場	121985								
濟生院	118371								
除夜の鐘	119346								
製鹽	116599	117082	117922	117939	121230				
第二棧橋	119924								
祭粢料	114224								
制定	115241	115424	122034	122108	122128	123534	125686	126466	126597

帝政	114189	118680	120577					
製造業	121144	124005						
濟州	113940	114425	115356	115394	115642	115922	116305	118111	118455
	118540	119378	119626	120360	120733	121835	124033	124346	
濟州島	115356	115394	115642	118111	118455	119626	120360	120733	124033
	124346								
製紙	114168	117534	117837	119130	119456	119526	122151	125592	126586
	126918								
製紙事業	114168								
製鐵所	121504	125519							
製鐵・製鉄	117311	121504	125519						
製炭	113817								
制限	113762	114477	114499	114791	114932	114994	115061	115145	115634
	115756	115785	116193	116330	116561	116983	117012	117579	119153
	120077	121609	122160	122212	122409	123269	123491	123564	123663
	123787	123807	124133	124353	124365	126607	126971	126974	
提携	114540	116717	121428	122553	122645	124166			
彫刻	122787								
操舺者	121042								
遭難	114050	114185	115374	115399	115421	115434	115458	115495	115534
	115570	115930	120382	122440	122862	122906	124035	125244	125261
	125970	126683	126719						
遭難船	122906	126719							
造林	113818	113837	114554	122947	123827	125725	126979		
造林事業	113837	123827							
調査	113680	113702	113726	113754	113794	113813	113819	113829	113864
	113869	113976	113993	114196	114326	114524	114529	114794	114879
	115057	115178	115229	115238	115466	115502	115574	115584	115589
	115640	115674	115761	115920	115940	116041	116192	116224	116253
	116298	116373	116401	116482	116567	116653	116770	116848	116895
	116996	117011	117067	117075	117173	117241	117271	117337	117556
	117560	117791	117797	117973	118156	118163	118599	118645	118694
	118758	118801	119041	119408	119466	119561	119628	119801	120203
	120244	120283	120528	120532	120611	120744	120900	120971	121037
	121125	121388	121447	121448	121489	121829	121858	121920	121921
	121948	122066	122068	122134	122247	122436	122475	122478	122714
	122810	122933	122972	123013	123122	123248	123300	123343	123345
	123450	123632	123721	123836	124007	124010	124028	124066	124109
	124153	124219	124261	124309	124391	124440	124551	124579	124626
	124655	124778	124956	125005	125019	125021	125120	125222	125320
	125485	125488	125551	125612	125680	125691	125735	125747	125775
	125777	125802	125806	125808	125810	125873	125890	125893	125915
	126120	126207	126226	126316	126436	126567	126706	126717	126744
	126747	126940	126949	127039	127066	127137	127213		

詔書	113675			
造船	116578	124638	125717	126197

	113592	113595	113599	113604	113605	113606	113614	113619	113620
	113622	113624	113630	113638	113641	113657	113679	113685	113727
	113731	113759	113765	113768	113769	113776	113779	113794	113811
	113814	113853	113875	113877	113882	113892	113897	113898	113900
	113906	113908	113923	113931	113936	113943	113952	113957	113967
	113994	114009	114016	114022	114023	114034	114056	114088	114099
	114101	114106	114111	114115	114119	114124	114142	114143	114156
	114158	114161	114168	114174	114179	114187	114204	114219	114232
	114238	114266	114267	114272	114290	114296	114320	114332	114350
	114382	114390	114391	114422	114470	114473	114476	114493	114506
	114507	114509	114524	114542	114566	114571	114576	114585	114599
	114612	114619	114628	114632	114637	114648	114676	114712	114723
	114724	114742	114781	114799	114801	114805	114822	114837	114847
	114861	114878	114885	114887	114896	114901	114907	114914	114915
	114922	114931	114944	114948	114949	114962	114978	114997	115001
	115011	115016	115018	115036	115056	115059	115062	115063	115068
	115074	115075	115094	115097	115108	115118	115129	115144	115157
	115158	115166	115169	115176	115188	115190	115192	115223	115236
	115240	115278	115279	115294	115310	115331	115334	115351	115354
	115363	115364	115371	115375	115382	115390	115400	115408	115409
	115417	115419	115428	115430	115435	115439	115456	115480	115496
	115498	115522	115529	115539	115541	115566	115577	115602	115612
朝鮮	115614	115616	115623	115674	115683	115691	115701	115708	115713
	115719	115726	115728	115738	115777	115778	115798	115801	115804
	115823	115840	115850	115852	115853	115862	115870	115879	115911
	115914	115921	115957	115963	115977	115984	116007	116020	116021
	116048	116058	116063	116077	116078	116111	116134	116135	116157
	116168	116173	116235	116247	116248	116249	116253	116292	116301
	116337	116361	116376	116443	116474	116477	116483	116501	116558
	116559	116560	116577	116595	116605	116606	116612	116629	116632
	116636	116649	116660	116674	116692	116695	116704	116717	116784
	116801	116813	116827	116843	116850	116875	116894	116906	116912
	116937	116939	116941	116967	116970	116976	117002	117007	117016
	117026	117030	117033	117047	117049	117061	117063	117071	117089
	117105	117108	117116	117117	117139	117156	117166	117178	117189
	117202	117257	117258	117278	117281	117283	117300	117301	117341
	117366	117371	117381	117383	117387	117434	117440	117441	117444
	117445	117481	117487	117493	117502	117509	117527	117536	117557
	117558	117572	117573	117595	117609	117613	117640	117662	117666
	117674	117679	117696	117697	117748	117766	117771	117777	117787
	117806	117816	117842	117850	117851	117868	117891	117897	117910
	117913	117930	117950	117967	117974	118004	118018	118024	118065
	118099	118107	118112	118122	118132	118156	118157	118192	118195
	118198	118242	118246	118277	118290	118291	118309	118318	118320
	118337	118360	118364	118368	118370	118371	118388	118390	118403

118444	118465	118527	118528	118537	118558	118562	118570	118571
118590	118594	118599	118603	118622	118670	118677	118735	118736
118755	118774	118777	118781	118782	118788	118814	118815	118818
118855	118860	118862	118879	118901	118915	118951	119007	119008
119010	119013	119020	119028	119060	119062	119067	119094	119106
119117	119133	119165	119177	119186	119192	119208	119223	119228
119233	119268	119276	119277	119286	119287	119291	119297	119312
119353	119372	119401	119408	119431	119438	119442	119444	119445
119451	119453	119489	119491	119537	119547	119549	119552	119572
119573	119576	119596	119601	119615	119640	119665	119668	119673
119685	119692	119713	119763	119769	119779	119788	119809	119817
119836	119857	119867	119920	119939	119940	119958	119962	119982
119989	119994	120009	120013	120018	120019	120030	120049	120053
120070	120074	120096	120118	120131	120147	120155	120173	120199
120200	120203	120218	120220	120221	120268	120283	120306	120307
120338	120377	120380	120402	120413	120427	120443	120450	120451
120465	120477	120483	120489	120526	120568	120575	120576	120586
120600	120609	120642	120648	120651	120653	120654	120659	120688
120693	120694	120698	120701	120725	120730	120734	120746	120768
120769	120770	120773	120794	120801	120811	120813	120848	120862
120863	120881	120886	120925	120928	120946	120972	120975	121003
121035	121041	121056	121061	121083	121086	121102	121110	121151
121160	121165	121166	121211	121241	121242	121263	121273	121288
121295	121378	121381	121408	121421	121428	121462	121463	121470
121503	121514	121551	121685	121689	121694	121721	121733	121804
121810	121827	121829	121845	121867	121875	121882	121886	121920
121927	121934	121936	121947	121989	121993	122000	122002	122080
122082	122083	122103	122110	122115	122119	122126	122128	122133
122135	122142	122150	122167	122179	122185	122188	122204	122246
122247	122248	122270	122295	122307	122332	122339	122340	122356
122367	122383	122390	122460	122461	122466	122475	122489	122499
122502	122518	122530	122532	122540	122556	122560	122585	122606
122632	122633	122640	122658	122663	122664	122692	122704	122730
122742	122765	122771	122778	122848	122852	122874	122881	122886
122898	122971	122976	122979	123009	123010	123021	123047	123048
123087	123164	123169	123175	123221	123260	123265	123292	123338
123403	123409	123423	123446	123454	123496	123526	123530	123539
123553	123580	123636	123647	123673	123682	123713	123748	123757
123799	123807	123810	123814	123847	123888	123919	123948	123966
123987	124012	124018	124076	124083	124098	124112	124164	124172
124194	124245	124264	124267	124354	124398	124435	124480	124481
124483	124493	124529	124568	124578	124581	124595	124614	124625
124699	124865	124897	124914	124917	124955	124992	125003	125013
125027	125034	125098	125102	125105	125125	125135	125157	125188
125209	125234	125237	125263	125264	125277	125279	125281	125352
125377	125393	125432	125437	125454	125464	125491	125512	125513
125516	125520	125525	125535	125552	125585	125603	125619	125632

	125640	125653	125654	125657	125671	125690	125701	125758	125774
	125777	125783	125824	125866	125869	125871	125904	125920	125931
	125933	125952	125955	125966	125977	125988	126014	126024	126027
	126034	126057	126065	126081	126094	126095	126100	126114	126122
	126130	126135	126161	126166	126193	126225	126256	126272	126290
	126299	126300	126306	126318	126337	126369	126426	126431	126452
	126456	126466	126471	126502	126509	126526	126544	126545	126568
	126583	126625	126677	126704	126708	126717	126720	126741	126742
	126743	126758	126768	126770	126803	126852	126872	126877	126938
	126949	126950	126990	126992	127019	127039	127083	127090	127091
	127153	127183	127186	127190	127214	127222	127258	127259	
造船界	116578								
朝鮮館	113769	114896	115059	115823	120402	120443	122778		
朝鮮國境	114473	116020	116906	117771	118814	119028			
朝鮮國民協會	114016								
朝鮮軍司令官	113604	116801	120377	120526	121827	121845	122185	123966	125464
	125513	125535	126300	127214					
朝鮮大學	113877	114915	114949	115408	115539				
朝鮮貿易	115701	116813	118528	120450	126225				
朝鮮問題	115310								
朝鮮米	113765	115062	115351	116157	116595	118107	118368	118570	119451
	119549	126949							
朝鮮婦人	121110	121242							
朝鮮史	117116	117189	122881	124012					
朝鮮事情	114476	114542	114847	122126					
朝鮮私鐵	113619	119685	120768	120811	122103	122848	123673	126135	
造船所	124638								
朝鮮神宮	121470	121882	122080	122110	123799	124917	124955	125013	125027
	125105	125237	125281	125437	125491	125585	125619	125632	125653
	125654	125774	125783	125824	125920	125931	125966	125988	126014
	126081	126094	126130	126193	126256	126431	126466	126758	127083
朝鮮神社	119094	119177	119286	119573	119939	120693	120773	121061	121470
	121867	124354							
朝鮮信託總會	127019								
朝鮮野球大會	116474								
朝鮮映畫	117816								
朝鮮銀行	114887	114901	114914	114931	114948	114962	114978	115001	115016
	115036	115056	115074	119958	121721	122532			
朝鮮人	113595	113614	113853	114119	114219	114470	114506	114723	114878
	115566	115623	116483	116605	118781	118879	119552	120147	120746
	121920	122248	122295	122307	122460	123919	126742		
朝鮮人蔘	113853	116605							

朝鮮日報	125263							
朝鮮征伐	125393							
朝鮮紙	116173	117897						
朝鮮鐵道·鮮鐵	113768	113985	114022	114156	114232	114637	114810	114875	115247
	115513	115719	115955	115957	115983	116040	116100	116115	116563
	116704	116761	116889	116946	117026	117202	117203	117257	117259
	117269	117371	117387	117445	117487	117509	117696	117808	117836
	117963	118289	118445	118476	118691	118697	118921	118941	119061
	119072	119105	119147	119149	119152	119154	119165	119196	119320
	119351	119409	119570	119644	119708	119797	119818	119835	120182
	120200	120448	120459	120569	120601	120648	120972	121030	121073
	121079	121083	121669	121807	121951	122288	122377	122628	122692
	123089	123110	123244	123437	123901	123969	124355	124559	124953
	125035	125102	125157	126065	126509	126807			
朝鮮體育協會	114612	115708							
朝鮮總督	113592	113657	113811	114391	118371	119013	119287	119445	126426
朝鮮總督府	118371	119013	119445						
朝鮮統治	116941	116967	119994	120881					
朝鮮革新黨	113952								
租稅	123450	124702	125957						
朝郵	114149	114255	114315	114732	115133	115405	115715	115937	116094
	116364	117078	117379	117590	118168	119652	119778	119803	120151
	121864	121877	122294	123147	123742	124526	124533	126020	126025
	126233	126865	127060	127191					
弔慰金	115374								
朝日	114470	114506	115359	115529	115557	116130	116390	116522	116589
	116664	116686	116731	116753	116773	116779	116796	116816	116836
	116868	116964	117435	117515	117545	117563	117623	117638	117671
	117690	117703	117713	117849	120192	120413	120427	120451	120469
	120489	120542	120581	120793	120824	120854	120865	120895	120910
	120983	121001	121048	121057	121377	121600	121670	121712	121736
	121918	121991	122036	122044	122064	122090	122120	122162	122466
	122499	122530	122556	122585	122606	122640	122664	122704	122730
	122765	123117	123198	123242	123267	123358	123506	123585	124046
	124235	125098	125856	125892	125927	125975	126013	126042	126124
	126182	126231	126313	126354	126398	126461	126492	126522	126557
	126593	126664	126698	126732	126762	126799	126833	126861	126903
	126935	126969	127038	127068	127104	127180	127211	127238	127268
阻止	115090	120853	126570						
組織	113689	113952	114113	114244	114843	114857	114894	115248	115381
	115466	115568	115640	116290	116979	117115	117709	118264	118418
	118596	118960	118966	119205	119242	120016	120218	120333	120389
	120604	121012	121110	121517	121709	121853	122114	122134	122292
	122360	122381	122782	122900	123006	123292	123423	123720	123881

	123919	123986	124075	124117	124160	124221	124323	124426	124846
	125223	125545	125547	125581	125726	125815	125961	126027	126167
	126287	126694	126902	126983	127075	127129	127162	127220	127244
租借	127032
鳥致院	121101	124536
組合	113669	113689	113736	113798	113891	113896	113910	113936	113980
	114010	114019	114062	114092	114101	114244	114252	114341	114381
	114388	114494	114556	114575	114615	114642	114684	114734	114819
	114876	114964	114987	115061	115242	115351	115397	115583	115586
	115660	115674	115675	115712	115797	115798	115821	115824	115838
	115933	115999	116055	116119	116142	116320	116475	116600	116619
	116636	116700	116722	116767	116806	116891	116910	116992	117004
	117008	117032	117068	117115	117143	117160	117200	117217	117238
	117315	117345	117580	117749	117827	117832	117853	117905	117970
	118066	118100	118193	118333	118388	118407	118528	118540	118541
	118576	118591	118720	118748	118793	118804	118851	118867	118932
	119093	119147	119216	119282	119649	119671	119690	119707	119728
	119753	119817	119831	119855	119890	119987	120027	120039	120068
	120081	120153	120226	120246	120295	120311	120390	120412	120462
	120588	120589	120628	120650	120676	120682	120754	120761	120775
	120820	120930	120955	121047	121050	121109	121126	121175	121215
	121222	121240	121282	121290	121331	121387	121663	121666	121667
	121681	121710	121711	121778	121830	121841	121899	121916	121984
	122006	122087	122154	122211	122241	122291	122292	122376	122595
	122762	122824	122832	122875	122937	122969	122974	123097	123173
	123178	123204	123292	123295	123296	123371	123423	123653	123720
	123761	123766	123801	123803	123818	123878	123929	123976	123984
	124111	124145	124163	124275	124295	124336	124349	124360	124420
	124516	124617	124702	124736	124762	124800	124845	124850	124862
	124967	125028	125155	125172	125195	125235	125432	125444	125507
	125514	125539	125553	125623	125726	125815	125902	125934	125972
	125986	126053	126136	126198	126226	126288	126320	126348	126432
	126624	126734	126765	126781	126785	126896	126952	126957	126974
	127012	127030	127057	127117	127162	127193	127222		
早婚	113786	116117
助興稅	114197	120857
簇出	125675
卒業	113753	113862	114243	114384	114644	114748	114869	114899	116811
	118789	119136	119395	119440	119535	119654	120138	120145	120179
	120188	120208	120390	120668	120669	120782	120851	125204	126697
	127128								
卒業生	113753	113862	114243	114384	114869	114899	116811	119136	119440
	119535	120179	120188	120782	120851				
卒業式	114644	114748	120145	120208	127128

宗教	114742	115112	115149	115858	116014	116423	117117	120527	122709
	124241	125552	126142	126167					
宗教家	124241								
種痘	114136	119298	121271	121409	125394	126069	126629		
鍾路	119362								
種牡牛	120433	123156							
種苗	114101								
鐘紡	120338								
種蒔	114978								
終熄	114371	115049	116572	117584	121496	121832	121893	123459	123638
	123641	123664	125150	125996	126615	126617			
種子	126635								
綜合大學	114079	120468	127074						
左傾	117630	117699	117723	117760	120408	121633	121825	121927	123060
	123264	123497	123774	123776	124781	125338	125489	125675	125956
	126422	126992							
左傾團	117630	120408	121633	121825	121927	123060	123264	123497	124781
	125338	125675	126992						
左傾派	117699	117760	125489						
佐伯忠	123165								
佐世保	121474	121677	121848	121885	123634	124236	126298		
佐野學	119050								
坐礁	116207	116363	116385	120453	120709	124033	124924	125261	
酒	113828	113955	114204	114518	114708	114926	115252	116048	116062
	117072	117192	117524	117775	117991	118027	118130	118256	118316
	118594	118667	118765	118846	119556	119714	119946	120147	120195
	120313	120368	120498	120741	120906	120967	120974	121055	121589
	121656	121742	123094	124071	124341	124457	124515	124537	124617
	124690	124725	124847	125072	125227	125279	125432	125612	125649
	125726	125958	125977	125986	126044	126349	126521	126905	127183
株券	116952								
主腦	124161	124199	125411						
駐屯	115928	118002	118060	118814	122729	122837			
酒類	113955	125958							
珠算競技	123722								
酒稅	124690	124847							
株式會社	123879	123906	125637						
酒屋	121656								
朱乙	113977	115567	115658	115874	117916	118921			
駐在所	114134	119258	120890	123544	123891	126828			
酒造	114926	115252	116062	117192	117524	118256	119946	124071	124515
	124617	125726	125986						

株主總會	119338	120975	121850	124250				
住職	122063	123217	124971					
住宅	117159	119187	119891	120439	120626	121017	121938	124967	125292
	125751	127053						
竹內	117998							
噂	113686	113738	114145	114220	114329	114343	114779	115935	116452
	116602	118506	118778	118817	118931	119356	120034	120395	120481
	120810	120934	121040	121221	122504	122789	123046	123231	123587
	123984	124074	124837	125239	125293	125515	126835	127024	127233
竣工	114027	114835	115748	116073	116539	117793	117879	118043	118053
	118558	119114	119657	119939	120174	120693	120962	121298	121547
	121756	121989	123238	123262	123492	124087	124189	124258	124296
	125058	125305	125438	125465	125613	125647	125667	125736	125783
	126330	126641	126764	126824	127085				
蠢動	115002	118344	122757						
駿馬	121075								
浚渫	119212	121258	124852						
竣成	113779	114746	115618	116297	117042	117567	117705	117902	118021
	118096	118206	118432	118791	121289	122357	123475	124053	124062
	124066	124199	125403	126772					
中毒	114247	115202	119674	121484	122094	122145	122416	124866	125008
	125416	125878	126430	126791	126854	127005			
中等校・中學校・中學	113705	114362	114400	114438	114553	114644	114791	114830	114899
	114981	114996	115090	115151	115472	115478	115806	116010	116080
	116183	116302	116474	116488	116532	116545	116707	116815	117236
	117528	117875	118110	118207	118361	118532	118567	118714	118780
	118806	118824	118829	118846	118883	119005	119066	119189	119397
	119582	120206	120410	120777	121459	121529	121974	121992	121995
	122201	122291	122627	122727	122843	122899	123081	123143	123294
	123742	123946	124025	124039	124417	124723	125000	125050	126321
	126358	126560	126697	126829	127075				
中等學校	114112	115980	116888	116902	116940	116965	117640	118372	118715
	119171	119485	119662	120481	123006	123163	123454	123480	123539
	123636	123748	123918	124076	124480	126428	126560	126786	126976
	127025								
仲買人	115177	116475	122892						
中西	124572	124592	124719						
中鮮	114422								
中央電話局	118822	119224	120545	122306					
重役	114886	116228	116356	116761	117233	118054	118116	118211	118517
	119091	119105	122685	123530	124403				
衆議院	118137	118155	118172	119579	119644	119982			
仲裁	123806	124242							

增徵	119541	125482						
增築	113863	118722	120106	120535	123676	123866	123877	123990	124053
	124189	124199	125868	126355					
增派	116804	118119	118473	119910	123984	126779			
地價	116666	119041	119891	120896					
芝居	116099	119667							
支那	113601	113697	113700	113791	113809	113867	114138	114165	114168
	114283	114375	114414	114428	114626	114663	114681	115145	115153
	115227	115281	115566	115595	115678	115710	115815	115851	115864
	116314	116348	116428	116440	116483	116505	116538	116577	117162
	117304	117344	117385	117419	117521	117539	117543	117566	117593
	117646	117795	117939	118014	118118	118123	118240	118396	118582
	118737	118843	118897	118961	118978	119023	119051	119052	119091
	119141	119205	119267	119292	119315	119457	119554	119588	119984
	120092	120315	120367	120899	121186	121209	121213	121267	121306
	121708	121922	122091	122102	122138	122163	122221	122232	122248
	122256	122264	122265	122298	122358	122365	122385	122481	122531
	122629	122644	122656	122683	122744	122781	122826	122837	122839
	122903	122952	123029	123064	123121	123124	123283	123325	123341
	123372	123423	123427	123491	123495	123532	123629	123665	123680
	123715	123787	123926	123948	124001	124036	124078	124079	124175
	124176	124181	124274	124312	124331	124343	124453	124491	124574
	124580	124632	124634	124683	124878	124959	124968	125153	125163
	125198	125207	125234	125255	125345	125368	125482	125513	125554
	125595	125629	125635	125644	125776	126038	126066	126133	126251
	126277	126292	126380	126494	126651	126653	126748	126855	126877
	126933	126939	127018	127032	127079	127125	127195	127254	
支那勞働者	120899	121186	121209	122265	123423	123491	123787	126494	
支那人	113809	114681	115145	115815	115851	116538	117593	118014	118123
	119091	119292	119457	119554	121306	122091	122365	122952	123064
	123121	123283	123495	123532	123665	123926	124036	125595	125776
	126653	126855	126877	127032					
支那鐵道	115281								
地圖	114049	115954	123890	123961	125766				
地方法院	118701	119322	121987	122332	123782	126109			
地方稅	116254	122454	124702						
地方自治	119982								
支配人	114361	117289	118353	119033	119211	119382	122071	126888	127265
支辨	123200	125481							
知事	114420	114732	114737	114873	115629	115638	115747	115781	116029
	116497	116890	116919	117010	117083	117276	117301	117426	118057
	118097	118217	118234	118626	118665	118881	118986	119109	119127
	119373	119387	119398	119448	119466	119486	119697	119734	119739
	119977	120183	120238	120621	120698	120822	121034	121888	121999

	122021	122035	122079	122099	122124	122185	122202	122242	122307
	122502	122558	122566	122783	122813	122868	122929	123034	123147
	123186	123312	123392	123716	123725	123782	123798	124082	124163
	124186	124199	124238	124358	124403	124687	124874	125013	125053
	125071	125076	125088	125243	125333	125991	126414	126681	126835
	126836								
支線	122776	125398							
地稅	113664	118510							
志願	114492	114570	119485	119535	120140	120186	120582	120958	120966
	121013	121451	123243	123458	123477	124051			
支店	113646	113685	114175	114295	114475	114643	114798	114831	114937
	115229	115340	115714	116479	116562	116598	116704	116969	117636
	117871	118016	118112	120383	120978	121322	121823	122001	122443
	123004	123658	124637	124933	126119	126364	126420	126424	126565
	126882	127265							
地主	114414	114840	117799	117800	117934	118575	118805	118981	119076
	120666	120874	121453	122298	122953	123548	125827		
地震	125209								
地鎭祭	118078	121417	121641	123455	124538				
支廳	116876	117111	118065	118888	121450	124026			
枝炭	125800								
紙幣	114407	115686	120999	123271	123691	123889	123926	124248	124374
	125345	125558	126651						
地下水	116309	122850							
職工	116578	118125	121099	121144	121219	121301	121479	122358	122412
	123878	124646	124791	125213	126852	127129			
織物	116577	116910	117322	118994	119816	120059	123124	123987	124387
稷山	125705	125764							
職員	114251	114399	115117	115638	116113	116662	119111	119635	119773
	120649	120799	120823	120937	121767	121854	122308	123100	123634
	124232	125371							
直通航路	122152								
塵芥	115418	117271	124603						
塵芥箱	115418	124603							
眞空管	124319								
鎭南浦	113630	113780	114148	114294	114295	114540	114586	114624	114833
	114919	114941	115110	115133	115218	115221	115229	115237	115320
	115351	115352	115354	115363	115433	115445	115937	115938	116013
	116089	116149	116216	116289	116315	116327	116459	116620	116906
	116997	117145	117384	118410	118727	118831	118928	119373	119433
	119925	119991	120369	120464	120835	120908	120920	120959	121108
	121237	121384	121476	121537	121594	121621	121727	121817	121915
	121955	122029	122030	122140	122238	122279	122580	122802	122804

	122820	122858	122896	122993	123006	123038	123055	123136	123263
	123273	123291	123417	123437	123518	123558	123597	123611	123763
	123773	123832	123836	123845	123857	123939	123975	123988	124001
	124085	124125	124254	124296	124343	124345	124413	124464	124603
	124605	124634	124635	124666	124823	124906	125004	125015	125065
	125069	125259	125278	125422	125589	125711	125745	125840	125842
	125888	126098	126197	126229	126355	126356	126412	126830	126874
	127256								
鎭南浦刑務所	118831								
珍島	119069	119199							
陳列	120403	121884	122196	123077	124425	124467	124662	126466	
陳列館	121884	122196	124425	124467	124662	126466			
診療	115530	123859	126039						
診療所	115530	126039							
陣沒將校	123589								
陳謝	114948	116489							
陳列館	118668								
震災	115393	115517	116171	117072	117119	117144	117157	117204	117305
	117816	118701	121329	121870	122384	122453	122484	122488	122620
	122622	122672	122741	122884	122925	123079	123324		
震災地	122384	122453	122488						
陳情	114171	114431	114517	114586	114716	114951	115809	116060	116113
	117198	119335	119983	120016	120288	120304	121330	122005	122783
	122899	123291	123623	123825	123864	124127	124889	125051	125088
	125146	125368	125542	125701	126261	126454	126564	126576	126681
	126792	127089							
鎭座祭・鎭座	121867	121882	122110	125328	125653	125825	125864	125894	125931
	125966	125988	126081	126083	126094	126105	126466		
晋州・晉州	116053	117531	117997	118131	119065	119127	119185	119188	119204
	119227	119232	119398	119447	120393	120538	122610	124111	124219
	125091	125289	125669	126985					
鎭昌	120499	123668	123750						
振替	116078	116198	117834	120077					
進出	116617	117129	117300	123123	124038	124078	124389	125759	
鎭海	114306	114539	114765	115026	115101	115274	115682	115685	115768
	115777	115954	116104	116287	116627	116823	117386	117603	118550
	118976	119387	119753	119844	119987	120417	121344	121402	121643
	121935	122003	122012	122030	122278	122371	122412	122521	122616
	123126	123252	123634	124232	124236	124310	124469	124558	124976
	125203	125384	125457	125651	125699	126147	126441		
鎭海視察團	115274								
質屋	114575	114595	122018	125381					
執達吏・執行吏	119042								

集配人	115844	125789							
執行	114061	117393	119042	122110	124282	124538	124885	125560	125604
	126010	126032	127127						
集會	121273	122241	123837	125140					
懲戒	114631								
徵稅	122379	123154	124696						
徵收	113664	115273	116001	116829	116889	117070	117237	117606	119678
	122997	123154	124702	124800	124847	125848	126136	126896	
徵收濟	123154								
懲役	118766	122914	123548	123778	123965	124081	124547	125458	126686

	チ							
チゲ	124398							
チタ	124263							
チブス	114003	114415	114452	114564	119974	121496	121768	123135	123602
	123635	124140	124141	124713	124870	125996			
チボ	127029							
借家	121495	127004						
借款	113686							
車輛	115787	119256	126757	126920				
車輦館	123544	123595	123644	123775	124370			
差別撤廢	123772							
借入	113768	115060	115247	116025	116051	116069	116384	116640	117836
	118387	118811	118974	120735	122103	123188	123680	123984	
車掌	125049							
借地	113980	116451	117934	118804	120246	121215	122424	
借地組合	118804	121215						
茶話會	118938							
讚美	118883							
參拜	116841	126144						
慘死	121975	124122	125012					
參議	114596	114986	115078	121246	121275	126486		
參政權	116250	116738	116758	120236	120940	121029	121165	
參政權運動	120940							
廠	113610	113750	115926	116657	116831	116976	117029	117160	118449
	119191	120303	120977	121785	122338	122922	124585	124874	125594
	125606	125611	125655	125763	125807	125936	125973	126089	127249
唱歌	115571	116081						
昌慶苑	115986	118817	121576	121631				
倉庫	117220	119018	119565	120407	120633	122199	122628	123890	124513
	125807	125845	126058	126676	126857	127051			
倉庫業	117220	119018						
猖獗	114690	115360	121590	123602	124141			
娼妓	114500	115496	120525	121070	121976	122013	122018	125248	126150
昌德宮	115982	118689	119288	120947	125399	125477		
創立	114700	116725	117350	118388	118462	119155	119722	119921	120199
	120356	120360	120996	121501	121674	121861	122542	122859	122875
	123498	123606	123808	123911	124588	124801	125614	125677	126911
	127117	127182							
昌原	118962	124293						
猖紅熱	121587	121622	121623	122277	122638	122726	125348	
採掘	121114	123307	124051	124439				

債券	117288	120549	120844	121256	121886	122276			
採氷事業	115343								
處刑	116820	124177	125077						
叺	113663	113754	113981	114062	117016	119726	120841	121430	121897
	122669	123190	126733	126860					
拓殖省	124037								
拓植・拓殖	118938	121918	121930	121957	124037	124848			
斥候	124757								
川崎	118292	120203	122292	123392					
泉崎	125792								
天圖	114147	114957	116297	116384	118083	118350	119450	119819	123907
	126923	127195							
天道教	115653	117685	118323	120988	122659	122845	123593	123814	124571
	124641	124776	124861	125310	125631	126507			
淺利三郎	122502								
川坊江	119467								
天寶山	124086								
川上(東拓理事)	115463	123390	123663	123853					
天安	116522	116860	124010						
天安驛	124010								
天然痘	115905	115943	119457	120297	121271	126963			
天然氷	115343	119007	119743	123003	124069	125124	127051	127056	
天日鹽	113900								
天長節	118093								
天主教	116718								
天津	116096	119050	122729	123528	124560				
鐵橋	116160	116670	120264	120702	120779	121716	123345	123984	124682
鐵道	113751	113839	114022	114099	114116	114156	114158	114203	114232
	114492	114609	114637	114825	114920	114922	114957	115012	115095
	115160	115194	115281	115339	115595	115658	115687	115700	115719
	115903	115957	116020	116153	116274	116373	116377	116447	116612
	116651	116681	116704	116808	116894	117026	117202	117257	117259
	117314	117343	117371	117387	117419	117421	117445	117457	117487
	117509	117682	117696	117946	118081	118162	118249	118350	118405
	118423	118424	118467	118490	118517	118592	118613	118616	118646
	118680	118693	118721	118791	118886	118909	118923	118927	118944
	118950	118970	119009	119072	119089	119114	119229	119248	119265
	119320	119352	119396	119450	119553	119567	119572	119811	119887
	119961	119980	120051	120095	120200	120249	120276	120307	120404
	120411	120499	120599	120616	120648	120649	120695	120712	120731
	120739	120759	120775	120810	120815	120892	120927	120952	120956
	120972	121005	121083	121124	121196	121205	121326	121345	121428

	121458	121467	121509	121599	121606	121637	121766	121879	121886
	121919	121928	121945	121946	121956	122002	122081	122124	122185
	122201	122214	122281	122315	122341	122382	122417	122459	122535
	122642	122692	122706	122764	122840	122869	122907	122924	122934
	123005	123017	123103	123200	123278	123287	123355	123364	123395
	123437	123654	123668	123750	123751	123834	123882	123907	123963
	123984	124007	124016	124028	124059	124066	124124	124154	124166
	124301	124313	124317	124355	124433	124513	124551	124559	124601
	124677	124687	124762	124794	124798	124827	124886	124920	124953
	125102	125111	125120	125157	125164	125180	125207	125234	125243
	125244	125253	125277	125302	125303	125335	125376	125398	125408
	125411	125452	125481	125512	125567	125654	125682	125683	125686
	125720	125784	125845	125893	125898	125947	125973	125987	126031
	126139	126164	126188	126190	126238	126241	126243	126402	126453
	126509	126533	126543	126562	126564	126566	126632	126634	126713
	126722	126754	126757	126798	126912	126923	126940	127100	127122
	127157	127161	127169	127195					
鐵道局 ·鉄道局	115687	118405	118423	118467	119229	119352	119980	120249	120411
	120649	120695	120759	120775	120810	121458	121467	121509	121606
	121766	121928	121956	122124	122459	122642	122706	122764	122840
	122869	123103	123200	123287	123668	123984	124016	124066	124301
	124687	124794	125253	125376	125720	125784	125893	125898	125973
	126164	126188	126402	126453	126543	127161			
鐵道事務所	113839								
鐵道省	122535	125654							
鐵道學校	114492	119567	120815						
鐵道 · 鉄道	113751	113839	114022	114099	114116	114156	114158	114203	114232
	114492	114609	114637	114825	114920	114922	114957	115012	115095
	115160	115194	115281	115339	115595	115658	115687	115700	115719
	115903	115957	116020	116153	116274	116373	116377	116447	116612
	116651	116681	116704	116808	116894	117026	117202	117257	117259
	117314	117343	117371	117387	117419	117421	117445	117457	117487
	117509	117682	117696	117946	118081	118162	118249	118350	118405
	118423	118424	118467	118490	118517	118592	118613	118616	118646
	118680	118693	118721	118791	118886	118909	118923	118927	118944
	118950	118970	119009	119072	119089	119114	119229	119248	119265
	119320	119352	119396	119450	119553	119567	119572	119811	119887
	119961	119980	120051	120095	120200	120249	120276	120307	120404
	120411	120499	120599	120616	120648	120649	120695	120712	120731
	120739	120759	120775	120810	120815	120892	120927	120952	120956
	120972	121005	121083	121124	121196	121205	121326	121345	121428
	121458	121467	121509	121599	121606	121637	121766	121879	121886
	121919	121928	121945	121946	121956	122002	122081	122124	122185
	122201	122214	122281	122315	122341	122382	122417	122459	122535
	122642	122692	122706	122764	122840	122869	122907	122924	122934
	123005	123017	123103	123200	123278	123287	123355	123364	123395

	123437	123654	123668	123750	123751	123834	123882	123907	123963
	123984	124007	124016	124028	124059	124066	124124	124154	124166
	124301	124313	124317	124355	124433	124513	124551	124559	124601
	124677	124687	124762	124794	124798	124827	124886	124920	124953
	125102	125111	125120	125157	125164	125180	125207	125234	125243
	125244	125253	125277	125302	125303	125335	125376	125398	125408
	125411	125452	125481	125512	125567	125654	125682	125683	125686
	125720	125784	125845	125893	125898	125947	125973	125987	126031
	126139	126164	126188	126190	126238	126241	126243	126402	126453
	126509	126533	126543	126562	126564	126566	126632	126634	126713
	126722	126754	126757	126798	126912	126923	126940	127100	127122
	127157	127161	127169	127195					
鐵嶺	113886	114704							
撤兵	114751								
鐵奉	125804								
鐵原	118642	118948	121289						
撤廢	113736	114477	114667	115061	115345	115756	115785	116041	116600
	117160	117556	117646	117652	118367	118418	118907	119796	120029
	120263	120492	123074	123772	124666	125604	126199	126286	126539
	126617								
撤廢令	125604								
撤廢運動	117652								
鐵砲	118051	124412	126437						
鉄·鐵	113613	113619	113645	113651	113700	113723	113736	113744	113751
	113768	113791	113810	113830	113839	113886	113950	113966	113985
	114020	114022	114043	114068	114099	114116	114133	114147	114153
	114156	114158	114177	114180	114203	114211	114232	114234	114235
	114240	114251	114267	114278	114332	114335	114349	114361	114457
	114480	114492	114496	114538	114602	114609	114637	114645	114667
	114704	114720	114728	114738	114774	114810	114813	114821	114825
	114841	114853	114875	114888	114891	114920	114922	114933	114957
	115012	115060	115093	115095	115100	115113	115117	115123	115127
	115128	115160	115194	115211	115247	115249	115261	115281	115312
	115326	115339	115378	115429	115441	115513	115542	115556	115595
	115619	115627	115658	115676	115687	115700	115719	115773	115787
	115903	115955	115957	115983	115988	116020	116021	116040	116041
	116065	116100	116115	116116	116132	116153	116160	116171	116274
	116297	116357	116373	116377	116384	116447	116508	116512	116563
	116600	116612	116615	116651	116670	116681	116684	116704	116761
	116798	116808	116889	116894	116912	116923	116946	116961	116977
	117011	117012	117025	117026	117079	117133	117156	117202	117203
	117257	117259	117269	117301	117311	117314	117328	117343	117371
	117387	117403	117419	117421	117445	117457	117487	117501	117509
	117526	117598	117661	117682	117689	117696	117712	117721	117728
	117751	117779	117808	117812	117836	117851	117911	117931	117946

117949	117963	117966	117984	118021	118051	118056	118081	118083
118160	118162	118171	118212	118239	118248	118249	118265	118270
118278	118289	118306	118327	118349	118350	118353	118395	118399
118405	118421	118423	118424	118442	118445	118448	118467	118476
118490	118517	118560	118592	118609	118613	118616	118642	118646
118680	118691	118693	118697	118721	118775	118791	118797	118808
118886	118900	118909	118921	118923	118927	118941	118944	118948
118950	118964	118965	118970	118985	119006	119009	119061	119072
119089	119105	119114	119147	119149	119152	119154	119165	119196
119229	119237	119248	119265	119320	119350	119351	119352	119367
119368	119396	119409	119423	119426	119450	119452	119481	119533
119538	119553	119567	119570	119572	119644	119677	119680	119685
119708	119711	119721	119797	119808	119811	119818	119819	119821
119827	119835	119858	119887	119916	119919	119943	119961	119980
120051	120095	120131	120175	120182	120199	120200	120245	120249
120264	120276	120307	120404	120411	120415	120437	120448	120449
120459	120499	120561	120569	120599	120601	120616	120631	120648
120649	120656	120695	120702	120712	120731	120739	120759	120768
120775	120779	120810	120811	120815	120892	120927	120952	120956
120972	120985	121005	121023	121030	121073	121079	121081	121083
121124	121155	121196	121205	121232	121289	121326	121345	121428
121458	121467	121504	121509	121599	121606	121637	121669	121716
121766	121792	121807	121873	121879	121886	121904	121919	121928
121945	121946	121951	121952	121956	122002	122057	122081	122086
122103	122124	122185	122201	122214	122253	122262	122273	122281
122288	122315	122341	122344	122352	122377	122382	122417	122459
122535	122628	122642	122685	122692	122706	122764	122776	122840
122848	122869	122907	122924	122934	123005	123014	123017	123089
123103	123110	123149	123188	123200	123241	123244	123263	123278
123287	123332	123337	123345	123355	123364	123395	123397	123424
123437	123654	123668	123673	123750	123751	123771	123802	123834
123882	123901	123907	123963	123969	123984	124007	124010	124016
124028	124059	124066	124067	124124	124154	124166	124301	124313
124317	124355	124412	124433	124513	124551	124559	124601	124606
124677	124682	124687	124755	124762	124794	124798	124804	124827
124886	124920	124953	125035	125102	125111	125117	125120	125130
125157	125164	125180	125207	125234	125243	125244	125253	125261
125277	125283	125302	125303	125335	125376	125381	125398	125408
125411	125452	125481	125499	125512	125519	125565	125567	125606
125654	125682	125683	125686	125720	125784	125804	125845	125880
125893	125898	125921	125947	125973	125987	126031	126065	126135
126139	126164	126188	126190	126238	126241	126243	126402	126437
126453	126457	126470	126509	126533	126543	126562	126564	126566
126632	126634	126641	126700	126713	126722	126754	126757	126798
126807	126912	126923	126940	127100	127122	127157	127161	127169
127195								
鯖 115589	116101	116711	117020	117373	117511	118837	119026	119098

	120048	122714	123157	123236	124004	124730	124731	125200	125598
	126224	126279	126568	127071					
靑年	115097	115280	115883	116066	116162	116442	116520	116534	116730
	116768	117821	117967	118052	118313	118371	118504	118608	119113
	119129	119151	119163	119193	119218	119226	119264	119384	119682
	119745	119895	120337	120408	120496	120668	120707	120901	121049
	121274	121309	121373	121444	121471	121688	121732	121812	121998
	122436	122708	122747	122782	122788	122962	123104	123309	123421
	123780	123982	124247	124282	124362	124459	124543	124856	124926
	124947	124955	124972	124998	125245	125269	125356	125441	125475
	125485	125530	125547	125688	125731	125813	125844	125895	126012
	126287	126483	126656	126663	127010	127055	127088	127131	127247
靑年團	116730	118313	118371	120901	121732	121998	124856	124947	124998
	125269	125356	125441	125475	125485	125844	126012	127010	127088
靑年會	115280	116768	119113	119129	119151	119163	119193	119218	119226
	119264	119745	120337	120707	122436	123309	123780	124972	125731
	125813	127131							
靑島	113867	115713	115819	117939	118141	119464	119547	121393	123948
	125758								
靑銅	118875								
蜻蛉	116047								
請負	122721	123540	124072	124568	126644				
請負業	124568								
廳舍	116322	116396	118113	119607	119866	120174	121734	123560	123835
	123934	125032	125403	125555	125739	126644	126994	127196	
靑少年	125675								
請願	114257	114434	114516	114681	114682	114751	114758	114989	115370
	115415	116030	116114	116238	116259	116307	116448	116463	116602
	116869	116906	117029	117111	117160	117448	117522	117672	118088
	118516	119036	119579	119606	119684	119793	119877	120115	120243
	120677	120936	121231	121535	121561	121793	121888	122195	122580
	123272	123437	123516	123583	124620	124658	124803	125359	125400
	126559	126701	127161						
請願書	116602	116869	119579						
淸酒	113828	116062	124341	124725	125072	126349	126905		
淸州・淸州	114964	116992	121771	121911	121998	122030	122251	122326	123862
	124393	124500	124623	125097	125579	126126	126397	126666	126821
	127042								
淸津	113644	113791	113798	113860	113867	113868	113897	113927	113928
	113969	113995	114005	114076	114086	114195	114253	114254	114261
	114291	114298	114317	114370	114442	114539	114622	114639	114681
	114684	114755	114759	114816	114819	114836	114906	114918	114974
	115019	115020	115058	115093	115242	115348	115370	115377	115398
	115413	115467	115471	115486	115509	115551	115552	115592	115609

	115613	115702	115730	115754	115788	115789	115811	115823	115826
	115942	115999	116008	116015	116064	116101	116102	116122	116189
	116209	116214	116216	116291	116319	116323	116329	116433	116436
	116464	116540	116555	116623	116625	116683	116690	116795	116856
	116985	116990	117079	117087	117149	117153	117346	117347	117356
	117388	117448	117718	117733	117741	117743	117744	117778	117789
	117814	117815	117830	117876	117933	117951	118020	118039	118062
	118070	118279	118287	118301	118407	118463	118482	118543	118554
	118555	118556	118620	118728	118823	118971	119037	119124	119211
	119247	119273	119289	119294	119303	119324	119328	119420	119476
	119515	119530	119595	119657	119660	119771	119804	119815	119822
	119860	119914	120093	120099	120237	120259	120317	120329	120365
	120493	121216	121240	121385	121456	121535	121646	121754	121759
	121841	121853	121913	122025	122190	122206	122244	122275	122313
	122448	122575	122794	122873	122891	122905	122968	123042	123147
	123154	123157	123348	123507	123623	123647	123658	123731	123782
	123804	123936	123937	124013	124056	124129	124136	124295	124300
	124463	124566	124587	124588	124591	124687	124696	124790	124879
	124935	125038	125108	125182	125291	125435	125470	125538	125645
	125647	125765	125794	125872	125887	126148	126426	126561	126578
	126745	126746	126764	126765	126947	126980	127050	127084	127156
清津貿易	114254	115551	117388	118543	122891				
滯納	113971	120262	123886	123992	124307	126665			
滯納者	113971								
遞送	113986	115227	115286	116759	124192	126249	126576		
遞送人	113986								
遞送·遞傳	113986	115227	115286	116759	124192	126249	126576		
遞信	116298	116793	116828	117062	117140	117943	118136	119820	120325
	120593	120627	120754	120845	120948	120987	121000	121035	121531
	121829	122072	122073	122108	122128	122427	122514	122720	123008
	124068	124432	124967	125013	125042	125067	125085	125199	125266
	125573	125588	126000	126330	126944				
遞信局	116828	118136	119820	120593	120627	120754	121000	121035	121531
	121829	122072	122073	122108	122128	122427	122514	123008	124068
	124967	125013	125042	125085	125199	125266	125573	125588	126000
	126330								
遞信省	116298	120845	125067						
體育	113756	113947	114076	114298	114435	114521	114612	114807	115189
	115708	116292	118128	118301	118337	122165	122381	123018	123221
	124558	124833	125190	125256	125632	126232	126312	126356	126452
體操	115276	115424	116128	118337	123361	125920	126047	126339	
逮捕	114053	114407	114730	114783	114866	115750	115815	116120	116143
	116209	116584	116646	116774	118146	119157	119895	120938	120997
	120999	121399	121524	121585	122020	122121	122182	122223	122550

	123222	123223	123276	123302	123460	123546	123596	123793	123926
	124206	124312	124455	124504	124604	124645	124683	124968	125213
	125420	125558	125562	125600	125635	125636	125711	125951	126028
	126092	126154	126336	126423	126425	126651	126816	126882	127135
	127204								
體協	113956	118219	121102	121116	124159	124300	126618	126906	
滯貨	113725	113748	113762	114151					
初等教育	118291	120814	125728						
草梁	117782	119146	121312	124327					
草分會	125073								
剿匪	118961								
草河口	122903								
招魂祭	115817	118072	121223	121510	122067	122160	122180	122317	123196
	125350	125857							
囑託	113819	116630	118348	120985	121467	122972	123170	125215	
村田(鑛務課長)	122919								
總監	113599	113794	113990	114009	114036	114096	114123	114678	114870
	114933	115230	115279	115408	115529	115539	115801	115940	116044
	116249	116271	116336	116376	116446	116447	116501	116510	116610
	116635	116651	116692	116701	116846	116941	116960	116978	116994
	117010	117043	117126	117259	117301	117329	117366	117382	117715
	117770	117806	118309	118403	118612	118942	118943	118988	119010
	119033	119083	119167	119345	119462	119465	119607	119818	120182
	120237	120500	120659	120750	120909	121029	121103	121165	121205
	121275	121317	121378	121421	121503	121610	121638	121879	121997
	122005	122318	122347	122421	122431	122608	122680	122743	122764
	122811	122886	122899	122919	122964	122974	122995	123034	123312
	123409	123413	123427	123450	123481	123486	123500	123527	123623
	123696	123742	123870	124028	124194	124225	124613	125005	125090
	125099	125176	125276	125293	125720	125860	126048	126803	126805
	126806	126835	126837	126925	127072	127073	127108	127115	127185
	127251								
銃器	117543	119141							
總督府辭令·總督府辭令	126280								
總督府殖產局	116401	118917	119160	121317	126818				
總督府醫院	114604								
總督府學務局·總督府學務局	113850	119143	119992						
總督府·總督府	113722	113811	113824	113850	114302	114456	114604	114660	114715
	114716	114935	115146	115225	115323	115474	115666	115673	115778
	115841	115925	115935	116049	116175	116294	116375	116401	116716
	116783	117155	117178	117481	117574	117734	117770	117987	118242
	118349	118371	118561	118679	118694	118787	118917	118972	119013

	119143	119150	119160	119188	119240	119445	119501	119628	119642
	119992	120085	120377	120380	120395	120438	120442	120530	120686
	120781	121030	121170	121277	121292	121317	121340	121362	121402
	121447	121461	121466	121487	121531	121609	121760	121803	121880
	121918	121921	121960	122021	122053	122078	122099	122232	122253
	122330	122337	122396	122400	122534	122709	122810	123122	123170
	123188	123248	123443	123444	123575	123578	123600	123742	123835
	123836	123890	123903	124132	124161	124194	124359	124440	124594
	124609	124611	124687	124708	124770	124913	124933	125215	125264
	125325	125368	125403	125519	125524	125535	125555	125632	125805
	125817	126048	126280	126327	126418	126550	126571	126670	126700
	126818	126835	126907	126954	127081	127108	127178	127214	127219
總督・総督	113592	113637	113657	113722	113795	113811	113824	113850	114169
	114302	114391	114456	114471	114486	114604	114660	114715	114716
	114935	115098	115146	115161	115225	115230	115323	115425	115440
	115459	115474	115488	115515	115519	115520	115524	115546	115555
	115569	115576	115594	115598	115607	115611	115620	115628	115664
	115666	115673	115684	115693	115709	115724	115778	115786	115802
	115841	115925	115935	115964	116049	116175	116250	116294	116346
	116375	116377	116401	116696	116716	116783	116967	116995	117010
	117046	117058	117155	117178	117365	117382	117481	117503	117574
	117734	117750	117770	117839	117916	117933	117951	117965	117982
	117987	118058	118242	118267	118289	118349	118371	118561	118679
	118694	118787	118917	118972	118997	119013	119138	119143	119150
	119160	119167	119188	119227	119240	119287	119335	119345	119371
	119445	119501	119628	119642	119768	119878	119906	119992	120010
	120085	120150	120174	120227	120236	120323	120377	120380	120395
	120438	120442	120530	120569	120599	120686	120781	120881	120981
	121030	121033	121170	121190	121277	121292	121317	121340	121362
	121378	121402	121447	121461	121466	121487	121531	121586	121609
	121627	121685	121760	121775	121789	121803	121880	121918	121921
	121929	121960	121996	122021	122053	122078	122099	122105	122124
	122167	122175	122202	122232	122242	122253	122305	122310	122330
	122337	122349	122396	122400	122421	122473	122532	122534	122538
	122567	122642	122679	122709	122810	122935	123009	123122	123170
	123186	123188	123248	123272	123437	123443	123444	123575	123578
	123600	123742	123782	123835	123836	123890	123903	124028	124132
	124161	124194	124278	124359	124440	124448	124524	124594	124609
	124611	124687	124708	124770	124913	124933	124957	125002	125112
	125176	125215	125264	125325	125368	125403	125519	125524	125535
	125555	125632	125639	125658	125704	125805	125817	125860	126048
	126083	126084	126131	126161	126163	126187	126280	126312	126327
	126357	126384	126418	126426	126440	126550	126571	126670	126700
	126803	126818	126835	126907	126909	126954	127041	127081	127108
	127120	127138	127178	127184	127214	127219	127230	127257	
總辭職	114399	118932	119003	124131	124242	124442	127054		

銃殺	118274	119071	120152	122732	125629				
總選擧	115548								
總領事	114040	115515	116505	119415	119586	119589	124336	124579	
總裁・総裁	114422	114659	116430	118777	119312	120731	120766	120809	120926
	122532	124074	124075	124194	125355	125569	125880	125921	126343
總會	113694	113896	113957	114022	114063	114260	114292	114381	114417
	114659	114799	114997	115190	115307	115342	115351	115586	115728
	115797	116109	116194	116228	116247	116310	116443	116479	116556
	116690	116704	116853	116937	116939	116961	117035	117177	117457
	117479	117711	117766	117844	117909	117910	117930	118033	118081
	118168	118202	118388	118424	118528	118970	119007	119058	119082
	119091	119121	119338	119368	119514	119660	119701	119958	120014
	120044	120199	120386	120681	120725	120880	120888	120975	121096
	121119	121157	121241	121290	121374	121463	121503	121554	121607
	121666	121667	121673	121753	121841	121850	121861	122011	122154
	122376	122540	122576	122647	122674	122682	122693	122895	123175
	123189	123570	123572	123830	124022	124044	124126	124224	124250
	124434	124473	124519	124571	124606	124883	125011	125102	125124
	125211	125298	125454	125587	125614	125677	125814	126020	126233
	126322	126464	126546	126627	126656	126708	126793	126843	126857
	127019	127056							
寵姫	119443								
崔昌益	126511								
秋季競馬	125804								
追悼	115534	115570	115869	116378	117072	119599	119850	120653	121076
	122620	123093	123347	124521	124636	124712	126806	126836	126837
	126873	126925							
追悼會	115534	115570	115869	116378	117072	119599	119850	121076	122620
	123093	123347	124521	124636	124712	126806	126873	126925	
秋蠶	116921	117239	118259	124288	124386	124695	124796	125121	125467
	125885	126304							
雛祭	120191	120267							
蹴球	117983	126012							
畜產・畜産	114337	116469	116624	116750	116989	117147	117494	117622	119471
	119489	120762	120979	121198	121240	121362	123116	123251	123316
	123371	123381	124024	125613	126977				
祝宴	125548	127221							
畜牛	114758	114833	115370	115507	116697	117987	118373	119273	119663
	119684	121674	122210	123791	123863	125065	125503	125768	125834
	125840	126098	126272						
畜牛檢疫所	114758	114833	115370	119273	119684				
築堤	113962	115927							
築造	119793								
祝賀會	113932	114974	115316	115618	118059	120500	121687	121890	122175

	122293	122310	124424	125462	126309	127221		
築港	115019	115938	116153	117067	117264	117448	117603	118910	118918
	119036	120154	121370	122025	122804	123535	123725	123773	123857
	123975	124013	124136	124139	124291	124338	124388	124535	124854
	125070	125071	125090	125278	126229			
築港問題	121370	124388						
築港運動	120154	123725	124136					
椿事	117688	118047	118999					
春蠶	115338	115448	116164	116838	119761	121665	122059	122065	122452
	122512	122613	122686	123122	123604	123605	124554	125254	
春川	114378	114411	114574	115021	115023	115324	115335	115793	115895
	116373	117429	117430	117564	117709	117730	117747	117947	117948
	117964	118078	118206					
出稼鮮人	114563							
出穀	118138	118356	119393	119510	125517	126892		
出米	117990	118493	119116	126558				
出兵	127184	127214						
出額	116943	116998	124853					
出願	114092	115600	115954	118320	121668	126700		
出版	118988	119074	119379	120192	122021			
出品	113806	113912	114028	114164	115577	116493	116857	117513	117643
	117816	117941	118728	120457	120536	121007	121118	122523	122879
	123972	124286	125186	126985				
忠南	115920	116164	117929	119084	120799	121984	123165	123229	123348
	123721	123739	124211	124272	124503	125179	125333	125643	125744
	125857	125859	126158	126660				
忠北病院	123677							
忠清南道・忠南	123507	124066	124173	124261	125167	115920	116164	117929	119084
	120799	121984	123165	123229	123348	123721	123739	124211	124272
	124503	125179	125333	125643	125744	125857	125859	126158	126660
忠清北道・忠北	121398	122334	124261	124695	116799	117263	119061	120698	120793
	122483	122844	123011	123165	123415	123677	124107	125172	125467
	126051	126092	126123	127037	127052	127093	127149		
蟲害	117514	117612						
贅澤品	117056	117579	118803	119856	122750	125272		
趣味	114159	126880						
驟雨	124280							
取引	113907	114083	114143	114513	114636	115206	115248	115351	115652
	115713	115923	116409	116513	116538	116614	117306	117465	117655
	118216	118332	118598	118797	118913	119068	119707	119876	120027
	120093	120327	122946	122989	123036	123151	123247	123910	124580
	124902	125106	125178	125217	125957	126245	126359	126604	126710

取引所	114143	114636	115248	117465	117655	118598	118797	119068	119707
	122946	122989	123036	124902	125106	125217	125957	126604	
取調	113985	115633	116122	116517	121272	121584	121761	122014	122557
	122660	123984	124248	124335	124500	125007	125173	125586	126647
	127202								
就職	114243	114384	116345	118427	118514	119395	120083	120138	120851
	120944	121451							
取締	113697	113714	114247	114434	114470	114506	114543	114990	115215
	115759	116063	116175	116483	116500	116830	116916	117039	117155
	117290	117553	117669	117735	117871	118226	118446	118691	118744
	118978	119023	119041	119137	119141	119627	119798	119835	120001
	120009	120117	120136	120315	120716	120795	120912	121145	121185
	121186	121515	121610	121611	121632	121633	121829	122039	122053
	122076	122114	122128	122221	122246	122476	122481	122539	122623
	122842	122856	123136	123208	123270	123346	123420	123716	123880
	124035	124058	124149	124207	124264	124305	124359	124375	124528
	124735	124777	124809	125141	125142	125229	125268	125325	125354
	125665	125781	125828	126152	126277	126359	126368	126375	126413
	126421	126454	126521	126643	126684				
就學	119851	120349	121459	125001					
就航	114208	114576	114735	115268	116748	117091	118925	119357	125429
測量	115357	116602	116641	116808	121904	124183	125341		
測候	115203	119262	120846	124066					
測候所	115203	119262	120846	124066					
齒科	120817								
齒科醫	120817								
値上	114092	114514	114972	114994	117454	118352	118374	118895	119216
	119961	120081	120246	120682	120756	120964	121411	121428	123296
	123901	124133	125663	125808	125845	126183	126456	126458	126471
	126646	126711	126860	126924	127049	127194			
治水	116447	116746	122723	123723	124111	124306	124440	124495	124527
	124658	124749	124950	125063	125089	126191	126806		
治安	115241	119609	119774	120912	121934	122051	122082	122133	122242
	122404	124547							
治安警察	115241								
治維法	121022	121630	121858	121927	121947	122024	122066	122167	122505
	122782	122811	123056	123843	124771	124925			
値下	114408	114952	115384	116103	116657	116713	117029	117934	118320
	118585	119078	119079	119305	120533	120610	122490	122612	123047
	123432	123624	123675	123845	124108	124635	124689	124939	125594
	125763	126003	126089	126135	127089				
値下運動	124108								
勅令	114193	119773	125371						
勅使	114162	114313	125864	126087	126131	126179			

勅語	124028	124171						
勅任	114150	119054	123016	123057	123094	124482	126403	
勅任官	114150	119054						
漆器	118331							
七寶山	119095							
枕木	115447	115691	115874	116977	117419	118672	119394	
浸水	116026	116152	116583	116605	123810	123834	123984	124010	124443
	124566	125261						
沈青傳	120466							
就學	105159							
就航	105499							
測量	103786	105179	106342	106411	106505	108525		
齒科	104170	105158	106883					
齒科醫	105158	106883						
値上	106528	110416	111701	111944	111997	112409	112414	112645	112777
治水	106844	106858	106878	106891	107540	109221	112811	
治安	109774	112156						
値下	104580	105360	107057	107095	107156	107224	107362	107406	107513
	107556	107979	108185	108200	108247	108257	108260	108322	108361
	109268	110896	111036	111198	113216			
値下運動	105360	108200						
勅使	111932	112024						
勅任	109380							
漆器	111835							
七星門	108239	108301	108397	108968				
寢臺車	104680	106507	106950	109083	109974			
浸水	106844	106982	111668					

ㅋ								
カフェ・カフ ヱー	124501							
キネマ	120575 120600 120651 120688 120734 120770 120813 121092 121121 121245 121335 121419 121676 121842 123630 126024							
コース	116588 124263							
コーチ	124624							
コーラス	122544							
コカイン	114247							
コソ泥	119491 121051 121400							
コレラ・虎疫	114319 117207 118980 120231 120354 124813 125418 126718 116898 123887 124271 124371 124540 124599 125084 125113 125149 125671 126172 126216 126335 126443 126617							

タ									
タクシー	123219	123296							
たばこ・煙草・葉煙草	113861	114520	114649	115119	116861	117482	117636	118084	118429
	118487	118519	119518	119606	121454	121673	121760	121873	122027
	122053	122374	122798	123311	123504	123615	123858	123939	123985
	124035	124057	124905	125379	126035	126456	126464	126471	126583
	126646	126688	126708	126711	126924	127069	127134	127145	127197
	122053	123504							
テノール	122415								
トラック	115769	117786							
打切	116967	119164	124028						
打合會	115878	118464	122107	122912	126529				
卓球	113656	113699	113895	114004	116292	119864	127207		
濁酒	125612								
炭坑	122340								
彈藥	117543	119141	120789	126372					
嘆願	114388	118626	121023	123737	123996				
炭疽	115319								
炭田	115523	119502							
脫稅	120615	121708							
脫獄	116143	118186							
脫走兵	125083								
脫解王	125100								
奪還	114189	121481	124602						
湯室	120022								
湯泉	113961								
太刀	113843	114017	118492	122046	122505	123365	124096		
太刀洗	113843	114017	122046	123365	124096				
駄目	115756	118141	118736	118910	122400	123404	123699	124291	124367
	124535	125429	126349	126566	126770	126841	126976		
怠業	118485	119646	123284						
太子堂	122378								
土窟	119738								
土木	115523	115841	116716	117276	117279	117553	118117	118885	118920
	119726	120034	120381	120537	121031	121445	121747	123540	123961
	124066	124244	125147	125293	126048	126299			
土木部	116716	117276	118920	120537					
土木事業	117276	121747							
討伐	115666	115885	116369	116826	117045	117418	119051	119162	119591
	119886	120150	120684	122256	122495	122683	124491	124574	

土産	114020	114965	115515	117274	117770	118839	119698	120038	120922
	121744	121772	122235	122879	123077	125306	125453	125605	126127
	126555	127232							
土地	113904	114428	114820	115584	115673	116435	116447	117028	117184
	117325	117536	117553	117558	118211	118318	118947	119388	119430
	119493	119857	120203	121160	121215	121277	121489	121830	121861
	122203	123024	123446	125045	125301	125593	125805	126054	126535
土地改良	115584	115673	116435	119430	119493	119857	126535		
土地調査	121489								
土地會社	116447	118211	121861	125805					
土俵	123364								
噸	115441	115494	120886	122591	123127	123620	124607	125125	
通關	113905	118965	121194	122058	123078	124614			
通關貿易	113905	121194	122058						
通商	113760	118377	124709						
通信	114589	115794	115861	117140	118315	118637	120056	120230	120581
	120613	120627	120733	120738	120752	120865	120910	122580	123329
	123538	123984	124010	124129	124157	124216	124259	124298	124346
	124393	124431	124478	124518	124557	124586	124593	124620	124623
	124664	124700	124765	124802	124842	124881	124911	124946	124989
	125020	125056	125097	125128	125151	125189	125232	125259	125321
	125364	125397	125474	125508	125546	125616	125650	125730	125801
	125835	125891	126037	126067	126126	126146	126230	126255	126311
	126363	126397	126465	126477	126556	126608	126614	126797	126832
	127040	127085	127243						
通信いろいろ	124129	124157	124216	124259	124298	124393	124431	124478	124518
	124557	124586	124623	124664	124700	124765	124802	124842	124881
	124911	124946	124989	125020	125056	125097	125128	125151	125189
	125232	125259	125321	125364	125397	125474	125508	125546	125616
	125650	125730	125801	125835	125891	126037	126067	126126	126146
	126230	126255	126311	126397	126465	126477	126556	126614	126797
	126832	127040	127243						
通信機關	120738	124620							
通譯	114015	114322	115497	120181	122936				
統營	116603	116608	117363	117765	118920	122597	122930	124976	
統一	114995	115645	116475	116944	117006	117552	118220	118269	118697
	119196	119711	119970	120448	120588	120795	121719	121745	121770
	121937	121985	122237	122332	122823	123110	123414	123558	123578
	123614	123653	123720	124295	124359	124531	124896	125888	126004
	126634	127249	127250						
通學	114661	116351	118695	119932	119988	121218	123084	123220	123348
	125743	126036	126767						
堆肥	123512								

退學	117700	118262	118324	118546	119395	120205	120298	120945
投賣	124630							
投票	114815	127050	127220					
特命檢閱使	116075	116304						
特産品	126369							
特殊禽獸	120522							
特用作物	116275							
特派員	122382	124009	124042					
特許	124319							

	124901	124965	124991	125178	125243	125251	125310	125433	125460
	125469	125472	125694	125750	125761	125780	125797	125882	126073
	126116	126307	126346	126362	126417	126601	126611	126616	126644
	126694	126716	126733	126735	126763	126919	126975	126979	127022
	127105	127109	127144						
平北	114103	114125	114214	114699	114730	114934	115003	115563	115990
	116093	116299	116350	116478	116500	116521	116537	116851	116853
	117017	117207	117338	117737	117771	117828	118097	118365	118472
	118489	118743	118851	118863	119017	119321	119581	120116	120241
	120287	120302	122464	122512	122651	122743	122908	122936	122939
	123034	123186	123213	123312	123533	123556	123638	123702	123775
	123806	123892	123913	123971	123972	124029	124371	124386	124414
	124423	124444	124473	124541	124687	124868	124874	124981	125028
	125096	125183	125466	125908	125925	126462	126656	126875	127076
平安南道· 平南	113600	113603	113630	114420	114455	115867	115909	116587	116624
	116919	117589	117681	119486	120690	121279	121453	121492	121521
	124261	125250	113842	113907	113968	114065	114136	114176	114226
	114236	114271	114308	114309	114397	114398	114424	114458	114498
	114554	114817	114851	114877	114968	115058	115177	115208	115233
	115244	115347	115448	115502	115586	116159	116313	116434	116577
	116927	117001	117116	117139	117181	117408	117412	117413	117494
	117610	117622	117906	117941	118026	118312	118422	118655	118717
	118772	118906	118935	118994	119293	119502	119594	119605	119630
	119776	119907	119909	120033	120260	120744	120851	121511	121709
	121970	122029	122066	122147	122343	122364	122369	122596	122686
	122754	123115	123147	123247	123249	123407	123490	123507	123628
	123702	123747	123749	123900	123910	123987	124256	124347	124387
	124421	124443	124901	124965	124991	125178	125243	125251	125310
	125433	125460	125469	125472	125694	125750	125761	125780	125797
	125882	126073	126116	126307	126346	126362	126417	126601	126611
	126616	126644	126694	126716	126733	126735	126763	126919	126975
	126979	127022	127105	127109	127144				
平安北道· 平北	114103	114125	114214	114699	114730	114934	115003	115563	115990
	116093	116299	116350	116478	116500	116521	116537	116851	116853
	117017	117207	117338	117737	117771	117828	118097	118365	118472
	118489	118743	118851	118863	119017	119321	119581	120116	120241
	120287	120302	122464	122512	122651	122743	122908	122936	122939
	123034	123186	123213	123312	123533	123556	123638	123702	123775
	123806	123892	123913	123971	123972	124029	124371	124386	124414
	124423	124444	124473	124541	124687	124868	124874	124981	125028
	125096	125183	125466	125908	125925	126462	126656	126875	127076
平壤	113630	113671	113712	113717	113757	113761	113796	113869	113878
	113899	113902	113905	113920	113937	113939	113956	113970	114000
	114069	114092	114127	114243	114334	114344	114359	114360	114399
	114420	114474	114503	114521	114528	114540	114594	114603	114617
	114662	114665	114687	114688	114703	114721	114743	114762	114782

114822	114852	114878	114890	114908	114921	114945	114963	114973
115012	115021	115027	115039	115041	115064	115079	115102	115106
115121	115122	115146	115148	115161	115170	115178	115187	115189
115195	115212	115220	115228	115231	115235	115245	115260	115267
115271	115280	115283	115297	115304	115315	115317	115318	115320
115330	115345	115349	115375	115384	115387	115388	115397	115418
115432	115442	115444	115469	115477	115479	115490	115493	115523
115532	115545	115560	115571	115625	115637	115641	115651	115689
115745	115746	115749	115767	115799	115875	115886	115902	115904
115910	116013	116033	116051	116054	116089	116114	116149	116159
116169	116195	116196	116201	116216	116239	116289	116296	116298
116303	116329	116355	116358	116372	116386	116392	116421	116429
116432	116453	116459	116494	116515	116532	116544	116547	116579
116582	116587	116602	116604	116616	116626	116639	116666	116668
116672	116692	116705	116717	116743	116792	116806	116867	116869
116873	116882	116896	116926	116941	116949	116994	117003	117022
117102	117120	117125	117135	117137	117165	117169	117426	117439
117488	117544	117592	117621	117716	117794	117798	117801	117805
117927	117938	117976	117999	118022	118037	118053	118191	118236
118373	118398	118404	118476	118509	118533	118656	118683	118754
118768	118788	118824	118836	118952	118957	119003	119043	119100
119106	119305	119320	119332	119364	119536	119555	119604	119631
119683	119712	119757	119812	119966	119975	119979	120073	120081
120232	120295	120341	120434	120498	120502	120508	120535	120537
120553	120590	120629	120656	120675	120682	120687	120703	120719
120756	120821	120829	120894	120899	120903	120960	120967	120969
120993	120998	121035	121043	121085	121092	121093	121134	121144
121164	121181	121219	121245	121261	121297	121377	121383	121394
121406	121451	121485	121556	121557	121776	121790	121813	121814
121821	121922	121972	122019	122097	122130	122208	122255	122279
122358	122485	122496	122537	122562	122593	122636	122737	122821
122851	122944	123067	123100	123139	123199	123223	123261	123262
123351	123417	123480	123559	123588	123689	123732	123742	123764
123808	123836	123848	123947	123949	123963	123990	124035	124042
124096	124133	124195	124212	124317	124389	124451	124633	124785
124799	124818	124832	124863	124887	124921	125015	125077	125212
125233	125243	125321	125345	125350	125369	125380	125385	125396
125439	125488	125558	125561	125583	125626	125636	125639	125738
125788	125837	125896	125912	125954	125959	125962	125963	125989
126072	126076	126133	126171	126199	126232	126262	126312	126388
126432	126498	126540	126742	126791	126794	126839	126880	126947
127017	127021	127050	127078	127160	127220	127221	127227	

平壤高女	117927	123732	123742	125212
平壤兵器	116386	116616		
平壤商業會議所	120656			
平壤酒	120498			

平元線	122561	123447	123792	123979	124728	125659		
評議員	113603	114461	114512	114618	114680	114694	114714	114753	114829
	114917	114942	114968	114969	114970	114971	114982	114983	114984
	114985	115003	115039	115297	115916	118341	119509	119967	120384
	120628	120662	121076	121983	122353	122939	123049	123103	123289
	124242	124442	124608	125740	125862	126157	126282	126482	126491
	126531	126561	126588	126785	126956	127050	127054	127087	127111
評議會	113603	113632	113642	113661	113684	113797	113903	114037	114064
	114087	114304	114569	114968	119017	119755	119841	119907	119941
	120287	120342	120492	121851	123250	123780	125190	126497	126656
	126735	126775	126776	126890	127084	127109	127189		
肺ヂストマ	114223	114247	114482	115373	117797	118174	118376	120239	126337
閉塞隊	115755								
閉鎖	114186	117153	118160	118255	118737	118843	119103	119358	119968
	120537	122808	122878	123848	124042	124315			
肺炎	122694								
斃牛	122285								
廢止	113678	113839	114175	114203	114717	114879	115070	116491	116559
	116581	116628	116831	116976	117149	117465	117523	117525	117665
	117697	117726	117903	118315	118742	118787	118801	118831	118842
	118885	118888	118907	118943	119432	120365	120595	120780	121203
	121568	121761	123536	123956	125217	125266	125315	125549	126184
	126428	126711							
捕鯨	114272	115462	119897						
布教	114104	114773	117496	118323	118818	122902			
布教所	117496								
砲兵	114614	114696	116667	117543	118681	120308	123392		
褒賞	118020	122879	123234	126250	126523				
鉋屑	119791								
蒲原	123008	125013	125085						
蒲原(遞信局長)	123008	125013	125085						
浦潮	113867	113995	115328	115654	116003	116971	117657	117988	118201
	118377	118704	118852	119854	119855	119871	119960	120054	120093
	120212	120230	121087	121385	121632	122129	122178	122504	123271
	123421	123991	124210	124436	124528	125297			
浦項	114561	114884	115057	115110	115179	115197	115436	115898	115900
	115974	116257	116272	116900	117375	118235	118968	119075	119212
	119893	122152	123624	126335					
暴擧	116318	120152							
爆擊	114822	115651	116602	116613	116666	117184	117389	117921	118404
	118664	119604	119812						
爆擊機	117389								
暴動	122656	122770	122789						

暴落	117307	123838	126359	126541	126675			
暴利	118226	123417	124028	124042	124058	124777	126721	
爆發	114696	118833	120785	120927	121306	122382	123777	123984	124454
	126209	126217						
爆藥	117489	120055	121614	125386	126209			
爆藥密輸	121614							
爆彈	114740	117516	117723	118343	120927	120938	122137	122322	122394
	122831	123345	124454					
漂流	116506	117958	119247	124042	126690			
俵米	118794	118840	120536					
標語	116420	116929	117680	118635	122392	123300		
漂着	117271	119930	122790	123550	124458			
表彰	113636	113888	113989	114013	114032	114089	114182	114225	114226
	114568	114646	114867	114943	115510	117486	117973	118071	118185
	118653	118838	119017	119391	119866	119878	119906	119909	119928
	120079	120312	120320	120332	120830	120968	121115	121376	121559
	121619	121640	121887	121925	122122	122308	123129	123266	123321
	123360	123722	123899	124199	124841	124988	125057	125092	125115
	125897	126603	126627	126904	126988			
品評會	114081	114478	115946	116750	117101	117147	117841	117956	118209
	118499	118545	118667	118770	118794	118840	120038	120063	120536
	121597	122948	123316	123789	124024	124738	124764	125227	125431
	125729	125767	125958	125977	126128	126195	126250	126396	126463
	126515	126695	126905	127093	127183			
風紀	119754							
豊富	114616	114657	116387					
豊漁	116243	117511	118633	120048	122003	124731	124935	125200	125598
	127015	127071						
豊作	116387	116552	116682	116917	117023	124211	124553	124938	124939
	125145	125219	125469	126750	127006	127150		
被告	123179	123849						
避難	115930	116583	117582	117687	122382	123768	123810	123952	123984
	124010	124028	124042	124066	124379	124490	124601	125751	125997
	126297	126725						
避難民	117687	122382	123768	123810	123952	123984	124010	124028	124042
	124066	124379	124490	124601	125751			
披露	113790	121575	122923	123277	124063	125567		
披露宴	122923	123277	124063	125567				
被害	113773	114658	115630	115761	115829	115902	116026	116299	116490
	116550	116583	116605	116671	116685	116700	116826	116890	116891
	116984	117017	117071	117076	117118	117218	117406	117561	117673
	117684	117986	118090	119222	119726	120104	121231	121334	122183
	122363	122755	122868	122957	123098	123158	123769	123881	123952

	124010	124028	124035	124042	124066	124107	124111	124199	124261
	124290	124419	124486	124601	124677	124752	124792	124820	124828
	124829	124868	125019	125183	125244	125261	125291	125336	125365
	125366	125401	125524	126035	126667	126788	126850		
皮革	114843	118388	121675						

ㅎ								
ハルビン	124097	124237	125411					
ヒステリー	124502							
フランス	123815							
ホテル	115007	116171	117601	118353	118445	118613	119919	120555	121124
	122390	122895	126004						
下岡	116249	116336	116376	116446	116501	116610	116651	116701	116871
	116960	116978	117126	117301	117382	118309	119033	119345	119462
	119465	119818	120182	120750	120909	121029	121103	121165	121205
	121275	121317	121421	121503	121610	121620	121638	121879	121997
	122242	122318	122347	122421	122608	122743	122764	122811	122886
	122899	122919	122964	122995	123312	123413	123427	123450	123500
	123527	123573	123696	123742	123870	124028	124194	124225	124230
	124613	125005	125090	125099	125176	125276	125293	125720	125860
	126803	127185							
下岡忠治	117301	121103	125720						
夏繭	124342								
下關	117194	120175	120749	120845	121030	121625	121761	122266	123399
	124027	125549	126430						
河口慧海	121692								
河內	115778	124116	124611						
河東	118084								
荷馬車	125849								
下水	114100	115822	115901	116309	118043	118398	119927	120900	121328
	121883	122718	122850	124659	124888	126922			
下宿	114388	117762	121942						
夏鼇	126068								
河川	113680	117077	123579	125733	125773	125810	127261		
下火	122839	126718							
學校	113682	113692	113703	113891	113898	113901	114112	114195	114305
	114336	114341	114345	114362	114376	114395	114430	114438	114448
	114462	114492	114580	114641	114661	114714	114752	114769	114824
	114830	114858	114863	114876	114880	114911	114924	114928	114966
	114970	114985	114987	114996	115031	115061	115070	115096	115109
	115124	115173	115196	115242	115389	115399	115410	115428	115478
	115583	115607	115616	115675	115776	115798	115806	115824	115951
	115980	116010	116098	116099	116302	116324	116362	116474	116476
	116488	116497	116499	116523	116532	116545	116707	116714	116722
	116771	116785	116794	116835	116888	116896	116902	116940	116965
	116992	117128	117143	117399	117413	117537	117602	117622	117640
	117705	117827	117853	117970	118055	118100	118110	118129	118160
	118192	118262	118372	118407	118530	118546	118549	118591	118601
	118686	118695	118715	118843	118853	118932	118958	119012	119066
	119171	119241	119261	119267	119284	119358	119434	119440	119453

	119466	119485	119541	119567	119582	119662	119728	119753	119851
	119861	119872	119873	119889	119890	119892	119932	119960	119987
	119988	119995	120017	120039	120068	120098	120116	120145	120186
	120188	120205	120206	120246	120256	120295	120305	120361	120390
	120401	120410	120481	120486	120581	120628	120650	120682	120776
	120777	120793	120799	120815	120820	120823	120853	120930	121070
	121109	121149	121161	121175	121200	121207	121218	121269	121587
	121663	121681	121718	121754	121767	121830	121846	122048	122185
	122212	122291	122492	122563	122709	122759	122969	122987	123006
	123084	123126	123143	123163	123220	123225	123294	123334	123348
	123361	123409	123454	123480	123536	123539	123559	123582	123634
	123636	123643	123652	123729	123736	123748	123808	123818	123819
	123918	123946	124025	124061	124076	124128	124344	124349	124417
	124442	124480	124516	124517	124531	124549	124576	124608	124621
	124660	124702	124834	124845	124862	124985	125006	125036	125064
	125168	125239	125377	125457	125526	125535	125553	125554	125623
	125687	125720	125743	125783	125822	125832	125836	125848	126036
	126199	126201	126321	126358	126394	126419	126428	126432	126560
	126609	126610	126625	126674	126767	126783	126785	126786	126878
	126900	126956	126974	126976	127025	127075	127146		
學校組合	113891	114341	114876	114987	115061	115242	115583	115675	115798
	115824	116722	116992	117143	117827	117853	117970	118100	118407
	118591	118932	119728	119753	119890	119987	120039	120068	120246
	120295	120628	120650	120682	120820	120930	121109	121175	121663
	121681	121830	122291	122969	123818	124349	124845	124862	125553
	125623	126432	126785	126974					
學校閉鎖	118843	119358							
學童	113755	119522	122027	124751					
學務	113850	114328	114915	115428	115474	116482	116500	116509	116523
	116633	117544	119059	119143	119832	119992	120367	121402	122023
	122048	122099	123179	123782	125117	125464	125720	126023	126189
學務局	113850	114915	115474	116482	116509	116523	116633	119059	119143
	119832	119992	120367	122048	123179	123782	125117	126189	
學務局長	113850	114915	115474	116482	116509	116523	116633	119143	119832
	119992	120367	122048	123179	123782	125117	126189		
學問	115070	118192	119851	120298	122899				
學費	117224								
學事	122212	122843	126527						
虐殺	116979								
學生大會	122644								
學術	115408	123717							
學習院	123966								
學藝會	116400	118055	118456						
學用品	121937	124987							

	116409	116449	116469	116493	116750	116812	116864	116885	116910
	116932	116953	116981	116989	116993	117054	117118	117205	117210
	117214	117219	117357	117359	117486	117497	117612	117959	118011
	118057	118106	118108	118142	118158	118164	118174	118178	118187
	118247	118258	118262	118335	118378	118458	118464	118647	118665
	118705	118749	118857	118878	119219	119256	119301	119411	119413
	119478	119607	119645	119691	119967	119970	119971	120057	120104
	120139	120214	120296	120473	120580	120605	120755	120758	120803
	120818	120826	120850	121008	121069	121120	121154	121201	121236
	121314	121332	121359	121590	121596	121603	121649	121714	121751
	121778	121831	121865	121893	121899	121917	121943	121969	122116
	122117	122124	122196	122215	122323	122456	122457	122463	122614
	122615	122756	122806	122894	122983	123062	123116	123118	123176
	123190	123275	123285	123342	123352	123459	123471	123486	123496
	123512	123581	123625	123637	123641	123657	123797	123832	123859
	123970	124004	124188	124198	124199	124210	124392	124441	124466
	124505	124519	124570	124652	124677	124738	124763	124797	124825
	124829	124835	124892	124942	124963	124995	125012	125017	125018
	125019	125094	125184	125186	125222	125231	125468	125700	125707
	125720	125796	125803	126052	126222	126308	126347	126391	126519
	126523	126567	126596	126621	126684	126731	126734	127096	127103
	127110	127123	127140	127172					
咸鏡北道· 咸北	120323	120342	114041	114242	114942	114946	115115	115243	115265
	115527	115740	115928	116071	116448	116542	116553	116554	116855
	116872	117301	117500	118046	118260	118448	118625	118725	118819
	119039	119085	119119	119120	119222	119245	119282	119394	119406
	119532	119559	119866	119870	119882	119894	119968	119977	119983
	120073	120280	120327	121038	121367	121410	121539	121541	121715
	122354	122465	122600	122936	123891	123934	123953	124020	124055
	124252	124461	124795	124974	125122	125185	125285	125407	125646
	125729	125977	126302	126414					
咸鏡線	115508	115748	116046	116170	116651	117092	117529	117554	117717
	117839	118021	118866	119396	119937	119985	120094	122482	122561
	123668	123908	124405	126407					
咸南道	113691	114304	114983	115050	115368	115582	115600	115690	116864
	117205	117612	118106	118174	118705	119219	119413	119607	120104
	120214	120605	120755	120758	120803	120818	121201	121236	121332
	121596	121603	121751	121778	121865	122196	122456	122457	122756
	122894	123062	123116	123190	123285	123471	123496	123512	123637
	123832	123859	123970	124004	124199	124505	124677	124738	124797
	124963	125094	125222	125231	125700	125720	126052	126391	126596
	126621	126684	127103	127110					
艦隊	114624	114668	114803	114807	114977	115768	116011	116104	116264
	116823	120523	120539	120710	120784	121071	121176	121178	121247
涵養	116784	119630	124698						

咸昌	119248	121114						
咸平	126912							
咸興	113710	113735	114202	114218	114241	114258	114277	114334	114365
	114406	114447	114479	114495	114574	114603	114622	114645	114664
	114686	114727	114739	114761	114812	114836	114884	115052	115091
	115186	115197	115201	115221	115253	115285	115320	115335	115361
	115388	115398	115401	115412	115416	115454	115465	115477	115518
	115561	115609	115655	115670	115679	115708	115722	115741	115833
	115884	115889	115893	115948	115968	115970	116013	116020	116106
	116108	116129	116147	116149	116188	116190	116230	116268	116308
	116322	116367	116374	116383	116407	116427	116522	116574	116582
	116602	116752	116755	116763	116775	116777	116780	116821	116892
	116929	116958	117014	117024	117073	117150	117152	117193	117213
	117254	117255	117302	117357	117360	117381	117396	117570	117677
	117818	117864	117873	117960	118030	118045	118077	118147	118170
	118191	118243	118298	118302	118441	118459	118584	118586	118703
	118734	118984	119030	119032	119159	119181	119182	119184	119274
	119343	119344	119425	119482	119568	119571	119602	119619	119730
	119736	119743	119746	119790	119881	119883	119953	120043	120061
	120064	120084	120286	120425	120467	120476	120591	120668	121137
	121162	121427	121635	121746	121799	121832	121901	121939	121979
	122307	122355	122379	122676	122981	123080	123241	123322	123332
	123364	123413	123430	123433	123466	123467	123519	123522	123592
	123660	123662	123710	123711	123712	123796	123897	123898	123980
	124021	124157	124223	124259	124294	124300	124407	124425	124426
	124431	124518	124566	124584	124586	124621	124662	124782	124792
	124802	124807	124911	124946	124958	125056	125189	125304	125309
	125364	125540	125650	125801	125924	125935	125951	126018	126067
	126146	126230	126416	126741	127007	127218			
合格	117937	119171	120755	121161	124421	125188	125869	126901	
合格者	120755	121161	125188	125869	126901				
合併	114060	114220	114895	114940	115263	115985	116208	116939	117225
	117371	117536	117851	119128	119617	122573	123484	124043	124126
	124250	124403	126004						
哈爾濱·哈爾賓	115597	115610	115622	115672	114588	117306	119038	126700	
航空	114509	114765	115330	115469	116253	116453	116626	116666	117000
	117036	117110	117380	117430	118028	118304	119604	120155	120590
	120685	120960	121035	121043	121093	121181	121261	121775	121813
	121815	121829	122071	122072	122108	122346	122427	122491	122514
	122522	122689	122717	122759	122786	122828	123008	123164	123326
	123699	124236	125130	125204	126526	126938	127208		
航空科	125204								
航路	113680	113685	113886	114042	114086	114290	114315	114497	114576
	114577	114600	114732	114735	114792	114908	114941	114963	115058
	115433	115436	115445	115501	115603	115677	115716	115744	115803

	115882	115898	115937	115973	115974	115977	115999	116049	116094
	116342	116364	116405	116450	116641	116702	117013	117313	117368
	117410	117590	117779	117961	118001	118175	118198	118235	118292
	118437	118507	118535	118537	118924	119090	119353	119357	119408
	119508	119652	119778	119925	119984	120011	120074	120118	120365
	120564	120694	120797	120877	121015	121136	121234	121340	121461
	121594	121609	121661	121726	122152	122725	123012	123903	124436
	124487	124526	125158	126197	126289	126502	126600	126661	126939
	127191								
港灣協會	118202	119664	119793	120014	120518	120880	121135	121233	121265
	121341	121342	121370	121375	121402	121463	121497	121503	121516
	121554	121607	121613	121642	121643	121724	121958		
海關	120029	120586	122409	125482					
海軍	114741	118154	121020	121084	121129	121247	121529	121556	121777
	121885	121922	122012	122278	122403	122485	122508	122521	122537
	122562	122593	122962	124232	124236	124653	126329	126416	
海軍記念日	122278	122521							
解禁	115325	115599	116538	118362	118471	119502	119650	119725	126417
海女	115356	115922	118540	119454	121095				
海兵	115399								
解散	113892	114041	114090	114122	114143	114493	115193	115514	116003
	116826	117434	117819	118365	118612	118643	119142	119823	119995
	120484	121389	122024	122489	122576	123086	124069	124430	124535
	125150	125454							
海産組合	114684								
海鼠	119986	121668							
海嘯被害	113773								
害獸	113696	115585	118335	119200	120104	124963			
海水浴	116451	116751	122825	123059	123077	123216	123237	123569	123729
	123731	124605							
海水浴場	123059	123077							
海運	113641	115037	115715	117312	117720	122135	125517		
海運界	113641	115715	117720	122135	125517				
海雲臺	113804								
海員	119853	121864	125239	125624					
海員養成所	119853	121864	125624						
海賊	121184	122493							
海戰	122521	122616							
海州	114383	114814	115399	116166	116206	116400	116681	116748	116895
	118126	118534	118542	118856	118876	119107	119198	119220	119357
	119637	119651	119728	120021	120042	120347	120892	120939	121346
	121415	121427	121499	121589	121836	122759	122775	122796	123268
	123411	123618	124253	124305	124375	125364	126281	126312	126766

	127143	127240	127256					
海州附	116681							
海苔・のり	113942	120852	121003	127117	118895	120214		
行軍	113713	119504	119736	120157	123485			
行囊	113986	114094	115120	121486	124408	125829	125948	127195
行方不明	120579	121181	122494	123834	124334	124786	125709	125970	126620
	126683							
行政	114852	115037	116805	116846	116967	116976	117027	117061	117075
	117525	117631	117915	118215	118230	118309	118567	118882	120595
	121382	123617	124627	124674	125934			
行政整理	114852	116805	116846	116967	117027	117075	117525	117631	117915
	118215	118230	118309	118567	118882	123617	124627		
杏花學堂	119501							
鄉軍	115733	118480	119060	119442	119829	124352	125011	125525	125559
鄉土	114183	118048	119295	119304	119319	119327	119346	122204	
獻穀田	115272	121641	122387	125695				
獻金	117430							
軒燈	127143							
憲法	119985							
憲兵	113785	113932	113935	113965	114077	114090	114828	115018	115522
	115541	115912	115970	116187	116322	116412	116569	116576	116762
	116775	116801	116804	117018	117088	117175	117250	117697	117780
	118113	118224	118750	118945	118960	119108	119309	119498	119702
	119910	120348	120576	120586	120611	121040	121505	121722	121810
	121824	121827	122099	122174	122237	122268	122349	122404	122450
	122719	122918	123348	123477	123488	123647	124008	124199	124407
	124846	125535	125545	125606				
憲兵隊	113785	113932	114828	115018	115541	116576	116775	117175	118113
	118750	119498	120348	120611	121505	121722	121810	121824	122099
	122174	122268	122349	122404	122450	123348	123488	124008	
憲兵司令部	113965	119108						
獻上	113844	115961	116154	116956	120149	120281	120421	120703	120974
	121685	124914	125491	125653	125737	125966	126577		
獻上品	113844	120703						
憲政	120643	121802	123147	124230	127066			
赫居世	125100							
革新黨	113952							
玄米	117227	124133						
懸賞	114230	115399	120192	122614	124905	126834	126864		
賢臟炎	122470							
縣知事	115747	119734	119739	122502	122566	123392	123716		
玄海	123394							

穴居	117009	121684						
穴居生活	117009							
頁岩	115429							
嫌疑者	122864	123223						
脅喝	122579							
脅迫	115344	115913	116012	117566	117625	117738	118835	121187	123308
	124632	125554	126378					
協議	113854	113902	113920	113939	113962	114513	114660	115717	115900
	116408	117162	117315	117802	117891	118744	118905	118923	119132
	119410	119563	119600	119730	120432	120728	120847	120919	120989
	121063	121215	121348	121404	121482	121610	121899	121953	121954
	121984	122193	122250	122382	122540	122736	122783	122823	122840
	122937	122943	123422	123652	123700	123901	123917	123962	124023
	124028	124111	124275	124306	124360	124487	124515	124527	124687
	124725	124804	124805	124833	124947	125105	125446	125475	125544
	125575	125825	126016	126233	126278	126325	126457	126504	126560
	126600	126636	126674	126727	126757	126821	126896	126958	127009
	127070	127221						
協議會	113902	113920	113939	113962	115900	116408	118744	118905	119730
	120728	120847	120919	120989	121063	121215	121348	121953	121954
	121984	122937	124515	124687	126016	126674	127221		
衡器	113972							
刑務所	113969	113984	114000	114023	116209	117593	117977	118831	118889
	119488	119989	120962	121152	121744	122287	123411	124072	124204
	124223	124294	124468	124474	124832	125044	125713	126393	126867
	126910	126943	126978					
形勢	114694	116860	116965	119127	120415	121310	123056	126956	
衡平	114166	114260	114284	114843	115152	115214	115846	116053	116259
	116419	116769	116860	117669	117867	118024	118503	119180	120357
	120393	120440	121172	121435	121522	121862	122553	123174	123772
	124640	124717	124781	124864	124926	125165	125211	125267	125424
	125462	125662	126656	126957				
衡平社	114166	114260	114284	114843	115152	115214	115846	116259	116419
	116769	116860	117867	118024	118503	119180	120357	120393	120440
	121172	121435	121522	121862	122553	123174	123772	124640	124781
	124864	124926	125165	125267	125424	125462	125662	126957	
衡平運動	117669	124717						
惠山	115282	115704	116020	116808	122921	124859	125648		
戶口	114137	114670	117492	120244					
戶口調査	120244							
護國	115880							
湖南	114234	119997	120684	120839	120914	121724	121769	121793	121797
	121852	125111	126119					
湖南線	114234	120914	121769	121793	125111				

戶別稅	115509							
戶別割	126233	126436						
護岸工事	119614	122872						
豪雨	116589	122548	122599	123061	123684	123769	123770	123810	123834
	124049	124405	124444	124541	124566	124706	124868		
戶籍	117774	126481						
濠洲	120113	120732						
號砲	116032							
呼吸器病	119470							
魂鎭大祭	126081							
琿春	114305	116183	121231	127075				
洪水	116525	116583	116891	122548	122575	123158	123899	123917	123994
	124066	124111	124272	124290	124397	125012	125018		
洪原	121705	122548						
靴	115553	116591	118067	118125	118996	120081	120949	121099	121144
	121219	121301	121479	121651	122208	122358	124005	124150	124646
	126598							
和歌	122113							
花代	116713							
和龍縣	119739							
花柳界	125337	126637						
貨物	113992	114153	114952	115311	115339	119146	119228	121956	122041
	122102	123040	123047	123404	124513	126948	127177		
火保會社	117753							
和服·日本服	121846							
火事	114372	114868	115013	115063	115470	115582	115705	116031	116390
	116507	116955	118011	118108	118109	118158	118189	118200	118223
	118251	118378	118400	118438	118703	118725	118749	118857	119030
	119222	119236	119385	119460	119718	119789	119900	119975	120352
	120372	120708	120861	121069	121074	121101	121189	121313	121314
	121359	121360	121398	121485	121583	121943	121969	121970	122093
	122255	122624	123023	123102	124284	125755	126175	126262	126585
	126648	126885	127048	127136	127205			
和順	118180	119152						
火藥	118723	118833	120785	122382				
火藥庫	122382							
火葬	117879	119759	120964	125400	126991			
火葬場	117879	119759	120964	125400				
火災	113711	114619	115085	115630	116221	116247	116443	116452	117300
	117357	117856	118326	118744	119938	119969	120285	122816	123530
	124432	126434						
火災保險·火保	115778	117463	117753	117856	119836			

和田	114732	114949	116655	116679	118467	119127	119387	120822	122021
	122099	122262	122558	123782	124082	125013	125610	126803	
火田	113714	115029	115195	116212	116916	119846	121969	122147	122323
	122624	123895							
火田民	113714	115029	115195	116212	116916	122323	123895		
花井	124837								
和布	118111								
化學	120147								
擴張計劃	114286	115383	122564						
丸山	113811	114677	116509	116739	117582	117588	117679	117710	118920
歡迎會	121460	121620	122918	123228					
活劇	123305								
活動寫眞	114411	115703	115741	116130	117769	117873	118887	120613	120795
	121618	122106	122157	122727	123214	123506	123562	125074	126547
活寫	114048	114109	114205	114279	114297	114314	114352	114578	114590
	114606	114630	114704	115359	115449	116522	116589	116649	116664
	116686	116712	116731	116753	116773	116779	116796	116816	116836
	116868	116964	117435	117451	117493	117515	117545	117563	117623
	117638	117671	117690	117691	117703	117713	117727	117849	119540
	120824	120854	120895	120983	121048	121600	121670	121712	121736
	121991	122036	122044	122064	122090	122120	122162	122492	123267
	123358	123585	123649	123780	123852	124260	124352	125052	125456
	125719	126157	126627						
活寫會	116522	116589	116649	116664	116686	116731	116753	116773	116779
	116796	116816	116836	116868	116964	117435	117451	117493	117515
	117545	117563	117623	117638	117671	117690	117691	117703	120824
	120854	120895	120983	121048	121600	121670	121712	121736	122036
	122044	122064	122090	122120	122162	123267	123358	123585	123649
	123780	123852	124260	124352	125052	125719	126157		
活牛	125038	125664	126278	126615	126898				
黃金	123133	123441	125864						
荒蕪地	116331								
皇孫	126538	126680	126778	126809	126821	126838	126913	126915	126982
	127007	127116	127143	127221	127247				
皇孫御誕生	126913	127116	127143						
皇孫殿下	126538	126821	126838	127247					
皇室	114135	121246							
黃塵襲來	120314								
荒廢地	116745								
黃海	113606	113681	113684	113903	114037	114064	114087	114194	114223
	114244	114556	114879	114982	115559	115821	116084	116185	116206
	116387	116451	116525	116685	116691	116694	116698	116742	116871
	117053	117071	117100	117136	117138	117262	117727	118259	118283

	118511	118626	118741	118881	118884	118986	119084	119107	119109
	119437	119632	119861	119928	119976	119992	120353	120381	120484
	120558	120662	120749	121564	121706	121792	122185	122430	122486
	122738	123882	123952	123978	123986	124066	124261	124677	124687
	125171	126389	126390	126410	126490	126559	126673	127080	127188
	127239	127241	127253	127256					
黃海道	113606	113681	113684	113903	114037	114064	114087	114223	114244
	114556	114982	115559	116185	116387	116525	116742	117053	117136
	117138	118283	118626	118741	118884	119107	119632	119861	119928
	119976	119992	120381	120558	120662	120749	121564	121706	121792
	122185	122430	122486	122738	123978	124066	124261	124677	124687
	126389	126410	127080	127241	127253				
皇后	124914	126466							
繪	113595	115337	119805	122158	122601	125112	125696	126014	
會計	114038	115618	115969	118070	119070	119445	119644	119818	120132
	122124	123600	124764	125871	126165				
會寧	115264	116470	116683	117691	120237	121005	122873	125580	
會頭	113609	113761	114173	114394	115354	115363	115501	115635	116728
	116925	118718	119320	119387	120586	120656	120835	121237	122432
	123515	124023	124292	124944	126282	126482	126516	126742	126839
	126947	127156	127220	127244					
恢復	114169	119605	119673	119706	119998	120420	120483	122423	123336
會社銀行	113647	113670	113694	113708	113820	114022	114156	114293	114799
	114944	114997	115092	115289	115307	115456	115870	116194	116228
	116247	116267	116374	116443	116479	116556	116690	116704	116725
	116766	116884	116937	116961	117103	117177	117233	117300	117321
	117379	117477	117606	117661	117766	117910	118054	118168	118211
	118246	118328	118365	118388	118528	118588	118684	118710	118797
	118815	118939	119007	119058	119082	119105	119368	119514	119678
	119722	120044	120128	120199	125124	126708	127056	127101	
繪葉書	122158	125112	126014						
會寧	114047	123348							
會議所	113609	113923	114360	114687	114971	115010	115038	115040	115041
	115291	115354	115363	115501	115540	115973	116001	117241	120367
	120572	120656	120925	121076	121108	123049	123414	125862	126226
	126282	126415	126482	126491	126531	126544	126908	126947	126980
	127039	127050	127111	127156					
橫斷航路	113886	114042	115999	116641	117013	119090	119778	125158	
橫領	116139	116900	117294	117296	117494	119070	120122	120614	121050
	121482	122566	122660	123024	123307	123598	123692	123922	125387
	125461	125565	125874	126174	126380	126392	126811		
橫須賀	120685	121777	121844	121885					
孝昌園	124066	124490	125021						
涸渴	115723	117055							

侯爵	123886	125973							
訓導	118203	119847	124123						
訓練院	118432	120270	122357	124258	125305	125330	125475	125667	126047
	126084	126131							
訓令	117039	119099	122314	123716	125665	125991			
訓示	115440	117503	118036	118234	119109	120599	120602	121789	122202
	122242	122305	122347	122349	122679	122886	122974	123450	
徽章	126331	127159							
休業	115998	120232	121552	124132	124544	125206	125783	126598	127247
凶作	117541	117614	125336						
兇漢	125046								
黑鉛	114837	121114	121297	126141					
吃音者	121836								
興甫	122127	122168							
興業	121092								

한림일본학자료총서 발간에 즈음하여

1994년에 춘천에서 '일본학연구소'라는 간판을 내걸고 문을 연 한림대학교 일본학연구소는 당시 불모지에 가까운 상태였던 국내 일본학계에 기본적인 문헌을 공급한다는 기획을 세웠다. 바로 「일본학총서」였다. 그로부터 18년이 지난 지금 본 연구소의 출판물은 총 160권이 넘는다.

이번에 새롭게 발간한 「일본학자료총서」는 기존의 「일본학총서」를 승계·발전시킨 「한림일본학신총서」, 그리고 2011년에 『제국일본의 문화권력』을 첫 권으로 출발한 「일본학연구총서」와 함께 한림대학교 일본학연구소가 기획·간행하는 일본학 관련 총서의 세 기둥을 이룬다. '자료총서'라는 기획이 시작된 배경에는 국내 일본학에 1차 자료에 대한 보급이 매우 지진하다는 이유가 있다. 가령 일본이 제국을 지향하고 건설하는 과정의 한 부분으로서, 당시 일본인들의 정신세계를 국가주의로 이끌고 하나로 엮는 데 주체적인 역할을 한 이른바 당시 일본 '지식인'들의 행보를 알아야 하고, 그러기 위해서는 그들이 쓴 1차적인 저작을 읽고 분석할 필요성이 있다. 우리는 35년이나 제국일본의 식민지로서 지낸 불행한 경험이 있음에도 불구하고, 그리고 일제강점기 연구, 일본학 연구가 많은 성과를 내놓고 있음에도 불구하고, 아직 우리에게는 이런 부류의 저작을 한글로 옮겨서 많은 연구자, 학생들이 접할 수 있도록 한 출판물이 없다. 문헌에 대한 소개 자체가 거의 안 되어 있다는 것이 현실이다.

이러한 상황을 개선해서 한국의 일본 연구자, 일본학 종사자의 사명을 다하자는 것이 이 「일본학자료총서」이다. 현재 「일본학자료총서」에는 두 가지 시리즈가 존재하는데, <근대일본의 학지(學知)> 시리즈와 <아사히신문 외지판> 시리즈이다. 전자는 일본이 조선, 아시아 그리고 세계를 어떻게 바라보고 있었는가를 알기 위한 작업이며, 후자는 일본 아사히신문이 외지에서 발행한 외지판 중 이른바 '조선판'에 대한 기사명 색인을 작성해서 학계에 1차 자료로 제공하려는 것이다. 앞으로 신규로 추가될 시리즈를 포함해서 이 「일본학자료총서」는 우리가 일본을 분석하는 깊이와 다양성을 담보할 수 있는 필수이면서도 매우 기초적인 작업이 될 것이라 믿는다.

2012년 3월
한림대학교 일본학연구소

아사히신문
외지판(조선판)
기사명 색인_제4권

초판인쇄 2019년 3월 29일
초판발행 2019년 3월 29일

지은이 한림대학교 일본학연구소
　　　　서정완, 심재현, 김건용, 김보민, 김성희, 김유진, 김채연, 박명훈, 박진희,
　　　　박상진, 백현지, 유성, 이성훈, 정중근, 최평화, 허성진, 현정훈, 홍세은
　　　　ⓒ Johngwan Suh 2019 Printed in Korea.
기획 한림대학교 일본학연구소
펴낸이 채종준
펴낸곳 한국학술정보㈜
주소 경기도 파주시 회동길 230(문발동)
전화 031) 908-3181(대표)
팩스 031) 908-3189
홈페이지 http://ebook.kstudy.com
전자우편 출판사업부 publish@kstudy.com
등록 제일산-115호(2000. 6. 19)

ISBN 978-89-268-8761-5 91070